PIPERS HANDBUCH
DER POLITISCHEN
IDEEN

PIPERS HANDBUCH DER POLITISCHEN IDEEN

Herausgegeben von
IRING FETSCHER
und
HERFRIED MÜNKLER

BAND 1

PIPER
MÜNCHEN · ZÜRICH

BAND 1

Frühe Hochkulturen und
europäische Antike

BAND 2

Mittelalter:
Von den Anfängen des Islams
bis zur Reformation

BAND 3

Neuzeit:
Von den Konfessionskriegen
bis zur Aufklärung

BAND 4

Neuzeit:
Von der Französischen Revolution
bis zum europäischen Nationalismus

BAND 5

Neuzeit:
Vom Zeitalter des Imperialismus
bis zu den neuen sozialen Bewegungen

Frühe Hochkulturen und europäische Antike

Mit Beiträgen von
Julia Annas, Reinhold Bichler, Iring Fetscher,
Siegfried Herrmann, Richard Klein, Eckhart Olshausen,
Wolfgang Ommerborn, Kurt Raaflaub, Rolf Rilinger,
Georg von Simson, Peter Spahn,
Peter Weber-Schäfer, Karola Zibelius-Chen

ISBN 3-492-02951-5
© R. Piper GmbH & Co. KG, München 1988
Gesetzt aus der Sabon-Antiqua
Umschlag: Federico Luci
Gesamtherstellung: Clausen & Bosse, Leck
Printed in Germany

INHALTSVERZEICHNIS

Vorwort der Herausgeber 17

Einleitung: Wozu Geschichte der politischen Ideen? 21
VON IRING FETSCHER

KAPITEL I

Die politischen Ideen des traditionellen China 41
VON WOLFGANG OMMERBORN UND PETER WEBER-SCHÄFER

1. Politisches Denken vor dem Konfuzianismus 41

2. Die Zeit der Streitenden Reiche 45
Konfuzius (S. 45) – Mo Di (S. 48) – Menzius (S. 52) – Xun Zi (S. 55)
»Lao Zi« und Zhuang Zi (S. 58) – Han Fei (S. 61)

3. Das chinesische Reich von der Qin- zur Qing-Dynastie 65
Dong Zhongshu (S. 65) – Bao Jingyan (S. 69) – Wang Anshi (S. 72) –
Huang Zongxi und Wang Fuzhi (S. 77)

Bibliographie 83

KAPITEL II

Das Alte Indien 85
VON GEORG VON SIMSON

Zur Einführung 85

1. Die vedische Periode 86
Die vedischen Lieder (S. 86) – Die spätvedische Zeit (S. 87)

2. Buddhismus 89
Die Lehre des Buddha (S. 91) Aśokas politische Ideen (S. 94)

3. Hinduismus 95
Die historisch-kulturelle Entwicklung (S. 95) – Arthaśāstra und Nīti-

Literatur (S. 96) – Dharmaśāstra und Mahābhārata (S. 102) – Das indische Mittelalter und die Puranas (S. 107)

Bibliographie 108

KAPITEL III

Das Alte Ägypten 113
VON KAROLA ZIBELIUS-CHEN

Einleitung 113

1. Die Vorstellungen zu Struktur und Organisation des Landes 114

2. Regierungslehre / Königsideologie 116
Die Gottessohnschaft der Könige (S. 116) – Die Maat als oberstes Ordnungsprinzip (S. 118) – Stellung und Aufgaben des Königs (S. 120) – Stellung und Aufgaben der »Untertanen« (S. 123)

3. Die Vorstellung von der Stellung Ägyptens in der Welt und der Struktur der Beziehungen nach außen 125
»Erschlagen der Feinde« (S. 125) – Die »Weltherrschaft« des Pharao (S. 126) – Das Bild der Feinde (S. 128)

Zusammenfassung 129

Anmerkungen 131

Bibliographie 132

KAPITEL IV

Sumer, Babylonien und Assyrien 135
VON SIEGFRIED HERRMANN

Einleitung: Mesopotamien, Syrien und Palästina als geschichtlicher Raum 135

Vorbemerkung: Kultur und politische Administration 139

1. Von den Sumerern zur ersten Dynastie von Babylon 142
Die Bodenreform des Urukagina (S. 142) – Anfänge der Großreichbildung: Sargon von Akkade (S. 143) – Die Spätblüte der sumerischen Stadtstaaten (S. 145) – Das altbabylonische Reich Hammurabis (S. 148) – Der Kodex Hammurabi (S. 150) – Das Ende des altbabylonischen Reiches (S. 152)

Inhaltsverzeichnis 9

2. *Der Einbruch der Bergvölker und der Aufstieg Assyriens zur Weltmacht* 153
Kassiten, Hurriter, Hettiter (S. 153) – Das ägyptisch-hettitische Gleichgewicht und die Entstehung internationaler Korrespondenz (S. 155) – Seevölker und Aramäer (S. 157) – Das assyrische Reich und die Politik systematischer Deportation (S. 158)

3. *Das neubabylonische Reich und das Ende staatlicher Selbständigkeit in Mesopotamien* 161
Nebukadnezar und das Ende des Reiches Juda (S. 161) – Der Aufstieg des persischen Reiches und die Restauration bodenständiger Kulte (S. 163)

Bibliographie 164

KAPITEL V

Israel 169
VON SIEGFRIED HERRMANN

Vorbemerkung 169

1. *Syrien und Palästina im 3. und 2. Jahrtausend v. Chr. – Das Werden Israels* 169
Frühe städtische Zivilisation (S. 169) – Die Anfänge Israels (S. 171)

2. *Das israelitische Königtum* 173
Saul, David, Salomo (S. 173) – Die selbständigen Reiche Israel und Juda (S. 175)·

3. *Israel als abhängiges Gemeinwesen im Kräftespiel der Großmächte* 178
Das Exil und die Perserzeit (S. 178) – Juda unter den Ptolemäern und Seleukiden (S. 180) – Der Beginn der Herrschaft der Römer (S. 183)

Bibliographie 185

KAPITEL VI

Die Anfänge des politischen Denkens bei den Griechen 189
VON KURT RAAFLAUB

I. Zur Einführung 189

1. *Einleitung und Vorbemerkungen* 189

2. *Land und Frühgeschichte* 193

Inhaltsverzeichnis

II. Das 8. und frühe 7. Jahrhundert 197

1. Die homerischen Epen 197
Die »homerische Gesellschaft« (S. 197) – Gegenstand und Vorge-
schichte der Epen (S. 199) – Krieg und Frieden (S. 201) – Kritik am
König (S. 205) – Kritik am Adel (S. 208) – Recht und Streitschlichtung
(S. 211) – Ergebnis (S. 214)

2. Hesiod 215
Der Dichter (S. 215) – »Theogonie« (S. 216) – »Werke und Tage«
(S. 220) – Ergebnis (S. 223)

III. Das 7. und 6. Jahrhundert 225

1. Historischer Überblick 225

2. Die Tyrannis 228

3. Kritik an den adligen Werten und Aufruf zur Solidarität:
Archilochos und Tyrtaios 231

4. Solon 234

5. Die Definition des aristokratischen Ethos: Theognis 240

6. Die frühen ionischen Naturphilosophen 245
Allgemeines (S. 245) – Anaximander von Milet (S. 246) – Pythagoras
(S. 247) – Xenophanes von Kolophon (S. 247) – Heraklit von Ephesos
(S. 248)

7. Politische Reformen 249

IV. Zusammenfassung: Die Entstehung des politischen Denkens 255

Bibliographie 261

KAPITEL VII

Politisches Denken im Zeitalter Athens 273
Von Kurt Raaflaub

1. Geschichtlicher Überblick 273
Die Perserkriege (S. 273) – Die Herrschaft Athens im Seebund (S. 274)
– Der Gegensatz zu Sparta (S. 275) – Die athenische Demokratie
(S. 276) – Der Peloponnesische Krieg (S. 279) – Die Oligarchie und
der Sturz Athens (S. 280)

2. Aischylos 281
Die attische Tragödie (S. 282) – »Die Perser« (S. 284) – »Die Schutz-

Inhaltsverzeichnis   11

flehenden (Hiketiden)« (S. 286) – »Die Orestie« (S. 288) – »Prometheus« (S. 292) – Ergebnis (S. 295)

3. *Sophokles* 296
   »Antigone« (S. 296) – »König Ödipus« (S. 299)

4. *Wissenschaft und Philosophie, Ethnographie und die Anfänge*
   der Geschichtsschreibung: Herodot 301
   Philosophie (S. 301) – Wissenschaften (S. 303) – Ethnographie und
   die Anfänge der Geschichtsschreibung (S. 305) – Herodot (S. 307)

5. *Die Sophisten und die Anfänge der politischen Theorie* 314
   Allgemeines (S. 314) – Protagoras (S. 315) – Gorgias (S. 317) – Die
   »Nomos-physis«-Kontroverse (S. 319) – Pseudo-Xenophon und An-
   onymus Iamblichi (S. 323).

6. *Thukydides* 326
   Leben und Werk (S. 326) – Machtstreben und Menschennatur
   (S. 327) – Das Machtstreben der Polis (S. 330) – Die Pathologie des
   Bürgerkrieges (S. 333) – Die Krise der Demokratie (S. 334) – Ergeb-
   nis: die »Pathologie der Macht« (S. 340).

7. *Euripides und Aristophanes* 342
   »Die Herakliden« (S. 342) – »Die Hiketiden« (S. 344) – »Die Phönissen« (S. 348) – Aristophanes (S. 350)

8. *Zusammenfassung: Polis, Politik und politisches Denken* . . . 353

Bibliographie 358

KAPITEL VIII

Platon 369
Von Julia Annas

1. *Vita und Werk* 369

2. *Die »sokratischen« Dialoge* 373
   Grundzüge von Platons politischem Denken (S. 373) – Herrschaft der
   Weisen oder Herrschaft der Gesetze? (S. 374) – Die Gehorsamsverpflichtung gegenüber den Gesetzen (S. 375) – Philosophisches Wissen
   und politisches Engagement (S. 378)

3. *Die »Politeia«* 380

4. *Das politische Spätwerk* 385
   Der Mythos vom »Goldenen Zeitalter« (S. 386) – Die Gesetzesherr-

schaft der »Politikos« und der »Nomoi« (S. 388) – Kontinuität und Differenz zwischen »Politeia« und »Nomoi« (S. 391)

Bibliographie 394

KAPITEL IX

Aristoteles 397
VON PETER SPAHN

Einleitung 397

1. Der geschichtliche Hintergrund: Griechenland im 4. Jahrhundert v. Chr. 398

2. Vita und Werk 401

3. Die Entstehung der politischen Wissenschaft 403
Begriff und Gegenstand der politischen Wissenschaft (S. 403) – Zielsetzung und Methoden der politischen Wissenschaft (S. 404) – Entstehung und Aufbau der aristotelischen »Politik« (S. 406) – Erster Begriff der »polis» und des »zoon politikon« (S. 407)

4. Die Ökonomie 409
Rechtfertigung der Sklaverei (S. 409) – Ökonomie und Chrematistik (S. 411)

5. Prüfung vorhandener Staatstheorien und Verfassungen: Aristoteles' Platonkritik 413

6. Politische Grundbegriffe 415
Der Bürger (S. 415) – Die Verfassung (S. 418) – Klassifikation der Verfassungen (S. 420)

7. Analyse und Norm der Verfassung 423
Die vorhandenen Verfassungen, ihre Gefährdung und Erhaltung (S. 423) – Die relativ beste Verfassung (S. 428) – Die absolut beste Verfassung (S. 431)

8. Die aristotelische »Politik« und die Krise der Polis 434

Bibliographie 436

Inhaltsverzeichnis 13

KAPITEL X

Politisches Denken im Hellenismus 439
VON REINHOLD BICHLER

I. Historische Einleitung 439
Griechenlands politischer Niedergang (S. 439) – Das Reich Alexanders (S. 441) – Seleukidenreich und hellenistische Kultur in Kleinasien (S. 442) – Ptolemaierreich und Alexandria (S. 444).

II. Herrscher und Monarchie im Urteil des politischen Denkens 446

1. Alexanders Reich und das Alexanderbild der Nachwelt 446
Die Universalmonarchie als Staatsideal und die ersten Hoffnungen auf Alexanders Herrschaft (S. 446) – Politisch-philosophische Tendenzen im antiken Alexanderbild (S. 448).

2. Die hellenistischen Königreiche im Spiegel des politischen Bewußtseins 451
Die Wahrnehmung des hellenistischen Königtums durch Nichtgriechen (S. 451) – Die hellenistischen Herrscher im Erleben der Griechen (S. 454) – Der absolute Monarch im Urteil der hellenistischen Staatsphilosophie (S. 456).

III. Der Rückzug der Philosophie aus den Agenden der Politik . . 458

1. Das politische Denken der Älteren Stoa 458
Die kosmopolitische Dimension der Älteren Stoa (S. 458) – Die Frage eines revolutionären Engagements der Stoa (S. 461).

2. Epikur und die Philosophie als private Domäne 462
Die Philosophie des Gartens (S. 462) – Philosophie der Isolation bei Megarikern und Kyrenaikern (S. 463).

3. Der Kynismos und seine Zivilisationskritik 464
Antisthenes und die Wurzeln des Kynismos (S. 464) – Diogenes und die kynische Bewegung (S. 465).

4. Der utopische Staat als Instrument der Gegenwartskritik . . . 467
Zur Entwicklung der Staatsutopie (S. 467) – Die Inselstaaten des Euhemeros und Jambulos (S. 469).

IV. Die Anpassung klassischer politischer Theorien an den Aufstieg des Imperium Romanum 471

1. Polybios und die interpretatio graeca *des römischen Staates* . . 471

2. Die Mittlere Stoa und die Übernahme griechischer politischer Theorie durch führende Kreise Roms 474

Panaitios von Rhodos und die Vermittlung stoischer Staatsethik
(S. 474) – Poseidonios von Apameia und die Interpretation der spätrepublikanischen Zeitgeschichte aus der Dekadenztheorie (S. 477).

Anmerkungen 480

Bibliographie 481

KAPITEL XI

Das politische Denken der Römer zur Zeit der Republik 485
VON ECKART OLSHAUSEN

1. Einleitung 485

*2. Prinzipien zum Schutz der römischen Republik und ihrer
Funktionsfähigkeit: Annuität und Kollegialität in den Ämtern,
Kontinuität im Senat* 488
Die Annuität (S. 488) – Prolongation und Iteration (S. 490) – Die Kol-
legialität (S. 492) – Die Kontinuität (S. 495)

3. Das historische Vorbild im mos maiorum 497
Ennius und Cato d. Ä. (S. 501) – Der *mos maiorum* im politischen
Konflikt: Tib. Sempronius Gracchus (S. 503) – Cicero und Sallust
(S. 505)

*4. Altrömisches Erbe und die Einwirkung aus dem Osten im
bellum iustum* 506

5. Marcus Tullius Cicero 512

Anmerkungen 514

Bibliographie 516

KAPITEL XII

Das politische Denken der Römer: Vom Prinzipat zum Dominat 521
VON ROLF RILINGER

1. Vorüberlegungen 521

2. Der augusteische Prinzipat 523
Geschichtlicher Überblick (S. 523) – Die *Res gestae Divi Augusti*
(S. 527) – Livius als augusteischer Historiker (S. 530) – Der auguste-
ische Prinzipat bei Vergil, Horaz und Ovid (S. 531)

3. Prinzipat und Tyrannis 537

Inhaltsverzeichnis 15

Geschichtlicher Überblick (S. 537) – Seneca (S. 539) – Lucan und Persius Flaccus (S. 544)

4. *Der beste Princeps* 547
Geschichtlicher Überblick (S. 547) – Sueton (S. 551) – Tacitus (S. 554) – Plinius der Jüngere (S. 558)

5. *Das spätantike Kaisertum* 560
Diokletianisch-Konstantinische Reichsreform (S. 560) – Eusebius von Caesarea (S. 565) – Julian Apostata (S. 568) – Ammianus Marcellinus (S. 571) – Symmachus (S. 574)

6. *Das politische Denken der Kaiserzeit im Überblick* 578
Fehlen einer politischen Theoriediskussion (S. 578) – Charakter des Kaisertums (S. 580)

Bibliographie 582

KAPITEL XIII

Das politische Denken des Christentums 595
VON RICHARD KLEIN

Vorwort 595

1. *Die Verkündigung Jesu* 595

2. *Die Urgemeinde* 597

3. *Mission und Theologie des Völkerapostels Paulus* 598

4. *Das Johanneische Christusbild* 600

5. *Die frühen Apologeten* 602
Clemens von Alexandrien (S. 602) – Origenes (S. 603) – Tertullian (S. 604) – Laktanz (S. 606)

6. *Die Kirchenväter des 4. und 5. Jahrhunderts* 608
Johannes Chrysostomus (S. 608) – Ambrosius (S. 610) – Hieronymus (S. 611) – Augustinus (S. 612)

7. *An der Wende zum Mittelalter* 617
Isidor von Sevilla (S. 617) – Benedikt von Nursia (S. 618) – Ps.-Dionysius Areopagites (S. 620)

8. *Die Begründung des päpstlichen Machtanspruchs* 621
Voraussetzungen (S. 621) – Papst Leo I. (S. 622) – Papst Gelasius I. (S. 623) – Papst Gregor I. der Große (S. 625)

Anmerkungen	627
Bibliographie	631
Autorenverzeichnis	635
Personenregister	638

VORWORT DER HERAUSGEBER

Pipers Handbuch der politischen Ideen wendet sich an Lehrende und Studenten der Politikwissenschaften, Philosophie und Geschichte sowie an alle politisch Interessierten, die sich einen verbindlichen Überblick über die Geschichte der politischen Ideen verschaffen wollen – von den Anfängen menschlichen Nachdenkens über das Leben in der Gemeinschaft, über Freiheit und Herrschaft bis zu den heute geführten Diskussionen über Rechte der Frau, Grenzen des Mehrheitsprinzips und gewaltfreien Widerstand. Die Beiträge zu den einzelnen Epochen und Strömungen der politischen Ideengeschichte sollen gut lesbare Darstellung und wissenschaftlichen Diskurs verbinden.

Neben der Darstellung der politischen Ideen werden nach Möglichkeit auch die politischen und wirtschaftlichen, sozialen und kulturellen Voraussetzungen und Folgen umrissen. Die Akzentsetzung haben wir weitgehend den Bearbeitern der jeweiligen Abschnitte überlassen. Zwischen beiden Polen: dem Verständnis der politischen Ideen aus sich selbst heraus und ihrer Erklärung aus den sozio-kulturellen Rahmenbedingungen, gibt es keinen ein für allemal richtigen oder festlegbaren Mittelweg. Unter Berücksichtigung der jeweiligen Themen und der damit verbundenen Problemstellungen haben die einzelnen Autoren den Akzent unterschiedlich gesetzt. Dabei spielen gewiß auch die verschiedenen wissenschaftlichen Disziplinen eine Rolle, die von den Mitarbeitern des Bandes vertreten werden: Politikwissenschaftler und Soziologen, Philosophen und Theologen, Juristen und Historiker aus verschiedenen Ländern und Kulturbereichen haben an dem Projekt mitgewirkt. Weit davon entfernt, einer bestimmten Schule der politischen Ideengeschichte Ausschließlichkeitsansprüche einzuräumen, repräsentiert das *Handbuch* damit vielschichtige Interpretations- und Deutungsmöglichkeiten politischer Ideen.

Einige werden dies vielleicht als Unentschiedenheit auslegen. Nach unserem Dafürhalten liegt die Bedeutung der politischen Ideengeschichte aber gerade darin, daß sich längst vergessen und erledigt geglaubte politische Debatten an ihrer wissenschaftlichen Darstellung neu entzünden, Aktualitäten auch und gerade dann sichtbar werden, wenn nicht vordergründig aktualisiert wird. Und sicherlich wäre auch den politischen Ideen selbst Gewalt angetan worden, wenn man von vornherein einen bestimmten methodischen Zugriff festgelegt hätte. Zum Wesen politischer Ideengeschichte gehört die offene Diskussion, und die Stärke eines Arguments kann sich immer nur an seinen Gegenargumenten erweisen. Auch der kompendienhafte Anspruch eines Handbuchs kann hiervon nicht dispensieren – im Gegenteil: gerade er fordert offene Diskussion, wenn die politischen Ideen nicht als totes Bildungsgut vorgeführt werden sollen. Dementsprechend haben wir das *Handbuch* nicht nur als wissenschaftliches Nachschlagewerk, sondern auch als Auseinandersetzung mit jenen politischen Problemen konzipiert, die im Laufe der Geschichte immer wieder aufgetaucht sind.

Der vorliegende 1. Band untersucht die Basis, auf der das politische Denken Europas beruht: die politischen Ideen der Antike sowie die Herrschaftsvorstellungen der außereuropäischen Hochkulturen. In zwei eigenständigen Kapiteln werden die politischen Philosophien von Platon und Aristoteles eingehend behandelt, die in der Geschichte des europäischen politischen Denkens immer wieder rezipiert und zur Grundlage an sie anschließender Theoriebildungen gemacht worden sind. Im Gegensatz zu herkömmlichen Darstellungen der politischen Ideengeschichte wird die Behandlung des politischen Denkens der Antike hier jedoch weit über die politische Philosophie des klassischen Griechenlands hinausgeführt. In mehreren Kapiteln werden die Herrschaftsvorstellungen im alten China, Indien, Ägypten, Babylonien und Assyrien sowie in Israel eingehend untersucht und dargestellt. Aber während das politische Denken in den außereuropäischen Hochkulturen noch weitgehend in kosmologische oder theologische Fragestellungen verwoben blieb, von denen es nur ein untergeordneter Teil war, ist das Politische als solches erst von den Griechen entdeckt worden. Die Geschichte dieser Entdeckung, von Homer und Hesiod über die Lyriker zu den Tragikern, zu Aischylos, Sophokles und Euripides, wird in zwei breit angelegten Abschnitten behandelt.

Der Idee des guten Herrschers, aber auch das Schreckbild des Tyrannen tritt im Hellenismus, zumal in der Auseinandersetzung mit dem Makedonenkönig Alexander, verstärkt hervor, und diese Frage wird erneut diskutiert in der römischen Historiographie der Kaiserzeit, wenn diese sich auf der Suche nach dem »besten Princeps« begibt. Wo die politische Philosophie des Aristoteles, aber auch das politisch-republikanische Denken der Römer nach institutionellen Regelungen bzw. einer bei der Mehrheit der Bürger anzutreffenden Sittlichkeit gesucht hatte, geht es hier nur noch um das Ideal des Herrschers und die Frage, wie ein diesem Ideal entsprechender Mensch zum Herrscher gemacht oder ein designierter Herrscher gemäß diesem Ideal erzogen werden kann.

Das politische Denken der Römer, dem zwei größere Abschnitte gewidmet sind, unterscheidet sich in vielerlei Hinsicht von dem der Griechen, wobei in ideengeschichtlicher Hinsicht ein Unterschied von besonderer Bedeutung ist: Es ist weniger an einer umfassenden Theorie als an pragmatischen Erklärungen und Lösungen interessiert. Von ideengeschichtlich herausragender Bedeutung sind hierbei die Analysen des Untergangs der Republik und der Verwandlung des Prinzipats in den Dominat während der Kaiserzeit – beides Perioden, deren paradigmatische Bedeutung für die europäische Geschichte immer wieder zu einer schubweisen Beschäftigung mit den damals entstandenen Überlegungen von Sallust und Cicero bis Seneca und Tacitus geführt hat. Insofern bildet neben dem politischen Denken der Griechen das der Römer den zweiten Grundpfeiler der politischen Vorstellungswelt Europas.

Neue Fragen und Antworten münden in den Strang der politischen Ideengeschichte ein, seitdem sich das Christentum mit dem Erfordernis konfrontiert

Vorwort der Herausgeber

sah, auch zu genuin politischen Fragen Position zu beziehen: Hier entsteht der dritte Grundpfeiler jener politischen Vorstellungswelt, die zwei Jahrtausende europäischer Geschichte in wechselnder Ausprägung mitgestaltet hat.

Frankfurt/M., April 1988

Iring Fetscher
Herfried Münkler

EINLEITUNG

Wozu Geschichte der politischen Ideen?

Von Iring Fetscher

Geschichtswissenschaft ist ein – im Grunde – unrealisierbares Unternehmen. Sie müßte – streng genommen – alle Aspekte menschlichen Lebens umfassen: den Umgang der Menschen mit der Natur und mit ihresgleichen, Ihre Institutionen, ihre Artefakte, ihre Ideen, Wünsche, Hoffnungen, Einbildungen usw. Und sie müßte zugleich aufzeigen, wie sich all' diese Aspekte der konkreten und komplexen Realität miteinander verbinden, so daß schließlich ein »Ganzes« entsteht. Jedes Detail, so sagt uns die Hermeneutik, kann angemessen nur vom Ganzen her verstanden werden. Das Ganze aber kennen wir nur auf Grund unserer Kenntnis der Details. Wo sollen wir anfangen? Wie sollen wir damit zuendekommen? Der ideale Historiker müßte Wirtschaftsgeschichte, Technikgeschichte, Kunstgeschichte, politische Institutionengeschichte, Rechtsgeschichte, Religionsgeschichte, Ideengeschichte und vieles andere beherrschen und dürfte doch kein »Fachidiot« eines dieser Gebiete sein. Er müßte als allwissender Psychologe in die Psyche der einflußreichen Personen ebenso Einblick haben wie in die der »ausführenden«, passiv Herrschaft und Unterdrückung ertragenden oder gegen sie rebellierenden Menschen, die zu allen Zeiten noch die Mehrheit bildeten. Er dürfte weder die Strukturen vernachlässigen noch deren Dynamik verkennen, weder die »Rolle der Persönlichkeit« noch die sozialer Einheiten wie Klassen, Stände, Schichten, Eliten, Sekten, Kirchen usw. Das Wissen um das, was eigentlich Voraussetzung für eine adäquate Geschichtsschreibung wäre, hat in den letzten hundert Jahren ständig zugenommen. Ihm gegenüber sind die schrecklichen Vereinfacher, die alles auf Rasse, Klasse, Wirtschaft oder sonstige Teilaspekte kausal zurückführen wollten, letztlich gescheitert, auch wenn zwischen ihnen erhebliche Qualitätsunterschiede verbleiben.
»Rousseau war an der Französischen Revolution schuld«, sagen die einen; Nietzsche, Spengler, Haushofer, Gobineau oder H. S. Chamberlain waren die geistigen Stammväter des Nationalsozialismus behaupten andere (oder auch die gleichen). Solche zur Kausalerklärung herangezogenen Verweise auf einflußreiche Ideenlieferanten führen alle Mal in die Irre. Sie können weder den Ort der angeblichen Wirkung, noch die Zeitverschiebung zwischen der Veröffentlichung von Werken und ihrer breiten Rezeption erklären. Für politische Ideen war die Rezeptionsgeschichte – lange bevor sie für die Literaturwissenschaft bedeutsam wurde – immer schon ein wesentlicher Gesichtspunkt. Das gilt im Grunde genau so für die neuzeitliche Philosophiegeschichte, die z. B. für die Wirkung eines Sören Kierkegaard so erstaunliche Zeitverschiebungen zeigt. Ist die Herauslösung von Teilaspekten aus dem historischen Totum (und Konti-

nuum) überhaupt legitim? Daß sie bis zu einem gewissen Grade unvermeidlich ist, wird jeder zugeben. Irgendwo muß man anfangen, aber darf man beim »Teil« stehenbleiben? Reine Ideengeschichte, so viel steht wohl fest, führt in die Irre. Zwar haben viele (wenn auch längst nicht alle) Ideenproduzenten bewußt (oder auch unbewußt) an Gedanken älterer Autoren angeknüpft oder bestimmte überlieferte Selbstverständlichkeiten ausgelegt oder umgedeutet; aber diese ideengeschichtliche Filiation ist doch nur ein Teil der Wirklichkeit. Warum dieser oder jener Autor der Vergangenheit plötzlich wieder »aktualisiert« wurde, warum diese oder jene Theorie oder Idee neu aufgegriffen worden ist, das kann »reine Ideengeschichte« nicht lehren. Schlimmstenfalls wird sie mit dem Hinweis auf die »geringe Verbreitung« eines Textes vor einer bestimmten Zeit (also tautologisch) antworten oder durch ein schlichtes »Vergessen«, was ja gerade erst erklärt werden müßte, ebenso wie das plötzliche »Wiedererinnern«. In der Regel haben daher die Autoren des vorliegenden Handbuches die Ideen in den Zusammenhang der sozialen, politischen und kulturellen Verhältnisse ihrer Zeit eingeordnet und im Zusammenhang mit ihnen dargestellt. Auch wenn das nicht immer im gleichen Umfang möglich (und dem einen oder anderen Autor auch nicht gleich wichtig) erschien, hat doch niemand »reine Ideengeschichte« zu schreiben versucht. Gewiß, von der griechischen und römischen Antike an gibt es *auch* eine gewisse (freilich zeitweise unterbrochene) Kontinuität politischen Denkens, die sich bis in unser Jahrhundert hinein (z. B. bei Hannah Arendt oder Eric Voegelin und Leo Strauß) erstreckt. Immer wieder werden griechische und römische »Klassiker« kommentiert und als ideale Norm-Vermittler erneut präsentiert. Aber schon ihre Rezeptionsgeschichte wäre ohne Hinblick auf die sich verändernden sozialen, ökonomischen und politischen Zeitumstände unverständlich. So wird z. B. die Erneuerung römisch-rechtlichen Denkens von einigen Autoren aus der marxistischen Tradition in Zusammenhang mit der Herausbildung einer Markt- und Geldwirtschaft gebracht, von anderen stärker als Folge der Entstehung des säkularen Staates und seiner Institutionen angesehen. Vermutlich schließt das eine das andere nicht aus. Erstaunlich bleibt dann freilich, daß England, ein Land, in dem die moderne marktvermittelte Produktionsweise sich – auf breiterer Basis als in den norditalienischen Stadtstaaten der Renaissance – so mächtig entwickelt hat, ohne diese Rezeption des römischen Rechtes auskam und am »case law« der einheimischen Tradition festhalten konnte, ohne daß das der ökonomischen Entfaltung offenbar geschadet hätte. Als vorläufige Antwort auf diese »Ungleichheit« legt sich der Hinweis auf ein Moment des Zufalls nahe, das nie ausgeschlossen werden kann und ohne das die Geschichte ja »berechenbar« wäre (oder wenigstens im Nachhinein als »rational« rekonstruiert werden könnte). Beides ist aber offenbar nicht möglich, und seit die religiösen Deutungen des Weltgeschehens samt ihren säkularisierten Umbildungen mehr oder minder eindeutig Schiffbruch erlitten haben, wird es schwer, von einer erkennbaren »Vernunft in der Geschichte« zu sprechen, wie das Hegel (und allerdings mehr indirekt auch Marx) getan hat. Wer die pauschale These von der sich in der Geschichte verwirklichenden Vernunft und von einer (erkennbaren, rationalen) Gesetzlichkeit der Geschichtsentwicklung bestreitet, liefert aber damit die Geschichtswissenschaft keineswegs dem Irrationalismus aus, wie manche Marxisten ihren Kritikern gegenüber behaupten. Umge-

Einleitung 23

kehrt, wer – kontrafaktisch – an der objektiven Vernünftigkeit der Geschichte
festhält, der ist zu höchst irrationalen und fragwürdigen Hypothesen genötigt.
Er muß z. B. auch den Nazismus und die Stalinsche Gewaltherrschaft als »List
der Vernunft« in dieses Konzept einzuordnen suchen. Man fragt sich zu Recht,
welcher spätere »Fortschritt« mit Auschwitz erkauft worden sein soll und wie
irgendein denkbarer Progreß den Terror des Archipel Gulag soll rechtfertigen
können. Nicht zufällig überwiegen daher seit dem Zweiten Weltkrieg im Westen
pessimistische Geschichtsdeutungen, die in der Trauer über ein nie zu rechtferti-
gendes, sinnloses Leid mehr Menschlichkeit sehen als in den ideologischen Ver-
renkungen, die zu dessen Legitimation unternommen worden sind. Dieser Ge-
schichtspessimismus schließt aber weder Hoffnung noch Anstrengungen zur
Verbesserung der Lebensverhältnisse der Menschen aus. Nur von »Gewißheit«
kann nicht mehr ernsthaft gesprochen werden.
Das Geflecht von menschlichen Handlungen, aus dem letztlich die historische
Entwicklung resultiert, enthält gewiß zahlreiche rational motivierte Entscheidungen, aber sein Resultat kann kaum als »rational« angesehen werden. Immer
wieder durchkreuzen die Widerstände der Natur oder die anderer Individuen
und Kollektive die Handlungsziele von Staaten, Gemeinschaften oder Personen.
Man spricht von einer »Heterogenität der Zwecke« oder von der Erzeugung
unerwünschter »Nebenwirkungen«, die oft freilich die gemeinte Hauptwirkung
völlig unter sich begraben. Der Zweite Weltkrieg wurde von der Naziführung
(mit Zustimmung einer Mehrheit der deutschen Bevölkerung) unternommen, um
»Lebensraum im Osten« und eine dominierende Weltstellung für das Deutsche Reich zu schaffen. Resultat war das mächtigste Militärbündnis der bisherigen Geschichte, in dem die demokratischen kapitalistischen Länder des Westens
sich mit dem staatssozialistischen Sowjetunion zusammenfanden, um dieses
»Große deutsche Reich« vernichtend zu schlagen. Am Ende war das Staatsge-
biet des ehemaligen Deutschen Reiches dreigeteilt, die Grenze zwischen dem
Einflußgebiet der Sowjetunion und der Westmächte weit nach Westen verschoben und – auf viele Jahre – dem übriggebliebenen, zweigeteilten Deutschland
der Status eines souveränen Staates genommen. Gewiß haben auch die Staatsmänner der anderen Länder ihre Ziele nicht erreicht. Großbritannien verlor in
diesem Krieg mit dem Deutschen Reich und Japan seine Kolonialmacht und
sank – gegenüber den Vereinigten Staaten – vollends auf einen »zweiten Rang«
ab. Die Vereinigten Staaten endlich wurden in einem Ausmaß in die Weltpolitik
verwickelt, das dem traditionellen Selbstverständnis dieses auf die westliche Hi-
misphäre sich konzentrierenden Großstaates widersprach. Auch gelang es gerade nicht, »die Welt für die Demokratie sicher zu machen«. Zum ersten Male
verfügen die USA auch in Friedenszeiten über eine überdimensionierte Militärmacht und bildete sich ein »militärisch-industrieller Komplex«, dessen Einfluß
auf die Politik allen Traditionen dieser selbstbewußten Demokratie widerspricht.
Dieses – hier grob schematisierte – Geflecht von Zielen und Wirkungen hat – am
Rande – auch mit den »Ideen« zu tun, von denen die verschiedenen kriegführen-
den Staaten und Staatsmänner beeindruckt waren: Lebensraum-Ideologie und
Rassismus bei den Nazis, internationaler Sozialismus und Vormachtstellung der
Sowjetunion für die »revolutionäre Emanzipation der Menschheit« bei der So-

wjetführung, Demokratie, Menschenrechte und Marktwirtschaft bei den Westmächten. Diese Ideen (zusammen mit dem unterschiedlich starken Patriotismus und Nationalismus, den alle Regierungen namentlich in Kriegs- und Spannungszeiten zu mobilisieren suchen) haben sicherlich für die Kriegsziele und – mehr noch – für die Legitimierung der großen materiellen und physischen Opfer eine Rolle gespielt, die den Völkern zugemutet wurden. Sie waren unentbehrlich, aber sie waren kaum allein die ausreichende Motivierung für den Krieg. Es ist allerdings nicht leicht (und wohl nie eindeutig und definitiv zu klären) welche »realen Interessen« sozialen Gruppen und einflußreichen Eltern und welche »geopolitischen Bedingtheiten« für die Ereignisse eine Rolle spielten. Auch traditionelle Feindschaften (etwa die russisch-polnische) und deren »Erinnerung« waren nicht ganz ohne Bedeutung.

Wenn man aber auch für die Gegenwart die Rolle politischer Ideen relativ eindeutig bestimmen und nüchtern analysieren kann, so gelingt das gleiche für frühere Geschichtsepochen nicht ohne weiteres. Nicht immer legen wir uns genügend Rechenschaft von der fundamentalen Unterschiedenheit der Psyche der Menschen der antiken Polis, der mittelalterlichen Gesellschaft oder gar der Angehörigen außereuropäischer vorkolonialer Staaten ab. Hier kann nur ein »Sich-Versenken« in die Produkte der fremden Kultur eine gewisse Annäherung bringen. Es ist vielleicht eines der wenigen überzeugenden Anzeichen der Höhe der europäischen Kultur, daß solches »Fremd-Verstehen« allein hier einen gewissen Entwicklungsstand erreicht hat. Auch wenn Lévi-Strauss sicherlich mit seiner Kritik an der europäischen traditionellen Ethnologie Recht hat (und diese Kritik z. B. auch auf die ältere Sinologie zutreffen dürfte), gibt es doch immerhin ein *Bemühen* um das Verstehen der Andersheit des Anderen, das den außereuropäischen älteren Kulturen meist völlig fehlt. Hegel würde sagen, die spätere kulturelle Entwicklungsstufe erlaubt es, frühere (und sich selbst) zu verstehen. So arrogant dürfen wir heute als Europäer nicht mehr argumentieren, zumal seit sich gezeigt hat, daß auch eine hochstehende Philosophie, Literatur, Kunst und Musikkultur ein Volk nicht daran hindert, unvorstellbare Grausamkeiten und Unmenschlichkeiten zu begehen oder doch geschehen zu lassen.

Auch die Marxsche These, vom Menschen und von dessen späterer Entwicklung her lasse sich die Entwicklungsgeschichte (Darwin) und die »Vorgeschichte« der Gegenwart aufschlüsseln, können wir heute nicht mehr undifferenziert wiederholen. Dennoch enthält sie – wie mir scheint – ein Stück Wahrheit. Wenn im Laufe der Geschichte Gesellschaften entstehen, die immer stärker ausdifferenzierte Strukturen aufweisen, dann erlaubt ebendiese Ausdifferenziertheit auch eine bessere Analyse und Darstellung früherer Stufen der Gesellschaftsentwicklung. Kunst z. B. war nicht schon immer ein »abgesonderter« Bereich der Kultur. Auf frühen Stufen der sozialen Entwicklung war sie entweder als bloße Dekoration Teil der Gebrauchsgegenstände (man denke nur an die Band- und Schnurkeramiker der Frühzeit) oder sie gehörten dem sakralen Bereich an, galten dem Kult der Götter – nicht dem der »Schönheit«. Erst mit der Säkularisierung und Individualisierung wurde Kunst auch zu einer den Tätigen auszeichnenden Sache. Erst in der Renaissance beginnen die Maler ihre Bilder zu signieren, werden Porträts von Individuen gemalt (freilich schon einmal in der späten Antike gewinnt die charakteristische Individualität gegenüber dem Typus an Bedeutung).

Einleitung 25

Erst im Griechenland der klassischen Zeit beginnt sich realistische Geschichtsschreibung von mythisierender Erzählung zu lösen. Man könnte auch umgekehrt sagen: Erst damit entsteht eine vom mythisch-sagenhaften Bericht unterschiedene fiktive Erzählung. Ausdifferenzierung hier wie dort. Vom Ausdifferenzierten her lassen sich aber die vielfältigen Funktionen der älteren kulturellen Veranstaltungen besser begreifen und analysieren. Religiöse Andacht, ästhetischer Genuß, befriedigte Neugier (wie sie später zur Geschichtsforschung motiviert) gehen in der Frühzeit noch ungegliedert zusammen. Am Epos Homers gewinnen Griechen kulturelles Selbstbewußtsein und Zusammengehörigkeitsgefühl, erfahren sie – schon nicht mehr ganz ursprünglich – von ihren Göttern und Heroen, genießen sie die Schönheit ihrer Sprache und die Anschaulichkeit der vom Sänger vermittelten Bilder des (mythischen) Geschehens.

Je weiter wir in der Geschichte zurückgehen, desto mehr Analogien zwischen den unterschiedlichen Kulturen begegnen uns. Aber vielleicht sind diese Analogien nur eine optische Täuschung, die aus unserer Distanz zur fernen Vergangenheit herrührt. Auf der anderen Seite ist im zwanzigsten Jahrhundert erstmals wirklich »eine Welt« entstanden. Noch so entfernte politische Ereignisse oder wirtschaftliche Veränderungen lassen uns nicht mehr unberührt. Ein enges Wechselverhältnis von ökonomischer, wissenschaftlich-technischer, ideologischer und politisch-militärischer Macht hat sich überall herausgebildet und verändert sich dynamisch – ob wir es wollen oder nicht. Es ist schon wahr, daß die aus dem alten Europa stammenden (und in den USA wie Japan nur modifizierten) Leitideen heute die ganze Welt beherrschen: überall (wenn man von den gewiß nicht zu unterschätzenden Theokratien einmal absieht) wird die Demokratie (in welchem konkreten Verständnis auch immer) zur offiziellen Norm erhoben, überall gilt wirtschaftlich-technisches Wachstum (nach europäisch-nordamerikanisch-japanischem Vorbild) als höchstes Ziel, während die einen das Marktmodell bevorzugen, streben die anderen nach staatlicher sozialistischer Planökonomie, aber beide Konzepte stammen aus Europa (sind sogar beide im Vereinigten Königreich konzipiert worden).

Dieser – durch Effizienz auf organisatorischem, ökonomischem und technisch-militärischem Gebiet – bewirkte Siegeszug hat freilich zahlreiche kleinere, ältere Kulturen vernichtet, Völker und ethnische Einheiten um ihre tradierte Identität gebracht und – nicht nur im Iran – Gegenbewegungen ausgelöst, die von einem erneuten (und meist idealisierten) Bild der Vergangenheit sich inspirieren lassen. Auch diese Doppelbewegung zur weltweiten Homogenisierung der Menschheit auf der einen Seite und zur Wiederherstellung oder Verteidigung individueller Partikularität auf der anderen orientiert sich an »Ideen«: am Universalismus der Menschenrechte und der allgemeinen demokratischen Mitbestimmung aller (einschließlich der Frauen und ethnischer Minderheiten) auf der einen Seite, »am Recht auf die Besonderheit«, darauf, die »eigne Identität zu bewahren«, auf der anderen. Universalismus, Gleichberechtigung aller, Mitspracherecht aller – das sind die Ideen der progressiven Bewegungen seit jeher gewesen. Liberalismus, Demokratie, Rechtsstaatlichkeit, Aufhebung aller Diskriminierungen – so lauteten deren Losungen. Aber auch das »Recht auf die je eigne Besonderheit« geht auf eine ältere Tradition, die des Konservatismus, zurück. In der Spätphase der Feudalgesellschaft (und vermutlich nicht viel anders in der Spätzeit der antiken Polis und der römischen Republik) war dieses »Recht auf Besonderheit« stets mit der Bewahrung von Vorrechten verbunden, die für die Mehrheit der übrigen Bevölkerung Abhängigkeit, Rechtlosigkeit, Unterwürfigkeit bedeutete. Heute dürfte es in erster Linie um solche Besonderheiten gehen, die andere nicht diskriminieren, obgleich auch das – vor allem auf Grund der ethnisch-religiös-kulturellen »Gemengelagen« in vielen Gegenden der Erde – durchaus geschehen kann. Vor allem schwache, mit geringem kulturellem und politischen Selbstbewußtsein ausgestattete Völker neigen dazu, ihr Selbstwertgefühl durch Abwertung und Diskriminierung anderer ethnischer, religiöser oder rassischer Gruppen zu steigern. Dennoch scheint mir das Bedürfnis nach »Bewahrung kultureller Identität« legitim zu sein. Menschen sind keine abstrakten Wesen. Sie sind Mann und Frau, geprägt durch unterschiedliche kulturelle Lebensformen (Sprachen, Kulturen, Religionen usw.), und sie können ihre Individualität nicht abgesondert von diesen »Bedingtheiten« entwickeln. Gewiß, sie sind »Menschen« nur insoweit sie sich dieser Bedingtheiten zugleich bewußt sind und sich – akzeptierend, kritisierend, modifizierend dazu verhalten (J. P. Sartre), aber sie dürfen doch dieser *besonderen* Bedingtheit nicht zugunsten einer »allgemeinen« von außen her beraubt werden. Der bewußte, freie Aufstieg von der Bedingtheit durch Familie, Landschaft, Volk, Kultur zur Humanitas ist wünschenswert, aber er kann und darf nicht durch eine von außen kommende, erzwungene Nivellierung »ersetzt« werden. Die zuweilen aggressiven Formen der »Neubesinnung auf regionale Besonderheiten« – wie sie in Korsika, im Baskenland, in Katalonien, im Iran usw. zutage treten, sind weithin Folgen jener erzwungenen Anpassung an das »Weltniveau« der internationalen Industriezivilisation, einer Anpassung, die meist unter »Führung« von modernen Eliten und Repräsentanten der Mehrheitsnation vorangetrieben und Minderheiten aufgezwungen wird.

Was können wir aus der Geschichte der politischen Ideen lernen? Es muß nicht unbedingt der »klassische« Satz auch für diesen Aspekt der Geschichte gelten, daß man aus ihr lediglich lernen könne, daß »die Menschen« aus der Geschichte nichts lernen. Wenn man freilich erwartet, daß durch die bloße Verbesserung der Kenntnisse über politische Ideen und ihre Wirkung in der Vergangenheit bereits eine ideale Gestaltung des gesellschaftlichen Zusammenlebens resultiert, muß auch hier die Geschichte enttäuschen. Immerhin kann die Beschäftigung mit den politischen Ideen und vor allem auch mit den aus ihnen »aufgebauten« politischen Theorien und Philosophien zu einer Klärung des Bildes der komplexen Realität beitragen und – vielleicht – Mißverständnisse und Fehlurteile im einzelnen vermeiden lassen. Vor allem kann die größere Transparenz einfacherer Verhältnisse, z. B. die der antiken Stadtstaaten oder der norditalienischen Stadt-Republiken, einen Beitrag zur Analyse weniger durchsichtiger und komplexerer Verhältnisse leisten. Also gerade in Umkehrung der oben erwähnten Beziehung würden die »weniger entwickelten« und minder differenzierteren Verhältnisse hier gleichsam einen »Schlüssel« zum besseren Verständnis der späteren bieten. Freilich gilt auch hier das Prinzip des »hermeneutischen Zirkels«: Frühformen und Spätformen menschlichen Zusammenlebens beleuchten sich gegenseitig. Die Spätformen erleichtern die differenzierende Analyse, die Frühformen die »Zusammenschau« und das Verständnis des jeweiligen »Ganzen«. Allerdings darf nicht übersehen werden, daß gerade die spezifischen Weisen des »Zusammen-

Einleitung 27

halts« einer antiken Polis, einer ständisch gegliederten mittelalterlichen Stadt-Republik und eines modernen Industriestaates sich radikal unterscheiden. Aber auch hier kann der Vergleich – sowohl der Strukturen als auch der ihnen korrespondierenden, sie legitimierenden oder infrage stellenden Ideen – hilfreich sein.

Der schönste Ertrag des Studiums politischer Ideen (und Theorien) der Vergangenheit besteht in dem – in allen bedeutenden Theorien und Philosophien – enthaltenen Anteil »überzeitlicher« allgemeiner Gültigkeit. So sehr nämlich Entstehung und Akzentuierung politischer Ideen und Theorien zeit- und gesellschaftsbedingt sind, so wenig läßt sich leugnen, daß (fast) stets auch ein allgemein gültiger Aspekt menschlichen Zusammenlebens besonders klar herausgearbeitet wird. Vielleicht kann man sagen, für Platon, Aristoteles, Thomas von Aquin, Nicolaus Cusanus, Thomas Hobbes, John Locke, J. J. Rousseau, D. Hume, Immanuel Kant, J. S. Mill, Karl Marx, Max Weber – um nur einige der bedeutendsten politischen Denker zu nennen – gelte, daß sie mit dem von ihnen hervorgehobenen Aspekt »recht« gehabt haben, nur mit der Ausschließlichkeit, mit dem sie diesen einen Aspekt betonten, Unrecht. Das klingt wie das Programm eines schlichten Eklektizismus. Auch wenn mir das Prinzip: »Ich nehme mein Gut, wo ich's auch finde« des französischen Sprichworts durchaus sympathisch ist, meine ich doch etwas anderes. Spezifische historische Umstände: z. B. der Verfall der älteren Adels-Herrschaft oder der auf weitgehender Gleichheit der »Freien« beruhenden antiken Polis führten zur Herausarbeitung bestimmter – im Augenblick bedrohter – Aspekte für *jedes* friedliche soziale Leben. Der Grund für die jeweilige Einseitigkeit liegt in der besonderen historischen Lage. Diese trägt dazu bei, daß ein »Teilaspekt« besonders kraß und deutlich hervortritt. In der Regel ist es jener, dessen Stabilität gefährdet und dessen Unentbehrlichkeit gerade darum plötzlich sichtbar geworden ist. Als die radikale französische Aufklärung die stabilisierenden Glaubensvorstellungen erschüttert hatte, wurde – im Laufe der Französischen Revolution – sowohl bei Anhängern als auch bei Gegnern der Revolution das Bedürfnis nach einer verbindlichen »geglaubten« Grundlage des Gemeinschaftslebens spürbar. Robespierre suchte diesem Bedürfnis durch den »Kult des höchsten Wesens« gerecht zu werden, Napoleon und die Restauration stützten sich auf die Wiederbelebung des (gallikanischen) Katholizismus. In den Theorien der Restaurationsphilosophen wurde die Religion zum zentralen Angelpunkt der Gesellschaft und des Staates gemacht. Hegel erblickte – umgekehrt – im Fehlen einer reformatorischen religiösen Grundlage den Grund für die Zickzackbewegung der französischen Geschichte von Revolution zu Restauration und abermaliger Revolution. Bei Herannahen der sozialen Revolution steigerte der extrem konservative spanische Autor Donoso Cortes noch einmal die These von der Rolle der Religion (hier des Katholizismus) und verwandelte sie in eine letztlich allein der Stabilität sozialer Verhältnisse dienende, den »von Haus aus bösen Menschen« disziplinierende Ideologie. Gewiß, all diese Autoren wiesen der Religion je unterschiedliche Aufgaben zu, ihnen gemeinsam aber war die Betonung der Notwendigkeit religiöser Überzeugungen – eine These, die während der Aufklärungszeit lediglich Rousseau vertreten hatte. Kaum einer erkannte, daß mit solcher »Indienststellung« der Religion diese im Grunde zur »nützlichen Ideologie« herabgesetzt und keineswegs als »wahr« proklamiert wurde. Eine späte Konsequenz aus dieser – damals unbewußt und von den konservativen Autoren der Restaurationszeit mit bestem christlichem Gewissen vorgenommenen – Funktionalisierung der Religion hat der amerikanische Pragmatismus gezogen. Was die Restaurationsphilosophen »taten«, ohne sich dessen freilich bewußt zu sein, das wurde von den Pragmatisten offen zum Prinzip erhoben: religiöse Aussagen haben es nicht mit der Wahrheit zu tun, sondern mit der Auswirkung bestimmter Überzeugungen auf das Tun, das menschliche Handeln. Man kann diesen Zusammenhang auch als ein weiteres Beispiel für den Prozeß der Ausdifferenzierung und Säkularisierung ansehen, darf aber nicht darüber vergessen, daß es stets auch genuine Religiosität weiter gibt. Vielleicht könnte man sogar sagen, daß selbst die von den Pragmatisten so sehr geschätzte »Funktion« von Religion nur so lange bestehen bleibt, wie die an religiöse Aussagen Glaubenden, nicht um der Funktion willen »glauben«, ja möglichst von dieser Funktion gar nichts wissen.

Als die Kraft des Glaubens und der durch den gemeinsamen Glauben stabilisierten sozialen Ordnung immer mehr nachzulassen begann, traten vielfach nationale Ideologien (Nationalismen) an dessen Stelle. Auch hier hat J. J. Rousseau schon früh den Weg gewiesen, ohne vermutlich die Tragweite seiner Erkenntnis zu ahnen. Um den Zusammenhalt der von Ost wie West in ihrer Existenz bedrohten polnischen Nation zu festigen, empfahl er Nationalkostüme, Nationalfeste und ähnliche Maßnahmen zur Steigerung des Zusammengehörigkeitsgefühls. Im Falle dieser Nation bildet freilich die römisch-katholische Religion bekanntlich zugleich ein nationales Bindemittel, da sie zur Abgrenzung sowohl gegenüber dem protestantischen Preußen im Westen wie gegenüber dem griechisch-orthodoxen Christentum im Osten dient. Die religiöse (konfessionelle) Einheit der Staatsangehörigen wird allerdings bereits im Zeitalter des Absolutismus als höchst erwünschtes Bindungsmittel erkannt und – zuweilen gewaltsam – durchgesetzt. In England in Form der Ausgrenzung der Katholiken (und zeitweise auch der Dissenter), in Frankreich durch Verfolgung und Vertreibung der »Hugenotten«. Im postrevolutionären Frankreich beginnt daneben und darüber hinaus die »nationale Eigenart« eine wachsende Rolle zu spielen, wenn auch hier das absolutistische Königtum (anders als in den deutschen Territorialstaaten, deren Fürsten noch im 18. Jahrhundert in der Regel französisch sprachen) vorangegangen war. Im Konvent wurde der Gebrauch der lokalen Mundarten (argot) als »konterrevolutionär« verurteilt. Auch die regionalen Besonderheiten sollten zugunsten der einheitlichen französischen Nationalsprache verschwinden: »tout patriote parle français«. Aus diesen Ansätzen entwickelte sich im 19. Jahrhundert fast überall der Nationalismus, der Kult der jeweiligen nationalen Besonderheit, der oft (wenn auch nicht überall) mit der Geringschätzung anderer Völker und deren Kultur verbunden war. In dieser Entwicklung spiegelten sich zugleich der Zerfall des (allerdings nie besonders friedlich verbunden gewesenen) christlichen Abendlandes und der Fortschritt der Säkularisierung wider. Zu den schändlichsten Formen des mit dem Nationalismus verbundenen Fremdenhasses gehörte (und gehört) die Judenfeindschaft (die unkorrekterweise Antisemitismus genannt wird). Auch sie entwickelt sich aus tradierten religiösen Vorurteilen, die z. T. erst nach dem Zweiten Weltkrieg abgebaut wurden, die – im Zeichen der »Säkularisierung« durch ethnische und rassistische

Einleitung 29

»Begründungen« abgelöst wurden. Der ideengeschichtliche Zusammenhang von Staatsreligion, religiös begründetem Fremdenhaß, Nationalismus, Rassismus, Antisemitismus genügt freilich zur Erkenntnis der historischen Realität nicht. Die Funktion des Nationalismus als Mittel zur Überwindung sozialer Gegensätze im Inneren und zur Steigerung der »Abwehrbereitschaft« nach außen gehört ebensosehr hierher, wie die Analyse der Entstehung antijüdischer Ressentiments in bestimmten Teilen der Bevölkerung (Handel, Handwerk, absteigender »Mittelstand« usw.) und deren Benützung durch demagogische Parteipolitiker. Die »Notwendigkeit« der Benützung solcher Mittel entsteht in der Tat erst auf der Grundlage des allgemeinen Wahlrechts, weil es erst unter dieser Voraussetzung für Politiker (und Vertreter privilegierter Minderheitsinteressen) opportun erscheint, den Bedürfnissen der Bevölkerungsmehrheit – wenigstens emotional – entgegenzukommen, gerade weil man ihnen material nicht gerecht werden kann (und möchte). Das hier nur angedeutete Phänomen ist zur Zeit wieder unter dem Stichwort »Populismus« in der Diskussion. Selbst gemäßigte konservative Politiker – wie Otto von Bismarck – kokettierten zeitweilig mit dem Antisemitismus, wurden jedoch von den überzeugten kleinbürgerlichen antisemitischen Fanatikern bald aus dem Feld geschlagen. Ganz ähnlich hat später die Nazibewegung die gemäßigt fremden- und judenfeindlichen Konservativen zurückgedrängt. So viel um anzudeuten, wie der Zusammenhang von Religion, Nationalismus, Rassismus, Fremdenfeindschaft als Thema einer nie isoliert behandelbaren politischen Ideengeschichte erläutert werden kann.
Ein wichtiger Beitrag der Geschichte politischer Ideen besteht auch in der Herausarbeitung der höchst unterschiedlichen, ja zuweilen gegensätzlichen Bedeutung verbreiteter Schlagwörter. Das läßt sich am eindringlichsten am Beispiel von »Freiheit« und »Demokratie« illustrieren. Freiheit kann, systematisch gesehen, auf individuelle oder kollektive Subjekte bezogen sein. Die Freiheit einer Person und die einer Klasse, einer Nation usw. sind nicht dasselbe. Freiheit kann in der realen Option (Entscheidungsfreiheit) z. B. zwischen verschiedenen Berufen, Arbeitgebern, Wohnorten, Heiratskandidaten usw. bestehen oder auch in der »freien Entfaltung der (unterschiedlichen) individuellen Anlagen (gleiche Freiheit?). Freiheit kann – so die Formulierung im Grundrechtskatalog der ersten französischen Verfassung – im sicheren Genuß des jeweiligen Eigentums bestehen, aber auch im Recht (und der realen Möglichkeit) der Mitgestaltung der gesellschaftlichen Verhältnisse (demokratische Freiheit). Alle sind für die Freiheit, aber jeder versteht etwas anderes darunter. Das gilt sowohl für die Denker verschiedener historischer Epochen als auch für gleichzeitig Lebende. Sehen wir uns einige Beispiele näher an. Für den (der Führungsschicht seiner Polis angehörenden) freien Griechen bestand Freiheit vor allem darin, nicht von Fremden abhängig zu sein (kollektive Freiheit) und selbst (gemeinsam) die Angelegenheiten seiner Stadt leiten zu können (demokratische Freiheit, auch wenn sie auf eine de-facto-Aristokratie beschränkt war). Von individueller Freiheit konnte zwar bis zu einem gewissen Grade in Athen, nicht aber in Sparta und einigen anderen Poleis die Rede sein. Sitte, öffentliche Religion, Herkommen, usw. regelten das Verhalten. In dem freien Athen wurde Sokrates wegen Asebie zum Tode verurteilt. Die Anerkennung der öffentlichen Religion war Teil der Pflicht eines jeden Politen. Das von Sokrates als allein ihn verpflichtend angege-

bene innere Daimonion (die Stimme seines Gewissens) durfte traditionell nicht über die objektiven Normen des Polislebens gestellt werden. Von einem modernen Standpunkt individueller Freiheit aus gesehen war die Polis repressiv. Daß es außerdem in ihr Sklaven und Metöken (bloße Anwohner) gab, spielte für das Selbstverständnis der »Freien« keine Rolle. Erst im Zeitalter des Verfalls der Polis (und deren Freiheit) tauchten die Lehren von der Gleichheit aller Menschen und von der allgemeinen individuellen Freiheit auf.

Eine ganz andere Grundlage für Freiheit entwirft John Locke. Für ihn besteht sie in der souveränen Verfügung über den eignen Körper, der das einzige ist, was uns »von Natur aus« gehört. Durch die Bearbeitung eines beliebigen äußeren Naturobjekts »vermischen« wir gleichsam einen Teil unseres eigenen Leibes mit ihm und eignen es uns auf diese Weise an. Die fundamentale Freiheit, von der alle anderen Formen von Freiheit abhängen (und abzuleiten sind), ist die der *Besitzergreifung durch Bearbeitung*. Eine solche Argumentation wäre für die Polisbürger des klassischen Griechenland schlicht unverständlich gewesen. Die Bearbeitung der rohen Natur war ja in ihrer Gesellschaft die Aufgabe von Sklaven und nicht sonderlich hoch angesehenen Handwerkern, nicht die des stolzen und selbstbewußten Politen, dessen Beschäftigung im »Handeln« für die Stadt, im Ratschlagen der Ekklesia, im Bouleuterion, im Gericht usw. bestand. Lockes individualistischer Ausgangspunkt der Freiheitskonzeption ist der Ausdruck einer bereits individualistischen Gesellschaft. Freiheit ist für den Philosophen die Verfügung über das Eigentum, zu dem allerdings auch religiöse Überzeugungen gezählt werden, woraus sich die Forderung nach religiöser Toleranz von seiten des Staates ergibt. Da nun aber eine gesetzliche Ordnung des menschlichen Zusammenlebens notwendig ist, muß diese so beschaffen sein, daß jedem das Eigentum gesichert bleibt. Ausgaben, die zur Bestreitung öffentlicher Aufgaben – wie Verteidigung nach außen und Aufrechterhaltung des Friedens im Inneren – erforderlich sind, dürfen daher nur mit ausdrücklicher Zustimmung der Eigentümer-Bürger erfolgen, die durch ihre Steuern jene Mittel bereitstellen. Demokratische Rechte stehen hier im Dienste der individuellen Freiheit, sind ein Mittel zur Sicherung der Eigentümer gegen willkürliche Übergriffe einer Obrigkeit. In die gleiche Perspektive gehören auch die Individual-Rechte, die in den geschriebenen Verfassungen seit dem 18. Jahrhundert auftauchen. Sie sollen Freizügigkeit, Meinungsfreiheit, Gewerbefreiheit, Sicherheit der Wohnung, Briefgeheimnis, Religionsfreiheit usw. gewährleisten und stellen die Kernforderungen eines liberalen (individualistischen) Freiheitsverständnisses dar. Die von diesen »Menschenrechten« in klassischen Kodifikationen abgehobenen »Bürgerrechte« sind im Unterschied dazu »Rechte der Teilnahme« am Prozeß der Willensbildung. Demokratischem Verständnis der Freiheit gelten sie als Eigenwert, nicht als bloße Mittel zur Sicherung jener Individualrechte (Menschenrechte). Aus dem spannungsreichen Gegen- und Nebeneinander von Menschen- und Bürgerrechten entstehen mannigfaltige Probleme. Da Einstimmigkeit unter den Bürgern zwar erwünscht sein, aber nie wirklich erreicht werden kann, muß die Mehrheitsentscheidung an deren Stelle treten. Dem theoretisch reinen Konzept der Demokratie korrespondiert aber nicht schon notwendig die Toleranz gegenüber überstimmten Minderheiten. Im Gegenteil, der Wunsch möglichst weitgehender Übereinstimmung kann sehr wohl zu Intoleranz (wie oben be-

Einleitung 31

schrieben gegenüber regionalen Besonderheiten z. B.) und Unterdrückung führen. Eine Unterdrückung, die Demokraten (wie Rousseau) solange als legitim erscheint, wie man davon ausgehen kann, daß die Mehrheit tatsächlich den aufgeklärten und vernünftigen Willen der Gesamtheit vertritt. Dafür aber gibt es keinerlei Garantie. Fanatisierte und durch Demagogen verhetzte Mehrheiten können sehr wohl die Gemeinschaft insgesamt schädigende Meinungen vertreten und durchzusetzen suchen. Erfahrung hat daher die älteren Demokratien dazu veranlaßt, das »rein demokratische Prinzip« durch Sicherungen der überstimmten Minderheiten gegen Unterdrückung zu korrigieren. Insbesondere ist hier die Meinungsfreiheit, die Versammlungsfreiheit, die Organisationsfreiheit und die Demonstrationsfreiheit zu erwähnen, die überstimmten Bevölkerungsteilen die Möglichkeit offenhalten soll, selbst einmal zur Mehrheit zu werden. Der Klassiker des englischen Liberalismus, J. S. Milll, hat diese Freiheiten als nicht nur nützlich, sondern sogar unentbehrlich begründet. Entweder ist nämlich die Mehrheit (auch auf anderen als politischen Gebieten) im Recht, dann wird sie durch die kritische Herausforderung der Opponierenden lediglich dazu gezwungen, ihre Position besser und überzeugender zu begründen, oder aber sie hat Unrecht, dann stellt jene Freiheit die einzige Chance zur späteren Korrektur dieses Unrechts dar. Da es aber Unfehlbarkeit weder bei Einzelnen, bei Minderheiten noch bei Mehrheiten gibt, ist das »Offenhalten« alternativer Positionen und ihnen korrespondierender Willensrichtungen überlebenswichtig.

Die meisten sozialistischen Theoretiker setzen mit ihrer Kritik sowohl an der liberalen (individualistischen) als auch an der demokratischen Freiheitskonzeption an. In beiden Fällen lautet der Einwand nicht, jene Freiheiten seien wertlos, sondern sie stünden stets nur einem begrenzten Personenkreis zur Verfügung und seien daher für die Mehrheit eher illusorisch. Einfach läßt sich diese These am Beispiel der liberalen Freiheit der Eigentümer-Bürger belegen. Wer über kein Produktionseigentum verfügt – also weder selbständiger Bauer noch Handwerker noch Kaufmann ist –, bleibt darauf angewiesen, seine Arbeitskraft an einen dieser Eigentümer zu »vermieten«. John Locke hat – ohne es zu bemerken – seine Theorie des Eigentumerwerbs durch Bearbeitung auf »seinen Diener« ausgedehnt, dessen Torfstechen nicht ihn – sondern »mich« (den Herrn des Dieners) zum Eigentümer mache. Rousseau und Fichte nahmen diese bürgerliche Eigentumserwerbstheorie zum Ansatz für ihre Konzeption der allein legitimen Demokratie (die Rousseau Republik nannte): Die Republik besteht nur aus Eigentümern. Idealerweise sollten daher alle Bürger Eigentümer sein, niemand zu viel und keiner zu wenig besitzen. Fichte fordert den (autoritären) Staat auf, jeden Bürger »in sein Eigentum einzuweisen«, weil er nur dann auch von ihm (im Eigeninteresse) Gehorsam verlangen könne.

Etwas anders sieht die Argumentation aus, die bei der bürgerlichen Demokratieauffassung einsetzt. Bis etwa zur Mitte des 19. Jahrhunderts gingen die Anwälte der sozialistischen Umgestaltung der Gesellschaft davon aus, daß das allgemeine und gleiche Wahlrecht mit unaufhaltsamer Konsequenz zur Beseitigung des Privateigentums an den (großen) Produktionsmitteln führen werde. Der Wahlsieg Louis Bonapartes und später die Auswirkungen der Ausdehnung des Wahlrechts in England belehrten die Kommentatoren eines besseren. Auch bei allgemeinem und gleichem Wahlrecht kann die ungleiche Verteilung des Produktionsmittelbesitzes bestehen bleiben. Für sozialistische Theoretiker, die – entweder wie Proudhon von der Ungerechtigkeit oder wie Marx von der historischen Überholtheit und inneren Widersprüchlichkeit der kapitalistischen Produktionsweise überzeugt sind – ist dieses Wahlverhalten Folge eines unzulänglichen Selbstverständnisses der Mehrheitsinteressen durch die Bevölkerung. Aufklärung, Agitation, Organisation der arbeitenden Bevölkerungsmehrheit soll diesen Zustand überwinden. Letztlich lautet die These: Solange die Mehrheit der Lohnabhängigen nicht für den Sozialismus optiert, ist sie entweder unaufgeklärt oder durch die besitzende Minderheit und deren Handlanger manipuliert und über ihre Interessen getäuscht worden. Als wichtiges »Täuschungsmittel« gilt diesen sozialistischen Kritikern der »bloß formalen, bürgerlichen Demokratie« der Nationalismus, mit dessen Hilfe gemeinsame Interessen der Angehörigen aller Klassen eines Staatsvolkes herausgestellt und die gegensätzlichen Klasseninteressen verschleiert werden.

Die hier – in groben Umrissen skizzierten – Freiheitsauffassungen spielen heute vor allem in den Ländern der »Dritten Welt« eine aktuelle Rolle. Dort geht es sowohl um die »gemeinsame Freiheit« der sich allererst neu konstituierenden »Nationen« als auch um die freien Entfaltungsmöglichkeiten der meist in großem Elend lebenden Mehrheiten. Die ideologischen Auseinandersetzungen lassen sich aber auch in diesen Fällen – wie generell – nicht ohne Berücksichtigung der konkreten kulturellen, sozialen, ökonomischen, geographischen usw. Umstände angemessen verstehen. In der Theorie von Franz Fanon (»Les damnés de la terre«) wird zu den eben skizzierten Aspekten von »Freiheit« noch ein psychologischer hinzugefügt, der von der Dialektik von Herrschaft und Knechtschaft in Hegels »Phänomenologie des Geistes« angeregt worden ist. Wenn bei Hegel die Emanzipation des Bürgers vom feudalen Herrn das aus der Bearbeitung der rohen Natur gewonnene Selbstbewußtsein zur Voraussetzung hat, auf das dann allerdings der reale Kampf um die Anerkennung durch die Herren (und deren Beseitigung als Herren) folgt, so bildet bei Fanon allein das Moment des blutigen Kampfes die ausschlaggebende Rolle für die Überwindung eines zuvor vorhandenen Unterlegenheitsbewußtseins. In beiden Fällen ist aber die Herstellung dieses Bewußtseins der Gleichwertigkeit Voraussetzung für den erfolgreichen Befreiungskampf. Während Hegel die Natur als »Mitte« zwischen die Kämpfenden einschiebt und an ihrer »Überwindung« durch Bearbeitung den Knecht (Bourgeois) zum Selbstbewußtsein eigner Stärke gelangen läßt, kann für den Kolonisierten – nach Fanon – nur der Kampf selbst diese psychisch befreiende Rolle spielen. Auch durch diese Theorie wird ein Aspekt des gesellschaftlichen Lebens hervorgehoben, der in jeder gegliederten Sozialordnung eine Rolle spielt: die gruppenspezifische Selbsteinschätzung von Klassen, Schichten, Ständen usw. Eine Gesellschaftsordnung pflegt stabil zu sein, wenn die jeweils »untergeordneten«, »subalternen« Klassen, Schichten usw. ihren eignen Status als »verdient«, »gerecht«, »gottgewollt« – jedenfalls legitimiert – empfinden. Bewegungen, die diesen Zustand verändern wollen, müssen daher u. a. die passive Hinnahme des inferioren Status durch die Angehörigen von Unterklassen bekämpfen und ihnen das Bewußtsein gleichen Wertes und gleicher Würde verschaffen (oder »suggerieren«). Die Erfahrung erkämpften Erfolges ist unter Umständen ein hilfreiches Mittel für diesen Prozeß. Sie kann sowohl in einem Krieg

Einleitung 33

als auch – vor allem – in siegreichen sozialen Konflikten erworben werden. Aus diesem Grunde ist auch für das Selbstbewußtsein ganzer Nationen die Tatsache einer erfolgreichen vergangenen Revolution von erheblicher Bedeutung. Die Erinnerung an ihre Revolutionen machen England, Frankreich, Amerika erst eigentlich zu »bürgerlichen Gemeinwesen« mit bürgerlichen Nationen. Von einsichtigen Regierungen »ihrer Bevölkerung« gegebene Verfassungen haben – selbst wenn sie als solche optimal sein mögen – nie die gleiche Bedeutung wie von den Bürgern »erkämpfte«. Fanon hat dieses Moment isoliert und übersteigert, aber es spielt in allen Freiheitsbewegungen und im mythisierten Selbstverständnis der eignen Geschichte eines Volkes eine wesentliche Rolle. Im heutigen Frankreich kommt zur Erinnerung an die Revolutionen von 1789, 1830 und 1848 die an die Résistance gegen die deutsche Besatzung und das halbfaschistische Vichy-Régime hinzu. Bei diesen Erinnerungsbildern handelt es sich nicht um »objektive Geschichte«, sondern um meist geschönte Mythen. Sie dürften bis zu einem gewissen Grade unentbehrlich sein.

Damit ist der Überblick über die verschiedenen Bedeutungen und Deutungen der Freiheitsproblematik noch nicht abgeschlossen. Neben und über die Unterschiede von kollektiver und individueller Freiheit, von liberaler und demokratischer Freiheit, von nationaler und »rassischer« Autonomie tritt seit einigen Jahrzehnten die Forderung nach Emanzipation der Frauen. Bis nach dem Ersten Weltkrieg auch in den meisten demokratischen Staaten noch vom aktiven und passiven Wahlrecht ausgeschlossen, geht der Kampf der Feministinnen inzwischen vor allem um die gleiche Entfaltungsfreiheit in allen Sphären des gesellschaftlichen Lebens: in der Familie durch gleiche Verteilung der Lasten (»unbezahlter Arbeit« für Haushalt, Kindererziehung usw.), im Ausbildungssektor durch die Forderung nach gleichen Bildungschancen, im Berufsleben nach gleicher Zulassung zu allen Tätigkeiten und Rängen – nicht nur nach gleicher Bezahlung für die gleiche Arbeit. Wie bei allen anderen Freiheitsforderungen fällt auch bei den Freiheitspostulaten des modernen Feminismus die Freiheitsforderung mit der Gleichheitsforderung zusammen.

Wenn in den USA hundert Jahre nach der offiziellen Abschaffung der Sklaverei faktisch noch immer die soziale Lage der Afroamerikaner die einer diskriminierten Minderheit ist, dann verlangt das – zum Zwecke der beschleunigten Beseitigung dieser manifesten Ungerechtigkeit – nach der Überzeugung engagierter Demokraten eine »affirmative action«, eine gesetzlich erzwungene Korrektur durch die Zulassung von festgelegten *Quoten* farbiger Studenten, Angestellten usw. Auf diese Weise kann es freilich geschehen, daß z. B. weiße Studierende mit besseren High-School-Examina von der Zulassung zum Studium gegenüber Farbigen mit schlechteren Noten zurückstehen müssen. Die »ausgleichende Gerechtigkeit« geht auf ihre Kosten. Der Eingriff in die Gleichbehandlung läßt sich pragmatisch, nicht aber logisch rechtfertigen: als eine vorübergehende Abweichung vom Prinzip der Gleichbehandlung im Interesse der Korrektur jahrhundertelanger Ungleichbehandlung.

Je größer die Bedeutung der Bildung und Ausbildung für den sozialen Status eines jeden wird, um so wichtiger wird die gerechte Verteilung der Bildungschancen. Diese kann aber weder durch das Schulsystem allein noch durch die Quotenregelung gewährleistet werden. Die manifesten Milieuunterschiede

(Elternhaus, Bekanntenkreis usw.) bleiben so lange ein Handicap für Unterschichtkinder (und erst recht für Afroamerikaner aus der Unterschicht), wie diese schichtspezifischen Differenzen in ihrem gegenwärtigen Umfang bestehen bleiben. Die durch den Anblick massenhafter Arbeitslosigkeit im eignen sozialen Milieu ausgelöste Mutlosigkeit verstärkt den Auslesemechanismus und läßt nur sehr wenige Individuen aus ihrem Milieu »aufsteigen«. Damit taucht ein weiteres Problem auf, das man vielleicht das »Lotteriegerechtigkeitsproblem« nennen könnte. Wenn es in einer Gesellschaft nur eine begrenzte Anzahl hochbezahlter und interessanter Funktionen und Berufe gibt, dann werden immer nur wenige an diese Stellen gelangen können, dann wird die Auswahl, der Konkurrenzkampf unter den Bewerbern um so heftiger sein, je größer die Zahl der ausreichend Ausgebildeten ist. Um in diesem Wettkampf zu bestehen, werden Unterschichtangehörige immer sowohl zusätzliche fachliche Leistungen als auch vermehrte Durchsetzungskraft, »Ellenbogenstärke«, beweisen müssen. Der Erfolg der wenigen baut immer auf dem Mißerfolg der vielen auf. Die Lotterie ist deshalb eine besonders anschauliche Metapher für diesen Zusammenhang, weil der Gewinn, der an die »Erfolgreichen« ausgezahlt wird, hier ganz real aus den in enttäuschter Hoffnung eingezahlten Beiträgen der vielen Verlierer stammt. Der Lotteriegewinn wird vermutlich dennoch von (fast) allen moralisch akzeptiert, weil er auf dem schieren *Zufall* beruht, also niemand für ihn »verantwortlich« gemacht werden kann (es sei denn der Veranstalter der Lotterie selbst). Der Erfolg des »Aufsteigers« jedoch beruht zwar auch auf dessen Leistung, zum erheblichen Teil aber (oft) auch auf einer gewissen Rücksichtslosigkeit gegenüber seinen Mitbewerbern und Kollegen und erscheint infolgedessen vielen als moralisch anrüchig.

Die von Feministinnen aufgegriffene Forderung nach Beseitigung der kulturell, sozial und politisch bedingten Benachteiligungen der Frauen hat – da es sich um die Hälfte der Gesamtbevölkerung handelt – eine viel weiterreichende Bedeutung als die Forderungen der Anwälte der Gleichstellung ethnischer Minderheiten. Auch hier wird jedoch in letzter Zeit immer wieder die »Quotenregelung« als eine Übergangslösung propagiert. Anfangs hatten Theoretikerinnen der Frauenbewegung – mit guten Argumenten – die Quotenregelung als eine indirekte Diskriminierung zurückgewiesen, besagt sie doch, daß nur mit Hilfe einer administrativen Zwangsregelung eine ausreichend starke Vertretung von Frauen in höheren sozialen und politischen Positionen erreicht werden kann. In der Praxis stellte es sich bald heraus, daß es keinen anderen Weg gibt, um relativ rasch zu einem gewissen Ausgleich zwischen den Positionen der Geschlechter zu kommen. Der hinter dieser Forderung stehende Freiheitsbegriff ist der der »freien Entfaltung aller (individuellen) Anlagen«. Eine qualitative Differenz in der potentiellen Leistungsfähigkeit (abgesehen von gewissen Muskelleistungen, die aber in der modernen Industriegesellschaft kaum noch irgendeine Rolle spielen) zwischen den Geschlechtern wird ebensowenig anerkannt wie zwischen den Rassen oder Völkern. Ethnologische Studien haben zudem bewiesen, daß selbst die verbreitet den Geschlechtern zugeschriebenen psychischen Eigenarten weithin von der jeweiligen kulturellen Prägung abhängig sind.

Während die bis jetzt skizzierte Forderung von Feministinnen lediglich auf eine – endlich zu vollziehende – Verwirklichung der Menschenrechte auch für die

Einleitung

andere Hälfte der Bevölkerung hinausläuft, treten andere Feministinnen darüber hinaus (oder anstelle dessen) für eine *grundsätzliche Veränderung* der kulturellen und sozialen Orientierung der Bevölkerung ein. Eine Gleichstellung der Frauen in einer Kultur, die weiterhin von den traditionellen patriarchalen Normen und Verhaltensmustern geprägt wird, wäre – so die These – keine wirkliche Befreiung. Sie würde die Frauen dazu zwingen, noch vollständiger als schon bisher patriarchale Normen zu verinnerlichen. Das Konzept der »Universalisierung« – so der Einwand – sei im Grunde das einer Universalisierung männlicher Normen und Verhaltensmuster. Es wird also nicht »gleiches Recht« für Frauen eingeklagt, sondern deren Recht auf Andersheit«, ihr »Recht, sie selbst zu bleiben« (oder auch erst voll und ganz zu werden). Kein Zweifel, daß sich hier gewisse konservative Ideen in neuer Gestalt anmelden. Nicht ganz unähnlich mehren sich ja auch die Stimmen von Vertretern nichteuropäischer Kulturen, die sich gegen die »Kolonialisierung des Bewußtseins« zur Wehr setzen und ihre traditionellen Besonderheiten verteidigen.[1]

Für das Selbstverständnis der auf Universalität und Allgemeingültigkeit orientierten demokratischen und liberalen Freiheitstradition ist die Berücksichtigung kollektiver Besonderheiten ein Problem. Zwar kann die freie Entfaltung der unterschiedlichen Anlagen eines jeden mit der liberalen wie der demokratischen Freiheit sehr wohl vereinbart werden, das Recht auf ethnisch-kulturelle Besonderheiten jedoch stößt dort auf Grenzen, wo es mit der gleichen Freiheit eines jeden (Erwachsenen) in Konflikt geraten muß. So kann z. B. die islamische Rechtsprechung, wie sie im schiitischen Fundamentalismus gehandhabt wird, nicht gut mit dem Prinzip der Menschenwürde und der Gleichberechtigung der Geschlechter vereinbart werden. Die berechtigte Scham der Europäer (von der der Deutschen ganz zu schweigen) über das, was von Europa (und dem europäisch kolonialisierten Amerika) aus der übrigen Welt angetan wurde, läßt uns zögern, dem »Recht, man selbst zu bleiben«, auf das Vertreter anderer Kulturen Anspruch erheben, Schranken zu setzen; dennoch müssen wir an der Legitimität der Gleichheits- und Freiheitsforderung für *jedes* Individuum festhalten. Nur von einer solchen universalistischen Position aus kann ja auch die Toleranz gegenüber Besonderheiten legitimiert werden. Besonderheiten, die jedoch nur unter der Voraussetzung des individuellen Rechtes, »ein anderer zu werden«, mit Freiheit (der gleichen Freiheit aller) vereinbar sind. Vielleicht sollte man daher vorsichtiger formulieren: »Das Recht, man selbst zu bleiben« (und sei's im Rahmen einer Kultur, die nicht alle als frei und gleich behandelt) kann nur solange mit universellen Normen vereinbart werden, wie es nicht zu einem Zwang wird, der dem »Recht eines jeden, ein anderer zu werden« im Wege steht.

Die »Geschichte der politischen Ideen« zeigt nur einen begrenzten Ausschnitt aus jenem komplexen Gebilde, das wir »die Geschichte« nennen. Seit der Historismus die Reflexionsstufe unseres Umgangs mit der Vergangenheit auf ein neues Niveau gehoben hat, wissen wir, daß es nie möglich sein wird, »fest- und darzustellen, wie es eigentlich gewesen ist«. Jede Geschichtsdarstellung ist zugleich eine Deutung, jede Deutung enthält eine Menge subjektiver Wertungen, Wünsche, Hoffnungen, Enttäuschungen, ob wir es nun wissen oder nicht. Die Mitarbeiter dieser fünf Bände stimmen in diesen subjektiven Wertungen, Wünschen, Hoffnungen, Enttäuschungen kaum völlig überein, aber sie haben doch eins gemeinsam; sie sind »Kinder« dieses Jahrhunderts und seiner Katastrophen. Selbst wenn sie sich mit einer fernen Vergangenheit beschäftigen, können sie nie ganz vergessen, in welcher Zeit sie selbst leben. Es ist besser, wenn man sich hierüber im klaren ist, als wenn man meint, »über den Zeiten« schweben zu können, um gottgleich jede Epoche »von oben« her zu betrachten. Das Bewußtsein der Gebundenheit an die eigne Gegenwart schließt aber den Versuch, der Vergangenheit in ihrer Eigenart gerecht zu werden, nicht aus. Im Gegenteil, indem wir uns unserer Zeitbedingtheit bewußt sind, können wir – ein wenig – unsere Perspektive korrigieren. Wir fragen uns zwar (insgeheim) immer auch, was bedeutet das »für uns heute«?, aber wir versuchen doch zugleich, uns in eine ganz andere Welt zu versetzen. Vergangenen Gegenwarten haben wir den immensen Vorteil voraus, daß wir wissen, wie es weitergegangen ist. Dieser Vorteil endet freilich in unserem Jahrhundert. Damit wächst auch das Risiko der Deutung, aber selbst die früheste Vergangenheit erhält noch immer durch neue Erfahrungen und Erkenntnismethoden neues Licht. Die Ökonomie, die Ethnologie, die Soziologie sind relativ junge Wissenschaften, die auch auf die Geschichtsforschung und die Ideengeschichte nicht ohne Wirkung geblieben sind und weiterhin Wirkungen haben werden.

Erst in jüngster Zeit ist eine Dimension der geschichtlichen Entwicklung stärker in den Mittelpunkt des Interesses gerückt, obgleich sie älteren Historikern keineswegs unbekannt war: ich meine die Erde, das Ökosystem, das überhaupt erst Leben und schließlich menschliches Leben und menschliche Kulturen möglich macht. Montesquieu hatte bereits die Bedeutung des geographischen Milieus für die Unterschiede der Institutionen und Denkweisen hervorgehoben, und – wenngleich dogmatisch und ethnozentrisch – schon Aristoteles war von der besonderen Gunst des klimatischen Lebensraums der Griechen überzeugt gewesen und hatte die kulturelle Überlegenheit der Hellenen damit in Zusammenhang gebracht. Relativ spät wurde dagegen die – oftmals verheerende – Einwirkung der menschlichen Kultur (der Abholzungen vor allem) auf »Klima und Pflanzenwelt« erkannt. Ein Pionier dieser Erkenntis, Carl Nikolaus Fraas (1810–1875), der als »Direktor der königlichen Gärten zu Athen« mit dem Wittelsbacher König nach Griechenland gekommen war, hat 1847 in seinem Buch »Klima und Pflanzenwelt in der Zeit, ein Beitrag zur Geschichte beider« ein eindrucksvolles Bild von der Verschlechterung der Fruchtbarkeit (und Wasserhaltigkeit) der Böden Griechenlands und anderer mittelmeerischer Gegenden gezeichnet, das sogar Karl Marx seinerzeit tief beeindruckt hat. Der gelehrte Mediziner und Agrarwissenschaftler konnte zu dieser Einsicht allerdings nur dadurch gelangen, daß er zugleich klassisch gebildet war und die antiken Landschaftsbeschreibungen mit dem zeitgenössischen Zustand vergleichen konnte. Fraas war es denn auch, der die Notwendigkeit der Erhaltung der Bodenfruchtbarkeit für menschliches Leben erkannte und vor einem Raubbau an der Natur warnte.[2]

Die seit dem ersten Bericht des Club of Rome immer wieder beschworene Umweltzerstörung durch die moderne Industriezivilisation hängt ihrerseits mit einflußreichen politischen Ideen und Zielvorstellungen zusammen, auch wenn sie – dahinter – auf ökonomische Strukturen und wissenschaftliche Weltbilder zu-

Einleitung 37

rückgeführt werden kann. Es handelt sich also nicht mehr – oder doch nicht mehr allein – um die Erkenntnis der Abhängigkeit politischer Institutionen und kultureller Eigenarten von der geographischen Lage und vom Klima, sondern – zumindest auch – umgekehrt um den Einfluß politischer Institutionen, Ideen und Zielvorstellungen auf die Ökosphäre. Den souveränen Nationalstaaten, die untereinander in einem dynamischen Verhältnis des Wettbewerbs und gegenseitiger Abhängigkeit stehen, fällt offenbar die als notwendig erkannte Kurskorrektur außerordentlich schwer. Das wohlverstandene Interesse aller kann aber solange kaum realisiert werden, wie jeder (oder doch jeder größere!) souveräne Staat noch immer sein besonderes Interesse so stark wie möglich auf Kosten der anderen durchzusetzen sucht. Die Rechtfertigungen der Regierungen sehen dabei nicht viel anders aus als die der Individuen in dem von Hobbes konstruierten Naturzustand eines »Kampfes aller mit allen«, auch wenn die Mittel dieses Kampfes – in der Regel – heute überwiegend »friedliche« sind. Wenn Hobbes in seinen »Elements of Law« das Leben der Individuen mit einem Wettlauf verglich, so trifft das heute noch immer für die souveränen Staaten zu. Als Maßstab ihres Erfolges setzen diese dabei – wenn auch nicht mehr generell – das Bruttosozialprodukt pro Kopf an. Dieses ist aber – wie schon eine einfache Überlegung zeigt – kein sinnvolles Kriterium. Wenn in einem Land ein Teil der bäuerlichen Bevölkerung vom Land verdrängt und zu Lohnarbeitern in Fabriken und Agrobetrieben wird, dann steigt das Bruttosozialprodukt ganz erheblich, weil immer weniger Nahrungsmittel etc. für den Eigenbedarf bäuerlicher Familien erzeugt und daher immer mehr über den Markt gekauft werden müssen. Ob die reale Lage der Bevölkerung sich damit (was ihre Konsummöglichkeiten anlangt) verbessert hat, ist aber eher fraglich. Vor allem wird in den meisten Industrieländern (und in industrialisierten Gebieten der »Dritten Welt«) das Wachstum der Wirtschaft (des Bruttosozialprodukts) mit zunehmender Zerstörung der Natur (Wasser, Luft, Erde) bezahlt, eine Zerstörung deren volkswirtschaftliche Kosten in die Berechnungen der Betriebe nicht eingehen, wohl aber von der Gesamtgesellschaft und künftigen Generationen getragen werden müssen.

Die Geschichte der politischen Ideen kann zur Klärung dieser Problematik – wie zu der Frage nach Mitteln dauerhafter Friedenssicherung – sicherlich etwas beitragen. Sie kann weder Patentrezepte – die es nicht gibt – anbieten noch fertige Lösungen »vorschreiben«, aber sie verfügt über einen reichen Vorrat an Denkfiguren, die – mutatis mutandis – durchaus auf die neuen Probleme anwendbar sind und sie – zumindest – in klarerem Licht erscheinen lassen.

Zwei Beispiele können das Gesagte illustrieren. Christian Graf Krockow hat seinerzeit die These von Hobbes über die Tolerierbarkeit des »Naturzustandes« zwischen souveränen Staaten kritisiert. Hobbes war nämlich überzeugt, daß Kriege zwischen Staaten »die Untertanen in Tätigkeit halten«, ja sogar Handel und Gewerbe blühen lassen, so daß sie sogar als Motoren des Fortschritts angesehen werden können. Für den Krieg der Individuen im Naturzustand dagegen hatte Hobbes konstatiert, daß er »das Leben eines jeden einsam, arm, kümmerlich, roh und kurz« sein lasse (Leviathan, XIII). Unter den Bedingungen der modernen Kriegstechnik – so die Folgerung Krockows – ähnele der Zustand ganzer Staaten demjenigen der Individuen im kriegerischen Naturzustand nach Hobbes. Jetzt ist nämlich nicht nur das Leben vieler Einzelner, sondern das ganzer Völker, ja der gesamten Menschheit bedroht. Aus diesem Grunde legt sich für eine rationale Furcht vor dem gewaltsamen Tode (ganzer Völker) ein analoger Schritt nahe, wie derjenige, den Hobbes aus der konstruierten Lage der im Naturzustand lebenden Individuen ableitet. Die Staaten müßten den Naturzustand, der zwischen ihnen herrscht, beenden und eine den Frieden garantierende Weltföderation (oder einen Weltstaat) gründen.

Nicht viel anders würde eine Reflexion auf die Folgen der absoluten Souveränität der Staaten für die Erhaltung der Ökosphäre aussehen. Auch für den hier notwendigen Schritt könnte man die Analogie des Übergangs aus einem (hypothetischen) Naturzustand in eine gefestigte Rechtsordnung heranziehen. Die Bewohner souveräner Staaten sind nämlich heute – auch im Frieden – auf ein umweltschonendes Verhalten der Einwohner anderer Staaten angewiesen. Die Risiken moderner Technik machen vor den politischen Grenzen nicht halt, wie die Umweltbelastung Skandinaviens durch britische Fabriken und die radioaktiven Wolken des Kernkraftunfalls in Tschernobyl deutlich beweisen. Niemand kann daher heute sich einer Leben ermöglichenden Ökosphäre sicher sein, solange andere souveräne Staaten fortfahren, ohne Rücksicht auf die begrenzte Schadstoffbelastbarkeit von Wasser, Boden und Luft im Wettlauf mit konkurrierenden Staaten die Industrieentwicklung voranzutreiben. Der Hinweis auf die Wettbewerbslage dient dabei in der Regel dazu, eigne Anstrengungen zur Erhaltung der Ökosphäre als wirtschaftlich undurchführbar zurückzuweisen. Jeder einzelne Staat, jede einzelne Regierung verweist auf die anderen, um sich selbst der Forderung der Vernunft zu entziehen. Die Lage ähnelt der von Rousseau beschriebenen: Ein einzelner kann inmitten einer auf Wettbewerb orientierten Gesellschaft nicht gemeinschaftsbezogen handeln, ohne damit dem Gebot der Selbsterhaltung zu widersprechen. Erst wenn er sicher sein kann, daß eine zwingende Rechtsordnung die meisten in der Regel zu gemeinschaftskonformem (rechtlichen) Handeln zwingt, kann er es sich selbst leisten, sittlich zu handeln.

Ist also der »Weltstaat« die einzig denkbare Lösung? Auch da mahnt die Geschichte uns eher zur Vorsicht. Am Anfang der modernen souveränen Staaten stand in der Regel der Absolutismus. Am Anfang einer Frieden und die Respektierung der Ökosphäre garantierenden Weltgesellschaft wäre jedoch ein autokratischer Weltstaat eher eine Katastrophe, weil es dann keine von außen kommenden Korrekturmöglichkeiten mehr gäbe. Die absoluten Monarchien des 17. und 18. Jahrhunderts wurden durch eine Kette von Revolutionen und Reformen schließlich zu Rechtsstaaten, in denen die Freiheit der Individuen gesichert ist. Es gab eine Art Wettbewerb zwischen den Staaten, der sie zur Gewährung individueller Freiheiten (auch im Interesse der ökonomischen Wettbewerbsfähigkeit) zwang. Einen solchen Wettbewerb würde ein autoritärer Weltstaat ausschließen. In einer Föderation dagegen, die mit beschränkter Autonomie der Teilstaaten vereinbar ist, wären die Freiheitschancen größer.

Anarchisten und Marxisten erwarteten oder erhofften eine künftige Gesellschaftsordnung, in der keine politische Macht mehr das friedliche Zusammenleben der Individuen, Völker und Kulturen gewährleisten müßte. Ihre Hoffnungen haben sie – angesichts der Erfahrungen dieses Jahrhunderts – zumeist begraben. Aber auch für die bescheidenere Hoffnung auf eine weltumspannende Fö-

Einleitung 39

deration, die den Krieg für immer abschaffen und die Erhaltung der Ökosphäre im Interesse künftiger Generationen planmäßig sichern wird, spricht im Augenblick noch nicht besonders viel.

ANMERKUNGEN

1 Der Beitrag von Seyla Benhabib und Linda Nicholson (Politische Philosophie und die Frauenfrage) im 5. Band des Handbuchs verdeutlicht, wie viele neue Aspekte unter feministischem Gesichtspunkt auch die klassische politische Philosophie eines Plato und Aristoteles hervortreten lassen und wie stark in der politischen Philosophie des Bürgertums die patriarchalen Tendenzen dominieren.

2 *Fernand Braudel* hat mit seinem Buch *Die Welt des Mittelmeeres* (Frankfurt/M. 1987) ein erstes Beispiel für eine Geschichtsschreibung geliefert, die vom natürlichen und kulturellen »Lebensraum« ausgehend Schicksale von Völkern und Staaten beschreibt und deutet. Man kann die erneute Aktualisierung dieser Betrachtungsweise vielleicht schon als Folge des gesteigerten ökologischen Bewußtseins unserer Zeit ansehen.

KAPITEL I

Die politischen Ideen des traditionellen China

VON WOLFGANG OMMERBORN UND PETER WEBER-SCHÄFER

1. Politisches Denken vor dem Konfuzianismus

Die kosmologisch-politischen Ordnungsvorstellungen des chinesischen Kultur-kreises vor dem Auftreten des Konfuzius (traditionelle Datierung: 551–479 v. Chr.) sind aus einer Anzahl schriftlicher Quellen rekonstruierbar, deren endgül-tige Redaktion zwar in eine wesentlich spätere Zeit fällt, die aber älteres Mate-rial enthalten und in ihren Ursprüngen bis in die Mitte der Zhou-Dynastie (ca. 1100–256 v. Chr.) zurückreichen dürften. Von besonderer Bedeutung sind hier:
– das »Buch der Dokumente« *(Shujing)*, eine Sammlung historisch-mythischer Texte, aus denen sich die Vorstellungen der frühen Zhou-Zeit über die Genese der chinesischen Zivilisation ablesen lassen;
– das »Buch der Lieder« *(Shijing)* ist eine im späteren Konfuzianismus mora-lisch-didaktisch interpretierte Sammlung von Liedern und Gedichten der Zhou-Zeit;
– das *Zuozhuan* ist ein wohl aus dem vierten vorchristlichen Jahrhundert stam-mender politisch-ethischer Kommentar zu den »Frühling-und-Herbst-Anna-len«, einer Chronik des Kleinstaates Lu, die die Jahre 770–476 v. Chr. um-faßt;
– das *Guoyu* (»Diskussionen der Staaten«), das zeitlich mit dem *Zuozhuan* parallel laufende Berichte aus acht anderen Kleinstaaten überliefert, ist vermut-lich erst nach dem 1. Jahrhundert v. Chr. in seiner heutigen Form kompiliert worden.
Trotz des relativ späten Redaktionsdatums dieser frühesten Zeugnisse enthalten sie genügend älteres Material, um das politische Denken der Zhou-Zeit in seinen Grundzügen rekonstruierbar zu machen.
Die Darstellungen im *Buch der Dokumente* gehen vor den Zeitraum der Zhou-Dynastie zurück und beginnen mit einer Epoche, in welcher die sogenannten Kulturheroen Yao, Shun und Yu auftraten. Diese mythologischen Herrscherge-stalten, die nach traditioneller chinesischer Auffassung im 3. Jahrtausend v. Chr. gelebt haben sollen, sind als Exponenten zivilisatorischer Entwicklung zu ver-stehen. So soll die Bändigung einer verheerenden Flut und die Verjagung wilder Tiere und Ungeheuer durch Yu den Menschen die Möglichkeit der Bebauung fruchtbaren Ackerlandes geschaffen haben. Der Kulturheros wird zum Schutz-herrn des Ackerbaus und der Bewässerung und Entwässerung der von Trocken-heit und Überschwemmungen bedrohten landwirtschaftlichen Flächen.
Im *Buch der Dokumente* wird vor allem berichtet, wie die drei Kulturheroen die Welt ordneten, indem sie die 100 Familien und die 10 000 Staaten zur Eintracht

brachten oder die Welt in zwölf Provinzen einteilten. Die Befähigung zu diesen Aufgaben entsprang ihrer Tugend, der Übereinstimmung ihres Handelns mit den Normen des Himmels (*Tian*). Der Begriff »Himmel« ist bei den Zhou nicht ganz eindeutig geklärt. Vermutlich wurde er als eine Art anthropomorphe Wesenheit aufgefaßt, vielleicht von den Vorfahren des Herrschers verkörpert, welche Einfluß auf die Geschicke der Welt und der Menschen nahm. Hier, in den frühen Spekulationen der Zhou, findet sich schon ein Gedanke, der für die politischen Anschauungen des Konfuzianismus prägend wurde: Der Herrscher muß ein tugendhafter Mensch sein, wenn er die Ordnung »unter dem Himmel« (*Tianxia*) aufrechterhalten und im Einklang mit dem Himmel handeln will. Ein Monarch, der diesem Ideal nicht entspricht, verursacht Unordnung und hat damit die Legitimation zur Herrschaft verloren. Diese Konzeption der Legitimation des Herrschers diente dazu, den Herrschaftsanspruch der Zhou-Dynastie zu rechtfertigen. Dies zeigt sich deutlich in ihrem Versuch, die Ablösung der Shang-Dynastie (ca. 16.–11. Jahrhundert v. Chr.) durch die Zhou als rechtmäßiges Ereignis darzustellen. Die Herrschaftsfolge von Yao auf Shun und von Shun auf Yu war nicht erblich bestimmt. Sie wurde, wie dies der Theorie von der Legitimation durch Tugend entspricht, vom Herrscher an seinen fähigsten Untergebenen delegiert. Die Idee, daß die Herrschaft an eine Person weitergegeben wird, welche aufgrund ihrer Tugend und Weisheit qualifiziert ist, das Volk zu regieren, findet sich bei vielen späteren Denkern wieder. Die Verwirklichung dieses Ideals in der Praxis scheiterte aber an dem Wunsch der Machterhaltung der jeweils regierenden Herrscherhäuser. Auch bei den Zhou wurde der Thron vom Vater auf den Sohn vererbt.

Die das Gebiet der sogenannten Zentralebene um den Gelben Fluß und den Wei-Fluß (heute die Provinzen Henan, Hebei, Shanxi) für mehrere Jahrhunderte kulturell dominierende Shang-Dynastie wurde im 11. Jahrhundert v. Chr. von den Zhou unterworfen. Nachdem die Zhou ihre Herrschaft etabliert hatten, ließen sie dieses Ereignis aber nicht einfach als eine gewöhnliche militärische Eroberung auf sich beruhen. Sie suchten ihre Eroberung in einem Rahmen zu legitimieren, der kosmische Ausmaße besaß. Wie bei der Definition der Kriterien für die Herrschaftsberechtigung der Kulturheroen wurde im nachhinein auch von den Monarchen der Shang-Dynastie, die den Titel eines Sohnes des Himmels (*Tianzi*) führten, verlangt, den Normen eines mit dem Himmel übereinstimmenden, tugendhaften Herrschers zu entsprechen. Der letzte König der Shang, ein unmäßiger Tyrann, hatte durch seinen Verstoß gegen die Normen des Himmels den Auftrag zur Herrschaft verloren. Der politische Umsturz wird als Entzug des »himmlischen Mandats« (*Tianming*) interpretiert: Ein Herrscher, der die Ordnung der Welt nicht mehr nach dem Willen des Himmels aufrechterhalten kann, hat die Legitimation zur Herrschaft verloren. Wenn der Tyrann das Mandat des Himmels verliert, so geht es auf den erfolgreichen Usurpator, den tugendhaften Gründer der neuen Dynastie, über. König Wen, der mythische Gründer der Zhou-Dynastie, dessen Tugend imstande war, Ordnung unter dem Himmel zu schaffen, hatte nicht nur das Recht, sich gegen den Tyrannen aufzulehnen, er hatte den himmlischen Auftrag zur Machtübernahme erhalten. Die Welt wurde also nicht in absolutes Chaos und Untergang gestürzt, wenn der Herrscher den Normen des Himmels nicht mehr entsprach, sondern komple-

Die politischen Ideen des traditionellen China 43

mentär zu dem schlechten trat ein vom Himmel beauftragter guter Herrscher auf, der ihn ablöste. Die gleiche Konstruktion wurde von den Zhou auch auf die Ablösung der (historisch nicht nachgewiesenen) Xia-Dynastie (traditionell 21.–16. Jahrhundert v. Chr.) durch die Shang angewandt. Damals soll ein guter Herrscher der Shang den schlechten Herrscher der Xia auf Befehl (*Ming*) des Himmels ausgeschaltet haben. Diese Himmel und Erde umfassende kosmologische Theorie des wechselnden Zyklus der Dynastien wurde zur legitimierenden Grundlage für den Herrschaftswechsel. Daß die Zhou sich selbst auch nicht für immer von diesem Schicksal ausschlossen, wird deutlich, wenn ein Mitglied des Könighauses, der Herzog von Zhou, klagt, daß das Mandat des Himmels schwer zu bewahren sei, oder wenn er daran zweifelt, daß das Haus Zhou dieses Mandat für immer verwalten werde.

Die Ordnung wurde der Welt zwar vom Himmel gegeben, doch spielte der Mensch, vor allem der Herrscher, der Himmelssohn, eine bedeutende Rolle. Das Schicksal des Herrschers und damit seines Volkes hing von seiner Tugend ab. Zu dieser Tugend aber mußte er von weisen Lehrern erzogen werden. Sie wurde ihm also nicht vom Himmel verliehen. Der Himmel schenkte der Welt die Ordnung als Möglichkeit, die in der Praxis realisiert werden kann, aber er sandte nicht direkt den fähigen Herrscher, der sie verwirklichte. Einen solchen Menschen zu erziehen war die Aufgabe der Menschen selbst. Auch dieser Gedanke, der die Funktion des Menschen gegenüber übernatürlichen Kräften betonte, wurde später von vielen politischen Denkern übernommen. Besonders deutlich zeigte er sich in der unruhigen Zeit der Streitenden Reiche (475–221 v. Chr.), als wandernde Gelehrte von Staat zu Staat zogen, um die Herrscher von ihren Ideen zu überzeugen. Ihr Ziel war, durch Erziehung einen Herrscher heranzubilden, der die in Unordnung geratene Welt wieder ordnen sollte.

Das Volk spielte in der Theorie vom himmlischen Mandat eine nicht unwichtige Rolle. Neben Naturkatastrophen und seltsamen Erscheinungen war der Aufruhr des Volkes gegen einen tyrannischen Herrscher ein Zeichen für das Abweichen vom himmlischen Mandat. Im *Buch der Dokumente* wurde darum der Schutz des Volkes als eine wichtige Voraussetzung für die Erhaltung des himmlischen Mandates genannt. Das *Zuozhuan* berichtet davon, daß die Vertreibung des Herzogs von Lu im 6. Jahrhundert v. Chr. durch einen Untergebenen rechtmäßig war. Ersterer habe die Unterstützung des Volkes verloren, und letzterer habe sie gewonnen. In diesem Gedanken zeigte sich schon die Betonung der Rolle des Volkes in politischen Theorien Chinas, der später weiterentwickelt wurde und bei Menzius (372–289 v. Chr.) einen theoretischen Höhepunkt fand. Die Zustimmung des Volkes wurde zum wichtigen Kriterium für den Erhalt der Macht eines Herrschers.

Nach Errichtung der Zhou-Dynastie lagen die Staatsgeschäfte zuerst in den Händen des Herzogs von Zhou. Der vertrat für einen bestimmten Zeitraum den minderjährigen Sohn des verstorbenen Königs Wu, welcher die Shang-Dynastie besiegt hatte. Der Herzog von Zhou soll der Überlieferung nach ein Riten-System, die »Riten der Zhou«, erstellt haben. Konfuzius, der die »Riten der Zhou« als ideales System eines Staates betrachtete, war ein großer Verehrer des Herzogs von Zhou.

An der Spitze des Zhou-Staates stand der König (*Wang*), der als »Sohn des Himmels« zum Bindeglied zwischen Himmel und Erde wurde. Er wachte nicht nur über die weltlichen Geschicke, sondern hatte gleichzeitig die Stellung eines obersten Ritualherren inne, der die Opfer an den Himmel darbrachte. Das Privileg, diese höchsten Opfer auszuführen, sicherte ihm gleichzeitig die Macht, die Welt zu regieren, die dem Himmel untergeordnet war. Der König als eigentlicher Besitzer des gesamten von den Shang eroberten Territoriums teilte das Land unter die Mitglieder seiner Familie und seine Getreuen in Vasallenstaaten verschiedener Größe auf. Die Vasallen (*Zhuhou*) waren persönlich an den König gebunden und verpflichtet, ihm treu zu dienen. Diese Beziehungen wurden nicht durch Gesetze geregelt, sondern durch eine Reihe von Pflichten, die der Herrscher seinen Vasallen auferlegte. Die untergeordnete Stellung der Vasallen gegenüber dem König manifestierte sich auch in ihrer Position innerhalb der Opferhierarchie. Sie waren verantwortlich für die weniger relevanten Opfer, die für die Geister der Erde, des Getreides, der Berge und der Flüsse durchgeführt wurden. Unterhalb der Vasallen befand sich die Schicht der Beamten *(Shidafu)* und darunter schließlich die Schicht des einfachen Volkes. Die Gesellschaft der Zhou präsentierte sich also als ein streng hierarchisch geordnetes Gebilde. Jedes Mitglied der Gesellschaft hatte seine festgefügte Stellung innerhalb der Hierarchie, die mit bestimmten, von den Riten geregelten Rechten und Pflichten verbunden war, eine Vorstellung, die später vor allem von der konfuzianischen Schule als ideales Gesellschaftssystem übernommen wurde.

Seit dem 8. Jahrhundert v. Chr. verfiel die Macht des Königshauses der Zhou allmählich. Die Zhou wurden von einem anderen Volk aus ihrem Stammgebiet vertrieben. Sie mußten ihre Hauptstadt vom Gebiet des heutigen Xian weiter östlich in das Gebiet des heutigen Luoyang verlegen. Mit dem Verlust ihrer ursprünglichen Domäne ging ihre politische Macht mehr und mehr verloren. Der Zhou-König hatte schließlich nur noch die rituellen Opfer durchzuführen und behielt die Stellung des obersten Ritualherren bei. Dieser Tatbestand offenbarte das Auseinanderfallen von Opferhierarchie und politischer Machthierarchie. Die wahre Macht lag nun in den Händen der *de facto* unabhängig gewordenen Vasallenstaaten. Die stärksten Staaten wählten seit dem 7. Jahrhundert v. Chr. aus ihrer Mitte sogenannte Hegemonen, welche eine aus diesen Staaten bestehende Liga anführten. Ihre Aufgabe war es u. a., das schwächliche Könighaus der Zhou zu stützen.

Ungefähr seit dem Beginn der Zeit der »Streitenden Reiche« (403–221 v. Chr.) zerfielen auch diese Bündnisse. Es folgte eine Zeit kriegerischer Auseinandersetzungen, in welcher die Einzelstaaten sich bekämpften und jeder von ihnen nach der Vormachtstellung strebte. »Unter dem Himmel« herrschte größte Unordnung und Not. In dieser Periode traten Denker auf, die Rezepte zur Beseitigung dieses Zustandes anboten. Allen gemeinsam war das Bewußtsein, in einer unerträglichen Situation zu leben. Ihr Ziel war, die Ordnung »unter dem Himmel« wiederherzustellen. Wie dies zu erreichen sei und wie diese Ordnung schließlich konkret aussehen sollte, darüber herrschten unter den politischen Denkern jener Periode Meinungsunterschiede. Diese Epoche ist bekannt als die Zeit der Hundert Schulen.

2. Die Zeit der Streitenden Reiche

Konfuzius

Seit dem Ende der »Frühlings- und Herbstperiode« traten erstmals von den Fürsten unabhängige Denker auf, die über politische Theorien reflektierten und diese öffentlich vortrugen. Vorher wurden politische Vorstellungen hauptsächlich von politischen Praktikern zur gegebenen konkreten Situation formuliert und dann von offiziellen Geschichtsschreibern festgehalten. Die politischen Praktiker der frühen Zhou-Zeit und der »Frühlings- und Herbstperiode« waren aktive Staatsmänner; sie gehörten der herrschenden Schicht an, die auch das Bildungsmonopol in der damaligen Gesellschaft innehatte. Die neuen politischen Denker dagegen waren unabhängige Gelehrte, die den Fürsten ihre Dienste anboten. Zu dieser Zeit war die gesellschaftliche Ordnung völlig aus den Fugen geraten, wodurch Bewegung zwischen den sozialen Gruppierungen entstand. Viele Angehörige der führenden Schichten verarmten und mußten versuchen, ihren Lebensunterhalt durch Arbeit zu verdienen. Nicht wenige der innerhalb der sozialen Hierarchie abgesunkenen Mitglieder ehemals hochstehender Familien suchten eine Tätigkeit als Lehrer oder Fürstenberater. Dieser Schicht wandernder Gelehrter gehörte auch Konfuzius (551–479 v.Chr.) an.

Das Leben des Konfuzius wurde erstmals ca. 400 Jahre nach seinem Tod von dem Historiographen Sima Quian (geb. 145 oder 135 v.Chr.) niedergeschrieben. Die in seinen »Historischen Aufzeichnungen« *(Shiji)* überlieferten biographischen Angaben über den Begründer der konfuzianischen Schule sind darum mit Vorsicht zu lesen. Ein weiterer Grund zur Skepsis dürfte die Tatsache sein, daß Konfuzius während der Zeit des Sima Quian schon hoch verehrt wurde, so daß hagiographische Entstellungen seiner Lebensüberlieferung nicht ausgeschlossen werden können. Die in diesem Werk genannte Datierung seines Geburts- und Todesjahres etwa, welche ein Alter von 72 Jahren ergibt, geht auf eine Spekulation mythischer Chronologie zurück, die dazu dient, dem Weisen die kosmologisch bedeutungsträchtige Zahl von 72 (zwölf mal sechs) Lebensjahren zu gewähren.

Der Überlieferung nach gehörten die Vorfahren des Konfuzius zu den hochstehenden Familien im Staat Song während der »Frühlings- und Herbstperiode«. Wie vielen anderen Familien jener Epoche widerfuhr auch ihnen das Schicksal, aus politischen Gründen die Heimat verlassen zu müssen. Sie ließen sich daraufhin im Staat Lu nieder. Damit verbunden war ein sozialer Abstieg der Familie Kong (Kong ist der Familienname des Konfuzius, als persönlicher Name ist Qiu überliefert). Konfuzius entsprach so dem Typus des Sohnes einer verarmten, ehemals vornehmen Familie, der zwar traditionsgemäß eine gute Erziehung genoß, aber für seinen Lebensunterhalt selbst Sorge tragen mußte. Angeblich hatte er in seiner Jugend verschiedene niedere Beamtenposten im Staate Lu inne. Schließlich widmete er sich aber dem Studium überlieferter Schriften und sammelte Schüler um sich. Möglicherweise war er einer der ersten in China, die einer privaten Lehrtätigkeit nachgingen und damit das Bildungsmonopol der herrschenden Schichten durchbrachen. Der Ausspruch des Konfuzius »Beim Lehren gibt es keine Standesunterschiede« oder seine Bemerkung, daß er jeden Schüler unterrichten würde, der ihm eine beschränkte Menge getrocknetes Fleisch – und damit ein nur symbolisches Lehrgeld – zahlen würde, zeigen ihn als einen Lehrer, der sein Wissen nicht nur an die Vertreter der Oberschicht vermitteln wollte.

In seinen späteren Jahren soll Konfuzius für kurze Zeit ein höheres Amt in Lu ausgeübt haben. Als er aber sah, daß er auf den Herzog von Lu keinen Einfluß hatte, verließ er seinen Heimatstaat. Mit seinen Schülern zog er dann viele Jahre als reisender Lehrer und Berater von Hof zu Hof. Der Versuch, einen Herrscher zu finden, dem er als Ratgeber dienen konnte und der seine Lehre in die Wirklichkeit umgesetzt hätte, blieb aber erfolglos. In der Tat sollte die Lehre des Konfuzius erst zur Staatsorthodoxie erhoben werden, nachdem China unter einer zentralen Macht geeint war und im Innern des Staates stabile Verhältnisse herrschten.

Die älteste Quelle für die politischen und ethischen Lehren des Konfuzius bilden die sogenannten »Analekten« *(Lunyu)*, eine relativ spät redigierte Sammlung von Aussprüchen und Gesprächen, in der sich mehrere voneinander unabhängige Schichten der literarischen Überlieferung nachweisen lassen.

Eine besondere Rolle im Ordnungsdenken des Konfuzianismus spielt das Ritensystem der frühen Zhou-Zeit, als dessen Wahrer sich die Herzöge von Lu betrachteten. Immer wieder wird in den »Analekten« das Ideal eines am rituell korrekten Verhalten orientierten Aufbaus von Staat und Gesellschaft angesprochen. Zeitkritik tritt häufig in der Form der Schilderung des Abweichens vom korrekten Ritual auf. So tadelte Konfuzius die Familie Ji, welche die Macht in Lu usurpiert hatte, wenn sie in ihrem Tempel die gleiche Anzahl von Tänzerreihen auftreten ließ, wie sie ursprünglich dem Herzog vorbehalten war. An anderer Stelle kritisiert er das Haupt dieser Familie, weil es auf dem Berg Tai opferte, denn das Opfer auf dem östlichen der Fünf Heiligen Berge Chinas war rituell nur dem König gestattet. Solche Ereignisse offenbaren die Machtverschiebungen innerhalb einzelner Staaten und den Machtverlust des Königs zur Zeit des Konfuzius. Die durch Gewalt an die Macht gekommene Familie Ji fühlte sich nicht mehr an das Ritensystem der Zhou gebunden. Für Konfuzius waren die einzelnen Abweichungen der konkrete Ausdruck des durcheinander geratenen gesamten Ordnungsgefüges. Dabei wollte er nicht unbedingt pedantisch an allen rituellen Einzelheiten der frühen Zhou festhalten, vielmehr bestand für ihn die Gefahr hauptsächlich darin, daß die Loslösung von den traditionellen Riten gesellschaftliche Unordnung erzeugte. Die Herstellung der Ordnung glaubte er aber nicht einfach durch einen Rückgriff auf alte Vorstellungen und Normen bewerkstelligen zu können. Konfuzius Bedeutung liegt vor allem darin, daß er wesentliche neue Elemente in ursprünglich traditionelle Theorien einfließen ließ.

Als wichtige Methode zum Aufbau der gesellschaftlichen Ordnung betont er die Richtigstellung der Namen *(Zheng Ming)* als Voraussetzung der wiederzuerrichtenden Ordnung des Staates. Den Aufbau der Gesellschaft dachte Konfuzius sich streng hierarchisch geordnet: Herrscher und Minister, Väter und Söhne hatten darin einen fest definierten Platz mit unterschiedlichen Rechten und Pflichten. Konfuzius glaubte aber, daß die Vertreter der unterschiedlichen Abstufungen in der Hierarchie nur noch Namen wie Herrscher oder Minister tru-

Die politischen Ideen des traditionellen China 47

gen, aber nicht mehr mit den für diese Bezeichnungen geforderten Anforderungen übereinstimmten. Anspruch und Wirklichkeit klafften zu seiner Zeit auseinander. Darum forderte er, der Herrscher müsse wieder Herrscher, der Minister müsse wieder Minister sein. An erster Stelle stand in der Tat der Herrscher, denn die Richtigstellung des Namens des Herrschers hätte für ihn automatisch die Richtigstellung aller anderen Namen in der Gesellschaft zur Folge gehabt. Wie in den Vorstellungen der frühen Zhou-Zeit findet sich auch bei Konfuzius die Idee des tugendhaften und dadurch vorbildlichen Herrschers, der so positiv auf seine Untertanen wirkt, daß Minister, Väter und Söhne, seinem Beispiel folgend, ebenfalls die ihren gesellschaftlichen Stellungen entsprechenden Verhaltensweisen annehmen. Damit wäre die Ordnung der menschlichen Gesellschaft wiederhergestellt.

Von dieser Idee ausgehend versuchte Konfuzius einen seinen Idealen entsprechenden Fürsten zu finden. Der Herrscher war für ihn die Schlüsselfigur bei der Beseitigung der chaotischen Situation seiner Zeit. Damit wurden die Fürsten aber auch als entscheidende Ursache für die schlimmen Zustände identifiziert. Vielleicht war es nicht zuletzt dieser Gedanke, der Konfuzius bei den Herrschern seiner Zeit kein Gehör finden ließ. Andererseits glaubte Konfuzius aber auch nicht, daß nur ein regierender Fürst oder einer seiner Nachfahren in der Lage wären, die gewünschte Ordnung zu schaffen. Grundsätzlich sollte fast jeder Mensch potentiell diese Fähigkeit besitzen. Zum Edlen (_Junzi_) wurde man nicht qua aristokratischer Geburt, sondern aufgrund einer korrekten Erziehung, deren Produkt ein weiser und tugendhafter Mensch sein sollte. Auch darin zeigte sich ein Gedanke, der schon in der frühen Zhou-Zeit aufgetaucht war. Die angemessene Methode zur Herstellung der Ordnung im Staat war darum für Konfuzius die Erziehung des Herrschers zum Edlen, dessen Vorbild auch die anderen Mitglieder des Staates zu tugendhaften Menschen werden läßt.

Konfuzius versuchte, den Typus des Edlen genauer zu definieren, indem er ihm bestimmte Attribute zuschrieb, von denen – als zentraler Begriff seines Denkens überhaupt – der Begriff der Mitmenschlichkeit (_Ren_) im Vordergrund stand. Das Schriftzeichen _Ren_ besteht aus den beiden Elementen »Mensch« und »Zwei« und stellt vermutlich die Beziehung zweier bzw. mehrerer Menschen untereinander dar. Die wichtigste Aufgabe des Edlen war für Konfuzius nicht, individuelle Erlösung anzustreben, sondern die segensreiche Tätigkeit und das moralisch vorbildliche Handeln gegenüber den Mitmenschen zum Ziel zu machen. Nur über die Beziehung zu anderen Menschen konnte der Edle sich überhaupt identifizieren. Der Mensch wurde als _zoon politikon_ aufgefaßt, da er die Gemeinschaft mit anderen zur eigenen Vervollkommnung braucht. Mit der Erreichung der eigenen Vervollkommnung konnte er am besten der Errichtung einer gesellschaftlichen Ordnung dienen, welche das letzte Ziel aller Bestrebungen des Edlen war. Für Konfuzius stand deutlich die Gesellschaft im Mittelpunkt und nicht das Individuum.

Der Edle verkörpert Mitmenschlichkeit, wenn er die anderen Menschen liebt. Aber diese Liebe ähnelt »...weniger der christlichen Nächstenliebe – indem sie den Edlen dazu auffordert, alle Menschen zu lieben, ihn aber verpflichtet, sie nicht unterschiedslos zu behandeln, sondern so, wie sie es aufgrund ihres Verhaltens verdienen, bildet sie eher ein Amalgam aus distributiver Gerechtigkeit und freundschaftlicher Zuneigung...« (Opitz). Das konfuzianische Ideal der Mitmenschlichkeit war deutlich verschieden von der allgemeinen Liebe (*Jianai*), wie sie Mo Di (ca. 470–390 v. Chr.) später vortrug. Für Konfuzius war der Grad der mitmenschlichen Verbundenheit dem anderen gegenüber von dessen tugendhaftem Verhalten abhängig.

Weitere Zentraltugenden des Frühkonfuzianismus, die in unmittelbarem Zusammenhang mit der grundlegenden Verhaltensdirektive der Mitmenschlichkeit stehen, stellen Pietät als Ehrfurcht den Eltern gegenüber und brüderlicher Gehorsam dar. Für Konfuzius ist die Erziehung des Menschen zum tugendhaften Verhalten in erster Linie Aufgabe der Familie. Ihr Analogon findet die Struktur der wohlgeordneten Familie im makrogesellschaftlichen Bereich in der korrekten Beziehung zwischen Herrscher und Untertan, die den Regeln des korrekten Verhaltens zwischen Vater und Sohn zu folgen hat. Nur ein folgsamer Sohn kann ein pflichtbewußter Untertan sein, und nur ein tugendhafter Herrscher kann seine Untertanen zu tugendhaften Söhnen machen. Durchgehend soll Herrschaft auf dem verpflichtenden Vorbild der Tugend basieren, nicht auf der Furcht vor Strafe. Zugleich wirkt sich im administrativen Bereich das generalisierte Tugendideal so aus, daß konfuzianische Staatsvorstellungen den tugendhaften Herrscher oder Beamten deutlich dem spezialisiert ausgebildeten Fachmann und Experten vorziehen, eine Tatsache, die über Jahrhunderte hinweg das chinesische System der Karriereprüfungen für Beamte bestimmen sollte.

Die traditionelle Vorstellung vom Herrscher als Sohn des Himmels und unmittelbarem Beauftragten überweltlicher Mächte tritt im konfuzianischen Denken deutlich hinter der Legitimation des guten Herrschers durch qualifizierende Tugend zurück. Andeutungsweise findet sich eine Konsenstheorie der Herrschaft in dem konfuzianischen Gedanken, daß sich der Himmel »durch den Mund des Volkes« äußert, daß das Vertrauen des Volkes zu seinem Herrscher wesentliches Indiz für die Legitimität der Herrschaft sei.

Mo Di

Wenige Jahre nach dem Tode des Konfuzius wurde ein Denker geboren, dessen zentrale Vorstellungen deutlich im Gegensatz zu den Auffassungen der Konfuzianer standen und der eigene Ideen zur Beseitigung der bedrohlichen Zustände Chinas im 5. Jahrhundert v. Chr. anbot. Über das Leben des Mo Di (ca. 470–390 v. Chr.) ist wenig bekannt; in den »Historischen Aufzeichnungen« findet sich nur der Hinweis, daß er ein Minister im Staat Song gewesen sein soll. Den in seiner Schule überlieferten Schriften entnehmen wir jedoch, daß er wie Konfuzius von Fürstenhof zu Fürstenhof wanderte, um dort als Ratgeber tätig zu sein, dabei aber kaum erfolgreicher als der Begründer der konfuzianischen Schule vor ihm gewesen sein kann. Sicher ist auch, daß er Schüler um sich versammelte, denen er seine Lehre vermittelte, welche wir wiederum heute in den 53 noch verbliebenen Kapiteln des Buches »*Mo Zi*« (Meister Mo) nachlesen können. Das »*Mo Zi*« wurde mit Sicherheit nicht von Mo Di selbst verfaßt, sondern von seinen Schülern und späteren Anhängern.

Bei der Analyse der großen Unordnung »unter dem Himmel« kam Mo Di zu

Die politischen Ideen des traditionellen China 49

dem Schluß, daß die Ursache für diesen Zustand im Fehlen allgemeiner Liebe (*Jianai*) unter den Menschen zu suchen sei. Die Forderung nach Verwirklichung allgemeiner Liebe und gegenseitiger Hilfe bildete die Grundlage seines politischen Denkens. Liebe ist in seiner Lehre nicht eine durch die unterschiedlichen gesellschaftlichen Beziehungen determinierte abgestufte Affektion von ungleicher Intensität – wie Konfuzius sie vortrug –, sondern es handelt sich tatsächlich um ein qualitativ gleiches Verhalten gegenüber allen Mitmenschen. Mo Di ging dabei von einer einleuchtenden, wenn auch naiv anmutenden Überlegung aus: Wenn jeder einzelne innerhalb einer Gesellschaft alle anderen ihrer Mitglieder gleich liebt, dann wird auch er notwendig von allen gleich geliebt, und es gibt weder Haß noch Streit untereinander. Ebenso verhält es sich mit der Hilfe, die man seinen Mitbürgern zukommen läßt, wenn diese in Schwierigkeiten geraten. Unter diesen Voraussetzungen kann der einzelne, sollte er in Not geraten, immer mit der Unterstützung anderer rechnen. Hier offenbart sich ein wichtiger Aspekt der Lehre des Mo Di, welcher besagt, daß selbst die Liebe oder Hilfe gegenüber einem Nächsten – ganz gleich, ob er ein engster Verwandter oder völlig Fremder ist – immer eine egoistische Färbung hat, da letztlich davon ausgegangen wird, daß dem Wohltäter in ähnlicher Situation gleicher Vorteil zuteil wird. Nicht umsonst wird seine Theorie als utilitaristisch bezeichnet. Anders als Konfuzius – und vor allem später Menzius – betonte Mo Di den Nutzen (*Li*) und setzte ihn nicht in Gegensatz zu der auch von ihm angestrebten Haltung der Aufrichtigkeit und Tugendhaftigkeit des Menschen. Die Realisierung der allgemeinen Liebe und der gegenseitigen Hilfe ist darum für jeden einzelnen von Nutzen und zuletzt für den gesamten Staat, da das Denken und Handeln aller Menschen, wenn es an diesen Prinzipien festhält, automatisch die Eliminierung von Eroberungskriegen, Machtusurpationen, Morden etc. zur Folge hat. Der Nutzen des einzelnen ist hier letztlich identisch mit dem Nutzen der gesamten Gesellschaft. Mo Di, der wohl selbst aus einfachen Verhältnissen stammte, betonte in seiner Lehre vor allem den Nutzen des Volkes, das unter der Bürde der kriegerischen und elenden Zustände seiner Zeit besonders zu leiden hatte. Dabei attackierte er die herrschenden Schichten, deren Verschwendung materieller Güter und extensive Kriegsführung nach seiner Auffasssung in der Hauptsache Armut und Bitternis der einfachen Menschen verursachte. Unter den reichen Aristokraten und Würdenträgern seiner Zeit sah er das seinen Forderungen nach allgemeiner Liebe und gegenseitiger Hilfe entgegengesetzte Verhalten noch am offensichtlichsten manifestiert. Erwähnt werden sollte auch, daß Mo Di selbst handwerkliche Arbeiten verrichtete und auf dieser Basis die Wichtigkeit der Tätigkeiten im Produktionsbereich völlig anders bewerten konnte als Konfuzius, der – auch wenn er nicht selbst wohlhabend war – immer noch das Bewußtsein aristokratischer Herkunft in sich trug und gegenüber der körperlichen Arbeit eine eher diskriminierende Haltung einnahm. Dennoch kann man nicht behaupten, Mo Di habe grundsätzlich die Funktion des Herrschers und der Würdenträger als für die Gesellschaft überflüssig abgelehnt; vielmehr erkannte er gerade deren wichtige und notwendige Aufgaben bei der Regierung und Verwaltung eines Staates an, auch wenn er unter den Herrschenden seiner Zeit eben diese Aufgaben nicht annähernd erfüllt sah.
Von seinem Utilitarismus ausgehend kritisierte Mo Di nicht nur den Gebrauch

extravaganter – und darum überflüssiger – Kleidung oder den übermäßigen Genuß teurer Speisen durch die Wohlhabenden auf Kosten des gesamten Volkes, sondern auch die Verschwendung materieller Güter bei kostspieligen Begräbnissen, welche der Allgemeinheit verlorengingen. Die von den Konfuzianern aus Gründen der Pietät von einem Sohn geforderte Trauerzeit über drei Jahre bei dem Tod der Eltern betrachtete Mo Di unter dem Aspekt des Verlustes einer in der Produktion tätigen Arbeitskraft während dieses Zeitraumes und kritisierte sie als nicht nützlich für den Staat und das Volk. Aus dem gleichen Grund lehnte er auch die Musik, die für die Konfuzianer bei der Tugendbildung eine wichtige Aufgabe hatte, als hinderlich für die Feldarbeit ab. Mo Di, der darum oft als puritanisch oder asketisch bezeichnet wurde, trat mit solchen Auffassungen deutlich als Kritiker bestimmter Elemente der konfuzianischen Schule auf.

Ein weiteres zu seinen Lebzeiten verbreitetes Phänomen, das er als dem Nutzen zuwiderlaufend ablehnte, bildete der Eroberungskrieg, der, wie er schrieb, sowohl im angegriffenen als auch im angreifenden Staat die Männer an der Feldarbeit und die Frauen an der Herstellung von Kleidung hindert. Mo Di kritisierte den Eroberungskrieg aber nicht nur vom utilitaristischen Standpunkt aus, sondern sah ihn – wie die Konfuzianer – auch als ungerechte, gegen die Prinzipien der Rechtschaffenheit und Mitmenschlichkeit verstoßende Handlung, die bestraft werden muß. Der bewaffneten Verteidigung von Hab und Gut gegen einen angreifenden Staat, welcher im »Mo Zi« einige Kapitel gewidmet sind, ebenso wie der kriegerischen Bestrafung eines verbrecherischen Herrschers steht er hingegen nicht ablehnend gegenüber. Letzteres sah er in der chinesischen Geschichte bestätigt, wenn beim Wechsel einer alten zu einer neuen Dynastie ein guter Herrscher einen schlechten Herrscher militärisch beseitigte.

Der Grund, warum der gute Herrscher in der Theorie des Mo Di eine herausragende Stellung bei der Gewährleistung staatlicher Ordnung erhielt, wird deutlich, wenn man sein Modell der Entwicklung menschlicher Gesellschaft betrachtet, bei dem sich einige Parallelen zu einem späteren Konfuzianer wie Xun Zi finden lassen. Im Urzustand lebten die Menschen ein chaotisches und durch keine Autorität geregeltes Leben, wobei jeder einzelne seine eigene Meinung hatte und kein *modus vivendi* zwischen den Mitgliedern der Gemeinschaft möglich war. Die Beschreibung des Urzustandes erinnert an Hobbes' *bellum omnium contra omnes*, wenn man liest, daß in jener Epoche die unterschiedlichen Meinungen unlösbar in Gegensatz zueinander standen und selbst Väter und Söhne oder Brüder untereinander zu Feinden wurden und sich gegenseitig töteten. Damals existierte natürlich auch keine allgemeine Liebe zwischen den Menschen, so daß der Starke dem Schwachen nicht half und der Reiche dem Armen nichts zu essen gab. Um diese unbefriedigende Form der Existenz zu überwinden – die sich kaum von der der Tiere unterschied –, wurde vom Himmel unter den Menschen eine fähige und tugendhafte Person ausgewählt, die unter der Bezeichnung Himmelssohn (*Tianzi*) als Herrscher der Welt fungierte. Der Monarch selbst ernannte wiederum Würdenträger unterschiedlichster Abstufungen, die ihm bei der Administration zur Seite standen, da er alleine nicht in der Lage war, alle Aufgaben für die Errichtung und Bewahrung gesellschaftlicher Ordnung zu erfüllen. Innerhalb des hierarchischen Staatsapparates, dessen Mitglieder gemäß Mo Di – wenn sie nur die richtigen Tugenden und Fähigkeiten besit-

Die politischen Ideen des traditionellen China 51

zen – auch aus unteren Schichten rekrutiert werden können, determiniert die übergeordnete Instanz immer die jeweils untergeordnete. Die höchste Instanz bildet in diesem Modell der Himmelssohn, dessen Wille schließlich den Willen des Himmels repräsentiert, der nach Mo Di von den Prinzipien der allgemeinen Liebe und gegenseitigen Hilfe konstituiert wird. Daß der Fürst, der den Willen des Himmels nicht verkörpert, beseitigt werden muß, liegt in der Logik des Systems. Mo Di glaubte auch an ein direktes aktives Eingreifen des Himmels in die Geschichte des Staates, wenn er z. B. davon ausging, daß ein Nichtbefolgen des himmlischen Willens durch das Volk vom Himmel gesandte Katastrophen zur Folge hat. Die Beurteilung des Himmels als strafende und belohnende aktive Kraft, die einen Willen besitzt, spiegelt deutlich ein religiöses Element in der Theorie des Mo Di wider.

Der weise Herrscher als wahrer Himmelssohn nimmt nun ganz offensichtlich für die Gesellschaft die Stellung höchster Autorität ein, da er, den Willen des Himmels vertretend, die ursprünglich divergierenden Meinungen seiner Untertanen zu einer für jeden einzelnen verbindlichen Meinung zusammenfaßt. Er und die ihm – mit hierarchisch abnehmender Machtbefugnis – unterstellten Würdenträger determinieren und überwachen auf diese Weise Denken und Handeln des Volkes. Wie später bei Xun Zi findet sich auch bei Mo Di die Annahme einer wesentlichen Schlechtigkeit des Menschen, welche durch die Schaffung einer staatlich organisierten Gesellschaft in Zaum gehalten werden muß, damit ein erträgliches Zusammenleben überhaupt möglich ist. Vor allem haben die Vertreter des Legalismus die Notwendigkeit eines repressiven Staatsapparates für die Aufrechterhaltung staatlicher Ordnung gefordert. Im Unterschied zu diesen betonte Mo Di aber die Ausübung von Tugenden wie Rechtschaffenheit und Mitmenschlichkeit bei der Regierung eines Staates und räumte den Bedürfnissen des Volkes eine wichtige Stellung ein. Der Herrscher muß identisch mit dem Weisen sein und kann darum nicht den persönlichen Machterhalt zur Maxime seiner Regierung machen. Er ist letztlich nur der Vollstrecker des himmlischen Willens, dessen Aktualisierung niemals den Interessen eines einzelnen oder weniger Personen dient, sondern immer den Nutzen der gesamten Gesellschaft, des gesamten Volkes zum Ziel hat. Der optimale Staat war für Mo Di ein Gemeinwesen, das von tugendhaften und – worauf die Konfuzianer weniger Wert legten – fachlich qualifizierten Personen geleitet wird und in dem Wohlhabenheit für alle, Bevölkerungswachstum und geordnete Verwaltung verwirklicht werden.

Mo Dis Nachfolger sind unter der Bezeichnung »Spätere Mohisten« in die Geschichte chinesischen Denkens eingegangen. Soweit überliefert ist, beschäftigen sie sich hauptsächlich mit Problemen der Logik und gingen auf politischem Gebiet nicht über die Idee des Begründers ihrer Schule hinaus. Obwohl die von Mo Di initiierte Geistesströmung während der Zeit der Streitenden Reiche neben der konfuzianischen, daoistischen und legalistischen zu den bedeutendsten gehörte, sollte ihr das Schicksal fast aller Schulen dieser Periode nicht erspart bleiben: Nach der Errichtung des zentralistischen Kaiserreiches im Jahre 221 v. Chr., und vor allem nach der Etablierung des Konfuzianismus als Staatsorthodoxie unter dem Han-Kaiser Wu (reg. 141–87 v. Chr.), wurde sie Opfer der Bestrebungen, auf geistigem Gebiet parallel zur Reichseinigung nur noch eine einheitliche und offizielle Lehre zu gestatten.

Menzius

Mit dem Machtverfall des Herrscherhauses der Zhou und dem gleichzeitigen Erstarken der ursprünglichen Vasallenstaaten wurde eine Entwicklung eingeleitet, die im 4. und 3. Jahrhundert v. Chr. ihren Höhepunkt erreichte. In diesen zwei Jahrhunderten brach der Kampf um die Vorherrschaft unter den Mitgliedern des ehemals von den Herrschern der Zhou geleiteten Staatenbundes offen aus. Der Machtverlust des Zhou-Königs, der schon seit dem 8. Jahrhundert v. Chr. festzustellen war, der aber durch formale Billigung seitens der mächtigeren, von einem sogenannten Hegemonen angeführten Staaten seit dem 7. Jahrhundert v. Chr. zumindest nominell gesichert schien, wurde jetzt völlig offensichtlich. Den ursprünglich nur dem Zhou-Herrscher zustehenden Titel *Wang* (König) eigneten sich nun alle Fürsten an, die damit ihrer Unabhängigkeit vom Zhou-König und ihrem Anspruch auf Herrschaft über das, was »unter dem Himmel« ist, Ausdruck verleihen wollten.

Von den zahlreichen Lehensstaaten zu Beginn der Zhou-Dynastie blieben aufgrund der gegenseitigen kriegerischen Annektionen schließlich nur noch wenige übrig. Die größeren Staaten konnten sich bei diesem Machtkampf besser behaupten als die kleineren, welche in der Regel zuerst untergingen. Interessant ist aber vor allem, daß die an der Peripherie des auseinanderfallenden Staatenbundes gelegenen Herrscherhäuser ihre steigende Macht gegenüber den mehr im chinesischen Kernraum befindlichen Staaten durch Eroberungen in diesem Raum deutlich machten. Sie waren flexibler gegenüber Neuerungen als die um die Zentrale gruppierten Staaten, da sie sich ständig mit »Barbaren«, d. h. nicht zum chinesischen Staatenbund gehörenden, meist nomadisierenden Völkern, auseinandersetzen mußten. Hinzu kam, daß sie die Möglichkeit besaßen, ihre Territorien in die »Barbaren«-Gebiete auszuweiten und so ihre Macht vergrößerten. Ihrer besonderen geographischen Lage verdankten sie in der Hauptsache die Einsicht, daß in erster Linie militärische Stärke und Gewalt Überleben und Machtzuwachs eines Staates in jener Periode sicherten. Von den sieben Staaten, die zum Ende des 4. Jahrhunderts v. Chr. politische Macht ausübten, sollte der westliche Grenzstaat Quin schließlich als Sieger aus dem Kampf hervorgehen und im Jahre 221 v. Chr. China erstmals tatsächlich unter einem einzigen Herrscher vereinen. Mit diesem Ereignis fand die Zeit der Streitenden Reiche ihren Abschluß.

Menzius (372–289 v. Chr.) lebte inmitten dieser turbulenten Epoche. Sein Lebensschicksal ähnelte vielfach dem seines großen Vorgängers und Vorbildes Konfuzius. Auch er zog als wandernder Ratgeber von Hof zu Hof, in der Hoffnung, einen tugendhaften Herrscher zu finden, der seine Lehren verwirklichen und das Reich ordnen würde. Ebenso wie Konfuzius war aber auch ihm dabei kein Erfolg beschieden, da sein theoretischer Anspruch, den er den Fürsten offen vortrug, mit der politischen Wirklichkeit seiner Zeit nicht übereinstimmte. Typisch zeigt sich der Widerspruch zwischen dem moralisierenden politischen Denker Menzius und den Erfordernissen praktischer Politik der Zeit der Streitenden Reiche in den Gesprächen, die er mit dem König Hui von Liang führte. Der König erhoffte sich von einem Ratgeber konkrete Anweisung für den Erhalt bzw. die Ausweitung politischer Macht und fragte ihn, was seinem Staat von

Die politischen Ideen des traditionellen China

Nutzen (*Li*) sein könnte. Die Frage nach dem Nutzen wurde von Menzius aber empört zurückgewiesen, statt dessen mahnte er den Herrscher, Mitmenschlichkeit und Rechtschaffenheit (*Yi*) zu praktizieren, um so als moralisches Vorbild für seine Untertanen zu dienen. Ein solcher Ratschlag konnte bei einem König, dessen Staat ständig von mächtigen rivalisierenden Nachbarn bedroht wurde und so akut in seiner Existenz gefährdet war, keine Resonanz finden. In diesem Gespräch offenbart sich auch die Kritik des Menzius an Denkern wie Mo Di oder Yang Zhu, welche die Frage, ob der Nutzen oder die Tugend beim Handeln Priorität haben sollten, zugunsten des Nutzens beantwortet hatten. Das Streben nach Nutzen war für Menzius aber die Voraussetzung für den Untergang eines Staates, da ein den Nutzen zur Maxime erhebender Herrscher für Würdenträger und Volk zum schlechten Vorbild würde.

Auch an anderen Höfen war Menzius kein nennenswerter Erfolg beschieden, so daß er sich schließlich, wie vor ihm Konfuzius, vom politischen Tagesgeschehen zurückzog und in seinen Heimatstaat Zou zurückkehrte, um dort seine Schüler in den Lehren der Politik der Mitmenschlichkeit (*Renzheng*) und des »Weges des Königs« (*Wangdao*) zu unterweisen. Die Gespräche des Menzius mit den Fürsten sind in dem Buch »*Meng Zi*« (Meister Menzius) überliefert, das nicht von ihm selbst, sondern von seinen Schülern aufgezeichnet wurde. In ihrer heutigen Form stammt diese aus 14 Kapiteln bestehende Schrift wahrscheinlich aus dem 3. Jahrhundert v. Chr.

Die Frage nach dem Wesen der menschlichen Natur spielt für die politischen Ideen des Menzius eine große Rolle, darum soll hier darauf eingegangen werden. Konfuzius hatte die Frage, ob die Natur des Menschen ursprünglich gut oder böse sei, nicht beantwortet; doch ging er von der Gleichheit der Natur bei der Geburt des Menschen aus und machte den guten oder bösen Charakter eines Individuums von dessen späterer Beeinflussung durch die Gesellschaft abhängig. Seine Nachfolger Menzius und Xun Zi (313–238 v. Chr.) gingen ebenfalls von der Existenz einer bei allen Menschen gleich gearteten Natur aus und glaubten an die Wirkung äußerer Einflüsse auf die Charakterbildung eines Menschen. Beide unterschieden sich aber hinsichtlich der ursprünglichen Beschaffenheit der Natur, da Xun Zi sie für böse und Menzius sie für gut hielt. Sie initiierten damit die innerhalb der Geschichte des traditionellen chinesischen Denkens eine wichtige Stellung einnehmende Debatte um die menschliche Natur, welche erst in der Song-Zeit (960–1279) von der Autorität Zhu Xi (1130–1200) für gelöst erklärt wurde, der dabei in der Hauptsache der Auffassung von Menzius folgte. Menzius glaubte, von dieser Theorie ausgehend, daß jeder Mensch die Fähigkeit besitze, ein Weiser wie die Kulturheroen Yao und Shun zu werden. Damit war impliziert, daß jeder Mensch potentiell die Möglichkeit in sich trug, Herrscher zu sein. Die Aktualisierung der latenten guten Natur sollte eine tugendhafte Erziehung bewerkstelligen. Der wahre Herrscher, welcher das Reich einen und ordnen konnte, war gemäß Menzius eine Person, die diese Aktualisierung im höchsten Maße erreichte. Wenn Menzius in seinem Leben von Fürstenhof zu Fürstenhof zog und seine Lehren vortrug, war das nichts anderes als der Versuch, bei einem realen Herrscher die verborgene gute Natur zu aktualisieren. Der Weise, den Menzius verkörperte, spielte demnach eine wichtige Rolle bei der Errichtung der Ordnung »unter dem Himmel« als

Erzieher des zwar politische Macht besitzenden, sich aber seiner inneren ethischen Fähigkeit nicht bewußten Fürsten. Politische Macht bildete für Menzius somit einen wichtigen Bestandteil bei der realistischen Lösung der Probleme seiner Zeit, da er glaubte, daß ein über seine Untertanen gebietender Fürst als tugendhaftes Vorbild einen größeren Einfluß ausüben würde als ein diese Macht nicht besitzender, ethisch einwandfreier Vertreter des Volkes. Eine solche Konsequenz ergab sich zwangsläufig aus den von politischer Machtlosigkeit gekennzeichneten Leben der beiden die höchsten Tugenden verkörpernden Weisen Konfuzius und Menzius.

Vom Fürsten forderte Menzius eine Politik der Mitmenschlichkeit, deren Grundlage die ethischen Prinzipien Mitmenschlichkeit und Rechtschaffenheit bildeten. Güte und ethische Erziehung, weniger Bestrafung, sind die Mittel, mit denen der weise Herrscher seine Untertanen für sich gewinnen soll. Zustimmung und Unterstützung seitens des Volkes, dessen schwere Bürde in der kriegerischen und unruhigen Zeit offensichtlich war, erhielten eine zentrale Stellung in der politischen Lehre des Denkers. Er suchte, durch verschiedene Vorschläge die Not der einfachen Menschen zu lindern, da nach seiner Auffassung die Unzufriedenheit des Volkes zu instabilen Verhältnissen führt, die schließlich mit dem Sturz des Herrschers enden mußten. Schon seit der frühen Zhou-Zeit fand sich im politischen Denken Chinas eine Betonung der Funktion des Volkes für den Erhalt fürstlicher Autorität und der Ordnung im Staat; Menzius war aber der erste, der das Recht zum Sturz eines tyrannischen Herrschers deutlich und konsequent formulierte.

Der Fürst muß danach streben, die Herzen der Menschen zu gewinnen, z. B. indem er keine Leid und Elend bringenden Eroberungskriege beginnt und den Bauern eigenes Land zur Bebauung zur Verfügung stellt. Um letzteres zu realisieren, propagierte Menzius die auf ältere Traditionen zurückgehende sogenannte Brunnenfeld-Theorie. Hier sollten jeweils acht Familien insgesamt neun Felder gleicher Größe bearbeiten, wobei jede Familie ein Feld für sich erhält und alle Familien zusammen die Früchte des neunten Feldes an ihren Herrn als Abgaben zahlen. Die Durchführung einer solchen Politik nannte Menzius den »Weg des Königs« und setzte sie im Gegensatz zum gewalttätigen »Weg des Tyrannen« (*Badao*). Letzteren charakterisierte er durch Streben nach Machtpolitik und kriegerischen Eroberungen und lehnte ihn als Methode politischen Handelns völlig ab. Die Unterscheidung der beiden Formen der Regierung, die er erstmals vortrug, wurde später von anderen Konfuzianern für ihre politischen Theorien übernommen. Eine Ablehnung des *Badao* ergab sich zwangsläufig aus der Theorie der menschlichen Natur des Menzius, da eine tyrannische Machtausübung dem ursprünglichen guten Wesen des Menschen nicht entsprechen kann und somit eine Entfremdung darstellt.

Menzius versuchte den Zustand der Unordnung, in welchen die Staaten »unter dem Himmel« geraten waren, anhand eines Modells gesellschaftlicher Entwicklung deutlich zu machen, das den Zeitraum von den mythischen Kulturheroen Yao, Shun und Yu über die drei Dynastien Xia, Shang, Zhou und die Zeit der Hegemonen bis zu seiner Lebenszeit umfaßt. Diese vier Perioden verstand er als einen Prozeß der Deterioration von der idealen und vorbildlichen Herrschaft der Kulturheroen zum Chaos der Gegenwart. Innerhalb der Gesamtentwicklung

Die politischen Ideen des traditionellen China 55

des Abweichens von der idealen Herrschertugend sah er den jeweiligen Neubeginn beim Wechsel zwischen den drei Dynastien immerhin als eine Erneuerung dieser Tugend an, die sich in den Dynastiegründern manifestierte. Der allgemeine Verfall konnte dadurch aber nicht aufgehalten werden. Konfuzius, den Menzius als Endpunkt eines bei den Kulturheroen beginnenden zyklischen Ablaufs nannte, der alle 500 Jahre einen tugendhaften Herrscher hervorbrachte, war schon nicht mehr in der Lage gewesen, die Ordnung »unter dem Himmel« zu errichten. Anders als die in dieser Kette genannten Personen verfügte Konfuzius nur über moralische Kraft, aber nicht über politische Macht. Damit offenbart sich auch hier wieder das Dilemma des Konfuzius und seines in gleicher Position stehenden Nachfolgers Menzius: Beide waren gezwungen, einen politische Macht ausübenden Fürsten zu finden, der ihre ethischen Vorstellungen verkörpern und realisieren konnte, da sie selbst keine Herrscher wie vormals Yao, Shun oder König Wen waren. Das Leben der beiden Denker und die Geschichte der Zeit der Streitenden Reiche zeigen aber deutlich, daß dieses Ideal wenig Bezug zur politischen Realität besaß.

Xun Zi

Xun Zi (298–238 v. Chr.) war der zweite wichtige Denker, der die Ideen des Konfuzius übernahm und weiterentwickelte. Die Angaben über sein Leben in den »Historischen Aufzeichnungen« sind äußerst dürftig; anzunehmen ist aber, daß er sowohl als umherziehender Fürstenberater wie auch als Beamter in untergeordneten Positionen tätig war und schließlich in der letzten Lebensphase ausschließlich Schüler in seiner Lehre unterwies. Spätere Konfuzianer hatten Schwierigkeiten, seine Stelle innerhalb der konfuzianischen Schule zu würdigen, da zwei seiner Schüler als Vertreter der im Gegensatz zu ihr stehenden Schule des Legalismus in die Geschichte des chinesischen Denkens eingegangen sind. Der eine von ihnen, Han Fei (280–233 v. Chr.), zählt zu den bedeutendsten Theoretikern des Legalismus; der andere, Li Si (280–208 v. Chr.), übte am Hof des Königs Zhen von Qin den Posten des Kanzlers aus, den er auch beibehielt, als König Zhen im Jahre 221 v. Chr. als »Erster erhabener Herrscher der Qin« (Qin Shi Huangdi) den Thron des von ihm geeinten chinesischen Reiches bestieg. Li Si ist es gewesen, der dem ersten chinesischen Kaiser 213 v. Chr. in einer Throneingabe die Verbrennung solcher Bücher vorschlug, die als geistige Gefährdung für die Stabilität des neu errichteten zentralisierten Staates empfunden wurden. Da hiermit hauptsächlich – wenn auch nicht ausschließlich – Schriften der konfuzianischen Schule gemeint waren, ging Li Si als großer Frevler in die orthodoxe Geschichtsschreibung ein – ein Stigma, das sich auch auf die Reputation seines ehemaligen Lehrers auswirkte. Daß Xun Zi mit der späteren Entwicklung seines Schülers nicht einverstanden war, zeigt deutlich ein Dialog zwischen beiden, in dem Li Si die pragmatischen Methoden des Staates Qin zur Machtgewinnung lobte, und der Lehrer ihn zurückwies, indem er Mitmenschlichkeit und Rechtlichkeit als wahre Mittel der Politik propagierte. Xun Zi machte an dieser Stelle deutlich, daß er sich als Vertreter der konfuzianischen Strömung verstand, wenn er Tugend als Prämisse für die Errichtung und Bewahrung staatlicher Ordnung nannte. Festzustellen ist jedoch, daß sich in seiner Lehre realistischere, der politischen Situation seiner Zeit angemessenere Ideen finden als bei den Vorgängern Konfuzius und Menzius, was wohl auf die Eskalation zwischenstaatlicher Auseinandersetzung mit der immer deutlicher werdenden Tendenz der Etablierung eines auf Gewalt errichteten zentralistischen Einheitsstaates im 3. Jahrhundert zurückzuführen ist. Unbestreitbar ist auch das Fortleben bestimmter Elemente seiner Lehre in den Schriften des legalistischen Theoretikers Han Fei.

Der gesellschaftliche Einfluß auf das Denken des Xun Zi spiegelt sich nicht zuletzt in dem negativen Bild wider, das er von der ursprünglichen Natur des Menschen zeichnet. Anders als Menzius sah er die in der Realität tagtäglich anzutreffende Schlechtigkeit des Menschen in dessen innerstem Wesen begründet: Der Mensch war für ihn von Natur böse. Nach Auffassung des Xun Zi muß sich das Individuum von den in der eigenen Natur angelegten Begierden lösen. Das kann es, wenn es sich den gesellschaftlichen Normen und Institutionen unterwirft und anpaßt, da ein nur auf sich selbst bezogener Mensch ohne soziale Bindung und Leitung niemals gut werden kann. Wie Menzius betonte auch Xun Zi die Relevanz ethischer Erziehung für die Vervollkommnung des einzelnen, doch fand er die Anlage der Vervollkommnung nicht in den Menschen selbst, sondern in den von ihnen geschaffenen gesellschaftlichen Normen und Institutionen – den Riten. Der gute Mensch ist hier also kein Individuum, das zu seiner ursprünglichen Natur zurückkehrt, sondern ein künstlich geformtes Wesen, das sich etwas Äußerliches aneignen muß, wenn es nicht schlecht sein will. Die Funktion des Schöpfers der Riten und des Erziehers der Menschheit übernimmt dabei der Weise, der aber – da alle Menschen von Natur gleich sind – selbst vom Wesen her böse ist. Durch eigene Kraft hat er jedoch die böse Natur in sich überwunden und ist so zum Spender und Erhalter der Zivilisation, zum Paradigma des »künstlichen« Menschen geworden. Gemäß Xun Zi entstand auf diese Weise die organisierte Gesellschaft, deren Weiterexistenz ebenfalls auf Riten und den für ihre Beachtung durch die Menschen verantwortlichen, weisen Herrscher angewiesen ist.

Die Menschen sind innerhalb des Staates einem ihrem inneren Wesen zuwiderlaufenden Zwang ausgesetzt, der für die Aufrechterhaltung der Ordnung unabdingbar ist. Ein geordnetes Leben des Menschen war für Xun Zi also erst in einer sozialen Gruppierung möglich, in der jedem seine feste Position zugewiesen wird, so daß er vom wild lebenden Tier unterschieden werden kann. Auch er betont die Notwendigkeit hierarchischer Abstufungen in der Gesellschaftsstruktur, da nicht alle Menschen über gleiche Güter und Positionen verfügen können und die Verfügung über die begrenzte Anzahl materieller Ressourcen und gesellschaftlicher Ämter durch die Riten geregelt werden muß. Das gemäß Xun Zi natürliche Betreben des Individuums, seine Begierden rücksichtslos zu befriedigen, wird durch den Zusammenschluß zu einer gesellschaftlichen Organisation und die Fixierung unterschiedlicher Positionen innerhalb der Organisationen im Zaum gehalten und geregelt. Mit Hilfe der Riten kann jeder einzelne seine Rechte und Pflichten in der Gemeinschaft erkennen und dementsprechend leben. Wie bei Menzius steht auch hier der natürlichen Gleichheit der Menschen ihre gesellschaftliche Ungleichheit gegenüber. Bei Xun Zi ist dieser Aspekt aber weit stärker betont, weil nur die Riten als äußerliche Normen und Institutionen Garant der sozialen Ordnung sein sollen – ein Gedanke, der die repressive admi-

Die politischen Ideen des traditionellen China 57

nistrative Machtstruktur des späteren zentralisierten Kaiserreiches auf jeden
Fall beeinflußte und sich auch deutlich in den Theorien des Legalismus wieder-
findet. Daß Xun Zi damit aber nicht die realen machtpolitischen Bedürfnisse der
herrschenden Schichten befriedigen und sichern wollte, wird offensichtlich,
wenn man bedenkt, daß er als erste Wurzel der Riten Himmel und Erde nannte
und die Ordnung der menschlichen Gesellschaft auf diese Weise in einen den
Gesamtkosmos umfassenden Kontext einbettete. Das angemessene Verhalten
der Menschen untereinander folgt demnach einem im kosmologischen Sinn
übergeordneten Muster, wobei der wahre, d.h. tugendhafte, Herrscher mit
Hilfe der Riten die Einhaltung dieses Musters kontrollieren muß. Letztlich ist
der Mensch aber selbst verantwortlich für Ordnung oder Chaos im Staat, da
weder der Himmel noch andere »überweltliche« Mächte darauf aktiven Einfluß
nehmen können.

Ohne Zweifel nimmt der Herrscher in Xun Zis hierarchischem System eine extrem wichtige Stellung ein, wenn Entstehung und Kontrolle gesellschaftlicher
Organisationen – und damit der Zivilisation überhaupt – in der Hauptsache von
ihm abhängen und er im Besitz der höchsten Autorität im Staat sein muß. Das
Konzept des Monarchen als obersten Vollstreckers staatlicher Macht, das sich
hier andeutet, wurde rigoros von den Legalisten vorgetragen und fand innerhalb
des neu gegründeten zentralistischen chinesischen Kaiserreiches seine Anwendung. Zwischen Xun Zi und den Legalisten gibt es aber bezüglich der Figur des
Herrschers und der Qualität der Regierung entscheidende Unterschiede, die ersteren ganz deutlich als Vertreter der konfuzianischen Schule ausweisen. Er
übernahm die von Menzius vorgetragene Einteilung politischen Handelns in die
beiden Methoden »Weg des Königs« und »Weg des Tyrannen« und favorisierte
ganz eindeutig erstere. Letztere Methode beschrieb er als die Fähigkeit, einen
Staat militärisch zu erobern, ohne die Herzen des Volkes zu gewinnen, oder die
Fähigkeit, Kriminelle zu bestrafen und nicht zu wissen, wie man dem Volk
Wohltaten zukommen läßt. Die realen Verhältnisse seiner Zeit vor Augen,
konnte er den Erfolg machtpolitischen Strebens nicht leugnen, aber auch nicht
gutheißen, da er in ihm die ursprünglich böse Natur des Menschen in unzumut-
barer Form manifestiert sah. Er war weniger rigoros gegen Bestrafungen als
Menzius und sah das Streben nach Nutzen (Li) – das dieser noch als der guten
Natur diametral entgegengesetzt auffaßte – im Wesen des Menschen verankert.
Aufgrund seiner Theorie von der Natur des Menschen also konnte er die tempo-
räre Nutzbarkeit des »Weges des Tyrannen« nicht völlig von der Hand weisen.
An erster Stelle stand aber für Xun Zi der »Weg des Königs« und dessen Regieren durch Tugend und Mitmenschlichkeit, bei dem erst zuletzt Strafen angewendet werden und Güte und Wohltätigkeit gegenüber dem Volk die obersten Maximen politischen Handelns bilden. Nur der »Weg des Königs« kann langfristig
Ordnung und Stabilität »unter dem Himmel« sichern. Xun Zi war also eindeutig Konfuzianer, aber er war der realistischste unter den drei großen Vertretern
dieser Schule in der Prä-Qin-Ära.

Ganz klar zeigt sich das konfuzianische Element auch in seiner Theorie der Beziehung von Herrscher und Volk, welche offensichtlich von Menzius beeinflußt
wurde. Anschaulich verglich er den Herrscher mit einem Boot und das Volk mit
dem Wasser, welches das Boot entweder tragen oder kentern lassen kann. Wer-

den die Untertanen ungerecht gemäß dem »Weg des Tyrannen« regiert, dann gibt es Aufruhr, und die Stellung des Fürsten ist nicht mehr zu halten. Bildet hingegen der »Weg des Königs«, die Erziehung zu Tugendhaftigkeit und Wohltätigkeit gegenüber dem Volk, dem genügend materielle Güter zum Leben überlassen werden, die Richtlinie politischen Handelns, ist die Position des Herrschers unanfechtbar. Wie Menzius vertrat auch Xun Zi das Recht des Volkes auf Revolution gegen einen tyrannischen Herrscher.

»Lao Zi« und Zhuang Zi

Nicht alle politischen Denker der Zeit der Streitenden Reiche machten sich die Errichtung eines hierarchisch aufgebauten komplexen Staates auf der Grundlage moralisch legitimierter Autorität und die Sicherung seiner Ordnung durch das aktive Handeln tugendhafter Herrscher zum Anliegen. Andere, angesichts der herrschenden Zustände desillusionierte Theoretiker erteilten jeder konkreten Ausprägung des komplexen Staatswesens und der in ihm manifestierten Ausübung von Herrschaft eine Absage, weil sie gerade in diesen Phänomenen politischer Artikulation die Wurzel aller gesellschaftlichen Übel erblickten. Sie propagierten eine Form des gesellschaftlichen Zusammenlebens, die in überschaubar idyllischer Simplizität ihre Vollendung finden sollte. Die Vertreter dieser Lehren sind es, die später unter dem Schulnamen des Daoismus zusammengefaßt wurden. Als wichtigste erhaltene Quellen daoistischen Gedankenguts sind etwa die kurze Spruchsammlung des Lao Zi, die auch unter dem Titel »Dao De Jing« bekannt ist, und die postum redigierte Anthologie Zhuang Zi zu nennen.

Der Verfasser der kleinen Schrift »Lao Zi« ist uns heute nicht mehr bekannt. In den »Historischen Aufzeichnungen« werden drei mögliche Autoren genannt, was zeigt, daß schon zur Zeit des Sima Qian die Historizität der Figur des Lao Zi unklar gewesen sein muß. Eine andere Frage ist, in welcher Beziehung der Mensch Lao Zi – sollte es ihn wirklich gegeben haben – zum Buch »Lao Zi« steht. Vermutlich wurde das Buch nicht von einer, sondern von mehreren Personen verfaßt. Die Abfassungszeit dürfte ungefähr in der mittleren Periode der Zeit der Streitenden Reiche liegen. Die ältesten heute vorliegenden Exemplare des »Lao Zi« stammen aus einem Grab der frühen Han-Zeit, das man 1973 und 1974 bei Mawangdui in der Provinz Hunan archäologisch erfaßt hat. Schon jetzt ist abzusehen, daß die wissenschaftliche Bearbeitung dieser Texte wertvolle Erkenntnisse für die Erforschung des »Lao Zi« bringen wird.

Die Existenz des Zhuang Zhou oder Zhuang Zi (Meister Zhuang) kann eindeutiger als die des Lao Zi nachgewiesen werden, auch wenn die Informationen zu seinem Leben in den »Historischen Aufzeichnungen« nicht besonders ausführlich sind. Wahrscheinlich lebte er zeitgleich mit Menzius im 4. Jahrhundert v. Chr. Das Buch »Zhuang Zi« umfaßt insgesamt 33 Kapitel, von denen ein Teil möglicherweise von Zhuang Zi selbst stammt, die Mehrzahl aber mit Sicherheit von seinen Schülern bzw. späteren Nachfolgern niedergeschrieben wurde.

Wenden wir uns zuerst den politischen Vorstellungen im Buch »Lao Zi« zu. Wie die Vertreter der anderen Schulen ihrer Zeit sahen auch die Verfasser dieser Schrift den Status quo als unerträglich an, zogen daraus aber deutlich andere,

Die politischen Ideen des traditionellen China   59

ja gegenteilige Schlußfolgerungen bei dem Versuch, die Ursachen der gesellschaftlichen Unordnung aufzudecken und Wege zur Herstellung der Ordnung
aufzuzeigen. Im Gegensatz zu den Ideen von Denkern wie Mo Di oder Xun Zi
werden die vom Menschen künstlich geschaffenen Institutionen und Verhaltensnormen im »*Lao Zi*« als Ursachen für die Entstehung von Unordnung und
Not genannt. Nicht nur der Staat, sondern Kultur und Zivilisation überhaupt
werden als Degenerationsform eines ursprünglichen, natürlichen Zustandes
menschlichen Zusammenlebens aufgefaßt und damit auch als dem Wesen des
einzelnen widerstrebend. Übersteigerte materielle Bedürfnisse, Verlangen nach
gelehrtem Wissen, Verkünden gesellschaftlicher Normen etc. sind Anzeichen
einer zentrifugalen Entwicklung von der harmonischen und zufriedenen Gemeinschaft kleinerer Gruppierungen von Menschen zu einem unüberschauba-
ren, nach machtpolitischen Kriterien geleiteten Staatswesen, wie es besonders
von den großen – und in der Regel kriegerischen – Staaten der Zeit der Streitenden Reiche verkörpert wurde. Das Entstehen moralischer Normen wie Mitmenschlichkeit und Rechtschaffenheit wird als Abfall vom »Weg« (*Dao*), dem
zentralen Begriff des »*Lao Zi*«, beschrieben, womit die Kritik der Daoisten an
den Konfuzianern deutlich wird. Das Festhalten am »Weg«, der Grundlage alles
Seienden, der als natürlicher, spontaner »Weg« völlig unabhängig von »künstlichen« menschlichen und gesellschaftlichen Aktivitäten und Normen ist, bildet
den Rahmen für die Realisierung eines idealen Zusammenlebens. Je weiter die
Menschen sich von diesem natürlichen Urzustand entfernen, desto schlechter
und unglücklicher werden sie. In den zur Zeit der Streitenden Reiche zwischen
den Staaten tobenden Eroberungskriegen und dem luxuriösen Leben der Herrschenden auf Kosten des notleidenden Volkes in den einzelnen Staaten sahen die
Verfasser des »*Lao Zi*« Schlechtigkeit und Unglück der Menschen offensichtlich
manifestiert.
Im »*Lao Zi*« findet sich darum die Forderung, kulturelle und zivilisatorische
Errungenschaften wie ethische Normen, intellektuelles Wissen, gesellschaftliche
Pflichten, überflüssigen Genuß materieller Güter etc. zu beseitigen und zu einem
natürlichen und einfachen Leben in kleiner Gemeinschaft zurückzukehren. Der
Staat wird als kleines, überschaubares Gebilde beschrieben, in dem nur wenige
Menschen von beschränkter intellektueller Neugier leben, die ohne Wagen,
Schiffe und Kriegsgerät auskommen, keine komplizierte Schrift brauchen und,
obwohl das Nachbarland in Sichtweite liegt, dieses nie besucht haben.
Von dem Fürsten eines Staates wird verlangt, daß er die Regierungskunst des
»Nichthandelns« (*Wuwei*) praktiziert, d. h., daß er nicht aktiv in die Führung
des Staates eingreift, sondern – analog zu den spontan dem »Weg« folgenden
Gesetzen der Natur – die Gesellschaft ebenfalls spontan dem »Weg« und den
natürlichen Gesetzen folgen läßt. Weder in die ihn umgebende Natur noch in
die menschliche Gemeinschaft soll er übermäßig eingreifen. Dann hält er am
»Weg« fest, und die Gefahr der Dekadenz z. B. durch die widernatürliche Schaffung komplizierter staatlicher Institutionen und Normen kann nicht auftreten.
Der Herrscher ist nicht der »starke«, gesetzgebende und kriegerische Machthaber, der durch gewalttätige Handlungen andere reglementiert oder vernichtet,
sondern der »schwache«, zurückhaltende und bescheidene Fürst, der nicht handelt und in dessen Land gerade darum die ideale Ordnung im Einklang mit dem

»Weg« herrscht. Das war der Rat, den die Verfasser des »*Lao Zi*« den Machthabern ihrer Zeit gaben – ein Rat, bei dem das scheinbar nur äußerlich »Schwache« als dem scheinbar nur äußerlich »Starken« zuletzt überlegen gesehen wurde. In der Tat dürften sie damit aber auf noch weniger Resonanz gestoßen sein als die Konfuzianer oder Mo Di mit ihren Forderungen nach dem tugendhaften Herrscher.

Zhuang Zi übernahm Ideen aus dem »*Lao Zi*« und entwickelte sie weiter, wobei er noch deutlicher die von den Konfuzianern vorgetragenen ethischen Normen kritisierte und das Auftreten der diese Werte verkörpernden Weisen als Indiz für den Abfall vom idealisierten natürlichen Urzustand menschlichen Gemeinschaftslebens verstand. Er blickte dabei zurück in ein Goldenes Zeitalter, die »Welt der höchsten Tugend«, in welcher er die Menschen gemäß ihrer Natur leben und wirken sah. »Tugend« (*De*) ist hier nicht als ethische Norm im Sinne der Konfuzianer zu verstehen, sondern als die Aktualisierung des »Weges« (*Dao*) im Individuellen. Jedes Ding enthält die Manifestation des universalen »Weges« in sich. Die Manifestation des »Weges« im einzelnen Ding ist die »Tugend«. »Die Welt der höchsten Tugend« ist also eine Welt, in der am natürlichen »Weg« festgehalten wird. In dieser Welt existierten die von den Konfuzianern als grundlegende Normen des menschlichen Zusammenlebens formulierten Begriffe »Mitmenschlichkeit« und »Rechtschaffenheit« sowie die das gesellschaftliche Leben regelnden Riten noch nicht, vielmehr lebten alle in einem Zustand natürlicher Egalität, niemand litt materielle Not, und keiner hatte überflüssige Bedürfnisse, die er auf Kosten der anderen zu befriedigen trachtete. Die Menschen gaben sich also – wie schon im »*Lao Zi*« geschildert – einem einfachen und bescheidenen Leben hin, das einem primitiven Naturzustand näher war als einer hochstehenden Zivilisation und verfeinerten Kultur, auf welche besonders die Vertreter des Konfuzianismus großen Wert legten. Ethische Normen und hierarchische gesellschaftliche Abstufungen waren für Zhuang Zi künstliche, vom Menschen geschaffene Gebilde, die der menschlichen Natur im Grunde fernliegen. Mit dem Auftreten sogenannter weiser Herrscher im Altertum und der Anwendung ethischer Normen sah er dann auch das Ende des Goldenen Zeitalters angebrochen und verstand die gesellschaftliche Entwicklung bis zur Gegenwart als Prozeß der Deterioration von dem gepriesenen Urzustand. Die Gefährlichkeit der von den Herrschern aufgestellten Normen bestand für ihn vor allem darin, daß sie künstlich einen Zustand schaffen, in dem es Unterschiede zwischen Armen und Reichen, Edlen und Niedrigen gibt. Rangunterschiede eignen sich vorzüglich als Werk schlechter Herrscher zur Unterdrükkung des Volkes, wenn sie hohe ethische Ideale vorgaukeln, in Wirklichkeit aber bewußt als Machtmittel benutzt werden. Der an sich gute Untertan wird durch das schlechte Vorbild seiner Führer schließlich auch zu einem schlechten Menschen, so daß im ganzen Land verbrecherisches Treiben herrscht. Die ethischen Normen und Riten waren für Zhuang Zi die Ursache für die chaotischen Zustände seiner Zeit, da sie durch widernatürliche, gesellschaftliche Differenzierungen große Unordnung zwischen den eigentlich gleichen Menschen brachten. Mit der Ablehnung ethischer Normen befand sich Zhuang Zi im völligen Gegensatz zu den Auffassungen der Konfuzianer.

In den »Historischen Aufzeichnungen« wird berichtet, daß der zurückgezogen

Die politischen Ideen des traditionellen China   61

lebende Zhuang Zi ein Angebot des Königs von Wei empört zurückwies, mit
dem der Herrscher ihn zu seinem Premierminister machen wollte. Eine solche
Möglichkeit der aktiven Teilnahme an der Regierung eines Staates hätten Denker wie Konfuzius und Menzius gewiß nicht ungenutzt gelassen. Zhuang Zi
hingegen verstand die Art des politischen Handelns zu seinen Lebzeiten als
Entfremdung von der ursprünglichen Natur des Menschen und dem durch
»Tugend« (De) zu aktualisierenden »Weg« (Dao) im Individuum. Ebenso wie
die Verfasser des »Lao Zi« trug er die Theorie des passiven »Nichthandelns«
vor, das dem spontanen, natürlichen Wesen des Menschen entsprechen soll.
Die aktive Beherrschung des Volkes durch künstliche, von Menschen geschaffene Institutionen war für ihn ein Indiz dafür, daß die Welt vom »Weg« abge-
wichen war, denn wenn die Menschen ihre innere Natur nicht beschmutzten
und die »Tugend« bewahrten, brauchten sie niemanden, der sie regiert, sondern folgten, auf sich selbst gestellt, spontan ihrer inneren Natur, die im Einklang mit dem »Weg« ist. Die Lehre des »Nichthandelns« ist hier also im
Grunde eine Theorie, welche jeglicher Regierung der Menschen durch übergeordnete, aktiv politisch handelnde Institutionen eine Absage erteilt. Zhuang Zi
war damit noch radikaler als die Verfasser des »Lao Zi«, welche mit ihrer
Theorie des »Nichthandelns« nur die nicht mit dem »Weg« in Übereinstimmung stehende Regierung, nicht aber staatliche Organisation überhaupt ablehnten.

Han Fei

Von den vielen Schulen, die zur Zeit der Streitenden Reiche entstanden, sollte
eine – zumindest kurzfristig – erfolgreicher sein als alle anderen und wesentliche
theoretische, aber auch praktische Beiträge zur Errichtung des Ersten Kaiserreiches der Qin-Dynastie leisten: die Schule der Legalisten, deren wichtigster Vertreter Han Fei (ca. 280–233 v. Chr.) war. Versucht man die geistigen Vorgänger
seines Denkens aufzuzeigen, dann muß man sagen, daß er gewiß von seinem
Lehrer, dem Konfuzianer Xun Zi, beeinflußt wurde, besonders von dem negativen Bild, das dieser von der menschlichen Natur zeichnete, aber auch von daoistischen Werken wie dem »Lao Zi«, zu dem er einen Kommentar schrieb. In
ihren Grundzügen stellt seine politische Theorie jedoch eine Zusammenfassung
und Systematisierung von Einzeluntersuchungen der frühen legalistischen
Schule dar. Zentrale Begriffe der legalistischen Politik wie Herrschermacht, Ge-
setzeszweck, Gesetzgebungstechnik und die Auswahl der Fähigen sowie ihre
Kontrolle im Staatsdienst machten bereits einen wichtigen Teil der Lehre eines
Shen Dao (ca. 395–315 v. Chr.) aus.
Geboren wurde Han Fei als Sohn eines Aristokraten in Han, einem kleineren
Staat, der ständig unter der Bedrohung lebte, von seinen größeren und machthungrigen Nachbarn – besonders dem Staat Qin – erobert zu werden. Han Fei
versuchte zuerst, seine konkreten Vorstellungen für die Stärkung eines Staates
wie die Betonung der Landwirtschaft zur Erlangung ökonomischer Prosperität
und die Verbesserung der Armee zum Aufbau militärischer Schlagkraft dem
eigenen Herrscher zu unterbreiten, zog sich aber, als er die Vergeblichkeit seiner
Bemühungen feststellte, aus dem aktiven politischen Leben zurück und wurde

zum politischen Theoretiker. Als sein Heimatstaat tatsächlich von Qin angegriffen wurde, schickte man ihn als Vermittler zum Hof des Königs von Qin, an dem sein ehemaliger Mitschüler unter Xun Zi, Li Si (ca. 280−208 v. Chr.) einen hohen Posten innehatte. Die Begeisterung, die der König von Qin für die seinen eigenen Zielen entgegenkommenden Ideen des Han Fei zeigte, muß wohl den Neid Lis hervorgerufen haben, der dafür sorgte, daß Han in den Kerker geworfen wurde, in dem der Gesandte aus dem Staat Han schließlich auf Befehl Li Sis Selbstmord begehen mußte. Auf diese Weise endete der wichtigste Theoretiker des Legalismus ironischerweise in den Gefängnissen des Herrschers, der seine Ideen am effektivsten anwandte und der einige Jahre später die von Han gewünschte Errichtung einer zentralen staatlichen Autorität in China verwirklichte.

Anders als die Vertreter der meisten anderen geistigen Strömungen seiner Zeit sah Han Fei die anzustrebende ideale Form menschlichen Zusammenlebens nicht in der Vergangenheit unter einem der überlieferten, besonders tugendhaften Herrscher der Vorzeit oder in einem untergegangenen Goldenen Zeitalter verwirklicht, dem man rückblickend nacheifern muß, sondern betrachtete realistisch die zu seinen Lebzeiten herrschenden gesellschaftlichen Verhältnisse, um daraus Schlußfolgerungen für die Errichtung eines unter diesen Bedingungen optimal funktionierenden Staatswesens zu ziehen. Die Betrachtung der Vergangenheit diente ihm dabei nur zur Konstruktion eines theoretischen Modells, mit dem die Unmöglichkeit ehemals vielleicht sinnvoller, nun aber nicht mehr anwendbarer Institutionen und Normen nachgewiesen werden sollte. Von seinem Vorgänger Shang Yang ausgehend unterteilte er die historische Entwicklung der Gesellschaft in drei Phasen, die er als altes, mittleres und neues Altertum bezeichnete und in denen ganz bestimmte, unterschiedliche Lebensbedingungen vorherrschten, welchen sich die darin lebenden Menschen jeweils anpassen mußten. Gesellschaftliche Institutionen und Normen der alten Epoche konnten demnach in der mittleren nicht mehr funktionieren, da sich inzwischen die Umstände des menschlichen Zusammenlebens verändert hatten. Ebenso verhält sich die Gegenwart zu den vorangegangenen Zeitperioden, womit deutlich wird, daß Han die gesellschaftshistorische Entwicklung als evolutionär auffaßte. Er stritt dabei auch nicht ab, daß die konfuzianischen Tugenden der Mitmenschlichkeit und Rechtschaffenheit in der Vergangenheit durchaus berechtigt praktiziert wurden, sah aber die Versuche ihrer Verwirklichung in der Gegenwart als den tatsächlichen Verhältnissen nicht mehr adäquates Handeln an. Tugendhaftes Regieren war nach Han in der alten Epoche möglich, weil es damals relativ wenige Menschen, aber materielle Güter im Überfluß gab. Jeder hatte die Möglichkeit, seine Bedürfnisse zu befriedigen, so daß Gedanken des Streites und Hasses gar nicht erst entstanden und die Herrscher das Volk mit ethischen Normen regieren konnten. Die Situation änderte sich aber, als die Bevölkerungszahl wuchs und das vormals für die Menschen günstige Verhältnis zwischen ihrer Anzahl und den verfügbaren materiellen Gütern umgekehrt wurde. Nun war man gezwungen, in Streit und kriegerischen Auseinandersetzungen zu leben, wollte man seine materiellen Bedürfnisse befriedigen. Unter diesen Umständen war für Han die nach konfuzianischen Kriterien ausgerichtete tugendhafte Herrschaft unanwendbar. Er forderte machtpolitische Methoden, welche – von

Die politischen Ideen des traditionellen China 63

einem autoritär regierenden Monarchen ausgeübt – die von ihren instinktiven Bedürfnissen angetriebenen Menschen im Zaum halten können und ermöglichen, daß die Ordnung »unter dem Himmel« hergestellt wird. Deutlich zeigt sich bei dem Gesagten, daß Han Fei ein ausgesprochen negatives Bild von der Natur des Menschen hatte, was ohne Zweifel auf den Einfluß seines Lehrers Xun Zi zurückzuführen ist. Xun Zi glaubte aber immerhin noch, daß eine tugendhafte Erziehung den einzelnen in einen wirklich guten Menschen verwandeln kann, wohingegen Han Fei diese Auffassung nicht mehr teilte, das Individuum vielmehr als ein Wesen betrachtete, das durch drakonische Strafen vom Ausleben seiner inneren Triebe abgehalten werden muß. Herrscher und staatliche Institutionen existieren nicht, weil sie dem von Natur aus schlechten Menschen zeigen müssen, wie er sich zu verändern und schließlich tugendhaft zu verhalten hat, damit ein geordnetes Zusammenleben in der Gemeinschaft ermöglicht wird, sondern weil sie mit den Mitteln des Zwangs den einzelnen dazu bringen können, seine ureigenen Bedürfnisse aus Angst vor Bestrafung zu unterdrücken. Anders als der Konfuzianer Xun Zi konnte der Legalist Han Fei selbst an die Wandlungsfähigkeit des Menschen zum Guten nicht mehr glauben, so daß für ihn nicht das tugendhafte Vorbild des Herrschers, sondern die von diesem praktizierten strengen Reglementierungen und Bestrafungen des Volkes zur Grundlage politischen Handelns erklärt wurden. Das Regieren durch Tugend hatte in den Augen der Legalisten im Laufe der historischen Entwicklung die Berechtigung verloren, probates Mittel zur Aufrechterhaltung der Ordnung »unter dem Himmel« zu sein.

Der Herrscher nimmt in diesem System eine herausragende Position ein, da er als absoluter Monarch die gesamte staatliche Macht in Händen hält. Gleichgültig ist dabei, ob er vom Volk gestützt wird oder nicht, denn Relevanz besitzt nur die Tatsache, daß er die höchste Autorität im Staat verkörpert. Die Beziehung zwischen dem Regenten und dem Volk ist hier nicht wie bei den Konfuzianern direkt, sondern indirekt, da er die Beamten kontrolliert, aber nicht das Volk, das unmittelbar von den Beamten regiert wird. Zwischen Herrscher und Beherrschten befindet sich eine Kluft, welche ersterem eine absolute Stellung verleiht, abgehoben und unangreifbar von den gewöhnlichen Menschen, wie sie im imperialen China tatsächlich verwirklicht wurde. Der Monarch läßt Gesetze verkünden, die schriftlich fixiert werden und die für alle Mitglieder der Gesellschaft, hohe oder niedrige, gleich verbindlich sind. Sie bilden die allgemeingültigen Normen für das politische Leben des gesamten Staates, neben denen private Meinungen einzelner Individuen nicht geduldet werden können. Eine ähnliche Auffassung, welche die Vereinheitlichung des Denkens der Menschen unter einer Anschauung zum Ziel hat, damit keine Unordnung im Staat herrscht, wurde schon von Mo Di vorgetragen. Ihren konkreten Ausdruck fand sie dann in den Bestrebungen des Legalisten Li Si nach der Gründung des imperialen Reiches unter Qin Shi Huangdi, angeblich staatsgefährdende Schriften – vor allem Bücher des Konfuzianismus – zu eliminieren.

Die einmal festgelegten Gesetze betrachtete Han aber nicht als unveränderbar, vielmehr ging er auf der Basis seiner evolutionären Gesellschaftstheorie davon aus, daß auch sie dem Wandel der Zeit unterworfen sind und entsprechend geändert werden müssen. Damit zeigte er größere Flexibilität als die Konfuzianer, die ihren ethischen Normen und staatlichen Institutionen eine längerfristige Dauer und damit höheren Wert verleihen wollten. Mit der geforderten Gleichheit aller Menschen vor dem Gesetz befand er sich außerdem deutlich im Gegensatz zum auf den Riten basierenden konfuzianischen Rechtsempfinden, das den Vertretern der höheren Gesellschaftsschichten bestimmte Privilegien bei der Bestrafung einräumte. Han Fei wollte von der gleichen Verantwortung vor dem Gesetz niemanden ausklammern, selbst den Repräsentanten der höchsten staatlichen Macht nicht; denn sobald die Gesetze öffentlich verkündet sind, bilden sie Verhaltensnormen, an welche auch der Herrscher gebunden ist. Ohne Zweifel behält der Monarch dennoch seine besondere Stellung, da die Gesetze von der von ihm geleiteten Regierung formuliert und veröffentlicht werden, und er selbst in letzter Autorität über ihre Einhaltung zu wachen hat. Dies wiederum kann er nur aufgrund seiner Macht, die es ihm ermöglicht, diejenigen, die gegen die Gesetze verstoßen, hart zu bestrafen, und diejenigen, die sie einhalten, zu belohnen. Neben der Anwendung von Gesetzen bildet die Macht oder Autorität der Bestrafung oder Belohnung den zweiten wichtigen Aspekt der Herrschaft im politischen Denken des Han Fei. Er kritisiert in diesem Zusammenhang seine Vorgänger Shang Yang und Shen Dao, die in ihren Theorien jeweils nur eines dieser beiden Elemente in den Vordergrund gestellt hatten und darum nach seiner Auffassung in ihren Bemühungen auf politischem Gebiet keinen Erfolg haben konnten. Han war aber auch klar, daß ein Mensch alleine niemals die Einhaltung der Gesetze völlig überwachen kann; vielmehr muß er fähige Untergebene an seiner Seite haben, welche ihm bei der administrativen Arbeit helfen. Dies ist der dritte, für die politische Machtausübung ebenfalls unentbehrliche Bestandteil in seiner Theorie, den er von Shen Buhai übernahm. Demnach muß der Monarch aus seinen Untergebenen die richtigen Personen für die in der Administration zur Verfügung stehenden Posten auswählen können. Die Tätigkeit der so ausgewählten Beamten mißt er an den von den Gesetzen geforderten Maßstäben. Wie bei den Konfuzianern findet sich damit auch in der Lehre des Han Fei die Forderung nach der Übereinstimmung von »Namen«, d. h. Amtstitel, und den damit verbundenen Aufgaben eines Beamten und der Wirklichkeit, d. h. den tatsächlichen Handlungen des Amtsinhabers. Wenn Name und Wirklichkeit divergieren, hat der Herrscher die Macht, den Betreffenden zu bestrafen, sind sie in Übereinstimmung, dann soll er belohnt werden. Der Würdenträger lebt also in der ständigen Furcht, vom Monarchen bestraft zu werden, und strebt danach, seine Aufgaben den vorgegebenen Gesetzen gemäß zu erfüllen, um in den Genuß der ebenfalls vom Monarchen verteilten Belohnung zu kommen. Die Grundlage für die hier geschilderte Beziehung zwischen Herrscher und Untertan bildet Han Feis Auffassung von der schlechten Natur des Menschen, die besagt, daß der einzelne immer nach eigenem Vorteil strebt und den eigenen Nachteil unter allen Umständen zu vermeiden sucht. Die Herstellung der Ordnung »unter dem Himmel« war für den Legalisten nur in einem Staat möglich, an dessen Spitze der absolute Macht über seine Untertanen ausübende Herrscher thront, dessen unanfechtbare Autorität schließlich die natürlichen Triebe des gesamten Volkes durch ein System von Belohnung und Strafe in Zaum halten kann. Auf der Grundlage der genannten drei Elemente der Herrschaftsausübung wollte Han Fei den idealen Staat verwirklichen, in dem der Monarch

Die politischen Ideen des traditionellen China 65

kraft seiner Autorität nur noch als Beobachter der von seinen Würdenträgern ausgeübten administrativen Tätigkeiten fungiert. Wie die Daoisten fordert auch er in diesem Stadium die Praxis des »Nichthandelns« von einem Herrscher, der selbst nicht mehr aktiv in das politische Tagesgeschehen einzugreifen braucht, da schon aufgrund der von ihm ausgehenden Macht der gesamte Staatsapparat funktioniert. Die Idee des »Nichthandelns« beinhaltet hier also nicht das spontane Wirken natürlicher Gesetze wie in der Lehre der Daoisten, sondern das durch die Autorität des Monarchen gewährleistete mechanische Funktionieren des von Menschen künstlich geschaffenen Systems Staat.

3. Das chinesische Reich von der Qin- zur Qing-Dynastie

Dong Zhongshu

Auf die Beseitigung der im 3. Jahrhundert v. Chr. übriggebliebenen sechs Staaten des zuletzt unter den machtlosen Königen der Zhou nominell zusammengefaßten losen chinesischen Staatenbundes durch den Herrscher von Qin folgte die Errichtung eines tatsächlich nur von einem Monarchen regierten Großreiches, das die Grundlagen für das – von zeitweiligen Unterbrechungen abgesehen – bis zum Jahre 1911 existierende zentralistische imperiale System in China legte. Bei der Neuordnung des Reiches orientierte sich der erste chinesische Kaiser nicht an den feudalistischen Maßnahmen der vorangegangenen Zhou-Dynastie, deren Herrscherhaus nach Unterwerfung der Shang Lehen an Familienmitglieder und verdiente Untertanen verteilt hatte. Vielmehr wollte er gerade solche für die Zentrale gefährliche Tendenzen verhindern und teilte das Land in Verwaltungseinheiten auf, die von dem Herrscher direkt unterstellten Beamten geleitet wurden. Um die Macht der ehemaligen Aristokratie zu brechen, siedelten die Qin ihre Vertreter in der Hauptstadt an, wodurch ihnen die traditionellen Machtbasen entzogen wurden und sie direkt vom Hof kontrolliert werden konnten. Neben diesen Maßnahmen zur Vermeidung des Entstehens regionaler Herrschaftszentren und zur Vereinheitlichung des gesamten Staates gab es weitere, dem gleichen Zweck dienende Bestrebungen, wie die Normierung von Gewichten, Maßen, Münzen und Wagenspuren, die unterschiedslose Besteuerung aller Untertanen, welche – jedenfalls theoretisch – zusätzlich ein gleiches Maß an Frondienst abzuleisten hatten, die Verbesserung der Infrastruktur durch den Bau neuer Straßen usw. Vor allem ging man daran, die in den ehemaligen Einzelstaaten üblichen unterschiedlichen Schriftformen zu vereinheitlichen, so daß im ganzen Reich nur noch ein Schrifttypus verbindlich war. Auch auf geistigem Gebiet suchte man im Sinne des Legalismus, Einheitlichkeit zu verwirklichen, indem die Werke der verschiedenen Schulen der Zeit der Streitenden Reiche verboten und zum Teil vernichtet wurden.

Die aufgezählten Maßnahmen machen schon deutlich, daß dem neuen imperialen Staatswesen vor allem zwei Bevölkerungsgruppen als potentielle Gegner erhalten blieben: die ehemaligen Aristokraten und die nicht der legalistischen Schule angehörenden Intellektuellen, die um ihre Pfründen und Privilegien gebracht wurden. Sie warteten im Grunde nur auf eine Gelegenheit, die verhaßte

Regierung zu stürzen und zum alten System zurückzukehren. Aber auch in den unteren Volksschichten gab es Unmut gegen die neue Dynastie, da ihre an den Ideen der Legalisten orientierten drakonischen Strafen und anderen despotischen Herrschaftspraktiken ebenso wie der Zwang, Frondienste an Bauprojekten, wie dem Grab des ersten Kaisers, und bei der Vollendung der berühmten Schutzmauer im Norden des Reiches zu leisten, vor allem zu Lasten der einfachen Menschen ging. Widerstand war aber erst möglich, nachdem der mächtige und autoritäre Dynastiegründer verstarb und kein angemessener Nachfolger zur Verfügung stand, der in der Lage gewesen wäre, das riesige Reich zu führen. In dieser Situation brachen verschiedene Aufstände aus, die schließlich den Sturz des Herrscherhauses der Qin herbeiführten und mit der Errichtung der Han-Dynastie im Jahre 206 v. Chr. ihren Abschluß fanden.

Zum Begründer der Han-Dynastie wurde Liu Bang (reg. 206–195 v. Chr.) und damit kein Vertreter der alten Aristokratie, sondern ein Mann aus einfachen, bäuerlichen Verhältnissen, der es durch eine geschickte Politik verstand, unter den vielen damals um die Macht streitenden Aufstandsführern zuletzt als Sieger hervorzugehen. Bei der Ordnung des Reiches, welche sich auch am System der Einteilung in Verwaltungseinheiten der Qin orientierte, fiel er aber zum Teil wieder in das alte Lehenssystem zurück, als er verdienten Untertanen Ländereien an der Peripherie des Landes zuteilte, was sich schließlich als nachteilig für die Zentrale herausstellte, da die nach Unabhängigkeit strebenden Lehensfürsten eine akute Bedrohung des einheitlichen Staates darstellten. Liu Bangs Nachfolger sollten noch mehrere Jahrzehnte mit der Bekämpfung dieser neuen Aristokratie beschäftigt sein, bis das Haus der Han endgültig die drohende Zersplitterung des Reiches verhindern und einen wirklich zentralistisch geführten Staat leiten konnte. Den wesentlichsten Beitrag zur institutionellen und organisatorischen Festigung des Einheitsstaates lieferte Kaiser Wu (reg. 141–87 v. Chr.), unter dessen Regierung das Reich konsequent in Verwaltungseinheiten eingeteilt wurde, denen von der Zentrale kontrollierte Beamte vorstanden. Dennoch muß man sagen, daß bestimmte feudalistische Strukturen weiterhin bestehenblieben und die – die Erbaristokratie allmählich ersetzende – neu entstandene Schicht der Großgrundbesitzer ständig bestrebt war, ihren steuerfreien Landbesitz zum Nachteil der Steuern eintreibenden staatlichen Administration zu vergrößern und so immer wieder für Spannungen mit dem kaiserlichen Hof sorgte. Bemerkt sei an dieser Stelle auch, daß während der Zeit des Kaisers Wu China durch militärische Expeditionen seine bis dahin größte territoriale Expansion erfuhr, die den chinesischen Einfluß bis nach Nordkorea im Nordosten, Nordvietnam im Süden und in den zentralasiatischen Raum im Westen ausdehnte.

Zwei weitere, miteinander verknüpfte Ereignisse, die für das imperiale China größte Bedeutung hatten, sind ebenfalls mit der Regierung des Monarchen Wu verbunden: die Errichtung der staatlichen Akademie im Jahre 124 v. Chr. und die Etablierung des Konfuzianismus als Staatsorthodoxie. In der Akademie wurden die von der kaiserlichen Administration benötigten Beamten ausgebildet und geprüft, wodurch eine gewisse Kontrolle der Zentrale bei der Rekrutierung des Verwaltungsnachwuchses gewährleistet war. Diese Maßnahme legte den Grundstein für das spätere kaiserliche Prüfungssystem, das in der Zeit der

Die politischen Ideen des traditionellen China 67

Tang-Dynastie (618–907) seine endgültige Ausformung erhielt und in China bis zum Jahre 1905 den offiziellen Weg zur Erlangung eines staatlichen Amtes bildete. Die Teilnahme an der Ausbildung und den Prüfungen stand dabei theoretisch fast allen Schichten der Bevölkerung offen. Der Vorschlag, mit diesem Verfahren Beamte für den Staatsdienst auszuwählen, ging auf eine Anregung des Konfuzianers Dong Zhongshu (179–104 v.Chr.) zurück, der gleichzeitig konfuzianische Gelehrsamkeit zum Inhalt der Ausbildung machte. Parallel damit fand die Erhebung des Konfuzianismus zur offiziell einzig gültigen Doktrin im Reich statt, womit dem Bestreben nach zentraler politischer Machtausübung und Vereinheitlichung auch im geistigen Bereich Genüge getan werden sollte. Offensichtlich entdeckten die Vertreter der herrschenden Schichten in dem vormals – unter den Bedingungen staatlicher Zerrissenheit – erfolglosen Konfuzianismus ein adäquates Mittel für die Gewährleistung ideologischer Stabilität innerhalb des nun gefestigten zentralen Kaiserreiches. Es war aber nicht mehr der ursprüngliche Konfuzianismus, der hier zur Anwendung kam, vielmehr flossen Elemente anderer Schulen, besonders der Legalisten, in seine Lehre ein.

Dong Zhongshu war der berühmteste Gelehrte der Han-Dynastie. In der Hauptsache beschäftigte er sich mit dem Studium und der Lehre, diente aber für einige Zeit als wichtigster Ratgeber des Kaisers Wu und konnte während dieser Tätigkeit die Errichtung der kaiserlichen Akademie und die Erhebung des Konfuzianismus zur Staatsorthodoxie initiieren. Insgesamt hatte er auf die praktische Politik seiner Zeit aber wenig Einfluß und gehörte nie zu den wirklich Mächtigen innerhalb der kaiserlichen Regierung. Seine Tätigkeit beschränkte sich vor allem auf den theoretischen Bereich. Seine für das politische Denken wichtigste Schrift bildet das Werk »Die reichhaltigen Perlen der Frühlings- und Herbstannalen«.

In der Lehre des Dong zeigt sich deutlich der für das chinesische Denken wichtige Aspekt der kosmischen Analogie: Der Mensch und seine Gesellschaft entsprechen als Mikrokosmos dem Makrokosmos des gesamten Raum und Zeit umspannenden Universums. Himmel bzw. Natur (*Tian*) und menschliche Welt als Konstituenten des Gesamtkosmos bilden eine Einheit, in der sie gleichen Gesetzen unterworfen sind und die gleichen Strukturen aufweisen. Hierbei griff Dong offensichtlich auf geistige Strömungen zurück, die ursprünglich nicht zum Konfuzianismus gehörten. Das Universum sah er grundsätzlich von den zwei komplementären Kräften Yin (Negatives) und Yang (Positives) durchdrungen und davon ausgehend, die im Universum wirkenden Kräfte weiter differenzierend, aus fünf Qualitäten konstituiert, die im Chinesischen als »Fünf Agenten« (*Wu Xing*) bezeichnet werden. Die »Fünf Elemente« Metall, Holz, Wasser, Feuer und Erde sind keine Stoffe im materiellen Sinne, sondern symbolisieren die den Urstoffen innewohnenden Wirkkräfte. Zugleich repräsentieren sie Raum und Zeit, wenn sie den fünf Himmelsrichtungen und der Abfolge der Jahreszeiten analog zugeordnet werden. Himmel und Einzelmensch entsprechen sich ebenfalls, da beide die ethischen Prinzipien der Rechtschaffenheit und Mitmenschlichkeit sowie Gefühle der Freude und des Zorns besitzen. Hier spiegelt sich der für die konfuzianische Lehre wichtige Gedanke wider, daß das gesamte Universum, Himmel und Erde (chinesisch *Tiandi*, ein

Ausdruck, der Universum bedeutet), ethisch gut ist. Die wohlwollende und die bestrafende Kraft des Himmels bilden jeweils die zwei Kräfte Yang und Yin, welche entsprechend beim Menschen die Natur (Yang) und die Emotionen (Yin) darstellen. Wie Xun Zi ging Dong davon aus, daß Riten und Musik, d. h. gesellschaftliche Normen und Institutionen, nötig sind, damit der Mensch gut wird. Im Gegensatz zu dem Denker des 3. Jahrhunderts – und damit Menzius Auffassung näher – glaubte er aber an eine zum Guten wandelbare Natur, an eine Natur also, die das Gute schon potentiell in sich trägt. Die Aktualisierung des Guten ist aber nur möglich, wenn der Mensch die zum Bösen tendierenden Emotionen unter Kontrolle hat.

Der Himmel war für Dong eine willentlich handelnde Macht, die belohnen und strafen kann und welcher die Menschen folgen sollen. Seine Legitimität bezieht der über die menschliche Gesellschaft gebietende Herrscher ebenfalls von dieser Macht, indem ihm von ihr das himmlische Mandat (*Tianming*) verliehen wird. Er ist damit die Verkörperung des himmlischen Willens und nimmt aufgrund dieser Tatsache eine über alle Menschen herausgehobene Stellung ein. Ohne Zweifel wollte Dong damit die Autorität des Kaisers stärken und festigen. Andererseits ist sie hier aber in gewisser Weise wieder eingeschränkt, da der Monarch in Abhängigkeit vom Willen des Himmels gerät, dem er nicht zuwiderhandeln darf. Begeht er Fehler, dann reagiert der Himmel darauf mit anomalen Erscheinungen und Naturkatastrophen, wie Erdbeben, Trockenheit oder Überschwemmungen, die den Herrscher warnen und ihm deutlich machen sollen, daß er seine Politik ändern muß, da sie nicht mehr in Übereinstimmung mit der großen kosmischen Ordnung ist. Die Übereinstimmung von gesellschaftlicher und kosmischer Ordnung kann nur von dem tugendhaften weisen Herrscher garantiert werden. Dong Zhongshu gab dem Kaiser auch konkrete Ratschläge, wie er zu handeln habe, wollte er diesem Ideal genügen. So sprach er z. B. von vier Arten der Regierung, welche jeweils zu einer bestimmten Jahreszeit ausgeübt werden sollten, womit wieder deutlich wird, daß das Handeln der Menschen mit den von Yin und Yang und den »Fünf Agenten« durchdrungenen Strukturen des gesamten Universums in Einklang stehen muß.

Den Aufbau der Gesellschaft und die Organisation der Regierung verstand er ebenfalls in Abhängigkeit von den im Universum vorhandenen Kräften. Die komplementäre Beziehung von Yin und Yang glaubte er innerhalb des Staates im Gegenüber von Herrscher (Yang) und Untertan (Yin), Vater (Yang) und Sohn (Yin), Ehemann (Yang) und Ehefrau (Yin) wiederzufinden. Das Wirken der kosmischen Kräfte Yin und Yang zeigt sich also nicht nur auf der Stufe des einzelnen Individuums, sondern auch auf der Ebene des menschlichen Gemeinschaftswesens. In der kaiserlichen Administration soll es entsprechend den vier Jahreszeiten vier Gradabstufungen geben, und jeder Beamte eines dieser Grade soll – gemäß den drei Monaten einer Jahreszeit – drei Assistenten zur Seite haben, so daß deren Anzahl gleich den zwölf Monaten des Jahres ist. Die staatliche Administration entspricht in ihrem Aufbau dem geschlossenen Zeitabschnitt eines Jahres, das sich alle zwölf Monate erneuert und wieder von vorne beginnt. Damit befindet sie sich im Einklang mit dem durch Yin und Yang und die »Fünf Agenten« verursachten Wechsel der Jahreszeiten, d. h. sie ist in Übereinstimmung mit der Struktur des Gesamtkosmos.

Die politischen Ideen des traditionellen China 69

Den Wechsel der Dynastien in der chinesischen Geschichte erklärte er – von älteren Vorstellungen ausgehend – mit einer Zyklentheorie, die mit der Abfolge von drei Dynastien einen Kreis beschreibt. Jeder Dynastie wurde eine Farbe zugeteilt: Die legendären Xia regierten demnach unter der schwarzen Farbe, die Shang unter der weißen und die Zhou unter der roten. Die der Zhou folgende Dynastie war schließlich wieder mit der Farbe Schwarz verbunden und setzte damit einen neuen Zyklus in Gang. Jede neue Dynastie hat aber nicht nur eine andere Farbe als das vorangegangene Herrscherhaus, sondern sie muß auch einen neuen Kalender erstellen, eine neue Hauptstadt errichten usw. Der Auftrag dazu wird ihr vom Himmel gegeben, und die Maßnahmen einer neuen Regierung sollen die neue Vergabe des Mandates versinnbildlichen. Mit dieser Theorie suchte Dong eine Erklärung für den Aufstieg und Untergang der bisherigen Dynastien und räumte gleichzeitig ein, daß selbst das zu seiner Zeit regierende Herrscherhaus irgendwann einmal abgelöst werden müsse.
Zuletzt soll noch auf die Stellung des Volkes in der Lehre des Dong Zhongshu eingegangen werden. Hier präsentierte er sich deutlich als Konfuzianer, indem er die von den Legalisten geforderte Regierung durch Androhung harter Bestrafungen ablehnte und die Regierung durch Tugend betonte, auch wenn er Strafen als Mittel der Herrschaftsausübung durchaus akzeptierte. Hierarchisch gesellschaftliche Unterschiede wollte er nicht eliminieren, da er sie in der kosmischen Ordnung verwurzelt sah, kritisierte aber die extreme Diskrepanz zwischen den ärmsten und den reichsten Schichten der Gesellschaft. Er war nicht für Egalisierung, sondern für Milderung krasser sozialer Unterschiede, so daß auch die Armen ihre materiellen Bedürfnisse befriedigen konnten. Vor allem prangerte er die Landannektionen der Grundbesitzer als ein Übel an, das nicht nur die unteren Bevölkerungsschichten betraf, sondern das auch der zentralen Regierung aufgrund des dadurch bedingten Verlustes von Steuereinnahmen und der drohenden regionalen Machtentfaltung einzelner Großgrundbesitzer Probleme bereitete. Diese und andere Forderungen, wie die nach Senkung hoher Steuern und Reduzierung von Frondiensten, zeigen, daß das Wohlergehen des Volkes im politischen Denken des Dong Zhongshu eine wichtige Rolle spielte.

Bao Jingyan

Mit dem Untergang der Han-Dynastie sollte in China auch die Existenz des Einheitsstaates für mehr als 300 Jahre unterbrochen werden – von der unbedeutenden, nur wenige Jahrzehnte dauernden Reichseinigung durch die Westliche Jin-Dynastie (265–316) einmal abgesehen. Im 3. Jahrhundert wurde das Reich zuerst in die drei Staaten Wei, Shu und Wen aufgeteilt, die jeweils nur kurzfristig ihre Herrschaft aufrechterhalten konnten. Vor allem seit dem 4. Jahrhundert zersplitterte das Land dann in eine große Zahl oftmals sehr kurzlebiger Dynastien, wobei die nördliche Hälfte auch unter die Regierung fremdstämmiger Herrscherhäuser geriet. Die Situation war ähnlich verworren wie in der Zeit der Streitenden Reiche, und die Auflösung der zentralen staatlichen Autorität spiegelte sich auch im geistigen Leben wider. Der Konfuzianismus als mit dem imperialen Einheitsstaat eng verknüpfte Lehre geriet in den Hintergrund und verlor seine dominante Stellung zugunsten anderer Strömungen, die unter den instabilen gesellschaftlichen Bedingungen besser geeignet waren, die intellektuellen Bedürfnisse der Menschen zu befriedigen. Die Abkehr vieler Gelehrter von den chaotischen politischen Verhältnissen jener Zeit wurde begleitet von der Hinwendung zu sogenannten Rückzugslehren wie dem Buddhismus, der – über die Oasen der Seidenstraße von Indien nach Osten vordringend – bis zum Ende der Tang-Dynastie (618–907) das geistige Leben in China beherrschte. Neben der aus dem Ausland kommenden Lehre des Buddhismus, die den Chinesen besonders in den Bereichen Religion und Philosophie neue Impulse brachte, war es vor allem der Neo-Daoismus (*Xuanxue*), der – auf Ideen des Daoismus der Prä-Qin-Ära aufbauend – das Denken und die Bedürfnisse der Menschen jener Zeit adäquat zum Ausdruck bringen konnte. Die ablehnende Haltung der Gebildeten gegenüber der realen staatlichen Organisation und den gesellschaftlichen Institutionen fand ihren Niederschlag in einer dem politischen Leben abgewandten, in privater Zurückgezogenheit verbrachten Existenz, in der man sich nicht selten weltlichen Genüssen und realitätsfernen intellektuellen Spielereien hingab und die staatliche und politische Wirklichkeit in mit zynischen Worten verfaßten Werken kritisierte. So entstand im 3. Jahrhundert ein Kreis bizarrer, daoistisch orientierter Intellektueller unter der Bezeichnung »Sieben Weise vom Bambushain«, der die Existenz aktiv handelnder staatlicher Institutionen wie die des Monarchen und seiner Minister als Ursache der Übel jener Zeit verstand und ihre völlige Abschaffung forderte, damit die Menschen spontan und ohne Zwang ihrer Natur gemäß zusammenleben konnten.

In diesem geistigen Klima lebte ein weiterer, mit den »Sieben Weisen« kongenialer, von den Ideen der Bücher »*Lao Zi*« und »*Zhuang Zi*« beeinflußter Denker, dessen politische Ideen vor allem erwähnenswert sind: Bao Jingyan. Die Lebensdaten Baos, ebenso seine Biographie, sind völlig unbekannt; selbst eine von ihm verfaßte Schrift ist uns heute nicht überliefert. Die einzige Quelle für sein Denken bildet paradoxerweise das Werk eines seiner intellektuellen Gegner, Ge Hong (283–363), der sich in dem Kapitel »Untersuchung des Bao« ausführlich mit den Ideen Bao Jingyans auseinandersetzt. Aufgrund dieses Textes sind wir in der Lage, seine radikalen Vorstellungen ungefähr zu rekonstruieren und können auch vermuten, daß er selbst wahrscheinlich kurz vor oder noch während Ge Hongs Lebenszeit wirkte.

Die seit Dong Zhongshu von den Konfuzianern vertretene Auffassung, der monarchistische Staat sei ein der Struktur des Universums entsprechendes Gebilde, das in Einklang mit dem Willen des Himmels geschaffen wurde, kritisierte Bao heftig, da er hierin den bewußten Versuch der herrschenden Schichten erblickte, der Existenz monarchistischer Staatsformen eine absolute Legitimität zu geben. Wie vor ihm Zhuang Zi beschrieb auch er die optimale Form menschlichen Zusammenlebens als ein in der Vergangenheit schon einmal realisiertes, von institutionellen Zwängen freies Gebilde, das spontan mit dem Wirken des »Weges« übereinstimmt und in dem die Menschen darum gemäß ihrer Natur leben. Es gab in dem Goldenen Zeitalter, schilderte der Denker sein Ideal, keine Herrscher, die das Volk mit Steuern und Frondiensten belasteten, vielmehr ging jeder seinen Tätigkeiten frei nach und lebte so in größter Zufriedenheit und gesellschaftlicher Egalität, da ein Unterschied zwischen Hohen und Niedrigen

Die politischen Ideen des traditionellen China 71

nicht existierte. Ebenso kannten die Menschen keine Kriege oder komplizierte Geräte, und sie strebten nicht nach Ruhm oder intellektuellem Wissen. Diese ideale Gesellschaft eines einfachen und friedlichen Zusammenlebens wurde durch Zwang zerstört, als bei den ursprünglich gleichen Menschen auf einmal Unterschiede entstanden zwischen Starken und Schwachen, Wissenden und Nichtwissenden. Diese Phänomene bilden für Bao den Beginn des organisierten Staates, da sie die Entstehung des Gegensatzes von Herrscher und Beherrschten verursachten. Die Unterdrückung der Schwachen durch die Starken und die Täuschung der Nichtwissenden durch die Wissenden sah er in allen staatlichen Institutionen manifestiert, vor allem im Handeln der Monarchen. Wie seine daoistischen Vorgänger verstand also auch er den Staat als ein künstliches, von nach machtpolitischen Instinkten handelnden Menschen erzeugtes Gebilde, das im Gegensatz zur ursprünglichen, mit dem »Weg« im Einklang stehenden menschlichen Natur steht. Der Herrscher als höchster Repräsentant der staatlichen Macht wurde von ihm deshalb besonders heftig kritisiert. In der Tat sah Bao vor allem in dem luxuriösen Leben der Monarchen – aber auch ihrer hohen Würdenträger – und in den von ihnen initiierten kriegerischen Auseinandersetzungen den Grund für Elend und Not der einfachen Bevölkerung und damit der Unordnung in der Welt, so daß sie schließlich von ihm zur Ursache aller gesellschaftlichen Übel seiner Zeit erklärt wurden. Um ihre Macht und ihren Reichtum zu sichern, greifen die Herrscher zu verschiedenen Methoden wie Waffengewalt, um zu erobern, aber auch gegenüber dem eigenen Volk – und hier offenbart sich deutlich die Kritik sowohl an ursprünglich legalistischen als auch an konfuzianischen Vorstellungen – zu harten Gesetzen und ethischen Normen. Ersteres ist Unterdrückung durch Gewalt, letzteres ist Unterdrückung durch Täuschung. Beide sind Mittel, das Volk gegen die eigene Natur zu zwingen, den luxuriösen Lebensstil und die machtpolitischen Gelüste des Herrschers auf Kosten eines eigenen in Frieden und Sorglosigkeit geführten Lebens zu tolerieren. Ohne den Monarchen, glaubte Bao, gäbe es die üblen Zustände nicht; und so war es nur konsequent, daß er unverhüllt die völlige Beseitigung der Monarchie forderte. Damit wollte er eine Rückkehr zu der von staatlichen Institutionen freien, idealen Gesellschaft bewerkstelligen, die er in der Vergangenheit verwirklicht glaubte. Er schien aber in Anbetracht der politischen Situation seiner Zeit an eine völlig ohne Führung existierende menschliche Gesellschaft auch nicht glauben zu können, da er die Gemeinschaft von dem im daoistischen Sinne wirkenden Weisen ordnen lassen wollte. Den konkreten Herrschern seiner Zeit gab er sogar Ratschläge, wie sie sich selbst solchen Weisen annähern konnten, wenn er ihnen auftrug, in bescheidenen Palästen zu wohnen, wenig Steuern zu fordern und die Menschen in Ruhe arbeiten zu lassen. Einerseits relativierte er dadurch seine radikale Forderung nach Abschaffung übergeordneter Herrschaft; andererseits kam sie dieser Forderung aber *de facto* gleich, da das zuletzt zu erreichende Ideal des daoistischen Weisen, der gemäß der Theorie des »Nichthandelns« wirkt, für die politisch Handelnden des 3. und 4. Jahrhunderts im Grunde die Eliminierung praktischer Herrschaftsausübung durch einen Monarchen bedeutet haben muß.

Die radikalen Ansichten, wie sie von den »Sieben Weisen vom Bambushain« und Bao Jingyan vorgetragen wurden, waren Reaktionen unorthodoxer Intellektueller auf die seit dem Sturz der Han herrschende geistige Orientierungslosigkeit und politische Zerrissenheit in China. Gewiß fanden sie unter den von den instabilen Zuständen verunsicherten oder frustrierten Menschen Anklang, sofern diese sich nicht völlig vom Weltlichen abwandten und ihr Heil in religiösen Lehren suchten. Von den orthodoxen Konfuzianern, die weiterhin als Verfechter staatlicher Autorität fungierten, wurden Theorien, wie sie Bao vortrug, natürlich abgelehnt, und sie konnten wohl kaum eine nennenswerte Wirkung auf das reale politische Handeln jener Zeit haben. Die staatliche Beamtenschaft war weiterhin konfuzianisch orientiert, doch war ihr Einfluß auf das Denken der Bevölkerung erheblich gesunken. Buddhismus und Neo-Daoismus brachten Bewegung und neue Anregungen in das geistige Leben Chinas, welchen der Konfuzianismus sich lange Zeit nicht gewachsen zeigte, da er dogmatisch erstarrt war. Selbst als das Reich unter der Sui-Dynastie (581–618) und vor allem während der ihr folgenden Tang-Dynastie (618–907) wieder unter einem zentral regierenden Monarchen vereint wurde, hielt die Eklipse des Konfuzianismus weiter an. Dabei gab es schon zum Beginn der Tang Bestrebungen zur Förderung konfuzianischer Gelehrsamkeit, wie die Wiedereinführung des staatlichen Prüfungssystems im Jahre 622 oder den kaiserlichen Befehl im Jahre 630, eine Edition der konfuzianischen Klassiker vorzubereiten; in der Hauptsache beherrschte aber der Buddhismus das geistige Feld. Die dominierende Stellung in China erhielt der Konfuzianismus erst wieder während der Zeit der Song-Dynastie (960–1279) in Gestalt des Neo-Konfuzianismus, wobei sein Wiedererstarken vor allem zwei Gründe hatte: Einmal gelang es fähigen Konfuzianern – u. a. den Brüdern Cheng Hao (1032–1085) und Cheng Yi (1033–1107) und dem berühmtesten Neo-Konfuzianer Zhu Xi (1130–1200) – daoistische und vor allem buddhistische Elemente in den Konfuzianismus einfließen zu lassen und eine regelrechte Erneuerung seiner Lehren zu bewirken, welche ihn vor allem philosophisch bereicherte. Zum anderen machten sich in China schon zum Ende der Tang-Zeit gewisse nationalistische Tendenzen bemerkbar, welche im intellektuellen Bereich die Beseitigung nicht-chinesischer Lehren wie des Buddhismus forderten und für eine Rückkehr zu traditionellen chinesischen Werten plädierten. Massiv zum Ausdruck kam diese Tendenz während der staatlich sanktionierten Attacken gegen den Buddhismus in der Säkularisierungskampagne zwischen 841 und 845, von denen er sich nie wieder richtig erholen konnte. Vor allem seit der Song-Zeit sank er dann mehr in den Bereich vulgären Volksglaubens ab und verlor seine Bedeutung für die intellektuelle Elite Chinas, die sich nun dem Neo-Konfuzianismus zuwandte.

Wang Anshi

Der Untergang der Tang-Dynastie hatte verschiedene Ursachen. Zu nennen sind hier die schon von Dong Zhongshu in der Han-Zeit für die zentrale Regierung als gefährlich erkannte Landakkumulation durch die privilegierten Grundbesitzer und zusätzlich für diese Periode auch durch die ähnliche Privilegien genießenden, zahlreichen buddhistischen Klöster sowie die Machtentfaltung einiger Militärbeamter, welche mit dem Aufstand des An Lushan (693–757) und mit den Machtkämpfen der militärischen Befehlshaber zum Ende des 9. Jahrhun-

Die politischen Ideen des traditionellen China

derts deutlich manifest wurde. Letztere führten dann zur endgültigen Auflösung des Tang-Reichs und einer – diesmal aber nur einige Jahrzehnte dauernden – Zersplitterung des chinesischen Reiches, die als Zeit der Fünf Dynastien (907–960) in die chinesische Geschichtsschreibung eingegangen ist. Die chronologisch aufeinanderfolgenden Fünf Dynastien beherrschten nur den nördlichen Teil Chinas, der Süden war in mehrere Staaten aufgeteilt, die von den chinesischen Historiographen aber nicht in die Dynastiegeschichte aufgenommen wurden. Die Einigung Chinas ging schließlich vom Norden aus, nachdem der General Zhao Guangyin (927–976) im Jahre 960 die Song-Dynastie gegründet hatte und ihr erster Kaiser wurde. Jedoch sollte die Vollendung der Reichseinigung noch die gesamte Regierungszeit Zhaos in Anspruch nehmen und erst wenige Jahre nach seinem Tod mit der Beseitigung des Staates der Nördlichen Han (950–979) ihren endgültigen Abschluß finden.

Die Zeit der Song-Dynastie zerfällt in zwei Perioden: die Nördliche Song-Dynastie (960–1127), die ihre Hauptstadt im heutigen Kaifeng am Ufer des Gelben Flusses errichtete, und die Südliche Song-Dynastie (1127–1279), die sich weiter südlich im heutigen Hangzhou niederließ. Zur Verlegung ihrer Hauptstadt wurden die Song von einem Nomadenvolk gezwungen, den tungusischen Dschurdschen, die sie selbst zur Unterwerfung eines anderen, das Nördliche Song-Reich potentiell ständig bedrohenden Nomadenstammes – der im Norden unter der Bezeichnung Liao (916–1125) herrschenden Kitan – gerufen hatten. Nach der Unterwerfung der Kitan richteten sich die Dschurdschen aber sofort gegen das nicht nur militärisch schwächliche chinesische Herrscherhaus, und es gelang ihnen, 1127 den Norden Chinas unter ihre Gewalt zu bringen und unter dem Namen Jin-Dynastie bis zum Jahre 1234 zu beherrschen. Während des Zeitraums von 1127 bis 1234 wurde das Reich also von zwei Dynastien – einer im Süden und einer im Norden – regiert, wobei keine der beiden in der Lage war, die andere militärisch zu überwinden, so daß sie schließlich 1142 miteinander einen Friedensvertrag abschlossen, der von da an für relativ stabile Verhältnisse im geteilten China sorgte. Der Friede mit den Jin war gleichzeitig Ausdruck einer Machtverschiebung innerhalb der kaiserlichen Administration der Song-Zeit, da er offenbarte, daß die kriegerische Aktionen gegen die Jin befürwortenden Militärbeamten zugunsten der zivilen Beamtenschaft an Einfluß verloren hatten. Letztere befürchtete zu Recht den mit der militärischen Aufrüstung zum Krieg und einem etwaigen Sieg verbundenen Machtzuwachs des Militärs, der, wie die Ereignisse der Tang-Zeit im 8. und 9. Jahrhundert zeigten, für die zentrale Regierung lebensgefährlich sein konnte. Aus diesem Grunde wurden schon von dem ersten Kaiser der Song Maßnahmen ergriffen, welche die Position der zivilen Beamten stärkten und die der militärischen Beamten schwächten. Ein anderes wichtiges Problem, das es seit Beginn der Song-Dynastie ebenfalls zu lösen galt, war die Stabilisierung der vom Kaiser verkörperten zentralen Macht, welche vor allem durch die partikularen Interessen der nach Ausdehnung ihres Landbesitzes strebenden Grundbesitzer gefährdet war. Bei dem Versuch, die entstandenen Aufgaben in den Griff zu bekommen, war es vor allem ein Mann, der als politischer Theoretiker und – selten in der chinesischen Geschichte – gleichzeitig als politischer Praktiker mit neuen Ideen großen Einfluß erlangen konnte: Wang Anshi (1021–1086).

Wang Anshi war nicht nur ein umfassend gebildeter Gelehrter, der sich auch als Literat hervortat, sondern er hatte für einige Jahre die Möglichkeit, entscheidend in das politische Geschehen seiner Zeit einzugreifen und seine Vorstellungen zu verwirklichen. Nachdem er mehr als 20 Jahre als lokaler Beamter tätig gewesen war, rief ihn der Kaiser Shenzong (reg. 1068–1085) an den Hof nach Kaifeng, wo er 1068–1076 zuerst die Stellung des stellvertretenden Kanzlers und dann des Kanzlers selbst innehatte. Seine während der Amtszeit durchgeführten Reformversuche im sozialen und ökonomischen Bereich wie auch beim Prüfungssystem stießen jedoch besonders in den Kreisen der konfuzianischen Amtsinhaber, die in der Regel der Schicht der Grundbesitzer entstammten, auf erbitterten Widerstand. Schließlich sah Wang sich im Jahre 1076 gezwungen, aufgrund der von seinen Widersachern immer schärfer vorgetragenen Attacken gegen seine Politik den Rücktritt einzureichen. Fortan widmete er sich nur noch gelehrter Arbeit und nahm am politischen Geschehen nicht mehr aktiv teil. Seine Ideen wurden aber weiter verfolgt, solange der reformfreudige Kaiser Shenzong an der Regierung war. Als dieser 1085 starb, mußte Wang ein Jahr vor seinem eigenen Tod noch erleben, daß die von ihm initiierten Reformen von seinen jetzt wieder an die Macht kommenden Gegnern aufgehoben wurden.

Die Notwendigkeit, eine Reformpolitik zu betreiben, ergab sich für Wang aus der von ihm befürworteten Stabilisierung der zentralen Macht in den Händen des Kaisers und der Bewahrung staatlicher Einheit, welche er durch die innen- und außenpolitischen Verhältnisse im 11. Jahrhundert bedroht sah. Im Norden bildete der Staat der Kitan auch nach dem mit ihm abgeschlossenen Friedensvertrag im Jahre 1005 weiterhin eine latente Bedrohung für das Song-Reich. Hinzu kam die für chinesische Vorstellungen unglaubliche Demütigung, die dem Herrscher der Kitan nach dieser Übereinkunft gestattete, wie der Kaiser der Song den Titel *Huangdi* (Kaiser) zu tragen, und die Tatsache, daß die Song an die Kitan Zahlungen zu leisten hatten, die *de facto* Tributleistungen waren. Die Stärkung der Dynastie zur Verhinderung einer Invasion aus dem Norden und schließlich zur Eliminierung der als unwürdig empfundenen Beziehung zu den Kitan bildete eine Grundlage für die Reformbestrebungen Wangs. Der andere, die zentrale Macht bedrohende, wichtige Faktor war innenpolitischer Natur und war die Ursache für die finanziellen und ökonomischen Probleme des Kaiserhauses: das alte Problem der zunehmenden Landannektionen durch die Schicht der privilegierten Grundbesitzer und der damit verbundenen Verminderung von Steuereinnahmen.

Da sich die kaiserliche Beamtenschaft in der Hauptsache aus den Grundbesitzern rekrutierte, stellten eigene ökonomische Interessen einen Grund ihres Widerstandes gegen die Politik Wangs dar. Die Würdenträger versuchten aber auch aus ideologischen Gründen dagegen anzugehen. Wang sah sich darum erstmals gezwungen, ganz allgemein die Übereinstimmung zwischen Reformen und traditionellen chinesischen Theorien aufzuzeigen, und suchte gegen den Konservativismus seiner Veränderung ablehnenden Amtskollegen das Vorhandensein reformerischen Handelns in der chinesischen Vergangenheit nachzuweisen. Grundsätzlich glaubte er, im Einklang mit dem Geist der weisen Herrscher des Altertums zu sein, welche, wie er schrieb, an den allgemeinen Prinzipien tugendhaften Handelns festhielten, aber dennoch den Zeitumständen entsprechende

Die politischen Ideen des traditionellen China

Veränderungen in ihrer Art des Regierens durchführten. Die Entwicklung der Gesellschaft beschrieb er ähnlich wie Mo Di evolutionär: In ältester Zeit unterschieden sich die Menschen kaum von den Tieren, entwickelten sich aber mit Hilfe von weisen Herrschern und gründeten Dynastien, wobei die das Zusammenleben regulierenden Riten oder Gesetze mit dem Fortschreiten der gesellschaftlichen Entwicklung entsprechend verändert werden mußten. Auch die einander ablösenden Dynastien der Xia, Shang und Zhou mußten ihre Normen und Institutionen jeweils in betimmter Weise neuen historischen Bedingungen anpassen. Die damit implizierte Behauptung, die von den Konfuzianern hoch verehrten Gründer der alten Dynastien hätten selbst Reformen vorgenommen, sollte Wangs eigene politische Bestrebungen legitimieren, die ja in der Tat nicht das herrschende System als allgemeines Prinzip beseitigen wollten, sondern im Gegenteil dessen Stabilität mit der Hilfe notwendiger Veränderungen im ökonomischen und politischen Bereich zum Ziel hatten.

Nachdem Wang 1069 seine Stellung am Hof angetreten hatte, ging er – vom Kaiser protegiert – sogleich daran, seine politischen Vorstellungen in die Wirklichkeit umzusetzen, die vor allem zugunsten des Staates und des einfachen Volkes ökonomische Nachteile für die Grundbesitzer bringen sollten. Neben seinen Bemühungen, die unkontrollierte Annektion von Land durch die Grundbesitzer einzudämmen, setzte er durch, daß der Staat in Notzeiten selbst Kredite an die Bauern vergab, damit sie Saatgut etc. kaufen konnten, wobei die Rückzahlung des geliehenen Geldes erst nach einer guten Ernte gefordert werden durfte. Die Zinsen eines solchen Darlehens, welche wiederum der Staatskasse zugute kamen, waren außerdem niedriger als die seitens der Grundbesitzer von den Bauern auf gleiches Geld erhobenen Zinsen. Damit wurde den normalerweise von diesen Geldgeschäften profitierenden Grundbesitzern eine wichtige Einnahmequelle entzogen, wobei auch bemerkt werden muß, daß diese bei der Eintreibung ausstehender Gelder gegenüber den Bauern in der Regel weniger rücksichtsvoll als der Staat waren und bei Zahlungsunfähigkeit das Land des Schuldners oft in ihren Besitz überging. Ebenfalls gegen die Schichten der Landbesitzer, aber auch der mächtigen Händler, waren die Bestrebungen gerichtet, mittels eines vom Staat betriebenen Systems der Lagerung von Gütern die Preise stabil zu halten und die einer Preisstabilität abträglichen Spekulationen durch die genannten Schichten zu vermeiden, bei denen zu gegebenen Zeiten Waren künstlich vom Markt zurückgehalten wurden. Geändert wurde auch die bislang übliche Form der vom Staat auferlegten Arbeitspflicht, die nur die unteren Schichten für eine gewisse Zeit im Jahr zwang, unentgeltlich öffentliche Tätigkeiten beim Straßenbau oder Kanalbau zu verrichten. Die privilegierten Schichten waren davon ausgenommen. Wang nahm ihnen das Privileg, indem er von ihnen eine Steuer als Kompensation forderte, von der wiederum die im Arbeitsdienst tätigen Vertreter der unteren Schichten bezahlt wurden. Mit Regelungen wie diesen, die dem einfachen Volk direkt zugute kamen, wollte Wang die ökonomische Situation des gesamten Song-Staates verbessern und stabilisieren. Ebenso wie er die Durchführung von Reformen allgemein in der konfuzianischen Tradition verankert sah, glaubte er auch bei seinen konkreten Maßnahmen, in voller Übereinstimmung mit dem Geist der Riten der Zhou zu handeln.

Die Versuche, ökonomische Veränderungen herbeizuführen, hatten indirekt auch die Stärkung der Nation gegenüber einer aus dem Norden drohenden Invasion der Kitan zum Ziel. Wang versuchte aber gleichzeitig, der potentiellen Gefahr durch direkte Mittel beizukommen. Im Jahre 1070 verkündete er ein Gesetz, das die Reduzierung der korrupten und verweichlichten Berufsarmee zum Ziel hatte, da die Armee zwar das Staatsbudget in großem Umfang belastete, aber sehr uneffektiv war. Ersetzt wurde sie allmählich durch ein Milizsystem, in welchem Familien zu Einheiten zusammengefaßt wurden und verpflichtet waren, eine bestimmte Anzahl von Wehrfähigen zur Verfügung zu stellen, die regional auch polizeiliche Funktionen zu erfüllen hatten. Innerhalb von wenigen Jahren wuchs die Miliz auf über sieben Millionen Mann an, und die teure Berufsarmee wurde um die Hälfte reduziert. Wie effektiv das Milizsystem im Kriegsfall gewesen wäre, konnte nicht erwiesen werden, da auch diese Reform nach dem Tod des Kaisers Shenzong wieder rückgängig gemacht wurde. Den größten Widerstand innerhalb der konservativen konfuzianischen Beamtenschaft riefen Wangs Reformen im Bereich der staatlichen Administration und des kaiserlichen Prüfungssystems hervor. Letzteres hatte sich seit der Han-Zeit und vor allem während der Tang-Dynastie als Instrument zur Auswahl staatlicher Würdenträger unter Aufsicht der zentralen Regierung entwickelt. Strebte jemand eine staatliche Karriere an, mußte er gewöhnlich den in der Regel viele Jahre dauernden mühseligen Weg verschiedener Prüfungen durchlaufen, deren letzte in der Hauptstadt abgehalten wurden und den erfolgreichen Kandidaten, sollten sie zu den wenigen gehören, die überhaupt so weit kamen, die Möglichkeit der Ausübung höchster Staatsämter boten. Da die Prüfungen inhaltlich auf den Konfuzianismus abgestimmt waren, mußten die Kandidaten ihr Studium ausschließlich auf diese Lehre ausrichten. Damit konnte die zentrale Administration nicht nur die Rekrutierung der Staatsdiener kontrollieren, sondern auch relativ sicher sein, daß bei ihnen eine ideologische Übereinstimmung gewährleistet war. Wang kritisierte die Inhalte der Prüfungen als wenig sinnvoll bei der Auswahl fähiger Beamter für die konkrete Arbeit in der Administration. In der Tat hatten Kandidaten, welche über ein besonders gutes Gedächtnis verfügten, viele der klassischen Texte rezitieren und normierte Aufsätze schreiben konnten, die besseren Aussichten, erfolgreich zu sein. Dagegen forderte Wang die Auswahl von Personen, die neben moralischer Charakterfestigkeit im konfuzianischen Sinn in für die Verwaltung notwendigen praktischen Tätigkeiten wie Finanzwissenschaft, Rechtswesen oder Verwaltungsgeographie ausgebildet waren. Auch hierbei glaubte er sich wieder im Einklang mit den weisen Herrschern der Vergangenheit zu befinden, die nach seiner Meinung mit dem gleichen Verfahren fähige Staatsdiener ausgesucht haben sollten. Um sein Ziel zu erreichen, ließ Wang Regierungsschulen im ganzen Land errichten, die schließlich das traditionelle Prüfungssystem ersetzen sollten. Weitere Maßnahmen, die er im Bereich der Bürokratie zu realisieren versuchte, waren die Einsetzung wirklich qualifizierter Fachleute auch innerhalb der höchsten Administrationsebenen und eine genügende Bezahlung der bislang vernachlässigten kleineren Beamten auf den unteren regionalen Ebenen.

Es war klar, daß die Politik des Wang Anshi größte Opposition seitens der um ihre Privilegien und Pfründen fürchtenden herrschenden Schichten hervorrufen

Die politischen Ideen des traditionellen China

mußte. Als 1085 sein politischer Gegner Sima Guang (1019–1086) zum Kanzler ernannt wurde, begann dieser gleich damit, die von dem Vorgänger durchgeführten Reformen abzubauen. Nachdem der 1085 minderjährig auf den Thron gekommene Kaiser Zhezong die Regierungsgeschäfte im Jahre 1093 selbst in die Hand nahm, erlebten die Anhänger der Ideen Wangs aber einen Wiederaufstieg, welcher weiterhin für große Spannungen in der Zentrale zwischen ihnen und den Konservativen sorgte. Nicht zuletzt war die aus den innerbürokratischen Auseinandersetzungen resultierende Schwächung der höchsten Administration ein Grund für die von den kriegerischen Dschurdschen ohne große Schwierigkeiten durchgeführte Vertreibung der Song in den südlichen Teil Chinas.

Huang Zongxi und Wang Fuzhi

Auseinandersetzungen zwischen den verschiedenen Fraktionen am Kaiserhof – z. B. zwischen Befürwortern und Gegnern des Friedensvertrages mit den Jin – resultierten in einem Machtverlust des zentralen Herrschaftsapparates der Südlichen Song-Dynastie. Außerdem verschärften sich die Spannungen zwischen der Regierung und den Grundbesitzern, nachdem der Staat diese teilweise enteignet hatte, um den aufgrund von Landakkumulation für das Staatsbudget immer größer werdenden Steuerausfall einzudämmen. Die Situation der Schwäche ausnutzend, gelang es den Mongolen, nachdem sie 1234 schon die Jin besiegt hatten, nun in den Süden Chinas vorzudringen und das Haus der Song endgültig zu stürzen. Nun war das gesamte Reich erstmals unter der Herrschaft einer fremden Dynastie geeint, die sich den Namen Yuan (1271–1368) gab. Die Gründe für ihre relativ schnelles Scheitern in China waren neben den für das Reich typischen Symptomen wie wirtschaftliche Probleme und – besonders zum Ende der Dynastie – Auseinandersetzungen innerhalb der mongolischen Oberschicht, in erster Linie nationale Ressentiments, welche die chinesische Bevölkerung und vor allem die ihres Einflusses beraubte Schicht der Beamten und Gelehrten gegenüber den als Barbaren betrachteten Eroberern hegten. In den letzten Jahrzehnten der Yuan-Dynastie kam es dann regelmäßig zu Aufständen, aus denen schließlich ein Mann aus ärmlichen Verhältnissen, Zhu Yuanzhang (1328–1398), als Sieger hervorging und die Ming-Dynastie (1368–1644) gründete. Ihm gelang es am Ende, mit einer nationalen, gegen die Mongolen zielenden Ausrichtung seiner Aufstandstruppen die Vertreter der chinesischen Oberschicht für sich zu gewinnen. Das ist ein Indiz dafür, daß nationale Gefühle und nationales Denken seit der Mongolenherrschaft in China eine stärkere Ausprägung erfuhren. Vor allem Wang Fuzhi (1619–1692) sollte dann nach der Eroberung Chinas durch die Mandschuren im 17. Jahrhundert ein Verfechter nationaler Ideen werden.

Charakteristisch für die Ming-Zeit war, daß der Kaiser dem Staat in einer noch mächtigeren Stellung als in der Song-Zeit vorstand, so daß man von einem monarchischen Absolutismus sprechen kann, was später bei Denkern wie Huang Zongxi (1610–1695) zu einer heftigen Kritik an der Position des Monarchen und zu gewissen politischen Forderungen demokratischer Natur führen sollte. Aber auch die Herrschaft der Ming war nur von begrenzter Dauer. Im 17. Jahrhundert wurden die für den chinesischen Staat typischen ökonomischen Probleme immer deutlicher, der Kaiserhof verlor mehr und mehr an Autorität, nicht zuletzt aufgrund der Machtkämpfe zwischen den zeitweilig auf die Herrscher großen Einfluß ausübenden Eunuchen und der Beamtenschaft, wobei der Eunuch Wei Zhongxian (1568–1627) ein besonders grausames, alle Schichten der Bevölkerung in Mitleidenschaft ziehendes Regiment ausübte. Als dann noch seit dem Beginn des 17. Jahrhunderts Hungersnöte ausbrachen, kam es zu Aufständen, die sich gegen die Dynastie richteten; und im Jahre 1644 gelang es dem Rebellenführer Li Zicheng (1605–1645), die Hauptstadt Peking zu erobern und die Ming zu stürzen. Mit Hilfe eines Fremdvolkes, der Mandschuren, versuchten die übriggebliebenen Loyalisten der Ming, die Aufständischen zu eliminieren. Das gelang auch, doch führte die Überwindung der Rebellen nicht zu einer neuen Etablierung der Ming-Dynastie, vielmehr gelang es den zur Unterstützung gerufenen Mandschuren, das ganze Reich unter ihre Herrschaft zu bringen und unter dem Namen Quing (1644–1911) bis zum endgültigen Zusammenbruch des imperialen Systems in China zu regieren. Die Ursache dafür, daß die ebenfalls fremdstämmigen Mandschuren viel länger als die Mongolen ihre Herrschaft im Reich bewahren konnten, war wohl in der Hauptsache, daß sie anders als die Yuan in der Lage waren, die chinesische Oberschicht angemessen in ihren Staat zu integrieren. Ihrer Privilegien und Pfründen nicht beraubt, waren Grundbesitzer und Bildungselite bereit, mit der fremden Dynastie zusammenzuarbeiten. Aber nicht alle Vertreter der Oberschicht wollten sich mit den neuen Gegebenheiten aus pragmatischen Gründen abfinden. Zwei von ihnen waren Huang Zongxi und Wang Fuzhi, die vor dem Hintergrund des Scheiterns der Ming und der Eroberung durch die Mandschuren ihre politischen Theorien formulierten.

Huang Zongxi wurde in seiner Jugend Zeuge der kurz vor dem Untergang der Dynastie stattfindenden Auseinandersetzungen zwischen den rivalisierenden Fraktionen am Hof der Ming in Peking. Sein Vater, ein hoher Beamter, gehörte zu der Gruppe der Gegner des Eunuchen Wei Zhongxian, welcher damals für einen schwachen Kaiser die Regierungsgeschäfte führte und damit *de facto* die Macht in Händen hielt. Nachdem Huang Zongxis Vater mit anderen Gesinnungsgenossen 1626 von Wei verhaftet und hingerichtet worden war, beabsichtigte der Sohn sogar, den verhaßten Eunuchen eigenhändig umzubringen. In den nun folgenden Jahren gehörte Huang einem politisch aktiven Kreis jüngerer Intellektueller an und nahm – seit der Invasion der Mandschuren – selbst am Kampf gegen die Qing teil. 1649 zog er sich aber aus dem politischen Leben zurück und verbrachte die Zeit bis zu seinem Tod als Privatgelehrter. Obwohl er später von der Qing-Regierung Beamtenposten angeboten bekam, war er bis zu seinem Lebensende nicht bereit, den fremden Herrschern zu dienen. Die wichtigsten politischen Ideen des Huang Zongxi finden sich in dem 1663 verfaßten Buch »Aufzeichnungen zur Erwartung der Ankunft (eines Retters in der Zeit der) Verdunkelung des Lichtes«, das unter dem Kaiser Qianlong (1735–1795) von der Regierung auf den Index gesetzt wurde.

»Verdunkelung des Lichtes« (*Ming Yi*) ist der Name eines der 64 Hexagramme des alten chinesischen Orakelbuches »Buch der Wandlungen«. Dieses Hexagramm besteht aus dem oberen Element »Erde« (*Kun*) und dem unteren Elemente »Sonne« bzw. »Feuer« (*Li*) und bedeutet hier, daß das Lichte, Aufrichtige

Die politischen Ideen des traditionellen China   79

in einer Zeit, wie sie der Verfall der Ming und die Invasion der Mandschuren
kennzeichnete, verborgen bleiben muß, ebenso wie in dem Hexagramm die
Sonne unter die Erde gesunken und damit Verfinsterung eingetreten ist. Der
Titel des Buches drückt aber gleichzeitig die Hoffnung auf das Kommen eines
Retters in der als unselig empfundenen Zeit aus.
Unter dem Eindruck der absoluten Machtstellung, welche die Kaiser in der
Ming-Dynastie innehatten, kritisierte Huang heftig die Rolle des Monarchen im
Staat und sah in ihr einen wichtigen Grund für den beklagenswerten Zustand
des Reiches. Zur Begründung seiner Kritik trug er die schon vor ihm von anderen Denkern des traditionellen China formulierte Theorie vor, welche die
menschliche Natur als selbstsüchtig und nur den eigenen Nutzen anstrebend
charakterisiert. In fernster Vergangenheit, glaubte Huang, lebten die Menschen,
nur den individuellen Eigennutz im Auge, ohne jeglichen Sinn für den Nutzen
der Gemeinschaft. Die Situation änderte sich erst, als weise Männer auftraten,
die ihre natürlichen Veranlagungen kontrollieren konnten und selbstlos zum
Wohl aller Menschen »unter dem Himmel« tätig wurden. Damit waren die von
den Konfuzianern hochverehrten Herrscher des Altertums wie die Kulturheroen
Yao oder Shun gemeint. Sie fühlten sich als Diener des Volkes und nicht als
dessen Herren, denn – heißt es bei Huang – sie waren nur »Gäste« (*Ke*) und das
Volk der »Gastgeber« (*Zhu*) in der Welt. Im Laufe der Zeit kamen dann aber
Herrscher an die Regierung, die sich in ihrem Verhalten von den normalen Menschen nicht mehr unterschieden – mit großem Nachteil für die ganze menschliche Gemeinschaft. Huang sah das in seiner Zeit manifestiert: Der Monarch hat
seine selbstsüchtige Natur nicht mehr unter Kontrolle und bildet darum aufgrund seiner Machtposition eine Gefahr für das Staatswesen. Er denkt nur an
seinen eigenen Nutzen und betrachtet die Welt als seinen Privatbesitz. Nicht er
ist es, der mühselig für das Wohl des Volkes arbeitet – wie der Herrscher der
Vergangenheit –, sondern *vice versa* das Volk hat alle Mühsal zu tragen und
steht mit Leib und Leben in seinen Diensten. Die Beziehungen innerhalb der
Gesellschaft sind umgekehrt: Der Kaiser ist nun der Gastgeber, das Volk nur
noch der Gast. In den für das Volk negativen Folgen dieser Beziehung, die im
Gegensatz zur menschlichen Natur steht, glaubte Huang, die Ursachen für die
Aufstände zum Ende der Ming-Zeit zu finden, und unterstrich – sich auf Menzius berufend – das Recht zum Sturz eines schlechten Herrschers. Zur Aufrechterhaltung der Ordnung im Staat bedurfte es nach seiner Ansicht also eines die
innere Natur überwindenden, selbstlosen Monarchen, der sein Handeln völlig
in den Dienst des gesamten Volkes stellt.
Gegen die absolute Machtstellung des Herrschers richtete sich auch Huangs
Kritik an der Rolle der Beamten in der zentralen Regierung. Der Kaiser ist nicht
allein in der Lage, den Staat zu regieren, vielmehr bedarf er der Unterstützung
fähiger Männer an seiner Seite, die mit ihm zusammenarbeiten. Huang verglich
die Lenkung des Staates mit dem Ziehen eines schweren Baumstammes, bei dem
die vorderen und hinteren Arbeiter nur koordiniert und mit vereinten Kräften
ihre Aufgabe erfolgreich erfüllen können. Von den hohen Beamten verlangte er
darum, daß sie Lehrer und Freund des Herrschers seien, und stellte die Forderung
auf, daß der Kaiser nur dem Titel nach von seinen Beamten verschieden sein solle,
nicht aber bei der tatsächlichen Ausübung der in der Regierung notwendigen

Tätigkeiten. Eine solche Gleichstellung bzw. Machtteilung war für das konfuzianische China des 17. Jahrhunderts ein geradezu revolutionärer Gedanke. Mit dem Konzept einer Machtteilung wollte Huang verdeutlichen, daß ein Beamter nicht der bedingungslose Diener des Kaisers sein darf, sondern ebenfalls seine gesamte Arbeit am Nutzen des Volkes ausrichten muß. Erhält der Staatsdiener z. B. von einem Herrscher einen Auftrag, der Schaden für die Bevölkerung bringt, muß er sich weigern, ihn auszuführen. Die von den orthodoxen Konfuzianern seiner Zeit betonte Loyalität des Beamten gegenüber dem Monarchen wog für ihn weit weniger als der Nutzen des Volkes. Auch hier offenbart sich wieder, welche Relevanz das Wohlergehen und die Zufriedenheit des Volkes für die Bewahrung eines stabilen Staatswesens in der politischen Theorie Huangs hat. Die Bedingungen, unter welchen die Bevölkerung lebt, stellten für ihn die Kriterien für Ordnung oder Unordnung »unter dem Himmel« dar und nicht der Aufstieg oder Fall einer Dynastie.

Im gleichen Sinne äußerte sich Huang bezüglich der das gesellschaftliche Leben regelnden Gesetze. Vor der Errichtung der Qin-Dynastie existierten gemäß Huang einfache, dem geistigen und materiellen Nutzen des gesamten Volkes dienende Gesetze; danach aber wurden sie komplizierter und nur für den Machterhalt einer Familie, der jeweils herrschenden Dynastie, formuliert und standen im Gegensatz zu den Interessen der Gemeinschaft. Er bezeichnete sie darum als »ungesetzliche Gesetze« und forderte ihre Beseitigung, damit die ursprünglichen, den Interessen der gesamten Bevölkerung entsprechenden Gesetze hergestellt werden konnten. Interessant ist, daß Huang nicht davon ausging, daß zuerst gute Beamte erforderlich sind, damit ein entsprechendes System von Regulationen überhaupt errichtet werden kann, sondern daß umgekehrt von besonders fähigen Menschen erstellte gute Gesetze erst die Grundlage für gute Administratoren schaffen müssen. Die Qualität des Systems der Gesetze bestimmte für ihn die Qualität der Beamten und ihrer Regierungs- und Verwaltungsarbeit. Ebenso wie die das gesellschaftliche Leben regulierenden idealen Gesetze glaubte er auch die optimale Form der Landverteilung in der Vergangenheit verwirklicht zu finden. Er orientierte sich dabei an der Idee des Brunnenfeldsystems, die schon Menzius – aus noch älteren Quellen schöpfend – einstmals vorgetragen hatte (vgl. oben, S. 54). In Huangs System sollten die Vertreter der Grundbesitzer offensichtlich weiterhin mehr Land besitzen als die einfachen Bauern, um Unzufriedenheit unter ihnen zu vermeiden. Eine radikale Egalisierung bei der Verteilung des Bodenbesitzes hatte er also nicht im Sinn. Mit der Zuteilung bebaubaren Landes an die Familien der unteren Schichten glaubte er aber, deren materielle Existenz ausreichend sichern zu können. Nicht zuletzt unter dem konkreten Eindruck der immer zahlreicher werdenden Aufstands- und Banditengruppen zum Ende der Ming-Zeit, die sich aus Bauern, die ihr Land verloren hatten, und anderen wurzellosen Außenseitern der Gesellschaft rekrutierten, dürfte Huang seine Vorstellungen für eine Landreform vorgetragen haben. Er glaubte, aus diesen Erfahrungen seine Schlußfolgerungen ziehend, daß nur eine dem Wohlergehen des gesamten Volkes dienende Wirtschaftspolitik die gesellschaftliche Ordnung gewährleisten könne.

Bei der Auswahl fähiger Personen für den Staatsdienst forderte Huang – ähnlich wie Wang Anshi –, daß zusätzlich zu der literarisch ausgerichteten Arbeit in der

Die politischen Ideen des traditionellen China   81

Administration wichtige Wissensbereiche geprüft werden sollten. Weitaus interessanter – da für seine konfuzianischen Zeitgenossen radikaler – waren aber seine Ideen bezüglich der Funktion der Schulen innerhalb des Staatswesens. Sie sollten nämlich die Rolle einer Art aus Intellektuellen zusammengesetzter Parlamente spielen. Auch mit diesem Gedanken richtete er sich gegen die absolute Stellung des Monarchen und versuchte gleichzeitig, Kontrolle der gesamten staatlichen Administration zu ermöglichen. Letztere Notwendigkeit ergab sich für den Denker nicht zuletzt aus den persönlichen Erfahrungen, die er während des Machtmißbrauchs durch die Eunuchen und andere korrupte Hofbeamte in Peking zum Ende der Ming-Zeit gemacht hatte. Konkret stellte sich Huang das System der »parlamentarischen« Bildungsstätten folgendermaßen vor: In den Schulen sollen politische Probleme frei diskutiert werden. Die Lehrer und Leiter der Schulen werden nicht von der Regierung bestimmt, sondern von den Gelehrten selbst ernannt. Sie sind damit unabhängig vom Staat. Der Kaiser und seine höchsten Beamten müssen einmal im Monat in der Hochschule (*Taixue*) der Hauptstadt erscheinen, um sich von dem Leiter dieser Schule belehren zu lassen. In den Schulen auf Provinz- und Kreisebene finden ebenfalls regelmäßig Versammlungen der Gelehrten statt, in denen die Arbeit der regionalen Beamten kritisiert wird. Die Schulen bilden hier Institutionen, die sowohl die Arbeit der gesamten Administration kontrollieren als auch den politischen Prozeß entscheidend mitbestimmen. Letzteres wird deutlich, wenn Huang sagt, daß der Herrscher bei politischen Entscheidungen nicht seine private Meinung zum Kriterium für richtig oder falsch machen dürfe, sondern den in den Schulen durch Diskussion gefundenen Problemlösungen folgen müsse.

Als letzter herausragender politischer Denker des traditionellen China formulierte Wang Fuzhi unter dem Einfluß der mandschurischen Eroberung des Reiches Theorien des Nationalismus im imperialen China. Sein Leben verlief ähnlich wie das seines Zeitgenossen Huang Zongxi. Einer Gelehrtenfamilie entstammend, nahm auch er aktiv am Kampf gegen die Qing teil, zog sich aber 1650 völlig vom politischen Leben zurück und führte bis zu seinem Tod das Dasein eines weltabgewandten Einsiedlers, der eine große Zahl hauptsächlich philosophischer Werke verfaßte. Seine wichtigsten politischen Gedanken finden sich in den Schriften »Gelbes Buch« und »Schrecklicher Traum«, in denen die Kultur der chinesischen Nation gepriesen und der Hoffnung auf Wiedererlangung einer nationalen Regierung Ausdruck verliehen wird. In der von ihm selbst verfaßten Inschrift seines Grabsteines bezeichnete sich Wang als »letzten Diener der Ming-Dynastie« und manifestierte so die bis zu seinem Lebensende andauernde Ablehnung der mandschurischen Qing-Regierung.

Wang suchte den Nachweis zu erbringen, daß China ein nationaler Staat sei, indem er Unterschiede und Unvereinbarkeiten zwischen den Lebensformen der chinesischen Bevölkerung und der als Barbaren bezeichneten nicht-chinesischen Völker vortrug. Grundsätzlich ging er davon aus, daß die Verschiedenheit der Sitten und Gebräuche – und damit menschlicher Verhaltensweisen – ein Resultat unterschiedlicher geographischer Bedingungen sei und durch die jeweilige Beschaffenheit des bewohnten Bodens und klimatische Besonderheiten in den einzelnen Ländern hervorgerufen werde. Entscheidender muß für ihn aber der zivilisatorische Aspekt bei der Differenzierung von Chinesen und Barbaren gewesen sein, da er den geographischen Einfluß wieder relativierte, wenn er feststellte, daß Südchina in alter Zeit barbarisch war, jetzt aber zivilisiert ist, und Nordchina ehemals zivilisiert war und nun barbarisch ist. Das wichtigste Kriterium für die Zugehörigkeit zur chinesischen Nation war für ihn also die Annahme der chinesischen Zivilisation. Zum Mitglied der chinesischen Nation wird man demnach nicht aufgrund der Zugehörigkeit zu einer bestimmten ethnischen Gruppe, sondern indem man der chinesischen Kultur verhaftet ist. Wang fand diesen Tatbestand bei vielen ethnischen Minoritäten im Süden Chinas bestätigt, die durch Annahme chinesischer Lebensformen sinisiert wurden. Interessant – und wohl nur im Kontext seiner Zeit zu verstehen – ist, daß er bestimmte Völker wie die Mandschuren von einem solchen Assimilationsprozeß völlig ausgeschlossen wissen wollte. Ihnen sprach er grundsätzlich die Fähigkeit ab, die chinesische Zivilisation übernehmen zu können und glaubte sich dabei sogar in Übereinstimmung mit den Anordnungen des Himmels. Daß er den Barbaren durchaus ihre eigenen Lebensformen als angemessen zubilligte, hatte seine Ursache weniger in einer toleranten Haltung gegenüber fremden Kulturen, da für ihn die chinesische Zivilisation auf jeden Fall die höherstehende war, vielmehr wollte er mit dieser Feststellung klarmachen, daß Barbaren nur gemäß ihren einfachen barbarischen Sitten und Chinesen nur gemäß ihren feinen und hochkultivierten Sitten jeweils als Nationen existieren könnten. Deutlich wird das, wenn er sagt, daß die konfuzianischen ethischen Normen, welche als höchste Kriterien das gesellschaftliche Leben in China bestimmten, nur für die Beziehung zwischen Menschen, nicht aber zwischen Barbaren Relevanz besitzen.

Diese Auffassung, in der sich Wang wahrscheinlich durch bestimmte Verhaltensweisen der Mandschuren bei der Eroberung Chinas und während des Beginns ihrer Regierung bestärkt sah, erklärt, warum er sich nicht mit der Herrschaft der Qing abfinden konnte. Zur wichtigsten Aufgabe einer chinesischen Regierung erhob er darum die Sicherung der staatlichen Grenzen zur Verhinderung barbarischer Einfälle und zum Schutz der von ihm definierten Nation. Gelingt es einem Monarchen nicht, die Grenzen zu schützen, dann ist er nicht in der Lage, sich Respekt zu verschaffen und die Aufrechterhaltung der Ordnung im Reich zu gewährleisten. Der schon von den politischen Denkern der Prä-Qin-Ära zur höchsten Regierungsform erklärte »Weg des Königs« wird in einem solchen Fall verlassen, und der sich als unfähig erweisende Monarch muß beseitigt werden. Den Wechsel der Dynastien betrachtete Wang darum als sekundär und für den Bestand der Nation als ungefährlich, solange kein nicht-chinesisches Herrscherhaus ein chinesisches ablöst. Mit der Herrschaft der Qing sah er dieses Unglück offensichtlich eingetreten und die Existenz chinesischer Zivilisation überhaupt bedroht. Nun, nachdem die Nation sich selbst nicht schützen konnte, sei alles Reden von Mitmenschlichkeit und Rechtschaffenheit sinnlos, bestimmte er. Die das zivilisierte gesellschaftliche Leben regelnden konfuzianischen Normen seien unter barbarischer Herrschaft unbrauchbar. Damit richtete er sich auch gegen die konfuzianischen Beamten und Gelehrten, welche bereit waren, mit den Fremdherrschern zu kollaborieren, und die nicht wie er mit der Machtergreifung durch die Barbaren gleichsam die chinesische Kultur bzw. Nation in ihrer Weiterexistenz bedroht sahen.

Die politischen Ideen des traditionellen China 83

In der Tat gelang es den Qing, über lange Zeit eine stabile Regierung in China zu errichten. Neben der Fähigkeit, die chinesische Oberschicht angemessen in das Staatswesen zu integrieren, trug dazu auch die Tatsache bei, daß die Mandschuren eifrig bemüht waren, konfuzianische Bildung zu erlangen und somit wie andere Fremdvölker vor ihnen einen Sinisierungsprozeß durchliefen. Auf diese Weise wurden sie schließlich selbst Mitglieder der von Wang definierten chinesischen Nation. Im Untergrund, in den von den unteren Volksschichten getragenen Geheimgesellschaften, lebte der Widerstand gegen die Quing aber latent weiter und führte während besonderer Notzeiten – z. B. zwischen 1796 und 1804 – sogar zu Aufständen, die die Wiedererrichtung der Herrschaft der Ming auf ihre Fahnen geschrieben hatten. Für den endgültigen Sturz der Qing-Dynastie sollten dann in erster Linie andere Ereignisse und Faktoren ausschlaggebend sein. Seit dem Opiumkrieg (1839–1840) drangen die Westmächte aggressiv in China ein und konfrontierten das Reich mit einem nicht nur militärisch und technologisch überlegenen, sondern auch kulturell ebenbürtigen Gegner, dem das traditionelle politische System schließlich nicht mehr standhalten konnte. Unter dem Eindruck der so entstandenen Situation trat in China eine neue Generation von politischen Denkern auf, die entweder wie Kang Youwei (1858–1927) noch einen Mittelweg zwischen chinesischen und westlichen Theorien – mit Betonung auf ersteren – suchten oder aber wie Sun Yat-sen (1866–1925) die politischen Ideen der eigenen Tradition als brauchbare Mittel zur Lösung der die chinesische Nation zum Ende des 19. Jahrhunderts existentiell bedrohenden Probleme überhaupt ablehnten (vgl. Handbuch, Bd. 5, S. 403 ff.).

BIBLIOGRAPHIE

Balazs, Étienne: Political Theory and Administrative Reality in Traditional China, London 1965; *Baskin*, Wade: Classics in Chinese Philosophy, Totowa, New Jersey 1984; *Chan Wing-tsit*: A Source Book in Chinese Philosophy, Princeton, New Jersey [4]1973; *Creel*, H. G.: Chinese Thought from Confucius to Mao Tse-tung, Chicago 1953; *Day*, Clarence Burton: The Philosophers of China, Secaucus, N. J. [2]1978. *De Bary*, W. Theodore (Hrsg.): Sources of Chinese Tradition, Vol. I, New York 1960; *de Grazie*, Sebastien (Hrsg.): Masters of Chinese Political Thought: From the Beginnings to the Han-Dynasty, New York 1973; *Fairbank*, John K. (Hrsg.): Chinese Thought und Institutions, Chicago/ London [6]1973; *Forke*, Alfred: Geschichte der alten chinesischen Philosophie, Hamburg 1964; *ders.*: Geschichte der neueren chinesischen Philosophie, Hamburg 1964; *Fung Yulan*: A History of Chinese Philosophy, Bd. I, Princeton 1952, Bd. II, Princeton 1953; *ders.*: A Short History of Chinese Philosophie, New York 1966; *ders.*: The Spirit of Chinese Philosophy, London 1962; *Hackmann*, Heinrich: Chinesische Philosophie, München 1927; *Hou Fu-wu*: Chinese Political Tradition, Washington 1965; *Hsiao Kung-chuan*: A History of Chinese Political Thought, Bd. 1: From the Beginnings to the Sixth Century A. D., Princeton 1979; *Hsü*, Leonard Shilin: The Political Philosophy of Confucianism, New York 1932; *Hughes*, E. R.: Chinese Philosophy in Classical Times, London/Melbourne/Toronto 1982; *Kirby*, E. Stuart: Introduction to the Economic History of China, New York 1953; *Liang Ch'i-ch'ao*: History of Chinese Political Thought, New York 1930; *Lin Mousheng*: Men and Ideas, New York 1942; *Liu Wu-chi*: A Short History of Confucian Philosophy, New York 1955; *Opitz*, Peter J. (Hrsg.): Chinesisches Altertum und konfuzianische Klassik, München 1968; *Schleichert*, Hubert: Klassische chinesische Philosophie, Frankfurt/M. 1980; *Thomas*, Elbert Duncan: Chinese Political Thought, New York 1927; *Weber-Schäfer*, Peter: Oikumene und Imperium, Studien zur Ziviltheologie des chinesischen Kaiserreiches, München 1968; *Wright*, Arthur F. (Hrsg.): Confucianism und Chinese Civilization, New York 1964; *ders*. (Hrsg.): Studies in Chinese Thought, Chicago 1973.

KAPITEL II

Das Alte Indien

Von Georg von Simson

Zur Einführung

Die wohl kaum zu betreitende Tatsache, daß Indien mehr als Ursprungsland religiöser denn politischer Ideen hervorgetreten ist, läßt sich nur im weiteren Zusammenhang indischer Weltanschauung erklären. Nicht nur hat eine zyklische, mit astronomischen Zeiträumen rechnende Weltalterlehre zur Entwertung der überschaubaren historischen Zeitspanne geführt; wichtiger noch war die Tatsache, daß die Grundannahmen der indischen Erlösungsreligionen der Entwicklung eines Interesses für politische Vorgänge und Probleme im Wege standen. Die Welt wurde als ewiger Schauplatz für das Handeln des nach Erlösung strebenden Individuums gesehen. Wiedergeburts- und Tatvergeltungslehre verhinderten die Infragestellung der überkommenen Gesellschaftsordnung. Gleichheitsvorstellungen hatten schon wegen der enormen ethnischen Vielfalt des Subkontinents und dem Nebeneinanderbestehen unterschiedlicher Zivilisationsstufen keine Chance, ebenso wie die Regierungsform der Monarchie nicht in Frage gestellt wurde. Nur sie konnte den Trägern der Überlieferung, den Brahmanen, Sicherheit, hohen gesellschaftlichen Rang und Entfaltungsmöglichkeiten bieten. Zum Zwecke der Legitimation seiner Macht waren die Brahmanen ihrerseits für den Herrscher unentbehrlich. Durch ein an ritueller Reinheit orientiertes asketisches Ideal gebunden und in keiner hierarchisch gegliederten Institution organisiert, konnten sie jedoch trotz ihrer immer wieder proklamierten Prioritätsansprüche nicht in ähnlicher Weise wie die christliche Kirche im europäischen Mittelalter zum politischen Machtfaktor werden.

Den Brahmanen stellte sich der Bereich des Politischen unter zwei Aspekten dar: dem des *Dharma*, d. h. der tradierten, religiös sanktionierten und in der hierarchisch gegliederten Gesellschaft manifest werdenden Ordnung des menschlichen Daseins, deren Schutz die wichtigste Pflicht des Königs war, und dem des *Artha*, d. h. des – vornehmlich ökonomisch, aber auch machtpolitisch verstandenen – Nutzens. In diesem zweiten Bereich konnte das politische Denken eine gewisse Autonomie gegenüber dem sonst alles durchdringenden religiösen Denken gewinnen.

Die folgende Darstellung wird deshalb – neben einer kurzen Skizzierung des politischen Denkens der ältesten, der vedischen Zeit und des Buddhismus – das Schwergewicht auf die religiös begründete brahmanische Lehre von dem Pflichtbereich des Königs *(Dharmaśāstra-Tradition)* und auf die praktisch orientierte Lehre von der Regierungskunst und Staatsverwaltung *(Arthaśāstra-Tradition)* legen. Wegen der Knappheit des zur Verfügung stehenden Raumes konnte dagegen das in den Werken der volkstümlichen epischen Dichtung *(Mahābhārata* und *Rāmāyana)*, der klassischen Kunstdichtung und anderer Literatur implizit enthaltene oder beiläufig zum Ausdruck kommende politische Denken nicht behandelt werden, so reizvoll es auch gewesen wäre, die Kernhandlungen der großen Epen oder das den berühmten Politiker und Lehrbuchverfasser Kautilya (Cānakya) als handelnde Figur auf die Bühne bringende Drama *Mudrārākshasa* des Viśākhadatta oder das dynastiegeschichtliche Kunstepos *Raghuvamśa* des größten indischen Dichters Kālidāsa (Gupta-Zeit) auf ihren politischen Gehalt hin zu durchleuchten (vgl. zu den beiden letztgenannten Ruben 1956 und 1947). Auch auf eine eingehendere Behandlung der Inschriften mußte verzichtet werden (vgl. dazu de Casparis 1979).

1. Die vedische Periode

Die vedischen Lieder

Seit etwa der Mitte des zweiten vorchristlichen Jahrtausends sind, vermutlich in mehreren Schüben, arische Bevölkerungsgruppen, genauer gesagt: Sprecher des mit dem Altiranischen nahe verwandten Indoarischen, von Nordwesten her in Indien eingedrungen, nachdem die ältere Induskultur dort schon länger in Verfall geraten war. Aus den literarischen Texten, die aus jener Zeit überliefert sind, läßt sich ein gewisses Bild ihrer Kultur und Ideenwelt gewinnen. Von den vier vedischen Sammlungen *(Samhitā)* legen für die früheste Zeit vor allem die Hymnen des *Rgveda* *(Rigveda:* RV; um 1200 v. Chr.) Zeugnis ab. Daneben gibt auch der im ganzen jüngere *Atharvaveda* (AV) wichtige Aufschlüsse über die frühen Vorstellungen vom Königtum. Aus diesen Quellen ergibt sich das Bild einer verhältnismäßig undifferenzierten, im wesentlichen auf Viehzucht und Raubzügen basierenden Kultur einer noch halbnomadischen Bevölkerung. Als kleinere soziale Einheit tritt die Viś hervor, die Großfamilie oder Sippe, an deren Spitze der Viśpati, das Oberhaupt der Sippe, steht. Ihm übergeordnet ist der Rājan, ein Wort, das wir der Tradition folgend mit ›König‹ wiedergeben, obwohl für die ältere Zeit Termini wie ›Oberhaupt, Anführer, Häuptling‹ passendere Assoziationen wecken würden.

In den Hymnen werden die Götter um Beistand angerufen oder (im AV) Dämonen beschworen. Angesprochen wird aber auch in vielen Fällen der König, meist am Schluß der Lieder, wo er aufgefordert wird, sich dem Sänger gegenüber freigebig zu zeigen. Wir haben hier – noch vor der Entwicklung einer festen Kastenordnung – die Grundkonstellation, die auch für den späteren Hinduismus typisch sein wird: das gegenseitige Abhängigkeitsverhältnis zwischen dem Herrscher, dem Mann der Tat und Träger charismatischer Macht, und dem das Wort beherrschenden Brahmanen, der hier als vedischer Seher, Dichter und Sänger *(Rshi)* in Erscheinung tritt. Dem Brahmanen obliegt es, durch seine dichterischen Formulierungen und seine Beherrschung des Rituals die Gunst der Götter auf den König und damit zugleich auf die Volksgemeinschaft herabzuziehen. Als Gegenleistung erwartet er Beteiligung an den Reichtümern, die der König zu verteilen hat. Versäumt der König seine Pflicht und vergreift sich gar an der Kuh

Das Alte Indien 87

(dem Symbol des Besitzes) des Brahmanen, so muß er seinen eigenen Untergang
gewärtigen (AV V.18).
Durch die Bezeichnung und Kennzeichnung der wichtigsten Götter als ›Könige‹
stellen die Hymnen einen Parallelismus zwischen göttlichen und königlichen
Funktionen her (vgl. Schlerath, S. 33 ff., 59 f., 81 ff.). An diese funktionale
Gleichsetzung zwischen Königen und Göttern (Indra, Varuna, Agni u. a.) wird
später die hinduistische Theorie von der Göttlichkeit des Königs anknüpfen
(vgl. unten S. 106). Das Ineinssetzen göttlicher und königlicher Funktionen bedeutet freilich nicht unumschränktes Herrschertum eines Gottkönigs in arischer
Zeit. Es gibt Hinweise auf die Wahl des Königs durch die Sippen, d. h. wohl
durch deren Oberhäupter, auch dies ein Vorgang, der in den göttlichen Bereich
projiziert wird: Wenn Indra in einer Hymne, die ihn als Feindebezwinger feiert,
von allen Göttern einmütig an die Spitze gestellt wird (RV I.131.1;
vgl. VII.31.12), so deutet sich hier eine Vorstellung an, die in späteren Reflexionen über die Entstehung des Königtums wiederaufgegriffen wird.
Nicht nur die Sippen müssen sich auf den König einigen (vgl. auch RV X.173.1
und AV III.4.2) – zwischen beiden besteht anscheinend ein Verhältnis eidlicher
Verpflichtungen oder Satzungen (Vrata; vgl. Schmidt, S. 144 f., 148) –, er bedarf
offenbar auch einer Gefolgschaft von Getreuen, deren göttliches Gegenstück die
Schar der Maruts ist, eine kriegerische, Indra zujauchzende Jungmannschaft
(z. B. RV I.166.11; III.47.4). An einer Stelle werden sie aufgerufen, einem irdischen König Macht zu verleihen (RV VII.18.25). Die Herrschermacht *(Kshatra)*
ist eine Eigenschaft Varunas, Mitras, Indras und anderer Götter. Vor allem den
Feuergott Agni flehen die Dichter um ihre Verleihung oder Erhaltung an, und
zwar nicht nur für einen bestimmten König (z. B. RV V. 27.6; 34.9; VIII.37.7),
sondern auch »für uns«, d. h. offenbar für den Stamm (RV I.54.11; 160.5;
162.22; IV.4.8).
Obwohl Lebensform und zivilisatorischer Stand der vedischen Arier die Bildung, dauerhafte Behauptung und Administration größerer Reiche noch nicht
zuließ – man rechnet deshalb nur mit kleinen Stammeskönigtümern –, steht
doch dem vedischen Dichter bereits das Idealbild des nach allen Richtungen
unbegrenzt herrschenden Königs vor Augen. Der für die in ihrem kosmischen
Bereich jeweils unbegrenzt herrschenden Götter Indra, Agni, Varuna u. a. verwendete Ausdruck *Samrāj*, etwa ›Allkönig‹, deutet ebenso in diese Richtung wie
die Bezeichnung von Göttern und irdischen Königen als ›einziger König‹ oder
›einziger Herr‹ (vgl. Schlerath, S. 49, 68) und die Vorstellung von der Herrschaft
über die ›fünf Völker/Stämme‹, wobei an die Völker der vier Himmelsrichtungen mit dem eigenen Volk im Zentrum, d. h. die gesamte überschaubare
Menschheit zu denken sein dürfte (vgl. Schlerath, S. 28 ff.).

Die spätvedische Zeit

Die literarische Hauptquelle für unser Wissen von der spätvedischen Zeit (bis
etwa 600 v. Chr.) sind die *Brāhmanas*, umfangreiche Prosatexte, in denen der
Bedeutungshintergrund des nunmehr äußerst komplizierten Rituals erklärt
wird. Der Ablauf der (großen und ›öffentlichen‹) Rituale selbst dagegen wird in
den *Śrautasūtras* beschrieben.

Mit der allmählichen Seßhaftwerdung der arischen Stämme, die sich nun teilweise in Stammesbünden zusammenschließen, im westlichen und zentralen Nordindien entsteht die Notwendigkeit, größere Territorien zu behaupten. Mit der Vermehrung der Bevölkerung und der Assimilierung einheimischer Bevölkerungsgruppen geht eine stärkere gesellschaftliche Schichtung einher, die ihren ideologischen, ritualbezogenen Ausdruck in der seither gültigen, damals aber noch nicht im Sinne eines rigiden Kastensystems zu verstehenden Vierteilung in Brahmanen, Kshatriyas (oder Rājanyas), Vaiśyas und Śūdras findet. Den Ursprungsmythos hierfür liefert bereits eine der späten Hymnen des *Rgveda*, das Schöpfungslied X.90 *(Purushasūkta)*, das die Entstehung der Welt aus den Körperteilen des geopferten Urwesens (Purusha, ›Mann, Mensch‹) schildert. In Vers 12 heißt es, daß aus dem Mund des Purusha der Brahmane, aus den Armen der Rājanya, aus den Schenkeln der Vaiśya und aus den Füßen der Śūdra entstanden sei. Während für die Rājanyas oder Kshatriyas, aus deren Reihen sich die Könige rekrutierten, die Abstammung von einer der vornehmen Herrscherfamilien ausschlaggebend war, scheint für die Zugehörigkeit zum Brahmanenstand zunächst die priesterliche Funktion und Ausbildung maßgebend gewesen zu sein. Allerdings entwickelten sich sehr bald priesterliche Familien, innerhalb derer das Ritualwissen weitergegeben wurde. Die Vaiśyas umfaßten die Gruppe der Freien, die nicht zu den vornehmen, weltliche Macht ausübenden Familien gehörten. Die Śūdras schließlich, die im Gegensatz zu den obengenannten Gruppen als rituell unrein galten – sie waren von Opfer und Vedastudium ausgeschlossen –, bildeten die Gruppe der abhängigen Arbeiter und Handwerker, die sich später zu einer großen Zahl beruflich definierter Kasten (Jāti) differenzierten.

Ansätze zu politischer Reflexion begegnen uns in der spätvedischen Literatur vor allem im Zusammenhang mit einigen der großen ›öffentlichen‹ Opfer (den Śrauta-Ritualen, im Gegensatz zu den ›häuslichen‹ oder privaten Grhya-Ritualen), von denen drei eine besondere Beziehung zum Königtum haben: das Königsweiheritual *Rājasūya*, das den höchsten Rang unter allen Opfern einnehmende Pferdeopfer *(Aśvamedha)*, welches der Ausdehnung und Bestätigung der königlichen Macht über neugewonnene Territorien dient, und der *Vājapeya*, ein Rangerhöhungsritual, das ein König ausführt, der die Vorrangstellung unter anderen Königen zu erlangen wünscht. Sowohl im Vājapeya wie im Aśvamedha deuten sich Weltherrscher-Vorstellungen an, an die später die Konzeption des Cakravartin (vgl. unten, S. 93) anknüpfen kann.

Da Erblichkeit der Königswürde zwar schon gelegentlich vorkam, aber offenbar noch nicht die Regel war, beruhte die Machtstellung des Königs auf einem Netz persönlicher Beziehungen, das durch rituelle Vorkehrungen zu sichern war. Der Rājasūya sieht eine Zeremonie vor, bei der die Loyalität der zwölf Würdenträger (Ratnin), die die konstituierenden Elemente der Königherrschaft sind und von denen gesagt wird, daß sie das Reich (Rāshtra) geben und nehmen, gesichert werden soll (vgl. Heesterman 1957, S. 49 ff.). Zu ihnen gehören neben Truppenführer, Wagenlenker u. a. nicht nur die Hauptgemahlin (Mahishī, ›Büffelkuh‹) und die Lieblingsfrau des Königs, sondern auch die ›verschmähte Frau‹ (Parivṛkti), von der man sonst offenbar magische Machenschaften zu befürchten gehabt hätte. Daneben fand eine rituelle Unterwerfung der Verwandten und

Das Alte Indien

89

möglichen Konkurrenten des Königs durch einen zeremoniellen Raub ihrer Kühe mit anschließender Beuteverteilung statt.

Die Erhebung des Königs über seine Standesgenossen und das übrige Volk ist zugleich eine Form von Vergöttlichung. Die Texte vergleichen und identifizieren den König mit Indra, Varuna und anderen Göttern, wobei die Vielfalt der Identifikationen zeigt, daß man die Vergöttlichung des Königs analog zu den oben besprochenen Vergleichen zwischen Königen und Göttern in den vedischen Hymnen funktionell zu verstehen hat. Allerdings handelt es sich hier um mehr als bloßen Vergleich. Im König sollen tatsächlich göttliche Kräfte wirksam werden, von denen das Gedeihen von Land und Volk abhängt. Natur- und jahresmythologische Vorstellungen kommen in den Ritualen allenthalben zum Ausdruck.

Die Brahmanen sind es, die in dem vom Konsensus der Clan-Angehörigen getragenen Ritual die göttliche Stellung des Königs formulieren und befestigen. Darauf beruht ihr Prioritätsanspruch. Das Kshatra (die weltliche Herrschermacht) geht aus dem Brahman hervor (vgl. *Brhadāranyaka-Upanishad* 1.4.11), und wenn der amtierende Priester bei der Königsweihe den König dem Stamm präsentiert, dann fügt der Brahman-Priester hinzu: »Soma (d. i. die im Mittelpunkt des Rituals stehende heilige Pflanze bzw. ihr Saft) ist der König von uns Brahmanen« (s. Heesterman 1957, S. 71), was sicherlich nicht bedeutet, daß die Brahmanen die weltliche Macht des Königs nicht anerkennen, sondern als Hinweis auf die im Ritual wirksame göttliche Macht zu verstehen ist (vgl. Spellman, S. 76).

In den *Brāhmanas* stößt man auf erste Reflexionen über die Entstehung und Funktion des Königtums, die man vor dem mythischen Hintergrund des Kampfes der Götter gegen ihre dämonischen Widersacher, die Asuras, sieht. Um der drohenden Niederlage zu entgehen, wählen die Götter Indra (oder Soma: Aitareya-Br. 1.14) zu ihrem Anführer, dessen herrscherlichen Ausstrahlung (Śrī) sie sich unterordnen *(Śatapatha-Br. 3.4.2.1 f.; vgl. Aitareya-Br. 8.12; Taittirīya-Br.* 1.5.9). Die vorwiegend militärische Funktion des Königs in vedischer Zeit geht aus diesen Mythen ebenso deutlich hervor wie die Institution seiner Wahl durch die Standesgenossen.

2. Buddhismus

Der ursächliche Zusammenhang zwischen dem Vordringen indo-arischer Sprache und Religion von Nordwesten her in die mittlere Gangesebene und dem zivilisatorischen Aufschwung, der sich seit dem Ende des 7. Jahrhunderts v. Chr. in großen Teilen Indiens beobachten läßt, mag im einzelnen umstritten sein. Sicher ist, daß intensivere landwirtschaftliche Nutzung der großenteils durch Brandrodung erschlossenen Gebiete größere Bevölkerungskonzentrationen und eine weitergehende Schichtung und berufliche Differenzierung der Gesellschaft erlaubte. Die Clan-Strukturen begannen sich aufzulösen; individuelle Rechte an Grund und Boden ermöglichten das Entstehen von Haushaltswirtschaften einzelner Familien, die ihren Überschuß in lukrative Handelstätigkeit investieren konnten. So entstand der Typ des Grhapati (Pali: Gahapati), des ›Haushalters‹, der in den frühen buddhistischen Texten als wohlhabender Laienanhänger die Existenz des buddhistischen Mönchtums ökonomisch sichert.

Entlang den Handelsrouten entwickeln sich Marktplätze und befestigte Städte, deren urbane Kultur ein neues Lebensgefühl erzeugt. Aus den Stammesverbänden entstehen im Laufe des 6. Jahrhunderts größere Zusammenschlüsse, die sogenannten Mahājanapadas, Großstammestümer. Diese sind z. T. noch in der Tradition der Clans als Herrschaft der vornehmen Familien organisiert; man pflegt die indische Bezeichnung für diese frühen staatsähnlichen Gebilde, Ganasangha, mit ›Adelsrepublik‹ wiederzugeben. Die Zukunft gehörte jedoch nicht diesen wegen der Notwendigkeit der Einmütigkeit der herrschenden Familien ständig gefährdeten und wegen der Schwierigkeiten der Kommunikation über größere Entfernungen auf kleinere Territorien beschränkten Herrschaftsgebilden, sondern den Königtümern, von denen besonders zwei sich im mittleren Gangestal zu rasch expandierenden Territorialstaaten entwickelten: Kosala und Magadha. Unter der Dynastie der Nandas setzt sich Magadha noch vor der Mitte des 4. Jahrhunderts als alleinige Vormacht durch und bildet das erste Großreich der indischen Geschichte. Wenige Jahre nach dem Indienzug Alexanders d. Gr. (327−325; vgl. unten, S. 441 f.) wird die Dynastie der Nandas durch die der Mauryas abgelöst.

In den östlicheren Gebieten Nordindiens, in denen nun das neue Machtzentrum lag und in denen die rasche Entwicklung städtischer Kultur und staatlicher Verwaltung ein Umdenken auch im religiösen Bereich begünstigte, konnten sich neue Gedanken um so leichter durchsetzen, als hier die vedische Religion nicht in dem Maße Fuß gefaßt hatte wie im Westen. Hier konnten wandernde Heilsprediger und Philosophen verschiedenster Richtungen Anhänger um sich scharen, die miteinander diskutierten und das Überkommene oft radikal in Frage stellten. Die neuentstehende Klasse der besitzorientierten ›Haushalter‹ konnte an dem besitzumverteilenden, magisch-mythisch basierten vedischen Ritual ebensowenig Interesse haben wie an den esoterisch-mystischen Spekulationen der spätvedischen Upanischaden.

Der an der bäuerlichen Lebenswelt orientierte Zeithorizont des Jahres wird in dieser Zeit überlagert durch eine immer noch zyklische, aber mit astronomischen Zeiträumen rechnende Weltalterlehre. Diese Ausweitung der Zeitdimension wird auf die Vorstellung von der Dauer menschlicher Existenz übertragen: Das Leben ist nicht länger auf den Zeitraum zwischen Geburt und Tod beschränkt, sondern besteht aus einer anfangs- und möglicherweise endlosen Kette von Existenzen (Wiedergeburtslehre). Das Schicksal des Individuums wird jetzt nicht mehr als vom Schicksal der Gruppe, der es angehört, und dem Wirken göttlicher Mächte abhängig gesehen, sondern vom eigenen, nicht mehr rituell verstandenen, sondern aus Willensakten fließenden Handeln, das über die gegenwärtige Existenz hinauswirkt (Karman-Lehre).

Das Alte Indien 91

Die Lehre des Buddha

Die Reaktion auf diese neuen, durchaus als beängstigend empfundenen Aspekte war eine der älteren, diesseitsgerichteten Religion noch fremde Erlösungssehnsucht, auf die in den verschiedenen jetzt neu entstehenden religiösen Richtungen unterschiedliche Antworten gesucht wurden. Neben dem Jainismus, der bis heute in Indien in einem Milieu kleinerer Händler überlebt hat, entwickelt sich als zweite radikal mit der vedischen Religion brechende Reformreligion der Buddhismus. Das immer noch umstrittene Todesdatum seines Stifters dürfte zwischen 480 und 380 anzusetzen sein.

Was die Lehre des Buddha über die oben skizzierten Ansichten hinaus charakterisiert, ist die Leugnung eines substanzhaften, unveränderlichen und ewigen Persönlichkeitskernes, eines Ātman (›Selbst‹). Alles Dasein wird als leidhaft angesehen; das Entkommen aus dem Kreislauf der Existenzen ist das letzte Ziel des Menschen. Es läßt sich auf einem allen Menschen offenstehenden, durch Einsicht zu begreifenden Heilsweg erreichen.

Wegen der Erlösungsbezogenheit des Buddhismus haben politische Ideen in ihm nur periphere Bedeutung. Die hierarchische Gliederung der indischen Gesellschaft ist ihm gleichgültig. Ebenso wie im Hinduismus verhindert die Karman-Lehre – jeder genießt in diesem Leben die Früchte früherer Handlungen – die Vorstellung, daß die Gesellschaftsordnung ungerecht sein könne. Die gleiche Karman-Lehre liefert allerdings auch dem Herrscher ein starkes Motiv, sittlichen Idealen zu folgen und für das Wohlergehen aller Untertanen zu sorgen, um sich so eine künftige Wiedergeburt unter günstigen Bedingungen zu sichern. Gelegentlich enthalten die Lehrreden des Buddha auch konkrete Vorschläge (in Form von Erzählungen von alten Zeiten) für das Allgemeinwohl fördernde staatliche Maßnahmen, z. B. im *Kūtadanta-Sutta* (Dīghanikāya V), wo zur Bekämpfung des Räuberunwesens nicht drakonische Maßnahmen, sondern Förderung von Landwirtschaft und Handel, also eine gezielte Verbesserung der allgemeinen Verhältnisse, empfohlen wird.

Die wollens- und gesinnungsbetonte Ethik des Buddhismus (wie auch des Jainismus) legt besonderen Wert auf Gewaltlosigkeit und freundliche Einstellung allen Wesen (nicht nur den Menschen) gegenüber. Mitleid ist die Tugend, die auch in nichtbuddhistischen Quellen als für den Buddha typisch angesehen wird. Den Mönchen mußte außerdem daran gelegen sein, die Tugend der Freigebigkeit bei den Laienanhängern, seien es Könige oder Kaufleute, besonders hervorzuheben. Nach der Karman-Lehre konnte Reichtum durchaus als Zeichen früher geübter Tugend angesehen werden; ihn zu begehren und an ihm zu hängen mußte aber negative Auswirkungen für die zukünftige Existenz haben, denen man durch verdienstbringendes Spenden vorbeugen konnte.

Einige nicht unwichtige Beiträge zur politischen Ideenwelt des alten Indien finden sich im *Pali-Kanon*, dem ältesten Korpus buddhistischer Texte, das auf uns gekommen ist. Seine schriftliche Fixierung fand im 1. Jahrhundert v. Chr. statt, doch erscheint es durchaus glaubhaft, daß sich im ›Korb der Lehrreden‹ (Suttapitaka) an vielen Stellen Erinnerungen an authentische Reden des Buddha erhalten haben.

Der Buddha stammte aus dem Clan der Śākyas, die sich in einer kleineren Adelsrepublik am Fuß des Himalaya organisiert hatten. Man nimmt an, daß die Organisationsform des buddhistischen Mönchsordens gewisse Züge dieser republikanischen Regierungsform bewahrt hat. Aufschlußreich ist in diesem Zusammenhang eine sowohl im *Pali-Kanon* (*Dīghanikāya* XVI.1; vgl. *Anguttaranikāya* VII. 19–25) wie in einer Sanskritfassung (*Mahāparinirvāṇasūtra*, Vorg. II, 1–2) überlieferte Passage, in der der Buddha kurz vor seinem Tode die Bedingungen für das Wohlergehen einer solchen Stammesrepublik einerseits und des Mönchtums andererseits in parallelen Wendungen aufzählt. Die dem staatlichen Gemeinwesen, im konkreten Fall der Konföderation der Vrjis (Pali: Vajjis) geltenden Empfehlungen sind konservativ und den Bedingungen einer auf allgemeinem Konsensus beruhenden Regierungsform angemessen: Die Vrjis sollen häufig Versammlungen abhalten, sich in Eintracht beraten, sich an ihre überlieferten Institutionen halten, auf die Alten hören, auf die Moral ihrer Frauen achten, ihre heiligen Stätten pflegen und für ihre heiligen Männer sorgen; dann werde ihnen auch ein äußerer Feind nichts anhaben können.

Für die buddhistischen Auffassungen vom Königtum und der Gesellschaftsordnung wichtig sind zwei größere Texte der ›Sammlung der längeren Lehrtexte‹. Der eine, *Aggañña-Sutta* (*Dīghanikāya* XXVII), enthält einen ausführlichen mythischen Bericht über die Entstehung der menschlichen Gesellschaft und des Königtums. Eine Parallele dazu findet sich im *Mahāvastu* (I.338–348), einem in hybridem Sanskrit abgefaßten Text einer anderen buddhistischen Schulrichtung (1. Jahrhundert v. Chr.?). Hier wird geschildert, wie in einer nach einem Weltuntergang neuentstandenen Welt zunächst vollkommene, geistartige Wesen entstehen, die nach und nach unter dem Einfluß von Begierde degenerieren und sich vergröbern. Allmählich entsteht die menschliche Zivilisation, Hausbau, Landwirtschaft, Vorratshaltung, Abgrenzung von Feldern als privatem Eigentum und infolge davon Diebstahl, der die Einführung von Verwarnungen und Strafen erforderlich macht. Man einigt sich auf den Ansehnlichsten und Bedeutendsten, der von nun an die Verwarnungen und Strafen durchführen soll. Als Gegenleistung erhält er von allen einen Anteil Reis. Weil sich ›die große Menge auf ihn einigt‹, erhält er den Namen ›der Große, auf den man sich einigt‹ (Mahāsammata, nach den buddhistischen Quellen Name des ersten, mythischen Königs), weil er ›Herr der Felder‹ ist, nennt man ihn ›Adliger‹ (Khattiya), weil er ›andere durch seine Rechtlichkeit beglückt‹, wird König (Rājan, hier von rañj-, ›beglücken‹, abgeleitet) genannt.

Während in den vedischen Texten die Einsetzung des Königs mit der Bedrohung von außen und militärischen Erfordernissen begründet wird, sehen die Buddhisten die Notwendigkeit staatlicher Macht vor dem Hintergrund der Eigentumskriminalität, die ihrerseits auf Nahrungsmittelknappheit, Vorratshaltung und Privateigentum an Grund und Boden zurückgeführt wird. Bemerkenswert ist der demokratische und vertragartige Charakter der Einsetzung des Königs, der als ein im Auftrag des Volkes handelnder Funktionär dargestellt wird. Eingebettet ist dieser Mythos in eine Diskussion über die vier Varnas (Stände, Kasten), innerhalb derer der Vorrangsanspruch der Brahmanen zurückgewiesen wird und die Kshatriyas (der Adel) an die erste Stelle gesetzt werden (vgl. auch das *Ambattha-Sutta, Dīghanikāya* III). Gleichzeitig aber wird diese für den weltlichen Bereich geltende Rangordnung relativiert: Im geistigen Bereich, der durch

Das Alte Indien   93

Buddha = Dharma = Brahman symbolisiert wird, stünden die buddhistischen
Mönche, die aus allen vier Varnas kämen, an erster Stelle.
Die Buddhisten haben, ihrer universalen Ethik entsprechend, den idealen Herrscher als Universalherrscher verstanden, der der gerechten Ordnung über die
ganze Erde hin Geltung verschafft. Sein Bild wird in einer festen, an verschiedenen Stellen des Kanons anzutreffenden (z. B. *Dīghanikāya* III. 1.5) Formel gezeichnet: »Ein König, ein Universalherrscher (Cakkavatti), ein gerechter König
der Gerechtigkeit, der bis an die vier Weltenden herrscht, siegreich ist, Sicherheit
(oder Stabilität) im Lande herstellt und über die ›sieben Juwelen‹ verfügt. Dies
sind seine sieben Juwelen: das Rad-, das Elefanten-, das Pferde-, das Edelstein-,
das Frauen-, das Haushalter- und als siebentes das Heerführerjuwel. Er hat
mehr als tausend tapfere Söhne von heldenhafter Gestalt, fähig, die Heere der
Feinde zu zerschmettern. Er herrscht, nachdem er sich diese vom Meer begrenzte
Erde ohne Gewalt und Waffen, (nur) durch Gerechtigkeit (oder: ›durch Gerechtigkeit, die keiner Gewalt und keiner Waffen bedarf‹) untertan gemacht hat.«
Der zentrale Begriff ist hier der mit ›Universalherrscher‹ wiedergegebene Terminus *Cakravartin* (Pali: Cakkavatti), der wörtlich bedeutet: ›der das Rad in
Bewegung setzt‹. Was immer der von den Buddhisten wohl nicht erfundene,
sondern übernommene Ausdruck ursprünglich bedeutet haben mag – in buddhistischen Zusammenhängen wird unter dem Rad das Rad des Dharma verstanden. Dharma wiederum erlaubt sowohl eine innerweltliche, politisch-gesell-
schaftliche Interpretation als ›Recht‹, ›Gerechtigkeit‹, als auch eine außerweltli-
che, heilsbezogene als ›rechte Lehre‹, ›Heilslehre‹. Dementsprechend gibt es zwei
Erscheinungsformen für den, ›der das Rad in Bewegung setzt‹, die säkulare des
Cakravartin im engeren Sinn und die religiöse des Buddha, der das Rad der
Lehre mit seiner ersten Predigt im Tierpark von Benares in Bewegung setzt. Der
Oberbegriff für beide ist Mahāpurusha, ›der Große Mann‹, der an 32 angebore-
nen körperlichen Merkmalen zu erkennen ist (vgl. *Dīghanikāya* XXX). An
verschiedenen Stellen des Kanons, z. B. in der als Modell für alle Buddhas dienenden Lebensbeschreibung des Buddha Vispaśyin *(Mahāpadāna-Sutta, Dīghanikāya* XIV), heißt es, daß einem mit diesen Merkmalen ausgestatteten Mahāpurusha beide Wege, der eines Weltherrschers und der eines Buddha, offenste-
hen.
Der Gestalt des Cakravartin ist der zweite der hier zu besprechenden kanonischen Texte gewidmet, das *Cakkavatti-sīhanāda-Sutta (Dīghanikāya* XXVI).
Hier wird das erste der ›sieben Juwelen‹, das den Dharma symbolisierende Rad-
juwel, als eine übernatürliche Erscheinung geschildert, die an die Person und das
Verhalten des jeweiligen Herrschers gebunden ist. Der Schlußsatz der oben zi-
tierten Cakravartin-Formel, in dem es heißt, der König mache sich die ganze
Erde ohne Gewaltanwendung, nur mit Hilfe des Dharma untertan, wird in mär-
chenhafter Weise anschaulich gemacht: Das vom König magisch besprochene
Rad setzt sich in Bewegung, der König folgt mit seinem Heer, und wo immer das
Rad Halt macht, unterwerfen sich die bis dahin feindlichen Könige dem neuen
Cakravartin, der nacheinander in allen Himmelsrichtungen seine moralischen
Gebote proklamiert. Der Text schildert dann, wie durch die Pflichtversäumnis
eines bestimmten Herrschers (er unterläßt es, die Armen zu versorgen) eine Ket-
tenreaktion negativer Vorgänge ausgelöst wurde, die – hier geht der Vergangen-

heitsbericht in eine Prophezeiung über – in völligem gesellschaftlichen Niedergang enden wird. Eine nur sieben Tage während ›Schwertzeit‹, in der sich die Menschen gegenseitig abschlachten, markiert den äußersten Tiefpunkt. Von da an geht es wieder aufwärts, bis schließlich, in ferner Zukunft, wieder ein frommer Cakravartin herrschen und der Buddha Maitreya (Pali: Metteyya) den Dharma verkünden wird. Charakteristischerweise wird die Wende zum Besseren nicht wie im Hinduismus durch göttliches Eingreifen, sondern durch Selbstbesinnung der Menschen bewirkt, die in der äußersten Not spontan beschließen, zu einem sittlichen Lebenswandel zurückzukehren.

Auch in den buddhistischen Texten läßt sich die weitverbreitete Vorstellung belegen, daß die Regierung des Königs unmittelbare Auswirkungen auf das Naturgeschehen hat (rechtzeitiges Einsetzen des Regens, Ausbleiben von Seuchen, usw.; vgl. z. B. Anguttaranikāya IV.70).

Aśokas politische Ideen

Anders als in Sri Lanka und den Ländern Hinterindiens ist der Buddhismus in Indien nie Staatsreligion geworden. Er hat jedoch immer wieder die Unterstützung einzelner Herrscher oder Dynastien gefunden. Ohne die Förderung des Kaisers Aśoka (reg. ca. 268–233), des bedeutenden dritten Herrschers der Maurya-Dynastie, der sich persönlich zu ihm bekannte, aber im übrigen, wie die meisten indischen Herrscher, eine Politik der religiösen Toleranz propagierte, hätte er sich kaum so rasch in Indien und über die Grenzen Indiens hinaus ausbreiten können.

Über die politischen Ideen Aśokas geben die in größerer Zahl erhaltenen Inschriften dieses Herrschers Auskunft. Aśokas Vision scheint die Idee eines durch Anerkennung eines allgemeingültigen Sittengesetzes (Dharma, im Mittelindischen der Inschriften: Dhamma) geeinten Reiches gewesen zu sein. Dieses Sittengesetz ist zwar nicht spezifisch buddhistisch, aber die moralische Haltung Aśokas ist doch deutlich vom Buddhismus beeinflußt: Im 13. Felsenedikt äußert er Reue über den blutigen Krieg, den er gegen die Kalingas geführt hat. Die Wendung ›Sieg durch Dhamma ist der vornehmste Sieg‹ erinnert an die buddhistischen Cakravartin-Vorstellungen (vgl. oben, S. 93). Das Töten von Tieren wird drastisch eingeschränkt, humane Behandlung von Dienern, Sklaven und Gefangenen empfohlen. Aśoka sieht sich selbst als wohlwollenden, väterlichen Herrscher (»Alle Menschen sind meine Kinder«: Separatedikte von Dhauli und Jaugada), dessen Vorstellungen wohlfahrtsstaatliche Züge tragen (ärztliche Dienste für Menschen und Tiere, Fürsorge für die Armen, Anpflanzung von schattenspendenden Bäumen und Anlage von Brunnen und Rasthäusern an den Straßen usw.) Er konnte damit zum Vorbild späterer buddhistischer Herrscher in Indien, Sri Lanka und Hinterindien werden.

Das Alte Indien 95

3. Hinduismus

Die historisch-kulturelle Entwicklung

Für die politische Entwicklung Indiens der Nach-Maurya-Zeit ist kennzeichnend, daß neben dem nördlichen Machtschwerpunkt in der Ganges-Ebene weitere Machtzentren im Nordwesten und in Zentral-Indien (Dekhan) entstehen. Die Nachfolger der Mauryas (Dynastien der Śungas, ca. 185–73, und der Kanvas, ca. 73–28) sehen sich zunehmendem Druck von Nordwesten her ausgesetzt, zunächst von seiten der indo-griechischen Reiche, die in der Folge des Alexanderzuges entstanden (Höhepunkt im 2. Jahrhundert v. Chr.), später durch die iranischen Śakas (1. Jahrhundert v. Chr.) und Indo-Parther (1. Jahrhundert n. Chr.). Schließlich errichten die ebenfalls fremdstämmigen Kushānas ein Großreich, das sich von Nordindien bis nach Zentralasien erstreckt. Ihr bedeutendster Herrscher, Kanishka (reg. ab 78 oder später), fördert die buddhistische Mission weit über die Grenzen Indiens hinaus. Gleichzeitig entsteht im Dekhan unter der Dynastie der Śātavāhanas zum erstenmal eine bedeutende Regionalmacht im Süden. Die den größten Teil Nordindiens sich unterwerfende und auch im Dekhan als Vormacht anerkannte Dynastie der Guptas schließlich (ca. 320–600) symbolisiert nach allgemeiner Auffassung die kulturelle Blütezeit der klassischen indischen Kultur.

Die wirtschaftliche und soziale Entwicklung dieser Jahrhunderte führt zu einer zunehmenden sozialen Differenzierung und einer Festigung des beruflich gegliederten Kastenwesens. In den Städten bilden sich Gilden von Bankiers, Händlern und Handwerkern, die ein hohes Maß an Autonomie besitzen und denen in vielen Fällen die Stadtverwaltung untersteht. Im Süden konkurrieren Jainas, Buddhisten und Brahmanen miteinander um die Gunst der Herrscher und der Bevölkerung. Den Brahmanen gelingt es in einem Jahrhunderte, ja in manchen Gegenden bis heute andauernden Durchdringungsprozeß, die hinduistische Gesellschaftsordnung über ganz Indien zu verbreiten. Stämme niederer Zivilisationsstufe werden nach und nach assimiliert, indem ihnen ein Platz am unteren Ende der Kastenhierarchie zugewiesen wird. Einheimische Herrscher werden für das System gewonnen, indem man ihnen durch Fabrikation eines Kshatriya-Stammbaumes und durch die Umkleidung des Königtums mit Göttlichkeit Legitimation verschafft. Diese politische Aufgabe der Herrschaftslegitimierung macht die Brahmanen für die Herrscher unentbehrlich. Sogar in den Ländern Süd- und Südostasiens, in denen sich der Buddhismus durchsetzt, werden weiterhin Hofbrahmanen für Staatszeremonien (Königsweihe etc.) eingesetzt.

In den hinduistischen Staaten gehört die Anknüpfung an die vedische Vergangenheit zur offiziellen Ideologie, was sich z. B. in der Wiedereinführung des vedischen Pferdeopfers (zur Unterstreichung imperialer Machtansprüche) und in der Verwendung des Sanskrit statt des Mittelindischen in den Inschriften ausdrückt.

Der sich in dieser Zeit entwickelnde Hinduismus teilt mit dem Buddhismus den Glauben an Wiedergeburt und Tatvergeltung (Karman-Lehre) und das Ausgerichtetsein auf letztendliche Erlösung aus dem Daseinskreislauf. Was ihn vom

Buddhismus unterscheidet, ist außer der Anknüpfung an die vedische Tradition sowie der herausragenden Bedeutung, die die Trias der Hochgötter Brahman, Śiva und Vishnu gewinnt, die starke Betonung auch der diesseitigen Ziele und des Wertes der überkommenen hierarchisch gegliederten Gesellschaftsordnung. Der Erlösung (Moksha) wird die Dreiergruppe (Trivarga) der Lebensziele Dharma, Artha und Kāma gegenübergestellt, wobei Dharma die Gesamtheit der religiösen und sozialen Pflichten, Artha die materiellen Interessen und Kāma den Bereich des sinnlichen Genusses bedeutet.

Für alle drei Bereiche entwickeln sich Lehrsysteme, von denen die Dharma und Artha betreffenden für die politische Ideengeschichte relevant sind. Aus chronologischen Gründen soll hier die Wissenschaft vom Artha (Arthaśāstra) zuerst behandelt werden.

Arthaśāstra und Nīti-Literatur

Das bedeutendste Staatslehrbuch der Inder, das nach Jahrhunderten des Verschollenseins erst Anfang dieses Jahrhunderts wiederaufgetauchte *Kautilīya-Arthaśāstra*, ist nach Kautilya (alias Cānakya) benannt, dem angeblichen Minister des ersten Maurya-Herrschers Candragupta (reg. ca. 320–293). Über sein Leben ist uns, außer einer phantasievollen späten Legende, nichts bekannt. Die Einheitlichkeit und Entstehungszeit des ihm zugeschriebenen Werkes ist allerdings umstritten. Manches deutet darauf hin, daß Teile tatsächlich bis in die Maurya-Zeit zurückreichen; anderes ist sicher erst später entstanden, und die möglicherweise zunächst gesondert überlieferten, da verschiedenen Wissensbereichen zugeordneten Einzelbücher sind vielleicht erst im 2. oder 3. Jahrhundert n. Chr. zu dem heute vorliegenden Werk zusammengefaßt worden (vgl. Trautmann, 1971). Wenn daher im folgenden von den Lehren Kautilyas die Rede ist, so ist das nur als vereinfachte Ausdrucksweise für ›die im *Kautilīya-Arthaśāstra* (Kaut. AŚ.) enthaltenen Lehren‹ zu verstehen.

Der Gegenstand des *Arthaśāstra* ist, wie der Name sagt, der ›materielle Nutzen‹, allerdings nur insoweit, als es sich um den öffentlichen Bereich handelt. Der wirtschaftliche Bereich tritt hier also unter dem Aspekt der Staatsökonomie in Erscheinung. In der Einleitung wird deshalb der Gegenstand des Buches mit dem genaueren Begriff Dandanīti bezeichnet, d. i. ›Die Methodik der Machtausübung‹, ›Politik‹, die hier den übrigen drei Wissenszweigen (Philosophie als Methodik kritischer Untersuchung, die religiöse Überlieferung der Veden und Wirtschaft) als deren Voraussetzung übergeordnet wird (I.5.1 f.). Das Ziel der staatlichen Machtausübung ist »der Erwerb von bisher Nichterworbenem, die Sicherung des Erworbenen, die Mehrung des auf diese Weise Gesicherten und die Verteilung des Gemehrten an würdige Empfänger« (I.4.3).

Kautilya bekennt sich ausdrücklich zur Tradition der vedischen Überlieferung und damit zur Gliederung der Gesellschaft in die vier Stände der Brahmanen, Kshatriyas, Vaiśyas und Śūdras (I.3). Dennoch enthält sein Denken einige radikal neue Ansätze. Dazu gehört bereits die Vorrangstellung des Artha, also des materiellen Nutzens, des Wirtschaftlichen, in dem nach Kautilya die beiden anderen Ziele, Dharma und Kāma wurzeln (I.7.6 f.). Ohne das Wirken göttlicher Mächte zu leugnen (vgl. IX.7.82–84 über Seuchen und Naturkatastrophen), ak-

Das Alte Indien 97

zeptiert Kautilya den Dharma in erster Linie seines Nutzens wegen, weil er dem einzelnen seine Aufgaben in der Gesellschaft zuweise (I.3.4).

Seine ganze Darstellung wird vom Gedanken der Staatsraison beherrscht: Empfohlen wird, was die Macht des Königs sichert und vermehrt. Das Nützliche aber läßt sich nicht durch blinde Befolgung überlieferter Normen, sondern durch kritisches Prüfen finden. Die mit Begründungen arbeitende ›Methode kritischer Untersuchung‹ (Ānvīkshikī) soll deshalb in den drei übrigen Wissenszweigen (Veda, Ökonomie und Politik) zur Anwendung kommen (I.2.11). Bezeichnend ist, daß Kautilya als Beispiel für die Anwendung der kritischen Methode neben den philosophischen Richtungen Sāmkhyā und Yoga auch Lokāyata nennt, den bei allen Orthodoxen verpönten ›Materialismus‹ (I.2.10). Daß es noch radikalere Meinungen gab, zeigen die an derselben Stelle zitierten Auffassungen der *Brhaspati-Schule*, nach der die Veden als Wissenschaft wegfallen, da sie nur ein Mittel der Verschleierung für den seien, der die Welt kennt, und die der *Usanas-Schule*, die überhaupt nur die Politik als Wissenschaft anerkennt, da alle sonstige wissenschaftliche Aktivität von ihr abhänge (I.2.4–7).

Die Rücksichtslosigkeit, mit der Kautilya für die Machtinteressen des Königs eintritt, ist eines Machiavelli würdig, mit dem man ihn oft verglichen hat. Der geheime Nachrichtendienst spielt eine große Rolle. Agents provocateurs und Meuchelmörder stehen im Dienste des Königs und stellen raffinierte Fallen, um ›schädliche Elemente‹ ins Verderben zu locken, wobei auch Angehörige der für schuldig Gehaltenen nicht geschont werden (V.1). Solche Mittel werden dort empfohlen, wo der König seinen Gegnern – z. B. illoyalen Amtsträgern – wegen deren Macht oder Popularität mit normalen polizeilichen Verfolgungsmaßnahmen nicht ohne weiteres beikommen kann.

Auch der im eigentlichen Sinne religiöse Bereich und die – nach Kautilyas Auffassung – abergläubischen Vorstellungen des Volkes werden in vielfacher Weise für die Interessen des Staates ausgenutzt. Religiöse Feste werden als Gelegenheiten empfohlen, Anschläge gegen Feinde durchzuführen (VII.17.44; XII.5.1 ff.), Götterbilder werden manipuliert und in den Dienst psychologischer Kriegführung gestellt (XIII.2.25–28) oder als Verstecke für Meuchelmörder benutzt (XII.5.43 f.). Falsche Asketen und Heilige aller Art, auch Nonnen, dienen dem König als Spione und propagandistische Wundertäter oder Propheten (I.11.13 ff.; 12.4 ff.; IV.5.1 ff.; VII.17.50; XIII.2.1 ff.). Mit Hilfe von trickreichen Arrangements soll der König als allwissend und in direkter Verbindung mit den Göttern stehend dargestellt werden (XIII.1.1 ff.). Vor der Schlacht wird der Himmel als Lohn für Tapferkeit in Aussicht gestellt und die psychische Verfassung der Soldaten durch Hinweise auf Zaubermittel, Wunderwaffen und günstige Vorzeichen gestärkt (X.3.43 f.).

Trotz allen uns heute zum Teil brutal oder zynisch vorkommenden Vorschlägen hatte Kautilya sicherlich nicht die Absicht, die Grenzen des Rechts zu übertreten. Man muß sich vor Augen halten, daß weder Menschenrechte noch ein Rechtsstaat in unserem Sinne existierten. Ordentliche Prozesse gab es nur dort, wo Kläger und Beklagter einander gegenüberstanden; bei der Verfolgung von Straftätern und Regimegegnern hatten der König und seine Polizeibehörde weitgehend freie Hand.

Kautilya stellt hohe Anforderungen an Ausbildung und charakterliche Qualitäten seines Idealkönigs (vgl. auch VI.1.2–6). Das Kapitel über die Erziehung des Prinzen (I.5) sieht Unterricht in Lesen und Schreiben, Rechnen, in den drei Veden und sonstiger Überlieferung, philosophischer Methode (Ānvīkshikī), Ökonomie und Politik, Pflichtenlehre (Dharmaśāstra) und Staatslehre (Arthaśāstra) vor sowie praktische Ausbildung im Waffenhandwerk. Das Ziel ist nicht nur die Aneignung von Wissen und praktischen Fertigkeiten, sondern vor allem vollkommene Selbstbeherrschung (I.6), da nur sie die richtige Anwendung der als Strafgewalt aufgefaßten Macht gewährleiste. Ein König, der seine Macht unter dem Einfluß von Begierde, Zorn oder Selbstüberhebung ausübt, wird seine eigene Stellung gefährden, da er das Volk gegen sich aufbringt (I.4.12).

Großer Wert wird auch auf die richtige Auswahl der engsten Berater (Mantrin) und Minister (Amātya) durch den König gelegt (I.8 f.). Zu den engsten Vertrauten gehört auch der Purohita, der brahmanische Hauspriester (eine bereits vedische Institution), der in den magischen Praktiken des Atharvaveda, aber auch in der Politik bewandert sein soll, um den König vor allen Gefahren beschützen zu können (I.9.9–11). Kautilya, dessen Grundhaltung Mißtrauen ist, schlägt eine Reihe ausgeklügelter Tests vor, um die Loyalität der Mitarbeiter des Königs zu prüfen (I.10).

Das ganze, sehr umfangreiche zweite Buch zielt darauf ab, die Einkünfte des Staates durch bürokratische Kontrolle aller Wirtschaftsbereiche (einschließlich der Prostitution, II.27) zu sichern. Abgesehen von mancherlei Abgaben und Steuern soll der Staat sich Einnahmen durch Betrieb von Bergwerken, Manufakturen, Forstwirtschaft und andere wirtschaftliche Unternehmungen verschaffen. Auch der Siedlungspolitik wird einige Aufmerksamkeit gewidmet (II.1). Auf die Einzelheiten dieses äußerst detailreichen Abschnitts kann hier ebensowenig eingegangen werden wie auf die der Rechtspflege und Verbrechensbekämpfung gewidmeten folgenden Bücher.

Einen wesentlichen Beitrag zur Geschichte der politischen Ideen liefert das ganz kurze Buch VI, das als Vorbereitung auf den der Außenpolitik gewidmeten Teil des Werkes zunächst die konstituierenden Bestandteile des Staates und anschließend das stilisierte System einer in Wechselwirkung miteinander stehenden Gruppe von Staaten beschreibt.

Der Abschnitt beginnt mit einer Aufzählung folgender sieben ›Faktoren‹ (oder ›Materien‹, ›Elemente‹: Prakrti): Herrscher, Minister, Land, Festung (d. i. die königliche Residenz), (Staats-)schatz, Armee und Verbündeter, deren Stärken und Schwächen anschließend eingehend diskutiert werden. In späteren Texten (vgl. Kane, III, S. 16) werden diese Faktoren als die sieben ›Glieder‹ (Anga) des Staates (Rājya) bezeichnet, was Veranlassung gegeben hat, von einer indischen ›organischen Staatstheorie‹ zu sprechen (Spellman, S. 8 f.). Daß hier aber nicht von einem Staat im heutigen Sinne die Rede ist, geht schon daraus hervor, daß der Verbündete (oder Freund, Mitra) miteinbezogen wird. Bei der Besprechung der Qualitäten der einzelnen Faktoren bezieht Kautilya sogar den Feind mit ein (VI.1.13 f.), der ihm zufolge also zu den elementaren Faktoren staatlicher Existenz gehört. Die Reihenfolge der Faktoren wird von Kautilya zugleich als Rangordnung aufgefaßt; der jeweils nachfolgende ist für die Existenz des Staates weniger wichtig als der vorangehende.

Auf der Grundlage dieser sieben Faktoren arbeitet Kautilya nun ein komplizier-

Das Alte Indien   99

tes System außenpolitischer Beziehungen aus, das er Mandala, ›(Faktoren-)kreis‹
nennt. In außenpolitischer Hinsicht ist sein König ein Expansionist (Vijigīshu,
›einer, der zu erobern wünscht‹), der zur beherrschenden Figur innerhalb des
Mandala zu werden strebt. Daraus ergibt sich die Situation, daß er den unmittelbaren Nachbarn als seinen Feind ansehen muß, während der danach folgende
König als Nachbar des Feindes nach der gleichen Logik dessen Feind, also der
Freund von Kautilyas König ist. Dahinter folgt dann der Freund des Feindes,
dann der Freund des Freundes und – als willkürlich gesetzter Schlußpunkt – der
Freund des Freundes des Feindes. Da im Kriegsfall der Angriff eine bestimmte
Stoßrichtung hat, führt Kautilya für die gegenüberliegende (rückwärtige) Seite
eine andere Terminologie ein. Hier folgen auf den ›Fersenpacker‹, der dem Viji-
gīshu in den Rücken fällt, der Helfer, ›der auf den Notruf reagiert‹ (Ākranda,
vgl. Scharfe, S. 128 ff.), sodann der Helfer des ›Fersenpackers‹ und der Helfer des
Ākranda.

Kautilya rechnet ferner mit dem Nachbarn, dessen Territorium sowohl an das
des Vijigīshu wie an das des Feindes grenzt und dessen Haltung deshalb nicht
von vornherein festliegt (Madhyama, ›der Mittlere‹) und schließlich mit dem
›Unbeteiligten‹ (Udāsīna), der keine gemeinsamen Grenzen mit dem Vijigīshu,
dem Feind oder dem Madhyama hat, mit dem man aber seiner Stärke wegen
trotzdem rechnen muß.

Bei Einbeziehung des Vijigīshu kommt er also auf zwölf aus der Sicht des Zen-
trums zu unterscheidenden Kategorien von Herrschern, von denen jeder über
fünf ›Faktoren‹ (Minister, Land, Festung, Schatz, Armee) verfügt. Das ergibt
insgesamt 12 plus 60 = 72 Faktoren, deren jeweilige Stärke oder Schwäche es bei
der Vorbereitung der Expansionspolitik richtig abzuschätzen gilt.

Auf der Grundlage der ermittelten Kräfteverhältnisse soll der König dann entscheiden, welche der sechs ›Verhaltensweisen‹ (Guna) der Außenpolitik der
Lage angemessen sind: friedliche Einigung (oder Vertragsschluß, Bündnis, Vergleich, Frieden), Krieg, ruhiges Abwarten, Mobilmachung, sich dem Schutz
eines anderen Unterstellen, Doppelpolitik (d. h. Bündnis mit dem einen und
Krieg mit dem andern) (Buch VII). Die verschiedenen Erwägungen, die dabei
anzustellen sind, können hier nicht im einzelnen besprochen werden. Überall
dominiert die nüchterne Analyse von Risiko und zu erwartendem Nutzen. Kautilya empfiehlt friedliche Einigung mit dem Gleichstarken und dem Stärkeren,
Krieg nur gegen den Schwächeren (VII.3.2–5). Die im indischen Epos vorherrschenden Kategorien Ehre, Ruhm, Ritterlichkeit sind seinem Denken fremd. Für
ihn gilt nur die kluge Berechnung – es sei daran erinnert, daß das Schachspiel auf
die Grundvorstellungen des *Arthaśāstra* zurückgeht!

Auf die die Kriegsvorbereitungen und die Kriegführung betreffenden Abschnitte
braucht hier nicht eingegangen zu werden. Sie enden mit der Einnahme der
feindlichen Festung (Hauptstadt), die den Sieg bedeutet. Zum Schluß werden
auch noch der ›Mittlere‹ und der ›Unbeteiligte‹ unterworfen, womit das Ziel der
Unterwerfung der Erde erreicht ist.

In dem eroberten Land soll der Sieger alles tun, um die Herzen der Untertanen zu
gewinnen. Er soll als pflichtbewußter Herrscher auftreten, dem das Wohl des
Volkes am Herzen liegt, und soll sich ihm in Sitte, Kleidung und Sprache anpassen usw. (XIII.5.3. ff.). Das ganze *Arthaśāstra* durchzieht der Gedanke, daß ein

unpopulärer Herrscher, der das Volk durch übertriebene Strenge, Willkür oder übermäßige Steuern bedrückt, sich auf die Dauer nicht halten kann.

Es ist hier nicht der Ort, die seit langem umstrittene Frage zu erörtern, inwieweit Kautilyas Lehrbuch als akademische Scholastik oder als das Buch eines wirklichkeitsnahen Praktikers anzusehen ist, aus dessen Lehren man Erkenntnisse für die zu seiner Zeit (die Datierung ist ja auch wieder umstritten) geübte Praxis ziehen kann. Der Vergleich mit den – leider nur fragmentarisch erhaltenen – Mitteilungen des griechischen Botschafters am Hof Candragupta Mauryas, Megasthenes, führen zu keinen eindeutigen Ergebnissen. Da die Frage aber mehr die Details der konkreten administrativen und ökonomisch-politischen Verhältnisse betrifft, ist sie im Zusammenhang der politischen Ideengeschichte von geringer Relevanz.

Die Geschichte des indischen *Arthaśāstra* beginnt offenbar nicht mit Kautilyas Lehrbuch. Die meisten der in ihm vorkommenden politischen Grundbegriffe scheinen älter zu sein. Eigene Auffassungen Kautilyas werden vor allem dort deutlich, wo er gegen Vorgänger polemisiert (vgl. dazu Wilhelm, 1960). Es ist allerdings kaum möglich, von diesen ein genaues Bild zu gewinnen. Oft werden sie nur mit dem allgemeinen Ausdruck ›die Lehrer‹ (Ācārya) angeführt, manchmal als Anhänger bestimmter Schulrichtungen, die sich auf mythische Schulgründer: den Urvater Manu, die Lehrer der Götter und Dämonen, Brhaspati und Uśanas, und andere berufen. Von den individuellen Vorgängern, die in den stark stilisierten Diskussionen zu Wort kommen, gewinnt nur der als Hauptgegner Kautilyas fungierende Bhāradvāja eine gewisse Plastizität. Seine Vorschläge zeichnen sich im allgemeinen durch besondere Radikalität aus, während Kautilya einen moderaten Standpunkt einzunehmen pflegt. Bhāradvāja betont besonders die Rolle des Ministers, dem er sogar die Usurpation des Thrones empfiehlt, wenn die Gelegenheit sich biete (V.6.24 ff.). Freilich macht auch dieser Bhāradvāja mehr den Eindruck eines gewisse Tendenzen repräsentierenden Symbols als eines historischen Staatslehrers. Sein Name bezeichnet ein Brahmanengeschlecht, das sich auf den vedischen Seher Bharadvāja zurückführt, der in der Purāna-Literatur als Sohn des obenerwähnten Götterlehrers Brhaspati angesehen wird. Die Schule des Brhaspati aber gilt als materialistisch und damit heterodox. Im *Mahābhārata* (XII.175–185) taucht ein materialistischer Zweifler Bharadvāja sowie ein sich durch skrupellose Ratschläge auszeichnender politischer Lehrer Kaninka Bhāradvāja (XII.138) auf, dessen Lehren denen des Bhāradvāja bei Kautilya nahestehen (vgl. Falk, S. 180 f.). Der Name Bhāradvāja scheint also schon früh mit einem gewissen Odium behaftet gewesen zu sein und konnte deshalb in Kautilyas *Arthaśāstra* als Vertreter derjenigen Auffassungen verwendet werden, die am wenigsten akzeptabel erschienen (vgl. Wilhelm, S. 76 ff.).

Das nach eigener Aussage die Lehren der Vorgänger zusammenfassende *Kautilīya-Arthaśāstra* erlangte eine derart dominierende Stellung, daß Jahrhunderte hindurch kein bedeutendes Werk zur Staatskunde mehr entstanden zu sein scheint. Erst aus sehr viel späterer Zeit stammt der *Nītisāra* des Kāmandaki (= Kāmandakīya-Nītisāra; vermutlich 8. Jahrhundert), ein in Versen gehaltenes Lehrbuch, das die Gegenstände des *Arthaśāstra* in kürzerer Form behandelt. Obwohl auch hier skrupellose Verfolgung des Eigeninteresses gelehrt

Das Alte Indien 101

wird, sind doch viele der rücksichtslosen Detailvorschläge Kautilyas durch die
knappere Darstellung entfallen.

Noch stärker kondensiert wird der Stoff im *Nītivākyāmrta* des Jaina Somadeva-
(sūri) (Kaschmir, 10. Jahrhundert). Die moralische Tendenz des Werkes drückt
sich vor allem in eingestreuten Maximen und Gleichnissen aus. Der Terminus
Nīti, der in den späteren Werken dieser Richtung enthalten zu sein pflegt,
schließt allgemeine Lebensklugheit bis hin zur sittlichen Lebensführung ein.
Diese und andere späte Werke, bis hin zu der anscheinend erst im 19. Jahrhundert kompilierten *Śukranīti*, mögen kulturhistorisch interessant sein – originelle
Beiträge zur Geschichte der politischen Ideen haben sie kaum zu bieten.

In enger Verbindung mit dem *Arthaśāstra* steht auch die Erzähltradition des
Pañcatantra, einer in vielen Versionen überlieferten Sammlung von Tierfabeln,
deren Funktion es nach eigener Aussage war, lernschwachen Prinzen die Quint-
essenz des *Arthaśāstra* auf leicht faßliche Weise zu vermitteln. Als Verfasser gilt
der Brahmane Vishnuśarman, über den wir sonst nichts Näheres wissen. Die
Entstehungszeit der ältesten erhaltenen Version, des *Tantrākhyāyika*, dürfte
zwischen dem 2. und 4. Jahrhundert anzusetzen sein. Die Berufung auf das *Arthaśāstra* ist insofern irreführend, als in dem Buch von Staatsverwaltung und
Wirtschaft keine Rede ist. Es geht vielmehr ausschließlich um Nīti, um politische
Methode im Sinne von situationsbezogener, berechnender Klugheit, um List
und die Kunst der Verstellung. Dharma, d. h. Recht, Gerechtigkeit, Anständig-
keit, wird als Wert keineswegs geleugnet, aber als ohne Nīti chancenlos dargestellt; der Anständige hat nur dann Aussichten zu überleben, wenn er mindestens ebenso durchtrieben ist wie der Böse. Wichtiger als die Sachkenntnis des
Arthaśāstra-Experten ist Menschenkenntnis, die es erlaubt, Freund und Feind
zu unterscheiden (vgl. Geib, S. 47 f.). Wer die richtigen Freunde hat, kann jede
Gefahr bestehen.

Das *Pañcatantra* bedient sich zur Vermittlung dieser Lehren der volkstümlichen
Tierfabel, in der gewisse Grundtypen vorgegeben waren: der schlaue Schakal
(aus dem dann in Europa der Fuchs geworden ist) als Minister des großmütigen
Löwen-Königs, die Katze oder der Reiher als scheinheiliger Asket usw. Die
Quellen, die teilweise noch in den populären buddhistischen *Jātaka*-Erzäh-
lungen und im 12. Buch des *Mahābhārata* erhalten sind, werden aber in charak-
teristischer Weise umgestaltet (vgl. Falk 1978). Kennzeichnend ist die aufkläre-
rische, auf Vernunft bauende Tendenz des *Pañcatantra*: Gegen alle Vorurteile
und scheinbaren Naturgesetze können Krähe und Maus auf Dauer Freundschaft
schließen (2. Buch), auch ein Schakal kann anständig sein (Karata im 1. Buch,
als Gegenstück zu dem skrupellosen Damanaka), die an sich schwächeren Krä-
hen können durch List die Eulen besiegen (3. Buch).

Der staatlichen Sphäre zuzurechnende Probleme – vor allem das Verhältnis zwischen König und Minister (1. Buch), aber auch Fragen von Krieg und Frieden
(3. Buch) werden zwar im Pañcatantra noch ausführlich diskutiert, die Betonung des psychologischen Aspekts ließ aber doch die eigentlich politischen Fragen in den Hintergrund treten, und in seinen späteren Fassungen wurde es mehr
und mehr zu einem gleichzeitig unterhaltenden und belehrenden Volksbuch, das
alle möglichen, der ursprünglichen Intention fremden Erzählstoffe aufnahm.

So ist es auch nicht als politisches Lehrbuch, sondern als unterhaltsames Weisheitsbuch in vielfach veränderter Gestalt, über mittelpersische (6. Jahrhundert), syrische, arabische (*Kalīla* und *Dimna*, 8. Jahrhundert), griechische (11. Jahrhundert), hebräische (12. Jahrhundert) und lateinische (Johann von Capua, 13. Jahrhundert) Übersetzungen in den Westen gewandert (deutsch: »Das Buch der Beispiele der alten Weisen« von Anton von Pforr, 1483), wo es die großen Erzähler des späten Mittelalters und der frühen Neuzeit (Boccaccio, Chaucer, Lafontaine u. a.) beeinflußt hat.

In Indien ähnlich populär wie das *Pañcatantra* wurde der auf ihm fußende, aber sehr viel später (wohl erst nach dem 9. Jahrhundert) entstandene *Hitopadeśa* (›Die heilsame Unterweisung‹) des Nārāyana. Der Nīti-Charakter des Werkes wird durch die dem *Nītisāra* des Kāmandaki (vgl. oben S. 100) entnommenen eingestreuten Verse unterstrichen, aber auch durch die Einteilung in vier Bücher, die jeweils den Themen Gewinnung von Freunden, Entzweiung von Freunden, Krieg und Frieden gewidmet sind. Diese Themen stehen in nahem Zusammenhang mit der traditionellen Vierergruppe der politischen ›Mittel‹ (*Upāya*): friedliche Verständigung *(Sāman)*, Beeinflussung durch Geschenke *(Dāna)*, Spaltung oder Entzweiung *(Bheda)* und Gewaltanwendung *(Danda)*. Diese Mittel haben einen weiteren, nicht nur zwischenstaatlichen, sondern auch zwischenmenschlichen Anwendungsbereich als die von Kautilya gelehrten sechs außenpolitischen Verhaltensweisen (guna, vgl. oben, S. 99), mit denen sie sich teilweise überschneiden. Kautilya kennt sie zwar, erwähnt sie aber nur beiläufig (I.13.16 ff.; II.10.47 ff.). In der späteren Nīti-Literatur spielen sie eine wichtige Rolle und sind durch die Erzählungsliteratur so populär geworden, daß auch heute noch den meisten Indern die Reihe *Sāman-Dāna-Bheda-Danda* als Grundmittel der zielgerichteten Einwirkung auf andere Menschen geläufig ist.

Dharmaśāstra und Mahābhārata

Der hinduistische Dharma wird in der ihm speziell gewidmeten sogenannten Smrti-Literatur (Smrti = Erinnerung, Überlieferung) behandelt, der autoritativen Überlieferung, als deren Urheber vedische Rshis und andere mythische Gestalten der Vorzeit ausgegeben werden. Teilweise bis in die spätvedische Zeit zurück reichen die älteren Texte dieser Art, die in Prosa abgefaßten *Dharmasūtras* (des Gautama, Apastamba, Baudhāyana, Vasishtha), auf die in den Jahrhunderten kurz vor und nach Beginn unserer Zeitrechnung die umfangreicheren, meist versifizierten *Dharmaśāstras* (oder *Smrtis*) folgen, von denen die des Manu, des Yājñavalkya und des Nārada vollständig, andere nur fragmentarisch oder gar nicht überliefert sind (vgl. Derrett 1973a). Genaue Datierungen sind nicht möglich, da diese Texte ständigen Veränderungen unterlagen und in verschiedenen Versionen kursierten. Nicht selten zitieren sie sich gegenseitig. Das größte Ansehen genießt bis heute das *Dharmaśāstra* des Manu (die *Manusmrti*; entstanden zwischen 200 v. Chr. und 100 n. Chr.?).

Für die Geschichte der politischen Ideen sind diese Texte deshalb von Bedeutung, weil in ihnen im Rahmen der allgemeinen Rechts- und Pflichtenlehre die Aufgaben des Königs, der Rājadharma, eine zentrale Stellung einnehmen. Da auch die Sicherung der ökonomischen Grundlage des Staates und der materiellen Wohlfahrt der Untertanen zu den Pflichten des Königs gehört, werden hier

Das Alte Indien 103

auch Gegenstände der Artha-Lehre, oft in enger Anlehnung an das *Kautilīya-Arthaśāstra*, besprochen.

In enger Beziehung sowohl zum *Dharma-* wie zum *Arthaśāstra* stehen auch die in derselben Periode entstandenen didaktischen Abschnitte des volkstümlichen Epos *Mahābhārata*, einer religiös verankerten Heldendichtung, die im Laufe der Zeit mit großen Mengen lehrhaften Materials brahmanischer Tradition angereichert worden ist. Im Anschluß an die große Schlacht auf dem Kurukshetra, die das Zentrum der Dichtung bildet, werden die siegreichen Pāndavas von dem greisen Helden Bhīshma über die Aufgaben eines Königs belehrt. Diesem sowohl Artha- wie Dharma-Lehren einschließenden Thema ist ein großer Teil des sehr umfangreichen 12. Buches, *Śāntiparvan*, gewidmet.

Nur nebenbei erwähnt sei die wohl im 5. Jahrhundert n. Chr. entstandene tamilische Maximensammlung *Tirukkural* des Tiruvalluvar, in der die Bereiche Dharma, Artha und Kāma im Sinne jainistischer Moral behandelt werden.

Die Aufgabe des Königs, die alle übrigen in sich schließt, ist die Aufrechterhaltung des Dharma, d. h. der überlieferten, durch den Veda sanktionierten gesellschaftlichen Ordnung, die wiederum in enger Beziehung zur kosmischen Ordnung steht: Jede Störung der einen zieht Störungen der anderen nach sich. Die Aufrechterhaltung des Dharma liegt also im wohlverstandenen Eigeninteresse des Königs, denn: »Wenn Dharma verletzt wird, tötet er; wird er geschützt, dann schützt er« (*Manusmrti* VIII.15). Dabei ist nicht nur an die kosmischen Konsequenzen der Dharma-Störung, sondern auch an die gesellschaftlichen und nicht zuletzt an die sich in der Karman-Vergeltung manifestierenden Folgen zu denken.

Definiert wird der hinduistische Dharma als Varnāśrama-dharma, d. h. als der für die vier Stände (Varna: Brahmanen, Kshatriyas, Vaiśyas, Śūdras) und – auf das Individuum bezogen – die Lebensstadien (Āśrama, systematisiert als Stadium des Schülers, des Familienvorstandes, des zurückgezogen im Wald lebenden Älteren und des wandernden Asketen, der praktisch aus der menschlichen Gesellschaft ausgeschieden ist) geltende Dharma. Darüber hinaus ist Dharma auch geographisch differenziert, und es gibt je besonderen Dharma für Kasten (Jāti), Familien (Kula) und Händler- und Handwerkergilden, ja sogar für die heretischen Gemeinschaften (*Manusmrti* I.118). Für jeden gilt also je nach seiner Gruppenzugehörigkeit ein eigener Dharma, und es ist besser, diesen unvollkommen, als den eines anderen vollkommen auszuführen (*Bhagavadgītā* 3.35). Dharma, das jeweils gültige Verhaltensmodell, läßt sich also nicht aus höheren Prinzipien ableiten, sondern nur empirisch feststellen. Dabei ist der Veda als oberste Autorität von geringem Nutzen, da er kaum konkrete Handlungsanweisungen gibt. Auch die Smrti-Literatur ist weit davon entfernt, den Dharma für alle Gruppen erschöpfend zu bestimmen. Es bleibt ein weiter Bereich, in dem das Urteil der Vedakenner bzw. der Konsensus ›der Guten‹ maßgebend ist. Der König ist also grundsätzlich an den überlieferten Dharma gebunden und kann nur ausnahmsweise selbst als rechtsetzende Instanz in Erscheinung treten.

Wichtigstes Mittel zur Aufrechterhaltung des Dharma ist die Strafgewalt (Danda) des Königs. Sowohl in der Smrti-Literatur wie im *Mahābhārata* wird die pessimistische Ansicht vertreten, daß die Menschen sich nur unter Strafandrohung an den Dharma halten. Manu (VII.23) geht sogar soweit, diesen Gedanken auch auf Götter, Dämonen und Tiere auszudehnen. Die königliche Strafgewalt wird deshalb in längeren Abschnitten vor allem des *Mahābhārata* (XII.15 und 121 f.; vgl. aber auch *Manusmrti* VII.14–31) geradezu verherrlicht und mit göttlichem Nimbus umgeben. Das steht in deutlichem Gegensatz zu der oben erwähnten buddhistischen, auch von Aśoka aufgegriffenen Vorstellung von dem idealen Herrscher, der die Welt mit Hilfe von Gerechtigkeit (Dharma) und nicht mit Gewalt (Danda) erobert und regiert. Das sonst auch im *Mahābhārata* gelegentlich vertretene Gewaltlosigkeitsideal (Ahimsā), das in unserer Zeit im Denken Gandhis eine so große Rolle gespielt hat (vgl. Handbuch, Bd. 5, S. 385 ff.), wird in XII.15 ausdrücklich als für einen König unnatürlich abgelehnt. Hingewiesen wird in diesem Zusammenhang auf die strafenden (›tötenden‹) Götter Rudra, Indra u. a., vor denen die Wesen mehr Respekt hätten als vor den freundlichen Göttern Brahman, Pūshan u. a. (XII.15.16–18). Vishnu, der Gott, der auch sonst in engster Beziehung zur Dandanīti, zur Politik als Ausübung königlicher Macht, steht, wird an anderer Stelle geradezu mit Danda identifiziert (Mahābhārata XII.121.22; vgl. 122.22–25, Entstehungsmythos des Danda). Vishnu ist es ja, der immer wieder in verschiedenen Gestalten (seinen Avatāras) zur Erde herabsteigt, um den bedrohten Dharma wiederaufzurichten.

Im Unterschied zu den vedischen Vorstellungen gehen dementsprechend die hinduistischen Theorien oder, besser gesagt: Mythen, zur Entstehung des Königtums nicht mehr von der Bedrohung durch äußere Feinde, sondern vom Zustand innenpolitischer Unordnung aus, um die Einsetzung königlicher Macht zu begründen. Ohne die königliche Strafgewalt herrscht ein Zustand, der oft mit dem bildhaften Ausdruck Matsyanyāya, ›Verfahren der Fische‹ (d. h. der Stärkere ›frißt‹ den Schwächeren) bezeichnet wird. In ihm genießen die Eigentumsrechte keinen Schutz und vermischen sich die (prinzipiell endogamen) Kasten. Dieser Zustand wird in der mythisch-historischen Sicht gewöhnlich als Ergebnis eines Verfallsprozesses dargestellt, der nach einem Zeitalter der Vollkommenheit einsetzt. Die königliche Strafgewalt (staatliche Macht) entsteht also nicht zugleich mit der Schöpfung, sondern erst sekundär, als notwendiges Übel.

Neben der Vorstellung von der Einsetzung des ersten Königs durch göttliche Intervention hält sich auch die alte vedische Auffassung, daß es die Brahmanen waren, die dem Kriegerstand (Kshatra) die Macht verliehen haben (vgl. z. B. Mahābhārata III.183 über das Verhältnis zwischen Brahmanen und Kshatriyas).

Der Gedanke, daß die Brahmanen nicht dazu geschaffen sind, selbst zu herrschen, wird in einer anderen mythischen Erzählung beleuchtet (*Mahābhārata* XII.49): Nachdem der Held Rāma Jāmadagnya die meisten Kshatriyas vernichtet hat, übergibt der Seher Kaśyapa die Erde den Brahmanen. Daraufhin brechen anarchische Zustände aus, und Kaśyapa wird durch die Bitten der geplagten Erde veranlaßt, die überlebenden Kshatriyas wieder als Könige einzusetzen.

Dasselbe 12. Buch des *Mahābhārata (Śāntiparvan)* enthält zwei erheblich voneinander abweichende Mythen zur Entstehung des Königtums. In der ersten (XII.59) wird berichtet, wie nach dem anfänglichen königlosen Zustand des vollkommenen Krtayuga der moralische Verfall einsetzt und Veden und Dharma verlorengehen. Die wegen des Ausbleibens der Opfer in Not geratenen

Das Alte Indien 105

Götter wenden sich an den Schöpfergott Brahman um Hilfe. Der legt zunächst die theoretische Grundlage des Königtums in einem umfangreichen Lehrbuch über die hinduistischen Lebensziele *(Trivarga)*, in dem die Regierungskunst im Detail behandelt wird. Die faktische Einführung des Königtums wird dem Gott der Aktivität und Politik, Vishnu, überlassen. Vishnu zeugt einen Sohn, dessen Nachkommen die ersten Herrscher werden. Unter diesen ist die erste markante Persönlichkeit der böse König Vena. Die Rshis erschlagen ihn mit magischen Mitteln – ein Hinweis auf die der physischen Macht überlegene geistige Macht der Brahmanen – und lassen aus seinem rechten Schenkel die auf niedriger Zivilisationsstufe stehenden Wald- und Bergvölker Indiens, aus seiner rechten Hand aber den gerechten Herrscher Prthu Vainya entstehen, den ersten eigentlichen König, der – neben Rāma, der Hauptfigur in Vālmīkis Epos *Rāmāyana* – in der Literatur oft als Vorbild gerechten Herrschertums genannt wird.

Die zweite Erzählung von der Entstehung des Königtums *(Mahābhārata* XII.67) hat einen weniger mythischen Charakter. Hier wird zunächst die Einsetzung eines Königs als erste öffentliche Aufgabe definiert, denn »es gibt nichts Schlimmeres als Anarchie« (XII.67.7). Deshalb solle ein in Anarchie lebendes Volk auch einen fremden Herrscher mit Ehren empfangen. Es folgt eine eindringliche Beschreibung der verheerenden Begleitumstände der Anarchie. Unter dem Druck des gesetzlosen Zustandes hätten die Wesen früher einmal eine Vereinbarung getroffen, daß diejenigen, die die Regeln friedlichen Zusammenlebens übertreten, zu verstoßen seien. Da die Abmachungen aber nicht eingehalten wurden, hätten sie in ihrer Not den ›Großvater‹ (d. i. Brahman) gebeten, ihnen einen Herrscher zuzuweisen. Der habe Manu (nach der Tradition Urvater und erster König) ausersehen; Manu aber habe die schwierige und grausame Aufgabe des Herrschens über die Böses treibenden Menschen nicht übernehmen wollen. Er habe erst zugesagt, nachdem die Menschen seine Befürchtungen, er werde Schuld auf sich laden, zerstreut und ihm Abgaben in Form von Vieh, Gold, Getreide, kriegerischem Gefolge sowie ein Viertel ihres Dharma (d. h. ihres verdienstbringenden rechtlichen Verhaltens) zugesagt hätten.

Bemerkenswert sind hier – abgesehen von der Erinnerung an ältere gesellschaftliche Zustände, wo Fehlverhalten mit Ausstoß aus der Gemeinschaft geahndet wurde – die vertragsmäßigen Elemente bei der Einrichtung des Königtums, die in der politischen Theorie der Inder jedoch nicht weiterentwickelt werden. Kautilya kennt diese Geschichte ebenfalls, verwendet sie jedoch lediglich als Propagandamittel, um die Steuerforderungen des Königs dem Volk gegenüber zu rechtfertigen (I.13.5–9). Das Verantwortungs- und Verdienst-Schuld-Verhältnis im Sinne der Karman-Lehre wird bei ihm so definiert, daß diejenigen, die keine Steuern zahlen, die Sünden des Königs, der König aber, der die Gegenleistung – Sicherheit für die Untertanen – nicht erbringt, deren Sünden auf sich zu nehmen habe. Normalerweise heißt es, daß ein König als für die Aufrechterhaltung des Dharma Verantwortlicher einen bestimmten Teil der Schuld der Untertanen zu tragen habe.

Nach der mythisch-zyklischen Geschichtsauffassung des Hinduismus folgen jeweils vier Zeitalter (Yuga) aufeinander (Krta-, Tretā-, Dvāpara- und Kaliyuga), deren Qualität immer mehr abnimmt. Die Gegenwart gehört zum Kaliyuga, dem schlechtesten Zeitalter, das im Anschluß an die Mahābhārata-Schlacht begonnen hat. Diese fatalistisch-resignierende Auffassung herrscht aber nicht überall vor. Bei Manu (IX.301 f.) wird der König je nach seiner Inaktivität oder Aktivität mit den vier Zeitaltern gleichgesetzt, und auch im *Mahābhārata* (V.130.15 f.; ausführlicher XII.70) heißt es, der König sei Ursache für das Zeitalter, nicht umgekehrt.

Die in der westlichen Literatur immer wieder diskutierte Frage der Göttlichkeit des indischen Königs (vgl. Spellman, S. 26–42) kann hier nur in aller Kürze behandelt werden. Die schon vedische Vorstellung, daß das Kshatra (die Macht des Adels, insbesondere die des Königs) aus dem Brahman (der als geistig und göttlich verstandenen Macht der Brahmanen) hervorgehe, wird auch im Hinduismus festgehalten (vgl. Manu IX.320). Es lag nun im Interesse der Brahmanen, die Autorität des die Gesellschaftsordnung schützenden Königs dadurch zu stärken, daß sie ihn in den von ihnen verwalteten Einsetzungsriten und den dazugehörenden Mythen über den Rang eines gewöhnlichen Sterblichen hinaus erhöhten. Der gedankliche Ausgangspunkt ist die funktionelle Analogie zwischen der Aktivität des gerechten Königs und derjenigen der Götter (ein ungerechter König wird folgerichtig nicht als göttlich, sondern als dämonisch betrachtet). Die Macht des Königs manifestiert sich in erster Linie in der Handhabung der Strafgewalt. Insofern gleicht er den strafenden Göttern: den gegen Feinde und Dämonen kämpfenden Indra und Agni (Feuer) und den die Verbrechen strafenden Varuna und Yama (Unterweltsrichter) oder Mrtyu (Tod). Daneben tritt er als Verteiler von Reichtum auf: In dieser Funktion gleicht er Kubera (oder Vaiśravana), dem Gott des Reichtums, oder auch dem Indra als Regengott. Mehrfach erwähnt werden so fünf Formen, die der König annimmt (*Rāmāyana* III.38.12; *Mahābhārata* XII.68.41; *Nāradasmrti* XVIII.26–32) und die es erlauben, ihn geradezu mit den entsprechenden Göttern zu identifizieren. Der Vergleich in Form einer Identifizierung ist ein gewöhnliches Mittel der indischen Dichtung, und die in den Inschriften vorkommenden Preisungen der Herrscher als Götter sind deshalb oft nicht mehr als der Konvention entsprechende Rhetorik.

In der *Manusmrti* (V.96; VII.4 f.; IX.303–311) wird der König nicht mit fünf, sondern mit acht Gottheiten identifiziert, den acht Welthütern (Lokapāla) oder Hütern der Himmelsrichtungen der hinduistischen Mythologie. Zu den oben Genannten kommen hier noch die (wasseraufsaugende = steuereinnehmende) Sonne, der (durch seinen gnädigen Anblick erfreuende) Mond und der (allesdurchdringende) Wind, dem der König durch seine Kundschafter gleicht. Manu begnügt sich freilich nicht mit einer bloßen Gleichsetzung der Funktionen, sondern begründet die konkrete Göttlichkeit des Königs mythologisch: Der Schöpfergott habe ihn, um die Welt vor der Anarchie zu retten, aus Partikeln der acht genannten Gottheiten geschaffen (*Manusmrti* VII.3 f.).

Die Identifizierung mit den Göttern dient in allen erwähnten Texten dazu, dem König Respekt zu verschaffen. »Auch wenn er nur ein Kind ist, darf man ihn in der Meinung, er sei ja nur ein Mensch, nicht verachten; denn er ist eine große Gottheit in menschlicher Gestalt« (*Manusmrti* VII.8; vgl. *Mahābhārata* XII.68.40). Außerdem begründet die Göttlichkeit des Königs seine Reinheit im rituellen Sinne (*Manusmrti* V.97). Freilich sprechen sich die Brahmanen diese Art Göttlichkeit auch selbst zu, sie ist also nicht überzubewerten.

In dem oben besprochenen Mythos zur Entstehung des Königtums (*Mahābhā-*

Das Alte Indien   107

rata XII.59) ist es Vishnu, der in den guten König Prthu (und damit, so ist offenbar zu verstehen, in jeden guten König) eingeht. Deshalb wird der König von der Welt wie ein Gott verehrt. Götter und Könige haben gleichen Anspruch auf Verehrung (XII.59.130–140). Hieran konnte die im indischen Mittelalter häufiger anzutreffende Idee anknüpfen, ein bestimmter König sei ein Avatāra (›Herabkunft‹, Inkarnation) Vishnus, während in buddhistischen Ländern der Herrscher sich gerne als Bodhisattva (zukünftiger Buddha) feiern ließ.
Spätestens seit dem *Mahābhārata* haben König und Königin Anspruch auf den Titel Deva (Gott) bzw. Devī (Göttin). Die Inschriften zeigen daneben auch ausländische Elemente in den die Göttlichkeit der Herrscher hervorhebenden Titeln, so bei den griechisch-baktrischen und parthischen Herrschern (hellenistische Einflüsse) und bei den Kushānas, bei denen der Titel Devaputra (Göttersohn) auf zentral- und ostasiatische Einflüsse deutet (vgl. Sircar, S. 330 ff.).

Das indische Mittelalter und die Puranas

Die politisch-historische Entwicklung des Jahrtausends zwischen dem Verfall des Gupta-Reiches (6. Jahrhundert) und der Gründung des Großreiches der Moguln (16. Jahrhundert) ist gekennzeichnet durch ein relativ stabiles Gleichgewicht miteinander rivalisierender Regionalmächte und durch ein allmähliches Vordringen des Islams (seit dem 8. Jahrhundert, mit militärischer Durchschlagskraft seit dem 11. Jahrhundert). Charakteristisch für die politische Struktur der jetzt entstehenden Staaten ist das Bild eines Kerngebietes, des jeweiligen Stammlandes der dominierenden Dynastie, das von einem Kranz besiegter und daher tributpflichtiger kleinerer Könige und Fürsten umgeben ist, den sogenannten Sāmantas, die meist hohe Titularämter am zentralen Hof erhalten, an dem sie sich zu regelmäßigen Reichstagen versammeln. Da gleichzeitig die Beamten der Zentralregierung Sāmanta-Status erhalten und mit Pfründen (Steuereinkünften aus Dörfern oder ganzen Bezirken) belehnt werden, entsteht ein feudalismusartiger Zustand mit zurückgehendem Geldumlauf, weitgehender Delegierung der Macht auf lokale Machtträger und entsprechend geringer Reichweite der zentralen Bürokratie. Als Gegengewicht gegen die zentrifugalen Kräfte bedienen sich die Herrscher zunehmend religionspolitischer Maßnahmen. Durch gezielte Landschenkungen an Brahmanen und Tempel sowohl im Umkreis der Hauptstädte wie im Gebiet der Sāmantas sichert man sich Gruppen loyaler Propagandisten der königlichen Macht. Das System der religiösen Legitimierung des Herrschers wird durch Stiftungen großer Reichstempel weiter ausgebaut, in deren Kult der König einen zentralen Platz einnimmt und in deren Ritual man die Sāmantas durch Übertragung spezifischer Aufgaben einzubinden versucht.
Einen gewissen Einblick in die politische Vorstellungswelt der Zeit gewähren neben den Inschriften vor allem die Purānas, religiös orientierte Enzyklopädien historisch-mythologischen Wissensstoffes. Ausgedehnte Abschnitte über Rājadharma, den Pflichtenkreis des Königs, finden sich im *Matsya-* und im *Vishnudharmottara-Purāna* (6. oder 7. Jahrhundert?), eine komprimierte Fassung desselben Stoffes im offenbar späteren *Agni-Purāna* (vgl. – auch zum folgenden – Losch 1959). Die Schilderung des Aufgabenbereiches des Königs folgt im großen und ganzen der Tradition des *Artha-* und des *Dharmaśāstra*. Abweichend

von Kautilya werden nicht dessen sechs ›Verhaltensweisen‹ (Guna, vgl. S. 99), sondern die oben im Zusammenhang mit dem *Hitopadeśa* besprochenen vier Upāyas als Mittel der Politik beschrieben, zu denen drei weitere hinzugefügt werden: ›Abwarten‹ oder ›Neutralität‹ (Upekshā), ›Täuschung‹ (Māyā) und ›Einschüchterung durch Hervorrufung übernatürlicher Phänomene‹ (Indrajāla) (vgl. Losch, S. 104 ff.).

Die Einstellung der Texte ist trotz ihrer religiösen Färbung diesseits- und erfolgsorientiert. Dem entspricht eine optimistische, an der sonst im Zentrum des indischen religiösen Denkens stehenden, durch innere Ablösung vom Handeln zu erreichenden Erlösung (Moksha) nicht interessierte Handlungslehre, die zielgerichtete Aktivität als einem König einzig angemessen ansieht. Ausführlich wird das Verhältnis zwischen Schicksal (als Karman-Folge früherer Existenz verstanden) und menschlicher Tatkraft diskutiert, wobei letztere als ausschlaggebend angesehen wird (vgl. Losch, S. 102 ff.).

Die religiöse Dimension der Herrscherideologie wird bei der Beschreibung der Königsweihe (Abhisheka), dem zentralen Teil des langwierigen Einsetzungsrituals (Rājasūya), deutlich (vgl. Losch, S. 18 ff.). Hier wird der als Mittelpunkt der Welt verstandene, also der Idee nach zur Weltherrschaft berufene, König durch magische Formeln (Mantras) dem Schutze aller kosmischen Potenzen unterstellt. Eine vielfältige Symbolik setzt ihn in Beziehung zum Kosmos und unterstreicht seine Herrschaftsansprüche. Sie erinnert daran, daß die religiöse Entwicklung des indischen Mittelalters sowohl innerhalb des Hinduismus wie des Buddhismus im Tantrismus, einer auf Magie und einer ausgefeilten, makro-mikrokosmische Äquivalenzen darstellende Symbolik beruhenden Religionsform, gipfelt, in der Machtgewinn eine mindestens ebenso große Rolle spielt wie der Erlösungsgedanke. Bemerkenswert und an heutige Gepflogenheiten erinnernd ist die bedeutende Position, die dem Hofastrologen (Sāmvatsara) in den Puranas eingeräumt wird (Losch, S. 20).

BIBLIOGRAPHIE

Primärtexte:
(Abkürzungen: ASS = Ānandāśrama Sanskrit Series, Poona; HOS = Harvard Oriental Series, Cambridge, Mass.; PTS = Pali Text Society, London; SBE = Sacred Books of the East, Oxford [Nachdruck: Delhi 1963 ff.]).
Agni-Purāna: Ausg. ASS 41, 1900; engl. Übers. von M. N. Dutt, 2 Bde., Calcutta 1903–4 (Nachdr. Varanasi 1967); *Aitareya-Brāhmana:* Ausg. Th. Aufrecht, Bonn 1879; engl. Übers. von A. B. Keith: Rigveda Brahmanas, HOS 25, 1920; *Anguttaranikāya:* Ausg. PTS, 5 Bde., 1885–1900; dt. Übers. von Nyānatiloka: Die Reden des Buddha aus dem »Anguttara-Nikāya«, 6 Bde., München 1923; *Aśoka-Inschriften* (s. auch F. R. Allchin u. K. R. Norman: Guide to the Aśokan inscriptions; in: South Asian Studies 1 (1985), S. 43–49): Ausg. E. Hultzsch, Oxford 1925, Nachdr. Delhi 1969 (Corpus Inscriptionum Indicarum I); franz. Übers. (mit Kommentar) von J. Bloch: Les inscriptions d'Asoka, Paris 1950; dt. Übers. (eines Teils) von U. Schneider: Die großen Felsen-Edikte Aśokas. Krit. Ausg., Übers. und Analyse der Texte, Wiesbaden 1978; *Atharvaveda:* Ausg. R. Roth u. W. D. Whitney: Atharvavedasanhitā, Berlin 1856; engl. Übers. (mit Kommentar) von W. D. Whitney, 2 Bde., HOS 7,8. 1905; *Bhagavadgītā:* Text und engl. Übers. von F. Edger-

Das Alte Indien   109

ton, 2 Bde., HOS 38, 39. 1946; dt. Übers. von R. Garbe, Leipzig 1905; *Brhadāranyaka-*
Upanishad: Ausg. ASS 15.1891; dt. Übers. von P. Deussen: Sechzig Upanishad's des Veda,
Leipzig 1897, S. 373–522; *Dharmasūtras:* engl. Übers. von G. Bühler: The sacred laws of
the āryas as taught in the schools of Āpastamba, Gautama, Vāsishtha, and Baudhāyana,
2 Bde., SBE 2, 14. 1879–82; *Dīghanikāya:* Ausg. PTS, 3 Bde., 1890–1911; dt. Übers. (in
Auswahl) von R. O. Franke, Göttingen 1913 (enthält u. a. Nr. III, V, XVI, XXVI, XXVII;
nicht Nr. XIV und XXX); engl. Übers. von T. W. u. C. A. F. Rhys Davids: Dialogues of the
Buddha, 3 Bde., London 1899–1921; *Hitopadeśa* des Nārāyana: Ausg. P. Peterson, Bombay 1887; dt. Übers. von J. Hertel, Leipzig o. J. (1895); *Johann von Capua:* Beispiele der
alten Weisen. Übers. der hebräischen Bearbeitung des indischen Pañcatantra ins Lateinische, hrsg. und übers. von F. Geissler, Berlin (DDR) 1960; *Kāmandaki*, Kāmandakīya-
Nītisāra: Ausg. T. Ganapati Sāstrī, Trivandrum 1912; engl. Übers. von M. N. Dutt, Calcutta 1876; *Kautilya*, Kautilīya-Arthaśāstra: Ausg. und engl. Übers. von R. P. Kangle,
2 Bde., Bombay 1960–63; dt. Übers. von Joh. Jacob Meyer: Das altindische Buch vom
Welt- und Staatsleben, Hannover 1926; *Mahābhārata:* Ausg. V. S. Sukthankar u. a.,
22 Bde. (Vol. 1–19), Poona 1927–66; engl. Übers. von K. M. Ganguli, 12 Bde., 4. Aufl.,
New Delhi 1981; (nur I–V:) von J. A. B. van Buitenen, 3 Bde., Chicago 1973–78; *Mahā-*
parinirvānasūtra: Ausg. E. Waldschmidt, Teil I–III, Berlin (DDR) 1950–51; *Mahāvastu:*
Ausg. E. Senart, 3 Bde., Paris 1882–97; engl. Übers. von J. J. Jones, 3 Bde., London
1949–56; *Manusmrti* (= Mānava-Dharmaśāstra): Ausg. J. Jolly, London 1887; dt.
Übers. (der engl. Übers. von W. Jones, Calcutta 1794) von J. Chr. Hüttner, Weimar 1797;
engl. Übers. von G. Bühler, SBE 25. 1886; *Matsya-Purāna:* Ausg. ASS 54. 1907; engl.
Übers. von »a taluqdar of Oudh«, 2. Aufl., New Delhi 1980; *Nāradasmrti:* Ausg. J. Jolly,
Calcutta 1885 (Bibliotheca Indica 102); engl. Übers. von J. Jolly: The minor law-books,
Part I, SBE 33. 1889; *Nītivākyāmrta* des Somadeva: Ausg. P. Sonī, Bombay 1922; *Pañca-*
tantra (s. auch Tantrākhyāyika und Johann von Capua): dt. Übers. (des Textus ornatior)
von Richard Schmidt, Leipzig 1901; *Rāmāyana* des Vālmīki: Ausg. G. H. Bhatt u. a.,
7 Bde., Baroda 1960–75; engl. Übers. von Hari Prasad Shastri, 3 Bde., 3. Aufl. London
1976; von R. P. Goldman (mit Einl. und Anmerkungen), bisher: Vol. 1 (Bālakānda), Princeton 1984; *Rgveda* (Rigveda): Ausg. F. M. Müller: Rig-Veda-Samhitā (mit Sāyanas Kommentar), 4 Bde., 2. Aufl., London 1890–92 (Nachdruck Varanasi 1983); dt. Übers. (mit
Kommentar) von K. F. Geldner, 4 Bde., HOS 33–36. 1951–57; *Śatapatha-Brāhmana:*
Ausg. A. Weber, Leipzig 1924 (Nachdruck der Ausg. Berlin 1855); engl. Übers. von J.
Eggeling, 5 Bde., SBE 12, 26, 41, 43, 44. 1882–1900; *Śukranīti:* Ausg. G. Oppert: Śukra-
nītisāra, Madras 1882; engl. Übers. von B. K. Sarkar, Allahabad 1914; *Taittirīya-Brāh-*
mana: Ausg., 3 Bde., ASS 37. 1898; *Tantrākhyāyika:* Ausg. J. Hertel: T., Die älteste Fas-
sung des Pañcatantra, Berlin 1910; dt. Übers. (mit Einl. und Anmerkungen) von J. Hertel,
2 Bde., Leipzig 1909; *Tirukkural* des Tiruvalluvar: Ausg. (mit »Elli's commentary«) R. P.
Sethu Pillai, Madras 1955; dt. Übers. von K. Graul: Der Kural des Tiruvalluver, London –
Leipzig 1856; (Text und) engl. Übers. von V. R. Dikshitar: The Kural, Madras 1949;
Vishnudharmottara-Purāna: Ausg. Venkateśvara Press, Bombay 1912; *Yājñavalkya-*
smrti: Ausg. mit dt. Übers. von F. Stenzler, Berlin 1849.

Sekundärliteratur:

Auboyer, Jeannine, 1949: Le trône et son symbolisme dans l'Inde ancienne, Paris; *Be-*
chert, Heinz, 1966: Buddhismus, Staat und Gesellschaft in den Ländern des Theravāda-
Buddhismus, I, Allgemeines und Ceylon, Frankfurt a. M.; *Biardeau*, Madeleine,
1976–78: Études de mythologie Hindoue, II, Bhakti et avatāra; in: Bull. de l'École Franç.
d'Extrême-Orient 63, S. 111–263; 65, S. 87–238; *Brockington*, J. L., 1984: Righteous
Rama. The evolution of an epic, Oxford Univ. Press; darin S. 124–152: The people. King,
court and army; de *Casparis*, J. G., 1979: Inscriptions and South Asian dynastic traditions; in: Moore, 1979, S. 103–127; *Derrett*, J. Duncan M., 1968: Religion, law and the

state in India, London; *ders.*, 1973 a: Dharmaśāstra and juridical literature; in: J. Gonda (Hrsg.): A history of Indian literature, Part of vol. IV, Wiesbaden; *ders.*, 1973 b: History of Indian law (Dharmaśāstra); in B. Spuler (Hrsg.): Handbuch der Orientalistik, II, hrsg. von J. Gonda: Sektion Geschichte, Leiden; *ders.*, 1975: Social and political thought and institutions; in: A. L. Basham (Hrsg.): A cultural history of India, Oxford, S. 124–140; *ders.*, 1976: Rājadharma; in: Journal of Asian Studies 35, S. 597–609; *Devahuti*, D., 1970: Harsha. A political study, Oxford; darin S. 111–141: The principles of polity; *Drekmeier*, Charles, 1962: Kingship and community in early India, Stanford, Cal.; *Dumont*, Louis M., 1970: The conception of kingship in Ancient India; in: ders.: Religion, politics and history in India, Paris; *ders.*, 1976: Gesellschaft in Indien. Die Soziologie des Kastenwesens, Wien (franz. Originalausgabe: Homo hierarchicus, Paris 1966); *Falk*, Harry, 1978: Quellen des Pañcatantra, Wiesbaden; *Geib*, Ruprecht, 1969: Zur Frage nach der Urfassung des Pañcatantra, Wiesbaden; *Ghoshal*, Upendra Nath, 1959: A history of Indian political ideas, Bombay; *Gonda*, Jan, 1966: Ancient Indian kingship from the religious point of view, Leiden; *Heesterman*, Joh. C., 1957: The Ancient Indian royal consecration. The Rājasūya, 's-Gravenhage; *ders.*, 1985: The inner conflict of tradition: Essays in Indian ritual, kingship, and society, Chicago; *Hertel*, Johannes, 1914: Das Pañcatantra. Seine Geschichte und seine Verbreitung, Leipzig; *Hillebrandt*, Alfred, 1923: Altindische Politik. Eine Übersicht auf Grund der Quellen, Jena; *Kane*, Pandurang Vaman, 1930–62: History of Dharmaśāstra, 5 Bde., Poona; *ders.*, 1968–75: dass., Vol. I,1–2, revised and enlarged; *Kangle*, R. P., 1965: The Kautilīya Arthaśāstra, III, A study, Bombay; *Kulke*, Hermann, 1979: Jagannātha-Kult und Gajapati-Königtum. Ein Beitrag zur Geschichter religiöser Legitimation hinduistischer Herrscher, Wiesbaden; *ders.* u. a., 1982: Indische Geschichte vom Altertum bis zur Gegenwart. Literaturbericht, München (Historische Zeitschrift, Sonderheft 10); darin S. 180–188: Geschichte politischer Ideen und Institutionen; *ders. u. Rothermund*, Dieter, 1982: Geschichte Indiens, Stuttgart; *Losch*, Hans, 1959: Rājadharma. Einsetzung und Aufgabenkreis des Königs im Lichte der Purāna's, Bonn; *Mishra*, Bambahadur, 1965: Polity in the Agni Purāna, Calcutta; *Moore*, R. J. (Hrsg.), 1979: Tradition and politics in South Asia, New Delhi; *Nag*, Kālidās, 1923: Les théories diplomatiques de l'Inde ancienne et l'Arthaçastra, Paris; *Pollock*, Sheldon, 1984: The divine king in the Indian epic; in: Journal of the American Oriental Society 104, S. 105–128; *Rau*, Wilhelm, 1957: Staat und Gesellschaft im alten Indien, nach den Brāhmana-Texten dargestellt, Wiesbaden; *Ruben*, Walter, 1947: Kālidāsa's Raghuvamśa, der klassische indische Fürstenspiegel, Ankara (Annales de l'Université d'Ankara, S. 139–192); *ders.*, 1956: Der Sinn des Dramas »Das Siegel und Rākshasa« (Mudrārākshasa), Berlin (DDR); *ders.*, 1968: Die gesellschaftliche Entwicklung im alten Indien, II, Die Entwicklung von Staat und Recht, Berlin (DDR); *Scharfe*, Hartmut, 1968: Untersuchungen zur Staatslehre des Kautalya, Wiesbaden; *Schlerath*, Bernfried, 1960: Das Königtum im Rig- und Atharvaveda, Wiesbaden; *Schmidt*, Hanns–Peter, 1958: Vedisch vratá und awestisch urvāta, Hamburg; *Sharma*, Ram Sharan, 1968: Aspects of political ideas and institutions in Ancient India, 2. Aufl., Delhi; *Singh*, Sarva Daman, 1985: The early development of kingship in Pre-Muslim India; in: Mabbett, Jan (Hrsg.): Patterns of kingship and authority in traditional Asia, London, S. 85–107; *Sircar*, D. C., 1965: Indian epigraphy, Delhi; darin S. 330 ff.: Royal titles and epithets; *Smith*, Bardwell L. (Hrsg.), 1978: Religion and the legitimation of power in South Asia, Leiden; *Spellman*, John W., 1964: Political theory of Ancient India, Oxford; *Steermann-Imre*, Gabriella, 1977: Untersuchung des Königswahlmotivs in der indischen Märchenliteratur: Pañcadivyādhivāsa, Wiesbaden; *Stein*, Otto, 1922: Megasthenes und Kautilya, Wien; *Sternbach*, Ludwik, 1960: The Hitopadeśa and its sources, New Haven, Conn.; *ders.*, 1973: Bibliography on Dharma and Artha in Ancient and Mediaeval India, Wiesbaden; *Thapar*, Romila, 1961: Aśoka and the decline of the Mauryas, Oxford Univ. Press; *dies.*, 1978: Ancient Indian social history. Some interpretations, Hyderabad; *dies.*, 1984: From lineage to state. Social

Das Alte Indien 111

formations in the mid-first millennium B. C. in the Ganga valley, Delhi; darin S. 116–154: Ideology and the state; *Trautmann*, Thomas R., 1971: Kautilya and the Arthaśāstra: A statistical investigation of the authorship and evolution of the text, Leiden; *ders.*, 1979: Traditions of statecraft in Ancient India; in: Moore, 1979, S. 86–102; *Varma*, Vishvanath Prasad, 1974: Studies in Hindu political thought and its metaphysical foundations, 3. Aufl., Delhi; *Weber*, Albrecht, 1893: Über die Königsweihe des Rājasūya, Berlin; *Whaling*, Frank, 1980: The rise of the religious significance of Rāma, Delhi; darin S. 64–75: Rāma the ideal king; *Wilhelm*, Friedrich, 1960: Politische Polemiken im Staatslehrbuch des Kautilya, Wiesbaden; *Winternitz*, Moritz, 1922: Geschichte der indischen Literatur, 3. Bd., Leipzig; darin S. 479–504: Dharmaśāstra; S. 504–535: Arthaśāstra (Nītiśāstra).

KAPITEL III

Das Alte Ägypten

Von Karola Zibelius-Chen

Einleitung

Die alten Ägypter haben keine systematischen Abhandlungen oder Darstellungen ihrer politischen Ideen oder politischen Ideenbestandes einzelner Epochen bzw. Werke einzelner zu dieser Thematik hinterlassen oder sich gar mit politischer Theoriebildung beschäftigt. Die wenigen zusammenhängenden politischen Schriften, die uns bekannt sind, gehören in den Kreis der politischen Propagandaliteratur. Nach ägyptischer Kategorisierung rechnen sie zu den (Lebens- oder Weisheits-)»Lehren« wie etwa die »Lehre für Merikare«, die aus der Herakleopolitenzeit (ca. 2134 bis um 2040 v. u. Z.) stammt, oder die des Königs Amenemhet vom Beginn des Mittleren Reiches (etwa zwischen 1991 und 1971 entstanden). Beide enthalten innenpolitische Ratschläge an den Nachfolger im Königsamt, sind jedoch sehr wahrscheinlich unter ebendiesen Nachfolgern entstanden. Obgleich ihr universaler Anspruch dadurch, daß eine Einzelperson angesprochen wird und Anweisungen zu pragmatischem Handeln erhält, eingeschränkt wird und die Intention der Schriften generell darin liegt, einen politischen Kurswechsel den großen Familien und dem höheren Beamtentum gegenüber zu vertreten und um Verständnis für die neue Richtung zu werben, liegt ihr Wert für uns vor allem darin, daß sie politisches Gedankengut vermitteln, das über die offizielle Königsideologie hinausgeht. Zwei weitere »Lehren«, die sog. »Loyalistische Lehre« und die »Lehre eines Mannes an seinen Sohn«, beide wahrscheinlich in die Zeit Sesostris' I. (ca. 1971–1929/26 v. u. Z.) gehörend, rufen zur Königstreue auf und behandeln außerdem das Verhältnis zwischen Herrn und Untergebenen in der ersteren und zwischen Gleichgestellten in der letzteren.

Außerhalb des eben genannten Kreises von Schriften lassen sich politische Ideen, die in Ägypten eine Rolle spielten, nur aus Quellenmaterial, d. h. den archäologischen Hinterlassenschaften in Text und Bild, erschließen. Zwar verfolgt das in den Quellen überlieferte Gedankengut generell primär andere Zielsetzungen als die Vermittlung politischen Ideengutes, enthält aber dennoch Aussagen über dieses. Wichtig ist hierbei allerdings festzuhalten, daß sich das uns zur Verfügung stehende Material nahezu ausschließlich aus offiziellen, d. h. offiziell sanktionierten, Dokumenten zusammensetzt. Falls neben den durch diese Materialien vermittelten Anschauungen noch andere, alternative oder oppositionelle, existierten, sind diese für uns nicht faßbar, wie die Quellen über die Existenz innenpolitischer oppositioneller Kräfte auch nur ganz ausnahmsweise unterrichten.

Da sich die Materialien für das Studium der grundlegenden politischen Ideen im

Alten Ägypten in Einzelaussagen verstreut über heterogene Quellenkomplexe und große Zeiträume finden und unterschiedliche Aussagen nebeneinander bestehen können, empfiehlt sich eine systematische Synopse, die die für Ägypten in bezug auf die Thematik relevanten Bereiche vorstellt. Es sind dies die miteinander stark verwobenen Vorstellungen zur Struktur des Landes, der Regierung (Königsideologie) und der Beziehungen nach außen. Inwieweit die in diesen Bereichen entwickelten Vorstellungen die politische Realität bestimmt haben, kann im Rahmen unserer Thematik außer Betracht bleiben. Immerhin – um ein Beispiel zu nennen – sei darauf verwiesen, daß zwar bis zum Ende der ägyptischen Geschichte die Einteilung des Landes in Gaue ideologisch bestimmend blieb, die Praxis der Administration sich aber schon lange von diesen Einheiten gelöst hatte.

1. Die Vorstellungen zu Struktur und Organisation des Landes

Im Weltverständnis der Ägypter ist die Welt vor der Schöpfung, die Präexistenz, charakterisiert durch die ungeteilte Einheit. Jedes existierende Ganze hingegen besteht in einer Art dualistischer Vorstellung aus einander ergänzenden Komponenten oder (Gegensatz-)Paaren (vgl. Otto, 1938, S. 10 ff. sowie ders., in: Lexikon der Ägyptologie I, S. 1148 ff.). Der dualistische Gedanke prägt vielfach auch die Vorstellung von der Wirklichkeit. So hat er auch die ägyptische Konzeption von der politischen Struktur des Landes beeinflußt. Nach dieser setzt sich Ägypten aus den »beiden Ländern« Ober- und Unterägypten zusammen, die erst durch den Dimorphismus die Einheit begründen, d. h. das gesamte Land repräsentieren. Dies führt dazu, daß jeder König bei Regierungsantritt als König von Oberägypten und König von Unterägypten rituell die Reichseinigung zwischen beiden Landeshälften zu vollziehen hat, um die Einheit des Landes herzustellen und die Königsherrschaft über ganz Ägypten anzutreten (vgl. Barta, 1975, S. 48 f.; Derchain-Urtel, in: Lexikon der Ägyptologie VI, S. 974 f. sowie Goedicke, 1985, S. 307 ff. u. 322 ff.). Bis ans Ende der ägyptischen Geschichte vertritt er dabei ein Doppelkönigtum, das sowohl in seiner Titulatur als auch im Ornat zum Ausdruck kommt und in verschiedenen die Königsherrschaft betreffenden Ritualen eine Rolle spielt. Wohl hat die Unterschiedlichkeit der geographischen Räume des Nildeltas und der langgestreckten Flußoase Oberägyptens mit ihren jeweiligen ökonomischen und gesellschaftlichen Implikationen die Herausbildung dieser Vorstellung erleichtert. Wichtig ist jedoch, daß sie trotz der politischen Einheit des Landes als politische Idee weiterexistierte. In der Folge bewirkte sie dann auch eine Teilung der ursprünglich für ganz Ägypten geschaffenen obersten Verwaltungsbehörde des Landes, dem Wesirat, in ein ober- und ein unterägyptisches. Ikonographisch findet die Idee des »Vereinigens der beiden Länder« (äg. *sm3-t3wj*) ihren Ausdruck in der Verknüpfung der beiden ägyptischen Wappenpflanzen, nämlich der oberägyptischen Lilie und des unterägyptischen Papyrus, um das Zeichen der Hieroglyphe *sm3*, das »vereinigen« bedeutet. Dieses Symbol findet sich dem Inhalt entsprechend vornehmlich bei Darstellungen des Thrones auf dessen Außenseiten.
Während die Binnengrenze zwischen Oberägypten und Unterägypten, die an

Das Alte Ägypten   115

der Deltaspitze bei *pr ḥ*ᶜ*pj* nahe Altkairo festgesetzt war, ideologisch keine herausragende Rolle spielte (vgl. Schlott-Schwab, 1981, S. 77), blieben die Nord-
und Südgrenze Ägyptens ideologisch zu allen Zeiten bestimmend.
Dabei schreiben die Ägypter diese Grenzen zu allen Zeiten im Norden mit dem
Delta und im Süden mit Elephantine beim 1. Nilkatarakt fest. Dies trifft auch
auf die Zeiten zu, wo die politischen Grenzen Ägyptens weit über diese Räume
in den vorderasiatischen und den nubischen Raum hineingriffen, und bewirkte,
daß trotz der als politisches Ziel Ägyptens zu verstehenden Politik der »Erweiterung der Grenze« (äg. *swsḥ t3š*) und der Angliederung weiter Gebiete insbesondere im nubischen Süden der Bereich außerhalb des von diesen primären Grenzen bestimmten Kernlandes stets als Ausland begriffen wurde. Die unverrückba-
ren Grenzen des »Kernlandes« werden dabei als *drw* bezeichnet, ein Terminus,
der die einem Gegenstand durch die Natur gesetzte, immanente Grenze wiedergibt (vgl. Schlott-Schwab, 1981, S. 74; Hornung, 1980, S. 393 ff.). Dagegen
stehen die im Zuge von politischen oder administrativen Maßnahmen gesetzen
Grenzen, die mit *t3š* bezeichnet werden. Dies ist bedeutsam, weil im Zuge des
Grenzfindungsprozesses des pristinen ägyptischen Staates die ethnischen Grenzen nicht mit diesen ideologisch bedeutsamen Grenzen im Süden und Norden
zusammenfallen, sondern diese ebenfalls künstliche, politisch geschaffene Gebilde darstellen, wenn sie sich auch an der Geographie des Nillandes orientieren.
Ethnisch verlief nämlich ursprünglich die Grenze zwischen Ägypten und Nubien
beim Gabal Silsila, etwa 50 km nördlich Aswan/Elephantine. Das Ostdelta war
ursprünglich in weiten Teilen von Asiaten besiedelt, während in Teilen des West-
deltas Libyer ansässig waren. Im Osten und Westen des Niltales ist die ägyptische Vorstellung von der Grenze des Landes weniger präzise. Die Texte nennen
hier »die beiden Wüstengebirge«, bisweilen auch *m3nw* und *b3ḫw*, d. h. zwei
weitere allgemeine Ausdrücke (vgl. Schlott-Schwab, 1981, S. 90 f.).
Die innere Struktur und Organisation des Landes bilden der Theorie nach die
Gaue. So ist Oberägypten bereits im Alten Reich (ca. 2635 bis 2157) in die
kanonische Zahl von 22 Gauen unterteilt, die sich in Anzahl und Reihenfolge
unverändert bis in die Spätzeit halten. Für Unterägypten sind im Alten Reich
zunächst 16 Gaue bekannt, deren Zahl und Aufteilung jedoch schwankt. Erst
vom Mittleren Reich an (ca. 1991 bis 1785) weisen sie in Namen, Zahl und
Abfolge eine gewisse Konstanz auf. Bis zum Neuen Reich (ca. 1554 bis 1080)
zählt Unterägypten 16, vom Neuen Reich bis zu den Ptolemäern (323 bis 30, ab
30 römische Herrschaft) 17 und ab der Ptolemäerzeit 20 Gaue. Die Zahlen 18
bis 20 wurden dabei wahrscheinlich nicht als wirkliche Verwaltungseinheiten
geschaffen, sondern stellten künstliche Gebilde dar, um die bedeutsame Zahl
von 42 Gauen (Vielzahl von 7) zu erhalten (vgl. Schlott-Schwab, 1981, S. 67 f.).
Allerdings spiegeln auch sonst die Gaue nicht die wirklichen Verwaltungseinheiten wider, in die Ägypten zu den verschiedenen Zeiten eingeteilt war (vgl. Helck,
1974, S. 54 ff. und 202). Gaue wurden zu Verwaltungseinheiten zusammengefaßt, konnten verwaltungsmäßig aufgelöst werden, auseinanderfallen oder in
benachbarten aufgehen (ebd., S. 56–58 u. 61).
Physisch stellt sich mithin den Ägyptern ihr Land als eine Einheit dar, die sich
aus zwei unverbundenen Landeshälften zusammensetzt. Diese waren ihrerseits
in Gaue unterteilt, die stets als Relikte bestehen blieben, jedoch oft nicht mit den

wirklichen Verwaltungsdistrikten identisch waren. Die Grenzen des Landes waren ideologisch im Süden mit Elephantine beim 1. Nilkatarakt und im Norden mit dem Delta und gegen Asien mit Sile festgeschrieben, was einen inneren Widerspruch zwischen dieser Auffassung und der politischen Idee des »Erweiterns der Grenze (Ägyptens)« (äg. *swsḫ tȝšw [kmt]*) mit dem Ziel der Machtausdehnung des Reiches in neuen Grenzen nach unserem Empfinden zur Folge hat.

2. Regierungslehre / Königsideologie

Die Gottessohnschaft der Könige

Das Selbstverständnis des ägyptischen Staates zeigt sich vor allem in seiner Auffassung vom Königtum. Die sich mit dem Königtum verbindenden Vorstellungen entstammen jedoch, wie bereits betont, keinem geschlossenen System. Vielmehr ist charakteristisch für sie, wie auch für andere Bereiche der ägyptischen Ideengeschichte, daß Änderungen und Neuerungen oder Akzentverlagerungen zu dem bestehenden Gedankenkreis hinzutreten können, ohne ältere Anschauungen zu verdrängen oder ganz zu ersetzen. Die Königsherrschaft ist integraler Bestandteil und wichtigster Aspekt des politischen Ideengebäudes im Alten Ägypten. Sie ist ein göttliches Prinzip und reicht nach ägyptischer Auffassung als Institution bis in die Zeit der Schöpfung hinab, ja in der Vorzeit regierten die Götter selbst als Könige auf Erden. Die Legitimation des Amtes ist damit gegeben. Aus Erwähnungen in Texten, die auf die »seit der Zeit des (Gottes) Osiris u. a.« (*dr rk Wsjr* / GOTTESNAME) verflossene Zeit Bezug nehmen, geht hervor, daß die Konzeption einer göttlichen Regierungszeit vor den menschlichen Dynastien auf Erden schon seit dem Mittleren Reich belegt ist (vgl. Lorton, 1979, S. 461 f.). Die Geschichtsspekulation der Ramessidenzeit setzt zwei Dynastien von Göttern als Herrscher an den Anfang der ägyptischen Geschichte.[1] Nach Herodot (II, 144), der sich auf ägyptische Quellen beruft, steht am Übergang von den göttlichen Herrschern zu den menschlichen der Gott Horus, der nach der mythischen Überlieferung seinem Vater, dem Gott Osiris, der von seinem Bruder Seth ermordet wurde, auf den Thron folgt. Dieser Mythos übernimmt praktisch die Rolle einer Staatslehre, indem jeder ägyptische König als irdische Erscheinungsform des Gottes Horus gilt, der seinem Vater im Amt folgt, während der tote König nach ägyptischer Anschauung seinerseits zu Osiris wird. Das Königsamt ist demzufolge theoretisch ein rein männliches Amt, und der ägyptische König übt als Herrscher das Amt eines Gottes aus, dem er in seinem Königtum nachfolgt. Gleichzeitig ist er als Amtsträger der Idee nach Gott (vgl. Goedicke, 1960, S. 92; Barta, 1975, S. 134). Da es sich bei dem Königsamt um eine von den Göttern für die Menschen geschaffene Institution handelt, stellt es einen Teil des Ordnungsprinzips im Kosmos dar.

Im Einklang mit diesen Aussagen betonen die Texte seit dem Alten Reich die Übergabe des Königsamtes von seiten der Götter an den König. Gewöhnlich ist dabei von dem »Erbe des Geb« die Rede, des Erdgottes, von dem die Herrschaft an die Götter des Osiriskreises übergeht und der dem Sohn des Osiris, Horus, nach dessen Ermordung anstelle des Osirisbruders Seth die Herrschaft zuspricht

Das Alte Ägypten 117

und damit im Rahmen des Osirismythos die Anbindung der menschlichen Dynastien an die göttlichen schafft. Aber auch andere Gottheiten wie Amun-Re (seit dem Mittleren Reich), Re oder Horus übergeben dem König ihr Amt (Belege bei Luft, 1978, S. 65 ff.). Der König ist so rechtmäßiger Erbe der Götter. Seit Djedefre gilt er auch als Sohn des Gottes Re (vgl. Müller, 1964, S. 131). Der Gedanke der Gottessohnschaft ist dabei für uns zum erstenmal ausführlicher greifbar in der Erzählung des Papyrus Westcar aus dem Mittleren Reich, die den Übergang von der 4. zur 5. Dynastie legitimatorisch aufzuarbeiten bestrebt ist (Übersetzung bei Lichtheim, 1973, S. 215 ff., bes. 219 ff.), ist aber sicher älter (vgl. Brunner, 1964, S. 205; Barta, 1975, S. 25). Die Erzählung berichtet, daß die Frau eines Priesters des Re drei Kinder des Sonnengottes, die ersten drei Könige der 5. Dynastie, empfangen hat, auf die nach dem Wunsch des Gottes die Königsherrschaft übergehen soll. Nach der klassischen Ausformung der »Geburtslegende« im Neuen Reich zeugt der Gott Amun in Gestalt des regierenden Königs mit der Königin den Thronfolger (vgl. Brunner, 1964). Die Gottessohnschaft ist dabei vor allem auch im Sinne einer Verantwortlichkeit der Gottheit gegenüber zu verstehen, deren Befehle auszuführen der König gehalten ist (vgl. Morenz, 1964, S. 26 ff.). Als Erbe, Sohn und Abbild der Götter (vgl. Ockinga, 1984, S. 137 f.) ist der König der Gottheit wesensähnlich, zugleich aber abhängig. Nach Assmann (1985, S. 99 f.) kann man die Grundlagen des Göttlichkeitsdogmas, Verkörperung und Sohnschaft, als Wandlungen einer identitären zu einer repräsentativen Theokratie begreifen, denn die Sohnesrolle setzt sich im Lauf der Geschichte immer dominierender durch. Der Aspekt der Abhängigkeit wird dabei in zunehmendem Maße in den Vordergrund gerückt. In der Ramessidenzeit erscheint der König ohne Gott handlungsunfähig, er präsentiert sich geradezu als Instrument Gottes. Die Pyramidenzeit, in der der Pharao als Gott herrscht bzw. Gott als Pharao, verwirklicht eine »identitäre Theokratie«, die folgenden Epochen, in denen Gott sich auf Erden als Herrscher durch den Pharao vertreten läßt, veranschaulichen dagegen eine »repräsentative Theokratie« (Assmann, 1985, S. 102). In der 3. Zwischenzeit (etwa 1080 bis 714/12 v. u. Z.) führt die Entwicklung des Aspektes der Abhängigkeit zur Errichtung des Gottesstaates des Amun, in dem der Gott der Idee nach wieder die Königsherrschaft übernommen hat, die jetzt unter der Regentschaft seines Hohenpriesters mit Hilfe von Orakeln ausgeübt wird. Damit ist wieder eine »identitäre Theokratie« errichtet.

Nicht nur die Erbfolgeregelungen entscheiden über den künftigen Inhaber der Königsherrschaft, sondern der göttliche Wille ist ebenfalls maßgebend. Dies klingt bereits in der Passage der »Lehre für Merikare« an, die die Fürsorge des Schöpfers für die Menschen zum Gegenstand hat. Dort heißt es (P 135): »Er (Gott) macht für sie (die Menschen) Herrscher im Ei«, d. h. wenn sie sich noch im Mutterleib befinden[7] (vgl. Blumenthal, 1970, S. 35 ff., ebenso Lorton, 1979, S. 463). Königsamt als auch Amtsinhaber sind so auf göttliches Wollen zurückzuführen.

Die Maat als oberstes Ordnungsprinzip

Auf der anderen Seite unterliegen sowohl Götter als auch König dem Ordnungsprinzip der Schöpfung, ägyptisch der Maat *(m3ᶜt)*. Die Maat auf Erden zu verwirklichen und sich den Gesetzen der Maat konform zu verhalten ist Pflicht des Königs. Denn mit der Schaffung legitimer sterblicher Herrscher stellt der Schöpfergott seine Schöpfungstätigkeit ein; die Beständigkeit des Geschaffenen zu garantieren geschieht durch die Königstätigkeit. Das Fortwirken der Gottheit in der Schöpfung zeigt sich allerdings im König und dessen Wirksamkeit (vgl. Moftah, 1985, S. 7). Generell besteht seine Aufgabe darin, die Weltordnung zu erhalten und das Chaos und seine die Weltordnung bedrohenden Kräfte *(jsft)* zurückzudrängen (vgl. Otto, 1956, S. 150 f.; ders., 1964 ff., S. 165 f.; Hornung, 1966, S. 27 ff.; ders., 1957, S. 125, 128 f.). Richtet sich die Regierung eines Königs nicht an den Gesetzen der Maat aus, folgt der politische Mißerfolg auf dem Fuß. So interpretiert die Königin Hatschepsut die Fremdherrschaft der Hyksos als eine Abwendung Gottes von Ägypten (Urk. IV 390, 5 ff.) Der König Tutanchamun spricht in seiner Restaurationsstele über die Folgen, die Echnaton und die Amarnazeit für das Land hatten (Urk. IV 2027, 11 ff.): »...Das Land machte eine Krankheit durch. Die Götter – sie kümmerten sich nicht um dieses Land. Wenn man ein Heer nach Syrien schickte, um die Grenzen Ägyptens zu erweitern, so hatten sie keinen Erfolg. Wenn man zu einem Gott flehte, um etwas von ihm zu erbitten, so kam er nicht her ...« Erst das erneut maatgerechte Verhalten des Königs kann die Dinge wieder zum Guten wenden. Noch die »Demotische Chronik« aus dem 3. Jahrhundert v. u. Z. begründet kurze Regierungszeiten und nicht-erbfolgegerechte Besetzung des Königsthrones etwa durch einen Usurpator mit nicht-maatgerechtem Verhalten des ursprünglichen Throninhabers.[2]

Die Legitimität eines Herrschers äußert sich demzufolge über drei Ebenen: die Legitimierung durch das Erbe, durch die göttliche Bestimmung sowie – wie eben beschrieben – durch das Prinzip der Wirksamkeit, die sich am Herrschaftserfolg des Königs bemißt. Allerdings wurde in den Fällen, wo die »Wirksamkeit« eines Königs in Frage stand, wo also eine Herrschaft von politischen Mißerfolgen, Seuchen oder Hungersnöten durchsetzt war, unserem Quellenmaterial zufolge in den Dokumenten und offiziellen Äußerungen die fehlende Effizienz des Herrschers durch eine fiktive ersetzt, die dem König auch im Gegensatz zur Wirklichkeit die Taten und Erfolge zuschrieb, die seine Rolle erforderte (vgl. Otto, 1969, S. 394).

Das Entmachtungsproblem, das sich aus dem Legitimationsprinzip der »Wirksamkeit« ergibt, ist wohl den eben zitierten Passagen implizit, und man darf vielleicht davon ausgehen, daß politischer Widerstand gegenüber Herrschern mit »unrechtem Verhalten« zumindest ex post facto, d. h. nach geglückter Entmachtung, als angezeigt und gerechtfertigt galt. Expressis verbis erwähnen die Texte dieses Problem allerdings nicht (vgl. Lorton, 1979, S. 464).

Seit der »Lehre für Merikare« ist belegt, daß sich der König, wie auch das einfache Volk, nach seinem Tode für sein Handeln vor dem Totengericht zu verantworten hatte, das nach Maßgabe der Maat die sittliche Lebensführung des Toten überprüfte und entsprechend dem Ausgang dieser Untersuchung den Verstorbenen unter die seligen Toten einreihte oder der vollständigen Vernichtung seiner Exi-

Das Alte Ägypten 119

stenz preisgab. Die Idee des Totengerichts selbst scheint allerdings schon in der 5. Dynastie aufgekommen zu sein (vgl. Seeber, 1976, S. 1). Der Vater des Merikare sagt in der Lehre für diesen König diesbezüglich sehr deutlich (P 53 ff): »Das Kollegium, das den Schuldner richtet – du weißt, sie sind nicht milde an jenem Tage, wo sie den Elenden richten, in der Stunde, in der sie ihre Aufgabe erfüllen. Schlimm ist es, wenn der Ankläger ein Weiser ist. Vertraue nicht auf die Länge der (Lebens)jahre, *sie* sehen die Lebenszeit als eine Stunde« (Helck, 1977, S. 31 XIX).

Die Herrschaftsausübung des Königs hatte sich demnach an der Maat, der über Götter und Menschen gesetzten Weltordnung, zu orientieren. Dabei regelt die Maat nicht nur das sittliche Verhalten der Menschen, sondern betrifft ganz konkret auch die (unveränderbaren) Normen, nach denen sich das soziale Gefüge aufbaut und nach denen sich die politische Stellung Ägyptens in der Welt bestimmt. Auch die Naturgesetze sind Teil der Maat. Aufgabe des Königs ist es, die Maat in der Welt zu bewahren. Nur so kann »das Land gedeihen wie in der Urzeit« bzw. verbleibt das Land in dem Zustand wie »in der Zeit, als Re König war« (Urk. IV 1246, 12). Denn als die Götter noch selbst über die Maat wachten, war die Schöpfung noch in vollkommenem und ungetrübtem Zustand. Diesen Zustand wiederherzustellen bzw. zu bewahren ist vornehmste Aufgabe des Königs (vgl. Hornung, 1957, S. 129). Als Zeichen dafür, daß er diese Aufgabe erfüllt und als Bekenntnis zur Maat, überreicht der König, dessen Person ja politische und religiöse Macht vereinigt, den Darstellungen in den Tempeln zufolge bei seiner rituellen Tätigkeit als deren Kulminationspunkt der Gottheit das Maatopfer. Die Gottheit wiederum übergibt die Maat dem König, um seine Stellung zu festigen und ihn instand zu setzen, die Götter zufriedenzustellen, die nach verschiedenen Texten »von der Maat leben« (Moftah, 1985, S. 221 ff.; Derchain, 1962, S. 66 f.). Seine Zwischenstellung zwischen göttlicher und menschlicher Welt und die sich daraus ergebende Bindegliedfunktion befähigt und verpflichtet den König dazu, die Maat dem Land zu vermitteln. Die einzelnen inhaltlichen Bezüge der Maat bleiben dabei für uns über die in den Weisheitslehren und den Idealbiographien enthaltenen sittlichen Gebote hinaus weitgehend unbekannt. Diese betreffen Forderungen im sozialen Bereich, an denen sich das Beamtentum auszurichten hatte, wie Rechtschaffenheit, Gerechtigkeit, Güte und Tüchtigkeit. Das Königsideal der Lehren des Mittleren Reichs richtet sich ebenfalls an diesen Idealen aus (vgl. Blumenthal, 1979, S. 83). Hinzu treten spezielle Forderungen, die den besonderen Aufgaben des Königsamtes Rechnung tragen und vor allem die Stabilität des Landes im Auge haben. Die »Lehre für Merikare« betont in diesem Zusammenhang, daß die Überzeugung durch Worte erfolgreicher als die durch Waffengewalt verläuft (P 32 f.). Infolgedessen warnt sie auch vor dem *ḥnn-jb*, dem Aufrührer oder Agitator, weil er die Jugend fraktioniert und damit ihre erfolgreiche Sozialisierung in Frage stellt (P 25 ff.), und empfiehlt unnachsichtige Strenge gegen ihn. Dazu enthalten die Lehren die Anweisungen, treu ergebene Beamte zu fördern, die allgemeine Wohlfahrt anzustreben, die Soldaten ausreichend zu versorgen und zu befördern, sowie die Ermahnung, Amtseinsetzungen entsprechend den Fähigkeiten einer Person ohne Ansehen ihres sozialen Status vorzunehmen. Das außenpolitische Verhalten und die kultische Tätigkeit bilden weitere Paragraphen.

Zu den Tätigkeiten des Königs gehört vor allem auch die Rechtsübung. Eine Verbindung zwischen den Gesetzen des Landes *(hpw)* und der Maat, die die Texte herstellen, signalisiert, daß die Gesetze in ihrer Gesamtheit den Inhalt des Maatkonzeptes repräsentieren (vgl. Otto, in: Lexikon der Ägyptologie I, S. 19–20), denn ihr Zweck bestand ja darin, die Maat auf Erden zu realisieren. Die Verbindung zwischen Maat und *hpw* ist bereits in der »Lehre des Ptahhotep« bezeugt (88–90): »Groß ist die Maat, dauernd und wirksam; sie wurde nicht gestört seit der Zeit des Osiris. Man straft den, der ihre Gesetze übertritt« (vgl. Fecht, 1958, S. 11 ff.). Die Gesetze zu verkünden ist in Einklang mit seiner Funktion als Mittler Aufgabe des Königs. Denn ihn zeichnet durch seine Verbindung mit den Göttern und seine Erwählung durch sie das dafür notwendige Wissen aus, und als Weiser wird er schon geboren (Merikare 115 ff.). Die Prophezeiung des Neferti (pLeningrad 1116 B, 45–46) spricht in Zusammenhang mit der Schilderung der chaotischen Zustände vor der Herrschaftsübernahme durch König Amenemhet I. vom Verkünden der Gesetze *(š3 hpw)*, die in den schwierigen Zeiten übertreten wurden. Haremhab betont in seinem Dekret in Karnak (Urk. IV 2142, 13): »Er (der König) hat die Gesetze bestimmt, um die Maat durch die Beiden Ufer (Ägypten) zu schaffen« (vgl. Lorton, 1986, S. 53–62).

Mit der Durchführung der Gesetze sind die Staatsbeamten beauftragt, allen voran der Wesir, der höchste Beamte des Landes, den der König selbst einsetzt und der ihm allein verantwortlich ist. Nach der Rede Thutmosis' III. anläßlich der Amtseinsetzung des Wesirs Rechmire ist er der Maat und dem Gesetz verpflichtet. Er hat Parteilichkeit zu vermeiden, d. h. von der gesellschaftlichen Stellung einer Person bei seinen Amtshandlungen abzusehen, soll den Bittsteller anhören und sich vor allem auch mit den »Sachverständigen« ins Benehmen setzen, bevor er ein Urteil (vorschnell) äußert (vgl. Urk. IV 1087 ff.). Sich mittels großzügiger Entlohnung zu versichern, daß die Beamten nach den Gesetzen handeln und unbestechlich sind, rät schon der Verfasser der »Lehre für Merikare« (Helck, 1977, S. 24 f.).

Stellung und Aufgaben des Königs

Wenn auch die Aufgaben der Verwaltungstätigkeiten nach Maßgabe von Vorschriften und Gesetzen delegiert werden, bleibt der König der Theorie nach in allen wichtigen Aktivitäten bestimmend und alleiniger Handlungsträger. Für den Bereich der Verwaltung resultiert diese Vorstellung wohl vor allem aus der Idee, daß der König rechtmäßiger Erbe der Götter ist und als solcher der Theorie nach alleiniger Eigentümer von Grund und Boden in Ägypten sowie von allen Produkten des Landes (vgl. Seidl, 1951, S. 46; Harari, 1957, S. 318). Zwar ist diese Idealvorstellung nie vollständig in die Praxis umgesetzt worden, und die Wirtschaft Ägyptens gestaltet sich in der Folge als ein determiniertes System, in dem redistributive Strukturen zwar dominieren (Gutgesell, in: Lexikon der Ägyptologie VI, S. 1275; dort weitere Lit.); aber, seit dem Ende der 3. Dynastie belegbar, dieses System wird durch Privatisierung der Produktionsmittel durchbrochen (vgl. Gutgesell, 1983, S. 67 ff.). So hat lange Zeit allein der König das Recht, Expeditionen zur Beschaffung von Baumaterialien, kostbaren Steinen,

Das Alte Ägypten 121

Edelmetallen, Vegetabilien und tierischen Produkten auszuschicken. Auch der Außenhandel gehörte zu den Regalien. Erst mit der Ramessidenzeit haben wir Belege, daß in bestimmten Fällen, wie übrigens auch beim Besitz an Land, der König auf seine Vorrechte verzichtete und auch Tempel z. B. eigene Schürfrechte bei Gold bekamen oder Kaufleute, »Handelsagenten«, für die Tempel und andere Institutionen tätig werden konnten (vgl. Koenig, 1979, S. 185 ff.; Reineke, 1979, S. 5 ff.). Die ökonomische Bedeutung und die Machtposition, die der König mit diesen Monopolen nicht nur in wirtschaftlicher Hinsicht, sondern auch in kultisch-religiöser innerhalb der ägyptischen »Naturalwirtschaft« einnahm, ist kaum zu unterschätzen. Sie gaben ihm neben der Gesetzgebung die Machtmittel der direkten politischen Kontrolle an die Hand. Dadurch, daß Wohlstand überwiegend über die Nutznießung von Amtsvermögen realisierbar war, das in landwirtschaftlichen Anwesen und zugehörigen Arbeitskräften bestand und das jedem Amtsinhaber gemäß seiner Stellung in der Hierarchie als Entlohnung zur Verfügung gestellt wurde, war die individuelle Akkumulation von Reichtum und damit ökonomische Unabhängigkeit stark eingeschränkt. Bei der Bestallung der hohen Beamten aber kam dem König die Schlüsselstellung zu. Das gleiche gilt für die Verteilung der Güter, die durch Expeditionen, Handel oder Kriegszüge, die als Staatsunternehmungen ebenfalls allein auf Weisung des Königs unternommen werden konnten, ins Land kamen. Diese Güter flossen nicht in das redistributive System Ägyptens ein, sondern gingen der Privatschatulle des Königs zu, der dann Teile davon als Sonderzuwendungen oder Geschenke an die Tempel und hohen Beamten weitergab. Ein großer Teil der Güter, der auf diese Weise hereinkam und vom König weiterverteilt wurde, besaß nicht nur einen Prestigewert, sondern war, wie Bauteile und Ausrüstung für das Grab oder Aromata, unabdingbar für das jenseitige Leben des einzelnen. Der Idee des Königtums unterlag damit in gewisser Weise über die Wohlfahrt des gesamten Landes hinaus auch eine Fürsorgepflicht für den einzelnen, wenn auch nach Maßgabe seiner gesellschaftlichen Stellung gestaffelt.

Immerhin, im schon zitierten Papyrus Westcar, dessen Geschichten in der 4. Dynastie spielen, darf auch ein Gefangener nicht zu einem Experiment auf Leben und Tod vom König bestimmt werden. Der König Cheops befragt den Magier Djedi, ob es wahr sei, daß dieser ein abgetrenntes Haupt wieder anfügen könne. Als Djedi bejaht, sagt der König: »Man lasse mir einen Gefangenen aus dem Gefängnis bringen, um ihn hinzurichten«, worauf der weise Djedi antwortet: »Aber nicht doch mit einem Menschen, König, mein Herr! Siehe, es ist nicht erlaubt, so etwas dem herrlichen Vieh (Gottes) anzutun« (K. Sethe, Ägyptische Lesestücke[3], 30, 23–31, 2). Es wird dann eine Gans geholt, an der Djedi sein Experiment erfolgreich durchführt. Besonders kraß kommt diese Rolle des fürsorgenden Königs zum Ausdruck, wenn er sich als »Festung für sein Heer« bezeichnet (Urk. IV 85, 3; 1230, 12). Im Einklang damit zeigen die großen Schlachtenreliefs der Ramessidenzeit, wie der König praktisch allein gegen die Übermacht des feindlichen Heeres mit seinem Streitwagen ansprengt.

Bereits im Mittleren Reich ist ein ganzer Phrasenkatalog für diesen Bereich ausgebaut, der die Unentbehrlichkeit des Königs für das Land und den einzelnen hervorstellt. Er ist der Ernährer, bietet Sicherheit und ist Zufluchtsstätte, dazu freundlich und weise. Die Texte drücken dies so aus: »Ich (Amenemhet I.) war einer, der Gerste hervorbrachte, den Neperi (der Korngott) liebe« oder »Lebensunterhalt ist der König (Amenemhet III.), Überfluß ($ḥ3w$) ist sein Ausspruch«. »Ein Zufluchtsort ist er (Sesostris III.), dessen Hand man nicht verfehlt«, »ein Schutzwall ist er mit Mauern aus Kupfer von $Šsm$« (Belege und weiteres Material bei Blumenthal, 1970, S. 265 ff.).

Zwar akzentuieren die Texte im Neuen Reich die Idee von der außenpolitischen und religiös-kultischen Rolle des Königs stärker als die des Ernährers und Fürsorgers, aber er bleibt dennoch bis ans Ende der ägyptischen Geschichte Spender der Nahrung, des Lebensodems und der Fruchtbarkeit sowohl des Landes als auch der Menschen (vgl. Hornung, 1966, S. 26; dort weitere Lit.). Kurz, wie der Wesir Rechmire ihn beschreibt (Urk. IV 1077, 6), ist der König »Vater und Mutter [...]«. Von Thutmosis I. heißt es unter diesem Aspekt seines Königtums »der die Maat setzt durch ihre (der Götter) Majestäten, der die Speisen festsetzt in diesem Land, ..., der die Not aus Ägypten vertreibt, ... der den Räuber in Schranken hält...« (Urk. IV 269, 4 ff.). Den Gesichtspunkt der Fürsorge rückt besonders Echnaton wieder in den Vordergrund. Der König ist »der große Nil des ganzen Landes und die Nahrung aller Leute«. Er ist »Nahrung und Speise Ägyptens« (vgl. Hornung, 1957, S. 133).

Da nach ägyptischer Auffassung Kult nicht die Kommunikation zwischen Mensch und Gottheit ist, sondern sich nur auf götterweltlicher Ebene zwischen Gott und Göttern vollziehen kann (vgl. Assmann, 1984, Kap. 2, § 3,2; ders. 1985, S. 104), ist der König der Theorie nach auch alleiniger Vertreter der Menschheit im Verkehr mit der göttlichen Welt. Er allein vollzieht nach den Darstellungen der Tempel des Landes, und zwar im Rahmen einer Konstellation, in der er die Rolle des Sohnes spielt, die religiösen Zeremonien, vor allem das Opferritual, vor den Göttern. Der Tempel ist ein Abbild der Welt, er stellt einen Mikrokosmos dar, und die in ihm vollzogenen Riten dienen daher ebenfalls der Erhaltung der dem König anvertrauten Weltordnung und dem Wohle des Landes. Der König ist der Idee nach verantwortlich für die Erbauung und Ausgestaltung der Tempel sowie die Festlegung der einzelnen Opfer.

Da alle staatstragenden Funktionen und Vorstellungen auf den König konvergieren, das Königtum die Götter auf Erden vergegenwärtigt und gleichzeitig alle wichtigen politischen Funktionen und Handlungen unter das Gebot der Verwirklichung der Maat fallen, nimmt es nicht wunder, daß sich die ägyptische Geschichte in der Vorstellung ihrer Akteure wie ein kultisches Geschehen um die gottgleiche Person des Pharao rankt und damit das Wiederkehrende und Typische in den Vordergrund rückt. Der König ist die Instanz, die alles in Bewegung setzt, er ist der alleinige Handlungsträger, alles andere Handeln vollzieht sich auf sein Geheiß. Die ideologischen Angelpunkte seines innenpolitischen Handelns sind dabei das »Setzen der rechten Ordnung«, die schöpferische und erhaltende Funktion in der Fruchtbarkeit und Belebung sowie die Bauten und Opferstiftungen für die Götter, die als Gegenleistung und Dank die Wirksamkeit des Königs garantieren.

Das Alte Ägypten

Stellung und Aufgaben der »Untertanen«

Die einzigartige, überragende, gottgleiche Stellung und Tatkraft, die die Texte der Herrschergestalt zuordnen, läßt für den Kreis der Beherrschten nur die passive Rolle der Akzeptanz. Wo der Herrscher aufgrund seiner Einsicht in und Kenntnis um die gottgewollte Ordnung das Kräftepotential der Gesellschaft nur aktivieren und in die richtigen Bahnen lenken muß, bleibt den Beherrschten allein die Akklamation, die Unterwerfung unter den herrscherlichen Willen sowie das aktive Mittragen und die normengerechte Ausgestaltung und Mitwirkung an seinen Zielsetzungen. Dazu tritt auf der emotiven Ebene die Dankbarkeit und Anerkennung für die erwiesenen herrscherlichen Wohltaten. Damit betont die Idee der Sozialordnung ganz stark Unterordnung und Abhängigkeit des Individuums vom König, das total in die staatstragenden Vorstellungen eingebunden wird. Der Lebenserfolg des einzelnen bemißt sich nach der Stellung, die er in der Beziehung zum König einzunehmen imstande ist (vgl. Blumenthal, 1970, S. 311), obgleich in der Regel der soziale Rang diese Beziehung von vornherein erst ermöglicht, also der Großteil der Bevölkerung ausgegrenzt wird. Dem, der die Spielregeln der ägyptischen Gesellschaft verinnerlicht hat, die in ihrer Ausformung allein dazu dienen, die bestehende Gesellschaftsordnung in ihrem status quo zu erhalten, den nach unserer Auffassung total Angepaßten also, feiern die Inschriften. Ihm verheißen die ägyptischen Lebenslehren gesellschaftliche Anerkennung und Erfolg. Ptahhotep im Alten Reich faßt dies ganz konkret: »Beuge deinen Rücken vor deinem Vorgesetzten, deinem Aufseher des Palastes, und dein Haus wird mit seinem Besitz bestehen bleiben, deine Entlohnung an ihrem Platz. Schlimm ist es, sich dem Vorgesetzten zu widersetzen. Man lebt, solange er milde ist« (441 ff.).

Die »loyalistische Lehre« vom Beginn des Mittleren Reiches, die sich an die Oberschicht wendet und sich ebenfalls wie die des Ptahhotep noch im Neuen Reich großer Beliebtheit erfreute (vgl. Brunner, 1979, S. 105 ff.), ruft in ihrem ersten Teil zu loyalem Verhalten gegenüber dem König auf, da dieser die Macht besitzt, Anhänger zu begünstigen und seine Feinde auszulöschen, was durch den Entzug der kultisch erforderlichen Grabausrüstung bis ins Jenseits fortwirkt. »Der Anhänger des Königs wird geehrt sein. Kein Grab aber existiert für den Rebellen gegen Seine Majestät. Sein Leichnam wird ins Wasser geworfen!« (Posener, 1976, S. 92 f., § 6). Der zweite Teil der Lehre beschäftigt sich mit dem Verhältnis zwischen »Herrn und Knecht«. Er stellt fest, daß es eigentlich diese sind, die den Reichtum produzieren, daß ohne sie die Armut Einzug hielte. Aber anders als wir es erwarten würden, rät der Verfasser der Lehre nicht, demzufolge um einen sozialen Ausgleich bemüht zu sein, soziale Gerechtigkeit zu üben, sondern formuliert ganz utilitaristisch und unverhohlen, daß es daher günstig sei, eine große Anzahl von Arbeitskräften zu besitzen und zu halten. Letzteres scheint aber ein Problem darzustellen. Auch hierfür gibt der Verfasser der Lehre Ratschläge. Aber die Regeln, die er aufstellt und die den Zweck haben, die Arbeitskräfte zu halten, sehen zwar auch eine entsprechende Behandlung der Arbeiter vor, empfehlen diese aber nicht unter ethischen Gesichtspunkten, sondern argumentieren allein unter dem Aspekt der »Rendite« (vgl. Posener, 1976, S. 109 ff. §§ 9–12).

An das Volk wendet sich die »Lehre eines Mannes für seinen Sohn«. Auch sie stammt vom Beginn des Mittleren Reiches und ist noch im Neuen Reich in zahlreichen Kopien erhalten. Ihr Anliegen ist im ersten Teil ebenfalls die Loyalität gegenüber dem König. Da er weite Teile auch des Auslands beherrscht, ist es ein Zeichen von Klugheit, sich ihm nicht zu widersetzen (vgl. Osing, 1977, S. 109–111). Seine Macht ist zu propagieren, und über die Anordnungen, die er trifft, soll man sich freuen. Es ist für den kleinen Mann von Vorteil, ihm zu gehorchen und zu dienen. Besonderen Wert legt der Autor bei den Adressaten darauf, daß sie dem Namen des Königs Respekt erweisen (vgl. Posener, 1979, S. 311). Da bei der Schicht, an die die Lehre sich wendet, die Nähe zum Herrscher von vornherein nicht gegeben ist, soll sich die Loyalität über den Gehorsam hinaus in der verehrenden Haltung des einzelnen für die Person des Königs und seinen Namen ausdrücken. Dabei bedeutet die Ermahnung, den Namen in Ehren zu halten, wohl vor allem auch, nicht im Namen des Pharao zu fluchen und auf diese Weise einer derogativen Haltung oder Opposition Vorschub zu leisten.[3] Gegen etwaige oppositionelle Gedanken führt die Lehre insbesondere die Sorge des Königs für die kleinen Leute an. Auch ihnen wird mit Grablosigkeit bei Zuwiderhandeln gedroht. Dem, der die Lehre beherzigt, wird ein gutes Leben in Aussicht gestellt.

Der gesellschaftliche Rahmen der Akteure ist damit abgesteckt. Die strenge hierarchische Ordnung des pharaonischen Staates gilt als maatkonform; sie ist damit gottgewollt und unabänderlich. Dies äußert sich besonders deutlich in der sog. »Klageliteratur«. Diese Texte thematisieren die Folgen eines Eindringens des Chaos *(jsft)* in die geschaffene, Maat-geordnete Welt Ägyptens, d. h. u. a. auch eine Auflösung der Werte. Dazu bedienen sie sich u. a. Bilder, die korrupte Zeiten oder Zeiten des Umsturzes und der sozialen Unruhen widerspiegeln. Da wird beklagt, daß das Königtum in den Staub gezogen wird, Ausländer ins Land kommen und gar zu »Ägyptern« werden können, die Administration korrupt, die menschlichen Beziehungen zerstört und Mord und Totschlag an der Tagesordnung sind. Wenn sie als Chaosbeschreibung im Sinne des Gegenbildes zur Maat anzusehen sind, offenbaren die Texte aber auch, daß soziale Ungleichheit und Armut bis hin zur »Randgruppenexistenz« ägyptischem Verständnis entsprechend Teile der richtigen Weltordnung sind. Da wird darüber lamentiert, daß der Mittellose »voll Freude« (Adm. 2, 7) ist oder gar »Brot ißt« (Neferti 56–57), daß Bedienstete, Sklavinnen frei heraussprechen (Adm. 4, 13–14) oder daß Frauen, die so arm waren, daß sie sich nur im Wasser betrachten konnten, auf einmal Spiegel besitzen (Adm. 8, 5). Wenn sich auch die Idealbiographien zu ethischen Geboten wie »dem Hungrigen Brot geben« bekennen, so können die Klagetexte nicht darüber hinwegtäuschen, daß Hunger und Armut zur Weltordnung gehören wie auch die Rechtlosigkeit des Armen und sein schließliches Ende im Wüstensand ohne Grab, d. h. auch ohne Hoffnung auf eine Weiterexistenz im Jenseits.

Das Alte Ägypten 125

3. Die Vorstellung von der Stellung Ägyptens in der Welt und der Struktur der Beziehungen nach außen

»Erschlagen der Feinde«

Auch das Verhalten des Königs gegenüber dem Ausland ist Bestandteil der Königsideologie und durch sie geregelt, d. h. es legitimiert sich von daher und definiert sich nach Maßgabe als maatkonform. Nach dem Dogma erstreckt sich die Herrschaft des ägyptischen Königs über die Grenzen Ägyptens hinaus auf alle Fremdländer. Der Erhaltung der ihm anvertrauten Weltordnung dient daher sein Kampf gegen die Feinde Ägyptens, die das »Chaos« versinnbildlichen. Konsequent durchzieht die Thematik des Besiegens und Unterwerfens in immerwährenden Abwandlungen die ägyptischen Dokumente. Die Verpflichtung gegenüber der Königsideologie und der Maat führt dabei mitunter zu durchaus fiktiven Berichten über Krieg und ägyptischen Sieg gegenüber dem Ausland, wobei Krieg und ägyptischer Sieg entsprechend der Weltordnung ein unauflösbares Paar bilden. Seinen bildlichen Ausdruck findet dieses Geschehen in dem quasi zur Hieroglyphe verkürzten Piktogramm des »Erschlagens der Feinde«, das den König zeigt, wie er in der Linken, an ihren Haaren zu einem Bündel zusammengefaßt, Feinde hält, die er mit der Keule erschlägt. Über den Bezug zu einer einmaligen historischen Handlung hinaus beinhaltet dieses Erschlagen der Feinde vielmehr die Aufgabe oder Rolle des Königs, die dieser im Rahmen der in der Schöpfungsordnung vorgegebenen Konstellation »Ägypten–(feindliches) Ausland« zu erfüllen hat (zum »Erschlagen der Feinde« jetzt Schoske, 1982). Die Beherrschung der Welt – in Einklang mit der Schöpfungsordnung und aufgrund göttlicher Vorherbestimmung – gehört zum Auftrag des ägyptischen Königtums. Diese Herrschaft ist aber nicht selbstverständlich, sondern sie muß errungen und über das göttliche Gebot des Besiegens und Unterwerfens der Fremdländer realisiert werden.

Drei schon genannte Konstituenten sind dabei in ihrem Zusammenspiel von besonderer Bedeutung: der ägyptische Begriff von der Grenze, die Herrschaftsnatur des Königs sowie das Wesen der außerhalb des ägyptischen Schemas angesiedelten Menschen, nach ägyptischem Verständnis der »Feinde« schlechthin.

Über die künstlich geschaffenen und daher veränderbaren Grenzen des Landes besitzt der König die Verfügungsgewalt. Er ist berechtigt, sie je nach politischem Ziel zu setzen, zu befestigen oder zu erweitern, d. h. vorzuschieben. Eine Ausdehnung des eigentlichen Ägypten erfolgt damit nicht, aber die so geschaffenen Grenzen stecken den Macht- und Einflußbereich Ägyptens ab. Die Verfügungsgewalt über die Grenze attestieren die Texte dem ägyptischen König seit dem Mittleren Reich. Daß solche Texte nicht aus dem Alten Reich bekannt sind, hängt wohl weniger mit dem Fehlen einer derartigen Vorstellung zusammen, sondern ist eher darauf zurückzuführen, daß entsprechendes historisches Datenmaterial aus dieser Zeit fehlt. Die Grenzbefestigung und die Grenzziehung hatte der Idee nach die Aufgabe, das Land abzuschließen. Dies kommt besonders in der Grenzstele Berlin 14753 zum Ausdruck, die jedem Nubier die Grenzüberschreitung über eine bestimmte Region hinaus untersagt. Bildfällig wird der Gedanke in den Darstellungen vom »Erschlagen der Feinde« ausgedrückt, die gern massiert in Grenzgebieten auftreten. Das rituelle *swsḫ t3š(w)* (*kmt*), »das Erweitern der Grenze(n) (Ägyptens)«, das ebenfalls zum Aufgabenbereich des Königs zählt, signalisiert auf der anderen Seite, daß die Grenze nach ägyptischem Verständnis zwar von außen nach innen geschlossen, aber von innen nach außen offen, quasi semipermeabel ist. Dies geht so weit, daß nach der Sai- und Amara-Stele Sethos' I. eine Grenzverletzung durch *jrm*, ein Gebiet außerhalb der damaligen ägyptischen Besitzungen, geahndet werden soll, sobald die Feinde in den ägyptischen Bereich eindringen. Der Folgetext macht dann aber deutlich, daß sich der Kampf außerhalb des ägyptischen Territoriums im Gebiet von *jrm* selbst abspielt (KRI I 102 ff.; vgl. Vercoutter, 1980, S. 161).

Die »Weltherrschaft« des Pharao

Damit ist die zweite Konstituente angesprochen, die Herrschaftsnatur des Königs. Dem Dogma seiner Herrschaftsnatur entsprechend ist der König Weltherrscher. Diese Weltherrschaft resultiert aus der Natur seines Amtes; sie wird ihm daneben auch von den Göttern verliehen. Sie umgreift »alle Länder«, »alles, was die Sonne umkreist«. Der König ist demzufolge zwar immer Herr der Welt, eine de-facto-Herrschaft anzustreben aber unterliegt seinem Wollen und dem Gebot der Gottheit. Aus dieser Vorstellung leitet sich zum einen das Recht des Königs auf Eroberung und die Forderung nach Unterwerfung ab, die Teil der Königsideologie und damit in der Maat verankert sind.

Im Einklang damit nennt sich der König bereits im Alten Reich »Herr der (aller) Fremdländer« (Urk. I 69, 10; 169, 13, 17; vgl. Posener-Kriéger/de Cenival, 1968, Taf. V A; Simpson, 1979, S. 495). Gleichzeitig übertragen ihm die Götter, vornehmlich die als Fremdlandvertreter und Ressortgottheiten anzusprechenden Götter, die Herrschaft über ihre Fremdländer und deren Produkte (Borchardt, 1913, Taf. 1,5). Möglicherweise kennt diese Zeit auch bereits den Gottesbefehl, der den König zu außenpolitischen Aktionen veranlaßt (Borchardt, 1913, S. 95, Taf. 19).

Auch im Mittleren Reich sind dem König entsprechend dem Dogma von der Weltherrschaft alle Fremdländer unterstellt. Von Menthuhotep Nebhepetre heißt es in einer auch später vielbenutzten Formel, die auch in der darstellenden Kunst gern auftritt, indem der Herrscher mit seinen Füßen auf die Hieroglyphen der »Neunbogen«, d. h. der Völker der Erde, tritt: »Alle Fremdländer sind unter seinen Sohlen« (Habachi, 1963, S. 43, Abb. 20, S. 44, Abb. 21). Der Wille des Königs zur Herrschaft bleibt aber bestimmend. Sesostris III. sagt es ganz deutlich (Berlin 1157, vgl. Blumenthal, 1970, S. 94, 389 ff., 417), daß er ausführt, was er für notwendig erachtet. Gleichzeitig übergibt die Gottheit dem König die Fremdländer. Seit dem Mittleren Reich besitzen wir dazu Darstellungen (Stele Florenz 2450), wie sie im Neuen Reich ganz ausgeprägt auf den Pylonen der Tempel abgebildet werden. Der König erschlägt ein Bündel Feinde, die er am Schopf hält, vor der Gottheit, die ihm ihrerseits eine listenartige Zusammenstellung fremder Länder übergibt, die sog. Fremdvölkerlisten, Darstellungen von gefangenen Ausländern, denen anstelle eines Körpers Namensschilder mit ihren betreffenden Regionen beigegeben sind. Gesichert ist seit dem Mittleren Reich auch der Gottesbefehl auf staatspolitischer Ebene (vgl. Luft, 1978, S. 40 f.). Er

Das Alte Ägypten   127

erscheint aber vornehmlich in literarischen Texten (Blumenthal, 1970, S. 94). So
betont Sesostris I. in der Berliner Lederhandschrift (vgl. el-Adly, 1984, S. 7 [41],
13 [r]): »Er (der Gott Harachte) befahl mir zu erobern, was für ihn erobert
werden soll.« Bei dem Gold, das dem Osiris-Tempel in Abydos zukommen soll,
handelt es sich um solches, »das er (der Gott Osiris) Meine Majestät aus dem
Süden von Nubien in Sieg und Rechtfertigung zu holen veranlaßte« (Icherno-
fret-Stele [Berlin 1204]; vgl. Sethe, Ägypt. Lesestücke[3], S. 70, 16 ff.). Daß die
Gottheiten, insbesondere auch die jeweils zuständigen Ressort- und Lokalgott-
heiten, den König bei seinen Aktivitäten unterstützen oder ihn dazu auffordern,
zeigt deutlich, daß diese »richtige«, d. h. maatgerechte und damit kosmologisch
abgesicherte Handlungen sind.

Dieselbe Situation besteht im Neuen Reich, zur Zeit der größten Machtausdehnung Ägyptens, in der die ägyptischen Grenzen im Süden beim Hagar al-Marwa
nördlich des 5. Nilkataraktes im heutigen Sudan und im Norden beim Euphrat
festgeschrieben sind. Der König bleibt ex officio Weltherrscher. Gleichzeitig
übertragen ihm die Götter diese Herrschaft, und im Einklang mit der Konzeption der gesteigerten Abhängigkeit des Königs von den Göttern in dieser Zeit
statten sie ihn auch noch mit den besonderen Voraussetzungen aus, die diese
Herrschaft erfordert, indem sie ihm Kraft, Stärke und Sieg verleihen. Dazu
kommt der königliche Wille verbunden mit dem Gottesbefehl, diese Herrschaft
in die Realität umzusetzen.

Die Idee von der Weltherrschaft des Pharao wird, wie in den vorangegangenen
Epochen, in formelhaften Wendungen ausgedrückt, die diesen Herrschaftsanspruch verdeutlichen. Der König ist »Herr der Fremdländer«, »alle Länder«
sind »unter seinen Sohlen«, oder »seine südliche Grenze reicht bis zum Horn der
Erde, bis zu den Anfängen dieser Erde, seine nördliche bis zu den Sumpflöchern
Asiens, bis zu den Stützen des Himmels« (Urk. IV 1230, 17 f.). Von Hatschepsut
heißt es: »Ihr gehören die Bergländer und alles, was der Himmel bedeckt, alles,
was das Meer umgibt« (Urk. IV 244, 10 ff.).

Die Verleihung der Weltherrschaft durch die Götter tritt am eindrucksvollsten in
den schon genannten Vorführszenen zutage, in denen eine Gottheit dem König
mit den Fremdvölkerlisten alle verzeichneten Regionen überstellt. Dabei ist die
Aktion des Gottes gewöhnlich von der Aussage begleitet, dem König werde die
Herrschaft über alle Länder verliehen. In Verbindung mit dem ersten Feldzug
Thutmosis' III. nach Syrien heißt es geradezu in juristischer Fachsprache, daß
der Gott Amun ihm die »Bestallung« (*nt-ᶜ*) zum »Herrn aller Fremdländer«
übergibt (Urk. IV 184, 8). Ein weiteres Fundament für die Herrschaftsausübung
des Königs legen die Götter, indem sie selbst durch ihre Macht in das historische
Geschehen eingreifen. Sie schlagen den Feind und verleihen dem König den Sieg,
indem sie ihn mit Macht und Stärke ausstatten und die »Feinde« in Furcht vor
ihm erzittern lassen.

Den ägyptischen Supremat lassen die Texte und Darstellungen auch durch die
Fremdländer selbst anerkennen. Die Südländer etwa, die *Jmw-ndh* mit ihren
Tributen vor den König bringt, grüßen ihn: »Wie groß ist deine Macht, starker
König. Herrscher (Leben, Heil, Gesundheit), den Re liebt – er hat die Furcht vor
dir in alle Länder gegeben und den Schrecken vor dir durch alle Fremdländer.
Siehe, wir sind unter deinen Sohlen« (Urk. IV 948, 9 ff.). Wie sehr auch die Idee

der kriegerischen Aktion über die Maat mit der Königsideologie verknüpft ist, zeigt die Aussage Thutmosis' III.: »Jedes Mal, wenn Seine Majestät kam, war sein Angriff in Sieg und Stärke gelungen, indem er Ägypten in seiner Situation wie damals, als (der Gott) Re in ihm König war, sein ließ« (Urk. IV 1246, 10 ff.). Zur Weltherrschaft des Königs, die sich aus der Konzeption seines Amtes ergibt, der Verleihung der Herrschaftsvollmacht und der persönlichen Herrschaftsvoraussetzungen durch die Götter an den König, tritt der direkte Befehl der Götter, diese Herrschaft zu objektivieren. Dabei beinhaltet dieser Befehl oft konkret die Aufforderung zu kriegerischem Vorgehen und die anschließende Übereignung der Kriegsgefangenen und der Beute an die Tempel (Luft, 1978, S. 45 ff.). Damit ist die Gegenseitigkeit der Handlungen von König und Göttern angesprochen. Ganz direkt wendet sich der Gott Chepre nach einer Inschrift an Amenophis III. (Urk. IV 1754, 7 f.): »Die Neunbogen liegen unter deinen Sohlen als Lohn für das, was du für mich getan hast.« Der Folgetext nimmt Bezug auf einen Tempel, den der König dem Gott erbaut hat und der sich darüber freut.

Kampf gegen äußere »Feinde« und Eroberungen fremder Territorien, d. h. aggressive Außenpolitik, sind, wenn sie auf die Unterwerfung oder Disziplinierung des Gegners abzielen, demzufolge nach ägyptischer Vorstellung immer Erfüllung einer durch die Weltordnung vorgegebenen Pflicht gegenüber Göttern und göttlicher Vorherbestimmung und gewinnen dadurch geradezu den Charakterzug einer kultischen Handlung.

Das Bild der Feinde

Der ägyptische König ist Weltherrscher, aber diese Welt zerfällt der Idee nach in einen geordneten Bereich »Ägypten« und einen ungeordneten Bereich außerhalb Ägyptens. Da die in dem Bereich außerhalb der geordneten Welt lebenden Menschen dadurch aus dem geordneten Sein (Maat) ausgegrenzt sind, gehören sie dem Chaos an, sind Vertreter des Chaos (jsft). Als solche ist es Eigenschaft ihres Wesens, sich stets und ständig gegen die einzige legitime Herrschaft – die des Pharao (Assmann, 1985, S. 104 f.) – aufzulehnen und sich damit permanent der Maat, der Weltordnung, entgegenzustellen. In der ägyptischen Vorstellung verwischen sich so die Grenzen zwischen realweltlichen Partnern oder Gegnern und mythischen Götterfeinden, die den Bestand des Kosmos bedrohen. Die Ausländer werden so als Feinde der Schöpfung begriffen. Die Gottesferne des Ausländers allgemein heben die Texte oft hervor (Moftah, 1985, S. 151 ff.). Sie sind Leute, »die Gott nicht kennen« (ḥmw nṯr). Thutmosis I. qualifiziert die Ausländer auf seinem Denkstein bei Tumbos als »Abscheu Gottes« (Urk. IV 83, 6). Ähnlich äußert sich Thutmosis III. bei der Belagerung Megiddos über die feindliche Koalition (Urk. IV 651, 10). Damit werden in der ägyptischen Vorstellung realpolitische Unterwerfung von Gegnern und rituell-magische Bannung von Götterfeinden miteinander verwoben und konvergieren auf denselben Zweck: die geordnete Welt der Schöpfung vor dem Einbruch des Chaos zu bewahren. Der Kampf gegen die »Feinde« erhält damit das Wesen eines Ritualvollzuges. Im Triumph über die »Feinde« erfüllt der König seine Verpflichtung gegenüber der Weltordnung, deren Bestand zu garantieren ja im Auftrag seines Amtes liegt. Da es ein Wesenszug der »Feinde« ist, ständig die geordnete Welt zu bedrohen,

Das Alte Ägypten 129

besteht die einzige Abwehr in ihrer Vernichtung. Auf dem Hintergrund des ägyptischen Weltbildes sind sie allein Empörer, Rebellen und Grenzverletzer, auch im letzten Winkel Nubiens, wie die oben erwähnte Sai- und Amara-Stele Sethos' I. zeigen. Zwar klingt in diversen Texten, belegt seit dem Mittleren Reich, immer wieder auch die Mitmenschlichkeit des Ausländers an (vgl. Posener, 1956, S. 40 ff., 90, 104 ff., 113 f.), die in Folge praktischen politischen Kalküls sogar zu einer Verbrüderung führen kann wie im Falle der Ägypter und Hethiter anläßlich der hethitischen Heirat Ramses' II. (KRI II, 251), die dieser als Teil seiner Bündnispolitik einging. Das Ausland kann auch lieblicher Aufenthaltsort des Gottes sein, der im dortigen Luxus schwelgt (pKairo 58038; vgl. Assmann, 1975, S. 200 [87 A]). Echnaton stellt sogar fest: »Die Fremdländer von Syrien und Nubien und das Land von Ägypten, du (die Gottheit) stellst jedermann an seinen Platz und schaffst ihren Bedarf..., die Zungen sind verschieden in Sprachen, ihre Eigenschaften desgleichen, ihre Hautfarbe ist unterschieden...« (Assmann, 1975, S. 219 [92]), d. h. auch die Fremdländer sind von Gott geschaffen und stehen unter seinem Schutz. Im Pfortenbuch, einem sog. Unterweltsbuch, das die Wirklichkeit im Jenseits schildert, sind die vier Menschenrassen, Ägypter, Asiaten, Nubier und Libyer, ausdrücklich unter göttlichen Schutz gestellt (Hornung, 1972, S. 233–235). Aber das Negativbild bleibt nahezu ausschließlich bestimmend. Dabei zeichnen sowohl Darstellungen als auch Texte das Bild des Ausländers als minderwertig und verächtlich. Die Thematik des Besiegens und Unterwerfens ist der für sie charakteristische Kontext, in dem sie auftreten. Der Blickwinkel, unter dem sie geschildert werden, manifestiert Feindseligkeit und Verachtung. Sie werden in der Regel abweichend von ägyptischen Normen und Idealen dargestellt. Ihr Aussehen, ihre Sitten und Gebräuche bis hin zur Küche geben Themen ab für beißenden Spott. Derogative Tiervergleiche sind häufig. Daß sie in den Texten in der Regel nicht mit ihrem Eigennamen erscheinen, macht sie weiterhin zur Unperson. Jagd und Feindvernichtung gehen als Ritual ineinander über (Keel, 1977, S. 140 f.; Schoske, 1982). Die über das Weltbild abgesicherte Charakterisierung des Ausländers als objektlos aggressiv und unwürdige Kreatur erfordert, soll die Ordnung nicht preisgegeben werden, ihnen aktiv mit Abschreckung und Eroberung entgegenzutreten (vgl. Assmann, 1985, S. 112). Da dem Dogma entsprechend zum Aufgabenbereich des Königs die Beseitigung des Chaos gehört und das Ausland Teil desselben darstellt, die Feindvernichtung andererseits im Rahmen kultischen Handlung zu begreifen ist, gewinnt die Idee des Unterwerfens und des Einforderns von Tributen, die die gesamte ägyptische Geschichte durchzieht, obgleich höchst politisch, eine kultische Dimension und ist damit auch kosmisch abgesichert.

Zusammenfassung

Das ägyptische politische Denken bewegt sich um das Konzept der Maat, der über Götter und Menschen gesetzten unveränderbaren Weltordnung. Sie stellt das umgreifende Kernstück der ägyptischen Wirklichkeitskonstruktion dar. An der Maat richten sich der Aufbau des sozialen Gefüges und seine Handlungsspielräume sowohl nach innen als nach außen aus. Struktur der Gesellschaft und Handlungsspielraum bilden dabei die Folie des Königsdogmas. Die Rollenkonzeption des Königtums unterliegt dabei Veränderungen. In der Ausgangslage des Alten Reiches bestimmen vollständige Rollenkonformität bei größtmöglicher Aufgabe der subjektiven Selbstbestimmung das königliche Handeln. Eine Akzentverlagerung innerhalb des Dogmengefüges schafft einen größeren Spielraum für freie Entscheidungen. Damit einher geht jedoch eine stärkere Abhängigkeit vom Willen der Götter, der am Ende der Entwicklung in der Theokratie des thebanischen Gottesstaates allbeherrschend wird. Die Konzeption der Gottessohnschaft des Königs und des daraus resultierenden Handlungsmonopols des Königs bleiben als Denkschemata jedoch zu allen Zeiten bestehen. Der Handlungsspielraum nach außen gewinnt im Laufe der ägyptischen Geschichte im politischen Denken ein Übergewicht, bis er dieses Denken im Neuen Reich dominiert. Mit dem Verlust der Weltmachtsposition Ägyptens in der späten Ramessidenzeit und insbesondere den nachfolgenden Epochen tritt jedoch ein Umdenken ein, mit dem eine Wendung nach innen erfolgt.

Die Konstanten, die die Maat im innenpolitischen Denken vorgibt, sind die hierarchische Struktur der ägyptischen Gesellschaft, an deren Spitze der König, Inkarnation und Sohn Gottes, steht. Er bildet die Instanz, die jegliches Handeln in der Gesellschaft in Bewegung setzt und auf die letztlich auch jegliches Handeln der Gesellschaft konvergiert. Insofern monopolisiert er sowohl Handeln als auch den Willen zum Handeln und die Handlungsziele. Beherrschendes Handlungsziel ist, die geordnete Welt der Schöpfung (die Sozialordnung) vor dem Einbruch des Chaos (sozialer Veränderung) zu bewahren. Aus diesem Handlungsziel folgen alle anderen Handlungen.

In der Konstellation Götterwelt–König–Menschenwelt nimmt der König eine Bindegliedfunktion ein mit alleiniger Handlungskompetenz in beide Richtungen. Daraus resultiert seine Stellung als »einziger Ritualist« des Landes.

Die Gesellschaft, die dem König in dieser Konstellation gegenübersteht, definiert sich nach Maßgabe des königlichen Handelns und damit konsequenterweise nach der Nähe zu ihm. Das soziale Gefälle bis hin zu bitterster Armut, Obdach- und Rechtlosigkeit wird als zur geschaffenen Ordnung gehörig begriffen und ist damit Bestandteil eines maatgerechten Sozialgefüges, wenn auch die ethischen Gebote dazu auffordern, diese Konstanten zu lindern.

In der Natur der Beziehungen nach außen wiederholt sich dieses Schema. Die Konstituenten der Konstellation König–(feindliches) Ausland begreifen den König als Weltherrscher, alle Länder, die ganze Welt sind ihm untertan bzw. haben sich im gegebenen Falle seinem Willen zu unterwerfen. Als Teil des Chaos ist das Ausland allein Objekt königlicher Sorge um die geschaffene Ordnung. Die Feinde der Schöpfung können in immerwährenden Kämpfen nur zurückgedrängt, abgeschreckt und unterworfen werden. Insofern kann es für sie keine »Gleichberechtigung« geben, allenfalls die Anbindung an Ägypten unter ungleichen Bedingungen, niemals jedoch die Einbindung. Die Tributleistungen des Auslands, die im Anschluß an kriegerische Auseinandersetzungen eingefordert werden, sind Anerkennung der rechtmäßigen ägyptischen Herrschaft, für die der »Lebensodem« gewährt wird. Für den Bestand der Schöpfung haben die so dem »Chaos« abgerungenen Güter eine Notwendigkeit, indem sie zu einem gro-

Das Alte Ägypten 131

ßen Teil an die Tempel des Landes fließen und an der Aufrechterhaltung des Kultes mitwirken, durch den der Bestand der Schöpfung garantiert wird. Das Grundmuster des Gottkönigtums ist für das Alte Ägypten die bestimmende Idee in Hinblick auf das Königtum und damit für das politische Ideengebäude überhaupt gewesen. Als Grundprinzip blieb es bis zum Ende der ägyptischen Geschichte erhalten, wenn es im Laufe der Zeit auch einem Wandel unterlag, der zu verschiedenen Zeiten verschiedene Aspekte schärfer hervorhob. Als mögliche Erklärung für das Dogma vom Gottkönigtum, das, wenn auch in anderen Ausprägungen, offenbar alle pristinen Staaten entwickelt haben, möchte ich folgende Hypothese anfügen:

In nicht-staatlichen Gesellschaften bleiben alle Formen der Institutionalisierung in Termini von Verwandtschaftsbeziehungen eingebunden (vgl. Eder, 1973, S. 25). Dies erweist sich im Staat aufgrund seiner erweiterten Organisation und Population als unmöglich. Der Staat muß daher die Macht der Gesellschaft auf einer neuen Basis organisieren, die von den Mitgliedern höher eingestuft wird als das Verwandtschaftsprinzip (Fried, 1967, S. 229). Ich halte es daher für vorstellbar, daß der pristine (ägyptische) Staat in der Umbruchsituation die Verwandtschaftsbeziehungen des höchsten Amtsträgers, des Königs, auf die göttliche Ebene transponiert bzw. gewissermaßen transzendiert hat[4], um sich so die Loyalität der Mitglieder der Gesellschaft zu sichern. Der König zählte nun qua Familienzugehörigkeit zu den Göttern, so daß über das Dogma vom Gottkönigtum für den einzelnen eine höhere, religiös fundierte Ordnung an die Stelle der Verwandtschaft trat. Die Unsicherheit der Umbruchsituation mit den Loyalitätsproblemen in der Ausgangslage mag darüber hinaus die Grundlage für das Handlungsmonopol des Königs abgegeben haben.

ANMERKUNGEN

1 Turiner Königspapyrus (pTurin 1878) aus der Zeit Ramses' II. (1290 bis 1224), s. KRI II 827, 11 ff. So auch die Königsliste des Manetho. Der fragmentarische Annalenstein von Palermo, der Angaben über Könige und ihre Regierungen bis zur 5. Dynastie macht, enthielt in seiner Aufzählung wohl keine göttlichen Vorgänger (vgl. Kaiser, 1964, S. 87).

2 Vgl. Spiegelberg, 1914, col. III/IV; Übersetzung bei Bresciani, 1969, S. 551 ff., bes. 555. Vgl. Johnson, 1974, S. 3. Vgl. auch die »Lehre des Anchscheschonqi«, col. V, 1 ff.; dazu Thissen, 1985, S. 19.

3 S. in diesem Zusammenhang den Fluch des Arbeiters Mose gegen Pharao, RAD 54, 13–55, 2; W. Egerton, 1951, S. 140. Vgl. auch Störk, in: Lexikon der Ägyptologie V, S. 636 s. v. Schimpfwörter.

4 Daß in der Realität zunächst politisch bedeutsame Ämter mit Königsverwandten besetzt blieben, spricht nicht gegen diese Ausdeutung, die ja ein ideelles Gebäude betrifft.

BIBLIOGRAPHIE

Primärtexte
el-Adly, Sanaa Abd el-Azim 1984: Die Berliner Lederhandschrift (pBerlin 3029), in: Die Welt des Orients. Wissenschaftliche Beiträge zur Kunde des Morgenlandes 15, Göttingen, S. 6–18; *Assmann*, Jan, 1975: Ägyptische Hymnen und Gebete, Die Bibliothek der Alten Welt, Zürich/München; *Borchardt*, Ludwig, 1913: Das Grabdenkmal des Königs Saːḥu-Re\u, Bd. II: Die Wandbilder, 2 Bde: Text und Tafeln, Ausgrabungen der Deutschen Orient-Gesellschaft in Abusir 1902–1908 VII, Leipzig; *Bresciani*, Edda, 1969: Letteratura e poesia dell' Antico Egitto, 2 ed., Turin; *Helck*, Wolfgang, 1977: Die Lehre für König Merikare. Kleine ägyptische Texte, Wiesbaden; *Hornung*, Erik, 1972: Ägyptische Unterweltsbücher, Die Bibliothek der Alten Welt, Zürich; *Lichtheim*, Miriam, 1973: Ancient Egyptian Literature: A Book of Readings, vol. I: The Old and Middle Kingdoms, Los Angeles; *Posener*, Georges, 1976: L'Enseignement loyaliste. Sagesse égyptienne du Moyen Empire. Centre de Recherches d'Histoire et de Philologie de la IVe Section de l'École pratique des Hautes Études II, Hautes Études Orientales 5, Genf; *Posener-Kriéger*, Paule/*Cenival*, Jean Louis de (Hrsg.), 1968: Hieratic Papyri in the British Museum. 5 th Series, The Abu Sir Papyri, London; *Sethe*, Kurt, 1959: Ägyptische Lesestücke. Texte des Mittleren Reiches, 3. Aufl., Darmstadt; *Spiegelberg*, Wilhelm, 1914: Die sogenannte demotische Chronik des Pap. 215 der Bibliothèque Nationale zu Paris nebst den auf der Rückseite des Papyrus stehenden Texten, Leipzig; *Thissen*, Heinz Josef, 1984: Die Lehre des Anchscheschonqi (P. BM 10508), Papyrologische Texte und Abhandlungen 32, Bonn.

Sekundärliteratur
Assmann, Jan, 1984: Ägypten: Theologie und Frömmigkeit einer frühen Hochkultur, Urban-Taschenbücher 366, Stuttgart/Berlin/Köln/Mainz; *ders.*, 1985: Politik zwischen Ritual und Dogma: Spielräume politischen Handelns im pharaonischen Ägypten, in: Saeculum. Jahrbuch für Universalgeschichte 35, Freiburg/München, S. 97–114; *Barta*, Winfried, 1975: Untersuchungen zur Göttlichkeit des regierenden Königs. Ritus und Sakralkönigtum in Altägypten nach Zeugnissen der Frühzeit und des Alten Reiches. Münchner Ägyptologische Studien 32, München/Berlin; *Blumenthal*, Elke, 1970: Untersuchungen zum ägyptischen Königtum des Mittleren Reiches. I. Die Phraseologie, Abhandlungen der Sächsischen Akademie der Wissenschaften zu Leipzig, phil.-hist. Klasse, Bd. 61, Heft 1, Berlin; *dies.*, 1979: Darstellung und Selbstdarstellung des ägyptischen Königtums. Untersuchungen zur schriftlichen Überlieferung des Mittleren Reiches, in: Ethnographisch-Archäologische Zeitschrift 20, Berlin, S. 79–94; *Brunner*, Hellmut, 1964: Die Geburt des Gottkönigs, Ägyptologische Abhandlungen 10, Wiesbaden; *ders.*, 1979: Zitate aus Lebenslehren, in: Erik Hornung/Othmar Keel (Hrsg.), Studien zu altägyptischen Lebenslehren, Orbis biblicus et orientalis 28, Freiburg (Schweiz)/Göttingen, S. 105–171; *Derchain*, Philippe, 1962: Le rôle du roi d'Égypte dans le maintien de l'ordre cosmique, in: Le pouvoir et le sacré (Luc de Heusch, Hrsg.), Brüssel, S. 61–73; *Eder*, Klaus (Hrsg.), 1973: Seminar: Die Entstehung von Klassengesellschaften, Frankfurt/Main; *Edgerton*, William F., 1951: The Strikes in Ramses III's Twenty-ninth Year, in: Journal of Near Eastern Studies 10, Chicago, S. 137–145; *Fecht*, Gerhard, 1958: Der Habgierige und die Maat in der Lehre des Ptahhotep (5. und 19. Maxime), Abhandlungen des Deutschen Archäologischen Instituts Kairo 1, Glückstadt/Hamburg/New York; *Fried*, M. H., 1967: The Evolution of Political Society. An Essay in Political Anthropology, New York; *Goedicke*, Hans, 1960: Die Stellung des Königs im Alten Reich, Ägyptologische Abhandlungen 2, Wiesbaden; *ders.*, 1985: Zmꜣ-tꜣwy, in: Mélanges Gamal Eddin Mokhtar (Paule Posener-Kriéger, Hrsg.), Bibliothèque d'Étude 97, 1, Kairo 307–324; *Gutgesell*, Manfred, 1983: Die Entstehung des Privateigentums an Produktionsmitteln im Alten Ägypten, in: Göttinger Miszellen. Beiträge zur ägyptologischen Diskussion, Heft 66, Göttingen, S. 67–80; *Habachi*,

Das Alte Ägypten 133

Labib, 1963: King Nebhepetre Menthuhotep: His Monuments, Place in History, Deification and Unusual Representations in the Form of Gods, in: Mitteilungen des Deutschen Archäologischen Instituts, Abteilung Kairo 19, Wiesbaden, S. 16–52; *Harari*, Ibrahim, 1957: La fondation cultuelle de N. k. wj ankh à Tehneh, in: Annales du Service des Antiquités de l'Égypte 54, Kairo, S. 317–344; *Helck*, Wolfgang, 1974: Die altägyptischen Gaue, Beihefte zum Tübinger Atlas des Vorderen Orients, Reihe B Nr. 5, Wiesbaden; *Hornung*, Erik, 1957: Zur geschichtlichen Rolle des Königs in der 18. Dynastie, in: Mitteilungen des Deutschen Archäologischen Instituts, Abteilung Kairo 15, Wiesbaden, S. 120–133; *ders.*, 1966: Geschichte als Fest, Reihe Libelli 246, Darmstadt; *ders.*, 1980: Von zweierlei Grenzen im alten Ägypten, in: Eranos-Jahrbuch 49, Leiden, S. 393–427; *Johnson*, Janet H., 1974: The Demotic Chronicle as an Historical Source, in: Enchoria. Zeitschrift für Demotistik und Koptologie 4, Wiesbaden, S. 1–17; *Kaiser*, Werner, 1964: Einige Bemerkungen zur ägyptischen Frühzeit III, in: Zeitschrift für ägyptische Sprache und Altertumskunde 91, Berlin, S. 86–125; *Keel*, Othmar, 1977: Der Bogen als Herrschaftssymbol, in: Zeitschrift des Deutschen Palästinavereins 93, Leipzig/Wiesbaden, S. 140–177; *Koenig*, Yvan, 1979: Livraisons d'or et de galène au trésor du temple d'Amon sous la XXe dynastie, in: Hommages à la mémoire de Serge Sauneron, Bibliothèque de'Étude 81, Kairo, S. 185–220; *Lexikon der Ägyptologie* (Hrsg. W. Helck/ E. Otto bzw. W. Helck/W. Westendorf) Bd. I–VI, Wiesbaden 1975–1986; *Lorton*, David, 1979: Towards a Constitutional Approach to Ancient Egyptian Kingship, in: Journal of the American Oriental Society 99, New Haven, S. 460–465; *ders.*, 1986: The King and the Law, in: Varia Aegyptiaca 2, San Antonio (Texas), S. 53–62; *Luft*, Ulrich, 1978: Beiträge zur Historisierung der Götterwelt und der Mythenschreibung, Studia Aegyptiaca IV, Budapest; *Moftah*, Ramses, 1985: Studien zum ägyptischen Königsdogma im Neuen Reich, Sonderschrift des Deutschen Archäologischen Instituts, Abteilung Kairo 20, Mainz; *Morenz*, Siegfried, 1964: Die Heraufkunft des transzendenten Gottes in Ägypten, Sitzungsberichte der Sächsischen Akademie der Wissenschaften zu Leipzig, phil.-hist. Klasse Bd. 109, Heft 2, Berlin; *Müller*, Hans Wolfgang, 1964: »Der Gute Gott Radjedef, Sohn des Re«, in: Zeitschrift für ägyptische Sprache und Altertumskunde 91, Berlin, S. 129–133; *Ockinga*, Boyo, 1984: Die Gottesebenbildlichkeit im Alten Ägypten und im Alten Testament, Ägypten und Altes Testament 7, Wiesbaden; *Osing*, Jürgen, 1977: Vier Ostraka aus Giza, in: Mitteilungen des Deutschen Archäologischen Instituts, Abteilung Kairo 33, Mainz, S. 109–111; *Otto*, Eberhard, 1938: Die Lehre von den beiden Ländern Ägyptens in der ägyptischen Religionsgeschichte, Studia Aegyptiaca I. Analecta Orientalia 17, Rom; *ders.*, 1956: Prolegomena zur Frage der Gesetzgebung und Rechtsprechung in Ägypten, in: Mitteilungen des Deutschen Archäologischen Instituts, Abteilung Kairo 14, Wiesbaden, S. 150–159; *ders.*, 1964–1966: Ägyptische Gedanken zur menschlichen Verantwortung, in: Die Welt des Orients. Wissenschaftliche Beiträge zur Kunde des Morgenlandes 3, Göttingen. S. 19–26; *ders.*, 1969: Legitimation des Herrschens im pharaonischen Ägypten, in: Saeculum. Jahrbuch für Universalgeschichte 20, Freiburg/München, S. 385–411; *Posener*, Georges, 1956: Littérature et Politique dans l'Égypte de la XIIe Dynastie, Bibliothèque de l'École des Hautes Études 307, Paris; *ders.*, 1979: L'enseignement d'un homme à son fils, in: Erik Hornung/Othmar Keel (Hrsg.), Studien zu altägyptischen Lebenslehren, Orbis biblicus et orientalis 28, Freiburg (Schweiz)/Göttingen, S. 307–316; *Reineke*, Walter F., 1979: Waren die *šwtjw* wirklich Kaufleute?, in: Altorientalische Forschungen 6, Berlin, S. 5–14; *Schlott-Schwab*, Adelheid, 1981: Die Ausmaße Ägyptens nach altägyptischen Texten, Ägypten und Altes Testament 3, Wiesbaden; *Schoske*, Sylvia, 1982: *Ptpt ḥ: swt*. Die Unterwerfung des Feindes im alten Ägypten, Diss. Heidelberg; *Seeber*, Christine, 1976: Untersuchungen zur Darstellung des Totengerichts im Alten Ägypten, Münchner Ägyptologische Studien 35, München/Berlin; *Seidl*, Erwin, 1951: Einführung in die ägyptische Rechtsgeschichte bis zum Ende des Neuen Reiches, 2. Aufl., Ägyptologische Forschungen 10, Glückstadt/Hamburg/New York; *Simpson*, William Kelly, 1979:

Topographical Notes on Giza Mastabas, in: Ägypten und Altes Testament 1, Festschrift Elmar Edel, Bamberg; *Vercoutter*, Jean, 1980: Le pays Irem et la pénetration égyptienne en Afrique. Stèle de Saar S. 579, in: Livre du Centenaire 1880–1980, Mémoires publiés par, les Membres de l'Institut français d'Archéologie Orientale du Caire 104, Kairo, S. 157–178.

KAPITEL IV

Sumer, Babylonien und Assyrien

VON SIEGFRIED HERRMANN

Einleitung: Mesopotamien, Syrien und Palästina als geschichtlicher Raum

Die politischen Entwicklungen im alten Vorderen Orient sind unablösbar von ihren geographischen, ethnographischen und wirtschaftlichen Voraussetzungen. Herodot nannte Ägypten ein »Geschenk des Nils«; nicht weniger bestimmend waren Euphrat und Tigris für Leben, Kultur und Machtausbreitung im mesopotamischen Raum. Trotz der äußeren Gemeinsamkeiten dieser beiden »Stromtalkulturen« bestehen doch in den Grundvoraussetzungen gravierende Unterschiede. Sie haben dazu beigetragen, daß es fast gleichzeitig in Ägypten und in Mesopotamien zu sehr verschiedenen Ausdrucksformen geschichtlichen, religiösen und politischen Lebens kam. Ägypten und das Niltal gehören zum afrikanischen Kontinent. Die Sinaihalbinsel bildet die kleine Landbrücke, die hinüber nach Asien führt, genauer gesagt, in einen geographisch und ethnographisch anders strukturierten Raum. Einen scheinbar selbständigen Mittelpunkt bildet die große arabische Halbinsel, die aber im Vergleich zu den ältesten Hochkulturen zunächst geschichtlich bedeutungslos bleibt. Es sind vielmehr die nördlichen Randzonen dieser arabischen Landmasse, die fast gleichzeitig mit Ägypten geschichtlich hervortreten. Es sind die unmittelbar an die syrisch-arabische Wüste angrenzenden Länder, die um das Jahr 3000 v. Chr. mit ihren selbständigen Entwicklungen historisch greifbar werden. Nicht die eigentliche Wüste, sondern der Steppengürtel, der den Kulturländern vom Persischen Golf über Mesopotamien, Syrien und Palästina in weitem Bogen vorgelagert ist, ermöglichte die nomadische Lebensweise. Aus diesen Randzonen erfolgte der Übertritt nicht seßhafter Menschen in die fruchtbaren Ländereien mit fester Besiedlung und Ackerbaukultur in der Umgebung der großen Ströme.
Die Geschichte Mesopotamiens, Syriens und Palästinas ist seit dem 3. Jahrtausend v. Chr. charakterisiert durch den rhythmisch in verschiedenen Etappen erfolgenden Zustrom neuer Bevölkerungen aus den südlichen Steppen, die mit ihrem Übergang zur bäuerlich-agrarischen Kultur und Lebensweise jeweils auch zu Trägern neuer politischer Gestaltung in Mesopotamien und Syrien wurden und maßgebend die Entwicklungen zunächst in einem engeren Bereich, später weiter ausgreifend in größeren Räumen beeinflußten und bestimmten. Gegenkräfte meldeten sich in fast regelmäßiger Folge aus den das mesopotamische Tiefland begrenzenden nördlichen Gebirgen des anatolisch-armenischen und des persisch-elamischen Hochlandes. Die aus dieser Richtung seit dem Ende des 3. Jahrtausends hervorbrechenden sogenannten »Bergvölker« gelangten in die fruchtbaren Niederungen des Zweistromlandes, griffen gewaltsam in die dort herrschenden Verhältnisse ein, ohne daß es ihnen freilich gelang, ihre eigene

Kultur den Bewohnern des Tieflandes aufzuzwingen. Die Bewohner Mesopotamiens konnten sich seit dem Ende des 3. Jahrtausends und namentlich im 2. Jahrtausend gegen diese Eindringlinge aus dem Norden im ganzen erfolgreich zur Wehr setzen, erlagen ihnen aber seit der Mitte des 1. Jahrtausends.

Die bewegte Geschichte Mesopotamiens im Altertum hat im Verlaufe von rund 2000 Jahren drei Machtzentren gekannt, die nicht einander ablösten, sondern parallel zueinander, selten als Bündnispartner, meist als Rivalen gegeneinander, existierten. Die älteste Machtbildung nahe dem Persischen Golf geht bis in das 3. Jahrtausend zurück, das Staatswesen der *Sumerer*, deren Volkstum freilich bis heute nicht genau bestimmt ist. Sie kamen wohl nicht aus der südlichen Wüste, sondern hatten ihre Wurzeln weiter östlich. Die nächste zukunftweisende Machtkonzentration erfolgte in der zweiten Hälfte des 3. Jahrtausends durch die aus den südöstlichen und östlichen Steppenzonen vordringende sogenannte erste semitische Völkerwelle, die nordwestlich von Sumer im Lande Akkade an Boden gewann und dort im späteren babylonischen Bereich zum ersten Mal Großraumpolitik betrieb, über lokale Machtpositionen hinausging und eine Zusammenfassung der Kräfte anstrebte, das Reich Sargons I. von Akkade. Einbrechende Bergvölker machten dem ein Ende, und erst nach einer Periode politischer Unsicherheiten und einer Epoche sumerischer Restauration konnte es den Trägern einer neuen semitischen Welle von wahrscheinlich höchst komplexer Natur und größerer Ausdehnung, mehr verlegenheitshalber als berechtigt »Amoriter« oder »Westsemiten« genannt, gelingen, in der ersten Hälfte des 2. Jahrtausends in Gestalt der sogenannten 1. Dynastie von *Babylon* ein beeindruckendes Machtgebilde zu schaffen. Aus dieser Zeit ragt die Gestalt des Königs Hammurabi hervor.

Die Schwäche Babylons und der Einbruch der Bergvölker um die Mitte des 2. Jahrtausends beförderten das Aufkommen der *Assyrer* mit ihrem Zentrum am mittleren Tigris. Dort kam es im Laufe der folgenden Jahrhunderte zu mehreren Reichsbildungen, begleitet und unterbrochen von innermesopotamischen Spannungen, mehr und mehr aber doch getragen von dem Willen zu raumgreifender Beherrschung größerer Territorien. Endgültig wurde der syrisch-palästinische Raum in das Konzept des assyrischen Großreiches einbezogen, der in der ersten Hälfte des 1. Jahrtausends schließlich fast ganz Bestandteil des assyrischen Provinzialsystems wurde. Ein letzter kurzer Höhepunkt war den Assyrern im 7. Jahrhundert beschieden, als sie bis nach Ägypten vordrangen, aber relativ rasch durch erstarkende ägyptische Kräfte verdrängt und vertrieben wurden. Nach wenigen Jahrzehnten des Machtverfalles erlagen die Assyrer gegen Ende des 75. Jahrhunderts einer mit den Medern verbündeten neuen babylonischen Dynastie. Zwar konnte sich das neubabylonische Reich einer »spätklassischen« Blüte für rund ein halbes Jahrhundert unter Nebukadnezar erfreuen, verfiel jedoch um die Mitte des 6. Jahrhunderts und wurde Teil des persischen Großreiches unter Kyros II. Seinem Nachfolger Kambyses gelang 525 die Eroberung Ägyptens. Das 5. Jahrhundert erlebte das Ausgreifen des Perserreiches nach dem griechischen Festlande, von wo im 4. Jahrhundert Alexander der Große aufbrach, um den Orient sich zu unterwerfen und somit Okzident und Orient in seinem Weltreich miteinander zu verbinden (vgl. unten, S. 441). Dennoch hatte der Orient nicht ausgespielt. Die selbständigen Machtgebilde der östlichen Diadochenstaa-

Sumer, Babylonien und Assyrien 137

ten, namentlich der Seleukiden in Syrien und Babylonien und der Ptolemäer in
Ägypten, zeitweilig auch im palästinischen Raum, leisteten dem Westen harten
Widerstand, den erst die Römer brachen. Dennoch blieb der Osten auch im
Gefüge des Römerreiches ein Unruheherd, wo selbständige Bestrebungen nie
ganz zum Erliegen kamen.
Die Erklärung für dieses eigenartige Phänomen eigenwilliger Machtpolitik und
eines hohen Grades von Widerstandskraft in den vorderorientalischen Staaten,
selbst in kleineren politischen Gebilden, muß auf verschiedenen Ebenen gesucht
werden. Die Gründe sind gewiß auch politischer Natur, aber sie haben tiefere
Wurzeln in der ethnographischen Komplexität des ganzen Raumes und den damit
verbundenen geistigen Besonderheiten, die jeweils anders, aber immer folgenreich mit starken religiösen Komponenten verknüpft waren.
Zu den Expansionsgebieten der Großmächte an Euphrat und Tigris, aber auch
des anatolischen Raumes, gehört die syrische Landbrücke, der schmale Streifen
fruchtbaren Kulturlandes an der Ostseite des Mittelmeeres, kaum mehr als 120
Kilometer in West-Ost-Erstreckung breit. Sein nördlicher Teil trägt die Bezeichnung Syrien, sein südlicher heißt gewöhnlich Palästina, in erster Linie als Land-
schaftsbezeichnung für die Gebiete beiderseits des Jordans verstanden, unabhängig von den jeweiligen Herrschaftsverhältnissen. Syrien und Palästina sind der
westliche Teil jenes »fruchtbaren Halbmondes« (»fertile crescent«), wie jene
geläufig gewordene Wendung lautet, die die agrarisch nutzbaren Länder am
Rande der syrisch-arabischen Wüste vom Sinai bis zum Persischen Golf in einem
Begriff zusammenschließt. Während jedoch das mesopotamische Kulturland aus
den Steppenzonen unmittelbar zugänglich war, bildeten die in Nord-Süd-Rich-
tung verlaufenden Gebirge Syriens und Palästinas eine Barriere, die den direkten
Weg zum Mittelmeer versperrte. Die Aufnahmefähigkeit für neue Bevölkerungen
war zumindest in den gebirgigen Gegenden begrenzt. Bedeutsamer war die ihnen
von Westen her vorgelagerte Küstenebene, die den relativ ungehinderten Durch-
zug von Nord nach Süd, den Weg von Mesopotamien nach Ägypten und umgekehrt, möglich machte und zu einem historisch hochbedeutsamen Verbindungs-
weg zwischen den Großmächten wurde.
Die wirtschaftliche Bedeutung Syrien/Palästinas war zweitrangig und ist es bis
heute geblieben. Die beiden Hauptströme, die in entgegengesetzter Richtung sich
bewegen, nach Norden der Orontes in Syrien, nach Süden der Jordan in Palästina,
sind nur begrenzt nutzbar gewesen und erst in moderner Zeit durch technische
Maßnahmen in ihrer wirtschaftlichen Bedeutung gestiegen. An Bodenschätzen
sind die Länder arm und gaben schon im Altertum kaum etwas her. Man war auf
die Bearbeitung des kargen Bodens und die Viehhaltung angewiesen. Dennoch
richteten Ägypten und die nördlichen Großmächte in rhythmischer Folge ihre
Interessen auf diese Landbrücke zwischen Afrika und Asien, weil sie ihnen noch
größeren Machtzuwachs versprach. Alle Bestrebungen zu politischer Selbständigkeit und Unabhängigkeit brachen in Syrien und Palästina regelmäßig unter
äußerem Druck zusammen, nicht zuletzt weil das vielgegliederte Gebirgsland die
Kleinstaaterei förderte, das Stadtstaatenwesen favorisierte und nur dann Ansätze
zur Machtkonzentration möglich wurden, solange die Großmächte mit sich
beschäftigt und die syrisch-palästinischen Provinzen sich selbst überlassen
waren.

Das geschah, streng genommen, nur ein einziges Mal, als das ägyptische Neue Reich am Ende des 2. vorchristlichen Jahrtausends zu Ende ging und die Macht der Assyrer durch den Zustrom der Aramäer gebunden war. In diesem machtpolitischen Vakuum von kaum mehr als 200 Jahren gelang den Israeliten ihre Seßhaftwerdung in Palästina und dem König David die Bildung eines selbständigen Großreiches, das bis tief nach Syrien reichte, aber dem Aufkommen der Aramäerstaaten, vorab dem Reich von Damaskus, auf Dauer keinen wirksamen Widerstand entgegensetzen konnte. Was blieb, waren Koalitionsversuche der Nachfolger Davids mit den Syrern, um der geballten Macht der Assyrer vom 9. Jahrhundert an zu begegnen. Die rund hundert Jahre relativer Unabhängigkeit, die sehr viel später die Dynastie der Hasmonäer zwischen Seleukidenherrschaft und römischer Besetzung des Landes vom 2. zum 1. vorchristlichen Jahrhundert ertrotzen konnte, blieb letztlich eine Episode, die im Kräftespiel zwischen den Großmächten gewagt wurde, aber im Angesicht der stärkeren Potenzen und aus Mangel an fähigen Persönlichkeiten zu raschem Untergang verurteilt war.

Man hat dieses gewaltige Spiel der Kräfte und Mächte, die durch mehr als drei Jahrtausende den Vorderen Orient beherrscht haben, wenigstens streckenweise auf einige Schemata zu bringen vermocht. Eindrucksvoll ist die Machtverschiebung von Süd nach Nord-Ost, die in sukzessiver Folge von der Vormachtstellung Ägyptens im Neuen Reich zu Ende des 2. Jahrtausends ausging, sich nach Palästina verlagerte, wo David und Salomo selbständig und mit Großmachtambitionen regieren konnten, ihre Vormacht aber an Syrien abtraten, das von dem erneut aufgestiegenen Assyrien bezwungen wurde, das aber seinerseits der Übermacht der Meder und Babylonier nicht standhalten konnte. Im Zuge der nach dem Nordosten und Norden fortschreitenden Vormacht breiteten nunmehr die Perser ihre Herrschaft über die gesamte hier in Rede stehende Ländermasse aus, wurden zu Erben des babylonischen Reiches, besiegten Ägypten, bezogen Anatolien in ihre Machtsphäre ein und standen vor den Toren Griechenlands. Dieser hier geschilderten, von Ägypten aus nach Nordosten gerichteten Machtverlagerung entspricht eine von Osten nach Westen verlaufende Bewegung jeweils dominierender Machtträger, die von Sumer ausgehend über Babylonien und Assyrien bis zum Hettiterreich weiterführte, das um die Mitte des 2. Jahrtausends in die Räume Mesopotamiens und Syriens überraschend und erfolgreich vorstieß. Der im 13. Jahrhundert geschlossene Friedensvertrag zwischen Ägyptern und Hettitern nach der Schlacht bei Kadesch am Orontes, wo Ramses II. den Hettiterkönig Muwatalli zum Stehen brachte, scheint endlich nach jahrhundertelangem Ringen die machtpolitische Balance zwischen dem Norden und dem Süden gebracht zu haben. Die beiden stärksten Mächte ihrer Zeit erkennen sich gegenseitig an. Aber das Gleichgewicht der Kräfte wird bald darauf von Westen her durch die Bewegung der sogenannten »Seevölker« und von Osten durch das Aufkommen der Aramäer gestört und führt weiträumig zum Kräfteumschwung um 1200, der den Israeliten und den Syrern zur Macht verhilft. Erst der Aufbruch Griechenlands setzt im 1. Jahrtausend das Fortschreiten der Vormachtstellung nach Westen fort und führt durch Alexander zu einer wirklichen Weltmacht, die den Orient bestimmt und sogar darüber hinausstößt. Nach einem kurzen Intervall setzen die Römer dazu an, ihr Imperium aufzubauen, dessen Ausdehnung die Machtsphäre Alexanders im Osten nach fast allen Richtungen übertrifft.

Sumer, Babylonien und Assyrien

139

In eigenwilliger, aber ihrem Stil gemäßer Weise hat die Bibel annähernd die gleichen Machtverhältnisse und Operationsbereiche in Form eines genealogischen Schemas beschrieben. In der sogenannten »Völkertafel« *Genesis 10* erscheinen die drei Noahsöhne Sem, Ham und Japhet nach Abschluß der Sintflut als Repräsentanten dreier Völkergruppen mit ihren Nachfahren, die »Hamiten« als die Vertreter des Südens einschließlich Ägyptens und Kanaans, die »Japhetiten« als die nördliche Machtgruppe, Anatolien und Medien eingeschlossen, die »Semiten« als die Söhne der Mitte, darunter die Aramäer und Assyrer. Wann auch immer Israel in der Lage war, in solcher geschichtlich-politischen Schau die Völkerwelt zu umgreifen und in sich zu differenzieren, sei es schon in seiner Frühzeit oder erst im Gefolge des babylonischen Exils im 6. Jahrhundert, es ist exakt beschrieben, was als Großstruktur die Geschichte des alten Vorderen Orients ausmacht, der Widerstreit zwischen Nord und Süd, in den das relativ kleine Syrien/Palästina unwiderruflich hineingerissen wird, Teilstück der semitischen Gruppe der Mittelmächte, die nach 1200 einander die Vormachtstellung abtreten, wie es oben beschrieben wurde.

Ist es sachgemäß, angesichts dieser Verzahnung von Kräftegruppen und Bevölkerungsschichten, von Machtgewinn und Machtverfall, von der Ausbildung und gestaltenden Kraft politischer Ideen zu sprechen? Ist es nicht vielmehr ein Reagieren auf jeweils neue Bewegungen, die nicht allein aus dem politischen Kalkül, sondern aus der Unausweichlichkeit neuer Kräfteverhältnisse kommen, die in dem geographisch höchst komplexen Raum durch das periodische Aufkommen neuer Bevölkerungselemente ausgelöst werden? Bis zum heutigen Tage ist dies das Problem der Nahostpolitik, daß geographische und ethnische Vorbedingungen den politischen Ausgleich erschweren und immer wieder ein wirkliches Gleichgewicht der Kräfte unmöglich machen. Die Erfordernisse moderner politischer Bestrebungen, Ziele und Notwendigkeiten sind nicht als unmittelbare Folge der antiken Verhältnisse zu beurteilen, wohl aber sind die strukturellen Voraussetzungen, unter denen politische Fragen gestellt und Lösungen angestrebt werden müssen, weitgehend dieselben geblieben wie in der alten Welt. Auch die unter dem Vorzeichen des Islam zusammenzufassenden Staatsgebilde verfolgen ihre jeweils eigene Interessenpolitik, die mit den besonderen geographischen und ökonomischen Voraussetzungen der Nahostregion fertigwerden muß. Der Konflikt ist am stärksten und nachhaltigsten, wo auch der Raum am kleinsten ist, auf der syrisch-palästinischen Landbrücke. Sie ist die Zunge an der Waage und der Gradmesser ausgleichender oder widerstreitender politischer Interessen geblieben, auch dann, wenn die Großmächte nur im Hintergrund und abwartend verharren.

Vorbemerkung: Kultur und politische Administration

Die Keimzelle politischer Entwicklungen im mesopotamisch-syrischen Raum ist seit frühesten Zeiten die Stadt, die sich zum Stadtstaat entwickelte. In den weiten Ebenen Mesopotamiens suchte der Mensch Schutz hinter den bergenden Mauern der Städte, in denen sich das Gemeinwesen organisierte. Die monarchische Verfassung erscheint ebenso als unbestrittene Grundgegebenheit wie die Allgegenwart der Götter, unter deren Schutz die Stadt sich stellte, insbesondere unter deren Hauptgott, als dessen Diener der Herrscher sich fühlte. Im alten Sumer war er ein »Priesterfürst« *(ensi)*, der ebenso die religiösen wie die profanen Belange des Stadtstaates regelte. Erst später setzte sich der Königstitel durch. Die Neigung, die Könige zu vergöttlichen, bestand nur zeitweise und beschränkte sich auf die Erhebung des Herrschers in göttlichen Rang, ohne ihm göttliche Abkunft zu bescheinigen. Aus dem Sumerertum kam die Vorstellung des Regenten als Hirten, die vor allem in den Titulaturen ihren Niederschlag fand und die uneingeschränkte Fürsorge des Staatsoberhauptes für seine Untertanen zum Ausdruck brachte. Die Stadt selbst überragte ein turmartig-pyramidenähnliches Bauwerk, der Tempelturm *(Zikkurat)*, der mehrfach gestuft und vom Tempel des höchsten Gottes gekrönt war. Gleichsam »stufenweise« näherte sich der Mensch der Gottheit und fühlte sich auf der Spitze der Tempelanlage dem Himmel am nächsten. Die biblische Erzählung vom Turmbau zu Babel hat hier ihr historisches Vorbild. Die knappe Erzählung *Genesis 11,1−9* basiert in prototypischer Weise auf der Vorstellung der mesopotamischen Stadt. Denn nicht der Turm allein steht im Mittelpunkt der Erzählung. Es ist zuerst die Stadt, die sich die Menschen in der weiten Ebene bauten und mit der sie Kultur und Zivilisation begannen (ähnlich *Genesis 4,7*). Inmitten der Stadt wurde jener Turm gebaut, der bis zum Himmel reichen sollte. Darin sieht der biblische Verfasser die Überheblichkeit der frühen Menschheit, der die Strafe Gottes auf dem Fuße folgte. Der Turm blieb unvollendet, und aus den schützenden Mauern der Stadt wird die Menschheit vertrieben, in die weite Ebene zerstreut und ihre Sprache verwirrt. Nicht auszuschließen ist, daß die Erfahrung fremder Sprachen außerhalb der engen Stadtstaatenbereiche den Gedanken an die Sprachverwirrung inspirierte und förderte.

Das in sich gefestigte und funktionierende Gemeinwesen der Stadt mit den sie umgebenden Ländereien war bedroht durch feindselige Nachbarn ringsum. Früh schon brachen Stadtrivalitäten aus, die zu Übergriffen auf fremden Besitz und zu konzentrierter Machtbildung durch mehrere Stadtstaaten unter Vorrangstellung eines einzigen führten. Die Ebenen lockten zu expansiver Politik und zu weit ausgreifenden militärischen Unternehmungen, die sich schließlich auch auf ferne Länder erstreckten, vornehmlich in nordwestlicher Richtung über Mesopotamien hinweg bis zum Mittelmeer. Mögen die frühen Eroberungszüge des 3. Jahrtausends auch legendär ausgeschmückt worden sein, sie waren möglich, sofern ihnen harter Widerstand nicht entgegengesetzt wurde. Im 2. Jahrtausend komplizierten sich die Verhältnisse wesentlich durch den Zustrom neuer Bevölkerungen aus den Steppengebieten und durch das aggressive Vorgehen der sogenannten »Bergvölker« aus dem Norden. Rivalitäten zwischen Babylonien und dem inzwischen erstarkten Assyrien kamen hinzu und führten niemals zu einer tragfähigen Balance zwischen den Staatswesen oder zu einer auf Dauer angelegten Bündnispolitik. So wenig uns die Quellen in grundsätzlicher Weise über Akte politischer Willensbildung etwas zu sagen vermögen oder gar darüber reflektieren, so lassen sie doch durch vielfältige Schilderungen einzelner Vorgänge im nachhinein Absicht und Umfang politischer Überlegungen erkennen. Doch schwerlich folgte man damals bewußt einer politischen Theorie oder Idee im modernen Sinne, eher einer instinktsicheren Einsicht in die jeweiligen Möglichkeiten politischen Handelns, nicht selten, wie es zumindest scheint, mit erstaunlicher Unbekümmertheit

Sumer, Babylonien und Assyrien 141

gegenüber der Stärke des Gegners. Oftmals war man ihm allerdings auf Gedeih und Verderb ausgeliefert, und eine auf die totale Vernichtung des Gegners angelegte militärische Doktrin und Strategie kannte besonders gegenüber Fremdstämmigen keine Rücksicht.

Die kulturellen Leistungen stehen in unmittelbarer Relation zu den politischen und kriegerischen. Denn sie sind gleichermaßen Voraussetzung und Resultat jeweils festgefügter Ordnungen, deren Instrumentarium zu einem guten Teil von den Sumerern auf die Babylonier und von ihnen auf die Assyrer überging. Von den Sumerern übernahmen sie die Keilschrift und wußten sie den jeweils eigenen sprachlichen Veränderungen anzupassen. Die abstrakte Form der aus anfänglich bildhaften Darstellungen gewonnenen Silbenzeichen ist durch das Schreibmaterial bedingt. In den feuchten, zähen Ton wurden die Zeichen mit einem Rohrgriffel gepreßt, zumeist in Gestalt dreiseitiger Prismen mit nachfolgenden Strichen (»Keilen«). Der hohe Abstraktionsgrad der variantenreichen Schrift steht in enger Beziehung zu den beachtlichen Leistungen, besonders der Babylonier, auf den Gebieten der exakten Wissenschaften. Dazu gehören bis auf den heutigen Tag gültige Einsichten in Prinzipien der Mathematik und Astronomie, in enger Verbindung damit der Chronologie und ihrer Berechnungseinheiten. Die Sieben-Tage-Woche ist babylonisches Erbe, und die uns geläufigen Namen der Wochentage lassen noch immer ihren Ursprung aus der babylonischen Götterwelt erkennen, genauer gesagt, sie folgen dem von den Babyloniern zu ihrer Zeit erkannten System der sieben Planeten. Vermutlich durch hettitische Vermittlung gelangten die astronomischen Erkenntnisse an die Griechen. Sie ersetzten die babylonischen Götternamen durch die Namen ihrer funktionsgleichen Götter; dasselbe taten die Römer, als sie sich an die griechischen Namen anlehnten. So sind unsere Wochentagsnamen zwar auf dem Wege über mehrere Überlieferungsstadien zustandegekommen, spiegeln aber noch immer die babylonische Grundstruktur der Benennungen der einzelnen Tage: Schamasch = Sonne (Sonntag); Sin = Mond (Montag, Lundi); Nergal = Kriegsgott = Mars (Mardi); Nabu = Gott des Schreibens und des Handels = Merkur (Mercredi); Marduk = oberster babylonischer Gott = Jupiter (Jeudi); Ischtar = Fruchtbarkeit, dominierende weibliche Gottheit = Venus (Vendredi); Ninurta = Schutzgott für Acker und Getier = Saturn (Saturday).

Die Einführung der Sieben-Tage-Woche ist kein beliebiges Beispiel für die wissenschaftlichen und kulturellen Leistungen der Babylonier. Der Kalender gehörte in einem unmittelbaren Sinne zur Staatsverfassung. Er ist Ausdruck für die allseitig regulierte und gestraffte Ordnung und Organisation der »Polis«, aus der politische Leistungsfähigkeit und eine für ihre Zeit beispiellose Einsicht in die Beherrschung »gesellschaftlicher« Kräfte erwuchs. Dazu dienten der rationelle Einsatz der Menschen in kalendarisch fester Ordnung, die schriftliche Fixierung der einzelnen Vorgänge und ihre juristische Absicherung. Zehntausende von Keilschrifttafeln aus dem babylonisch-assyrischen Raum mit Verwaltungs- und Rechtstexten belegen neben annalistischen Aufzeichnungen und der diplomatischen Korrespondenz der Könige eine nahezu perfekte Administration.

1. Von den Sumerern zur ersten Dynastie von Babylon

Die Herkunft der Sumerer, die im äußersten Südosten Mesopotamiens am Persischen Golf Fuß faßten, ist bis heute ungeklärt. Sprachliche Beziehungen zu den Drawida-Völkern Südindiens sind nicht ausgeschlossen. Die alte Annahme mag richtig sein, daß die Sumerer gegen Ende des 4. Jahrtausends v. Chr. in ihr Siedlungsgebiet vordrangen, dort seßhaft wurden und eine selbständige Kultur entwickelten. Bei ihnen zeigen sich schon alle Merkmale, die die Struktur zweistromländischer Lebensformen ausmachen. Der Stadtstaat ist die politische Einheit. Der Stadtfürst *(ensi)*, als oberster Verwalter des Haupttempels auch gern »Priesterfürst« genannt, steht an der Spitze. Zuweilen hatte seine Frau die oberste Stellung im Tempel der weiblichen Hauptgottheit der Stadt inne. Die wirtschaftliche Leitung des Gemeinwesens ging vom Tempel aus, der über eigene Ländereien und vor allem über die Verteilung des Wassers verfügte. Bereits die Sumerer kanalisierten das Land, schufen Dämme und grenzten das Land ein, um dadurch zugleich die Besitzverhältnisse festzulegen und zu sichern. Den Tempeln gehörten die meisten Ländereien, sie verpachteten Grundstücke, sie führten darüber Buch und machten das Verwaltungssystem aktenkundig. Die Ursprünge der Keilschrift liegen in der Tempelwirtschaft. Ihre Bedürfnisse verlangten eine exakte Fixierung, um dem Rhythmus des Jahres folgend die Wasserverhältnisse, die Verteilung der Erträge und die Landzuweisungen zu regeln.

Die Bodenreform des Urukagina

Die Dynastien der einzelnen Stadtstaaten sind nur annähernd bekannt und nur grob datierbar. Am besten sind wir über die Dynastie von Lagasch unterrichtet, deren erster Hauptvertreter Urnansche um 2500 v. Chr. anzusetzen ist, ihr letzter, Urukagina, um 2355. In der Hauptsache aus Königsinschriften geht die bewegte und spannungsreiche Geschichte der rivalisierenden Stadtstaaten hervor, die sich gegenseitig bekämpften, sich aber letztlich der Vorherrschaft eines der Fürsten zu beugen bereit waren, der sich nunmehr als Beherrscher eines größeren Territoriums »König« nannte im Unterschied zum bloßen »Stadtfürsten« *(ensi)*. Von Urukagina wissen wir, daß er nicht nur seinen Vorgänger absetzte, sondern sich auch der Vorherrschaft des Königs von Kisch zu entziehen versuchte; er nannte sich selbst König und trachtete nach der Herrschaft über mehrere Stadtfürstentümer. Bemerkenswert vor allem ist aber eine Inschrift aus seinem ersten Regierungsjahr, die davon spricht, daß der König auf Befehl des Stadtgottes Ningirsu »die Bestimmungen von früher wiederherstellte«. Diese Formulierung bezieht sich auf eine regelrechte Bodenrechtsreform, die der König offenbar gegen die führenden Schichten seiner Stadt durchsetzte, und es ist nicht auszuschließen, daß es eben dieses Reformvorhaben war, das den König die Macht an sich reißen ließ. Die Maßnahmen werden als »Rückgabe« von Land an die Götter, also an den Besitz des Tempels, geschildert. Sowohl der Stadtfürst selbst als auch seine Untertanen scheinen sich widerrechtlich in den Besitz von Grund und Boden gebracht zu haben; Mißhelligkeiten im Gemeinwesen waren die Folge. Urukagina enthob auch Aufseher, Kontrolleure und solche, die Abgaben einzutreiben hatten, ihrer Ämter; Priester, die bei Bestattungen zu hohe Gebühren verlangten, erhielten eine

Sumer, Babylonien und Assyrien 143

regelrechte »Gebührenordnung« in Gestalt einer Liste von Naturalien, auf die sie ihre Forderungen zu beschränken hatten. Hinzu kamen Regelungen über Grundbesitz und Hauskauf, Anordnungen, die die Übervorteilung kleiner Leute beseitigen sollten. Der König schließt die Aufstellung seiner Reformmaßnahmen mit den Worten: »Daß der Waise und der Witwe der Mächtige nichts antue, hat mit Ningirsu Urukagina einen entsprechenden Vertrag geschlossen.« Der Schutz von Witwen und Waisen gehört, wie noch im Alten Testament, zu den Kernsätzen sozialer Forderungen im altorientalischen Recht; an der Integrität der am meisten benachteiligten Gruppen hat sich die Rechtsordnung zu bewähren. Bezeichnenderweise werden diese Reformakte des Königs als Wiederherstellung alten Rechts hingestellt, wodurch die herrschenden Zustände als unrecht und änderungsbedürftig erscheinen. Diese Begründung liefert sozusagen die historische Legitimation der getroffenen Maßnahmen und schafft einen Argumentationsrahmen, dem man sich nur schwer entziehen kann – eine Verfahrensweise, die sich in der Geschichte des alten Orient häufiger findet und weit darüber hinaus gewirkt hat.

Freilich, wie häufig in solchen Fällen, scheint die Reform des Urukagina ein herausragendes Ereignis gewesen zu sein, dessen Erfolg begrenzt blieb, zumal Streitigkeiten über Grenzfluren mit der Nachbarstadt Umma dort den Fürsten Lugalzaggesi zur Macht brachten, der nicht nur Lagasch zerstörte, sondern ganz Sumer eroberte und dafür berühmt wurde, daß er als erster sumerischer König bis zum Mittelmeer vorgedrungen sein soll. Mit ihm setzen jene gewaltigen expansiven Bewegungen ein, die sich später bei Babyloniern und Assyrern in größtem Maßstab wiederholten. Schwerlich hat Lugalzaggesi ein »sumerisches Großreich« begründet. Die durchzogenen Länder auf Dauer seinem Herrschaftsbereich einzuverleiben, fehlten ihm die nötigen Mittel. Die Frage ist, ob diese weit ausgreifenden Bewegungen in dieser frühen Zeit nur dem Prestige des Herrschers dienten, in die Weite des Raumes vorzudringen, oder ob nicht, wie es später offenkundig ist, wirtschaftliche Interessen die Hauptrolle spielten, um sich der Güter fremder Länder zu bemächtigen.

Anfänge der Großreichbildung: Sargon von Akkade

Lugalzaggesi wurde das Opfer eines noch energischer auftretenden Fürsten, des Sargon von Akkade, der im Raum des späteren Babylonien als semitischer Herrscher in die Auseinandersetzung mit den Sumerern eintrat. Als Exponent einer aus der syrischen Wüste nach dem mittleren Mesopotamien vorgedrungenen Bevölkerung begründete er seine Herrschaft, die er zu einem Großreich auszubauen verstand, das von Westiran bis Kleinasien gereicht haben soll und das noch von seinem Enkel Naram-Sin (ca. 2260–2223) gehalten und verteidigt werden konnte.

Die Großreichbildung des Sargon von Akkade, der zugleich der Begründer einer Dynastie von fünf Königen war, hat sich dem zeitgenössischen Bewußtsein tief eingeprägt. Zwar ist das zuverlässige Quellenmaterial über Sargon selbst begrenzt, aber die Legende hat sich seiner angenommen. Zum ersten Mal erscheint bei ihm im Zusammenhang einer Schilderung seiner Kindheit und Jugend das späterhin vielfach verwendete Motiv des ausgesetzten Kindes (wie bei Mose,

Gilgamesch, Romulus und Remus, Perseus und anderen), um Herkunft und Aufstieg einer Persönlichkeit aus geheimen und wunderbaren Voraussetzungen zu erklären. Die »Sargon-Legende« läßt erkennen, daß der spätere Herrscher, von einer »Vestalin« geboren und ausgesetzt, aus dem Kreis einer Bevölkerung kam, die zu den semitischen Einwanderern gehörte, und daß seine Karriere in der semitisch besiedelten Stadt Kisch begann. Doch begründete der König seine eigene Herrschaft in der Stadt Akkade. Nach ihr wurde das semitische Idiom, das allmählich das Sumerische zurückdrängte, gemäß moderner wissenschaftlicher Konvention »das Akkadische« (früher »das Babylonisch-Assyrische«) genannt. Soweit sich darüber noch sicher urteilen läßt, unterwarf sich Sargon zunächst Gebiete seiner engeren Umgebung, vor allem bezwang er Sumer, ehe er sich nach Nordwesten wandte, das Euphratgebiet durchzog, nach Nordsyrien gelangte (Ebla und der Libanon werden genannt) und schließlich bis in den Taurus vordrang. Ob er Kleinasien, Kreta und Zypern eroberte, bleibt ungewiß. Die östlichen Nachbarn, Elam und Warachsche, die miteinander verbündet waren, will Sargon ebenfalls bezwungen haben.

Welche Bedeutung hatte Sargons Ausgreifen in so entfernte Territorien? Es war nicht nur machtpolitischer Natur, sondern verfolgte zugleich wirtschaftliche Interessen, Tributforderungen und Rohstoffimport. Holz, Stein und Metall waren in den flachen, landwirtschaftlich genutzten Gebieten um das spätere Babylonien seltene Güter. Eine besondere Rolle spielte das Zinn für Bronzelegierungen. Sargon hat das »Zinnland« erobert, vermutlich Küstenstriche oder Länder am Mittelmeer. Zur Erschließung dieser Wirtschaftsgüter bedurfte es letztlich nicht der umfassenden Beherrschung der erreichbaren Gebiete und Länder, sondern allein der Sicherung der Zugangswege. Dies geschah weitgehend durch »Statthalter« an den wichtigsten Punkten des »Reiches«. Der alte sumerische Titel *ensi* wird jetzt im Sinne von »Statthalter des Königs« gebraucht. Zusätzlich heißen diese Beamten »Bürger von Akkade« und standen wohl in einem engen Vertrauensverhältnis zum König, in dessen Hand alle Macht lag. Späterhin haben die Herrscher der Sargoniden-Dynastie sich »Gott von Akkade« genannt oder das Gottesdeterminativ vor ihren Namen gesetzt. Mit Recht ist gesagt worden, daß sie sich nicht wesensmäßig als Götter verstanden, eine dem mesopotamischen Denken fremde Vorstellung, sondern kraft ihrer umfassenden Funktionen sich wie Organe eines göttlichen Willens verstanden, dessen Ausführung ihnen oblag. Es ist nicht verfehlt, die wirtschaftliche Grundstruktur des Reiches sich nach dem Prinzip einer um den königlichen Hof zentrierten »Prestige-Wirtschaft« vorzustellen. In erster Linie dienten die Einkünfte des Staates der vom König geleiteten Hofhaltung und ihrem Personal. Deren Entlohnung erfolgte durch Naturalien, schließlich aber auch durch Liegenschaften, durch die Zuweisung von Grund und Boden. So entstehen zwangsläufig die Voraussetzungen für ein neues Wirtschaftssystem, das, modern gesprochen, zum Privateigentum, besser gesagt, zum »individuellen Nutzungsrecht« und schließlich zur Ausbildung von Klassen führte. Das sind Merkmale, die sich durch die gesamte spätere mesopotamische Kultur hindurchziehen und sogar das kanaanäische Recht beeinflußten.

Das Großreich Sargons, eine semitische Schöpfung von bisher nicht gekanntem Ausmaß, vereinigte bereits in paradigmatischer Vollständigkeit Stärken und Schwächen, Intentionen und bleibende Grundsätze mesopotamischer Politik.

Sumer, Babylonien und Assyrien 145

Der expansive Drang über den Stadtstaat hinaus diente nicht nur dem politischen und militärischen Prestige des Eroberers, voran des Königs und seiner Familie, sondern auch der Sicherung und Hebung der Lebensverhältnisse im Inneren von Stadt und Staat. Der König behielt alles in seiner Hand, er baute das Beamtenwesen aus und schuf einen Stand von ihm besonders privilegierter Bürger. Daß das sargonidische Reichsgebilde freilich nur locker gefügt und letztlich allein durch die Persönlichkeit des Königs zusammengehalten und garantiert wurde, zeigt die weitere Entwicklung.

Die Spätblüte der sumerischen Stadtstaaten

Von den fünf Herrschern der Dynastie von Akkade verdient allein der dritte Nachfolger Sargons, Naram-Sin, Erwähnung, dem es hinreichend gelang, den Bestand des Großreiches zu erhalten und zu verteidigen. Seine berühmt gewordene Siegesstele feiert seinen Sieg über die Lulubäer, eine Völkerschaft des nördlichen Gebirgslandes. Von dort drohte weitere Gefahr. Sein Sohn Schar-kali-scharri »König aller Könige« (ca. 2223–2198) konnte den gleichfalls aus dem Norden vorstoßenden Gutäern nicht mehr standhalten. Ihrer als schrecklich und grausam geschilderten Invasion fiel das Reich von Akkade zum Opfer. Ihre Fremdherrschaft von etwa hundert Jahren berührte freilich weniger das südliche sumerische Gebiet, wo es zu einem Aufleben einheimischer Kräfte kam. Im Schatten der Auseinandersetzung zwischen Gutäern und Akkadern vermochte die berühmteste Gestalt dieser sumerischen Restauration eine Zeit friedlicher Entwicklungen und kultureller Blüte heraufzuführen. Es war der König Gudea von Lagasch (ca. 2144–2124), dessen Statuetten zu den berühmtesten plastischen Darstellungen aus dem frühen Mesopotamien gehören, einer gedrungenen Gestalt mit breitem Kopf, der die Königsmütze trägt. Aus seiner Zeit besitzen wir viele Inschriften, die zugleich die ältesten und umfangreichsten Texte in sumerischer Sprache bieten. Auf zwei sogenannten »Zylindern«, walzenartigen Gebilden, ringsum beschriftet, stehen breit ausgeführte Kompositionen religiös-ritueller Texte. Gudea hat den Haupttempel von Lagasch gegründet und fühlt sich als der erkorene Hirte seines Gottes Ningirsu. Die Texte vermitteln ein eindrucksvolles Bild sumerischen Herrschertums, das im Unterschied zur expansiven Dynamik der semitischen Könige von Akkade die Stärke innenpolitischer Kraft und religiöser Bindungen verrät. Der um den Tempel als Zentrum entwickelte sumerische Stadtstaat zeigt sich auf der Höhe seiner Entwicklung. Die große Tempelbauhymne auf einem der Tonzylinder entwirft das Bild eines harmonischen und friedvollen Staates, in dem alle Bürger am Tempelbau beteiligt sind. Nach Fertigstellung des Tempels zieht Ningirsu ein und feiert mit einer weiblichen Gottheit die »heilige Hochzeit«. Die Bewohner von Lagasch sind an der Festfeier beteiligt, und alle Standes- und Rangunterschiede sind aufgehoben: »Während sieben Tagen war gleich die Magd ihrer Herrin, der Knecht und der Herr gingen einander zur Seite, in seiner Stadt lagen die Mächtige und der Niedrige einander zur Seite; auf der bösen Zunge wurden die schlechten Worte verwandelt in gute, alles Üble vom Tempel beseitigt... Der Waise tat der Reiche kein Unrecht... Die Sonne ließ hervorstrahlen die Gerechtigkeit.« Die Vorstellung von der Aufhebung menschlicher Standes- und Rangunterschiede, an die Saturnalien in Rom erinnernd, hat ihre Wurzeln nicht allein in sozialen Überlegungen, sondern in der religiösen Überzeugung, daß Gott, König und Volk in einer einzigen Gemeinschaft das Leben des Staatswesens sicherstellen, ja selbst die Menschen ferner Länder trugen dazu bei, indem sie Holz und Steine zum Bau des Tempels heranschafften, wie Gudea ausdrücklich erklärt. Die Wirklichkeit sah sicher anders aus, aber die Wirkungskraft religiös fundierter Staatsideologie war erkannt. Immerhin muß sie einer Grundstimmung der Zeit entsprochen haben und blieb nicht auf Lagasch beschränkt.

Es waren kleine Königtümer, die damals das Staatswesen von Sumer bildeten. Auf dem Territorium von Lagasch, das etwa 1600 qkm ausmachte, lagen siebzehn »große Städte« und acht »Kreisstädte«. Nach der akkadischen Vorherrschaft kehrte Sumer zum System der Stadtstaaten zurück. Gudea scheint nur einige Verteidigungskriege gegen Anschan und Elam geführt zu haben. Auffallend ist, daß er überall, wo einst die Akkader Krieg führten, Handelsniederlassungen besaß, die ihm die Güter zum Auf- und Ausbau seiner Stadt und seines Landes heranschafften. Wirtschaftliche Autarkie und eine einträgliche »Prestige-Wirtschaft« waren seine politischen Ziele unter Verzicht auf Kriegsruhm und eine raumgreifende »Reichsbildung« nach Art der Akkader. Kunst und Religion erblühten; dabei war der befruchtende Einfluß Akkads unverkennbar, nicht zuletzt auch in der Bereicherung der sumerischen Sprache durch semitische Worte und Wendungen.

Utuchengal von Uruk (ca. 2126–2110) kämpfte erfolgreich gegen die Gutäer, und am Ende seiner Regierung scheinen sie endgültig vertrieben zu sein. Sumer trat in eine Zeit der Spätblüte ein, die rund 100 Jahre währen sollte. Ihr Träger war die sogenannte 3. Dynastie von Ur (Ur III) mit fünf Königen, deren bedeutendste, Urnammu und Schulgi, sie einleiteten. Die bemerkenswerteste Leistung dieser Dynastie lag in der bisher nicht vollkommen erreichten Beherrschung der beiden Bevölkerungsgruppen von Sumerern und Akkadern, die durch straffe Verwaltungspraktiken erreicht wurde. Prinzipien sumerischer Praktiken wurden mit solchen der Akkader verbunden und auf das größere Staatsgebilde übertragen. In der Titulatur der Könige erscheint neben dem »König von Sumer und Akkad« die Bezeichnung als »König der Vier Weltgegenden«, auch wenn dieser Anspruch hinter der einstigen Machtausdehnung des sargonidischen Großreiches zurückblieb. Der König genoß göttliches Ansehen und war zugleich der Schutzgott des Landes, der oberste Richter und Beamte; sein Amt war erblich. Freilich blieb in der Praxis die oberste richterliche Befugnis einer Stadt beim *ensi*, dem der gesamte Wirtschafts- und Verwaltungsapparat unterstand, einschließlich der zum »Palast« gehörenden königlichen Besitzungen. Wie schon früher in Sumer gab es individuelles Eigentum an Ackerland zur Zeit von Ur III nicht, allenfalls eine zeitlich begrenzte Verpachtung. Prozesse über Gutsbesitz scheinen nie geführt worden zu sein. Die meisten Rechtssachen betreffen das Familienrecht und die Stellung von Sklaven, soweit es sich um Einheimische handelt, die durch wirtschaftliche Notlagen in Abhängigkeitsverhältnisse gerieten und ihre Schulden abarbeiteten. Vertraglich geregelt wurden Käufe, Darlehen und Schenkungen. Angesichts der Tatsache, daß es kein regelrechtes Privateigentum gab, bleibt es auch eine offene Frage, ob zur Zeit von Ur III überhaupt so etwas wie individuelles persönliches Bewußtsein sich entwickeln konnte. Der einzelne blieb eingebunden in das funktionierende Ganze eines mächtigen Staates, der gewiß für seine

Sumer, Babylonien und Assyrien

Bürger sorgte, aber ihre Freiheit begrenzt zu halten wußte. Die Leistungen für den Staat sicherten zugleich die persönliche Existenz, und das Staatswesen hielt sich stabil, solange es nicht von außen gestört und bedroht wurde. Es war letztlich doch der Partikularismus des Stadtstaatenwesens, der eine Zusammenfassung der Kräfte zu einem Staatswesen größerer Ordnung verhinderte. Der Niedergang der 3. Dynastie von Ur wurde durch das Vordringen semitischer Nomaden, der Martu (akkadisch Amurrum), vom Südwesten und Westen Mesopotamiens her ausgelöst; im Osten nahmen die Spannungen zu den Elamitern kein Ende. Im Unterschied zum semitischen Bevölkerungsteil sind die Sumerer niemals durch einen Zustrom ihnen gemäßer oder verwandter Einwanderungsschübe »aufgefrischt« worden. Ihre notwendige Verbindung mit den semitischen Gruppen Mesopotamiens, die ihnen gelang, wurde zugleich ihr Schicksal.

Das Wechselspiel der Kräfte zwischen den Besitzern der Länder an Euphrat und Tigris mit den stets bedrohlichen Nachbarn aus den Gebirgen im Norden und denen der Wüsten- und Steppenzonen im Süden und Südwesten setzte sich nach dem Ende der 3. Dynastie von Ur in bewegter Form fort. Etwa seit dem Jahre 2000 war eine neue weiträumige semitische Welle im Vordringen auf Mesopotamien, deren Ausläufer sich auch auf Syrien und Palästina erstreckt haben dürften. Der Zusammenhang dieser Bewegung ist im wesentlichen durch sprachliche Gemeinsamkeiten nachweisbar, die in das Akkadische eingedrungen sind, aber auch auf die kanaanäischen Dialekte Syriens und Palästinas eingewirkt haben. Im babylonischen Raum ist von »Akkadern und Amurritern« die Rede, so daß für diese Bewegung der »Amurru-Nomaden« die Bezeichnung Amurriter (Amoriter) oder auch »Westsemiten« üblich geworden ist, zumindest als Hilfsbegriffe für eine zweifellos höchst komplexe neue Bevölkerungsschicht. Etwa gleichzeitig drangen von Osten her die Elamiter vor und versuchten Herrschaftsbildungen im alten sumerischen Raum.

Das Quellenmaterial einer so bewegten Zeit ist verständlicherweise sehr unterschiedlich, zuweilen lückenhaft, so daß die Rekonstruktion größerer Zusammenhänge erschwert ist. Deutlich wird, daß in den ersten drei Jahrhunderten des 2. vorchristlichen Jahrtausends der Partikularismus einzelner Stadtfürstentümer das politische Leben meist durch gegenseitige Fehden bestimmte. Ein besonders erregendes Beispiel ist die Korrespondenz des letzten Königs von Ur III, Ibbisin, mit Ischbierra, einem Heerführer aus Mari am mittleren Euphrat. Ischbierra erbat Vollmachten zum Vorgehen gegen die Martu-Nomaden. Gleichzeitig drohte in Südbabylonien eine Hungersnot. Ischbierra wurde mit der Beschaffung von Getreide beauftragt und stellte es in der Stadt Isin sicher, verlangte aber vom König die nötigen Transportschiffe. Da diese nicht zur Verfügung standen, setzte sich Ischbierra als selbständiger Herrscher in Isin fest und trat als Gegenspieler des Königs von Ur auf. Er vermochte dort sogar eine eigene Dynastie zu gründen, die den größten Teil Babyloniens sich gefügig machte. Der Fall des Ischbierra ist ein besonders herausragendes Beispiel für ein diplomatisches Ränkespiel, das in regelrechte Rebellion gegen den König überging. Dies hatte Folgen für die anderen Fürstentümer und Stadtkönige. Sie lösten sich allmählich von der Oberherrschaft Sumers, traten aber in erneute gegenseitige Kämpfe ein. Larsa gewann an Einfluß gegenüber Isin, dieses verlor schließlich auch die Vorherrschaft über die kleine Stadt Babylon und ihre Umgebung. Sumuabum, ein Westsemit, hatte sich dort zum Stadtfürsten gemacht; doch erst sein Nachfolger Sumula'el, der 36 Jahre lang regierte (1880–1845), wird als der eigentliche Begründer der sogenannten 1. Dynastie von Babylon angesehen. Ihr sechster König ist der durch seine Gesetzessammlung welthistorisch berühmt gewordene Hammurabi von Babylon (1792–1750).

Das altbabylonische Reich Hammurabis

Die Entstehung des »altbabylonischen Reiches« (1894–1594), das mit der ersten semitischen Reichsbildung unter Sargon von Akkade vergleichbar erscheint, steht dennoch unter anderen Vorzeichen. Die Gegenkräfte, die aus dem elamischen Osten und dem Bereich der Assyrer im Nordwesten kamen, waren stärker und bedrohlicher als die einstigen sumerischen Stadtstaaten. Ein Ausgreifen über den mesopotamischen Raum hinaus war den Babyloniern verwehrt, Großreichsambitionen, wie sie die Sargoniden verwirklichten, waren unmöglich geworden. Partikulare Tendenzen brachen bald nach Hammurabi wieder hervor und die Dynastie fand ihr Ende durch erneuten Einbruch von Bergvölkern, der Hettiter und der Kassiten. Im Inneren des babylonischen Staatswesens kam es zu durchgreifenden Veränderungen. Der Tempel und seine Verwaltung, seit sumerischen Zeiten Mitte des Staatsganzen mit seiner Ausstrahlung auf alle Lebensbereiche, wird auf den kultischen Bereich beschränkt; neben den Palast und seinen Wirtschafts- und Verwaltungsapparat trat ein »selbständiges« Bürgertum, das jetzt diesen Namen verdient. Es gibt privates Eigentum an Grund und Boden und individuelle Verdienstmöglichkeiten. Die aus den semitischen »Amurritern« hervorgegangenen Dynastien kannten nicht mehr die Vergöttlichung des Herrschers. Allenfalls verstand sich der König als der Hirte und der von den Göttern Berufene, der dem Staatswohl zu dienen hatte, nicht aber beanspruchte er für sich selbst göttlichen Rang. Nur am Rande sei vermerkt, daß die Sprache dieser 1. Dynastie von Babylon innerhalb des Akkadischen als »altbabylonisch« klassifiziert wird im Unterschied zur vorangegangenen Periode des »Altakkadischen«.

Die Gegner Hanmmurabis erstanden ihm in einem weiten Horizont, der von Assyrien bis Elam reichte. Die lokalen Stadtfürsten von Assur am Tigris, einst Vasallen von Sumer und Akkad, begannen im 20. Jahrhundert v. Chr. ein eigenes Königtum und dehnten ihre Macht nach Süden, Osten und Westen aus. Sie zogen ihren Nutzen aus der Niederlage von Isin und Larsa und nahmen den Kampf mit Sumuabum von Babylon auf. Sie, die Assyrer, konnten sich gegenüber den Machtansprüchen der Babylonier als Träger sumerisch-akkadischer Tradition fühlen, denn weder waren sie Elamiter noch Westsemiten. Die Königsnamen ihrer ersten uns greifbaren Dynastie sind rein akkadisch. Der sechste Herrscher trägt sogar den Namen Scharrumken (Scharrukin = Sargon), und es ist nicht auszuschließen, daß dies Erinnerungen an die Herrschaftsansprüche des gleichnamigen Königs von Akkade aus dem 3. Jahrtausend wecken sollte. Es gibt Hinweise darauf, daß dieses altassyrische Reich seine Kräfte anspannte, um vor allem nach Kleinasien auszugreifen, wohin Handelsbeziehungen bestanden.

Für die Babylonier wurde die Gefahr aus dem Osten sichtbar, als Kudur-Mabuk, ein Mann mit elamischem Namen und wohl auch in elamischen Diensten, nach

Sumer, Babylonien und Assyrien

Larsa übergriff. Einer seiner Söhne, Rimsin, hatte mit Argwohn die Vereinigung der Länder von Sumer und Akkad beobachtet. Ihm gelang die Eroberung von Isin und die Beherrschung des ganzen Landes mit Ausnahme von Babylon. Dort erwuchs ihm nunmehr in Hammurabi der große Gegner, der ihn um die Früchte seiner Taten bringen sollte. Hammurabi vertrieb Rimsin aus Isin, später aus Larsa.

Assur war in die Hand eines Westsemiten gefallen. Es war Schamschi-Adad I., der nach der Eroberung von Mari am Euphrat offenbar an eine Alleinherrschaft im Zweistromland dachte, zugleich aber auch seine Interessen auf Nordsyrien richtete. Er war für Hammurabi ungleich gefährlicher als Rimsin. Der Tod Schamschi-Adads brachte keine Wende. Denn Zimrilim, inzwischen König von Mari und einstiger Gegner Schamschi-Adads, verbündete sich mit Rimsin. Dennoch kann man nicht sagen, daß Hammurabi von den kleineren Mächten regelrecht eingekreist war. Es handelte sich um Gruppen verschiedener Koalitionen, die einander bekämpften, und Babylon hatte gleichfalls seine Verbündeten. In einem Brief an Zimrilim aus dem Archiv von Mari geht die Lage deutlich hervor: »Einen König, der für sich allein mächtig wäre, gibt es nicht. Hinter Hammurabi, dem ›Mann von Babylon‹ gehen 10, 15 Könige, ebenso viele hinter Rimsin, dem ›Mann von Larsa‹, Ibalpiel, dem ›Mann von Eschnunna‹, Amutpiel, dem ›Mann von Katanum‹, und hinter Jarimlim, dem ›Mann von Jamchad‹, gehen 20 Könige.« Rimsin erwies sich aber doch als der Hauptgegner Hammurabis, der den Entscheidungskampf gegen Larsa im Einvernehmen mit Eschnunna in seinem 31. Regierungsjahr wagte und gewann. In seinem östlichen Stammland Jamutbal wurde Rimsin schließlich gefangengesetzt. Auch Zimrilim von Mari wurde besiegt, seine Stadt zerstört.

Damit waren wesentliche Teile des Zweistromlandes in der Hand eines Herrschers vereinigt, nachdem die mächtigsten Koalitionen geschlagen und auch die nie ganz ausgeschaltete Gefahr aus dem Osten, das Reich von Elam, zurückgeworfen war. Die Einung von Sumer und Akkad bildete schon immer die Voraussetzung für eine erfolgreiche Politik und Kriegsführung im südmesopotamischen Raum. Nun zeigten das Aufkommen der Assyrer während der 1. Dynastie von Babylon und die Auseinandersetzung mit dem militanten Staat von Mari, in welchem Maße das mittlere und obere Mesopotamien zu einem starken und selbständigen politischen Faktor geworden war. Zur Zeit Hammurabis spätestens wurde deutlich, wie sich das Kräfteverhältnis räumlich verlagert hatte. Von nun an drohten die stärkeren Mächte aus dem Nordwesten, und sie sollten bald die selbständige und führende Position Babylons für Jahrhunderte lähmen. Der Bau eines Weltreiches blieb Hammurabi versagt; die Herstellung eines geeinten Reiches mit Sumer und Akkad als Zentrum war letztlich sein Ziel und seine Vorstellung. Die alte, in Akkade gewachsene Idee eines nach außen starken und militärisch überlegenen Staates verband er mit der sumerischen Vorstellung eines Herrschers als des guten Hirten, der einem wohlorganisierten Verwaltungsapparat mit seinen Beamten zum Wohle des Ganzen vorstand. Die Verschmelzung des sumerischen mit dem akkadischen Erbe bildete letztlich seine große Leistung, die in der berühmten Gesetzessammlung, dem »Kodex« Hammurabi, gipfelte. Entsprechend älterer Gepflogenheit ist das Gesetzeswerk auf einer mehr als zwei Meter hohen Stele unter einem Relief, das den König vor seinem Gott stehend zeigt, eingemeißelt.

Während frühere Rechtssammlungen dieser Art wie die des Urnammu, des Lipit-ischtar und der Kodex von Eschnunna uns nur durch Kopien auf Tontafeln bekannt sind, ist vom Kodex Hammurabi die Originalstele erhalten, die ursprünglich in einem Tempel in Babylon aufgestellt war. Vermutlich im 12. Jahrhundert v. Chr. von einem elamischen Herrscher nach Susa verschleppt, wurde sie im Winter 1901/02 von einer französischen Expedition gefunden; sie steht heute im Louvre. In welchem Umfang der König selbst als Verfasser des Textes gelten darf, ist nicht auszumachen. Es handelt sich mit hoher Wahrscheinlichkeit um eine Sammlung älterer Rechtssätze, die ausgewählt, überarbeitet und den babylonischen Rechtsvorstellungen angeglichen wurden, wohl auch mit dem politischen Ziel, akkadisches und sumerisches Erbe miteinander zu verschmelzen.

Der Kodex Hammurabi

Geltendes Recht vermittelt der Kodex Hammurabi freilich nur in jenem relativen Sinn, in dem antike und vor allem orientalische Rechtsbücher abgefaßt sind. Es werden gleichsam Präzedenzfälle aufgezählt, die als Vorbild oder Richtschnur für weitere oder ähnliche Entscheidungen dienen können. Dem entspricht der Sprachstil der Verordnungen, die sämtlich »kasuistisch« abgefaßt sind, also nicht allgemeine Rechtsgrundsätze mitteilen, sondern Rechtsfälle nennen. Das verordnete Strafmaß ist oft ungewöhnlich hart; vergleichsweise geringe Vergehen werden mit der Todesstrafe geahndet. Die Absicht der Sammlung, sumerisches und akkadisches Recht für beide Bevölkerungsteile des babylonischen Reiches verbindlich zu machen, konnte nur unter der Autorität des Königs verwirklicht werden, der sich von den Göttern dazu berufen fühlte. Das kommt besonders in dem das Gesetzeskorpus als Prolog und Epilog rahmenden Text zum Ausdruck. Am Schluß des Prologs sagt der König: »Als Marduk (Babylons Stadtgott), um die Leute zu lenken, dem Lande Heil zu erwirken, mich entbot, habe ich Recht und Gesetze in der Landessprache geschaffen, den Leuten Wohlbehagen geschaffen. Zu selbiger Zeit bestimmte ich« (hier folgt der Gesetzestext). Der Kodex Hammurabi ist »das größte zusammenhängende Denkmal der altbabylonischen Literatur« genannt worden (Edzard). Seit seiner Erstveröffentlichung ist es üblich, das Werk in 282 Paragraphen aufzugliedern. Dennoch ist auf den ersten Blick keine rechte systematische Ordnung zu erkennen. Aber es lassen sich wenigstens größere Komplexe herausschälen, die eine sachbezogene Geschlossenheit besitzen. Die §§ 1−5 sind einer Präambel vergleichbar, in der Ankläger, Zeugen und Richter an die Verantwortung erinnert werden, die sie tragen; die §§ 6−126 handeln im wesentlichen vom Schutz des Eigentums, also auch von jeder Art von Diebstahl; §§ 127−194 sind dem Ehe-, Familien- und Erbrecht gewidmet; die §§ 195−252 betreffen den Schutz des Lebens und gehen auf jegliche Form von Haftpflicht ein; der Schluß der Sammlung befaßt sich in den §§ 253−282 mit verschiedenen Fällen von Diebstahl, Betrug, Vermietung und Bezahlung von Arbeitskräften. Der kasuistische Stil bedingt es, daß die Zuweisung der einen oder anderen Verordnung an die einzelnen Rechtsbereiche nicht exakt vorgenommen werden kann. Die detaillierten Rechtsfälle lassen oft eine klare Abgrenzung der Rechtssphäre nicht zu.
Auffällig ist, daß der Kodex Hammurabi zwischen drei Bevölkerungsklassen

Sumer, Babylonien und Assyrien   151

unterscheidet, dem freien Bürger, dem *muschkenu* und dem Sklaven. Die mittlere
Klasse der *muschkenu* ist am schwersten zu definieren und am meisten umstritten. Es handelt sich aller Wahrscheinlichkeit nach um eine Klasse wirtschaftlich
abhängiger Bürger, die nicht unfrei zu nennen sind, aber den besonderen Schutz
des Königs genießen, eine Art niederer Stand von Beamten und »Arbeitneh-
mern«. Sklaven finden sich am Hof, in den Tempeln und im Dienst freier Bürger
und waren entweder Kriegsgefangene oder solche, die sich etwa durch Verschuldung selbst zu Sklavendiensten bereit finden mußten. Die unterschiedliche Einschätzung und Behandlung der Angehörigen dieser Klassen innerhalb der Gesetzgebung ist überzeugend am Talionsgesetz zu beobachten, das hier als einziges
konkretes Beispiel näher betrachtet werden soll. Durch Vermittlung des kanaanäischen Rechts ist es auch in die alttestamentliche Gesetzgebung eingedrungen
und darf deshalb allgemeines Interesse beanspruchen.
Die volle Talion wird im Kreis der freien Bürger verlangt. Von § 196 an befaßt sich
der Kodex Hammurabi mit diesen Problemen; dort heißt es: »Gesetzt, ein Mann
hat das Auge eines Freigeborenen zerstört, so wird man sein Auge zerstören.«
Entsprechendes gilt für das Zerbrechen eines Knochens und das Ausschlagen
eines Zahnes. Geschehen die gleichen Vergehen an einem *muschkenu*, so werden
Ersatzzahlungen fällig, in der Regel eine halbe Mine Silber; im Falle eines Sklaven,
der einem anderen gehört, ist die Hälfte des Kaufpreises an seinen Besitzer zu
entrichten. Die gleiche Gesetzgebung ist nun auch in das Alte Testament eingedrungen *(Ex 21,26 f.)*, und zwar in die älteste Rechtssammlung, die wir aus Israel
kennen, in das sogenannte »Bundesbuch« *(Ex 20,23–23,33)*. Dort aber ist die
Rechtsfolge eine ganz andere. Statt materieller Entschädigung sollen Sklaven und
Sklavinnen bei Verlust des Auges oder Zahnes, die ihnen ausgeschlagen wurden,
in die Freiheit entlassen werden. Das israelitische Recht ist darüber hinaus noch
einen Schritt weitergegangen, indem es das Prinzip der Talion unabhängig von
jeder Klassenbindung auf allgemeine Formeln brachte und den Grundsatz aus-
spricht: »Leben für Leben, Auge für Auge, Zahn für Zahn, Hand für Hand, Fuß
für Fuß, Brandmal für Brandmal, Wunde für Wunde, Strieme für Strieme« *(Ex
21,23–25)*. In beiden Kulturbereichen, in Babylon wie in Israel, geht es grundsätzlich um Ersatzleistungen, die bei angetaner Körperverletzung zu entrichten
sind und die dem Wert des verlorenen oder verletzten Körperteils entsprechen
sollen. Angesichts dieses Zusammenhanges muß man fragen, ob die populäre
Anwendung des »Auge um Auge, Zahn um Zahn« im Sinne von Racheakten auf
zutreffender Interpretation beruht. Nicht Rache ist das Grundmotiv, sondern
optimale Entschädigung, im Falle der Unersetzbarkeit die Dreingabe desselben
Wertes aus dem Besitz des Schädigers, bis hin zur Aufopferung des eigenen Lebens. In diesem Licht gesehen dient das Talionsgesetz im Alten Testament nicht
einer klassenbezogenen Rechtsprechung, sondern der Wertschätzung jedes Menschen ohne Rücksicht auf Stand und Herkommen. Im übrigen muß allerdings
hinzugefügt werden, daß wir weder aus Babylon noch aus Israel Fälle kennen, bei
denen nach diesen Grundsätzen unter ausdrücklicher Berufung auf die Talions-
formel vorgegangen worden ist. Das unterstreicht von neuem, daß die Formulierungen des Rechts zwar in paradigmatischer Weise sich an Rechtsfällen orientieren, daß aber die Rechtspraxis davon nicht unmittelbar ableitbar ist. Das ist vor
allem auch angesichts des unverhältnismäßig hohen Strafmaßes zu bedenken,

das vielfach im Kodex Hammurabi, aber auch im Alten Testament verordnet wird, insbesondere was die Häufigkeit der Todesstrafe angeht. So kann das Alte Testament *Ex 21,17* verfügen: »Wer seinen Vater oder seine Mutter verflucht, soll hingerichtet werden.«

In mancher Hinsicht verfolgte der Kodex Hammurabi Reformbestrebungen oder legte rechtlich genauer fest, was zuvor als Gewohnheitsrecht galt, z. B. in der Eherechtsgesetzgebung. Sie schützt vor allem die Frau bei Abschluß des Kaufvertrages, durch den die Ehe zustande kommt. Die Mitgift, die die Braut in die Ehe einbringt, geht nicht unmittelbar in den Besitz des Mannes über, sondern fällt beim Tode des Mannes an sie zurück. Wünscht eine Frau die Ehescheidung, so wurde sie nach älterem Recht in den Fluß geworfen, nach neuerem Recht kann sie unter bestimmten Bedingungen ordnungsgemäß geschieden werden und darf zu ihrer Familie zurückkehren, sogar ihren Kaufpreis mitnehmen. Die Scheidung, die der Ehemann wünscht, ist mit der Auszahlung eines Vermögensanteils an die Frau verbunden und mit der Rückgabe der Mitgift, sofern die Frau ohne Schuld ist.

Das Ende des altbabylonischen Reiches

Trotz mancher Unklarheiten über Auslegung und Anwendung solcher Verfügungen, wie sie im fixierten altorientalischen Recht ganz allgemein bestehen, ist festzuhalten, daß der Kodex Hammurabi weit über seine Zeit und, wie man an seinen Einflüssen auf das kanaanäische und alttestamentliche Recht sehen kann, auch über sein Ursprungsland hinausgewirkt hat. Nachweislich ist er in den Schreiberschulen bis in das 1. Jahrtausend v. Chr. tradiert worden und hat das Rechtsempfinden vieler Jahrhunderte beeinflußt, wenn nicht entscheidend geprägt. Dies ist umso höher einzuschätzen, weil die Dynastie Hammurabis nur noch eineinhalb Jahrhunderte existierte, als die alten partikularen Interessen der Stadtstaaten das Reich im Inneren erschütterten und Babylonien die Schlagkraft verlor, sich gegen neue Einfälle von Völkerschaften aus dem Norden und Nordwesten zur Wehr zu setzen. Aus der letzten Zeit der 1. Dynastie von Babylon ragt nur noch ein Dokument hervor, ein Edikt des Königs Ammisaduka (1646–1626), das eine ganze Reihe von Verfügungen des Finanz-, Steuer- und Kreditwesens enthält und insbesondere die Tilgung privater Silber- und Gerstenschulden vorsieht, die aus Darlehensgeschäften stammten. Der König »habe dem Lande gerechte Ordnung verschaffen« wollen, lautet die Begründungsformel für seine Maßnahmen. Sie dienten sehr wahrscheinlich dazu, das Land vor hoher Verschuldung zu bewahren, andererseits aber auch Kapitalanhäufung zu vermeiden. Weil sich in altbabylonischen Rechtsurkunden Anspielungen auf solche »Edikte« finden, ist anzunehmen, daß sie das geltende Recht enthielten, nach dem in der Praxis tatsächlich verfahren wurde. Anders verhielt es sich mit den Rechtssätzen der großen »Kodizes«, die programmatischen Charakter trugen.

Der letzte König der Hammurabi-Dynastie verlor seinen Thron, als aus dem fernen Kleinasien der Hettiterkönig Murschili I. Babylon auf einem Streifzug erreichte und die Stadt in seine Hand brachte (um 1594). Auf welche Weise auch immer half er dazu, daß die aus dem Osten vorstoßenden Kassiten zur Macht kamen und das altbabylonische Reich zugrundeging. Damit beginnt eine neue

Sumer, Babylonien und Assyrien 153

Epoche in der Geschichte des Zweistromlandes, die die Zeit der Bergvölker genannt wird, weil es Völkerschaften aus den nördlichen Bergländern bis hin nach
Anatolien waren, die die Vorherrschaft ausübten. Sie beraubten die einheimischen Dynastien ihrer selbständigen politischen Handlungsfähigkeit.

Mit dem Ende des altbabylonischen Reiches erfährt die Geschichte des mesopotamischen Raumes nicht nur einen tiefen Einschnitt, sondern auch einen vorläufigen Abschluß seiner großen schöpferischen kulturbestimmenden Entwicklungen. Seit dem Aufkommen der Sumerer sind in mehr als einem Jahrtausend in
paradigmatischer Weise die strukturellen Voraussetzungen sichtbar geworden,
unter denen politisches Denken und Handeln im Zweistromland möglich wurde.
Die Ausbildung der sumerischen Stadtstaaten führte zur Entstehung fester Verwaltungsstrukturen im Inneren des Gemeinwesens, dessen Stärke aus dem festen
Gefüge von sakraler Ordnung und weltlicher Macht resultierte. Das Reich von
Akkade führte durch seine die Städte übergreifende Machtausdehnung zu neuen
Formen politischer Gestaltung durch die Zusammenfassung der Kräfte in einem
größeren Staatswesen, das durch expansive Bewegungen auch die wirtschaftlichen Voraussetzungen für eine kulturelle Höherentwicklung lieferte. Die sumerische Restauration eines Gudea von Lagasch und der 3. Dynastie von Ur brachte
die zentralistische Ordnung kleiner politischer Einheiten zu hoher Blüte; der
König als der von seinem Gott erkorene Hirte garantierte die innere Ordnung in
der Einheit von Tempel und Palast. Die Welle der westsemitischen Einwanderer
stoppte den Widerstreit aufgebrochener partikularer Interessen und ließ unter
der 1. Dynastie von Babylon die Möglichkeit eines geeinten Reiches, in dem
Babylonier und Sumerer miteinander lebten, allmählich Wirklichkeit werden.
Aber sein Bestand war im Kräftefeld inzwischen erstarkter neuer Mächte zwischen Assur und Elam bedroht. Das sumerische Erbe des Verwaltungsstaates trug
zur weiteren Ausbildung »rechtsstaatlicher« Ordnung und partieller Reformen
bei, die insbesondere durch Hammurabis politisches Geschick die 1. Dynastie
von Babylon auf ihren Höhepunkt führten. Sie erlag erneut aufkommenden partikularen Tendenzen und den Mächten aus dem Osten und Norden. Die innere
Widerstandskraft Mesopotamiens konnten sie jedoch nicht brechen. Die politischen und militärischen Anstrengungen Babyloniens und vor allem Assyriens
führten in den letzten Jahrhunderten des 2. Jahrtausends zu neuer selbständiger
Politik mit imperialen Ansprüchen.

2. Der Einbruch der Bergvölker und der Aufstieg Assyriens zur Weltmacht

Kassiten, Hurriter, Hettiter

Nach dem Ende der Hammurabi-Dynastie (etwa 1594) brachen in den mesopotamischen Raum in seiner ganzen Erstreckung Völkerschaften aus den nördlichen
und östlichen Bergländern ein und ergriffen die Herrschaft. Bis gegen 1200
beraubten sie die einheimischen Potentaten ihrer Selbständigkeit und ihrer politischen Möglichkeiten. Wo einst Hammurabi und Schamschi-Adad I. um die Vormacht kämpften, ist ein rapides Absinken des politischen Eigenlebens zu beob-

achten. Der Kampf der Städte und Stadtstaaten untereinander, deren Schwergewicht in den Ebenen lag, trat zurück angesichts überlegener Gegner aus den
gebirgigen Grenzbereichen des Nordens, denen es aber am Ende doch nicht gelang, die gewachsenen Ordnungen, auf die sie stießen, aufzuheben. Das mag nicht
zuletzt darauf beruhen, daß sie ein eigenes Volkstum repräsentierten. Denn mit
den Bergvölkern traten zum ersten Mal indogermanische Völker in die Welt des
Orients ein, jeweils unterschiedlich, aber zuweilen von starker prägender Kraft.
So kannten beispielsweise die Churri (Churriter oder Hurriter) einen regelrechten
Ritterstand, mit dem auch das Pferd recht eigentlich in die Kriegs- und Weltgeschichte eintrat. Die Herkunft dieser Völker ist im einzelnen schwer nachzuweisen, und ihr Vordringen ist wohl auch nicht so plötzlich erfolgt, wie es scheint.
Hurritische Sprachdenkmäler reichen mindestens bis in den Anfang des 2. Jahrtausends zurück. Es bleibt fraglich, ob und in welchem Umfang die Bergvölker mit
größeren Bewegungen in den Tiefen des asiatischen Raumes in Verbindung gebracht werden dürfen. Auffällig ist die Unterschiedlichkeit der einzelnen Volkstü-
mer, die nur teilweise aus gemeinsamen Wurzeln erklärbar sind.
In das babylonische Kernland drangen aus den östlichen Bergen die Kassiten vor.
Sie nutzten die Schwächung aus, die Babylonien durch den hettitischen Übergriff
erlitten hatte, der zum Sturz der Hammurabi-Dynastie führte. Der indogermanische Charakter der Kassiten läßt sich an den Namen ihrer Götter erkennen. Die
zweite große Gruppe, die nach Nordmesopotamien vordrang, bildeten die erwähnten Churri-Völker. Dort gelang es ihnen, einen machtvollen Staat aufzubauen, das Reich von Mitanni. Über dieses Kernland hinaus stießen sie weiter vor,
so daß sie schließlich ein Großreich beherrschten, das von Armenien und der
iranischen Grenze bis zur Mittelmeerküste Syriens reichte. Die Assyrer wurden
von ihnen niedergeworfen und erlebten im 15. Jahrhundert einen Tiefpunkt ihrer
Geschichte. Erst als das Reich von Mitanni um 1365 von den Hettitern besiegt
wurde, konnte Assyrien zu neuer Macht aufsteigen.
Die dritte große Bewegung, die in die Geschicke des Zweistromlandes eingriff,
brachten die Hettiter. So jedenfalls wird diese Volksschicht bezeichnet, die
schließlich in Anatolien innerhalb des großen Bogens, den der Halys beschreibt,
ihr Zentrum fand. Der Name »Hettiter« (im deutschen Sprachraum häufig »Hethiter« geschrieben; engl. »Hittites«) ist wohl von einem Teil der Vorbevölkerung
des Landes hergenommen, den Chatti, und auf die Einwanderer übertragen worden. Zur Hauptstadt der Hettiter wurde Chattuscha, 15 Kilometer östlich von
Ankara bei dem türkischen Ort Bogazkale (früher Bogazköy) gelegen, wo das
Staatsarchiv der Hettiterkönige gefunden wurde. Es ist weitgehend in babylonischer Keilschrift auf Tontafeln geschrieben, aber in hettitischer Sprache abgefaßt.
Daneben besaßen die Hettiter eine eigene Hieroglyphenschrift. Das Hettitische
ist heute weitgehend erforscht; es ist die älteste indogermanische Sprache, die wir
bisher aus sicher datierbaren Urkunden kennen.
Mit diesen drei die künftigen Geschicke Mesopotamiens bestimmenden Völkern,
den Kassiten, Hurritern und Hettitern, ist aber die politische Szene um die Mitte
des 2. Jahrtausends noch keineswegs vollständig beschrieben. Denn es ist das
Merkmal dieser Zeit, daß die gestaltenden Kräfte sich nicht in relativ kleinräumi-
gen Bewegungen erschöpften, sondern der gesamte alte Orient die politische
Bühne zu werden begann, auf der schließlich ein Interessenausgleich gesucht

wurde. Denn gleichzeitig mit dem Aufkommen der Bergvölker begann in Ägypten nach der Vertreibung der Hyksos, einer aus Syrien eingebrochenen Invasorenschicht, mit der 18. Dynastie das sogenannte »Neue Reich« (»The New Empire«), jene expansive Phase ägyptischer Geschichte, die hauptsächlich durch die Namen Thutmosis, Amenophis und Ramses gekennzeichnet ist. Ägypter, Mitanni-Leute und Hettiter kamen in direkte Berührung, kämpften gegeneinander, schlossen Verträge miteinander und unterstützten ihre Anstrengungen sogar durch Heiraten mit Fürstentöchtern, freilich ohne nennenswerten Erfolg (vgl. oben, S. 126 ff.). Das bedeutet, daß um die Mitte des 2. Jahrtausends der Orient in eine Phase politischer und diplomatischer Verflechtungen eintrat, wie sie zuvor unbekannt waren. Nur am Rande sei vermerkt, daß das alte Land Sumer, das man fernerhin auch gern das »Meerland« nannte, sich seit der letzten Zeit der Hammurabi-Dynastie wieder verselbständigte und sogar während der Kassitenherrschaft, die sich auf Babylonien konzentrierte, fortbestand. Elam, Babylons alter Erbfeind im Osten, trat in dieser Zeit nicht aktiv hervor.

Die Kassiten fanden keine Kraft zu erfolgreichen Expansionen über Babylonien hinaus. Sie glichen sich den Babyloniern an, die ihnen kulturell überlegen waren. Das führte zu einer Konsolidierung der Verhältnisse. Mit den Hurritern verhielt es sich anders. Aus den armenischen Bergen müssen sie schon während der 1. Dynastie von Babylon in den Norden Mesopotamiens vorgestoßen sein. Bereits aus der Zeit des Hammurabi-Gegners Zimrilim sind Texte religiösen Inhalts in hurritischer Sprache bekannt. Seit der zweiten Hälfte des 16. Jahrhunderts müssen sie über größere politische Macht verfügt haben. Thutmosis I. (1505–1493), der als erster den palästinisch-syrischen Raum durcheilte, hat eine Schlacht gegen den »König von Naharain« geschlagen, also den König »der beiden Ströme« oder des »Landes zwischen den Strömen«. Die damit gekennzeichnete Machtzusammenballung kann sich nur auf die Hurriter beziehen, in deren obermesopotamischnordsyrische Interessensphäre die Ägypter vorgedrungen waren. Später erfahren wir von einer Verschwägerung der Ägypter mit Mitanni, sogar kassitische Prinzessinnen tauchten am ägyptischen Hof auf und scheinen als Garanten zur Sicherung der bestehenden Grenzen und des status quo gedient zu haben. Ausgeklammert aus der aktiven Politik ist Assyrien, das unmittelbar von den Königen von Mitanni abhängig geworden war. Die Zeit der politischen Ohnmacht Assyriens endete erst gegen Ende des 15. und zu Beginn des 14. Jahrhunderts, als das Hetterreich auf seine machtpolitische Höhe kam und ihr größter Herrscher Schuppiluljuma (ca. 1380–1346) Mitanni besiegte und zu einem hettitischen Vasallenstaat machte. Assyrien löste sich jetzt aus den hurritischen Fesseln, während die Hettiter sich auf Nordsyrien konzentrierten.

Das ägyptisch-hettitische Gleichgewicht und die Entstehung internationaler Korrespondenz

Noch im 15. Jahrhundert war es freilich Thutmosis III. gelungen, Palästina-Syrien in einer Reihe von Feldzügen fest an Ägypten zu binden und die Länder unter ägyptische Verwaltung zu stellen. Die Pharaonen hatten es anfangs noch mit dem Reich von Mitanni zu tun. Dann aber wurde der erfolgreiche Vorstoß der Hettiter nach Syrien möglich, weil Ägypten während der Herrschaft Amenophis' III., hauptsächlich aber Amenophis' IV., des bekannten Ketzerkönigs von Amarna, und des kurzlebigen Tutanchamun die syrischen und palästinischen Außenposten vernachlässigte. Während die Hettiter auf syrische und ägyptische Kosten ihr Großreich aufzubauen suchten, gewannen die Assyrer an Freiraum für einen neuen Aufstieg, den sie durch eine Verbindung mit den allerdings schwachen Kassitenkönigen und durch einen mitannischen Rumpfstaat als Pufferzone gegen die Hettiter zu sichern trachteten. Daß die syrischen Ambitionen der Hettiter zum Stehen kamen und Syrien als für sie wichtig gewordenes Kolonialland nicht weiter ausgebaut werden konnte, hängt mit dem Erstarken der 19. Dynastie in Ägypten zusammen.

Kurz zuvor wäre es beinahe zu einer welthistorisch bedeutsamen Verbindung gekommen, als die Witwe Tutanchamuns einen hettitischen Prinzen als Gemahl wünschte. Haremhab, der letzte Vertreter der 18. Dynastie, wußte dies jedoch zu verhindern. Wahrscheinlich wurde der Hettiter bereits umgebracht, als er in Syrien in die ägyptisch besetzten Gebiete überwechseln wollte. In ganz anderer Weise kam es während der 19. Dynastie zu einer Abklärung des ägyptisch-hettitischen Verhältnisses. Die von den Ägyptern unter Ramses II. (ca. 1290–1224) als großer Sieg gefeierte Schlacht bei Kadesch am Orontes endete in Wahrheit unentschieden. Das führte zur gegenseitigen Anerkennung des Besitzstandes der beiden Großmächte. Im 21. Jahr Ramses' II. kam es zu einem regelrechten Friedensvertrag zwischen den Ägyptern und dem Hettiterkönig Chattuschil III., in dem sich die beiden Völker Freundschaft versprachen und eine Reihe von Maßnahmen getroffen wurden, die man auch wirklich eingehalten zu haben scheint. Die Partner verpflichteten sich zu gegenseitigem Beistand, falls einer von ihnen von dritter Seite angegriffen werden sollte; politische Flüchtlinge sollten gegenseitig ausgetauscht und milde behandelt werden. Man vermißt leider eine Festlegung der Grenze zwischen den beiden Großmächten, scheint aber über Kadesch am Orontes nach Süden bzw. Norden nicht weiter vorgerückt zu sein. An der Mittelmeerküste lag die Grenze etwa am heutigen *nahr el-kelb* nordwärts Beirut. In seinem 34. Jahr heiratete Ramses II. eine Tochter Chattuschils. Eine in Bogazkale gefundene Korrespondenz zwischen Ramses II. und Chattuschil III. zeigt an Höflichkeit und diplomatischem Stil etwas von der Art damaligen politischen Umgangs. Die beiden zu ihrer Zeit stärksten Mächte des Vorderen Orients fanden zu einer neuen Form politischen Stils, der vertraglich gesicherten Anerkennung eines Gleichgewichts der Kräfte unter beiderseitigem Verzicht auf territoriale Ansprüche über den aktuellen Besitzstand hinaus.

Hier ist für einen Augenblick innezuhalten. Das Zeitalter vom Sturz der Hammurabi-Dynastie bis zum ägyptisch-hettitischen Friedensvertrag kann als die Entstehungszeit internationaler politischer Beziehungen über die militärischen Konfrontationen hinaus betrachtet werden. Es entwickelten sich internationale Korrespondenzen und neue Formen zur Lösung politischer Fragen auf diplomatischem Wege. Gleichzeitig ist aber auch eine Verlagerung der führenden Mächte zu beobachten, wesentlich veranlaßt durch das Auftreten der indogermanischen »Bergvölker«. Denn das von ihnen angegriffene und zum guten Teil erfolgreich annektierte mesopotamische Tiefland versank in einen Zustand politischer Ohnmacht, nicht aber der absoluten Inaktivität. Dennoch wirkt es fast wie ein Anachronismus, daß weder das Ägyptische noch das Hettitische allmählich in den

Sumer, Babylonien und Assyrien 157

Rang einer Diplomatensprache aufstiegen, sondern daß dort, wo internationale Verständigung erforderlich wurde, wie etwa in den Briefen von Amarna, man sich der Keilschrift bediente und daß schließlich auch das Hettitische, wenigstens zu einem Teil, auf die Fixierung in Keilschrift-Zeichen zurückgriff. Auch der Originaltext des ägyptisch-hettitischen Friedensvertrages war keilschriftlich auf einer Silberplatte eingegraben. Es gibt Tontafelabschriften aus Bogazkale, es gibt allerdings auch zwei ägyptische Abschriften in Karnak und im Totentempel Ramses' II., dem Ramesseum. In Gestalt der Keilschrift wirkte auf beachtliche Weise das kulturelle Erbe der ältesten Bevölkerungen aus dem Zweistromland weiter. Nur beiläufig sei hier darauf hingewiesen, daß auch die kanaanäischen Dialekte, die sich in Syrien entwickelten, bis in die zweite Hälfte des 2. Jahrtausends sich ebenfalls der Keilschrift bedienten und daß im nordsyrischen Ugarit/Ras schamra jene epochale und geniale Erfindung zum ersten Mal sicher belegt ist, mit einer begrenzten Zahl von Keilzeichen jeweils nur einen Lautwert (und nicht ganze Silben) auszudrücken, so daß diese Keilzeichen genügten, alle denkbaren Lautverbindungen wiederzugeben. Das Prinzip des »Alphabets« war damit erfunden und die Welt der Silbenzeichen zugleich überwunden. Durch Vermittlung des Phönikischen und des Griechischen hat dieses Prinzip der Alphabetschrift seinen Weg in das Abendland gefunden. Mitten im internationalen Kräftespiel dieses 2. Jahrtausends fand somit auf der Grundlage der alten Keilschrift die Art schriftlicher Fixierung eine wesentliche Vereinfachung, die sich zunächst im gesamten semitischen Raum bewährte, eingeschlossen das Hebräische, Aramäische und Arabische. Freilich beschränkte sich die orientalische Alphabetschrift dieser Art auf die Fixierung der Konsonanten; erst im griechischen Raum wurden Vokalzeichen entwickelt, die das System der Alphabetschrift vervollkommneten. Die politische Bedeutung eines international möglichen und vereinfachten Schriftverkehrs sollte nicht unterschätzt werden; er gewann im 2. Jahrtausend an praktischem Wert und wurde zu einem Mittel politischen Einflusses.

Seevölker und Aramäer

Das bereitwillige Eingehen der Hettiter auf den Frieden mit Ägypten stand auf dem politischen Hintergrund der wachsenden Macht Assurs. Seit dem 13. Jahrhundert kehrten sie aktiv in die Auseinandersetzungen der aktuellen Politik zurück, nachdem die Hettiter die Hurriter und das Reich von Mitanni geschlagen hatten. Es wäre zweifellos zu einer neuen Kraftprobe zwischen Assyrern und Hettitern gekommen, wenn nicht beide durch Kämpfe in ihrer näheren Umgebung gebunden gewesen wären, die Assyrer vor allem mit den Königen der Kassiten. Die eigentliche Gefahr ging jedoch von zwei neuen Bewegungen aus, die seit dem 13. Jahrhundert das politische Bild der gefundenen Neuordnung gänzlich veränderten und auch zur Aufhebung des Gleichgewichts der Kräfte und der ägyptisch-hettitischen Allianz führten. Es waren von Westen her die sogenannten »Seevölker« und aus dem Osten die sogenannte »aramäische« Wanderung oder Völkerwelle. Die »Seevölker« drangen über das Mittelmeer vor, berührten wahrscheinlich Kreta, griffen nach Kleinasien über, zogen in Syrien ein, und ihre äußersten Ausläufer, die Philister, besetzten die palästinische Küstenebene. Aus Richtung der syrisch-arabischen Wüste wurde der »fruchtbare Halbmond« abermals in breiter Streuung von Bevölkerungsgruppen angegangen, die unter dem Namen »Aramäer« zusammengefaßt werden. Diese semitische Bewegung war für die Zukunft folgenreicher und konstruktiver als die der Seevölker. Aber die Seevölker waren es, die dem hettitischen Reich das Ende brachten, die hettitische Kolonie Syrien überrannten, ihre Stadtstaaten wie Ugarit und Byblos ihrer Unabhängigkeit beraubten; die Philister stießen in der palästinischen Küstenebene auf einst ägyptisch besetztes Territorium und müssen es ohne Widerstand übernommen haben. Die Aramäer, deren Aktivitäten in Mesopotamien schon um die Mitte des Jahrtausends erkennbar werden, hemmten die Assyrer in ihrem neu erwachten Expansionsdrang wenigstens für einige Zeit und bildeten in Obermesopotamien und Syrien einige selbständige Staaten, von denen Bit Adini und Bit Aguschi die bekanntesten sind, später entwickelten sich in Syrien Damaskus und Hamath zu den stärksten Vororten aramäischer Macht. Als Teilstück dieser ganzen Bewegung darf im südlichen Syrien, also in Palästina, das Vordringen der israelitischen Stämme in ihre späteren Wohnsitze angesehen werden.

Seevölkerbewegung und aramäische Welle markieren am Ausgang des 2. Jahrtausends v. Chr. abermals einen Wechsel der gestaltenden Kräfte im Vorderen Orient, wie er tiefgreifender nicht vorzustellen ist. Das Zeitalter der Bergvölker ist endgültig vorüber. Das politische Profil der Zukunft bestimmen wieder semitische Kräfte in Gestalt der Aramäer und Assyrer, und der Vorstoß der Seevölker sorgte für eine entschiedene Schwächung der Bedrohungen aus Anatolien und den östlich angrenzenden Territorien. Nur zwei Jahrhunderte nach dem ägyptisch-hettitischen Friedensvertrag treten neue Kräfte hervor, die zugleich kulturbestimmend werden. Es ist die ausgehende Spätbronze-Zeit, die durch Ermüdungserscheinungen mindestens in Ägypten und Kanaan charakterisiert ist. Aus dem Kreis der alten Großmächte scheint allein Assyrien mit ungebrochener Kraft sich den neuen Verhältnissen erfolgreich entgegenzustellen und mit Härte und Konsequenz ein neues Großreich aufbauen zu wollen.

Das assyrische Reich und die Politik systematischer Deportation

Bereits im 14. Jahrhundert nannte sich Assuruballit I. in einem Amarnabrief »König des Landes Assur«, womit er seine Lösung aus dem Vasallitätsverhältnis zu Mitanni demonstrativ feststellte; dann bezeichnete er sich als »Bruder des Pharao« und betonte damit seine Selbständigkeit gegenüber den ägyptischen Königen der 18. Dynastie, die ihn bedrohten. Er erscheint in Karkemisch am Euphrat und beansprucht Obermesopotamien für sich. Ihn übertraf der fanatische Tukulti-Ninurta I. (1244–1208). Er kämpfte gegen die Hettiter und zerstörte auch Babylon. Aus dem Gebiet um Karkemisch führte er rund 30 000 Hettiter in assyrisches Land und siedelte sie dort an. Damit begann jene jahrhundertelang von den Assyrern so erfolgreich angewandte Verpflanzungspolitik. Die Bewohner unterworfener Gebiete wurden ausgesiedelt und an entfernten Orten innerhalb des Großreiches seßhaft gemacht. Das brachte für die Sicherheit des Staates nach innen und außen entscheidende Vorteile. Das Bevölkerungspotential des Gegners wurde der eigenen Wirtschaft dienstbar gemacht, die feindliche Widerstandsfähigkeit in fremder Umgebung gebrochen und die Gefahr aufflackernden Widerstandes an den Grenzen des Reiches gebannt. Die Statue

Sumer, Babylonien und Assyrien

des Gottes Marduk entführte Tukulti-Ninurta aus dem babylonischen Heiligtum und stellte sie in Assur auf, um sich der Macht über Babylon sicher zu sein. Allerdings ist die Verpflanzungspolitik auf die Babylonier selbst nie angewandt worden; die Assyrer behandelten das Nachbarland milder als alle anderen unterworfenen Völker. Gegenüber dem kulturell überlegenen Babylon empfand Assur eine gewisse Abhängigkeit, die sich neben anderem in einer Babylonisierung der Sprache und in der Übernahme von Göttern des babylonischen Pantheons manifestierte.

Zu einem neuen Höhepunkt kam Assurs Machtentfaltung unter Tiglatpileser I. (1115–1077). Verzweifelt hat er gegen die Aramäer gekämpft, weil sie ihre Seßhaftwerdung im Lande erzwingen wollten. Aber unverkennbar ist das Ziel der assyrischen Politik die Schaffung eines neuen Weltreiches. Allmählich bildete sich jene Praxis aus, die bis zum Zusammenbruch des Staates im 7. Jahrhundert beibehalten wurde. Man sicherte das Reich in seinen Außenbezirken durch Tributärstaaten, die durch ihre materiellen Leistungen die assyrische Vasallität anerkannten. Erst bei Aufsässigkeit und Ausbleiben der Tribute erfolgte die Umwandlung des betreffenden Staatswesens in eine abhängige Provinz des assyrischen Großreichs und die Deportation der Hauptmasse oder der Gesamtheit der Bevölkerung. Die Praxis ist namentlich in Syrien und im 8. Jahrhundert besonders eindrucksvoll in Israel zu beobachten.

Tiglatpileser I. erreichte im Norden das Schwarze Meer, unterwarf sich die Hurriter, drang nach Babylon vor, bezog aber nun auch endgültig Syrien in seine Pläne ein. Er schlug Holz auf dem Libanon; die Fürsten von Byblos und Sidon zahlten ihre Tribute. Dann aber, nach dem Tode Tiglatpilesers I., kam es zum Rückschlag, veranlaßt durch die Aramäer, die die Assyrer noch einmal ganz auf ihr Kernland in Mesopotamien zurückwarfen. Obermesopotamien und Nordsyrien gingen verloren; dort gründeten die Aramäer selbständige Kleinfürstentümer. In Palästina, weit genug entfernt von Assur, gelang nach dem Zurücksinken der ägyptischen Vorherrschaft den judäischen Königen David und Salomo eine Großreichbildung, die sogar weite Teile Syriens erfaßte (vgl. unten, S. 173 ff.). Aber für die Assyrer ist das nur eine Zwischenphase, die allerdings Israel und die aramäischen Stadtstaaten in Syrien nutzten, um ihre Macht zu behaupten. Durch Koalitionen untereinander suchten sie ihre Kräfte zu vervielfachen. Dies ist der Augenblick, von dem an auch die Geschichte Israels von der Expansionspolitik Assurs bestimmt wird. Israel erscheint in Koalitionen mit syrischen Dynasten, die letztlich ohne Erfolg bleiben. Das 9. und 8. Jahrhundert sieht die Assyrer erneut im Vormarsch auf Syrien. Als erster betritt im 9. Jahrhundert Salmanassar III. (854–824) israelitisches Gebiet, doch erst Tiglatpileser III. (745–727) wirft das Nordreich Israel nieder, und seine Nachfolger Salmanassar V. und Sargon II. bringen Samaria zu Fall (622/21); große Deportationen entblößen das Land.

Mit Tiglatpileser III. erreichte die assyrische Politik einen machtvollen Höhepunkt. Drei entscheidende Aufgaben stellte sich der König und löste sie auf seine Weise. Zum ersten war das Verhältnis zu Babylonien zu klären. Die dort ansässig gewordenen Aramäerstämme verpflanzte er in bewährter Weise und merzte dadurch die Wurzeln des Unruheherdes im Südosten aus. In einer Personalunion vereinigte er als König von Assur und Babylonien die beiden Reichsteile und machte Babylonien zu einem gleichwertigen Mitglied in seinem Staatsapparat.

Jede neue selbständige Machtbildung in Babylonien war damit gebannt. Zum zweiten führte er einen Entscheidungskampf gegen das inzwischen stark und expansiv gewordene Reich von Urartu, dessen Hauptstadt Tuschpa, das heutige Toprakkale, an der Ostseite des Van-Sees lag. Von dort hatte sich Urartu bis nach Nordsyrien ausgedehnt. Zunächs bekämpfte Tiglatpileser die Urartäer indirekt, indem er ihre Bundesgenossen in Syrien schlug, ehe er den König von Urartu selbst vernichtete. Die dritte Aufgabe, die sich der assyrische König stellte, war die Eroberung Syriens und nach Möglichkeit auch Palästinas. Diese Ereignisse sind am stärksten in das allgemeine Bewußtsein eingedrungen, weil sie sich unmittelbar mit biblischen Nachrichten berühren und nicht nur in den Geschichtsbüchern des Alten Testaments vorkommen, sondern auch die klassische Schriftprophetie im 8. Jahrhundert hervorgebracht haben. Insbesondere Jesaja und Micha haben sich mit dem Vorgehen der Assyrer befaßt. Zwar wurde das Nordreich Israel restlos assyrische Provinz, doch blieb im Süden durch günstige Umstände wenigstens die Stadt Jerusalem und ein Teil ihres Umlandes selbständig, und die davidische Dynastie regierte weiter. Juda blieb auch verschont, als die Assyrer zu ihrem größten Schlag ausholten, zur Eroberung Ägyptens unter Asarhaddon (680–669). Für ganz kurze Zeit stand jetzt die Geschichte der beiden großen Weltmächte, in Mesopotamien und im Nilland, unter einheitlicher Führung. Assur stand auf dem Gipfel seiner Macht. Auf ägyptischem Boden kämpften Assyrer und Äthiopen miteinander, die Völker aus dem Norden gegen die aus dem tiefsten Süden der damaligen Welt. Doch Assyrien hatte seine Kräfte erschöpft. Unter Assurbanipal (668–626) wurde klar, daß die Macht in Ägypten nicht aufrechterhalten werden konnte. Dies war zu kostspielig und administrativ nicht durchführbar. Das Aufkommen der 26. ägyptischen Dynastie unter Psammetich I. (664–610) brachte das Ende der Assyrer in Ägypten. Assurbanipal, einst Gelehrter und Priester, der seine erfolgreichen Feldzüge meist durch seine Generale führen ließ, konnte Ägypten nicht halten. Sein Name ist verknüpft mit der Sammlung des babylonisch-assyrischen Schrifttums. Diese »Bibliothek Assurbanipals«, die in den Trümmern von Ninive wiedergefunden wurde, ist die bedeutendste Sammlung von Keilschriftliteratur, die zutage gekommen ist.

Die Auseinandersetzungen Assurbanipals mit seinem Bruder, der zum König von Babylon gemacht worden war, trugen zur Schwächung des gesamten Reichsapparates bei. Assurbanipal ist der letzte große und nennenswerte Assyrer auf dem Thron. Der rasche Verfall des assyrischen Weltreiches und sein Ende rund 50 Jahre nach dem Höhepunkt seiner Machtentfaltung bis nach Ägypten haben mancherlei äußere Gründe, die mit dem Aufkommen neuer Bevölkerungen und Kräfteverhältnisse zusammenhängen. Doch fehlte es Assur zuletzt auch an Persönlichkeiten, die das Großreich zusammenhalten konnten.

Assur wurde das Opfer aggressiver Bergvölker, der Ummanmanda, eines skythischen Eroberervolkes, vor allem aber der Meder, die sich mit den Babyloniern verbanden, wo eine ganz neue Schicht die Herrschaft errang, die semitisch-aramäischen Chaldäer. Sie gründeten das sogenannte neubabylonische Reich. Mit dem Fall der Stadt Ninive im Jahre 612, bei dem Assurs letzter König Sin-scharischkun umkam, ist das Ende assyrischer Herrschaft besiegelt, von einem erfolglosen Nachspiel abgesehen, als der assyrische Prinz Assur-uballit mit

Sumer, Babylonien und Assyrien 161

ägyptischer Unterstützung versuchte, im obermesopotamischen Harran einen Reststaat zu halten, sich aber der Babylonier nicht mehr erwehren konnte. Assur stieg zur Weltmacht auf unter Anwendung bisher so nicht gekannter grausamer und konsequenter Methoden. Es war eine schreckenerregende Militärmacht mit der bis dahin bestausgerüsteten Armee. Die Deportationspraxis trug dazu bei, ganze völkische Existenzen auszulöschen. Assur gelang für kurze Zeit, aber doch zum ersten Mal in der Geschichte der Großmächte des Vorderen Orients, ein wirkliches Weltreich nach damaligen Vorstellungen, Mesopotamien, Syrien und Ägypten vereinigt in einem einzigen politischen Gebilde unter einem einzigen Herrscher. Die assyrischen Großbauten, Reliefs und Inschriften und zahlreiche plastische Darstellungen bezeugen beachtliche kulturelle Leistungen. Aber das Beste, was sie auf diesem Gebiet hervorbrachten, beruhte in Stil und Form auf babylonischen Anleihen. Selbst die Religion der Assyrer war weitgehend von den Babyloniern übernommen. So wird es verständlich, warum es zwar zu unerhörter Ausdehnung assyrischer Macht, nicht aber gleichzeitig zu einer eigenständigen assyrischen Kultur gekommen ist, die zukunftweisend wurde. Wenn auch Babylon befruchtend auf seinen nördlichen Nachbarn einwirkte und Assur zahlreiche Anregungen aufnahm und vervollkommnete, von überzeugenden Nachwirkungen assyrischer kultureller Leistungen kann nicht gesprochen werden. Auch in der Verwaltungs- und Rechtspraxis behielt babylonischer Einfluß das Übergewicht. Das reine Machtprinzip, das Assyrien repräsentierte und das es kühn und überlegen zu handhaben wußte, reichte zu welthistorischen Fernwirkungen nicht aus, weil es nicht von der Vermittlung kultureller und selbständiger geistiger Werte in den eroberten Ländern begleitet war.

3. Das neubabylonische Reich und das Ende staatlicher Selbständigkeit in Mesopotamien

Nebukadnezar und das Ende des Reiches Juda

Assurs Niedergang ermöglichte in Babylonien den Aufbruch dort ansässig gewordener Aramäer (nach dem Landschaftsnamen »Kaldu« auch »Chaldäer« genannt, eine Bezeichnung, die in der Bibel und später bei den Griechen auf die Babylonier überhaupt angewandt wurde). Nabopolassar (626–605) gilt als der Begründer des neubabylonischen Königtums (»chaldäische Dynastie«), deren bedeutendster Vertreter sein Sohn Nebukadnezar (II.) werden sollte. Er führte eine letzte Blütezeit babylonischer Reichspolitik herauf. Sein Name ging in die Bibel ein, weil er dem Südreich Juda mit seiner Hauptstadt Jerusalem ein Ende brachte und die Judäer ins babylonische Exil führte. Für Babylonien bedeutete Nebukadnezars Regierung einen Höhepunkt, weil es der König verstand, die Unruheherde im Reich zu bändigen und während seiner langen Regierungszeit das Land im Innern zu festigen. Erst nach seinem Tode begann der Aufstieg der Perser unter Kyros II. (559–529), der auch das neubabylonische Reich bezwang.

Bereits 627 erhob sich Nabopolassar in einem Aufstand gegen Assur, bestieg

626 den babylonischen Thron, scheiterte aber 615 bei dem Versuch, Assur zu erobern. Ein Jahr später gelang dies dem Mederkönig Kyaxares, und Nabopolassar verbündete sich mit den Medern und konnte mit ihnen die assyrische Residenz Ninive zerstören. Damit war das Ende assyrischer Herrschaft gekommen. Nabopolassar, übernahm sogleich ein Großreich: ganz Babylonien, das Meerland (die einst sumerischen Kernlande), Elam, einen Teil des Osttigrislandes und Gebiete am Euphrat, so daß von dort aus die Verbindungswege nach Syrien in seine Hand gelangten. Noch aber war er zu so weitreichenden Operationen nicht in der Lage. In dem von Babylon weit entfernten westmesopotamischen Raum um Harran und Karkemisch versuchte der assyrische Prinz Assuruballit einen assyrischen Reststaat zu halten; der Pharao Necho kämpfte auf seiner Seite, nachdem er, das durch den Fall Assurs in Palästina-Syrien entstandene machtpolitische Vakuum nutzend, sich dort zum Herrn der Lage gemacht hatte. Der judäische König Josia, der sich Necho bei Megiddo entgegenzustellen wagte, bezahlte das mit dem Tode (609). Die Entscheidung gegen Assur-uballit fiel im Jahre 605 bei Karkemisch. Die babylonischen Truppen, bereits unter dem Befehl des Kronprinzen Nebukadnezar, schlugen Assyrer und Ägypter, setzten den Ägyptern nach und entrissen ihnen Syrien und Palästina. Noch im gleichen Jahre starb Nabopolassar, und sein Sohn Nebukadnezar kam unangefochten zur Regierung, die er bis 562 führte. In einer Reihe von Feldzügen mußte er die Macht in Syrien und Palästina verteidigen; sein Angriff auf Ägypten scheiterte (600). Jedoch bezwang er die Aufständischen in Syrien und belagerte zweimal Jerusalem. Von dort führte er 597 die sprichwörtlich gewordenen »obersten Zehntausend« nach Babylon weg; 587 zerstörte er Jerusalem, brachte den letzten judäischen König Zedekia um und führte weitere Teile der judäischen Bevölkerung in Gruppen in das »babylonische Exil«, dessen Ende erst 539 mit der Eroberung Babylons durch die Perser erreicht war. Die Babylonier übernahmen also die assyrische Praxis der Verpflanzungspolitik, freilich mit dem Unterschied, daß sie die fremden Bevölkerungen nicht im Lande zerstreuten, sondern in kleinen »Kolonien« zusammenwohnen ließen. Das geht insbesondere aus biblischen Nachrichten über das babylonische Exil hervor. Der Prophet Ezechiel (Hesekiel) hatte dort die Möglichkeit, seine Landsleute um sich zu versammeln.

Als der Eroberer Jerusalems, der der Eigenstaatlichkeit Judas ein Ende setzte und damit den Fortbestand ganz Israels auf eigenem Grund und Boden in Frage stellte, ist Nebukadnezar durch biblische Vermittlung am stärksten in das allgemeine Bewußtsein eingegangen. Die spätere legendäre Überlieferung im biblischen Buch Daniel trug vollends dazu bei, ihn als unerbittlichen Tyrannen erscheinen zu lassen. Aus babylonischer Sicht ist Nebukadnezar jedoch ein Friedensherrscher, ist er Tempelgründer und -restaurator, ein weiser Fürst, der getreue Hirt des Marduk, des babylonischen Stadtgottes, also ein Repräsentant alter sumerisch-babylonischer Tradition. Bedeutsam sind seine Kanal- und Straßenbauten, die er veranlaßte. Vor allem aber stattete er Babylon und seine Paläste prächtig aus und gab der Prozessionsstraße und dem Ischtar-Tor jene mit farbigen Ziegeln geschmückte Endgestalt, deren Rekonstruktion mit Fragmenten der originalen Verkleidung in den Staatlichen Museen in Berlin zu bewundern ist.

Auffällig wenig wissen wir von innenpolitischen Entwicklungen während der Regierungszeit Nebukadnezars. Außenpolitisch muß das Verhältnis zu Medien gut gewesen sein; Nebukadnezar hatte eine medische Prinzessin zur Frau. Die syrisch-palästinische Randzone scheint nach dem Fall Jerusalems im wesentlichen befriedet geblieben zu sein.

Der Aufstieg des persischen Reiches und die Restauration bodenständiger Kulte

Von Nebukadnezars Nachfolgern verdient nur noch der letzte König von Babylon Erwähnung, die eigenartige und umstrittene Gestalt des Nabonid, der nicht aus Babylonien, sondern aus dem westsemitischen Aramäertum von Harran stammte, Sohn einer Oberpriesterin des Mondgottes Sin von Harran. Er war sozusagen der Gegenkandidat gegen die in Babylon mächtig gewordene Marduk-Priesterschaft, ein Außenseiter also, der mehrere Jahre hindurch das Sakrileg begangen haben soll, das Neujahrsfest des Marduk, das höchste Fest, auszusetzen. Am merkwürdigsten aber ist, daß sich dieser König rund zehn Jahre lang weit im Süden in der Oasenstadt Tema, 800 Kilometer südwestlich von Babylon, aufhielt und indessen seinem Sohn Belsazar die Herrschaft in Babylon überließ. Die Interpretation dieses Sachverhaltes ist nicht einfach. Nabonids Spannungen zur Marduk-Priesterschaft mögen ein Grund für sein Verhalten gewesen sein. Die Auffassung ist jedoch nicht von der Hand zu weisen, daß er mit realpolitischem Scharfblick die sich anbahnende Umschichtung der Kräfteverhältnisse kommen sah. Sein enges Bündnis mit dem Aramäertum von Harran kann den Zweck verfolgt haben, Kräfte gegen die von Norden vordringenden Perser unter Kyros zu sammeln, der erfolgreich in Anatolien kämpfte und dabei war, seine Macht in breiter Front auszudehnen, um das babylonische Reich als mächtigen Widersacher im Süden regelrecht in die Zange zu nehmen. Das war nur eine Frage der Zeit. So mag Nabonid in Tema auch um die Sammlung weiterer Kräfte aus der arabischen Umgebung bemüht gewesen sein. Unaufhaltsam drangen die Perser vor, wohin sie sich auch wandten. Selbst der namenlose judäische Prophet im babylonischen Exil, dessen Sprüche wir im Buche Jesaja Kapitel 40–55 lesen (daher auch die Bezeichnung »Deuterojesaja«), beschrieb Kyros als einen Gesalbten Gottes, vor dem die Riegel der Städte zerbrechen (Jes 45,1–7).
Nach seinem Angriff auf Elam wandte sich Kyros tatsächlich gegen Babylon. Seinem Feldherrn Gobryas fiel die Stadt kampflos in die Hände, vermutlich weil die Marduk-Priesterschaft sie ihm auslieferte, um sich der Herrschaft Nabonids zu entledigen. Ein politisches Strophengedicht gegen Nabonid feiert den Einzug der Perser in Babylon, der 539 erfolgte. Damit war das Ende des babylonischen Reiches gekommen, zugleich das Ende der Eigenstaatlichkeit im Zweistromland. Das babylonische Weltreich, Syrien und Palästina eingeschlossen, fiel in die Hände der Perser, die ihr Imperium mit dem Siege über Ägypten unter Kambyses in der Schlacht bei Pelusium 525 abrundeten. Ihr Regierungsprinzip war nicht mehr die Verpflanzung von Bevölkerungen und die Einführung eines fremden Besatzungsstatuts, sondern die Wiederherstellung einheimischer Ordnungen und die Restauration bodenständiger Kulte. So kam es schließlich auch zum Wiederaufbau des Jerusalemer Tempels (520–515) und zur Rückführung eines

Teiles der judäischen Bevölkerung aus dem babylonischen Exil nach Jerusalem und in seine engere Umgebung. Die Schwäche Ägyptens in seiner Spätzeit, eine kluge und vorsichtige persische Politik, die trotz scheinbarer Liberalität konsequent vorging, unterstützt durch eine gut funktionierende Administration, ferner das Ausbleiben mächtiger Gegenkräfte im Großreich sicherten den Persern ihre Weltherrschaft während rund zwei Jahrhunderten. Der Aufbruch des Westens und das Genie Alexanders des Großen brachten im 4. Jahrhundert die Perser zu Fall und beendeten damit endgültig die Vormachtstellung orientalischer Staaten mit ihren weitgreifenden Ambitionen (vgl. unten, S. 441 ff.). Die altorientalischen Reiche verloren ihren Führungsanspruch, »der Westen« meldete sich, die »klassische Antike« mit Griechenland und Rom als ihren Zentren löste das »orientalische Altertum« ab.

BIBLIOGRAPHIE

Allgemeine Darstellungen
Beek, Martinus Adrianus, 1961: Bildatlas der assyrischen und babylonischen Kultur (Deutsche Ausgabe von Wolfgang *Röllig* mit Vorwort von Wolfram *von Soden*), Gütersloh; *Brentjes*, Burchard, 1963: Land zwischen den Strömen, Leipzig; The Cambridge Ancient History, 1970−75: Bde. 1.2, 3. Aufl., Cambridge; 1982: Bd. 3, 2. Aufl., Cambridge; *Edzard*, Dietz Otto (Hg.), 1972: Gesellschaftsklassen im Alten Zweistromland und in den angrenzenden Gebieten, München; *Fischer Weltgeschichte*, 1982−84: Bde. 2−4, Die altorientalischen Reiche, Frankfurt/M; *Güterbock*, Hans-Gustav, 1934 und 1938: Die historische Tradition und ihre literarische Gestaltung bei Babyloniern und Hethitern bis 1200 I.II, in: Zeitschrift für Assyriologie 8 (1934) 1−91; 10 (1938), 45−149; *Gadd*, C. J., 1948: Ideas of Divine Rule in the Ancient East, London; *Hallo*, W. W./*Simpson*, W. K., 1971: The Ancient Near East − A History, New York; *Helck*, Wolfgang, 1971: Die Beziehungen Ägyptens zu Vorderasien im 3. und 2. Jahrtausend v. Chr., 2. Aufl., Wiesbaden; *Jaritz*, Kurt, 1964: Babylon und seine Welt, Bern−München; *Jepsen*, Alfred (Hg.), 1979: Von Sinuhe bis Nebukadnezar, 3. Aufl., Berlin; *Junker*, Hermann/*Delaporte*, Louis, 1933: Die Völker des antiken Orients. Die Ägypter. Die Babylonier, Assyrer, Perser und Phöniker, Freiburg/Br.; *King*, L. W., 1923: A History of Sumer and Akkad; *ders.*, 1925: A History of Babylon; *Kitchen*, K. A., 1966: Ancient Orient and Old Testament, London; dass. deutsch, 1965: Alter Orient und Altes Testament, Wuppertal; *Liverani*, Mario, 1963: Introduzione alle Storia dell'Asia Anteriore Antica, Rom; *Mendelsohn*, J., 1949: Slavery in the Ancient Near East, New York; *Meyer*, Eduard, 1893−1931: Geschichte des Altertums; Neuausgabe von H. E. *Stier*, 1952−1958, 5 Bde. in 8 Bdn., Darmstadt; jetzt in unveränderter 9. Aufl., Essen 1984; *Moscati*, Sabatino, 1959: The Semites in Ancient History, Cardiff; *ders.*, 1961: Geschichte und Kultur der semitischen Völker, Zürich−Köln; *Nissen*, Hans Jörg/*Renger*, Johannes (Hg.), 1982: Mesopotamien und seine Nachbarn. Politische und kulturelle Wechselbeziehungen im Alten Vorderasien vom 4. bis zum 1. Jahrtausend v. Chr., Berlin; *O'Callaghan*, R. T., 1948: Aram Naharaim. Contribution to the History of Upper Mesopotamia in the 2nd millenium B. C., Rom; *Olmstead*, A. T., 1948: History of the Persian Empire, Chicago; *Saggs*, H. W. F., 1962: The Greatness that was Babylon, London; dass. deutsch 1966: Mesopotamien. Assyrer, Babylonier, Sumerer, Zürich; *Scharff*, Alexander/*Moortgat*, Anton, 1962: Ägypten und Vorderasien im Altertum, 2. Aufl., München; *Schmökel*, Hartmut, 1957: Geschichte des Alten Vorderasien, Leiden; *ders.*, 1961: Kulturgeschichte des Alten Orient, Stuttgart; *von Soden*, Wolfram, 1954: Herrscher im Alten Orient, Berlin−Göttingen−Heidelberg; *Speiser*, E. A., 1955:

Sumer, Babylonien und Assyrien 165

Ancient Mesopotamia, in: R. *Dentan* (Hg.), The Idea of History in the Ancient Near East, New Haven, 35–76; *Wiseman*, D. J. (Hg.), 1973: Peoples of Old Testament Times, Oxford.

Textsammlungen (in oder mit Übersetzungen)
Dossin, G., *Jean*, C. F., *Kupper*, J. R., 1946–1960: Archives royales de Mari I–IX, Paris; *Grayson*, A. K., 1972 – 1976: Assyrian Royal Inscriptions, 2 Bde., Wiesbaden; *ders.*, 1975: Assyrian and Babylonian Chronicles. Texts from Cuneiform Sources, Bd. 5, New York; *Greßmann*, Hugo, 1926/27: Altorientalische Texte und Bilder zum Alten Testament, 2 Bde., 2. Aufl., Berlin–Leipzig; *Kaiser*, Otto (Hg.), 1982–1985: Texte aus der Umwelt des Alten Testaments I (Bd. II im Erscheinen), Gütersloh; *Landsberger*, Benno, 1922: Babylonische und assyrische Texte, 2. Aufl., Tübingen; *Luckenbill*, D., 1926/27: Ancient Records of Assyria and Babylonia I. II, Chicago; *Pritchard*, James B., 1969: The Ancient Near Eastern Texts relating to the Old Testament, 3rd ed., with suppl., Princeton; *ders.*, 1969: The Ancient Near East in Pictures relating to the Old Testament, 2nd ed., with suppl, Princeton; *Schrader*, E. (Hg.), 1889–1915 (Neudruck 1970): Keilschriftliche Bibliothek. Sammlung von assyrischen und babylonischen Texten in Umschrift und Übersetzung, 6 Bde.

Spezialliteratur
1. Von den Sumerern zur ersten Dynastie von Babylon
Bauer, Theo, 1926: Die Ostkanaanäer, Leipzig; *Christian*, V., 1961: Die Herkunft der Sumerer, Graz–Wien–Köln; *Deimel*, A., 1931: Sumerische Tempelwirtschaft, Rom; *ders.*, 1950–1956: Codex Hammurabi, 4 Bde., Rom; *Driver*, G. R./*Miles*, John C., 1952: The Babylonian Laws I. Legal Commentary; II. Translation; *Edzard*, Dietz Otto, 1957: Die »Zweite Zwischenzeit« Babyloniens, Wiesbaden; *Falkenstein*, Adam, 1949: Ibbisîn-Išbi'erra, in: Zeitschrift für Assyriologie 15, 59–79; *Finet*, A., 1973: Le Code de Hammurapi, Paris; *Gelb*, I. J., 1961: The Early History of the West Semitic Peoples, in: Journal of Cuneiform Studies 15, 27–47; *Jacobsen*, T., 1957: Early Political Development in Mesopotamia, in: Zeitschrift für Assyriologie 18, 91–140; *Klengel*, Horst, 1976: Einige Bemerkungen zur sozialökonomischen Entwicklung in der altbabylonischen Zeit, in: Wirtschaft und Gesellschaft im Alten Vorderasien, Budapest, 249–257; *ders.*, 1978: Hammurapi von Babylon und seine Zeit, Berlin; *Kohler*, J./*Peiser*, F. E./*Ungnad*, A./*Koschaker*, P., 1904–1923: Hammurabis Gesetz, 6 Bde., Leipzig; *Koschaker*, Paul, 1917: Rechtsvergleichende Studien zur Gesetzgebung Hammurapis, Königs von Babylonien, Leipzig; *ders.*, 1935: Keilschriftrecht, in: Zeitschrift der Deutschen Morgenländischen Gesellschaft 89, 1–99; *ders.*, 1942: Zur staatlichen Wirtschaftsverwaltung in altbabylonischer Zeit, in: Zeitschrift für Assyriologie 13, 135–180; *Kramer*, Samuel N., 1960: Geschichte beginnt mit Sumer, München; dass., 1981: History begins at Sumer, 3rd rev. edition, Philadelphia; *ders.*, 1971: Aspects of Mesopotamian Society. Evidence from the Sumerian Literary Sources, in: Beiträge zur sozialen Struktur des Alten Vorderasien (hg. von Horst *Klengel*), Berlin, 1–13; *Kraus*, F. R., 1958: Ein Edikt des Königs Ammi-saduqa von Babylon, Leiden; *Kupper*, J. R., 1957: Les nomades en Mésopotamie au temps des rois de Mari, Liège-Paris; *ders.* (Hg.), 1967: La civilisation de Mari, Paris; *Lenzen*, Heinrich J., 1941: Die Entwicklung der Zikkurat von ihren Anfängen bis zur Zeit der III. Dynastie von Ur; *Malamat*, Abraham, 1973: Mari and the Bible. A Collection of Studies, Jerusalem; *Meißner*, Bruno, 1927: Könige Babyloniens und Assyriens, Leipzig; *Moortgat*, Anton, 1945: Die Entstehung der sumerischen Hochkultur, Leipzig; *Müller*, D. H., 1903: Die Gesetze Hammurabis und die Mosaische Gesetzgebung, Wien; *Parrot*, André, 1960: Sumer, München; *ders.*, 1983: Sumer und Akkad, 4. Aufl., München; *Schmökel*, Hartmut, 1955: Ur, Assur und Babylon, Stuttgart; *ders.*, 1956: Das Land Sumer, 2. Aufl., Stuttgart; *ders.*, 1958: Hammurabi von Babylon, München; *von Soden*, Wolfram, 1936: Leistung und

Grenzen sumerischer und babylonischer Wissenschaft, in: Die Welt als Geschichte II, 417 ff.; *ders.*, 1948: Das altbabylonische Briefarchiv von Mari. Ein Überblick, in: Die Welt des Orients 1, 187–204; *Speiser*, E. A., 1958: The *muškênum*, in: Orientalia 27, 19–28; *Steinmetzer*, J., 1919: Über den Grundbesitz in Babylonien, Leipzig; *Unger*, E., 1931: Babylon, Berlin–Leipzig; *Weidner*, E., 1952: Das Reich Sargons von Akkad, in: Archiv für Orientforschung 16, 1–24.

2. Der Einbruch der Bergvölker und der Aufstieg Assyriens zur Weltmacht
Alt, Albrecht, 1934: Die syrische Staatenwelt vor dem Einbruch der Assyrer, in: Kleine Schriften zur Geschichte des Volkes Israel III, 214–232; *Bilabel*, Friedrich, 1927: Geschichte Vorderasiens und Ägyptens vom 16. Jahrhundert v. Chr. bis auf die Neuzeit, Bd. 1: 16.–11. Jahrhundert v. Chr., Heidelberg; *Bittel*, Kurt, 1945: Grundzüge der Vor- und Frühgeschichte Kleinasiens, 2. erw. Aufl., Tübingen 1950; *Borger*, Rikele, 1961: Einleitung in die assyrischen Königsinschriften, Leiden; *ders.*, 1956: Die Inschriften Asarhaddons von Assyrien, Graz; *Brinkman*, J. A., 1968: A Political History of Post-Kassite Babylonia 1158–722 B. C., Rom; *ders.*, 1984: Prelude to Empire. Babylonian Society and Politics, 747–626 B. C., Philadelphia; *Cornelius*, Friedrich, 1973: Geschichte der Hethiter, Darmstadt; *Dupont-Sommer*, A., 1949: Les Araméens, Paris; *Forrer*, E., 1932: s. v. Assyrien; s. v. Aramu, in: Reallexikon der Assyriologie I, Berlin-Leipzig; *ders.*, 1920: Die Provinzeinteilung des assyrischen Reiches, Leipzig; *Friedrich*, Johannes, 1926 und 1930: Staatsverträge des Hatti-Reiches in hethitischer Sprache, in: Mitteilungen der Vorderasiatisch-Ägyptischen Gesellschaft 31,1 u. 34,1; *ders.*, 1959: Die hethitischen Gesetze, Leiden; *Gelb*, I. J., 1973: Hurrians and Subarians (Re-issue), Chicago; *Goetze*, Albrecht, 1936: Hethiter, Churriter und Assyrer; *ders.*, 1957: Kleinasien, München; *Güterbock*, Hans-Gustav, 1954: The Hurrian Element in the Hittite Empire, in: Cahiers d'Histoire Mondiale 2, 383–394; *Hauschild*, Richard, 1962: Über die frühesten Arier im Alten Orient, Berlin; *ders.*, 1964: Die indogermanischen Völker und Sprachen Kleinasiens, Berlin; *Klauber*, E., 1910: Assyrisches Beamtentum nach Briefen aus der Sargonidenzeit, Leipzig; *Korošek*, Viktor, 1931: Hethitische Staatsverträge. Ein Beitrag zu ihrer juristischen Wertung, in: Leipziger rechtswissenschaftliche Studien 60; *Kraeling*, E. G. H., 1918: Aram and Israel or the Aramaeans in Syria and Mesopotamia, New York; *Landsberger*, Benno, 1925: Assyrische Handelskolonien in Kleinasien aus dem 3. Jahrtausend, in: Der Alte Orient 24, Leipzig; *Lewy*, H., 1942: The Nuzian Feudal System, in: Orientalia 11, 1–40, 209–250; 297–349; *Olmstead*, A. T. E., 1923: History of Assyria, New York; *Otten*, Heinrich, 1963: Neue Quellen zum Ausklang des Hethitischen Reiches, in: Mitteilungen der Deutschen Orientgesellschaft 94, 1 ff.; *Pfeiffer*, R., 1935: State Letters of Assyria, New Haven; *von Schuler*, Einar, 1959: Hethitische Königserlasse als Quellen der Rechtsfindung, in: Festschrift Johannes *Friedrich*, Heidelberg, 435–472; *Smith*, Sidney, 1928: Early History of Assyria to 1000 B. C.; *von Soden*, Wolfram, 1937: Der Aufstieg des Assyrerreiches als geschichtliches Problem, in: Der Alte Orient 37, 1/2; *Streck*, Maximilian, 1916: Assurbanipal und die letzten assyrischen Könige bis zum Untergange Ninive's, I–III, Leipzig; *Strobel*, August, 1976: Der spätbronzezeitliche Seevölkersturm, Berlin; *Weidner*, E. F., 1959: Die Inschriften Tukulti-Ninurtas I. und seiner Nachfolger, Graz; *ders.*, 1923: Politische Dokumente aus Kleinasien. Die Staatsverträge in akkadischer Sprache aus dem Archiv von Boghazköi, in: Boghazköi-Studien 8.9, Leipzig; *Tadmor*, Hayim, 1958: The Campaigns of Sargon II. of Assur, in: Journal of Cuneiform Studies 12, 22–40, 78–100; *Wiseman*, D. J., 1958: The Vassal-Treaties of Esarhaddon, Iraq 20, 1–100; *Zimmern*, Heinrich/*Friedrich*, Johannes, 1922: Hethitische Gesetze aus dem Staatsarchiv von Boghazköi, in: Der Alte Orient 23,2.

3. Das neubabylonische Reich und das Ende staatlicher Selbständigkeit in Mesopotamien

Gadd, C. J., 1958: The Harran Inscriptions of Nabonidus, in: Anatolian Studies 8, 35–92; *Galling*, Kurt, 1953/54: Von Nabonid zu Darius, in: Zeitschrift des Deutschen Palästina-Vereins 69, 42–64; 70, 4–32; *Garelli*, P., 1960: Nabonide, in: Dictionnaire de la Bible, Suppl. VI, Paris, 269–286; *Koldewey*, Robert, 1925: Das wiedererstehende Babylon, 4. Aufl., Berlin; *ders.*, 1918: Das Ischtar-Tor in Babylon, Leipzig; *Landsberger*, Benno/*Bauer*, Theo, 1927: Zu neu veröffentlichten Geschichtsquellen der Zeit von Asarhaddon bis Nabonid, in: Zeitschrift für Assyriologie (N. F.) 3, Berlin–Leipzig, 61–98; *Langdon*, Stephan, 1912: Die neubabylonischen Königsinschriften, Leipzig; *Lewy*, Hildegard, 1949: The Babylonian Background of the Kay Kâûš Legend, in: Archiv Orientální 17,2; *Meyer*, Rudolf, 1962: Das Gebet des Nabonid, Berlin; *Smith*, S., 1924: Babylonian Historical Texts relating to the capture and downfall of Babylon, London; *Wiseman*, D. J., 1985: Nebuchadrezzar and Babylon, Oxford.

KAPITEL V

Israel

Von Siegfried Herrmann

Vorbemerkung

Das vorangegangene Kapitel über die politischen Entwicklungen der Sumerer, Babylonier und Assyrer in Mesopotamien hat wiederholt die Geschichte Syriens und Palästinas in das Blickfeld einbeziehen müssen. Denn sowohl die Mächte des Nordens als auch das südliche Ägypten betrachteten den schmalen Kulturlandstreifen an der Ostseite des Mittelmeeres als Durchzugs- und Expansionsgebiet. Syrien und Palästina waren eingebunden in die Machtinteressen der Großmächte und so gut wie nie zu andauernder selbständiger politischer Entfaltung befähigt. Die geopolitischen und ethnographischen Bedingungen ließen das nicht zu, verursachten aber andererseits eine bewegte, von Völker-, Stammes- und Gruppeninteressen bestimmte »kleinräumige« Geschichte, die unter dem Einfluß der von Norden und Süden kommenden Machteinflüsse zu äußerst komplexen Entwicklungen innerhalb des syrisch-palästinischen Raumes führte. Nicht zu vergessen ist dabei der Steppengürtel im Osten am Rande der syrisch-arabischen Wüste als Ausgangsbasis neuer Bevölkerungsschübe und somit als Vorfeld politischer Entwicklungen im Kulturland. So erklärt sich der Charakter einer ausgesprochenen Mischkultur im syrisch-palästinischen Raum, wo sich ebenso nördliche wie südliche Strukturelemente politischen, kulturellen und wirtschaftlichen Lebens trafen.

1. Syrien und Palästina im 3. und 2. Jahrtausend v. Chr. – Das Werden Israels

Frühe städtische Zivilisation

Die älteste Form politischer Organisation in Gestalt von Stadtstaaten, wie sie schon im alten Sumer zu beobachten war, steht auch am Anfang politischer Entwicklungen in Syrien und Palästina. Auf Grund archäologischer Erkenntnisse ist mit relativem Recht Jericho als »die älteste Stadt der Welt« bezeichnet worden. Britische Ausgrabungen zwischen 1952 und 1958 (Kathleen M. Kenyon) haben gezeigt, daß die Besiedlung der Ortslage im Mesolithikum um 8000 v. Chr. begann. Aus diesen Anfängen entwickelte sich etwa um 7000 v. Chr. eine Stadt der präkeramisch-neolithischen Periode in kontinuierlicher Entwicklung. Der südliche Jordangraben gehört nachweislich zu den ältesten Bereichen menschlicher Besiedlung in diesem Raum.
Zu den sensationellen Grabungen in Syrien ist die 1964 begonnene archäologi-

sche Erschließung des *tell mardikh*, etwa 55 Kilometer südwestlich von Aleppo, zu rechnen. Inschriftliche Belege beweisen, daß es sich dort um die bisher nur dem Namen nach bekannte Stadt Ebla handelt. 1975 wurde das Staatsarchiv dieser offensichtlich königlichen Residenz mit mehr als 15 000 Keilschrifttafeln entdeckt. In Ebla ist die älteste städtische Kultur in Syrien zutage getreten, die wir bisher kennen. Nachgewiesen wurde eine erste Blütezeit von etwa 2400 bis 2000 v. Chr., eine zweite zwischen 2000 und 1600. Wer die Stadt zerstörte, ist noch nicht völlig aufgeklärt. Es könnten zur Zeit des Niederganges der Hammurabi-Dynastie Hettiter gewesen sein, die nach Nordsyrien vordrangen. Murschili I. eroberte um 1600 Aleppo.

Die Schrift des Staatsarchivs von Ebla ist die klassische mesopotamische Keilschrift, deren Ursprünge in Sumer zu suchen sind. Tatsächlich zeigt sich sumerischer Einfluß auch in der Sprache der Wirtschafts- und Verwaltungstexte von Ebla. Sumer wirkte stilbildend in administrativer Hinsicht. Weniger formal aufgebaute Briefe und Verfügungen lassen das fremde Vorbild zurücktreten. Ebla war sicherlich nicht Teil oder gar Zentrum eines Großreiches, aber es stand in einem größeren kulturellen Zusammenhang, dessen Ursprünge im Zweistromland lagen. Eblas politischer Einfluß freilich wird nicht weiter gereicht haben als über das nördliche Syrien und das obere Euphratgebiet. Bündnisse und andere Kontakte bestanden jedoch im Süden über Damaskus hinaus, im Norden bis in das obere Tigrisgebiet und nach Westen bis in den großen Halysbogen in Kleinasien. Die um das Jahr 2000 einsetzenden größeren Bevölkerungsbewegungen mögen auch Eblas Handlungsfähigkeit eingeengt haben. Dazu trugen Ausläufer jener »amoritischen« Bewegung bei, deren Schwergewicht in der ersten Hälfte des 2. Jahrtausends in Babylon lag, über deren volle Erstreckung wir allerdings nicht sicher urteilen können. Das Ausgreifen der »Bergvölker« auf Nordsyrien um die Mitte des Jahrtausends, insbesondere der Hettiter, dann aber auch der Hurriter, hat zum Ende Eblas als Machtzentrum geführt.

Dieses Schicksal traf sicherlich nicht nur Ebla. Sofern Syrien als Ausgangspunkt jener Bewegung anzusehen ist, die auf Ägypten vorstieß und dort unter dem Namen »Hyksos« (verkürzte Form eines ägyptischen Ausdrucks, der »Beherrscher fremder Länder« zu übersetzen ist) in der Zeit zwischen Mittlerem und Neuem Reich sogar die Herrschaft ergreifen konnte, hat auch das Aufkommen dieser Herrenschicht in Syrien-Palästina die Selbständigkeit dortiger Stadtstaaten beeinträchtigt. Die Pharaonen des Neuen Reichs dehnten nach der Vertreibung der Hyksos um 1550 ihre Herrschaft auf Palästina und Syrien aus und behaupteten sich dort mit wechselndem Erfolg bis zum 13. Jahrhundert. Aus den Städtelisten der Pharaonen, die sie im Rahmen ihrer Siegesberichte an ägyptischen Tempelwänden anbrachten, und aus den Briefen von Amarna läßt sich ein eindrucksvolles Bild der Besiedlung der besetzten Länder, insbesondere der damals existierenden kanaanäischen Stadtstaaten gewinnen.

In diesem Zusammenhang müssen mindestens noch zwei dieser städtischen Zentren genannt werden, die in unserem Jahrhundert ausgegraben wurden und äußerst aufschlußreiches Textmaterial geliefert haben. Seit dem Jahre 1929 ist an der nordsyrischen Küste auf dem Ruinenhügel *ras esch-schamra* die alte Stadt Ugarit, die man bisher nur aus ägyptischen, mesopotamischen und hettitischen Urkunden kannte, aufgedeckt worden. Im 2. Jahrtausend umfaßte der Stadt-

Israel 171

staat etwa hundert Ortschaften. Eine kretische Handelskolonie wurde nachgewiesen. In der Amarnazeit unterstützte Ugarit die Hettiter. Den Höhepunkt erlebte die Stadt im 14. und 13. Jahrhundert. Dann wurde sie ein Opfer der Seevölker. Bedeutsam ist das umfangreiche Textmaterial, das aus der Zeit zwischen 1500 und 1250 stammt und nicht nur Verwaltungs-, Wirtschafts- und Rechtstexte enthält, sondern auch literarische Texte mythologischen Inhalts. Ugarit eröffnete tiefe Einblicke in das Verwaltungswesen eines kanaanäischen Stadtstaates, ebenso aber auch in die Götterwelt Kanaans und die epische Dichtung, die ihre Mythen verarbeitete.

Nicht ganz so ertragreich war die archäologische Ausbeute in *tell ʿatschana*, dem alten Stadtstaat von Alalach in der Ebene des antiken Antiochien, etwa 70 Kilometer westlich Aleppo, wo zwischen 1937 und 1949 gegraben wurde. Die Texte stammen aus dem 18. und dem 15. Jahrhundert v. Chr. Bedeutsam ist vor allem die beschriftete Stele des Königs Idrimi. Auch für Alalach brachten die Seevölker das Ende der Selbständigkeit.

Die Anfänge Israels

Aus den Amarna-Briefen erfahren wir von intensiver Bedrohung einzelner städtischer Zentren durch unkontrollierbar umherstreifende Scharen, die aus dem östlichen Steppenbereich vorgedrungen zu sein scheinen und als *chabiru* oder *chapiru* (in sumerischer Schreibung *SA.GAZ*) bezeichnet werden. Der Begriff ist bis heute nicht eindeutig geklärt, hat aber pejorativen Sinn. Es sind nach verbreiteter Auffassung Leute ohne feste soziale Bindung, nicht Angehörige ein und desselben Volkstums. Seit der 3. Dynastie von Ur tauchen Gruppen, die man so nannte, in fast allen Bereichen des »fruchtbaren Halbmonds« auf. Sie arrangierten sich teilweise mit den Stadtstaaten und begaben sich in ihre Dienste, wenn auch unter jeweils anderen Bedingungen. Nach neueren soziologischen Theorien sind die an den *chabiru* beobachteten Verhaltensweisen modellhaft auf das früheste Israel übertragen worden. Es wird nicht ausgeschlossen, daß solche in städtischen Diensten stehende Gruppen sozial niederen Ranges sich allmählich aus den etablierten städtischen Gemeinwesen und ihren Ordnungen lösten und sich verselbständigten, also eine Art »Bauernrevolution« (Mendenhall veranstalteten. In den schwächer besiedelten Gebirgsregionen beiderseits des Jordan hätten sie sich als »outlaws« zu autonomen Gruppen oder »Stämmen« zusammengeschlossen. Dies sei die Geburtsstunde »Israels« gewesen, wobei die für alle verbindlich gewordene Verehrung des Gottes »Jahwe« zum Einheitsband wurde, das sie alle zusammenschloß und zu einem selbständigen »Volk« werden ließ. Diese Theorie steht freilich in eklatantem Widerspruch zur biblischen Überlieferung. Sie weiß nichts von ursprünglichen Verbindungen nachmalig israelitischer Stämme zu den kanaanäischen Stadtstaaten, wohl aber davon, daß die israelitischen Stämme aus nomadischen Verhältnissen, wenn auch mit jeweils eigener Vorgeschichte, sich von Süden und Osten aus den Steppenzonen dem kanaanäischen Kulturland näherten. Bevölkerungsgruppen, die sich vornehmlich im Raum südlich und östlich des Toten Meeres bewegten, treten in ägyptischen Texten dieser Zeit unter der Bezeichnung »Schasu« auf, doch ist nicht erwiesen, ob sich unter ihnen auch nachmalige »Israeliten« befanden.

Nach Lage der Dinge ist das auch kaum feststellbar. Der Name »Israel« wurde von den Gruppen der Einwanderer erst nach ihrer Seßhaftwerdung im Lande angenommen. Er haftete möglicherweise an einer der Gruppen, die die biblische Überlieferung mit den Patriarchen Abraham, Isaak und Jakob in Verbindung bringt. Doch gibt es dafür nur indirekte Hinweise.

Bei aller Schwierigkeit, Israels Anfänge näher zu bestimmen, besteht auf Grund biblischer Überlieferung und einiger archäologischer Anhaltspunkte so viel Gewißheit, daß die »Israeliten« zunächst in den schwächer besiedelten Gegenden im judäischen und ephraimitischen Gebirge Fuß faßten. Sie mußten vor den Toren der Städte haltmachen und gewannen im ersten Vordringen auch nicht die Küstenebene, wo bereits die Philister saßen. Zu aggressivem Vorgehen waren sie erst nach längerem Aufenthalt im Lande befähigt, aber schon bald in der Lage, erfolgreich die Übergriffe feindseliger Nachbarn zurückzuschlagen. Der Sieg über eine kanaanäische Koalition in der Ebene von Megiddo, im »Debora-Lied« (Ri 5) besungen, gehört zu den ältesten Zeugnissen im Alten Testament überhaupt und zeigt Merkmale früher und sehr ursprünglich-bildhafter hebräischer Poesie. Erwähnt ist auch der Gott Israels, der über die südlichen Berge, also wohl dort noch »wohnend« gedacht, zur Schlacht sich einfand und Israels Truppen siegen ließ. Mit der aktiven Hilfe Gottes führte Israel seine Kriege, leicht mißverständlich bisweilen »Heilige Kriege« genannt.

In dieser Zeit wachsender Konsolidierung der Stämme im Lande entwickelte Israel eine erste mehr militärische als »politisch« zu verstehende Institution. Im Augenblick des gegnerischen Angriffs wird ein befähigter Krieger zur Führung des Aufgebotes der freien Männer Israels berufen, der als Amtsträger auf Zeit nach Art der römischen Diktatoren bis zur Überwindung der Krise tätig bleibt. Die biblische Bezeichnung »Richter«, die diese Männer tragen, ist irreführend; besser sind sie als »charismatische Führer« zu charakterisieren. Nach ihrem Selbstverständnis sind sie von Gott berufen, mit seinem Geist ausgestattet und also auch in der Lage, durch Kampfgeist und taktisches Geschick den Heerbann mitzureißen. Das alttestamentliche Buch der Richter schildert mehrere solcher Operationen, die zwar meist lokal begrenzt, aber für das ganze Israel und seine Sicherheit von entscheidender Bedeutung sind. Dies förderte das Zusammenwachsen der Stämme Israels zu einer Schicksalsgemeinschaft. Die namentlich in der deutschen alttestamentlichen Wissenschaft lange Zeit vertretene These, man müsse sich Israel in der Richterzeit nach Art altgriechischer oder altitalischer »Amphiktyonien« denken, ist weitgehend aufgegeben. Es kann nicht die Rede davon sein, daß alle zwölf Stämme sich einem gemeinsamen Heiligtum verpflichtet fühlten, das sie gemeinsam unterhielten, und daß der Aufruf zum Kampf auf einem festliegenden »Amphiktyonen-Recht« basierte. Dazu war die Lage zu komplex, und darüber gibt es keine ausreichenden Belege in den Texten. Doch ist nicht auszuschließen, daß sich wenigstens einige Stämme an bestimmte Heiligtümer hielten, ohne daß wir von festen Organisationsformen etwas wissen. Daß an den Heiligtümern auch Recht gesprochen wurde, ist in Einzelfällen gesagt, und in der Tat wissen wir auch von »Richtern«, die diese Bezeichnung zu Recht tragen. Es mögen Männer und Frauen von herausragender Autorität gewesen sein. Am ehesten läßt sich das noch an der Gestalt Samuels ablesen.

Der Weg der Entstehung Israels, wie er hier ausgehend von nomadischen Ver-

Israel 173

hältnissen nachgezeichnet wurde, darf mehr Wahrscheinlichkeit für sich in Anspruch nehmen als die Theorie der »Bauernrevolte«, weil er den biblischen Quellen als den einzig darüber erreichbaren Zeugnissen entspricht und weil er das Hineinwachsen der nachmalig israelitischen Stämme in die Kulturlandsituation in überzeugender Weise entfaltet. Denn die Eigenart Israels, die sich späterhin in vieler Hinsicht herausbilden sollte, ist am ehesten erklärbar, wenn die Impulse zu solcher selbständigen Entwicklung aus gleichen oder ähnlichen Voraussetzungen kamen, wie sie im Alten Orient häufig zu beobachten sind und seit frühesten Zeiten schöpferische Kräfte entbanden, nämlich durch den Zustrom neuer Bevölkerungselemente, die in Symbiose oder Abgrenzung gegenüber dem Kulturland ein neues Lebensgefühl schufen und mit ihm neue politische, kulturelle und religiöse Gestaltungen hervorbrachten. Alle Merkmale zu solch einer zukunftsträchtigen Entwicklung lassen sich ansatzweise bereits in der Zeit der »Richter« erkennen und machen es im Zusammenhang mit dem sich allmählich herausbildenden Bewußtsein, ein »Volk«, wie auch immer im einzelnen definiert, zu sein, verständlich, daß Israel angesichts wachsender Bedrohungen von außen einer zentralen Führungsinstanz bedurfte.

2. Das israelitische Königtum

Saul, David, Salomo

Das Amt des »Richters Israels« war in Gestalt des »charismatischen Führertums« ein Amt auf Zeit. Nach dem Sieg über den Angreifer trat der Richter von seiner Führungsposition zurück. Die akute und andauernde Gefahr der Philister, die aus der Küstenebene heraus in das judäisch-ephraimitische Bergland vordrangen, machten die ständige Kampfbereitschaft der israelitischen Stämme nötig. So wurde der bereits als »Richter« im Krieg gegen die Ammoniter bewährte Saul zum »König« erhoben, obwohl es diese Einrichtung in Israel noch nicht gab. Saul unterschied sich von den Stadtkönigen kanaanäischer Prägung dadurch grundlegend, daß er eine Vereinigung von Stämmen, verteilt über ein größeres Territorium, regierte, genauer gesagt, daß er, wie bisher ein »Richter«, den aus freien Bauern bestehenden Heerbann der Israeliten befehligte, ohne gleichzeitig eine feste Residenz zu besitzen, von einer eigenen Administration oder Hofhaltung ganz zu schweigen. Saul war im besten Sinne ein »Heerkönig«, und der Bereich seiner Herrschaft reichte nicht weiter, als die zu Israel gehörenden Stämme wohnten; der Name »Israel« war auf das spätere »Nordreich« beschränkt, also unter Ausschluß von Juda (vgl. _2. Sam 2,9_). Samuel, eine anerkannte Persönlichkeit seiner Zeit ohne erkennbaren festen Funktionsbereich, salbte Saul zum König. Die Salbungssitte ist bereits in einem Amarnabrief (Nr. 51) aus Syrien belegt. Hettitischer Einfluß ist denkbar. In Israel wurde es die Regel, daß die Volksgemeinde (in erster Linie die Grundbesitzer) dem »Gesalbten« huldigte und er damit für sein Amt bestätigt wurde. Die Huldigung oder Akklamation ist das gleichsam »demokratische« Element im israelitischen Königtum, während die Salbung die göttliche Bestimmung (Designation) der Einzelperson zum Ausdruck brachte.

Schon zu Lebzeiten Sauls machte sich der Judäer David aus Bethlehem einen Namen als Waffenträger und Truppenführer. Nachdem Saul der philistäischen Übermacht erlegen war, erhoben die Judäer im südlichen Hebron David zum König, während die Israeliten des saulidischen »Nordreiches« zunächst für sich blieben. Zur führenden Gestalt war dort der Feldherr Abner aufgestiegen, der zwar einen Sohn Sauls zum König machte, im übrigen aber ein selbstherrliches Regiment ausübte. In *2. Sam 2.3* wird von diplomatischen Verhandlungen Abners mit David in Hebron berichtet, die das Ziel verfolgten, David auch den Norden zuzuführen. Der König zeigte jedoch ungewöhnliche Zurückhaltung, möglicherweise weil er die Zeit für diesen Schritt noch nicht für gekommen ansah und die Botschaft Abners der ausdrücklichen Bestätigung durch die Nordstämme bedurft hätte. Schließlich war der von Abner eingesetzte Sohn Sauls noch am Leben. Erst als dieser und Abner durch Mörderhand gefallen waren, entschlossen sich die Ältesten des Nordens, David die Königswürde anzutragen. Er nahm sie an und vereinigte nun in einer Personalunion Juda und das nördliche Israel. Das im Alten Testament breit dargestellte Geschehen, das David als vorsichtig abwartenden, die Situation abschätzenden Diplomaten zeigt, ist eines der herausragenden Beispiele für taktisches Verhalten im Alten Testament. Nicht ungestüme Machtansprüche, sondern die Kunst des Zuwartens führten zum wirklichen Erfolg in einer höchst brisanten Lage. David tat ein übriges, als er die zwischen beiden Territorien gelegene Stadt Jerusalem, die noch in kanaanäischer Hand war, für sich eroberte, um dort seine Residenz zu errichten. Damit gab er seinem Herrschaftsbereich einen Mittelpunkt, überwand die lockeren Formen des Heerkönigtums Sauls und näherte sich dem Status eines Stadtfürsten mit einem ansehnlichen Umland.

Die David zugefallene Macht und das Truppenpotential aus Juda und Israel ermöglichten dem König weitreichende militärische und politische Unternehmungen. Er besiegte die Philister in der Küstenebene, fügte ihre Territorien dem eigenen Machtbereich hinzu und schuf damit praktisch einen Territorialstaat mit unterschiedlichen Bevölkerungsgruppen. Es gelang David, dieses Kerngebiet nach allen Seiten zu erweitern. Er kämpfte jenseits des Jordans gegen die Ammoniter und machte sich zu ihrem König, legte ihnen aber besondere Leistungen auf. Das Königtum der Moabiter trat durch Tributzahlungen in ein Vasallitätsverhältnis zu David ein. Edom wurde Provinz unter davidischen Statthaltern. Im Norden besiegte David einen Fürsten von Zoba, dessen Kernland im Libanongebiet lag, der aber darüber hinaus Einfluß auf größere aramäische Territorien hatte, über Damaskus und möglicherweise das nördliche Ostjordanland. David erhielt Hoheitsrechte in diesem Raum und setzte eigene Beamte in Damaskus ein. Anders verhielt es sich mit dem alten Gegner des Fürsten von Zoba, dem König von Hamath, der David durch Geschenke huldigte und damit Vasallität oder Loyalität zum Ausdruck brachte. Dieses gern so genannte davidische »Großreich« war ein kompliziertes Gebilde, in dem es, wie gezeigt, verschiedene Grade von Abhängigkeit gab, von denen wir nicht genau wissen, ob und wie lange Davids Nachfolger Salomo sie aufrechterhalten konnte. Festzuhalten bleibt, daß David eine wirklich selbständige »Reichsbildung« in Palästina und darüber hinaus gelang, wie sie in dieser Form nicht wiederkehren sollte. Das erklärt den hohen ideellen Wert, den das davidische Reich für alle

Israel

175

Zeiten behielt und die bleibende Hochschätzung dieses Königs als Prototyp isra-elitischen Herrschertums. Die realpolitische Voraussetzung dazu, die David zu nutzen verstand, war der Rückzug der Ägypter seit dem Auftreten der Seevölker in Kanaan, die gleichzeitig die hettitische Hegemonie im Norden zerbrachen. Die Aramäerstaaten in Syrien begannen erst allmählich sich zu formieren und zu konsolidieren.

Innenpolitisch widerstand David dem Versuch seines Sohnes Absalom, den Kö-nig zu stürzen. Indem er dem Aufrührer die Hauptstadt Jerusalem überließ, kam es zur Auseinandersetzung mit Davids persönlichen Truppenkontingenten im Ostjordanland. Absalom kam dabei ums Leben, und die von ihm ausgelöste Bewegung fand ein sofortiges Ende. Die Nachfolge Davids gestaltete sich schwierig und war mit Parteibildungen am Hofe verbunden *(1. Kön 1)*. Dem Versuch des Davidsohnes Adonija, die Macht an sich zu reißen, kam David mit der Salbung Salomos zum König zuvor. Im Unterschied zum Nordreich Israel hat sich von nun an in Jerusalem das davidische Königtum als dynastisches Kö-nigtum in direkter Linie erhalten. Darin liegt die Wurzel der späteren »Mes-sias«-Erwartung, die den glanzvoll wiederkehrenden König Israels als Ab-kömmling Davids, als Mitglied der davidischen Dynastie, erhoffte. David setzte in Jerusalem Beamte als Ressortminister für das Heerwesen, den Kultus und die Hofhaltung ein und schuf damit die Voraussetzungen für eine durchorganisierte Herrschaft, wohl in Anlehnung an das Stadtstaatenwesen in der kanaanäischen Nachbarschaft, aber doch auch mit dem hohen Anspruch, Juda und Israel wir-kungsvoll zu regieren. Dennoch blieb vor allem zwischen dem Nordreich Israel und Jerusalem eine gewisse Spannung zurück, die die Wurzel späterer Konflikte bildete.

Die selbständigen Reiche Israel und Juda

Davids Sohn und Nachfolger Salomo war ein Friedensherrscher, von dem keine erheblichen militärischen Auseinandersetzungen berichtet werden. Er pflegte diplomatische Beziehungen mit den Nachbarstaaten und erlitt nur geringfügige territoriale Einbußen. Zu seinen politischen Mitteln gehörten Heiraten mit aus-wärtigen Fürstentöchtern und der Aufbau eines Systems von Handels- und Wirtschaftsbeziehungen, hauptsächlich nach dem Süden. Der sagenhafte Be-such der klugen Königin von Saba aus dem südlichen Arabien galt sicherlich nicht nur dem Austauch altorientalischer Weisheit, sondern war mit Wirt-schaftsinteressen eng verknüpft. Im Bündnis mit dem phönikischen König Hiram von Tyros gewann Salomo die geeigneten Baumaterialien und Fachleute, um in Jerusalem Tempel und Palast zu errichten und im Stil der Zeit auszustat-ten. Die Versorgung des Hofes wurde durch monatliche Lieferungen sicherge-stellt, die eine Reihe von Beamten aus den Gebieten des Nordreiches Israel ein-trieb. Damit wurde freilich der Keim zu einem Konflikt gelegt, der nach Salomos Tode die Personalunion von Juda und Israel zerbrechen ließ. Das Nordreich sagte sich von der davidischen Dynastie los, um sich den auferlegten Fronver-pflichtungen zu entziehen. Schließlich festigten sich dort nacheinander zwei Dy-nastien, die auf Zeit eine begrenzte Stabilität brachten. Unter der Dynastie des Omri (erste Hälfte des 9. Jahrhunderts) begann eine bewußte Ausgleichspolitik mit dem kanaanäischen Bevölkerungsteil. Omri gründete seine Hauptstadt Samaria im Grenzbereich zur kanaanäischen Besiedlung, sein Sohn Ahab knüpfte engere Verbindungen zu Phönikien und seinem Hinterland, indem er Isebel, die Tochter des Königs von Tyros, heiratete. Diese Annäherung an die kanaanäische Kultur rief in Israel die prophetische Opposition auf den Plan, die eine religiöse Überfremdung befürchtete. Ihr herausragender Sprecher war der Prophet Elia. Diese prophetische Opposition sorgte schließlich für den Sturz der Omriden. Sie ließ Jehu zum König salben, einen jungen Feldherrn und leidenschaftlichen Kämpfer für die Sache des Gottes Israels. Durch blutige Handstreiche und grausame Diplomatie bemächtigte er sich der beiden Residenzstädte Jesreel und Samaria, rottete nach Kräften das kanaanäische Kultwesen aus, konnte aber auch sein Land durch hohen Tribut vor den Assyrern bewahren, als Salmanassar III. (858–824) in mehreren erfolgreichen Feldzügen, die ihn über Damaskus hinausführten, unmittelbar vor den Toren Israels stand.

Die akute Bedrohung israelitischen Territoriums setzte jedoch erst mit den Feldzügen Tiglatpilesers III. (745–727) ein. Erfolglos blieb ein Bündnis zwischen Israel und Damaskus, dem sich aus Klugheit oder Angst Juda nicht anschloß. König Ahas von Jerusalem sandte ein Huldigungsgeschenk an den assyrischen Großkönig nach Damaskus und rettete durch dieses Zeichen der Unterwerfung Jerusalem und Juda vor der Besetzung, die freilich im Nordreich Israel erfolgte. Das Land wurde in drei Provinzen aufgegliedert und ein Rumpfstaat mit Samaria zunächst belassen. Die Aufsässigkeit des letzten Königs des Nordreiches Israel, Hosea, führte unter Salmanassar V. zur Belagerung und Einnahme von Samaria (722/1). Weite Teile der Bevölkerung des Nordreiches und Samarias wurden von den Assyrern nach bewährter Praxis deportiert. Wir wissen, daß sie im oberen Euphratgebiet, im Einzugsgebiet des Chabur und in Medien angesiedelt wurden (2. Kön 17,6). Wir erfahren nie wieder etwas von ihnen.

Die Expansionspolitik Tiglatpilesers III. und seiner Nachfolger hat Israel endgültig in die unmittelbare Einflußsphäre der mesopotamischen Mächte hineingezogen. Das Nordreich hörte auf zu bestehen, seine angestammte Bevölkerung wurde empfindlich dezimiert. Nicht auszudenken wäre der gleichzeitige Untergang des Südreiches Juda gewesen, der den Fortbestand des ganzen Israel in Frage gestellt hätte. In dieser unmittelbaren Gefahrenzone am Rande des assyrischen Weltreiches ist es um so erstaunlicher, daß der judäische König Hiskia (zwischen 725 und 697) nach dem Fall von Samaria eine rege Bündnispolitik von fast konspirativem Charakter gegen das weitere Vordringen der Assyrer in Palästina wagte. Im Zusammenhang mit den Aufständen, die von der Philisterstadt Asdod ausgingen (713–711), erwähnen assyrische Texte Feindseligkeiten, an denen »das Land Juda, das Land Edom und das Land Moab« beteiligt waren. Der Prophet Jesaja warnte um diese Zeit vor einem Bündnis mit Ägypten und Äthiopien, indem er mit entblößtem Oberkörper umherlief (Jes 20), denn so nackt und bloß würden diese Staaten der assyrischen Deportation ausgeliefert sein. Der Regierungswechsel von Sargon II. auf Sanherib (705–681) brachte erneute Unruhe und ermutigte auch Hiskia zu ungewöhnlichen Schritten. Er stellte Tributzahlungen an die Assyrer ein, beseitigte in seinem Machtbereich kanaanäische Kultsymbole, die als Zeichen der Unterwerfung aufgefaßt werden konnten, und empfing sogar eine Gesandtschaft des babylonischen Königs Me-

Israel

rodach-Baladan (Marduk-apla-iddin II.) in Jerusalem *(2. Kön 20,12–19)*. Alle diese Aktivitäten blieben wirkungslos. In seinem Feldzug von 701 wandte sich Sanherib in die palästinische Küstenebene, warf dort mehrere Aufstände nieder und bekämpfte Hiskia unmittelbar. Er schleifte die Festungen des Landes Juda, darunter Lachisch, und umzingelte die Stadt Jerusalem. Durch hohen Tribut konnte Hiskia sich und die Stadt freikaufen und den Abzug der Assyrer erreichen. Das Land Juda fiel an treu gebliebene Philisterfürsten, Jerusalem blieb als Rumpfstaat erhalten, ein Vorgang, wie er ebenso Samaria widerfuhr. Aber im Unterschied zum Nordreich hielt sich in Jerusalem das Königtum durch Vasallentreue. König Manasse machte der assyrischen Politik alle Konzessionen und stellte auch die Kultsymbole als Devotionszeichen wieder auf.

Erst der Niedergang des assyrischen Reiches im letzten Viertel des 7. Jahrhunderts gab dem König Josia Gelegenheit, selbständige Überlegungen über die Zukunft Judas und Israels anzustellen. In einer sogenannten »Kultusreform« beseitigte er nicht nur assyrische Kultsymbole, um seine Abkehr von der assyrischen Suprematie zu signalisieren, sondern hob auch israelitische Heiligtümer im Lande auf, um den Opferkult auf den Tempel in Jerusalem zu beschränken. Er berief sich bei dieser einschneidenden Maßnahme auf eine im Deuteronomium (5. Buch Mose) niedergelegte Satzung, die die Darbringung blutiger Opfer nur an einer einzigen Kultstätte in ganz Israel zuließ. In diese Maßnahmen bezog Josia auch das Territorium des ehemaligen Nordreiches Israel ein. Ihm scheint tatsächlich die Wiederherstellung eines geeinten, Juda und Israel umfassenden Gesamtreiches nach davidischem Vorbild vorgeschwebt zu haben. Diese Aktivitäten konnten insbesondere nach dem endgültigen Fall Assurs (612) unbehelligt durch äußere Eingriffe fortgesetzt werden. Man versteht, daß sich der König jedem Widersacher entgegenstellte, der die Macht der Assyrer zu stützen oder zu verlängern trachtete. Als Pharao Necho II. dem assyrischen Prinzen Assur-uballit zur Erhaltung seiner Macht im Kampf gegen die Neubabylonier zu Hilfe eilte und die palästinische Küstenebene passierte, stellte sich ihm bei Megiddo König Josia entgegen, der dort den Tod fand (609). Seine groß angelegte Restaurationspolitik brach mit einem Schlag zusammen.

Die kurzzeitige ägyptische Oberhoheit über Syrien und Palästina wurde 605 durch das Vordringen der Babylonier nach ihrem Sieg bei Karkemisch über Assyrer und Ägypter abgelöst. Die Babylonier verfolgten die Ägypter und setzten sich in Syrien und Palästina fest. Die teils schwankende, teils unkluge babylonfeindliche Politik der letzten judäischen Könige Jojachin und Zedekia führte zum Untergang des Südreiches Juda. 597 belagerte Nebukadnezar zum ersten Mal Jerusalem und führte die erste Deportation, hauptsächlich der Oberschicht, durch. Nach längerer Belagerung fiel die Stadt endgültig im Sommer 587 (nach anderer Berechnung Sommer 586) und wurde samt dem Tempel zerstört. Juda hatte aufgehört, als selbständiger Staat zu bestehen. Ein Restbestand seiner Bevölkerung blieb im Lande, starke Gruppen wurden in das babylonische Exil geführt; ein kleiner Teil verließ das Land auf eigene Initiative und suchte Zuflucht in Ägypten, also außerhalb des babylonischen Machtbereichs. Das Judentum in der Diaspora begann in Ägypten seinen Weg.

In lückenloser Folge läßt sich aus dem Alten Testament der Verlauf der Königszeit ablesen, gleichzeitig aber auch die Verflochtenheit der Geschichte Israels und Judas in die großen politischen Bewegungen, die in zunehmendem Maße das Land seiner Unabhängigkeit beraubten und seine Bevölkerung an den Rand des Unterganges brachten. Die Nordstämme lösten sich in fremder Umgebung im assyrischen Großreich regelrecht auf; zumindest entzieht sich ihr Schicksal unserer Kenntnis. Das Südreich wurde vernichtet, aber seine Menschen wurden nicht so radikal zerstreut. Sie bildeten im Exil eine Gemeinschaft, die sich in fremder Umgebung erhielt; ein Teil der Bewohnerschaft durfte sogar im Mutterlande bleiben. Israel und Juda waren während der Königszeit angewiesen auf den Erhalt ihrer Verteidigungsfähigkeit und eine kluge Bündnispolitik. Dies waren die Eckpfeiler ihres politischen Handelns, um die eigene Existenz zu retten. Es bleibt erstaunlich, wie unabhängig voneinander die beiden Königtümer ihre Interessen verfolgten und wie relativ selten die klassischen Propheten den Blick auf das Nachbarland richteten.

Die wirtschaftlichen Verhältnisse während der Königszeit muß man sich als weitgehend autark vorstellen. Zu Handelsbeziehungen größeren Stils fehlte es an nötigen Rohstoffen. »Importiert«, wenn der anspruchsvolle Ausdruck erlaubt ist, wurden allenfalls Edelmetalle, Hölzer, Gewürze und vielleicht einige Luxusgüter. Die wirtschaftlichen und sozialen Verhältnisse werden häufig als feudal beschrieben. Dies hat die wohl berechtigte Annahme zur Voraussetzung, daß nach kanaanäischem und mesopotamischem Vorbild Beamte des Königs mit Ländereien belehnt wurden, soweit der Boden nicht mehr in Familienbesitz lag. Dies führte zuweilen zu Mißständen, wo frei werdender Landbesitz zur Latifundienbildung benutzt wurde und abhängige Lohnarbeiter der Willkür der Gutsverwalter ausgesetzt waren. Das ist vermutlich der Hintergrund zahlreicher Prophetensprüche, die sich an eine verantwortungslose Oberschicht oder Beamtenschaft richteten und sie zu Wohlverhalten und Gerechtigkeit aufforderten. Trotz scheinbar umfangreichen Textmaterials in Geschichts- und Prophetenbüchern läßt sich jedoch aus dem Alten Testament eine Wirtschafts- und Sozialgeschichte Israels nur mit Vorbehalt und gestützt auf Hypothesen schreiben.

3. Israel als abhängiges Gemeinwesen im Kräftespiel der Großmächte

Das Exil und die Perserzeit

Das Land Juda war, entgegen früher vielfach vertretenen Auffassungen, während der Exilszeit nicht seiner gesamten Bevölkerung beraubt. Es mögen im wesentlichen Bauern und Landarbeiter gewesen sein, die zur Bewirtschaftung des Landes zurückbleiben durften. Daß ein Teil von ihnen dennoch die Möglichkeit hatte, sich nach Ägypten oder in andere Nachbarländer abzusetzen, beweist etwa die Verschleppung des Propheten Jeremia nach Unterägypten (*Jer 41–44*). Zu einem Wiederaufbau der Städte ist es in Juda und Israel während der Exilszeit nur in sehr begrenztem Maße gekommen. Der Jerusalemer Tempel blieb eine Trümmerstätte. Erst die Übernahme der Herrschaft durch die Perser (vgl. oben, S. 163 f.) führte allmählich zu einer gewissen Konsolidierung der Verhältnisse (nach 539). Doch schleppend genug muß das vor sich gegangen sein. Um 520 beklagen die Propheten Haggai und Sacharja, daß noch immer nichts am Tem-

Israel 179

pel geschähe, während anderwärts schon aufwendig gebaut würde. Unter Berufung auf ein bereits 538 unter Kyros erlassenes Tempelbau-Edikt für Jerusalem *(Esra 6,1–5)* kam es zum Bau einer sicherlich bescheidenen Tempelanlage, des sogenannten »zweiten Tempels«, der 515 vollendet war.

Jerusalem besaß zunächst einen persischen Kommissar, während die eigentliche Provinzverwaltung durch einen Statthalter in Samaria erfolgte. Das führte zuweilen zu Schwierigkeiten in Kompetenzfragen und zu Rivalitäten zwischen Jerusalem und Samaria, die sich nach dem Tempelbau aus Prestigegründen steigerten. Erst um die Mitte des 5. Jahrhunderts gelang es Nehemia, die Rechte eines Statthalters in Jerusalem zu erwerben, so daß nunmehr Juda eine Provinz mit eigenen Rechtsbefugnissen wurde.

Nehemia war zuerst auf eigenen Wunsch, später im Auftrag der persischen Staatsregierung nach Jerusalem gekommen, um das Gemeinwesen zu ordnen, vor allem die Stadtmauern wiederaufzurichten. Fast gleichzeitig, nach biblischem Zeugnis sogar früher, erreichte Esra Jerusalem, um ebenfalls im Auftrag und mit Unterstützung der persischen Regierung die inneren und vor allem die religiösen Belange in Jerusalem und Juda zu überprüfen und das Recht wiederherzustellen. Er entsprach damit den Grundsätzen der Perser, die jeweils die landeseigenen Gesetze in den Ländern des Großreiches erneut in Geltung zu setzen wünschten. In welchem Umfang Esra dabei auch auf die Sammlung und Kodifizierung israelitischen Rechts, wie es im Pentateuch steht, Einfluß nahm oder die pentateuchische Gesetzgebung sogar mitgestaltete, ist eine oft gestellte Frage; sie ist nicht mit Sicherheit zu beantworten. Immerhin kann angenommen werden, daß das Wirken Esras für die Organisation des nachexilischen Juda und seine Gesetzgebung von allergrößter Bedeutung war. Er darf wohl als der eigentliche Begründer oder Wiederbegründer israelitischer Gesetzesfrömmigkeit angesehen werden, wie sie das Judentum bis auf den heutigen Tag prägte. Es ist auch nicht auszuschließen, daß in diesem 5. Jahrhundert unter dem Eindruck und Einfluß der Maßnahmen Esras viele biblische Schriften bearbeitet, redigiert und in ihre endgültige Form gebracht wurden. Das darf zunächst für den Pentateuch angenommen werden. Als sich in dem nachfolgenden Jahrhundert, endgültig wohl zur Zeit Alexanders des Großen, die samaritanische Gemeinde von Jerusalem trennte (das »samaritanische Schisma«), übernahm sie als Heilige Schrift den Pentateuch. Spätestens also im 4. Jahrhundert stand seine kanonische Gestalt fest. Der Einfluß, den die Gesetzesfrömmigkeit auch auf Entwicklungen des jüdischen Gemeinwesens nahm, war erheblich, weil sie auch das Selbstbewußtsein und den Zusammenhalt des jüdischen Volkes, besser: der judäischen Bevölkerung mit ihrer Hauptstadt Jerusalem, beförderte und ihre Widerstandskraft stärkte. Zur Wiedereinrichtung des Königtums kam es nicht, obwohl Angehörige des davidischen Hauses auch nach dem Exil noch lebten. Hingegen stieg neben dem Amt des Statthalters der Einfluß des Hohenpriesters, der nunmehr, gleichsam in der Erbfolge der Könige, auch gesalbt wurde.

Alle diese Veränderungen, die mit dem Status eines besetzten abhängigen Landes zusammenhängen, lassen es grundsätzlich nicht ratsam erscheinen, von einem judäischen oder gar jüdischen »Staat« zu sprechen, allenfalls von einem »Gemeinwesen«, das unter dem maßgebenden Einfluß seiner geistlichen Führer stand, aber keine volle politische Selbständigkeit besaß. Immerhin bestand in

Juda eine begrenzte Autonomie, die dem Statthalter Maßnahmen der inneren Organisation ermöglichte. Die Not der Landbevölkerung war zur Zeit Nehemias groß. Bereicherungen in der höheren Beamtenschaft und Hungersnöte hatten zur Zerrüttung des Wirtschaftswesens beigetragen. Nehemia verlangte deshalb einen allgemeinen Schuldenerlaß und die Rückgabe von Ackerland an die verarmten Besitzer. Es war eine »Sozialreform« ungewöhnlicher Art, die Nehemia in seiner neu gewonnenen Position als persischer Statthalter durchsetzen konnte. Ihm lag ferner an einer Erhöhung der Einwohnerzahl in Jerusalem. Er ließ Teile der Landbevölkerung in die Hauptstadt umsiedeln, eine Maßnahme, die an den »Synoikismos« der hellenistischen Zeit erinnert.

Die administrative Einheit von Juda wird durch Münzen mit der Aufschrift »Jehud« bezeugt; die offizielle Amtssprache war das sogenannte »Reichsaramäische«, die Verwaltungssprache im westlichen Teil des Perserreiches. Die Provinz wurde von der Zentralregierung besteuert und mußte die Zahlungen in Silber und Gold entrichten. Innerhalb der Provinzen wurden weitere Steuern für das Militär und die Verwaltung erhoben. Juda war in Bezirke eingeteilt worden, deren jeweils eigene Beamte mit der Verwaltung befaßt waren. Die territoriale Ausdehnung Judas blieb bis zum Ende der Perserzeit unverändert. Die Südgrenze verlief bei Beth-Zur und Hebron, die Nordgrenze schloß Mizpa und Bethel ein; im Osten war Jericho inbegriffen, im Westen Kegila.

Nach seinem Sieg über Darius III. Codomannus bei Issos 333 v. Chr. wandte sich Alexander der Große südwärts, belagerte und bezwang an der phönikisch-palästinischen Küste Tyros und Gaza und erreichte Ägypten. Das samarisch-judäische Binnenland ostwärts der Heerstraße durch die Küstenebene überließ er seinem Feldherrn Parmenio. Samaria wurde erobert, Jerusalem ergab sich wahrscheinlich freiwillig.

Juda unter den Ptolemäern und Seleukiden

Mit Ausnahme des im apokalyptischen Stil abgefaßten, von anspielenden und deutungsbedürftigen Bemerkungen durchsetzten Kapitels 11 des Danielbuches, das über die Zeit von Alexander bis zu dem Seleukidenfürsten Antiochos IV. Epiphanes (175–164) spricht, besitzen wir keine biblischen Zeugnisse mehr für die Zeit der Diadochen. Die Einzelheiten müssen den Werken der Geschichtsschreiber des hellenistischen Zeitalters und insbesondere den Schriften des jüdischen Historikers Flavius Josephus entnommen werden. Für die Entwicklung in Judäa seit den Übergriffen Antiochos' IV. stehen außerdem die beiden Makkabäerbücher zur Verfügung sowie einige pseudepigraphe Schriften des Frühjudentums (vgl. namentlich die große Textausgabe von E. Kautzsch, Die Apokryphen und Pseudepigraphen des Alten Testaments I.II, Tübingen 1900; Neudruck Darmstadt 1962).

Die politischen Entwicklungen in Syrien und Palästina nach dem Tode Alexanders sind verwickelt und hier im einzelnen nicht darzustellen. Die Länder des kleinasiatisch-vorderorientalischen Bereichs waren in die sogenannten »Diadochenkriege« hineingezogen, die mit der Schlacht bei Ipsos in Phrygien (301) ihren vorläufigen Abschluß fanden. Ptolemäus I. Lagi nahm bereits 323 Palästina und Phönikien in seinen Besitz. Er soll 320 selbst in Jerusalem erschienen

Israel

181

sein und eine große Zahl von Bewohnern mitgenommen haben, die er in Alexandria ansiedelte (Josephus, Antiquitates XII,1). Der Bericht darüber versucht, die Anfänge der Judenschaften in Alexandria zu erklären, die dort in hellenistisch-römischer Zeit zu den bedeutendsten in der Diaspora zählten. Nach der Schlacht bei Ipsos behielten die Ägypter zwar südlich des Libanon die Oberhand, doch wurde der gesamte syrisch-palästinische Raum zum Streitobjekt zwischen Ptolemäern und Seleukiden. Die Vertreibung der Ägypter aus Phönikien und Palästina gelang erst Antiochos III., dem Großen (223–187), nach der Schlacht bei Paneas *(bānjās)*, wo er 198 den ägyptischen General Scopas besiegte. Von nun an fielen die Gebiete südlich des Libanon endgültig den Seleukiden zu. Antiochos III. erteilte Privilegien für die Stadt und den Tempel von Jerusalem, die in einem tendenziell wohl zutreffenden Erlaß bei Josephus (Ant. XII, 138–144) mitgeteilt sind. Es handelte sich um eine Reihe von Sofortmaßnahmen wie Steuererleichterungen und Senkung von Tributleistungen; darüber hinaus wurden Privilegien für den Tempel und seinen Kult zugesichert. Katastrophal wirkte sich für Antiochos III. sein Kleinasien- und Griechenlandfeldzug aus. Die Römer brachten ihm 190 die schwere Niederlage bei Magnesia bei, und im Frieden von Apamea (188) wurden ihm außergewöhnliche finanzielle Leistungen auferlegt, an denen vor allem seine Nachfolger trugen.

Palästina war schon zur Zeit der ptolemäischen Abhängigkeit mit der Verwaltung in den hellenistischen Königreichen in Berührung gekommen. Um regelmäßige Steuerzahlungen sicherzustellen, bauten die Ptolemäer ein verzweigtes System der Steuereintreibung auf. Sie schufen einzelne Bezirke, in denen sie die Rechte der Steuereintreibung der jeweiligen Oberschicht übertrugen. Die damit Beauftragten versuchten über die vereinbarten Sätze hinaus höhere Beträge einzuziehen, die sie als Gewinn für sich verbuchten. Dies führte zu erheblichen Konflikten, aber auch zur wirtschaftlichen Monopolstellung einzelner Familien. In Jerusalem und Juda rivalisierten gegeneinander die Priesterfamilie der »Oniaden« (hergeleitet von dem Priesternamen Onias) und die »Tobiaden« (nach Tobia dem Ammoniter). Insbesondere die Tobiaden taktierten außerordentlich erfolgreich, indem sie das judäische Gemeinwesen in internationale Wirtschaftsinteressen hineinzogen, Beziehungen zum ptolemäischen Hof pflegten und die hellenistische Partei in Judäa unterstützten. So kam es in Jerusalem zu erheblichen Spannungen mit den Oniaden, die dort nach alter Ordnung den Hohenpriester stellten. Im Tempel niedergelegte Gelder erregten schließlich das Interesse des syrischen Finanzministers Heliodor, der aber angeblich erfolglos seine Inspektion am Ort abbrechen mußte. Die Vorgänge zeigen, daß im Schatten der Interessenpolitik der ptolemäischen und der seleukidischen Herrscher das judäische Gemeinwesen durchaus selbständige Entscheidungen treffen konnte, die aber im Rahmen der internationalen Politik und abhängig von ihr zu beurteilen und zu rechtfertigen waren. Es gab relative Freiräume, die eine kapitalkräftige Oberschicht zu nutzen verstand, zu der aber auch das Priestertum gehörte. Das mußte Spannungen hervorrufen, die nicht nur die Oberschicht bewegten, sondern früher oder später auch eine Opposition herausforderten, deren Träger sich der Tradition und dem religiösen Herkommen verpflichtet wußten. Der Keim zu Parteiungen war gelegt, die hervorbrachen, als die Krise sich steigerte.

Unter dem Seleukiden Antiochos IV. Epiphanes brach der Konflikt mit ganzer

Schärfe aus. Seine Tributforderungen gingen einher mit dem Bestreben, griechische Lebensart überall konsequent durchzusetzen. Das stieß in Juda und Jerusalem auf den harten Widerstand der Gesetzestreuen. Nach neuerer Überzeugung war jedoch der Ausbruch des Widerstandes nicht allein durch die Verfälschung des Tempelgottesdienstes und die Errichtung eines Zeusaltars (wohl in der Gestalt des syrischen Himmelsherrn »Baal Schamem«) auf dem Jerusalemer Brandopferaltar veranlaßt. Es war in erster Linie die Verweigerung der Abgaben, die den syrischen König zu seinem Eingreifen veranlaßte. Er hatte den griechenfreundlichen Hohenpriester Jason eingesetzt, der jedoch, nachdem sich seine ptolemäische Gesinnung gezeigt hatte, von Antiochos wieder abgesetzt wurde; außerdem vertrieb er die gesetzestreue Bevölkerung aus Jerusalem. Die antiseleukidischen Umtriebe der Jahre 168/167 lösten das Verbot der jüdischen Religionsausübung in Südsyrien und Palästina aus. Zu Ende 167 wurde der Jerusalemer Tempel dem Baal-Schamem geweiht. Etwa im Jahre 166 begann der Makkabäeraufstand, der von dem Priester Mattathias in dem Landstädtchen Modeïn ausgelöst wurde und den zunächst sein Sohn Judas, später dessen Bruder Jonathan mit wechselnden Erfolgen fortsetzte.

Die bewegte Geschichte der Makkabäerkriege ist in ihren Einzelheiten hinreichend bekannt, ihre Interpretation jedoch schwierig. Ganz gewiß ging es den Makkabäern um die Durchsetzung eines gesetzestreuen, dem Jerusalemer Heiligtum und dem Gotte Israels verpflichteten Glaubens, gleichzeitig aber auch um die politische Unabhängigkeit von der syrischen Bevormundung durch das seleukidische Herrscherhaus. In zunehmendem Maße wurde die makkabäische Erhebung zum Machtkampf gegen die syrischen Truppen im Lande und um den Besitz Jerusalems und seiner Autonomie. Den Eingriffen der seleukidischen Heere vermochten Judas Makkabäus und sein Bruder Jonathan erheblichen, aber letztlich nicht entscheidenden Widerstand entgegenzusetzen. Erst als Demetrios II. Nikator (145−139) in Mesopotamien durch die Parther bedroht war und ein Interesse bestand, die Verhältnisse im südlichen Syrien beruhigt zu sehen, nutzte Jonathans Bruder Simon die Gelegenheit, Unabhängigkeit und Abgabenfreiheit für Judäa zu erwirken (1. Makk 13,35−41). Im 170. Jahre seleukidischer Ära (März 142−April 141) wurde Simon in Jerusalem als »großer Hoherpriester«, Feldherr und Anführer der Judäer (1. Makk 13,42) anerkannt und datierte von da an die Jahre seiner Herrschaft. 140 erlangte er die Würde eines Priesterfürsten und Ethnarchen von Judäa mit den Rechten erblicher Nachfolge (1. Makk 14,25−49). Damit war die »Dynastie der Hasmonäer« begründet. Ihr Name greift auf Hasmon zurück, den Großvater oder Urgroßvater des Mattathias. Zum letzten Male in seiner Geschichte wurde Judäa selbständig.

Das 1. Makkabäerbuch sagt Simon Kontakte zu Rom und sogar zu Sparta nach. Trifft dies wirklich im beschriebenen Sinne zu, so hätte er auf diplomatischem Wege und in Anbetracht des geschwächten Syrien eine Sicherung seiner Herrschaft versucht, möglicherweise in der klugen Vorausschau, wer im Falle eines Niederganges der Seleukiden an ihre Stelle treten würde. Simon fiel einem Mordanschlag zum Opfer. Sein Sohn Johannes wurde in die Rechte seines Vaters eingesetzt und verteidigte vom Jahr 134 bis zu seinem Tode (104) als Johannes Hyrkanos I. die Autonomie des hasmonäischen Herrschertums. Auch er versuchte, sich des Schutzes der Römer zu versichern, erlangte aber wohl nach

Israel 183

dem Tode Antiochos' VII. (129) die völlige Unabhängigkeit. Innenpolitisch überwarf er sich mit der Bewegung der Pharisäer, die die Regierung der Hasmonäer nicht billigten. Hyrkanos wandte sich der Gegenpartei der Sadduzäer zu, die zwar das geschriebene Gesetz anerkannten, aber seine Anpassung an die jeweils veränderten Zeitverhältnisse ablehnten, um sich keinen Einschränkungen unterwerfen zu müssen.

Nach dem Tode Hyrkans kam es zu Machtkämpfen innerhalb der hasmonäischen Familie. Sie brachten für längere Zeit einen der Söhne Hyrkans, Jonathan Alexander, zur Regierung, der unter seinem griechischen Namen Alexander Jannaios (Jannai) in die Geschichte einging (103–76 v. Chr.). Er rieb sich in beständigen Kriegszügen auf und konnte das Land von den von Südosten vordringenden Nabatäern freihalten. Zu seiner Zeit erreichte der Hasmonäerstaat seine größte Ausdehnung; innenpolitisch war er zerrüttet, und religiöse Spannungen förderten die Gruppen- und Sektenbildung. Wahrscheinlich bestand zu dieser Zeit auch jene Gemeinschaft von Frommen, die sich in die Einsamkeit nahe dem Nordwestende des Toten Meeres zurückgezogen hatten, deren Siedlung unter ihrem heutigen Namen Qumran Berühmtheit erlangte. In den Höhlen des angrenzenden Gebirgsmassivs wurden seit dem Jahre 1947 Handschriften, teilweise mit biblischen Texten, gefunden, die der Gemeinschaft gehört hatten und die sie wohl später vor den Römern in Sicherheit bringen wollten. Es sind die ältesten zusammenhängenden Bibelhandschriften, die wir kennen. Die Gemeinschaft verband jüdische Frömmigkeit mit Idealen und Vorstellungen, die an die hellenistisch beeinflußten Essener erinnern.

Der Beginn der Herrschaft der Römer

Unter der Regierung ihrer Mutter Salome Alexandra (76–67 v. Chr.) und vollends nach ihrem Tode kämpften ihre Söhne Hyrkan und Aristobul II. um die Macht. Beide wandten sich schließlich angesichts der Nabatäergefahr um Hilfe an den römischen Legaten M. Aemilius Scaurus, den Beauftragten des Pompeius in Damaskus. Dieser entschied sich für Aristobul und übertrug ihm die Herrschaft in Jerusalem. Damit war, sozusagen auf eigenes Ersuchen, Jerusalem-Judäa in römische Abhängigkeit geraten.

Bereits 65 v. Chr. hatte Pompeius, noch im Kriege gegen Mithridates von Pontus stehend, den Legaten Scaurus nach Syrien geschickt, der dort praktisch den Staat der Seleukiden beseitigte. Als Pompeius selbst im Frühjahr 63 in Damaskus erschien, zitierte er Hyrkan und Aristobul dorthin und zeigte Hyrkan seine Sympathien. Aristobul wagte kurz danach den Widerstand gegen die Römer in Jerusalem vorzubereiten und forderte damit den unmittelbaren Eingriff des Pompeius heraus. Dieser ließ nicht lange auf sich warten. Der letzte Widerstand des Aristobul, der sich auf der Bergfeste Alexandreion hoch über dem Jordantal festgesetzt hatte, von dort aber nach Jerusalem fliehen mußte, war rasch gebrochen; auf Verhandlungen ließen sich die Römer nicht mehr ein. Kampflos fiel Jerusalem in ihre Hände; nur der Tempelbezirk wurde hart verteidigt und drei Monate belagert.

Seit dem Jahre 63 v. Chr. wurde der gesamte palästinische Raum Teil des römischen Reiches. Die römische Herrschaft unterschied sich von der seleukidischen grundlegend. Es entsprach dem Wesen orientalischer Königtümer in hellenistischer Zeit, daß sie wohl in den unterworfenen Gebieten ihre Oberhoheit auszuüben und, wo nötig, gewaltsam durchzusetzen wußten, daß sie aber nicht gleichzeitig einen allzu straffen Verwaltungsapparat aufbauen und militärisch überwachen konnten. Den einheimischen Potentaten eröffneten sich immer wieder Möglichkeiten, sich dem Druck der Zentralregierung zu entziehen und mit ihren Truppen Widerstand zu leisten. Zur Römerzeit verfügten die in verschiedene Verwaltungsbezirke aufgegliederten Territorien beiderseits des Jordan, in Galiläa und im südlichen Idumäa nicht mehr über ein selbständiges Kräftepotential, das den Römern entscheidenden Widerstand entgegensetzen konnte. Zudem verstanden es die Römer, ihnen genehme Persönlichkeiten zur Machtausübung in den kritischen Zonen des Weltreiches einzusetzen. Der ursprünglich von dem Triumvir Marcus Antonius zum Tetrarchen eingesetzte Herodes wurde vom Senat als »Freund und Bundesgenosse« zum König erhoben. Er begann 39 v. Chr. die Eroberung seines Königreiches in Palästina und trat im Jahre 37 seine Herrschaft an, nachdem der letzte Hasmonäer Mattathias Antigonos, ein Sohn Aristobuls II., seit 40 v. Chr. König über Judäa, gefangen und hingerichtet worden war. Herodes (der Große) starb im Jahre 4 v. Chr.

Die harte römische Herrschaft, die jeden Versuch des Widerstandes zu unterdrücken wußte, erlaubte dem Lande keine politische Eigeninitiative mehr. Sie war für das israelitisch-jüdische Volk die stärkste Belastung, die es je erlebt hatte. Herodes hatte sein Territorium testamentarisch auf drei seiner Söhne aufteilen lassen, die Rom in ihren Ämtern bestätigte. Jedoch wurde Judäa zusammen mit Samarien von 6 bis 41 n. Chr. der Reichsverwaltung unmittelbar unterstellt und von Prokuratoren überwacht, die ihren Amtssitz in Cäsarea am Meer hatten. Der bekannteste wurde Pontius Pilatus (26–36 n. Chr.). Härte und Unverständnis dieser Männer stachelten die Stimmung zum Widerstand im Volk auf. Der große jüdische Aufstand brach im Jahre 66 n. Chr. aus. Ein Jahr später ernannte Nero den Vespasian zum Oberbefehlshaber im Kampf gegen die Juden. Er eroberte fast ganz Palästina. Nach seiner Ausrufung zum Kaiser (69 n. Chr.) führte sein Sohn Titus den Kampf fort und belagerte und zerstörte Jerusalem im September 70. Danach fielen auch die Widerstandsnester im Lande, zuletzt die Bergfeste Masada am Toten Meer (April 73), wo sich eine starke Gruppe von Zeloten verschanzt hatte und nach dem Bericht des Josephus bis auf wenige Leute geschlossen sich selbst umbrachte, ehe die Römer in die Feste einbrachen. Jerusalem wurde kaiserliches Eigentum und Standplatz der 10. Legion. Palästina war seit 67 eigene Provinz und nicht mehr Syrien unterstellt.

Unter Kaiser Hadrian wagten im Jahre 132 im weithin verwüsteten Lande die Juden noch einmal den Aufstand gegen die Römer. An seiner Spitze stand Simon Bar Kosiba mit dem Beinamen Bar Kochba (»Sternensohn« nach *Num 24,17*). Er bekam Unterstützung von außen, so daß Jerusalem vorübergehend in den Händen der Aufständischen war. Jahrelang währte der Kleinkrieg gegen das römische Militär. Er endete mit dem Tode des Bar Kochba im Jahre 135 n. Chr., als die Römer die Bergfeste Betar südwestlich Jerusalem nach langer Belagerung stürmten. Den Juden war es von nun an verboten, Jerusalem und

Israel 185

seine Umgebung auch nur zu betreten. Unter dem Namen Aelia Capitolina wurde es eine römische Stadt, und an der Stelle des Tempels errichtete man ein Jupiterheiligtum.

Gegenüber der römischen Militär- und Besatzungsmacht blieb den Bewohnern des Landes, solange sie mit ihr zu tun hatten, keine andere Möglichkeit als die des hinhaltenden oder massiven Widerstandes, zuletzt des offenen Aufruhrs. In jener Zeit der Unterdrückung brachen messianische Bewegungen sich Bahn, gründeten sich Hoffnungen auf einzelne Persönlichkeiten. Sie alle waren zum Scheitern verurteilt, auch jene Gruppe, die sich zuerst in Galiläa, später in Jerusalem um den mehr im Stillen als Messias geglaubten Jesus aus Galiläa geschart hatte. Mit seinem Tode hätte nach menschlichem Ermessen auch diese Bewegung ihr Ende haben müssen. Daß sie dennoch überdauerte, mag, mit aller Zurückhaltung geurteilt, damit zusammenhängen, daß Jesus sich selbst nicht als politischer Messias verstand, sondern auf die alttestamentlich-frühjüdische Tradition zurückgriff und insbesondere unter Berufung auf das Deuteronomium (5. Buch Mose) die religiöse Vervollkommnung der Einzelpersönlichkeit und ein neues Verständnis der jüdischen Gesetzesfrömmigkeit lehrte (eindrucksvoll am Anfang der »Bergpredigt«, Matth 5–7). Das Judentum, das Jesus ablehnte, fand in den Auslegungstraditionen von Talmud und Midrasch seinen eigenen Weg; das Judentum, das Jesus annahm, hatte seine Erfolge außerhalb des Landes, wo christlicher Glaube auch Anhänger der hellenistisch-römischen Religion überzeugte. Paulus erscheint bis heute kraft der neutestamentlichen Überlieferung als Prototyp missionarischen Wirkens außerhalb des Judentums (vgl. unten, S. 598 ff.). Die Gründung christlicher Gemeinden im Orient und schließlich im ganzen römischen Reich erhielt das Gedankengut Jesu lebendig unter partieller Aufnahme alttestamentlich-jüdischer Frömmigkeit. Das Alte Testament wurde auch die Heilige Schrift der Christen. Solange das Christentum im Römerreich als »jüdische Sekte« angesehen wurde, stand es unter dem der jüdischen Religion vorbehaltenen Privileg der *religio licita*. Erst die Spannungen der Christen mit dem römischen Kaisertum und zum Kaiserkult lösten ihre Verfolgung aus.

Die Geschichte Israels endete nicht mit dem Bar-Kochba-Aufstand im Jahre 135 n. Chr. In mannigfacher Gestalt erhielt sich das Judentum in der Diaspora und fand auch wieder Eingang in Palästina, wo es freilich wechselvollen Schicksalen ausgesetzt war. Die moderne Staatsgründung auf dem alten Grund und Boden ist die Erfüllung jüdischer Sehnsucht nach rund 2000 Jahren, aber sie sieht sich inmitten eines politischen Kräftefeldes, das den Vergleich mit den Machtkonstellationen der Antike aushält, wenn nicht sogar herausfordert.

BIBLIOGRAPHIE

Gesamtdarstellungen

Ben-Sasson, Haim Hillel (Hg.), 1976: History of the Jewish People I, London; deutsch: 1978: Geschichte des jüdischen Volkes I. Von den Anfängen bis zum 7. Jahrhundert, München; *Bright*, John, 1981: A History of Israel, 3. Aufl., London; *Cazelles*, Henri, 1982: Histoire politique d'Israël des origines à Alexandre le Grand, Paris; *Clauss*, Manfred,

1986: Geschichte Israels. Von der Frühzeit bis zur Zerstörung Jerusalems (587 v. Chr.), München; *Donner*, Herbert, 1984/86: Geschichte des Volkes Israel und seiner Nachbarn in Grundzügen, 2 Bde., Göttingen; *Ehrlich*, Ernst Ludwig, 1958: Geschichte Israels von den Anfängen bis zur Zerstörung des Tempels (70 n. Chr.), Berlin; *Fischer Weltgeschichte*, 1965 ff.: Die Altorientalischen Reiche II.III; Die Mittelmeerwelt im Altertum I.II., Frankfurt/M; *Ehrlich*, Ernst Ludwig, 1958: Von den Anfängen bis zur Zerstörung des Tempels (70 n. Chr.), Berlin; *Fohrer*, Georg, 1985: Geschichte Israels, 4. Aufl., Stuttgart; *Gunneweg*, Antonius H. J., 1982: Geschichte Israels bis Bar Kochba, 4. Aufl., Stuttgart; *Guthe*, Hermann, 1914: Geschichte des Volkes Israel, 3. Aufl., Tübingen; *Hayes*, John H./*Miller*, Maxwell (Hg.), 1977: Israelite and Judaean History, London; *Herrmann*, Siegfried, 1980: Geschichte Israels in alttestamentlicher Zeit, 2. Aufl., München; *Jagersma*, Hendrik, 1982: Israels Geschichte zur alttestamentlichen Zeit, Konstanz; *Kittel*, Rudolf, 1923–1929: Geschichte des Volkes Israel I–III, Stuttgart; *Lemche*, Niels Peter, 1984: Det Gamle Israel, Aarhus (engl. Ausgabe im Erscheinen); *Metzger*, Martin, 1977: Grundriß der Geschichte Israels, 4. Aufl., Neukirchen; *Noth*, Martin, 1981: Geschichte Israels, 9. Aufl., Göttingen; *Otzen*, Benedikt, 1977: Israeliterne i Palaestina, Kopenhagen; *Soggin*, Jan Alberto, 1984: A History of Israel. From the Beginnings to the Bar Kochba Revolt, AD 135, London; *de Vaux*, Roland, 1971/73: Histoire ancienne d'Israël I. Des origines à l'installation en Canaan; II. La période des Juges, Paris; *Wellhausen*, Julius, 1894: Israelitische und jüdische Geschichte, Berlin, (Neudruck 1981); *The World History of the Jewish People* I–VIII, 1970–1979 (von verschiedenen israelischen Autoren und Herausgebern) Jerusalem-London.

Textsammlungen (in oder mit Übersetzungen)
Briend, Jacques/*Seux*, Marie-Joseph, 1977: Textes du Proche-Orient Ancien et Histoire d'Israël, Paris; *Donner*, Herbert/*Röllig*, Wolfgang, 1966/68: Kanaanäische und Aramäische Inschriften, 3 Bde., 2. Aufl., Wiesbaden; *Galling*, Kurt, 1979: Textbuch zur Geschichte Israels, 3. Aufl., Tübingen; *Gibson*, John C. L., 1971–1982: Textbook of Syrian Semitic Inscriptions, 3 Bde., Oxford; *Greßmann*, Hugo, 1926/27: Altorientalische Texte und Bilder zum Alten Testament, 2 Bde., Berlin; *Knudtzon*, J. A., 1907–1915: Die El-Amarna-Tafeln, 2 Bde., Leipzig, (Neudruck 1964); *Pritchard*, James B. (Hg.), 1969: Ancient Near Eastern Texts relating to the Old Testament, 3. Aufl., Princeton; *ders.*, 1974: The Ancient Near East in Pictures relating to the Old Testament, 2. Aufl., Princeton.

Spezialliteratur
1. Syrien und Palästina im 3. und 2. Jahrtausend v. Chr. Das Werden Israels
Alt, Albrecht, 1953/1959: Kleine Schriften zur Geschichte des Volkes Israel I–III, München; *Bächli*, Otto, 1977: Amphiktyonie im Alten Testament. Forschungsgeschichtliche Studie zur Hypothese von Martin *Noth*, Basel; *Bernhardt*, Karl-Heinz, 1971: Verwaltungspraxis im spätbronzezeitlichen Palästina, in: Beiträge zur sozialen Struktur des alten Vorderasien (hg. von Horst *Klengel*), Berlin, 133–147; *Bottéro*, Jean, 1954: Le problème des Habiru, Paris; *Buccellati*, Giorgio, 1976: Cities and Nations of Ancient Syria. An Essay on Political Institutions with Special Reference to the Israelite Kingdoms, Rom; *Eißfeldt*, Otto, 1936: Philister und Phönizier. Der Alte Orient 24,3, Leipzig; *Freedman*, David Noel/*Graf*, David Frank, 1983: Palestine in Transition. The Emergence of Ancient Israel, Sheffield; *de Geus*, Cornelius H. J., 1976: The Tribes of Israel, Amsterdam; *Gordon*, Cyrus H., 1949: Ugaritic Literature. A comprehensive translation of the poetic and prose texts, Rom; *Gottwald*, Norman K., 1979: The Tribes of Jahweh. A Sociology of the Religion of Liberated Israel, 1250–1050 B. C. E., Maryknoll, N. Y.; *Greenberg*, M., 1955: The Hab/piru, New Haven; *Halpern*, Baruch, 1983: The Emergence of Israel in Canaan, Chico/California; *Hecke*, Karl-Heinz, 1985: Juda und Israel. Untersuchungen zur Geschichte Israels in vor- und frühstaatlicher Zeit, Würzburg; *Helck*, Wolfgang,

Israel 187

1971: Die Beziehungen Ägyptens zu Vorderasien im 3. und 2. Jahrtausend v. Chr., 2. Aufl., Wiesbaden; *ders.*, 1960: Die ägyptische Verwaltung in den syrischen Besitzungen, in: Mitteilungen der Deutschen Orientgesellschaft 92, 1–20; *Kapelrud*, Arvid G., 1965: The Ras Shamra Discoveries and the Old Testament, Oxford; dtsch. 1967: Die Ras-Schamra-Funde und das Alte Testament, München-Basel; *Klengel*, Horst, 1972: Zwischen Zelt und Palast. Die Begegnung von Nomaden und Seßhaften im alten Vorderasien, Berlin; *Landsberger*, Benno, 1948: Sam'al, Ankara; *Malamat*, Abraham, 1981: Charismatische Führung im Buch der Richter: Max *Weber*s Studie über das antike Judentum. Interpretation und Kritik (hg. v. Wolfgang *Schluchter*), Frankfurt, 110–133; *Matthiae*, Paolo, 1980: Ebla. An Empire Rediscovered, London; *Mayes*, Andrew D. H., 1985: Judges, Sheffield; *Meyer*, Eduard, 1906: Die Israeliten und ihre Nachbarstämme, Halle/S (Neudruck Darmstadt 1967); *Noth*, Martin, 1930: Das System der zwölf Stämme Israels, Stuttgart (Neudruck Darmstadt 1980); *Sturm*, J., 1939: Der Hethiterkrieg Ramses' II., Wien; *Thiel*, Winfried, 1985: Die soziale Entwicklung Israels in vorstaatlicher Zeit, 2. Aufl., Neukirchen; *Weippert*, Manfred, 1967: Die Landnahme der israelitischen Stämme in der neueren wissenschaftlichen Diskussion, Göttingen; *Wolley*, Sir Leonhard, 1954: Ein vergessenes Königreich. Die Ausgrabung der zwei Hügel Atschana und al-Mina im türkischen Halay, Wiesbaden.

2. Das israelitische Königtum

Ahlström, Gösta W., 1982: Royal Administration and National Religion in Ancient Palestine, Leiden; *Alt*, Albrecht, 1953/59: Kleine Schriften zur Geschichte des Volkes Israel II.III., München; *Cogan*, Morton, 1974: Imperialism and Religion: Assyria, Judah and Israel in the 8th and 7th Century B. C., Missoula/Mont.; *Crüsemann*, Frank, 1978: Der Widerstand gegen das Königtum, Neukirchen; *Donner*, Herbert, 1970: Herrschergestalten in Israel, Berlin; *Eißfeldt*, Otto, 1975: The Hebrew Kingdom, in: Cambridge Ancient History II/2; *Galling*, Kurt, 1929: Die israelitische Staatsverfassung in ihrer vorderorientalischen Umwelt, Leipzig; *Heaton*, Eric William, 1968: The Hebrew Kingdoms, Oxford; *Ishida*, Tomoo, 1977: The Royal Dynasties in Ancient Israel, Berlin; *ders.*, (Hg.), 1982: Studies in the Period of David and Solomon and other Essays, Tokyo; *Kaufman*, Stephen A., 1984: A Reconstruction of the Social Welfare System of Ancient Israel, in: W. B. *Barrick*/J. R. *Spencer* (Hg.), In the Shelter of Elyon. Essays in Honor of G. W. *Ahlströhm*, Sheffield, 1984, 277–286; *Malamat*, Abraham, 1963: Aspects of the Foreign Policies of David and Solomon, in: Journal of Near Eastern Studies 22,1–17; *ders.*, 1965: Organs in Statecraft in the Israelite Monarchy, in: Biblical Archaeologist 28, 34–50; *ders.*, 1983: Das davidische und salomonische Königreich und seine Beziehungen zu Ägypten und Syrien. Zur Entstehung eines Großreichs, Wien; *Mettinger*, Tryggve, 1971: Solomonic State Officials, Lund; *Rost*, Leonhard, 1926: Die Überlieferung von der Thronnachfolge Davids, Stuttgart; *Rüterswörden*, Udo, 1985: Die Beamten der israelitischen Königszeit, Stuttgart; *Weber*, Max, 1920: Gesammelte Studien zur Religionssoziologie III. Das antike Judentum, Tübingen (Neudruck 1976); *Würthwein*, Ernst, 1974: Die Erzählung von der Thronfolge Davids – theologische oder politische Geschichtsschreibung?, Zürich.

3. Israel als abhängiges Gemeinwesen im Kräftespiel der Großmächte.
Das Exil und die Perserzeit

Ackroyd, Peter Runham, 1968: Exile and Restoration, London; *ders.*, 1970: Israel under Babylon and Persia, Oxford; *Alt*, Albrecht, 1934: Die Rolle Samarias bei der Entstehung des Judentums, in: Kleine Schriften II, München 1953, 316–337; *Galling*, Kurt, 1964: Studien zur Geschichte Israels im persischen Zeitalter, Tübingen; *Janssen*, Enno, 1956: Juda in der Exilszeit, Göttingen; *Kellermann*, Ulrich, 1967: Nehemia: Quellen, Überlieferung und Geschichte, Berlin; *Frei*, Peter/*Koch*, Klaus, 1984: Reichsidee und Reichsorganisation im Perserreich, Freiburg-Göttingen; *Maier*, Johann, 1973: Das Judentum, München; *Meyer*, Eduard, 1896: Die Entstehung des Judentums, Halle/S. (Neudruck Hildesheim 1965).

Juda unter Ptolemäern und Seleukiden. Der Beginn der Herrschaft der Römer
Abel, Felix Marie, 1952: Histoire de la Palestine depuis la conquête d'Alexandre jusqu'à l'invasion arabe, 2 Bde., Paris; *Badian*, E., 1960: Rom und Antiochos der Große. Eine Studie über den Kalten Krieg, in: Die Welt als Geschichte 20, 203–225; *Bengtson*, Hermann, 1977: Griechische Geschichte. Von den Anfängen bis in die römische Kaiserzeit, 5. Aufl., München; (Sonderausgabe ohne Anm. u. Lit., München 1979); *ders.*, 1938: Zur Geschichte des Niedergangs des Ptolemäerreiches, München; *ders.*, 1937–1952: Die Strategie in hellenistischer Zeit, 3 Bde., München; *Bickermann*, Elias, 1937: Der Gott der Makkabäer, Berlin; *ders.*, 1938: Institutions des Séleucides, Paris; *ders.*, 1962: From Ezra to the Last of the Maccabees, New York; *Bunge*, Jochen Gabriel, 1971: Untersuchungen zum Zweiten Makkabäerbuch, Diss. Bonn; *Cary*, M., 1932: A History of the Greek World from 323 to 146 B. C., London (Neudruck mit neuer Bibliographie 1963, 1977); *Christ*, Karl, 1979: Krise und Untergang der römischen Republik, Darmstadt; *Fischer*, Thomas, 1974: Zu den Beziehungen zwischen Rom und den Juden im 2. Jh. v. Chr., in: Zeitschrift für die Alttestamentliche Wissenschaft 86, 90–93; *ders.*, 1980: Seleukiden und Makkabäer, Bochum; *Giovannini*, Adalberto/*Müller*, H., 1971: Die Beziehungen zwischen Rom und den Juden im 2. Jh. v. Chr., in: Museum Helveticum 28, 156–171; *Hengel*, Martin, 1973: Judentum und Hellenismus, 2. Aufl., Tübingen; *Liebmann-Frankfort*, T., 1969: La frontière orientale dans la politique extérieur de la République romaine depuis le traité d'Apamée jusqu'à la fin des conquêtes asiatiques de Pompée (189/8–63) Brüssel (Academie Royale de Belgique, Classes des Lettres, Mém. 3/59); *Mørkholm*, Otto, 1966: Antiochos IV of Syria, Kopenhagen; *Rappaport*, M., 1968: La Judée et Rome pendant la règne d'Alexandre Jannée, in: Revue des études juives 127, 329–345; *Safrai*, Shmuel, 1978: Das jüdische Volk im Zeitalter des Zweiten Tempels, Neukirchen; *ders.*/*Stern*, Menahem (Hg.), 1974: The Jewish People in the First Century I, Assen; *Schäfer*, Peter, 1983: Geschichte der Juden in der Antike. Die Juden Palästinas von Alexander dem Großen bis zur arabischen Eroberung, Stuttgart-Neukirchen; *Schalit*, Abraham, 1969: König Herodes, der Mann und sein Werk, Berlin; *Schlatter*, Adolf, 1925: Geschichte Israels von Alexander dem Großen bis Hadrian, 3. Aufl., Stuttgart; *Schmitt*, Hatto H., 1964: Untersuchungen zur Geschichte Antiochos' d. Gr. und seiner Zeit, Wiesbaden; *Schürer*, Emil, 1901–09: Geschichte des jüdischen Volkes im Zeitalter Jesu Christi, 3 Bde., Leipzig (Neudruck Hildesheim 1964), engl. Übersetzung nur Bd. 1 (1973); *Timpe*, Dieter, 1974: Der römische Vertrag mit den Juden von 161 v. Chr., in: Chiron 4, 133–152; *Werner*, Robert, 1972: Das Problem des Imperialismus und die römische Ostpolitik im 2. Jh. v. Chr., in: Aufstieg und Niedergang der Römischen Welt I/1, 501–563; *Will*, Edouard, 1966/67: Histoire politique du monde hellénistique, 2 Bde., Nancy; *Zucker*, Hans, 1936: Studien zur jüdischen Selbstverwaltung im Altertum, Berlin.

KAPITEL VI

Die Anfänge des politischen Denkens bei den Griechen

Von Kurt Raaflaub

I. Zur Einführung

1. Einleitung und Vorbemerkungen

Den Griechen verdanken wir neben vielem andern die Grundlagen unserer politischen Begrifflichkeit und Verfassungstypologie sowie der politischen Theorie und Philosophie. All dies ergab sich aus ihrem hoch entwickelten politischen Denken, das zu seiner Zeit ein völlig neuartiges Phänomen war, bis in die Moderne hinein unübertroffen geblieben ist und noch heute in erstaunlichem Maße aktuell wirkt. Hier sind zum erstenmal in der Weltgeschichte die wichtigsten Probleme des Lebens in einer Gemeinschaft, der Beziehungen des Einzelnen zur Gemeinde und der Gemeinde zu andern Gemeinden erkannt, formuliert, durchdacht und – im Einzelfall wie generell, konkret wie theoretisch-abstrakt – dem Versuch einer Lösung unterworfen worden.

Die Probleme, mit denen sich die griechischen Denker befaßten, sind elementare Probleme einer menschlichen Gemeinschaft und deshalb unsere Probleme; ihre Fragen sind noch immer wichtig und ihre Antworten unvermindert anregend und lehrreich. Zwar betreffen diese Fragen und Antworten frühe, kleine und noch wenig komplexe Gemeinden, doch liegt gerade darin im Vergleich zur Gegenwart ein entscheidender Vorteil; denn was in unserer so unendlich komplizierten Welt nur mit großem Aufwand und unter vielen Vorbehalten untersucht werden kann, öffnete sich dort einem einfachen, direkten Zugriff – ohne daß dieser Zugriff freilich denen, die ihn erstmals erprobten, leichtgefallen wäre; einzelne Fragen konnten isoliert und bis auf den Grund verfolgt werden; die Konzentration auf wenige Hauptprobleme entsprach den Gegebenheiten und dem zeitgenössischen Denken. Die griechische politische Gemeinde wie das in ihr und für sie entwickelte politische Denken bilden deshalb höchst geeignete Studienobjekte für die Schulung des modernen politischen Denkens.

Seine höchste Entfaltung hat das politische Denken der Griechen freilich erst im 4. Jahrhundert v. Chr. in der politischen Philosophie Platons und Aristoteles' gefunden. Diese hat auf die römischen, frühchristlichen und mittelalterlichen Denker ungemein befruchtend eingewirkt und bis heute ihren Platz im akademischen Bildungskanon behauptet. Deshalb besteht zumal unter den Vertretern der nicht aufs Altertum spezialisierten Disziplinen eine Tendenz, die Geschichte der politischen Ideen erst mit Platon und Aristoteles oder allenfalls deren unmittelbaren Vorläufern, den vorsokratischen Philosophen und den Sophisten, beginnen zu lassen. Dies ist begreiflich, aber bedauerlich. Denn die umfassenden Erörterungen und Idealstaatsentwürfe dieser beiden Autoren sind ebensowenig

aus dem Nichts heraus entstanden wie etwa die Epen Homers oder die Tragödien des Aischylos. Solchen schöpferischen Höchstleistungen geht immer eine
lange, von zahlreichen Vorläufern getragene Entwicklung voraus, ohne die es
nicht möglich ist, die Vollendung auf einer qualitativ höheren Schaffensstufe zu
erreichen. Während nun die Werke verloren sind, die den Leistungen Homers
und Aischylos' vorangingen, ist es im Bereich des politischen Denkens möglich,
die Entwicklung in allen wesentlichen Stufen von den Anfängen bis zu den unmittelbaren Vorläufern Platons nachzuvollziehen. Daß die Kenntnis dieser Entwicklung nicht nur für das Verständnis der politischen Philosophie des 4. Jahrhunderts unerläßlich ist, sondern in sich selbst fasziniert und bereichert, dürfte
unmittelbar einleuchten.

Gerade diese Vorstufen, die dem nichtspezialisierten Leser meist wenig vertraut
sind, sollen in den folgenden Kapiteln über die Anfänge des politischen Denkens
in der archaischen Zeit und seine Entfaltung im Zeitalter der klassischen Polis
deshalb besonders eingehend behandelt werden. Dies scheint um so mehr gerechtfertigt, als trotz einer reichen Literatur bisher eine moderne Übersicht über
die Anfänge dieses Denkens fehlt. Die vorliegende Literatur ist in der Biographie
am Schluß dieses Kapitels verzeichnet; das meiste ist veraltet, vieles zu summa-
risch, manches auch oberflächlich oder eklektisch. Unvermindert anregend ist
trotz der eigenwilligen Sicht W. Jägers *Paideia*, die 1933–47 erstmals erschien.
In der neuesten Forschung erhofft man sich von Chr. Meier eine Fortführung der
Studien, die er 1980 in *Die Entstehung des Politischen bei den Griechen* vorgelegt hat.

Vor einer eingehenden Behandlung des frühen »politischen Denkens« sind jedoch einige Voraussetzungen zu klären. Zunächst: Was verstehen wir überhaupt unter politischem Denken? Denken und Handeln waren generell für die
Griechen ›politisch‹, insofern sie auf die in der Polis lebende und agierende Gemeinschaft bezogen waren. Politisches Denken richtete sich daher in erster Linie
auf den positiven oder negativen, akzeptierten und zu festigenden bzw. kritisierten und zu verbessernden Gesamtzustand der Polis (der zwar nicht einzigen,
aber dominierenden und für die Griechen charakteristischen Gemeinschaftsform des ›Stadtstaates‹. Das politische Denken war deshalb von Anfang an nicht
nur an den Einrichtungen und Verhaltensweisen interessiert, die man heute als
spezifisch ›politisch‹ versteht, sondern schloß gesellschaftliche, religiöse, moralische, selbst wirtschaftliche, militärische und manch andere Gesichtspunkte mit
ein. Denn die Polis war nicht nur die politische Gemeinde, sondern in umfassendem Sinne die Lebensgemeinschaft aller freien Einwohner, unter denen erst in
einer relativ späten Phase der historischen Entwicklung scharf zwischen Bürgern
und Nichtbürgern unterschieden wurde. Das Wohlergehen der Gemeinde hing
von einer Vielzahl von Faktoren ab. In engerem Sinne politische Institutionen
und Veränderungen waren nur ein Teil dieses Gesamtbereiches; sie traten immer
dann ins Zentrum politischen Denkens (und das heißt eben auch: individuelle
und kollektive Handlungen wurden erst dann ›politisch‹), wenn ihre fundamentale Bedeutung für den Zustand und damit auch für den weiteren Bestand
der Polis erkannt wurde. Je deutlicher man sich dieses instrumentellen Charakters sowie der Verfügbarkeit und Veränderbarkeit gerade der politischen Einrichtungen bewußt wurde, desto stärker konzentrierte sich das politische

Die Anfänge des politischen Denkens bei den Griechen   191

Denken auf den durch Verfassung und Institutionen bestimmten Bereich, ohne allerdings je seinen umfassenden Anspruch und Zugriff zu verlieren. Politische Theorie, so könnte man sagen, absorbierte einen zunehmenden Teil, aber immer nur einen Teil des politischen Denkens.

Man hat bei alledem zu berücksichtigen, daß »die Griechen keine Griechen vor sich hatten« (Chr. Meier). Was dank ihnen allen späteren Generationen, Völkern, Kulturen als geistige Orientierungshilfe und immenser Erfahrungsschatz vorgegeben war, das war ihnen selbst zunächst unbekannt. Phänomene, Kausalzusammenhänge, Ursachen von und Antworten auf Probleme und Krisen mußten von ihnen Schritt für Schritt wahrgenommen, analysiert, begriffen, benannt und in die Tat umgesetzt werden. Nicht nur Institutionen und Verfassungen sowie die dafür passenden Termini mußten deshalb jeweils neu geschaffen, sondern auch der Bereich des Politischen mußte als solcher erst entdeckt und in allmählichem Fortschreiten dem Denken, Begreifen und Erklären erschlossen werden. Denn erst mit der Entdeckung des ›Politischen‹ konnte auch das Denken in engerem Sinne ›politisch‹ werden.

Politisches Denken war vor dem Auftreten der Sophisten und Philosophen, die von der zweiten Hälfte des 5. Jahrhunderts an eine neue, stark politisch orientierte Kategorie professioneller Denker und Lehrer darstellten, niemals allein die Sache von Spezialisten. Insofern solches Denken sich auf das Verständnis der Grundlagen des Gemeinschaftslebens und der Möglichkeiten konzentrierte, den Zustand der Polis zu verbessern, die man allgemein als die Personengemeinschaft aller Bürger verstand, war politisches Denken im Grunde die Sache aller. Im Rahmen der in der Regel kleinen, reibungsintensiven, oft von inneren Konflikten erschütterten und von außen bedrohten Polisgemeinschaft war es für einen Bürger, der bewußt die Probleme seiner Zeit erlebte, ohnehin nahezu unmöglich, nicht betroffen zu sein und diesem Betroffensein nicht in der einen oder anderen Weise Ausdruck zu geben. Dies gilt besonders für diejenigen, die als Sänger, Dichter oder in anderer Funktion gewohnt waren, ihre Gedanken öffentlich vorzutragen, und von denen dies auch erwartet wurde, da man zumal die von den Göttern inspirierten Sänger und Dichter seit je nicht nur als Unterhalter, sondern als Künder der Wahrheit und Erzieher des Volkes betrachtete: Ihrem Wort kam von vornherein eine für die Gemeinde wesentliche Bedeutung zu. Die Werke der epischen und lyrischen Dichter von Hesoid – ja selbst Homer – bis Pindar und die der Dramatiker von Aischylos bis Aristophanes – wie auch die der Naturphilosophen von Thales bis Demokrit – sind deshalb zwar keineswegs Schriften primär politischen Inhalts oder gar politische Zweckschriften (die früheste Publikation dieser Art ist, vielleicht von einigen Gedichten Solons abgesehen, in dem unter Xenophons Namen überlieferten anonymen Traktat über *Staat und Verfassung der Athener* erhalten), aber fast immer auch, und oft in hohem Maße, Manifestationen politischen Denkens. Umgekehrt ist es kein Zufall, daß viele dieser Autoren aktiv an der politischen Verantwortung in ihrer Stadt teilgenommen und Ämter bekleidet haben. Das wichtige Thema »Denker, Dichter (oder Autor) und Bürger« verdiente eine systematische Untersuchung.

Aus dem allem erklärt es sich, daß es trotz des weitgehenden Fehlens eines spezifisch politischen Schrifttums vor dem späten 5. Jahrhundert und trotz der wohl immensen Überlieferungsverluste heute dennoch möglich ist, über die Anfänge und die Entwicklung des politischen Denkens eine recht gute Vorstellung zu gewinnen. Nur deshalb ist es schließlich auch möglich, selbst so eminent literarische und als Höhepunkte des griechischen Dramas gepriesene Werke wie die *Eumeniden* des Aischylos oder die *Antigone* des Sophokles als bedeutende Dokumente der grundsätzlichen geistigen Auseinandersetzung mit zeitgenössischen politischen Problemen zu interpretieren.

Dies setzt freilich voraus, daß bei den Hörern, bei der Masse der Bürger, die an den Kultfesten dem Vortrag von Hymnen und epischen Gesängen und der Aufführung von Chorgesängen, Tragödien und Komödien beiwohnten, mit einer vergleichsweise hoch entwickelten Fähigkeit gerechnet werden konnte, solche oft komplexen, keineswegs immer an der Oberfläche und dick aufgetragenen Äußerungen politischen Denkens wahrzunehmen und zu verstehen. Möglich war das nur, weil dieses Denken sich nicht in einsamen Studierstuben, sondern in der Öffentlichkeit und in direkter Verbindung mit den Problemen der Polis herausbildete, weil die ganze Gemeinschaft gleichsam parallel dazu politisch reifte und weil die Politik sich unter aller Augen abspielte, von der Gesamtheit diskutiert und mitentschieden wurde, so daß auch die jeweils aktuellen Themen bei einem gut vorbereiteten Publikum lebendige Resonanz finden konnten.

Aus alledem ergibt sich für den, der die Entwicklung des politischen Denkens der Griechen nachvollziehen will, die Notwendigkeit, auf jeder Stufe den bestehenden Zustand und die aktuellen Probleme der Polis mit einzubeziehen, d. h. nicht nur schriftlich überlieferte explizite Äußerungen, sondern auch Handlungen, namentlich Gesetzgebung und institutionelle Reformen, als Quellen zu nutzen und Manifestationen politischen Denkens in der gesamten Überlieferungsmasse zu erwarten. Diese Aufgabe, alle literarischen und nichtliterarischen Quellen geduldig und sorgfältig nach ihrer politischen Aussage zu befragen, ist in der althistorischen Forschung noch längst nicht ausreichend bewältigt; sie steht deshalb auch im Zentrum der hier vorgelegten Beiträge.

Zwei Erfahrungen sind es vor allem, die die Herausbildung politischen Denkens bei den Griechen provoziert haben: zunächst die Auseinandersetzung zwischen den gemeinsamen Interessen der Polisbürger und den individuellen (in der Verabsolutierung der Macht durch den Tyrannen gipfelnden) Ansprüchen der Adeligen in der archaischen Zeit, dann diejenige mit dem Phänomen der Demokratie und ihrer ›imperialistischen‹ Politik im 5. Jahrhundert. Während die erste Erfahrung zahlreiche Poleis in ähnlicher Weise betraf und durch Zeugnisse aus verschiedenen Orten dokumentiert ist, verbindet sich das ›Phänomen Demokratie‹ zunächst und vor allem mit Athen. Das heute noch greifbare politische Denken ist deshalb seit dem zweiten Drittel des 5. Jahrhunderts überwiegend auf Athen bezogen und in Athen konzentriert. Da dies in direktem Zusammenhang mit der geistigen und künstlerischen Hochblüte in manchen anderen Bereichen steht (namentlich in dem des Dramas, der Historiographie und Rhetorik, der Architektur, Skulptur und Malerei), ist es kein Zufall, sondern symptomatisch, daß die einschlägigen Quellen seit dieser Zeit fast ausschließlich athenische Quellen sind. Deshalb einschränkend nur von ›athenischem politischen Denken‹ zu sprechen, wäre verfehlt. Denn einerseits machte sich durch die Zugewanderten und in Athen Tätigen (von Protagoras über Herodot bis zu Aristoteles) das gesamtgriechische Element vielfältig bemerkbar und war – nicht nur durch die politischen Theorien der Sophisten – auch sehr einflußreich. Andererseits nährte sich das politische Denken zwar aus zahlreichen, das gesamte frühere und gegenwärtige Griechentum umfassenden Quellen, aber auch aus einer besonders kräftigen lokalen Tradition. Es erfuhr dann unter den im Athen des 5. Jahrhunderts herrschenden außergewöhnlichen Bedingungen eine enorme Vertiefung und Intensivierung und damit eine entscheidende quantitative und qualitative Steigerung, deren Ergebnisse von der politischen Philosophie des 4. Jahrhunderts weiter durchdacht und zusammengefaßt wurden. Die Resultate jahrhundertelangen politischen Denkens der Griechen sind schließlich in einer höchst verfeinerten und systematisierten Form zwar von Platon und Aristoteles in Athen formuliert worden, aber mit Recht als gemeingriechisches Erbe in die abendländische Geistestradition eingegangen.

2. Land und Frühgeschichte

Im 3. und 2. Jahrtausend v. Chr. entwickelten sich im »fruchtbaren Halbmond«, der vornehmlich das Gebiet Ägyptens und Mesopotamiens umfaßt, eine Reihe von Hochkulturen, die alle auf der intensiven Nutzung weiträumiger fruchtbarer Flußebenen beruhten. Im Vergleich dazu sind in Griechenland weite Ebenen und große Anbauflächen selten; dort, wo sie zu finden sind (etwa in Thessalien und Makedonien), blieb die kulturelle Entwicklung weit hinter dem übrigen Griechenland zurück. Charakteristisch für die griechische Landschaft sind vielmehr im Landesinnern enge Täler und markante Gebirgsketten und an der Küste kleine, meist von hohen Bergen umgebene Mündungsebenen. Obschon die Berge ursprünglich stärker bewaldet waren als dies bereits im 4. Jahrhundert v. Chr. der Fall war, war es immer ein karges Land, das seinen Bewohnern harte Arbeit abforderte. Die Griechen waren sich dessen wohl bewußt: Sie schauten voller Neid auf die fruchtbaren Ackerfluren Asiens und Siziliens und verglichen in trotzigem Stolz den harten und kämpferischen Menschenschlag ihres Landes mit den ›verweichlichten‹ Asiaten. Korn, Oliven und Wein waren damals wie heute die Grundnahrungsmittel, die in den Ebenen und auf den terrassierten Hängen reichlich wuchsen, aber selbst in den relativ stabilen Zeiten der kulturellen Hochblüte (in der mykenischen wie in der archaisch-klassischen Epoche) nicht ausreichten, die schnell wachsende Bevölkerung zu ernähren. Auswanderer fanden namentlich entlang den kleinasiatischen, unteritalischen und sizilischen Küsten ähnliche, wenngleich weniger beengte Bedingungen und Siedlungsräume in großer Zahl.

Diese Kleinräumigkeit und Abgeschlossenheit prägte Siedlungs- und Denkweise der Griechen. Von ihren Nachbarn trennten sie Berge und Pässe; offen war allein das Meer, das außerdem mit seinem Fischreichtum zur Ernährung der Bevölkerung beitrug. Übers Meer war die Verbindung mit nahen und fernen Siedlungen wenigstens während der Sommermonate einfach und relativ schnell herzustellen, und die vielen Buchten boten Schutz vor den plötzlich aufbrechenden Stürmen. Die Ägäis, auf drei Seiten von ähnlich gearteten und bereits früh griechisch besiedelten Festlandsküsten und im Süden von Kreta und Rhodos begrenzt und dicht mit Inseln übersät, bildete seit je eine in sich geschlossene Einheit und diente gleichzeitig als Brücke zum Vorderen Orient. Von Anfang an waren die Griechen deshalb aufs Meer hin orientiert und tauschten schon in der mykenischen Zeit ihre Waren mit Siedlungen an entfernten Küsten. Ihre Beziehungen reichten bis nach Ägypten und Mesopotamien, deren kultureller Einfluß auf den griechischen Raum schon in der Bronzezeit und erneut in der archaischen Epoche nicht zu unterschätzen ist. Am Ende der archaischen Epoche wagten griechische Seefahrer Erkundungs- und Handelsfahrten bis nach Indien und weit über die Meerenge von Gibraltar hinaus. Trotz der Enge und Kargheit ihrer Heimat war der Horizont der Griechen deshalb weit; allem Fremden und Neuen aufgeschlossen, verglichen sie sich selber unentwegt mit den andern Griechen und den vielen nichtgriechischen Völkern, von denen Kauffahrer, Söldner und Sklaven Kunde zu ihnen brachten.

Griechisch war diese Welt im Lauf des 2. Jahrtausends v. Chr. geworden. Natürlich war sie längst vorher besiedelt und brachte im 3. Jahrtausend bereits eine beachtliche kulturelle Blüte hervor, die wir besonders durch die Zeugnisse der Kunst auf den Kykladen kennen. Gegen Ende des 3. oder zu Anfang des 2. Jahrtausends müssen sich, wie ein in zahlreichen Siedlungen zu findender Zerstörungshorizont belegt, rings um die Ägäis massive und gewaltsame Veränderungen vollzogen haben, die sich am besten durch die Einwanderung indo-europäischer Völker von Norden her (der Hethiter und eben der Griechen) erklären lassen. Diese Einwanderer brachten um die Mitte des 2. Jahrtausends kulturell und politisch bedeutende Staatsbildungen hervor, in die uns die archäologische Erkundung ihrer monumentalen und künstlerischen Hinterlassenschaft und die Entzifferung ihrer Schriftdokumente in den letzten Jahrzehnten vielfältige Einblicke ermöglicht haben.

Bereits vorher war allerdings auf Kreta eine trotz reicher Funde und sorgfältiger Erforschung nach wie vor in vielem rätselhafte Hochkultur entstanden. Sie ist charakterisiert durch die in Knossos, Phaistos und mehreren andern Orten errichteten großen und komplexen Palastbauten und eine hohe Eleganz des Lebensstils. Die schriftlichen Dokumente in einer früheren Zeichen- und einer späteren Silbenschrift (Linear A) harren weiterhin der Entzifferung; gewiß scheint lediglich, daß sie nicht wie die späteren Linear B Täfelchen die griechische Sprache verwenden. Gewiß ist ferner, daß das Wirtschaftsleben weiter Gebiete von den Palästen aus zentral gelenkt wurde, intensive Handelsbeziehungen nach Ägypten und Mesopotamien bestanden und mindestens Teile der Ägäis von Kreta aus beherrscht wurden. Sowohl die Errichtung wie auch die Funktion der großen Paläste deuten auf eine Konzentration beträchtlicher politischer wie materieller Ressourcen in der Hand der jeweiligen Herrscher. Das Fehlen von Befestigungen und kriegerischen, die Macht des Herrschers hervorhebenden Attributen in Gräbern und Kunst läßt vermuten, daß die kretische Gesellschaft relativ früh sozial, institutionell und ›ideologisch‹ ein die friedlichen Beziehungen betonendes Gleichgewicht erreicht hatte und dieses System lange Zeit weder im Innern ernsthaft angefochten noch von außen bedroht wurde. Alles andere bleibt der Spekulation überlassen.

Dieses friedliche Gleichgewicht wurde auf Kreta um 1600 durch dramatische Veränderungen gestört. Mehrere Paläste wurden aufgegeben; aus neuen Bestattungsformen und erstmals auch echten Kriegergräbern läßt sich die Präsenz frem-

Die Anfänge des politischen Denkens bei den Griechen

der Eroberer erschließen. Daß diese vom griechischen Festland kamen, wird durch die in griechischer Sprache verfaßten *Linear B* Täfelchen von Knossos nahegelegt, das damals zum Herrschafts- und Verwaltungszentrum über weite Teile der Insel geworden zu sein scheint. All dies fiel um 1400 einer gewaltigen, bisher nicht befriedigend erklärten Katastrophe zum Opfer. Damit endete auf Kreta (mehr als 200 Jahre früher als auf dem Festland) die Epoche der Paläste mit ihrer politischen und wirtschaftlichen Machtentfaltung und kulturellen Hochblüte.

Auf dem Festland entstanden die gewaltigen Burgen von Tiryns und Mykene (das der dortigen bronzezeitlichen Kultur den Namen gegeben hat) mit ihren ›Kyklopenmauern‹ gemäß dem archäologischen Befund erst nach 1400 v. Chr. Ähnliche Burgen befanden sich an anderen Orten auf der Peloponnes, in Athen und in Mittelgriechenland, namentlich Böotien. Sie befinden sich an jenen Orten, an denen sich, bezeugt durch höchst eindrucksvolle Gräber, schon Jahrhunderte vorher eine kräftige und hierarchisch gegliederte Kriegeraristokratie mit einem machtvollen Königtum herausgebildet hatte. Die älteren der mit reichen Beigaben ausgestatteten und durch Heinrich Schliemann berühmt gewordenen Schachtgräber in Mykene werden auf etwa 1600 datiert (also auf gerade jene Zeit, in der die Macht dieser Herren auf Kreta übergegriffen zu haben scheint), während die an manchen Orten gefundenen monumentalen Kuppelgräber etwas jünger sind. Die in Gräbern und auf Stelen bezeugten neuen Waffen (das Langschwert und der Streitwagen) dürften zu den wichtigsten Herrschaftsinstrumenten dieses Kriegeradels gehört haben. Von den in diese frühe Phase gehörenden Palästen, Stadtmauern und Festungen ist dagegen nichts erhalten; sie waren wohl aus wenig dauerhaftem Material erbaut, so daß man annehmen muß, die Herrenschicht habe ihren Aufwand vor allem auf die Gräber konzentriert. Wohl aber sind dank intensiver archäologischer Forschung bisher mehrere hundert bronzezeitliche Siedlungen allein auf dem griechischen Festland nachgewiesen, die eine beträchtliche Zunahme von Bevölkerung und Ressourcen bezeugen. Große Mengen der für jene Zeit typischen Keramik haben sich an zahlreichen Orten rings ums Mittelmeer gefunden; ihnen entsprechen die teils importierten, teils aus Importgut (vor allem Gold) angefertigten kostbaren Gegenstände in den Gräbern, die auf weitreichende Handelsbeziehungen der Palastinhaber deuten.

Wir kennen die Ursachen des kulturellen und politischen Aufschwungs und der Entstehung jener ›mykenischen‹ Staaten nicht. Ebensowenig ist bekannt, weshalb diese Fürsten nach 1400 den Gräberluxus zugunsten gewaltiger Festungsbauten aufgaben, in denen auch ihre Paläste Aufnahme fanden. Die Entzifferung der zumal in Pylos, aber auch anderweitig gefundenen Tontäfelchen mit der *Linear B* genannten Silbenschrift hat leider alle die geschichtliche Entwicklung und das Denken jener Gesellschaft betreffenden Fragen unbeantwortet gelassen, da es sich dabei ausschließlich um Aufzeichnungen der Palastverwaltung handelt: Inventare, Eingänge, Auslieferungen, Anweisungen für Opfer und religiöse Zeremonielle, Personallisten, etc. wurden offenbar provisorisch auf vergänglichem Material festgehalten und verdanken ihre Erhaltung lediglich dem ungeheuren Brand, der diese Paläste um 1200 v. Chr. zerstörte. Sie stammen deshalb alle aus den letzten Wochen vor jener Katastrophe und geben uns zwar wertvolle, aber – als ›Momentaufnahme‹ – nur sehr spezielle und begrenzte Einblicke vor allem in die Herrschafts-, Gesellschafts- und Wirtschaftsstruktur, die Verwaltung und Religion und die Orts- und Personennamen. Demnach wurden diese Staaten von einer das gesamte Wirtschaftsleben kontrollierenden zentralen Palastbürokratie straff verwaltet und von der um König und Palast gruppierten Kriegeraristokratie beherrscht. Analogien dazu finden sich in den Monarchien des Vorderen Orients, doch ist nicht zu erkennen, wie die Übertragung solcher Modelle in die doch recht anders gearteten Verhältnisse Griechenlands und Kretas vor sich gegangen ist. Eine Mehrzahl solcher Staaten scheint nebeneinander bestanden zu haben; die von der späteren epischen Überlieferung nahegelegte Vorherrschaft Mykenes hat sich bisher nicht bestätigen lassen.

Mit der Zerstörung der Paläste verschwanden der Reichtum und die Kultur der Oberschicht, die zugehörige Herrschafts- und Verwaltungsstruktur und die Schrift. Vieles spricht dafür, diese Vorgänge unter anderm mit der gleichzeitigen Zerstörung des Hethiterreiches und den durch ägyptische Dokumente aus der Zeit Ramses' III. gut bezeugten Einfällen der ›Seevölker‹ in Verbindung zu bringen. Die mykenischen Burgen sind demnach wahrscheinlich den Ausläufern einer massiven, teils zur See, teils zu Land erfolgten Wanderungsbewegung zum Opfer gefallen, die am Ende der Bronzezeit von Italien bis Mesopotamien die bestehenden Verhältnisse gründlich durcheinanderwarf.

Die Vorgänge der folgenden Jahrhunderte, die oft als die *dark ages* bezeichnet werden, sind nur aufgrund archäologischer Ausgrabungen in groben Umrissen zu rekonstruieren. Neue und nicht selten durchaus sensationelle Entdeckungen (so etwa jüngst in Lefkandi auf Euböa) zwingen die Forschung häufig dazu, scheinbar fest etablierte Anschauungen zu revidieren. Sicher ist, daß sich damals jene Veränderungen vollzogen, deren Resultate uns in der Entstehung der Polis und den homerischen Epen im 8. Jahrhundert sichtbar werden. In der Folge jener Zerstörungs- und Wanderwelle ging die Bevölkerung vielerorts stark zurück. Zahlreiche Siedlungen wurden aufgegeben. Die Seltenheit von Großbauten und künstlerischen oder technischen Höchstleistungen wie auch von reichen Grabbeigaben weist auf wesentlich bescheidenere Ressourcen und Lebensverhältnisse, auch wenn sich an manchen Orten und in gewissen kulturellen Bereichen (etwa dem der Religion) eine deutliche Kontinuität von der mykenischen in die archaische Epoche beobachten läßt. Die für die mykenische Zeit so charakteristische großräumige kulturell-stilistische Einheitlichkeit verschwand völlig; die in kleinen Räumen konzentrierten Siedlungen schlossen sich voneinander ab, was durch eine neue stilistische Vielfalt in der Keramik illustriert wird. Aus den Resten der mykenischen Bevölkerung und den im Lauf der Zeit in mehreren Schüben eintreffenden neuen Einwanderern bildete sich allmählich eine neue, im Vergleich zum mykenischen Griechentum ganz anders geartete Gesellschaft. Dank ihrer großartigen literarischen Schöpfungen kennen wir sie ungleich besser als ihre Vorgänger. Mit ihr beginnt der Teil der griechischen Geschichte, der uns mit den frühesten Ansätzen politischen Denkens vertraut macht.

Die Anfänge des politischen Denkens bei den Griechen 197

II. Das 8. und frühe 7. Jahrhundert

1. Die homerischen Epen

»Den Zorn singe, Göttin, des Peleus-Sohns Achilleus,/den verderblichen, der zehntausend Schmerzen über die Achaier brachte/und viele kraftvolle Seelen dem Hades vorwarf/von Helden, sie selbst aber zur Beute schuf den Hunden/ und den Vögeln zum Mahl, und es erfüllte sich des Zeus Ratschluß –/von da beginnend, wo sich zuerst im Streit entzweiten/der Atreus-Sohn, der Herr der Männer, und der göttliche Achilleus.« – So beginnt die *Ilias*, eine der gewaltigsten Dichtungen der Weltliteratur. In der uns vorliegenden und bereits den klassischen Griechen kanonischen Form stammt sie wohl aus dem späten 8. Jahrhundert. Wie die vielleicht etwas jüngere *Odyssee* wurde sie seit je dem Homer zugeschrieben. Ob das stimmt und wer genau Homer gewesen ist, ist unbekannt. Was die Antike über ihn zu wissen glaubte, hat sich in sieben Biographien und der Erzählung vom Wettkampf Homers und Hesiods niedergeschlagen. Als gewiß kann gelten, daß er (oder die Gilde der Rhapsoden, der professionellen Sänger, die sich auf ihn zurückführte) im ionischen Kleinasien wirkte und daß beide Gedichte, so wie wir sie lesen, trotz ihrer langen Vorgeschichte der Gestaltungskraft je eines und möglicherweise desselben überragenden Dichters entsprungen sind.

Die ›homerische Gesellschaft‹

Über die Welt und die Gesellschaft, in der Homer lebte und für die er sang, erfahren wir einiges aus archäologischen Funden und den einfachen Darstellungen zeitgenössischen Kunsthandwerks, das meiste jedoch aus den Gedichten selbst. Denn im Gegensatz zu den Handlungen, die den Heroen zugeschrieben und deshalb ins Übermenschliche gesteigert sind, ist die praktische Lebensumwelt dieser Handlungen einer Erfahrungswelt entnommen, die dem Hörer verständlich und zugänglich war, mit der er sich identifizieren konnte. Wie vor allem die Forschungen M. I. Finleys gezeigt haben, ist die Schilderung dieser praktischen Lebensumwelt in sich konsistent genug, um sie einer historischen, d. h. in Raum und Zeit lokalisierbaren Gesellschaft zuweisen zu können. Diese wäre im nördlichen Ionien anzusiedeln, nach Finley im 10. und 9. Jahrhundert, nach andern etwas später.

Es ist die Welt einer vornehmen und wohlhabenden Oberschicht von Großbauern, eines noch nicht voll ausgebildeten, aber sich deutlich vom Rest der freien Bauern absetzenden, machthungrigen, privilegienbewußten ›Adels‹. Die *Ilias* schildert diese Gesellschaft im Krieg, die *Odyssee* mehrheitlich im Frieden. Wie die ständischen Unterschiede, so befinden sich auch die politischen und baulichen Strukturen der Gemeinde in einer Frühstufe der Entwicklung. Beide Epen setzen freilich diese Frühform der Polis als selbstverständliche Lebenseinheit voraus: Das mindestens teilweise befestigte, mit Heiligtümern, Markt- und Versammlungsplatz und den ›Palästen‹ der Edeln ausgestattete ›städtische‹ Siedlungszentrum einer in sich geschlossenen und von dort aus bewirtschafteten Landschaft spiegelt sich in den Schilderungen Trojas, Ithakas und, mit deutlichen Anspielungen wohl auf die Erfahrungen der frühen Kolonisationsepoche, der märchenhaften Phäakenstadt auf Scheria; selbst das ummauerte Lager der Griechen vor Troja entspricht in wesentlichen Zügen diesem Schema. Ihrem Wesen nach ist diese frühe Polis kaum mehr als eine gegenüber äußeren Gefahren notwendige Verteidigungsgemeinschaft. »Hat einer eine Botschaft gehört von einem Heere, das herankommt, die er uns genau ansagen will, nachdem er sie als erster vernommen? Oder will er irgendeine andere gemeinsame Sache vorbringen und darüber reden?« (*Odyssee* 2,30-32): So erklärt man sich die überraschende Einberufung einer Versammlung. Nach der Leistung für die Verteidigung der Gemeinde bemessen sich Rang und Prestige des Einzelnen in der Gemeinde sowie seine Belohnung durch die Gemeinde, die ihrerseits zu neuer Leistung verpflichtet (vgl. *Ilias* 12,310-28). Deshalb des Dichters Bemerkung über Hektors (des »Er-halters«) Sohn: »Den nannte Hektor Skamandrios, aber die anderen Astyanax (Herr der Stadt), denn allein beschirmte Ilios Hektor« (*Ilias* 6,402 f.). Grund zur hohen Bewertung solcher Qualitäten besteht zur Genüge: Fehden zwischen benachbarten Poleis um Land, Herden und andere Beute sind ebenso häufig wie Raubzüge von einzelnen oder mehreren Herren mit ihren Gefolgsleuten zu nahen und fernen Küsten (vgl. die auf S. 250 angeführten Belege). Auf solche Notlagen zugeschnitten ist eben auch der Führungsanspruch des Königs, der auf Hausmacht und persönlicher Leistung beruht und, wie der Fall des Telemachos auf Ithaka zeigt, obschon potentiell erblich, vom Sohn jeweils neu erstritten werden muß.

Als Primus inter pares ist dieser ›König‹ jedoch ein ›Adliger‹ und Gutsherr wie alle andern, mit denen er in seiner Gemeinde Titel und Privilegien teilt und sich im Rat berät. »Zwölf angesehene Könige walten in dem Volke als Führer, der dreizehnte aber bin ich selber«, sagt der Phäakenkönig Alkinoos (*Odyssee* 8,390 f.), und Agamemnon wird oft als »königlicher« oder »der Königlichste« von den andern Führern der Griechen abgehoben. Jeder herrscht eigenmächtig über seinen ›Oikos‹ (sein ›Haus‹ in umfassendem Sinne), der Familie, Land und Besitz, Tiere, Sklaven und Gefolgsleute einschließt. Die Stellung des Einzelnen innerhalb des Oikos ist durch seine Funktion und seine Beziehung zum Herrn bestimmt; der Rechtsstatus ist deshalb sekundär; ein Sklave kann durchaus eine wichtigere Position einnehmen als ein Freier. Die Sklaverei ist bekannt, aber im Umfang beschränkt und stellt, wie die differenzierte Terminologie zeigt, nur eine von mehreren Formen persönlicher Abhängigkeit dar. Der (dort allerdings wesentliche) Einfluß der Frau beschränkt sich auf den Oikos; der öffentliche Bereich ist ganz den Männern vorbehalten. Der Oikos ist praktisch autonom, der Wettbewerb zwischen den Adligen und ihren Oikoi immens. Je größer die Hausmacht des einzelnen, desto größer sein Einfluß und Machtanspruch in der Gemeinde, die ihrerseits durch ihre erst ansatzweise ausgebildeten Institutionen keinerlei Kontrolle auszuüben oder Unterstützung zu gewähren vermag. Dementsprechend ist das Wertesystem der führenden Schicht völlig auf die individuelle Bewährung ausgerichtet, darauf, »der erste zu sein in der Schlacht wie im Rat« (*Ilias* 1,258; 9,443). Wie A. W. H. Adkins gezeigt hat, überwiegen die *competitive values* die *cooperative values* bei weitem.

Wer keinen eigenen Oikos besitzt oder nicht unter dem Schutz eines mächtigen Herrn steht, hat es schwer. Die *Odyssee* illustriert dies am Beispiel der Theten

Die Anfänge des politischen Denkens bei den Griechen

(Lohnarbeiter), Demiurgen (Handwerker) und Bettler. Der Thematik der Epen entsprechend, bleibt die Schicht der nichtadeligen freien Bauern weitgehend unbeachtet; ihre Existenz ergibt sich aus Hesiod (dazu S. 216) und aus der Schilderung von Volksversammlungen, Heeresaufmarsch und Schlachtverlauf, die, wie J. Latacz plausibel gemacht hat, bereits die Anfänge des massierten Hoplitenkampfes voraussetzen. In der Gemeinde spielt diese Schicht freilich eine untergeordnete, mehrheitlich passive Rolle; sie vermag in der von der Diskussion der Edeln beherrschten Versammlung ihre Meinung lediglich kollektiv durch Beifalls- oder Mißfallensgeschrei zum Ausdruck zu bringen. Aber die Tatsache, daß die Gemeinde im Krieg und damit zum Überleben auf diese Bauern angewiesen ist, wird sich als wichtig erweisen.

Gegenstand und Vorgeschichte der Epen

Dieser ›protoaristokratischen‹ Gesellschaft sind auch die geselligen Aspekte des Lebens wichtig: Spiel und Sport, Gelage und Gesang nehmen in den Epen breiten Raum ein. Die Helden selber beherrschen die Kunst des von Instrumenten begleiteten Gesangs (*Ilias* 9,186 ff.), und die professionellen Sänger, die sie beim Mahle unterhalten (*Odyssee* 8,256 ff.), gehören zu den wenigen Spezialisten. Was sie zur Leier vortragen, entnehmen sie einem großen Vorrat von Heldensagen, die von Generation zu Generation weiterüberliefert werden und in ihrem Kern wohl, wie auch die Sitte des Heldensanges selbst, auf die mykenische Zeit zurückgehen.

Von der mykenischen Kultur war freilich nicht viel übriggeblieben: die ›kyklopischen‹ Ruinen, die den Schluß auf Heroen mit übermenschlichen Fähigkeiten und Beziehungen nahelegten, vereinzelte Gegenstände und die im Traditionsgut einzelner Familien und der Sängergilden bewahrten ›Erinnerungen‹ an charakteristische Züge einer verlorenen Zivilisation (so an das Vorherrschen von Bronze oder die Verwendung des Streitwagens) und an die Großtaten und Abenteuer einer früheren Generation von Heroen (die Hesiod bezeichnenderweise in seinem ›vierten Geschlecht‹ zwischen das Eherne und das Eiserne Zeitalter eingeschoben hat: *Werke und Tage* 256 ff.). Diese ›Erinnerungen‹ knüpften sich naturgemäß an jene Ruinen, und daraus entstanden mit der Zeit der mykenische, trojanische, thebanische und andere Sagenkreise.

Die *Ilias* und *Odyssee* decken somit nur einen kleinen Teil jenes Sagenstoffes, der sich in einer Großzahl von (wohl meist weniger bedeutenden) Epen niederschlug. Die *Ilias* behandelt einen kurzen Ausschnitt aus dem letzten Jahr des insgesamt zehnjährigen Trojanischen Krieges. In diesem versuchte eine Kriegsmacht verbündeter Griechen unter der Führung des Mykenerkönigs Agamemnon Helena, die Gattin von Agamemnons Bruder Menelaos, und die Schätze zurückzugewinnen, die Paris, einer der Söhne des Trojanerkönigs Priamos, aus Sparta entführt hatte. Der Krieg endete mit der Zerstörung Trojas, und die *Ilias* läßt nie Zweifel daran, daß dies das Ziel der Griechen ist. Das Epos beginnt mit einem Streit zwischen Agamemnon und Achilleus, dem gewaltigsten Kämpfer der Griechen. Achilleus' Groll und Rückzug vom Kampf bringen den Trojanern vorübergehenden Erfolg; seine Rückkehr und sein Sieg über Hektor, den größten Helden Trojas, leiten das Ende dieser Stadt ein. Die *Odyssee* handelt von den

Abenteuern des Odysseus, der auf der Heimfahrt von Troja in den Westen des Mittelmeers verschlagen wird, dort alle seine Gefährten verliert und erst nach zehn Jahren ins heimische Ithaka zurückkehrt, wo er erst noch seinen Oikos von der Belagerung durch eine ungestüme Schar von auf den Thron erpichten Freiern seiner Gattin freikämpfen muß.

Auch wenn beide Epen von oder bald nach Homer schriftlich festgelegt wurden, war der ihnen zugrunde liegende Sagenstoff zuvor jahrhundertelang nur mündlich überliefert worden. Sänger, die von Jugend auf in dieser in ihrer Familie erblichen Kunst geschult waren, gestalteten, der augenblicklichen Eingebung oder dem Wunsch ihrer Zuhörer entsprechend, einzelne Ausschnitte dieses Stoffes jedesmal neu, wobei sie sich sprachlich auf einen reichen Schatz an Formeln und typischen Elementen stützen konnten. Beispiele solcher *oral poetry* haben sich zumal in Südosteuropa bis in unsere Zeit erhalten. Die intensive vergleichende Epenforschung der letzten Jahrzehnte hat uns verstehen gelehrt, daß in solchen Fällen die gesamte Überlieferungsmasse im Lauf der Jahrhunderte einen langsamen, aber steten Veränderungsprozeß durchläuft, in dem einerseits die Ereignisse bis zur Unkenntlichkeit entstellt, andrerseits der gesellschaftliche Hintergrund, die Lebensumwelt dieser Ereignisse, immer neu der dem Sänger und seinen Zuhörern vertrauten Wirklichkeit angepaßt werden. Die Epen erzählen uns deshalb wenig Gesichertes über Ereignisse der mykenischen, wohl aber viel Nützliches über die Zustände der früharchaischen Zeit.

Im Hinblick auf die homerischen Epen ist ferner zu beachten, daß die Sänger Vorgänge, die sie und ihre Zeitgenossen sich kaum mehr vorstellen konnten, natürlicherweise durch die ihnen geläufigen Entsprechungen ersetzten oder sie doch mit solchen kombinierten. Indem man etwa das Schiffslager der Griechen als improvisierte Polis darstellte, reduzierte sich in der praktischen Vorstellung das Konzept der zehnjährigen Belagerung einer Stadt durch ein von weither gekommenes gewaltiges Expeditionskorps, das den an die beschränkten Verhältnisse der nachmykenischen Jahrhunderte gewöhnten Zuhörer kaum mehr faßbar war, unwillkürlich auf den bitteren Kampf zwischen zwei benachbarten Städten, wie er in der *Ilias* mehrfach erscheint (11,670 ff.; 18,509 ff.). Jenes gesamtgriechische Expeditionskorps wiederum erweist sich trotz des ›Schiffskatalogs‹ und der dort angeführten riesigen Zahlen (*Ilias* 2,484 ff.) in allen praktischen Belangen als um eine Dimension erweitertes Äquivalent eines zur Plünderung ferner Küsten zusammengestellten Schiffszuges, der von einem Adeligen geführt und von seinen eigenen Gefolgsleuten sowie denen seiner sich beteiligenden Mitadeligen bemannt wurde; solche Züge sind in der *Odyssee* mehrfach erwähnt (9,38 ff.; 14,219 ff. 243 ff.). In der Schilderung der Schlachten vermischt sich die undeutliche Erinnerung an den in den Sagen vorausgesetzten ›heroischen‹ Einzelkampf mit einer vagen Kenntnis der Verwendung des Streitwagens und dem Bild des allen vertrauten massierten Hoplitenaufgebotes. In der Beschreibung des Königtums überschneidet sich die Erinnerung an eine sakrale und zentrale Monarchie mit der durchaus prekären Stellung des archaischen Primus inter pares, wie auch die den Mythen gemäße und durch die Konzentration auf die Taten der Heroen bedingte Vernachlässigung der andern Bevölkerungsschichten gelegentlich durch die ausdrückliche Hervorhe-

Die Anfänge des politischen Denkens bei den Griechen 201

bung der Interessen der Gesamtgemeinde sowie der Spannung zwischen König oder Adel und nichtadeliger freier Bevölkerung kompensiert wird.

Dennoch bieten die Epen natürlich keine historische oder sozio-politische Analyse der früharchaischen Gesellschaft. Es sind in erster Linie dichterische Kunstwerke höchsten Ranges, deren geschichtliche Aussage der Historiker mit großer Zurückhaltung herauszuarbeiten hat. Außerdem ging es den Sängern wesentlich darum, ihre Zuhörer zu unterhalten und ihre adeligen Patrone, die sich mit jener Heroenwelt zu identifizieren suchten und nicht selten ihr Geschlecht auf einen der Helden zurückführten, durch ihre Schilderung indirekt mitzuverherrlichen. Wir haben deshalb auch für die zeitgenössischen Elemente des vom Epos entworfenen Bildes mit einer Tendenz zur positiven Darstellung des Adels zu rechnen. Dies ist über weite Strecken auch der Fall. Um so aufschlußreicher sind für unsere Zwecke all die Fälle, in denen sich jene Erwartung nicht bestätigt. Ihnen gilt im folgenden unsere Aufmerksamkeit.

Krieg und Frieden

Da ist denn schon das zuvor zitierte Proömium der _Ilias_ höchst bemerkenswert. Obgleich in dem Epos Kämpfe und Heldentaten in großer Zahl beschrieben werden, lenkt der Dichter unser Augenmerk nicht auf diese, sondern auf den Zorn des Achilleus, seinen Streit mit Agamemnon und dessen verheerende Auswirkungen für die Gesamtheit der Griechen: Unendliches Leid bescherte er ihnen, und viele wackere Männer kostete er das Leben (1,1–7). Auch wenn es zum Wesen des Heros gehört, daß er sich für erlittenes Unrecht mit großer Entschiedenheit rächt und seinen ›Egoismus‹ allenfalls bis zur Selbstzerstörung durchsetzt, sind wir mit der hier gewählten Blickrichtung von einer vorbehaltlosen Verherrlichung der Heroen ebenso weit entfernt wie von einer Verherrlichung des Krieges. – Gewiß verweilt der Sänger oft bewundernd und in kenntnisreichem Detail bei der Schilderung kriegerischer Großtaten. Aber Kämpfen und Töten sind nicht Selbstzweck, sondern eine traurige und mühevolle Notwendigkeit, die in erster Linie der Abwendung von Unrecht und der Erhaltung von Familie und Gemeinde dient. Die Not und Fragwürdigkeit des Krieges werden dem Hörer vielfach und in ergreifenden Szenen vorgeführt (vgl. z. B. _Ilias_ 6,394-502; _Odyssee_ 8,521-30). Daß dies bereits im ersten Werk der abendländischen Literatur so ausgeprägt der Fall ist, scheint mir auch für die Entwicklung des politischen Denkens wesentlich. Denn es ebnet den Weg für die Hochschätzung anderer Werte wie Frieden, Ordnung und Gerechtigkeit.

Auch der durch den Mythos vorgegebene und mit der Größe und Dauer des Unternehmens kaum zu vereinbarende Zweck des Krieges, die Rückgewinnung einer treulosen Frau und gestohlener Schätze, wird im Epos selbst nachdrücklich in Frage gestellt. In einer »gewaltigen und aufgeregten« Versammlung der Trojaner (_Ilias_ 7,345 ff.) schlägt der »verständige« Antenor vor, Helena samt den geraubten Gütern den Griechen zurückzugeben, um einen verhängnisvollen Ausgang des Krieges zu verhindern (348 ff.). Paris stimmt zwar einem materiellen Ausgleich zu, weigert sich aber rundweg, sich von Helena zu trennen (354 ff.). Der König stützt seinen Sohn – gegen das eindeutige Votum des Volkes: »Wahrhaftig, die Troer verlangten es!«, erläutert der zu den Griechen entsandte Herold und fügt hinzu: »Wäre Paris doch vorher umgekommen!« (390.393).

Der Mißerfolg Antenors ist um so erstaunlicher, als er zu Recht betont, der vorangegangene Eidbruch habe die moralische und rechtliche Position der Trojaner so geschwächt, daß die volle Wiedergutmachung des an den Griechen begangenen Unrechts sich zwingend aufdränge (351 ff.). Er spielt damit auf das zentrale Ereignis des ersten in der *Ilias* beschriebenen Kampftages an: Menelaos und Paris vereinbaren einen alles entscheidenden Zweikampf um Helena und die geraubten Güter; dadurch könne der jammervolle Krieg beendet, Troja gerettet und aufgrund verläßlicher Verträge Friede und Freundschaft zwischen Griechen und Trojanern geschlossen werden (3,67–120). Diese Lösung findet in beiden Heeren überwältigende Zustimmung (3,111 f.; vgl. 297 ff. 320 ff. 4,82 ff.). Der Waffenstillstand wird feierlich beschworen (245–302), worauf Paris von Menelaos besiegt, aber von Aphrodite gerettet und in die Arme Helenas entführt wird. Dennoch, der Sieg gehört dem Griechen, und der Krieg fände ein Ende, wenn nicht ein trojanischer Scharfschütze, Pandaros, von der Hoffnung auf Ruhm und reiche Belohnung verblendet, Menelaos hinterrücks mit einem Pfeil verletzte (4,74 ff., bes. 95 ff.). Damit ist der Waffenstillstand gebrochen, eine Fortsetzung des Krieges unvermeidlich. Die wesentlichste Konsequenz dieses Vorganges ist in Agamemnons Reaktion auf die Verletzung seines Bruders zusammengefaßt (4,157–68; vgl. auch 234–39. 268–71): »So haben die Troer dich getroffen und die verläßlichen Eidopfer zertreten./Doch niemals ist nichtig der Eidschwur und das Blut der Lämmer/und die Spenden ungemischten Weins und die Handschläge, auf die wir vertrauten!/ Denn wenn es auch nicht sogleich der Olympier vollendet:/vollenden wird er es, wenn auch spät, und mit Großem werden sie es büßen:/mit ihren eigenen Häuptern und den Frauen und Kindern./Denn gut weiß ich das im Sinn und in dem Mute:/sein wird der Tag, wo einst zugrunde geht die heilige Ilios/und Priamos und das Volk des lanzenguten Priamos./Und Zeus.../wird selber gegen sie die finstere Aigis schütteln, gegen sie alle,/um dieses Betruges willen grollend. Dies wird geschehen und nicht unerfüllt bleiben.«

Der Eidbruch, das von einem Einzelnen begangene Unrecht, verurteilt also die ganze Gemeinde zum Untergang. So wahr Zeus und die anderen Götter die Eide schützen (3,276–80), so wahr werden sie dereinst dem Recht zum Sieg verhelfen! Die Trojaner haben jetzt allen Grund, einen Vergleich zu suchen. Auch dies reicht freilich nicht, das von der Stimmung im Volk unterstützte Votum Antenors gegen den Widerstand der königlichen Familie durchzusetzen. Noch fehlt der Gemeinde jede Möglichkeit, den Willen des mächtigen Einzelnen dem der Gesamtheit unterzuordnen. Diese Spannung wird auf Jahrhunderte hinaus das politische Leben und Denken der Gemeinde beherrschen.

Die Griechen andererseits kämpfen fortan einen ›gerechten Krieg‹; der Sieg scheint ihnen gewiß. Und sogleich verhärtet sich ihre Haltung. Sie, die eben noch ein Ende des jammervollen Krieges ersehnten, jubeln jetzt Diomedes zu, der das Angebot der Trojaner bündig ablehnt (7,398–404): »Keiner soll jetzt von Alexandros (Paris) die Güter annehmen/noch auch Helena! Ist doch zu erkennen, auch wenn einer sehr kindisch wäre:/Aufgehängt über den Trojanern sind schon des Verderbens Schlingen!« So geht der Krieg weiter, die Friedenschance

Die Anfänge des politischen Denkens bei den Griechen 203

ist verpaßt. Zahllose weitere Opfer werden dafür büßen müssen, und die Griechen selber werden ihres Sieges nicht froh werden.

Natürlich war der Verlauf der Ereignisse dem Dichter durch die mythische Tradition vorgegeben. Entscheidend ist jedoch, daß er in seiner Darstellung die hier betonten Zusammenhänge nachdrücklich problematisiert und damit seine Hörer zum Nachdenken darüber gezwungen hat. Der mit Thukydides vertraute Leser wird sich daran erinnern, welch entscheidende Rolle die Problematik des ›gerechten Krieges‹ und der im Überlegenheitswahn leichtfertig vergebenen Friedenschancen in der Tragödie des Peloponnesischen Krieges gespielt hat. Auch in dieser Hinsicht also finden wir bereits im frühesten Zeugnis griechischen Denkens ein auf Jahrhunderte hinaus grundlegendes und allgemein menschliches Thema der Politik und des politischen Denkens eindrucksvoll vertreten.

Zweierlei ist nachzutragen. Zum einen gehört der Vorteil des ›gerechten Krieges‹ doch von Anfang an den Griechen. Denn Paris hat durch den Raub der Gattin und Güter des Menelaos das von Zeus beschützte Gastrecht verletzt, und dieses Unrecht zu rächen sind die Griechen nach Troja gezogen. Beide Seiten sind sich dessen voll bewußt. Menelaos betet vor seinem alles entscheidenden Zweikampf: »Zeus, Herr, gib, daß ich ihm vergelte, der mir als erster Schlimmes getan hat/..., daß man zurückschaudere noch unter den spätgeborenen Menschen,/einem Gastgeber Schlimmes zu tun, der einem Freundschaft erwies!« (3,351–54). Hektor schilt seinen in der Schlacht nicht gerade tapferen Bruder als »weibertollen Verführer«, der zu nichts Besserem imstande sei, als Raubzüge zu fremden Völkern zu unternehmen und eine schöne Frau zu stehlen, »deinem Vater zu großem Leid wie auch der Stadt und dem ganzen Volk,/den Feinden aber zur Freude und zur Beschämung für dich selber!/Aber sehr furchtsam sind die Troer! Sonst bekleidete dich schon/ein steinerner Rock für all das Schlimme, das du getan hast!« (3,39–57). Man beachte die Kritik an der passiven Haltung des Volkes, das doch am meisten unter den Folgen adligen Unrechttuns zu leiden hat. Als Menelaos den von Aphrodite entführten Paris im ganzen trojanischen Heer sucht, vermag ihn niemand zu finden; »denn wirklich«, fügt der Dichter hinzu, »nicht aus Freundschaft hätten sie ihn verborgen, wenn einer ihn sah,/denn ihnen allen war er verhaßt gleich der schwarzen Todesgöttin« (3,451–54; vgl. auch 156–60). – Der Eidbruch des Pandaros ist also weder nötig, um die ›Rechtsfrage‹ zu klären, noch um die Spannung zwischen Adel und Volk im trojanischen Lager sichtbar zu machen. Die Verdoppelung des Motivs bestärkt deshalb die Vermutung, daß diese politischen und moralisch-rechtlichen Aspekte des Krieges dem Dichter sehr wichtig waren und das beginnende politische Denken in der Zeit des Dichters sich intensiv mit solchen Fragen beschäftigte.

Zum zweiten ist nicht zu übersehen, daß weder Paris noch Pandaros ganz aus eigenem Willen handeln. Dem Paris hatte bekanntlich Aphrodite die schönste Frau der Welt versprochen, als er ihr den Schönheitspreis vor Hera und Athene zusprach, woraus sich wiederum der Haß dieser beiden Göttinnen gegenüber Paris und Troja erklärt. Sie sind es denn auch, die nach dem Zweikampfsieg des Menelaos den Vertragsbruch des Pandaros inszenieren, um den Krieg wieder in Gang zu bringen. Die dem vorangehende Auseinandersetzung unter den Göttern ist höchst bemerkenswert. Zeus, ursprünglich und innerlich noch immer ein

Freund der Trojaner, hat sich nur widerwillig der Mehrheitsmeinung gefügt, daß
Troja fallen müsse. Der Ausgang des Zweikampfes scheint ihm nun eine friedliche Lösung möglich zu machen (4,7–19). Hera jedoch protestiert vehement;
dies würde alle ihre Anstrengungen vereiteln, Troja zu verderben (4,24–29).
Zeus ist über die Intensität ihres Grollens erstaunt: Offenbar, sagt er, bist du erst
zufrieden, wenn du Priamos und sein Volk roh verzehren kannst. Dennoch ist
diese Sache ein Zerwürfnis zwischen uns nicht wert. Nur eines wisse: Wenn
mich einmal das Bedürfnis ankommt, eine dir liebe Stadt zu zerstören, dann
darfst du mich auch nicht hindern. Denn auch ich habe deinem Zorn die mir bei
weitem liebste Stadt geopfert (4,30–49). Ohne zu zögern bietet Hera ihm ihre
drei Lieblingsstädte Argos, Sparta und Mykene an: »Diese zerstöre, sind sie dir
übermäßig verhaßt im Herzen!/Vor diese stelle ich mich nicht und will es dir
nicht verargen« (51–54). Athene wird daraufhin auf die Erde entsandt, um die
Trojaner zum Eidbruch zu veranlassen (71 f. = 66 f.) und Pandaros den verhängnisvollen Pfeilschuß zu suggerieren (93–104).
Oberflächlicher Betrachtung möchte es scheinen, die Vorgänge auf der Erde
seien nur die Auswirkungen göttlicher Entscheidungen, die Menschen deshalb
für diese Vorgänge nicht verantwortlich. Dies ist freilich keineswegs der Fall. An
zahlreichen Beispielen ließe sich zeigen, daß göttliches Einwirken den Menschen
nicht von eigener Verantwortung entbindet. Die Rolle der Götter in der *Ilias* ist
außerordentlich komplex. Wichtig ist im vorliegenden Zusammenhang lediglich dreierlei. Zum einen haben die Götter dank ihres überlegenen Wissens Einblick in die großen Zusammenhänge, in die das irdische Drama eingebettet ist –
ein Einblick, der den in diesem Drama handelnden Menschen verwehrt ist, den
der Sänger jedoch den Zuhörern durch die Schilderung der Vorgänge auf der
Ebene der Götter eröffnet. Dies erklärt das Eingreifen der Götter an den Schlüs-
selstellen des Geschehens. Zum zweiten versinnbildlicht die göttliche Intervention eine übermächtige, emotionale Motivation, die das Menschenübliche
übersteigt. So hier die Verblendung des Pandaros durch das unkontrollierbare
Bedürfnis, mittels einer sensationellen Tat ewigen Ruhm zu gewinnen; so die
Verblendung Agamemnons durch seinen unbeherrschbaren Zorn gegenüber
Achilleus, der ihn zu verhängnisvollen Worten und Taten hinreißt (19,83–138),
und die übermenschliche Anstrengung des Achilleus, sich seinerseits in seinem
Zorn zu beherrschen (1,188–221).
Zum dritten spiegeln sich in den Beziehungen und Auseinandersetzungen unter
den Göttern in übersteigerter und verabsolutierter Weise diejenigen unter den
Menschen. Damit sind dem Dichter reiche Möglichkeiten gegeben, die Vorgänge zu interpretieren. Die Diskussion zwischen Hera und Zeus verrät deshalb
Wesentliches über seine Beurteilung der Menschen. Hera ist die Schutzpatronin
der Atriden; in ihrem Denken spiegelt sich die Essenz von Agamemnons Denken. Ihr Schock über Zeus' Friedensplan enthüllt, was ihn letztlich motiviert
(4,26-28): »Wie willst du nichtig machen die Mühe und erfolglos/und den
Schweiß, den ich schwitzte in Anstrengung, und es ermatteten mir die Pferde,/
wie ich sammelte das Volk, dem Priamos zum Unheil und seinen Söhnen!« Im
tiefsten ist Agamemnon von unversöhnlichem Haß, von alles verzehrendem
Hunger nach Rache – und das heißt umgekehrt auch: von einem extremen Ehrgefühl und von brennendem Ehrgeiz – getrieben (vgl. 34-36); er hat sein ganzes

Die Anfänge des politischen Denkens bei den Griechen 205

Sein in dieses Unternehmen investiert, mit ihm steht und fällt er; er ist bereit, diesem Ziel alles zu opfern, was ihm lieb und wertvoll ist (in Analogie zu Heras drei Lieblingsstädten dürfen wir hier sicher auch an Iphigenie denken). Deshalb schiebt er jeden rücksichtslos beiseite, der sich ihm in den Weg stellt (selbst Achilleus, seinen wichtigsten Helfer); deshalb auch der ominöse Zusatz am Schluß des Eids, der den Waffenstillstand besiegelt: Wenn Menelaos siegt, sollen die Troer nicht nur Helena und die geraubten Güter zurückgeben, sondern auch eine angemessene, späteren Generationen erinnerungswürdige Buße entrichten. Sonst »werde ich auch hernach noch kämpfen wegen des Bußgelds, hier ausharrend, bis ich das Ziel des Krieges erreiche« (3,284–91).

Auch bei vorsichtiger Interpretation scheint der Schluß unabweisbar, der Dichter habe mit dem allem einen scharfen Kontrast zwischen der geradezu monomanen Motivation des Anführers, der durch sie bewirkten Not des Krieges und der Friedenssehnsucht der Heere herausarbeiten wollen. Daß dem zumindest auch die Absicht zugrunde liegt, das Denken und Handeln des Königs und seiner Mitadeligen kritisch zu hinterfragen, läßt sich an weiteren Beispielen bestätigen.

Kritik am König

Die *Ilias* beginnt mit dem Streit zwischen Achilleus und Agamemnon. Der Apollonpriester Chryses kommt ins Lager, um seine von den Griechen gefangene und dem König als Sklavin zugesprochene Tochter Chryseïs freizukaufen. Obschon die ganze Versammlung dem zustimmt, weist Agamemnon ihn mit harten Worten ab. Des Priesters Gebet zu Apollo bleibt nicht ungehört: Neun Tage lang wütet eine Seuche im Lager (1,8–53). Am zehnten beruft Achilleus eine Heeresversammlung ein, um die Ursache des göttlichen Zorns zu ergründen. Erwartungsgemäß nimmt der König das Verdikt des Sehers Kalchas höchst ungnädig auf: zwar ist er bereit, das ihm liebgewordene Mädchen zurückzugeben, aber er verlangt eine Kompensation; daß gerade er ohne Ehrengeschenk dastehen solle, gehe nicht an (101–20). Da Achilleus mit zunächst vernünftigen Argumenten widerspricht, richtet sich Agamemnons Zorn gegen ihn; daraus entwickelt sich der rasch eskalierende Streit, in dessen Verlauf Agamemnon verkündet, er werde sich als Ersatz für Chryseïs Achilleus' Lieblingssklavin Briseïs holen (182–87). Achilleus zieht sein Schwert, beherrscht sich nur mit größter Mühe, erwägt die sofortige Heimfahrt, begnügt sich aber letztendlich damit, sich vom Kampf zurückzuziehen: »Wahrlich, einst wird nach Achilleus eine Sehnsucht kommen den Söhnen der Achaier,/allen insgesamt..., wenn viele unter Hektor, dem männermordenden,/sterbend fallen; du aber wirst im Innern den Mut zerfleischen/im Zorn, daß du den Besten der Achaier für nichts geehrt hast!« (240-44) Vergeblich versucht der weise Nestor noch zu vermitteln. Das Verhängnis nimmt seinen Lauf, bis nach den Siegen der Trojaner zuerst Agamemnon, nach dem Tod seines Freundes Patroklos auch Achilleus einer Versöhnung zustimmt.

Die großen Linien dieses Dramas waren wohl durch die mythische Tradition vorgegeben. Aber was Homer daraus gemacht hat, ist wiederum bemerkenswert. Der Anlaß des Streites ist vergleichsweise unbedeutend; wichtiger ist das unterschwellige Ringen zwischen dem Anführer und seinem besten Gefolgsmann um Rang und beherrschenden Einfluß. Achilleus hat als stärkerer Kämpfer und Sohn einer Göttin Anspruch auf Respekt und Ehre, steht aber nicht gleichrangig neben Agamemnon, dem »szepterführenden König«, der mächtiger ist, weil er über eine größere Hausmacht verfügt (1,275−81). Der Stärkere hat sich dem Mächtigeren unterzuordnen: Darin liegt das Dilemma, das Feingefühl und Verständnis auf beiden Seiten erfordert. Und gerade daran mangelt es beiden. Agamemnon, der die Pestnot über sein Heer gebracht hat und deshalb von Anfang an in der Defensive ist, vermag seinen Fehler nicht zuzugeben, da er sich durch ein Komplott des ihm, wie er glaubt, feindlichen Sehers Kalchas und seines Rivalen Achilleus bedroht fühlt. Deshalb sein Versuch, durch die Forderung nach Kompensation sein Gesicht zu wahren. Achilleus betont demgegenüber zu Recht, daß alle Beute schon verteilt ist, deshalb durch solche Kompensation nur neues Unrecht geschaffen würde (122−29), und daß der König ohnehin von aller Beute den größten Anteil erhalte (163−66) und nach dem Fall Trojas erneut erhalten werde (127−29). Schließlich solle er auch daran denken, daß dieser Krieg um seiner und Menelaos' Ehre willen geführt werde; ihm, Achilleus, hätten die Trojaner nichts angetan. »Nicht haben sie jemals meine Rinder hinweggetrieben oder Pferde,/noch haben sie je in Phthia, der starkschollingen,/männernährenden,/die Frucht verwüstet« (152−60). Agamemnons Pflicht sei es deshalb, die Rechte seiner Gefolgsleute zu respektieren (150 f.). »Wirklich, ja, ein Feiger, ein Garnichts würde ich heißen,/wenn ich in jeder Sache dir wiche, was du auch sagst« (293 f.).

Mit dem allem hat Achilleus recht. Nur daß gerade er es ist, der dem König diese Wahrheiten vorhält, daß er seinen Gefolgsherrn offen beleidigt und daß er unverhüllt mit der Heimfahrt, also mit dem Bruch des Gefolgschaftsverhältnisses droht, macht sein Verhalten für Agamemnon untragbar. Dieser fühlt sich direkt in seiner Stellung angegriffen; es wird für ihn zur Lebensfrage, Achilleus seine Überlegenheit spüren zu lassen. Deshalb holt er sich gerade Briseïs als Kompensation, damit »du es gut weißt,/wieviel besser ich bin als du, und daß auch ein anderer sich hüte,/sich mir gleich zu dünken und gleichzustellen ins Angesicht« (185−87; vgl. bes. 287−91).

Die Szene ist höchst realistisch ausgestaltet; der ihr zugrunde liegende Konflikt dürfte sich häufig genug abgespielt haben. Wichtig ist nun, daß der Dichter nachdrücklich die Auswirkungen dieser Auseinandersetzung zwischen Anführer und Gefolgsmann auf die Gesamtheit betont. Agamemnon wird nicht nur als »habgieriger«, sondern auch als »volksverschlingender« *(demoboros)* König beschimpft (231; vgl. die Parallele bei Theognis 1181, wo der Tyrann als »volksverzehrend«, *demophagos*, bezeichnet ist). Im Gegensatz zu seiner Pflicht und ursprünglich erklärten Absicht sicherzustellen, »daß das Volk heil sei, statt daß es zugrunde gehe« (117), bewirkt sein eigensüchtiges Verhalten Verderben für sein Volk. Andrerseits ist auch Achilleus bereit, durch seinen Rückzug vom Krieg um seiner persönlichen Ehre willen viele Kämpfer dem »männermordenden Hektor« zum Opfer fallen zu lassen (240 ff.). Auch dies war gewiß keine den Hörern unvertraute Situation. Daß sie sich selbst bei der Verteidigung einer um ihre Existenz ringenden Stadt einstellen konnte (wozu im weiteren Verlauf durch die Befestigung auch das Griechenlager wird), illustriert der alte Phönix

Die Anfänge des politischen Denkens bei den Griechen　207

durch seine Erzählung vom Kampf um Kalydon und dem Zorn Meleagers (527–99).

Beide Helden verletzen aus persönlichen Motiven den ›heroischen Code‹ oder, prosaischer gesagt, ihre Pflicht (vgl. 12,310–28). Der Dichter hebt dies in einer Szene im zweiten Buch noch einmal hervor: Aufgrund eines Traumes beschließt Agamemnon, die Stimmung im Heer auf die Probe zu stellen. Es erweist sich, daß die Masse der Soldaten nur zu gerne bereit ist, das offenbar unpopuläre Unternehmen aufzugeben und nach Hause zu fahren. Nur mit Mühe gelingt es Odysseus, den Sturm zu den Schiffen aufzuhalten. Während er die Edeln lediglich mit sanften Worten »zurechtweist« (2,188–97), schlägt er die Gemeinen mit seinem Stab und fährt sie an: »Mann des Unglücks! Setz dich still hin und höre die Reden anderer,/die besser sind als du! Denn du bist unkriegerisch und kraftlos,/weder zählst du jemals im Kampf noch in der Beratung!/Können wir doch nicht alle hier Könige sein, wir Achaier!/Nichts Gutes ist Vielherrschaft (*polykoiranie*): einer soll Herr (*koiranos*) sein,/einer König!« (200–5). Diese programmatische Bestätigung des Königtums scheint als Entgegnung auf eine impulsive Massenreaktion zumal des ›Volkes‹ übertrieben und richtet sich deshalb wohl gegen Ansprüche, die aus dem Kreise des Adels gegen den König erhoben wurden.

Kaum hat sich die Versammlung beruhigt, zieht nun gerade einer dieser »Männer des Volkes« die allgemeine Aufmerksamkeit auf sich. Der Dichter gibt sich Mühe, ihn von vornherein zu diskreditieren: Thersites ist ein bekannter Lästerer, dessen maßlose Scheltreden gegen die Edeln das Volk oft zum Lachen bringen. Außerdem ist er der häßlichste Mann im Heer: krummbeinig, auf einem Fuß hinkend, bucklig, schmalbrüstig, spitzköpfig, fast haarlos. Der nimmt jetzt Agamemnon aufs Korn, »denn auf den waren die Achaier gewaltig ergrimmt und verargten es ihm im Mute« (212–23). Schnell freilich verstummt seine Hohnrede unter den Hieben des Odysseus, der seinerseits für diese ›Großtat‹ den Beifall der Menge erntet (244–78). Thersites ist also recht geschehen; so redet man nicht, schon gar nicht wenn man nur einer vom Volk ist. Die Dinge sind damit wieder ins Lot gerückt, und Odysseus gelingt es mit wenigen geschickten Worten, die Kriegsbegeisterung neu zu wecken.

Dennoch, Thersites' Worte sind ausgesprochen. Er wirft dem Agamemnon in farbigem Detail seine Unersättlichkeit vor und fährt fort: »Nicht gehört sich's,/als Führer ins Unglück zu bringen die Söhne der Achaier!/Ihr Weichlinge, übles Schandvolk! Achaierinnen, nicht mehr Achaier!/Kehren wir doch heim mit den Schiffen, und lassen wir den da/hier in Troja Ehrgeschenke verdauen.../Wo er auch jetzt den Achilleus, der ein viel besserer Mann als er ist,/verunehrt hat.../Doch es hat Achilleus gar keine Galle im Leib, sondern ist schlaff, denn sonst hättest du, Atreus-Sohn, jetzt zum letztenmal beleidigt!« (225–42). Die Argumente, selbst die Kritik an der Passivität der Masse, sind allesamt den Tiraden Achills entnommen; sie sind deshalb trotz der verachtungswürdigen Person des Sprechers ernstzunehmen. Außerdem ist deutlich gesagt, daß Thersites lediglich auf extreme Weise dem Gefühl der Masse Ausdruck gibt (222f.).

Agamemnons unverantwortliches Handeln zuerst dem Apollopriester, dann Achilleus gegenüber hat somit nicht nur das Wohlergehen des Heeres und den Erfolg des Unternehmens in Frage gestellt, sondern auch eine gravierende Führungskrise hervorgerufen: die Rebellion des wichtigsten Helden, die spontane Meuterei des unzufriedenen Heeres und die Schmähungen des ›Antihelden‹ par excellence weisen alle auf eine tiefsitzende Unzufriedenheit, die auch in Odysseus' energischer Abweisung des Gedankens einer »Vielherrschaft« auftaucht. Noch ist es relativ einfach, das an Unterordnung gewöhnte Volk zum Verstummen zu bringen, aber daß man sich dieses Volkes als eines potentiellen Machtfaktors bewußt ist, beweisen die von den Edeln selbst gelegentlich gebrauchten Wendungen, die etwa besagen: Du kannst dir das auch nur leisten, weil das Volk so feige und passiv ist (1,231 f.; 2,235; 3,56 f.). Und über allem steht der Satz, auf den bereits das Proömium vorausweist: »Nicht gehört sich's, als Führer ins Unglück zu bringen die Söhne der Achaier!« (2,233 f.).

Kritik am Adel

Daß außer Nestor alle übrigen Helden das Zerwürfnis zwischen dem Anführer (›König‹) und seinem Gefolgsmann und dessen Rückzug einfach hinnehmen, ist nicht unverständlich. Ein Gefolgschaftsverhältnis besteht nur, solange die allgemein anerkannten Voraussetzungen respektiert werden und der König seine Autorität durchzusetzen vermag. Auf die Verhältnisse innerhalb der Gemeinde übertragen, bedeutet dies: Noch ist zumal der mächtige Adelige mit seinem Oikos so autonom, daß die Gemeinde oder der König kaum mehr als freiwillige Zusammenarbeit erwarten können, jedenfalls kein ›Recht‹ und selten die Möglichkeit haben, ihren Willen durchzusetzen. Gut sichtbar ist dies etwa im Bereich der Rechtsprechung, wo zwar der König (*Odyssee* 11,568−71) oder die Adeligen als Kollektiv (*Ilias* 18,497−508) die Funktion der Streitschlichtung ausüben, die Ausführung des Spruchs aber den Betroffenen überlassen bleibt. Deshalb können auch das von Unrecht betroffene oder bedrohte Individuum oder der von andern Oikoi bedrängte Oikos nicht von der Gemeinde als solcher Schutz erwarten; Rettung bietet sich nur durch Selbsthilfe oder die Anlehnung an einen Mächtigen.

Wie die *Odyssee* zeigt, gerieten die Dinge freilich auch hier in Bewegung. Das erste Buch schildert die Situation: Troja ist vor zehn Jahren gefallen. Die meisten griechischen Helden sind längst nach Hause zurückgekehrt; einzig Odysseus bleibt verschollen. Seit zwanzig Jahren hat Ithaka keinen König; Odysseus' Sohn Telemachos wird eben erst mündig, und sein Thronanspruch ist keineswegs unbestritten. Seit längerem sieht sich Odysseus' Gattin Penelope gedrängt, durch eine zweite Heirat einen neuen König zu küren. Noch hofft sie, ihr Gatte werde zurückkehren, aber durch ihre stete Ablehnung verärgert, haben sich zahlreiche Freier samt ihrem Gefolge in Odysseus' Gutshof eingenistet und verprassen, auf Penelopes Entscheidung wartend, dessen Güter. Der königliche Oikos ist vom wirtschaftlichen Ruin bedroht, und damit schwinden auch die Nachfolgeaussichten des Telemachos, den die Freier ohnehin nicht ernst nehmen. Von Athena, der Beschützerin seines Vaters, ermutigt, lehnt er sich schließlich gegen ihr rücksichtsloses Verhalten auf. Als sie nicht auf ihn hören, sucht er bei der Gemeinde Rückhalt und beruft eine Volksversammlung ein. Davon handelt das zweite Buch.

Eine Versammlung hat es seit zwanzig Jahren nicht gegeben. Der Anlaß muß

Die Anfänge des politischen Denkens bei den Griechen 209

also wichtig sein: ein Krieg oder eine andere »Sache des Volkes« *(demion)*, die man in der Versammlung beredet (2,30–32); Privatangelegenheiten haben dort nichts zu suchen, selbst wenn es sich dabei um den Oikos des Königs handelt. Telemachos gibt das ohne weiteres zu: Ich weiß von keiner Kriegsdrohung, sagt er, noch will ich eine andere öffentliche Sache vorbringen, sondern es geht um meine eigene Not und die meines Hauses, das schutzlos dem schändlichen Treiben der Freier ausgeliefert ist. An die Versammlung gewendet, fährt er fort: »Empören sollte es auch euch und schämen solltet ihr euch vor den andern rings siedelnden Menschen... und solltet den Zorn der Götter fürchten«, daß sie sich nicht wegen dieser bösen Taten gegen euch wenden. Setzt diesem Tun ein Ende, Freunde, es sei denn, mein Vater habe euch einmal böswillig Übles getan, so daß ihr als Vergeltung an meinem Haus die Freier gewähren laßt (40–79). Obschon es sich also um eine reine Privatangelegenheit handelt, geschieht hier inmitten der Gemeinde himmelschreiendes Unrecht, und das, postuliert Telemachos, kann der Gemeinde, sowohl im Hinblick auf ihre Reputation wie auch aus Furcht vor den Göttern, nicht gleichgültig sein. Er versucht somit, die Stimmung in der Gemeinde zu seinen Gunsten zu beeinflussen und dadurch die Freier unter Druck zu setzen. Sein einziger Trumpf ist die Hoffnung auf die Bereitschaft der Götter, menschliches Unrecht zu bestrafen (143 f., vgl. 1,378 ff.). Zeus reagiert prompt mit einem Vogelzeichen, das der Seher Halitherses sofort interpretiert: Odysseus ist nahe, den Freiern droht Mord und Tod. Doch auch vielen andern in Ithaka wird er zum Unheil werden. »So laßt uns denn beizeiten vorher überlegen, wie wir ihnen Einhalt tun!« (2,161–69).
Die Wirkung dieser Bemühungen ist freilich gering. Nach Telemachos' erster Rede hatte »ein Jammer das ganze Volk ergriffen. Da waren alle andern stumm, und keiner gewann es über sich, dem Telemachos mit harten Worten zu entgegnen« (81-83), aber die Freier sind davon wenig beeindruckt: Solange Penelope sich weigert, einen von ihnen zum Mann zu nehmen, werden sie fortfahren, Odysseus' Besitz zu verzehren (85 ff., bes. 111–28), »zumal wir durchaus keinen zu fürchten haben, schon gar nicht den Telemachos, und wenn er auch gar wortreich ist, noch daß wir uns um einen Göttersprich scheren« (198–201). Schließlich ergreift der greise Mentor das Wort: »Da soll hinfort kein... König mehr von Herzen milde und freundlich sein noch auch das Rechte in seinem Sinne wissen; nein, immer hart sein soll er und frevle Dinge üben – wie keiner hier des göttlichen Odysseus gedenkt von den Männern des Volkes, über die er Herr war, und war so freundlich wie ein Vater! Nun, zwar den mannhaften Freiern will ich es nicht verargen, daß sie gewalttätige Werke üben in dem bösen Ränkesinn ihres Geistes: setzen sie doch die eigenen Köpfe dran, wenn sie das Hausgut des Odysseus mit Gewalt verzehren und sagen, daß er nicht mehr wiederkehre. Dem anderen Volke verarge ich es aber, wie ihr allinsgesamt stumm sitzt und die wenigen Freier nicht mit Worten anfaßt und ihnen Einhalt tut, und seid doch viele« (229–41).
Diese wackeren Worte führen zwar auch zu nichts – die Versammlung wird wenig später ohne Ergebnis aufgelöst –, aber sie sind höchst beachtenswert. Zunächst die Beurteilung des Verhaltens der Freier: Es ist ihre Sache, sie tun es auf eigenes Risiko; es ist zwar schlimm, aber doch wiederum nicht so erstaunlich. Mit anderen Worten: den jungen Adligen ist es nicht zu verargen, wenn sie

in ihrem Konkurrenzkampf die Schwäche eines andern nach Kräften ausnützen, für sich selber den größtmöglichen Gewinn herauszuholen suchen und sich dabei jedes Mittels bedienen, solange sie dabei nur ihr eigenes Leben aufs Spiel setzen. Dies zeugt jedenfalls nicht von einer hohen Einschätzung der moralischen Verantwortlichkeit des Adels (vgl. auch 281–84). Zu tadeln ist, zweitens, vielmehr das Volk, das sie gewähren läßt, obschon es durchaus Abhilfe schaffen könnte. Hier erklingt erstmals der Appell an die Gemeinde als Ganzes, Unrecht in ihrer Mitte nicht passiv hinzunehmen, sondern aktiv zu bekämpfen. Damit ist das Prinzip der kollektiven Verantwortung formuliert. Begründet wird dies, drittens, mit dem kollektiven Interesse. Telemachos bedient sich moralischer und religiöser Erwägungen. Halitherses doppelt nach: die Strafe der Götter wird der ganzen Gemeinde Unheil bringen! Mentor ist konkreter: Odysseus war ein guter, geradezu ein idealer König (vgl. auch 5,8–12); die Gemeinde ist ihm (und selbstverständlich auch seiner Familie) deshalb zu Dank und Gegenleistung verpflichtet. Wie sehr sich Odysseus von dem abhob, was gemeinhin von einem König zu erwarten ist (vgl. etwa *Ilias* 1,78–83), verdeutlicht Penelope in einer Schelte der Freier: »Habt ihr denn nicht vordem von euren Vätern... gehört,... daß Odysseus niemals irgendeinem etwas Unrechtes getan noch gesagt hat in dem Volke, wie dies die Art der göttlichen Könige ist: den einen von den Sterblichen verfolgt er mit Haß, dem andern tut er Gutes. Doch er hat niemals irgend etwas Frevles getan an einem Mann. Allein da zeigt sich euer Sinn und euer schmähliches Tun, und ist hernach kein Dank für Wohlgetanes« (*Odyssee* 4,687–95). Die von Telemachos erwähnte einzige akzeptable Begründung für das Gewährenlassen der Freier: Vergeltung für von Odysseus begangenes Unrecht (2,71–74), ist demnach nicht anwendbar. Die Gemeinde, die diese ihre kollektive Verantwortung ignoriert, macht sich durch den Bruch des Treueverhältnisses mitschuldig an den Vergehen der Freier, deren Verhalten in einzelnen Fällen gerade wegen des Bestehens eines persönlichen Verpflichtungsverhältnisses zu Odysseus noch verwerflicher erscheint (vgl. 16,424–32). Außerdem, sagt Mentor, gibt die Gemeinde, die gute Taten mit passivem, undankbarem oder gar feindseligem Verhalten beantwortet, eine klare Negativempfehlung: Wenn es sich nicht lohnt, die Gemeindeglieder gütig und gerecht zu behandeln, wird sich künftig jeder König ermuntert fühlen, seine Eigeninteressen über die der Gemeinde zu stellen (vgl. für eine Analogie aus dem kriegerischen Bereich *Ilias* 12,310–21). Die Sache hat also grundsätzliche Bedeutung; Stellung zu nehmen und zu handeln, ist unerläßlich. Hier besteht zumindest ein erster Ansatzpunkt einerseits für die Erkenntnis eines politischen Kausalzusammenhanges, andererseits für die Herleitung der Notwendigkeit engagierten kollektiven Handelns. Mentor vermag diesen Zusammenhang lediglich festzustellen. Da die Söhne der führenden Ithakesier sich unter den Freiern befinden (2,51; 16,251) und ihre Väter sich offenbar mit ihnen solidarisieren, findet sich kein Führer, der in Entsprechung zu Achilleus' Rolle zu Beginn der *Ilias* der Volksstimmung Ausdruck geben und sie in Handlung umsetzen könnte. Diese dem Telemachos durchaus sympathische Stimmung (2,81–83; 3,214f. = 16,95f. mit 114f.) vermag sich deshalb zunächst nicht auszuwirken. Die Freier wissen jedoch, daß sich dies schnell ändern kann (4,630–72). Sie beschließen deshalb, Telemachos umzubringen. Als ihr erster Plan mißlingt, beraten sie in geheimer Versammlung einen

Die Anfänge des politischen Denkens bei den Griechen 211

zweiten Anschlag (16,361 ff.): »Denn selbst ist er kundig im Rat wie auch im Denken; die Männer im Volk aber bringen uns nicht mehr durchaus Gunst entgegen. Darum auf, bevor er die Achaier zum Markt versammelt..., und diese werden es nicht billigen, wenn sie von den schlimmen Werken hören; daß sie uns nichts Übles tun und uns aus unserem Lande stoßen und wir in das Land von andern gelangen müssen« (374-82). Bevor diese Befürchtungen sich bestätigen können, fallen freilich die Freier allesamt der Vergeltung des zurückgekehrten Odysseus zum Opfer.

Volk und Volksversammlung sind also Faktoren, mit denen zu rechnen sein wird; davon wird später nochmals zu sprechen sein. Zunächst ist hier noch zu beachten, daß die *Odyssee* sich nicht nur (wie die *Ilias*) auf einen Konflikt innerhalb der Führungsschicht konzentriert, sondern auch die Beziehungen zwischen Ober- und Unterschicht, Reich und Arm, Mächtig und Schwach in ihr Handlungsgefüge einbezieht. Von vornherein fällt auf, wie häufig die Probleme von Hunger und Armut und die Not der sozial Benachteiligten hervorgehoben und mit Sympathie geschildert werden (vgl. nur *Odyssee* 15,343−45; 19,70−74; 20,105−19) und wie oft dies mit der Wechselhaftigkeit menschlicher Schicksale begründet wird, die aus dem Edeln unvermittelt einen Flüchtling, Bettler oder Sklaven machen kann (vgl. bes. 14,199 ff.; 15,223 ff. 380 ff.; 19,70 ff.). Indem darüber hinaus Odysseus selbst in der Gestalt eines Fremden und Bettlers in seine Heimat zurückkehrt, erfährt er am eigenen Leibe, wie diese Ärmsten und Wehrlosesten unter den Menschen von den Mächtigen behandelt werden − und erfährt der Hörer Wesentliches darüber aus der Perspektive der Schwachen. Sie stehen unter dem Schutz des Zeus, des Patrons des Gastrechts, der Fremden und Schutzflehenden. Anhand vieler Beispiele, nicht zuletzt der Aufnahme, die Odysseus durch König und Älteste der Phäaken und zu Hause durch Telemachos, Penelope und den Schweinehirten Eumaios zuteil wird, demonstriert der Sänger die Norm, das richtige und gute Verhalten dem Fremden und Schwachen gegenüber. Und wieder sind es die Freier, die Blüte der adeligen Jugend, die die Norm beständig und absichtlich verletzen. Durch ihre Hybris, ihr gewalttätiges, bösartiges Denken und Handeln, ziehen sie sich den Zorn der Götter und der rechtlich denkenden Menschen zu. Odysseus, der als Bettler verkleidete König, der sich bezeichnenderweise in seinem Kampf gegen die Freier nicht auf irgendwelche Mitadeligen, sondern, abgesehen von seinem Sohn, auf Hirten und Sklaven stützt, erscheint damit seinerseits als Patron der sozial Schwachen gegen die Hybris der Adeligen. Das politisch-soziale Denken der Griechen richtet sich somit von Anfang an auch auf diesen Aspekt der zwischenmenschlichen Beziehungen in der Polis, und es scheut sich dabei nicht, die negative Rolle eines Teils des Adels unzweideutig zu verurteilen. Wie wichtig dies ist, läßt sich durch einen Blick auf die Anfänge des Rechtsdenkens in den homerischen Epen bestätigen.

Recht und Streitschlichtung

Auf dem bilderreichen Schild, den der Götterschmied Hephaistos für Achilleus anfertigt, ist auch eine Gerichtsszene dargestellt. Es geht um einen Streit, der im Zusammenhang der Sühnung eines Mordes ausgebrochen ist. Im Gegensatz zu der früher allgemein üblichen Blutrache, die den Mörder zur Flucht außer Landes zwang (vgl. *Ilias* 23,85 ff.; *Odyssee* 15,223 ff.), ist hier bereits die Blutschuld durch Sühnegeld ablösbar und damit im Interesse des Friedens in der Gemeinde der Rechtsprechung unterstellt. Um dieses Sühnegeld geht der Streit: »Das Volk aber war auf dem Markt versammelt. Dort hatte ein Streit/sich erhoben: zwei Männer stritten um das Wergeld/für einen erschlagenen Mann. Der eine gelobte, daß er alles erstattet habe,/und tat es dem Volke dar, der andere leugnete: nichts habe er empfangen./Und beide begehrten, beim Schiedsmann (»Wisser«: *histor*) einen Entscheid zu erlangen,/und das Volk schrie beiden zu, hüben und drüben als Helfer./Und Herolde hielten das Volk zurück, die Ältesten aber/saßen auf geglätteten Steinen im heiligen Ring./Und sie hielten die Stäbe von den Herolden, den luftdurchrufenden, in den Händen;/mit denen sprangen sie dann auf und taten abwechselnd ihren Spruch./In ihrer Mitte aber lagen zwei Pfunde Goldes,/um sie dem zu geben, der unter ihnen das Recht am geradesten spräche.« Von dem vielen, was an dieser Schilderung wesentlich ist, seien drei Aspekte herausgegriffen: die Rolle des Stabes oder Szepters, die der Ältesten und Richter und die des Volkes.

Von dem Stab ist auch anderweitig die Rede. Die Könige werden »stabführend« genannt (*Ilias* 1,86. 279). Die Herolde reichen ihn in der Versammlung dem jeweiligen Sprecher (*Odyssee* 2,37 f.), und Odysseus übernimmt ihn von Agamemnon, um die Ordnung im Heer wiederherzustellen (*Ilias* 2,185 ff.). Die Geschichte des Stabes des Agamemnon wird ausführlich beschrieben: er war von Hephaistos für Zeus angefertigt worden und von diesem über Hermes, Pelops und dessen Nachkommen schließlich dem Agamemnon vererbt worden, »daß er über viele Inseln und Argos gebiete« (2,100−8); »nun tragen ihn die Söhne der Achaier/in den Händen, die rechtspflegenden (*dikaspoloi*), welche die Satzungen (*themistes*)/wahren von Zeus her« (1,237−39). Der Stab, das königliche Charisma und die Richterfunktion: all das kommt von Zeus und untersteht seiner Aufsicht. Wer den Stab ergreift, dessen Sprechen und Handeln beanspruchen von Zeus her legitimiert zu sein. Dadurch nun, daß auch die Rechtswahrung und -sprechung samt den dabei gültigen Normen von Zeus abgeleitet, der König aber nicht (wie dies in den Monarchien des Vorderen Orients der Fall war) mit dem höchsten Gott identifiziert oder als sein Stellvertreter auf Erden betrachtet wird, ist der König selbst diesen Normen unterstellt, potentiell durch sie kontrollierbar und von ihnen her kritisierbar. Dies wird sich als wichtiger Ansatzpunkt für das politische Denken wie auch konkret für den Versuch erweisen, den Adel in die gemeinsamen Normen der Gemeinde einzubinden.

Diese Normen sind weder Gesetze noch abstrakte Rechtssätze. Die in einprägsamen Formeln überlieferten *themistes* (die wohl in den von den römischen *pontifices* verwalteten *formulae* eine nahe Entsprechung haben) verkörpern das, was in einer ganz auf mündliche Überlieferung eingestellten Gesellschaft traditionellerweise akzeptabel und die Regel, deshalb göttlich sanktioniertes Herkommen ist. »Wie es *themis* ist«, d. h. wie es sich gehört und rechtens ist, lautet eine häufige Bekräftigung normgerechten Handelns. Die, die gegen die herkömmlichen Regeln verstoßen, sind *athemistoi*; nicht an den *themistes* der Gemeinde Anteil zu haben, ist gleichbedeutend mit der Ausstoßung aus der Gemeinde, wie es in jener bekannten Formel heißt: »Ohne Geschlecht, ohne Satzungen, ohne Herd (*aphretor, athemistos, anhestios*) muß der sein, der sich sehnt nach dem

Die Anfänge des politischen Denkens bei den Griechen 213

Kriege, dem schaudervollen, im eigenen Volk!« (*Ilias* 9,63 f.). Überhaupt keine
gemeinsamen *themistes* zu haben, ist eines der Kennzeichen für das Fehlen
menschlicher Zivilisation. Illustriert wird dies an den Kyklopen, die *athemistoi*
sind, denn »sie haben weder ratspflegende Versammlungen noch auch *themistes*, sondern... ein jeder setzt die Satzungen fest *(themisteuei)* für Kinder und
Weiber, und sie kümmern sich nicht umeinander« (*Odyssee* 9,106–115).
Odysseus betritt die Kyklopeninsel in der Absicht zu erkunden, »ob sie unbändige Frevler *(hybristai)* sind und Wilde und nicht Gerechte *(dikaioi)* oder gastfreundlich und einen Sinn haben, der die Götter scheut« (9,175 f.). Hier begegnet bereits der für das griechische Denken so bedeutsame Gegensatz von *hybris*
und *dike*. *Hybris* ist das gegen Recht, Norm und Herkommen verstoßende, die
dem einzelnen von Göttern und Gesellschaft gesetzten Grenzen mißachtende,
»frevelhafte« Handeln, wie es von den Freiern der Penelope vielfach demonstriert wird (vgl. etwa *Odyssee* 18,125 ff.; 20,292 ff.; 22,35 ff. 413 ff.). *Dike*
(oder, im Plural, *dikai*), später der übliche Terminus für ›Recht‹, bezeichnet das
solchen Normen und Grenzen entsprechende, ›richtige‹ oder ›rechtliche‹ Handeln und die aus seiner Verletzung erwachsenden Ansprüche des Opfers wie
auch die Prozeduren und Entscheidungen (die ›Rechtssprüche‹), die der Feststellung und Förderung solch ›richtigen‹ Handelns und der Befriedigung solcher
Ansprüche dienen.
Die Bewahrung der *themistes* und der *dikai*, konkret: die Handhabung der Prozeduren und die Findung und Verkündung des Rechts gehören zu den wichtigsten Aufgaben derer, die durch Erfahrung, Wissen und Macht dazu befähigt
sind, also naturgemäß der adligen Herren (›Könige‹), die deshalb auch *dikaspoloi* (Rechtspfleger) genannt werden (*Ilias* 1,238 f.; *Odyssee* 11,186; vgl. die
anschauliche Szene ebd. 11,568–71). *Dike* und *themis* stehen unter dem besonderen Schutz des Zeus (vgl. unter vielen Beispielen die Szene *Odyssee*
20,102–21), sie sind als personifizierte Gottheiten eng mit ihm verbunden. Ihre
Bewahrung verleiht dem Adligen deshalb zusätzliche Legitimität, Prestige und
Verantwortung. Deshalb wird schon in den Epen die Herrschaft eines untadeligen Königs, »der in Scheu vor den Göttern unter vielen und starken Männern
herrscht und die guten Rechtsweisungen *(eudikiai)* hochhält«, mit dem physischen Gedeihen von Natur, Tier und Mensch verbunden (*Odyssee* 19,109–14),
während umgekehrt unrechtes Handeln und ungerechte Entscheidungen des
Königs die Rache der Götter in der Form einer Naturkatastrophe provozieren
(*Ilias* 16,384–92).
Die Rechtspflege spielt sich in der Öffentlichkeit ab, oft in einer regelrechten
Versammlung. Das Volk stellt eine engagierte Zuschauermenge dar und ist darüber hinaus in wesentlicher Funktion direkt beteiligt. Denn Klage und Entscheidung über begangenes Unrecht und dessen Wiedergutmachung durch Eide und
den Austausch materieller Güter bedürfen nicht nur des ›Wissers‹ und Richters,
sondern auch der Zeugen. Zumal wenn es um einen Konflikt zwischen ›Königen‹ und deshalb Gleichen geht, ist die Volksversammlung als Zeuge und Sanktionsinstanz unentbehrlich. Die *Ilias* läßt deshalb jede Phase des Streites zwischen Agamemnon und Achilleus in der Versammlung stattfinden: von der
schroffen Abweisung des Apollopriesters (1,11–32) über die Berichtigung dieses Unrechts und die Beleidigung des Achilleus (1,54–305) bis zur formellen

Versöhnung (19,54–276). Die Heeresversammlung, die ohnehin für die Zuteilung von Ehre und Beutegut direkt zuständig ist, hat zweimal das verblendete
Handeln ihres Königs hingenommen; sie bezeugt und garantiert auch zweimal
den Ausgleich. Mit großer Sorgfalt wird geschildert, wie Odysseus, der Vermittler, darauf besteht, Agamemnons Versöhnungsgeschenke in die Versammlung
zu bringen und dort unter Opfer und Eid die Versöhnung öffentlich zu besiegeln
(vgl. für die Bedeutung des Zeugnisses der Versammlung auch 23,566 ff.).
Dadurch nun, daß Agamemnon begangenes Unrecht großzügig und den Formen
entsprechend gutmacht, nimmt sein Prestige zu, erreicht er eine höhere Stufe des
Gerechtseins (ist er *dikaioteros*), »denn es ist nicht zu tadeln, wenn ein König
sich wieder versöhnt mit einem Mann, wenn er ihn als erster beleidigt hat«
(19,181–83). Dies ist wichtig. Niemand ist vor Irrtum gefeit (19,83–144); entscheidend sind deshalb Einsicht und Wiedergutmachung. Aus der Sicht der Gemeinde, die durch verblendetes Handeln ihrer Führer existentiell bedroht wird,
ist es entscheidend, daß für die unvermeidlichen Streitigkeiten (*eris, neikos*)
wirksame Schlichtungs- und Versöhnungsmechanismen bereitstehen und entsprechend konziliantes Verhalten belohnt wird. Die Polis benötigt zur Erhaltung
ihrer äußeren Existenz den völlig auf sein Selbst ausgerichteten Kämpfer, zur
Wahrung des inneren Friedens jedoch den Mann des Ausgleichs. In der Zeit
Homers gewann der zweite Aspekt für die Entwicklung der Polis rasch an Bedeutung. Beide Epen schildern auf verschiedene Weise, wie schwerwiegende
Konflikte innerhalb der Führungsschicht sich für die Gemeinde tragisch, ja verheerend, auswirken müssen und mit welchen Mitteln sie, wenn nicht verhindert,
so wenigstens ohne bleibende Nachwirkungen beigelegt werden können.

Ergebnis

Die vorstehenden Ausführungen haben sich auf einige Hauptthemen konzentriert, die bei einer bewußt politischen Lektüre der homerischen Epen in die
Augen springen. Es sind dies 1. die Problematik des Krieges (die Frage des ›gerechten Krieges‹; die Diskrepanz zwischen Anlaß und Dimension des Krieges
bzw. den durch den Krieg bewirkten Leiden; die Diskrepanz zwischen den Zielen der Führer und dem Denken der Krieger); 2. die Rolle und Verantwortung
des Königs bzw. der Edeln (der Versuch, das Beispiel eines guten Königs zur
Nachahmung zu empfehlen; die Kritik am eigensüchtigen und unverantwortlichen Handeln des Königs bzw. der Adeligen; die Analyse der für die ganze
Gemeinde verhängnisvollen Auswirkungen des Konflikts zwischen König und
Gefolgsmann bzw. des Konkurrenzkampfes unter den Adeligen; die Möglichkeit, solche Auseinandersetzungen einzudämmen und den Adel in die für ihn
wie für die Gemeinde wesentlichen Normen einzubinden; das Verhältnis von
Adel und Nichtadel bzw. Außenseiter); 3. die Rolle des Volks (die Kritik an der
Passivität des Volkes; der Versuch, das Bewußtsein seiner Mitverantwortung für
das Gemeinwohl zu heben; die Beteiligung der Versammlung an der Streitschlichtung); 4. das Rechtswesen und die Streitschlichtung (die Bedeutung gemeinsamer Rechtsnormen für die menschliche Gemeinschaft; die Mechanismen
der Streitschlichtung und -vermeidung; die Wichtigkeit gerechter Entscheidungen und der Einhaltung der richtigen Prozeduren für das Wohl der Gemeinde;

Die Anfänge des politischen Denkens bei den Griechen 215

die Verantwortung des Adels für die Wahrung des von ihm gesetzten und verwalteten Rechts; die göttliche Schutzfunktion im Rechtsbereich).

All dies sind grundlegende Probleme des Zusammenlebens in einer menschlichen Gemeinschaft und damit politische Probleme. Daß sich das Denken bereits in diesen frühesten erhaltenen Werken der abendländischen Literatur so ausgeprägt mit gerade diesen Problemen beschäftigt hat, kann in seiner Bedeutung gar nicht überschätzt werden. Dem Charakter des Epos entsprechend wird freilich nicht abstrakt oder theoretisch argumentiert, werden auch keine direkten Weisungen gegeben. Vielmehr werden die Äußerungen politischen Denkens ganz in die Erzählung integriert und durch die Gestaltung der Handlung und durch in diese Handlung eingelegte Reden der beteiligten Personen vermittelt. Der in den Grundzügen einfache und allgemein bekannte Mythos bietet sich als Vehikel an, mittels dessen der Sänger und Dichter nicht nur eine dramatisch detaillierte Handlung gestaltet, sondern auch wesentliche ethische und politische Anliegen seiner Zeit zu analysieren und Lösungen vorzuschlagen vermag. Die Gestaltungsfreiheit, die die *oral poetry* dem Dichter einräumt, und die in ihrer Tradition vorgegebene stete Neugestaltung und Anpassung des Stoffes an die sich wandelnden Zeiten und die stets neuen Bedürfnisse des Sängers und der Zuhörer machen es möglich, je neue und aktuelle Probleme zur Sprache zu bringen und die Akzente jeweils neu zu setzen. Auf diese Weise vermag der Dichter Modelle positiven und negativen Handelns zu gestalten, den Hintergrund und die Konsequenzen bestimmter Verhaltensweisen zu beleuchten. Er macht damit ihm Wesentliches seinen Zuhörern bewußt, er zwingt sie zum Nachdenken, er erzieht sie.

Die Art, in der hier der Mythos frei gestaltet und in wesentlichen Hinsichten aktuellen Anliegen dienstbar gemacht wird und politische Fragen indirekt und doch höchst eindringlich zur Sprache gebracht werden, ohne daß dadurch die ganze Dichtung politisiert würde – all dies weist, so scheint mir, nahe Parallelen zur Tragödie auf, die zudem zwar nicht improvisierte, aber ebenfalls zur einmaligen Aufführung und rein mündlichen Vermittlung geschaffene Dichtung darstellt (vgl. dazu unten, S. 282 f.).

2. Hesiod

Der Dichter

Während Homer seine eigene Person ganz hinter seine Dichtung zurücktreten läßt, enthalten die Werke Hesiods eine Reihe persönlicher Äußerungen über Lebensumstände und Erfahrungen ihres Verfassers. Damit tritt uns in Hesiod die erste konkret faßbare Dichterpersönlichkeit der europäischen Literatur entgegen. Hesiods Vater war, von bitterer Armut getrieben, aus Kleinasien ins griechische Mutterland ausgewandert und hatte sich in Böotien niedergelassen, »im traurigsten Dorf am Helikon, in Askra, übel im Winter, im Sommer verwünscht, und angenehm niemals« (*Werke und Tage* 631–40). Der Dichter hatte einen Bruder, der mit der Erbteilung unzufrieden war, um einen größeren Anteil prozessiert und durch Bestechung der Richter diesen auch erhalten hatte (ebd. 35-

39 und öfter). Hesiod selbst war ein Hirt auf dem Helikon, als er von den Musen zum Sänger und Künder der Wahrheit berufen wurde (*Theogonie* 22-34). Fortan war er (vermutlich neben der Bewirtschaftung seines Hofes) Rhapsode und trat an den Höfen des Adels und an Festen mit seinen Liedern auf. Einen Preis, den er bei einem solchen Anlaß gewann, weihte er den Musen am Helikon (*Werke und Tage* 651-59).

Gelebt hat Hesiod im ausgehenden 8. oder frühen 7. Jahrhundert. Seine Welt und Perspektive sind nicht die des Adels, sondern der unabhängigen Kleinbauern. Offenbar wesentlich aufgrund seiner eigenen negativen Erfahrungen mit den bestechlichen adeligen Richtern steht er dem Adel und der von diesem geprägten Polis mit ihren Rechtshändeln und politischen Umtrieben skeptisch gegenüber (ebd. 29-31). Außerdem ist die wirtschaftliche Lage dieser Bauern so prekär, daß nur harte Arbeit, Disziplin und bewußte Beschränkungen auf das Notwendigste die Verschuldung und schließlich den Verlust von Haus und Hof verhindern können (ebd. 298ff.). Was uns in Hesiods Dichtung entgegentritt, ist deshalb ein in denkbar größtem Gegensatz zur adligen Lebensfreude stehendes, kompromißloses, ganz auf Hof, Familie und gute Nachbarschaft konzentriertes Arbeitsethos und ein der adligen Willkür scharf widersprechendes Gerechtigkeitsempfinden. Welche Kluft Hesiod vom Adel trennt, wird am besten darin deutlich, daß in seinem Werk eminent epische Themen wie kriegerische Heldentaten, Sport und Spiel, Jagd, Festgelage, Liebe und schöne Frauen nur ganz am Rande oder überhaupt nicht auftauchen. – Formell handelt es sich um Lehrgedichte, die zwar stark von der Tradition der Epen geprägt sind, sich aber inhaltlich radikal von diesen unterscheiden und mit einem ausgeprägten Wahrheitsanspruch und direkten Bezug auf die eigene Zeit und Gesellschaft auftreten.

»Theogonie«

Hesiods älteres Gedicht verbindet Kosmogonie und Theogonie und erklärt durch die Schilderung einer langen und komplexen Entwicklung den theologischen Zustand der Gegenwart. Es enthält in loser, aber absichtsvoller Aufeinanderfolge eine Anzahl von Mythen (so den von Prometheus und Pandora oder den vom Kampf zwischen den Göttern und Titanen), die Erzählung von der Entstehung der Welt und der Abfolge der Göttergeschlechter von Uranos über Kronos zu Zeus und eine Vielzahl von Genealogien wichtiger und minderer ›Götterfamilien‹. Die Herstellung eines genealogischen Zusammenhanges dient dabei mehreren Zwecken: Sie hält die natürliche Abstammung fest, betont eine chronologische Aufeinanderfolge oder einen Kausalzusammenhang oder stellt eine besonders enge Beziehung her. Die Liste der Nachkommen der Eris (Streit) etwa ist vermutlich primär im Sinne einer Beschreibung der vielerlei Arten aufzufassen, in denen sich der Streit ausdrückt und auswirkt; modern gesprochen, wird in dieser Weise ein ›Begriffs- und Wirkungsfeld‹ umschrieben (226-32). Daß Themis als Gattin des Zeus erscheint und ihm die drei Töchter Eunomia (Wohlordnung), Dike (Recht) und Eirene (Frieden) gebiert (901-3), bedeutet, daß *themis,* die Respektierung der traditionellen Rechtsnormen, ein herausragendes Charakteristikum von Zeus' Regime ist und dieses sich im Vorherr-

Die Anfänge des politischen Denkens bei den Griechen 217

schen von Wohlordnung, Recht und Frieden verwirklicht, diese Werte also ganz besonders von Zeus geschützt und gefördert werden.

Nur wenige der über dreihundert Gottheiten in der *Theogonie* sind Götter oder Halbgötter in mythischem oder kultischem Sinne. Weitaus die meisten sind Grundwesenheiten der Natur wie Erde, Himmel, Berge, Meer, Flüsse, Winde, Nacht, Tag, oder ›Lebensmächte‹ (personifizierte Beziehungen, Emotionen, Phänomene), die das Leben der Natur und der Menschen beeinflussen. Die Neigung, solche oft abstrakten Phänomene zu personifizieren und in menschenähnlicher Weise miteinander sowie mit dem Götterapparat des Kultes und Mythos in Beziehung zu setzen, dürfte bei den Griechen längst vor Hesiod bestanden haben; Homer bietet dafür einige schöne Belege (vgl. etwa *Ilias* 9,502–12), und zumindest für den Bereich der Natur finden sich dafür Parallelen in vielen ›primitiven Kulturen‹. Hesiod nun hat diese Möglichkeit ausgenützt, um eine Vielzahl von für den Menschen wesentlichen Faktoren in einem plausibel konstruierten, als organisch gewachsen vorgestellten System zusammenzufassen. Obschon ihm für Kosmogonie, Theogonie und die Personifikation von Abstrakta manche Vorbilder zur Verfügung standen, ist dieser umfassende Systematisierungsversuch zweifellos seine eigene originelle Leistung. Sie zeugt trotz der Verhaftung im Mythos und in der epischen Denk- und Ausdrucksweise von einer entwickelten Fähigkeit zu philosophischer Spekulation und Abstraktion. Da Hesiods Denken dezidiert auf das Begreifen und Darstellen der für die menschliche Gesellschaft entscheidenden Werte ausgerichtet ist, haben wir es von vornherein mit ausgeprägt politischem Denken zu tun.

Diese politische Ausrichtung ergibt sich bereits aus dem Proömium (1–115). Es ist ein Hymnus, der wohl wie die ›Homerischen Hymnen‹ zum Vortrag an Kult- und anderen Festen bestimmt war. Gewidmet ist er den neun Musen, die Hesiod zum Dichter beriefen. Die Musen ihrerseits preisen die olympischen und die anderen Götter, beginnend mit den Kindern der Erde und des Himmels und deren Nachkommen. Vor allem aber preisen sie Zeus, den Vater der Götter und Menschen, der »der erhabenste ist unter den Göttern und an Stärke der größte« (48 f.). Zeus steht somit im Zentrum der hesiodischen Dichtung, die sich als ein geschickt in die breit angelegte Theogonie eingeflochtener Hymnus auf Zeus und die von ihm begründete und garantierte Rechts- und Weltordnung erweist. Zeus' Prominenz beruht denn auch, wie das Proömium betont, nicht nur darauf, daß er gegenwärtig König der Götter ist, sondern daß er nach seinem Sieg über Kronos »in jeder Hinsicht gut den Unsterblichen eine Lebensordnung zugeteilt und Einflußbereiche bezeichnet hat« (71–74). Entsprechend stehen besonders die Adligen (›Könige‹) unter seinem und seiner Töchter, der Musen, Schutz, wenn sie auf dem Gerichtsplatz mit »geraden Urteilssprüchen« (*itheiai dikai*) ihre Entscheidungen fällen (*themistas diakrinein*), mit sicherer Rede auf Grund ihres Wissens auch einen großen Streit beenden, die sich gegenseitig schädigenden Parteien zur Umkehr bewegen und deshalb vom Volke wie ein Gott verehrt werden (80–93).

Die *Theogonie* ist beherrscht von einem vielfach unterbrochenen, aber deutlich betonten Grundthema: dem allmählichen Hervortreten der göttlichen Wesenheiten vom frühesten Anfang an bis hin zu Zeus und seinen Nachkommen. Auf die Urmächte Chaos, Gaia (Erde) und Eros folgt die Herrschaft des Uranos

(Himmel), der seine Nachkommen haßt und in der Tiefe der Erde verschließt, bis ihn Kronos, der Jüngste, auf Anstiften der Mutter Gaia entmannt und stürzt (154–87). Bereits die Herrschaft des ersten Götterkönigs ist somit von Ruchlosigkeit geprägt (158, 164–66, 170–72); sein Sturz ist Vergeltung für übles Tun (165). Aber Kronos, der »Krummes Sinnende« (168), und seine Geschwister, die Titanen (nach populärer griechischer Etymologie die »Rächer«), haben damit ihrerseits einen Frevel begangen (209, vgl. 164), der nach Vergeltung ruft (210). Da Kronos weiß, daß es ihm bestimmt ist, von seinem eigenen Sohn gestürzt zu werden, unterdrückt auch er seine eigenen Kinder, indem er sie gleich nach der Geburt verschlingt (453–67). So verständlich sein Motiv ist, so lädt er damit doch eine zweite Blutschuld auf sich. Um ihre Kinder und ihren Vater zu rächen (472 f.), greift seine Gattin Rheia mit Hilfe ihrer Eltern zu einer List, in deren Folge Zeus, der Letztgeborene, verschont bleibt, nach seinem Heranwachsen Kronos stürzt und selber die Herrschaft ergreift (474–500).

Zeus' Herrschaft nun unterscheidet sich in mehreren Hinsichten von denen seiner Vorgänger. Zum einen beginnt sie zwar mit dem Sturz des früheren Herrschers, also einer Usurpation, aber nicht mit einer Freveltat, denn Kronos' Sturz ist vorherbestimmt und zur Sühnung von dessen Unrecht an Vater und Kindern notwendig, zudem offenbar, obschon Hesiod sich dazu nur vage äußert, nicht durch unrechtmäßige Gewalt herbeigeführt (492–97). Zum zweiten läßt sich Zeus nicht auf die gewaltsame Unterdrückung seiner potentiell als Usurpatoren in Frage kommenden Nachkommen ein. Auch er kennt zwar eine Verheißung, daß ein Sohn seiner Gattin Metis (Klugheit) ihn verdrängen werde, aber auf die Anweisung von Uranos und Gaia, die ihn und Rheia bereits beim Sturz des Kronos berieten, kommt er dem zuvor, indem er Metis »in seinen eigenen Bauch hineintut, damit die Göttin ihm Gutes wie Schlimmes anzeige« (886-900). Die an sich wie im Fall des Kronos negative Handlung wird hier also, offenkundig im Interesse der aus religiösen und praktischen Gründen wünschenswerten Stabilität von Zeus' Herrschaft, positiv bewertet (vgl. auch unten, S. 219).

Zum dritten beweist Zeus seine Überlegenheit durch den Sieg in einer Reihe von Auseinandersetzungen, die zur Sicherung seiner Herrschaft grundlegend sind. Zunächst werden die hochmütigen Söhne des Titanen Iapetos einzeln in die Schranken gewiesen (507–34); das Schicksal des berühmten Prometheus dient dabei ausdrücklich zur Illustration dessen, was einem geschieht, der sich an Klugheit mit Zeus zu messen versucht (534–613). In einem langwierigen Krieg vereiteln die olympischen Götter sodann die Absicht der Titanen, die Macht zurückzuerobern (629–716). Schließlich vernichtet Zeus im Einzelkampf den ungeheuren Typhoeus, der die Herrschaft über Götter und Menschen anstrebt (820–68).

Viertens schafft Zeus die Voraussetzungen für diese Erfolge durch eine Reihe kluger und politisch vorbildlicher Maßnahmen. Indem er die von Uranos in die Tiefe der Erde verbannten Kyklopen (139–46) und Hunderthänder (147–53, 617–28) erlöst, macht er von seinen Vorfahren begangenes Unrecht gut und sichert sich die Unterstützung der Opfer der vorangehenden Regimes. Die Kyklopen vergelten dies mit dem Geschenk von Donner und Blitz (501–6), die zu den wichtigsten Kampfwaffen und Herrschaftsinstrumenten des Zeus werden. Die Hunderthänder leisten entscheidende Hilfe beim Sieg über die Titanen und

Die Anfänge des politischen Denkens bei den Griechen

übernehmen deren Bewachung im Tartaros (629–735, 815–19). Zeus erweist sich damit als guter Gefolgsherr, der durch Wohltat und Freundlichkeit (*philotes:* 651) Verpflichtung und Klientel schafft (649-53). Entsprechend rühmt ihn der Sprecher der Hunderthänder: »Als Schirmer in grausamen Leiden hast du dich den Unsterblichen erwiesen. Dank deiner Umsicht sind wir aus dunstigem Dämmer wieder zurückgekehrt aus erbarmungslosen Banden... Unerwartetes ward uns zuteil. Darum wollen wir nun mit angespanntem Geist und geneigtem Sinn eure Übermacht sichern in dem heftigen Streit« (655–63).

Andrerseits garantiert Zeus am Vorabend des Titanenkrieges den ihn unterstützenden Göttern die Wahrung ihrer früheren Privilegien und Ehren (*geras* und *time*); den zuvor nicht an solchen Vorrechten Beteiligten verspricht er Anteil nach Gebühr (390–96). Am Beispiel der Styx und ihrer Kinder, die als erste Zeus' Aufruf befolgen, wird illustriert, wie Zeus seine Versprechungen verwirklicht: Styx selber wird zur Garantin des großen Göttereides berufen (397-400, vgl. 775–806); ihre Kinder Zelos (Eifer), Nike (Sieg), Kratos (Übermacht) und Bia (Gewalt) erhalten einen Wohnsitz ganz nahe bei Zeus und das Recht, stets in seiner Nähe zu sein (383-88, 401; vgl. als Analogie die Belohnung der treuen Hirten durch Odysseus: *Odyssee* 21,213 ff.). »Ganz so wie da hat er allen bis aufs Letzte, was er versprochen, vollendet. Er selber aber setzt machtvoll sich durch, und er ist der Herr« (403 f.).

Fünftens wird Zeus nach dem Ende dieser Kämpfe formell zum König und Herrn eingesetzt. Dies geschieht einmal mehr auf den Rat der Erdmutter Gaia hin, aber auch auf das Betreiben der Gesamtheit der siegreichen Götter (881-84). Zeus' Regime stützt sich damit auf einen breiten Konsens, der sich dadurch noch verstärkt, daß Zeus ihnen allen Vorrechte und Ehren (*timai*) zuteilt (885), und zwar »gut in jeglicher Hinsicht«, wie im Proömium betont war (73 f.). Damit ist das dort angekündigte thematische Programm erfüllt: Die Entwicklung der Weltordnung von den Uranfängen bis zur festen Etablierung der Herrschaft des Zeus ist nachvollzogen.

Sechstens: Noch ist diese Herrschaft jedoch im einzelnen zu charakterisieren. Sie beruht, wie bereits erwähnt, auf allgemeiner Zustimmung und entspricht dem Willen der Urmächte; ihr verbündet und untergeordnet sind Eifer oder Machtwille (*zelos*), Sieg (*nike*), Durchsetzungsvermögen oder Übermacht (*kratos*) und Gewalt, Zwang (*bia*); als gerechte Herrschaft leitet sie sich nicht aus diesen Potenzen ab, vermag sich ihrer jedoch jederzeit zu bedienen. Die weiteren Charakteristika ergeben sich aus den Potenzen, mit denen sich Zeus ehelich verbindet, und aus den Nachkommen, die er mit ihnen zeugt. Indem Zeus seine erste Gattin, Metis (Klugheit), verschlingt, sich »einverleibt«, gewinnt er dreierlei: Er hat die Personifikation der Klugheit in sich und verkörpert sie damit selbst; niemand kann sich nach ihm mit Metis verbinden, so daß dieser Aspekt seiner Überlegenheit für immer gesichert ist; und Zeus' Herrschaft ist als ganzes auf Dauer gestellt, da Metis, die allein einen Sohn gebären könnte, der ihn durch überlegene Klugheit zu stürzen vermöchte, dazu nicht mehr in der Lage ist (886-900). Durch die Töchter aus der zweiten Ehe mit Themis verbürgt Zeus' Regime ein Leben in Wohlordnung (*eunomia*), Recht (*dike*) und Frieden *(eirene)*(901-3). Eurynome, die dritte Gattin und Mutter der Grazien, garantiert die weite Geltung von *nomos* (Gesetz und Herkommen, 907–11); Mnemosyne, die fünfte Gattin und Mutter der Musen, verkörpert das Gedenken und Gedächtnis (915–17, vgl. 53–62). Dabei ist wohl primär an eine Grundvoraussetzung künstlerischen, namentlich dichterischen Schaffens gedacht, aber die Bedeutung des Gedächtnisses, des auf Erinnerung beruhenden Wissens nicht nur dessen, was geschah, sondern auch dessen, was herkömmlich und richtig ist, reicht in einer noch weitestgehend auf mündliche Überlieferung angewiesenen Gesellschaft in alle Lebensbereiche, auch den der Politik und Rechtsprechung; nicht zufällig sind es eben gerade die Musen, die im Proömium die Rechtsprechung der Könige segnend fördern.

Es ist also ein reichhaltiges und mit einer klaren Absicht gestaltetes Bild, das sich aufgrund einer bewußt politischen Lesung der *Theogonie* zusammenfügen läßt. Auch wenn Hesiod nicht abstrakt argumentiert, sondern seine Gedanken in der ihm und seinen Zuhörern vertrauten Form von Handlungen, Mythen und Genealogien vorträgt, ist er in der Lage, komplexe Konzepte zu entwickeln, die zweifellos eine Antwort auf grundlegende Probleme seiner Zeit darstellen. Ein direkter Zeitbezug wird freilich in diesem Gedicht nicht hergestellt – insofern bewegt es sich ganz auf einer theoretisch-spekulativen und ›historischen‹ Ebene –, aber die hier gewonnenen Erkenntnisse werden in den *Werken und Tagen* auf die praktischen Probleme des Alltagslebens angewandt.

»Werke und Tage«

Zwei Themen beherrschen dieses Gedicht (das seinen Namen dem abschließenden Katalog jahreszeitlicher Arbeiten verdankt): das der Arbeit und das der Gerechtigkeit, und beide hängen eng zusammen. Auch hier fehlt ein durchsichtiger Aufbau, ohne daß das Gedicht deswegen einer klaren Zielrichtung ermangelte; erneut sind in loser Folge kürzere und längere Gedankengänge aneinandergereiht, die dieselben Probleme von mehreren Seiten her beleuchten und die Hauptanliegen in großer Eindringlichkeit vortragen.

Das Proömium wendet sich wie das der *Theogonie* an die Musen und kündet durch sie den Preis des Zeus, nach dessen Willen die Sterblichen ruhmvoll oder ruhmlos bleiben. »Leicht gibt strotzende Kraft, leicht drückt den Strotzenden nieder,/leicht läßt schwinden den Hochansehnlichen, wachsen den Niedren,/leicht streckt grade den Krummen und läßt verdorren den Stolzen/Zeus der Donnerer droben…/Höre mich, sieh und vernimm, am Recht (*dike*) richt grad die Bescheide (*themistes*),/du, Herr! – Ich aber werde dem Perses Wahres verkünden« (1–10). Damit sind in aller Kürze die wesentlichen Koordinaten bestimmt: Zeus als allmächtiger Schützer des Rechts (und damit dessen, der für Recht und Wahrheit eintritt) und Perses, der Bruder, als Empfänger von Wahrheit und Belehrung.

Gleich nochmals greift Hesiod auf die *Theogonie* zurück. Dort war der Streit (»die schaurige Eris«) als Tochter der Nacht und Mutter von Mord, Krieg und zahlreichen anderen Übeln genannt (225–32). Dies rein negative Bild erweist sich als unvollständig: Es gibt auch eine gute Eris, den Wetteifer, der die Menschen zu besseren Leistungen anspornt (*Werke* 11–26); dieser Eris soll man folgen. Daraus ergibt sich die erste Mahnung an Perses: sich nicht durch den bösen Streit von der Arbeit abhalten zu lassen, nicht den Händeln auf der Agora

Die Anfänge des politischen Denkens bei den Griechen   221

nachzuspüren. »Wenig Zeit bleibt nämlich zum Zanken und Reden am Markt-platz, wenn nicht daheim ein Vorrat fürs Jahr zum Leben bereitliegt« (27–32). Gerade dies aber trifft für Perses, Hesiod und ihresgleichen nicht zu. Das Leben des kleinen Bauern ist hart, bewegt sich ständig nahe dem Existenzminimum. Wer sich redlich und stetig müht, alle von Natur und Jahreszeiten gebotenen Möglichkeiten nutzt, Frau, Knecht und Tiere sorgfältig auswählt, sich statt vieler Kinder mit nur einem Sohn zufriedengibt und sich auch sonst beschränkt, gute Nachbarschaftsbeziehungen pflegt und die Versuchungen der geselligen Schmiede und der Stadt meidet, der kann es schaffen, es allenfalls sogar zu bescheidenem Wohlstand bringen. Aber das Gespenst der Verschuldung, des Hungers und Bettelstabes steht einem stets vor Augen (298–617). Deshalb die im Schlußteil des Gedichts gesammelten praktischen Ratschläge und die in vielfacher Variation eindringlich wiederholte Mahnung: Arbeite, arbeite, arbeite! »An die Arbeit, törichter Perses, / Arbeit, wie sie die Götter verteilt und den Menschen befohlen. / Daß du nicht einst mit Weib und Kindern, Kummer im Herzen, / bettelst um Brot ringsum bei den Nachbarn, die aber wegsehn« (397–400; vgl. bes. 298–314).

»Wie sie die Götter den Menschen befohlen«: Auf die Frage, weshalb des Menschen Leben von Arbeit und Not beherrscht sein müsse, antwortet Hesiod mit dem Pandora-Mythos, der direkt an den in der *Theogonie* (521–616) breiter ausgeführten Prometheus-Mythos anknüpft. Das menschliche Leben wäre paradiesisch, hätten die Götter nicht zur Strafe für Prometheus', des Förderers der Menschen, doppelten Betrug an Zeus den Menschen die Mittel ihres Lebensunterhalts verborgen (*Werke* 42–58). Pandora, in der *Theogonie* (570–612) die Urmutter des verderblichen Geschlechtes der Frauen, wurde von den Göttern mit allen Übeln und Plagen ausgestattet, brachte diese den Menschen und veränderte damit deren Leben von Grund auf. »Nämlich zuvor, da lebten der Menschen Stämme auf Erden / frei von allen den Übeln und frei von elender Mühsal / und von quälenden Leiden, die Sterben bringen den Menschen.« Die Not des menschlichen Lebens ist somit die göttlich bestimmte direkte Folge von Unrecht. »So ist es gänzlich unmöglich, dem Sinn des Zeus zu entkommen« (*Werke* 59–105). Wie griechisch-hesiodisch diese kausale Verknüpfung von Unglück und Unrecht ist, ergibt ein Blick auf die mesopotamischen Mythen vom Ursprung der Übel.

Freilich ist nicht nur die Natur von Plage und Mühsal erfüllt, sondern die Menschen machen einander das Leben durch Willkür und Unrecht zusätzlich schwer. Auch dies wird durch einen Mythos, den von den fünf Zeitaltern, ›historisch‹ hergeleitet (106–201) und einem viel besseren Urzustand gegenübergestellt. Im Goldenen Zeitalter lebten die Menschen ohne Not und Mühe, im Überfluß der freiwillig alles spendenden Erde, und genossen froh ein friedliches Leben (109–19). Was Hesiod nicht ausdrücklich sagt, ist ebenso wichtig: es gab keinen Wettbewerb und Streit, keinen Anlaß zu Anstrengung, Bewährung, Besitzgier, Ehrgeiz oder Machthunger; folglich gab es kein Unrecht und bestand keine Notwendigkeit, Rechtsgrundsätze aufzustellen und durchzusetzen. Wie anders ist da die Gegenwart im Eisernen Zeitalter (174–201): Tag und Nacht sind von Mühsal, Jammer und Sorge erfüllt. Und wenn den schon jetzt vorherrschenden Tendenzen nicht Einhalt geboten wird, steht eine Zukunft bevor, in der alle sittlichen Bindungen sich auflösen, rücksichtslose Selbstsucht herrschen und das Leben in der menschlichen Gesellschaft nicht mehr lebenswert sein wird. »Eidestreue wird nirgends gedankt und nie das Gerechte,/Redliches nie; wer Schlimmes vollbracht und Gewalttat verübte,/der ist der Mann, den man ehrt. Das Recht sind die Fäuste. Die Ehrfurcht/gibt es nicht mehr. Und der Schlechte gewinnt und schädigt den Bessren,/deckt mit krummem Gerede den Trug und beschwört den Meineid« (190–94). Dann werden die Göttinnen Aidos und Nemesis (Ehrfurcht und rechtes Vergelten) die Erde verlassen, bleiben werden die bitteren Schmerzen – »und nirgends Rettung im Unheil!« (197–201). Die Symptome für den fortschreitenden Verfall sittlicher Werte beobachtet Hesiod vor allem in der Überheblichkeit (*hybris*) und dem mangelnden Rechtsempfinden des Adels (der ›Könige‹). Er formuliert dies allgemein in der bekannten Fabel vom Habicht und der Nachtigall (202–12) und illustriert es mit den krummen Bescheiden der bestechlichen Richter in seinem eigenen Streit mit Perses (33–39, 267–75).

Wo nun findet der Gerechte in einer ungerechten Welt die Hoffnung, daß sich doch noch eine Wendung zum Besseren einstellen kann? Im Glauben an die Macht und Gerechtigkeit des Zeus, dessen Auge alles überschaut und alles bemerkt, und im Vertrauen auf Zeus' Entschlossenheit, der Gerechtigkeit zum Sieg zu verhelfen (267–74, vgl. 249–55). Denn im Gegensatz zu den Tieren, die einander verzehren, weil es kein Recht unter ihnen gibt, hat Zeus den Menschen das Recht verliehen, »das weitaus als Bestes/sich erweist; denn ist man gewillt, das Gerechte zu sagen,/wenn man's sieht, dann schenkt einem Glück Zeus, Späher ins Weite./Wenn aber einer, ein Zeugnis bewußt mit Meineid beschwörend,/lügt und trügt und schädigt das Recht, unheilbar verblendet,/der hinterläßt ein vergehend Geschlecht den künftigen Tagen;/ doch wer ehrlich im Eid, des Geschlecht wird künftig gedeihen« (276–85, vgl. 320–34).

Alles kommt also darauf an, daß die Menschen den Kausalzusammenhang zwischen unrechtem Handeln und göttlicher Vergeltung begreifen und sich entsprechend ändern. Diesem Ziel gilt das Kernstück des Gedichts: »Du, mein Perses, höre aufs Recht (*dike*), mehr' nicht die Gewalttat (*hybris*).« *Hybris* bekommt weder dem Kleinen noch dem Großen. Am Ende ist *dike* stärker als *hybris;* hat er's einmal erlitten, merkt dies selbst ein Tor (213–18). Unrechttun bleibt nicht unbeachtet: Horkos, der Gott des Eides, ruft die Folgen des im Eid enthaltenen Fluches auf die ungerechten Richter herab (219). Dike, die Göttin des Rechts, die von den bestechlichen Richtern unter dem Murren des Volkes gewaltsam weggezerrt wird, sinnt auf Vergeltung (220–24); sie setzt sich neben ihren Vater Zeus »und erzählt von dem Trachten der Schändlichen, daß die Gesamtheit/büße das frevele Tun ihrer Herrn, die verderblich gesonnen/beugen und drehn die Bescheide des Rechts, verbogen sie fällend« (256–62).

Daß das gesamte Volk die Freveltaten der adeligen Herren zu büßen habe, ist ein wichtiger Satz; er findet sich auch in der Schilderung der gerechten und ungerechten Stadt im Sinne einer historisch gesicherten Erfahrungstatsache: »Oft schon trug eine Stadt insgesamt eines Schlechten Verschulden,/der hinterging und betrog und schändliche Dinge erdachte;/denen sandte vom Himmel herab viel Leiden Kronion« (240–42). Hunger, Seuche, Unfruchtbarkeit von Mensch und Tier, Niederlage des Heers in der Schlacht, Zerstörung der Flotte auf See

Die Anfänge des politischen Denkens bei den Griechen 223

und Eroberung durch Feinde treffen die ungerechte Stadt, während die gerechte Stadt in Frieden und Wohlstand gedeiht, gesegnet mit großen Familien und reicher Frucht in Herde und Feld (225–47).

Ähnliche Gedanken finden sich in zwei Gleichnissen Homers (*Ilias* 16,384–92; *Odyssee* 19,109–14). An Vorgänge in den homerischen Epen und in anderen Mythen (etwa dem des Ödipus) mag Hesiod denken, wenn er den von ihm herausgestellten Zusammenhang als historisch belegbar erklärt. Griechischem (und orientalischem) Denken entsprach es durchaus, Schicksalsschläge aller Art als Folge göttlicher Vergeltung für begangenes Unrecht hinzustellen (man denke etwa an Aischylos' Erklärung der Niederlage des Xerxes in den *Persern*). Solche Fälle sind freilich extrem und selten. Die Lebenswirklichkeit sieht meist anders aus, wie sich Hesiod selbst nur zu deutlich bewußt ist (vgl. etwa *Werke* 190 ff., 270 ff.). Er kann deshalb die Gesetzmäßigkeit göttlicher Strafe für menschliches Unrecht nur postulieren (273: »ich glaube«) und muß eine breite Palette von Möglichkeiten und einen großen zeitlichen Rahmen (bis zu Kindern und Kindeskindern) für das Eintreten solcher Strafe zulassen.

Ergebnis

Hesiod hat Erstaunliches geleistet, um seinem Anliegen größtmögliche Überzeugungskraft zu verleihen. Er hat es zunächst in ein großes und konsistentes Gedankengebäude eingebaut, in dem *Theogonie* und *Werke und Tage* sich kraftvoll ergänzen. Die *Theogonie* schildert die Entwicklung der Welt bis hin zur Machtergreifung des Zeus, der alle Mächte des Bösen, der Gewalt und der Überheblichkeit besiegt hat. Seine Herrschaft verbürgt Gerechtigkeit, Wohlordnung und Frieden. Von da aus gesehen, könnte die Welt ein Paradies sein. Die *Werke und Tage* ergänzen diese Darstellung um die irdische Dimension, stellen dem idealen Bild der olympischen Götterwelt und der in jeder Beziehung guten Monarchie des Zeus die Realität der Menschenwelt und der korrupten Adeligen gegenüber. Am Vorherrschen von Übel in der Welt sind die Menschen (bzw. ursprünglich ihr göttlicher Vorkämpfer, Prometheus) selber schuld. Durch ihr Unrechttun ziehen sie fortwährend neues Unglück auf sich selbst, ihre Gemeinde und Nachkommen. Zeus jedoch, der alles weiß und sieht, hat den Willen und die Macht, unrechtes Handeln zu bestrafen und rechtliches Handeln zu belohnen.

Die Verantwortung für eine Verbesserung der Zustände in der Menschenwelt liegt also bei den Menschen selber. Es liegt an ihnen, die wesentlichen Zusammenhänge zu begreifen und entsprechend zu handeln; es ist zumal Pflicht der Könige, das von Zeus gesetzte Beispiel zu befolgen. Obschon der Kleine und Schwache an den Machtverhältnissen nichts zu ändern vermag, stehen auch ihm einige Möglichkeiten offen. Er kann zum einen für sich selber die notwendigen Konsequenzen ziehen: rechtlich leben, fleißig arbeiten und in seinem eigenen kleinen Bereich eine ›gute Ordnung‹ verwirklichen. Er kann zum andern die von ihm erkannte Wahrheit (*Werke* 10) denen verkünden, die, wie Hesiod, unter Willkür leiden oder, wie Perses, den Weg des Unrechts gewählt haben. Er kann sich vor allem auch an die Mächtigen selbst wenden, ihnen die für die Gemeinde verderblichen Folgen ihres Tuns darlegen und sie eindringlich zu rechtlichem und verantwortlichem Handeln auffordern.

Der direkte Appell nicht nur an seinesgleichen, sondern an den Adel ist denn auch ein besonderes Kennzeichen der *Werke und Tage* (248 ff., 263 f.). Dieser Appell geht allerdings ganz von Hesiods eigenem Erleben (»diesem Rechtsfall«: 249) aus und beschränkt sich auf den davon betroffenen Bereich des Gemeinschaftslebens. Hesiods Denken richtet sich also nicht auf den politischen Bereich im präzisen Sinn des Wortes; es ist vielmehr ›politisch‹ in dem eingangs geforderten breiten, eben griechischen Verständnis und umfaßt das Befinden der Gemeinde in jeder möglichen Beziehung. Sein Mißtrauen der Agora, Stadt und Politik gegenüber erklärt sich zum Teil erneut aus seinen eigenen Erfahrungen, hängt aber auch damit zusammen, daß die Polis wie bei Homer noch in den Anfängen ihrer Entwicklung steckt, noch nicht zu einer Lebens- und Erfahrungsgemeinschaft der Bürger zusammengewachsen ist. Abgesehen von der Rechtsprechung betreffen die Vorgänge im ›städtischen‹ Zentrum den einzelnen kaum; offenbar ist er auch von ›politischen‹ Entscheidungen wenig betroffen und hat er von der Gemeindeversammlung wenig zu erwarten. Deshalb die dezidierte Konzentration auf den privaten Bereich des Oikos. Die Gedichte Solons werden uns zeigen, in welcher Weise ähnliche Überlegungen weit stärker im spezifisch Politischen verankert werden können.

Somit läßt sich zusammenfassen: Die politische Erkenntnis ist erneut durch die Erfahrung adliger Willkür und der Machtdiskrepanz zwischen Adel und Nichtadel provoziert. Sie ist noch immer unmittelbar mit bestimmten Vorfällen verknüpft, somit partiell, nicht vom Einzelfall ablösbar und nicht generalisierbar. Sie stellt jedoch in neuer Schärfe die fundamentale Bedeutung des Rechts für die Polisgemeinschaft heraus und vermag einen Kausalzusammenhang zwischen dem Handeln des einzelnen und dem Schicksal der Gesamtgemeinde herzustellen. Sie muß sich aber zunächst darauf beschränken, diesen Zusammenhang zu postulieren; seine Verwirklichung liegt außerhalb der menschlichen und zumal der nichtadligen Handlungsmöglichkeiten und muß deshalb den Göttern überlassen werden. Politisch handeln kann noch immer nur der Adlige: Für den Nichtadligen bleibt neben Hoffnung und Vertrauen allein der Appell an die Mächtigen und die Konzentration auf den privaten Bereich. Das öffentliche Leben ist noch völlig vom Adel beherrscht und wirkt abstoßend, keinesfalls einladend. Die zumal in der *Odyssee* geweckte Erwartung eines verstärkten Engagements des Demos in der Versammlung wird hier also keineswegs bestätigt. Erst die tiefgreifende Krise des 7./6. Jahrhunderts, die die gesamte Gemeinde gefährdenden Rivalitäten und Faktionskämpfe innerhalb des Adels, die für die Herrschaft des Adels verhängnisvolle Monopolisierung der Macht durch die Tyrannen und das Wirken weitblickender Reformer vermochten hier im Lauf des 6. Jahrhunderts eine Änderung herbeizuführen.

Die Anfänge des politischen Denkens bei den Griechen 225

III. Das 7. und 6. Jahrhundert

1. Historischer Überblick

Im 7. und 6. Jahrhundert wurden in einer alle Lebensbereiche erfassenden stürmischen Entwicklung die im 8. Jahrhundert sichtbaren Ansätze ausgebaut und die Grundlagen gelegt für die kulturelle und politische Hochblüte der klassischen Epoche Griechenlands. Zunächst prägte sich in dieser Epoche das Bewußtsein grundlegender Gemeinsamkeiten unter den Griechen stärker aus, ohne daß es deswegen über regionale oder zeitlich befristete Ansätze hinaus zur Ausbildung einer gemeinsamen politischen Struktur gekommen wäre. Träger solch panhellenischen Bewußtseins waren trotz zahlreicher lokaler und regionaler Eigenheiten die gemeinsame Sprache und Schrift, Religion und Mythos, die zentralen Heiligtümer und, zumal in der Abhebung von umwohnenden, (aus der Sicht der Griechen) kulturlosen (lediglich lallenden: »bar-bar« sagenden, deshalb _barbaroi_ genannten) Völkern, die gemeinsamen Traditionen, Lebensformen und kulturellen Errungenschaften.

Sodann fand die Polis als zwar nicht einzige, aber wichtigste und charakteristische Form der politischen Gemeinschaft der Griechen in diesen Jahrhunderten ihre volle Ausgestaltung. Die Stadt wurde durch die Errichtung von Tempeln und für politische Zwecke bestimmten Gebäuden, den Ausbau der Agora als Versammlungsplatz sowie die Einführung von an diesen Ort gebundenen, aber für die gesamte Bürgerschaft wesentlichen Kulten und Festen zum politisch und kulturell dominierenden Zentrum, auf das hin sich zunehmend und auf Kosten der traditionellerweise von einzelnen Adelsfamilien dominierten ländlichen Zentren auch die Landbevölkerung orientierte: Die Bevölkerung des gesamten Polisterritoriums begann sich mit der Polis zu identifizieren. Das von Anfang an schwache Königtum wurde vollends von einer Kollektivherrschaft des Adels absorbiert – dies auch dort, wo es, wie in Sparta, institutionell weiterbestand. Der Adelsrat wurde aufgewertet; zeitlich befristete, unter den Adligen rotierende und mit der Zeit vom Volk durch Akklamation oder Wahl besetzte Ämter wurden eingeführt und generell die Führungsaufgaben und -kompetenzen in der Gemeinde präziser definiert. Das herkömmliche Recht wurde kodifiziert und durch stets neue, vom Volk genehmigte Satzungen an veränderte Bedürfnisse angepaßt. In Rechtsprechung wie Politik erhielt das Volk zunächst minimale, später erweiterte Kompetenzen, die die Formalisierung der Volksversammlung und mancherorts die Schaffung eines mit dem Adelsrat konkurrierenden gewählten Rates nach sich zogen. Es entstand somit ein spezifischer ›politischer Bereich‹ mit eigenen Regeln und Beziehungen; ›das Politische‹ begann sich zu verselbständigen und entstand damit erstmals in der Weltgeschichte als Größe eigenen Rechts.

In direktem Zusammenhang mit diesen Veränderungen wurde im militärischen Bereich die bereits bei Homer ansatzweise sichtbare Hoplitenphalanx vollends ausgestaltet und zu der für die Polis charakteristischen, ihren Bedürfnissen und Möglichkeiten entsprechenden Kampfform. Dies war eine auch sozial und, zumindest potentiell, politisch wichtige Veränderung. Für die Zugehörigkeit zur Phalanx waren nicht Familie und Abstammung, sondern die ökonomische Leistungsfähigkeit bestimmend: Wer sich die Ausrüstung leisten konnte, wurde als wehrfähig anerkannt. Adlige wie nichtadlige Grundbesitzer kämpften deshalb Seite an Seite; in dieser einen Hinsicht bestand Gleichheit, war die sonst überall sichtbare Überlegenheit des Adels aufgehoben. Da die mit der vollen Ausgestaltung der Polis aufkommenden Begriffe des ›Bürgers‹ und ›politischer Rechte‹ von Anfang an untrennbar mit Grundbesitz und Wehrfähigkeit verknüpft waren, mußten die veränderten militärischen Realitäten sich über kurz oder lang im politischen Bereich auswirken. Spätestens Solon hat denn auch die Athener aufgrund ihrer wirtschaftlichen Leistungsfähigkeit in drei für das militärische Aufgebot als Reiter, Hopliten und Leichtbewaffnete maßgebende Klassen eingeteilt, denen der Überlieferung zufolge auch verschiedene politische Rechte zugewiesen wurden (Aristoteles, *Staat der Athener* 7,3 f.; Plutarch, *Solon* 18); eine vierte, oberste Klasse wurde dieser militärischen Ordnung aus politisch-administrativen Gründen aufgesetzt. Die Neuordnung des Kleisthenes gestand dann am Ende des 6. Jahrhunderts den Hopliten weitgehend die politische Gleichberechtigung mit dem (jetzt auch durch Vermögen definierten) Adel zu.

In den beruhigten Verhältnissen nach den Umwälzungen der *Dark Ages* scheint sich die Bevölkerung allenthalben rasch vermehrt zu haben. Die Polisterritorien füllten und dehnten sich aus, bis sie die durch topographische Gegebenheiten oder die Ansprüche anderer Poleis gesetzten Grenzen erreichten. In der Folge kam es einerseits zwischen benachbarten Poleis zu zahlreichen, teils heftigen und langwierigen Konflikten um den Besitz von Grenzgebieten: bekannt sind der zwischen Athen und Megara um die Insel Salamis und der sogenannte Lelantinische Krieg zwischen Chalkis und Eretria auf der Insel Euböa, an den sich eine Reihe von anderen Nachbarschaftskonflikten anschloß. Andererseits finden sich in dieser Phase auch die ersten Versuche, größere, mehrere Landschaftskammern umfassende Territorien in einer Polis zu vereinigen (Attika mit Athen bietet hier ein geglücktes, Böotien mit Theben ein mißglücktes Beispiel), und erste Ansätze zu polisübergreifender Machtbildung (so etwa die Unterwerfung Messeniens durch Sparta sowie die Gründung des Peloponnesischen Bundes als einer Alternative zu weiterer territorialer Expansion durch dieses selbe Sparta).

Als weitere Folge der Überbevölkerung nahm die ebenfalls bereits bei Homer (in der Phäakenpolis auf Scheria: *Odyssee* 6,3–10) bezeugte Kolonisationsbewegung gewaltige Dimensionen an. Zwischen etwa 750 und 550 wurden Dutzende, ja Hunderte von neuen Poleis vor allem an den Küsten Kleinasiens und des Schwarzen Meeres, Unteritaliens, Siziliens und der Kyrenaika gegründet. Mit wenigen Ausnahmen dienten diese Kolonien besonders in der Anfangsphase dem Landgewinn, aber ihre Existenz kam naturgemäß auch dem Fernhandel zugute, den einige Kolonien in Unteritalien und Gründungen in Syrien und Ägypten auch direkt ins Auge faßten. Die Kolonisationsbewegung führte außerdem zu einer weiteren Ausdehnung des Horizontes der Griechen; weite Erkundungsfahrten und die sorgfältige Erforschung der Küsten des Mittel- und Schwarzen Meeres brachten eine Fülle von geo- und ethnographischen Informationen ein, die im 6. Jahrhundert von Anaximander von Milet in einer ersten Weltkarte und von Hekataios in einer verbesserten Karte und einer als Kommentar dazu bestimmten Erdbeschreibung verwertet wurden. Intensive Bezie-

Die Anfänge des politischen Denkens bei den Griechen   227

hungen bestanden vor allem über Kleinasien und die Levante mit Mesopotamien; von dorther wurden einerseits Mathematik und naturphilosophische Spekulation, andrerseits, wie bereits Hesiod zeigt, Mythologie und Religion, ferner die dekorative Kunst vor allem der Handelsstadt Korinth nachhaltig beeinflußt; der ›orientalisierende Stil‹ ist in der Kunstgeschichte zum festen Begriff geworden. Handel und Gewerbe nahmen auch in Griechenland zu, wenngleich in weiterhin relativ bescheidenem Rahmen. Doch ergab sich damit die Möglichkeit, auch außerhalb der Landwirtschaft sein Leben zu fristen (was zumal für diejenigen wichtig wurde, die durch Verschuldung ihr Land verloren hatten) und sogar zu einigem Wohlstand zu kommen: Den seit alters tonangebenden großgrundbesitzenden Adligen erstand damit allmählich eine konkurrierende Schicht. Die üblichen, für Aristokratien charakteristischen Rivalitäten um den beherrschenden Einfluß in der Polis wurden dadurch weiter intensiviert; denn dieser Wettbewerb hatte den Adel ohnehin seit längerem gezwungen, alle zur Verfügung stehenden Ressourcen auszunützen. Zu den Opfern solchen Konkurrenzverhaltens gehörten einerseits nicht wenige Angehörige dieser Schicht selbst, die durch Verarmung ihren Anspruch auf eine führende Stellung einbüßten, andrerseits beträchtliche Teile der bisher freien oder halbfreien Bauernschaft (für all dies finden sich in den Gedichten Solons und des Theognis wertvolle zeitgenössische Zeugnisse: vgl. unten, S. 234 ff. u. S. 240 ff.).
Offenbar verschärfte sich die bereits bei Hesiod ansatzweise sichtbare Krise des Bauerntums und erreichte im späten 7. Jahrhundert alarmierende Ausmaße. Die Gründe sind vielschichtig und in der Forschung umstritten. Überbevölkerung und Überbeanspruchung des Bodens wie eben auch die Zunahme von Druck und Ausbeutung durch den Adel dürften maßgeblich dazu beigetragen haben. In der Folge gerieten zahlreiche freie Bauern in die Abhängigkeit der Großgrundbesitzer oder verloren ihr Land. Die wie in vielen andern archaischen Gesellschaften auch in Griechenland seit alters selbstverständliche, aber üblicherweise patriarchalisch-maßvoll gehandhabte Schuldabhängigkeit wurde von den ›Gläubigern‹ zunehmend dazu benützt, sich das Land der Betroffenen anzueignen und diese in die Sklaverei zu verkaufen. Gewerbe und Auswanderung boten gewisse Ausweichmöglichkeiten, aber mancherorts kam es zu Mißfallenskundgebungen und klassenkampfähnlichen Aufständen gegen den Adel, die nicht selten zu Blutvergießen führten.
Schließlich wurden die Griechen in dieser Epoche erstmals mit dem Expansionsdrang fremder Großmächte konfrontiert. In Kleinasien waren es seit etwa 680 die Lyder, die nach und nach die Poleis an der Westküste (außer Milet) unterwarfen (vgl. Herodot 1,5. 14–22. 25–27). 547/6 unterlag der durch seinen Reichtum und seine Gespräche mit Solon (Herodot 1,30–33) legendäre Lyderkönig Kroisos dem Begründer des Perserreiches, Kyros, dessen Generäle nach erbittertem Widerstand alle griechischen Siedlungen eroberten und, meist unter der Kontrolle lokaler ›Tyrannen‹, tributpflichtig machten (Herodot 1,141 ff., 161 ff.). Im Jahre 500 erhoben sich viele dieser Städte gegen die Perser. Der ›Ionische Aufstand‹ endete sechs Jahre später mit der Zerstörung Milets (Herodot 5,23–6,42). Dieses Ereignis machte wie die Auswanderung der Bürger von Phokaia und Teos, die eine unsichere, aber doch freie Zukunft der Unterwerfung unter die Perser vorzogen, in der ganzen Griechenwelt großen Eindruck. Auf

Sizilien andrerseits traten schon im 6. Jahrhundert Spannungen zwischen den griechischen Kolonien und den karthagischen Niederlassungen im äußersten Westen der Insel auf; zu einer großen kriegerischen Auseinandersetzung kam es hier freilich erst um 480.

2. Die Tyrannis

Die zuvor geschilderten sozialen Konflikte schufen im Verein mit den heftigen Rivalitäten innerhalb des Adels und den Spannungen zwischen diesem und den nach Einfluß verlangenden ›Aufsteigern‹ eine prekäre, oft genug explosive Lage in manchen Poleis, die durch Kriege mit Nachbarstädten noch verschärft wurde. Zur Schlichtung solcher Konflikte innerhalb der Bürgerschaft wurden gelegentlich Vermittler, »Wieder-ins-Lot-Bringer« (katartister oder aisymnetes) berufen und mit weitgehenden Vollmachten ausgestattet; Solon ist dafür ein gutes Beispiel. Andernorts nützten ehrgeizige Einzelgänger solche Spannungen aus, um eine durch gute Amts- oder erfolgreiche Kriegführung geschaffene Popularitäts- oder Machtbasis in eine irreguläre (wenngleich nicht immer illegitime) Alleinherrschaft zu verwandeln. Das Phänomen der Tyrannis spielte zumal in den großen und entwickelten Poleis des Mutterlandes und Kleinasiens im 7. und 6. Jahrhundert eine wichtige Rolle; in den seit der Mitte des 6. Jahrhunderts persisch beherrschten Gebieten wurde die Tyrannis zu einem wichtigen Herrschaftsinstrument des Großkönigs, während sie sich in andern Randgebieten, namentlich in Sizilien und am Schwarzen Meer, für die Verteidigung gegen nichtgriechische Nachbarn als unentbehrlich erwies und sich deshalb bis weit ins 5. Jahrhundert hinein hielt.

Die Tyrannis trat in vielen Formen auf, denen freilich eine Reihe von Grundzügen gemeinsam sind. Der Tyrann stützte sich auf militärische Macht; er unterhielt weiträumige Beziehungen zu andern Tyrannen und Potentaten, stellte seine Macht durch großartige Bauten und einen aufwendigen Lebensstil zur Schau und zog Dichter und Künstler an seinen Hof; er suspendierte, wenn nicht die bestehenden Institutionen, so doch das freie Spiel der politischen Kräfte in der Polis, legte Wert auf Ruhe und Ordnung und kümmerte sich im Rahmen des dafür Notwendigen um die Bedürfnisse der Bauern und Unterschichten, denen seine Herrschaft deshalb nach den vielfach negativen Erfahrungen mit derjenigen des Adels durchaus willkommen sein mochte. Um so verhaßter war er den Adligen. Ihnen raubte er ihren als selbstverständliches Recht beanspruchten traditionellen Anteil an der Herrschaftsausübung, zwang sie oft ins Exil oder schaltete sie als gefährliche Konkurrenten ganz aus. Infolge ihrer Abwesenheit und der veränderten Machtverhältnisse verloren sie zudem weitgehend ihren Einfluß auf die Bauern in der Umgebung ihrer Güter. Es waren deshalb immer Adelige, die den Tyrannen aktiv bekämpften und, manchmal mit auswärtiger Hilfe, seinen Sturz herbeiführten. Eine Rückkehr zu den politischen Gebräuchen der Vortyrannenzeit erwies sich aber danach in allen Fällen als schwierig, so daß der Adel sich gezwungen sah, zumindest den inzwischen selbstbewußter und unabhängiger gewordenen bäuerlichen ›Mittelschichten‹ eine gewisse Mitbestimmung einzuräumen. Paradoxerweise läßt sich deshalb die Tyrannis als eine wichtige Zwischenstufe in der Entwicklung von der Aristokratie zur Demokra-

Die Anfänge des politischen Denkens bei den Griechen 229

tie verstehen – eine Phase, die diesen Prozeß eher beschleunigte als – wie man erwarten könnte – hemmte.

Dem widerspricht auch nicht, daß sich die Tyrannis als usurpierte und dem kollektiven Machtanspruch des Adels grundlegend widersprechende Alleinherrschaft nie auf Dauer zu legitimieren vermochte und in der Regel nur gewaltsam behauptet werden konnte. Selbst wenn ihre Begründer, wie etwa Pittakos in Mytilene oder Peisistratos in Athen, die Unterstützung weiter Kreise der Bürgerschaft zu gewinnen vermochten, entwickelte sie sich spätestens in der zweiten oder dritten Generation zu einer durch Willkür gekennzeichneten Gewaltherrschaft. Gerade diese Aspekte haben denn auch für die Nachwelt das Bild der Tyrannis geprägt und damit einen düsteren Gegenpol zu dem für die Polis des 5. Jahrhunderts charakteristischen Freiheitsideal bereitgestellt, auf den das politische Denken jederzeit abschreckend zurückgreifen konnte. Dies alles ist uns am besten aus Herodots Schilderung der Tyrannis in Korinth, Samos und Athen bekannt (1,59–64; 3,39–60; 5,55–65, 91–93), die freilich in einer demokratisierten Umwelt entstanden ist. Die zeitgenössische Dichtung namentlich des Alkaios, Solon und Theognis liefert jedoch wertvolle bestätigende Hinweise, auf die hier kurz eingegangen werden soll.

Alkaios gehörte um die Wende des 7. zum 6. Jahrhunderts zu einer der miteinander rivalisierenden Familien in Mytilene auf Lesbos. Mit seinen Brüdern und andern in ihrer Faktion vereinigten Adeligen, darunter auch Pittakos, kämpfte er meist aus dem Exil gegen die Tyrannen Melanchros und Myrsilos (vgl. etwa *Fragm.* 119–22 Diehl = 6 Lobel-Page). Als Myrsilos starb, schien die Heimkehr zu winken. Aber Alkaios' Freude (39 D = 332 LP) war verfrüht, denn Pittakos hatte sich mit Myrsilos verbündet und durch die Heirat in ein prominentes Adelsgeschlecht weiter an Macht und Prestige gewonnen. Vergeblich warnte der Dichter: »Dieser Mann, der so große Gewalt (*kratos*) zu erringen sucht, wird bald unsere Stadt ins Verderben stürzen: sie wankt ja schon!« (31 D = 141 LP). Pittakos wurde, ähnlich wie Solon in Athen, vom Volk zum bevollmächtigten Aisymneten (Schiedsrichter) gewählt, um dem Bürgerzwist und den adeligen Machtkämpfen ein Ende zu setzen. Wie Aristoteles bezeugt, wurde er prompt von seinen adeligen Konkurrenten als Tyrann verschrieen (*Politik* 3, 1285 a 32 ff.): »Daß sie den Pittakos zum Tyrannen wählten, zeigt Alkaios in einem seiner Trinklieder, wo er den Vorwurf erhebt, ›daß sie den niedrig geborenen Pittakos zum Tyrannen bestellten über die feige und gottverfluchte Stadt, einhellig und mit lautem Jubel‹« (87 D = 348 LP).

Alkaios und seine Freunde fanden sich erneut im Exil. Pittakos, den sie als Verräter an der gemeinsamen Sache betrachteten (24 a D = 129 LP), verfolgten sie mit bitterem Haß: »So mag er denn, verschwägert mit den Atriden, unsere Stadt fressen, so wie er es zusammen mit Myrsilos tat, bis uns andern der Krieg wieder Erfolg verleiht. Dann vergessen wir ganz unseren alten Groll, lassen vom Streit ab, der unser Herz zermürbt, und dem Bruderkampf im Volk, den ein Olympier entfachte, als er die Bürger verblendete und dem Pittakos die ersehnte Macht gab« (43 D = 70 LP). Der Vorbereitung zum Kampf gilt die Schilderung des prangenden Waffensaals (54 D = 140 LP). In schroffem Gegensatz dazu beklagt Alkaios anderweitig die Not des Verbannten, der sich nach der Rückkehr in die Heimat und Beteiligung am politischen Leben sehnt: »...Ich Unseliger lebe ein bäurisches Dasein und schmachte danach, der Volksversammlung zuzuhören, wenn der Herold sie zusammenruft,... und dem Rat. Was mein Vater und meines Vaters Vater... besaßen als Angehörige dieser selbstzerstörerischen Bürgerschaft, davon bin ich ausgestoßen als ein Verbannter in der Ferne... Dem Krieg (*polemos*) bin ich entflohn: nicht hilft ja Kampf (*stasis*) gegen die Mächtigen, wider die Herren der Streit« (24 c D = 130 LP; vgl. auch 142 D = 364 LP). – Pittakos regierte zehn Jahre lang. Als er seinen Auftrag, Mytilene zu befrieden, als erfüllt betrachtete, trat er freiwillig zurück. Seine Regierung galt als gut, sein Andenken wurde in Ehren gehalten, seiner Weisheitssprüche wegen wurde er zu den Sieben Weisen gerechnet.

Alkaios war gewiß kein politischer Denker; für ihn war die Tyrannis eine rein praktische, sein ganzes Leben und Trachten ausfüllende Realität. Er ist hier dennoch zu Wort gekommen, weil er ein gutes Beispiel für das politische Engagement der lyrischen Dichtung bietet und uns drei für die Tyrannis wesentliche Grundgegebenheiten lebendig vor Augen führt, die für das zeitgenössische und spätere politische Denken wichtig wurden. Zunächst ist dies die Tatsache, daß die Tyrannis unmittelbar aus den adligen Machtkämpfen, aus der Stasis in der Polis hervorgeht. Solon (*Fragm.* 3 D = 4 West) und Theognis (39–52; zu beidem vgl. unten, S. 236 f.) betonen dies mit großem Nachdruck, und die Machtergreifung des Peisistratos in Athen liefert die praktische Bestätigung (Herodot 1,59–61; Aristoteles, *Staat der Athener* 14,3 f.).

Zum zweiten bekräftigt Alkaios die Regel, daß der Tyrann, der den adeligen Machtanspruch in seiner Person verabsolutiert, von diesem selben Adel, nicht vom Volk, bekämpft wird (vgl. dazu Theognis 1181 f. und 1203-6). Die Adeligen mögen sich dabei durchaus als Vorkämpfer des vom Tyrannen unterdrückten Volkes geben (vgl. Alkaios 24 a D = 129 LP), aber in Wirklichkeit geht es ihnen nicht um abstrakte Werte wie Freiheit, sondern konkret um die Wiedergewinnung ihres traditionellen Anteils an der Macht (*kratos*). Vieles spricht dafür, daß in der Konfrontation mit dem Tyrannen den Adeligen der Wert der politischen Gleichheit im Kreise der sozial Gleichen bewußt geworden ist, die früher für selbstverständlich gehalten und deshalb nicht formuliert und begrifflich erfaßt worden war, und daß zur Proklamation dieses Sachverhaltes die Begriffe der *isonomia* (politische Gleichberechtigung) und *isegoria* (Redegleichheit) geprägt wurden. Es ist deshalb kein Zufall, daß die athenischen Tyrannenmörder Harmodios und Aristogeiton in einem zeitgenössischen Trinklied dafür gerühmt werden, Athen isonom (nicht etwa: frei) gemacht zu haben (Scolia anonyma 10–13 D = 893–96 Page).

Zum dritten steckte, wie die Reihe der offenbar aus verschiedenen Adelshäusern stammenden mytilenäischen Tyrannen vor Pittakos zeigt, in den meisten Adeligen ein ›Möchtegern-Tyrann‹. So sehr sie gegen den Tyrannen auf dem kollektiven Machtanspruch ihres Standes insistierten, so sehr neigten sie dazu, im Kampf mit den Rivalen ihre individuellen Ansprüche zu verabsolutieren. Strabo hat diesen Sachverhalt prägnant formuliert (13,2,3): »Die Stadt geriet in jenen Zeiten infolge der Parteikämpfe unter die Gewaltherrschaft verschiedener Tyrannen..., zu denen auch Pittakos zählte. Alkaios hat jedenfalls unterschiedslos ihn ebenso wie die übrigen, den Myrsilos und Melanchros und die Kleanaktiden und manche andere geschmäht, obwohl er doch selbst nicht frei war von derarti-

Die Anfänge des politischen Denkens bei den Griechen   231

gen umstürzlerischen Bestrebungen.« Es fragt sich in der Tat, wie Alkaios sich verhalten hätte, wenn seine Faktion an die Macht gekommen wäre. Daß man generell von denen, die dazu in der Lage waren, die radikale Ausnützung solcher Chancen erwartete, bezeugt Solon, der seine Kritiker sprechen läßt: »Solon ist kein tiefverständ'ger und kein wohlberatner Mensch; / als ihm Gott das Beste anbot, nahm er selber es nicht an. / Seine Beute war gefangen, doch betroffen zog er nicht / zu das große Netz; es fehlte ihm an Herz wie an Verstand. / Könnte ich die Macht gewinnen und des Reichtums volles Maß, / und Tyrann sein der Athener nur für einen einz'gen Tag, / dann mag man zum Schlauch mich schinden und austilgen meinen Stamm« (23 D = 33 W). Er dagegen ist überzeugt, durch den Verzicht auf Gewalt und Tyrannis größeren Ruhm gewonnen zu haben und höher über alle Menschen gestiegen zu sein (ebd.).
Die Haltung der Adeligen der Tyrannis gegenüber schwankte somit je nachdem, ob sie unter ihr litten oder selber eine Möglichkeit sahen, sie innezuhaben. Dieselbe Ambivalenz wurde später in der Auseinandersetzung der Demokratie mit der Tyrannis sichtbar. Bezeichnenderweise hat Archilochos sich hier wie in manch anderer Beziehung dezidiert vom adligen Denken distanziert: »Um Gyges' goldnen Reichtum kümmre ich mich nicht, / da wandelt mich kein Neid an. Was die Götter tun, / regt mich nicht auf. Nach der großen Tyrannis begehre / ich nicht. Denn das alles ist weit entfernt von meinen Augen« (22 D = 19 W). ›Aber wenn ich‹, so mag nach H. Fränkel das Gedicht weitergegangen sein, ›den Soundso in dem Prunk und der Macht seines übel erworbenen Reichtums an mir vorübergehen sehe, dann allerdings bekomme ich Lust, ihm meine Axt an den Kopf zu werfen. So sprach Charon, ein Zimmermann von Thasos.‹

3. Kritik an den adligen Werten und Aufruf zur Solidarität: Archilochos und Tyrtaios

Im 7. und 6. Jahrhundert wurde das Epos zwar weiter gepflegt, aber als wichtigste dichterische Aussageform durch die Lyrik abgelöst. Diese weist, trotz der Vielfalt der Gattungen, die sich durch die Art des Vortrags und des Begleitinstruments unterschieden, einige wesentliche Gemeinsamkeiten auf: »In der Lyrik redet der Dichter grundsätzlich selbst und auf eigene Verantwortung. Gewiß sind lyrische Gedichte Dichtungen und nicht Bekenntnisse im Beichtstuhl. Was der Dichter sagt, ist durch eine Transformation hindurchgegangen, in der das, was zu sagen war, alles Alltägliche und Zufällige abgestreift hat. Es erhält eine vom Hier und Jetzt gelöste Gültigkeit und verleugnet doch nicht seine Herkunft aus dem Hier und Jetzt des Dichters« (O. Gigon). – Archilochos und Tyrtaios lebten um die Mitte des 7. Jahrhunderts. Beide setzten sich wie Alkaios und Solon, die der nächsten Generation angehörten, bewußt mit den Problemen und Ereignissen ihrer Zeit auseinander; sie benützten die dichterisch-sprachliche und gedankliche Tradition des Epos, um Neues, Eigenständiges, ihrer Zeit und ihren Bedürfnissen Entsprechendes auszudrücken.
Archilochos stammte von der Insel Paros. Der Überlieferung nach war sein Vater ein Adliger, seine Mutter eine Sklavin, er selbst somit als Bastard mit einem schweren Makel behaftet. Dies hat sein Leben und Denken geprägt. Er

verließ Paros in Armut, verdiente sein Brot als Söldner und machte kein Hehl aus seiner trotzigen Unabhängigkeit und Verachtung für die Anschauungen und Werte der adligen Gesellschaft, die ihn ausgestoßen hatte. Aufgrund jüngster Untersuchungen vor allem von A. P. Burnett und G. Nagy ist freilich nicht auszuschließen, daß dieses dramatische Lebensbild mehrheitlich auf teils antiken, teils modernen Mißverständnissen beruht, ja daß allenfalls sogar das Korpus archilochischer Gedichte wie auch das der Theognidea (unten, S. 240 ff.) überhaupt nicht als das Werk einer einzigen Dichterpersönlichkeit, sondern als Sammlung eines bestimmten Typs von Dichtung zu betrachten ist, die durch die Kultgemeinschaft des Archilochos angeregt wurde. An der für unsern Zusammenhang wesentlichen inhaltlichen Aussage ändert sich dadurch freilich nichts.

Ein wohl im 6. Jahrhundert verfaßtes Lied zeigt uns etwas von der Haltung, die auch den Archilochos prägte; es wird einem sonst unbekannten Hybrias zugeschrieben, der nach erfolgreichem Solddienst nach Kreta zurückkehrte: »Mein großer Reichtum besteht in meinem Speer und Schwert und in dem prächtigen Schild, der meinen Körper beschützt. Damit pflüge ich, damit ernte ich, damit stampfe ich den süßen Wein aus der Traube, darauf gestützt heiße ich ›Herr der Sklaven‹. Die aber, die sich nicht getrauen, Speer und Schwert und den prächtigen Schild... zu tragen, die fallen vor mir nieder, küssen meine Knie und rufen ›Herr‹ und ›Großkönig‹« (Hybrias 1 Diehl = Scolia anon. 909 Page). So dichtet auch Archilochos: »Meine Lanze bäckt mir mein Brot; die Lanze verzapft mir Ismarer Wein; sie gibt, während ich trinke, mir Halt« (2 Diehl = 2 West).

Archilochos' Ablehnung adligen Strebens nach Macht und Reichtum wurde im vorigen Kapitel erwähnt. Ähnlich rücksichtslos verfährt er mit andern traditionellen Anschauungen: dem Gebot unbedingter Tapferkeit im Kampf und demjenigen äußerlicher Schönheit und Gepflegtheit: »Mit dem Schild, den ich ungern bei einem Busche zurückließ, einem trefflichen Stück, prahlt nun ein saïscher Mann; aber mein Leben trug ich davon. Was liegt mir an diesem Schild? Fahr er hin! Demnächst kauf ich den gleichen mir nach« (6 D = 5 W; vgl. Strabo 13,600 über Alkaios). »Ich mag keinen hochgewachsenen und gespreizten Offizier, keinen stolz im Schmuck der Locken, keinen unten ausrasiert. Klein sei der, den ich mir wünsche, seine Unterschenkel krumm anzusehn, sicher auf den Beinen, herzhaft sei der Mann« (60 D = 114 W). In andern Gedichten wendet sich Archilochos gegen die herkömmliche Überbewertung der ›öffentlichen Meinung‹ (9 D = 14 W) und des Nachruhms (64 D = 133 W).

Die Muster für die von Archilochos angegriffenen Werte finden sich häufig bereits in den homerischen Epen; wie sie in der archaischen Epoche weiterlebten, demonstriert einerseits Tyrtaios, andrerseits zum Beispiel Xenophanes von Kolophon (ca. 570–475): »Bis die verhaßte Tyrannis sie knechtete, zogen die Bürger zu Versammlung und Rat alle im Purpurgewand, nach dem Vorbild der Lyder mit nutzlos üppigem Prangen, tausend Herren zumal, stolz und erhobenen Haupts, prunkend im Schmuck der Locken und ziervoll wallender Haarflut; künstlicher Salben Schmelz tränkte mit Düften die Haut« (3 D = 3 W). Ernsthafter ist Xenophanes' Protest gegen die übertriebene Bedeutung, die den sportlichen Erfolgen beigemessen wird: Ein olympischer Sieger wird von seiner Stadt vielfältig geehrt, »ohne mir gleichzukommen an Wert. Denn besser als Stärke,

Die Anfänge des politischen Denkens bei den Griechen   233

sei es von Mann oder Roß, ist doch die Weisheit (*sophia*), die mir eigen ist. Dieser Brauch beruht auf reiner Willkür, und es ist nicht recht, reine Kraft der guten Weisheit vorzuziehen. Denn mag einer im Volk im Faustkampf trefflich und gut sein..., so wird sich doch deswegen die Stadt nicht eher in einer guten Ordnung (*eunomia*) befinden;... die Kammern der Stadt macht dies nicht fett« (2 D = 2 W). Bezeichnenderweise setzt Xenophanes am Ende der archaischen Zeit dem individuellen Streben des Adligen nach Ruhm und Macht die Besinnung auf das kollektive Wohl der Polis entgegen (vgl. etwa auch 1 D = 1 W; Phokylides 3 D). Zwischen diesen beiden Polen bewegt sich auch Solons Denken (vgl. unten, S. 234 ff.).

Schon Tyrtaios hatte die Verantwortung gegenüber der Polis ins Zentrum seines Dichtens gestellt. Zu seiner Zeit kämpften die Spartaner darum, einen Aufstand der zu einem früheren Zeitpunkt unterjochten Messenier niederzuwerfen. Nahezu alles, was wir über diesen ›Zweiten Messenischen Krieg‹ und Tyrtaios' Person wissen, stammt aus den Fragmenten seiner Gedichte. Es ist wenig genug: Sparta befand sich offenkundig unter schwerem äußerem Druck, und die Kampfmoral seiner Truppen war schlecht; die äußere Krise verband sich mit einer inneren, die sowohl wirtschaftliche wie politische Aspekte betraf und wesentliche institutionelle Veränderungen nach sich zog. Dementsprechend ermuntert Tyrtaios seine Mitbürger zu unerschrockenem Kampf und solidarischem Ausharren in der Schlachtreihe. »Schön ist der Tod, wenn man fällt in der vordersten Reihe der Krieger, als ein tapferer Mann, der um sein Vaterland kämpft« (6 D = 10 W, 1f.). »Das ist wahrer Manneswert (*arete*), das ist der beste und schönste Kampfpreis, der unter den Menschen einem jungen Mann zuteil werden kann; ein gemeinsames edles Gut ist das für die Polis und das ganze Volk, wenn ein Mann, mit gespreizten Beinen stehend, sich unverrückbar unter den Vorkämpfern hält« (9 D = 12 W, 13–17). »Wenn aber einer dahinmuß und fällt in vorderster Reihe, seinem Vater, der Stadt und den Gefährten zum Ruhm, ... einen solchen Mann beweinen gleicherweise Junge und Alte, und die ganze Stadt klagt um den jammervollen Verlust. Auf sein Grabmal zeigt alle Welt und begegnet mit Ehrfurcht Kindern und Kindeskindern und all den späteren Nachkommen. Niemals vergehen sein edler Ruhm und sein Name; auch wenn er unter der Erde begraben liegt, ist er unsterblich.« Wenn er jedoch die Schlacht überlebt, wird er von der Gemeinde geehrt, alle machen ihm Platz, und er genießt ein ruhmvolles Alter (ebd. 23–44). Schimpflich jedoch ist die Flucht, häßlich ein von hinten durchbohrter Leichnam, jammervoll das Los dessen, der wegen Feigheit vor dem Feind von allen verachtet wird und der in Not nirgends Unterstützung findet (8 D = 11 W, 14–20; 6 D = 10 W, 2–12).

Solche Aufrufe zur Solidarität angesichts einer existentiellen äußeren Gefährdung der Polis finden sich auch anderweitig (vgl. Kallinos von Ephesos 1 D = 1 W). Wie schon in der *Ilias* sprechen sie vor allem das Überlebensbedürfnis des einzelnen an, sind von politischen Erwägungen weitgehend unabhängig und finden ihre Entsprechung in der Verherrlichung der geschlossenen Phalanx: »Fuß neben Fuß gesetzt und den Schild gepreßt mit dem Schilde, Busch berührend den Busch, lehnend den Helm an den Helm, Brust an Brust andrängend: so soll man den Gegner bekämpfen, Schwertes Griff in der Faust oder weitreichenden Speer« (Tyrtaios 8 D = 11 W, 31–34). Der Versuch, solche Solidarität auch ohne eine äußere, offenkundige und alle Bürger gleicherweise betreffende Bedrohung als für das Wohl der Gemeinde unerläßlich zu erweisen, stieß naturgemäß auf weit größere Schwierigkeiten. Dies war das Hauptanliegen Solons, dem wir uns jetzt zuwenden.

4. Solon

Solon war mit den Gedankengängen Hesiods zweifellos vertraut. Er lebte allerdings nicht nur rund ein Jahrhundert später, sondern in dem – im Vergleich zum böotischen Hinterland – großen und weltoffenen Athen. Er entstammte einem einflußreichen Adelsgeschlecht, das sich auf einen der frühen Könige zurückführte, war weitgereist und unterhielt enge Beziehungen zum panhellenischen Orakelheiligtum des Apollo in Delphi. Athen war damals in einen langwierigen Krieg mit der Nachbarstadt Megara um den Besitz der Insel Salamis verwickelt (vgl. 2 Diehl = 1–3 West). Um 630 hatte Kylon, ein vornehmer Athener, Olympiasieger und Schwiegersohn des Tyrannen Theagenes von Megara in Athen eine Tyrannis zu errichten versucht; der Umsturz wurde unter Führung des Adelsgeschlechts der Alkmeoniden blutig niedergeschlagen (Herodot 5,71; Plutarch, *Solon* 12). Die Adelsfehden hielten freilich an und wenig später wurde der legendäre Drakon beauftragt, ihnen und den Gewaltsamkeiten des Adels gegen die übrigen Bürger ein Ende zu setzen. Über das Ausmaß seines Wirkens bestand bereits im Altertum große Unklarheit. Mit Sicherheit hat er zumindest eine Teilkodifikation des Rechts vorgenommen, die Tötung der Rechtsprechung der Gemeinde unterstellt, sonst jedoch das althergebrachte Selbsthilferecht bestätigt. Diese wohl auch von beträchtlichen Teilen der Oberschicht begrüßte ›Disziplinierung des Adels‹ scheint freilich wenig erfolgreich gewesen zu sein; zu Beginn des 6. Jahrhunderts stand Athen erneut am Rande eines Bürgerkrieges. Die Ursachen sind zum Teil in den Auswirkungen der andauernden Adelsfehden, zum Teil (und damit zusammenhängend) in der gravierenden Verschuldung und Krise des Bauerntums zu sehen. Die beste Schilderung stammt von Solon selbst, in einem Gedicht, in dem er sich nach der Durchführung seiner Reformen vor seinen Kritikern rechtfertigte (24 D = 36 W, 1–15): »Und habe ich nicht alles, wofür ich das Volk zusammenschloß, erreicht und bis zum Ziel geführt? Des sei mir Zeuge vor dem Richterstuhl der Zeit die Große Mutter aller Götter im Olymp vor andern, sie die schwarze Erde, der ich einst Schuldsteine ausriß, hundertfältig eingepflockt, die früher eine Sklavin war; nun ist sie frei. Und viele hab ich nach Athen zurückgeführt, der gottgesetzten Heimat, Menschen sei's zu Recht verkauft, sei's ungesetzlich, andre in der Not des Schuldendrucks geflohn, deren Zunge schon unattisch ging, denn vielfach irrten sie umher; und wieder andre, die im Land der Knechtschaft Schmach erlitten, zitternd vor den Launen ihres Herrn: frei machte ich sie.«

Sichtbarster Ausdruck der Krise war also die weite Verbreitung der Schuldabhängigkeit, die in vielen Fällen den Verlust von Hof und persönlicher Freiheit nach sich zog. Die Forderungen der unzufriedenen Bauern konzentrierten sich denn auch auf Schuldentilgung, wie Solon sie in dem eben zitierten Gedicht als erfüllt schildert, und auf Landreform, die Solon dezidiert ablehnte (23 D, 20 f. = 34 W, 8 f.). Auf Solons Zeugnis gestützt, haben Aristoteles (*Staat der Athener*

Die Anfänge des politischen Denkens bei den Griechen 235

2.5,1 f.) und Plutarch später eine einfache Polarisierung zwischen Reich und Arm erschlossen: »Da nun damals die Ungleichheit zwischen Arm und Reich gleichsam den Gipfel erreichte, so befand sich die Stadt in einer höchst kritischen Lage, und es sah so aus, als ob sie allein durch die Errichtung einer Tyrannis würde aus den Wirren heraus und zur Ruhe kommen können. Denn das ganze Volk war den Reichen verschuldet« (Plutarch, *Solon* 13,3 f.). Dies letztere ist gewiß übertrieben – wir haben jedenfalls mit einer breiten ›Mittelschicht‹ nicht direkt betroffener freier Bauern zu rechnen –, aber Plutarch schätzt den Ernst der Lage richtig ein. Solon, der das Volk zuvor durch sein engagiertes Warnen auf sich aufmerksam gemacht hatte (3 D = 4 W), wurde zum ›Schlichter‹ gewählt und mit großen Vollmachten ausgestattet (Plutarch 14; Aristoteles 5,2).

Das Reformwerk, das er in den folgenden Jahren verwirklichte, stellt einen Meilenstein in der Geschichte des griechischen politischen Denkens dar. Dies nicht so sehr, weil Solon der erste gewesen wäre, der durch Reformen eine Krise zu überwinden versuchte – andere gingen ihm voran oder standen zeitlich neben ihm, und sie alle müssen sich etwas dabei gedacht haben –, oder weil es ihm gelungen wäre, die politischen Probleme der Athener vollständig zu lösen – es kam im Gegenteil nach einigen Jahren erneut zu heftigen Faktionskämpfen, denen erst die Tyrannis des Peisistratos ein Ende setzte –, oder weil seine Vorschläge allgemein mit Begeisterung aufgenommen worden wären – es scheint eher, daß beide Seiten mit ihm unzufrieden waren (vgl. 24 D = 36 W, 20-27; 25 D = 37 W); sondern weil er seine umfassenden Reformen und seine Rechtskodifikation auf ein sorgfältig durchdachtes theoretisches Fundament stützte und weil diese Theorie erstmals nicht primär ethisch-religiösem, sondern rein politischem Denken entsprang.

Dabei stand Solon ursprünglich den Gedanken Hesiods sehr nahe. Eine wohl frühe Elegie (1 D = 13 W) beginnt mit einem Gedicht an die Musen und setzt sich mit Grundproblemen des menschlichen Lebens, namentlich dem von Recht und Unrecht auseinander. Segen wünscht sich der Dichter von den Göttern, von seiten der Menschen dauernden, »guten« Ruhm, dazu Reichtum, aber nicht unrecht erworbenen, »denn es folgt sicherlich Strafe darauf« (8). Gottgeschenkter Wohlstand ist dauerhaft und fest; dem auf Hybris und Unrecht gegründeten Reichtum dagegen ist Unheil und Vergeltung beigesellt (9–17). Die Strafe des Zeus ist dem Frühlingssturm vergleichbar, der unversehens das Meer aufwühlt und Äcker verwüstet, aber am Schluß den Himmel reinfegt (17–25). »Zeus ist nicht um jedes einzelne, so wie ein Mensch, jähe und heftig von Zorn, aber für immer entzieht sich ihm nicht eines Frevlers Gesinnung, sondern gewißlich am Schluß kommt sie dann doch an den Tag« (25–28), nur daß der eine sofort, der andere später, ein dritter erst durch Kinder oder Kindeskinder erfaßt wird: »mit Gewißheit kommt die Strafe auch dann noch« (29–32). Bemerkenswert ist hier die große Zuversicht der Aussage. Was Hesiod postuliert, aber letztlich nur in der Form von Hoffnung, Vertrauen und Glauben hatte ausdrücken können – daß Zeus das Handeln der Menschen überwache und Unrecht bestrafe –, das stellt Solon mit absoluter Sicherheit fest: Dreimal fügt er *pantos* (gewißlich, auf jeden Fall) hinzu. Wie er zu solcher Gewißheit gelangt ist, wissen wir nicht. Entscheidend ist, daß er sie auf den politischen Bereich übertragen und dort empirisch hergeleitet hat. Dies bezeugt jene Elegie, die in programmatischer Form die Kernpunkte seines politischen Denkens formuliert (3 D = 4 W).

Zu Beginn der *Odyssee* (1,32–46) beklagt sich Zeus in einer Versammlung der Götter über die Tendenz der Menschen, die Götter für ihr Unglück verantwortlich zu machen und zu übersehen, wie sehr sie selber es durch ihre Freveltaten verursachen. Illustriert wird dies mit dem Schicksal des Aigisthos, der entgegen der Warnung der Götter, »über sein Teil hinaus«, Agamemnons Gattin zur Frau genommen und diesen bei der Heimkehr erschlagen hat. Daß er dann seinerseits von Agamemnons Sohn Orestes getötet worden ist, ist nichts als verdiente Vergeltung: »Nun hat er alles auf einmal abgebüßt!« Der von Zeus hier kritisierten häufigen und verständlichen menschlichen Denkweise schiebt Solon dezidiert einen Riegel vor: »Wenn es nach der Fügung des Zeus und dem Willen der unsterblichen Götter geht, wird unsere Stadt niemals untergehen, hält doch eine solch großherzige Beschützerin, des erhabenen Zeus eigene Tochter, die Hände über uns. Aber die Bürger selber drohen die große Stadt zu verderben, aus Unverstand und verführt durch Besitzgier« (1–6).

Die Verantwortung für das Unglück der Stadt liegt also allein bei den Einwohnern. Bei allen, insofern politische Torheit und Habgier beteiligt sind, aber mehr noch bei den »Führern des Volkes«, also bei den Adeligen, deren Rechtlosigkeit, Hybris und Unersättlichkeit besonders hervorgehoben werden (7–10). »Ungerechter Erwerb hat ihnen Reichtum verschafft... Weder heiligen Besitz noch das Gut der Gemeinde schonen sie, sondern sie stehlen und raffen von überall alles, und sie mißachten Dikes erhabene Satzung« (11–14). Auch Solons Nachdenken über die Polis ist somit durch die Kritik an Willkür, Maßlosigkeit und Eigensucht der Adligen provoziert. Seine Kritik setzt jedoch nicht mehr an einem einzelnen Vorfall an und beschränkt sich nicht auf einen Einzelbereich adliger Herrschaftsübung, sondern zielt grundsätzlich und schonungslos auf den generellen Machtmißbrauch, den sich die Adligen angewöhnt haben.

In einem verwandten Gedicht des Theognis wird dies noch schärfer betont: »Kyrnos, die Stadt ist schwanger. Ich fürchte, daß sie den Mann gebären wird, der unsere üble Hybris geraderichtet. Noch sind unsere Bürger zwar vernünftig, aber die Führer haben einen Pfad betreten, der sie ganz in die Verderbtheit geführt hat. Noch nie, Kyrnos, haben gute Männer (*agathoi*) eine Stadt vernichtet, sondern (dies geschieht nur) wenn die Schlechten (*kakoi*) nach Hybris trachten und sie das Volk verderben und Ungerechten Recht geben, um ihres eigenen Gewinnes und ihrer Macht (*kratos*) willen. Verlaß dich drauf, jene Stadt bleibt nicht mehr lange ruhig..., wenn erst einmal dieses jenen schlechten Männern begehrenswert erscheint, nämlich der Gewinn, der mit dem Unglück der Gemeinde gepaart ist. Denn daraus entsteht Bürgerzwist (*stasis*) und Mord unter Bürgern und Alleinherrschaft (*monarchia*): möge dies niemals unserer Stadt gefallen!« (39–52). Der Dichter spielt hier mit der (im deutschen ›edel‹ und ›gemein‹ noch faßbaren) moralischen und sozialen Doppelbedeutung von *agathos, esthlos* und *kakos, poneros* (gut, adlig bzw. schlecht, gemein). Traditionellerweise gehören soziale Prominenz, politische Macht und moralische Überlegenheit den ›Guten‹. Wenn nun die ›Guten‹ sich weiterhin an die überlieferten ›guten‹ Verhaltensweisen und Werte hielten, stünde alles zum Besten. Verhängnis-

Die Anfänge des politischen Denkens bei den Griechen

voll ist jedoch, daß nicht nur, wie Theognis anderweitig beklagt (vgl. unten, S. 240 ff.), durch wirtschaftliche und soziale Verschiebungen *agathoi* zu *kakoi* werden und *kakoi* sozial und politisch in die Stellung von *agathoi* aufrücken, sondern auch die *agathoi* sich der Methoden und Verhaltensweisen der *kakoi* bedienen (vgl. auch 289–92) und damit die moralische Grundlage ihrer Vormacht preisgeben. Die Polis ist damit – immer aus der Sicht des aristokratisch gesinnten Dichters – von zwei Seiten bedroht: durch den Aufstieg unqualifizierter und inkompetenter *kakoi* in die Führungspositionen (vgl. 53 ff., 279 ff., 289 ff., 667 ff.) und vor allem durch das verantwortungs- und rechtlose Verhalten mancher *agathoi* (vgl. 603 f.).

Doch zurück zu Solon: »Dike schweigt, aber weiß, was geschieht und was früher geschehn ist, und gewißlich einmal, kommt sie, zu strafen die Schuld. Schon naht unentrinnbar die Wunde der ganzen Gemeinde. Schlimmer Knechtschaft verfällt rasch eine jegliche (oder auch: die ganze) Stadt, welche Entzweiung im Innern des Volks und schlafenden Krieg weckt, der dann grausam so viel blühende Leben zerstört« (15-20). Dike ist hier nicht mehr wie bei Hesiod die Tochter des Zeus, die sich an ihres Vaters Knie schmiegt und ihm ihre geradezu physisch verstandene Mißhandlung durch die Richter klagt, sondern steht als göttliche Verkörperung des Rechts für sich selbst. Sie kommt gewiß, die von ihr verursachten Leiden sind unentrinnbar, sie treffen die ganze Gemeinde. Der von Hesiod konstatierte Kausalzusammenhang ist hier viel zwingender formuliert: Man kann nicht nur hoffen, man weiß! Denn die Auswirkungen der Rechtsmißachtung sind nicht lediglich theoretisch und deshalb schematisch postulierbar, sondern stehen als Erfahrungswirklichkeit jedem vor Augen: Bürgerzwist und -krieg, Blutvergießen und Knechtschaft durch den Tyrannen (21–25).

»Solcherart kommt das Unglück des Volks in das Haus eines jeden, und die Tore des Hofs halten es nicht mehr zurück. Über die höchsten Zäune hinüber springt es und findet sicherlich jeden, auch den, der sich im Innern verkriecht« (26–29). Was Hesiod postuliert hatte, ist hier in vollem Umfang ernstgenommen. Die ganze Stadt, das bedeutet konkret: jeder einzelne Bürger. Dies erlaubt zwei Folgerungen: Einerseits ist unter diesen Umständen auch der von Hesiod für seinesgleichen empfohlene Ausweg in die Beschränkung auf den privaten Bereich nur eine illusionäre Ausflucht. Rettung kann dann allein in der umgekehrten Richtung, im politischen Engagement gefunden werden. Andererseits sind in dieser ausnahmslosen Betroffenheit durch das Unglück auch die adligen Verursacher der Misere selbst eingeschlossen. Sie haben sogar am meisten unter den Folgen von Stasis und Tyrannis zu leiden. Hesiod hatte angesichts der Erfahrung, daß im Leben so oft der Rechtlose triumphiert, nur hoffen können, daß der von ihm erkannte Kausalzusammenhang gleichermaßen für die mächtigen Adligen mit ihren ungleich größeren Ressourcen gelte. Auf Grund der Analyse der aktuellen Krisenentwicklung wurde es jetzt für Solon möglich, diese bislang vorherrschende Betrachtungsweise zu überwinden. Zwar hat der Adel noch immer die Macht, willkürlich zu handeln, aber er kann sich seine Willkür nicht mehr leisten, weil ihre Folgen ihn mit Sicherheit ins Verderben mitreißen werden. Der Appell an den Adel, zu rechtlichem Handeln zurückzukehren, hat jetzt weit mehr Kraft, weil er sich auf einen empirisch nachweisbaren, sozialimmanenten Zusammenhang stützen kann.

Dies ist zu betonen: Auch wenn Solon die göttliche Potenz in der Gestalt der Dike noch einbezieht, ist sie für den von ihm konstruierten Ablauf weder unerläßlich noch der entscheidende Faktor. Es ist eine der für die Entwicklung des politischen Denkens wichtigsten Entdeckungen Solons, daß der Kausalzusammenhang zwischen dem (bekannten) Verhalten einer (bekannten) Gruppe und einer (bekannten,) alle Bürger betreffenden Misere zwingend auf der rein menschlichen Ebene, ohne Rekurs auf die Götter hergestellt werden kann. Solon hat dies später durch den Vergleich mit einem naturgesetzlichen Ablauf noch plausibler nachzuweisen versucht: »Von der Wolke her kommt die Gewalt des Schnees und des Hagels, und der donnernde Schlag kommt von dem strahlenden Blitz; so von großen Männern verdirbt die Stadt, in die Knechtschaft des Monarchen versinkt durch seine Torheit das Volk. Wen man zu hoch emporhob, den kann man nicht leicht hinterher noch niederdrücken; zuvor soll man das ganze durchschaun« (10 D = 9 W).

Der denkende Bürger hat somit eine klare Alternative vor sich: die schlechte Ordnung par excellence (*dysnomia*), deren Ursachen er kennt und deren Wirkung er leidvoll erfährt, oder die *eunomia,* die in jeder Beziehung das Gegenteil der gegenwärtigen Misere darstellt und den guten Zustand der Polis schlechthin verkörpert (3D,30 ff.). Diese gute Ordnung entspricht weitgehend der wiederhergestellten, von ihren Auswüchsen gereinigten, alten Ordnung. Daß der Adel allein zur Führung befähigt und berufen ist, steht für Solon außer Zweifel. Forderungen des Demos, die dies in Frage stellen, weist er mit größtem Nachdruck zurück (vgl. 23 D, 20 f. = 34 W, 8 f.; 24 D = 36 W, 22 f.; 25 D = 37 W). »Soviel an der Macht, als genug ist, gab ich dem Volk, nahm von der Würde ihm nichts, legte zuviel nicht hinzu. Doch den Gewaltigen auch und hoch im Reichtum Gestellten gab ich mit klugem Bedacht wider das Schickliche nichts... Und so leistet am besten das Volk den Führern Gefolgschaft: weder zu locker gelenkt noch auch gewaltsam gepreßt. Sattheit nämlich gebiert Überhebung immer, wenn Männer ohne gefüge Vernunft üppig der Wohlstand bedient« (5 D = 5–6 W).

Wenn sich nun der ganze Vorgang ausschließlich auf der menschlichen Ebene und innerhalb der Polisgemeinschaft abspielt, kann nur diese Abhilfe schaffen, und sie muß es tun, wenn sie überleben will. Weil alle betroffen sind, müssen auch alle an der Remedur beteiligt werden. In ganz neuer Weise ist deshalb ein politisches Engagement der gesamten Bürgerschaft erforderlich. Dem menschlichen Handeln stehen jetzt neue Möglichkeiten der Einflußnahme offen: Man kann einem nach Ursache und Wirkung präzise verstandenen Ablauf durch Eingriffe an bestimmten Stellen mit einigermaßen berechenbarer Wirkung eine andere Richtung zu geben versuchen. Damit ergibt sich eine Chance, durch geplante gesetzliche und institutionelle Veränderungen die Krise (*dysnomia*) zu überwinden und *eunomia* herzustellen. In völlig neuer Weise wird es der Bürgerschaft (wie auch immer sie zusammengesetzt ist und wer auch immer darin den Ton angibt) damit möglich, ihr Geschick selber in die Hand zu nehmen. Erstmals kann so politisches Denken über die weitgehend ohnmächtige Kritik am Bestehenden hinaus in politisches Handeln umgesetzt, kann solches Handeln programmiert und institutionell reguliert werden.

Solon war als berufener und bevollmächtigter Schlichter in der Lage, seine Überlegungen in die Tat umzusetzen. Die Grundzüge seines politischen Denkens lie-

Die Anfänge des politischen Denkens bei den Griechen

ßen sich deshalb durch eine Analyse seiner sozialen und politischen Reformen eindrucksvoll bestätigen. Hier seien nur drei Aspekte hervorgehoben. Zum ersten versuchte Solon durch eingreifende und möglicherweise in ihrer Zeit einzigartige Maßnahmen der wirtschaftlichen Krise auf den Leib zu rücken: Die bestehenden Schulden wurden getilgt, die Schuldabhängigen und -sklaven befreit (vgl. die oben zitierten Zeilen 5–15 aus 24 D = 36 W) und für alle Zukunft die personale Schuldhaftung (das ›Borgen auf den Leib‹) untersagt: »Dieses tat ich, kraft meiner Macht (*kratos*) Zwang (*bie*) und Recht (*dike*) gleichmäßig miteinander verschlingend, und ich vollbrachte alles, wie ich es versprach!« (ebd. 15–17, vgl. insgesamt Aristoteles, *Staat der Athener* 6; Plutarch, *Solon* 15 f.). Damit wurde die persönliche Freiheit als unverlierbares Recht des athenischen Bürgers in seiner Gemeinde anerkannt. Obschon Solon die Forderung auf Neuverteilung des Landes ablehnte, unternahm er Anstrengungen, durch zusätzliche Gesetze die Landwirtschaft zu konsolidieren und im nichtagrarischen Sektor neue Beschäftigungsmöglichkeiten zu schaffen (vgl. Plutarch, *Solon* 22. 24). Zweitens unternahm Solon darüber hinaus eine umfassende Rechtskodifikation, die der – für Hesiod so bedrückenden – Rechtswillkür weitgehend die Grundlage entzog und eine wesentliche Voraussetzung für die Herstellung von Gleichheit unter den Bürgern schuf: »Satzungen schrieb ich gleichmäßig für den Geringen und für den Edeln, jedem anpassend gerades Recht« (24 D = 36 W, 18–20). Zum dritten versuchte er durch gezielte Maßnahmen ein verstärktes Engagement breiterer nichtadliger Schichten zu fördern. Besonders zu erwähnen sind die Einführung oder wenigstens Ausgestaltung und politische Aktualisierung des ›timokratischen Systems‹, durch das Vermögen und militärische Leistungsfähigkeit als Voraussetzungen für die Bekleidung von Ämtern wichtiger wurden als die Familienzugehörigkeit; die Einführung der Heliaia, eines durch Geschworene aus dem Volk besetzten Gerichts; die Popularklage, die jedem Bürger die Möglichkeit einräumte, Rechtsverletzungen anzuzeigen und damit auch in den Fällen eine Ahndung herbeizuführen, in denen der Betroffene selbst nicht klagen konnte oder wollte; und das bemerkenswerte ›Stasisgesetz‹, das festlegte, daß derjenige der ›Atimie‹ verfallen, also seiner bürgerlichen Ehrenfähigkeit verlustig gehen sollte, der in einem Bürgerzwist nicht für eine der beiden Seiten Partei ergriff (Aristoteles 7–10; Plutarch 17–20). Solon war freilich seiner Zeit weit voraus. Die große Schicht der freien Bauern war noch nicht zu jenem politischen Engagement bereit, von dem für das Gelingen seiner Konzeption so viel abhing. Die Tendenz, sich hinter dem Hoftor zu verstecken, war noch zu verbreitet, der traditionelle Einfluß des Adels noch zu mächtig und allgegenwärtig. Nachdem durch Solons Reformen die ärgsten Gravamina beseitigt waren und die Krise sich abgeschwächt hatte, war die Versuchung, in die gewohnten Verhaltensweisen zurückzufallen, wohl für alle zu groß. Die Faktionskämpfe innerhalb des Adels mit all ihren Begleiterscheinungen setzten wieder ein – und kaum eine Generation später errichtete Peisistratos erstmals seine Tyrannis. Solon erlebte dies noch mit, und mit grimmigem Sarkasmus rechnete er mit seinen Mitbürgern ab, die dem Tyrannen selber die Machtmittel in die Hand gegeben und in kollektivem Unverstand allein auf die Worte, nicht aber auf die Taten des einschmeichelnden Demagogen geachtet hatten (8 D = 11 W).

5. Die Definition des aristokratischen Ethos: Theognis

Die Entwicklung des politischen Denkens wurde durch die rund fünfzig Jahre der Tyrannis in Athen in verschiedener Weise beeinflußt. Sicher ist, daß politisches Engagement nicht gefragt war; im Interesse des Tyrannen lag vielmehr die Entpolitisierung der Bürgerschaft, die auch von ihren militärischen Verpflichtungen befreit wurde. In Umkehrung der Bestrebungen Solons wurde die Beschränkung auf den eigenen Hof für richtig und wünschenswert erklärt und durch administrative Maßnahmen gefördert. Da Peisistratos auch sonst die Bedürfnisse der Bauern im Auge behielt, durch seine Bauten manchen Athenern und Zugewanderten Arbeit verschaffte und Attika während seiner Regierungszeit Frieden und eine wirtschaftliche Blüte genoß, bestand weder für Bauern noch für Handwerker und Händler ein Anlaß zur Unzufriedenheit, im Gegenteil: Die Regierungszeit des Peisistratos erschien der Nachwelt als ›Goldenes Zeitalter‹. Der Tyrann übernahm unmerklich gewisse Funktionen, die im Denken der an verschiedene Grade der Abhängigkeit von den adligen Familien gewöhnten Bevölkerung bisher selbstverständlich dem Adel zugefallen waren. Gleichzeitig hob er die Stellung Athens in ganz neuer Weise hervor, indem er gemeinathenische Münzen, neue Feste (die Panathenäen) und Kulte (etwa den Dionysoskult von Eleutherai und eine ›Ablage‹ des Mysterienkultes von Eleusis) einführte und großzügige Tempel (für Athena auf der Akropolis, für Zeus in deren unmittelbarer Nähe) sowie für politische Zwecke bestimmte Bauten an der Agora errichtete. Attika wurde dadurch systematisch auf den Hauptort Athen hin orientiert, und damit entstand auch unter den Bewohnern Attikas allmählich eine zwar zunächst nicht spezifisch politische, aber doch »bürgerliche Identifikation mit Athen« (W. Eder), die sich bald auch politisch auswirken sollte. Denn als nach dem Tyrannensturz die zuvor üblichen Faktionskämpfe unter den Adligen wieder ausbrachen, zeigte es sich, daß sich inzwischen »ein politisches und militärisches Potential sozusagen aufgestaut« hatte (P. Spahn), das unversehens ganz neue Möglichkeiten der Problemlösung eröffnete.

Demgegenüber waren die Adelsfamilien die großen Verlierer. Das durch das ›timokratische System‹ begünstigte Vordringen der Vertreter einer wachsenden Schicht begüterter nichtadliger Familien in die Ämter und den alten Adelsrat auf dem Areopag brachte eine allmähliche Verlagerung des politischen Einflusses mit sich, die dem alten Adel nicht gleichgültig sein konnte. Die Gedichte in der Theognis-Sammlung zeigen anhand zeitgenössischer Erfahrungen, daß ein Teil des Adels sich vornehmlich aus wirtschaftlichen Gründen mit dieser Entwicklung abfand, ein anderer Teil sie aber erbittert ablehnte. Sicher ist, daß damit das auf Standesprivilegien beruhende Herrschaftsmonopol des Adels abzubröckeln begann. Durch die Errichtung einer Tyrannis wurde es zwar nicht formell aufgehoben, aber sistiert. Die Adligen waren während dieser Zeit, auch wenn manche sich mit dem Tyrannen arrangierten und Ämter bekleideten, von der tatsächlichen Herrschaftsausübung ausgeschlossen. Größere Gruppen befanden sich überdies jahrelang im Exil. All dies trug neben den geschilderten und weiteren gezielten Maßnahmen des Tyrannen dazu bei, auch die soziale Vormachtstellung der Adelsfamilien so weit zu untergraben, daß etwa in Attika die an den Geschlechtern orientierten gesellschaftlichen und politischen Organisationsfor-

Die Anfänge des politischen Denkens bei den Griechen

men bald nach dem Tyrannensturz von neuen, jetzt rein politisch ausgerichteten Strukturen überlagert und funktionell verdrängt werden konnten (vgl. unten, S. 252 ff.). Zudem büßten eben auch die alten Geschlechterkulte einen großen Teil ihrer Bedeutung zugunsten der in Athen neu eingeführten oder mit neuer Emphase herausgehobenen und staatlich geförderten Poliskulte ein. Der Adel war also in schwerer Bedrängnis. Was sich in Athen abspielte, ereignete sich auch in Korinth, Megara und in manchen anderen Poleis. In einem Lebensbereich nach dem andern verlor der Adel seine traditionelle standesbedingte Vorherrschaft. Er sah sich dadurch in ungewohnter Weise zur Besinnung auf seine Werte und Qualitäten gezwungen. Was früher selbstverständlich gewesen war, mußte jetzt argumentativ gerechtfertigt werden. In der doppelten Bedrängnis durch die Verabsolutierungstendenzen des Tyrannen und die Aufweichung aristokratischer Werte durch die nichtadeligen, ›neureichen‹ Aufsteiger wurden die in den vorangegangenen Jahrzehnten allmählich entstandenen Grundzüge einer aristokratischen Ethik zusammengefaßt und ergänzt. Der Demokratisierung Athens zum Trotz hielten sie sich bis ins 4. Jahrhundert und setzten sich dann zwar nicht politisch, aber geistig in der politischen Philosophie Platons und des Aristoteles durch.

Besonders aufschlußreich sind dafür die mehrheitlich aus dem 6. Jahrhundert stammenden Lieder der Theognis-Sammlung (wie auch die in der ersten Hälfte des 5. Jahrhunderts verfaßten Lieder des Pindar, auf die wir hier nicht eingehen können). Unter dem Namen des Theognis von Megara ist eine große Zahl von Epigrammen und kurzen Elegien (insgesamt fast 1400 Zeilen) überliefert, die offenkundig auf verschiedene Autoren aus verschiedenen Zeiten zurückgehen. Den Kern der wohl erst im 5. Jahrhundert zusammengestellten Sammlung von Gelagepoesie bilden die an einen gewissen Kyrnos gerichteten Ratschläge, die sich durch traditionelle Moral, aristokratische Voreingenommenheit und harte Kritik an den in der Umgebung des Dichters sichtbaren sozialen, wirtschaftlichen und politischen Veränderungen auszeichnen. In der Forschung standen sich bisher vorwiegend extreme und gemäßigte Positivisten gegenüber, die größere oder kleinere Teile der Sammlung auf eine historische Dichterpersönlichkeit zurückzuführen und als Spiegelung historischer Verhältnisse in Megara zu interpretieren versuchten. Nach neueren Vorschlägen stellen diese scheinbar historischen Aspekte freilich eine mythopoetische Fiktion dar, durch die die über einen langen Zeitraum hinweg entstandenen, mündlich überlieferten und die Traditionen einer sozial wie lokal fest umschriebenen Gruppe bewahrenden Lieder vereinheitlicht und zusammengefaßt wurden. An dem für uns wesentlichen Inhalt der Aussagen ändert sich dadurch jedoch nichts.

Die Mannigfaltigkeit, ja Widersprüchlichkeit der Äußerungen läßt sich am Problem der Theodizee demonstrieren, das wie bei Hesiod und Solon auch hier eine grundlegende Rolle spielt. Das Problem als solches ist in den folgenden Versen eindrucksvoll formuliert: »O lieber Zeus, ich staune: du bist über alle der Herrscher, du hast die Ehre allein, hast die gewaltige Macht, weißt von jeglichem Menschen den Sinn und kennst seine Triebe; König, dein Regiment hat über alles Gewalt. Wie denn wagt es dein Geist, Kronide, frevelnde Männer und den Gerechten genau gleich zu behandeln, o Zeus?« (373–78, vgl. 379–92). Der Ausblick ist im ganzen pessimistisch: Die Götter verteilen Glück und Unglück nach ihrem eigenen unerforschlichen Willen, doch kaum nach Verdienst oder Adel der Menschen, die solchem Geschehen hilf- und ratlos ausgeliefert sind (133-42, 149 f., 151–58). Daneben stehen jedoch Elegien, die den Glauben an die letztendlich siegende Gerechtigkeit der Götter verkünden (vgl. bes. 197–208) oder den Wunsch ausdrücken, wie ein Gott die Gerechtigkeit selber in die Hand nehmen und den Menschen ihr verdientes Geschick zuteilen zu dürfen (337–50).

Im vorliegenden Zusammenhang sind die folgenden Aspekte besonders wichtig: Wie Solon in Athen gelangte auch hier ein Angehöriger des Adels zur Erkenntnis, daß die Herrschaft seines Standes nur behauptet werden konnte, wenn Situationen und Verhaltensweisen vermieden wurden, die erfahrungsgemäß Stasis und Tyrannis geradezu provozieren mußten. Auch hier wurden die ›Führer des Volkes‹ kritisiert, deren Hybris die Machtergreifung eines ›Geraderichters‹ (*euthynter*) unvermeidlich zu machen schien (39–52: oben, S. 236 f.; vgl. 1081–82 b). Der Adlige sah sich freilich nicht nur durch seine ›entarteten‹ Standesgenossen, sondern auch durch die nichtadligen Aufsteiger bedrängt. Wie alarmierend die rasch zunehmende soziale Mobilität auf die bisherigen Herrschaftsträger wirkte, verdeutlichen die folgenden sarkastischen Verse: »Noch ist unsere Polis eine Polis, aber die Männer in ihr sind anders. Jene, die früher nichts wußten von Recht und Gesetz, die, ihre Blöße bedeckend mit alten haarigen Fellen, draußen auf offener Flur hausten wie Rotwild am Berg, sie sind die ›Guten‹ jetzt; und sie, die früher als vornehm galten, jetzt sind sie Pack. Nicht zu ertragen ist das« (53–58).

Im Verlauf der diesen Veränderungen zugrundeliegenden wirtschaftlichen Verschiebungen büßten umgekehrt manche altadligen Familien ihren Wohlstand ein. Armut jedoch war mit sozialer Geltung und damit auch mit politischem Einfluß unvereinbar: »Den Adligen, Kyrnos, schlägt die Armut am schlimmsten von allem, schlimmer als graues Alter oder Fieber ... Denn ein von Armut bezwungener Mann vermag nicht nach seinem Willen zu sprechen oder handeln, die Zunge ist ihm gebunden« (173 f., 177 f.; vgl. 267 ff., 525 f.). »Wär' ich vermögend wie früher, ... wär' es mir nicht so quälend, zu sitzen im Kreis derer, die gut sind im Land. So aber kann ich nur zusehn; ich merke, was vorgeht, doch Armut schließt mir den Mund« (667–70). Nicht wenige erlagen in dieser Situation der Versuchung, sich durch die Heiratsverbindung mit einer nichtadligen Familie, die dadurch das gewünschte soziale Prestige erhielt, wirtschaftlich zu sanieren: »Bei den Widdern und Eseln und Hengsten bemühn wir uns, Kyrnos, um eine gute Zucht, wählen mit Sorgfalt den Stamm; doch eine schlechte Frau aus schlechtem Hause zu nehmen, macht dem Edlen nichts aus, wenn ihm die Mitgift gefällt. Auch die Frauen verbinden sich willig dem schlechteren Manne, falls er vermögend nur ist; reich soll er sein und nicht gut. Denn das Geld steht in Ehren ... Darum wundre dich nicht ..., daß der Bürger Stamm verkümmert, wenn so Edlem Geringes sich mischt« (183–92; vgl. 193–96, 1109–14).

Vor diesem Hintergrund hat man die Bemühungen zu verstehen, einerseits auf der Exklusivität des Adels zu bestehen, andererseits seine Überlegenheit zu begründen. Beidem wurde das – durch die jahrhundertealte glorreiche Tradition adligen Heroentums gleichsam historisch bewiesene – Axiom zugrundegelegt, daß die Angehörigen des Adels durch ihre Erbmasse, also von Natur aus, allen

Die Anfänge des politischen Denkens bei den Griechen
243

anderen physisch und moralisch überlegen und deshalb als einzige zur Herrschaft befähigt seien. Konsequenterweise bestand man umgekehrt darauf, daß die den Niedriggeborenen von Natur aus fehlenden edlen Anlagen auch durch Erziehung nicht erworben werden könnten: »Es ist leichter, einen Menschen zu zeugen und aufzuziehen als ihm edeln Sinn einzugeben. Noch niemand hat herausgefunden, wie man einen Unverständigen verständig und einen Schlechten gut machen kann... Durch Erziehung wirst du nie den schlechten Mann gut machen können« (429–38; vgl. 319–22, 393–97). Die ursprünglich vorwiegend sozial ausgerichtete Standesunterscheidung zwischen den ›Edeln‹ und ›Geringen‹ (vgl. oben, S. 236 f.) wurde jetzt prägnant moralisch als Gegensatz zwischen den ›Guten‹ und ›Schechten‹ interpretiert. Dementsprechend bildete sich eine reichhaltige positive Typologie, die alle guten Qualitäten umfaßte, für den Adel und eine kontrastierende negative Typologie für den Nichtadel aus, dessen Merkmale sich in dieser Perspektive oft mit denen der untersten Gesellschaftsschicht, der Sklaven, überschnitten. Die aus diesem moralisch-sozialen Gegensatz gezogenen politischen Folgerungen kommen bei Theognis vielfach und – im Hinblick auf die vom Dichter selbst konzedierte Realität, in der die ›Guten‹ eben längst nicht immer wie ›Gute‹ handeln – nicht ohne Widersprüche zum Ausdruck. Allein dem Adel, zu dessen erblichen Merkmalen Gerechtigkeit, Gottesfurcht, Respekt vor andern, Weisheit, Urteilsvermögen, Mäßigung und Mannestugend gehören (vgl. etwa 145–50, 315–22, 611–14, 635 f.), kommt die Führung in der Polis zu. Die *kakoi* ermangeln all dieser Qualitäten; wo sie die Führung übernehmen, gleitet die Gemeinde der Katastrophe entgegen (667–80). Maß halten, den Weg der Mitte beschreiten, das schickt sich für den Edeln (219 f., 611–14): »Ich gehe der Richtschnur entlang auf geradem Weg, abbiegend nach keiner Seite, weil ich in allem denken muß, wie es sich schickt. In meinem Vaterland, der glänzenden Stadt, will ich gute Ordnung (*kosmos*) herstellen, weder dem Volk die Macht überlassend, noch den Ungerechten nachgebend« (945-48). Das Volk »hat einen leeren Sinn« (*keneophron*) und ist »herrenliebend« (*philodespotos*), das heißt es liebt es, von einem Herren (etwa dem Tyrannen) regiert zu werden (847–50), und doch »empfängt der Edle, der ihm Burg und Turm ist, wenig Ehre von ihm« (223 f.).

Obschon der Adel immer mehr seine Geschlossenheit einbüßte und seine hohen Ansprüche immer weniger der Wirklichkeit entsprachen, gehörten die in der Theognis-Sammlung erstmals in aller Schärfe formulierten aristokratischen Prinzipien fortan zum festen Arsenal ethisch-politischer Argumentation. Sie lieferten den Gegnern der Demokratie im 5. Jahrhundert ihre wichtigsten Stichworte und bildeten die Grundlage für die Entstehung so bedeutender Konzepte wie dem der ›freien Arbeit‹ (*eleutherios techne*) und der ›freien Erziehung‹ (*eleutherios paideia*).

Auf dieselbe Grundlage stützte sich auch der Versuch, jede Gemeinschaft mit den aus der Schicht der ›Gemeinen‹ Aufgestiegenen abzulehnen. Die Nah-, Freundschafts- und Verpflichtungsverhältnisse (*philia*) innerhalb des Adels wurden verfestigt und institutionell gestützt; in diesem Zusammenhang erhielten Hetairie (Männerbund), Symposion und Päderastie zunehmende soziale, kulturelle und auch politische Bedeutung. Insgesamt sollte der Adel zu einer geschlossenen Kaste werden. In Rom wurde dieser Versuch durch ein im Zwölftafelkodex verankertes Eheverbot auch gesetzlich fixiert. Dazu war der griechische Adel zu schwach, aber die Warnung vor der Verunreinigung edeln Blutes durch die Eheverbindung mit Nichtadligen (vgl. die oben zitierten Zeilen 183-92) kommt dem sehr nahe, und die moralischen Schranken, die den jungen Adligen von den sozial Minderen abschirmen sollten, verfolgen die gleiche Absicht. Die Unterweisung an Kyrnos beginnt mit den Worten: »Sei verständig; erzwinge nicht Ehren, Leistungen (*aretai*) und Reichtum durch unsauberes Tun oder Rechtsverletzung. Das war das eine. Des weiteren verkehre niemals mit den *kakoi,* halte dich stets nur an die *agathoi.* Trink und iß mit diesen und sitze bei diesen. Sieh, daß du denen gefällst, deren Macht groß ist. Denn von Edeln wirst du Edles lernen; läßt du dich aber mit den *kakoi* ein, verdirbst du, was du jetzt an Vernunft besitzt. Höre auf mich und verkehre mit den *agathoi!*« (29–37, vgl. 61–72). Auf die Dauer ließ sich freilich diese Abschrankung nicht halten, und im 5. Jahrhundert ersetzte das Kriterium des Reichtums zunehmend das der Geburt – ohne daß dies an der Absolutheit der Ansprüche etwas geändert hätte. Es wurde jetzt lediglich die Notwendigkeit der sorgfältigen Erziehung zur Entwicklung des ererbten Potentials stärker betont – und diese konnten sich in dem allein sinnvollen Umfang wieder nur die Wohlhabenden leisten.

Ein letztes: In den Elegien des Theognis finden sich zahlreiche Anklänge an Äußerungen Solons. Solche Übereinstimmungen weisen auf einen beträchtlichen Grundstock gemeingriechischen Gedankenguts und erinnern uns daran, daß die Ansätze zu politischem Denken in der griechischen Poliswelt breit gestreut waren. Bei näherer Betrachtung stellen sich jedoch gravierende Unterschiede heraus. Solon denkt primär von der Gemeinde als Ganzem her und richtet seine Reformen auf das Wohl der gesamten Polis aus. Zwar trifft er sich darin mit Theognis, daß er trotz seiner Kritik am Adel dezidiert an dessen Führungsstellung festhält, sich gegen zu viel Einfluß des Volkes wendet und diesem politische Torheit vorwirft. Aber Solon hält solche Torheit für korrigierbar, bewertet sie vorwiegend als mangelnde Erfahrung und Einsicht in die Zusammenhänge. Er verteidigt das Volk nicht nur gegen übertriebene Forderungen und Gewaltanwendung des Adels (5 D, 5–7), sondern bezeichnet es ausdrücklich als der Teilhabe an politischen Würden und Befugnissen fähig (5 D, 1 f.: *time* und *geras,* zwei uns bereits aus Hesiod bekannte, ausgesprochen aristokratische Termini, die Rang und Privilegien des Einzelnen innerhalb seiner Gruppe bestimmen) und gibt ihm auch institutionell die Möglichkeit der verantwortlichen Teilnahme an der politischen Kontrolle und Entscheidung. Theognis dagegen denkt ausschließlich von seinem Stand her. Die Gemeinschaft faßt er nur ins Auge, wenn und insofern durch das Handeln seiner Standesgenossen, durch den Machtanspruch der nichtadligen Aufsteiger oder durch einen Tyrannen das traditionelle Herrschaftsmonopol des Adels in der Polis bedroht ist. Wo Solon Volk und Führer (*demos* und *hegemones*) unterscheidet, betont Theognis den scharfen sozialen und moralischen Gegensatz von *agathoi* und *kakoi,* der in einer Sicht absolut und unüberwindbar ist, auf erblicher und leistungsmäßiger Überlegenheit beruht und deshalb eine politische Gemeinsamkeit oder rechtliche Gleichheit grundsätzlich ausschließt. Solon wendet sich an die ganze Bürgerschaft, Theognis nur an Kyrnos und durch ihn an eine kleine Gruppe.

Die Anfänge des politischen Denkens bei den Griechen   245

Theognis' Haltung erlaubt keinen Kompromiß und keine Evolution, diejenige Solons ist offen und flexibel; in ihr liegt der Ansatz zu höchst folgenreichen Entwicklungen.

6. Die frühen ionischen Naturphilosophen

Allgemeines

Das 6. Jahrhundert erlebte auch den Beginn des wissenschaftlichen Denkens und der Philosophie. Daß all die bedeutenden Denker in diesem Bereich dem kleinasiatischen Griechentum entstammen, ist schwerlich ein Zufall. Milet und einige andere ionische Städte gehörten bis zum Ionischen Aufstand am Anfang des 5. Jahrhunderts zu den führenden griechischen Städten überhaupt. Sie hatten seit je eine Brücke zwischen dem griechischen Westen und den vorderasiatischen Kulturen des Ostens gebildet. Von dort aus gingen die letzten großen Kolonisationszüge ins Schwarzmeergebiet und in den Westen des Mittelmeers, von dort erstreckten sich weite Handelsbeziehungen über die ganze damals bekannte Welt. Anaximander und Hekataios, die die ersten Erdkarten anfertigten, waren Milesier, und Herodot, der große Reisende des 5. Jahrhunderts, stammte aus Halikarnass im dorischen Teil Kleinasiens.

In diesem Teil der griechischen Welt kamen also seit alters besonders viel Wissen und die verschiedensten Anregungen aus aller Welt zusammen. Entsprechend galten die Ionier als besonders weltaufgeschlossen, abenteuerlustig und unruhig. Östliche Einflüsse in Religion und Kunst waren dort besonders ausgeprägt; die Vertrautheit mit Mathematik und Astronomie stammte wie wahrscheinlich manches andere aus Mesopotamien. Die Voraussetzungen für wissenschaftliches und spekulatives Denken waren somit in Ionien besonders günstig, ohne daß wir auszumachen vermögen, was im einzelnen den qualitativen Sprung von der empirischen Beobachtung und exakten Wissenschaft in die reine Spekulation und Philosophie ausgelöst hat. Von Thales zum Beispiel wissen wir, daß er Mathematik und Astronomie betrieb (er sagte die Sonnenfinsternis des 28. Mai 585 voraus: Herodot 1,74), einen praktischen Sinn für die Lösung schwieriger Probleme besaß (ebd. 1,75) und auch kluge politische Ratschläge zu geben vermochte (ebd. 1,170); mit alledem ist jedoch nicht erklärt, wie er dazu gelangte, die Ursubstanz der Welt zu suchen und diese im Wasser zu finden (Aristoteles, *Metaphysik* I 3, 983 b 6 ff.).

Die Nachrichten, die das Altertum über die einzelnen Persönlichkeiten überliefert hat, sind äußerst dürftig, oft aus ihren Werken konstruiert und mit Anekdoten durchsetzt. Von den Werken selbst sind nur Fragmente erhalten, die vereinzelte Einblicke in das Denken ihrer Autoren ermöglichen und nur ausnahmsweise eine zusammenhängende Rekonstruktion der jeweiligen Gedanken erlauben (das Material ist gesammelt in H. Diels – W. Kranz, *Die Fragmente der Vorsokratiker* I, [10]1961, im folgenden abgekürzt mit VS). Über die Umstände solchen Philosophierens und die Art der Verbreitung der jeweiligen Ideen wissen wir so gut wie nichts. Trotz dieser wenig ermutigenden Ausgangslage ist eine kurze Diskussion einiger wesentlicher Gedanken namentlich Anaximanders,

Pythagoras', Xenophanes' und Heraklits unerläßlich. Zu beachten ist dabei, daß es diesen Denkern durchweg nicht primär um die Erläuterung politischer Phänomene, sondern um das Verständnis der Entstehung und des Funktionierens der Welt und Natur (*physis*) als Ganzem ging. Physik, Ethik, Politik und Religion standen dabei nebeneinander und durchdrangen sich gegenseitig: die Disziplinen waren noch nicht getrennt. Der Mensch war Teil der Natur und unterstand ihren Gesetzen, wie umgekehrt auch die Abläufe in der Natur sich mit Hilfe der unter den Menschen üblichen Beziehungen und Regeln erläutern und verstehen ließen. Die Verwendung ethischer und politischer Konzepte zur Erklärung von Naturabläufen ergibt deshalb einen wertvollen Terminus ante quem für das Aufkommen solcher Konzepte im ethisch-politischen Denken der Zeit.

Dafür sei hier als Beispiel ein indirekt überlieferter Lehrsatz des Arztes Alkmaion angeführt, der in der ersten Hälfte des 5. Jahrhunderts im unteritalischen Kroton wirkte: »Gesundheitsbewahrend sei die Gleichberechtigung (*isonomia*) der Kräfte (*dynamis*), des Feuchten, Trockenen, Kalten, Warmen, Bittern, Süßen usw., die Alleinherrschaft (*monarchia*) dagegen sei bei ihnen krankheitserregend. Denn verderblich wirke die alleinige Herrschaft (*monarchia*) des einen wie des andern der beiden Gegensätze... Die Gesundheit dagegen beruhe auf der gleichmäßigen Mischung der Qualitäten« (VS 24 B 4). Alkmaion hat hier ein wichtiges politisches Schlagwort in die medizinische Theorie übertragen, das seit Herodot in der historischen und politischen Literatur häufig vorkommt, aber wohl bereits im Lauf des 6. Jahrhunderts in der Auseinandersetzung zwischen Adel und Tyrannis Bedeutung erlangt hatte (vgl. oben, S. 230). An sich kann *isonomia* sowohl mit ›Gleichheit vor dem Gesetz‹ als auch mit ›Gleichheit durch das Gesetz, Anteilsgleichheit, Gleichberechtigung‹ übersetzt werden. Alkmaion bietet den frühesten Beleg für das Substantiv und zugleich einen deutlichen Hinweis darauf, daß die zweite Bedeutung vorherrschte. Man darf deshalb folgern, daß *isonomia* gegenüber der Monopolisierung der Macht durch den Tyrannen die Wahrung oder Wiederherstellung der politischen Gleichberechtigung oder Anteilsgleichheit innerhalb der regimentsfähigen Schicht, also ursprünglich des Adels, bezeichnete.

Anaximander von Milet

Anaximander (ca. 610–540) war ein Schüler des Thales. Er verfaßte als erster eine die Natur erklärende Prosaschrift, von der ein einziger Lehrsatz erhalten ist: »Anfang und Ursprung der seienden Dinge ist das *apeiron* (das Unbegrenzt-Indifferente). Woraus aber das Werden ist den seienden Dingen, in das hinein geschieht auch ihr Vergehen, wie es in der Ordnung ist; denn sie geben einander Rechtsbuße (*dike*) und Ersatz (*tisis*) für ihr Übergreifen (ihre Ungerechtigkeit, *adikia*) nach der Zeit Geheiß« (VS 12 B 1). Wesentlich ist im vorliegenden Zusammenhang, daß Anaximander die Weltordnung analog der menschlichen Gesellschaft als Rechtsordnung versteht. In dem grenzenlosen *apeiron*, dem Ursprung allen Seins, herrscht eine perfekte Mischung und damit ein dynamisches Gleichgewicht aller Elemente, allen potentiellen Seins. Daraus entsteht das Seiende, entstehen die Welten wiederum in einem Gleichgewicht der Gegensatz-

Die Anfänge des politischen Denkens bei den Griechen

247

paare. Solange diese Gleichheit besteht, herrscht Gerechtigkeit; sobald eines der Elemente über ein anderes oder die anderen zu dominieren beginnt, wird Unrecht begangen, für das im Ablauf der Zeit Buße und Ersatz, also Kompensation, geleistet werden muß. Die Auffassung, daß die Weltordnung als eine gerechte Ordnung ein Gleichgewicht der Kräfte voraussetzt und dieses im Fall einer Störung über kurz oder lang unweigerlich wieder herstellt, dürfte eine analoge Sicht der gesellschaftlichen und politischen Ordnung voraussetzen: Gerechtigkeit ist Grundlage und Voraussetzung des Funktionierens dieser Ordnung. Sie ist nur möglich, wenn unter Gleichen ein Gleichgewicht der Kräfte bzw. der Macht und des Einflusses erhalten bleibt. Das Überwiegen eines Einzelnen bringt das System aus dem Gleichgewicht, schafft Unrecht, das nur durch Kompensation und die Wiederherstellung des Gleichgewichts gesühnt werden kann. Auch wenn das Wort hier nicht erwähnt wird, ist doch damit deutlich das Prinzip der politischen Gleichberechtigung im Kreise der Gleichen beschrieben. Der konkrete Inhalt des Begriffs *isonomia*, vielleicht auch schon das Wort selbst hat deshalb wohl bereits in der Mitte des 6. Jahrhunderts im politischen Denken eine Rolle gespielt.

Pythagoras

Der einzige, von dem wir annehmen können, daß er versuchte, seine naturphilosophischen Erkenntnisse zur Grundlage einer die menschliche Gesellschaft regelnden ethisch-politischen Ordnung zu machen, ist Pythagoras (ca. 570/60-480). Er verließ um 530, in der Mitte seines Lebens, seine Heimat Samos, angeblich aus Unzufriedenheit mit der Tyrannis des Polykrates, ließ sich im unteritalischen Kroton nieder und gründete dort einen religiös fundierten und politisch aktiven ›Orden‹, wurde jedoch nach einiger Zeit in heftige Auseinandersetzungen mit andern Kreisen in der Bürgerschaft verwickelt und sah sich gezwungen, in hohem Alter die Stadt zu verlassen. Er starb zu Beginn des 5. Jahrhunderts in Metapont. Die Schule der Pythagoreer blieb jahrhundertelang recht einflußreich, mit ihren Lehren setzte sich namentlich auch Platon intensiv auseinander. Da Pythagoras selbst nichts Schriftliches hinterließ und seine Nachfolger zweifellos seine Lehre den veränderten Verhältnissen ihrer Zeit anpaßten, ist es kaum möglich, über die politischen Auffassungen des Meisters und die Organisation und Ziele seines Ordens zuverlässige Aussagen zu gewinnen. Doch bleibt die konsequente theoretische und praktische Verknüpfung von Philosophie, Ethik, Sozialordnung und Politik eine bemerkenswerte Leistung.

Xenophanes von Kolophon

Xenophanes (ca. 570–475) stammte aus Kleinasien, verließ um 555 nach der Errichtung einer lyderfreundlichen Tyrannis seine Heimat, wanderte später nach Elea aus und zog als Rhapsode und wandernder Philosoph bis in sein hohes Alter durch die Griechenstädte Unteritaliens. In seinen Dichtungen kritisierte er namentlich die traditionellen Werte und Anschauungen seiner Zeit (vgl. oben, S. 232 f.). Wichtig ist ferner seine Verurteilung der von Homer und Hesiod geprägten anthropomorphen Göttervorstellung, die den Göttern nicht nur Geburt und menschliche Gestalt, sondern auch menschliches Fehlverhalten wie Stehlen,

Ehebrechen und einander Betrügen anhängt (VS 14 B 10-14). Wie unsinnig dies sei, beweise allein schon die Tatsache, daß jedes Volk seine Götter mit den eigenen Rassenmerkmalen ausstatte (B 16), und »wenn die Ochsen und Rosse und Löwen Hände hätten oder malen könnten mit ihren Händen und Werke bilden wie die Menschen, so würden die Rosse roßähnliche, die Ochsen ochsenähnliche Göttergestalten malen und solche Körper bilden« (B 15). In Wahrheit gibt es einen einzigen Gott, der den Menschen weder an Gestalt noch Gedanken ähnlich, »ganz Auge, ganz Geist, ganz Ohr ist« und ohne Mühe alles mit seiner Denkkraft erschüttert (B 23–25). Mit diesem radikalen Monotheismus hat Xenophanes seiner Zeit weit vorausgegriffen und noch Generationen später auf das religiöse Denken eingewirkt.

Heraklit von Ephesos

Heraklit (ca. 550–480) stammte aus sehr vornehmer Familie und scheint mit Nachdruck aristokratische Überzeugungen vertreten zu haben. Über sein Leben ist so gut wie nichts bekannt. Von seiner in Prosa verfaßten Schrift, die er voll Verachtung für den Unverstand seiner Zeitgenossen (VS 22 B 1) der Göttin Artemis weihte und in ihrem Tempel hinterlegte, sind zahlreiche unzusammenhängende Aphorismen erhalten. Manches spricht dafür, daß sein ganzes Werk aus solchen oft schwer verständlichen Sinnsprüchen bestand. Manche befassen sich mit politischen Aspekten, ohne daß diese sich zu einem Ganzen oder System zusammenfügen ließen.

Als Norm allen Daseins erkannte Heraklit den »Zusammenfall der Gegensätze zu zweiseitigen Einheiten« (H. Fränkel): Gegensätze sind nicht verschiedene, je für sich existierende Dinge, sondern zwei Seiten derselben Sache; der Umschlag vom einen zum andern, ihr Entstehen auseinander und Vergehen ineinander ist der Grund und Inhalt ihres Seins (vgl. B 57, 88, 126). Aus der Dynamik im Spiel der Gegensätze ergibt sich das Prinzip, daß nur der Unwert den Wert bewußt macht: »Vom Recht würden sie nicht den Namen kennen, wenn dies (das Unrecht-Tun) nicht wäre« (23). Andrerseits erlaubt die Veränderung der Perspektive und des Kontextes verschiedene Beurteilungen derselben Sache: »Vor Gott ist alles schön, gut und rechtlich; die Menschen aber nennen einzelnes rechtswidrig und anderes rechtlich« (102), so wie auch bei verschiedenen Völkern verschiedenes als rechtlich betrachtet wird. Die im Widerstreit der Gegensätze liegende Einheit und Gemeinsamkeit hat Heraklit in immer neuen, oft Wortspiele und Sprichwörter ausnützenden Paradoxa zu formulieren und verständlich zu machen versucht, so wenn er den Krieg als Gemeinsames und das Recht als Streit bezeichnet (80) oder den Gegensatz als Kampf oder Krieg definiert und folgert: »Krieg ist der All-Vater und All-König, und er hat die einen zu Göttern bestimmt und die andern zu Menschen, hat die einen zu Sklaven gemacht und die andern zu Freien« (53).

Die höchste Form allen Seins ist für Heraklit das alles mit Leben erfüllende und zugleich verzehrende, seit je und ewig bestehende Feuer (30). Aus diesem Feuer nährt sich auch die menschliche Seele, aus dem Gemeinsamen lebt das Individuelle. Deshalb der Grundsatz: »Man soll dem Gemeinsamen (*xynon*) folgen; der Sinn (*logos*) ist gemeinsam, und doch leben die Vielen als hätten sie einen eige-

Die Anfänge des politischen Denkens bei den Griechen 249

nen Verstand für sich« (2). »Mit Vernunft (*xyn noi*) soll man reden und sich auf diese Weise durch das allen Gemeinsame (*xynoi*) sichern, wie ein Staat durch sein Grundgesetz; und noch viel sicherer, denn alle menschlichen Gesetze nähren sich von dem einen göttlichen, denn dieses hat Macht so viel es will: Es reicht aus für sie alle und reicht darüber hinaus« (114). Weil nun dem Gesetz (wir würden sagen: der Verfassung) so entscheidende Bedeutung für den Zusammenhalt der Gemeinde zukommt, »soll das Volk für das Gesetz kämpfen wie für die Mauer« (44). Vermessenheit und Übertretung der Ordnung müssen wie ein Brand ausgelöscht werden (43), denn auch in der Weltordnung sorgen die Diener des Rechts dafür, daß selbst das höchste Sein (die Sonne) die ihm zugemessene Bahn nicht überschreitet (94).

Auch wenn wenigstens theoretisch das Verständigsein allen gemeinsam ist (113, 116), ist »gesund Denken die größte Vollkommenheit, und die Weisheit besteht darin, die Wahrheit zu sagen und zu handeln nach der Natur, auf sie hinhörend« (112), und dazu sind nur wenige imstande. Wenn einer durch solche Weisheit hervorragt, »ist es auch Gesetz, dem Rat eines einzelnen zu folgen« (33): »Einer ist Tausende für mich, wenn er der Beste ist« (49). Für die Masse des Volkes dagegen hat Heraklit nur Verachtung übrig: »Was für eine Einsicht haben sie, was für einen Verstand? Sie glauben den Sängern des Volks und zum Lehrer nehmen sie die Masse; denn sie wissen nicht, daß die Vielen schlecht sind, wenige aber gut« (104, vgl. 29). Was sich aus der Sicht etwa der athenischen Demokratie als hervorragende und unerläßliche Möglichkeit darstellte, mittels der Verbannung (Ostrakismos) die auf zu viel Einfluß gegründete Machtbildung eines einzelnen zu unterbinden, das geißelte Heraklit als stupide Willkür: »Die Ephesier verdienen, daß sich alle Erwachsenen Mann für Mann aufhängen und den Unmündigen den Staat überlassen, sie, die Hermodor, den tüchtigsten Mann, den sie hatten, davongejagt haben, indem sie erklärten: von uns darf keiner der Tüchtigste sein, und wer es doch ist, sei es anderswo und bei anderen« (121, vgl. 125 a).

7. Politische Reformen

Herodot berichtet, um die Mitte des 6. Jahrhunderts habe Milet, seit je eine der größten und reichsten Griechenstädte Kleinasiens, unter schweren inneren Auseinandersetzungen gelitten, die die Gemeinde auch wirtschaftlich ruinierten. Schließlich hätten die Milesier die Bürger von Paros zu Schiedsrichtern oder ›Aussöhnern‹ (*katartister*) berufen. Die vornehmsten Männer von Paros seien nach Milet gereist, hätten das ganze, größtenteils verödete, Land besichtigt und sich nach den Besitzern der wenigen gut bebauten Äcker erkundigt. Danach hätten sie in einer Versammlung der Milesier bestimmt, »daß die Männer die Stadt verwalten sollten, deren Äcker sie gut bestellt gefunden hätten. Denn es sei doch anzunehmen, sagten sie, daß diese sich auch um die Angelegenheiten der Gemeinde so kümmern würden wie um ihre eigenen. Die andern Milesier aber, die vorher in Parteikämpfen gegeneinander gestanden hatten, sollten, so verfügten sie, diesen gehorchen. Auf diese Weise renkten die Parier die Verhältnisse in Milet wieder ein« (Herodot 5,28–30,1).

Dies mag etwas simpel klingen; wir wissen auch nicht, was die Kommission allenfalls sonst noch verfügt hat. Wichtig ist allein die hier zur Konfliktlösung gewählte Verfahrensweise. Wir kennen eine Reihe ähnlicher Fälle, darunter die bereits erwähnten Schlichtungsmissionen Solons in Athen und Pittakos' in Mytilene. Offenbar war die Berufung von ›Schlichtern‹ eine weitum als akzeptabel betrachtete und oft tatsächlich praktizierte Alternative zur gewaltsamen Austragung polisinterner Konflikte. Sie setzt voraus, daß man erstens an die Möglichkeit objektiver und sachgerechter Vermittlung glaubte (daß also geeignete Vermittler zur Verfügung standen, die über genügend Autorität verfügten und fähig waren, die bestehende ›Ordnung‹ einer Polis und deren Probleme kritisch zu analysieren) und zweitens davon ausging, daß solche Krisen durch politische Maßnahmen überwunden und in Zukunft vermieden werden konnten (daß also ein entsprechendes politisch-institutionelles Instrumentarium bereitstand). Dies wiederum setzt voraus, daß die gesellschaftliche Ordnung als Ganzes nicht als unveränderbar, durch Tradition und göttliche Sanktion fest gegeben, sondern als grundsätzlich veränderbar, menschlichem Denken und Manipulieren verfügbar betrachtet wurde. Auch wenn sich solche Verfügbarkeit zunächst in engem Rahmen hielt (beispielsweise den der adligen Vorherrschaft keineswegs zu sprengen vermochte), so war doch damit dem politischen Denken ein wichtiger Raum der praktischen Betätigung erschlossen. Gleichzeitig ist damit gegeben, daß solche Vermittlungen und Reformen Testimonia für zeitgenössisches politisches Denken darstellen und von uns entsprechend ausgewertet werden können. Der Ertrag ist naturgemäß besonders groß, wenn wir, wie im Fall Solons, die theoretische Grundlage (die Analyse der Krise und die Darlegung der Prinzipien zu ihrer Behebung in seinen Gedichten) *und* die praktischen Maßnahmen vor uns haben.

Woher die Griechen die Einsicht gewonnen haben, daß eine Krise durch Vermittlung und Reform zu lösen sei, können wir nur vermuten. Die Vielzahl von Poleis muß schon früh zur Erkenntnis Anlaß gegeben haben, daß für die Polisordnung als Ganzes wie für einzelne Institutionen eine Vielfalt von Möglichkeiten bestanden. Die Beobachtung dessen, was sich in der eigenen Polis und andernorts abspielte, was dort schiefging und wie es korrigiert wurde oder eben nicht korrigiert werden konnte, dürfte zum grundsätzlichen Nachdenken über die Ursachen politischer Veränderungen und über die Veränderbarkeit von Ordnung und Institutionen geführt haben. In der Kolonisationsbewegung wurden zudem Dutzende von Polisordnungen in neue Umgebungen verpflanzt. Auch wenn man nach Möglichkeit die Institutionen der Mutterstadt zu übernehmen trachtete, so müssen wir doch mit Anpassungen und Neuerungen im Kleinen und Großen rechnen, zumal diese Auswanderer aus den verschiedensten Orten kamen und manche ihre Heimat gerade wegen der dort herrschenden Konflikte und Krisen verlassen haben mochten. Insgesamt muß sich jedenfalls infolge dieses häufig wiederholten Vorganges das politische Denken intensiviert und das Bewußtsein von der generellen Verfügbarkeit der Institutionen deutlich geschärft haben. Durch die bedeutende und sehr spezifische Rolle, die das Orakel in Delphi als – modern gesprochen – Beratungszentrum, Datenbank und Organisationshelfer in diesem Prozeß spielte, wurden die Ergebnisse solchen Denkens und Planens samt den dabei gewonnenen Erfahrungen an einem zentralen Ort zusammengetragen, von den Priestern – einer Gruppe zu-

Die Anfänge des politischen Denkens bei den Griechen 251

nehmend erfahrener Spezialisten – ›verarbeitet‹, dadurch in ihrer Zuverlässigkeit und Wirksamkeit gesteigert und durch den steten Austausch auch weithin verbreitet.

Das Auftreten starker und eigenwilliger Reformer in manchen Poleis der alten und neuen Griechenwelt steht damit wohl in untrennbarem Zusammenhang. Manche von ihnen sollen, wie Solon, das Recht kodifiziert haben (so etwa Charondas und Zaleukos in Sizilien und Unteritalien: Aristoteles, *Politik* 1274 a 22 ff.). Andern wird, wiederum wie Solon, eine umfassende soziale wie politische Reorganisation der Gemeinde zugeschrieben, wobei auf der Hand liegt, daß manches Spätere und unzuverlässig Überlieferte den großen Namen untergeschoben wurde. Der Spartaner Lykurg ist dafür ein Musterbeispiel; seine von Plutarch verfaßte ›Biographie‹ stellt eine unerschöpfliche Fundgrube für die moderne gelehrte Spekulation dar. Immerhin ist zu beachten, daß sich unter den Fragmenten des Tyrtaios (s. oben, S. 233) eine Formulierung der ›Großen Rhetra‹ findet, die Lykurg angeblich vom Orakel in Delphi erhielt und die, falls echt, als früheste erhaltene Formulierung und Regelung der politischen Kompetenzen von Königen, Rat und Volksversammlung hochwichtig ist (Tyrtaios 3 a Diehl = 4 West = Diodor 7,12,6; die sicher später hinzugefügten Pentameter sind hier weggelassen): »Vorangehen im Rat sollen die gottgeehrten Könige und die betagten Greise; danach sollen die Männer des Volkes das Gute sagen und in jeder Beziehung das Gerechte tun; und Sieg (d. h. letzte Entscheidung) und Obmacht (*kratos*) sollen bei der Masse des Volkes sein.« Die Versammlung soll also souverän sein und die Entscheidungen treffen; bei der Beratung jedoch soll die traditionelle hierarchische Rangfolge gewahrt bleiben und das Volk erst nach den der *gerusia* (dem Rat) angehörenden Königen und Alten zu Wort kommen.

Die Verbindung mit Delphi ist wichtig. Wir wissen, daß auch Solon, Pittakos und die übrigen herausragenden Persönlichkeiten, die zur Gruppe der ›Sieben Weisen‹ gezählt wurden, enge Beziehungen zum Orakel des Apollo unterhielten. Vieles spricht, wie gesagt, dafür, daß sich das Heiligtum in der Kolonisationsepoche zu einem wichtigen »Umschlagplatz für Gedanken und Informationen« und einer »intellektuellen Instanz von hoher religiöser Autorität« entwickelte (Chr. Meier), deren Rat nicht nur in Kolonisationsfragen gesucht wurde und maßgeblich zur Lösung mancher politischer Konflikte beitrug. Bekannt ist ferner, daß der Einfluß Delphis wesentlich für die im 6. Jahrhundert zu beobachtende Humanisierung in der Kriegführung verantwortlich ist. Dazu paßt, daß aus der Gruppe der ›Sieben Weisen‹ auch Thales von Milet und Bias von Priene besondere politische Klugheit zugeschrieben wurde. Thales soll den Ioniern angesichts des persischen Vordringens nach Westen geraten haben, ihre politischen Überlebenschancen durch die Bildung eines geeinigten, zentral regierten Staates zu verbessern: »Sie sollten eine gemeinsame Regierung einsetzen, und die solle auf (der Insel) Teos ihren Sitz haben, denn Teos liege in der Mitte Ioniens; die andern Städte aber sollten bestehen bleiben wie zuvor, jedoch nur soviel Geltung haben, als ob sie abhängige Gemeinden wären« (Herodot, 1,170). Bias dagegen riet ihnen nach der Eroberung Kleinasiens durch die Perser, »sie sollten sich zusammentun, gemeinsam aufbrechen und nach Sardinien fahren und dann dort eine einzige Polis aller Ionier begründen; so würden sie der Knechtschaft entkommen und ein gutes Leben haben, im Besitz der größten aller Inseln und

Herr über andere Leute« (ebd.). Beides sind, wenn sie denn wirklich in vollem Umfang authentisch sind, radikale, offenkundig durch Erfahrungen der Kolonisationszeit angeregte Vorschläge, die eindrücklich demonstrieren, wie sehr einzelne Denker sich bereits um die Mitte des 6. Jahrhunderts in ihren Entwürfen räumlich und institutionell von den üblichen Polismodellen zu lösen vermochten.

Ähnliches gilt für das Reformwerk des Kleisthenes in Athen, das seiner weitreichenden Nachwirkungen wegen eine etwas ausführlichere Erörterung verdient. Wie später Ephialtes und Perikles, die durch weitere Reformen die Entwicklung der Demokratie zu Ende führten, hat Kleisthenes keine eigenen Schriften hinterlassen. Man weiß über ihn sehr wenig. Sein Denken und seine Absichten müssen aus dem Inhalt seiner Reformen rekonstruiert werden, die überdies von späteren Generationen auf Grund zeitgenössischer Befangenheiten weitgehend falsch verstanden wurden (vgl. nur Herodot 5,66. 69 ff.; Aristoteles, *Staat der Athener* 20 ff.). Soviel ist jedoch gewiß: Erneut trat hier eine Persönlichkeit auf, die in einer schwierigen Situation, in der die Gemeinde von innen und außen gefährdet war und neue Bedürfnisse sich kräftig regten, aufgrund einer eindringlichen Analyse die Konzeption einer umfassenden strukturellen Reorganisation der Gemeinde zu entwerfen und zu verwirklichen vermochte. Stärker noch als im Fall Solons wurden dabei nicht nur die vorhandenen Bedürfnisse befriedigt, sondern vorausgreifend neue Wirklichkeiten in der Polis geschaffen, wurde die Fähigkeit gewonnen, politisches Denken direkt in Handeln umzusetzen und damit gleichzeitig das Handeln der ganzen Gemeinde politisch zu beeinflussen und auf den politischen Bereich hin zu orientieren.

Die Reformen Solons waren in mancher Hinsicht Kompromißlösungen eines im Gefolge eines Kompromisses gewählten Vermittlers gewesen. Die sozialen Ziele standen für ihn im Vordergrund; die eigentlich politischen Maßnahmen bildeten lediglich einen Teil seines Werkes, das der umfassenden Wiederherstellung der vom Adel geprägten *eunomia* galt. Große Teile der Bürgerschaft standen noch abseits und ließen sich selbst durch gezielte Maßnahmen nicht aktivieren. Anders bei Kleisthenes: er war der Anführer einer Adelsfaktion und hatte sich sowohl bei den Bemühungen, die Peisistratiden zu stürzen, wie in den adligen Machtkämpfen nach 510 hervorgetan. Obwohl er darin zunächst unterlegen war, vermochte er sich, nachdem er offenbar mit Hilfe eines Reformprogramms die Unterstützung großer Teile des Adels und die Gefolgschaft des Demos gewonnen hatte, doch noch durchzusetzen. Diese Reformen wurden der Versammlung vorgelegt und wurden von ihr gebilligt. Sie wurden danach in einer verworrenen und wegen auswärtiger militärischer Intervention scheinbar hoffnungslosen Situation von dieser Koalition unter maßgeblicher Beteiligung des Demos in einer für die Gegner unerwarteten Erhebung regelrecht erkämpft. Sie müssen also verbreiteten Bedürfnissen entsprochen, gewiß auch zu einem wesentlichen Teil die Veränderungen in Abhängigkeitsverhältnissen, Orientierung und Identifikation berücksichtigt haben, die sich während und unter dem Schutz und Einfluß der Tyrannis in der Bürgerschaft vollzogen hatten (vgl. oben, S. 240 f.).

Im wesentlichen bestanden diese Reformen aus einer territorialen Neugliederung Attikas, dessen dörfliche Einheiten, die *Demen,* mit gewissen elementaren

Die Anfänge des politischen Denkens bei den Griechen

Selbstverwaltungskompetenzen und der Führung der Bürgerlisten ausgestattet, in dreißig größere Einheiten (Trittyen) zusammengefaßt wurden. Aus diesen wurden zehn neue Phylen gebildet, die in allen wesentlichen Hinsichten an die Stelle der alten Phylen (Abteilungen oder ›Stämme‹) traten, in die die attische Bevölkerung wie die der meisten Poleis traditionellerweise gegliedert war. In Trittyen und Phylen waren auch Heer und Flotte gegliedert. Aus den Demen rekrutierten sich proportional zur Zahl der Bürger die Delegierten für den jährlich neu gebildeten Rat der Fünfhundert; dieser wurde nach Phylen in Gruppen von fünfzig eingeteilt, die für einen Zehntel des Jahres den geschäftsführenden Ausschuß, die Prytanen, stellten, und nach Trittyen in solche von sechzehn oder siebzehn, die das ständig im Rathaus anwesende Prytanendrittel bildeten. Sollte sich eine kürzlich von P. Siewert vorgetragene Hypothese bewähren, so ließe sich die bisher nie völlig befriedigend gedeutete Methode der geographischen Kombination von Demen, Trittyen und Phylen zum einen Teil aus Rücksichten auf militärische Anforderungen, zum anderen aus der Notwendigkeit erklären, für Rat und Prytanie die Demen so zusammenzustellen, daß gleich starke Delegiertengruppen zustande kamen. Schließlich wurden auch die wichtigsten politischen und militärischen Ämter gleichmäßig nach Phylen verteilt.

Diese Einzelheiten sind hier insofern wichtig, als sie eindrucksvoll illustrieren, zu welch komplexen administrativen Lösungen das politische Denken damals fähig war. Die geschilderten Maßnahmen waren vorwiegend politischer Natur. Sie dienten zunächst zwei für das Wohlergehen der Polis zentralen Bedürfnissen. Einerseits dem, nach der langen Zeit der Tyrannis, während der aus Sicherheitsgründen keine Bürgermiliz bestanden hatte, rasch eine wirkungsvolle und schnell mobilisierbare Armee aufzubauen. Angesichts der Gefahr, die von den vertriebenen Tyrannen und von mehreren Nachbarpoleis her drohte und sich wenig später in einem Dreifrontenkrieg entlud, war dies dringend und lag im Interesse aller, auch der Aristokratie, die deshalb gewiß mehrheitlich Kleisthenes unterstützte. Der Erfolg war durchschlagend; der Eindruck der geradezu sensationellen Siege von 506 hallt noch bei Herodot nach (5,74 ff.).

Andererseits war ein solches Engagement der in der Hoplitenphalanx kämpfenden Bürger nicht selbstverständlich und kaum ohne Gegenleistung zu gewinnen. Man nimmt sicher mit Recht an, daß die politische Aufwertung der Demen und die Möglichkeit der verstärkten Mitsprache in den Gremien der Gesamtgemeinde ihrem Wunsch entsprach, daß allenfalls die Kenntnis solcher Pläne bereits ihre wehrhafte Unterstützung des Kleisthenes bewirkt hat. Denn mit diesen Reformen wurden im institutionellen Bereich in vollem Umfang die Konsequenzen aus den Veränderungen gezogen, die durch die Herrschaft des Peisistratos verursacht und teilweise schon von ihm durch gezielte Maßnahmen eingeleitet worden waren. Waren es seit Solon nur die Wohlhabendsten gewesen, die über die Ämter die politische Gleichberechtigung erreichen konnten, so stand über die Demen und den neuen Rat dieser Weg jetzt auch den Angehörigen der wehrfähigen ›Mittelschicht‹ offen. Die politische Basis der Gemeinde wurde dadurch wesentlich verbreitert, die im Kampf des Adels gegen den Tyrannen formulierten und populär gewordenen Ideale der *isonomia* und *isegoria* wurden zumindest als Möglichkeit über den Adel hinaus auf weite Kreise der Bürgerschaft ausgedehnt.

Manches spricht dafür, daß gerade dies eines der wichtigsten Ziele des Kleisthenes war und daß er an dieser Stelle über die unmittelbaren Notwendigkeiten hinausgegriffen und eine neue, in umfassenderem Sinne der Polis adäquate Ordnung zu verwirklichen versucht hat. Denn er hat zum einen der Neugliederung Attikas einige so spezifische und keineswegs selbstverständliche Prinzipien zugrunde gelegt und zum andern dem neuen Rat eine so zentrale Funktion zugewiesen und sich im Hinblick auf dessen Zusammensetzung, Organisation und Arbeitsweise so offenkundig erneut für keineswegs einfache und natürlicherweise zu erwartende Lösungen entschieden, daß die bisher genannten Erklärungen nicht ausreichen. Wenn Attika ›nur‹ militärisch reorganisiert oder ›nur‹ die Mittelschichten verstärkt beteiligt werden sollten, wäre dies auf wesentlich einfachere Weise zu erreichen gewesen. Sinnvoll ist daher dies alles nur, wenn jene politische Mitbestimmung der Mittelschichten zur neuen und wichtigsten Grundlage des staatlichen Lebens, zum Eckstein der politischen Ordnung Athens werden sollte.

Zweierlei ist dabei vorauszusetzen: Kleisthenes und zahlreiche Adelige mit ihm müssen trotz (oder eher: gerade wegen) ihrer Beteiligung an den jüngsten adligen Faktionskämpfen begriffen haben, daß man sich solche aus Machtgier und Selbstsucht einzelner Gruppen genährte Konflikte nicht mehr leisten konnte, wenn man nicht die innere und äußere Integrität der ganzen Gemeinschaft aufs Spiel setzen wollte. Nach den Erfahrungen der letzten Jahre und Jahrzehnte vermochte sich offenbar endlich durchzusetzen, was Solon gelehrt hatte. Darüber hinaus wurde jetzt (und erst jetzt) eine Alternative realisierbar, weil eine Schicht bereitstand, die sich weitgehend aus der früher selbstverständlichen Abhängigkeit vom Adel befreit hatte, die traditionellen Formen aristokratischer Mißwirtschaft ablehnte und willens war, aus der im sozialen und militärischen Bereich verwirklichten Gleichheit politische Konsequenzen zu ziehen. Was jetzt angestrebt wurde, war nicht mehr nur Gleichheit vor dem Recht, sondern die politische Gleichheit aller Bürger, insbesondere der Mittelschicht mit dem Adel. *Isonomia* konnte dadurch zum Kernbegriff einer erweiterten Gleichheitsordnung werden.

Solche Gleichheit konnte sich allerdings nicht auf die Führung und die Ämter erstrecken, für die aufgrund ihres Vorsprungs in Reichtum und Verfügbarkeit, Bildung, Erfahrung und Beziehungen auf Jahrzehnte hinaus nur Adlige in Frage kamen. Aber die Entscheidungen sollten fortan von allen nach dieser neuen Auffassung regimentsfähigen Bürgern gemeinsam gefällt und getragen werden. Dazu mußte die Bürgerschaft institutionell befähigt, sie mußte informiert, interessiert und tatsächlich beteiligt werden. Dies konnte in verschiedener Weise geschehen: »Direkt in der Volksversammlung, indirekt vermittels des Rats und in übertragenem Sinne endlich, indem sie das dortige Geschehen verfolgte und an ihm teilnahm, indem der Rat gleichsam in sie und ihre Willensbildung eingebettet war... Das Problem der Reform bestand also darin, möglichst umfassend bürgerliche Gegenwärtigkeit herzustellen« (Chr. Meier).

Diesem Ziel, die Bürgerschaft Attikas in Athen anwesend und mächtig zu machen, sie politisch zu integrieren und damit eine neue Solidarität und Homogenität herzustellen, scheint der auf der neuen Phylenordnung beruhende Rat in geradezu idealer Weise entsprochen zu haben. All dies war durch das Engage-

Die Anfänge des politischen Denkens bei den Griechen 255

ment der Mittelschicht überhaupt erst möglich geworden. Erstmals in der athenischen Geschichte wurden damit der Bürgerschaft »grundlegende Reformen ihrer Ordnung einerseits plausibel und einsehbar, andererseits erreichbar, nämlich ihrem Willen verfügbar. Es konnte nicht mehr nur rechte Ordnung aus überlegener Einsicht ausgesprochen, im Gegebenen gefunden, durch Modifikationen bestimmter Gegebenheiten von überlegenen Instanzen verwirklicht, sondern eine neue Ordnung willkürlich durch Beschluß breiter Schichten geschaffen werden« (Chr. Meier).

Die politische Integration der Mittelschichten erwies sich wenig später als entscheidende Voraussetzung für die Bereitschaft der Athener, für die Verteidigung ihrer Freiheit gegen die Perser den denkbar größten Einsatz zu wagen. Darauf wiederum beruhten die entscheidenden Entwicklungen des 5. Jahrhunderts, die Gründung des Seebundes, die Flottenpolitik und die Demokratie. Mit diesen Vorgängen, die die athenische Bürgerschaft zutiefst aufwühlten und mehrfach einer ernsten Zerreißprobe unterwarfen, hat sich vor allem Aischylos auseinandergesetzt, in dessen Tragödien das griechische politische Denken einen weiteren Höhepunkt erreichte. Doch damit geraten wir bereits in die frühklassische Zeit; zunächst gilt es, die Ergebnisse unseres Überblicks über die Anfänge des politischen Denkens in der archaischen Epoche zusammenzufassen.

IV. Zusammenfassung: Die Entstehung des politischen Denkens

›Politisches Denken‹ wurde eingangs bewußt unspezifisch als auf die Gemeinde, die Polis bezogenes Denken definiert. Solche Formen politischen Denkens können deshalb auch in einer streng genommen ›vorpolitischen‹ Gesellschaft auftreten, in der zwar gemeinschaftsbezogene Probleme bestehen und zu lösen sind, aber ›das Politische‹ sich noch nicht zu einer eigenständigen Dimension verselbständigt hat. Dies war bei den Griechen ausgesprochen der Fall. Seit seinen frühesten Manifestationen in den Epen Homers und den Lehrgedichten Hesiods befaßte sich ihr Denken intensiv mit Fragen, die für das Bestehen und Wohlergehen der Gemeinde zentrale Bedeutung hatten. Erörtert wurden vornehmlich die für die ganze Gemeinschaft verhängnisvollen Folgen von Konflikten innerhalb der Führungsschicht oder des unverantwortlichen Handelns von König und Adel; die Möglichkeiten, solches Handeln oder solche Konflikte zu vermeiden; die Rolle, die dem Volk in der Gemeinde zukam; die Bedeutung des Rechts und der Rechtsprechung und die Möglichkeiten, die Normen rechtlichen Handelns durchzusetzen; die Verantwortung der Gemeinde und zumal des Adels für den Schutz der sozial Schwachen und der Außenseiter; die Diskrepanz zwischen den oft trivialen Ursachen von Kriegen und den durch sie verursachten Leiden sowie das Problem des ›gerechten Krieges‹. Dies sind alles ausgeprägt politische Probleme, mit denen sich die Griechen über Jahrhunderte hin immer neu auseinandersetzten.

Es ist anzunehmen, daß die Frühformen des auf solche Fragen gerichteten politischen Denkens die Entstehung einer ›eigenständigen politischen Dimension‹ nicht nur gefördert, sondern überhaupt erst möglich gemacht haben. Anders gesagt: Das politische Denken, jener ›eigenständige politische Raum‹ und die

Polis dürften in engem und notwendigem Zusammenhang miteinander entstanden sein. Die Voraussetzungen, die diese Entwicklung möglich machten, seien hier in einer durchaus vorläufigen Übersicht skizziert.

Zunächst ist wichtig, daß die archaische griechische Gesellschaft nicht wie diejenigen des Vorderen Orients von den Sumerern bis Persern (und vielleicht auch die diesen verwandte kretische oder mykenische Gesellschaft der griechischen Bronzezeit) völlig auf ein sakrales Königtum ausgerichtet und diesem als dem Vertreter der göttlichen Ordnung auf Erden bedingungslos unterworfen war. Gehorsam und Unterordnung waren deshalb im archaischen Griechenland nicht wie dort die von vornherein dominierenden Tugenden; die griechische Religion forderte nicht wie jene die Anerkennung und passive Hinnahme eines absoluten, übergeordneten Willens; Autorität war nicht von vornherein unangreifbar. Negativ ausgedrückt: es fehlten somit jene Rahmenbedingungen, die die Entfaltung unabhängigen und kritischen Denkens von vornherein unterdrückten.

Zum zweiten zerfiel die griechische Gesellschaft nach den Umwälzungen der *dark ages* in relativ kleine, oft durch die topographischen Verhältnisse deutlich voneinander abgegrenzte Verwandtschafts- und Nachbarschaftsgruppen, aus denen sich allmählich die neue Gemeinschaftsform der Polis entwickelte. Auch wenn, wie im Falle Spartas und Athens, im Lauf der Jahrhunderte größere Gebiete und mehrere solche Landschaftskammern im Territorium einer Polis zusammengefaßt wurden, so bildeten sich doch nirgends übergreifende und zentralisierte Territorialstaaten unter Führung einer sakralen und autokratischen Monarchie. Offenbar wurde diese Staats- und Herrschaftsform weder durch zum Überleben notwendige gemeinschaftliche Aufgaben noch durch die Bedrohung durch mächtige Nachbarvölker erfordert. Im Gegenteil: nach dem Untergang der bronzezeitlichen Reiche bestand im ägäisch-anatolischen Raum ein langdauerndes Machtvakuum. Bis ins 6. und frühe 5. Jahrhundert, als die Perser ihre Herrschaft bis zur Ägäis und nach Europa ausdehnten, waren diese griechischen Poleis weitgehend sich selber überlassen. Andrerseits blieb das aus der Wanderungszeit in die ruhigeren Verhältnisse der archaischen Zeit und der entstehenden Polis übernommene Stammeskönigtum ausgesprochen schwach und prekär. Der König war ein Primus inter pares; seine Stellung beruhte auf Hausmacht und persönlichen Qualitäten und mußte stets neu durchgesetzt werden. Innerhalb der ›protoadligen‹ Führungsschicht, dem von Homer und Hesiod ins Auge gefaßten Kollektiv der ›Könige‹ (*basileis*), bestand im wesentlichen Gleichheit der Ansprüche, Rechte und Privilegien. Im steten und zunehmend intensiven Wettbewerb um den beherrschenden Einfluß in der Gemeinde war der König, wie alle andern, der Möglichkeit der Kritik ausgesetzt und verwundbar. Mehr noch: das Königtum selbst erwies sich als unnötig und den Bedürfnissen von Gemeinde und Führungsschicht unangemessen; meist verschwand es deshalb spurlos oder lebte höchstens seiner religiösen Funktionen wegen in einem zeitlich befristeten Wahlamt weiter.

Zum dritten hatte die sich allmählich herausbildende adlige Oberschicht, die das Königtum absorbierte, zwar beträchtliche Ambitionen, versuchte sich an den mythischen Vorbildern zu orientieren und gegenüber den ›nicht Dazugehörenden‹ deutlich abzugrenzen, aber sie war damit nicht sehr erfolgreich. Zwischen diesem ›Adel‹ und der breiten Schicht der freien Bauern bestand im Gegen-

Die Anfänge des politischen Denkens bei den Griechen

satz zur adligen Selbstdarstellung in der Lebenswirklichkeit keine unüberbrückbare Kluft. Das aus diesen Bauern bestehende Volk spielte in mindestens zwei Hinsichten eine für die Gemeinde wichtige Rolle. Einerseits war es im Kriege unverzichtbar; schon in der *Ilias* spiegeln sich Frühformen des massierten Hoplitenaufgebots. Andererseits bildete die Volks- oder Heeresversammlung den selbstverständlichen Rahmen für alle wichtigen ›öffentlichen‹ und damit politischen Vorgänge und Entscheidungen. Auch wenn dieses ›Volk‹ zunächst formell weder Stimme noch Macht besaß und nur kollektiv und unverbindlich seiner Meinung Ausdruck zu geben vermochte, so war seine Präsenz als Zeuge, Legitimationsinstanz und Forum für die Rededuelle und den Wettbewerb der Führer unerläßlich. Beute wie Ehre und Macht wurden ›in die Mitte gelegt‹ und von dort aus mit Zustimmung des Volkes verteilt. Bereits in den Epen zeigen sich zudem deutliche Ansätze zu einem weitergehenden politischen Engagement des Volkes.

Aus all diesen Gründen war der Adel trotz seiner Selbstverherrlichung und Autonomiegelüste auf das Volk angewiesen und deshalb auch stets seiner Kritik ausgeliefert. Kritik war möglich, und in den kleinen, überschaubaren Polisgemeinschaften, in denen jeder jeden kannte, ergab sich genügend Anlaß dazu. Außerdem bestand wegen des Fehlens massiven äußeren Druckes und des relativ harmlosen Charakters der meist auf Nachbarschaftsfehden beschränkten Kriege im 7. und 6. Jahrhundert kein Bedürfnis nach einer starken und solidarischen Führung. Der Adel war zunehmend auf die sportliche Ersatzbewährung angewiesen, und man konnte es sich leisten, massive Kritik an einzelnen Führern, an der Führungsschicht und am ganzen System zu üben, ohne das Überleben der Gemeinde zu gefährden.

Zum vierten spielte sich dies alles in einer Gesellschaft ab, die einem raschen und tiefgreifenden Veränderungsprozeß unterworfen war. Die Bevölkerung nahm seit dem 8. Jahrhundert rasch zu. Die Polis entwickelte sich zu einer festgeformten Gemeinschaft, in der die Herrschaft versachlicht und die politischen Vorgänge formalisiert wurden. Durch Kolonisation, Schiffahrt und Handel ergaben sich zahlreiche Möglichkeiten der Bewährung und der wirtschaftlichen Verbesserung nicht nur für den Adel, sondern für viele Nichtadelige. Daraus wiederum resultierten soziale und politische Aufstiegsmöglichkeiten, ein ungewöhnliches Maß an sozialer Mobilität. Viele Nichtadelige gewannen Wohlstand, Leistungsausweise und genügend Selbstbewußtsein, um in Konkurrenz mit dem Adel zu treten, dem es trotz aller Bemühungen nicht gelang, die für ihn zunächst günstigen Machtstrukturen zu verhärten, der im Gegenteil seine Geschlossenheit und seinen dominierenden Einfluß mehr und mehr einbüßte. Dies geschah zumal im Verlauf jener tiefen Krise, die sich während des 7. Jahrhunderts weithin ausbreitete. Sie führte zu einer zunehmend gewalttätigen Konfrontation zwischen den adligen Großgrundbesitzern und großen Teilen der an sich freien, aber in vielfältiger Weise vom Adel abhängigen Bauernschaft und resultierte schließlich in einem sozialen Ausgleich zwischen den Ständen und verstärkter politischer Gleichberechtigung für wichtige Teile der nichtadligen Bürgerschaft.

Zum fünften erforderte gerade diese Krise neue Möglichkeiten der Konfliktlösung und des Ausgleichs. Schon längst zuvor hatte die Ausbildung vielfältiger lokaler Besonderheiten den Vergleich der eigenen sozialen und politischen Ordnung mit derjenigen anderer Poleis provoziert. Durch die Kolonisation wurden, wie bereits ausgeführt, solche Möglichkeiten des Vergleichs intensiviert und mannigfache Chancen der Veränderung und Verbesserung geboten. All dies muß das Nachdenken über politische Probleme und Institutionen enorm gefördert haben. Dazu kam, daß Krisen und Konflikte innerhalb der bestehenden Poleis nach Kompromissen und neuen Lösungen verlangten, daß die an solchen Konflikten Beteiligten oft die Schlichtung durch einen über den Parteien stehenden Vermittler dem Kampf vorzogen und daß von Delphi auch in dieser Beziehung kräftige Impulse ausgingen, das politische Denken gleichsam von der religiösen Autorität des wichtigsten panhellenischen Heiligtums zusätzliche Legitimation empfing. All diese Aufgaben erforderten eine breit gestreute und mit der Zeit hoch entwickelte Kultur des politischen Denkens, die sich in dem hohen Prestige mancher dieser Denker und der zunehmenden Radikalität und Komplexität ihrer Lösungen spiegelt.

Nach Chr. Meier nahmen diese ›Intellektuellen‹ gleichsam eine »dritte Position« ein: Sie standen, »wohin immer einzelne von ihnen neigen mochten, im Ganzen selbständig zwischen den Städten und zwischen den verschiedenen Kräften. Sie waren primär darauf orientiert, nützlichen, guten Rat zu geben… Ganz anders als in der Neuzeit konnten sich diese Intellektuellen im Ganzen nicht mit stärkeren Mächten – nicht mit Monarchie oder Staat, nicht mit dem Fortschritt, nicht mit dem ›Weltgeist‹ und folglich auch nicht mit dem Volk oder einzelnen Klassen – identifizieren. Sie waren vielmehr relativ schwach. Aber in ihrer Schwäche gewannen sie Autorität und konzipierten sie vor allem eine Ordnung, in der die Schwachen ihr Teil haben sollten. Es blieb ihnen nichts übrig, als Ausgleich zu suchen und jede Form des Übermaßes zu bekämpfen.«

Manche dieser fünf Faktoren bestanden in wesentlichen Grundzügen seit dem späten 8. Jahrhundert, wenngleich gewiß ihre Bedeutung bis zum Ende des 6. Jahrhunderts deutlich zunahm, sich diese Akzente verschoben und sie in verschiedener, zunehmend komplexer Weise zusammenwirkten. Diese Faktoren bildeten die Voraussetzungen für die Entstehung politischen Denkens, den Rahmen, innerhalb dessen solches Denken nicht unterdrückt, sondern ermöglicht, ermutigt, schließlich sogar gefordert und unerläßlich wurde. Der sechste Faktor, der die durch solche Voraussetzungen begünstigte Entstehung politischen Denkens tatsächlich ausgelöst hat, läßt sich nicht weniger deutlich bestimmen: Es ist dies die in weiten Kreisen verbreitete Unzufriedenheit mit den negativen Aspekten der Führung und dem Machtmißbrauch des Adels oder, anders ausgedrückt, die zunehmende Spannung zwischen den Ansprüchen des Adels und den Bedürfnissen der Gemeinde. Die kritische Auseinandersetzung mit den Werten, Handlungsnormen und Verhaltensweisen des Adels hat der Bewußtwerdung und Definition der für die Gemeinde wesentlichen Probleme und Anliegen und der Bestimmung und Propagierung alternativer Werte und Handlungsmöglichkeiten wesentliche Impulse verliehen und damit grundlegend zur Herausbildung von politischem Denken, Bewußtsein und Engagement beigetragen. Diese Auseinandersetzung spiegelt sich bereits in unsern ersten literarischen Zeugnissen, und sie setzte sich weit über die archaische Epoche hinaus fort. Denn das adlige Wertesystem, das, den Notwendigkeiten einer sehr frühen und unsicheren Zeit

Die Anfänge des politischen Denkens bei den Griechen 259

entsprechend, ganz auf individuelle Bewährung im Kampf für Familie, Besitz und Gemeinde ausgerichtet war, hielt sich weit länger als die Gesellschaft, von der es ausgebildet worden war. Noch das Athen des späten 5. Jahrhunderts war in bemerkenswertem Maße von den traditionellen aristokratischen *competitive values* geprägt, denen gegenüber die für eine demokratische Gemeinschaft passenderen *co-operative excellences* (A. W. H. Adkins) sich nur langsam und nie vollständig durchzusetzen vermochten. Dies ist durchaus symptomatisch. Denn obschon die Polis, die zunächst wesentlich vom Adel geformt worden war, erst in der Auseinandersetzung mit Macht, Ansprüchen und Willkür dieses Adels ihre volle Reife und Leistungsfähigkeit erlangt hat, ist seine Einbindung in die Bürgergemeinschaft nie vollständig gelungen, selbst in Athen nicht. Starke Elemente des traditionellen, auf einem ererbten Überlegenheitsbewußtsein beruhenden aristokratischen Herrschaftsanspruchs haben sich noch im 5. Jahrhundert behauptet und sind mehrfach auch politisch wirksam geworden.

Die von Anfang an hörbare Kritik an dem für die Gemeinde verhängnisvollen Fehlverhalten der Adeligen erreichte in der Krise des 7. Jahrhunderts einen folgenreichen Höhepunkt. Die wirtschaftlichen, rechtlichen und politischen Forderungen der Nichtadeligen richteten sich direkt und massiv gegen traditionelle Ansprüche des Adels. Die Polis durchlief in jener Zeit in einer für viele unmittelbar sicht- und spürbaren Weise eine Phase der existentiellen Gefährdung. Auch wenn diese gewiß nicht nur von den Machenschaften des Adels herbeigeführt worden war, so riefen doch vor allem die neuen Formen der konsequenten Ausbeutung den Widerstand der Betroffenen hervor. Die Protestbewegung fand in dem oft brutalen Willkürregime des Adels Gegner, Ziel und Motto. Kritik war also möglich geworden, und sie wurde intensiv geübt. Mit ihr verband sich das Nachdenken über die Ursachen der Misere, über die Möglichkeiten der Abhilfe und der künftigen Verhinderung. Man benötigte dafür vor allem eine Vorstellung davon, wie denn die Gemeinschaft überhaupt geordnet sein und wem darin welche Funktion und Verantwortung zukommen sollte. Mit dem Aufkommen von derart intensiver Kritik an dem weithin versagenden und unpopulären Adelsregime wurde auch dessen Selbstverständlichkeit in Frage gestellt. Nicht daß man schon gleich dessen Abschaffung hätte ins Auge fassen können; das lag noch in weiter Ferne. Aber Modifikationen waren immerhin möglich, zumal die Vorherrschaft des Adels in jener Zeit durch die immer rücksichtsloser ausgetragenen Machtkämpfe und das Aufkommen tyrannischer Alleinherrschaften ihre Homogenität, durch den Verlust der militärischen Prävalenz an die von breiteren Schichten gestellte Hoplitenphalanx ihre Vollständigkeit einbüßte. Alles in allem war deshalb die Krise der Polis wesentlich auch eine Krise des Adels, dessen zunehmende Desintegration und Schwächung Veränderungen und Neuansätze im politischen Leben und Denken möglich machten, an die zuvor niemand hätte denken können.

Denn die Krise reichte, zumal in den alten Poleis, zu tief, sie war zu komplex und brachte zu weite Kreise in einen zu starken Konflikt miteinander, als daß sie mit konventionellen Mitteln und von den konventionellen Herrschaftsträgern hätte gelöst werden können. Sie war auf Dauer nur zu überwinden, indem zwar örtlich verschiedene, aber immer sehr neuartige, mit geheiligten Traditionen brechende, zumindest potentiell die Macht- und Beteiligungsverhältnisse deutlich verschiebende Maßnahmen durchgeführt und neue Institutionen geschaffen oder bestehende drastisch geändert wurden. Diese Maßnahmen beruhten einerseits auf den Überlegungen jener oben genannten Gruppe von herausragenden Persönlichkeiten, andererseits auf der Bereitschaft der jeweils maßgebenden, sich allmählich verbreiternden Schichten, solche Überlegungen und Zusammenhänge zu begreifen und zu akzeptieren. Insgesamt stellten sie die Konsequenz einer bislang unbekannten, durch die krisenbedingte existentielle Gefährdung der Gemeinde provozierten und stetig verfeinerten Fähigkeit dar, die Auswirkung individuellen und gemeinschaftlichen Handelns auf die Gemeinde zu analysieren, die Ursachen der Krise entsprechend zu definieren und Möglichkeiten der Lösung und zukünftigen Verhinderung solcher Krisen zu finden. Die daraufhin eingeführten Gesetze und Institutionen schufen neue Realitäten; sie trugen zur Verfestigung und Strukturierung des politischen Bereichs und zur Versachlichung der zuvor ausschließlich auf persönlichem Einfluß beruhenden Regierungsformen in der Polis bei. Sie ließen namentlich auch neues, stärker politisch, weniger gesellschaftlich orientiertes Bewußtsein aufkommen. Die selbst danach nicht ausbleibenden Probleme konnten auf dieser neuen Bewußtseinsebene tiefer und systematischer analysiert werden; das gereifte politische Denken vermochte adäquatere, komplexere, vor allem auch ausgeprägter politische Lösungen zur Verfügung zu stellen.

Unter dieser wechselseitigen Beeinflussung von politischer Veränderung und politischem Denken gelangte man schließlich dahin, sich von den unmittelbaren Situations- und Problemzwängen zu lösen, nicht mehr vornehmlich zu reagieren, sondern bewußter vorauszugreifen, politische Konzeptionen, die jenseits der bestehenden Wirklichkeit lagen, um ihrer theoretisch postulier- und berechenbaren Vorteile willen zu entwerfen und anzustreben. Dies gelang freilich, wie im nächsten Kapitel zu zeigen sein wird, in vollem Umfang erst, als mit der Demokratie in verfassungstechnischer und mit der Herrschaft Athens im Seebund in machtpolitischer Hinsicht ein Poliszustand verwirklicht worden war, der in jeder Hinsicht für eine Polis untypisch, geradezu widernatürlich und noch wenige Generationen zuvor völlig unvorstellbar gewesen war. Nachdem somit in einem jahrzehntelangen Prozeß des Reagierens, Ausprobierens und Korrigierens eine alle erfahrungsgemäß geltenden Normen durchstoßende und deshalb ungeheuer provozierende Alternative zur ›Durchschnittspolis‹ verwirklicht worden war, wurde es dem politischen Denken möglich, von der in Wirklichkeit bestehenden Polis zu abstrahieren und Alternativlösungen weitgehend frei zu konzipieren, wie sie in ihrer am weitesten vorangetriebenen Form in den großen Staatsentwürfen Platons und des Aristoteles vorkommen.

Aus der Interdependenz von Polisentwicklung und politischem Denken sowie aus dessen zum großen Teil krisenbedingter Entstehung ergibt sich ferner ein spezifischer Zusammenhang zwischen politischem Denken und politischem Handeln. Das politische Denken stellte einen Kausalzusammenhang zwischen individuellem oder kollektivem Handeln und dem Zustand der Polis her und zog daraus im praktischen Leben verwertbare Konsequenzen. Indem auf Grund solcher Überlegungen bestimmte Handlungsweisen als für die Gemeinschaft schädlich verurteilt, andere als nützlich empfohlen oder gar als notwendig gefordert wurden, wurden Formen, Möglichkeiten, Bedingtheiten und Konse-

Die Anfänge des politischen Denkens bei den Griechen 261

quenzen politischen Handelns definiert und kategorisiert. Auf dieser Grundlage wurden Ansätze möglich, solches Handeln sozial oder institutionell zu beeinflussen. Es ließen sich einerseits Verhaltenstypologien entwerfen, die bestimmten Gesellschafts- oder Verfassungszuständen entsprachen; hier wäre etwa der Versuch des Theognis einzuordnen, soziales und politisches Verhalten durch gesellschaftliche oder moralische Sanktionen zu regulieren. Andererseits gelangte man zur Frage, auf welche Weise das theoretisch als richtig erkannte und deshalb im Interesse der Polis zu fordernde politische Verhalten durchgesetzt werden konnte. Dies ist das Grundproblem des politischen Denkens seit seinen ersten Anfängen bei Homer und Hesiod. Eine Antwort darauf sind die seit dem späten 7. Jahrhundert häufigen Rechtskodifikationen und die seit Solon vorgenommenen Versuche, die soziale Sicherheit und das Engagement der für das Wohlergehen der Polis unentbehrlichen Schichten materiell und institutionell zu gewährleisten. Eine andere Antwort findet sich in der bereits in der spätarchaischen Adelsgesellschaft vorbereiteten, aber durch die Bedürfnisse der Demokratie wesentlich intensivierten Diskussion über die Möglichkeiten der Erziehung zum guten Bürger und zur politischen Tugend, wie sie sich im Schrifttum des 5. und 4. Jahrhunderts vielfältig spiegelt.

BIBLIOGRAPHIE

A. Allgemeines

a. Zum politischen Denken der Griechen
K. Adomeit, Antike Denker über den Staat, Heidelberg – Hamburg 1982; *E. Barker,* Greek Political Theory: Plato and his Predecessors, London – New York 1918, Nachdr. 1960; *A. A. T. Ehrhardt,* Politische Metaphysik von Solon bis Augustin I, Stuttgart 1959; *H. Fenske – D. Mertens – W. Reinhard – K. Rosen,* Geschichte der politischen Ideen: Von Homer bis zur Gegenwart, Königstein/Ts. 1981; *L. Firpo* (Hrsg.), Storia delle idee politiche, economiche e sociali I: L'antichità classica, Turin 1982; *D. Kagan,* The Great Dialogue: History of Greek Political Thought, New York – London 1965; *I. Lana,* Studi sul pensiero politico classico, Neapel 1973; *Chr. Meier,* Die Entstehung des Politischen bei den Griechen, Frankfurt/M. 1980; *J. L. Myres,* The Political Ideas of the Greeks, New York 1927; *M. Pohlenz,* Staatsgedanke und Staatslehre der Griechen, Leipzig 1923; *G. H. Sabine,* A History of Political Theory, New York [3] 1961; *T. A. Sinclair,* A History of Greek Political Thought, London [2] 1967; *C. Tsatsos,* La philosophie sociale des Grecs anciens, Paris 1971; *A. Verdross-Drossberg,* Grundlinien der antiken Rechts- und Staatsphilosophie, Wien 1946; *E. Voegelin,* Order and History II: The World of the Polis, Baton Rouge, Louisiana, 1957; *P. Weber-Schäfer,* Einführung in die antike politische Theorie, 2 Bde., Darmstadt 1976; *ders.* (Hrsg.), Das politische Denken der Griechen, München 1969; *E. Will,* La théorie politique au Ve siècle, in: ders., Le monde grec et l'orient I, Paris 1972, S. 470 ff.

b. Zur Geistesgeschichte und Literatur der Griechen
A. W. H. Adkins, Merit and Responsibility: A Study in Greek Values, Oxford 1960, Nachdr. Chicago 1975; *ders.,* Moral Values and Political Behavior in Ancient Greece, London 1972; *C. M. Bowra,* Heldendichtung: eine vergleichende Phänomenologie der

heroischen Poesie aller Völker und Zeiten, Stuttgart 1964; *H. Braunert*, Theorie, Ideologie und Utopie im griechisch-hellenistischen Staatsdenken, in: ders., Politik, Recht und Gesellschaft in der griechisch-römischen Antike, Stuttgart 1980, S. 49 ff.; *ders.*, Utopia: Antworten griechischen Denkens auf die Herausforderung durch soziale Verhältnisse, ebd., S. 66 ff.; *W. Burkert*, Griechische Religion der archaischen und klassischen Epoche, Stuttgart 1977; The Cambridge History of Classical Literature I: Greek Literature, Cambridge 1985; *J. Christes*, Bildung und Gesellschaft: die Einschätzung der Bildung und ihre Vermittler in der griechisch-römischen Antike, Darmstadt 1975; *E. R. Dodds*, Der Fortschrittsgedanke in der Antike, München 1977; *ders.*, Die Griechen und das Irrationale, Darmstadt 1970; *W. Donlan*, The Aristocratic Ideal in Ancient Greece: Attitudes of Superiority from Homer to the End of the Fifth Century B. C., Lawrence, Kansas, 1980; *L. Edelstein*, The Idea of Progress in Classical Antiquity, Baltimore 1967; *J. Ferguson*, Moral Values in the Ancient World, London 1958; *ders.*, Utopias of the Classical World, London 1975; *J. H. Finley*, Four Stages of Greek Thought, Stanford 1966; *C. Fornara*, The Nature of History in Ancient Greece and Rome, Berkeley 1983; *H. Fränkel*, Wege und Formen frühgriechischen Denkens, München [2]1960; *ders.*, Dichtung und Philosophie des frühen Griechentums, München [2]1962; *K. von Fritz*, Die griechische Geschichtsschreibung I, Berlin 1967; *ders.*, Schriften zur griechischen und römischen Verfassungsgeschichte und Verfassungstheorie, Berlin–New York 1976; *O. Gigon*, Grundprobleme der antiken Philosophie, Bern 1959; *ders.*, Die antike Philosophie als Maßstab und Realität, Zürich–München 1977; *M. Grant*, Mythen der Griechen und Römer, Zürich 1964; *W. C. Greene*, Moira: Fate, Good, and Evil in Greek Thought, Cambridge, Mass., 1944; *W. K. C. Guthrie*, A History of Greek Philosophy, 6 Bde., Cambridge 1962–81; *W. Jaeger*, Paideia: die Formung des griechischen Menschen, 3 Bde., Berlin [3]1953/54; *H.-Th. Johann* (Hrsg.), Erziehung und Bildung in der heidnischen und christlichen Antike, Darmstadt 1974; *C. G. Jung–K. Kerényi*, Einführung in das Wesen der Mythologie, Zürich [4]1951; *K. Kerényi*, Die Mythologie der Griechen, 2 Bde., Zürich 1951/58; *ders.*, Die antike Religion: ein Entwurf von Grundlinien, Düsseldorf–Köln 1952; *G. S. Kirk*, Griechische Mythen: ihre Bedeutung und Funktion, Berlin 1980; *A. Lesky*, Geschichte der griechischen Literatur, Bern–München [3]1971; *H. Lloyd-Jones*, The Justice of Zeus, Berkeley [2]1983; *H. I. Marrou*, Geschichte der Erziehung im klassischen Altertum, München 1977; *W. Nestle*, Vom Mythos zum Logos: die Selbstentfaltung des griechischen Denkens von Homer bis auf die Sophistik und Sokrates, Stuttgart 1940; *M. P. Nilsson*, Geschichte der griechischen Religion I, München [4]1976; *R. von Pöhlmann*, Geschichte der sozialen Frage und des Sozialismus in der antiken Welt, 2 Bde., München [3]1925; Propyläen Geschichte der Literatur I: Die Welt der Antike, Frankf./M.–Berlin 1981; *R. von Ranke-Graves*, Griechische Mythologie: Quellen und Deutung, Reinbek bei Hamburg 1960; *J. de Romilly*, The Rise and Fall of States According to Greek Authors, Oxford 1978; *W. Schmid–O. Stählin*, Geschichte der griechischen Literatur, 2 Bde. in 7 Teilen, München 1920 ff. *B. Snell*, Die Entdeckung des Geistes, Göttingen [4]1975; *F. Überweg–K. Praechter*, Grundriß der Geschichte der Philosophie I: Die Philosophie des Altertums, Basel [14]1957; *F. L. Vatai*, Intellectuals in Politics in the Greek World, London 1984; *J.-P. Vernant*, Les origines de la pensée grecque, Paris 1962; *ders.*, Histoire sociale et évolution des idées en Chine et en Grèce du VIe au IIe siècle avant notre ère, in: ders., Mythe et société en Grèce ancienne, Paris 1974, S. 83 ff.; *ders.*, La formation de la pensée positive dans la Grèce archaïque, in: ders., Mythe et pensée chez les Grecs II, Paris 1965, S. 95 ff.; *E. Vogt* (Hrsg.), Neues Handbuch der Literaturwissenschaft II: Griechische Literatur, Frankfurt/M. 1978; *F. Wehrli*, Hauptrichtungen des griechischen Denkens, Zürich–Stuttgart 1964; *ders.*, Theoria und Humanitas: Gesammelte Schriften zur antiken Gedankenwelt, Zürich–München 1972; *U. von Wilamowitz*, Glaube der Hellenen, 2 Bde., Berlin 1931/32; *E. Zeller*, Die Philosophie der Griechen in ihrer geschichtlichen Entwicklung, 3 Bde. in 6 Teilen, Leipzig [5-6]1919/23, Nachdr. Hildesheim 1963.

Die Anfänge des politischen Denkens bei den Griechen   263

c. Recht und Rechtsdenken

E. Berneker (Hrsg.), Zur griechischen Rechtsgeschichte, Darmstadt 1968; *R. Bonner—G. Smith,* The Administration of Justice from Homer to Aristotle, 2 Bde., Chicago 1930/38; *V. Ehrenberg,* Die Rechtsidee im frühen Griechentum: Untersuchungen zur werdenden Polis, Leipzig 1921, Nachdr. Darmstadt 1966; *H. Frisch,* Might and Right in Antiquity: »Dike« I: from Homer to the Persian Wars, Kopenhagen 1949; *M. Gagarin,* Early Greek Law, Berkeley, 1986; *L. Gernet,* Droit et société dans la Grèce ancienne, Paris 1955; *E. A. Havelock,* The Greek Concept of Justice from its Shadows in Homer to its Substance in Plato, Cambridge, Mass., 1978; *R. Hirzel,* Agraphos nomos, Leipzig 1900; *ders.,* Themis, Dike und Verwandtes, Leipzig 1907; *J. W. Jones,* The Law and Legal Theory of the Greeks, Oxford 1956; *K. Latte,* Der Rechtsgedanke im archaischen Griechentum, in: ders., Kleine Schriften zu Religion, Recht, Literatur und Sprache der Griechen und Römer, München 1968, S. 233 ff.; *J. de Romilly,* La loi dans la pensée grecque des origines à Aristote, Paris 1971; *E. Wolf,* Griechisches Rechtsdenken, 4 Bde., Frankfurt/M. 1950 ff.

d. Quellen

Die maßgebenden Textausgaben und Fragmentsammlungen sowie die Übersetzungen sind leicht den oben angeführten Literaturgeschichten und den unten verzeichneten Nachschlagewerken zu entnehmen. Die hier zitierten Übersetzungen entstammen (mit leichten Modifikationen) meist den Ausgaben in der Bibliothek der Alten Welt des Artemis- und der Tusculum-Reihe des Heimeran Verlages; für Homer sind die Übertragungen *W. Schadewaldts* benutzt, für die Lyriker und Vorsokratiker oft diejenigen *H. Fränkels,* für die Vorsokratiker und Sophisten außerdem ohne von *H. Diels* und *W. Kranz* sowie von *W. Capelle.* – Quellensammlungen in Übersetzung, die auch nichtliterarisches Material enthalten: Geschichte in Quellen I: Altertum, München [3] 1978; *C. W. Fornara,* Archaic Times to the End of the Peloponnesian War, Cambridge [2] 1983; *N. Lewis,* Greek Historical Documents: The Fifth Century B. C., Toronto 1971; *M. Crawford – D. Whitehead,* Archaic and Classical Greece, Cambridge 1983.

e. Lexika und Nachschlagewerke

Paulys Realencyclopädie der classischen Altertumswissenschaft, neu bearbeitet von G. Wissowa u. a., zahlreiche Bde. und Supplementbde., Stuttgart 1894—1978; *Der Kleine Pauly:* Lexikon der Antike, 5 Bde., Stuttgart 1964—75; *Lexikon der Alten Welt* (»Artemis-Lexikon«), Zürich 1965; dtv-Lexikon der Antike, 5 Teile, München 1969—71; *Lexikon der Antike,* Leipzig [2] 1977 (und spätere Neuauflagen); *D. Hiltbrunner,* Kleines Lexikon der Antike, Bern [4] 1964; *W. H. Roscher,* Ausführliches Lexikon der griechischen und römischen Mythologie, 6 Bde., Leipzig 1884—1937, Nachdr. Hildesheim 1965; *H. Hunger,* Lexikon der griechischen und römischen Mythologie, Wien [6] 1969.

f. Griechische Geschichte

M. Austin—P. Vidal-Naquet, Gesellschaft und Wirtschaft im alten Griechenland, München 1984; *H. Bengtson,* Griechische Geschichte von den Anfängen bis in die römische Kaiserzeit, München [4] 1969; *ders.,* Kleine Schriften zur Alten Geschichte, München 1974; *H. Berve,* Griechische Geschichte, 2 Bde., Freiburg [2] 1951/52; *ders.,* Gestaltende Kräfte der Antike: Aufsätze und Vorträge zur griechischen und römischen Geschichte, München [2] 1966; *J. Boardman,* Kolonien und Handel der Griechen, München 1981; *N. Brockmeyer,* Antike Sklaverei, Darmstadt 1979; *J. Burckhardt,* Griechische Kulturgeschichte, 4 Bde., Stuttgart—Basel 1930/31, Nachdr. München 1977; *B. Busolt—H. Swoboda,* Griechische Staatskunde II, München [3] 1926; *The Cambridge Ancient History,* I, II: [3] 1970/75, III ff.: [2] 1982 ff.; *P. Ducrey,* Guerre et guerriers dans la Grèce antique, Freiburg, Schweiz, 1985; *V. Ehrenberg,* Der Staat der Griechen, Zürich [2] 1965; *ders.,* Polis und Imperium: Beiträge zur Alten Geschichte, Zürich—Stuttgart 1965; *ders.,* From Solon to Socrates:

Greek History and Civilization during the Sixth and Fifth Centuries B. C., London 1968; *M. I. Finley*, Die Griechen: Eine Einführung in ihre Geschichte und Zivilisation, München ²1983; *ders.*, Die antike Wirtschaft, München 1977; *ders.*, Die Sklaverei in der Antike: Geschichte und Probleme, München 1981; *ders.*, Economy and Society in Ancient Greece, London 1981; *ders.*, Politics in the Ancient World, Cambridge 1983; *J. Gaudemet*, Institutions de l'antiquité, Paris 1967; *L. Gernet*, Anthropologie de la Grèce antique, Paris 1968; *F. Gschnitzer* (Hrsg.), Zur griechischen Staatskunde, Darmstadt 1969; *ders.*, Griechische Sozialgeschichte: von der mykenischen bis zum Ausgang der klassischen Zeit, Wiesbaden 1981; *A. Heuss*, Herrschaft und Freiheit im griechisch-römischen Altertum, in: Summa historica, Propyläen Weltgeschichte 11, Frankf.−Berlin 1965, S. 65 ff.; *S. C. Humphreys*, Anthropology and the Greeks, London 1978; *F. Kolb*, Die Stadt im Altertum, München 1984; *J. Kromayer−G. Veith*, Heerwesen und Kriegsführung der Griechen und Römer, München 1928; *W. K. Lacey*, The Family in classical Greece, London 1968; *J. A. O. Larsen*, Representative Government in Greek and Roman History, Berkeley 1955; *ders.*, Greek Federal States: Their Institutions and History, Oxford 1968; *A. W. Lintott*, Violence, Civil Strife and Revolution in the Classical City, Baltimore 1981; *E. Meyer*, Einführung in die antike Staatskunde, Darmstadt ⁴1980; *O. Murray*, Early Greece, Stanford 1983; *S. B. Pomeroy*, Goddesses, Whores, Wives, and Slaves: Women in Classical Antiquity, New York 1975; *Propyläen Weltgeschichte III*: Griechenland, Die Hellenistische Welt, Frankfurt/M.−Berlin 1962; *J. Peradotto−J. P. Sullivan*, Women in the Ancient World: The Arethusa Papers, Albany, New York, 1984; *K. Raaflaub*, Die Entdeckung der Freiheit: Zur historischen Semantik und Gesellschaftsgeschichte eines politischen Grundbegriffs der Griechen, München 1985; *H.-J. Reinau*, Die Entstehung des Bürgerbegriffs bei den Griechen, Basel 1981; *E. Ruschenbusch*, Untersuchungen zu Staat und Politik in Griechenland vom 7.−4. Jahrhundert v. Chr., Bamberg 1978; *G. E. M. de Ste.Croix*, The Class Struggle in the Ancient Greek World, London 1981; *H. Schäfer*, Staatsform und Politik: Untersuchungen zur griechischen Geschichte des 6. und 5. Jahrhunderts, Leipzig 1932; *ders.*, Probleme der Alten Geschichte: Gesammelte Abhandlungen und Vorträge, Göttingen 1963; *W. Schuller*, Griechische Geschichte, München−Wien 1982; *ders.*, Frauen in der griechischen Geschichte, Konstanz 1985; *H. Strasburger*, Studien zur Alten Geschichte, 2 Bde., Hildesheim 1982; *J.-P. Vernant* (Hrsg.), Problèmes de la guerre en Grèce ancienne, Paris − Den Haag 1968; *K.-W. Welwei*, Die griechische Polis: Verfassung und Gesellschaft in archaischer und klassischer Zeit, Stuttgart 1983.

B. Zu den einzelnen Kapiteln

I. Zur Einführung

1. Einleitung und Vorbemerkungen
Zur Entdeckung des ›Politischen‹: Chr. Meier, Von *politikós* zum modernen Begriff des Politischen: eine Skizze, in: ders., Entstehung des Politischen (wie o. A. a.) S. 27 ff.; *ders.*, Das Politische bei den Griechen: Überblick und Problem, ebd., S. 40 ff.

Zur Polis: V. Ehrenberg, Staat der Griechen (wie o. A. f.) S. 32 ff.; *ders.*, Polis und Imperium (wie o. A. f.) S. 105 ff.; *H. Schaefer*, Probleme (wie o. A. f.) S. 384 ff.; *D. Nörr*, Der Staat 5, 1966, S. 353 ff.; *Chr. Meier*, Wort und Wahrheit 22, 1967, S. 60 ff.; Gnomon 41, 1969, S. 365 ff.; ferner *E. Kirsten*, Die griechische Polis als historisch-geographisches Problem des Mittelmeerraumes, Rom 1956; *P. Spahn*, Mittelschicht und Polisbildung, Frankf./M. 1977; *ders.*, Oikos und Polis: Beobachtungen zum Prozeß der Polisbildung bei Hesiod, Solon und Aischylos, in: Histor. Zeitschr. 231, 1980, S. 529 ff.; *F. Gschnitzer*, Sozialgeschichte (wie o. A. f.), S. 67 ff.; *K.-W. Welwei*, Polis (wie o. A. f.) Teil II; *W. Ga-*

Die Anfänge des politischen Denkens bei den Griechen   265

wantka, Die sogenannte Polis: Entstehung, Geschichte und Kritik der modernen althistorischen Grundbegriffe der griechische Staat, die griechische Staatsidee, die Polis, Stuttgart 1985; *C. G. Starr,* Individual and Community: The Rise of the Polis (800 – 500 B. C.), New York – Oxford 1986.

Zur Rolle des Dichters: B. Snell, Dichtung und Gesellschaft: Studien zum Einfluß der Dichter auf das soziale Denken und Verhalten im alten Griechenland, Hamburg 1965; *H. Maehler,* Die Auffassung des Dichterberufs im frühen Griechentum bis zur Zeit Pindars, Göttingen 1963; *B. Gentili,* Funzione sociale del professionismo poetico nella Grecia del VI–V secolo, in: Tra Grecia e Roma. Temi antichi e metodologie moderne, Rom 1980, S. 9 ff.

2. Land und Frühgeschichte
Zur griechischen Landeskunde: V. Ehrenberg, Staat (wie o. A. f.), S. 3 ff.; *A. Philippson–E. Kirsten,* Die griechischen Landschaften, 4 Bde., Frankfurt / M. 1950/59; *E. Kirsten–W. Kraiker,* Griechenlandkunde: ein Führer zu klassischen Stätten, 2 Bde., Heidelberg ⁵ 1967.

Allgemein zur griechischen Frühgeschichte: F. Schachermeyr, Ursprung und Hintergrund der griechischen Geschichte, in: Propyläen Weltgeschichte III, Frankfurt / M.–Berlin 1962, S. 25 ff., *E. Vermeule,* Greece in the Bronze Age, Chicago–London 1964; *F. Matz,* Kreta, Mykene, Troja: die minoische und homerische Welt, Stuttgart ⁶ 1965; *P. Demargne,* Die Geburt der griechischen Kunst, München ² 1975; *S. Marinatos–M. Hirmer,* Kreta, Thera und das mykenische Hellas, München ² 1973; *M. I. Finley,* Die frühe griechische Welt, München 1982; *The Cambridge Ancient History* II, ³ 1973 / 75.

Zur Kykladenkultur: P. Demargne, Geburt 23 ff.; *J. Thimme* (Hrsg.), Kunst und Kultur der Kykladeninseln im 3. Jahrtausend v. Chr. (Ausstellungskatalog), Karlsruhe 1976.

Zur kretischen Palastkultur: vgl. neben den o. genannten Werken von *Demargne, Marinatos–Hirmer* und *Matz* etwa *F. Schachermeyr,* Die minoische Kultur des alten Kreta, Stuttgart ² 1979.

Zur mykenischen Kultur: vgl. neben den allgemeinen Werken zur griechischen Frühgeschichte etwa *C. G. Starr,* The Origins of Greek Civilization (1100–650 B. C.), New York 1961, Teil I; *G. E. Mylonas,* Mycenae and the Mycenaean Age, Princeton 1965; *C. W. Blegen,* Troy and the Trojans, New York 1963; *M. Ventris–J. Chadwick,* Documents in Mycenaean Greek, Cambridge ² 1973; *J. Chadwick,* Linear B: Entzifferung der mykenischen Schrift, Göttingen 1959; *ders.,* The Mycenaean World, Cambridge 1976; *S. Hiller–O. Panagl,* Die frühgriechischen Texte aus mykenischer Zeit: zur Erforschung der Linear B-Tafeln, Darmstadt 1976.

Zu den ›Dark Ages‹: C. G. Starr, Origins (wie o.), Teil II; *A. M. Snodgrass,* The Dark Ages of Greece: An Archaeological Survey of the Eleventh to the Eighth Centuries B. C., Edinburgh 1971; *V. R. d'A. Desborough,* The Greek Dark Ages, London 1972.

II. Das 8. und frühe 7. Jahrhundert

1. Die homerischen Epen

Zur ›oral poetry‹, Entstehung und Interpretation der Epen: A. Heubeck, Die homerische Frage, Darmstadt 1974; *J. Latacz,* Homer: eine Einführung, München–Zürich 1985;

A. B. Lord, Der Sänger erzählt: wie ein Epos entsteht, München 1965; C. H. Whitman, Homer and the Homeric Tradition, Cambridge, Mass., 1958; W. Schadewaldt, Von Homers Welt und Werk, Stuttgart [4]1965; M. Parry, The Making of Homeric Verse, Oxford 1971; J. M. Redfield, Nature and Culture in the Iliad: The Tragedy of Hector, Chicago- –London 1975; ferner die entsprechenden Kap. in den o. I. b. angeführten Arbeiten von Fränkel, Jaeger, Lesky u. a.

Zur ›homerischen Gesellschaft‹: M. I. Finley, Die Welt des Odysseus, Darmstadt 1974; ders., The World of Odysseus Revisited, in: Proceedings of the Class. Assoc. 71, 1974, S. 13 ff.; D. L. Page, History and the Homeric Iliad, Berkeley [2]1963; weitere Lit. bei Gschnitzer, Sozialgeschichte (wie o. A. f.) S. 175 f., dazu Spahn, Mittelschicht (wie o. unter B I.1.) S. 29 ff.; Donlan, Aristocratic Ideal (wie o. A. b.) Kap. I; K.-W. Welwei, Adel und Demos in der frühen Polis, in: Gymnasium 88, 1981, S. 1 ff.; W. Donlan, Reciprocities in Homer, in: Class. World 75, 1981/82, S. 137 ff.

Zu den Frühformen der Polis: W. Hoffmann, Die Polis bei Homer, in: F. Gschnitzer (Hrsg.), Zum griechischen Staatsdenken, Darmstadt 1969, S. 123 ff.; C. G. Starr, The Early Greek City-State, in: La parola del passato 12, 1957, S. 37 ff.; C. G. Thomas, Homer and the Polis, in: La parola del passato 21, 1966, S. 5 ff.; S. Scully, The Polis in Homer: A Definition and Interpretation, Ramus 10, 1981, S. 1 ff.

Zu den Anfängen der Phalanx: J. Latacz, Kampfparänese, Kampfdarstellung und Kampfwirklichkeit in der Ilias, bei Kallinos und Tyrtaios, München 1977.

Zum Politischen: A. W. H. Adkins, Moral Values (wie o. unter A. b.), S. 10 ff.; G. C. Vlachos, Les sociétés politiques homériques, Paris 1974; W. Donlan, The Tradition of Anti-Aristocratic Thought in Early Greece, in: Historia 22, 1973, S. 145 ff.; P. W. Rose, Class Ambivalence in the Odyssey, in: Historia 24, 1975, S. 129 ff.; F. Gschnitzer, Politische Leidenschaft im homerischen Epos, in: H. Görgemanns—E. A. Schmidt (Hrsg.), Studien zum antiken Epos, Meisenheim 1976, S. 1 ff.; S. G. Farron, The Odyssey as an Anti-Aristocratic Statement, in: Studies in Antiquity 1, 1979/80, S. 59 ff.

Zum Rechtsdenken: Havelock, Justice (wie o. A. c.), S. 4 ff.; Wolf, Rechtsdenken (wie o. A. c.) I, S. 70 ff.; A. Lesky, Grundzüge des griechischen Rechtsdenkens, in: Wiener Studien 98, 1985, S. 5 ff.

2. Hesiod

Zur Interpretation: Hésiode et son influence, Entretiens sur l'antiquité class. 7, Genf 1962: E. Heitsch (Hrsg.), Hesiod, Darmstadt 1966 (zwei wichtige Aufsatzsammlungen); F. Solmsen, Hesiod and Aeschylus, Ithaca, N. Y., 1949; J.-P. Vernant, Le mythe hésiodique des races, essai d'analyse structurale, in: ders., Mythe et pensée chez les Grecs I, Paris 1965, S. 13 ff.; ders., Le mythe prométhéen chez Hésiode, in: ders., Mythe et société en Grèce ancienne, Paris 1974, S. 177 ff.; R. P. Martin, Hesiod, Odysseus, and the Instruction of Princes, in: Transactions of the Amer. Philol. Assoc. 114, 1984, S. 29 ff.; ferner die entsprechenden Kap. in den o. A. b. angeführten Arbeiten von Fränkel (Dichtung und Philosophie), Jaeger und Lesky sowie die Kommentare von M. L. West, Theogony, Oxford 1966; ders., Works and Days, Oxford 1978.

Zur Gesellschaft: A. R. Burn, The World of Hesiod, London 1936, Nachdr. New York 1966; M. Detienne, Crise agraire et attitude religieuse chez Hésiode, Brüssel 1963; P. Spahn, Oikos und Polis (wie o. B II. 1); A. J. Podlecki, The Early Greek Poets and their Times, Vancouver 1984, S. 20 ff.

Zum Rechtsdenken: Havelock (wie o. A. c.), S. 193 ff.; Wolf (ebd.) I, S. 120 ff.

Die Anfänge des politischen Denkens bei den Griechen 267

III. Das 7. und 6. Jahrhundert

1. Historischer Überblick

Allgemein: A. *Heuss,* Hellas: Die archaische Zeit, in: Propyläen Weltgeschichte III, 1962, S. 69 ff.; *ders.,* Die archaische Zeit Griechenlands als geschichtliche Epoche, in: F. Gschnitzer (Hrsg.), Zur griechischen Staatskunde, Darmstadt 1969, S. 36 ff.; *ders.,* Vom Anfang und Ende ›archaischer‹ Politik bei den Griechen, in: Gnomosyne, Festschr. W. Marg, München 1981, S. 1 ff.; *J. Hasebroek,* Griechische Wirtschafts- und Gesellschaftsgeschichte bis zur Perserzeit, Tübingen 1931; E. *Will,* La Grèce archaïque, in: 2nd Intern. Conf. of Economic History I: Trade and Politics in the Ancient World, Paris 1965, S. 41 ff. (gekürzte deutsche Übersetzung in: H. G. Kippenberg (Hrsg.), Seminar: Die Entstehung der antiken Klassengesellschaft, Frankfurt/M. 1977, S. 100 ff.); C. G. *Starr,* Origins (wie o. unter B I.2) Teil III; *ders.,* The Economic and Social Growth of Early Greece, 800–500 B.C., New York 1977; *ders.,* Individual (wie o. I.1), S. 34 ff. A. *Snodgrass,* Archaic Greece: The Age of Experiment, Berkeley 1980; O. *Murray,* Early Greece, London 1980.

Zur Ausgestaltung der Polis: vgl. die o. unter I.1 angeführte Lit.

Zur Entstehung eines politischen Bereiches: M. *Detienne,* En Grèce archaïque: géométrie, politique et société, in: Annales 20, 1965, S. 425 ff.; *Chr. Meier,* Die Herausbildung des Trends zur Isonomie, in: ders., Entstehung des Politischen (wie o. A. a.), S. 51 ff.; ferner die u. unter III 7. zu Kleisthenes' Reformen angeführten Arbeiten von *Vernant, Lévèque–Vidal-Naquet* und *Meier.*

Zum Adel: vgl. die Werke C. G. *Starrs* (wie o.); M. T. W. *Arnheim,* Aristocracy in Greek Society, London 1977; W. *Donlan,* Aristocratic Ideal (wie o. A. b.); L. *Gernet,* Les nobles dans la Grèce antique, in: ders., Anthropologie (wie o. A. f.), S. 333 ff.; P. A. L. *Greenhalgh,* Aristocracy and its Advocates in Archaic Greece, in: Greece and Rome 19, 1972, S. 190 ff.; G. *Alföldy,* Der attische Synoikismos und die Entstehung des athenischen Adels, in: Revue belge de philologie 47, 1969, S. 5 ff.; ferner die o. unter II.1 angeführten Aufsätze von *Donlan, Farron, Gschnitzer* und *Rose.*

Zur Hoplitenphalanx: A. M. *Snodgrass,* Early Greek Armour and Weapons, Edinburgh 1964; *ders.,* The Hoplite Reform and History, in: Journ. of Hellenic Studies 85, 1965, S. 110 ff.; M. *Detienne,* La phalange: problèmes et controverses, in: Vernant (Hrsg.), Problèmes de la guerre (wie o. A. f.) S. 119 ff.; P. *Cartledge,* Hopliten und Helden: Spartas Beitrag zur Technik der antiken Kriegskunst, in: K. Christ (Hrsg.), Sparta, Darmstadt 1986, S. 387 ff.

Zu den Kriegen der archaischen Zeit: Raaflaub, Freiheit (wie o. A. f.), S. 82 ff.; N. G. L. *Hammond,* A. History of Greece to 322 B. C., Oxford ²1967, S. 135 ff.; F. *Kiechle,* Zur Humanität in der Kriegführung der griechischen Staaten, in: Historia 7, 1958, S. 129 ff., auch in: *Gschnitzer* (Hrsg.), Staatskunde (wie o.), S. 528 ff.

Zur Kolonisation: J. *Boardman,* Kolonien und Handel der Griechen, München 1981; M. I. *Finley,* Das antike Sizilien, München 1979; T. J. *Dunbabin,* The Western Greeks, Oxford 1948; C. *Roebuck,* Ionian Trade and Colonization, New York 1959; A. J. *Graham,* Colony and Mother City in Ancient Greece, Manchester 1964; A. *Gwynn,* The Character of Greek Colonization, in: Journ. of Hell. Stud. 38, 1918, S. 88 ff.; W. G. *Forrest,* Colonisation and the Rise of Delphi, in: Historia 6, 1957, S. 160 ff.

268   *Kurt Raaflaub*

Zur Entwicklung des Handels: vgl. die o. angeführten Arbeiten von *Will,* La Grèce archaïque; *Starr,* Economic and Social Growth; *Boardman,* Kolonien und Handel; *Roebuck,*
Ionian Trade.

Zu den sozialen Konflikten in der Polis und der Krise des Bauerntums: vgl. die u. unter 4.
zu Solon angeführte Lit.

Zur Konfrontation mit den östlichen Großmächten: Grecs et Barbares: Entretiens sur
l'antiquité classique 8, Genf 1962 (wichtige Aufsätze); *A. R. Burn,* Persia and the Greeks:
The Defense of the West 546–478 B. C., London 1962; *E. Herzfeld,* The Persian Empire,
Wiesbaden 1968; *P. Tozzi,* La rivolta ionica, Pisa 1978; *J. M. Balcer,* Sparda by the Bitter
Sea: Imperial Interaction in Western Anatolia, Chico, Calif., 1984; *G. Walser,* Hellas und
Iran, Darmstadt 1984.

2. Tyrannis
Allgemein: H. Berve, Die Tyrannis bei den Griechen, 2 Bde., München 1967; *ders.,* We-
senszüge der griechischen Tyrannis, in: Gschnitzer, Staatskunde (wie o. unter 1.),
S. 161 ff.; *K. H. Kinzl* (Hrsg.), Die ältere Tyrannis bis zu den Perserkriegen, Darmstadt
1979 (wichtige Aufsätze); *E. Ruschenbusch,* Untersuchungen (wie o. A. f.), S. 18 ff.; *H. W.
Pleket,* The Archaic Tyrannis, in: Talanta 1, 1969, S. 19 ff.

Herodot und die Tyrannis: K. H. Waters, Herodotus on Tyrants and Despots, Wiesbaden
1971; *A. Ferrill,* Herodotus on Tyranny, in: Historia 27, 1978, S. 385 ff.

Alkaios und Pittakos: D. L. Page, Sappho and Alcaeus, Oxford 1955; *W. Rösler,* Dichter
und Gruppe: eine Untersuchung zu den Bedingungen und zur historischen Funktion früher griechischer Lyrik am Beispiel Alkaios, München 1980; *A. P. Burnett,* Three Archaic
Poets: Archilochus, Alcaeus, Sappho, Cambridge, Mass., 1983, S. 107 ff.; *Podlecki* (wie o.
unter II.2), S. 62 ff.

3. Kritik an den adligen Werten und Aufruf zu bürgerlicher Solidarität
Zu Archilochos: H. Gundert, Archilochos und Solon, in: Das neue Bild der Antike I,
Leipzig 1942, S. 130 ff.; *H. D. Rankin,* Archilochus of Paros, Park Ridge, New Jersey,
1977; *Burnett* (wie o. unter 2.), S. 15 ff.; *G. Nagy,* The Best of the Achaeans: Concepts of
the Hero in Archaic Greek Poetry, Baltimore–London 1979, S. 243 ff.; *ders.,* Iambos:
Typologies of Invective and Praise, in: Arethusa 9, 1976, S. 191 ff.; *Fränkel,* Dichtung (wie
o. A. b.), S. 147 ff.; *Th. Schwertfeger,* Der Schild des Archilochos, in: Chiron 12, 1982,
S. 253 ff.

Zu Tyrtaios: C. M. Bowra, Early Greek Elegists, Cambridge, Mass., S. 37 ff.; *A. R. Burn,*
The Lyric Age of Greece, 1960, S. 175 ff.; *Podlecki* (wie o. unter II.2.), S. 92 ff.; ferner
Fränkel, Dichtung (wie o. A. b.), S. 170 ff.

4. Solon
Quellen: Sammlung der Gesetze: *E. Ruschenbusch, Solonos nomoi:* Die Fragmente des
solonischen Gesetzeswerkes mit einer Text- und Überlieferungsgeschichte, Wiesbaden
1966; Leben und Werk: Aristoteles, *Der Staat der Athener* 5-13 (Übers.: P. Dams, Stuttgart 1970); Kommentar: *J. Day–M. Chambers,* Aristotle's History of Athenian Democracy, Berkeley 1962; *P. J. Rhodes,* A Commentary on the Aristotelian *Athenaion Poli-*

Die Anfänge des politischen Denkens bei den Griechen   269

teia, Oxford 1981; Plutarch, *Solon* (Kommentar: M. Manfredini–L. Piccirilli, Plutarco, La vita di Solone, Florenz 1977) sowie die o. unter A. c. angef. Lit.

Zu Drakon und der archaischen Rechtskodifikation: E. *Berneker,* Der Kleine Pauly II, 1967, S. 159 mit Lit.; *L. Stroud,* Drakon's Law on Homicide, Berkeley 1968; *M. Gagarin,* Drakon and Early Athenian Homicide Law, New Haven 1981; *E. Ruschenbusch, Phonos:* Zum Recht Drakons und seiner Bedeutung für das Werden des athenischen Staates, in: Historia 9, 1960, S. 129 ff.; *W. Eder,* The Political Significance of the Codification of Law in Archaic Societies: An Unconventional Hypothesis, in: *K. Raaflaub* (Hrsg.), Social Struggles in Archaic Rome: New Perspectives on the Conflict of the Orders, Berkeley 1986, S. 262 ff.

Allgemein zu Solon und seiner Zeit: W. J. Woodhouse, Solon the Liberator, London 1938; *G. Ferrara,* La politica di Solone, Neapel 1964; *A. Masaracchia,* Solone, Florenz 1958; *Chr. Meier,* Entstehung des Politischen (wie o. A. a.), S. 70 ff.; *P. Spahn,* Mittelschicht (wie o. unter I.1.), S. 112 ff.

Zu Agrarkrise und Adelsfehden: A. *French,* The Economic Background to Solon's Reforms, in: Class. Quarterly 6, 1956, S. 11 ff.; *E. Will,* La Grèce archaïque (wie o unter 1.), S. 59 ff.; *R. J. Hopper,* The Solonian ›Crisis‹, in: Ancient Society and Institutions, Studies... V. Ehrenberg, Oxford 1966, S. 139 ff.; *K. von Fritz,* Schriften (wie o. A. b.), S. 110 ff., 117 ff.; *C. G. Starr,* Economic and Social Growth (wie o. unter 1.), S. 169 ff.; *F. Gschnitzer,* Sozialgeschichte (wie o. A. f.), S. 75 ff.; *A. Snodgrass,* Archaic Greece (wie o. unter 1.), S. 144 ff.; weiteres in dem o.genannten Kommentar von *P. J. Rhodes,* S. 90 ff., 118 ff.

Zum Problem von Schuldknechtschaft und Statusvielfalt: M. I. Finley, Die Schuldknechtschaft, in: H. G. Kippenberg (Hrsg.), Seminar (wie o. unter 1.), S. 173 ff.; *ders.,* Economy and Society (wie o. A. f.), S. 116 ff., 133 ff.

Zum Denken Solons: W. Jaeger, Solons Eunomie, in: ders., Scripta minora I, Rom 1960, S. 315 ff.; *G. Vlastos,* Solonian Justice, in: Class. Philol. 41, 1946, S. 65 ff.; *Chr. Meier,* Die Entstehung des Begriffs ›Demokratie‹: Vier Prolegomena zu einer historischen Theorie, Frankfurt/M. 1970, S. 19 ff.; ferner die o.genannten Arbeiten von *Meier* und *Spahn;* E. *Havelock,* Concept of Justice (wie o. A. c.), S. 249 ff.

5. Die Definition des aristokratischen Ethos: Theognis
Zu Theognis: V. Steffen, Die Kyrnos-Gedichte des Theognis, Wroclaw 1968; *Fränkel,* Dichtung (wie o. A. b.), S. 455 ff.; *Kagan,* Dialogue (wie o. A. a.), S. 33 ff.; *Donlan,* Ideal (wie o. A. b.), S. 77 ff.; *R. P. Legon,* Megara: The Political History of a Greek City-State to 336 B. C., Ithaca, N. Y., 1981; *T. J. Figueira–G. Nagy* (Hrsg.), Theognis of Megara: Poetry and the Polis, Baltimore 1985; *G. Nagy,* in: T. J. Luce (Hrsg.), Ancient Writers, New York 1982, S. 50–52, 60 f.; *L. Woodbury,* The Seal of Theognis, in: Phoenix Suppl. 1, 1952, S. 20 ff.; *I. Oost,* The Megara of Theagenes and Theognis, in: Class. Philol. 68, 1973, S. 186 ff.

Zu Pindar: U. von Wilamowitz, Pindaros, Berlin 1922; *J. H. Finley,* Pindar and Aeschylus, Cambridge, Mass., 1955; *C. M. Bowra,* Pindar, Oxford 1964; ferner *Donlan* und *Kagan* (wie o. zu Theognis).

270   *Kurt Raaflaub*

Zum Konzept der ›freien Arbeit‹ und ›freien Erziehung‹: K. Raaflaub, Democracy, Oligarchy, and the Concept of the ›Free Citizen‹ in Late Fifth-Century Athens, in: Political
Theory 11, 1983, S. 517 ff.

Zur Herausbildung einer kontrastierenden Typologie: Raaflaub, ebd., sowie in: E. C.
Welskopf (Hrsg.), Soziale Typenbegriffe im alten Griechenland IV, Berlin 1981, S. 190 f.,
195, 205 ff., 298 ff.

Zu den aristokratischen Institutionen: F. Sartori, Le eterie nella vita politica ateniese del
VI e V sec. a. C., Rom 1957; K. J. Dover, Greek Homosexuality, London 1978. Zu *philia*
ist demnächst eine Monographie von P. Spahn zu erwarten.

6. Die frühen ionischen Naturphilosophen
Allgemein: Vgl. *Überweg – Praechter, Zeller, Nestle, Gigon, Guthrie* (alle wie o. A. b.);
E. *Hussey,* The Presocratics, London 1972; D. J. *Furley–R. E. Allen* (Hrsg.), Studies in
Presocratic Philosophy I: The Beginnings of Philosophy, London 1970; A. P. D. *Mourela-*
tos (Hrsg.), The Presocratics: A. Collection of Critical Essays, Garden City, N. Y., 1974;
J. *Barnes,* The Presocratic Philosophers, 2 Bde., London–Boston 1979; P. *Guérin,* L'idée
de justice dans la conception de l'univers chez les premiers philosophes grecs, Straßburg
1935.

Zu Alkmaion: Guthrie (wie o. A. b.) I, S. 341 ff.; G. *Vlastos,* Isonomia, in: Amer. Journal
of Philol. 74, 1953, S. 344 ff.; *ders.,* in: Furley–Allen (wie o.) S. 57 ff.

Zu Anaximander: Guthrie (wie o. A. b.) I, S. 72 ff.; *Fränkel,* Dichtung (wie o. A. b.),
S. 300 ff.; C. A. *Kahn,* Anaximander and the Origins of Greek Cosmology, New York
1960; G. *Vlastos,* Equality and Justice in Early Greek Cosmologies, in: Class. Philol. 42,
1947, S. 156 ff. (= Furley–Allen, S. 56 ff.); U. *Hölscher,* Anaximander und die Anfänge
der Philosophie, in: Hermes 81, 1953, S. 257 ff.; J.-P. *Vernant,* Structure géométrique et
notions politiques dans la cosmologie d'Anaximandre, in: ders., Mythe et pensée chez les
Grecs I, Paris 1965, S. 185 ff.

Zu Pythagoras: Guthrie I, S. 146 ff.; *Fränkel,* Dichtung S. 309 ff.; K. *von Fritz,* Pythagorean Politics in Southern Italy: An Analysis of the Sources, New York 1940; E. L. *Minar,*
Early Pythagorean Politics in Practice and Theory, Baltimore 1942; W. *Burkert,* Weisheit
und Wissenschaft: Studien zu Pythagoras, Philolaos und Platon, Nürnberg 1962.

Zu Xenophanes: Guthrie I, S. 360 ff.; *Fränkel,* Dichtung, S. 371 ff.; *Podlecki* (wie o. unter
II. 2.), S. 165 ff.

Zu Heraklit: Guthrie I, S. 403 ff.; *Fränkel,* Dichtung, S. 422 ff.; C. H. *Kahn,* The Art and
Thought of Heraclitus: An Edition of the Fragments with Translation and Commentary,
Cambridge 1979.

7. Politische Reformen
Zum Einfluß des delphischen Orakels: H. W. *Parke–D. E. W. Wormell,* The Delphic
Oracle, 2 Bde., Oxford 1956; J.Fontenrose, The Delphic Oracle: Its Responses and Ope-
rations, with a Catalogue of Responses, Berkeley 1978; H. *Berve,* Das delphische Orakel,
in: ders., Gestaltende Kräfte (wie o. A. f.), S. 9 ff.; Chr. *Meier,* Entstehung des Politischen

Die Anfänge des politischen Denkens bei den Griechen 271

(wie o. A. a.), S. 73 ff.; ferner die o. unter 1. angeführten Aufsätze von *Forrest* und *Kiechle*.

Zu den Sieben Weisen: B. *Snell,* Leben und Meinungen der Sieben Weisen, München ⁴1971.

Zu Lykurg und der ›Großen Rhetra‹: F. *Kiechle,* Lakonien und Sparta, München 1963, S. 142 ff.; P. *Oliva,* Sparta and Her Social Problems, Prag 1971, S. 63 ff.; *Spahn,* Mittelschicht (wie o. unter I.1.), S. 87 ff.; K. *Bringmann,* Die große Rhetra und die Entstehung des spartanischen Kosmos, in: Christ, Sparta (wie u.), S. 351 ff. – Allgemein zu Sparta: M. *Clauss,* Sparta, eine Einführung in seine Geschichte und Zivilisation, München 1983; K. *Christ* (Hrsg.), Sparta, Darmstadt 1986 (mit Bibl., S. 471 ff.); M. I. *Finley,* Sparta, in: Christ, Sparta, S. 327 ff.

Zu Kleisthenes: Quellen: Herodot 5,66. 69 f. 72 f.; Aristoteles, *Staat der Athener* 20 f. (dazu die o. unter 4. zu Solon angeführten Kommentare, bes. der von *Rhodes,* mit reicher Literatur). – Interpretation: *Meier,* Entstehung des Politischen (wie o. A. a.), S. 91 ff.; P. *Lévèque–P. Vidal-Naquet,* Clisthène l'Athénien, Paris 1964; E. *Will,* Le monde grec et l'orient I (Paris 1972), S. 63 ff.; P. *Siewert,* Die Trittyen Attikas und die Heeresreform des Kleisthenes, München 1982; J. *Martin,* Von Kleisthenes zu Ephialtes: zur Entstehung der athenischen Demokratie, in: Chiron 4, 1974, S. 5 ff.; *Spahn,* Mittelschicht (wie o. unter I.1.), S. 161 ff.

KAPITEL VII

Politisches Denken im Zeitalter Athens

Von Kurt Raaflaub

1. Geschichtlicher Überblick

Die Geschichte des 5. Jahrhunderts v. Chr. ist durch vier Vorgänge gekennzeichnet, die eng miteinander verknüpft sind: die Auseinandersetzung mit den Persern; die Herrschaftsbildung Athens in der Ägäis und die Aufspaltung der griechischen Poliswelt in zwei Machtblöcke; die Einführung der Demokratie in Athen und die Polarisierung zwischen Demokratie und Oligarchie; schließlich den langen, bitteren und die gesamte griechische Welt in Mitleidenschaft ziehenden Peloponnesischen Krieg zwischen den von Athen und Sparta angeführten Machtsystemen. In kultureller Hinsicht ist dies das Jahrhundert Athens, das der Welt Drama, Geschichtsschreibung und Rhetorik, die klassische Architektur und Skulptur, die wesentlichen Grundlagen von Philosophie und ›Erziehungswissenschaft‹ sowie die Anfänge der politischen Theorie geschenkt hat. Themistokles und Perikles, Herodot und Thukydides, Aischylos und Sophokles, Euripides und Aristophanes, Protagoras und Sokrates, Phidias und Hippodamos sind alle Athener gewesen oder haben doch eine Zeitlang in Athen gewirkt. Mit wenigen Ausnahmen ist das gesamte erhaltene Schrifttum dieser Zeit athenisch. Die ›perikleischen Jahrzehnte‹ verkörpern eine der dichtesten, optimistischsten und an Nachwirkungen reichsten Perioden politischer und kultureller Höchstleistung, die die Weltgeschichte kennt. Und dies alles war untrennbar mit dem in den Persersiegen wurzelnden und in Seereich und Demokratie in erstaunlicher Konsequenz verwirklichten Macht- und Selbstbewußtsein der durch und durch politisierten Bürgerschaft Athens verknüpft.

Die Perserkriege

Um die Mitte des 6. Jahrhunderts hatte Kyros, der Begründer des Perserreiches, den Lyderkönig Kroisos besiegt und seine Herrschaft bis an die Ägäis ausgedehnt. 494 scheiterte ein großer Aufstand der kleinasiatischen Griechen. Athen und Eretria auf Euböa hatten die Ionier mit Flottenkontingenten unterstützt. Dem Perserkönig Dareios diente dies als Rechtfertigung für die Unterwerfung Griechenlands. Ein Vorstoß über die Ägäis gegen Athen mißlang freilich im Jahre 490: Das athenische Hoplitenaufgebot unter Miltiades vermochte die Perser bei Marathon ins Meer zurückzuwerfen. Die verbündeten Spartaner kamen zu spät, die übrigen Griechen rührten sich nicht: Den Athenern gehörte der Ruhm, die Perser abgewehrt und Griechenland gerettet zu haben.
Nach umfangreichen Vorbereitungen zog Dareios' Nachfolger Xerxes im Jahre 480 an der Spitze einer großen Armee und Flotte gegen die Griechen. Die mei-

sten Poleis betrachteten Widerstand als aussichtslos; Nachbarschaftsfehden und Erbfeindschaften taten ein übriges, die Bildung einer großangelegten Koalition zu verhindern. Schließlich waren es lediglich Sparta, Korinth und Athen mit ihren jeweiligen Verbündeten, die sich 481 im ›Hellenenbund‹ gegen die Perser zusammenschlossen. Die ersten Gefechte (Thermopylen und Kap Artemision) gingen verloren; Athen wurde geräumt und von den Persern zerstört. Dann jedoch gelang der griechischen Flotte ein überragender Sieg in der Seeschlacht bei Salamis. Xerxes selbst kehrte nach Asien zurück; ein in Böotien überwinterndes persisches Korps wurde 479 bei Plataiai geschlagen, die persische Flotte beim Vorgebirge Mykale in Ionien vernichtet. Ebenfalls im Jahre 480 schlugen die sizilischen Griechen unter Führung Gelons von Syrakus die Karthager in der Schlacht bei Himera.

Die Siege über die Perser, die Herodot später in seinen *Historien* beschrieben hat, erschienen nahezu als ein Wunder, erkämpft gegen eine deutliche Übermacht aufgrund des kompromißlosen Selbstbehauptungswillens namentlich der Athener und Spartaner. Freilich war offenbar selbst in Athen zwischen 490 und 480 die Entscheidung zwischen Widerstand und Ergebung lange offen gewesen. Auch wenn die Persersiege letztlich Gemeinschaftserfolge des Adels, der Hoplitenbauern und der Theten waren, die das Gros der Flottenbesatzungen stellten, spricht manches dafür, daß erst die politische Integration der Mittelschichten die Voraussetzungen für den notwendigen Widerstandswillen und dessen erfolgreiche Umsetzung in die Tat geschaffen hatte. Das Erlebnis der Perserkriege beeinflußte das politische Leben und Denken aller Griechen, besonders aber der Athener, in kaum vorstellbarer Vielfalt und Intensität. Dabei wurden zum Teil bereits vorhandene Ansätze kraftvoll weitergeführt, anderes brach ganz neu auf.

Die Herrschaft Athens im Seebund

Die jüngsten Erfolge weckten Vertrauen in die eigene Leistungsfähigkeit. Namentlich der Sieg von Salamis erwies sich als Resultat einer glücklichen Kombination von Opfermut, Risikofreude, Ausschöpfung aller situationsbedingten Möglichkeiten und überlegener Strategie. Die Mehrzahl dieser Faktoren war reproduzierbar. Damit eröffneten sich neue Dimensionen menschlichen Handelns und Planens. Die Auswirkungen wurden sofort spürbar. Der ›Hellenenbund‹ bestand zwar formell weiter, aber bereits 478/77 zog sich Sparta von der gemeinsamen Kriegführung zurück, während sich zahlreiche Poleis unter Führung Athens zu einem neuen Bündnis zusammenschlossen. Der ›Delisch-Attische Seebund‹ hatte den Zweck, einem erneuten Angriff der Perser wohlgerüstet entgegenzutreten, sich für die von Xerxes angerichteten Verwüstungen schadlos zu halten und die noch unter persischer Herrschaft stehenden Griechen in Kleinasien zu befreien. In all diesen Hinsichten war der Bund erfolgreich. Am Eurymedon an der Südküste Kleinasiens wurden die Perser gut zehn Jahre später erneut geschlagen. Um die Jahrhundertmitte wurde der Krieg praktisch, wenngleich wohl ohne formellen Friedensschluß, eingestellt. Fast siebzig Jahre lang beherrschten die athenischen Flotten konkurrenzlos das östliche Mittelmeer, die Ägäis und das Schwarze Meer. Weit über hundert Poleis gehörten schließlich zum Seebund; Athen wurde zur Großmacht.

Politisches Denken im Zeitalter Athens   275

Im Zuge dieser Entwicklung wurden die Verbündeten allerdings bald von Partnern zu Opfern der Machtansprüche der Athener. Gestützt auf die Überlegenheit ihrer Flotte unterbanden diese gewaltsam jeden Versuch, aus dem Bündnis auszutreten. Die Mitbestimmung der Bündner wurde drastisch reduziert, die den Bund betreffenden Beschlüsse einseitig in Athen gefaßt und die Organisation des Bundessystems auf Athen hin zentralisiert. Innerhalb von kaum dreißig Jahren wurde aus dem Seebund ein athenisches Seereich. Gleichzeitig wurden Athen und sein Hafen Piräus befestigt und durch die ›Langen Mauern‹ miteinander verbunden: Athen war fortan vom Lande her uneinnehmbar, seine Versorgung durch die meerbeherrschende Flotte garantiert, der Piräus wurde zum zentralen Hafen der Ägäis. Die Athener aller Schichten profitierten in jeder erdenklichen Weise von Handel und Herrschaft; ein Großteil der Bürger war in für uns schwer nachvollziehbarer Intensität und Beständigkeit in der Politik und den öffentlichen Geschäften ihrer Stadt engagiert. Trotz einiger schwerer Rückschläge herrschte ein ungeheurer Leistungsoptimismus; der Macht und den Fähigkeiten der Athener schienen keine Grenzen gesetzt.

Der Gegensatz zu Sparta

Athens Aufstieg zur griechischen Großmacht machte einen Konflikt mit Sparta auf die Dauer unvermeidlich. Denn Sparta war nach wie vor als die eigentliche griechische Führungsmacht (»Vorsteher« oder *prostates*) Griechenlands anerkannt. Diese Stellung hatte eine lange Vorgeschichte: Ursprünglich hatte Sparta sich in seiner gesellschaftlichen und kulturellen Entwicklung nicht allzusehr von den übrigen Griechen unterschieden. Seit dem Messenischen Aufstand im 7. Jahrhundert bildeten sich jedoch wegen der ständig von den versklavten Messeniern (den Heloten) drohenden Gefahr allmählich die bekannten Charakteristika der militarisierten spartanischen Gesellschaft heraus. Sparta verzichtete auf weitere Expansion und baute statt dessen das erste große Bündnissystem im griechischen Raum auf, dem sich im Laufe des 6. Jahrhunderts die meisten Poleis in der Peloponnes anschlossen. Obschon die Führung in diesem ›Peloponnesischen Bund‹ aufgrund der Machtverhältnisse eindeutig bei Sparta lag, besaßen die Bündner die volle Autonomie und ein eifersüchtig bewahrtes Mitspracherecht. Die Bundespolitik war im allgemeinen wie diejenige der Vormacht konservativ, auf die Erhaltung des Status quo ausgerichtet. Im 6. und frühen 5. Jahrhundert trug Sparta gelegentlich dazu bei, lokale Tyrannen zu stürzen oder Demokratisierungstendenzen zu unterbinden; beides lag im Interesse der Bewahrung aristokratischer Regimes. Sparta galt deshalb als zuverlässig, berechenbar und, trotz seiner konkurrenzlosen Hoplitenmacht, nicht bedrohlich. Da seine Führungsposition zusätzlich von der religiösen Autorität Delphis gestützt wurde, war es in der Lage, in der Poliswelt mit ihren vielen Konflikten die Rolle eines Schiedsrichters oder Patrons zu übernehmen. Es war deshalb auch der einzige allgemein akzeptable Kandidat für die Hegemonie im gemeinsamen Abwehrkampf gegen die Perser.
Diese ›Prostasie‹ hatte Sparta auch nach den Perserkriegen inne, obschon es sich nicht aktiv an der Weiterführung des Krieges beteiligte. Athen hatte im Seebundbereich die Hegemonie übernommen, und manches spricht dafür, daß es

aufgrund seiner Verdienste in den Perserkriegen auch die ›Prostasie‹ anstrebte. Die gewaltsame Unterdrückung aufständischer Verbündeter und die Umwandlung des Seebundes in ein Seereich vertrugen sich allerdings nach gemeingriechischem Empfinden nicht mit jenem Anspruch. Deshalb forderten gelegentlich auch Seebundsmitglieder Spartas Hilfe gegen Athen an.

Der damit seit der Gründung des Seebundes latente Konflikt brach im Jahre 462 offen aus, als in Athen eine Verfassungsreform durchgeführt wurde und die Macht von einer spartafreundlichen auf eine spartafeindliche Gruppe überging, während Sparta gleichzeitig ein gegen die aufständischen Heloten angefordertes athenisches Hilfskorps unter fadenscheinigen Vorwänden zurücksandte und damit die ganze Bürgerschaft brüskierte. Kurz darauf schloß Athen ein Bündnis mit Spartas Erzfeindin Argos, und es brachen offene Feindseligkeiten aus (der ›Erste Peloponnesische Krieg‹, 458–46). Anfänglich vermochte Athen seine Macht über weite Teile auch des griechischen Festlandes auszudehnen, aber dann zeigte es sich, daß es durch sein Engagement an mehreren Fronten seine Kräfte überspannt hatte. 451 wurde ein fünfjähriger Waffenstillstand mit Sparta geschlossen, dem 446, nach einer Reihe gravierender Rückschläge und territorialer Verluste, ein Frieden auf dreißig Jahre folgte. Dieser bestätigte den Status quo und anerkannte implizit die Kontrolle der beiden Vormächte in ihrem jeweiligen Interessengebiet; für Konflikte wurde ein Schiedsverfahren vorgesehen. Athen hatte damit in seinem Herrschaftsbereich freie Hand; Sparta waren die Hände gebunden.

Die athenische Demokratie

Kleisthenes hatte die Bürgerschaft in Athen gegenwärtig gemacht, die Volksversammlung aufgewertet und, zumal durch den die Gesamtbürgerschaft repräsentierenden Rat der 500, ein Gegengewicht zu der nach wie vor durch den Adel gestellten politischen Führung geschaffen. Dadurch, daß die Politiker fortan ihre Vorschläge persönlich in der Versammlung durchsetzen mußten, wurde diese weit stärker als vorher zum entscheidenden Organ, zum »Souverän« im Staat. Kurz vor den Perserkriegen wurden zwei Neuerungen eingeführt: das ›Scherbengericht‹ (durch das ein allzu machthungriger Politiker für zehn Jahre verbannt werden konnte, womit gleichzeitig persönliche Machtbildungen und gefährliche Polarisierungen in der Bürgerschaft verhindert wurden) und die ›Besetzung des Archontats durchs Los statt durch Volkswahl‹ (wodurch auch der mit den ehemaligen Inhabern dieses Amtes besetzte alte Adelsrat auf dem Areopag an Bedeutung verlor).

Die schon darin sichtbare Tendenz zur Abwertung der seit alters in der Polis ausschlaggebenden Organe verstärkte sich nach den Siegen über die Perser und der Gründung des Seebundes. Denn die Bemannung der Flotte fiel der untersten Bürgerschicht der Theten zu, die sich nicht mit der Hoplitenrüstung auszustatten vermochten. Als wirtschaftlichen ›Habenichtsen‹ fehlte ihnen auch das für die politische Mitbestimmung unerläßliche soziale Prestige. Dies änderte sich durch die Flottenpolitik. Sicherheit, Macht und Reichtum aller hingen fortan direkt von der Flotte und damit von den Theten ab. Durch ihre ständige und wichtige Leistung für die ganze Gemeinde gewannen sie Selbstvertrauen und

Politisches Denken im Zeitalter Athens 277

jenes Maß an Prestige und sozialem Wert, das sie mit der Zeit auch politisch ›salonfähig‹ machte. Man mochte sie verachten, aber man konnte ihnen auf die Dauer die politische Aufwertung nicht versagen.

Im Jahre 462 beschloß die Volksversammlung auf Betreiben einer von Ephialtes angeführten Gruppe grundlegende konstitutionelle Neuerungen. So unklar hier vieles ist, festzustehen scheint, daß der Rat auf dem Areopag weitgehend entmachtet wurde und jeden direkten Einfluß auf die Gestaltung der Politik verlor, während die Macht und Unabhängigkeit der Volksversammlung und ihres ›geschäftsführenden Ausschusses‹, des Rats der 500, durch die Verstärkung ihrer politikbestimmenden und -kontrollierenden Kompetenzen wesentlich erhöht wurden. Außenpolitische Zielsetzungen scheinen dabei eine wichtige Rolle gespielt zu haben. Die Exponenten einer mehr traditionellen politischen Programmatik, die ihre Machtbasis im Areopag besaßen, sollten entscheidend geschwächt, die einer entgegengesetzten und deutlicher gegen Sparta gerichteten (vgl. oben, S. 276) stärker zum Zuge kommen. Für diese war es offenbar wichtig, daß nicht nur die einzelnen Entscheidungen, sondern auch die längerfristige Planung der athenischen Politik der Volksversammlung übertragen, daß der gesamte politische Wille der Gemeinde in den demokratischen Gremien konzentriert wurde.

Durch diese Reformen wurde die Demokratie als Herrschaftsinhabe des Demos (d. h. der gesamten Bürgerschaft) im eigentlichen Sinne begründet. Auf ihrer Grundlage führte namentlich Perikles im folgenden Jahrzehnt weitere Neuerungen ein, die die Möglichkeit der intensiven Beteiligung breiter Bürgerschichten am politischen Leben verbesserten und damit zur Verwirklichung der Demokratie beitrugen. Bereits den Zeitgenossen war klar, daß sich Grundlegendes verändert hatte. Die Reaktionen fielen entsprechend heftig aus: Man versuchte die Reformen wieder aufzuheben, Ephialtes wurde ermordet; umgekehrt wurde der Anführer der ›Konservativen‹, Kimon, verbannt, und aristokratische Kreise standen im Verdacht, sich zum Sturz der Demokratie verschworen und dafür spartanische Unterstützung gesucht zu haben. Die Reformen wurden mehr als Sieg einer ›Partei‹ und einer politischen Richtung denn als im allgemeinen Interesse liegende Verbesserungen der Polisordnung aufgefaßt. Hatte Kleisthenes seine Reformen aufgrund eines breiten Konsenses durchgeführt, so wurde jetzt die Änderung der Verfassung zum Mittel, dem Willen eines Teiles der Bürgerschaft zum Durchbruch zu verhelfen, zwar aufgrund einer Mehrheitsentscheidung, aber gegen die dezidierte Opposition starker Minderheiten unter den Ober- und Mittelschichten. Die Verfassung war damit samt ihren Institutionen vollends verfügbar geworden. »Zum ersten Mal in der griechischen Geschichte – und auch in der Weltgeschichte – war damals die Polis-Ordnung im ganzen zur Disposition der Bürgerschaft gekommen, also strittig und Gegenstand von Politik geworden. Zum ersten Mal war die gründlichste Alternative scharf gestellt worden, die innerhalb von Bürgerschaften (...) möglich ist: ob die Regierten, die nicht auf Politik Spezialisierten et de iure et de facto entscheidend politisch mitsprechen sollten oder nicht (...) Dieses Geschehen kann man als die Politisierung der Polis-Ordnung begreifen« (Chr. Meier).

Im Zuge der Großmachtpolitik Athens in den 50er Jahren wurden alle Kräfte nach außen konzentriert, und das mag die Überbrückung der internen Spannungen zunächst erleichtert haben. Kurz nach der Jahrhundertmitte wurde jedoch der Krieg gegen Persien und Sparta eingestellt und die Machtstellung Athens im Seebund systematisch konsolidiert (vgl. oben, S. 274 ff.). Dem entsprach im Innern das Bemühen des Perikles, sich durch seine Bürgerrechtspolitik und das durch eine neuartige Verwendung der Seebundsmittel ermöglichte großangelegte Bauprogramm auf der Akropolis den Demos zu verpflichten und eine langfristige persönliche Machtstellung aufzubauen. Diese radikale Neuformulierung der politischen Ziele Athens und besonders die Unterdrückung und Ausbeutung der Bundesgenossen provozierten den erbitterten Widerstand einer starken Opposition. In der Mitte der 40er Jahre kam es zu einer intensiven und langdauernden Konfrontation zwischen den von Perikles und Thukydides, dem Sohn des Melesias, angeführten politischen Faktionen. Mit der Verbannung des Thukydides im Jahre 443 endete jedoch der organisierte Widerstand gegen Perikles, der bis zu seinem Tod mit wenigen Unterbrechungen die Politik Athens als unbestrittener ›Erster Mann‹ beherrschte.

Die Vorgänge jener Jahre sind schlecht dokumentiert. Die Auseinandersetzungen scheinen zumindest vordergründig ganz um Sachprogramme geführt worden zu sein. Daß für eine prinzipielle Anfechtung der Demokratie jedes Zeugnis fehlt, ist angesichts der Erfolge und des Selbstbewußtseins des Demos, der sich dank der jüngsten Maßnahmen des Perikles stärker denn je zur Geltung zu bringen vermochte, kaum erstaunlich. Aber man mag zwischen einer konsequent und einer gemäßigt demokratischen Politik unterschieden haben und sich dabei bewußt gewesen sein, daß dahinter tiefere Gegensätze schwelten. Denn seit jener politischen Umorientierung muß sich in den Kreisen der Opposition gegen Perikles die Überzeugung durchgesetzt haben, daß hier eine einseitig den Interessen des Demos entsprechende Politik betrieben wurde und in den bestehenden Verhältnissen eine alternative politische Programmatik auch langfristig kaum eine Chance hatte, sich durchzusetzen. Die Befürworter solcher Alternativen mußten sich – permanent in die Minderheit versetzt – geradezu ausgeschlossen fühlen. Der Anspruch der Demokratie, alle Bürger an der Regierung zu beteiligen und alle zu vertreten, verlor für sie jede Glaubwürdigkeit; für sie verkörperte die Demokratie lediglich die Herrschaft eines Teils der Bürgerschaft, der vielen, der Masse – des jetzt pejorativ interpretierten ›Demos‹ –, an der ein anderer Teil der Bürgerschaft, die Guten (*agathoi*), aber wenigen (*oligoi*), keinen Anteil hatte. Damit wurde man sich einer neuen, unüberbrückbaren Polarisierung bewußt. Demokratie und Oligarchie konnten fortan als zwei sich gegenseitig ausschließende ›Parteiherrschaften‹ aufgefaßt werden. Die hier entstandene Alternative wird von Thukydides treffend als »Versklavung der Mehrheit unter den Wenigen oder der Minderzahl durch die Gesamtheit« definiert (4,86,4): die ›Wenigen‹ waren einem Gesamtwillen unterworfen, der den ihren einschloß, ohne der ihre zu sein. Umgekehrt wurde den Befürwortern der Demokratie bewußt, daß eine oligarchische Machtergreifung im Ausschluß des Volkes von Macht und Regierungsbeteiligung, in seiner Unterwerfung unter die ›Wenigen‹ und damit in seiner ›Versklavung‹ resultieren mußte. Damit wurde der Freiheitsbegriff für die Demokratie in Beschlag genommen; er spielte fortan in deren ›Ideologie‹ eine dominierende Rolle.

Die Polarisierung zwischen Demokratie und Oligarchie wurde durch den außenpolitischen Gegensatz zwischen Athen und Sparta noch beträchtlich verstärkt. Athen bediente sich zumal während des Peloponnesischen Krieges der Einsetzung einer demokratischen Verfassung und der Unterstützung proathenischer ›Demokraten‹ als Mittel zur Sicherung seiner Herrschaft. Sparta wurde dadurch erst recht zum Vorkämpfer aristokratischer und oligarchischer Verfassungen und zum Ideal aller Demokratiegegner. Athen und Sparta stellten sich immer mehr als die Ur- und Vorbilder zweier miteinander unvereinbarer politischer Systeme und Lebensordnungen dar. Zumal in Perioden des offenen Konfliktes zwischen den beiden Machtblöcken überschnitten sich deshalb in manchen Poleis die innen- und außenpolitischen Aspekte in schwer durchschaubarer Weise: der innenpolitische Gegensatz zwischen Demokraten und Oligarchen (was oft bloß Etiketten für ähnlich strukturierte Faktionen waren) diente als Vorwand, durch den Anschluß an die eine oder andere Großmacht auch im Innern die Oberhand zu gewinnen, während die Vormächte diesen inneren Gegensatz dazu benützten, ihren Einfluß auszudehnen oder zu konsolidieren.

Der Peloponnesische Krieg

Die 446 etablierte friedliche Koexistenz der beiden Machtblöcke dauerte kaum fünfzehn Jahre. Athens interventionistische Politik führte Ende der 30er Jahre zu Konflikten mit wichtigen Verbündeten Spartas. Obschon Athen wohl zu Recht darauf bestand, den Friedensvertrag dem Buchstaben nach nicht verletzt zu haben, kollidierten seine Aktionen doch eindeutig mit den Interessen namentlich von Korinth und Megara. An einem Bundeskongreß gab Sparta im Jahre 432 dem Drängen seiner Bündner nach und begann, nachdem Athen mehrere Ultimaten zurückgewiesen hatte, den Krieg, nominell zur Befreiung der Griechen von der Tyrannis Athens, realiter (wie Thukydides betont) zur Verteidigung der Interessen seiner Verbündeten.

Die ersten zwanzig Jahre des Peloponnesischen Krieges sind von Thukydides beschrieben worden. Offenbar hielt Perikles diese Auseinandersetzung über kurz oder lang für unvermeidlich. Er unternahm deshalb keine besonderen Anstrengungen, den Krieg zu vermeiden, auch wenn er ihn wohl nicht, wie seine Kritiker ihm vorwarfen, direkt provoziert hat. Seines Erachtens konnte Athen aufgrund seiner überlegenen Ressourcen diesen Krieg nicht verlieren, wenn es an der von ihm entworfenen Strategie der konsequenten Seekriegführung festhielt und seine Kräfte nicht verzettelte. Die Landbevölkerung wurde deshalb hinter die Langen Mauern evakuiert, Attika den Einfällen der überlegenen Hoplitenarmee Spartas preisgegeben und die Versorgung der Bevölkerung durch die Flotte sichergestellt, die auch durch die Verwüstung gegnerischer Gebiete den Kampfwillen der Peloponnesier schwächen sollte.

Eine Reihe von kaum vorhersehbaren Faktoren brachte diesen Plan zum Scheitern. Eine Seuche, die 430 in der überfüllten Stadt furchtbar grassierte, untergrub Athens Kampfkraft und Moral. Perikles selbst starb 429. Unter den Politikern, die sich um seine Nachfolge bemühten, besaß keiner das persönliche, intellektuelle und politische Format, das ihm während so vieler Jahre das Vertrauen des Volkes gesichert hatte. In der erbitterten Rivalität zwischen mehreren Kandidaten ging jenes unerläßliche Maß an Stabilität und fester Führung verloren, auf das eine so extrem direkte Demokratie angewiesen ist. Demagogische Tendenzen nahmen überhand und versprachen um so eher Erfolg, als die Massierung der Bevölkerung in der Stadt auch in der Volksversammlung neue Bedingungen schuf. Schließlich verbreitete sich in Teilen zumal der evakuierten Landbevölkerung eine starke Friedenssehnsucht, die dem auf einen langen Zermürbungskrieg ausgerichteten Plan des Perikles wenig Chancen beließ.

Die erste Kriegsphase endete nach zehn Jahren mit dem Abschluß eines fünfzigjährigen Friedens (Nikiasfrieden von 421), der den Status quo wiederherstellte, aber von vornherein auf schwachen Füßen stand, da er in beiden Lagern auf Opposition stieß und die tieferliegenden Gegensätze keineswegs beseitigt waren. Schon im Jahre 415 ließ sich Athen dazu überreden, mit einer mächtigen Flottenexpedition gegen Syrakus in Sizilien einzugreifen. Sparta unterstützte Syrakus, und 413 wurde das athenische Expeditionskorps vernichtet. Gleichzeitig besetzte Sparta einen Stützpunkt an der Grenze Attikas und verwüstete von dort aus systematisch das athenische Gebiet. 412 schlossen die Spartaner mit dem persischen Satrapen in Sardes einen Vertrag, in dem sie gegen finanzielle Unterstützung die Oberhoheit des Großkönigs über die Griechenstädte in Kleinasien anerkannten. Mit diesen Geldern unterhielten sie ihrerseits eine Kriegsflotte, brachten zahlreiche athenische Verbündete zum Abfall und besiegten schließlich nach einer Reihe von überraschenden Siegen und vernichtenden Niederlagen die Athener auf deren ureigenstem Gebiet, dem der Seekriegführung. 404 wurde Athen nach dem Verlust seiner letzten Flotte eingeschlossen, ausgehungert und zur Kapitulation gezwungen. Entgegen dem Wunsche Thebens wurde die Stadt nicht zerstört, aber sie hatte die Langen Mauern zu schleifen, die Kriegsschiffe auszuliefern und eine spartanische Garnison sowie ein Sparta genehmes oligarchisches Regime zu akzeptieren. Für einige Jahre verlor Athen nicht nur seine Stellung als Großmacht, sondern überhaupt seine außenpolitische Handlungsfreiheit.

Die Oligarchie und der Sturz Athens

Schon nach der sizilischen Katastrophe war die Demokratie in eine schwere Krise geraten. Als sich abzeichnete, daß die persische Unterstützung den Ausgang des Krieges entscheiden werde und eine Oligarchie bessere Aussichten habe, solche Unterstützung für Athen zu sichern, ließ sich das athenische Volk 411 zur freiwilligen Preisgabe der Demokratie überreden. Der Umsturz wurde durch die fast permanente Abwesenheit der Flotte und damit des demokratischsten Teils der Bevölkerung erleichtert. Aus den persischen Geldern wurde freilich nichts, und den Oligarchen lag mehr an ihrer eigenen Macht als an der ihrer Stadt und dem Sieg über die Spartaner. Durch ihre Gewaltherrschaft verloren sie schnell jeden Rückhalt im Volk, und ein von der Flotte in Samos ausgehender Gegenputsch stellte die Demokratie bald wieder her.

Der 404 mit spartanischer Unterstützung eingerichteten Oligarchie ging es nicht viel besser. In der Führungsgruppe der ›Dreißig‹ setzten sich rasch die Extremisten unter Kritias durch. Eine brutale ›Säuberungswelle‹ zwang viele Demokraten ins Exil. Spannungen in der spartanischen Führung geschickt ausnützend, vermochten diese Exildemokraten schon im folgenden Jahr den Piräus zu beset-

Politisches Denken im Zeitalter Athens   281

zen und von dort aus in blutigem Gefecht Athen zurückzuerobern. Die Oligarchen hielten sich für kurze Zeit im benachbarten Eleusis, aber noch im gleichen Jahr (403) wurde in Athen eine Amnestie beschlossen, die die Wiedervereinigung Attikas und die Rückkehr der meisten Oligarchen möglich machte. Daß beide Versuche, eine Oligarchie einzurichten, sofort in eine Gewalt- und Willkürherrschaft ausarteten, entzog dieser Staatsform in Athen auf viele Jahrzehnte hinaus jede Glaubwürdigkeit. Die Demokratie, freilich in gemäßigter Form, blieb bis zum Beginn der Makedonenherrschaft unangefochten.

Der von der ›Tyrannis der Dreißig‹ begleitete Sturz ihrer Stadt von der seebeherrschenden Großmacht zur ›Sklavin‹ Spartas war für die Athener ein traumatisches Erlebnis. Sie hatten in den langen Kriegsjahren furchtbare Verluste erlitten (die Zahl der männlichen Bürger schrumpfte auf etwa die Hälfte zusammen), waren am Ende nahezu verhungert und hatten mit einem Heer von repatriierten Flüchtlingen fertigzuwerden. Die gesamte Wirtschaft, Politik und der allgemeine Erwartungshorizont der Polis hatten sich jahrzehntelang völlig auf ihre Großmachtrolle eingestellt; ein Großteil der Bürger hatte durch Handel, Landbesitz in Untertanengebieten, Flotte, Verwaltungs- und Gerichtstätigkeit seinen Lebensunterhalt daraus bezogen. Das Bürgersein war für sehr viele zur vollamtlichen Tätigkeit, die politische zu ihrer primären Identität geworden. All dies war nun vorbei, die Stadt hatte fortan ohne die durch das Seereich gebotenen Möglichkeiten und Einkünfte auszukommen. Während die materiellen Schwierigkeiten offenbar recht schnell überwunden werden konnten, vermochte sich Athen nie mehr völlig von den moralischen, psychologischen und ideologischen Folgen des Zusammenbruchs zu erholen (vgl. unten, S. 257 f.).

Daß die Politik mit allem, was daran hing, zum Lebenselement praktisch der gesamten Bürgerschaft einer Stadt wurde und diese über eine sehr lange Zeit hinweg immer neu zu höchsten Einsätzen, Leistungen und Opfern motivierte, dies war in solch ausgeprägtem Maße nur in den 75 ›athenischen Jahren‹ nach den Perserkriegen möglich. Daß in dieser Zeit auch das politische Denken seinen größten Aufschwung genommen hat, ist kaum verwunderlich. Dem Beitrag der einzelnen Autoren zu dieser Entwicklung wollen wir uns jetzt zuwenden.

2. Aischylos

Um 525 in Eleusis geboren, stammte Aischylos aus altem attischem Adel. Er kämpfte bei Marathon, Salamis und wohl auch Plataiai und erlebte den Aufstieg Athens zur Seemacht und herrschenden Polis wie auch die die Entstehung der Demokratie begleitenden inneren Umwälzungen mit. Um 470 (unter anderm als Gast Hierons von Syrakus) und am Ende seines Lebens verbrachte er mehrere Jahre in Sizilien, wo er 456 starb. Über achtzig Titel seiner Tragödien sind uns bekannt, sieben sind erhalten. 484 errang er seinen ersten Sieg im Tragödienwettbewerb; zwölf weitere folgten. Für seinen Ruhm zeugt, daß ihm als einzigem die Ehre posthumer Wiederaufführungen zuteil wurde und daß er, nicht Euripides, in Aristophanes' *Fröschen* aus der Unterwelt heraufgeholt wird. Aischylos hat die gewaltigen Ereignisse und Veränderungen seiner Zeit denkend miterlebt und ihre Bedeutung in seinen Dramen verarbeitet. Durch sie hat er das religiöse, ethische und politische Denken der ersten Generation nach den Perserkriegen aufs tiefste beeinflußt.

Die attische Tragödie

Wie sie sich uns in den wenigen erhaltenen Dramen der drei großen Tragiker darbietet, ist die Tragödie als Kunstform das Produkt einer langen und uns in vielem verborgenen Entwicklung, deren Anfänge in die Mitte des 6. Jahrhunderts zu legen sind. In ihrer Endform wechseln sich Lieder und Tänze des Chores mit Sprechpartien ab, an denen sich der Chorführer und höchstens drei Schauspieler beteiligen, die durch Kostüm- und Maskenwechsel eine weit größere Zahl von Personen verkörpern können. Die Chorlieder dienen der Überbrückung von Szenenwechseln, der (oft sehr tiefgreifenden) Interpretation des Geschehens, der Ausleuchtung des Hintergrundes, der Herstellung von Zusammenhängen. Gleichzeitig wird durch den Chor das Publikum auf der Bühne repräsentiert und in das Geschehen hineingezogen.

Jedes Jahr wurden am Kultfest des Dionysos, den ›Großen Dionysien‹, Tragödienwettbewerbe durchgeführt. Aus den Bewerbern wählte der für Religiöses zuständige Oberbeamte drei Dichter aus, die an drei aufeinanderfolgenden Tagen je eine Tetralogie zur Aufführung brachten; diese bestand aus drei (längst nicht immer thematisch zusammenhängenden) Tragödien und einem komischen Satyrspiel, das am Ende des Tages das emotionale Gleichgewicht der Zuschauer wieder herstellte. Die Ausstattung je einer Tetralogie wurde von einem wohlhabenden Bürger als Steuerleistung (Liturgie) finanziert, während die dramaturgische Verantwortung beim Dichter lag, der Regie führte, auch die Musik schrieb und oft selber mitspielte. Durch eine aus der Bürgerschaft gewählte Jury wurde am Schluß eine Rangfolge der drei Dichter erstellt und inschriftlich festgehalten. Die Aufführung von Tragödien war demnach Teil eines wichtigen Kultfestes, ein staatlicher, im Zentrum des öffentlichen Lebens stehender Anlaß, an dem sich ein großer Teil der Bevölkerung beteiligte: das Theater faßte im 5. Jahrhundert wohl um die 15 000 Zuschauer. Die Aufführungen waren staatlich organisiert und finanziert. Am ersten Tag wurden die Tribute aus dem Seebund in der Orchestra ausgestellt, verdiente Bürger geehrt und die volljährig gewordenen Kriegswaisen mit einer Rüstung ausgestattet und für mündig erklärt. All dies waren bedeutsame politische Handlungen; die Tragödie war damit von vornherein in ein für die Gemeinde wesentliches Bezugssystem hineingestellt, war selbst ein politischer Akt.

Mit wenigen Ausnahmen, die sich mit zeitgenössischen Themen beschäftigten, entstammte die Thematik der Tragödie durchweg dem Mythos. Die schon in den Epen behandelten Zyklen des Trojanischen Krieges, der Sagen aus Theben (um Ödipus und Antigone), aus Mykene (mit Agamemnon, Orestes und Iphigenie) und Athen (mit Theseus) sowie die Herakles-Geschichten waren besonders beliebt. Der Mythos verkörperte für die Griechen ihre Vorgeschichte (die nahtlos in die direkt erinnerte und dann auch beschriebene Geschichte überging), die Tradition über ihre Herkunft und die Entwicklung ihrer Kultur, einen wichtigen Teil ihres gemeinsamen Erbes; er war eng mit den religiösen Kulten, Riten und Traditionen verbunden und lieferte Erklärungen für deren schwer verständliche

Politisches Denken im Zeitalter Athens

Elemente; er spielte sich im Rahmen von Gemeinden und Familien ab und ermöglichte damit über die Grenze von Zeit und Raum hinweg eine direkte Identifikation des Zuschauers mit dem Geschehen; er war »gleichsam eine Sprache, eine Form des Denkens und Sich-Vorstellens, eine Welt, in der man sich geistig bewegte« (Chr. Meier).

Für den Dichter hatte die Vorgabe dieses traditionellen, weiten und doch begrenzten, allen Zuschauern von Kind auf vertrauten Materials enorme Vorteile. Er konnte damit arbeiten, die nur in groben Zügen festgelegte Handlung ausfüllen, Einzelheiten verändern, hinzufügen, besonders betonen, bewußte Kontraste zur Behandlung des gleichen Themas durch andere Dichter schaffen. Mit alledem konnte das Geschehen interpretiert, konnten die verschiedensten Gegenstände im Rahmen derselben Thematik abgehandelt, Bezüge zu zeitgenössischen Erfahrungen, Anliegen, Problemen hergestellt werden. Denn trotz ihres in weiter Vergangenheit liegenden Stoffes war die Tragödie in höchstem Maße aktuell, gegenwartsbezogen, auf die je drängenden Anliegen der Gemeinde und ihrer Bürger abgestellt. Sie war dies um so mehr, als jedes Stück im Hinblick auf eine einzige Aufführung geschrieben wurde und der Dichter weder Zeit noch zusätzliche Erklärungen beanspruchen konnte, um seine Anliegen verständlich zu machen: diese mußten ein Massenpublikum unmittelbar ansprechen, eine sofortige Beziehung und Identifikation ermöglichen.

Dies konnte in den verschiedensten Bereichen geschehen, nicht nur in dem der Politik. Aber politische Probleme standen im 5. Jahrhundert im Zentrum der öffentlichen Aufmerksamkeit, die Politik war »das zentrale Lebenselement der Bürgerschaft. Weil ihnen die ganze Welt politisch war, mußte das Theater für die Athener politisch sein« (Chr. Meier). So darf es nicht verwundern, daß die Dichter sich anhand ihrer mythischen Stoffe intensiv mit den zentralen politischen Fragen ihrer Zeit auseinandergesetzt haben. Auch dies erfolgte auf verschiedenste Weise: nur selten als direkte Parteinahme in einem aktuellen Entscheidungsprozeß, meist in Form der weit ausgreifenden Analyse einer komplexen Problematik, der Ausleuchtung der Hintergründe, verschiedenen Seiten und möglichen Auswirkungen einer bestimmten Entscheidung, Situation oder Politik. Zusammenhänge, die man in der Tagespolemik leicht übersah oder verschwieg, wurden in Handlung umgesetzt und in der Verfremdung durch den (nur selten in Athen selbst angesiedelten) Mythos und das Theater objektiviert und ins Bewußtsein gehoben; problematische Aspekte, die niemand sehen oder wahrhaben wollte, wurden dem Publikum schonungslos ›vor Augen geführt‹. Der tragische Dichter wurde damit zum moralischen und politischen Erzieher seines Volkes; er setzte damit lediglich fort, was seit Homer immer eine der wichtigsten Aufgaben des Dichters gewesen war. Das Publikum erwartete von ihm nichts anderes (vgl. Aristophanes' *Frösche*; unten S. 352 f.) und war infolge früher Gewöhnung und mangelnder Abstumpfung durch eine stete Überdosis an Eindrücken und Ablenkung auch darin geschult und fähig, in den Details und Nuancen die ›Botschaft‹ des Dichters wahrzunehmen. In dem allem liegt es begründet, daß die Tragödie eine wichtige Quelle für das zeitgenössische politische Denken darstellt und auch zu Recht so verstanden und interpretiert werden darf. Wenn wir im folgenden unser Augenmerk ausschließlich auf diese Aspekte richten, sind wir uns freilich stets bewußt, daß wir damit ein Element verabsolutieren, das seinerseits in den größern Zusammenhang der vielen Elemente eingebettet werden muß, aus denen jede Tragödie gewoben ist. Ethisch-moralische, soziale, religiöse, intellektuell-philosophische und manch andere Probleme sind jeweils mit den politischen verflochten und geben den Dramen ihre einzigartig reiche, die Zeiten überdauernde und jede Generation neu ansprechende Bedeutungsschwere.

»Die Perser«

Das älteste und zugleich einzige der erhaltenen Stücke, das sich mit einem historischen Gegenstand befaßt, wurde 472 aufgeführt. Es spielt am Grab des Dareios in der persischen Hauptstadt am Tag, da die Nachricht von der Niederlage bei Salamis und kurz darauf Xerxes selbst dort eintreffen. Im Zentrum steht der Botenbericht mit der eindrucksvollen Schilderung jener Schlacht (353 ff.) und dem kraftvollen Schlachtruf der Griechen: »Söhne der Hellenen, auf, befreit unser Vaterland, befreit auch die Kinder, Frauen, und der Heimatgötter Sitz, der Ahnen Gräber: jetzt um alles geht der Kampf!« (402–5). Insofern ist das Stück ein Monument für den Sieg und Freiheitswillen der Athener und für den Architekten jenes Sieges, Themistokles, der kurz zuvor aus Athen verbannt worden war.

Dennoch wäre es verfehlt, darin den primären Sinn des Dramas zu sehen. Vielmehr bemüht sich Aischylos um eine tiefgründige Deutung des Geschehens, jenes bei nüchterner Überlegung wunderbaren, kaum zu erhoffenden Sieges. Zwei ausgeprägte Kontraste liefern die Erklärung. Zum einen ist dies derjenige zwischen den beiden Staats- und Gesellschaftsordnungen: dort der gottgleiche König, der keinem Menschen rechenschaftspflichtige, absolute Herrscher, vor dem alle Untertanen, selbst höchste Würdenträger, wie Sklaven erscheinen und sich in den Staub werfen (vgl. etwa 23 f., 150–58, 211–14, 584–97, 632 f.); hier das Kollektiv der freien Bürger der freien griechischen Polis, die auch nach der Zerstörung der Stadt weiterbestehen kann (347 f.). Am schönsten kommt dieser Gegensatz im Traum der Königinmutter Atossa zum Ausdruck (181–200): Zwei Frauen, eine Griechin und eine Perserin, streiten miteinander. Xerxes versucht sie zu beruhigen und vor seinen Wagen zu spannen. Die eine fügt sich leicht dem Joch, »hebt sich stolz in diesem Schmuck, und gern dem Zügel folgt der Mund, dem lenkenden; die andre bäumt sich auf, bricht mit beiden Händen jäh des Königswagens Pracht in Trümmer, zügellos gewaltsam schleift sie ihn mit sich, zerbricht ihr Joch – es stürzt mein Sohn!« Bezeichnend auch das Gespräch Atossas mit dem (den persischen Kronrat verkörpernden) Chor, der auf ihre (für den Perser selbstverständliche) Frage: »Wer ist ihr (der Griechen) Anführer und gebietet als Herr über Volk und Heer?« antwortet: »Keines Menschen Sklaven sind sie, keinem Manne untertan!« (241 f.). Daß solch ein ›herrenloses‹ Volk dem persischen Heer zu widerstehen vermochte, ist ihr unbegreiflich (243) – man erinnert sich, wie in der Thermopylenschlacht die Perser mit Peitschenhieben in den Kampf getrieben wurden (Herodot 7, 223).

Der Vergleich mit der sozialen und politischen Ordnung der Perser lehrte die Griechen, ihre eigene Ordnung klarer zu verstehen, sich ihrer Werte stärker bewußt zu werden. In der Befangenheit seines Polisdenkens sieht Aischylos die

Politisches Denken im Zeitalter Athens

Herrschaft des Großkönigs als Tyrannis, wird dieser aufgrund elementarer Analogien (vgl. 213 f.) mit allen Zügen der sich damals ausbildenden negativen Tyrannentypologie ausgestattet und zum Tyrannen par excellence. Umgekehrt werden die Merkmale der freien Polisgemeinschaft zunächst anhand des Gegensatzes zur tyrannischen Unterdrückung bestimmt. So schwebt dem Chor (erneut: als ob es sich beim Perserreich um eine Polis handelte) als Folge der Niederlage des Xerxes bereits der Zusammenbruch der großköniglichen Herrschaft vor. Es werden Gehorsam und Tributzahlung verweigert (584 ff.) und: »Nicht ist die Zunge der Menschheit fürder bewacht; denn gelöst ist, freihin zu schwatzen, des Volks Mund, da ja gelöst ward der Macht Joch!« (591 ff.). Wesentlichstes Element seiner Freiheit ist für den Bürger also sein Recht der freien Meinungsäußerung. Hier klingt zum erstenmal ein zukunftsträchtiges Thema an.

Der andere Gegensatz stellt dem zur Eroberung nicht nur Griechenlands, sondern der ganzen Welt ausziehenden (50, 65−67, 73−75, 85−92, 233 f.), in seinem ungestümen Drange durch die Überbrückung des Hellesponts sogar das Meer seinem Willen unterwerfenden (70−72, 721−25, 744−50) Herrn Asiens die zur Verteidigung von Freiheit und Heimat alles opfernden Griechen gegenüber. Aischylos hat hier im Interesse seiner Deutung zwei Neuerungen eingeführt, die historisch problematisch sind, aber in der freien Behandlung der Mythen durch die Dichter ihre Entsprechung finden: Geschichte ist hier bereits zum Mythos geworden. Die eine Neuerung kommt in dem zuerst vom Chor (101−13), dann von dem aus der Unterwelt aufsteigenden Dareios (739−86) eindringlich beschworenen Bewußtsein zum Ausdruck, daß die Götter vor alters den Persern die Herrschaft über das weite asiatische Land, nicht aber übers Meer (und damit implizit die Länder jenseits des Meeres) zugesprochen hätten. Die andere besteht in der Darstellung des Dareios selbst, der nicht nur die bei Marathon gescheiterte Flottenexpedition gegen Griechenland, sondern auch einen erfolglosen und kostspieligen Eroberungszug gegen die Skythen unternommen hatte (Herodot 4, 1−144), hier aber als ein weise und gottesfürchtig solche Grenzen anerkennender Monarch erscheint, der sein Volk nie solchem Unheil und Leiden aussetzte wie jetzt Xerxes (vgl. bes. 780−86). Mit diesem Kontrast zwischen dem ›guten‹ und ›schlechten‹ König, zwischen dem verantwortlichen Führer seines Volkes und dem eigensüchtigen und -willigen Tyrannen, beschwört der Dichter ein für die Polis zu allen Zeiten besonders wichtiges Thema.

Xerxes' Niederlage wird somit als göttliche Strafe für seine Hybris interpretiert, sein die dem Menschen gesetzten Grenzen und den Willen der Götter mißachtendes stolzes und unersättliches Drängen nach immer mehr Macht. Dareios faßt dies in die kummervollen Worte: »Nun liegt klar des Unheils Quelle allen Freunden aufgedeckt: hat mein Sohn doch unbesonnen dies vollbracht im Jugendtrotz, daß den Hellespont, den heiligen, knechtgleich er durch Ketten zu bändgen hofft' im Strömen, ihn, den Bosporos, des Gottes Strom... Er − ein Mensch − die Götter alle glaubt' er voller Unverstand, selbst Poseidon zu beherrschen« (739−50). Die Konsequenz ist klar: Der durch den begreiflichen Ehrgeiz, es den welterobernden Vorfahren gleichzutun (753−58) und den Wunsch nach Rache für Marathon (473−77) motivierte Eroberungszug darf keine Wiederholung finden; nie wieder soll ein persisches Heer gegen die Griechen ziehen, denen die Götter und ihr karges Land selbst beistehen (790–94). Prophetisch weist Dareios auf den bevorstehenden Untergang des persischen Heeres bei Plataiai hin, »als Strafe für Hybris und gottloses Sinnen«, da die Perser in Griechenland Tempel und Altäre zerstört, »Böses getan haben und nun nicht Geringeres erleiden müssen« (800–17). Dareios zieht daraus die Lehre für sein Volk, »daß übers Maß ein Mensch nicht heben soll den Sinn. Denn Hochmut, aufgeblüht, bringt Frucht im Ährenkorn der Vergeltung, draus tränenreiche Ernte mäht der Herbst. Wenn solche Schuld ihr schaut und Strafe solcher Schuld, gedenkt Athens und Griechenlands, daß keiner je, mißachtend seines Daseins gottgesandtes Los, Fremdes begehrend, fortgießt eignes großes Glück! Denn Zeus, Zuchtmeister über allzu unbezähmt hochmütigen Sinn, waltet des Rechts, ein strenger Wart!« (820–28).

Dies ist der Kern der ›Botschaft‹ des Dichters an seine Athener. Diese hatten noch 479 übers Meer ins persische Kleinasien übergegriffen (Aischylos läßt wohl mit Absicht die mit Plataiai fast gleichzeitige Schlacht bei Mykale unerwähnt) und nach der Gründung des Seebundes aggressiv ihren Einflußbereich weit in vordem persisches Gebiet ausgedehnt. Griechische Poleis, die wenig Begeisterung für den Anschluß an den Seebund zeigten, wurden kurzerhand dazu gezwungen (vgl. Thukydides 1, 98 f.). Zur Zeit der Aufführung der *Perser* waren die ersten Anzeichen der ›imperialistischen‹ Flottenpolitik Athens bereits unübersehbar. Dem Publikum muß sich die Assoziation an diese Zusammenhänge zwingend aufgedrängt haben. In die Erinnerung an das Schicksal des Xerxes und dessen tiefste Ursachen legte Aischylos deshalb weit mehr als patriotische Selbstverherrlichung: die Warnung, daß den, der der gleichen Hybris verfalle, auch die gleiche Strafe treffen werde!

»Die Schutzflehenden (Hiketiden)«

Gegen Ende der siebziger Jahre findet sich bei Pindar erstmals eine neuartige Form der Unterscheidung dreier Verfassungstypen: »Die Tyrannis und wenn das ungestüme Heer (d. h. die Hoplitenbürger) und wenn die Verständigen (d. h. die Adligen) der Stadt walten« (*Pythien* 2,86 ff.). Was sich mit der Anerkennung der politischen Gleichberechtigung der Mittelschichten vollzogen hatte, wurde damit als eine neue, selbständige Form der politischen Verfaßtheit der Polis begriffen, die man zudem nicht mehr lediglich als Modifikation einer vorgegebenen Ordnung, wie es die *Isonomie* im Verhältnis zur *Eunomie* war, sondern als neue Form der Herrschaftsinhabe verstand. Die nichtadeligen Mittelschichten hatten inzwischen offenbar ihre Mitbestimmung kräftig zur Geltung gebracht. In den wohl im Jahr 463 aufgeführten Hiketiden des Aischylos treten erstmals die wesentlichen konstitutionellen Charakteristika der Demokratie auf, reprojiziert in die vom Mythos geforderte monarchische Vorzeit und nach Argos verlegt, aber so klar herausgearbeitet, daß an der vom Dichter beabsichtigten zeitpolitischen Aktualität gar nicht gezweifelt werden kann.

Es geht in dem Stück um die Reaktion der Polis auf das Asylgesuch der Töchter des Danaos, die aus Ägypten vor einer unerwünschten Ehe geflohen sind und die Heimatstadt ihrer Ahnin Io um Hilfe ersuchen – als Griechen gleichsam gegen Barbaren, auch dies ein höchst aktuelles Thema. Die Rechtslage ist kompliziert,

Politisches Denken im Zeitalter Athens

aber die Flüchtlinge stehen unter der Obhut des Zeus Hikesios, dessen Gebot eindeutig ist: zu helfen ist Recht, die Hilfe zu versagen Unrecht. Das Hilfegesuch zu akzeptieren, kann allerdings Krieg bedeuten. Der König mag deshalb nicht allein entscheiden. Wenn der Gemeinde Gefahr droht, muß das ganze Volk gemeinsam für Abwehr sorgen; die Entscheidung muß deshalb von allen Bürgern gefällt werden (366 ff.). Darauf die Schutzflehenden: »Du bist die Stadt, du bist das Volk, du bist Herrscher, rechenschaftslos, du hast Macht über den Altar, des Landes Herd; mit deinem alleinmaßgebenden Votum, deinem Wink, deinem ›Alleinszepter‹ auf deinem Thron hast du Macht über alles, was Not tut« (370 ff.). Das ist, was die Fremden aufgrund ihrer heimatlichen Erfahrung erwarten, das genaue Gegenteil einer freiheitlichen, somit aus griechischer Sicht natürlichen, eine tyrannenbeherrschte Polis, deren negative Merkmale wiederum der positiven Charakterisierung der demokratischen Polis dienen: Rechenschaftspflicht der Amtsträger, Entscheidung nicht durch einen, sondern durch alle. Der Aspekt der gemeinsamen Entscheidung und Verantwortung aller Bürger für das gemeinsame Wohl wird wiederholt hervorgehoben (398 ff., 483 ff.). Es ist die Rede von den »allgültigen Beschlüssen des Volkes« (601), von der »obwaltenden Hand des Volkes« (604) in der Abstimmung, die höchst anschaulich geschildert wird (607 f., vgl. 621 f.), von der alle Bürger verpflichtenden Kraft dieses Beschlusses (was offenbar noch betont werden muß: 613 f.). Voller Emphase schließlich im Segensgebet der dankbaren Danaiden: »Ohne Zittern möge seine Ehrenstellung wahren das Volk, das in der Stadt die Macht hat, eine vorausschauend-kluge, aufs Gemeinwohl bedachte Herrschaft« (698 ff.).

Zum erstenmal liegt hier in der geistigen Auseinandersetzung mit dem ›Phänomen Demokratie‹ die argumentative Deutung einer als Herrschaftsform verstandenen Verfassung vor. Ob man nun, worüber die Wissenschaft streitet, damals das Wort *demokratia* schon kannte oder nicht – daß man sich des Wesens und Wertes der Demokratie vollends bewußt geworden war, steht außer Zweifel. Dieser Vorgang der Bewußtseinsbildung dürfte zuletzt durch intensive Polemik von seiten der Gegner noch befördert worden sein. Darauf deutet zumindest die positive Darstellung durch den Dichter – ob man diese nun als Verteidigung einer in unbilliger Weise diffamierten Ordnung oder als Mahnung an den Demos versteht, seine Verantwortung für das Gemeinwohl nicht aus dem Auge zu verlieren und damit den hohen Erwartungen gerecht zu werden, die sich mit der neuen Verfassung verbinden ließen (vgl. auch unten, S. 295 f.).

Kurz darauf kam es zu der mit Ephialtes und dem Jahr 462 verbundenen tiefgreifenden Reform und außenpolitischen Umorientierung Athens, die von einer Mehrheit der bisher ausschlaggebenden Schichten abgelehnt wurden (vgl. oben, S. 277 f.). Manches davon dürfte 463 bereits ›in der Luft gelegen haben‹ oder gar heftig diskutiert worden sein. Wie immer Aischylos persönlich zur Demokratie stand – angesichts der bedeutsamen Rolle, die alle Teile der Bürgerschaft und zumal die Unterschichten in dem durch die Perserkriege eingeleiteten Aufstieg Athens zur Seemacht gespielt hatten, war ihm offenbar deutlich geworden, daß alle, die ihr Leben regelmäßig für das Wohl der Stadt dransetzten, auch an den Entscheidungen verantwortlich beteiligt werden mußten, deren Folgen sie gemeinsam würden tragen müssen. Dies gab er seinem Publikum zu bedenken. Auf die Möglichkeit, daß das Stück auch einen außenpolitischen Aspekt anvisiert, soll wenigstens kurz hingewiesen werden. Ob man in der Wahl eines in Argos angesiedelten Mythos wirklich eine Empfehlung für das Bündnis mit Argos zu sehen habe, das kurz nach 462 abgeschlossen wurde, sei dahingestellt; die sonst im Stück angezogene Problematik ist jedenfalls ganz auf Athen zugeschnitten. Dies gilt zumal auch für das Thema der *Schutzflehenden*. Athen verfügte über mehrere eigene Mythen, die bekundeten, wie selbstlos seine Bürger seit je den Opfern von Unrecht und Gewalt beigestanden hatten. Seit den Perserkriegen hatten diese Erzählungen neue Aktualität gewonnen, verlängerten sie doch Athens damals bewährte und in der Zielsetzung des Seebundes festgeschriebene Tradition, durch uneigennützigen Opfermut die Freiheit der Griechen zu bewahren, gleichsam in die mythische Vergangenheit hinein, und gaben damit dem aus solchen Verdiensten abgeleiteten Führungsanspruch der Stadt zusätzliches Gewicht. In der kurz nach den Perserkriegen eingeführten jährlichen Gedenkrede auf die im Kriege gefallenen Bürger wurden diese Geschichten zum Zweck der patriotischen Selbstbestätigung immer neu erzählt (vgl. auch unten, S. 342 ff.). Aischylos muß sich deshalb bewußt gewesen sein, daß das von ihm gewählte Thema trotz des durch die Verlegung nach Argos bewirkten ›Verfremdungseffekts‹ in seinem Publikum eine Fülle von Assoziationen hervorrufen würde – zumal die in dem Stück von Ägypten ausgehende Kriegsgefahr unweigerlich die Erinnerung an die Perserkriege wecken mußte. Wenn die Datierung der *Hiketiden* auf 463 richtig ist, war Athen jedoch gerade damals daran, in klarem Gegensatz zu jener glorreichen Tradition aus vorwiegend eigensüchtigen Motiven einen seiner Verbündeten, die mächtige Insel Thasos, nach langer Belagerung niederzuwerfen und wichtiger Teile seines Territoriums zu berauben (Thukydides 1,100 f.). Den im Theater versammelten Athenern dürfte der eklatante Widerspruch zwischen der im Stück vorausgesetzten Ideologie und der harten Realität kaum entgangen sein. Darin allein lag bereits eine eindringliche Mahnung!

»Die Orestie«

Die Reformen des Ephialtes stellten einen für die Demokratie und für das politische Denken entscheidenden Schritt dar. Dieser war jedoch mit einer tiefen Spaltung in der Bürgerschaft verbunden, deren Überwindung für die Gemeinde zur Lebensfrage wurde (vgl. oben, S. 276 f.). Das Bemühen um bürgerliche Einigkeit und eine auf eine neue Grundlage gestellte Gemeinsamkeit spiegelt sich eindrucksvoll in der 458 aufgeführten *Orestie*, der einzigen vollständig erhaltenen tragischen Trilogie, und zumal in ihrem Schlußdrama, den *Eumeniden*. Dieses Stück nimmt »eine eigentümliche Stellung und einen hohen Rang in der Geschichte des politischen Denkens der Griechen« ein, »stellt vielleicht dessen großartigste Manifestation im 5. Jahrhundert« dar (Chr. Meier).

Die *Orestie* behandelt eine ungewöhnliche Vielfalt von miteinander verschlungenen sozialen, ethischen und politischen Problemen, von denen hier nur zwei besonders wichtige kurz angedeutet werden können. Im zugrundeliegenden Mythos stand das Geschlecht des Atreus seit den Verbrechen seines Großvaters Tantalos unter einem Fluch. Atreus selbst hatte seinen Bruder Thyestes, der seine Gattin verführt und sein Thronrecht angefochten hatte, zunächst ver-

Politisches Denken im Zeitalter Athens 289

bannt, dann unter dem Vorwand der Versöhnung zurückgelockt und ihm beim Festmahl das Fleisch seiner eigenen Kinder vorgesetzt. Thyestes verfluchte ihn und floh mit dem einzigen überlebenden Sohn Aigisthos erneut in die Verbannung. Atreus' Söhne Agamemnon und Menelaos heirateten zwei Schwestern, Klytaimnestra und Helena. Zur Rückgewinnung der vom Trojaner Paris entführten Helena sammelte Agamemnon ein großes Heer unter allen Griechen, das freilich erst Segel setzen konnte, nachdem Agamemnon auf göttliches Geheiß zur Besänftigung der Artemis seine Tochter Iphigenie geopfert hatte. Klytaimnestra vermochte ihrem Gatten diese Tat nicht zu verzeihen. Sie verbündete sich mit dem ebenfalls nach Rache dürstenden Aigisthos und erschlug Agamemnon nach seiner Rückkehr von Troja samt seiner Beutesklavin, der Königstochter und Seherin Kassandra. Agamemnons Sohn Orestes wuchs in der Fremde auf, kehrte Jahre später zurück, erschlug seine Mutter und ihren Gefährten und rächte damit seinen Vater.

Aischylos hat diesen Mythos, der die gesamte Trilogie durchzieht, in wesentlichen Hinsichten politisch interpretiert und den ganzen Schluß in politisch hochaktueller Weise neu gestaltet. In seiner Darstellung handelte Orestes auf direkte Anweisung des Apollo. Er wurde dann von den Rachegöttinnen (den Erinnyen) gehetzt, bis er von Apollo in Delphi entsühnt und von einem eigens dafür in Athen eingesetzten Gericht (dem Areopag) offiziell freigesprochen wurde. Die ihrer Beute beraubten, darob ergrimmten und die Gemeinde mit Vernichtung bedrohenden Erinnyen wurden schließlich von Athena dazu überredet, den ihnen in Athen angebotenen Kult anzunehmen und fortan als nun »Wohlgesinnte« (Eumeniden) die Stadt zu schützen und zu segnen.

In seiner Urform handelt der Mythos von Rache und Gegenrache, Schuld und Gegenschuld, einer Kette von blutigen Vorgängen innerhalb einer Familie, die schließlich dem Untergang verfällt. Indem im Drama das formelle Gerichtsverfahren die Vendetta, das von der Gemeinde eingesetzte und garantierte Recht die Selbsthilfe der Familie ablöst, ist hier ein entscheidender Schritt in der Entwicklung der Polis nachgezeichnet. Eine parallele Linie führt von dem im *Agamemnon* angedeuteten verantwortlichen und (trotz einiger Probleme) guten und legitimen Königtum des Titelhelden über die brutale Tyrannis von Aigisthos und Klytaimnestra in den *Choëphoren* zur kollektiven Verantwortung der Bürger in den *Eumeniden*, durch deren Freispruch Orestes in seine Führungsstellung einzutreten vermag. Denn was sich in den ersten beiden Stücken im Atridenhaus abspielt, ist ebenso Familiendrama wie politisches Geschehen. Den Chor des *Agamemnon* bilden die Bürger der Stadt, und sie werden in dieser Funktion angesprochen (855). Obschon Aigisthos, Klytaimnestra und Orestes alle überzeugt sind, das Recht auf ihrer Seite zu haben, und Klytaimnestras Anspruch von den Erinyen auch argumentativ gestützt wird (*Eumeniden* 605–8), haben Orestes (und mit ihm Agamemnon, den er vertritt) einen entscheidenden Aspekt auf ihrer Seite: Aigisthos und Klytaimnestra denken und handeln lediglich im Rahmen und im Interesse ihrer Familie und ihrer persönlichen Ansprüche. Sie töten in Agamemnon den Sohn dessen, der die Söhne seines Bruders ermordete (*Agamemnon* 1217–27, 1500–4, 1576–1611), den Tochtermörder (1415–18, 1431–33, 1521–28, 1555–59), allenfalls auch den treulosen Gatten (1262f., 1438–47). Aber sie töten in ihm auch den legitimen und verantwortlichen König (vgl. *Eumeniden* 631–37), der seine Tochter auf Geheiß der Götter und im Interesse des Gemeinwohls opferte, dieses also über seine eigenen Interessen stellte (vgl. das Chorlied *Agamemnon* 104–257, bes. 184 ff.) und den Krieg gegen Troja zur Verteidigung des Rechts und nicht bloß um seines Bruders persönlicher Ansprüche willen führte (ebd. 40 f., 60 ff., 355 ff., 524–37, 699–716, 805–28). Obschon dies letztere nicht unangefochten bleibt (799–804) und der Krieg in der Gemeinde tiefe Wunden geschlagen hat (bes. 429–74), stellt sich der Chor bei seiner Rückkehr dezidiert auf seine Seite (805–9; vgl., von anderer Seite, 580 f., 605) und erhält prompt das Versprechen, daß die für das Wohl der Stadt zu treffenden Maßnahmen gemeinsam in voller Versammlung beraten werden sollen (844–50, antwortend auf 807–9).

Die Ermordung Agamemnons ist deshalb für den Chor keine bloße Familienangelegenheit. Er interpretiert sie sofort als Versuch eines tyrannischen Umsturzes (1348–65) und findet dies alsbald grausam bestätigt: Indem Aigisthos und Klytaimnestra sich an die Stelle des ermordeten Königs setzen, usurpieren sie dessen Herrschaft, die deshalb nur illegitim und gewaltsam, eben eine Tyrannis sein kann. Der Konflikt zwischen den Tyrannen und den Bürgern bricht am Ende des *Agamemnon* vollends auf (vgl. 1410–12, 1421–25, 1612–73); die düstere Realität der Tyrannis zieht sich durch die *Choëphoren*, und Orestes tritt von Anfang an mit dem Anspruch auf, seinen Vater rächen und seine Stadt befreien zu wollen. Der Chor der Sklavinnen bestätigt ihn in diesem Anspruch und stellt am Ende, als Orestes bereits von Gewissensbissen verzehrt wird, fest: »Nein, rühmlich tatst du! ... Befreit hast du des Argosvolkes ganze Stadt, dem Drachenpaar mit leichter Hand abmähnd das Haupt« (*Choëphoren* 1044–47, vgl. 279–84, 298–304, 783–837, 859–68, 935–72, 973 f.). Orestes' künftige Herrschaft ist deshalb dreifach legitimiert: durch seinen Erbanspruch auf das Königtum, durch die ebenfalls ererbte Unterstützung der Bürger für das seit alters herrschende Königshaus und durch seine eigene Leistung als Befreier und Tyrannenmörder. Das Stück endet in banger Ungewißheit: dreimal schon hat der auf dem Atridenhaus lastende Fluch zugeschlagen: »Wo hört es wohl auf, wo endet den Lauf, besänftigt, das Wüten des Unheils?« (1066–75).

Das dritte Stück, die *Eumeniden*, handelt zunächst in Delphi, dann in Athen. Die Erinyen sind dargestellt als Repräsentanten einer auf die Urzeit zurückgehenden, durch Tradition und göttliche Vorsehung geheiligten Ordnung: Orestes seiner Strafe zuzuführen, ist ihre Pflicht und ihr heiliges Recht (171 f., 208–10, 227, 307–96, 419–21). Apollo, der Orestes zum Muttermord angestiftet hat und ihn durch Entsühnung und Richterspruch solcher Strafe zu entziehen verspricht, verachtet diese »alten Götter« (67–73, 179–97), denen er wiederum als Vertreter einer neuen, der alten radikal entgegengesetzten Weltordnung erscheint. Aus ihrer Sicht haben Zeus und seine »jungen Götter« willkürlich neues Recht gesetzt und durch die Mißachtung des alten eine gewaltsame Herrschaft aufgerichtet (vgl. 148–54, 162–72, 490–524, 778 f.). Diese beiden Welt- und Rechtsordnungen stehen, so dürfen wir folgern, für die alte und neue politische Ordnung (die Aristokratie und Demokratie), die sich im zeitgenössischen Athen infolge der Reformen des Ephialtes gegenüberstanden. Die siegreiche neue Ordnung, die Demokratie, erscheint aus der Sicht der

Politisches Denken im Zeitalter Athens 291

Verteidiger der alten Ordnung zunächst als eine Recht und Herkommen mit Füßen tretende Willkürherrschaft, nahezu als eine Tyrannis.

Dieser Kontrast vermag möglicherweise auch die auffallende Politisierung des Mythos im *Agamemnon* und den *Choëphoren* besser zu erklären. Agamemnons legitimes Regime beruht auf erblichem Anspruch; er ist soeben von einem langen, scheinbar völlig gerechten und doch in vieler Hinsicht problematischen, jedenfalls in Teilen der zu Hause gebliebenen Bürgerschaft keineswegs populären Krieg gegen eine östliche Macht zurückgekehrt (vgl. bes. *Agamemnon* 429–74, 551–82, 799–804). In all dem stecken zahlreiche Assoziationen an die traditionelle, aristokratisch beherrschte, maßgeblich vom Adelsrat auf dem Areopag gelenkte und durch Kimons langjährige Führung charakterisierte Ordnung. In dem von Klytaimnestra und Aigisthos errichteten, von den Verfechtern der alten Ordnung als illegitim und tyrannisch verschrieenen und in Reaktion auf solchen Widerstand hart und kompromißlos auftretenden neuen ›Gewaltregime‹ dürfte demnach eine Anspielung auf die von Ephialtes initiierte und institutionell wie personell mit dem Sturz der aristokratischen Führung gekoppelte demokratische ›Machtergreifung‹ stecken (man beachte besonders *Agamemnon* 883–85 die Befürchtung, daß »die vom wild schreienden Volk bewirkte Anarchie den Rat stürzen könnte, wie es ja typisch ist für die Menschen, daß sie den, der fällt, noch mit Füßen treten«). Wir wissen, daß dieser Wechsel in Athen zur gewaltsamen Konfrontation führte (vgl. oben, S. 277). Was sich durch Orestes' Rache an den Mördern seines Vaters und durch die von den Erinyen angestrebte Rache an Orestes im Rahmen des Atridenhauses vollzog, hätte sich angesichts der labilen Machtverhältnisse und tiefen Spaltung in der Bürgerschaft durch Putsch und Gegenputsch auch in Athen vollziehen können. Jedenfalls stellte es sich dem Dichter so dar. Indem er dem zunächst unterlegenen Regime ein Mehr an Legitimität zusprach und das zunächst siegreiche als tyrannisch und illegitim charakterisierte, machte er klar, daß für die Errichtung einer dauerhaften und stabilen Ordnung Sieg und Machtinhabe allein nicht ausreichten. Damit legte er in den beiden ersten Stücken die Grundlagen für die Lösung, die er in den *Eumeniden* anhand eines ähnlichen, aber noch stärker aufs Grundsätzliche ausgerichteten Konflikts herausarbeitete. Aischylos hat somit den in Athen ausgetragenen Konflikt im Mythos nachvollzogen. Er analysiert dessen Voraussetzungen und Ursachen und kommt zum Ergebnis, daß die zunächst durchgeführte Reform, weil sie diesem Konflikt nicht völlig adäquat ist, ihn lediglich zu verändern, aber kaum zu entschärfen vermag. Den zwischen den Erinyen und Apollo bzw. Athena ausgetragenen Streit stellt er dar als das Aufeinanderprallen zweier in sich je berechtigter und gerade deshalb nur schwer zu vereinbarender Rechtsprinzipien (in die Tagesaktualität übersetzt: eben der Aristokratie und Demokratie). Die Einsetzung des Areopags und der (äußerst knappe) Freispruch des Orest in der Abstimmung vermögen zwar das Sachproblem zu entscheiden, den dabei aufgebrochenen Grundsatzkonflikt jedoch gerade nicht zu lösen, weil die Entscheidung nicht einen Kompromiß, sondern den gegen größten Widerstand errungenen Sieg der einen Partei (der Vertreter der neuen Ordnung) darstellt. Weil somit die verlierende Seite (die in den Erinyen verkörperte alte Ordnung) zunächst nicht versöhnt ist und auf Vergeltung sinnt, wird durch das Andauern jenes Konflikts die ganze Gemeinde existentiell gefährdet (477–79, 780–86).

Gerade weil nun beide Ordnungen ihre Berechtigung haben, kann die Gemeinde nur zu Ruhe und Einigkeit finden, wenn sie beide in ihrem Rahmen eine Funktion erhalten, die es ihnen erlaubt, ihrem Wesen und ihren Möglichkeiten entsprechend zum Gemeinwohl beizutragen. Deshalb müssen die Drohungen der Erinyen ernst genommen, muß Versöhnung hergestellt werden. Es ist deshalb bezeichnend, daß Athena, die neben Apollo die neue Ordnung repräsentiert, ganz auf Drohungen verzichtet und ihr Ziel allein durch geschickte Anwendung der Überredungskunst (*peitho*: ein für die Demokratie grundlegendes Stichwort) zu erreichen sucht. Die Eingliederung der früheren Gegner in die siegreiche neue Ordnung und ihre Umwandlung in »Wohlgesinnte«, Segensgötter, stellt im Stück die Verwirklichung des Postulats dar, das sich für Aischylos aus seiner Analyse ergibt. In der Sprache der aktuellen Politik heißt das: Wie die durch die Demokratie gewährleistete Mitsprache auch der unteren Bürgerschichten auf einem berechtigten Anspruch beruht und sich zum Besten der Gemeinde auswirken kann (vgl. *Hiketiden* 698 ff.), so muß auch dem aristokratischen Element eine verantwortungsvolle Rolle zugestanden werden. Nur so kann die jüngst etablierte neue Ordnung Bestand gewinnen. Versöhnung, Einigkeit, Zusammenarbeit zum gemeinsamen Wohl – das ist die politische Botschaft des Aischylos, formuliert von einer Position des Kompromisses, von der Mitte aus. »Weder drum ohne Herrn noch der Herren Knecht zu sein, sei dein Wunsch! Mittlerem Maß stets den Preis leiht ein Gott« (525 ff.).

Deshalb die feierliche Einsetzung gerade des Areopags, des jüngst von den Demokraten entmachteten Adelsrates, durch Athena: Furcht und Ehrfurcht sollen in ihm vereint für alle Zukunft dem Unrecht wehren. Den Bürgern soll als höchstes Ziel ihres Strebens die Mitte zwischen anarchischem Mangel an Herrschaft und der Unterworfenheit unter einen despotischen Willen vorschweben. Furcht vor etwas Übermächtig-Gewaltigem braucht der Mensch; wer sich vor nichts fürchtet, vermag nicht gerecht zu bleiben. »Wenn ihr solche Scheu und Furcht in Gerechtigkeit bewahrt, werdet ihr ein rettendes Bollwerk für Land und Polis euer eigen nennen, wie es sonst niemand unter den Menschen besitzt... Als unbestechlich setz' ich diesen hohen Rat, ehrwürdig, strengen Sinnes, über Schlafende als ewig wache Hut des Landes stiftend ein« (681–706). Unter solcher Hut wird sich der Segenswunsch der Eumeniden erfüllen können: »Den kein Leid sätt'gen kann, nie durchbrause Bürgerkrieg diese Stadt... Nie nehme, trunken vom dunkelen Blute der Bürger, im Zorn der Rachgier wechselnden Mords Blutrausch auf hier der Boden der Stadt! Freuden mög' wechselnd man tauschen, einmütig liebenden Herzens, und auch hassen eines Sinns! Das ist's, was viel Leid den Menschen heilt!« (976–87).

»Prometheus«

Die Authentizität des *Gefesselten Prometheus* ist umstritten. Die hier vorgelegte Interpretation setzt die Echtheit und ein Aufführungsdatum von 457 voraus. Als einziges der erhaltenen Dramen des Aischylos handelt dieses unter Göttern und nicht im Rahmen einer Polis (oder einer andern staatlichen Gemeinschaft). Dargestellt ist die Bestrafung des Prometheus, der gegen Zeus' ausdrückliches Verbot das Feuer gestohlen und damit die menschliche Kulturbildung ermöglicht

Politisches Denken im Zeitalter Athens

hatte (442–506), dafür aber an einen Felsen geschmiedet wurde und sich täglich neu von einem Adler die Leber zerfleischen lassen mußte. Die spätere Erlösung des Prometheus durch Herakles wird hier vorausgesetzt und war offenbar Gegenstand eines anderen Stückes derselben Trilogie.

Auch in diesem Fall hat Aischylos den Mythos für seine Zwecke abgeändert und einige sonst nicht bezeugte Neuerungen eingeführt. Vor allem erscheint Zeus in drastischer Abkehr von traditionellen, auch von Aischylos anderweitig stark betonten Vorstellungen als Exponent eines neuen, eben erst durch Gewalt und Intrige an die Macht gekommenen, harten Regimes: Zeus ist ein Tyrann, ausgestattet mit allen typischen Zügen dieser Herrschaftsform (vgl. 10, 34 f., 149–51, 184–87, 224 f., 310, 324, 402–5 u. a. m.). Die Bestrafung des Prometheus ist zwar verdient, da dieser bewußt ein Verbot mißachtet hat (7–11, 28–30, 37 f., 82 f., 107–13, 247–61 u. a. m.), aber gleichzeitig unnötig grausam. Denn Prometheus hat sich mit seinem Akt des Ungehorsams auch der brutalen Absicht des Zeus widersetzt, das Menschengeschlecht auszurotten (228–41), und er hat in dem großen Konflikt, der auf Kosten des alten Göttergeschlechts der Titanen Zeus' Generation an die Macht brachte, Zeus gegen seine eigenen Verwandten unterstützt (199–223, 304 f.); er hätte somit Dank und Nachsicht verdient. Schließlich hat Aischylos einen anderen Mythos, der Zeus durch einen ihm überlegenen Nachkommen bedroht sein läßt (vgl. Hesiod, *Theogonie* 886–900) mit der Prometheus-Sage verknüpft. Dieser, der »Vorauswissende«, kennt die Identität dieses Nachkommen, Zeus dagegen nur die Gefahr, nicht den Namen. Sein neues Regime ist deshalb zum Untergang verurteilt, wenn es ihm nicht gelingt, Prometheus zum Sprechen zu bringen (167–77, 755–70, 907–40). Gewalt und Drohung nützen nichts (987 ff.). Die Lösung des Konflikts ist uns verloren. Vieles spricht jedoch dafür, daß Zeus in der Fortsetzung der Trilogie sein tyrannisches Gebaren ablegte, zu einem gerechten Herrscher wurde, sich mit seinem Widersacher versöhnte und dadurch seiner Herrschaft Dauer und Stabilität zu geben vermochte.

Der *Prometheus* behandelt wie die *Orestie* die erbitterte Auseinandersetzung zwischen einer alten und einer durch Kampf und Umsturz an die Macht gekommenen neuen, als tyrannisch charakterisierten Ordnung. Durch die Verlagerung auf die Ebene der Götter und das unerhörte Wagnis, Zeus selbst als Tyrannen darzustellen, ist dieser Konflikt ins Extreme gesteigert. Mehr noch: hier scheint Aischylos, wie Christian Meier überzeugend darlegt, die Konsequenz aus seiner in der *Orestie* entwickelten mythischen Fiktion gezogen zu haben. Dort waren göttliche und irdische Ordnung miteinander in Parallele gesetzt, war die für die menschliche Krise erhoffte Lösung anhand der Lösung des Konflikts zwischen zwei göttlichen Ordnungen durchgespielt worden. Der Ordnung des Zeus wurde damit die Möglichkeit des Wandels und der Entwicklung zugesprochen. Schon in den *Eumeniden* erschienen Zeus und die neuen Götter als Usurpatoren und Tyrannen. Daraus ergab sich ein Problem, das Hesiod einfach ignoriert hatte (vgl. oben, S. 216 ff.), das sich jetzt aber nicht mehr umgehen ließ: Wie war es denn überhaupt vom Usurpator Zeus, den der Mythos kannte, zum gerechten Weltherrscher gekommen, an den schon die epischen Dichter und erst recht die Philosophen und Tragiker glaubten? Aischylos löste dieses Problem, indem er Zeus die Macht, Prometheus aber das Wissen zusprach, die beiden wichtigsten

Grundlagen einer dauerhaften Herrschaft also in zwei Widersachern einander gegenüberstellte. Durch die Versöhnung der beiden Gegner wurden Macht und Wissen wieder vereint, wurde Zeus weise, gewann seine Herrschaft Gerechtigkeit und Dauer. Nur indem der Dichter dem höchsten, unsterblichen und allgegenwärtigen Gott selbst einen tiefen Wandel andichtete, ihn ›historisierte‹, vermochte er offenbar die grundlegenden und völlig neuartigen Probleme zu bewältigen, die sich stellten, als der Kern der politischen Ordnung selbst zur Disposition gelangte, nämlich die Frage, wer nun herrschen solle: einer, wenige oder alle.

Es liegt deshalb nahe, diesen tiefen Konflikt erneut als den zwischen der alten, aristokratisch geprägten, und der durch Ephialtes' Reformen eingeführten neuen, dezidiert demokratischen Ordnung zu interpretieren. Durch die Übersteigerung und geradezu revolutionäre Konstruktion der Ausgangslage spricht der Dichter diesem Konflikt zugleich höchste Dringlichkeit zu: Wenn hier nicht gelingt, was erfahrungsgemäß höchst schwierig und selten ist, daß nämlich aus einem Tyrannen ein rechtlicher Herrscher wird, der sich mit den von ihm verdrängten früheren Machtinhabern zu versöhnen vermag, dann ist die ganze Weltordnung von Unbeständigkeit und Chaos bedroht. Die politische Botschaft des Dichters an seine Mitbürger ist hier gegenüber der *Orestie* in jeder Hinsicht intensiviert: Noch ist die Demokratie lediglich usurpierte Herrschaft eines Teils der Bürgerschaft; Legitimität und Dauer kann sie nur erreichen, wenn sie die andere Hälfte zu versöhnen, zu integrieren und zur aktiven Mitarbeit zu gewinnen vermag. Mindestens ein Teil dieser andern Hälfte kann darüber hinaus das Verdienst beanspruchen, der neuen Demokratie an die Macht verholfen zu haben. Konkret heißt dies: Ohne die Loyalität und kluge Führung von Männern wie Aristides und Kimon und die wesentlich von ihnen getragene Flotten- und Seebundspolitik hätte es niemals zu einer Demokratie kommen können. Andererseits ist auch Prometheus betont als arrogant und unversöhnlich gekennzeichnet (vgl. etwa 29 f., 178−81, 311−29, 524−44, 964 f., 975 f., 1007 ff., 1071−79): auch die Vertreter der alten Ordnung werden Konzessionen machen und sich in die neue Ordnung einfügen müssen, wenn sie aus ihrer Zwangsisolierung herauskommen wollen.

Dieser Deutungsversuch scheint der Situation von 457 und dem athenischen Publikum angemessener als die verschiedentlich vertretene Meinung, Aischylos habe sich hier mit den negativen Aspekten einer konkreten Tyrannis (etwa der in Syrakus oder derjenigen des Perserkönigs) oder gar mit der historischen Tyrannenproblematik Athens auseinandersetzen wollen. Doch mag der Dichter durch die Hervorhebung der Charakteristika und Labilität der Herrschaft des Tyrannen noch auf einen zweiten aktuellen Aspekt der Politik Athens angespielt haben. Denn Prometheus und Zeus stehen sich auch als Retter und Förderer bzw. Verächter und Feind der Menschheit gegenüber. Die Verdienste des Prometheus um die Menschheit sind auffallend betont; die Absicht des Zeus, diese zu vernichten, ist vom Dichter neu eingeführt, deshalb unbedingt bedeutungsvoll. Im Gegensatz zu den Göttern, deren zwei Faktionen sich auf der gleichen Ebene bekämpfen, steht die Menschheit auf einer viel tieferen Ebene; sie ist untergeordnet, machtlos. Ein Bezug auf das athenische Volk kommt deshalb nicht in Frage. Die Wahl des Ortes der dramatischen Handlung (des Kaukasus am

Politisches Denken im Zeitalter Athens 295

Rande der bewohnten Welt), der außerhalb einer einzelnen staatlichen Gemeinschaft liegt, und des Chores der Okeaniden, der die Aufmerksamkeit auf das Meer und die Meeresbewohner lenkt, legt es jedoch nahe, in der ›Menschheit‹ einen Hinweis auf die Untertanen Athens im Seereich zu sehen. Wir wissen, daß die Athener spätestens seit Anfang der 50er Jahre die Umwandlung des Seebundes in ein Herrschaftssystem planmäßig vorantrieben und daß das Verhältnis Athens zu seinen Bundesgenossen in den 40er Jahren im Zentrum der Auseinandersetzung zwischen Perikles und Thukydides stand (vgl. oben, S. 278). Nach den vorhandenen Indizien ist die Kritik an Athen als einer Tyrannenstadt (*polis tyrannos*) spätestens um die Jahrhundertmitte aufgekommen. Die konservativen Kreise in der athenischen Führungsschicht unterhielten enge Beziehungen zum Adel in den Bundesstädten und standen im Ruf, einen gemäßigteren Kurs zu befürworten als die Demokraten. Dieser Kontrast mag schon weit vorher aufgebrochen und durch die außenpolitischen Implikationen des Umschwungs von 462 akzentuiert worden sein. Wir besäßen dann im *Prometheus* einen ersten Hinweis auf die für Athen und das spätere 5. Jahrhundert so charakteristische Verflechtung zwischen Außen- und Innenpolitik und auf die in Athen selbst laut werdende Kritik an der Politik der *polis tyrannos* und der Unterdrückung der Bundesgenossen.

Ergebnis

Die *Hiketiden*, die *Orestie* und der *Prometheus* wurden innerhalb von nur sechs Jahren kurz vor und nach den Reformen des Ephialtes aufgeführt. Alle erhaltenen Dramen des Aischylos zeigen ein ungemein kräftiges politisches Engagement des Dichters – nicht für oder wider eine bestimmte Person, Faktion oder Entscheidung (auch wenn selbst dies, wie das Beispiel des Bündnisses mit Argos zeigt, nicht fehlt: *Eumeniden* 289–91, 667–73, 762–64), sondern in der Erläuterung von Zusammenhängen und Hintergründen und in der Erziehung der Bürger zu politischer Bewußtheit und Verantwortlichkeit. Grundlegende Probleme, die Politik und Denken der Athener beherrschten, wurden in diesen Dramen aufgegriffen, über die in der Tagespolitik dominierenden Parteilichkeiten und Vorurteile emporgehoben, durch die Einbettung in einen Mythos verfremdet und objektiviert und durch eine den spezifischen Bedürfnissen entsprechende Gestaltung des mythischen Themas so dramatisiert und analysiert, daß ihre grundsätzliche Bedeutung den Zuschauern und Bürgern in höchster Eindringlichkeit vor Augen trat.

Diese Bürger hatten in jenen Jahren Entscheidungen zu treffen, die auf lange Zeit hinaus Athens Verfassung und Politik bestimmen sollten. Manche dieser Entscheidungen führten in völliges Neuland; ihre langfristigen Konsequenzen waren unabsehbar. Dies gilt vor allem für zwei im griechischen Raum präzedenzlose Vorgänge: den Versuch, einem lockeren Bündnissystem eine straffere, zentralisierte Struktur zu geben und ein Herrschaftssystem auf der Grundlage einer Polis und ihrer gesamten Bürgerschaft, nicht auf der einer von einem absoluten Monarchen kontrollierten personellen Hierarchie aufzubauen, sowie das Bestreben, in dieser Bürgerschaft den Gedanken der politischen Gleichberechtigung und Mitbestimmung mit unerhörter Konsequenz, unter Einbeziehung

selbst der mittellosen Unterschichten, zu verwirklichen. Diese beiden Problem-
komplexe und die tiefgreifenden Konflikte, die sie in der Bürgerschaft hervorrie-
fen, sind es denn auch, mit denen sich Aischylos vornehmlich auseinandergesetzt hat (vgl. auch unten, S. 353 ff.).

Den Abschluß dieser Entwicklungen hat Aischylos nicht mehr erlebt. Aber die
Auseinandersetzung mit der von ihm dezidiert aufgegriffenen Problematik der
Demokratie und der Herrschaft Athens im Seebund beherrscht auch manche der
Tragödien des Sophokles und Euripides. Beide haben mit tiefem Ernst in der
Nachfolge des Aischylos die Verantwortung des tragischen Dichters als eines
kritischen Mahners und Erziehers auch und gerade im politischen Bereich wahr-
genommen.

3. Sophokles

Sophokles' Leben (497−406) überspannt Aufstieg und Niedergang der athenischen Macht. Als Ephebe soll er den Siegesreigen nach der Schlacht von Salamis
angeführt haben; einige seiner eindrucksvollsten Stücke sind in den düsteren
Jahren des Peloponnesischen Krieges entstanden. Die Blüte seines Lebens fällt
mit der kulturellen Hochblüte Athens in der perikleischen Zeit zusammen. Mit
Perikles war er befreundet, wenngleich nicht immer einer Meinung. Er stammte
aus vornehmer Familie und beteiligte sich aktiv am politischen Leben seiner
Stadt: 443 war er Schatzmeister des Seebundes, 441 (angeblich als Anerkennung
für die kurz zuvor aufgeführte *Antigone*) Stratege im Krieg gegen das aufständische Samos, möglicherweise während des Peloponnesischen Krieges erneut
Stratege, sicher 413 Mitglied des Probulenkollegiums, das nach der sizilischen
Katastrophe den Staat neu und straffer ordnen sollte. Auch verschiedene Priester-
funktionen sind für ihn bezeugt. Seinen ersten Sieg errang er gleich bei seinem
ersten Auftritt 468; mit achtzehn Siegen an den Dionysien war er der erfolgreich-
ste Tragiker Athens. Von 123 als echt bezeugten Stücken sind sieben erhalten. Da
das politische Engagement in diesen Stücken weniger offenkundig ist als in denen
des Aischylos und generell die Tragik des Menschen gegenüber der der Gemeinde
im Vordergrund zu stehen scheint, ist der politischen Interpretation der sopho-
kleischen Tragödien bisher nicht genügend Aufmerksamkeit geschenkt worden.
Hier seien lediglich die zwei berühmtesten herausgegriffen, die *Antigone* von 442
und der *König Ödipus* von zwischen 429 und 425.

»*Antigone*«

Der Zug der »Sieben gegen Theben« ist gescheitert, die Söhne des Ödipus, Eteokles und Polyneikes, sind im Duell um die Herrschaft gefallen, die nun Kreon,
dem Schwager des Ödipus, zufällt. Zu Beginn des Stückes als Retter Thebens
gepriesen, ist dieser willens, der schwer getroffenen Stadt durch umsichtige Führung Frieden und Wohlergehen zu sichern. Sein erstes Dekret spricht Eteokles,
dem Verteidiger der Stadt, ein Staatsbegräbnis zu, verbietet jedoch die Bestattung des Angreifers und Landesverräters Polyneikes. Dies ist verständlich, aber
für das religiöse Empfinden anstößig und sicherlich unklug. Antigone, die

Schwester der beiden, fühlt sich in dieser einen Hinsicht, wo es um den Frieden der Seele des Toten geht, der Familie und dem Bruder mehr verpflichtet als der Gemeinde. Sie streut als Symbol der Bestattung Staub über den Leichnam, wird verhaftet und, da sie sich dem Gebot des Königs nicht fügen will, von diesem zum Tod durch Verhungern in einem unterirdischen Verlies verurteilt. Kreon versteift sich zunehmend in seiner Haltung, auch den Mahnungen des Sehers Teiresias und den Beschwörungen seines Sohnes Haimon gegenüber, der nicht nur um das Leben seiner Braut Antigone bittet, sondern auch auf den Stimmungsumschlag im Volk hinweist. Zu spät kommt Kreon zur Besinnung: Antigone hat sich in ihrem Verlies erhängt, Haimon stürzt sich über ihrem Leichnam ins Schwert, Eurydike, die Königin, erdolcht sich, als sie diese Nachricht erhält. Kreon bleibt zurück als gebrochener Mann, belastet mit der Schuld für den Tod aller ihm Nahestehenden.

Seit Hegel hat man den Konflikt zwischen Kreon und Antigone oft als den ins Extreme gesteigerten Gegensatz zwischen den gleicherweise berechtigten Ansprüchen des Staates und der Familie interpretiert, zwischen denen mit der Demokratisierung Athens eine zunehmende Spannung auftrat. Dagegen hat sich mancher Widerspruch gemeldet, aber daß in Antigone und Kreon die Vertreter zweier gegensätzlicher Prinzipien aufeinanderstoßen, wird schon in der Einleitungsszene deutlich: Die persönliche Verpflichtung Familie und Freunden gegenüber entspricht den uralten ungeschriebenen Geboten der Götter; die politische Verpflichtung des Bürgers der Gemeinde gegenüber fällt hier zusammen mit dem Gehorsam dem Gebot des Herrschers oder Tyrannen gegenüber; das aufs Haus, nach innen gerichtete Denken der Frau gerät in Konflikt mit der rohen, gewalterfüllten Welt der Männer (vgl. bes. 59 ff.). Beide Prinzipien sind in wesentlichen Hinsichten richtig, beide sind für die menschliche Gemeinschaft wichtig, aber beide sind verderblich, wenn sie von ihren Voraussetzungen gelöst und ins Extreme gesteigert werden: Dies ist es, was beide Antagonisten unrettbar ins Unglück treibt.

In einem eindrucksvollen Chorlied (332 ff.), das zu Recht als »großartigste Manifestation jenes außerordentlichen ›Könnensbewußtseins‹« interpretiert worden ist, das in jenen Jahren aufkam (Chr. Meier), spricht Sophokles aus, wo für ihn die Lösung liegt. »Viel Ungeheures ist, doch nichts so Ungeheures wie der Mensch.« Die ganze Welt, Erde, Natur und Tiere, hat er seinem Willen und Planen unterworfen; Sprache und windschnelles Denken und städteordnenden Sinn hat er sich beigebracht; selbst Krankheit hat er zu bewältigen gelernt. »Unerfahren geht er in nichts dem Kommenden entgegen. Vor dem Tode allein wird er sich kein Entrinnen schaffen... In dem Erfinderischen der Kunst eine nie erhoffte Gewalt besitzend, schreitet er bald zum Bösen, bald zum Guten. Achtet er die Gesetze des Lands und das bei den Göttern beschworene Recht, dann steht er hoch in seiner Stadt (*hypsipolis*); doch ausgestoßen aus der Stadt (*apolis*) wird, wer sich mit Ungutem verbindet wegen seines Wagemuts« (358−70). Die Gesetze der Stadt *und* die Gesetze der Götter, vom Menschen gesetztes *und* göttlich-natürliches, ungeschriebenes Recht also gilt es zu achten; das eine darf nicht auf Kosten des andern verabsolutiert werden − was auch heißt, daß die Gesetze der Stadt nicht jene allgemeingültigen und deshalb von den Göttern geschützten Gesetze verletzen dürfen. So erklärt sich Kreons Fall als Folge seines ins Maßlose, weit über das für die Polis Notwendige und Sinnvolle hinaus gesteigerten Beharrens auf dem, was er als sein und der Polis Recht empfindet.

Was Sophokles problematisiert, ist jedoch auch das Verhältnis zwischen Herrscher und Untertan, die Frage, wie weit die Gehorsamspflicht des Bürgers gegenüber der Obrigkeit zu reichen habe, unter welchen Voraussetzungen das Individuum in der Polis auf seiner Autonomie zu beharren berechtigt sei. Antigone, ihre Schwester Ismene, Haimon und der Chor beantworten diese Frage angesichts jener Forderung des Herrschers in verschiedenster Weise; sie bezeichnen damit verschiedene Möglichkeiten des politischen Handelns. Erneut also dient der Mythos als Mittel, für die Gemeinde zentrale und gegenwärtige politische Probleme den Zuhörern bewußt zu machen und durch die Ausleuchtung der Voraussetzungen und Konsequenzen bestimmter ›typischer‹ Handlungsweisen die Bewältigung solcher Probleme zu erleichtern.

Die Problematik des Verhältnisses von Herrscher und Untertan ist dadurch noch intensiviert, daß Kreon, der als Retter der Stadt mit der Zustimmung der Bürger die Herrschaft übernommen hat und anfänglich als gutwilliger und besorgter, wenngleich bereits in seiner ersten Entscheidung nicht gerade kluger und weitblickender Führer auftritt, im Verlauf des Stückes die charakteristischen Merkmale des Tyrannen annimmt. Dieser Aspekt ist von Sophokles sorgfältig herausgearbeitet worden. Victor Ehrenberg hat nachzuweisen versucht, daß hier auf die Herrschaft des Perikles angespielt werde, dessen Machtstellung eben damals, nach der Verbannung des langjährigen Rivalen Thukydides, des Sohnes des Melesias, ihren Höhepunkt erreichte. In der Tat ist Perikles in den Auseinandersetzungen der 40er Jahre von Gegnern und Komödiendichtern tyrannischer Aspirationen verdächtigt worden, und es mochte auch für mehr distanzierte Zeitgenossen ein ernstes Problem darstellen, ob er auf die Dauer der Versuchung werde widerstehen können, seine Macht zu verabsolutieren und für persönliche Zwecke auszunützen. Es ist also nicht auszuschließen, daß manche Zuschauer die Gestalt Kreons in dieser Weise aktuell interpretierten.

Der ganze hier angesprochene Problemkomplex besaß jedoch nicht nur innenpolitische Bedeutung. Manches spricht dafür, daß Sophokles wie sein Vorbild Aischylos auch das Verhältnis der herrschenden Stadt Athen zu ihren Untertanenstädten ins Auge gefaßt hat. Dafür seien hier nur wenige Indizien angeführt. Die Entwicklung Kreons vom wohlmeinenden Führer des Volks zum Tyrannen verläuft analog zu der Athens vom Hegemon zur *polis tyrannos*. Diese Analogie wird durch die häufige Verwendung von Termini unterstrichen, die geeignet sind, Assoziationen an Athens Rolle im Seebund zu wecken. Wie im Falle Athens ist es auch bei Kreon nicht nur die falsche oder unkluge Entscheidung oder Maßnahme als solche, sondern das kompromißlose Beharren, die übertriebene Reaktion auf Widerstand, die Härte der Unterdrückung jedes Andersdenkenden, die den Führer zum Tyrannen macht. Der Konflikt zwischen dem göttlichen Gesetz und dem Gesetz der Stadt erhält deshalb seine verhängnisvolle Brisanz erst im Kontext der Tyrannis, die das von ihr gesetzte Recht verabsolutiert und seine Durchsetzung von vornherein als Prestigefrage und Machtprobe betrachtet. Man darf dabei gewiß an den wenige Jahre später von Thukydides und Euripides ausdrücklich bezeugten Konflikt zwischen dem übergeordneten panhellenischen *nomos*, der für den Schutz der Freiheit und Autonomie aller grie-

Politisches Denken im Zeitalter Athens 299

chischen Poleis in Anspruch genommen wurde, und den Ansprüchen und Verordnungen der herrschenden Stadt denken, die sich mit Nachdruck auf die bestehenden Verträge berief.

Es ist jedenfalls bedeutsam, daß zumal das erste Chorlied nachdrücklich die dem Überheblichen drohende Vergeltung (vgl. bes. 127 ff.) und das dritte die Macht des Zeus beschwört, die von keines Menschen Überhebung niedergehalten werden kann, sondern schlaflos, zeitlos, alterslos herrscht. »Und für das Nächste und das Künftige und das Zuvor wird hinreichen dieses Gesetz: nichts wandelt im Leben der Sterblichen sehr weit ohne Unheil. Denn die viel umschweifende Hoffnung zwar ist vielen eine Hilfe unter Männern, doch vielen auch Trug in flink denkenden Wünschen. Über den, der an nichts denkt, kommt sie, bis er an heißem Feuer den Fuß verbrannt. Denn in Weisheit ist von jemandem erschienen ein berühmtes Wort: es scheine das Schlimme manchmal gut dem zu sein, dem die Sinne ein Gott führt zum Unheil. Jedoch treibt er es die wenigste Zeit frei von Unheil« (604—25). Und nochmals erklingt das Thema in den Schlußworten des Chors: »Das weitaus Erste an höchstem Glück ist Besonnensein. Und not auch ist, vor den Göttern nie zu verletzen die Scheu. Doch die großen Worte Großprahlender, wenn unter großen Schlägen sie gebüßt, haben im Alter gelehrt die Besinnung« (1347—53). Manches erinnert hier an die von Thukydides gebotene Charakterisierung Athens (vgl. unten, S. 334).

Die der menschlichen Selbstüberhebung und zumal dem maßlosen Anspruch des Tyrannen drohende göttliche Vergeltung ist also ein Hauptgegenstand des Dramas. Man hat darin wiederum eine Anspielung auf Perikles sehen wollen. Er selbst achtete freilich sorgfältig darauf, jeden Anschein eines übersteigerten Machtanspruchs zu vermeiden (was Sophokles zweifellos bewußt war), und das Anliegen dieses Stückes ist viel zu ernst, als daß man darin lediglich eine weitere Stimme im von Polemik, Rivalität und komödienhafter Übertreibung beherrschten Chor der Periklesgegner sehen sollte. Es liegt deshalb nahe, die Hervorhebung gerade dieses Themas damit zu erklären, daß sich der Dichter grundsätzlich mit der – im Jahr vor dem samischen Krieg besonders aktuellen – Problematik der *polis tyrannos* auseinandersetzen wollte. Die Plausibilität dieser Interpretation läßt sich durch die Analyse des *Ödipus* bekräftigen.

»König Ödipus«

Der *Ödipus* wurde in den ersten Jahren des Peloponnesischen Krieges aufgeführt. Noch ausgeprägter als in der *Antigone* handelt es sich hier um die Tragödie eines Herrschers, der als Retter der Stadt zu ihrem König geworden ist und trotz bester Absichten nicht zuletzt an seiner eigenen Überheblichkeit und Einsichtslosigkeit zugrunde geht. Die in der Stadt wütende Seuche (die das athenische Publikum gewiß an die große Pestepidemie von 429 erinnerte) veranlaßt den König, das delphische Orakel nach der Ursache des göttlichen Zorns zu befragen. Der Gott fordert die Beseitigung der durch eine ungesühnte Freveltat bewirkten Befleckung des Landes. Der Auffindung dieser Befleckung gilt fortan des Königs ganze Energie. In unübertrefflicher dramatischer Steigerung führt seine Suche schließlich zu seiner Selbstentlarvung als Mörder seines Vaters und

Gatte seiner Mutter. Von eigener Hand geblendet und von eigenem Fluch verbannt, bricht der König zu einer langen und traurigen Wanderschaft auf, die ihm (ohne daß dieses dem *Ödipus auf Kolonos* vorbehaltene Thema in der *Antigone* erwähnt wird) eines Tages die Entsühnung und ein Heroengrab nahe bei Athen bringen wird.

Auch diese seit der Antike berühmteste aller griechischen Tragödien ist vielschichtig und behandelt mehrere kunstvoll miteinander verschlungene Themen, darunter das von der Macht und Hilflosigkeit des Menschen und das von der tiefen Problematik des Wissens und Wissenwollens. Vom politischen Gesichtspunkt her fasziniert erneut die Charakterisierung des Königs. Gleich zu Beginn wendet sich der Chor an Ödipus (31 ff.): »Komm, Bester du der Sterblichen! Richt wieder auf die Stadt!... Es nennt dich heut dies Land den Retter, deines frühern Eifers wegen. Daß es von deiner Herrschaft niemals heißen möge: wir standen auf durch sie und fielen wieder« (46 – 50). Die Stadt zu retten, ist denn auch Ödipus' Ziel (68 – 72), dem er alle Rücksichten unterordnet. Dieser Mann nun, so voller guter Absichten, wird mehrfach und betont Tyrann genannt und entwickelt, wenngleich weniger ausgeprägt als Kreon, im Verlauf des Stücks manche der typologischen Merkmale des Tyrannen. In sorgfältiger Analyse der Bildersprache und Terminologie hat V. Ehrenberg auch hier Hinweise auf eine tiefgründige Auseinandersetzung des Dichters mit dem Phänomen der langjährigen perikleischen ›Herrschaft des ersten Mannes‹ zu finden vermocht. Daß sich den Athenern, zumal so kurz nach dem Tod des Perikles, diese Assoziation aufdrängte, ist durchaus plausibel, auch wenn der Dichter wiederum nicht allein diesen Problemzusammenhang im Auge gehabt haben mag. Zweifel an Ehrenbergs Deutung gründen sich nicht zuletzt auf ein Chorlied in der Mitte des Stückes, das in großen Linien den Aufstieg, die Überhebung und den von Zeus erflehten Sturz des Tyrannen schildert: »Unmaß (*hybris*) pflanzt den Tyrannen, Unmaß, wenn sich's mit vielem überfüllt hat... Das der Stadt zum Wohl gereichende Ringen jedoch möge der Gott niemals aufhören lassen, darum bete ich. Gott werde nie aufhören als meinen Führer (*prostates*) zu behalten. Wenn aber einer überheblich mit Händen oder Wort einhergeht, vor Dike furchtlos und nicht der Dämonen Sitz scheuend – ihn greife sich ein schlimmes Schicksal des unseligen Prangens wegen, wenn er den Gewinn nicht recht gewinnt noch sich von Unheiligem fernhält oder das Unantastbare antastet in leerem Treiben... Wenn, wahrlich, solche Handlungen in Ehre stehen: was soll ich Reigen führen?... Doch Waltender, wenn recht du so genannt bist, Zeus, Allbeherrscher! Laß es dir nicht verborgen sein und deiner allzeit unsterblichen Herrschaft« (873 – 905).

Diese Gedanken lassen sich nur mit großen Schwierigkeiten auf Ödipus beziehen. Sie fügen sich jedoch nahtlos in das Stück ein, wenn, wie B. Knox vorgeschlagen hat, das Publikum aufgrund vielfacher Hinweise in der Gestalt des Ödipus samt ihren tyrannischen Zügen die Verkörperung jenes athenischen Volkscharakters erkennen konnte, den die Athener selbst mit Stolz und ihre Feinde mit Erbitterung und Verachtung als ›typisch‹ betrachteten. In der Tat spiegeln sich in einem Charakterzug des Ödipus nach dem andern jene positiven und negativen Qualitäten des athenischen Volkes, die Thukydides teils geschildert, teils als selbstverständlich vorausgesetzt und zur Erklärung des histo-

Politisches Denken im Zeitalter Athens 301

rischen Geschehens verwendet hat (vgl. unten, S. 334). Ödipus, der Tyrann, ist
damit mehr als eine individuelle tragische Figur. In Titel, Art und Grundlage
seiner Macht, Charakter und Handlungsweise gleicht er Athen, der *polis tyrannos* in der griechischen Welt. Diese Assoziation muß das Publikum veranlaßt haben, sich besonders eng mit dem Erleben und Leiden des Helden zu
identifizieren. Dadurch daß dieser am Schluß von größter Macht in größtes
Elend stürzt und alles verliert, was er gerade wegen seiner außergewöhnlichen
Qualitäten erworben hatte, wird dem Publikum in warnender Vorausschau
auch die Möglichkeit, ja Wahrscheinlichkeit oder gar Unvermeidlichkeit des
Sturzes der *polis tyrannos* vor Augen geführt, werden Glanz und Herrschaft
Athens selbst problematisiert und Gegenstand der tragischen und politischen
Interpretation.
Auch hier also richtet sich das Denken eines traditions- und verantwortungsbe-
wußten Bürgers und Denkers auf die grundlegenden Probleme seiner Gemeinde.
Auch hier wird der Mythos zum Medium, die Tiefendimension aktueller politi-
scher Fragen zu durchleuchten und der Bürgerschaft bewußt zu machen. Der
Mythos erhält seinen vollen Sinn erst durch seine – auch politische – Gegenwär-
tigkeit. Es wird sich fragen, wie es in dieser Hinsicht um die Geschichtsschreibung bestellt ist.

4. Wissenschaft und Philosophie, Ethnographie und die Anfänge der Geschichtsschreibung: Herodot

Philosophie

Die großen Vertreter der spätarchaischen Naturphilosophie fanden im 5. Jahrhundert nicht weniger bedeutende Nachfolger. Anaxagoras von Klazomenai
(ca. 500–428) lebte lange in Athen und war mit Perikles befreundet, mußte die
Stadt aber verlassen, als er von Perikles' Gegnern wegen Gottlosigkeit vor Gericht gezogen wurde. Werden und Vergehen erklärte er als Mischung und Entmi-
schung unvergänglicher, in einem Urgemenge in unendlicher Zahl vorhandener
Stoffe und Qualitäten. Die bewegende Kraft fand er jedoch nicht, wie manche
seiner Vorgänger, im Urstoff selbst, sondern in einer gesondert existierenden,
selbstherrlichen, unbegrenzten geistigen Potenz, dem *Nus*, der durch seine kritische Fähigkeit der Unterscheidung und Auswahl das Material analysiert und
durch entsprechende Synthese die verschieden gearteten Dinge entstehen läßt.
Durch den von ihm abgeleiteten zeugenden Samen schafft der *Nus* die Lebewesen bis hin zur Kultur und Gesellschaftsordnung, die seine höchste Leistung
darstellt (VS 59 B4). Das Weltbild des Anaxagoras hat deshalb eine anthropo-
zentrische Ausrichtung, die es von den physiozentrischen Vorstellungen seiner
Vorgänger abhebt. Die Trennung von Geist und Materie hat die spätere Philosophie, namentlich bereits die Platons, stark beeinflußt. Ob, wie gelegentlich
vermutet worden ist, der ausgeprägt monarchische Charakter dieser Lehre wesentlich auf die politischen Vorstellungen des Perikles eingewirkt habe, sei dahingestellt.

Mit Sicherheit finden sich dagegen in der Lehre des Empedokles (ca. 483–423) Elemente zeitgenössischen politischen Denkens. Empedokles stammte aus einer angesehenen Familie im sizilischen Akragas, tat sich wie sein Vater als Anführer der Demokraten hervor und durchzog später als vielbewunderter Arzt und Sühnepriester die Griechenstädte Siziliens und Unteritaliens. Von zwei Hauptschriften sind größere Fragmente erhalten. In den *Katharmoi* (Reinigungen) vertrat er die aus der Orphik stammende und von den Pythagoreern aufgegriffene Seelenwanderungslehre, während *Über die Natur* seine Spekulation über den Ursprung der Welt und das wahre Sein enthält. Dieses findet er in den vier Elementen (»Wurzeln«) Erde, Wasser, Feuer und Luft, die ewigen Bestand haben und in ihrem Kreislauf unerschüttert sind und aus denen aufgrund des Einwirkens von Liebe und Streit durch Mischung und Sonderung alles entsteht und vergeht. Diese Elemente sind völlig gleichberechtigt; keines vermag deshalb auf Dauer die Herrschaft über die andern zu beanspruchen oder zu errichten: »Sie sind nämlich alle gleich stark und gleich alt von Abstammung, doch jedes von ihnen hat ein verschiedenes Amt (*time*), jedes seine besondere Art (*ethos*), und abwechselnd herrschen sie im Umlauf der Zeit« (VS 31 B 17, 27–29). In diesem »abwechselnd herrschen sie« *(en merei krateousin)* steckt zweifellos eine (und aller Wahrscheinlichkeit nach die früheste erhaltene) Anspielung auf das demokratische Prinzip des »abwechselnd Herrschens und Beherrschtwerdens«, das die vollkommene politische Gleichberechtigung (*isonomia*) der Bürger garantiert.

Demokrit (ca. 460–370) stammte aus Abdera an der thrakischen Küste. Von seinem Leben ist nur bekannt, daß er weite Reisen unternahm und sich auch in Athen aufhielt, ohne dort großen Eindruck zu machen. Berühmt ist er als einer der Begründer der Atomistik, doch hat er in seinen nahezu siebzig Büchern den gesamten Bereich der Wissenschaften und Ethik abgehandelt. Der weitaus größte Teil der erhaltenen Fragmente stammt aus diesem letzteren Bereich. Im Zentrum stehen die Überlegungen zur ›Wohlgemutheit‹ (*euthymia*): »Wer wohlgemut leben will, soll nicht vielerlei treiben weder im eigenen noch im Gemeinschaftsleben und, was immer er treibt, nicht über seine eigene Kraft und Natur erstreben, sondern so sehr auf seiner Hut sein, daß, selbst wenn das Glück einschlägt und ihn zum Übermaß verführen will..., er nicht mehr anfaßt, als was seiner Kraft entspricht. Denn die mäßige Fülle ist etwas Sichereres als die Überfülle« (VS 68 B 3). In dieser Warnung vor dem Übel rastloser Betriebsamkeit zeichnet sich erstmals »ein neues Zielbild menschlichen Seins ab, vor dem die alten Werte der Adelsethik und der Poliswelt schattenhaft zu werden beginnen. Der Einzelne wird nun als Welt für sich gesehen, wahrhaft als ein kleiner Kosmos, in dem Ordnung und Frieden zu erhalten die Aufgabe vor allem andern bleibt« (A. Lesky).

Erhalten sind unter Demokrits Namen zahlreiche gnomische Sentenzen, über deren Entstehungszeit und Einordnung in sein Gesamtwerk wir kaum etwas wissen. Es ist deshalb auch nicht möglich, diese Gedanken in die Entwicklung des politischen Denkens einzuordnen. Es sei deshalb hier nur einiges Wichtige herausgegriffen. Größte Bedeutung wird dem Wohlbefinden der staatlichen Gemeinschaft zuerkannt: »Die Pflichten für die Gemeinde (*ta kata ten polin*) soll man unter allen für die größten halten, auf daß sie gut verwaltet werde; dabei

Politisches Denken im Zeitalter Athens

darf man weder streitsüchtig gegen die Billigkeit handeln noch sich selbst wider das allgemeine Beste eine Gewalt anmaßen. Denn ein wohlverwaltetes Gemeinwesen ist die größte Stütze, und hierin ist alles enthalten; ist dieses gesund, so bleibt alles gesund, und wenn dieses zugrunde geht, geht alles zugrunde« (VS 68 B 252). Daraus ergibt sich die Forderung nicht nur nach bürgerlicher Eintracht (*homonoia*: 250) und der Vermeidung von Bürgerzwist (*stasis emphylos*: 249), sondern auch nach bürgerlicher Solidarität: »Wenn die Vermögenden es über sich gewinnen, den Besitzlosen vorzustrecken und beizuspringen und wohl zu tun, so liegt hierin bereits das Erbarmen und das Nichtalleinsein und die Verbrüderung und die gegenseitige Hilfeleistung und die Einträchtigkeit der Bürger und anderes Gutes, soviel wie niemand aufzählen könnte« (255). Als weitere Forderung knüpft sich logisch die nach freiwilliger Unterordnung unter das Gesetz an, das dann seine volle Wirkung als Beschützer des Wohlbefindens der Gemeinde entfalten kann (248, vgl. 47). Zur Verwirklichung all dieser Ziele wird der Überredung und der Entfaltung der natürlichen Anlagen durch sorgfältige Erziehung größte Bedeutung beigemessen (51, 179–181, 183). Dies namentlich in politischen Dingen: »Die Staatskunst (*politike techne*) ist als das Höchste sorgfältig zu erlernen, und die Mühen muß man auf sich nehmen, durch die den Menschen das Große und Herrliche zuteil wird« (157). Ungerechtes und asoziales Verhalten dagegen soll aufs schärfste bestraft, der sich nicht in die Gemeinschaft Einfügende eliminiert werden (257–62).

Darin wie in der Betonung der Erziehung denkt Demokrit sehr ähnlich wie Protagoras. Die genannten Prinzipien stehen außerdem manchen Argumenten nahe, die von den Verteidigern der Demokratie in der intensiven Debatte um die Vor- und Nachteile dieser Verfassung vorgebracht wurden. Demokrit hat dazu auch direkt Stellung genommen: »Die Armut in einer Demokratie ist dem, was bei den Machthabern Glücklichsein genannt wird, um soviel mehr vorzuziehen wie Freiheit der Knechtschaft« (251; vgl. auch die freilich nicht unbedingt politisch zu verstehende Bemerkung zum Wert der Redefreiheit, *parrhesia*, in 226). Andere Sentenzen befassen sich mit dem Problem der politischen Mitbestimmung der Unterschichten und der Ungebildeten (49 und 75) und mit dem der Verantwortung und Ausgesetztheit des Amtsinhabers (233, 265 f.).

Wissenschaften

In diese Rubrik sind einige Spezialisten einzuordnen, von denen aus späterer Quelle bekannt ist, daß sie sich auch mit politischen Fragen befaßt haben. Der Architekt Hippodamos von Milet wurde durch die nach ihm benannten Stadtpläne berühmt, die rational nach dem Gesichtspunkt der Zweckmäßigkeit entworfen waren und auf rechtwinkligen Straßennetzen basierten. Nachdem er diesen Plan in Milet und im Piräus verwirklicht hatte, wurde er von Perikles mit der Planung der panhellenischen Kolonie Thurioi in Unteritalien beauftragt (444/43, das einzige gesicherte Datum seines Lebens). Nach Aristoteles' kritischem und nur weniges Wichtige auswählendem Referat (*Politik* 2, 1267 b 22–68 a 15) ist Hippodamos auch durch den Entwurf eines Idealstaates hervorgetreten, dessen Bürgerschaft aus zehntausend Männern besteht und in drei Gruppen eingeteilt ist: Handwerker, Bauern und Soldaten. Das Land ist entsprechend aufgeteilt: Aus dem Ertrag des heiligen Landes werden die Kosten für den Kultus bestritten, vom öffentlichen Land leben die Krieger, privates Land besitzen nur die Bauern. Neben Anordnungen zur Art der Gesetze, zum Gerichtswesen und zur Wahl und Funktion der Beamten ist vorgesehen, daß die, die etwas für den Staat Förderliches ausgedacht haben, öffentlich geehrt und die Kinder der im Kriege Gefallenen auf Staatskosten aufgezogen werden sollen. Wie Hippodamos hat auch Phaleas von Chalkedon am Bosporos nicht unwesentlich auf die Staatsphilosophie des 4. Jahrhunderts eingewirkt. Seine Theorien kennen wir nur aus derselben kritischen Quelle (Aristoteles, *Politik* 1266 a 39 ff.). Über sein Leben wissen wir nichts; auch daß er ins 5. Jahrhundert zu datieren sei, ist reine Vermutung. Er forderte Gleichheit des Grundbesitzes und der Erziehung für alle Bürger und überwies alle handwerklichen Arbeiten den Staatssklaven.

Der Musiktheoretiker Damon, der oft zu den Sophisten gerechnet wird, war Athener und Freund und Berater des Perikles. Er soll diesem die Einführung des Richtersoldes vorgeschlagen haben und beteiligte sich offenbar so aktiv am politischen Leben, daß die Komödie ihn zum bevorzugten Ziel ihres Spottes machte und er schließlich ostrakisiert wurde. Hochinteressant, wenngleich der lückenhaften Überlieferung wegen kaum befriedigend zu rekonstruieren sind seine Versuche, die Wirkung der Musik nicht nur auf Wesen und Handeln des Individuums, sondern auf die ganze Gemeinde nachzuweisen. Seine These, daß Änderungen in diesem Bereich die bestehende Gemeinschaftsordnung gefährden, wird von Platon (*Staat* 424 c) zustimmend zitiert, »denn nirgends wird an den Regeln der Musenkunst gerüttelt, ohne daß nicht auch die wichtigsten Gesetze der Stadt dadurch erschüttert würden«. Durch die Verbindung bestimmter Rhythmen und Tonarten mit ethischen Werten und Unwerten versuchte Damon die Musik für die Jugenderziehung nutzbar zu machen. Auch damit hat er gewisse Theorien Platons beeinflußt, während seine Thesen anderweitig auf radikalen Widerspruch stießen.

Auf die Verbindung zwischen medizinischer Theorie und politischen Ideen wurde bereits früher hingewiesen (oben, S. 246). Unter den Schriften des Arztes Hippokrates von Kos (ca. 460–370), befindet sich eine kleine Abhandlung *Über Klima, Gewässer und Örtlichkeiten* (oft abgekürzt mit *Über die Umwelt*), die wohl in den Beginn des letzten Drittels des 5. Jahrhunderts zu datieren ist. Der erste Teil (1–11) enthält eine für den medizinischen Praktiker bestimmte Anleitung, die ihm ermöglichen soll, den Einfluß von geographischer Lage, Winden, Wasserverhältnissen und Jahreszeiten auf den menschlichen Körper und Gesundheitszustand zu verstehen und dadurch bessere Diagnosen zu stellen. Der zweite Teil (12–24) verwendet den so erarbeiteten Zusammenhang zwischen Umwelt und körperlich-geistiger Beschaffenheit des Menschen, um die auffälligsten Unterschiede in den Charakteristika der Bevölkerungen Asiens und Europas zu erklären. Die Schrift ist voll von Ungereimtheiten und Widersprüchen, und dem wissenschaftlichen Erklärungsversuch kommt immer wieder das Bestreben in die Quere, mit allen Mitteln die Überlegenheit der Griechen gegenüber den Barbaren nachzuweisen. Wesentlich ist jedoch, daß hier, wie gleichzeitig auch bei Herodot, die Tapferkeit eines Volkes in direkte Beziehung einerseits zu den in seinem Lande herrschenden klimatischen und agrarischen Verhältnissen, andererseits zu seiner Verfassungsform gesetzt wird. Die Völker Asiens leben in einem milden, ausgeglichenen Klima, das eine reiche Vegetation hervorbringt; dem entspricht ein weichlicher, wenig kampftüchtiger Menschenschlag (12, 16). Klima und Natur in Europa sind rauh und wechselhaft; deshalb sind die Menschen dort abgehärtet, arbeitsam und kampftüchtig (23). Das Schlußkapitel faßt die These einprägsam zusammen: »Man wird finden, daß die Körperform wie die Gemütsart der Menschen im allgemeinen mit der Eigenart des Landes übereinstimmen... Wo das Land kahl, wasserarm und rauh ist, sowohl vom Winter schwer heimgesucht, wie von der Sonne versengt wird, da wird man Menschen mit derbem, schmächtigem, wohlgegliedertem, straffem und dichtbehaartem Körper finden, solche Naturen, denen Unternehmungslust und Regsamkeit innewohnen, die in bezug auf Gemütsart und Naturell selbstbewußt und eigensinnig sind, mehr an unbändigem als an sanftem Wesen teilhaben, in Kunst höchst geschickt und verständig und dazu kriegstüchtiger sind« (24).

Dieses Schema überkreuzt sich mit einem zweiten, das die psychologischen Auswirkungen der jeweiligen Verfassungsform auswertet. Die ohnehin schon mangelhafte Wehrhaftigkeit der Asiaten wird dadurch noch weiter reduziert, daß sie größtenteils unter einer Monarchie leben (wie, so haben wir zu ergänzen, umgekehrt die Tapferkeit der Griechen dadurch noch erhöht wird, daß sie größtenteils nicht von Monarchen beherrscht werden). »Wo die Menschen weder über sich selber Herr sind noch aufgrund eigener Gesetze leben, sondern unter der Herrschaft einzelner stehen, steht ihr Sinn nicht danach, sich für einen Krieg einzuüben, sondern möglichst wenig kriegstüchtig zu erscheinen. Denn... sie müssen einem Zwange gehorchend zu Felde ziehen, Strapazen aushalten und für ihre Herrscher sterben, fern von Weib, Kind und Freunden. Was für gute und mannhafte Taten sie auch ausführen mögen, immer gewinnen dabei die Herren an Macht und Ansehen, die Gefahren aber und der Tod bleiben ihnen als Frucht (für ihre Mühen). So kommt es, daß auch der, der von Natur mannhaft und lebhaft ist, durch die Gesetze von seiner Sinnesart abgebracht wird. Ein wichtiger Beweis hierfür ist folgendes: Alle in Asien lebenden Hellenen und Barbaren, die nicht unter fremder Herrschaft stehen, sondern ihre eigenen Gesetze haben und sich um ihres eigenen Vorteils willen Strapazen aussetzen, sind von allen am kampftüchtigsten. Sie bestehen nämlich die Gefahren um ihretwillen und tragen selbst den Siegespreis für ihre Tapferkeit und in gleicher Weise die Strafe für ihre Feigheit« (16).

Ethnographie und die Anfänge der Geschichtsschreibung

Die griechische Geschichtsschreibung hat sich vornehmlich aus zwei Wurzeln heraus entwickelt. Zum einen wurden die mythischen Stoffe des Heldenepos von den Griechen immer als ihre Frühgeschichte betrachtet. Herodot unterscheidet zwar das, was er durch eigene Erkundung über die Anfänge der Auseinandersetzungen zwischen Asiaten und Griechen weiß, von dem, was die alten Mythen darüber erzählen (1,1–5), aber dies gilt ihm nicht weniger als historisch denn jenes. Auch Thukydides setzt sich zu Beginn seines Werkes kurz mit den Vorgängen dieser Frühzeit auseinander (1,1–12), an deren Historizität er nicht zweifelt und die er deshalb genauso kritisch analysiert und erklärt wie die Zeitgeschichte. All dies ist um so verständlicher, als die Mythen von den epischen

Dichtern in der Form von dramatischen Geschichten überliefert wurden, die sich durch verwandtschaftliche Querverbindungen unter den Helden und die Abfolge verschiedener Generationen in einer geschichtlichen Abfolge zusammenfassen ließen. Im Epos war auch bereits die Möglichkeit vorgegeben, Ereignishöhepunkte durch die Einführung von Reden dramatisch herauszuheben und unter zeitaktuellen ethischen oder politischen Gesichtspunkten zu interpretieren (oben, S. 197 ff.). Die im 6. Jahrhundert aufkommende Kritik am Mythos richtete sich gegen gewisse als anstößig empfundene Aspekte (etwa, wie im Fall des Xenophanes, gegen die allzu menschenähnliche Auffassung der Götter), aber kaum gegen die Historizität der mythischen Ereignisse. Höchstens wurden diese dem kritischen Empfinden der Zeit entsprechend rationalisiert und die Dimensionen auf ein ›mögliches‹ Maß heruntergestutzt.

Zum zweiten hat Hekataios von Milet, aus Herodot (5,36. 125) durch seine Rolle als Berater und Warner zur Zeit des Ionischen Aufstandes bekannt, in seinen *Genealogien* systematisch das wissenschaftlich und rational zu Sichernde aus der dichterisch gestalteten mythischen Stoffmasse zu extrahieren und damit die griechische Frühgeschichte auf eine solidere Grundlage zu stellen versucht. Seine einleitenden Worte sind zitierenswert: »Das Folgende schreibe ich so, wie es mir wahr zu sein scheint; denn die Erzählungen der Hellenen sind vielfältig und, wie mir scheint, lächerlich« (F. Jacoby, Fragm. der Griech. Hist. 1 F 1). Die rationale Kritik des Forschers also ist das entscheidende Kriterium zur Etablierung des wahrscheinlichsten Sachverhalts. Dieselbe Fähigkeit fand im zweiten Hauptwerk des Hekataios, der *Erdbeschreibung*, reiche Verwendung. Dieses Werk war offenbar als begleitender Kommentar zu einer Erdkarte gedacht und beabsichtigte ein vollständiges und ›wissenschaftlich‹ gesichertes Bild von der gesamten Erde und ihren Bewohnern zu geben. Geographie, Ethnographie und Geschichte (im Sinne der Gründungsgeschichte von Städten und der Frühgeschichte von Völkern) waren darin kombiniert. Grundlage dafür bildete zum großen Teil des Verfassers eigene Erkundung. Das Wort *historie* bedeutet denn auch in seinem ursprünglichen Sinne die Erkundung und Erzählung aufgrund eigener Beobachtung und Befragung von Zeugen. Die *Historien* Herodots, das erste eigentliche Geschichtswerk, sind aufs stärkste von dieser auf Erkundung und rational-kritischer Analyse beruhenden Methodik des Hekataios und von seinem Drang geprägt, alles Wissenswerte und Wißbare festzuhalten.

Herodot selbst nennt Hekataios einen *logopoios* (2,143,1), Verfasser von Prosaerzählung. Als *logographoi* bezeichnet Thukydides die Autoren der von antiquarischen Interessen geprägten Völker- und Stadtgeschichten, die seit dem letzten Drittel des 5. Jahrhunderts im Zusammenhang mit dem von der sophistischen Bewegung für diese Dinge geweckten Interesse mancherorts entstanden. Das wenige, was wir darüber wissen, läßt vermuten, daß diese ›Chroniken‹ nicht viel mehr boten als eine Abfolge von genealogischen Daten und ereignisgeschichtlichen Fakten.

Politisches Denken im Zeitalter Athens 307

Herodot

Auf dieser Grundlage hat Herodot (ca. 484–424 oder 414) – von Cicero zu Recht als *pater historiae* gerühmt – etwas ganz Neues und in Ansatz und Methode Richtungweisendes geschaffen. Kurz vor dem Xerxeszug im kleinasiatischen Halikarnaß geboren, beteiligte er sich an verschiedenen Versuchen, den Tyrannen Lygdamis zu stürzen; er verbrachte einige Jahre im Exil auf Samos und bereiste weite Gebiete des östlichen Mittelmeerraumes (einschließlich Ägyptens, Mesopotamiens und des Schwarzmeergebietes). Längere Zeit und möglicherweise mehrmals hielt er sich in Athen auf; in Thurioi in Unteritalien wurde er Bürger; über die chronologische Abfolge besteht Ungewißheit. Wo er sein Geschichtswerk ausgearbeitet hat, wissen wir nicht. Trotz mancher gelehrter Zweifel ist das Werk wohl im vorliegenden Umfang abgeschlossen, auch wenn es nicht überall seine letzte Fassung erhalten hat. Mindestens Teile davon dürften zunächst durch mündlichen Vortrag bekannt geworden sein. Als Zeitraum der Veröffentlichung bieten sich aufgrund von Anspielungen auf aktuelle Ereignisse und Echos in der zeitgenössischen Literatur die Jahre kurz vor 425 oder gar 414 an.

Im Grenzgebiet zwischen persischem und griechischem Einflußbereich aufgewachsen, vielfältig interessiert und weitgereist, hat Herodot die Auswirkungen der Perserkriege und die athenische Reichsbildung miterlebt, in Athen und anderswo die neuen sophistischen Theorien und das neue Macht- und Fortschrittsdenken kennengelernt und die intensive, zum Schluß gewaltsam ausgetragene Rivalität zwischen Athen und Sparta miterlitten: Zur Zeit des Dareios, Xerxes und Artaxerxes, schreibt er, »also innerhalb dreier Menschenalter, überfiel die Griechen mehr Unglück als in den zwanzig Menschenaltern vor der Zeit des Dareios. Teils brachten die Perser Unheil über das Land, teils auch die eigenen Großen, die um die Vorherrschaft kämpften« (6,98,2). Wieweit Herodot bereits auf seinen Reisen nicht nur von ethnographischen, sondern auch von in spezifischem Sinne historischen Interessen bestimmt war, wissen wir nicht. Doch spricht manches dafür, daß er erst aufgrund des Erlebnisses der gewaltigen politischen und intellektuellen Umwälzungen und Herausforderungen der zweiten Jahrhunderthälfte zum Historiker geworden ist. Sein Werk ist deshalb wesentlich als Reaktion auf die neuen Denk- und Verhaltensformen seiner eigenen Zeit zu betrachten, und dies macht ihn auch für die Geschichte des politischen Denkens interessant.

Drei Ziele verfolgt Herodot mit seiner Geschichtsschreibung. Zwei davon sind im Einleitungssatz formuliert (die großen und wunderbaren Leistungen der Griechen und Barbaren vor dem Vergessen zu bewahren und zu erläutern, weshalb es zwischen ihnen zum Kriege kam): Damit sind seine antiquarisch-ethnographischen und seine spezifisch historischen Interessen umschrieben. Das dritte Ziel, die Geschichte nicht nur darzustellen, sondern auch ethisch-politisch zu deuten, nennt er etwas später: »Ich will in meinem *logos* gleicherweise große und kleine Städte der Menschen berücksichtigen. Denn was früher groß war, ist größtenteils klein geworden; und was zu meiner Zeit groß war, war früher klein. Ich weiß, daß menschliches Glück keineswegs beständig ist; so will ich denn in gleicher Weise beider gedenken« (1,5,4). Dieser dreifachen Zielsetzung entsprechend ist sein Werk breit angelegt, allem Wissenswerten aufgeschlossen (Justus Cobet hat treffend von einer »auf den Menschen gerichteten Wirklichkeitswissenschaft« gesprochen) und doch klar zielgerichtet.

Es beginnt nach einer kurzen Aufzählung der mythischen Konflikte zwischen Asiaten und Europäern mit der Geschichte jenes Mannes, »von dem ich sicher weiß, daß er als erster Ungerechtigkeiten gegen die Griechen begangen hat« (1,5,3). Dieser Mann war der Lyderkönig Kroisos, und sein Unrecht bestand in der dauerhaften Unterwerfung der Griechenstädte Kleinasiens; »vor Kroisos' Herrschaft waren alle Griechen frei« (1,6,2 f.). Dieser Kroisos nun, dessen Reichtum sprichwörtlich geworden ist und dessen Gespräch mit Solon zu den berühmtesten Episoden der Weltliteratur gehört (1,26–33), dient zugleich als Muster für die Unbeständigkeit von Glück, Erfolg und Macht des Menschen und für den notwendigen, gottgewollten Sturz dessen, der sich selbst überhebt und nach zu viel begehrt (1,26–94). Er war der letzte König der Lyder, unterhielt enge Beziehungen zum Heiligtum in Delphi und zu den führenden griechischen Poleis seiner Zeit und verlor Macht und Reich in einer Niederlage gegen Kyros, den Begründer des Perserreiches. Das erste Buch enthält dementsprechend neben Ausblicken auf die Vorgeschichte der griechischen Vormächte Sparta und Athen die Geschichte und Ethnographie des Lyder- und Perserreiches bis zum Jahre 546. Die Hauptlinie des Werkes folgt dann der weiteren Entwicklung des Perserreiches von Kambyses über Dareios bis zu Xerxes, wobei an den wesentlichen Berührungspunkten zum Teil ausführliche ethnographische (über Ägypten im 2., über die Skythen und Libyer im 4. Buch) und historische Exkurse (über Polykrates von Samos: 3,39–60; die Vertreibung der Peisistratiden aus Athen und die Vorgänge in Griechenland: 5,55–95) eingelegt werden. Mit der Geschichte des Ionischen Aufstandes (5,23–6,42) erreicht das Werk sein zweites Hauptthema. In chronologischer Abfolge werden im weiteren der von Dareios veranlaßte und bei Marathon gescheiterte Zug des Datis und Artaphernes von 490 (6,46–140), der Heereszug des Xerxes von 480 mit den Schlachten bei den Thermopylen und Salamis sowie die Vernichtung des in Griechenland verbliebenen Expeditionskorps unter Mardonios bei Plataiai und der persischen Flotte bei Mykale im Jahre 479 geschildert (Bücher 7–9).

Methodisch weist das Werk zwei herausragende Kennzeichen auf: Einerseits rekonstruiert der Historiker im Bestreben, nach den Kriterien strenger Wissenschaftlichkeit zu verfahren, den geschichtlichen Ablauf aufgrund eigener Erkundung (Autopsie und Zeugenbefragung) und nach sorgfältiger Abwägung der zur Verfügung stehenden Informationen. Oberstes Prinzip ist die präzise Wiedergabe dessen, was die Gewährsleute berichtet haben; Erfahrung und kritische Vernunft dienen dazu, Mögliches von Unmöglichem zu trennen, Widersprüche aufzulösen oder zwischen Alternativen zu entscheiden; oft bleibt dies jedoch dem Leser überlassen. Andererseits interpretiert der Historiker das Geschehene aufgrund seiner moralischen und politischen Grundanschauungen. Der Vermittlung solcher Interpretation dienen die Auswahl und (teilweise freizügige) dramatische Ausgestaltung des Stoffes, an wichtigen Stellen eingelegte Reden und Gespräche sowie gelegentliche persönliche Kommentare; dabei geht es direkt um die Deutung des historischen Geschehens selbst, gleichzeitig und indirekt jedoch um die Erläuterung der generellen Bedeutung dieses Geschehens für

Politisches Denken im Zeitalter Athens

die Zeitgenossen des Historikers und darüber hinaus. Denn in der Geschichte zeigen sich gewisse Abläufe und Verhaltensmuster, die für jede Zeit aktuell und lehrreich sind. Obschon Herodot sich formell streng auf vergangene Geschichte beschränkt und nur selten von Ereignissen der Zeit nach den Perserkriegen spricht, fehlt es nicht an Hinweisen darauf, daß er die großen Probleme seiner eigenen Zeit ständig im Auge hat. Er interpretiert die Vergangenheit aus dem Erleben der Gegenwart und die Gegenwart mittels der Erfahrungen der Vergangenheit.

Herodots politisches Denken ist deshalb dem der tragischen Dichter nahe verwandt. Um es bewußt pointiert zu formulieren: Wie diese den Mythos, so »benützt« er die Geschichte, um für sein Publikum die grundlegenden Probleme seiner Zeit zu analysieren, sie dramatisch zu verlebendigen, ihre Hintergründe und Konsequenzen darzustellen, sie in einen größeren Zusammenhang einzuordnen und damit das politische Bewußtsein, die Verantwortlichkeit und die Entscheidungsfähigkeit seiner Hörer und Leser zu steigern. Wie für den Tragiker, so ist auch für Herodot »das Politische« nicht eine autonome und alles dominierende, sondern eine unter mehreren für den Menschen und seine Gesellschaft wesentlichen Erlebnis- und Beziehungskategorien, aber wie dort drängt sich auch hier dieses politische Element aufgrund des zeitgenössischen Erfahrungshorizonts kräftig in den Vordergrund.

Dementsprechend lassen sich in Herodots politischem Denken verschiedene Ebenen unterscheiden. Auf einer *ersten*, vordergründigen Ebene wird das historische Geschehen mittels politischer Kriterien interpretiert und werden historische Phänomene politisch analysiert. Dazu gehört etwa das auffallende Interesse für die Tyrannis, das sich in der sorgfältigen Darstellung der Geschichte des Peisistratos und seiner Söhne in Athen (1,59–64; 5,55–78), des Kypselos und Periander in Korinth (5,92) und des Polykrates von Samos äußert (3,39–60. 122–25). Vor allem aber gehört hierher die Erklärung des erstaunlichen Sieges der Griechen über die gewaltige Macht des Perserreiches als des Sieges einer freiheitlichen Gesellschaftsordnung, in der die Bürger gleichberechtigt dem selbstgesetzten *nomos* unterstehen, über ein despotisches System, in dem der König wie ein Super-Tyrann autokratisch über seine Untertanen herrscht, die ihm gegenüber alle, ungeachtet ihres Ranges, wie Sklaven erscheinen. Wie bereits Aischylos in seinen *Persern* wird Herodot nicht müde, diesen Aspekt immer neu zu illustrieren, so vor allem in dem Gespräch zwischen Xerxes und dem verbannten Spartanerkönig Demaratos (7,101–4) und in der Antwort zweier spartanischer Herolde auf das Angebot des Satrapen Hydarnes, als Vasallen des Großkönigs reich und mächtig zu werden: »Hydarnes, dein Rat an uns geht nicht von der gleichen Erfahrung aus... Du verstehst das eine: Sklave zu sein; von der Freiheit aber hast du noch nicht erfahren, ob sie süß ist oder nicht. Hättest du sie gekostet, du würdest uns raten, nicht nur mit der Lanze, sondern auch mit Beilen um sie zu kämpfen« (7,135,3).

Auf einer *zweiten* Ebene wird das historische Geschehen einer Gesamtdeutung unterzogen, werden die in der Geschichte wirksamen Kräfte und ›typischen Abläufe‹ kenntlich gemacht und interpretiert. Dabei benützt Herodot neben traditionellen Gedanken, die zum einen Teil ausgeprägt in der archaischen Zeit wurzeln, zum andern denen des Aischylos und Sophokles nahestehen, durchaus auch ›moderne‹ Argumentationsmuster und Theorien. Zur erstgenannten Kategorie gehört, daß Glück, Erfolg und Macht des Menschen unbeständig sind und von den Göttern mit Mißgunst betrachtet werden; je höher sich ein Mensch oder Volk erheben, desto gewisser werden sie von göttlicher Vergeltung gestürzt werden. Dieser Gedanke wird von Solon dem Kroisos und vom Ägypterkönig Amasis dem Polykrates ausführlich erläutert – zwei Machthabern, die sich selber als besonders glücklich betrachten (1,32; 3,40–43). Kroisos, nach seinem Sturz zum weisen Ratgeber geworden, erinnert Kyros an die allgemeine Gültigkeit dieses Prinzips (1,86) und wendet es in seiner Warnrede vor dem verhängnisvollen letzten Eroberungszug des Kyros explizit auf diesen an: »König, wenn du dich für unsterblich hältst..., dann brauche ich dir meine Meinung nicht erst mitzuteilen. Wenn du aber einsiehst, daß du nur ein Mensch bist und nur über Menschen gebietest, dann merke dir vor allem eins: Alles Menschliche vollzieht sich im Kreislauf. Es wandert herum und duldet nicht, daß immer die gleichen glücklich leben« (1,207,1 f.; vgl. 7,10).

Zur Kategorie der ›modernen‹ Ideen gehören unter andern die folgenden Grundgedanken: Zum einen verursacht Macht die moralische Korruption ihres Inhabers und neigt sie dazu, eine verhängnisvolle Eigendynamik zu entwickeln, die unweigerlich in die Katastrophe führt. Die moralische Verderbtheit des Mächtigen wird am Beispiel des Tyrannen (vgl. bes. 5,92) und der Hybris des Kambyses (3,16 ff.) und Xerxes demonstriert (vgl. z. B. 7,35. 38 f.), die blinde Eigendynamik der expandierenden Macht daran, daß all die östlichen Eroberer von Kroisos bis Xerxes trotz der Warnungen ihrer weisen Ratgeber an einem nach den üblichen Kriterien sinnlosen und nicht zu rechtfertigenden Eroberungszug scheitern, den sie aus reinem Eroberungsdrang gegen ein exotisches und kaum greifbares oder aber armes Volk unternehmen, bei dem nichts zu holen ist. So zieht Kroisos trotz der Warnungen des Lyders Sandanis gegen die Perser (»Männer, die lederne Hosen tragen..., die nicht essen, wieviel sie wollen, sondern wieviel sie besitzen, weil sie ein rauhes Land bewohnen... Was kannst du ihnen also nehmen, wenn du sie besiegst?«: 1,71,2 f.) und verliert den Krieg, sein Reich und beinahe sein Leben. Kyros, in offenkundiger Hybris befangen (1,204,2), plant trotz Kroisos' Mahnung die Unterwerfung der nomadischen, armen und unzivilisierten Massageten und kommt in der Niederlage seines Heeres um (1,204–14). Kambyses scheitert beim Versuch, die märchenhaften Äthiopier am Ende der Welt zu unterwerfen (3,25 ff.), von deren König er vergeblich gewarnt worden ist: »Euer König«, sagt dieser zu den Kundschaftern des Kambyses, »ist kein rechtlicher Mann. Wenn er es wäre, würde er nicht nach fremden Reichen greifen anstatt des eigenen; er würde nicht Völker unterwerfen, die ihm nie etwas zuleide getan haben« (3,21,2; vgl. 1,206,1 f.). Dareios zieht trotz der Warnungen seines Bruders Artabanos gegen die Wanderskythen und entrinnt mit knapper Not einer Katastrophe (4,1–4. 83–144). Xerxes schließlich fühlt sich verpflichtet, seinen Vorfahren Ebenbürtiges zu leisten und bezweckt mit seinem Zug gegen die Griechen nicht nur Rache an Athen, sondern letztlich die Eroberung ganz Europas (7,8). Ist schon dies Beweis genug für seine Hybris, so erweisen sich die Opfer seines Eroberungszuges erneut als ›armes Volk‹. Am besten illustriert dies eine anläßlich der Einnahme des Perserlagers nach der Schlacht bei Plataiai eingelegte Anekdote: Der griechische General

Politisches Denken im Zeitalter Athens 311

Pausanias bestaunt fassungslos den dort vorgefundenen Luxus und läßt sich dann von den persischen und seinen spartanischen Köchen je ein Festmahl zubereiten. Die Diskrepanz ist so enorm, daß er alle griechischen Kommandeure auf die Torheit des Persers hinweist, »der so üppig lebt und doch zu uns kam, uns bei unserer jammervollen Lebensweise zu berauben« (9,82).

Dies nun ist mit einem zweiten ›modernen‹ Gedanken zu verbinden: Die Macht verleitet ihren Inhaber zum Luxus und Lebensgenuß und verweichlicht ihn, so daß ein herrschendes Volk über kurz oder lang seine Kampfkraft verliert und der ungebrochenen Energie eines armen, aber unverdorbenen Volkes unterliegt. Dieser Gedanke ist mit jenen sozio-medizinischen Theorien zu verbinden, die zwischen Klima, Fruchtbarkeit und Menschenschlag einer Gegend einen unmittelbaren Zusammenhang herstellen (vgl. oben, S. 304 f. zur hippokratischen Schrift *Über die Umwelt*). Insofern sich daraus folgern läßt, daß die Veränderung der Lebensbedingungen eines Volkes sich auf dessen Charakter und Verhaltensweisen auswirken wird, ist diese Theorie praktisch verwertbar (vgl. 1,155,4). Für ihre Anwendung auf die Geschichtsdeutung liefert Herodot in einer Anekdote am Schluß seines Werkes ein eindrucksvolles Zeugnis: Kyros wurde von seinen Persern bedrängt, sie, »wie es sich für ein Herrenvolk geziemt«, aus ihrer kleinen und rauhen Heimat in eines der reichen Länder übersiedeln zu lassen, die sie erobern könnten. Der König meinte, »sie sollten ihren Plan nur ausführen, riet ihnen aber, sich darauf gefaßt zu machen, aus Herren zu Knechten zu werden. Weichliche Länder pflegten auch weichliche Männer hervorzubringen; denn es liege keineswegs in der Art desselben Landes, herrliche Früchte und zugleich tapfere Krieger zu erzeugen.« Die Perser ließen sich überreden. »Sie zogen es doch vor, lieber ein mageres Land zu bewohnen als auf fruchtbarer Ebene säend anderen Knecht zu sein« (9,122). Nun, mit der Zeit erlagen sie eben doch den in ihrer Herrschaft liegenden Verlockungen, und ihre Niederlage gegen die Griechen, ein armes Volk in einem rauhen Land (7,102,1), leitete den Niedergang ihrer Macht ein: So jedenfalls deutet Herodot den tieferen Sinn des geschichtlichen Geschehens.

Auf einer *dritten* Ebene benützt der Historiker bei passenden Gelegenheiten eingefügte Bemerkungen oder Episoden dazu, sich unmittelbar zur Zeitgeschichte zu äußern oder doch wenigstens auf die von ihm stark empfundene Zeitaktualität von Vergangenheitsgeschichte hinzuweisen. Hierhin gehören vor allem verschiedene Bemerkungen zur Tragik des seine Zeit beherrschenden Ringens der Vormächte um die Herrschaft in Griechenland. Vor dem Kampf gegen Xerxes, berichtet er etwa, hätten sich die Athener, die die weitaus meisten Schiffe stellten, um das Oberkommando der Flotte bemüht, aber angesichts der Opposition unter den Bundesgenossen nicht insistiert, »weil ihnen die Rettung Griechenlands am Herzen lag und sie wohl wußten, daß Griechenland zugrunde gehen müsse, wenn sie sich um die Hegemonie stritten. Darin urteilten sie richtig; denn Zwietracht im Innern (*stasis*) ist um so viel schlimmer als ein einmütig geführter Krieg, wie Krieg schlimmer ist als Frieden« (8,3,1; vgl. etwa 7,9b sowie den oben, S. 307, erwähnten Hinweis in 6,98,2).

Zu erwähnen ist hier vor allem auch die berühmte *Verfassungsdebatte* (3,80–82), die zwar aus nachvollziehbaren Gründen in den Zusammenhang der Machtergreifung des Dareios (3,61–87) eingefügt ist, sich aber, wie immer man in der umstrittenen Quellenfrage urteilt, nicht auf persische Verhältnisse, sondern auf die etwa in perikleischer Zeit in Griechenland gängige Diskussion über die Demokratie bezieht. Trotz ihres formellen Aufbaus, der in drei Reden Argumente für und wider die Demokratie, Oligarchie und Tyrannis nebeneinanderstellt, handelt es sich der Substanz nach nur um eine Konfrontation zwischen Demokratie und Tyrannis und, da die Tyrannis im wesentlichen als Kontrastkulisse für die Demokratie dient, im Grunde primär um eine Gegenüberstellung der positiven und negativen Seiten der Demokratie, wie wir sie wenig später auch in den *Hiketiden* des Euripides finden (vgl. unten, S. 345 f.). Die Unbeholfenheit der Terminologie und der Gedankenführung zeigt, daß der Verfasser sich noch weitgehend in geistigem Neuland bewegt. Besonders faszinierend ist gerade auch der gewählte historische Zusammenhang, der die Möglichkeit eines echten konstitutionellen Neuanfangs bietet: Verfassungen erscheinen jetzt als völlig verfüg- und verpflanzbar; das einzige Entscheidungskriterium ist der auf rationale Argumente gestützte Wille des politischen Subjekts.

Für die Demokratie spricht, daß sie den schönsten aller Namen hat (*isonomia*) und nichts von dem tut, was der Monarch sich leisten kann (und was im einzelnen anhand der Tyrannentypologie ausgeführt wird), insbesondere: daß die Ämter verlost werden – wodurch völlige Chancengleichheit hergestellt wird – und rechenschaftspflichtig sind und alle Entscheidungen der Allgemeinheit vorgelegt werden. »Denn in der Menge ruht das Ganze«, die Demokratie verkörpert den Willen der gesamten Bürgerschaft (80,2 ff., bes. 6). Hier wird also mit Institutionen argumentiert. Nur sie vermögen die Bürgerschaft vor Machtmißbrauch und Herrscherwillkür zu schützen. Wenn der Befürworter der Demokratie nach dem für ihn ungünstigen Ausgang der Debatte seinen Verzicht auf die Herrschaft mit der Bemerkung begründet: »Ich wünsche weder zu herrschen noch beherrscht zu werden« (83,2), so ist damit auf ein weiteres institutionelles Charakteristikum der Demokratie angespielt, das »abwechslungsweise Herrschen und Beherrschtwerden« (Euripides, *Hiketiden* 406 f.; Aristoteles, *Politik* 1317 b 1 ff.).

Ganz anders der Kritiker: Das Volk, das ist eine unverständige, überhebliche, unnütze, zügellose Menge, die nicht einmal weiß, was sie will. »Wie sollte sie's denn auch wissen, wo sie im Rechten weder unterwiesen ist noch es von selbst aus eigner Kraft je sah, sondern sie fällt über die Angelegenheiten her und stößt sie vor sich her, ohne Verstand, einem Sturzbach im Unwetter gleich« (81,1 f.). Hier werden ausschließlich die menschlichen Eigenschaften bemüht. Der Demos ist weder von den intellektuellen und charakterlichen Eigenschaften noch von Erziehung und Bildung her zur Regierungsinhabe befähigt. Die auf der in der spätarchaischen Zeit ausgebildeten Standestypologie beruhende rein moralische Ausrichtung wird in einer späteren Bemerkung besonders deutlich: »Wenn das Volk regiert, so ist es gar nicht anders möglich, es muß das Schlechte sich eindrängen« (82,4).

Argumentiert wird somit auf zwei ganz verschiedenen Ebenen; Befürworter und Gegner gehen auf die Ausführungen des andern überhaupt nicht ein. Dabei scheuen die Verteidiger der Demokratie den Bereich der moralischen und psychologischen Eigenschaften keineswegs, und ihre diesbezüglichen Beobachtungen haben durchaus Gewicht. Herodot kommentiert etwa den außenpoliti-

Politisches Denken im Zeitalter Athens 313

schen Aufschwung Athens nach dem Tyrannensturz mit der Bemerkung, daran sehe man, wie wertvoll die Demokratie (wörtlich: *isegoria*) sei. Denn unter der Tyrannis seien die Athener schwach, nach der Befreiung jedoch stark gewesen. »Man sieht daraus, daß sie als Untertanen, wo sie für ihre Gebieter kämpften, absichtlich feige und träge waren, während sie jetzt, wo jeder für sich selber arbeitete, eifrig und tätig wurden« (5,78). Die Demokratie, die die Freiheit des Bürgers institutionell – hier eben durch das Rederecht – garantiert, erlaubt es also gerade, die negativen, für den Sklaven typischen menschlichen Eigenschaften zu überwinden und die positiven voll zur Geltung zu bringen. Auch hier zeigen sich Verbindungen zur sozio-medizinischen Theorie (vgl. *Über die Umwelt* 16, 23) und zu der stark auf die sozialen Aspekte ausgerichteten Argumentationsweise des Perikles in Thukydides' *Epitaphios* (2,37). Dennoch ist zu betonen, daß Herodots Gesamturteil über die Demokratie keineswegs positiv ausfällt (vgl. etwa 1,59 f.; 5,97,2).

Auf einer *vierten* Ebene schließlich wird die Zeitaktualität der Geschichte systematisch untermauert, wird durch explizite und implizite Hinweise eine Beziehung zwischen den Vorgängen in der Vergangenheit und denen der Gegenwart hergestellt und deutlich gemacht, in welcher Weise die aus der Geschichte gewonnenen Interpretationsmuster auf die Gegenwart angewandt werden können. Vorauszusetzen ist dabei die auch von der Tragödie erwartete Fähigkeit und Bereitschaft des Publikums, solche meist indirekten Hinweise zu erfassen und Gedankenlinien über den unmittelbaren Zusammenhang hinaus zu verfolgen. Daß Herodot damit in der Tat rechnete, ergibt sich aus den bereits erwähnten direkten Hinweisen auf Vorgänge der Zeit nach den Perserkriegen, andererseits daraus, daß manche Episoden ihren vollen Bedeutungsgehalt erst aus der Konfrontation mit der Gegenwart gewinnen (so erfordert etwa, wie H. Strasburger gezeigt hat, die 5,90–93 eingelegte Schilderung der Versammlung der Peloponnesier mit den Reden des Korinthers Sosikles und des Hippias den Vergleich mit der Tagsatzung der Peloponnesier im Jahre 432, die von Thukydides 1,66–88 geschildert wird). Insbesondere weist Herodot durch Kontrast und Analogie vielfach auf die Machtbildung und die expansionistische Politik Athens hin, die schlußendlich den für ganz Griechenland verheerenden Peloponnesischen Krieg provoziert hat. Die tiefe Tragik der Geschichte liegt seines Erachtens darin, daß ausgerechnet Athen, das sich am meisten um die Rettung der Freiheit der Griechen verdient gemacht hat (vgl. bes. 7,139; 8,139–44), danach zur Tyrannenstadt und für die Versklavung vieler der damals befreiten Griechen verantwortlich geworden ist. Daraus wiederum ergibt sich, daß die an manchen historischen Beispielen beobachteten Verlaufsmuster des Aufstieges und Scheiterns von Tyrannen und Großmächten und damit auch die an der Geschichte bewährten Deutungsgrundsätze für die Gegenwart nicht minder bedeutungsvoll sind: Schuldlose Griechenstädte ihrer Freiheit zu berauben, ist ungerecht; der Mächtige, der sich überhebt und die gottgesetzten Grenzen überschreitet, wird notwendig zu Falle kommen; es liegt in der Natur der auf Eroberung beruhenden Macht, daß sie sich zu immer weiterer Expansion getrieben fühlt, daß sie schließlich Macht um der Macht willen sucht und dann eben zu weit geht und stürzt.

Was sich in der Vergangenheit mit zahlreichen Tyrannen und zumal im und mit dem Perserreich abspielte, kann auch anderen und in der Gegenwart geschehen: Die Perser sind auf ihrem Aufstieg vom armen zum reichen und herrschenden Volk geworden und haben, von dem armen Volk der Griechen besiegt, ihren Niedergang angetreten. Für dieses arme Volk begann damit und zumal mit der (etwa 8,3. 111 f.; 9,106. 114 klar genug angedeuteten) Hegemonie Athens der Aufstieg zu Herrschaft, Macht und Reichtum (vgl. nur Thukydides 2,36,3. 38,2. 62,2−64,3; Pseudo-Xenophon, *Staat der Athener* 2,7), dem, wenn alle in der Geschichte so häufig beobachteten Tendenzen sich auch hier bestätigen, Selbstüberhebung und dann Niederlage und Abstieg folgen müssen.

Dieses ›wenn‹ scheint freilich wichtig: Im Unterschied zu Thukydides sieht Herodot die Geschichte weder durch eine unveränderliche Menschennatur noch durch andere naturgesetzliche Abläufe determiniert. Hegemonie und Machtbildung müssen nicht zur Tyrannis führen; selbst der Tyrann ist nicht irreversibel auf den Pfad zum Abgrund festgelegt (vgl. 3,142 f. für den erfolglosen, und 7,164 für den geglückten Versuch eines Tyrannen, durch Niederlegung seiner Herrschaft zum »gerechtesten aller Menschen« zu werden). Wie der tragische Held seinen Sturz ebensosehr sich selbst wie den Umständen, den Göttern und dem Geschick zuzuschreiben hat, so sind nach Herodots Meinung auch Tyrannen, Könige und andere Machthaber auf jeder Stufe letztlich selbst für ihre Entscheidungen und ihr Schicksal verantwortlich. Im Unterschied zu manchen athenischen Politikern bei Thukydides würde Herodot wohl darauf bestehen, daß die Athener weder ihre Hegemonie im Seebund in ein Seereich umwandeln noch Melos unterwerfen oder Syrakus angreifen *mußten*. Nur unter dieser Voraussetzung kann die für ihn so wichtige Gestalt des Warners in seiner Geschichte ihre volle Bedeutung erhalten und kann er selbst als Historiker seinen Zeitgenossen gegenüber diese Funktion in vollem Ernst erfüllen. Mit einer seiner historischen Personen würde freilich auch er sagen: »Dem, der die Wahrheit sagt, will keiner glauben... Der bitterste Kummer auf der ganzen Welt ist der, daß man bei aller Einsicht über nichts Gewalt in den Händen hat« (9,16,4 f.).

5. Die Sophisten und die Anfänge der politischen Theorie

Allgemeines

›Sophisten‹ nennt man eine Gruppe von wandernden Gelehrten und Lehrern, die aus den verschiedensten Städten stammten und jeweils am Ort ihres Aufenthalts gegen Bezahlung Unterricht in Rhetorik und anderen auf den Erfolg im Leben und in der Politik ausgerichteten Disziplinen anboten. Als »Weiseste aller Griechen, wohlvertraut mit der Natur der Dinge und versammelt in Griechenlands Hochburg der Weisheit«, Athen, bezeichnet Hippias in Platons *Protagoras* (337 d) die zum Gespräch vereinigten Sophisten. Zu verschiedenen Zeiten und aus verschiedenen Gründen kamen sie alle nach Athen; bekannt sind sie uns im wesentlichen nur durch die Nachwirkung ihrer Lehren im Schrifttum Athens. Euripides und Thukydides waren stark von ihnen beeinflußt, ohne deswegen ihre kritische Distanz aufzugeben; Aristophanes hat sie verspottet (vor allem in den *Wolken*, wo ausgerechnet Sokrates als Erzsophist die Bühne beherrscht); und in Politik und politischem Denken haben sie tiefe Spuren hinterlassen. Pla-

Politisches Denken im Zeitalter Athens 315

ton setzte sich wie sein Lehrer Sokrates intensiv mit manchen ihrer Thesen auseinander; dadurch hat er entscheidend dazu beigetragen, daß wenigstens diese Thesen in groben Zügen erhalten blieben, obschon er gleichzeitig durch seine massive Kritik, ja die Überwindung der Sophistik in seiner Philosophie, weitgehend für den Verlust ihrer Werke verantwortlich ist. Aus dem reichen Schrifttum, das aus ihrem Kreise hervorging, sind nur wenige Fragmente erhalten, darunter dank Papyrusfunden einige größere Passagen aus einem Werk des Antiphon. Zwei anonyme Traktate haben unter den Werken Xenophons (Pseudo-Xenophon) und in einer Schrift des spätantiken Philosophen Iamblichos (Anonymus Iamblichi) überlebt.

Inhaltlich und methodisch ist den Sophisten gemeinsam, daß sich ihr Nachdenken nicht auf Natur und Kosmos im allgemeinen, sondern spezifisch auf den Menschen und die menschliche Gesellschaft konzentrierte. Statt der philosophisch-spekulativen Suche nach dem Urgrund allen Seins, dem einheitlichen Funktionsprinzip des Kosmos und einer letzten Wahrheit begnügten sie sich mit der auf Erfahrung und Beobachtung sowie rationaler Analyse beruhenden Herstellung von Wahrscheinlichkeiten. Gorgias entwickelte in seiner Schrift *Vom Nichtseienden* oder *Von der Natur* folgende Grundthesen: »Erstens: es gibt nichts; zweitens: wenn es auch etwas gäbe, wäre es doch für den Menschen unerkennbar; drittens: wenn es auch erkennbar wäre, wäre es doch unsern Mitmenschen nicht mitteilbar und nicht verständlich zu machen« (VS 82 B3). Darin hat man sicher zu Recht eine Absage an die Naturphilosophie gesehen, und Platon bezeugt, Gorgias habe entdeckt, »daß man das Scheinbare höher schätzen müsse als das Wahre« (*Phaidros* 267 a–b). Gemeinsam sind den Sophisten neben Skepsis und Rationalismus die Ablehnung oder zumindest Relativierung überkommener Werte und Normen, die Propagierung neuer, auf der Herleitung naturgesetzlicher ›Tatsachen‹ aufbauender Prinzipien, die Verbreitung neuer Methoden der erfolgreichen Lebensgestaltung sowie ein auf dem Studium der Rhetorik und Politik beruhender Anspruch, durch entsprechendes Training ihre Schüler zu erfolgreichen Staatsmännern heranzubilden. All dies brachte ihnen Ruhm und Einfluß und stellte sie gleichzeitig ins Zentrum heftiger Kontroversen. In theoretischer wie praktischer Hinsicht kann ihr Einfluß auf Athens intellektuelles und politisches Leben zumal im letzten Drittel des 5. Jahrhunderts gar nicht überschätzt werden. Im folgenden haben wir uns auf weniges Wichtige zu beschränken: Protagoras, Gorgias sowie die *nomos-physis*-Debatte und ihre Auswirkungen.

Protagoras

Protagoras (ca. 485–10), einer der frühesten, originellsten und einflußreichsten Sophisten, stammte aus Abdera an der thrakischen Küste. Er war weitgereist und hielt sich mehrfach in Athen auf, wo er auch Perikles nahestand. Wohl auf dessen Veranlassung wurde er mit dem Entwurf der Verfassung der panhellenischen Kolonie in Thurioi beauftragt. Daß er aufgrund seiner Skepsis den Göttern gegenüber (vgl. VS 80 B4) angeklagt und verurteilt worden sei, ist umstritten.

Protagoras ist vor allem bekannt durch den *Homo-Mensura*-Satz (vgl. unten,

S. 319) und durch das lebendige Porträt und die Darstellung wichtiger Teile seiner Lehre in Platons nach ihm benanntem Dialog, in dem der Sophist trotz Sokrates' scharfem Widerspruch mit großem Respekt behandelt und als »der Allerweiseste unter den heutigen Menschen« bezeichnet wird (*Protagoras* 309 d; andere Teile seiner Lehre sind, nicht ohne Widersprüche zum *Protagoras*, im späteren Dialog *Theaitetos* diskutiert). Auf die Frage, was denn genau der Sophist seinen Schülern beibringe (311 b ff.), antwortet Protagoras, Ziel seines Unterrichts sei nicht der Fachunterricht in Mathematik oder ähnlichen Spezialfächern, sondern »die praktische Klugheit (*eubulia*) sowohl in den eigenen Angelegenheiten, damit einer sein Haus möglichst gut verwalten kann, als auch im öffentlichen Leben, damit er nach Möglichkeit befähigt wird, in den Angelegenheiten der Stadt mitzuhandeln und mitzuberaten«, kurz: die Vermittlung der »Kunst der Politik« (*politike techne*), die »die Männer zu guten Staatsbürgern zu machen« vermag (318 e–19 a; vgl. auch *Staat* 600 c). Sokrates protestiert: Diese Kunst sei doch gar nicht lehrbar. Denn zum einen seien die Athener zwar gewohnt, in der Volksversammlung in Fragen, die Sachwissen erforderten, auf die Spezialisten zu hören, aber in Fragen der Politik sei es jedem Bürger, ungeachtet seines Berufes, Standes, Reichtums und seiner Bildung erlaubt, seine Meinung zu äußern. Zum andern seien auch die besten Bürger oft nicht in der Lage, ihre eigene Tüchtigkeit an andere weiterzugeben, was sie doch bestimmt täten, wenn es durch einfachen Unterricht zu bewerkstelligen wäre.

Protagoras antwortet darauf mit einem Mythos (320 c–22 d): Bei der Erschaffung der Lebewesen und der Verteilung der Fähigkeiten, die zum Überleben und zur Ernährung unerläßlich sind, kam der Mensch zu kurz. Im letzten Augenblick fand Prometheus ihn nackt und unbewaffnet. In seiner Not drang er heimlich in die Gemächer des Hephaistos und der Athena ein, stahl deren kunstreiches Handwerk samt dem Feuer – ohne Feuer waren Kunst und Handwerk ja nicht auszuüben – und schenkte beides den Menschen. Doch gelang es ihm nicht, auch noch die von Zeus verwaltete Staatskunst aus der Hochburg der Götter zu stehlen. Ausgerüstet mit jenen göttlichen Fertigkeiten erfanden die Menschen die Religion und Sprache, den Bau von Behausungen, die Herstellung von Kleidern, die Verwertung der von der Erde produzierten Lebensmittel. Diese Fähigkeiten gewährten ihnen jedoch, zumal sie zerstreut wohnten, keinen Schutz gegen die wilden Tiere. Hier wirkte sich das Fehlen der Staatskunst, »von der die Kriegskunst ein Teil ist«, verhängnisvoll aus, und derselbe Mangel brachte auch das erste Experiment der Städtegründung zum Scheitern: Statt einander zu helfen, taten sie einander Unrecht. Schließlich erbarmte sich Zeus und beauftragte Hermes, den Menschen Achtung vor dem andern (*aidos*) und Gerechtigkeitssinn (*dike*) zu bringen, »damit diese den Städten Ordnung und Eintracht stiftende Bande geben möchten«. Auf Hermes' Frage, wie er die neuen Qualitäten verteilen solle, erwiderte Zeus: »An alle, und alle sollen daran teilhaben, denn es könnten keine Städte entstehen, wenn nur wenige daran teilhätten wie an den anderen Künsten. Und stelle in meinem Namen das Gesetz auf, daß man den, der an sittlicher Scheu und Rechtsgefühl keinen Anteil haben kann, umbringen soll als eine Krankheit am Leibe der Stadt.«

Im unmittelbaren Kontext dient dieser Mythos primär der historischen und philosophischen Deutung des Phänomens, daß die Athener im Gegensatz zur handwerklichen oder künstlerischen Tüchtigkeit in der bürgerlichen Tüchtigkeit, die auf Gerechtigkeit und Besonnenheit beruht, keine Spezialisierung anerkennen und sich deshalb den Rat jedes Mannes anhören, »in der Meinung, daß jeder an dieser Fähigkeit teilhaben müsse, wenn Städte Bestand haben sollen« (323 a). Darüber hinaus handelt es sich um die theoretische Herleitung einer generell für die Frage nach den Möglichkeiten eines geordneten menschlichen Zusammenlebens in gesellschaftlicher Harmonie und politischer Stabilität ungemein bedeutsamen These. Diese Frage war angesichts der mannigfachen Krisen in der Poliswelt damals hochaktuell – sie ist es heute noch. Protagoras' Mythos führt mitten in die wichtigsten Bereiche der politischen Diskussionen der zweiten Hälfte des 5. Jahrhunderts. Seine Implikationen mußten sich auf die Bestimmung der Formen und Möglichkeiten politischen Handelns nachhaltig auswirken.

Daß die These des Protagoras einem der Kernpunkte in der Rechtfertigung der demokratischen Verfassungskonzeption sehr nahe steht, ist offenkundig. Ihre Ablehnung durch Platon entspricht eher der aristokratisch-oligarchischen Gegenposition, welche die ›politische Tüchtigkeit‹ auf die Angehörigen einer zahlenmäßig begrenzten Oberschicht beschränkt wissen wollte, die von Natur dazu begabt und durch entsprechende Familientradition und Erziehung in den traditionell aristokratischen Werten dazu befähigt, wohlhabend und deshalb wirtschaftlich unabhängig waren. Diese Auffassung hat eine lange, im Grunde bis auf das in Homer faßbare Adelsethos zurückreichende Vorgeschichte. Bei Theognis im 6. und Pindar im 5. Jahrhundert finden sich zahlreiche Zeugnisse für diese und die ihr korrespondierende Meinung, daß die nichtadeligen Unterschichten wegen ihrer mangelnden Erziehung und Bildung nicht für die Teilhabe an der bürgerlichen Mitverantwortung geeignet, ja von Natur aus gar nicht dazu erziehbar seien (vgl. für Theognis oben, S. 240 ff.).

In der Diskussion um Wert und Unwert der Demokratie beriefen sich die Gegner denn auch darauf, daß das Volk, weil ungebildet und unfähig, von vornherein nicht für die politische Mitbestimmung qualifiziert sei (vgl. bes. Herodot 3,81; Euripides, *Hiketiden* 417–22; Pseudo-Xenophon, *Staat der Athener* 1,6–9). Es war deshalb hochbedeutend, wenn ein so angesehener Denker wie Protagoras es als Tatsache betrachtete, daß mit wenigen Ausnahmen jeder Bürger von Natur aus den Keim der für seine soziale und politische Mitverantwortung erforderlichen Eigenschaften in sich trage, nur daß diese eben durch sorgfältige Erziehung entfaltet werden müßten und je nach Begabung verschieden weit führen würden. Die Befürworter der Demokratie haben aus diesem Axiom viel zu machen versucht (vgl. etwa Euripides, *Hiketiden* 838–917; dazu unten, S. 347).

Gorgias

Gorgias (ca. 483–376) stammte aus Leontinoi in Sizilien. 427 kam er als Gesandter seiner Vaterstadt nach Athen. Er ist der berühmteste der Lehrer der Rhetorik, jener zumal in der demokratischen Polis so wichtigen Kunst, mit deren theoretischen und praktischen Aspekten sich nahezu alle Sophisten befaßt haben (vgl. Platon, *Phaidros* 266 d ff.). Von seinem Redestil sind in einem Fragment des *Epitaphios* (VS 82 B6) und von seiner ›sophistischen‹ Argumentationskunst in Kurzfassungen der *Helena* und des *Palamedes* (B 11, 11 a) wenigstens dürftige Muster erhalten. Wichtigstes Zeugnis ist auch hier die Auseinandersetzung des platonischen Sokrates mit Gorgias in dem nach ihm benannten Dialog. Er bezeichnet sich dort stolz als Lehrer der Redekunst (449 ab), als deren Gegenstand er »die wichtigsten und besten Angelegenheiten der Menschen« nennt (451 d). Das »höchste Gut«, das die Rhetorik hervorbringen kann, dem die Menschen »nicht nur ihre Freiheit verdanken, sondern auch daß sie über andere herrschen können, ein jeder in seinem Staat«, besteht darin, »daß man imstande ist, mit Worten zu überreden, vor Gericht die Richter, im Rat die Ratsherren, in der Volksversammlung die versammelten Bürger und so bei jeder andern Zusammenkunft, wo es nur eine politische Versammlung geben mag«. Dank dieser Fähigkeit wird jeder, der reden kann, alle Menschen seinem Willen zu unterwerfen, zu seinen ›Sklaven‹ zu machen vermögen (452 d–53 a; vgl. *Philebos* 58 ab).

Die Überzeugungskraft der Rhetorik ist nach Gorgias in jedem Bereich des menschlichen Lebens wirksam: »Es gibt kein Gebiet, worüber der rednerisch Gebildete vor der Menge nicht überzeugender sprechen könnte als irgendein Fachmann« (456 c). Auch wenn die Redekunst nicht an das Wissen vom Wesen des Gerechten und Ungerechten geknüpft ist und nicht primär der moralischen Unterweisung dient (454 e–55 a; vgl. *Menon* 95 c), darf man sich ihrer doch nur im Dienste der Gerechtigkeit bedienen; wer von ihr für ungerechte Zwecke Gebrauch macht, verdient harte Strafe – ohne daß deswegen die gesamte Disziplin verurteilt werden dürfte (457 a–c). Dies ist gewiß ein entscheidender Punkt. Wie schwer er durchzusetzen ist, zeigt der Fortgang des Dialogs, in dem Sokrates den Kallikles, einen Schüler des Gorgias, zum Eingeständnis zwingt, daß die Redner in der Volksversammlung eben nicht »immer im Hinblick auf das Beste sprechen und stets darauf abzielen, daß die Bürger durch ihre Reden möglichst gut werden«, sondern um ihres eigenen Vorteils willen das gemeine Wohl vernachlässigen und mit dem Volk wie mit Kindern umgehen, indem sie ihnen gefällig zu sein suchen« (502 d–3 d).

Damit ist eine weitere zentrale Problematik in der zeitgenössischen Diskussion um die Demokratie umschrieben. Protagoras soll als erster gelehrt haben, »die schwächere Sache zur stärkeren zu machen« (VS 80 B6 b). Die Rhetorik, die die Mittel dazu bereitstellte, wurde zum unerläßlichen Instrument politischen Erfolgs. Thukydides betont in seiner Würdigung des Perikles, wie sehr dieser sich von seinen Nachfolgern gerade durch den verantwortlichen, nicht auf Popularität und Stimmenfang ausgerichteten Gebrauch der Rede unterschied (2,65). In der Mytilenäerdebatte (2,37 f. 42 f.) und in der Debatte über die Sizilienexpedition (6,8–24) hat er diese Problematik analysiert (vgl. unten, S. 337 ff.). Wie sehr sie die Gedanken der Zeitgenossen beschäftigte, zeigt ihre Spiegelung in den Komödien des Aristophanes (besonders den *Rittern*) und den Tragödien des Euripides (bes. *Hiketiden* 232–47, 412–25; *Orestes* 884–945).

Politisches Denken im Zeitalter Athens

Die nomos-physis-Kontroverse

Schon am Ende des 6. Jahrhunderts verwiesen Xenophanes, Heraklit und Hekataios auf die Vielfalt von Bräuchen und Gesetzen bei verschiedenen Völkern. Die ethnographischen Exkurse in Herodots *Historien* trugen weiter zur Bestätigung dieser Tatsache bei (vgl. als bes. markantes Beispiel 3,38) und bezeugen das andauernde Interesse an diesen Dingen. Während frühere Generationen versucht hatten, unter Berufung auf göttliche Sanktion allgemeingültige und -verbindliche Verhaltensweisen (*nomoi*) zu postulieren, wurde die Geltung des *nomos* (Brauch, Herkommen, Gesetz) jetzt relativiert. Zumal die Beobachtung des in der Natur (*physis*) und im zwischenstaatlichen Bereich Üblichen deutete in wesentlichen Hinsichten auf einen beschränkten Geltungsbereich des jeweiligen *nomos* und einen ausgeprägten Kontrast zwischen *nomos* und *physis*.

Als einer der ersten scheint der Athener Archelaos, ein Schüler des Anaxagoras, ausgesprochen zu haben, daß Konzepte wie ›das Gerechte‹ oder ›das Schändliche‹ nicht von *Natur* aus, sondern nur aufgrund menschlicher *Konvention* bestünden (VS 60 A1). Protagoras begann eines seiner Werke mit dem programmatischen Satz: »Aller Dinge Maß ist der Mensch, der seienden, daß (wie) sie sind, der nicht seienden, daß (wie) sie nicht sind« (VS 80 B1: *Homo-Mensura*-Satz). Offenbar fuhr er sinngemäß fort: »So wie jedes einzelne mir erscheint, so ist es für mich; so wie es dir erscheint, ist es für dich« (ebd.; vgl. *Theaitetos* 167 f.). In welcher Absicht immer Protagoras diesen Satz ausgesprochen hat, er stellte jedenfalls den Menschen ins Zentrum und konnte leicht zur Grundlage eines radikalen ethischen Relativismus werden.

Aus der Gegenüberstellung von *physis* und *nomos* ließen sich verschiedene Konsequenzen ableiten. Zum ersten wiesen die Naturgegebenheiten auf die physiologische Gleichheit aller Menschen; manche in der menschlichen Gesellschaft übliche scharfe Unterscheidungen waren deshalb zwar als Resultat von Konvention und historischer Entwicklung erklärbar, aber rational-wissenschaftlich nicht länger vertretbar. Der Sophist Hippias drückt das im internationalen Kreis seiner Kollegen wie folgt aus: »Ihr Männer, die ihr hier zugegen seid, ich betrachte euch alle als Verwandte und Angehörige und Landsleute – von Natur freilich, nicht nach dem Gesetz. Denn das Ähnliche ist dem Ähnlichen von Natur verwandt; das Gesetz aber ... erzwingt manches gegen die Natur« (*Protagoras* 337 c–d). Dieses Postulat der Gleichheit und Verwandtschaft aller Menschen wandte ein Schüler des Gorgias, Alkidamas, auf die Widernatürlichkeit der Sklaverei an, die er mit der Begründung verurteilte, nur nach dem Gesetz sei der eine ein Sklave, der andere frei, von Natur aus aber unterschieden sie sich nicht, denn »Gott hat alle Menschen freigelassen, die Natur hat keinen zum Sklaven gemacht« (Aristoteles, *Rhetorik* 1373 b 18; vgl. auch 1406 a 22 und b 11; *Politik* 1254 b 20). Alkidamas sprach dies im 4. Jahrhundert im Hinblick auf die Befreiung der jahrhundertelang von den Spartanern versklavten Messenier aus, aber die Diskussion darüber ist mit Sicherheit weit älter. Spuren davon sind bereits in der Tragödie zu fassen, freilich weniger im grundsätzlichen Zweifel an der Naturgegebenheit des Statusgegensatzes als im Versuch, innerhalb der bestehenden Gesellschaftsordnung diesen Gegensatz durch eine veränderte moralische Bewertung (die Trennung von äußerem Status und innerer Qualität) zu überbrücken und die Freiheit der Gesinnung als eigenständigen Wertmesser anzuerkennen. Auf dieser Grundlage wurde es möglich zu formulieren: »Nur eines bringt dem Sklaven Schande: der Name. In allem andern ist der Sklave nicht schlechter als die Freien« (Euripides, *Ion* 854–56). Ähnlich polemisierte Lykophron gegen die traditionelle Verehrung und die Vorrechte des Adels, die nur auf Worten (*logoi*) beruhten, während in Wirklichkeit zwischen Edeln (*eugeneis*) und Geringen (*ageneis*) kein Unterschied bestehe (VS 83 B4). Antiphon übertrug denselben Gedanken auf den Gegensatz zwischen Hellenen und Barbaren: »Die von vornehmen Vätern abstammen, achten und verehren wir, die dagegen nicht aus vornehmem Hause sind, achten und verehren wir nicht. Hierbei verhalten wir uns zueinander wie Barbaren, denn von Natur sind wir alle in allen Beziehungen gleich geschaffen, Barbaren wie Hellenen« (VS 87 B44, Fragm. B, col. 1,35–2,15). Solch avantgardistische Meinungen vermochten sich freilich nicht durchzusetzen (vgl. nur Euripides, *Iphigenie in Aulis* 1269–75, 1375–1401; Aristoteles, *Politik* 1254 a 17–55 b 40).

Zum zweiten konnte man versuchen, die mit den Naturgegebenheiten kollidierenden, von Menschen geschaffenen *nomoi* von einer anderen Art von *nomos* zu unterscheiden, der mit der Natur in Einklang stand oder doch durch jahrhundertelanges Herkommen oder eine breite Basis der gemeinsamen Akzeptierung unter vielen Städten oder Völkern als dem Polis-*nomos* übergeordnet und göttlich sanktioniert gelten konnte. Dazu gehören etwa die Ehrfurcht den Göttern, die Verpflichtung den Schutzflehenden und andern sozialen Außenseitern sowie die Loyalität der Familie gegenüber (Aspekte, die, wie oben dargelegt, bereits in der *Odyssee*, dann besonders in Aischylos' *Hiketiden* und Sophokles' *Antigone* herausgearbeitet sind), andererseits die in der griechischen Poliswelt üblichen »ungeschriebenen Gesetze« oder »*nomoi* der Hellenen«, die etwa (erneut) die Verpflichtung den Schutzbedürftigen gegenüber oder die Respektierung der Unabhängigkeit der einzelnen Gemeinde betreffen. Wie Thukydides (z. B. 3,56,2. 67,6) und Euripides (bes. in den *Herakliden* und *Hiketiden*: dazu unten, S. 342 ff.) zeigen, spielten solche Argumente zu Beginn des Peloponnesischen Krieges eine wesentliche Rolle. Ausgeprägter Vertreter dieses Denkens scheint Hippias von Elis, ein jüngerer Zeitgenosse des Protagoras, gewesen zu sein. Er bezeichnete das Gesetz als Tyrannen der Menschen, der manches gegen die Natur erzwinge (Platon, *Protagoras* 337 d), und unterschied zwischen den *nomoi* der Polis, die die Bürger gemeinsam beschlössen und schriftlich niederlegten (deshalb auch jederzeit wieder ändern könnten, was die Bedeutung der Gehorsamspflicht solchen Gesetzen gegenüber beträchtlich mindere), und den »ungeschriebenen Gesetzen« (*agraphoi nomoi*), die in jedem Lande in derselben Weise Geltung hätten und deshalb wohl göttlichen Ursprungs seien (Xenophon, *Memorabilia* 4,4,13 f., 19).

Zum dritten stimmte die Auffassung, daß die Gesetze der Polis, ja die Polis selbst auf reiner Konvention, auf einem ›Gesellschaftsvertrag‹ beruhten (so Lykophron bei Aristoteles, *Politik* 1280 b 6–12), mit den aus der Beobachtung der Verhältnisse in der Natur gewonnenen Folgerungen überein: Dort waren Konzepte wie ›Recht‹ oder ›Unrecht‹ bedeutungslos; dort herrschte vielmehr das Prinzip, daß der Stärkere den Schwächeren seinem Willen unterwarf, ihn beherrschte oder verschlang. Der Zwang, Gesetzen zu gehorchen und gerecht zu

Politisches Denken im Zeitalter Athens   321

handeln, war also schlichtweg widernatürlich; Unrechttun war von Natur aus
kein Übel, sondern ein Gut (vgl. Glaukos bei Platon, *Staat* II 358–59).
Daraus nun ließen sich wiederum verschiedene Folgerungen ziehen. Rein pragmatisch urteilte darüber der Athener Antiphon: »Gerechtigkeit besteht darin,
die gesetzlichen Vorschriften des Staates, in dem man Bürger ist, nicht zu übertreten.« Es ist deshalb sinnvoll, in Anwesenheit von Zeugen diese Gesetze zu
beachten, sonst dagegen nur diejenigen der Natur; denn die Gesetze des Staates
sind willkürlich und vereinbart, die der Natur gewachsen und notwendig; was
der Natur entspricht, ist dem Menschen zuträglich, was ihr widerspricht, nicht.
Wer also im Verborgenen die staatlichen Gesetze übertritt, ist von Schande und
Strafe verschont. Für den dagegen, der die Natur vergewaltigt, ist, »selbst wenn
es vor allen Menschen verborgen bleibt, das Unheil um nichts geringer und,
wenn alle es bemerken, um nichts größer; denn der Schade beruht nicht auf
bloßer Meinung, sondern auf Wahrheit« (VS 87 B44, col. 1,6–2,23). Da die
menschlichen Gesetze dem für den Menschen natürlicherweise Förderlichen oft
widersprechen und absurderweise gerade das von Natur aus Schädliche durchzusetzen versuchen, ist das Gehorsamsgebot den Gesetzen gegenüber notwendig
in der erwähnten Weise zu relativieren (ebd. 2,23). Der aus solchen Überlegungen abzuleitende reine Utilitarismus ist beispielsweise in Pseudo-Xenophons
Staat der Athener oder in der Mytilenäerdebatte bei Thukydides (3,36ff.) auf
die Politik angewandt.
Andere gingen jedoch weiter. Sie betrachteten die *nomoi* nicht als Ergebnis eines
Gesellschaftsvertrages, sondern als bewußt zur Unterdrückung einer Gruppe
durch eine andere eingesetztes Herrschaftsinstrument. Die *nomoi* waren in dieser Sicht weder auf das Gute ausgerichtet noch ethisch neutral, sondern ein zur
Täuschung der Menschen eingesetztes Mittel, das diese veranlassen sollte, gegen
die Natur und in diesem Sinne amoralisch zu handeln. Dies ist im wesentlichen
die von Kritias und den beiden Gorgias-Schülern Thrasymachos und Kallikles
vertretene Auffassung.
Kritias, der aus altem attischem Adel stammte, wie Alkibiades ein Schüler des
Sokrates gewesen war, bevor er in die Politik ging und als Führer der ›Dreißig‹
berüchtigt wurde, war einer der vielseitigsten Autoren des 5. Jahrhunderts. In
einem Fragment des Satyrspiels *Sisyphos* ist seine Erklärung für die Einführung
von Gesetzen und Religion erhalten: Am Anfang war das Leben der Menschen
ungeordnet-tierhaft, und allein die Stärke gab den Ausschlag; weder wurde edles Verhalten belohnt noch schlechtes bestraft. Da führten die Menschen Gesetze als »Züchtiger« ein, damit das Recht Tyrann sei und die Hybris zur Sklavin
habe. Dadurch nun wurde offenes Unrechttun verhindert, aber im Verborgenen
frevelten die Menschen weiter. »Da, scheint mir, hat zuerst ein schlauer und
gedankenkluger Mann die Götterfurcht den Sterblichen erfunden, auf daß ein
Schreckmittel da sei für die Schlechten, auch wenn sie im Verborgenen etwas
täten oder sprächen oder dächten.« Deshalb stattete er die Götter mit der Fähigkeit aus, alles zu sehen, zu hören und zu erkennen, und er siedelte sie im Himmel
an, von wo die Menschen durch Blitz und Donner geängstigt und durch Regen
und Sonne gefördert werden. »Mit diesen Reden führte er die lockendste der
Lehren ein, mit lügnerischem Wort die Wahrheit verhüllend« (VS 88 B25).
Thrasymachos, der vor allem als Theoretiker und Praktiker der Rhetorik be-

kannt war, versucht im ersten Buch von Platons *Staat* Sokrates davon zu überzeugen, daß »das Gerechte nichts anderes ist als der Vorteil des Stärkeren« (338 c). Deshalb erläßt jedes Regime, sei es demokratisch, oligarchisch oder tyrannisch, die Gesetze zu seinem eigenen Vorteil. »Indem sie das tun, erklären sie das für die Regierten als gerecht, was ihnen selbst zum Vorteil dient. Und wer das übertritt, den bestrafen sie als Übertreter der Gesetze und der Gerechtigkeit.« Da dies allgemein gilt (338 e–39 a), postuliert Thrasymachos das Recht des Individuums, überall und in allem seine Erfüllung und seinen Vorteil zu suchen, ungeachtet der Ungerechtigkeit seines Handelns. Ja das, was gemeinhin als größte Ungerechtigkeit gilt, die Errichtung einer Tyrannis, ist in Wahrheit die größte Gerechtigkeit, weil es den Täter, den Tyrannen, zum reichsten, mächtigsten und glücklichsten aller Menschen macht. »Wenn also die Ungerechtigkeit nur groß genug ist, Sokrates, dann ist sie etwas Kraftvolleres, Freieres und Herrenhafteres als die Gerechtigkeit« (343 b–44 c).

Kallikles, den wir nur aus Platons Dialog *Gorgias* kennen, treibt solche Argumente ins Extreme: »Von Natur ist nämlich alles häßlicher, was auch schlechter ist, so das Unrechtleiden; vor dem Gesetz aber ist es das Unrechttun. Für einen Mann ist das Unrechtleiden ja kein annehmbarer Zustand, höchstens für einen Sklaven« (483 a–b). Die Gesetze sind deshalb von den Schwachen und der großen Masse zu ihrem Vorteil erlassen. »Die Stärkeren unter den Menschen und diejenigen, die imstande sind, ein Übergewicht zu erlangen, wollen sie einschüchtern, damit sie nicht mächtiger als sie werden können, und behaupten deshalb, es sei häßlich und ungerecht, einen Vorteil zu suchen, und darin bestehe eben das Unrechttun… Denn da sie weniger wert sind, sind sie… zufrieden, wenn sie nur den gleichen Anteil haben« (483 b–c). Die Natur dagegen zeigt am Beispiel der Tiere und der großen Eroberer, »daß es gerecht ist, wenn der Bessere mehr hat als der Geringere, der Stärkere mehr als der Schwächere… Wir dagegen nehmen ja die Besten und Stärksten unter uns von Jugend an heraus und wollen sie, wie junge Löwen, durch Beschwörung und Zaubermittel untertänig machen, indem wir ihnen sagen, es müsse Gleichheit herrschen, und eben das sei das Schöne und Gerechte. Wenn aber einmal ein Mann ersteht mit einer genügend starken Natur, dann wird er… all das abschütteln und zerreißen und zu Boden treten, unsere Fangnetze, Gaukeleien und Zaubersprüche und all die widernatürlichen Gesetze. Und er tritt auf und zeigt sich als unser Herr, er, der unser Knecht war, und da erweist sich das Recht der Natur in seinem Glanze« (483 c–84). Diese These (vgl. auch 490 a) wird im Laufe der Diskussion von Kallikles dahingehend präzisiert, daß aufgrund des von Natur Schönen und Gerechten wer richtig leben will, imstande sein muß, seine Triebe, worauf immer sie sich richten, so mächtig als möglich werden zu lassen und sie durch Tapferkeit und Klugheit zu befriedigen. »Luxus, Ungebundenheit und Freiheit, darin bestehen, wenn jemand die Fähigkeit hat, sich zu helfen, Tugend und Glück; das andere aber ist äußerer Putz, widernatürliche, von den Menschen aufgestellte Abmachungen und nutzloses Geschwätz« (491 e–92 c).

Während Thrasymachos für das Recht des Individuums eintrat, seine eigene Erfüllung *trotz* der Ungerechtigkeit seines Handelns zu suchen, sieht Kallikles im Handeln des ›Übermenschen‹ eine höhere Gerechtigkeit. In einer Umkehrung der Werte postuliert er nicht, wie Thrasymachos, daß das Recht dem An-

Politisches Denken im Zeitalter Athens 323

spruch des Stärkeren zu weichen habe, sondern daß der vom Stärkeren durchgesetzte Anspruch überhaupt erst wahres Recht schaffe. Im Melierdialog (5,84 ff.) und in seiner Analyse des Bürgerkrieges in Korkyra (3,82) hat Thukydides gezeigt, wie solche Theorien in der praktischen Politik zur Rechtfertigung imperialistischer und oligarchischer Ansprüche Verwendung fanden. Alkibiades und Kritias stehen wie der euripideische Eteokles (*Phönissen* 503 ff.) als Beispiele einer tiefen Unzufriedenheit mit der durch die Demokratie erzwungenen Gleichmacherei und Unterdrückung des tatkräftigen und ehrgeizigen Individuums. In den Kreisen der oligarchischen Opposition gegen die Demokratie fielen solche sophistischen Theorien deshalb auf fruchtbaren Boden.

Pseudo-Xenophon und Anonymus Iamblichi

Die beiden anonymen Schriften dienen uns als Beispiele dafür, wie die Zeitgenossen die Theorien der Sophisten aufgegriffen und sich mit ihnen auseinandergesetzt haben. Welchem Zweck der kleine Traktat Pseudo-Xenophons gedient hat, ist in der Forschung nach wie vor umstritten. Er ist wahrscheinlich zwischen 431 und 424 verfaßt worden und liefert uns einen kostbaren Beleg für die sonst fast völlig verlorene Gattung der politischen Publizistik und für die intensive Diskussion über die Demokratie. Der Verfasser, seiner oligarchischen Neigungen wegen oft der »Alte Oligarch« genannt, macht kein Hehl aus seiner Überzeugung, daß es sich bei der Demokratie um eine denkbar schlechte Verfassung handle, weil es in ihr den »Geringen und Schlechten« (*kakoi, poneroi*) besser gehe als den ›Guten und Vornehmen‹ (*agathoi, esthloi, chrestoi*); aber er anerkennt gleichzeitig, daß das System mit unbestreitbarer Logik und Konsequenz durchgeführt und solide im Volk verankert sei (1,1). Folgende Aspekte verdienen besondere Beachtung:
Erstens: Die Demokratie ist die Herrschaft der Armen, Geringen, Schlechten und Ungebildeten; die Oligarchie die der Reichen, Vornehmen, Edeln und Gebildeten (1,5–9). Die beiden Verfassungen stellen deshalb je die Herrschaft eines Teiles der Bürgerschaft über den andern dar, sie sind miteinander unvereinbar. Wenn sich in Athen die Demokratie durchgesetzt hat, so erklärt sich das daraus, daß Athens Macht und Politik ganz auf der ständigen Bewährung der Flotte beruhen, die von den Unterschichten bemannt wird. Da somit diese viel mehr als die Hopliten und Vornehmen der Stadt ihre Macht verliehen haben, »erscheint es gerecht, daß alle an den Ämtern teilhaben und daß es jedem Bürger, der will, möglich ist zu sprechen« (1,2).
Zweitens: Auf der ganzen Erde steht das Beste in Opposition zur Demokratie, weil, einfach gesagt, alle guten Qualitäten auf seiten der Aristokratie, alle schlechten auf der der Demokraten zu finden sind (1,5). Zu diesem Prinzip gesellt sich ein zweites, wonach jede Schicht oder Gruppe, die die Herrschaft innehat, diese zum eigenen Vorteil und zur eigenen Erhaltung ausübt. Die Demokratie ist deshalb gut darin beraten, auch die einfachen Bürger mitreden und -beraten zu lassen. »Denn wenn (nur) die Vornehmen redeten und berieten, dann wäre das für ihresgleichen gut, für die Männer aus dem Volk jedoch nicht. Jetzt aber steht jeder, der will, auf und findet in seiner Rede das, was für ihn und seinesgleichen gut ist.« Wie immer es um Wissen und Fähigkeiten eines solchen

Mannes bestellt ist, »sie wissen, daß seine Unbildung und Niedrigkeit gekoppelt mit gutem Willen ihnen mehr nützt als die mit bösem Willen verbundene Tüchtigkeit und Klugheit des Vornehmen« (1,6–7). Aus dem allem ergibt sich, daß zwar die Demokratie das Gegenteil einer guten Ordnung (*eunomia*) ist, aber ihren Zweck vorzüglich erfüllt, die Macht und Freiheit des Volkes zu gewährleisten (1,8–9; vgl. die im Ansatz gleiche Argumentation des »Erzdemokraten« Kleon bei Thukydides 3,37).

Drittens: Pseudo-Xenophon kombiniert somit in seiner Analyse sophistische Naturrechtstheorien, wie sie etwa von Thrasymachos vertreten werden, mit den traditionellen aristokratischen Vorurteilen, die auch in den Verfassungsdebatten bei Herodot und Euripides vorherrschen (die Demokratie ist schlecht, weil in ihr die sozial Geringen und moralisch Schlechten, d. h. die von vornherein und prinzipiell nicht Regimentsfähigen, den Ton angeben). Bemerkenswert ist jedoch, wie konsequent und objektiv er diese Grundsätze in seiner Analyse anwendet. Die Demokraten wirken z. B. für den Vorteil des Volkes, indem sie die Bekleidung der verantwortungsvollen und risikoreichen Ämter den Vornehmen überlassen und für sich selber nur die finanziell ergiebigen beanspruchen (1,3) und indem sie den Sklaven und Metöken (den fest niedergelassenen Ausländern), von deren Arbeitsleistung sie selber profitieren, größtmögliche Freizügigkeit und Gleichheit zugestehen (1,10–12). Dieselben Prinzipien sind in der Außen- und Seebundspolitik verwirklicht: Die Demokraten unterdrücken die Vornehmen in den beherrschten Städten, »wohl wissend, daß der Herrschende notwendigerweise von dem Beherrschten gehaßt wird und daß die Herrschaft des Volkes in Athen nur ganz kurz dauern würde, wenn die Reichen und Vorzüglichen in den Städten stark wären« (2,14; vgl. 15 f.; 1,15–18).

Viertens: Insgesamt bestätigt sich das eingangs geäußerte Urteil: »Da sie nun einmal beschlossen haben, demokratisch zu leben, scheinen sie mir die Demokratie gut zu bewahren« (3,1). Mehr noch: Sich eine bessere Verfassung auszudenken, ist leicht (vgl. 1,9), aber die demokratische Verfassung und Politik wesentlich zu verbessern, ohne sie ihres Grundcharakters zu berauben, ist kaum möglich (3,8 f.). Unter den gegebenen Voraussetzungen ist deshalb der Gedanke an einen Sturz der Demokratie illusorisch (3,12 f.). Dem überzeugten Gegner der Demokratie bleibt damit nur die »innere Emigration« und der Appell an die Solidarität der Standesgenossen: »Die Demokratie billige ich dem Volk selbst zu; jedem ist verziehen, der sich selbst Gutes tut; wer aber, obwohl nicht aus dem Volk stammend, lieber in einer demokratisch als in einer oligarchisch verfaßten Stadt wohnt, der verrät seine Bereitschaft, Unrecht zu tun, in der richtigen Erkenntnis, daß es einem schlechten Menschen in einer demokratischen Stadt eher möglich ist, unbemerkt zu bleiben als in einer oligarchischen« (2,20).

In der Schrift des »Alten Oligarchen« stellt sich, wie Peter Weber-Schäfer darlegt, »die Auswirkung sophistischen Gedankenguts auf das politische Bewußtsein eines gebildeten Atheners ohne besondere philosophisch-theoretische Vorbildung symptomatisch dar. Politik ist nichts anderes als konsequente Vertretung der eigenen Interessen, pragmatischer Realismus in einer Welt, in der alle *nomoi* gleichberechtigt sind, solange sie effizient den Zielen der jeweils Herrschenden nutzbar gemacht werden können.«

Dezidiert gegen solche ›populär-sophistischen‹ Meinungen wendet sich der

Anonymus Iamblichi (VS 89). Er hat seine Schrift wohl etwas später, unter dem Eindruck der innenpolitischen Stasis und der Schrecken des Peloponnesischen Krieges verfaßt und ist ein unsentimentaler Realist. Gerechtigkeit ist etwas Wertvolles, weil sie allen Nutzen bringt. Theorien, die dem Ehrgeiz und Machtstreben des einzelnen freien Raum gewähren, erweisen sich als verheerend für alle. Gegenüber den Ansprüchen des Individuums wird hier wieder die Gemeinschaft ins Zentrum gerückt. Wenn sie überleben soll, muß man die Faktoren kennen, die sie zu zerreißen drohen oder zusammenzuhalten vermögen. Wie immer man diese Qualitäten definiert, letztlich läuft alles auf Einsicht, Verstehen und die Bereitschaft hinaus, sich einzuordnen und auf eigensüchtiges Machtstreben zu verzichten. Der Verfasser besteht darauf, man könne die durch frühe und sorgfältige Schulung (1,1–2,1) und unablässiges Bemühen (2,7) erworbenen Tüchtigkeiten allein zum eigenen Besten und zum Segen der Menschheit einsetzen, »wenn man den Gesetzen und der Gerechtigkeit zum Sieg verhilft. Denn das ist es ja, was die Staaten und die menschliche Gesellschaft zusammenhält« (3,1 ff., 6). »Man darf aber auch nicht danach trachten, mehr als die andern zu haben, noch gar die Macht aufgrund solchen Mehrhabens für Tugend halten und den Gehorsam gegen die Gesetze für Feigheit. Denn das ist die allerschlechteste Gesinnung, und aus ihr entspringt jegliches Unheil« (6,1).

Der Verfasser belegt dies zunächst mit der (aus Protagoras bekannten) Theorie der Kulturentstehung, die die Entwicklung von Rechtsgefühl und Gesetzen aus den Zwängen des für ihr Überleben unerläßlichen Zusammenlebens der Menschen erklärt, und folgert daraus: Deshalb haben unter den Menschen Gesetz und Gerechtigkeit die Herrschaft errungen, und sie werden sich niemals umstürzen lassen. Denn sie haben eine feste Grundlage in der Natur der Dinge (*physis*: 6,1). In einem Frontalangriff gegen extreme Naturrechtstheorien betont der Verfasser sodann, daß auch der (etwa von Kallikles postulierte) »Übermensch«, wenn es ihn denn gäbe, sich nur auf der Seite der Gerechtigkeit zu behaupten vermöchte. Andernfalls würde selbst er durch die Zusammenrottung aller andern Menschen überwältigt werden (6,2–5). Des weitern argumentiert der Autor zur Stützung seiner These mit der seit Solon (Fr. 3 D) bekannten kontrastierenden Kausalitätsketten: Die Gesetzlichkeit (*eunomia*) ist für die Gesamtheit wie den einzelnen das Beste, die Ungesetzlichkeit (*anomia*) das Schlechteste (7). Wenn *eunomia* herrscht, blühen Wirtschaft und Kredit, wovon Wohlhabende und Arme profitieren, es finden keine politischen Parteikämpfe und Kriege statt, man kann sich friedlicher und erfolgreicher beruflicher Arbeit widmen und schläft nachts ohne Sorge. Entsprechend stockt unter dem Regime der *anomia* die Wirtschaft, das Geld wird gehortet statt in Umlauf gebracht, Krieg mit dem Ausland und Bürgerkrieg daheim brechen leicht aus. »Denn bei Parteikämpfen pflegt dieser stets infolge der gegenseitigen Feindschaft auszubrechen, so daß die Bürger dauernd auf der Hut sein müssen und einander gegenseitig auflauern. Dann haben sie weder im Wachen erfreuliche Beschäftigungen noch wenn sie schlafengehen eine angenehme Ausspannung, sondern voll Sorge und Angst gehen sie zur Ruhe, und ihr Erwachen ist voll Furcht und Schrecken und ruft plötzlich in ihnen die Erinnerung an ihr Unglück wach« (7,1–11). Ja, auch die Tyrannis, »dies ungeheure und fürchterliche Übel«, entwickelt sich nur aus der *anomia* (7,12 ff.).

6. Thukydides

Leben und Werk

Thukydides, der Historiker des Peloponnesischen Krieges, dem wir die Entdekkung der politischen Geschichte verdanken (H. Strasburger), ist wohl um 460 geboren. Seine Familie gehörte zur Aristokratie und verfügte über enge Beziehungen zu den führenden »konservativen«, der Politik des Perikles eher fernstehenden Kreisen Athens. Er selbst war 424 Mitglied des Strategenkollegiums und kommandierte ein Flottendetachement, das in die Kämpfe um Amphipolis eingreifen sollte (4,104 ff.). Aufgrund seines Mißerfolges wurde er verbannt und lebte zwanzig Jahre lang im Exil (5,26). Nach dem Krieg kehrte er wahrscheinlich nach Athen zurück und arbeitete bis zu seinem Tod (bald nach 400) an seinem Geschichtswerk. Nach eigener Aussage begann er gleich bei Kriegsausbruch mit Aufzeichnungen über die Vorgänge, »in der Erwartung, der Krieg werde bedeutend werden und denkwürdiger als alle früheren« (1,1). Infolge seiner Verbannung lernte er auch die gegnerische Seite gut kennen (5,26). Das Werk ist nicht vollendet; es bricht mit dem Ende des oligarchischen Umsturzes von 411 ab. Obschon Thukydides zweifellos während der Ereignisse daran schrieb, sind Hinweise auf eine umfassende Überarbeitung nach 404 unübersehbar: manche Äußerungen, zumal in Reden der ersten Kriegsphase, setzen zwingend die Kenntnis der athenischen Niederlage voraus.

Thukydides hat seine Geschichte sorgfältig eingeleitet und aufgebaut und über seine Methode detailliert Rechenschaft abgelegt. Die einleitende Feststellung, daß dieser Krieg »bei weitem die gewaltigste Erschütterung für die Hellenen und einen Teil der Barbaren, ja sozusagen unter den Menschen überhaupt war« (1,1), wird durch einen historischen Überblick über die Reichsbildungen und Kriege von den Anfängen bis zu den Perserkriegen bekräftigt (1,2–19). Bereits dort finden sich mehrere Beispiele des von Thukydides auf die Rekonstruktion historischer Vorgänge angewandten Wahrscheinlichkeitsbeweises (vgl. etwa 1,9–11). Über Ziele und Methode seiner Geschichte sagt er folgendes: Im Gegensatz zu den meisten Zeitgenossen, die alles Erzählte ungeprüft übernehmen und den Übertreibungen der Dichter oder den sensationslüsternen Berichten der »Geschichtenerzähler« (logographoi) auf den Leim gehen, will er der beweisbaren Wahrheit möglichst nahe kommen (1,20 f.). Wo volle Gewißheit nicht durch eigene Anschauung oder die präzise Befragung von Augenzeugen zu erreichen ist, muß man sich mit der Abwägung von Wahrscheinlichkeiten begnügen. Die Reden dagegen enthalten »in möglichst engem Anschluß an den Gesamtsinn des in Wirklichkeit Gesagten« das, was nach des Historikers Meinung »ein jeder in seiner Lage etwa sprechen mußte« (1,22). Beide damit definierten Elemente sind bedeutsam: Zum einen geben die Reden, wo immer möglich, wesentliche Gedanken des Sprechers wieder. Wir dürfen deshalb damit rechnen, die Leitgedanken führender Politiker in den Reden gespiegelt zu finden. Zum andern sind die Reden Ausdruck des Ringens nach einem tieferen Verständnis und dienen der situationsadäquaten Interpretation der historischen Vorgänge durch den Historiker selbst. Sie sind deshalb oft in antithetischen Paaren angeordnet, die dasselbe Problem von zwei Seiten her beleuchten.

Politisches Denken im Zeitalter Athens   327

Abgesehen von – überaus seltenen – persönlichen Äußerungen sind es somit die
Reden, in denen wir Thukydides' politisches Denken fassen können. Obwohl
dieses primär auf die die geschichtlichen Abläufe verursachenden und die geschichtlich Handelnden motivierenden Kräfte, Triebe und Ideen und nur sekundär auf die Politik selbst ausgerichtet ist, ist es eminent politisches Denken, denn
jene Kräfte und Ideen sind in rein politischen Kategorien erfaßt, und in jenen
politischen Motivationen spiegeln sich des Historikers Anschauungen über die
primär politischen Antriebe der Geschichte wie der Politik.
Dem Methodenkapitel folgt die Darstellung der Vorgeschichte des Krieges.
Thukydides unterscheidet dabei sorgfältig zwischen den unmittelbaren Anlässen, die den Krieg auslösten (*aitiai*), und der eigentlichen, tieferen, »wahrsten«
Ursache (*alethestate prophasis*), die den Krieg nicht nur möglich, sondern seines
Erachtens unvermeidlich machte (1,23). In die Erläuterung der Anlässe
(1,24–87) sind einige große Reden eingefügt, in denen die Antriebe und machtpolitischen Voraussetzungen von beiden Seiten her analysiert werden. Der
»wahre Grund«, das »Wachstum Athens, das die erschreckten Spartaner zum
Kriege zwang« (1,23), wird danach aufgegriffen (88) und leitet die *Pentekonta-
ëtie* ein, die Darstellung der Macht- und Reichsbildung Athens in den fünfzig
Jahren zwischen dem Perser- und Peloponnesischen Krieg (89–118). Daran
schließen sich an der Kriegsbeschluß der Peloponnesier und die Ablehnung der
spartanischen Ultimaten durch die athenische Volksversammlung, wobei erneut
in großen Reden die Ressourcen und der Kriegsplan beider Seiten erläutert werden (119–46). Die Bücher zwei bis vier behandeln in strikt chronologischer
Abfolge von Sommern und Wintern die Ereignisse des ›Archidamischen Krieges‹, Buch fünf den Friedensschluß des Nikias und die Zwischenkriegszeit, die
beiden nächsten Bücher die Sizilienexpedition, Buch acht den Beginn des ›Deke-
leischen Krieges‹ und den oligarchischen Umsturz von 411.

Machtstreben und Menschennatur

Das ›Methodenkapitel‹ endet mit folgender Bemerkung: »Wer das Gewesene
klar erkennen will und damit auch das Künftige, das wieder einmal, nach der
menschlichen Natur, gleich oder ähnlich sein wird, der mag (diese undichteri-
sche Darstellung) für nützlich halten; und das soll mir genug sein: zum dauernden Besitz... ist es aufgeschrieben« (1,22). Die Geschichte ist somit ein Mittel
der Daseinsbewältigung und in dieser Hinsicht dem Unterricht der Sophisten
vergleichbar. Durch die Rekonstruktion und Erklärung der Vergangenheit
macht sie es insbesondere dem an der Politik Interessierten möglich, sich auf die
Zukunft vorzubereiten, denn die sorgfältige Auswertung geschichtlicher Erfahrung erlaubt ein größeres Maß an zuverlässiger Prognose in politicis als jede
andere Wissensdisziplin. Dies setzt freilich voraus, daß sich das primäre Movens
in Geschichte und Politik eindeutig bestimmen und gleichsam ›herauspräparie-
ren‹ läßt. Thukydides findet es in der menschlichen Natur, die er im wesentlichen für unveränderlich hält. Menschliches Verhalten läßt sich aufgrund reichen empirischen Materials analysieren, kategorisieren und berechnen; in
ähnlichen Situationen wird der Mensch immer ähnlich handeln. Sätze wie »man
darf nicht glauben, daß ein Mensch vom andern so sehr verschieden sei« (1,84),

oder: dies geschah so, »wie es geschieht und immer wieder sein wird, solange Menschenwesen sich gleichbleibt« (3,82), sind für diese Erwartung charakteristisch. Man sieht darin gewiß zu Recht einen starken Einfluß medizinischer Theorie. So wie der Arzt das Funktionieren des menschlichen Körpers studiert, seine Krankheit diagnostiziert, Symptome von den tiefer liegenden Ursachen unterscheidet und aufgrund seiner Erfahrung gewisse Prognosen machen, jedenfalls unter ähnlichen Bedingungen ähnliche Reaktionen voraussagen kann, so kann der Historiker das typische gesunde und kranke Verhalten des Menschen in seiner Gesellschaft und der Polis im Verband der Poleis kennen und daraus seine Schlüsse ziehen. Offenkundige Beispiele solcher medizinisch beeinflußter sozio-politischer Krankheitsdiagnosen finden sich in der Beschreibung der Auswirkungen der Seuche in Athen (2,47−53) und des Bürgerkrieges in Korkyra (3,81−84).

Dies alles schließt freilich nicht aus, daß der einzelne seinen eigenen Charakter hat und ganz persönliche Fähigkeiten zur Geltung bringen kann. Thukydides ist deshalb weit davon entfernt, die Wirkung der Einzelpersönlichkeit in der historischen Kausalität zu unterschätzen. Aber solch individueller Einfluß bewegt sich innerhalb der durch die Menschennatur gesetzten Grenzen oder vermag doch die von der überwältigenden Mehrheit repräsentierten Tendenzen nicht zu ändern. Analog dazu hat auch jede Polis ihren individuellen Charakter, der sie in unverkennbar eigener Weise agieren und reagieren läßt. Am ausgeprägtesten gilt dies für Athen und Sparta, deren antithetische Charakterporträts in einer Rede skizziert (1,70 f.) und später vielfach ergänzt und bestätigt werden (vgl. dazu unten, S. 334 sowie oben, S. 300 f. zum *König Ödipus* des Sophokles). Und doch läßt sich annehmen, daß beide Poleis in der gleichen Situation gleich handeln würden. So jedenfalls argumentieren die Athener (und die spartanische Reichsbildung nach 404 hat dies durchaus bestätigt): Hätten die Spartaner sich nicht nach den Siegen über die Perser von der Fortsetzung des Krieges zurückgezogen, so hätten sie sich durch ihre Führung genau so verhaßt gemacht wie die Athener, und dann, »so wissen wir genau, wäret ihr nicht minder streng mit euren Verbündeten verfahren und hättet auch die Wahl gehabt, mit Härte zu herrschen oder euch selbst zu gefährden«. So folgen auch wir »nur der menschlichen Natur, wenn wir eine Herrschaft, die sich uns anbot, angenommen haben und behalten wollen, besiegt von drei so starken Mächten wie Ehre, Furcht und Vorteil«. Es ist ja »immer so gewesen, daß der Mindere sich dem Mächtigeren fügen muß… Der Gerechtigkeit zuliebe hat noch nie jemand eine Gelegenheit zu gewaltsamer Bereicherung verschmäht und auf seinen Vorteil verzichtet« (1,76).

Die menschliche Natur ist von zwei mächtigen Trieben beherrscht: dem Streben nach Freiheit und dem nach Macht und Herrschaft. Diese Ziele bestimmen zwanghaft das Handeln des einzelnen wie des Staats; dagegen sind Gesetze, Strafen und Ideale machtlos (vgl. bes. 3,45). Hier liegt denn auch die wichtigste Kategorie historischer Erklärung. Wo sie nicht ausreicht, sind Charakter und Entscheidung des einzelnen und zuletzt der unberechenbare Zufall einzubeziehen. Dieser Grundgedanke, daß die Politik ein durch die menschliche Natur bedingter steter Machtkampf sei, in dem der Stärkste sich ohne Rücksicht auf Tradition und Recht durchzusetzen suche, wurzelt unverkennbar in der sophistischen Theorie des Gegensatzes von *physis* und *nomos*. Thukydides benützt dieses »anthropologisch-politische Modell«, das er nirgends systematisch exponiert, aber in zahlreichen Reden und Bemerkungen immer neu vergegenwärtigt, dazu, die historischen Einzelereignisse als Phänomene einer strengen Gesetzlichkeit zu erfassen. In der Formulierung K. Rosens wird die Theorie »gewissermaßen dramatisiert, und der vorgegebene Rahmen ermöglicht vorzüglich, sie in all ihren verschiedenen Aspekten darzustellen. Zwei Großmächte prallen im Bündnis mit mittleren und kleinen Staaten aufeinander, die Bündnisse verändern sich, neutrale Staaten werden mithineingezogen, und in vielen Staaten kämpfen Aristokraten und Demokraten um die Vorherrschaft. Unmittelbarer Anlaß, die Herrschaft zu ergreifen, können Ehrgeiz, Furcht und Nutzen sein. Auch sie sind elementare Triebkräfte der menschlichen Natur, die der Stärkere befriedigt, indem er den Schwächeren unterwirft. Der Schwächere, der nun selbst in seinem eigenen Freiheitsverlangen beschränkt ist, wird sich allerdings nicht mit dem neuen Zustand abfinden. Daher ist jede Herrschaft immer schon auf Konflikt angelegt. Zum Konflikt kommt es auch durch den der Herrschaft innewohnenden Drang, sich stets weiter auszudehnen. Die Expansion wird die noch unabhängigen Nachbarstaaten mobilisieren, bevor sie selbst zu deren Opfer werden. Andererseits kann derjenige, der einmal zur Macht gekommen ist, sich ihrer nicht mehr ohne weiteres entledigen. Er ist um seiner eigenen Sicherheit willen gezwungen, die Opposition in den unterworfenen Staaten mit Gewalt niederzuhalten. Unausweichlich verwandelt sich seine Herrschaft in eine Tyrannis. Thukydides unterstreicht immer wieder die Zwangsläufigkeit solcher Prozesse, und der Leser mag an ihnen über die Tragik der Macht nachsinnen. Er selbst verbietet sich solche Meditationen, die die Sache des Dichters, nicht des rationalen Historikers sind.«

Allerdings auf die unverhüllte Darstellung der ›Arroganz der Macht‹ verzichtet er nicht, und durch die Auswahl seines Stoffes und entsprechende Darstellungsmittel ist er imstande, die hinter den schönen Worten der Propaganda verborgene Wirklichkeit hervortreten zu lassen (vgl. bes. 1,73. 5,89). Die athenische Herrschafts- wie auch die spartanische Befreiungsideologie werden als die Wahrheit lediglich verhüllende, wenngleich historisch durchaus wirksame Wortgespinste entlarvt. In präzedenzloser Blöße werden die in allem historischen Geschehen erkennbaren typischen Formen politischen Handelns und politischer Beziehungen innerhalb der Polis und zwischen den Poleis herauspräpariert. Dabei kommt dem Historiker zugute, daß der Krieg (wie etwa auch die Seuche in Athen) durch die Belastungen, Chancen und steten Veränderungen, die er mit sich bringt, als Katalysator wirkt, der die menschlichen Empfindungen und Reaktionen ins Extreme treibt, die menschliche Natur, allen üblicherweise wirksamen Kulturfirnisses beraubt, gleichsam in ihrer Urform hervortreten läßt. Im folgenden seien Thukydides' Leitgedanken anhand dreier Beispiele erläutert: dem Melierdialog für das Machtstreben der Polis, dem Bürgerkrieg in Korkyra für das Machtstreben des einzelnen und die Interdependenz zwischen innen- und außenpolitischem Bereich, und der Problematik der athenischen Demokratie.

Das Machtstreben der Polis

Melos, eine der Kykladeninseln, hatte sich erfolgreich gegen den Anschluß an den Seebund gewehrt. 416/15 landete eine athenische Flotte auf der Insel. Die vor der Belagerung geführten Verhandlungen hat Thukydides in einem Dialog zusammengefaßt, der allen schmückenden Beiwerks entkleidet ist, deshalb wirklichkeitsfremd und theoretisch-abstrakt wirkt, aber offenbar einzig den Zweck verfolgt, in der Reduktion auf das absolut Wesentliche die tiefsten und deshalb wahrsten Triebkräfte in solchen machtpolitischen Auseinandersetzungen aufzudecken (5,84–116). Die Melier werden dabei von vornherein gezwungen, die Diskussion auf den einen Aspekt zu beschränken, wie die Stadt gerettet werden könne (87); es geht hier nicht um Recht und Gerechtigkeit, sondern einzig um Vorteil und Nutzen (90): »Ihr müßt versuchen, das Mögliche zu erreichen, nach unser beider wahren Gedanken, da ihr so gut wißt wie wir, daß im menschlichen Verhältnis Recht gilt bei Gleichheit der Kräfte, doch das Mögliche der Überlegene durchsetzt, der Schwache hinnimmt« (89).

Recht gilt nur unter Gleichen, doch unter Gleichen hat Recht zu gelten! Dies ist der zentrale Zwiespalt, der die Beziehungen zwischen den griechischen Poleis der Zeit beherrscht und sich exemplarisch in Athens Verhältnis einerseits Sparta, andererseits seinen Bündnern gegenüber äußert. Sparta nennt in den letzten Verhandlungen vor Kriegsausbruch mehrere Bedingungen, durch deren Erfüllung Athen den Krieg vermeiden könne. In einer großen Rede vor dem Volk weist Perikles diese Bedingungen zurück (1,140–44): Der 30jährige Frieden (von 446) sieht für den Konfliktfall ein Schiedsgerichtsverfahren vor; Athen ist bereit, darauf einzugehen; statt dessen suchen die Spartaner den Krieg. Sie klagen nicht nur an, sie befehlen. Es mag scheinen, als ob die Ablehnung ihres Ultimatums Krieg um einer Kleinigkeit willen bedeute. Nichts wäre falscher. »Denn diese Kleinigkeit bedeutet Prüfstein und Erhärtung eurer ganzen Gesinnung; gebt ihr hier nach, so empfangt ihr sofort einen neuen, schwereren Befehl – denn ihr habt ja aus Angst gehorcht... Dies ist also der Punkt der Entscheidung, ob wir uns fügen... oder Krieg führen... unnachgiebig ebenso bei kleinem wie bei großem Anlaß, und um furchtlos zu besitzen, was wir haben. Denn die gleiche Unterjochung bedeutet die größte wie die geringste Forderung, die Gleichberechtigte ohne Richterspruch gegen andere erheben« (1,140 f.). Nachgeben unberechtigten Forderungen Gleichberechtigter gegenüber bedeutet demnach nicht nur Gesichts-, sondern geradezu Freiheitsverlust. Athen hat deshalb auf der vollen Respektierung seiner territorialen, politischen und moralischen Souveränität zu bestehen. Dies ist einer der Grundpfeiler der von Athen in jenen Jahren stark betonten Freiheitsideologie, die sich auch in den *Herakliden* des Euripides und in der Errichtung einer dem Schutzherrn der Freiheit, Zeus Eleutherios, geweihten Stoa an der Agora spiegelt.

Schwächeren gegenüber galten freilich andere Regeln. Der Seebund hatte sich aus einem Bündnis gleichberechtigter und autonomer Poleis (1,97) in ein athenisches Seereich verwandelt. Abgesehen von der kriegerischen Unterwerfung Aufständischer (98) war dieser Prozeß gerade durch die allmähliche Ersetzung der die Gleichheit der Verbündeten garantierenden Elemente durch solche gekennzeichnet, die die Herrschaft Athens symbolisierten und sicherten (99). So erläu-

Politisches Denken im Zeitalter Athens 331

tern es die Mytilenäer in einem Hilfegesuch an Sparta vor ihrem Aufstand: »Solange die Athener unsere gleichgestellten Führer waren, folgten wir in guten Treuen; als wir sie aber den Kampf mit Persien aufgeben und dafür die Knechtung der Verbündeten betreiben sahen, begannen wir uns zu fürchten« (3,10; vgl. 11). Ähnlich argumentieren die Athener: Hätten die athenischen Untertanen nicht stets jene ursprüngliche Gleichheit im Sinne, so würden auch sie nicht bestreiten, daß »notwendig der Schwächere dem Überlegenen nachgeben muß« (1,77).

Da das Verhalten der Mächtigen im wesentlichen von den Kriterien der Furcht und des Vorteils bestimmt war, bot sich für den Schwachen als Schutz gegen einen Stärkeren nur der Anschluß an einen andern Starken; deshalb die fast vollständige Spaltung der griechischen Poliswelt in zwei Machtblöcke. Die im innenpolitischen Bereich wirksame Alternative, den Schwachen durch Gesetze und ein gutes Rechtssystem zu schützen, erwies sich im außenpolitischen Bereich als unwirksam. An Versuchen, auch hier solche Alternativen bereitzustellen, fehlte es nicht: In Verträgen wurde die Gleichberechtigung der Partner ausdrücklich festgehalten und für den Konfliktfall ein Schiedsgerichtsverfahren vorgesehen. Beides scheiterte jedoch genauso wie der Appell an die traditionell in der Poliswelt gültigen Normen (die »Vätersitte« oder die theoretisch den Ansprüchen und Gesetzen der Einzelpolis übergeordneten »gemeinsamen Gesetze der Hellenen«) an der mangelnden Bereitschaft der Starken, im konkreten Fall ihr Eigeninteresse hintanzustellen. Im zwischenstaatlichen Bereich galt deshalb zwischen Ungleichen in der Tat nur das Prinzip »Wer knechten kann, braucht nicht zu rechten« (1,77).

Zurück zum Melierdialog: In dieser Lage, die den Appell an die Gerechtigkeit ausschließt, berufen sich die Melier auf das gemeinsame Wohl als Norm des zwischenstaatlichen Verkehrs, die auch dem Starken die Erhaltung von Freundschaft statt der Provozierung zusätzlicher Feindschaft nahelegen müßte (5,90. 98); auf die Billigkeit, aufgrund derer ein Unterschied zwischen athenischen Untertanen und Außenstehenden anzuerkennen wäre (96); auf die Ehre, die jede kampflose Selbstpreisgabe verbietet (100); auf die Hoffnung auf den im Krieg jederzeit möglichen Wechsel der Geschicke (102) und das Vertrauen auf Unterstützung Spartas und den Schutz der Götter (104). Die Athener fegen alle diese Argumente vom Tisch: Freundschaft und Großzügigkeit sind Zeichen von Schwäche, der Haß der Beherrschten dagegen zeugt von Macht (95); der Verzicht auf eine mögliche Ausdehnung der Herrschaft könnte ebenfalls als Schwächezeichen interpretiert werden (97); um Ehre geht es allein im Kampf zwischen Gleichen, nicht in dem ums Überleben gegen einen Stärkeren (101); auch auf Hoffnung sollte sich der nicht verlassen, der um seine Existenz ringt (103); von den Göttern haben die Mächtigen kaum etwas zu befürchten, denn es ist zu vermuten, daß sie genau wie die Menschen »nach der Notwendigkeit ihrer Natur herrschen, wenn sie die Macht dazu haben« (105); die Spartaner schließlich befolgen die gleichen Prinzipien wie die Athener selbst: »Kein Volk... erklärt so unverhohlen wie sie das Angenehme für schön und das Nützliche für gerecht« (105; vgl. 91, 107, 109). »Wer seinesgleichen nicht nachgibt, dem Stärkeren gegenüber Wohlverhalten zeigt, gegen den Schwächeren Maß hält, der fährt meist am besten« (111). Die einzig vernünftigen Kriterien der eigenen Sicherheit und des Eigeninteresses gebieten den Meliern zwingend, sich zu unterwerfen, den Athenern aber, diese Unterwerfung durchzusetzen. – Dennoch entschlossen sich die Melier, im Vertrauen auf Schicksal, Götter und Spartaner den Kampf zu wagen und nicht »in einem kurzen Augenblick einer Stadt von nun schon 700jährigem Bestand die Freiheit abzuerkennen« (112). Die Athener nahmen die Stadt wenige Monate später ein: »Sie richteten alle erwachsenen Melier hin, soweit sie in ihre Hand fielen, die Frauen und Kinder verkauften sie in die Sklaverei« (116).

Was uns in der Argumentationsweise der Athener begegnet, ist reines, verabsolutiertes Machtdenken. Es durchzieht als einigendes Band das gesamte Werk des Thukydides und begegnet in vielfältiger Variation so häufig, daß wir kaum an seiner zeitgeschichtlichen Aktualität zweifeln können. Zwischen dieser in der Realpolitik dominierenden Haltung und der seit den Perserkriegen beliebten Selbstdarstellung Athens als der uneigennützigen Wohltäterin Griechenlands und Beschützerin aller Hilflosen und ungerecht Behandelten bestand ein zunehmend unüberbrückbarer Kontrast, den Thukydides schonungslos aufgedeckt hat. Genau das, was die Melier von den Athenern erwarteten, preist etwa Perikles im *Epitaphios* als traditionelles Prinzip seiner Stadt: »Auch in der Hilfsbereitschaft ist ein Gegensatz zwischen uns und den meisten. Denn nicht mit Bitten und Empfangen, sondern durch Gewähren gewinnen wir uns unsere Freunde... Und wir sind die einzigen, die nicht so sehr aus Berechnung des Vorteils wie aus sicherer Freiheit furchtlos andern Gutes tun« (2,40). Wenig später sieht sich derselbe Perikles freilich gezwungen, seinen demoralisierten Mitbürgern die brutale Wirklichkeit vor Augen zu führen: »Glaubt nicht, es ginge in diesem Kampf nur um das eine, nicht Knechte zu werden statt frei, sondern euch drohen auch der Verlust eures Reiches und die Gefahren des Hasses, der euch aus der Herrschaft erwuchs. Aus der zurückzutreten steht euch auch nicht mehr frei,... denn die Herrschaft, die ihr übt, ist jetzt schon Tyrannis; sie aufzurichten mag ungerecht sein, sie aufzugeben ist gefährlich« (2,63).

Die Wohltäterin Griechenlands erweist sich damit als Tyrannenstadt, deren ganzes Sinnen auf die Sicherung und Ausdehnung ihrer Macht gerichtet, deren Handeln von Eigennutz und Furcht geprägt ist und die sich das mit dem Kampf für das Schöne und Gerechte verbundene Risiko (5,107) gar nicht mehr leisten kann. Dies ist die Stadt, in der zum erstenmal in der Weltgeschichte erkannt, formuliert, propagiert und in politisches Handeln umgesetzt wurde, daß wirklich und vollständig frei nur der sein könne, der über andere herrsche, daß Macht somit eine unabdingbare Voraussetzung für Freiheit sei. Ihren Höhepunkt erreichte diese Konzeption in Athens Selbstdarstellung als der »allerfreiesten Stadt« (6,89; 7,69). Erstmals wurde damit Freiheit zum zentralen Argument in der Begründung von Macht und Herrschaft.

Zweierlei ist hier noch anzufügen: Das Argument, daß die herrschende Stadt sich keinen Stillstand und keine Milde leisten könne, ohne der Schwäche verdächtigt zu werden, diente auch als wichtigste Rechtfertigung der Sizilienexpedition (6,18), deren Scheitern Athens Untergang einleitete. Zum andern war es gerade der Rachegeist von Melos, der die Athener in der Stunde ihrer Niederlage schreckte (Xenophon, *Hellenika* 2,2,3), und es gehört zu den sympathischsten Zügen Spartas, das sonst oft so unsympathisch erscheint, daß es sich mit dem

Politisches Denken im Zeitalter Athens 333

Hinweis auf Athens Verdienste um die griechische Freiheit in den Perserkriegen weigerte, das von vielen geforderte Vernichtungsurteil an der Tyrannenstadt zu vollstrecken (ebd. 2,2,19 f.).

Die Pathologie des Bürgerkrieges

Dadurch, daß Athen eine Demokratie war und das demokratische Prinzip zunehmend aggressiv vertrat, während Sparta als Vorkämpferin der Oligarchie galt, stellte sich der Krieg auch als Auseinandersetzung zwischen zwei fundamental verschiedenen Verfassungs- und Lebensordnungen dar. Für viele kleine Poleis, die auf die Dauer ihre Unabhängigkeit nicht zu behaupten vermochten, wirkte sich der Anschluß an die eine oder andere Vormacht deshalb leicht auch innenpolitisch und verfassungsmäßig aus. Wie Athen die Demokratisierung als Mittel zur Sicherung seiner Herrschaft benützte, so betrachteten die ›Demokraten‹ in den Seebundsstädten das Verbleiben im athenischen Herrschaftsbereich trotz der außenpolitischen Unfreiheit als Garantie ihrer Herrschaft in der eigenen Stadt. Im spartanischen Einflußbereich galt Analoges für die Oligarchie (vgl. Thuk. 1,76).

Infolge dieser Interdependenz zwischen Außen- und Innenpolitik wurden die in den meist kleinen Poleis ohnehin häufigen Faktionskämpfe zusätzlich intensiviert, und infolge der kriegsbedingten Verrohung der Sitten wurden sie oft extrem brutal geführt. Der Verfassungsumsturz wurde zum Mittel, die Gegenpartei nicht nur politisch zu entmachten, sondern wirtschaftlich zu ruinieren, wenn nicht gar physisch zu eliminieren. Diese ›Pathologie des Bürgerkrieges‹ hat Thukydides am Fall von Korkyra exemplarisch dargestellt (3,69–85). Korkyra (Korfu) war eine Kolonie Korinths, hatte sich aber kurz vor Kriegsausbruch mit Athen verbündet. Im Jahre 427 brachen auf Betreiben Korinths, das Korkyra wieder auf seine Seite zu ziehen hoffte, heftige Faktionskämpfe zwischen den demokratischen Befürwortern des Bündnisses mit Athen und dessen oligarchischen Gegnern aus. Infolge des Eingreifens von Flottenkontingenten beider Großmächte wurde daraus ein regelrechter Bürgerkrieg (70–81), in dem beide Seiten sich nichts schuldig blieben und zumal die zum Schluß siegreichen Demokraten ihre Gegner schonungslos massakrierten (81).

Diese Vorgänge nun betrachtet Thukydides als symptomatisch für die in der menschlichen Natur vorgegebene kriegsbedingte Entartung der politischen Sitten: »So ins Unmenschliche steigerte sich dieser Bürgerkrieg und wurde desto stärker empfunden, als er der allererste dieser Art war. Später freilich ergriff das Fieber so ziemlich die ganze hellenische Welt, da in den zerrissenen Gemeinwesen allerorten die Volksführer sich um Athens Eingreifen bemühten und die Adligen um Spartas... Da der Krieg erklärt war und damit die Bündnisse beiden Seiten wichtig wurden..., war für jeden geplanten Umsturz fremde Hilfe leicht zu erhalten... So brach in ständigem Aufruhr viel Schweres über die Städte herein, wie es zwar geschieht und immer wieder sein wird, solange Menschenwesen sich gleichbleibt, aber doch schlimmer oder harmloser und in immer wieder anderen Formen, wie es jeweils der Wechsel der Umstände mit sich bringt« (82). Brutalität und Hinterhältigkeit wurden zu bewährten Mitteln im politischen Kampf, der zunehmend eine Verkehrung der Werte mit sich brachte: »Tollkühnheit galt nun als Tapferkeit, bedachtes Zögern als Feigheit, Einhaltung sittlicher Normen als Ängstlichkeit und Bedachtheit als Tatenlosigkeit. Wer schalt und eiferte, galt immer für glaubwürdig, wer ihm widersprach, für verdächtig.« Anarchie und Selbsthilfe griffen um sich; gemeinsam begangenes Unrecht erwies sich als stärkeres Band denn Gesetzes- oder Eidestreue, Frömmigkeit oder Verwandtschaft. »Die Ursache von dem allem war die Herrschsucht mit ihrer Habgier (*pleonexia*) und ihrem Ehrgeiz (*philotimia*) und daraus dann, bei der entbrannten Kampfwut, noch das wilde Ungestüm. Denn die führenden Männer in den Städten, auf beiden Seiten mit einer bestechenden Parole, sie seien Verfechter staatlicher Gleichberechtigung der Menge (*plethous isonomia politike*) oder einer gemäßigten Herrschaft der Besten (*aristokratia sophron*), machten das Gemeingut, dem sie angeblich dienten, zu ihrer Beute, und in ihrem Ringen, mit allen Mitteln einander zu überwältigen, vollbrachten sie ohne Scheu die furchtbarsten Dinge und überboten sich dann noch in der Rache.« Recht und Staatswohl waren dem freien Spiel der Kräfte unterworfen, »und die Mittelschicht der Bürger wurde, weil sie nicht mitkämpften oder aus Neid, daß sie davonkämen, von beiden Seiten her ausgemordet« (3,82).

Außen- und Innenpolitik sind demnach von denselben Gesetzen bestimmt: *pleonexia*, das Mehrhabenwollen, regiert das individuelle wie kollektive Handeln. Wie durch den Krieg der Machttrieb der Polis, so wird durch den Bürgerkrieg der Machttrieb des einzelnen pervertiert, der infolge der zeitgenössischen Naturrechtstheorien ohnehin schon ins Extreme gesteigert und kaum zu bändigen ist. »So kam in der hellenischen Welt durch die Bürgerkriege jede Art von Sittenverderbnis auf« (3,83). Der hier gestellten politisch-psychologischen entspricht in der Schilderung der Auswirkungen der Seuche in Athen (2,47−53) die sozialpsychologische Diagnose: »Da war keine Schranke mehr, nicht Götterfurcht, nicht Menschengesetz« (2,53). Der Firnis der Sozialisation blättert ab, und zum Vorschein kommt auch hier die ungezähmte Menschennatur.

Die Krise der Demokratie

Während die kleineren Poleis im Sog der Auseinandersetzungen zwischen den Großmächten von inneren Wirren verzehrt wurden, zeichneten sich diese selbst durch langfristige innere Stabilität aus. Dies gilt zumal für Sparta, wo seit Jahrhunderten dieselbe *eunomia* bestand (1,18). Besonnenheit (*sophrosyne*) auch im Erfolg, Bewahrung des Bestehenden, Vorsicht allem Ungewissen, Mißtrauen allem Neuen gegenüber kennzeichnen die Spartaner (1,70; vgl. 8,24). Ganz anders die Athener: »Sie sind Neuerer, leidenschaftlich, Pläne auszudenken und Beschlossenes wirklich auszuführen...; sie sind Draufgänger über ihre Macht, waghalsig über jede Vernunft«, optimistisch selbst in Rückschlägen und für ihre Stadt zu jedem Opfer bereit. »Und mit all dem plagen sie sich unter Mühen und Gefahren ihr ganzes Leben lang und genießen kaum, was sie haben, weil sie immer nur erwerben... und gelassene Muße für kein minderes Unglück halten als die geschäftige Mühsal. Wer also mit einem Wort sagen wollte, sie seien geschaffen, selbst keine Ruhe zu haben und den andern Menschen auch keine zu lassen, der spräche recht« (1,70).

Dies ist das Charakterporträt der demokratischen Großmacht. Es bezeugt den

Politisches Denken im Zeitalter Athens 335

in Athen besonders ausgeprägten Zusammenhang von Verfassung, Gesellschaftsordnung und Außenpolitik. Seit sich die Demokratie endgültig durchgesetzt hatte, genoß auch sie, ungeachtet gelegentlich schwerer Konflikte um Sachfragen und Grundsätze, ein bemerkenswertes Maß an Stabilität. Die Gründe sind vielschichtig, wobei gewiß der Flotten- und Seereichspolitik größte Bedeutung zukommt. Ein außergewöhnlich großer Teil der Bürgerschaft war ständig in politischen und militärischen Belangen für die Stadt engagiert und identifizierte sich mit der Demokratie und ihrer Politik, die beide durch viele Erfolge stets neu legitimiert wurden. Überdies schuf diese Politik für alle Bevölkerungsschichten eine Vielfalt von Möglichkeiten der Auszeichnung und Bereicherung. Dem vermochten sich auch viele Angehörige der Oberschicht nicht zu entziehen, die dem System an sich mit Vorbehalten gegenüberstanden (vgl. Alkibiades' Rechtfertigung der prodemokratischen Haltung seiner Familie in 6,89). Die Demokratie konnte deshalb erst gestürzt werden, als sie infolge des katastrophalen Ausgangs der Sizilienexpedition ihre Erfolgslegitimation verlor und in eine tiefe Krise geriet. Und selbst dann dauerte es nur wenige Monate, bis die Oligarchen sich diskreditiert hatten und erneut der Demokratie weichen mußten.

Thukydides nun war mit beiden Systemen gründlich vertraut. Beide hielt er zumal in der radikalen Form, in der sie sich während des Krieges präsentierten, für verfehlt. Die Demokratie war nach seinem Urteil nur so lange praktikabel und erfolgreich, als sie von dem überlegenen politischen Genius des Perikles gebändigt wurde, also im Grunde gar keine richtige Demokratie war: »Solange er die Stadt leitete im Frieden, führte er sie mit Mäßigung und erhielt ihr ihre Sicherheit ... Mächtig durch sein Ansehen und seine Einsicht und bei Gelddingen makellos unbeschenkbar, bändigte er die Masse in Freiheit, selber führend, nicht von ihr geführt, weil er nicht, um mit unsachlichen Mitteln die Macht zu erwerben, ihr zu Gefallen redete, sondern genug Ansehen hatte, ihr wohl auch im Zorn zu widersprechen ... Es war dem Namen nach eine Demokratie, in Wirklichkeit eine Herrschaft des ersten Mannes« (2,65). Und zum Sturz der radikalen Oligarchie der 400 und der Einrichtung einer gemäßigt oligarchischen Verfassung im Sommer 411 bemerkt Thukydides: »Wie nie zeigte Athen, das erstemal seit ich lebe, eine gute Verfassung; es war dies ein vernünftiger Ausgleich zwischen den wenigen und den vielen und hat aus mißlich gewordener Lage die Stadt zuerst wieder hochgebracht« (8,97; vgl. auch 68).

Von diesen persönlichen Stellungnahmen abgesehen, legt der Historiker das Ergebnis seiner Analyse der beiden Verfassungen nur indirekt vor durch die Darstellung ihres Funktionierens in der Praxis und die Wiedergabe der Argumente ihrer Befürworter und Kritiker in Reden, die der Erhellung wichtiger Entscheidungsprozesse dienen. Letzteres gilt freilich nur für die Demokratie; das achte, unvollendete Buch mit dem Bericht über die Oligarchie von 411 enthält keine Reden. Zusammengenommen ergeben diese verstreuten Äußerungen eine eindrucksvolle ›Pathologie der Demokratie‹, die eine wertvolle Ergänzung zu den Kommentaren anderer Autoren (namentlich Herodots, Pseudo-Xenophons und des Euripides und Aristophanes) darstellt.

Der positiven Selbstdarstellung der Demokratie ist der *Epitaphios* des ersten Kriegsjahres gewidmet (2,35–46). Sie beruht auf dem Mehrheitsprinzip und ist charakterisiert durch allgemeine Gleichheit vor dem Gesetz und in politicis. Die

Rolle, die der einzelne in der Gemeinde zu spielen vermag, hängt einzig von seinen Fähigkeiten und Leistungen, nicht von seinem sozialen oder wirtschaftlichen Status ab. Das politische Leben ist von Freiheit geprägt, die auch Vertrauen und Großzügigkeit im täglichen Zusammenleben garantiert und selbstverständlich den Gehorsam gegenüber den jeweiligen Amtsinhabern sowie den geschriebenen und ungeschriebenen Gesetzen mit einschließt (37). Jeder Bürger kümmert sich nicht nur um seine privaten, sondern auch um die staatlichen Belange; neben seinen verschiedenen Tätigkeiten ist jeder auch in politischen Fragen erfahren und urteilsfähig. Deshalb gilt in Athen der, der sich am politischen Leben nicht beteiligt, als schlechter Bürger. Nur hier entscheidet die ganze Bürgerschaft die Staatsgeschäfte; hier auch belehrt man sich durch ausgiebiges Reden, bevor man zur Tat schreitet, ohne daß man sich durch Erkennen und Verstehen von Gefahren abbringen ließe (40). Jeder Bürger ist vielseitig, anpassungsfähig, unabhängig und den schönen Seiten des Lebens aufgeschlossen, eine autarke Persönlichkeit (41). Kurz: Die für Athen charakteristische Verfassung und Gesellschaftsform erlauben es dem einzelnen, ohne staatlich gelenktes rigoroses Erziehungssystem seine natürlichen Gaben zu entfalten (vgl. 39) und damit dem Gemeinwesen vorzüglich zu dienen. Die Macht und Größe des Staats beruhen auf diesen Eigenschaften (41), auf Bürgern, die nicht auf den Nutzen schauen, sondern ihre Stadt mit wahrer Leidenschaft lieben und daran denken, »daß Männer voll Wagemut und doch mit Einsicht in das Nötige und voll Ehrgefühl beim Handeln das erworben haben« (43).

Jeder einzelne Punkt in dieser positiven Selbstdarstellung der perikleischen Demokratie antwortet auf Kritik, die von Gegnern dieser Demokratie inner- und außerhalb Athens geäußert wurde. Hier sei zur Illustration lediglich der wohl wichtigste Aspekt herausgegriffen, derjenige der politischen Kompetenz der Masse des Volkes, das in der Demokratie die Entscheidungen fällt. Die Kritiker, die bei Herodot (3,81), Pseudo-Xenophon (*Staat der Athener* 1,1–9, bes. 4 f.) und Euripides (*Hiketiden* 409 ff.) zu Wort kommen, sprechen dem Demos diese Kompetenz rundweg ab: dem Volk als der Masse der »Gemeinen und Schlechten« fehle es an Verstand und Vernunft, Selbstbeherrschung, Kenntnis und Erziehung wie auch an Zeit und Muße, die allein eine besonnene und kompetente Ausübung politischer Verantwortung gewährleisteten. Das Volk sei ungestüm und emotional, eigensüchtig und unbeständig; es lasse sich von schönen Worten blenden und mache andere für die Folgen seiner eigenen Entscheidungen verantwortlich. Kurz: Ein System, in dem die »Schlechten« herrschten, könne nur schlecht sein, genau wie ein System, in dem die »Guten« oder »Besten« den Ausschlag gäben, notwendigerweise gut sein müsse.

Auf solche teils von traditionellen aristokratischen Vorurteilen, teils von praktischen Erfahrungen geprägte Kritik reagieren die Verteidiger der Demokratie auf verschiedene Weise: Sie ignorieren diesen speziellen Aspekt und schildern statt dessen die institutionellen Vorzüge der Demokratie und die negativen Seiten oder das Versagen anderer Verfassungen, namentlich der Tyrannis als des extremen Gegenpols zur Demokratie (Herodot 3,80; Euripides, *Hiketiden* 349 ff., 403–56); sie entkräften die Kritik durch die Postulierung des Gegenteils und den Hinweis auf die Erfolgsbilanz des Systems (so Perikles im *Epitaphios*); sie betonen, daß jeder Bürger die Anlagen in sich trage, aus denen die »politische

Politisches Denken im Zeitalter Athens

Tugend« oder »Staatskunst« (*politike arete* oder *techne*) sich entwickle, geben aber zu, daß diese Anlagen durch sorgfältige Erziehung herausgebildet werden müßten (Protagoras, Demokrit, Euripides, *Hik.* 840–917); sie weisen auf die für die Gemeinde ungemein positiven psychologischen Auswirkungen eines Systems hin, das jedem Bürger Freiheit und Eigenverantwortlichkeit zugesteht und ihn deshalb zu erstaunlichen Leistungen beflügelt (Herodot 5,78; Hippokrates, *Über die Umwelt* 16 und 23; z. T. auch Perikles im *Epitaphios*); sie argumentieren schließlich mit einer ›Summierungstheorie‹, die darauf baut, daß Schwäche und Ungenügen des einzelnen durch die Summierung aller individuellen Qualitäten im Kollektiv überwunden würden (Herodot 3,80,6; Thuk. 6,39).

Thukydides steht solchen Argumenten höchst skeptisch gegenüber. Was für ihn zählt, ist nicht Theorie und Ideologie, sondern allein die Analyse der politischen Wirklichkeit. Diese zwingt ihn, die Frage nach der Kompetenz der Masse in allen wesentlichen Hinsichten negativ zu beantworten. Schon Perikles läßt er die Unbeständigkeit und emotionale Anfälligkeit des Demos kritisieren (1,140. 2,60; vgl. 2,59 und 65). Er, der am Ende seiner Laufbahn selber zum Opfer solcher Wankelmütigkeit wird (2,65), hat kraft seines politischen Geschicks, seiner Integrität und Autorität die Massen während vieler Jahre klug zu lenken und damit der athenischen Politik Klarheit und Beständigkeit zu geben vermocht (ebd.). Nach seinem Tod verursacht jedoch der Wettbewerb unter den ehrgeizigen und auf persönlichen Gewinn bedachten Politikern zahlreiche Fehlbeschlüsse; »untereinander eher gleichen Ranges und nur bemüht, jeder der erste zu werden, gingen sie sogar so weit, die Führung der Geschäfte den Launen des Volkes auszuliefern« (ebd.). Das verhängnisvolle Zusammenwirken von mangelnder Entscheidungskompetenz und Beständigkeit des Demos und mangelnder Sachkompetenz, Führungsqualität und Integrität der Politiker führte auf die Dauer notwendigerweise den Zusammenbruch der Demokratie und Athens herbei: so läßt sich wohl die Grundthese des Historikers zusammenfassen, die anhand zweier besonders wichtiger Entscheidungsprozesse erläutert wird: der Mytilenäer- und der Siziliendebatte.

Im Sommer 427 kapitulierte Mytilene, das bis zu seinem Abfall einer der privilegierten und mächtigsten Bündner gewesen war. Auf Antrag Kleons beschlossen die Athener, alle Männer umzubringen, die Frauen und Kinder aber in die Sklaverei zu verkaufen. Am folgenden Tag wurde aufgrund eines Stimmungsumschwungs im Volk die Angelegenheit noch einmal beraten (3,36). In zwei großen antithetischen Reden läßt Thukydides Kleon *gegen*, einen sonst unbekannten Politiker namens Diodotos *für* eine Aufhebung jenes verhängnisvollen Beschlusses plädieren. Beide operieren ausschließlich mit Nützlichkeitserwägungen und setzen sich mit dem grundsätzlichen Problem der Entscheidungsfindung in der Demokratie auseinander.

Wie Kleon ausführt, ist die Demokratie gerade wegen der Gefühlsanfälligkeit und Wankelmütigkeit des Demos zu einer imperialistischen Politik unfähig. Athen übt seine Herrschaft als eine Tyrannis über widerwillige Untertanen aus, deren Gehorsam allein auf Zwang und überlegener Macht beruht. Die herrschende Stadt ist deshalb auf eine Politik der konsequenten Härte und des unerbittlichen Festhaltens an den einmal gefaßten Beschlüssen angewiesen (3,37; vgl. 40). Dem jedoch stehen zwei grundlegende Hindernisse entgegen. Zum einen neigen manche Politiker zur Überheblichkeit. Zum Schaden des Gemeinwohls versuchen sie sich gegenseitig durch Klugheit und Originalität zu überbieten. »Sie wollen nicht einsehen, daß ein Staat mit schlechteren, aber unverbrüchlichen Gesetzen stärker ist als mit einwandfreien, die nicht gelten; daß Einfalt mit Disziplin für den Staat hilfreicher ist als mit Zuchtlosigkeit gepaarte Brillanz; und daß weniger kluge Menschen im allgemeinen ihren Staat besser verwalten als die gescheiteren« (37).

Zum andern ist es jedoch die Menge selbst, die dem rhetorischen und intellektuellen Wettbewerb unter den Politikern Vorschub leistet: Der Demos hat sich daran gewöhnt, »Zuschauer der Worte zu sein und Hörer der Taten... Auf die Neuheit eines Gedankens hereinfallen, das könnt ihr gut, und einem bewährten nicht mehr folgen wollen – ihr Sklaven immer des neuesten Aberwitzes, Verächter des Herkommens, jeder nur begierig, wenn immer möglich selber reden zu können oder doch um die Wette mit solchen Rednern bemüht zu zeigen, daß er mit dem Verständnis nicht nachhinkt... Kurz, der Hörlust preisgegeben tut ihr, als säßet ihr im Theater, um Redekünstler zu genießen, und hättet nicht das Heil des Staates zu bedenken« (38).

Kleons Charakterisierung des für die Demokratie nützlichen Bürger- und Politikertyps weist überraschende Parallelen zu Pseudo-Xenophons diesbezüglichen Bemerkungen auf (*Staat der Athener* 1,6−8), widerspricht jedoch ebenso eindeutig der Auffassung des Perikles, deren wichtigste Aspekte von Diodotos bekräftigt werden: Übersürztheit und Zorn sind die größten Feinde guten Rates (*eubulia*). Wer das Reden bekämpft, als sei es nicht der Lehrer des Handelns, tut dies aus Unverstand oder Eigeninteresse, das die Schwäche der Argumente für eine zweifelhafte Sache durch die Verleumdung der Gegner zu verdecken sucht. »Der gute Bürger aber soll seine Widersacher nicht einschüchtern, sondern gleich zu gleich sich mit den besseren Gründen durchsetzen, und eine vernünftige Stadt soll weder ihrem besten Ratgeber besondere Ehren erweisen... noch gar den strafen, dessen Plan nicht obsiegt, ihn aber auch nicht verunglimpfen.« Dann werden weder der Sieger noch der Besiegte sich gezwungen fühlen, die Menge wider besseres Wissen durch Gefälligkeiten auf ihre Seite zu ziehen (3,42). Außerdem müßte sich das Volk für seine Entscheidungen genauso verantwortlich fühlen wie die Politiker für ihre Anträge. »Wären Überreden und Mitgehen gleich gefährlich, ihr würdet eure Entscheidungen besser bedenken. Nun aber, wenn ihr in einer Zufallslaune euch verrannt habt, so bestraft ihr die eine Meinung des Antragstellers und nicht eure eigene, die doch in ihrer Vielzahl den Fehler mitverschuldet hat« (43). – Nach ausgedehnter weiterer Diskussion schwang der Antrag des Diodotos auf Verschonung der Mytilenäer knapp obenaus. Hingerichtet wurden nur die Hauptschuldigen (immerhin noch über 1000 Männer); die Mauern der Stadt wurden geschleift, die Flotte kassiert, ein großer Teil des Landes athenischen Siedlern zugeteilt (49 f.).

Die dem demokratischen Entscheidungsprozeß innewohnenden Probleme, die Thukydides hier exemplarisch erörtert, sollten sich zwölf Jahre später beim Beschluß, mit einem großen Expeditionskorps in Sizilien einzugreifen, äußerst verhängnisvoll auswirken (vgl. 2,65). Auch diesen Vorgang hat der Historiker mit großer Sorgfalt dargestellt (6,1−26). Er beginnt mit der ominösen Bemerkung, die meisten Athener hätten dem Beschluß zugestimmt, »ohne die Größe der Insel

Politisches Denken im Zeitalter Athens 339

zu kennen und die Menge der dort wohnenden Hellenen und Barbaren, und daß sie damit einen nicht viel geringeren Krieg anfingen als den gegen die Peloponnesier« (6,1). Die nach Sizilien entsandte Gesandtschaft berichtete nach ihrer Rückkehr »viel Verlockendes, was nicht stimmte« (8). Den daraufhin gefaßten Interventionsbeschluß versuchte Nikias in einer zweiten Versammlung rückgängig zu machen. Er war trotz seiner Einwände zu einem der Generäle der Expedition gewählt worden und überzeugt, Athen habe sich überstürzt und aus kurzsichtigen Motiven in ein problematisches Unternehmen eingelassen. Thukydides schildert ihn als den guten und besonnenen Bürger, wie er Perikles und Diodotos vorgeschwebt war: überlegt und darauf erpicht, die anstehenden Probleme genau zu verstehen, deshalb jedem überstürzten Beschluß abhold; nicht von persönlichen Rücksichten oder übertriebenem Ehrgeiz motiviert und willens, das Volk sachlich und nach bestem Wissen zu beraten (6,9); bereit und fähig, auch eine unpopuläre Meinung zu vertreten und das Volk auf die in ihm wirkenden gefährlichen Tendenzen aufmerksam zu machen (13); skeptisch den jungen Hitzköpfen wie Alkibiades gegenüber, die aus Ehrgeiz und Machthunger mit der Sicherheit des Staates spielen (12).

Dieser Alkibiades tritt als Nikias' wichtigster Gegner auf. Jung, reich, stolz auf seinen aufwendigen Lebensstil, brillant, immens selbstbewußt und populär, ist er von ganz anderm Kaliber als Kleon. Thukydides schildert ihn als maßlos ehrgeizig und geltungssüchtig; »vor allem wünschte er Feldherr zu sein und hoffte dadurch Sizilien zu erobern und Karthago und für sich selbst zugleich, wenn er Erfolg habe, Geld und Ruhm zu gewinnen« (15). Für die demokratische Doktrin der Gleichheit aller Bürger hat er als Schüler der Sophisten nur Verachtung übrig (16). Den Feldzug nach Sizilien propagiert er mit Hilfe von Illusionen (17) und der Überspitzung jener machtpolitischen Theorien, die bereits Perikles' Politik bestimmt hatten, die aber gerade durch die Steigerung ins Maßlose ihre Tragfähigkeit verloren (18). Dennoch war es nach Thukydides' eindeutiger Aussage (2,65; 6,15) nicht primär die Fragwürdigkeit seiner brillanten, aber überspannten Pläne, die das Sizilienunternehmen zum Scheitern brachte und Athen schlußendlich zugrunde richtete, sondern die durch seine Persönlichkeit provozierte Emotionalisierung der Politik und die erbitterte Rivalität unter den Politikern.

Daß die Athener nicht geneigt waren, »das Bestehende zu bewahren und das Vorhandene nicht für Ungewisses und Künftiges aufs Spiel zu setzen« (6,9), war bekannt. Nikias hatte versucht, diese Tendenzen durch rationale Argumente zu überwinden (10–12, 20–23); Alkibiades dagegen leistete ihnen Vorschub. Sein Erfolg beruhte wesentlich auf seiner Fähigkeit, mit dem athenischen ›Volkscharakter‹ gleichsam zu spielen, ihn für seine Zwecke auszubeuten (18). Dementsprechend reagierte auch das Volk: »Eine Leidenschaft zu dieser Ausfahrt riß alle miteinander hin: die Älteren, die Städte zu unterwerfen, gegen die sie fuhren – mindestens könne eine so große Macht gewiß nicht verderben; die Herangewachsenen aus Sehnsucht, ferne Länder zu sehen und kennenzulernen, und hoffnungsvoll, am Leben zu bleiben; der große Haufe, das Kriegsvolk, schon jetzt dabei, Geld zu verdienen und eine Macht dazuzuerobern, aus der ihnen für alle Zeit ein täglicher Sold gewiß sei. So daß bei dieser maßlosen Gewinnsucht auch einer, dem dies etwa mißfiel, besser stillhielt, um nicht, dagegenstimmend, als

Feind seiner Mitbürger zu gelten« (24; vgl. als Gegenpol die Reaktion der Athener auf die Nachricht vom Untergang des Expeditionskorps: 8,1).
Mit diesen Beispielen ist das Thema nur notdürftig umrissen. Es ließe sich zeigen, wie die hier herausgegriffene und von Thukydides unerbittlich bloßgelegte
Grundproblematik der Demokratie, soweit sie die Spannung zwischen Machtstreben, Sachkompetenz und Verantwortlichkeit in der politischen Elite betrifft,
sich in die Oligarchie hinein fortsetzt und auch dort zur Ursache des Scheiterns
wird (vgl. etwa 8,89). Vielleicht nirgends so sehr wie gerade in diesem Problem-
bereich vermißt man die Darstellung der letzten Kriegsjahre aus Thukydides'
eigener Hand: die ›Pathologie der Demokratie‹, die Selbstzerstörung eines einst
so erfolgreichen Systems, hätte er unendlich viel eindringlicher analysiert als
sein Fortsetzer Xenophon, auf dessen Bericht über den Arginusenprozeß (*Hellenika* 1,7), den Todeskampf der belagerten Stadt (2,2,10–23) und die ›Tyrannis
der Dreißig‹ (2,3–4) hier wenigstens verwiesen sei.

Ergebnis: die ›Pathologie der Macht‹

Mit Thukydides beginnt die bis in die jüngste Zeit vorherrschende Konzentration der Geschichtsschreibung auf die politischen und militärischen Vorgänge.
In seinem Werk und Denken wird der politische Bereich erstmals zu einer selbständigen Dimension, erreicht ›das Politische‹ seine volle Autonomie, ist es einer
ganz eigenständigen Analyse wert. Die zwischenmenschlichen und -staatlichen
Beziehungen sind in seinem Geschichtswerk ins Zentrum gerückt; sein Augenmerk gilt den Urgründen und Gesetzmäßigkeiten politischen Handelns und
Geschehens. Deshalb ist seine Zeitgeschichte eine der wichtigsten Quellen politischen Denkens. Als primäres Movens der Geschichte erkennt er das in der
Menschennatur vorgegebene Streben nach Macht und Freiheit. Herodots Leitmotiv ist die erfolgreiche Behauptung der Freiheit gegen das Machtstreben von
Tyrannen und östlichen Monarchen. In der rückblickenden Darstellung der Perserkriege und ihrer Vorgeschichte erweist sich dies als wichtigstes Motiv und
Ergebnis, geradezu als Schlüssel zum Verständnis sonst schwer erklärbarer Vorgänge. Was für Herodot außerhalb des Gegenstands seiner Betrachtung liegt,
deshalb nur indirekt, aber deutlich genug seine Gedankenführung und Darstellung beeinflußt (vgl. oben, S. 309 ff.), das steht für Thukydides im Zentrum seiner Analyse: der eben erst durchgebrochene und so glanzvoll bewährte Frei-
heitsgedanke ist von den Athenern im Zuge ihrer Reichsbildung pervertiert und
zum Instrument der Rechtfertigung ihrer Herrschaft, der Unterdrückung der
eben erst Befreiten, gemacht worden. Was Athen in der Poliswelt und der athenische Demos in der demokratischen Stadt in extremem Maße für sich beanspruchen, verweigern sie den andern; Athens Freiheit ist zur Freiheit des Tyrannen
geworden. Das Streben nach Macht erweist sich letztendlich auch in der Griechenwelt als tiefster und stärkster Trieb menschlichen Handelns. Der Weg, den
Athen in nur fünfzig Jahren zurückgelegt hat, läßt sich am besten nachvollziehen, wenn man die Äußerungen der Athener bei Herodot 8,143 f. (vgl. auch
142) und die des Perikles bei Thukydides 2,64 direkt nebeneinanderstellt.
Dementsprechend ist Thukydides' Leitmotiv das Phänomen der Macht. Er analysiert ihre Erscheinungsformen, ihren Glanz und Sturz, die Faszination und den

Politisches Denken im Zeitalter Athens 341

Haß, den sie in den Menschen weckt, sowohl im außen- wie im innenpolitischen Bereich. Daß er diesen Schwerpunkt wählte, erscheint verständlich genug. Das volle Ausmaß der damit verbundenen politisch-analytischen Leistung wird man freilich erst erkennen können, wenn man sich vor Augen hält, welch ungewöhnliche und neuartige Rolle das ›Phänomen Macht‹ für die Zeitgenossen spielte. Es war ein Phänomen, das alle betraf und sich in allen Lebensbereichen auswirkte, das alle Beziehungen innerhalb der Polis und zwischen den Poleis unter neue Gesetze stellte. Und es war als Phänomen so faszinierend, weil es noch neu, erst vor kurzem gleichsam entdeckt worden, jedenfalls ins allgemeine Bewußtsein und ins Zentrum der Politik gedrungen war; insbesondere auch, weil man – in Athen – bisher vor allem seine positiven Seiten erfahren hatte und es mit einem fast grenzenlosen Leistungsoptimismus verband. Gewiß, ›Macht‹ war schon immer ausgeübt worden und hatte man immer in der einen oder andern Form erlebt. Vielmehr: Man hatte sie erlitten, denn bis vor kurzem war sie außerhalb der Reichweite und damit auch des aktiven Interesses der weitaus meisten Polisbewohner gelegen. Sie war selbstverständliches, wenngleich heftig umstrittenes Privileg des Adels, wurde deshalb kaum als solche und für sich allein, sondern vorwiegend in ihren Auswirkungen thematisiert. Auch im zwischenstaatlichen Bereich hatte sie seit je in verschiedenen Formen eine Rolle gespielt, aber wegen der spezifischen Verhältnisse in der archaischen Poliswelt hatte sie – abgesehen von den Randgebieten des griechischen Siedlungsraumes und vor der Auseinandersetzung mit den Lydern, Persern und Karthagern – kaum je die Ebene der existentiellen Gefährdung oder Unterwerfung einer Polis erreicht.

In den Perserkriegen wurden den mutterländischen Griechen deshalb erstmals nicht nur in großem Umfang die Gefahr von Vernichtung, Unterwerfung und Fremdherrschaft, sondern auch in dramatischer Weise die Möglichkeiten und Auswirkungen von Machtausübung vor Augen geführt. Mit der Herrschaftsbildung Athens im Seebund errichtete bald darauf erstmals eine griechische Polis eine großräumige und auf Dauer berechnete, systematisch organisierte und sämtliche Lebensbereiche in den Untertanenstädten erfassende Herrschaft über andere griechische Poleis. Und erstmals wurde solche Macht nicht von einem Monarchen oder Tyrannen mit seinen adeligen Vasallen, sondern von der gesamten Bürgerschaft einer Polis ausgeübt. Dank der Demokratie, die sich in direktem Zusammenhang mit der Herrschaft im Seebund herausgebildet hatte, hielt die Gesamtheit der Bürger die Macht (*kratos*) in der Hand; die Bürger waren Herren ihrer selbst (*autokratores*); die Macht war, wie Euripides sagt, eine Sache des Volkes geworden (»vervolklicht worden«: *Kyklops* 119). Daraus ergab sich die welthistorisch einzigartige Situation, daß einige wenige zehntausend Männer, der Demos von Athen, von einem tiefen Bewußtsein ihrer Macht und Möglichkeiten durchdrungen, direkt und indirekt die Geschicke von Hunderten anderer Städte bestimmten. Die Macht ihrer Stadt und in ihrer Stadt, die Gewinnung, Erhaltung, Organisierung und Ausbeutung von solcher Macht bestimmten das ganze Denken und Handeln dieser Bürgerschaft. Nur wenn man sich all dies vergegenwärtigt, wird man verstehen können, weshalb fast die gesamte Bürgerschaft scheinbar vorbehaltlos der Faszination durch diese Macht erlag, weshalb ›Macht‹ zum allgegenwärtigen Inhalt und Ziel der Politik und in einer für die Nachwelt schockierenden Offenheit propagiert, gerechtfertigt und verehrt werden konnte. Von den Perserkriegen bis 413 war Athen in der Tat eine Stadt der unbegrenzten Möglichkeiten. Die praktische und theoretische Bewältigung dieser Möglichkeiten stellte eine intellektuelle Herausforderung ersten Ranges dar. – Dieser Herausforderung hat sich Thukydides in seltener Kompromißlosigkeit gestellt. Unter dem Seziermesser seiner unerbittlichen Logik ist die Geschichte des Peloponnesischen Krieges nicht nur zu einer multiperspektivischen Analyse der innen- und außenpolitischen Machtbeziehungen, sondern zu einer tiefgründigen, generalisierbaren und für alle Zeiten lehrreichen ›Pathologie der Macht‹ geworden.

7. Euripides und Aristophanes

Euripides ist um 485 als Sohn eines wohlhabenden Gutsbesitzers geboren. 455 gewann er seine erste Aufführung, 441 den ersten von insgesamt nur vier ersten Preisen. Im Gegensatz zu Aischylos und Sophokles war er nie politisch tätig. Kurz nach 408 verließ er Athen und starb 406 am Hof des Königs Archelaos von Makedonien. Von den Modernen oft als »Dichter der griechischen Aufklärung« und »Schüler der Sophisten« bezeichnet, zu seinen Lebzeiten von Sophokles überschattet und häufig von der Komödie aufs Korn genommen, wird Euripides als Dichter, Dramatiker und Denker vielfach unterschätzt. Einem Glücksfund ist es zu verdanken, daß neben den Stücken der populären Auswahl auch Teile einer alphabetisch geordneten Gesamtausgabe erhalten sind, so daß wir von seinen 92 Dramen immerhin 18 Tragödien und ein Satyrspiel besitzen. Sein Werk und Denken sind damit verhältnismäßig gut dokumentiert. Was uns darin entgegentritt, ist eine vielschichtige, intensiv mit den Problemen ihrer Zeit ringende, neuen Gedanken aufgeschlossene, aber kritisch ihre Unabhängigkeit wahrende und leidenschaftlich für das als richtig Erkannte eintretende Persönlichkeit. Als politischer Denker ist er im Vergleich zu den Sophisten und Thukydides, mit denen ihn manches verbindet, wenig beachtet worden; trotz einer immensen Literatur harrt sein Werk noch immer der systematischen politischen Analyse. Wir können hier nur anhand weniger Beispiele einiges Wichtige erörtern.

»Die Herakliden«

Das Stück wurde wohl 430, also zu Beginn des Krieges, aufgeführt. Oberflächlich liest es sich wie eine patriotisch-triumphale Bekräftigung des athenischen Anspruchs, für eine gerechte Sache zu kämpfen; Bezüge zu Thukydides und zur gerade damals intensiv propagierten athenischen Freiheitsideologie sind unübersehbar. Das Thema ist aus der Epitaphientopik gut bekannt (vgl. Lysias 2,11–16; Isokrates 4,58–60): Von Eurystheus, dem König von Mykene und unerbittlichen Feind ihres Vaters verfolgt, haben die Kinder des Herakles mit ihrer Mutter Alkmene und ihrem greisen Beschützer Iolaos am Zeusaltar in Marathon Zuflucht gesucht. Dies ist ihre letzte Hoffnung; alle anderen Städte haben sie aus Furcht vor der Macht der Peloponnesier zurückgewiesen (14–25). Dem Herold des Eurystheus, der ihre Auslieferung verlangt, widerspricht Iolaos

Politisches Denken im Zeitalter Athens

mit dem Hinweis auf die Freiheit des attischen Landes und das Asylrecht der Schutzflehenden (55–110). Der athenische König Demophon verweigert die Auslieferung aus religiösen und zumal politischen Gründen: »Denn wenn ich zulasse, daß dieser Altar von einem Fremden durch Gewaltanwendung befleckt wird, dann wird es scheinen, als bewohne ich kein freies Land, als gebe ich aus Furcht vor Argos Schutzflehende preis« (236–46, vgl. 181–231). Der Herold appelliert an die Vernunft, Vorsicht, Staatsräson, bevor er aufgrund seiner ultimativen Kriegsdrohung unter erneutem Hinweis auf die Freiheit Athens des Landes verwiesen wird (284–87). Der Krieg ist damit unvermeidlich. Dankbar preist Iolaos den König und die Bürger Athens, die sich in ihrer ererbten Rolle als Führer und Beschützer (*prostatai*) bewährt haben (305 f.). Er ermahnt die Herakliden, nie in feindlicher Absicht gegen die Athener zu ziehen, sondern ihrer stets als der Freunde zu gedenken, die ihr Leben retteten und um ihretwillen den Kampf mit einem mächtigen Feind wagten (309–19). Der Chor der athenischen Alten bekräftigt die Prinzipien der Politik ihrer Stadt: »Immer und seit je ist es der Wille dieses Landes, als Verbündete des Rechts den Hilfsbedürftigen Unterstützung zu gewähren; deshalb hat es für seine Freunde zahllose Entbehrungen auf sich genommen, wie eben auch jetzt ein neuer Kampf (dieser Art) bevorsteht« (329–32). Athen liebt den Frieden, aber es wird sich gegen ungerechtfertigte Ansprüche und Angriffe zu wehren wissen (353–80).

Dieses wichtige Leitthema wird vom Chor aufgegriffen (755 ff.), nachdem dank der Selbstopferung der Heraklestochter Makaria (einer von mehreren euripideischen Frauengestalten, die für das Wohl der Gemeinde ihr Leben hergeben) auch die Unterweltsgötter für die Sache Athens gewonnen sind, und nach dem Sieg der Athener kommt der Dichter erneut darauf zurück: Eurystheus wird als Gefangener eingebracht. Der Chor interpretiert diesen Ausgang als göttliche Bestätigung von Athens gerechter Sache; Hybris und gewalttätiges Unrecht sind bestraft; »mögen Herz und Gedanken mir niemals unersättlich sein!« (901–27). Der König, der, das Recht verachtend, von Mykene auszog, um Athen zu zerstören (932–34), ist gedemütigt, ohnmächtig. Alkmene jedoch verlangt seinen Tod. Trotz des Widerspruchs des Chors und Eurystheus' Selbstverteidigung setzt sich ihre Rachsucht durch. Auch der Chor gibt schließlich nach, zumal Eurystheus selbst verkündet, sein Heroengrab werde Athen gegen Einfälle der Nachfahren der Herakliden schützen (1026–44).

Die Ironie, daß die eben Gerettete dem früheren Gegner jene Großzügigkeit versagt, der sie selbst ihr Leben verdankt, ist gewiß mit Absicht herausgehoben. Dennoch ist zumal die Rolle des Chors in dem wohl unvollständigen Schluß unbefriedigend. An der politischen und zeitgeschichtlichen Deutung der mythischen Vorgänge ändert dies jedoch nichts. Da sind zunächst die offenkundigen Parallelen zu Perikles' großer Rede bei Thukydides, in der die spartanischen Ultimaten als Verletzung athenischer Freiheit und Souveränität zurückgewiesen werden (1,140 f.). Mehr noch: Die Herakliden und Eurystheus sind Peloponnesier; die mythischen Verdienste Athens um diese Peloponnesier stellen sich den historischen in den Perserkriegen zur Seite (vgl. Thukydides 1,73 f.): aus beiden ergibt sich die von Iolaos so stark betonte Verpflichtung der Peloponnesier, Athen mit besonderer Achtung zu begegnen (309–19). Es ist schwer, in dem allem nicht des Dichters dezidierte Zustimmung zu Perikles' Doktrin des unbedingten, selbst den Preis des Krieges akzeptierenden Beharrens auf Athens Souveränität und einen Ausdruck der Überzeugung zu sehen, daß Athens Sache zum Zeitpunkt des Kriegsausbruchs gerecht, die Spartas ungerecht gewesen sei (vgl. bes. 759–76, 901–9, 924–27). Doch beleuchtet Euripides auch die Motive der Gegenseite, indem er Eurystheus eine ausführliche Selbstverteidigung zugesteht: Hera hatte ihm die Bürde des Erstgeborenen und Herrschers auferlegt. Er war damit gezwungen, seine Stellung gegen Konkurrenten und Feinde zu verteidigen. Furcht vor dem mächtigen Herakles beherrschte sein Denken und Handeln, und Furcht vor den Nachkommen, die den Anspruch und Haß ihres Vaters erbten, zwang ihn, sie zu verfolgen. Nur so konnte er hoffen zu überleben; jeder hätte in seiner Lage gleich gehandelt (983–1008). Manches davon erinnert an die athenische Selbstverteidigung in Sparta (vgl. Thuk. 1,75 f.); dem Publikum mußte es deshalb vertraut vorkommen. Die Analogien zwischen Mythos und Zeitaktualität ließen sich weiterverfolgen; wichtig ist allein des Dichters Botschaft, daß, was für Athen galt, mutatis mutandis auch für den Gegner gelten, daß auch er sich allenfalls auf (zumindest subjektiv) legitime Gründe stützen konnte. Dieser Versuch, Verständnis für den verhaßten Angreifer zu wecken, verdient Beachtung.

Des weiteren insistiert Euripides mit großem Ernst darauf, daß die Athener in dem mythischen Krieg gegen die peloponnesischen Angreifer nur zu siegen vermochten, weil sie eine gerechte Sache vertraten und deshalb den Schutz der Götter genossen. Ebenso konnten sie, so war zu folgern, den neuen Krieg nur gewinnen, wenn sie auf der Seite des Rechts blieben und nicht ihrerseits der Hybris und dem Unrecht verfielen. Der Schluß des Stückes ist deshalb reichlich ominös. Eurystheus gibt den Hinweis klar genug: »In weiser Zurückhaltung (*sophrosyne*) verschone mich die Stadt, dem Gebot des Gottes den Vorrang gebend vor dem Haß auf mich« (1012 f.). Und der Chor sagt es noch direkter: »Der Weg ist dir vorgezeichnet, Stadt, den des Rechts – niemals sollst du davon abweichen –: die Götter zu ehren... Der Gott offenbart dir ein deutliches Zeichen, indem er allezeit den Ungerechten die Vernunft entzieht« (901–9). Alles in allem kann somit von einer vorbehaltlosen patriotischen Verherrlichung Athens keine Rede sein.

»Die Hiketiden«

424 oder wenig später aufgeführt, steht dieses Stück unter dem Eindruck der Bitterkeit des Krieges und der beginnenden Krise der Demokratie. Perikles war seit Jahren tot, der von Thukydides (2,65) gegeißelte Wettbewerb unter seinen popularitäts- und machthungrigen Nachfolgern in vollem Gange. Im Sommer 425 hatten die Athener auf Anstiften Kleons ein günstiges spartanisches Friedensangebot abgelehnt (Thuk. 4,15–22). Bei den Hilfesuchenden handelt es sich hier um die Mütter der gefallenen »Sieben gegen Theben« und ihre Dienerinnen, denen in einem Nebenchor die sieben Söhne der Helden zur Seite stehen. Die Thebaner haben die Bestattung der Gefallenen verweigert; die Mütter bitten den Athenerkönig Theseus, zu ihren Gunsten zu intervenieren. Im Dialog mit seiner Mutter Aithra und dem greisen Argiverkönig Adrast, in dessen Namen die Sieben gegen Theben zogen, entschließt sich Theseus, die Herausgabe der

Politisches Denken im Zeitalter Athens 345

Toten durch Verhandlungen und notfalls Waffengewalt durchzusetzen. Dieser Entschluß wird vom Volk akzeptiert und in der Konfrontation mit einem thebanischen Herold erhärtet, der Theseus ultimativ auffordert, den Interventionsplan aufzugeben und im Interesse der Sicherheit Athens die Bittflehenden des Landes zu verweisen. Theseus zieht mit seiner Armee nach Theben, siegt in der Schlacht und kehrt, ohne weiteren Schaden anzurichten, mit den Särgen der Sieben nach Athen zurück. Dort preisen Theseus und Adrast die hervorragenden Eigenschaften der toten Helden, bevor sie dem Scheiterhaufen übergeben werden. In einem ergreifenden Zeugnis für die Tragik der vom Krieg verursachten Leiden stürzt sich Euadne, die Witwe eines der Sieben, in die Flammen des Scheiterhaufens. Bevor die Söhne mit den Urnen nach Argos zurückkehren, tritt Athena selbst auf: Sie verpflichtet die jungen Männer durch einen feierlichen Eid, die Verdienste Athens nie zu vergessen und nie als Feinde gegen Athen zu ziehen.

Anklänge an die *Herakliden* sind nicht zu übersehen. Auch hier weigert sich ein athenischer König, dem ungerechtfertigten Ultimatum einer fremden Macht nachzugeben, und erneut wird vor allem die Notwendigkeit der uneingeschränkten Behauptung von Souveränität und Freiheit der Polis betont (476–78, 517–21). Auch hier sind die Athener bereit, die Hilfesuchenden zu unterstützen, selbst wenn sie sich damit dem Risiko eines Krieges aussetzen. Die Gerechtigkeit ihrer Sache ergibt sich hier wie in Sophokles' *Antigone* aus dem panhellenischen oder göttlichen *nomos*, der dem Willen und Gesetz der einzelnen Polis übergeordnet ist und die Verfolgung eines Toten über den Tod hinaus verbietet (vgl. 19, 526 f., 538, 671 f. und bes. 301–13, 377–80). Auch hier also ist es Athen, das im höheren Interesse der Humanität den Schutz der ungerecht Behandelten übernimmt, und erneut wird dies als der zentrale Gehalt athenischer Politik gepriesen (184–92, 312–31, 334–42), die wiederum von Zurückhaltung und Großzügigkeit den Besiegten gegenüber geprägt ist (672, 723–25).

Diese Prinzipien gelten nach wie vor als ideal und befolgenswert. Sie sind es zumal im Vergleich zur politischen Realität, die im Verlauf des Stückes in vielfacher Abwandlung jenem Ideal gegenübergestellt wird. Da ist Adrasts kurzsichtige, Wohlberatenheit (*eubulia*) dem kühnen Zugriff (*eupsychia*) opfernde, den jugendlichen Hitzköpfen nachgebende und die Warnung der Seher mißachtende Entscheidung, die materiellen und politischen Ansprüche seiner fremden Schwiegersöhne in einem Krieg gegen ihre Heimatstadt zu unterstützen und damit im Ergebnis seine eigene Polis ins Unglück zu stürzen (152–61). Wie Theseus ausführt, ist Adrast der für die Menschen so verderblichen Habgier und Überheblichkeit verfallen (214–18), »von jungen Männern in die Irre geführt, die aus Lust auf Ehre immer neu und ohne Recht zum Kriege treiben, den Bürgern zum Unheil: der eine, weil er gerne Feldherr sein möchte, der andere, um, wenn er die Macht in seine Hand gebracht hat, seinem Frevelmut den Lauf zu lassen, ein dritter aus Gewinnsucht, und keiner achtet drauf, ob das Volk dabei nicht Schaden nimmt« (232–37).

Noch deutlicher erklingen solche Anspielungen auf die politische Wirklichkeit im nachperikleischen Athen in der Kritik des thebanischen Herolds an Theseus' Absicht, in einer weder ihn noch Athen direkt betreffenden Angelegenheit in

Theben zu intervenieren. Die aus Thukydides (1,70) bekannte Definition des athenischen Volkscharakters ist hier in wesentlichen Zügen vorweggenommen: die Neigung, wichtige Entscheidungen unter dem Einfluß von Zorn, Stolz und Hoffnung zu fällen, bei Kriegsbeschlüssen keine Rücksicht auf die Sicherheit der eigenen Person zu nehmen, die eigene Familie für geringer zu achten als den Staat, Stillhalten und Voraussicht dem kühnen Zugriff unterzuordnen (476–510). Hyperaktivismus und stete Einmischung in anderer Leute Geschäfte (*polypragmosyne*) kennzeichnen die Stadt und ihre Bürger; durch stetes Mühen (*ponoi*) genießt sie Wohlstand und Glück (*eudaimonei*: 576 f.). Ebenfalls auf aktuelle Erfahrung und charakteristische Denkweisen beziehen sich die Hinweise auf die Überheblichkeit des Volks, das nach einem Erfolg unersättlich nach den Sternen greift und den Genuß des ihm beschiedenen Glücks verschmäht (728–30), und auf die von beiden Seiten in der eitlen Hoffnung auf den Gesamterfolg leichtfertig vertanen Friedenschancen (736–44).

Diese Kennzeichen athenischen Verhaltens setzt Euripides in direkte Beziehung zur Demokratie: Verfassung und Politik stehen in unmittelbarer Interdependenz; auch hierin ist das Ergebnis der (gewiß systematischeren und tiefergreifenden) Analyse des Thukydides vorweggenommen. Die Auseinandersetzung mit der zeitgenössischen Demokratie konzentriert sich auf deren zentrale Problematik, die Qualität der Führer und die Kompetenz der Geführten. Sie ist zur Hauptsache in drei Abschnitte gegliedert. Im Zentrum des Stücks steht die große ›Verfassungsdebatte‹ zwischen dem thebanischen Herold als dem Verfechter des monarchischen Prinzips und König Theseus. Dieser preist als positive Errungenschaften der Demokratie die Freiheit der nicht dem Willen eines einzelnen unterworfenen Gemeinde, die Souveränität des Volkes (»das Volk ist hier Monarch«: 352 f.), die Rotation zwischen Regierenden und Regierten, die politische Gleichheit von Arm und Reich (404–8), die Gleichheit vor dem Recht (429–37), die allen Bürgern gewährte Freiheit und Gleichheit der Rede in der Versammlung (438–41) und die für die Gemeinde förderliche Unbeschwertheit und Harmonie des Lebens in Familie und Stadt (442–55). Der Kritiker der Demokratie dagegen betont die durch die Herrschaft der Masse (*ochlos*) geschaffenen Probleme: Die Demagogen, die das Volk mit geschickten Reden je dorthin lenken, wo ihnen selber der größte Profit winkt, sind ihrerseits von jähem Popularitätsverlust bedroht und darin geübt, ihre Verantwortung auf andere abzuwälzen und dem Zugriff des Rechts zu entschlüpfen; besonders gefährlich ist das Ansehen, das redegewaltige, aber moralisch minderwertige ›Aufsteiger‹ aus ihrem Einfluß auf das Volk zu gewinnen vermögen; dem Volk jedoch fehlen sowohl die Fähigkeit, Argumente richtig zu beurteilen, wie die zur sorgfältigen Belehrung notwendige Muße – zumal die Bauern für politische Betätigung ohnehin keine Zeit haben (417–25). Allgemein gefaßt, aber ebenfalls auf die Demokratie zu beziehen, ist der Vorwurf der Leichtfertigkeit in Kriegsbeschlüssen (481–85).

Dieses große Mittelstück wird durch zwei weitere Passagen ergänzt. Die bereits erwähnte Kritik an der Selbstsucht und Unverantwortlichkeit der Führer (232–37) ist mit einer Kritik der Bürgerschaft gekoppelt: Die Reichen sind (für die Gemeinde) von geringem Nutzen und streben nur nach Vermehrung ihres Wohlstandes; die Armen sind von Neid und Haß den Besitzenden gegenüber erfüllt und von schlechtgesinnten Führern leicht zu täuschen; allein die in der

Politisches Denken im Zeitalter Athens 347

Mitte Stehenden bilden eine stadtbewahrende Kraft (238–45). Andererseits deutet Euripides im Schlußteil des Dramas an, in welcher Richtung die Lösung dieser Probleme gesucht werden muß: in der Stärkung des Gemeinsinns und der sorgfältigen Vorbereitung der jungen Bürger auf ihre politische Verantwortung. Deshalb werden die nach Athen überführten toten Helden als Muster heroischen Mutes und bürgerlicher Qualitäten vorgestellt. Der Verurteilung der eigensüchtigen Demagogen (232–37) steht hier – wie bereits in der Charakterisierung des deutlich an Perikles erinnernden Theseus – das Lob der selbstlos auf das Wohl der Gemeinde bedachten Führer gegenüber (857–908). Mit dem Mythos, dem es zum Teil eklatant widerspricht, hat dies wenig, mit dem Ringen um die Bewältigung eines für Athen lebenswichtigen Problems jedoch sehr viel zu tun. »Denn Scheu vor Bösem pflanzt ins Herz die weise Zucht, und jeder Hochgesinnte, der die Tugend übt, schämt sich der Feigheit. Lehren läßt sich auch der Mut, so wie man vieles, was sie nicht gewußt, zu sagen und zu hören auch die Kinder lehrt. Und was erlernt ward, pflegt man bis ins Alter festzuhalten. Darum bildet eure Kinder wohl!« (911–17). Was hier explizit vom Mut gesagt wird, gilt auch in weiterem Sinn von der »bürgerlichen Tugend«: Protagoras hätte zugestimmt!

Parallelen und Ergänzungen zu den in den *Hiketiden* vorgetragenen politischen Gedanken finden sich in großer Zahl in den andern Stücken und über tausend Fragmenten. Besonders kritisch äußert sich Euripides über den politischen Mißbrauch der Rhetorik und sophistischen Scheinweisheit. »Wenn für das Reden man müßt' zahlen einen Preis, dann wünschte wahrlich niemand wohlberedt zu sein; doch nun kann jeder sich vom blauen Himmel her die Reden holen mühelos und freut sich, wahr zu reden oder unwahr; niemand straft ihn ja« (Fragm. 978 N; vgl. *Medea* 579 ff.; *Hekabe* 1187 ff.; *Hippolytos* 486 ff., 925 ff., 986 ff.). Demgegenüber ist die schlichte und wahrhafte Rede hochzuachten, die auch dem einfachen Mann eine Chance gibt, sich durchzusetzen (vgl. Fr. 327; *Ion* 832 ff.). So wichtig das uneingeschränkte allgemeine Rederecht für die Bewahrung der Freiheit ist, so wahr ist es, daß sich im Zweifelsfall die geschliffene Rede des selbstsüchtigen Demagogen durchsetzt. Als solcher wird mehrfach der schlaue Odysseus gezeichnet (*Hekabe* 131 ff., 254 ff.; *Troerinnen* 278 ff.; *Iphigenie in Aulis* 526 f.). Im *Orestes* werden im Bericht über die Volksversammlung, die über das Schicksal von Orestes und Elektra entscheiden soll, vier Rednertypen vorgestellt: der Schmeichler, der ohne Ansehen der Sache den Mächtigen nach dem Munde redet (887–94); der aufrechte König; der Demagoge, »von zügelloser Zunge, stark durch frechen Mut, ... auf lauten Beifall pochend und auf ungebildeten Freimut, überzeugend genug, um seine Hörer ins Unglück zu führen« (902–6), und zuletzt »ein im Äußeren unansehnlicher, doch wackerer Mann: die Stadt besucht er selten und den Kreis der Agora, einer der seine Felder selber bestellt – einer von denen, die allein das Land erhalten –, doch auch erfahren, wenn er will, im Redekampf; unsträflich lauter wandelt er sein Leben lang« (917–22). Obschon den ›Guten‹ (*chrestoi*) gefällt, was er sagt (930), dringt in der Masse die Meinung jenes Demagogen durch (943–45).

Daß im bäuerlichen Mittelstand die Hoffnung auf Rettung des Staates liegt, betont der Dichter auch durch die positive Charakterschilderung des einfachen Bauern, dem Elektra verheiratet worden ist (*Elektra* 253 ff., 362 f., 367 ff.). Die

Kombination einer gleichmäßigen, sorgfältig kontrollierten Beteiligung aller Bevölkerungsteile an der Macht mit einer das Vertrauen des Volkes genießenden, durch Kompetenz und Rechtlichkeit angesehenen, aber nicht allzu mächtigen Führerpersönlichkeit garantiert am ehesten das Wohlergehen der Gemeinde (Fr. 626). Immer wieder hebt Euripides hervor, daß angesichts der bekannten Eigenschaften des Volkes die Demokratie mit der Führung steht und fällt (vgl. nur *Orestes* 696 ff., 772 f.; Fr. 1048).

In den *Hiketiden* tritt uns auch die für Euripides so charakteristische Verurteilung des Krieges entgegen. Alle Menschen wissen zwischen Recht und Unrecht, Gut und Böse zu unterscheiden; alle wissen, daß der Frieden viel segensreicher ist als der Krieg. Und doch, verblendet von der trügerischen Hoffnung, »die schon viele Städte gegeneinander aufgebracht hat, da sie des Menschen Trachten ins Maßlose steigert« (479 f.), »verschmähen wir die Segnungen des Friedens, wir Elenden, wählen den Krieg und versklaven den Schwächeren, Mensch den Menschen und Stadt die Stadt« (486–93; vgl. 949–52). Die Klage und der freiwillige Tod der Euadne auf dem Scheiterhaufen ihres Gatten, die Verzweiflung ihres Vaters Iphis und die illusionslose Trauer der Mütter, die nun, »ohne Söhne, ohne Kinder, dem jammervollsten Alter entgegensehen, weder den Toten noch den Lebenden zugezählt« (955–1113) – all dies bildet einen denkbar düsteren Kontrast zu dem am Beginn des Stückes vorherrschenden Enthusiasmus für den Krieg um einer gerechten Sache willen. Zumal die Troerdramen (die wohl etwas frühere *Hekuba* und die *Troerinnen* von 415) stellen denkbar scharfe Manifestationen gegen den Krieg dar, und in den *Troerinnen* begegnet uns auch, ohne daß wir dies hier ausführen können, eine deutliche Verurteilung jenes zynischen athenischen Imperialismus, den Thukydides im Melierdialog seziert hat.

»Die Phönissen«

Dieses wohl kurz nach dem oligarchischen Umsturz von 411 aufgeführte Stück setzt sich mit der Problematik des innenpolitischen Parteien- und Machtkampfes auseinander. Um die Erfüllung eines von Ödipus gegen seine Söhne ausgesprochenen Fluches zu vermeiden, vereinbaren diese, die Herrschaft in Theben in jährlichem Turnus auszuüben. Nach Ablauf seines Jahres weigert sich Eteokles, die Herrschaft dem Polyneikes zu übergeben. Dieser kehrt nach Jahren im Exil als Schwiegersohn des Königs von Argos, Adrast, mit einer Armee nach Theben zurück, um sich seinen Anteil an Macht und Familienbesitz zu sichern (dies ist der in den *Hiketiden* vorausgesetzte Zug der »Sieben gegen Theben«). Bevor der Sturm auf die Stadt beginnt, unternimmt Iokaste einen letzten Versuch, eine Einigung zwischen ihren beiden Söhnen herbeizuführen. Der Versuch scheitert, es kommt zum Kampf. Der Seher Teiresias verkündet, die Stadt könne nur gerettet werden, wenn entweder beide Söhne des Ödipus sie verließen oder ein anderer Prinz aus königlichem Stamme sich für sie opfere, um den seit Kadmos' Zeiten gegen sie schwelenden göttlichen Zorn zu besänftigen. Menoikeus, der Sohn von Iokastes Bruder Kreon, kommt allein dafür in Frage. Entgegen dem Willen seines Vaters stürzt er sich von der Mauer und sichert damit dem thebanischen Heer den Sieg. Eteokles und Polyneikes jedoch fechten ihren Zwist

Politisches Denken im Zeitalter Athens   349

in einem Zweikampf aus, in dem sie beide umkommen. Iokaste stürzt sich über
ihren Leichnamen ins Schwert. Nur Antigone überlebt, um den von Kreon ge-
ächteten Polyneikes zu bestatten und den blinden Ödipus ins Exil zu beglei-
ten.

Aischylos hatte in den *Sieben gegen Theben* dieselbe Thematik völlig verschieden interpretiert – ein eindrucksvolles Zeugnis dafür, wie frei der Mythos umgestaltet und den jeweils aktuellen Bedürfnissen angepaßt werden konnte. Euripides geht so weit, die Ursache für die Kette tragischer Schicksale in Ödipus' Familie über die Schuld des Ödipus selbst und seines Vaters Laios bis auf die Tötung
des Drachen durch Kadmos zurückzuführen, um die Forderung nach einem extremen Opfer für die Rettung der Stadt rechtfertigen zu können, und er läßt
entgegen der traditionellen Überlieferung Iokaste die Offenbarung ihrer Inzest-
ehe überleben, um der für seine Zwecke zentralen Versöhnungsszene die größtmögliche menschliche und dramatische Wirkung zu verleihen.

Auch die Brüder sind anders gezeichnet als bei Aischylos. War dort – noch deutlich unter dem Eindruck der Perserkriege – Polyneikes der Anführer eines fremden Erobererheeres und Eteokles der heroische Verteidiger der Freiheit einer um
ihr Überleben ringenden Stadt, so ist hier der Konflikt auf einen Machtkampf
der beiden Brüder reduziert: Eteokles präsentiert sich als selbstsüchtiger, von
Machthunger besessener Tyrann; Polyneikes' Handeln dagegen erscheint verständlich, so egoistisch und kompromißlos letztlich auch er ist. Schon die Schilderung seines traurigen Verbanntenschicksals (357–407) ist geeignet, für ihn
Sympathien zu wecken. Er hat das Recht auf seiner Seite (154f., 319, 369f.) und
bekämpft seine Vaterstadt gegen seinen Willen (433f.): Er ist für jeden Kompromiß zu haben, der ihm seinen Rechtsanteil am väterlichen Erbe und Thron sichert (435–42, 469–93). Ganz anders Eteokles: Wenn alle sich darüber einig
wären, was gut und weise sei, gäbe es keinen Streit auf Erden. Tatsächlich sind
›Gleichheit‹ und ›Gleichberechtigung‹ nichts als Wörter – sie existieren nicht.
Himmel und Hölle, sagt er, würde ich durchstreifen, um mir die größte Gottheit,
die Macht (Tyrannis) zu sichern. Dies Gut einem andern zu überlassen, ist un-
denkbar; sich mit dem Geringeren zu begnügen, wenn das Größere sich anbie-
tet, ist mit männlicher Selbstachtung unvereinbar. Alles andere kann er haben,
aber jenes nicht: »Was soll ich, wenn ich selber herrschen kann, ihm dienen?«
Wenn es schon nötig ist, Unrecht zu tun, dann am besten um der Macht willen;
in allem andern mag man rechtschaffen sein (499–525).

Dagegen Iokaste: Eteokles hat sich der übelsten aller Gottheiten, dem Ehrgeiz
(*philotimia*) verschrieben, die schon so viele zugrunde gerichtet hat. Viel besser
ist es, die Gleichheit (*isotes*) zu ehren, »die Freunde mit Freunden, Städte mit
Städten und Bündner mit Bündnern verbindet; denn Gleichheit (*to ison*) schafft
Stabilität unter den Menschen«, während sich gegen das Mehr immer das Weniger voll Haß erhebt. Nur Gleichheit schafft Recht. »Warum bewertest du absolute Macht (Tyrannis), dieses mit Unrecht verbundene Glück, so übermäßig
hoch? Um der Ehre und Bewunderung willen? Das ist eitler Wahn! Wozu
sich um mehr abmühen, wenn man schon viel hat? Was heißt denn ›mehr‹; es
ist ein bloßes Wort. Dem Verständigen genügt, was er zum Leben braucht!«
(528–58).

Euripides setzt sich hier offenkundig mit jenem extremen Machtdenken auseinander, das in gewissen sophistischen Theorien wurzelte (vgl. oben, S. 319 ff.), die Ideen der Führer der oligarchischen Bewegung in Athen maßgeblich beeinflußte und von Thukydides und Platon kritisch analysiert wurde. Es hat in der Forschung nicht an Vorschlägen gefehlt, Polyneikes mit Alkibiades gleichzusetzen oder in den Brüdern die Vertreter von Demokratie und Oligarchie zu erkennen. Solche Versuche der direkten Identifikation mit zeitgenössischen Personen oder Vorgängen sind wahrscheinlich verfehlt. Vielmehr geht es dem Dichter um die (gewiß durch die Ereignisse von 411 angeregte) Darlegung des Grundsätzlichen, um die Problematik, daß im innenpolitischen Konflikt beide Parteien ihre (berechtigten oder unberechtigten) Ansprüche verabsolutieren, ihre eigenen Interessen über das Wohl der Gemeinde stellen und diese damit zugrunde richten. Es ist deshalb bedeutsam, daß auch Polyneikes, sosehr er im Recht ist und so gut man ihn versteht, am Schluß nicht auf die Anwendung von Gewalt verzichtet (625–35). Vor die Alternative gestellt, zu herrschen oder Theben zu retten, wählen beide Brüder den Kampf um die Macht und riskieren damit den Untergang ihrer Vaterstadt (559–85). Wir erinnern uns hier an Thukydides' Urteile über die für Athen verderbliche Selbstsucht und den Machthunger sowohl der demokratischen (2,65. 6,92) wie der oligarchischen Politiker (8,50. 89. 91). Bei der Gleichheit, für die Iokaste eintritt, handelt es sich deshalb zwar durchaus um einen von der Demokratie propagierten Wert, aber wichtig daran ist primär, daß sie entgegen dem exklusiven Machtanspruch einzelner oder kleiner Gruppen die politische Beteiligung und das Engagement aller zum Wohl der Gemeinde ermöglicht. Über das von Perikles im *Epitaphios* (Thuk. 2,37) geschilderte Ideal hinaus führt uns dies zurück zu den *Eumeniden* des Aischylos und dem dort beschworenen Zusammenwirken aller Bürger zum gemeinsamen Besten der Gemeinde (vgl. oben, S. 292).

Die Lösung liegt auch hier in der Stärkung des Gemeinsinns. Dem negativen Beispiel der beiden Brüder wird deshalb das positive Beispiel des Menoikeus gegenübergestellt. Sein Vater Kreon ist zwar durchaus bereit, selber für Theben zu sterben, weist aber den Gedanken an das Sohnesopfer entschieden zurück und versucht, Menoikeus zur Flucht zu überreden (962–76). Dieser jedoch erkennt, daß für ihn nur ein Weg richtig ist: Wenn einfache Männer ohne großes Aufheben ihr Leben für ihre Stadt opfern, wie kann er, von den Göttern dazu aufgerufen, Familie und Heimat verraten? Wenn jeder sein Leben für sein Vaterland hinzugeben bereit wäre, erlebten die Städte Griechenlands mehr Glück als Unglück. Mit diesen Worten geht Menoikeus in den Tod (991–1018). Dem ist nichts hinzuzufügen.

Aristophanes

Von Aristophanes, dem größten Vertreter der athenischen Komödie (ca. 445–385), sind immerhin elf Stücke erhalten. 427 hatte er seine erste Aufführung; 426 griff er in den (nicht erhaltenen) *Babyloniern* die Politik Kleons an, indem er – im Jahr nach der Niederschlagung des Aufstandes von Mytilene – die Bundesgenossen in der Gestalt von Mühlesklaven auftreten und ihr hartes Los unter den athenischen Zwingherren beklagen ließ. Dies brachte ihm eine (offenbar wirkungslose) Anklage Kleons ein, mit der er sich im folgenden Jahr in den

Acharnern auseinandersetzte. Von Aristophanes' Leben wissen wir sonst kaum etwas.

Das Genre der ›Alten Komödie‹ des 5. Jahrhunderts (die von der ›Mittleren‹ des 4. Jahrhunderts und der ›Neuen‹ der hellenistischen Epoche unterschieden wird) stellt eine einzigartige Mischung aus ausgelassener, häufig erotisch-derber Posse, literarischer und politischer Satire und phantastisch-utopischer Komik dar, die in hochstehender und bemerkenswerte Ansprüche ans Publikum stellender dichterischer Form dargeboten wird. Offen und unterschwellig bezieht sie sich ständig auf aktuelle Vorgänge und Probleme sowie auf die herausragenden Persönlichkeiten des kulturellen und politischen Lebens. Unsere Kenntnis dieses stets vorausgesetzten Hintergrundes ist leider so dürftig, daß viele dieser Bezüge uns verschlossen bleiben und wir oft nicht wissen, wo die Wirklichkeit aufhört und die Phantasie beginnt. Jedenfalls handelt es sich viel direkter als bei der Tragödie um politisch orientierte und engagierte Dichtung – ohne daß sie deswegen als Sprachrohr einer bestimmten politischen Richtung oder Gruppe aufzufassen wäre –, aber gerade diese Zeitverhaftung und Unmittelbarkeit macht es ungleich schwieriger als in der Tragödie und Historiographie, über das politische Denken des Dichters Klarheit zu gewinnen. Hier ist trotz mancher – oft recht oberflächlicher – Ansätze noch viel Grundlagenarbeit zu leisten.

Es ist beispielsweise leicht, in den 424 aufgeführten *Rittern* eine – nicht zum kleinsten Teil aus persönlicher Feindschaft genährte – Abrechnung mit Kleon und eine Persiflage des Demagogentums zu sehen und zu erkennen, daß darin zugleich eine Menge von politisch ernstzunehmender Kritik an potentiell verhängnisvollen Problemen steckt – eine Kritik, die bestrebt ist, die Bürgerschaft auf diese Gefahren aufmerksam zu machen und sie zu erziehen. Darüber hinaus läßt sich jedoch (vgl. Edmunds, 1987) anhand einer systematischen Analyse der vom Dichter verwendeten Terminologie und Bildersprache zeigen, wie sorgfältig er sich bemüht, die in der Bürgerschaft bestehenden Parteiungen und Interessengegensätze zu überbrücken, eine tragfähige Basis für einen allgemeinen Konsens herzustellen, den das Gemeinwohl existentiell gefährdenden Demagogen Kleonscher Prägung zu isolieren und damit letztlich Klima und Inhalt der athenischen Politik zu verbessern. Erst durch solch eine konsequent politische Analyse läßt sich in Aristophanes nicht nur der unterhaltsame Kritiker und Parodist der Demokratie und Kriegspolitik Athens, sondern auch der ernsthafte und konstruktive politische Denker wiedergewinnen.

Dies kann naturgemäß nicht an dieser Stelle geschehen. Es seien deshalb lediglich die wichtigsten Themen zusammengestellt, die Aristophanes in seinen Komödien aufs Korn nimmt: die Friedenssehnsucht der attischen Bauern gegenüber dem Eigennutz und der Eitelkeit der Diplomaten und Generäle (*Acharner*, 428); die Skrupellosigkeit der Demagogen und ihr Verhältnis zum Volk von Athen (*Ritter*, 424); Sokrates und die Lehren der Sophisten (*Wolken*, 423); die Wichtigtuerei und Verblendung der als Geschworene fungierenden Kleinbürger (*Wespen*, 422); die Friedenssehnsucht aller Griechen und die Segnungen des Friedens (*Frieden*, 421); die Flucht aus der Mühsal des menschlichen Alltags und die Gründung der utopischen Vogelstadt ›Wolkenkuckucksheim‹ (*Vögel*, 414); die Erzwingung des Friedens durch eine Frauenverschwörung (*Lysistrate*, 411); die Frauenfeindlichkeit des Euripides (*Thesmophoriazusen*, 411); die Verwirklichung eines ›kommunistischen‹ Programms durch die die Volksversammlung überrumpelnden Frauen (*Ekklesiazusen*, wohl 392); die ungerechte Verteilung des Besitzes (*Plutos*, 388). Die letzten beiden Stücke sind unpolitisch und beschäftigen sich allein mit sozialen Fragen. Mit dem Zusammenbruch Athens am Ende des Peloponnesischen Krieges endete die durch enorme Unmittelbarkeit und das ständige Engagement größter Teile der Bürgerschaft charakterisierte erste Phase der athenischen Demokratie; mit ihr endete auch die hohe Zeit der Tragödie und der politischen Komödie.

In den *Fröschen* von 405 setzt sich Aristophanes mit der politischen Funktion der Tragödie auseinander. Dionysos selbst begibt sich wie weiland Herakles in die Unterwelt, um Euripides wieder heraufzuholen, durch dessen kürzlichen Tod die tragische Bühne verödet ist. Nach vielen Abenteuern erreicht er sein Ziel und findet Euripides in einen grimmigen Streit um den Ehrensitz des tragischen Dichters verwickelt, den der bisherige Inhaber Aischylos nicht preisgeben will. Die Frage soll in einem Wettkampf der beiden Dichter entschieden werden, der in höchst kunstvoller Form vor dem Publikum ausgetragen wird. Den Sieger, Aischylos, führt Dionysos zurück in die Oberwelt. Das Stück ist durchzogen vom Aufruf zur bürgerlichen Einigkeit und zur Wiederbesinnung auf die guten alten Sitten der Frühzeit der Demokratie. Der Chor der in die Mysterien Eingeweihten, dem in der Unterwelt die Fortsetzung seiner Feiern verstattet ist, lädt zur Teilnahme ein; fortgewiesen jedoch wird unter anderm, »wer nie sich bemüht, den Hader im Volk zu dämpfen, und nicht wohlgesinnt ist dem Bürgern; wer Zwietracht sät und das Feuer schürt und nur bedacht ist auf eigenen Vorteil; wer, ein Lenker des Staats, wenn er schwankt im Sturm, sich gewinnen läßt durch Bestechung« (359–61). Später fordert der Chor, »dem es zu Recht obliegt, der Stadt nützliche Mahnung und Belehrung vorzutragen«, die Bürger auf, vergangene Zwiste zu vergessen, durch eine Amnestie die Furcht der politisch (d. h. oligarchisch) Belasteten zu beseitigen und unter den Bürgern erneut Gleichheit zu schaffen (686–705); statt der jeweils populären charakterlosen Demagogen sollen wieder die bewährten Führer von altem Schrot und Korn mit der Lenkung der Staatsgeschäfte betraut werden: »Bürger, die wir kennen, edel von Geburt und einsichtsvoll, Männer redlichen Charakters, makellos, gerecht und gut« (718–37).

Den Wettkampf zwischen den beiden Dichtern (905 ff.) entscheiden im wesentlichen zwei Faktoren. Zum einen beherrscht Aischylos weit besser, was dem tragischen Dichter Bewunderung einbringt: »Klugheit und Ermahnung und die Fähigkeit, die Menschen in den Städten besser zu machen« (1009 f.). Seine von heroischer Erhabenheit geprägten Dramen flößten den Bürgern Tapferkeit ein, führten sie den Weg zur Ehre, weckten in ihnen Tatkraft, während umgekehrt das Alltägliche und Schändliche, das in Euripides' Stücken dominiert, sorgfältig verhüllt und verborgen wurde: »Denn was für Knaben der Lehrer ist, der sie bildet und lenkt, das ist für Erwachsene der Dichter. Nur das Treffliche dürfen wir singen« (1054–56). Euripides dagegen brachte in demokratischem Bestreben den Alltag auf die Bühne, unterrichtete die Bürger im Reden und listigen Denken (956–58) und lehrte sie, mit Scharfsinn und Verstand ihr Leben zu meistern (948–1098). Zum andern weiß wiederum Aischylos in der gegenwärtigen Krise den Athenern den besten Rat zu geben (1414–81). Er wird deshalb

Politisches Denken im Zeitalter Athens   353

aus der Unterwelt entlassen mit dem Auftrag, die Stadt mit guten Ratschlägen zu retten und die Unbesonnenen zu erziehen (1500–3). So steht der Dichter, der dem politischen Denken in der ersten Hälfte des 5. Jahrhunderts entscheidende Impulse gegeben hatte, an dessen Ende vor uns als Verkörperung des politischen Weisen, Ratgebers und Erziehers, auf dessen Einsicht und Fähigkeit, solche Einsicht den Bürgern zu vermitteln, die Gemeinde angewiesen ist, wenn sie überleben soll. Wie schon im Fall Solons tritt auch hier der Dichter zugleich als engagierter Bürger und politischer Denker vor sein Publikum. Diese Tradition, die die Anfänge und ersten Höhepunkte des politischen Denkens geprägt hat, ist (nach dem Vorspiel der Sophisten) im 4. Jahrhundert, dem Jahrhundert der politischen Philosophie, vollends ausgeklungen.

8. Zusammenfassung: Polis, Politik und politisches Denken

Die wichtigsten Themen, die das politische Denken des 5. Jahrhunderts beherrschten, sind bereits bei Aischylos angesprochen. Mit ungeheurer Eindringlichkeit hat dieser die tiefgreifenden sozialen und politischen Veränderungen und Konflikte, die seine Vaterstadt nach den Perserkriegen durchlebte, in den Mythos projiziert und dort auf der Suche nach möglichen Lösungen durchgespielt. In den *Persern* und den *Hiketiden* arbeitet er sorgfältig den Gegensatz zwischen der orientalischen Staatsauffassung, die durch die bedingungslose Unterordnung aller unter den absoluten Herrscher gekennzeichnet ist, und der durch rechenschaftpflichtige Regierung und freie Rede und Mitbestimmung der Bürger charakterisierten griechischen Polis heraus. In den *Hiketiden* ist die Problematik der verantwortlichen Beteiligung aller Bürger an den wesentlichen Entscheidungen ausdrücklich thematisiert und im Hinblick darauf, daß alle die Konsequenzen solcher Entscheidungen zu tragen haben, mit Emphase positiv dargestellt. Man darf darin wohl auch eine Mahnung an die auf ihren traditionellen Privilegien bestehende Oberschicht sehen, im gemeinsamen Interesse der ganzen Stadt den Unterschichten, die durch ihren ständigen militärischen Einsatz verantwortlich zu Athens Macht und Gedeihen beitrugen, auch die verdiente politische Mitverantwortung einzuräumen. Nach der Durchführung der Reformen des Ephialtes hat der Dichter dann unter dem Eindruck der dadurch in der Bürgerschaft bewirkten erbitterten Ressentiments und tiefen Spaltungen in der *Orestie* und im *Prometheus* der triumphierenden Demokratie die Kehrseite der Medaille vorgehalten: Auch die Vertreter der ›alten Ordnung‹ haben einen berechtigten Anspruch, respektiert zu werden; ihre Integration in die neue Ordnung und ihr Beitrag zu deren Gelingen sind für den inneren Zusammenhalt der Gemeinde und ihren Erfolg gegen außen unerläßlich. Absolutes Beharren auf den durch den Umsturz geschaffenen neuen ›Rechten‹ kann nur zu Bürgerzwist, Bürgerkrieg und zum Ruin der ganzen Gemeinde führen.
Während er somit für die Innenpolitik Integration, Mäßigung und Zusammenarbeit empfahl, scheint Aischylos im außenpolitischen Bereich die Herausbildung und Verhärtung der Herrschaft Athens im Seebund mit Sorge beobachtet zu haben. Schon in den *Persern* warnte er seine Mitbürger davor, sich durch eine aggressive Politik der Selbstüberhebung jene göttliche Vergeltung zuzuziehen,

der sie den Sturz des Xerxes und ihre eigene Rettung verdankten. In den *Hiketiden* kontrastierte er durch die Themenwahl implizit die ideale Selbstdarstellung der Athener als der selbstlosen Retter der Griechen mit der in der Seebundspolitik immer unverhüllter hervortretenden ›imperialistischen‹ Realität. Im *Prometheus* schließlich dürfen wir die früheste bezeugte scharfe Verurteilung der von Athen angenommenen Rolle der *polis tyrannos* sehen.

Die geistige Auseinandersetzung mit der problematischen Rolle der *polis tyrannos* in der griechischen Poliswelt ist nach Aischylos sowohl von Sophokles als auch von Euripides und – von einem ganz andern Ansatz her – von Herodot und Thukydides weitergeführt worden. Angesichts der immer tieferen Verstrickung Athens in einen zunehmend ausweglosen und brutalen Krieg um die alleinige Vorherrschaft in Griechenland hat zumal Euripides seinen Mitbürgern nicht nur die Tragik und Sinnlosigkeit des Krieges an sich, sondern auch die enorme Diskrepanz zwischen der maßlos übersteigerten idealen Selbstdarstellung und der tatsächlichen Reputation ihrer Stadt eindringlich vor Augen geführt und sie immer wieder gemahnt, daß Macht nur auf der Grundlage von Gerechtigkeit gedeihen könne. Genauso kritisch hat sich der Dichter zu den Problemen der zumal nach Perikles' Tod radikalisierten Demokratie geäußert, die infolge der neuen sophistischen Theorien und der kriegsbedingten Überforderung von verschiedenen Seiten her bedroht war, und seine Mitbürger zur Mäßigung und Besinnung auf die gemeinsame Verantwortung der Gemeinde gegenüber aufgerufen. Wie Aischylos und Sophokles hat damit auch Euripides die seit je dem Dichter zugeschriebene Verantwortung wahrgenommen, Mahner und Erzieher seines Volkes zu sein.

In diese Tradition scheint sich selbst Herodot mit seinem gewaltigen, an alle Griechen gerichteten ›Prosaepos‹ über die Vorgeschichte und den dramatischen Verlauf der Perserkriege eingereiht zu haben, indem er am Gesamtverlauf der Geschichte wie an zahlreichen Episoden und Einzelschicksalen die Fragwürdigkeit und Ungewißheit von Glück, Erfolg und Macht des Menschen darstellte und namentlich den verderblichen Einfluß der Macht auf ihren Inhaber, ihre Tendenz zur Selbstüberwindung und -verabsolutierung und die Gefahr ihres Scheiterns an scheinbar geringzuachtenden Gegnern herausarbeitete. Obschon Herodot, wie gesagt, seine *Historien* gewiß nicht allein für die Athener geschrieben hat, ist auch bei ihm, der mindestens das Athen der perikleischen Zeit gut kannte und geistig Aischylos wie Sophokles nahestand, die für alle Griechen gleicherweise aktuelle Sorge um die verhängnisvolle Rolle der *polis tyrannos* überaus deutlich zu spüren.

In der modernen Forschung wird häufig die Meinung geäußert, die Athener aller Schichten hätten in so vielfältiger Weise von ihrer Herrschaft im Seebund profitiert, daß sie über diese Herrschaft nicht grundsätzlich diskutiert, sondern sich höchstens über einzelne Aspekte oder Exzesse gestritten hätten. Aufgrund unserer Untersuchung der Zielrichtung des in der Tragödie wie bei Herodot faßbaren politischen Denkens muß diese Auffassung als weitgehend verfehlt betrachtet werden. Athens Entwicklung zur herrschenden Stadt, die Formen, in denen sich diese Herrschaft äußerte, und ihre Neigung, aufgrund der ihr innewohnenden Eigendynamik immer radikaler zu werden und immer weiter auszugreifen – all dies wurde von den Anfängen in den 70er Jahren bis zum bitteren Ende von

Politisches Denken im Zeitalter Athens

Dichtern wie Historikern mit größter Sorge beobachtet und, aufs Grundsätzliche und Wesentliche reduziert, den Athenern immer neu vor Augen geführt. Eine Grundsatzopposition mag nicht bestanden haben – schon gar nicht eine mächtige und wohlorganisierte –, aber an Kritikern und Warnern fehlte es nicht. Dasselbe gilt für die Demokratie, die das politische Denken von Anfang an nicht weniger intensiv beschäftigt hat.

Eingangs wurden die athenische Herrschaftsbildung und Demokratie als zwei präzedenzlose und zutiefst aufwühlende Phänomene mit kaum vorstellbaren Auswirkungen in allen Lebensbereichen bezeichnet. Naturgemäß hat die stürmische Entwicklung während des halben Jahrhunderts zwischen den beiden Kriegen gegen die Perser und Peloponnesier auch dem politischen Denken die stärksten Impulse verliehen. Alles war in Bewegung geraten, bestehende Horizonte wurden ständig neu durchbrochen, nie Erwartetes und nie Gedachtes wurde gedacht, geplant, verwirklicht und erwies sich gleich darauf wieder als überholt. Alles schien dem Menschen in die Hand gegeben, seinem rastlosen Planen und Streben möglich. Die Handlungs- und Planungsfähigkeit des einzelnen und der Polis wurde deshalb zum Gegenstand des Nachdenkens: Die in der Politik des Perikles und im Geschichtsbild des Thukydides gespiegelten machtpolitischen Theorien der Sophisten sind ebenso wie der als ›unfehlbar‹ eingestufte Kriegsplan des Perikles und manches andere Ausflüsse dieses neuen Denkens.

Nicht nur die Möglichkeiten, sondern auch die Bedingtheiten menschlichen Handelns wurden neu und systematisch analysiert. Grundbegriffe wie Gleichheit, Freiheit, Macht und Herrschaft, Gesetz und Ordnung sowie das gesamte Spektrum der Verfassungsterminologie fanden jetzt ihre volle inhaltliche Ausgestaltung, wurden in ihrer Bedeutung für den einzelnen, die Gemeinschaft und die ganze Poliswelt durchdacht, definiert, kategorisiert, intensiv politisiert und bald auch ideologisiert. Das Verhältnis der einzelnen Menschen untereinander und der Polisgemeinschaften zueinander, ihre Rolle in einer nicht nur von Menschen, sondern auch von Naturmächten und einem starken, einflußnehmenden Götterwillen kontrollierten Welt wurde mit neuer Schärfe analysiert. Daraus gewann man, wie namentlich die Tragödien des Aischylos und Sophokles zeigen, eine zunächst wesentlich auch im Ethisch-Religiösen wurzelnde, tragfähigere Beurteilungsbasis für die Voraussetzungen und Folgen politischen Handelns.

Durch die Gründung und Ausgestaltung des Seebundes, der an Fläche, Mitgliederzahl, Aktionsradius und systematischer Organisation bald alle bisher bekannten griechischen Bundessysteme weit hinter sich ließ, in dem sich namentlich gleichzeitig ganz neue Probleme der Führung, des Zusammenhaltes und der Bewältigung divergierender Interessenlagen und separatistischer Bestrebungen ergaben, wurde der Bereich der zwischenstaatlichen Beziehungen in neuer Weise dem Nachdenken, Verstehen, der Kategorisierung und terminologischen Definition erschlossen. Indem dafür nicht nur neue Begriffe geprägt wurden, sondern Termini des innenpolitischen Zusammenlebens in erweitertem Sinne Verwendung fanden, wurde die Poliswelt zugleich als ein der Einzelpolis vergleichbares Beziehungssystem definiert und in einer bestimmten Richtung interpretiert. Dem politischen Denken eröffnete sich damit ein neuer, ungemein erregender Horizont.

Ähnliches gilt für die Demokratie. Nach zögernden und wohl kaum auf ein so radikales Ziel ausgerichteten Anfängen wurde hier namentlich von Ephialtes und Perikles der Gedanke der allgemeinen und direkten Volksherrschaft mit kompromißloser Konsequenz verwirklicht. Die meisten Zeitgenossen fühlten sich dadurch schockiert, und die Erfahrung, daß die von den Unterschichten beherrschte Volksversammlung die Regierung tatsächlich auszuüben vermochte und daß eine Polis mit einem scheinbar so verfehlten System sogar unerhört erfolgreich sein konnte, war es noch viel mehr. An Angriffen und Kritik fehlte es nicht; Rechtfertigung und positive Selbstdarstellung waren unerläßlich. Wie in der Außenpolitik, so nahmen auch in der Innenpolitik die Diskussion über die positiven und negativen Seiten eines bestimmten Phänomens wie auch Ideologie, Propaganda und Polemik rasch an Bedeutung zu. Durch den als fundamental erkannten Gegensatz zur Oligarchie erhielt die gewiß schon zuvor begonnene Debatte über die verschiedenen Verfassungen neue, brennende Aktualität; sie wurde jetzt systematischer, aber auch parteiischer geführt. Und die Weiterentwicklung der Demokratie von der vergleichsweise gemäßigten des Perikles zu der ›radikalen‹ unter den ›neuen Politikern‹ nach Perikles' Tod trug höchstens dazu bei, dies noch zu steigern. Die zweite Hälfte des 5. Jahrhunderts ist die Zeit der Verfassungsdebatten, wie das 4. Jahrhundert die der Verfassungstheorie ist.

Freilich kam es nicht erst im 4. Jahrhundert zu Ansätzen theoretischer Betrachtung. Die zumal in Athen ausgeprägte Konzentration auf den politischen Bereich zog auch bei den ›professionellen Denkern‹ eine Verlagerung des Schwerpunktes auf diesen Bereich nach sich. Hatten bei den ionischen Philosophen des 6. Jahrhunderts Fragen nach dem Ursprung allen Seins, dem Wesen des Göttlichen und der Ethik im Zentrum gestanden, so daß nur gelegentlich spezifisch Politisches ins Auge gefaßt wurde (vgl. oben, S. 245 f.), so richtete sich die Aufmerksamkeit jetzt zunehmend auf ethisch-politische Probleme. Man fragte sich, aus welchen Anfängen heraus und wie sich die menschliche Kultur entwickelt habe, welches das Wesen der menschlichen Gemeinschaft sei, welche Eigenschaften der Mensch zum Leben in der Gemeinschaft benötige, ob alle Menschen zu politischer Verantwortung und Mitbestimmung fähig seien und ob die ›bürgerliche Tüchtigkeit‹ lern- und lehrbar sei oder angeboren sein müsse. Von weither kamen Lehrer nach Athen, die sich anheischig machten, den athenischen Bürgern (und zumal den künftigen politischen Führern) all das beizubringen, was sie zur Erfüllung ihrer politischen Funktionen benötigten. Diese ›Sophisten‹ erkannten, welch neue Anforderungen und Möglichkeiten die Demokratie mit sich brachte, und in Reaktion darauf entwickelten sie nicht nur Theorien der Rhetorik und der Erziehung, sondern auch eine Fülle politischer Theorien, die mindestens einige unter ihnen auch in die Praxis umzusetzen trachteten: Protagoras entwarf die Verfassung für die panhellenische Kolonie Thurioi in Unteritalien; Hippodamos von Milet, der Architekt und Stadtplaner, ist auch durch seine staatstheoretischen Überlegungen bekannt. Auch hier also war alles in Bewegung geraten, stieß das Denken ständig in neue Bereiche vor.

Die durch die Demokratie mit ihrer Vorrangigkeit der Politik im Leben der Polis provozierte und von der Sophistik intellektuell aufgegriffene Konzentration des Denkens auf das Politische wirkte sich rasch und unmittelbar auf die Politik wie

Politisches Denken im Zeitalter Athens   357

auf das gesamte Geistesleben aus. Von den sophistischen Theorien und insbesondere ihren Lehren über das Wesen der Macht und der Machtpolitik sowie das Verhältnis von *nomos* und *physis* nicht beeinflußt oder zu Widerspruch gereizt zu werden, war fast unmöglich. In Anwendung solcher wie auch zeitgenössischer medizinischer Theorien hat Thukydides die Geschichte des Peloponnesischen Krieges ausgeprägt vom Standpunkt des politischen Analytikers aus geschrieben, für den die Phänomenologie und Pathologie der Macht im Zentrum des Interesses standen und dem es vor allem darum ging, die aus den historischen Vorgängen zu gewinnende und auf der im wesentlichen unveränderlichen Menschennatur beruhende Gesetzmäßigkeit politischer Abläufe und Verhaltensweisen herauszuarbeiten. Geschichte wurde damit zum »dauerhaften Besitz« und Lehrmodell; der Historiker wurde vom Erzieher und Warner, der zu Gemeinsinn, Mäßigung und Verantwortlichkeit aufrief, zum wissenschaftlichen Vermittler naturgegebener Gesetzmäßigkeiten, der an der Geschichte seine Theorien und Prinzipien demonstrierte.

Was Thukydides uns über die Denk- und Argumentationsweise der Politiker seiner Zeit berichtet, wird von anderen Autoren in den Grundzügen bestätigt. Wir sind deshalb zur Folgerung berechtigt, daß auch die politischen Entscheidungen sich zunehmend auf Theorien, Prinzipien und Doktrinen gründeten. Die Politik als Ganzes wurde damit auf Kosten der gegenseitigen Rücksichtnahme und der gemeinsamen Interessen und Werte viel stärker von grundsätzlichen Erwägungen geprägt, damit starrer, zwar versachlicht, aber zugleich entmenschlicht. Ein gutes Beispiel dafür findet sich in dem bei Thukydides in einer großen Rede des Perikles (1,139−41) und in dramatischer Umsetzung in Euripides' *Herakliden* bezeugten Beschluß der Athener, den opfer- und folgenreichen Krieg mit Sparta um einer scheinbaren Kleinigkeit willen auf sich zu nehmen, damit das Prinzip der absoluten Souveränität ihrer Stadt durchgesetzt werden könne: »Gebt ihr hier nach, so empfangt ihr sogleich einen neuen, schwereren Befehl − denn ihr habt ja aus Angst gehorcht... Die gleiche Unterjochung (*doulosis*) bedeutet die größte wie die geringste Forderung, die Gleichberechtigte ohne das Urteil eines Schiedsgerichts gegen andere erheben« (Perikles bei Thuk. 1,140,5−141,1).

Das politische Denken hat sich somit direkt auf die Politik ausgewirkt. Politische Theorie und Praxis, das grundsätzliche Nachdenken über politische Probleme und die Planung und Begründung aktueller politischer Maßnahmen waren nicht voneinander getrennt, sondern standen in enger Interdependenz. Angesichts der eingangs geschilderten spezifischen Charakteristik der griechischen Polis und der Rolle der ›Intellektuellen‹ als Bürger dieser Polis, der engen Beziehungen, die zwischen den Intellektuellen und Künstlern (selbst wenn diese ›Ausländer‹ waren) und der sozialen und politischen Elite Athens bestanden, und der intensiven Politisierung der gesamten Bürgerschaft und des öffentlichen Lebens zumal in Athen ist dies auch gar nicht anders zu erwarten.

Schon mit der zum Teil extremen Radikalisierung der demokratischen Politik in der Schlußphase des Krieges, wie sie sich etwa in der ›Siziliendebatte‹ (Thuk. 6,1−26) und im berüchtigten Arginusenprozeß von 406 ausdrückte (vgl. Xenophon, *Hellenika* 1,6,27−7,35), aber besonders mit dem traumatischen Zusammenbruch Athens im Jahre 404 änderte sich dies alles grundlegend. Auch wenn die Demokratie bald wieder hergestellt wurde, zogen sich viele Angehörige der Oberschicht (weit mehr als zuvor) von der Politik zurück, in weiten Kreisen des Volkes herrschte Passivität vor, die sozialen und wirtschaftlichen Gegensätze verschärften sich, der Optimismus und Fortschrittsglaube früherer Jahrzehnte waren verflogen. Insofern die intellektuelle und künstlerische Schöpfungskraft des 5. Jahrhunderts mit dem politischen Aufschwung gekoppelt gewesen war, schwand auch sie dahin. Die hohe Zeit der Tragödie und der politischen Komödie war ebenso vorbei wie die der politischen Stadtarchitektur. Das Politische büßte seinen Vorrang weitgehend ein: in der Philosophie zugunsten der Ethik und bald auch der Wissenschaften, im Theater zugunsten des Intrigenspiels und der Situationskomödie, in der Geschichtsschreibung zugunsten der rhetorischen und tragischen Effekte, im Leben der Stadt zugunsten des Privaten.

BIBLIOGRAPHIE

1. Geschichtlicher Überblick
Für Gesamtdarstellungen zur griechischen Geschichte, Literatur- und Geistesgeschichte, zum Rechtsdenken und zum politischen Denken sowie für die in diesem Kapitel benützten Quellen sei auf Teil A der Bibliographie zum vorangehenden Kapitel verwiesen; die dort angeführten Werke sind im folgenden nur ausnahmsweise nochmals zitiert.

Allgemein zur Geschichte des 5. Jahrhunderts: V. *Ehrenberg*, Sophokles und Perikles, München 1956; *A. Heuss*, Hellas: die klassische Zeit, in: Propyläen Weltgeschichte III, Frankfurt/M. – Berlin 1962, 214 ff.; *F. Schachermeyr*, Geistesgeschichte der perikleischen Zeit, Stuttgart 1971; *E. Will*, Le monde grec et l'orient I, Paris 1972; *N. G. L. Hammond*, The Classical Age of Greece, New York 1975; *J. K. Davies*, Democracy and Classical Greece, Hassocks, England, 1978; *G. Wirth* (Hrsg.), Perikles und seine Zeit, Darmstadt 1979.

Wirtschaft und Gesellschaft: R. J. *Hopper*, Handel und Industrie im klassischen Griechenland, München 1982; *M. I. Finley*, Classical Greece, in: Second Intern. Conf. of Economic History I: Trade and Politics in the Ancient World, Paris 1965, S. 11 ff.; *Th. Pekáry*, Die Wirtschaft der griechisch-römischen Antike, Wiesbaden 1976, S. 18 ff.; *S. C. Humphreys*, Economy and Society in Classical Athens, in: dies., Anthropology and the Greeks, Boston – London 1978, S. 136 ff.; *F. Gschnitzer*, Griechische Sozialgeschichte, Wiesbaden 1981, S. 100 ff. (S. 179 ff. weitere Lit.); *A. W. Gomme*, The Population of Athens in the Fifth and Fourth Centuries B. C., Oxford 1933, Nachdr. Chicago 1967; *S. Lauffer*, Die Bedeutung des Standesunterschiedes im klassischen Athen, in: Hist. Zeitschr. 185, 1958, S. 497 ff.; *J. Vogt*, Sklaverei und Humanität im klassischen Griechentum, in: ders., Sklaverei und Humanität, Wiesbaden ²1972, S. 1 ff.; *M. I. Finley*, Was Greek Civilisation Based on Slave Labour?, in: ders., Economy and Society in Ancient Greece, New York 1981, S. 97 ff.; *A. W. Gomme*, The Position of Women in Athens in the Fifth and Fourth Centuries, in: ders., Essays in Greek History and Literature, Oxford 1937, S. 89 ff.; *D. Whitehead*, The Ideology of the Athenian Metic, Cambridge 1977; *A. Aymard*, Les étrangers dans les cités grecques aux temps classiques, in: ders., Etudes d'histoire ancienne, Paris 1967, S. 300 ff.; *J. Seibert*, Die politischen Flüchtlinge und Verbannten in der griechischen Geschichte, 2 Bde., Darmstadt 1979; *H.-D. Zimmermann*, Die freie Arbeit in Griechenland während des 5. und 4. Jh. v. u. Z., in: Klio 56, 1974, S. 337 ff.; *J.-P. Vernant*, Arbeit und Natur in der

Politisches Denken im Zeitalter Athens 359

griechischen Antike, in: K. Eder (Hrsg.), Seminar: Die Entstehung von Klassengesellschaften, Frankfurt/M. 1973, S. 246 ff.; *F. A. G. Beck*, Greek Education 450–350 B. C., London 1964.

Krieg: P. Vidal-Naquet, La tradition de l'hoplite athénien, in: J.-P. Vernant (Hrsg.), Problèmes de la guerre en Grèce ancienne, Paris–Den Haag 1968, S. 161 ff.; *J. de Romilly*, Guerre et paix entre cités, ebd. S. 207 ff.; *B. Jordan*, The Athenian Navy in the Classical Period, Berkeley 1975.

Perserkriege: Vgl. neben der o. Kap. VI, S. 268 angeführten Lit. *C. Hignett*, Xerxes' Invasion of Greece, Oxford 1963; *P. Green*, The Year of Salamis 480–79 B. C., London 1970; *H. Berve*, Miltiades, Berlin 1937; *A. J. Podlecki*, Themistocles, Montreal–London 1975; *K. Raaflaub*, Die Entdeckung der Freiheit, München 1985, S. 71 ff.

Athens Herrschaft im Seebund: R. Meiggs, The Athenian Empire, Oxford 1972; *W. Schuller*, Die Herrschaft der Athener im Ersten Attischen Seebund, Berlin–New York 1974; *ders.*, Die Stadt als Tyrann: Athens Herrschaft über seine Bundesgenossen, Konstanz 1978; *J. M. Balcer* u. a., Studien zum Attischen Seebund, Konstanz 1984; *Raaflaub*, Freiheit, Kap. IV.

Ende der Perserkriege: K. Meister, Die Ungeschichtlichkeit des Kalliasfriedens und deren historische Folgen, Wiesbaden 1982.

Zu Spartas Prostasie und zum Peloponnesischen Bund: G. Busolt – H. Swoboda, Griechische Staatskunde II, München ³1926; *K. Wickert*, Der Peloponnesische Bund von seiner Entstehung bis zum Ende des Archidamischen Krieges, Erlangen 1961; *D. Kagan*, The Outbreak of the Peloponnesian War, Ithaca, N. Y., 1969, S. 9 ff.; allgemein zu Sparta: vgl. die o. Kap. VI, S. 271 angeführte Literatur.

Zur athenischen Demokratie: J. Bleicken, Die athenische Demokratie, Paderborn 1985 (mit reichem Literaturverzeichnis); *W. R. Connor*, The New Politicians of Fifth-Century Athens, Princeton 1971; *M. I. Finley*, Democracy, Ancient and Modern, London 1973; *ders.*, Politics in the Ancient World, Cambridge 1983; *W. G. Forrest*, Wege zur hellenischen Demokratie, München 1966; *_. A. Havelock*, The Liberal Temper in Greek Politics, New Haven-London 1957; *C. Hignett*, A History of the Athenian Constitution to the End of the Fifth Century B. C., Oxford 1952; *A. H. M. Jones*, Athenian Democracy, Oxford 1957; *C. Mossé*, La fin de la démocratie athénienne, Paris 1972 (dt.: Der Zerfall der athen. Demokratie, Zürich u. München 1979); *P. J. Rhodes*, The Athenian Boule, Oxford 1972; *ders.*, A Commentary on the Aristotelian *Athenaion politeia*, Oxford 1981; *J. T. Roberts*, Accountability in Athenian Government, Madison, Wisconsin, 1982; *J. de Romilly*, Problèmes de la démocratie grecque, Paris 1975; *E. Ruschenbusch*, Athenische Innenpolitik im 5. Jahrhundert v. Chr.: Ideologie oder Pragmatismus?, Bamberg 1979; *E. S. Staveley*, Greek and Roman Voting and Elections, London 1972; *T. Tarkiainen*, Die athenische Demokratie, Zürich 1966; *K.-W.Welwei*, Die griechische Polis, Stuttgart 1983, S. 150 ff.; *J. A. O. Larsen*, The Judgment of Antiquity on Democracy, in: Class. Philol. 49, 1954, S. 1 ff.; *H. Schäfer*, Das Problem der Demokratie im klassischen Griechentum, in: ders., Probleme der Alten Geschichte, Göttingen 1963, S. 212 ff.; *ders.*, Besonderheit und Begriff der attischen Demokratie im 5. Jahrhundert, ebd. S. 136 ff.; *M. I. Finley*, Athenian Demagogues, in: ders., Studies in Ancient Society, London 1974, S. 1 ff.; *ders.*, The Freedom of the Citizen in the Greek World, in: ders., Econ. and Soc. (wie o.) 77 ff.; *J. Martin*, Von Kleisthenes bis Ephialtes: Zur Entstehung der athenischen Demokratie, in: Chiron 4, 1974, S. 5 ff.; *Chr. Meier*, Entstehung und Besonderheit der griechischen Demokratie, in:

Zeitschr. für Politik 25, 1978, S. 1 ff.; *ders.*, Die politische Identität der Athener und das Arbeiten der perikleischen Demokratie, in: ders., Die Entstehung des Politischen bei den Griechen, Frankfurt/M. 1980, S. 247 ff.; *ders.*, Arbeit, Politik, Identität: Neue Fragen im alten Athen?, Chronik der Ludwig-Maximilians-Universität München 1983/84, S. 69 ff.; *R. Klein*, Die innenpolitische Gegnerschaft gegen Perikles, in: G. Wirth (Hrsg.), Perikles und seine Zeit, Darmstadt 1979, S. 494 ff., *H. Knell*, Perikleische Baukunst, Darmstadt 1979.

Terminologie und Begriffsentwicklung im 5. Jahrhundert: G. *Grossmann*, Politische Schlagwörter aus der Zeit des Peloponnesischen Krieges, Zürich 1950, Nachdr. New York 1973; *Chr. Meier*, Der Wandel der politisch-sozialen Begriffswelt im 5. Jahrhundert v. Chr., in: ders., Entstehung des Politischen, Frankfurt/M. 1980, S. 275 ff.; *W. Donlan*, Social Vocabulary and its Relationship to Political Propaganda in Fifth-Century Athens, in: Quaderni Urbinati 27, 1978, S. 95 ff.; *G. Vlastos*, Isonomia, in: Amer. Journ. of Philol. 74, 1953, S. 337 ff.; *ders.*, Isonomia politike, in: J. Mau − E. G. Schmidt (Hrsg.), Isonomia: Studien zur Gleichheitsvorstellung im griechischen Denken, Berlin 1964, S. 1 ff.; *F. D. Harvey*, Two Kinds of Equality, in: Classica et Mediaevalia 26, 1965, S. 101 ff.; *J. P. Euben*, Political Equality and the Greek Polis, in: M. J. G. McGrath (Hrsg.), Liberalism and the Modern Polity: Essays in Contemporary Political Theory, New York 1978, S. 207 ff.; *I. Kajanto* (Hrsg.), Equality and Inequality of Man in Ancient Thought, Helsinki 1984; *Chr. Meier*, Die Entstehung des Begriffs Demokratie, in: ders., Entstehung des Begriffs ›Demokratie‹, Frankfurt/M. 1970, S. 7 ff.; *R. Sealey*, The Origins of Demokratia, in: California Stud. in Class. Antiquity 6, 1973, S. 253 ff.; *M. Pohlenz*, Griechische Freiheit: Wesen und Werden eines Lebensideals, Heidelberg 1955; *K. Raaflaub*, Freiheit (wie o.) Kap. IV–VI; *ders.*, Des freien Bürgers Recht der freien Rede: Ein Beitrag zur Begriffs- und Sozialgeschichte der athenischen Demokratie, in: Studien zur antiken Sozialgeschichte: Festschr. F. Vittinghoff, Köln−Wien 1980, S. 7 ff.; *ders.*, Democracy, Oligarchy, and the Concept of the ›Free Citizen‹ in Late Fifth-Century Athens, in: Political Theory 11, 1983, S. 517 ff.; *M. Ostwald*, Autonomia: Its Genesis and Early History, Chico, Calif., 1982.

Weiteres zur Ideologie der Demokratie: N. *Loraux*, L'invention d'Athènes: histoire de l'oraison funèbre dans la ›cité classique‹, Paris 1981; *E. Lévy*, Athènes devant la défaite de 404: histoire d'une crise idéologique, Paris 1976.

Zu Selbstbewußtsein und Fortschrittsdenken: L. *Edelstein*, The Idea of Progress in Classical Antiquity, Baltimore 1967; *E. R. Dodds*, Der Fortschrittsgedanke in der Antike, München 1977; *Chr. Meier*, Ein antikes Äquivalent des Fortschrittsgedankens: das ›Könnens-Bewußtsein‹ des 5. Jahrhunderts v. Chr., in: ders., Entstehung des Politischen, Frankfurt/M. 1980, S. 435 ff.

Zum Peloponnesischen Krieg: G. E. M. *de Ste. Croix*, The Origins of the Peloponnesian War, London 1972; *D. Kagan*, The Outbreak (wie o.) und weitere Bände über den Krieg; *D. Lotze*, Lysander und der Peloponnesische Krieg, Berlin 1964; *D. M. Lewis*, Sparta and Persia, Leiden 1977; *C. Hamilton*, Sparta's Bitter Victory, Ithaca, New York, 1979.

Zur Stasis in den griechischen Poleis: H.-J. *Gehrke*, Stasis, München 1985; *A. Lintott*, Violence, Civil Strife and Revolution in the Classical City, Baltimore 1982, 82 ff.; *A. Heuss*, Das Revolutionsproblem im Spiegel der antiken Geschichte, in: Hist. Zeitschr. 216, 1973, S. 1 ff.

Politisches Denken im Zeitalter Athens 361

Zur Oligarchie: L. Whibley, Greek Oligarchies: Their Character and Organization, London 1896, Nachdr. Chicago 1975; _G. Prestel_, Die antidemokratische Strömung im Athen des 5. Jahrhunderts, Breslau 1939, Nachdr. Aalen 1974; _U. Hackl_, Die oligarchische Bewegung in Athen am Ausgang des 5. Jahrhunderts v. Chr., München 1960; _P. Krentz_, The Thirty at Athens, Ithaca, N. Y., 1982; _E. Will_, Monde grec (wie o.) S. 367 ff.; _Lintott_, Violence (wie o.) S. 135 ff.; _W. Donlan_, The Aristocratic Ideal in Ancient Greece, Lawrence, Kansas, 1980, S. 113 ff.; _H. Wolff_, Die Opposition gegen die radikale Demokratie in Athen bis zum Jahre 411 v. Chr., in: Zeitschr. für Papyrologie und Epigraphik 36, 1979, S. 279 ff.; _D. Flach_, Der oligarchische Staatsstreich in Athen vom Jahre 411, in: Chiron 7, 1977, S. 9 ff.; _G. A. Lehmann_, Die revolutionäre Machtergreifung der ›Dreißig‹ und die staatliche Teilung Attikas (404–401/0 v. Chr.), in: Antike und Universalgeschichte: Festschrift H. E. Stier, Münster 1972, S. 201 ff.; sowie die Kommentare zu den entsprechenden Kapiteln in Thukydides' 8. Buch (A. W. Gomme – A. Andrewes – K. J. Dover, wie u. 6, S. 93 ff., bes. S. 184 ff.) und in Aristoteles' _Staat der Athener_ (Rhodes, wie o., S. 362 ff.).

Zur Verfassungstheorie im ausgehenden 5. Jahrhundert: H. Ryffel, Metabole politeion: Der Wandel der Staatsverfassungen, Bern 1949; _G. J. D. Aalders_, Die Theorie der gemischten Verfassung im Altertum, Amsterdam 1968; _W. Nippel_, Mischverfassungstheorie und Verfassungsrealität in Antike und früher Neuzeit, Stuttgart 1980; _K. F. Stroheker_, Zu den Anfängen der monarchischen Theorie in der Sophistik, in: Historia 2, 1953/54, S. 381 ff.; _J. Bleicken_, Zur Entstehung der Verfassungstypologie im 5. Jahrhundert v. Chr. (Monarchie, Aristokratie, Demokratie), in: Historia 28, 1979, S. 148 ff.

Zur patrios politeia: Hignett, Constitution (wie o.) S. 268 ff., 356 ff.; _A. Fuks_, The Ancestral Constitution, London 1953; _E. Ruschenbusch_, Patrios politeia: Theseus, Drakon, Solon und Kleisthenes in Publizistik und Geschichtsschreibung des 5. und 4. Jahrhunderts v. Chr., in: Historia 7, 1958, S. 398 ff.; _M. I. Finley_, The Ancestral Constitution, Cambridge 1971 (= ders., The Use and Abuse of History, London 1975, S. 34 ff.).

2. Aischylos

Zum griechischen Theater: M. Bieber, The History of the Greek and Roman Theater, Princeton [2]1961; _A. Pickard-Cambridge_, The Dramatic Festivals of Athens, Oxford [2]1968; _E. Simon_, Das antike Theater, Heidelberg 1972; _H.-D. Blume_, Einführung in das antike Theaterwesen, Darmstadt 1978; _H. Kindermann_, Das Theaterpublikum der Antike, Salzburg 1979.

Allgemein zur Tragödie: A. Wartelle, Bibliographie historique et critique d'Eschyle et de la tragédie grecque 1518–1974, Paris 1978; _M. Pohlenz_, Die griechische Tragödie, 2 Bde., Göttingen [2]1954; _A. Lesky_, Die tragische Dichtung der Hellenen, Göttingen [3]1972; _H. Funke_, Die sogenannte tragische Schuld: Studien zur Rechtsidee in der griechischen Tragödie, Köln 1963; _S. Melchinger_, Das Theater der Tragödie: Aischylos, Sophokles, Euripides auf der Bühne ihrer Zeit, München 1974; _ders._, Geschichte des politischen Theaters I, Frankfurt/M. 1974; _ders._, Die Welt als Tragödie, 2 Bde., München 1979–80; _W. Hofmann – H. Kuch_ (Hrsg.), Die gesellschaftliche Bedeutung der antiken Dramas für seine und für unsere Zeit, Berlin 1973; _H. Kuch_ (Hrsg.), Die griechische Tragödie in ihrer gesellschaftlichen Funktion, Berlin 1983; _G. A. Seeck_ (Hrsg.), Das griechische Drama, Darmstadt 1979; _W. Rösler_, Polis und Tragödie: funktionsgeschichtliche Betrachtungen zu einer antiken Literaturgattung, Konstanz 1980; _J.-P. Vernant_, Le moment historique de la tragédie en Grèce: quelques conditions sociales et psychologiques,

362   *Kurt Raaflaub*

in: *ders.* und P. Vidal-Naquet, Mythe et tragédie en Grèce ancienne, Paris 1973, S. 11 ff;
ders., Tensions et ambiguités dans la tragédie grecque, ebd. S. 19 ff; *J. P. Euben* (Hrsg.),
Greek Tragedy and Political Theory, Berkeley u. a. 1986.

Zum Mythos: vgl. neben den o. S. 261 f. angeführten Arbeiten von *Burkert, Grant, Keré-*
nyi, Kirk, von Ranke-Graves: *J.-P. Vernant* – *P. Vidal-Naquet*, Mythe et tragédie, Paris
1972; *J.-P. Vernant*, Mythe et pensée chez les Grecs, Paris 1965; *ders.*, Mythe et société en
Grèce ancienne, Paris 1974; *W. Burkert*, Mythos und Mythologie, in: Propyläen Geschichte der Literatur I, Berlin 1981, S. 11 ff.; *F. Graf*, Griechische Mythologie, München
und Zürich 1985; *K. Hübner*, Die Wahrheit des Mythos, München 1985; *P. Veyne*, Les
Grecs ont-ils cru à leurs mythes, Paris 1983; *B. Knox*, Myth and Attic Tragedy, in: *ders.*,
Word and Action: Essays on the Ancient Theater, Baltimore–London 1979, S. 3 ff.

Zu Aischylos allgemein: vgl. neben den entsprechenden Kapiteln in den o. angeführten
Werken zur griechischen Tragödie bes. *W. Jaeger*, Paideia I, Berlin [3]1953, S. 307 ff.;
W. Nestle, Menschliche Existenz und politische Erziehung in den Tragödien des Aischylos,
Tübingen 1934; *F. Solmsen*, Hesiod and Aeschylus, New York 1949; *J. H. Finley*, Pindar
and Aeschylus, Cambridge, Mass., 1955; *D. Kaufmann-Bühler*, Begriff und Funktion der
Dike in den Tragödien des Aischylos, Bonn 1955; *A. J. Podlecki*, The Political Background
of Aeschylean Tragedy, Ann Arbor, Michigan, 1966; *H. Hommel* (Hrsg.), Wege zu
Aischylos, 2 Bde., Darmstadt 1974; *U. di Benedetto*, L'ideologia del potere e la tragedia
greca: ricerche su Eschilo, Turin 1978; *H. Lloyd-Jones*, The Justice of Zeus, Berkeley
[2]1983, S. 79 ff.; *J. A. Davison*, Aeschylus and Athenian Politics, 472–456 B. C., in: Ancient Society and Institutions: Studies V. Ehrenberg, Oxford 1965, S. 93 ff.; *H. D. F. Kitto*,
Political Thought in Aeschylus, in: Dioniso 43, 1969, S. 159 ff.

Außerdem zu den »Persern«: *R. Lattimore*, Aeschylus on the Defeat of Xerxes, in: Classical Studies in Honor of W. A. Oldfather, Urbana, Illinois, 1943, S. 82 ff.; *G. Salanitro*, Il
pensiero politico die Eschilo nei Persiani, in: Giorn. ital. die filol. 18, 1965, S. 193 ff.

Außerdem zu den »Hiketiden«: *V. Ehrenberg*, Origins of Democracy, in: *ders.*, Polis und
Imperium, Zürich–Stuttgart 1965, S. 266 ff.; *G. Salanitro*, La data e il significato politico
delle ›Supplici‹ di Eschilo, in: Helikon 8, 1968, S. 311 ff.; *C. Gülke*, Mythos und Zeitgeschichte bei Aischylos: das Verhältnis von Mythos und Historie in Eumeniden und Hiketiden, Meisenheim 1969; *F. Stoessl*, Die Hiketiden des Aischylos als geistesgeschichtliches
und theatergeschichtliches Phänomen, Wien 1979.

Außerdem zur »Orestie«: *Chr. Meier*, Aischylos' Eumeniden und das Aufkommen des
Politischen, in: *ders.*, Die Entstehung des Politischen bei den Griechen, Frankfurt/M.
1980, S. 144 ff.; *K. J. Dover*, Die Rolle des Ethischen und des Politischen in der ›Orestie‹,
in: H. Hommel (Hrsg.), Wege zu Aischylos II, Darmstadt 1974, S. 149 ff.; *ders.*, The Politi-
cal Aspects of Aeschylus' Eumenides, in: Journ. of Hellenic Studies 77, 1957, S. 230 ff.;
N. G. L. Hammond, Personal Freedom and its Limitations in the Oresteia, ebd. 85, 1965,
S. 42 ff.; *C. W. Macleod*, Politics in the Oresteia, in: Journ. of Hellenic Stud. 102, 1982,
S. 82 ff.; *J. P. Euben*, Justice and the Oresteia, in: Amer. Pol. Science Rev. 76, 1982,
S. 22 ff.

Außerdem zum »Prometheus«: *G. Cerri*, Il linguaggio politico nel Prometeo di Eschilo:
saggi di semantica, Rom 1975; ferner demnächst: *Chr. Meier*, Zeus nach dem Umbruch:
zur politischen Theologie des Aischylos.

Politisches Denken im Zeitalter Athens

363

3. Sophokles

Allgemeines: W. Schadewaldt, Sophokles und Athen, Frankfurt/M. 1935; *K. Reinhardt*, Sophokles, Frankfurt/M. [3]1947; *V. Ehrenberg*, Sophokles und Perikles, München 1956; *B. M. W. Knox*, Oedipus at Thebes, New Haven 1957; *ders.*, The Heroic Temper: Studies in Sophoclean Tragedy, Berkeley 1966; *H. Diller* (Hrsg.), Sophokles, Darmstadt 1967; *C. P. Segal*, Tragedy and Civilization: An Interpretation of Sophocles, Cambridge, Mass., 1981; *F. Schachermeyr*, Sophokles und die perikleische Politik, in: G. Wirth (Hrsg.), Perikles und seine Zeit, Darmstadt 1979, S. 359 ff.; ferner die entsprechenden Kapitel in den oben zur Tragödie angeführten allgemeinen Werken.

Außerdem zur »Antigone«: P. Labellarte, Genos e polis nell'Antigone di Sofocle, Bari 1977; *H. Patzer*, Hauptperson und tragischer Held in Sophokles' Antigone, Frankfurt/M. 1978; *C. P. Segal*, Sophocles' Praise of Man and the Conflicts of the Antigone, in: Arion 3, 1964, 46 ff.; *R. Trousson*, La philosophie du pouvoir dans l'Antigone de Sophocle, in: Rev. des Etud. grecques 77, 1964, S. 23 ff.; *H. Funke*, Kreon apolis, in: Antike und Abendland 12, 1966, S. 29 ff.; *W. M. Calder*, Sophocles' Political Tragedy, Antigone, in: Greek, Roman, and Byzantine Studies 9, 1968, S. 389 ff.; *A. R. Ferguson*, Politics and Man's Fate in Sophocles' Antigone, in: Class. Journ. 70, no. 2, 1974/75, S. 41 ff.

Außerdem zum »König Oedipus«: S. Bernadete, Sophocles' Oedipus Tyrannus, in: *J. Cropsey* (Hrsg.), Ancients and Moderns: Essays on the Tradition of Political Philosophy in Honor of L. Strauss, New York–London 1964, S. 1 ff.; *J. N. Keddie*, Justice in Sophocles' Oedipus Tyrannus, in: Antichthon 10, 1976, S. 25 ff.; *B. M. W. Knox*, Why is Oedipus Called Tyrannos?, in: ders., Word and Action, Baltimore 1979, S. 87 ff.

4. Wissenschaft und Philosophie, Ethnographie und die Anfänge der Geschichtsschreibung: Herodot

Zu den Philosophen: Vgl. die o. Kap. VI, S. 270, angeführte Literatur, außerdem zu *Anaxagoras: K. von Fritz*, Der Nous des Anaxagoras, in: ders., Grundprobleme der Geschichte der antiken Wissenschaft, Berlin 1971, S. 576 ff.; zu *Demokrit: G. Vlastos*, Ethics and Physics in Democritus, in: Philosophical Review 54, 1945, S. 578 ff.; 55, 1946, S. 53 ff.

Zu den Anfängen der Wissenschaft: O. Neugebauer, The Exact Sciences in Antiquity, Providence, Rhode Island, [2]1957; *F. Kudlien*, Der Beginn des medizinischen Denkens bei den Griechen, Zürich–Stuttgart 1967; *B. Farrington*, Science in Antiquity, Oxford [2]1969; *G. E. R. Lloyd*, Early Greek Science: Thales to Aristotle, London 1970; *K. von Fritz*, Grundprobleme (wie o.); *J. G. Landels*, Die Technik in der antiken Welt, München 1979; *F. Jürss* u. a., Geschichte des wissenschaftlichen Denkens im Altertum, Berlin 1982; *I. D. Rozanski*, Geschichte der antiken Wissenschaft, München–Zürich 1984.

Zu Hippodamos von Milet: A. von Gerkan, Griechische Städteanlagen, Berlin–Leipzig 1924, S. 42 ff.; *R. Martin*, L'urbanisme dans la Grèce antique, Paris [2]1974, S. 103 ff.; *F. Castagnoli*, Ippodamo di Mileto e l'urbanistica a pianta ortogonale, Rom 1956; *I. Lana*, L'utopia di Ippodamo di Mileto, in: ders., Studi sul pensiero politico classico, Neapel 1973, S. 107 ff.; *Z. Petre*, Hippodamos de Milète et les problèmes de la cité démocratique, in: Studii classice 12, 1976, S. 33 ff.; *A. R. Burn*, Hippodamos and the Planned City, in: Historia 25, 1976, S. 444 ff.

Zu Phaleas von Chalkedon: R. Pöhlmann, Geschichte der sozialen Frage und des Sozialismus in der antiken Welt II, München [3]1925, S. 6 ff.

Zu Damon: A. *Busse*, Zur Musikästhetik des Aristoteles, in: Rhein. Museum 77, 1928, S. 34 ff.; F. *Lasserre*, Plutarque, De la musique, Olten, Schweiz, 1954, S. 53 ff.; F. *Schachermeyr*, Damon, in: Beiträge zur Alten Geschichte und deren Nachleben: Festschr. F. Altheim I, Berlin 1969, S. 192 ff.; K. *Meister*, Damon, der politische Berater des Perikles, in: Riv. stor. dell'antichità 3, 1973, S. 39 ff.

Zu Hippokrates' Schrift ›Über die Umwelt‹ (peri aëron, hydaton, topon): M. *Pohlenz*, Hippokrates und die Begründung der wissenschaftlichen Medizin, Berlin 1938, Kap. I; F. *Heinimann*, Nomos und Physis, Basel 1945, Nachdr. Darmstadt 1972, S. 170 ff.; W. *Capelle*, Hippokrates: fünf auserlesene Schriften, Zürich 1955, S. 9 ff., 45 ff., 85 ff.; W. *Backhaus*, Der Hellenen-Barbaren-Gegensatz und die Hippokratische Schrift *peri aëron, hydaton, topon*, in: Historia 25, 1976, S. 170 ff.

Zur griechischen Ethnographie und Geographie: H. *Berger*, Geschichte der wissenschaftlichen Erdkunde der Griechen, Leipzig [2] 1903; K. *Trüdinger*, Studien zur griechisch-römischen Ethnographie, Basel 1918; J. O. *Thomson*, A History of Ancient Geography, Cambridge 1948; K. E. *Müller*, Geschichte der antiken Ethnographie und ethnologischen Theoriebildung von den Anfängen bis auf die byzantinischen Historiographen I, Wiesbaden 1972; O. A. W. *Dilke*, Greek and Roman Maps, Ithaca, N. Y., und London 1985.

Zu Hekataios von Milet: L. *Pearson*, Early Ionian Historians, Oxford 1939, S. 34 ff.; M. *Ninck*, Die Entdeckung Europas durch die Griechen, Basel 1945, S. 33 ff.; K. *von Fritz*, Die griechische Geschichtsschreibung I, Berlin—New York 1967, S. 48 ff.

Allgemein zur griechischen Geschichtsschreibung: F. *Jacoby*, Atthis: The Local Chronicles of Ancient Athens, Oxford 1949; *ders.*, Abhandlungen zur griechischen Geschichtsschreibung, Leiden 1956; *ders.*, Griechische Historiker, Stuttgart 1956; K. *von Fritz*, Die griechische Geschichtsschreibung I, Berlin—New York 1967; S. *Mazzarino*, Il pensiero storico classico, 2 Bde., Bari [5] 1974; C. W. *Fornara*, The Nature of History in Ancient Greece and Rome, Berkeley 1983; H. *Strasburger*, Die Wesensbestimmung der Geschichte durch die antike Geschichtsschreibung, Wiesbaden 1966 (= ders., Studien zur Alten Geschichte II, Hildesheim 1982, S. 963 ff.); K. *Deichgräber*, Das griechische Geschichtsbild in seiner Entwicklung zur wissenschaftlichen Historiographie, in: *ders.*, Der listensinnende Trug des Gottes: vier Themen des griechischen Denkens, Göttingen 1960, S. 7 ff.

Zu den Anfängen der Geschichtsschreibung und des historischen Denkens: C. G. *Starr*, The Awakening of the Greek Historical Spirit, New York 1968; P. *Steinmetz*, Das Erwachen des geschichtlichen Bewußtseins in der Polis, in: ders. (Hrsg.), Politeia und Res publica: Gedenkschrift R. Stark, Wiesbaden 1969, S. 52 ff.; K. *Latte*, Die Anfänge der griechischen Geschichtsschreibung, in: Histoire et l'historien dans l'antiquité, Entretiens sur l'ant. class. 4, Genf 1956, S. 3 ff.; M. I. *Finley*, Myth, Memory and History, in: ders., The Use and Abuse of History, London 1975, S. 11 ff.; *Chr. Meier*, Die Entstehung der Historie, in: ders., Die Entstehung des Politischen bei den Griechen, Frankfurt/M. 1980, S. 360 ff.; H. *Strasburger*, Homer und die Geschichtsschreibung, in: ders., Studien (wie o.) II S. 1057 ff.; W. *Schadewaldt*, Die Anfänge der Geschichtsschreibung bei den Griechen, Frankfurt/M. 1985.

Zu Herodot: H. *Bischoff*, Der Warner bei Herodot, Marburg 1932; K. *Wüst*, Politisches Denken bei Herodot, München 1935, Nachdr. New York 1979; M. *Pohlenz*, Herodot: der erste Geschichtsschreiber des Abendlandes, Leipzig 1937, Nachdr. Darmstadt 1961; W. *Marg* (Hrsg.), Herodot: eine Auswahl aus der neueren Forschung, Darmstadt [2] 1965 (wichtige Aufsätze, darunter auch die im Text erwähnte Interpretation von 5,90—93

Politisches Denken im Zeitalter Athens   365

durch H. Strasburger: S. 590 f.); *H. R. Immerwahr*, Form and Thought in Herodotus, Cleveland 1966; *C. W. Fornara*, Herodotus: An Interpretative Essay, Oxford 1971; *J. Cobet*, Herodots Exkurse und die Frage der Einheit seines Werkes, Wiesbaden 1971; *K. H. Waters*, Herodotus the Historian: His Problems, Methods and Originality, Norman, Oklahoma, 1985; ferner *K. von Fritz*, Geschichtsschreibung (wie oben) S. 104 ff.; *Chr. Meier*, Entstehung der Historie (wie oben), und die Beiträge in: *D. Boedeker – J. Peradotto* (Hrsg.), Herodotus and the Invention of History, Arethusa 20, 1987.

Zum Zeitraum der Veröffentlichung von Herodots Werk: C. W. Fornara, Evidence for the Date of Herodotus' Publication, in: Journ. of Hellenic Studies 91, 1971, S. 32 ff.; *J. Cobet*, Wann wurde Herodots Darstellung der Perserkriege publiziert, in: Hermes 105, 1977, S. 2 ff.; *C. W. Fornara*, Herodotus' Knowledge of the Archidamian War, in: Hermes 109, 1981, S. 149 ff.

Zu Herodots Verfassungsdebatte: H. Apffel, Die Verfassungsdebatte bei Herodot, Erlangen 1957, Nachdr. New York 1979; *K. Bringmann*, Die Verfassungsdebatte bei Herodot 3,80–82 und Dareios' Aufstieg zur Königsherrschaft, in: Hermes 104, 1976, S. 266 ff.; *F. Gschnitzer*, Die sieben Perser und das Königtum des Dareios: ein Beitrag zur Achaimenidengeschichte und zur Herodotanalyse, Heidelberg 1977; *J. Bleicken*, Zur Entstehung der Verfassungstypologie im 5. Jahrhundert v. Chr., in: Historia 28, 1979, S. 148 ff.

5. Die Sophisten und die Anfänge der politischen Theorie
Quellen: H. Diels – W. Kranz, Die Fragmente der Vorsokratiker II, Berlin [6] 1952 (mehrere Nachdrucke); *M. Untersteiner*: Sofisti, testimonianze e frammenti, 4 Bde., Florenz [1–2] 1962/67.

Allgemein zu den Sophisten: vgl. neben der o. Kap. VI, S. 261 f., genannten Lit. *M. Untersteiner*, I sofisti, 2 Bde., Mailand [2] 1967; *A. Pfeifenstein*, Das Rechts- und Staatsdenken der Sophistik, Köln 1953; *C. Corbato*, Sofisti e politica ad Atene durante la guerra del Peloponneso, Triest 1958; *H. Patzer*, Die Entstehung der wissenschaftlichen Politik bei den Griechen, Wiesbaden 1966; *W. K. C. Guthrie*, A History of Greek Philosophy III.1, Cambridge 1969; *S. Zeppi*, Studi sul pensiero etico-politico dei sofisti, Rom 1974; *C. J. Classen* (Hrsg.), Sophistik, Darmstadt 1976; *G. B. Kerferd*, The Sophistic Movement, Cambridge 1981; *ders.* (Hrsg.), The Sophists and their Legacy, Wiesbaden 1981; *K. F. Stroheker*, Zu den Anfängen der monarchischen Theorie in der Sophistik, in: Historia 2, 1953/54, S. 381 ff.; *J. Martin*, Zur Entstehung der Sophistik, in: Saeculum 27, 1976, S. 143 ff.

Außerdem zu Protagoras: D. Loenen, Protagoras and the Greek Community, Amsterdam 1940; *I. Lana*, Protagora, Turin 1950; *J. Morrison*, The Place of Protagoras in Athenian Public Life, in: Class. Quarterly 35, 1941, S. 1 ff.; *G. B. Kerferd*, Protagoras' Doctrine of Justice and Virtue in the *Protagoras* of Plato, in: Journ. of Hellenic Studies 73, 1953, S. 42 ff.; *A. Capizzi*, Il ›mito di Protagora‹ e la polemica sulla democrazia, in: La Cultura 8, 1970, S. 552 ff.; *L. Brisson*, Le mythe de Protagoras, in: Quaderni Urbinati 20, 1975, S. 7 ff.

Außerdem zu Gorgias: H. J. Newiger, Untersuchungen zu Gorgias' Schrift ›Über das Nichtseiende‹, Berlin 1973; *G. B. Kerferd*, Gorgias on Nature or That Which Is Not, in: Phronesis 1, 1955, S. 3 ff.; *C. P. Segal*, Gorgias and the Psychology of the *logos*, in: Harvard Studies in Class. Philol. 66, 1962, S. 99 ff.

Zur Rhetorik: F. Blass, Die attische Beredsamkeit, 3 Bde., Leipzig [2] 1892, Nachdr. Hildesheim 1962; *H. Gomperz*, Sophistik und Rhetorik, in: Classen (Hrsg.), Sophistik (wie oben) S. 21 ff.; *G. Kennedy*, The Art of Persuasion in Greece, Princeton–London 1963; *M. Fuhrmann*, Die antike Rhetorik, München 1984.

Zu den Theorien über die Ursprünge von Staat und Religion: G. Billeter, Griechische Anschauungen über die Ursprünge der Kultur, Zürich 1901; *W. Uxkull-Gyllenband*, Griechische Kultur-Entstehungslehren, Berlin 1924, Nachdr. New York 1976; *W. K. C. Guthrie*, In the Beginning: Some Greek Views on the Origins of Life and the Early State of Man, Ithaca, N. Y., 1951; *M. Dreher*, Sophistik und Polisentwicklung, Frankfurt/M.–Bern 1983; *S. Blundell*, The Origins of Civilization in Greek and Roman Thought, London 1986; *W. Jaeger*, Die Theorien über Wesen und Ursprung der Religion, in: Classen (Hrsg.), Sophistik (wie oben) S. 38 ff.; *F. Steinmetz*, Staatengründung – aus Schwäche oder natürlichem Geselligkeitsdrang? Zur Geschichte einer Theorie, in: ders. (Hrsg.), Politeia und Res publica: Gedenkschrift R. Stark, Wiesbaden 1969, S. 181 ff.; *K. Döring*, Antike Theorien über die staatspolitische Notwendigkeit der Götterfurcht, in: Antike und Abendland 24, 1978, S. 43 ff.

Zur nomos-physis-Kontroverse: F. Heinimann, Nomos und Physis: Herkunft und Bedeutung einer Antithese im griechischen Denken des 5. Jahrhunderts, Basel 1945, Nachdr. Darmstadt 1965; *M. Pohlenz*, Nomos und Physis, in: Hermes 81, 1953, S. 418 ff.

Zu Antiphon: F. Altheim, Staat und Individuum bei Antiphon dem Sophisten, in: Klio 20, 1926, S. 257 ff.; *G. B. Kerferd*, The Moral and Political Doctrines of Antiphon the Sophist: A Reconsideration, in: Proc. Cambridge Philol. Soc. 184, 1956, S. 26 ff.; *J. S. Morrison*, Antiphon, ebd. 187, 1961, S. 49 ff.; *S. Luria*, Antiphon der Sophist, in: Classen (Hrsg.), Sophistik (wie oben) S. 537 ff.

Zu Thrasymachos: G. F. Hourani, Thrasymachus' Definition of Justice in Plato's Republic, in: Phronesis 7, 1962, S. 110 ff.; *G. B. Kerferd*, The Doctrine of Thrasymachos in Plato's Republic, in: Classen (Hrsg.), Sophistik (wie oben), S. 545 ff.; *J. P. Maguire*, Thrasymachos... or Plato?, ebd. S. 564 ff.; *P. P. Nicholson*, Unravelling Thrasymachus' Arguments in ›The Republic‹, in: Phronesis 19, 1974, S. 210 ff.

Zu Hippias: A. Momigliano, Lebensideale in der Sophistik: Hippias und Kritias, in: Classen (Hrsg.), Sophistik, S. 465 ff.; *E. Schütrumpf*, Kosmopolitismus oder Panhellenismus? Zur Interpretation des Ausspruchs von Hippias in Platons Protagoras 337 c ff., in: Hermes 100, 1972, S. 5 ff.; *H. J. Johann*, Hippias von Elis und der Physis-Nomos-Gedanke, in: Phronesis 81, 1973, S. 15 ff.

Zu Kritias: W. Nestle, Kritias, in: ders., Griechische Studien, Stuttgart 1948, S. 253 ff.; *A. Battegazzore*, Influssi e polemiche nel fr. 25 di Crizia, in: Dioniso 21, 1958, S. 45 ff.; *H. Patzer*, Der Tyrann Kritias und die Sophistik, in: Studia Platonica: Festschrift H. Gundert, Amsterdam 1973, S. 3 ff.

Zu Pseudo-Xenophon: Vgl. neben der oben unter I. zur Oligarchie und Verfassungstheorie angeführten Lit. *K. I. Gelzer*, Die Schrift vom Staate der Athener, Berlin 1937; *M. Volkening*, Das Bild des attischen Staates in der pseudoxenophontischen Schrift vom Staat der Athener, Münster 1940; *M. Frisch*, The Constitution of the Athenians: A Philological-Historical Analysis of Pseudo-Xenophon's Treatise *de re publica Atheniensium*, Kopenhagen 1942; *E. Hohl*, Zeit und Zweck der pseudoxenophontischen Athenaion Politeia, in: Class. Philol. 45, 1950, S. 26 ff.; *G. W. Bowersock*, Pseudo-Xenophon, in: Harvard Stu-

Politisches Denken im Zeitalter Athens 367

dies in Class. Philol. 71, 1966, S. 33 ff.; *M. Treu*, Pseudo-Xenophon: Politeia Athenaion, in: Pauly–Wissowa, Realencyclopädie der class. Altertumswiss. IXA 2, 1967, S. 1928 ff.

Zum Anonymus Iamblichi: K. Bitterauf, Die Bruchstücke des Anonymus Iamblichi, in: Philologus 68, 1909, S. 500 ff.; *A. T. Cole*, The Anonymus Iamblichi and its Place in Greek Political Theory, in: Harvard Studies in Class. Philol. 65, 1961, S. 127 ff.; *A. Levi*, Der Anonymus Iamblichi, in: Classen (Hrsg.), Sophistik (wie oben), S. 612 ff.

Zur sophistischen Erziehungstheorie: W. Jaeger, Paideia (wie oben unter 2.) S. 378 ff.; *F. A. G. Beck*, Greek Education, 450–350 B. C., London 1964, S. 147 ff.; *I. Marrou*, Geschichte der Erziehung im klassischen Altertum, München 1977, S. 105 ff.

6. Thukydides

Allgemein: A. W. Gomme (– *A. Andrewes* – *K. J. Dover*), A Historical Commentary on Thucydides, 5 Bde., Oxford 1945–81; *J. H. Finley*, Thucydides, Cambridge/Mass., 1942; *ders.*, Three Essays on Thucydides, Cambridge/Mass. 1967; *J. de Romilly*, Histoire et raison chez Thucydide, Paris 1956; *D. Grene*, Greek Political Theory: The Image of Man in Thucydides and Plato, Chicago–London 1965; *H. Herter* (Hrsg.), Thukydides, Darmstadt 1968 (wichtige Aufsätze); *K.-H. Volkmann-Schluck*, Politische Philosophie: Thukydides, Kant, Tocqueville, Frankfurt/M. 1974, S. 17 ff.; *P. R. Pouncey*, The Necessities of War: A Study of Thucydides' Pessimism, New York 1980; *H. Strasburger*, Die Entdeckung der politischen Geschichte durch Thukydides, in: ders., Studien zur Alten Geschichte II, Hildesheim 1982, S. 527 ff. (auch in: Herter, S. 412 ff.); *H. Erbse*, Die politische Lehre des Thukydides, in: Gymnasium 76, 1969, S. 393 ff.; *F. Solmsen*, Thucydides' Treatment of Words and Concepts, in: Hermes 99, 1971, S. 385 ff.; *J. P. Euben*, Creatures of a Day: Thought and Action in Thucydides, in: T. Ball (Hrsg.), Political Theory and Practice: New Perspectives, Minneapolis 1977, S. 28 ff.; *M. Reinhold*, Human Nature as Cause in Ancient Historiography, in: J. W. Eadie – J. Ober (Hrsg.), The Craft of the Ancient Historian: Essays... C. G. Starr, Lanham, Maryland, 1985, S. 21 ff.

Zum Epitaphios: H. Flashar, Der Epitaphios des Perikles: seine Funktion im Geschichtswerk des Thukydides, Heidelberg 1969; *K. Gaiser*, Das Staatsmodell des Thukydides: zur Rede des Perikles auf die Gefallenen, Heidelberg 1975; *G. F. Else*, Some Implications of Pericles' Funeral Speech, in: Class. Journ. 49, 1954/55, S. 153 ff.; *P. Walcot*, The Funeral Speech: A Study of Values, in: Greece and Rome 20, 1973, S. 111 ff.

Zu Machtdenken und Machtpolitik: J. de Romilly, Thucydide et l'impérialisme athénien, Paris [2]1951; *A. G. Woodhead*, Thucydides on the Nature of Power, Cambridge/Mass., 1970; *R. Reimer-Klass*, Macht und Recht bei Thukydides, Tübingen 1962; *M. A. Levi*, Political Power in the Ancient World, London 1965; *M. Hammond*, Ancient Imperialism: Contemporary Justifications, in: Harvard Stud. in Class. Philol. 58/59, 1948, S. 105 ff.; *F. Kiechle*, Ursprung und Wirkung der machtpolitischen Theorien im Geschichtswerk des Thukydides, in: Gymnasium 70, 1963, S. 289 ff.; *K. Reinhardt*, Thukydides und Machiavelli, in: ders., Vermächtnis der Antike: Gesammelte Essays zur Philosophie und Geschichtsschreibung, Göttingen 1960, S. 184 ff.; *J. Vogt* und *G. Ritter*, Dämonie der Macht und Weisheit der Antike, in: Herter (Hrsg.), Thukydides (wie oben) S. 282 ff., 309 ff.; *V. Ehrenberg*, Polypragmosyne: A Study in Greek Politics, in: Journ. of Hell. Stud. 67, 1947, S. 46 ff.; *A. W. H. Adkins*, Polypragmosyne and ›Minding One's Own Business‹: A Study in Greek Social and Political Values, in: Class. Philol. 71, 1976, S. 301 ff.

368   *Kurt Raaflaub*

Zur Skepsis gegenüber Propaganda und Ideologie: H. *Strasburger*, Thukydides und die
politische Selbstdarstellung der Athener, Hermes 86, 1958, S. 17 ff. (= Herter [Hrsg.],
Thuk. [wie oben] S. 498 ff.); H. *Diller*, Freiheit bei Thukydides als Schlagwort und als
Wirklichkeit, in: Gymnasium 69, 1962, S. 189 ff. (= Herter S. 639 ff.); K. *Raaflaub*,
Athens ›Ideologie der Macht‹ und die Freiheit des Tyrannen, in: J. M. Balcer u. a., Studien
zum Attischen Seebund, Konstanz 1984, S. 45 ff.; *ders.*, Entdeckung der Freiheit (wie o.
unter 1.) Kap. V.

7. Euripides und Aristophanes
Allgemein zu Euripides: W. *Nestle*, Euripides, der Dichter der griechischen Aufklärung,
Stuttgart 1901, Nachdr. Aalen 1969; G. *Murray*, Euripides und seine Zeit, Darmstadt
1957; H. *Bengl*, Staatstheoretische Probleme im Rahmen der attischen, vornehmlich euripideischen Tragödie, München 1929; G. *Zuntz*, The Political Plays of Euripides, Manchester 1955; V. *di Benedetto*, Euripide: teatro e società, Turin 1971; Euripide: sept exposés
et discussions, Entretiens sur l'antiquité class. 6, Genf 1960; E. *Segal* (Hrsg.), Euripides: A
Collection of Critical Essays, New York 1968; E.-R. *Schwinge* (Hrsg.), Euripides, Darmstadt 1968; J. H. *Finley*, Euripides and Thucydides, in: ders., Three Essays (wie oben unter
6.) S. 1 ff.

Zu den »Herakliden«: Zuntz (wie oben) S. 26 ff., 55 ff.; F. *Stoessl*, Die Herakliden des
Euripides, in: Philologus 100, 1956, S. 207 ff.; A. *Guzzo*, Rilettura degli ›Eraclidi‹ di Euripide, in: Studi in onore di L. Castiglioni I, Florenz 1960, S. 423 ff.; J. W. *Fitton*, The Supp-
liant Women and the Herakleidai of Euripides, in: Hermes 89, 1961, S. 430 ff.

Zu den »Hiketiden«: Zuntz (wie oben) S. 3 ff., 55 ff.; S. *Michaelis*, Das Ideal der attischen
Demokratie in den ›Hiketiden‹ des Euripides und im ›Epitaphios‹ des Thukydides, Würzburg 1951; J. *Kopperschmidt*, Die Hikesie als dramatische Form: zur motivischen Interpretation des griechischen Dramas, Tübingen 1967; C. *Collard*, Euripides, Supplices, ed.
with introd. and comm., 2 Bde., Groningen 1975.

Zu den Troërdramen und zum »Orestes«: vgl. die Beiträge von H. *Kuch*, U. *Biehl* und
T. *Kachlak* in Hofmann – Kuch (Hrsg.), Die gesellschaftliche Bedeutung (wie oben unter
2.); G. *Perrotta*, Le Troiane di Euripide, in: Dioniso 15, 1952, S. 237 ff.; A. *Pertusi*, Il
significato della trilogia troiana di Euripide, ebd. S. 251 ff.

Zu den Phönissen: W. *Riemschneider*, Held und Staat in Euripides' Phönissen, Berlin
1940; A. J. *Podlecki*, Some Themes in Euripides' Phoenissae, in: Trans. Amer. Philol. Assoc. 93, 1962, S. 355 ff.; D. *Ebener*, Die Phönizierinnen des Euripides als Spiegelbild geschichtlicher Wirklichkeit, in: Eirene 2, 1963, S. 71 ff.; J. *de Romilly*, Les ›Phéniciennes‹
d'Euripide ou l'actualité dans la tragédie grecque, in: Rev. philol. 39, 1965, S. 28 ff.

Zu Aristophanes: V. *Ehrenberg*, Aristophanes und das Volk von Athen, Zürich–Stuttgart
1968; H.-J. *Newiger* (Hrsg.), Aristophanes und die Alte Komödie, Darmstadt 1975; J. C.
Carrière, Le carnaval et la politique: une introduction à la comédie grecque, Paris 1979;
D. F. *Sutton*, Self and Society in Aristophanes, Washington D. C., 1980; A. W. *Gomme*,
Aristophanes and Politics, in: Class. Rev. 52, 1938, S. 97 ff.; K. *Reinhardt*, Aristophanes
und Athen, in: ders., Tradition und Geist: Gesammelte Essays zur Dichtung, Göttingen
1960, S. 257 ff.; J. *Redfield*, Die Frösche des Aristophanes: Komödie und Tragödie als
Spiegel der Politik, in: Antaios 4, 1962/63, S. 422 ff.; D. *Konstan*, The Politics of Aristo-
phanes' Wasps, in: Trans. Amer. Philol. Assoc. 115, 1985, S. 27 ff; L. *Edmunds,* Cleon,
Knights and Aristophanes' Politics, Lanham, Maryland 1987.

KAPITEL VIII

Platon

Von Julia Annas

1. Vita und Werk

Platon (429–347 v. Chr.) stammte aus einer reichen und vornehmen Athener Familie. Sein Vater, Ariston, erhob den Anspruch, von Kodros abzustammen, dem mythischen letzten König von Athen, der sein Leben für seine Stadt opferte. Über seine Mutter Periktione stammte Platon von dem großen Gesetzgeber Solon ab. Er hatte zwei Brüder, Glaukon und Adeimantos (die er in der *Politeia* als die Gesprächspartner von Sokrates präsentiert), und eine Schwester, Potone, deren Sohn Speusippos sein Nachfolger als Leiter seiner Schule, der Akademie, wurde. Nach dem Tod seines Vaters heiratete seine Mutter ihren Onkel Pyrilampes, einen Freund des Perikles, der für das demokratische Regierungssystem eintrat und seinen eigenen Sohn sogar Demos genannt hatte. Aus dieser Ehe hatte Periktione einen Sohn mit Namen Antiphon; Platon stellt seinen Halbbruder als jemanden dar, der sich nur für Pferde interessiert, zugleich läßt er ihn aber den *Parmenides* wörtlich wiedergeben.

Die Tradition und die Verbindungen von Platons Familie waren alles andere als antidemokratisch. Er hätte wahrscheinlich eine führende Rolle im öffentlichen Leben gespielt, wie es von den reichen und von der Arbeit freigestellten Familien in der Demokratie erwartet wurde, wenn er nicht während des sich lange hinziehenden und kräftezehrenden Peloponnesischen Krieges aufgewachsen wäre, in dem Athen nicht nur von Seuchen heimgesucht wurde und eine schwere militärische Niederlage erlitt (der Krieg endete mit der demütigenden bedingungslosen Kapitulation gegenüber Sparta), sondern auch einen völligen Zusammenbruch seiner Moral und des Vertrauens in die demokratischen Institutionen erlebte. Nach der Kapitulation der Stadt wurde die Demokratie abgeschafft und unter spartanischer Oberherrschaft der Rat der Dreißig eingerichtet. Charmides, der Bruder von Platons Mutter, und ihr Cousin Kritias waren Mitglied des Rats der Dreißig, der bald für seine Tyrannei, Rechtsbeugung und Mißachtung des Rechts berüchtigt wurde, ebenso wie für seine reaktionäre Absicht, Athen wieder eine nichtdemokratische Regierungsform zu verleihen. Nach weniger als einem Jahr gab es einen demokratischen Staatsstreich, und die Dreißig wurden ermordet oder vertrieben. Platon beschreibt seine beiden Onkel in seinem Dialog *Charmides* zu einem sehr viel früheren Zeitpunkt und sagt nichts über ihre spätere berüchtigte Karriere oder seine Haltung dazu. Soweit wir wissen, nahm er selbst keinerlei Anteil am öffentlichen Leben, weder unter der Herrschaft der Dreißig noch in der wiedererrichteten Demokratie. Nach der Wiedererrichtung der Demokratie wurde eine Amnestie für alle Bürger erklärt, außer den Dreißig. Die Demokratie erwies sich bei der Wiederherstellung des Wohlstands und der

Selbstachtung der Athener nach der beispiellosen Demütigung und den gewalttätigen politischen Umstürzen als bemerkenswert stabil.

Platons Jugend war zweifellos von der revolutionären Phase geprägt, in der er
aufwuchs, ebenso wurde sie aber von der charismatischen Gestalt des Sokrates
(469–399 v. Chr.) beeinflußt. Sokrates selbst stammte aus einer unbedeutenden
Familie und war am Ende seines Lebens arm, wenngleich er früher einigermaßen
wohlhabend gewesen sein muß, denn er diente in der Armee als schwerbewaff-
neter Soldat, als Hoplit, was nur von vermögenden Bürgern verlangt wurde. Er
widmete sein Leben der Philosophie, was zu seiner Zeit als absurd betrachtet
und von Aristophanes in seiner Komödie *Die Wolken* verspottet wurde. Von
einigen wenigen wurde er jedoch tief verehrt, etwa von so unterschiedlichen
Charakteren wie Platon, Xenophon und einer Reihe unbedeutenderer »Sokratiker«, von denen einige, wie Aischines, Dialoge schrieben, in denen Sokrates
auftrat. Sokrates schrieb selbst nichts, und sein persönlicher Stil war so unmittelbar und individuell, daß diejenigen, die seine Ansichten wiedergeben wollten,
es vorzogen, seine Gespräche aufzuzeichnen, häufig in Form von Dialogen.
Sokrates übte einen tiefen Einfluß auf Platon aus; ein Zeichen dafür ist die
Tatsache, daß die meisten von Platons Werken in Form von Dialogen zwischen
Sokrates und anderen geschrieben sind.

399 wurde unter der erst kurz zuvor wiedererrichteten Demokratie gegen Sokrates Anklage erhoben; er wurde schuldig gesprochen und zum Tode verurteilt.
Die Anklage war auffallend vage formuliert; er wurde beschuldigt, neue Gottheiten einzuführen und die Jugend zu verderben. Der religiöse Vorwurf bezog
sich auf einen von Sokrates' merkwürdigsten Charakterzügen: sein selbststili-
siertes »göttliches Zeichen«, das ihn manchmal auf mysteriöse Weise davon
abhalte, einen vorgegebenen Weg einzuschlagen. Aber es hat immer starke
Zweifel daran gegeben, ob dies der alleinige Grund für das Todesurteil gegen
Sokrates gewesen ist. Man hat zumeist vermutet, daß der wahre Grund für die
Anklage politisch war, was aber wegen der Amnestie nicht offen zugegeben werden konnte: Sokrates hatte sich mit Charmides und Kritias und mit dem berüchtigten wankelmütigen Politiker Alkibiades verbündet, die alle eine entscheidende Rolle bei der Zerstörung der Demokratie während und nach dem Peloponnesischen Krieg gespielt hatten. Man nahm an, daß Sokrates sie beeinflußt
hatte, und das wurde ihm übelgenommen. Wir haben nicht genügend unmittelbare Zeugnisse von Sokrates, um zu wissen, ob er den Umsturz der Demokratie
tatsächlich unterstützte. Zweifellos steht Platons Sokrates ihr sehr kritisch gegenüber; aber er wird auch als loyaler Bürger dargestellt, der den Gesetzen gehorcht. Ähnlich verteidigen auch Xenophon und andere Sokrates als loyalen
Bürger; es gab aber auch posthume Angriffe gegen Sokrates, denn seine Hinrichtung beschäftigte die Menschen damals ebenso wie heute. Die Stadt, die sich am
meisten ihrer Toleranz und Vorurteilsfreiheit rühmte, ließ den Bürger hinrich-
ten, der diese Toleranz dazu nutzte, um zahlreiche vorgegebene Überzeugungen
in Frage zu stellen, einschließlich der Überzeugung, die Demokratie sei eine gute
Regierungsform. Und darin liegt eine tiefe Ironie, eine Ironie, der sich auch zahlreiche Regierungen des zwanzigsten Jahrhunderts gegenübersahen.

Sokrates' Tod veranlaßte Platon und eine Reihe anderer seiner Freunde Athen zu
verlassen und nach Megara zu gehen. Wir wissen dies von einem von Platons

Platon 371

eigenen Schülern, Hermodoros, aber wir wissen nichts über die Länge des Aufenthalts oder die genaue Gründe dafür. Zweifellos wollten sie nicht das gleiche Schicksal wie Sokrates erleiden; aber Megara war auch für seine philosophische Schule bekannt, die großes Gewicht auf die Logik legte, und Platon zog aus seinem zeitweisen Exil großen philosophischen Nutzen.

Fast sein ganzes übriges Leben verbrachte Platon in Athen. Zu einem bestimmten Punkt beschloß er, sein Leben der Philosophie zu widmen, und faßte zwei ungewöhnliche Entschlüsse. Er verneinte seine Pflicht gegenüber der Familie und dem Clan, indem er nicht heiratete. (Heirat und die Zeugung männlicher Nachkommen war eine anerkannte Pflicht, der gegenüber persönliche sexuelle Vorlieben und das persönliche Naturell irrelevant waren. Häufig wird angenommen, Platon sei homosexuell gewesen; zweifellos verwendet er die romantische Sprache stilisierter homosexueller Leidenschaft in seinen Schriften sehr freizügig, freilich wurde eine solche Sprache in der antiken Welt nicht, wozu wir heute neigen, als Ausdruck der individuellen Persönlichkeit verstanden.) Folgenreicher war seine Gründung einer philosophischen Schule, die nach dem öffentlichen Gymnasium, wo ihre Diskussionen und ihre Lehrveranstaltungen abgehalten wurden, die Akademie genannt wurde. Die Schule wurde bald so berühmt, daß sie Schüler aus der ganzen griechischen Welt anzog, unter ihnen auch Aristoteles. Wir haben jedoch so gut wie keine Zeugnisse über ihren institutionellen Aufbau, und verschiedene Forscher haben ihn in einander widersprechender Weise zu rekonstruieren versucht. Platons Schüler wurden zu maßgeblichen Persönlichkeiten des intellektuellen und einige von ihnen auch des politischen Lebens in ihren Heimatstädten – das berühmteste Beispiel ist wohl Aristoteles, aber wir wissen auch von anderen, die Verfassungen für ihre Stadtstaaten entwarfen. Wir kennen Platons Haltung dazu nicht; zweifellos vertrat die Akademie in ausschließlich intellektuellen Angelegenheiten keine orthodoxe Linie, sondern bot eher geistiges Training als eine Doktrin an. Ein Fragment des Komödiendichters Epikrates beschreibt, wie die Mitglieder der Akademie große Mühe auf die Klassifizierung trivialer Gegenstände verwenden.

In der Akademie lehrte Platon vermutlich eine merkwürdige mathematische Metaphysik (die sich aus einigen Gedankensträngen in der _Politeia_ rekonstruieren läßt). Ein völliger Mißerfolg war offenbar seine Vorlesung »Über das Gute«. Neben seinen mündlichen Vorlesungen schrieb er eine Reihe von Werken in Dialogform. Über ihre Chronologie wurden seit dem Ende des 19. Jahrhunderts in der Forschung endlose Debatten geführt (und auch über die Authentizität einiger von ihnen). Einen weitgehenden Konsens gibt es darüber, daß sie stilistisch in drei grob abgegrenzte Perioden einzuordnen sind: 1. die frühe Periode der kurzen bzw. kürzeren »sokratischen« Dialoge, die dramatisch lebendig und künstlerisch häufig überraschend sind. Sie sind »aporetisch« – es gibt kein positives Ergebnis: Sokrates lockt aus seinen Gesprächspartnern ihre Überzeugungen zu verschiedenen bedeutenden Fragen hervor, um dann deren Begründungen zu widerlegen. 2. Die »mittleren« Dialoge, deren berühmtester die _Politeia_ ist, sind sehr viel statischer und werden von festen philosophischen Überzeugungen und metaphysischen Systemen gekennzeichnet. 3. Die späten Dialoge, bei denen die Dialogform nur noch der einfacheren Darlegung dient und es keine echte Verwendung ihres dramatischen Potentials mehr gibt, die

Gestalt des Sokrates zurücktritt und Platon nicht nur den Ideen anderer Philosophen ernsthafte Aufmerksamkeit schenkt, sondern sowohl diese als auch seine eigenen Ideen in einer neuen nüchternen und professionellen Weise kritisiert. Bedeutende Werke hinsichtlich seines politischen Denkens stammen aus allen drei Perioden, und wenn wir uns mit ihnen beschäftigen, so müssen wir uns ihrer Unterschiede in der Methode und im Zugang bewußt sein. Es ist jedoch wichtig, daß Platon die Dialogform niemals aufgegeben hat, auch dann nicht, als sie für seine Absichten offensichtlich unbequem geworden war. Er untersucht immer Ideen, die er anderen in den Mund gelegt hat; damit nimmt er durchgängig Abstand von der üblichen Form des Prosatraktats, in der philosophische Texte zu seiner Zeit abgefaßt waren. Es war ihm immer wichtig, daß der Leser nicht einfach akzeptierte, was Platon sagte, weil Platon es sagte, sondern daß er immer mit Hilfe dramatischer oder anderer Mittel distanziert wurde, um sicherzugehen, daß er es in der richtigen Weise akzeptiert, nämlich nachdem er darüber nachgedacht und sich entschieden hat, ob er es für wahr hält oder nicht. Selbst Platons offenkundig selbstbewußtestes Werk, die *Politeia*, hält in dieser Weise zum Leser Distanz. Wir sollen das, was gesagt wird, nicht einfach passiv übernehmen, sondern erst nach eigener intellektueller Anstrengung.

Die antiken Platon-Biographien fügen zu dem knappen biographischen Kontext, den ich skizziert habe, eine Reihe pittoresker und romantischer Einzelheiten hinzu. So berichten sie beispielsweise von langen Reisen Platons, etwa nach Ägypten. Bedauerlicherweise kann man diesen Berichten, wie allen antiken Biographien, nicht trauen. Aus Platons eigener Zeit sind nahezu keine Zeugnisse über ihn erhalten; spätere Generationen, die wie wir ein Interesse an seiner Person hatten, füllten diese Lücke mit Erfindungen, die zumeist auf den platonischen Dialogen oder auf der platonischen philosophischen Tradition beruhten. In den *Nomoi* diskutiert Platon die ägyptische Kunst und weist auf ihren hohen Grad der Stilisierung hin. Wenn wir dafür neben einem philosophischen auch einen persönlichen Grund angeben wollen, liegt die Vermutung nahe, Platon sei in Ägypten gewesen; und genauso ist die antike biographische Tradition verfahren. Natürlich *könnte* Platon in Ägypten gewesen sein. Aber vorschnell auf der Grundlage der antiken Biographien eine solche Reise als historische Tatsache zu akzeptieren, um dann die Passage 'aus den *Nomoi* im Licht dieser angeblichen Tatsachen zu interpretieren, würde die Dinge auf den Kopf stellen.

In der antiken biographischen Literatur spielten angebliche Briefe von berühmten Persönlichkeiten eine große Rolle. Platon wurde, wie auch anderen antiken Philosophen, eine Reihe solcher Briefe zugeschrieben. Das Verfassen solcher Texte war ein anerkanntes literarisches Genre, in dem manchmal nicht einmal ernsthaft versucht wurde, den Leser zu täuschen, und die meisten der angeblichen Briefe können ebensowenig ernstgenommen werden wie die »Briefe« der Sieben Weisen, Alexanders des Großen, usw. Einer der Briefe, nach der traditionellen Reihenfolge der siebte, ist jedoch als Grundlage für Platons Leben ernstgenommen worden. Warum, ist schwer zu verstehen, denn der Brief tut etwas völlig Unplatonisches: Er listet die platonischen Lehren in einer sehr platten Weise auf, und was er mitteilt, ist äußerst merkwürdig: Es ähnelt weder den Dialogen noch den Lehren der Akademie, dafür aber auffällig der späteren pla-

Platon 373

tonischen Tradition. Dennoch haben einige Forscher den Brief als echt betrachtet und der detaillierten Darstellung Glauben geschenkt, die er von Reisen Platons nach Sizilien gibt. Auf einer der Reisen soll Platon den Tyrannen Dionysios I. von Syrakus besucht haben und auf zwei weiteren Reisen seinen schwachen Nachfolger Dionysios II., um im Einvernehmen mit dessen Onkel Dion einen Philosophen-König aus ihm zu machen. Man hat diese angeblichen Reisen sogar datiert und um sie herum ausgefeilte Chronologien der Dialoge gebaut. Aber es gibt keinen Grund, warum man den »Siebten Brief« vom Charakter seines Genres ausnehmen sollte: interessante historische Fiktion.

Hauptsächlich aus zwei Gründen hat eine Reihe von Forschern den »Siebten Brief« als echt anerkannt, obwohl dies nicht den normalen Standards ihrer historischen Urteilsfähigkeit entsprach: Zum einen war es der Wunsch, etwas, irgend etwas zu finden, was von Platon geradeheraus geschrieben worden war und den Leser nicht durch die schwer faßbare Dialogform auf Distanz hält. Dabei hat nicht zuletzt der aus dem Geist des zwanzigsten Jahrhunderts geborene Wunsch eine Rolle gespielt, das Werk eines Autors aus dessen Persönlichkeit zu erklären. Zum anderen entwirft Platon in seinem berühmtesten politischen Werk, der _Politeia_, das Bild eines idealen Staates. Buchstabengläubige Leser haben dies immer als einen Entwurf betrachtet, der in die Tat umgesetzt werden sollte (trotz deutlicher Hinweise, daß dies nicht der Fall war), und deshalb fanden sie an dem phantasievollen Bericht großen Gefallen, wonach Platon versuchte, den idealen Staat zu schaffen, indem er aus einem König einen Philosophen machte. Der »Brief« enthält auch eine Darstellung von Platons angeblicher Enttäuschung über die athenische Politik. Zahlreiche Forscher sind der Versuchung erlegen, Platons politische Philosophie aus diesen angeblichen Erfahrungen zu erklären. Wir dürfen jedoch nicht vergessen, daß eben dieser Impuls bereits für die Entstehung des »Siebten Briefes« verantwortlich war.

Außer wenigen äußerlichen Fakten wissen wir nichts über Platons Leben, und bevor wir den antiken Biographien in die historische Fiktion folgen, sollten wir uns daran erinnern, daß für uns Platon sein Werk ist. Seine politische Philosophie kann nicht aus biographischen Fakten erklärt werden. Aber das ist kein Nachteil: Was wir in den Dialogen vor uns haben, ist reich genug, um mit eigenem Recht analysiert und gewürdigt zu werden.

2. Die »sokratischen« Dialoge

Grundzüge von Platons politischem Denken

Platons politisches Denken entwickelt und verändert sich (was einem leicht entgeht, wenn man sich zu stark auf die _Politeia_ konzentriert), aber seine gesamte politische Theorie beschäftigt sich mit einem entscheidenden Punkt: dem Spannungsverhältnis zwischen der Herrschaft des Gesetzes auf der einen und der Herrschaft eines weisen Experten auf der anderen Seite.

Daß er sich mit der _Herrschaft_ beschäftigt, verweist sogleich auf ein bemerkenswertes Charakteristikum seines Denkens: Er betrachtet politische Fragen immer vom Standpunkt des Herrschenden aus und nicht von dem des Beherrschten. Er stellt nie die Frage, ob Individuen überhaupt eine politische Verpflichtung haben, und, wenn das so ist, was sie rechtfertigt; denn er geht nicht vom Menschen als Individuum mit bestimmten Rechten aus, die durch die politische Gemeinschaft aufgehoben oder modifiziert werden. Er geht ganz selbstverständlich davon aus, daß wir soziale Wesen sind und unsere natürliche Erfüllung im politischen Leben finden, und fragt von da aus, wie es am besten organisiert werden kann.

Das politische Leben ist für Platon aber nicht dann wohlgeordnet, wenn es auf bloße Effizienz ausgerichtet ist, mit sicheren sauberen Straßen. Er läßt sich auch von äußeren Erfolgen des Staates, wie der Unterwerfung anderer Städte, nicht beeindrucken; ein Teil der bittersten Kritik in seinen Werken richtet sich gegen den Imperialismus Athens. Ein gut regierter Staat ist für Platon ein Staat, in dem das sittlich gute Leben des Bürgers an erster Stelle steht. Der Staat ist kein Mechanismus zum Ausgleich widerstreitender Interessen, sein Ziel ist vielmehr die Schaffung tugendhafter Bürger.

Beide Voraussetzungen sind dem liberalen Denken verhaßt, und Platon ist häufig allein deswegen verurteilt worden. Aber es ist nicht fair, ihn für etwas zu verurteilen, was er als relativ unumstritten und weithin akzeptiert begriffen hätte. Die Erörterung dieser Fragen in Aristoteles' *Politik* zeigt, wie tief verwurzelt im griechischen Denken die Vorstellung war, der Mensch sei in erster Linie ein soziales Wesen und der Zweck des Staates bestehe darin, vortreffliche Bürger zu schaffen. Wir mögen diese Vorstellungen verurteilen, weil sie, wenn überhaupt, für die individuellen Rechte nur wenig Raum lassen. Aber wir können Platon kaum dafür tadeln, daß er seine politische Philosophie nicht auf individualistischen Vorstellungen aufbaute, die völlig unrealistisch und utopisch gewesen wären. (Es ist jedoch nicht richtig, daß Platons autoritäre politische Theorie allein darin begründet ist, wie häufig behauptet wird, es gibt daneben noch andere Ursachen, wie noch zu zeigen sein wird.)

Herrschaft der Weisen oder Herrschaft der Gesetze?

Sind Gesetze das beste Instrument, um einen Staat zu schaffen, dessen Bürger ein sittlich gutes Leben führen werden? Platon ist sich des Schwachpunkts von Gesetzen, nämlich ihrer notwendig allgemeinen Natur und damit der mechanisch gleichen Weise, mit der sie auf völlig unterschiedliche Einzelfälle angewendet werden, immer bewußt. In seinem späten Werk *Politikos* geht er sogar so weit, die Gesetze mit einem »selbstgefälligen und ungelehrigen« Menschen zu vergleichen, »der nichts will, anders als nach seiner eigenen Anschauung tun und auch niemanden weiter anfragen lassen, auch nicht, wenn für jemanden etwas Neues etwa besser ist außer der Ordnung, die er selbst festgestellt hat... Unmöglich also kann sich zu dem niemals Einartigen das richtig verhalten, was durchaus einartig ist« (294 c).

Unter diesem Aspekt betrachtet auch Aristoteles das Gesetz als nicht vollkommen (*Nikomachische Ethik*, 1137 a–b). Aber während Aristoteles pragmatisch auf die »Billigkeit« verweist, um die Kluft zwischen dem starren Gesetz und den wechselnden Einzelfällen zu überwinden, neigt Platon zu einer radikaleren Alternative: Er will die mechanische und unvollkommene Anwendung der Gesetze

Platon 375

durch die flexible und geübte Einsicht eines Weisen ersetzen, der auf jede einzelne Situation reagieren und dabei einfühlsam und autoritativ zugleich mit ihr umgehen kann. So wie die persönlichen Anweisungen des Arztes für seinen Patienten seinen niedergeschriebenen Vorschriften, die sich den individuellen Bedürfnissen nicht anpassen können, vorzuziehen sind, so würde ein weiser Herrscher die mechanische Starrheit der Gesetze vermeiden (vgl. *Politikos*, 295 b–e).

Platon ist sich aber, wie es wohl zu seiner Zeit jeder gewesen wäre, der Gefahren durchaus bewußt, die von der Unterminierung der Gesetze ausgehen. Er hatte genügend Beispiele für die Schrecken von Staatsstreichen und Diktaturen erlebt, um zu wissen, daß Gesetze, wie unvollkommen sie auch immer sein mögen, eine stabilere Autorität bieten als der Respekt vor der Meinung des Weisen. Wir werden sehen, daß bei Platon die Fähigkeit, aus der Geschichte zu lernen, und der Respekt vor der Herrschaft des Gesetzes Hand in Hand gehen (in der *Politeia* fehlt beides, in späteren Werken spielt es eine entscheidende Rolle). Platon wägt immer wieder die Vorzüge einer Regierung, die auf dem Gehorsam gegenüber dem Gesetz und der Ordnung (das griechische Wort *nomos* umfaßt mehr als nur »Gesetz«, es bezieht sich auf jede Art öffentlicher Verordnung) beruht, gegen die Hoffnung auf die Regierung durch flexible und weise menschliche Reaktionen ab.

Die Gehorsamsverpflichtung gegenüber den Gesetzen

In den frühen »sokratischen« Dialogen sind beide Ideen erkennbar, aber die Spannung zwischen ihnen ist noch ungelöst. Der Respekt vor der Autorität des Gesetzes zeigt sich am stärksten im Dialog *Kriton*. Hier wird geschildert, wie Sokrates kurz vor seiner Hinrichtung im Gefängnis von seinem alten Freund Kriton besucht wird, der ihn drängt, mit Hilfe seiner Freunde zu fliehen, die sich (gemäß traditionellen griechischen Wertvorstellungen) schämen, weil sie ihn nicht vor einem ungerechten Urteil bewahrt haben. Sokrates insistiert jedoch, man dürfe, was auch immer die Leute denken, nur das tun, was gerecht sei: Unrecht zu erleiden rechtfertige nicht, Unrecht zu tun – und zu fliehen wäre Unrecht. Um diese Auffassung zu stützen, stellt er sich vor, die Gesetze und die Regierung von Athen würden als Autoritäten zu ihm sprechen, um ihm die Gründe aufzuzeigen, warum seine Flucht Unrecht wäre.

Hierbei ist besonders die Argumentation der Gesetze aufschlußreich. Rhetorisch und wenig ausgearbeitet werden sie hier vorgestellt, und so sind sie auch in zahlreichen späteren Darstellungen politischer Verpflichtungen präsentiert worden. Die Verpflichtung des Bürgers gegenüber den Gesetzen und der Regierung wird mit seiner Verpflichtung gegenüber seinen Eltern verglichen: Der Bürger ist sowohl durch die natürliche und unwillentliche Abhängigkeit als auch durch die Dankbarkeit für frühere Wohltaten verpflichtet. Außerdem ist die Beziehung asymmetrisch: Man soll seinen Eltern nicht widersprechen oder zurückschlagen, wenn man von ihnen geschlagen wird, und zwar einfach, weil sie die Eltern sind. In diesem Zusammenhang wird die Beziehung zu den Eltern sogar mit der Beziehung zwischen Herr und Sklave verglichen. Der Staat kann von seinen Bürgern verlangen, daß sie für ihn kämpfen und sterben, und er kann sie für Vergehen bestrafen; sie haben nicht das Recht, sich zu wehren. Wir empfinden heute diese Parallele als störend, und das nicht nur, weil die Autorität griechischer Eltern uneingeschränkter war als die heutiger Eltern. Die Verpflichtung gegenüber bestimmten Individuen, wie den Eltern, ist von einer besonderen und persönlichen Natur, welche die persönliche Natur der Beziehung widerspiegelt. Der Staat dagegen ist unpersönlich, und so ist es auch die Verpflichtung ihm gegenüber. Durch die Personifizierung der Gesetze und den Vergleich mit den Eltern unterschlägt Platon eben diese Impersonalität, die die politische Verpflichtung ihnen gegenüber so anders macht als die Verpflichtung gegenüber Personen.

Die Gesetze weisen auch darauf hin, daß Sokrates mit seiner Flucht das »Abkommen« mit ihnen brechen würde. Sie betonen, daß Sokrates in Athen blieb, als es ihm völlig offenstand fortzugehen, und sie betrachten dies als die implizite Zustimmung, den Gesetzen zu gehorchen. Damit behaupten die Gesetze nicht, wie Locke das später tun sollte, daß die bloße Tatsache, in einem Land zu sein, die stillschweigende Vereinbarung impliziert, den Gesetzen Folge zu leisten. Sie gebrauchen ein Wort, das an die athenische Institution der *dokimasia* erinnert, einer formellen Überprüfung seines Anspruchs auf das Bürgerrecht, der sich jeder Athener im Alter von siebzehn Jahren unterziehen mußte, um als Bürger aufgenommen zu werden. Sokrates hat sich förmlich darum beworben, der Bürgerschaft anzugehören, ist aufgenommen worden und hat seitdem, wie die Gesetze betonen, siebzig Jahre in Athen gelebt und keinerlei Anstalten gemacht, andere Orte zu besuchen, und darüber hinaus seine Zufriedenheit mit Athen dadurch zum Ausdruck gebracht, daß er heiratete und Kinder zeugte. Die Gesetze verweisen damit auf Anhaltspunkte für die Annahme, daß Sokrates es gegenüber möglichen anderen Alternativen vorzog, Bürger von Athen zu sein. Dabei schließen sie aber zu schnell von seinem Einverständnis mit Athen auf sein Einverständnis mit seinen Gesetzen, weil niemand mit einem Staat ohne Gesetze einverstanden sein könne. Sie berücksichtigen nicht die Möglichkeit, daß jemand in einer Stadt leben möchte und dennoch zahlreiche ihrer Gesetze ablehnt. Das Argument der Zustimmung kann jedoch auch aus anderen Gründen angegriffen werden – beispielsweise, daß es die Ausübung des Bürgerrechts zu sehr an die Privilegien angleicht, die auf der Mitgliedschaft in einer Gesellschaft beruhen, und sie nicht als ein Recht betrachtet, das jedem Bürger ohnehin zukommt.

Als letztes behaupten die Gesetze, Sokrates würde mit seiner Flucht versuchen, sie zu zerstören. Diese Behauptung ist häufig angegriffen worden, da ein Akt des Ungehorsams zweifellos nicht ein ganzes System zerstören kann. Aber die Gesetze argumentieren – im Gegensatz zu modernen Theorien – nicht von den Konsequenzen einer Handlung aus; ihr Argument beruht vielmehr darauf, daß sich Sokrates mit seiner Flucht als »Zerstörer« von Gesetzen offenbaren würde. Die willentliche Mißachtung eines Gesetzes zeige, daß man jemand sei, der seine eigenen Interessen über die des Staates stelle, und damit, so warnen die Gesetze, wäre Sokrates in jedem anderen Staat unwillkommen, in den er fliehen könnte, und seine Reden von der Tugend würden sich als bloße Heuchelei entlarven. Damit behaupten die Gesetze nicht, daß alle Gesetze von gleicher Wichtigkeit sind, so daß der Bruch des unbedeutendsten ebenso schlimm sei wie der Bruch

Platon 377

des schwerwiegendsten Gesetzes. Ihr Argument zielt vielmehr darauf, was jeder Gesetzesbruch über denjenigen aussagt, der ihn begeht: daß er nämlich mit seinem Entschluß, das Gesetz zu brechen, sich selbst über das Gesetz stellt.

Was aber, wenn der Bürger es aufrichtig für gerecht hält, das Gesetz zu brechen? Die Argumentation der Gesetze führt hier zu einem Problem: Sokrates hatte betont, der entscheidende Antrieb seines Handelns sei, gerecht zu sein. Die Gesetze scheinen jedoch blinden Gehorsam zu fordern. Sokrates scheint in diesem Fall davon überzeugt zu sein, daß das, was sie verlangen, gerecht ist. Sie zu verhöhnen würde bedeuten, Unrecht zu tun, was sehr viel schlimmer wäre als Unrecht zu erleiden. Was wäre aber, wenn die Gesetze von ihm verlangten, Unrecht zu tun? Dies ist durchaus kein an den Haaren herbeigezogenes Problem: In der _Apologie_, in der Platon Sokrates' Verteidigung vor Gericht darstellt, erklärt Sokrates (29 c–d), wenn das Gericht ihn unter der Bedingung freilassen würde, daß er aufhörte zu philosophieren, so werde er »dem Gotte mehr als euch« gehorchen, denn er betrachte die Philosophie als seinen göttlichen Auftrag. Im _Kriton_ erklären die Gesetze Sokrates, er müsse das Vaterland »überzeugen oder tun, was es befiehlt« (51 b). Einige verstehen dies so, daß man dem Gesetz so lange Folge leisten müsse, bis es einem gelingt, es zu ändern; andere dagegen, man solle der Anwendung der Gesetze vor Gericht Folge leisten, sofern es einem nicht gelinge, die Richter zu überzeugen. Wie auch immer, Sokrates ist es offensichtlich nicht gelungen zu »überzeugen«. Dennoch würde er in diesem Fall keinen Gehorsam leisten, denn das würde für ihn bedeuten, Unrecht zu tun. Eine Reihe von Forschern versucht den hier aufscheinenden Widerspruch zu schlichten, indem sie anstelle von »überzeugen« »zu überzeugen versuchen« lesen: Sokrates hätte allein damit den Gesetzen Folge geleistet, daß er seiner Verurteilung offen widersprach, auch wenn es ihm nicht gelang, die Richter zu überzeugen. Gegen diese Interpretation spricht jedoch der Grundtenor in der Argumentation der Gesetze. Der Dialog _Kriton_ ist deshalb interessant, weil wir an ihm sehen können, daß es Platon nicht gelungen ist, seine Forderung, der Handelnde müsse das tun, von dessen Rechtmäßigkeit er rational überzeugt ist, mit der entgegengesetzten Forderung zu versöhnen, das Individuum habe nicht das Recht, sein eigenes Urteil über das Urteil der Institutionen der Stadt zu stellen. Wenn die Gesetze im _Kriton ideale_ Gesetze wären, gäbe es kein Problem: Sie würden vom Individuum niemals verlangen, etwas Unrechtes zu tun. Es ist schwer vorstellbar, daß Platon den Gesetzen von Athen dieselbe Gehorsamsverpflichtung zubilligt (selbst wenn er seine Argumente als erfolgreich voraussetzt) wie den idealen Gesetzen. Womöglich gibt es hier eine gewisse Verwirrung. Aber vielleicht ist es Absicht, daß Sokrates die Unvollkommenheit der geltenden Gesetze ignoriert, wenn er fragt, warum er, im allgemeinen, dem Gesetz Folge leisten solle. Der _Kriton_ behauptet eine moralische Autorität für das Gesetz; und dies steht potentiell in einem Spannungsverhältnis sowohl zu Sokrates' Entschluß, den athenischen Gesetzen nicht zu gehorchen, falls sie von ihm verlangten, etwas Unrechtes zu tun, als auch mit seiner andauernden Kritik an der moralischen Grundlage der geltenden Gesetze und der Institutionen des demokratischen Athen.

Philosophisches Wissen und politisches Engagement

Sokrates wird in den Dialogen durchgängig als überzeugter und feindseliger Kritiker der Demokratie dargestellt. Seine Gründe für diese Kritik sind jedoch nicht snobistisch oder aristokratisch (diese werden im *Gorgias* 515e widerlegt), sie beruhen vielmehr darauf, daß in der Demokratie, sowohl direkt in der Versammlung als auch indirekt durch die Wahl der Führer, die politische Macht bei der Mehrheit liegt. (Die attische Demokratie zeichnete sich durch ein bemerkenswertes Maß direkter politischer Macht aus, über das die Mehrheit der Bürger verfügte, ebenso wie durch die Anwendung des antielitären Losentscheids bei der Ernennung von Beamten.) Sokrates' kritische Einwände haben alle eine gemeinsame Grundlage: daß die Demokratie die Macht in die Hände derer legt, denen es an Wissen fehlt.

In den frühen Dialogen beschäftigt sich Sokrates mit der Suche nach ethischem Wissen. Er respektiert Wissen, wo immer es ihm begegnet – beispielsweise beim Handwerker, der etwas von seinem Handwerk versteht (vgl. *Gorgias*, 511c–512d; *Apologie*, 22c–e). Aber bei ethischen und politischen Fragen findet er die Meinung der Mehrheit wertlos (vgl. *Kriton*, 46c–47c) und die politischer Führer ernstlich unzureichend. Warum ist das so? Sokrates behauptet nie von sich, Wissen zu haben, aber er weiß, was es umfassen müßte: ein begründetes Verständnis, das die eigenen Überzeugungen verteidigen und rechtfertigen könnte, und die Fähigkeit, anderen dies mitzuteilen. Wissen wäre damit stabil, unerschütterlich außer durch Beweise, und es würde den Wissenden immer ins Recht setzen: Er wäre nicht nur zufällig oder zeitweilig im Recht. Aus all diesen Gründen findet Sokrates die Athener und ihre politischen Führer unwissend. Platon stellt immer wieder dar, wie Sokrates (etwa im *Laches* und *Charmides*) berühmte Athener befragt und die Widersprüchlichkeit oder falsche Begründung ihrer ethischen Überzeugungen aufzeigt. Im *Meno* und im *Gorgias* attackiert er die früheren politischen Führer Athens, weil es ihnen nicht gelungen sei, die Tugend, die sie angeblich hatten, weiterzugeben: daß sie mittelmäßige oder korrupte Söhne zurückließen, zeige, daß es ihnen an Wissen mangelte (und damit auch an wahrer Tugend, die nichts Geringeres fordert). Der Dialog *Gorgias* attackiert die früheren politischen Führer wie Perikles scharf wegen ihres politischen Scheiterns; sie hinterließen die Bürger nicht besser, als sie sie vorgefunden hatten, und deshalb betrachtet Sokrates ihre Leistungen, wie die Unterwerfung anderer Städte und die Errichtung von Monumenten wie dem Parthenon, als »Plunder«. Der Dialog *Gorgias* enthält auch Sokrates' bissigste Anklage gegen die Funktionsweise demokratischer Institutionen: Die Politiker müssen die Bürger überzeugen, und da die meisten Menschen weder die Zeit noch die Neigung haben, die große Mühe der Wahrheitsfindung auf sich zu nehmen, liegt die Macht bei demjenigen, der genügend rhetorisches Geschick besitzt, ohne Rücksicht auf die Wahrheit zu überzeugen. Der seltsame Dialog *Menexenos* enthält einen Epitaph, der den schmeichlerischen Chauvinismus parodiert, der solchen Reden eigen ist. Satirisch wird die Rede Aspasia, der Mätresse des Perikles, zugeschrieben: Möglicherweise dachte Platon an den bei Thukydides überlieferten Epitaph des Perikles. (Obwohl der Dialog eindeutig satirisch ist, war die Rede als Satire kein Erfolg;

Platon 379

spätere Athener nahmen sie ernst und trugen sie bei öffentlichen Anlässen vor.)

Übereinstimmend mit seiner Kritik wird dargestellt, wie Sokrates etwas tut, was für griechisches Empfinden schockierend gewesen sein muß: Er rät jungen Männern davon ab, am öffentlichen Leben teilzunehmen, bevor sie nicht philosophisches Wissen erlangt haben – was für diesen Zweck gemeinhin als ziemlich nutzlos betrachtet wurde. Der junge Mann, der am Anfang einer politischen Laufbahn steht, wird von Sokrates aufgefordert, nach einer Art von Selbsterkenntnis zu streben, die die Erkenntnis einschließt, wie man anderen gegenüber Gerechtigkeit üben kann (*Alkibiades* – vgl. Xenophon, *Memorabilia* IV,2); nach Wissen und nicht nach bloßer Macht, ohne Verstehen zu suchen (*Gorgias*), und vor allem Trefflichkeit und Wissen über den herkömmlichen Ruhm und die Meinungen der anderen zu stellen (*Protagoras, Gorgias*). In einigen Fällen, wie im Falle des Alkibiades, wissen wir, daß der vielversprechende junge Mann Sokrates' Ratschläge nicht befolgte – mit verhängnisvollen Folgen; das bestätigt die Dringlichkeit von Sokrates' Botschaft.

Es ist offensichtlich, daß Sokrates das Scheitern der früheren Politiker auf ihren Mangel an Wissen zurückführt; zukünftigen Politikern werde es nicht anders ergehen, weil sie nach Macht und Ruhm strebten und das Wissen verachteten. Aber worin besteht dieses Wissen, das ihnen fehlt? Es ist das Wissen um Gut und Böse, daß sich vor allem in der Praxis und besonders in der Regierung zeige; um es zu erlangen, müsse man sich der Philosophie widmen, und das würde bedeuten, daß man sich der zeitraubenden Suche nach der Wahrheit hingebe (was mit den meisten Ambitionen unvereinbar wäre) und so viel Demut und Einsicht in die eigenen Fehler und Beschränktheiten habe, wie sie den meisten Politikern unangenehm sei.

Sokrates behauptet nicht, solches Wissen zu besitzen. Er weiß bestenfalls mehr als andere um sein eigenes Unwissen. Nichtsdestoweniger ist er jedoch davon überzeugt, daß solches Wissen erforderlich ist, um den Staat gut zu regieren. Das Ergebnis ist einigermaßen paradox. Sokrates erklärt (*Apologie*, 31 c–32 a), daß sein »göttliches Zeichen« ihn von der Teilnahme an der aktiven Politik abhalte, und behauptet (*Gorgias*, 473 e–474 a), nicht zu wissen, wie man eine Versammlung richtig leitet. Gleichzeitig behauptet er jedoch, der einzig wahre Politiker in Athen zu sein (ebd., 521 d). Der wahre Herrscher ist nicht derjenige, der zufällig an der Macht ist, sondern derjenige, der über ein philosophisch begründetes Wissen verfügt – ein Wissen, das einen großen Teil der gegenwärtigen Politik zweifellos verurteilen würde.

Wenn das so ist, dann ist der moralische Anspruch bestehender Institutionen fragwürdig; und dann ist es um so erstaunlicher, wie die Gesetze von Athen im *Kriton* argumentieren können, wie sie argumentieren. Je mehr Aufmerksamkeit auf das Wissen als Voraussetzung für das Recht zu herrschen gerichtet wird, um so stärker tritt die Frage in den Vordergrund, ob jemand, auch wenn Sokrates gescheitert ist, solches Wissen erlangen kann. Wenn es möglich wäre, das Wissen zu erlangen, nach dem Sokrates suchte, dann wären diejenigen, die darüber verfügten, fähig – wenn überhaupt jemand fähig wäre –, einen gerechten Staat zu gründen und zu regieren. Insofern Platon die Erlangung dieses Wissens für grundsätzlich möglich hält, schreibt er die *Politeia*.

3. Die »Politeia«

Die *Politeia* beginnt mit der Frage: Warum sollte ich, der einzelne, gerecht sein? Platons Antwort, daß es sich letzten Endes für mich auszahlt, gerecht zu sein, ist überraschend und in dieser Form umstritten; was uns hier beschäftigt, ist jedoch die Tatsache, daß Platon bei der Beantwortung dieser Frage das Bild eines gerechten Staates entwirft. Die *Politeia* beschäftigt sich somit sowohl mit dem Individuum als auch mit der Gesellschaft, und diese komplexe doppelte Zielrichtung hat zu sehr unterschiedlichen Interpretationen geführt. Einige haben behauptet, Platon interessiere sich in erster Linie für den Staat, andere, es gehe ihm in erster Linie um das Individuum. In der Tat kehrt Platon am Ende des neunten Buches zu seiner ursprünglichen Frage zurück, was in gewisser Weise die Annahme nahelegt, es gehe ihm in erster Linie um das Individuum. Sokrates sagt hier, der gerechte Staat sei vielleicht nur ein im Himmel aufgestelltes Muster, aber der gerechte Mensch könne es betrachten und danach handeln. Es ist jedoch bezeichnend, daß wir uns vom Gerechten erst dann eine adäquate Vorstellung machen können, wenn wir wissen, was der gerechte Staat ist. Denn erst an den »größeren Buchstaben« des Staates erkennen wir die Wahrheit über das Individuum; erst im gerechten Staat erkennen wir die wahre Entwicklung der menschlichen Natur.

Platons Staat ist keine Utopie; er ist eher ein gewöhnlicher griechischer Stadtstaat, der nur insoweit geändert ist, wie es notwendig ist, damit er *gerecht* wird. Deshalb akzeptiert Platon auch eine Reihe nichtidealer Züge des menschlichen Lebens wie etwa Kriege zwischen den Staaten. Er übernimmt die Sklaverei, ohne irgend etwas dazu zu sagen, weil er sie eher als eine Tatsache des Wirtschaftslebens denn als Gegenstand ethischer Überlegungen betrachtet. Er übernimmt auch die normalen ökonomischen Prozesse als Lebensgrundlage des griechischen Stadtstaates, auch wenn er ihnen reicht eine ziemlich neue Rolle zuweist.

Nachdem er seine Aufmerksamkeit auf den Staat als Analogon zum Individuum gerichtet hat, stellt Platon im zweiten Buch die Frage, worauf sich ein Staat in erster Linie gründet. Er gründet sich, so lautet seine Antwort, auf die menschlichen Bedürfnisse: Die Menschen sind nicht voneinander unabhängig, und wenn sie sich ihrer gegenseitigen Abhängigkeit bewußt werden, beginnen sie sich zu spezialisieren. Es ist besser, wenn einer Ackerbau betreibt, einer Häuser baut und einer webt, als wenn alle alles tun. Diese Arbeitsteilung, so behauptet Platon, sei nicht künstlich, sondern entstehe natürlich, denn jeder Mensch sei von Natur aus für eine bestimmte Aufgabe besser geeignet als für eine andere. Die Vereinigung in einem Staat erfüllt also die menschliche Natur, sie ist nicht bloß eine willentlich getroffene Vereinbarung. Mit ihm können wir den Mühen des primitiven Lebens entgehen und komplexere und verfeinerte Aktivitäten und Bestrebungen entwickeln.

An diesem Punkt nimmt die Argumentation eine unerwartete Wendung. Platon präsentiert den von ihm begründeten Staat in der Ikonographie des verlorenen Goldenen Zeitalters. Dagegen wendet Glaukon, sein Hauptgesprächspartner, ein, diese Stadt sei eine »Stadt von Schweinen«. Daraufhin fügt Platon zu der Stadt mehr und mehr »Luxus« hinzu, bis ihre Bedürfnisse immer »begieriger« und ungesünder werden und sie zur Aggression gegenüber anderen Staaten

Platon 381

zwingen. Dies macht die Aufstellung eines Heeres notwendig; dafür bedarf es eines bestimmten Menschentyps, den Platon die »Wächter« nennt; bei der Beschreibung des »Wächters« und seines Lebens zeigt sich dann, daß man mit ihm das Mittel hat, um die Stadt von jenem »Schwelgen« zu reinigen, das ihre luxuriösen Bedürfnisse schuf (399 e). Der gerechte Staat entsteht somit aus der menschlichen Natur, nicht wie es unter idealen Bedingungen, im Goldenen Zeitalter, sein würde, sondern wie es in der wirklichen Welt ist, mit ihrer Neigung zu Habgier, ihrer Aggressivität und Neuerungssucht. Platons Vorschläge sind idealisiert, aber sie sollen für eine nichtidealisierte menschliche Natur gelten.

Der ideale Krieger zum Schutz der Gesellschaft müßte in sich Eifer (damit er Feinde abwehren kann) und Sanftmut (damit er nicht die eigenen Bürger terrorisiert) vereinigen. Nach einer langen Darstellung der Erziehung, in der diese scheinbar gegensätzlichen Charakterzüge entwickelt und ausgebildet werden sollen, beschreibt Platon die eifrigen und ausgebildeten Wächter, die dem Wohle des Staates dienen. Platon unterteilt sie in die »vollkommenen« Wächter und ihre weniger intelligenten Helfer. Ganz selbstverständlich geht er dann davon aus, daß in einem Staat, der sich aus den Wächtern, ihren Helfern und allen übrigen zusammensetzt, die Wächter dafür geschaffen sind zu herrschen. Die Bürger sollten mit Hilfe einer »edlen Täuschung« zu der Überzeugung gebracht werden, sie seien alle Kinder der Erde, setzten sich jedoch aus unterschiedlichen »Metallen« zusammen; damit gibt es in der menschlichen Natur dieser Menschen genügend Gemeinsamkeiten, um einen gemeinsamen Staat zu bilden, aber die Fähigkeit, für das allgemeine Wohl zu sorgen und es zu verteidigen, liegt bei einigen wenigen. – Platon ist wegen dieser Darstellung häufig kritisiert worden; man hat ihm vorgeworfen, daß er nur die Frage stellt: »Wer soll herrschen?«, anstatt zu fragen: »Soll irgend jemand herrschen?« Und es ist wahr, daß er in keiner Weise die Verbesserung von Institutionen erwägt, um Gerechtigkeit herzustellen. Er fragt lediglich, wie ideale Herrscher geschaffen werden könnten.

Im vierten Buch erklärt Platon dann, das Individuum sei insofern dem Staat analog, als es wie dieser drei Arten von Naturen oder »drei Teile der Seele« habe. Das Individuum ähnelt dem Staat in zweifacher Weise. Erstens bilden die drei Seelenteile eines jeden einzelnen ein genaues Analogon zum Staat. Die Begierden entsprechen dem arbeitenden Stand, insofern sie, wie dieser, nur auf die eigene, unmittelbare Befriedigung abzielen. Die Vernunft korrespondiert den Wächtern, insofern sie das Wohl der ganzen Person einbezieht; der Eifer entspricht den Helfern, insofern er gegen die individuellen ungezügelten Begierden die Position der Vernunft vertritt. Zweitens (auf diesen Punkt wird im neunten Buch, wo die verschiedenen Seelenteile erneut erörtert werden, stärker eingegangen als im vierten Buch) werden das Leben jedes einzelnen und seine Hauptziele davon geformt, welcher der drei Seelenteile in ihm vorherrscht. Wächter sind diejenigen, deren Hauptziele von der Vernunft bestimmt werden; Bauern und Kaufleute diejenigen, denen bestimmte Gratifikationen, wie viel Geld und eine gute Arbeit, das wichtigste sind.

Im vierten Buch entwirft Platon einen Begriff der Gerechtigkeit für den einzelnen wie für den Staat im Hinblick auf deren innere Struktur. Gerechtigkeit ist der Zustand, in dem jeder Teil das tut, »wozu seine Natur sich am geschicktesten eignet«, d. h. was ihm angemessen ist. Die Vernunft herrscht: Sie entscheidet, was zum Wohl der ganzen Person dienlich ist, und überzeugt davon die Begierden, die ihr beipflichten; der Eifer hilft der Vernunft dabei. Die Begierden werden, mit anderen Worten, erzogen, geformt und, wenn nötig, von rationalen Erwägungen reformiert und umgeleitet. Das Ergebnis wird als eine Art innerer geistiger Harmonie beschrieben, und im neunten Buch fügt Platon hinzu, daß der Mensch in diesem Zustand die größte und wahrhafteste Freude empfinde, da jeder Teil das genießt, was ihm angemessen ist, und ihm nicht erlaubt wird, unpassende Genüsse zu suchen.

Analog ist der Staat gerecht, wenn er von der Vernunft regiert wird, d. h. wenn Menschen regieren, die sich um das Wohl aller und nicht nur um ihr eigenes Wohl sorgen. Sie regieren, indem sie ihre richtige Sicht dem arbeitenden Stand vorschreiben, dessen Mitglieder auf die Verfolgung ihrer individuellen Interessen beschränkt sind und keinen Begriff des Allgemeinwohls haben; bei dieser Aufgabe werden die Wächter von den Helfern unterstützt, die ein weniger deutliches Empfinden für das Allgemeinwohl haben.

An dieser Stelle ergibt sich ein allgemein bekanntes Problem, das im Grunde unlösbar ist, weil der Text die Antwort unbestimmt läßt und weil sich das Problem aus der grundlegenden Analogisierung von Individuum und Staat ergibt, die nach Platon beide Begriffe wechselseitig erhellt. Beim einzelnen erfordert die innere Harmonie offensichtlich, daß die Begierden sorgsam erzogen und gelenkt werden, so daß sie keine spürbare Opposition zur Herrschaft der Vernunft produzieren. Verlangt demnach im Staat die Herrschaft der Wächter, daß der arbeitende Stand tätig glücklich ist, mit dieser Herrschaft zusammenarbeitet und die Organisation des Staates wirklich gutheißt? Einige von Platons Bemerkungen legen die Vermutung nahe, daß dies der Fall ist. Andere Stellen lassen jedoch ein anderes und tatsächlich plausibleres Bild vermuten. Da die Angehörigen des arbeitenden Standes das sind, was sie sind, weil ihre Ziele auf ihre persönliche Befriedigung beschränkt sind und ihnen eine adäquate Vorstellung vom Allgemeinwohl abgeht – wie sollten sie dann die Anweisungen der Wächter für das allgemeine Wohl verstehen und gutheißen? Platon gibt an einigen Stellen zu verstehen, daß Täuschung und Zwang nötig sind, um ein unproblematisches Mitwirken des arbeitenden Standes zu sichern. Sie werden die Herrschaft der Wächter akzeptieren, aber deshalb nicht notwendig davon überzeugt sein, daß dies das beste für sie ist. Wenn dies jedoch möglich ist, ergibt sich daraus, daß nicht jeder im gerechten Staat gerecht ist, denn die Seelen des den größten Teil der Bürger umfassenden arbeitenden Standes werden nicht die innere geistige Harmonie haben, die aus der Herrschaft der Vernunft kommt, wenn sie von allen Teilen der Seele an- und aufgenommen wird. In gewisser Hinsicht scheint Platon bereit zu sein, das zu akzeptieren; im gerechten Staat wird die Mehrheit das Richtige tun, aber nicht weil sie selbst gerecht ist und völlig einsieht, was das Richtige ist, sondern aus äußeren Gründen.

Auch wenn Platon dies in gewisser Weise denkt, sollten wir uns vor melodramatischen Anklagen der Art hüten, der Stand der Handwerker und Bauern werde von den »Big Brother«-Wächtern unterdrückt. Sie verfügen beispielsweise über alles Geld und können es zum größten Teil ausgeben, wofür sie wollen, und sie können tun, was ihnen gefällt. Sie sind ganz einfach normale Bürger eines griechischen Stadtstaates – mit der einen Ausnahme, daß sie keinerlei politische

Platon 383

Macht haben. Platon ist erstaunlich mutig, in dieser Weise politische Macht von Geld und seiner Verwendung zu trennen. Man wird nicht sagen können, er habe das Problem, die Mächtigen ohne Geld und die Reichen ohne Macht zu lassen, gründlich durchdacht. In der *Politeia* stehen zwei unterschiedliche Vorstellungen nebeneinander: die, in der die Angehörigen des produzierenden Stands eine Situation befürworten, in der sie keinerlei politische Macht besitzen, aber von Experten regiert werden, und die, in der sie dies nicht gutheißen, es jedoch hinnehmen, weil die Wächter sie bedrohen oder täuschen. Platon löst diesen Widerspruch niemals auf, weil sein Interesse nicht diesen Menschen, sondern nur den Wächtern gilt, den wahrhaft gerechten Menschen.

Selbst wenn dies alles erreicht ist, bedarf es einer radikal reformierten Erziehung, damit die Wächter befähigt werden, im Interesse aller zu regieren: Die traditionelle Erziehung wird übernommen, aber ihr Inhalt ist so stark zensiert, daß er nicht wiederzuerkennen ist. (Platon argumentiert an dieser Stelle, da alle Künste einen starken Einfluß auf die Ausbildung des Charakters hätten, müßten sie kontrolliert werden, so daß nur richtige Überzeugungen und Haltungen eingeprägt würden. Im zehnten Buch vertritt er unverständlicherweise jedoch eine andere Meinung und verdammt die nachahmenden [Dichtung] und dramatischen Künste, weil sie nicht nur einen verderblichen Einfluß ausübten, sondern auch trivial und bloße Zeitverschwendung seien.)

Gerechtigkeit erfordert jedoch noch radikalere Veränderungen. Bis jetzt haben wir gesehen, daß die Regierenden als diejenigen beschrieben werden, bei denen die Vernunft herrscht, wobei dies impliziert, daß sie für das Wohl aller sorgen. Von den Regierenden wurde aber auch Wissen gefordert. Man könnte annehmen, dies sei in der Forderung, die Vernunft solle herrschen, impliziert, da die rationalen Erwägungen der Wächter nicht dem Wohl des gesamten Staates zuträglich wären, wenn sie nicht tatsächlich richtig wären. Aber wir haben gesehen, daß für Platon Wissen mehr bedeutet, als recht zu haben; man muß in der Lage sein, seine Überzeugungen begründet zu vertreten. Die Bücher fünf bis sieben der *Politeia* entwickeln ausführlich die Implikationen der Bestimmung, daß die Wächter, wenn sie wirklich berechtigt sein wollen zu herrschen, *wissen* müssen, was das Beste für den Staat ist.

Das Ergebnis ist überraschend. Platons Wissensanforderungen verlangen von den Wächtern jahrelange umständliche intellektuelle Studien (denen mehrere Jahre Militärdienst und praktische Erfahrungen vorausgehen, um Reife zu erreichen). Philosophisches oder »dialektisches« Denken erreicht man erst nach jahrelanger Vorbereitung durch mathematische Studien, die das abstrakte und *apriorische* Denken trainieren, ohne sich an irgendeinem Punkt auf die Zufälligkeit der Erfahrung einzulassen. Auf diese Weise erreichen die Wächter den Gipfel des rationalen Denkens, die impersonelle Form des Guten. Sie werden vom Standpunkt des Absoluten, vom Standpunkt des Universums aus erkennen, was gut ist. Warum das Gute der Kulminationspunkt der Suche nach Wissen sein soll, ist nicht zwingend ohne Anerkennung von Platons metaphysischen Voraussetzungen; aber wir können allgemein erkennen, daß das Wissen des Wächters das Gute als seinen Gegenstand haben muß, wenn es ihn zur Regierung des Staates befähigen soll.

Der langwierige Verlauf der Studien hat Auswirkungen auf das Leben der Wächter, die die Kluft zwischen Herrschern und Beherrschten noch tiefer werden läßt. Weil ihre Studien und die Art, in der sie zu denken lernen, den Teil von ihnen hervorhebt, der eine rationale Kraft für das allgemeine Wohl bildet, erkennen wir, daß sie kein Privatleben haben dürfen. Sie haben nicht nur kein Geld, sondern auch kein Privat- und kein Familienleben. Sie pflanzen sich kontrolliert fort, aber sie haben keine persönlichen Bindungen zu ihren Kindern, die von der Polis aufgezogen werden. Bemerkenswerterweise erklärt Platon (gegen vorhersehbaren Spott), daß auch Frauen ebensogut wie Männer dieses Leben führen könnten, in dem allein die unpersönliche Entwicklung der intellektuellen Fähigkeiten zählt und wo es keinen Platz gibt für die traditionellen Rollen, die auf privaten Erwägungen basieren (vgl. Handbuch Bd. 5, S. 517 ff.). Wir sind eher abgestoßen anstatt, wie Platon es wünschte, begeistert von diesem Bild des Herrschers, der wegen seiner Fähigkeit, das allgemeine Wohl zu verstehen, sein gesamtes Privatleben dem allgemeinen Wohl opfert, ihm Jahre abstrusen Studiums widmet und alles tut, um die Mehrheit dazu zu bewegen, es zu akzeptieren. Finstere moderne Analogien drängen sich auf. Wir sollten jedoch nicht vergessen, daß Platon uns keine Handlungsweisungen gibt. Er präsentiert sein Ideal als mit der menschlichen Natur vereinbar, als etwas, das uns inspiriert. Seine Vorschläge, wie dies durchzuführen sei – einen König zum Philosophen machen oder eine Stadt gründen mit niemandem, der älter als zehn Jahre ist – sollen lediglich die Schwierigkeit verdeutlichen, dies zu tun. Der ideale Staat ist notwendig *ideal*; jedes praktische Handeln muß sich auf individueller Ebene bewegen. Es ist bedauerlich, daß Platon, bei Aristoteles angefangen, pedantische Kritiker gefunden hat, die glaubten, einen Punkt machen zu können, wenn sie auf die offenkundige Tatsache hinwiesen, daß der ideale Staat in der tatsächlichen Welt nicht verwirklicht werden könne.

Der erstaunlichste Grundzug von Platons Staat ist die völlige Asymmetrie der Macht. Die Wächter haben alle Macht, alle anderen keine. Die Wächter üben direkte Herrschaft aus, indem sie ihr hart erworbenes Wissen darüber, was das Beste für den Staat ist, auf jeden Einzelfall anwenden. Sie werden von keinerlei Gesetzen oder Institutionen eingeschränkt. Platon spricht zwar von Gesetzen des Staates, aber diese dienen nur dazu, die Erziehung der Wächter zu sichern und zu verhindern, daß die Bildung von Herrschern pervertiert wird. Laufende Gesetzgebung wird als trivial und unnötig abgelegt, wie eine Sache, die sich von selbst erledigt, wenn erst einmal die richtigen Leute an der Macht sind (425 c–e). Tatsächlich ist der Staat ein Staat ohne Gesetze. Die Wächter sind in ihren Handlungen nicht an Gesetze gebunden, weil sie wissen, was richtig ist; Gesetze wären nur hinderlich. Und die anderen Bürger haben kein Einspruchsrecht gegenüber den Wächtern und ihren Handlungen. Da die Wächter gerecht sind und sie nicht ausbeuten oder betrügen, ist dies auch nicht nötig.

Dieser Punkt hat Platons Kritiker immer gestört und dazu geführt, daß einige die *Politeia* als finsteren totalitären Alptraum betrachten. Natürlich faßt Platon ideale Bedingungen ins Auge: *Wenn* die Herrscher wirklich wüßten, was richtig ist, dann würde keine Gefahr bestehen, daß sie etwas falsches tun (denn ihre Erziehung garantiert, daß sie nur tun, wovon sie wissen, daß es richtig ist). Damit sind Gesetze im besten Fall redundant, im schlimmsten Fall schädlich. Die Lebensfähigkeit dieser Idee hängt von idealen Bedingungen ab – wenn es

Platon 385

den Wächtern an Wissen mangelte oder wenn sie entgegen ihrem Wissen handeln könnten, dann würde es ihren Untertanen in der Tat schlecht gehen. Im achten und neunten Buch beschreibt Platon verschiedene Arten von degenerierten Staaten und erkennt ganz klar: *corruptio optimi pessima*, der schlimmste Staat ist derjenige, der von einem Tyrannen beherrscht wird, d. h. von jemandem, der genausoviel Macht wie die Wächter hat, aber sich nicht, wie sie, um das Gemeinwohl kümmert.

Platons Vorstellung, wie der ideale Herrscher sein müßte, ist vielen bizarr erschienen. Teilweise hängt dies mit dem extrem intellektuellen Charakter ihres Studiums zusammen, und Platon selbst hat hierin ein gewisses Problem gesehen. Wenn sie gut regieren sollen, müssen sie über ein Wissen verfügen, das man erst nach jahrelangen abstrakten Studien erwirbt. Aber das so erworbene philosophische Denken ist an sich so lohnend, daß sie, wenn sie es erlernt haben, die Regierung und andere praktische Dinge lediglich als triviale Störung betrachten, die sie von dem abhält, was wirklich der Mühe wert ist. D. h. diejenigen, die dazu ausgebildet sind zu regieren, werden nicht regieren wollen. Platon begreift dies als Garantie dafür, daß sie gute Herrscher sein werden, weil ihnen nichts daran liegt; er drückt sich aber nur vage darüber aus, welcher Art der Zwang sein sollte, der sie dazu bringt, die Regierungsgeschäfte zu übernehmen.

Wir möchten auf einen anderen Punkt hinweisen, den Platon selbst nicht beachtet: Macht selbst hat eine korrumpierende Kraft und trotz der Anziehungskraft ihres philosophischen Studiums ist es schwer vorstellbar, daß die Wächter so desinteressiert bleiben, wie Platon behauept. Er ist zweifellos unrealistisch, wenn er glaubt, allein Geldgier, Ruhmsucht und die Befriedigung des persönlichen Ehrgeizes seien korrumpierend. Wenn Macht jedoch selbst imstande ist, das uneigennützige Urteil zu verzerren, dann ist etwas an Platons Vorstellung des gerechten Herrschers falsch, auch unter idealen Bedingungen.

Platons Vorstellung kann, auch wenn man von der Frage nach seiner Realisierbarkeit absieht, als zu ideal kritisiert werden. Denn sein gerechter Staat ist die Antwort auf eines der Hauptprobleme der Politik: Wie können Staaten konfliktfrei regiert werden? Platon löst das Problem nicht, er beseitigt es. Denn im gerechten Staat wird es keine Konflikte geben; alle werden in der ihnen angemessenen Weise im Hinblick auf das Gemeinwohl gleich denken und gleich fühlen. Ungeachtet seines anfänglichen Ausgangspunkts hat Platon das Problem gelöst, indem er von einer zu optimistischen Sicht der menschlichen Natur ausgegangen ist, anstatt zu fragen, wie man mit ihr umgehen kann, so wie sie ist. (Das gilt nicht generell für seine Haltung gegenüber dem arbeitenden Stand, aber wo er sich Konflikten gegenübersieht, hat er keine prinzipielle Antwort, wie mit ihnen umgegangen werden soll.)

4. Das politische Spätwerk

Am beunruhigendsten ist die Abhängigkeit von der Behauptung, der Herrscher regiere auf der Grundlage des Wissens. Der Herrscher wird immer wieder mit Experten verglichen: mit dem Arzt, dem Steuermann und dem Künstler. Die Attraktivität dieser Vergleiche beruht darauf, daß sie die Fähigkeit des Herr-

schers hervorheben, auf unterschiedliche Situationen flexibel und verständnis-
voll zu reagieren und nicht mechanisch nach dem Gesetzbuch zu entscheiden.
Aber es ist mehr als einmal gezeigt worden, daß dies das falsche Modell für eine
Regierung ist. Denn Bürger sind nicht dasselbe wie das Material eines Künstlers
oder der Patient eines Arztes; sie sind eine Ansammlung unterschiedlicher Menschen mit Wünschen und Bedürfnissen, die in einer Weise befriedigt werden
müssen, welche dieser Unterschiedlichkeit Rechnung trägt. Man hat oft empfunden, daß Platon diese Besonderheit und den individuellen Wert des Menschen nicht wirklich ernst nimmt.
Von diesen Kritikpunkten scheint Platon selbst nur den ersten ernst genommen
zu haben. Sein späteres politisches Denken ist von der Überzeugung gekennzeichnet, daß das Ideal der *Politeia* in Wirklichkeit mit der menschlichen Natur
unvereinbar ist. Menschliche Wesen können nicht zu Wächtern erzogen werden,
deren Sorge ausschließlich dem Allgemeinwohl gilt und die durch nichts kor-
rumpierbar sind, was sie davon ablenken könnte. Platons spätere politische Philosophie unterscheidet sich stark von der politischen Philosophie der *Politeia*,
was an zwei Punkten deutlich wird.

Der Mythos vom »Goldenen Zeitalter«

Das erste ist ein zunehmender Respekt vor der Vergangenheit und dem Nutzen
der Geschichte. Der Staat der *Politeia* wurde auf der Grundlage einer rein *apriori-
schen* Konzeption der menschlichen Natur ausgearbeitet. Und jede Anwendung
dieser Konzeption ist zeitlos. Die Ikonographie des Goldenen Zeitalters wird nur
ironisch verwendet, um die »Stadt von Schweinen« zu charakterisieren.
In dem späteren Dialog *Politikos* dagegen dient der Topos des idealen Herrschers dazu, einen langen und sehr eigenartigen Mythos zu berichten, der das
Goldene Zeitalter beschreibt. Ein ausgedehnter Versuch, mit Hilfe der späteren
platonischen Methode der »Einteilung«, deren Ziel es ist, eine Vorstellung immer enger zu umschreiben, das Wesen des Politikers zu bestimmen, führt zu
einem langen Abschnitt (268 e ff.), in dem Platon den Mythos des vergangenen
Goldenen Zeitalters, des »Zeitalters des Kronos«, entwickelt. Sagen und Mythen, so erklärt er, sind Überreste einer kollektiven Erinnerung an große kosmische Veränderungen. Danach liegt eine gewisse Wahrheit in der weitverbreiteten
Vorstellung, daß es vor der Herrschaft der heutigen Götter, dem Zeitalter des
Zeus, eine bessere Zeit gab, das Zeitalter des Kronos, der von seinem Sohn Zeus
gestürzt wurde. Die Menschen lebten in völliger Harmonie, sie bildeten eine Art
Herde mit den Göttern als ihren Hütern; es gab keine Kriege und auch keine
Notwendigkeit zu arbeiten und zu konkurrieren. Der ideale Staat der Menschen
wird damit in die Vergangenheit zurückprojiziert, eine Vergangenheit, die von
unserer Zeit abgeschnitten ist, weil große Naturkatastrophen zwischen seiner
Zeit und unserer Zeit liegen.
Trotz der interessanten Bemerkung über die kollektive Erinnerung und der
Tatsache, daß Platon die Geschichte um ihrer selbst willen erzählt (sie trägt
eigentlich nichts zu der Diskussion bei), fällt es schwer, in ihr mehr zu sehen, als
Ausdruck seines Interesses an der Vergangenheit. Denn der Mythos selbst ist
verwirrend märchenhaft und phantastisch. Der ganze Kosmos, so wird gesagt,

Platon 387

durchlaufe alternierende Phasen von Ordnung zu Chaos (wie unser Zeitalter) und von Chaos zu Ordnung (das Zeitalter des Kronos). Damit ist das Goldene Zeitalter die genaue Umkehrung unseres Zeitalters. Platon spielt diese Idee durch: Die Menschen werden in diesem Zeitalter alt geschaffen und werden immer jünger, sie bewegen sich vom Grab in die Wiege. Sie werden von der Erde »geboren« und pflanzen sich nicht fort. Platon verschmilzt phantastische Elemente aus verschiedenen griechischen Mythen über den ursprünglichen Zustand der Menschheit. Das Ergebnis ist, daß die Menschen des »Zeitalters des Kronos« keine Bedeutung für die Menschen unseres Zeitalters haben. Darin liegt eine gewisse Spannung. Wenn der Mythos uns irgend etwas lehrt, so ist es, daß die Geschichten, die wir uns von einem früheren Goldenen Zeitalter erzählen, möglicherweise ein verzerrtes Echo der Wahrheit enthalten, aber keinerlei Bedeutung für unseren gegenwärtigen Zustand und unsere gegenwärtigen Probleme der politischen Gemeinschaft haben. Die Art jedoch, in der sich Platon mit diesen Erzählungen überhaupt beschäftigt, und die Art, in der sie uns durch die kollektive Erinnerung überliefert sind, verweist auf ein neues Interesse an der Vergangenheit und auf unsere gegenwärtige Haltung gegenüber der Vergangenheit.

Der *Timaios*, Platons Kosmologie, steht im »Rahmen« eines Gesprächs, das den Hintergrund einer Reihe miteinander verknüpfter Dialoge bildet. Einer der Teilnehmer, Kritias (wahrscheinlich nicht das berüchtigte Mitglied des Rats der Dreißig, sondern sein gleichnamiger Großvater) verspricht nach der Darstellung des Kosmos, die Timaios, der Sternenkundigste unter ihnen, geben soll, eine Darstellung des idealen Staates zu geben. Die Gesprächsteilnehmer rekapitulieren die Hauptpunkte der *Politeia*, und Sokrates äußert den Wunsch, den Staat, den sie statisch entworfen haben, auch in Bewegung zu sehen. Dies ist das Thema des fragmentarischen Dialoges *Kritias*, der auf den *Timaios* folgt. Die Darstellung erfolgt jedoch in einer neuen und unerwarteten Weise. Was hier dargestellt wird, läuft auf eine bewußte historische Fiktion hinaus.

Einerseits gibt man sich große Mühe zu beweisen, daß die Geschichte *wahr* ist. Sie sei über Generationen von ägyptischen Priestern weitergegeben worden. Andererseits ist es ganz offensichtlich Platons eigene bewußte literarische Erfindung, die starken Gebrauch von symbolischen Gegensätzen macht und in historischer Form den Mythos von Atlantis darstellt – der reichen und mächtigen Stadt, die im westlichen Ozean versunken ist. Die Ausgefeiltheit der Darstellung weist darauf hin, daß Platon mit voller Absicht etwas ausarbeitet, das unserer Vorstellung bewußter literarischer Fiktion entspricht. (Dagegen weigert er sich bei seiner Behandlung der Literatur in der *Politeia* beharrlich, den Unterschied zwischen Fiktion und Wirklichkeit anzuerkennen.)

Der »ideale Staat in Bewegung« erweist sich als das alte Athen, das als große Landmacht, mit ausgedehntem und fruchtbarem Hinterland beschrieben wird. Atlantis ist eine aufstrebende Seemacht, und zwischen den beiden beginnt sich ein Konflikt abzuzeichnen, als das Fragment abbricht. Platon versucht, verschiedene Themen miteinander zu verknüpfen. In dem Konflikt zwischen der tugendhaften Landmacht und der verderbten Seemacht sollen wir den Widerhall des Konfliktes zwischen Sparta und dem Athen des fünften Jahrhunderts vernehmen. Die Pracht von Atlantis erinnert an Karthago, die große Gegenspielerin der

Westgriechen. Ein neues Motiv in der Erzählung ist von besonderer Bedeutung: die Bewohner von Atlantis, die zunächst halb göttlich und tugendhaft sind, werden verderbt, weil sie von ihren *Gesetzen* und damit vom göttlichen Element in ihnen, der Vernunft, abweichen. Das ist kaum das, was wir von Platons ursprünglichem Idealstaat in Bewegung erwarten würden, in dem nicht die Gesetze zählen, sondern die Natur der Wächter. Deshalb ist es besonders bedauerlich, daß wir nicht wissen, was Platon mit dem *Kritias* vorhatte. (Vom literarischen Standpunkt her ist es zu verstehen, daß er eine Erzählung abbrach, deren allegorische Kraft von der Beschreibung zu sehr niedergedrückt wurde.) Auch hier erweist sich der Versuch, den idealen Staat durch die Erzählung von Geschichten über die Vergangenheit zu verstehen, als vielsagend, aber verwirrend.

In den *Nomoi* nimmt Platons Haltung gegenüber der Vergangenheit eine deutlichere Form an. Er verwendet erneut den Mythos vom Goldenen Zeitalter des Kronos (713 a–714 a), aber diesmal ist seine Lehre kurz und deutlich. Im Goldenen Zeitalter lebten die Menschen ein glückliches Leben ohne politische Konflikte, weil ihre Herrscher göttlich waren und die Regierung damit nicht von der unzuverlässigen menschlichen Natur abhing. Das ist jetzt aber nicht mehr so. Der Herrschaft des Göttlichen können wir am nächsten kommen, wenn wir dem folgen, was in uns göttlich ist, der Vernunft; und es zeigt sich, daß dies heißt, den Gesetzen zu gehorchen. Die Passage über das Goldene Zeitalter ist kurz; die surrealen Aspekte der Verwendung des Mythos im *Politikos* sind verschwunden und die Lehre wird als eindeutig genommen. Platon hat das Interesse daran verloren, sein Ideal in die Vergangenheit zu projizieren oder nach einem Widerhall des vergangenen Ideals in der Gegenwart zu suchen. Statt dessen richtet er zum erstenmal seine Aufmerksamkeit auf die wirkliche menschliche Geschichte.

Die Gesetzesherrschaft des »Politikos« und der »Nomoi«

Die *Nomoi* sind eine ausführliche Diskussion, der vorgeschlagenen Gesetze und Institutionen für eine neue kretische Stadt: Magnesia. Im dritten Buch gibt der Hauptredner, ein Athener, eine kurze und ausgewählte Darstellung der menschlichen politischen Geschichte von der letzten großen Naturkatastrophe, einer Flutkatastrophe, bis zur Gegenwart. Er konzentriert sich auf zwei Themen, die peloponnesische Geschichte und die Beziehungen zwischen Athen und Persien. Historiker haben gezeigt, daß Platons Darstellung der erzählten Geschichte ausgesprochen voreingenommen und unzuverlässig ist und daß er nach allem, was man sagen kann, kein »Historiker« war. Aber er versucht auch nicht, Geschichte zu schreiben; er zieht politische Lehren aus der Geschichte (und der Vorgeschichte). Die zentralen Lehren lauten: Wenn die Staaten ihre ursprünglichen Gesetze ändern, erleiden sie einen Zusammenbruch ihrer Moral (wie zwei der drei ursprünglichen Städte des Dorischen Bunds); man kann die Stabilität sichern, wenn man Extreme vermeidet (das stabile Sparta hat eine »gemischte« Verfassung, während die unstabilen Staaten Persiens und Athen die Extreme von Despotie und Zügellosigkeit repräsentieren). Platon wählt aus der Vergangenheit aus, was die Lehren unterstützt, die er aus ihr ziehen will; interessanter

Platon 389

ist jedoch die Tatsache, daß er glaubt, Gesetzgeber könnten überhaupt aus der Vergangenheit lernen. Seine politischen Lehren sind nicht nur erstaunlich aristotelisch (und stehen in völligem Gegensatz zur mangelnden Kompromißbereitschaft und der Geringschätzung der Gesetze in der *Politeia*), seine Methode kann sogar als entfernter Vorläufer der aristotelischen Methode in der *Politik* des Aristoteles betrachtet werden. Wenn wir nach der bestmöglichen Form der Regierung suchen, beginnen wir, indem wir die Vergangenheit betrachten und herausfinden, welche Regierungsformen gut funktioniert haben. Aristoteles (vgl. unten, S. 402, 423 ff.) macht sich die Mühe, die Verfassungsgeschichte einer großen Zahl von Städten zusammenzustellen; er ist stärker als Platon darum bemüht, zahlreiche Fakten zu sammeln und sie richtig darzustellen, bevor er seine Theorie ausarbeitet. Das dritte Buch der *Nomoi* ist jedoch von großer Bedeutung, weil wir hier sehen können, daß Platon die *apriorische* Methode aufgibt und zu einer stärker *empirischen* Methode zur Ausarbeitung der besten Regierungsform zurückkehrt. In dieser Hinsicht repräsentieren die *Nomoi* einen sehr viel weniger »idealistischen« Zugang zur politischen Theorie als die *Politeia*. (Sie sind jedoch beide gleichermaßen idealistisch in dem Sinne, daß sie entwerfen, wie ein Staat unter den bestmöglichen Bedingungen regiert werden würde; insofern sind die *Nomoi* ebensowenig eine Handlungsanweisung wie die *Politeia*.) Die zweite wichtige Abweichung von Platons früherer Position ist die neue Betonung der Gesetze. In der *Politeia* löste Platon den Widerspruch zwischen dem Anspruch der Gesetze und dem Anspruch des Sachverstands eindeutig zugunsten des Sachverstands. In den späteren Werken setzt sich die Erkenntnis durch, daß dies keine sehr gute Lösung ist, weil sie eine allzu optimistische Sicht der menschlichen Natur voraussetzt. Das Gesetz ist die zweitbeste Lösung, aber wir sollten es nicht verachten, weil es die bestmögliche Lösung des Problems ist, wenn wir die beste Regierung erreichen kann.
Der *Politikos* behandelt diesen Punkt in einer interessanten Passage (292–303). Im Gegensatz zum größten Teil des Dialogs, der sich mit der Definition des idealen Politikers beschäftigt und ziemlich weitschweifig und merkwürdig ist, ist Platons Vergleich der Vorzüge von Gesetzen oder Sachverstand prägnant, verständig und überraschend pragmatisch. Die Mängel der Gesetze werden in einer Passage erläutert, die wir bereits oben besprochen haben. Das Gesetz ist ein schwerfälliges und unvollkommenes Instrument, weil es sich wie ein schriftliches Rezept des Arztes im Vergleich zu dessen persönlicher Aufmerksamkeit verhält. Durch Gesetze zu regieren, insbesondere durch demokratisch verabschiedete Gesetze, ist ebenso irrational, wie Gesetze zu verabschieden, die regeln, wie Ärzte und Steuermänner sich verhalten müssen. Im Abschnitt 298–299 stellt Platon satirisch die derart bürokratisch geregelte Heilkunst und Seefahrt dar. Der wahre Herrscher dagegen, der wie der Arzt über das nötige Wissen verfügt, wäre durch Gesetze nicht gebunden; der Experte könnte sich rücksichtslos über die Gesetze hinwegsetzen, wenn dies notwendig wäre, um die Regierung zu verbessern. Dem zu widersprechen wäre ebenso unsinnig, wie von einem Arzt zu verlangen, er solle den Patienten nach dem Arzneibuch und nicht nach seiner eigenen Sachkenntnis behandeln.
Aber wir müssen der Realität ins Gesicht sehen. Der Arzt ist nicht erreichbar; in der wirklichen Welt kann es einen solchen wahren Herrscher nicht geben. Des-

halb sollten wir uns streng an unsere Gesetze halten, denn mit ihnen kommen wir der Weisheit des Herrschers am nächsten. Das Rezept des Arztes ist immer noch besser als nichts und auch besser als Vermutungen oder Volksmedizin. Es ist das Produkt des ärztlichen Wissens, und bei Abwesenheit des Arztes kommen wir damit seinem Wissen am nächsten. Es wäre dumm, es wegzuwerfen und nichts zu tun, bloß weil das Rezept nicht, wie der Arzt, auf den individuellen Fall reagieren kann. Gesetze sind besser als Anarchie, und sie sind besser als Systeme, die das Interesse einer Gruppe favorisieren, oder als Herrscher, die bloß in ihrem eigenen Interesse regieren.

Nachdem er zu diesem Schluß gelangt ist, zeigt Platon ein neues Interesse an empirisch möglichen Verfassungen. Eine Regierung, so sagt er, kann eine von drei möglichen Formen annehmen: die Herrschaft eines einzelnen, die Herrschaft einer Minderheit und die Herrschaft der Mehrheit. Wenn die Gesetze angewendet und respektiert werden, ist die Herrschaft eines einzelnen das Königtum, und das ist die beste Herrschaft, denn sie kommt der idealen Situation der Herrschaft durch den wahren Staatsmann am nächsten. Die Herrschaft einer Minderheit ist die Aristokratie, sie ist die zweitbeste Herrschaft. An dritter Stelle steht die Demokratie, die Herrschaft der Mehrheit. Wenn die Gesetze mißachtet werden, ändert sich die Situation bei allen drei Formen. Die Herrschaft der Mehrheit, die auch dann noch Demokratie heißt, ist in diesem Fall die beste Regierung, denn in ihr gibt es die geringste Möglichkeit für einen willkürlichen Mißbrauch der Macht. Die Herrschaft einer Minderheit, die dann Oligarchie heißt, ist die zweitbeste Regierung; die schlimmste Form ist in diesem Fall die Herrschaft eines einzelnen, die Tyrannis, denn die willkürlichen Entscheidungen eines einzelnen, die das Gesetz verhöhnen, sind am weitesten von der Weisheit des wahren Herrschers entfernt. Denn nach wie vor gilt: *corruptio optimi pessima*. Wenn die Macht zum Wohl aller ausgeübt wird, bedarf es keiner Kontroll- und Ausgleichsmechanismen, wenn sie jedoch für Teil- oder Einzelinteressen mißbraucht wird, ist es um so schlimmer, je weniger sie kontrolliert wird.

Dies ist Platons durchdachtes Urteil über die Demokratie – es ist weit entfernt, von der vorbehaltlosen Verdammung der Demokratie, die ihm häufig nachgesagt worden ist. Die Demokratie ist schwach, weil sie am wenigsten zum Guten oder Bösen fähig ist. Ihre Institutionen sind am wenigsten aufnahmebereit für Verbesserungen durch Sachkenntnis, und sie könnte durchaus bürokratische Einmischungen begünstigen, die die Anwendung von Sachkenntnis verhindern könnten. Sie ist jedoch auch weniger empfänglich für willkürliche Ausübung und Mißbrauch von Macht. Angesichts der Welt, wie sie ist, ein zweifaches Hoch für die Demokratie.

Die *Nomoi* sind Platons zweiter Versuch, den gerechten Staat darzustellen, und der typische griechische Stadtstaat kann, wie der Titel klar macht, nicht durch von den Wächtern aufgezwungene Reformen, sondern nur durch die Einrichtung guter Gesetze und Institutionen gerecht werden.

Platon 391

Kontinuität und Differenz zwischen »Politeia« und »Nomoi«

In vieler Hinsicht haben die *Nomoi* eine erstaunliche sachliche Kontinuität mit der *Politeia*. Der Staat soll in einer Weise gerecht werden, bei der die normale ökonomische Lebensgrundlage, einschließlich der Sklaverei, beibehalten wird. (In den *Nomoi* akzeptiert Platon diese Einrichtung jedoch nicht nur, er stärkt sie noch und legt ihr besonderes Gewicht bei. Sklaven sollen in jeder Hinsicht anders behandelt und anders bestraft werden als Freie. Das ist einer der unauslöschlich abstoßenden Züge der *Nomoi*.) Platon möchte das Wirtschaftsleben jedoch in einer grundlegenden Hinsicht reformieren. Die Stadt muß eine agrarische Ökonomie haben und darf nichts mit der Seefahrt oder dem Handel zu tun haben. Der Grund dafür ist jedoch ein ethischer: Platon hält den kosmopolitischen Charakter von Handelshäfen für korrumpierend. Das ethische Leben des Bürgers zählt, und das ist es, was verändert werden muß.

Aufgrund der Kontinuität der ethischen Betrachtungsweise bleiben zahlreiche der radikalen Grundzüge der *Politeia* erhalten. Die Bürger sollen ein sittlich gutes Leben führen, das ihnen das größte Glück garantiert, und davon sollen sie mit allen zu Gebote stehenden Mitteln überzeugt werden, die ihrer intellektuellen Entwicklung angemessen sind. Dies erfordert eine radikal reformierte Erziehung. Sie soll dieselbe Form wie die traditionelle Erziehung haben, aber es wird umfangreiche Eingriffe und Zensur durch den Staat geben, um zu gewährleisten, daß sie eine Erziehung des Charakters ist und nur wünschenswerte Haltungen fördert. Wie zuvor erfordert dies umfangreiche Veränderungen der Künste, insbesondere der Literatur. Und wie zuvor wird im Kontext einer Erziehung, deren Ziel die Ausbildung eines guten sittlichen Charakters ist, den traditionellen Rollen eine geringere Bedeutung beigemessen und die Frauen werden in gewissem Maße von den ihnen in der traditionellen griechischen Gesellschaft auferlegten Beschränkungen befreit.

Der grundlegende, überraschende Unterschied besteht darin, daß die Gesellschaft durch Gesetze und nicht durch die Herrschaft eines weisen Herrschers reformiert werden soll. Damit gibt es keinen Platz für eine so extrem asymmetrische Verteilung der Macht wie in der *Politeia*. Der Staat der *Nomoi* ist in doppelter Hinsicht stärker egalitär. Erstens ist er in verschiedener Hinsicht demokratisch; denn sämtliche Mitglieder der Bürgerschaft haben ein entscheidendes Mitspracherecht bei den wichtigsten Entscheidungen. Zweitens bieten die Gesetze (so hart und autoritär sie auch häufig sein mögen) dem einzelnen Bürger jene Rechtssicherheit, die ihm im Staat der *Politeia* fehlt. Die Individuen werden vor dem Verfall der politischen Weisheit in willkürliche Tyrannei geschützt. Die Gesetze sorgen für Stabilität. Tatsächlich beschäftigt sich Platon jetzt bis hin zur Obsession mit der Stabilität, die Gesetze bieten können.

Die Gesetze sind aber letztlich immer noch Gegenstand von Überprüfungen und möglichen Verbesserungen durch eine Versammlung weiser Männer mit politischem Wissen. Es ist die »nächtliche Versammlung«, eine sich selbst rekrutierende Versammlung von älteren und erfahrenen Politikern. Sie überprüfen die Gesetze im Licht eines Wissens, das an die *Politeia* erinnert, nämlich das Bewußtsein von der Einheit des Guten in der Vielheit seiner Manifestationen. Die Versammlung macht sich jedoch auch das empirische Wissen von Reisenden zunutze. Diese Versammlung wird jedoch erst in letzten Buch der *Nomoi* eingeführt und könnte ein nachträglicher Einfall sein. Sie ist ein verkümmerter Rest der Funktion der Wächter in der *Politeia*. (Ein ähnlich verkümmerter Rest des intellektuellen Vorrangs, der den mathematischen Studien eingeräumt wird, findet sich 817–822). In den Nomoi sind die Gesetze selbst der sichtbare und wirksame Teil des Staates, und das Werk tendiert in der Tat dazu, in einer Flut gesetzlicher Regelungen unterzugehen; jeder Aspekt, von der Kinderzeugung bis zum Begräbnis, wird durch besondere Bestimmungen geregelt.

Ein so gründlich organisierter Staat wird, wenn er praktikabel ist, sicher stabil sein. Ein Preis, der dafür gezahlt zu sein worden scheint, ist die charakterliche Ausbildung der einzelnen Bürger. In der *Politeia* sind zumindest die Wächter völlig autonom gerecht (wir haben gesehen, daß dies für den arbeitenden Stand zweifelhaft ist). Die Wächter werden von ihrer eigenen Vernunft beherrscht; sie erlegen sich ihre Verpflichtungen selbst auf, insofern sie ein rationales Wissen davon besitzen, was im allgemeinen Interesse ist. In den *Nomoi* tendiert die Tugend der Bürger dazu, in bloße Selbstkontrolle abzugleiten. Die Tugend eines guten Bürgers besteht darin, die Gesetze zu befolgen, welchen Impuls auch immer er verspüren mag, sie zu mißachten. Dies ist eine negative Tugend, und es fällt schwer, sich die Bürger der *Nomoi* nicht als schablonenhafte und phantasielose Menschen vorzustellen. Platon denkt jedoch nicht, daß sie den Gesetzen unhinterfragt gehorchen. Er legt großen Wert auf die Tatsache, daß den Gesetzen überzeugende Präambeln vorausgehen, die das Wesentliche und die Funktion der Bestimmung erläutern, so daß die Bürger die Gesetze nicht als willkürlich und fremdbestimmt erfahren. Man hat jedoch wiederholt zu Recht darauf hingewiesen, daß dies für die Nonkonformisten und intellektuellen Forscher kein guter Staat wäre. Platon ist offenkundig entschlossen, allen seine leidenschaftliche Überzeugung aufzuzwingen, daß Götter existieren und daß sie für die Menschen sorgen. Atheisten sollen durch Isolierung und intensive Überzeugungsarbeit von ihrer geistigen Krankheit »geheilt« oder, wenn sie sich als uneinsichtig erweisen, zum Tode verurteilt werden.

Der Inhalt von Platons *Nomoi* ist nicht immer reaktionär oder autoritär, wenngleich sie häufig schockierend und für eine liberale Haltung abstoßend sind. Der Staat hat die Struktur der athenischen Demokratie, favorisiert jedoch sehr stark die Bildung von Eliten. Es wird großes Gewicht auf Wahlen gelegt; die Ausübung von Ämtern ist aufwendig und *de facto* auf diejenigen beschränkt, die genügend Zeit und Geld haben. Außerdem gibt es vier Vermögensklassen, und die Organisation der Wahlen sowie die Verteilung der Ämter ist zu Gunsten der Reichen ausgerichtet. Andererseits gibt es streng festgelegte obere und untere Vermögensgrenzen, so daß die Reichsten nicht sehr viel reicher sind als die Ärmsten. Die Grundlage des Reichtums sind unveräußerliche, ererbte Landbesitzungen, von denen es nicht mehr als 5040 geben darf. (Diese Zahl wurde aus administrativer Bequemlichkeit gewählt, weil sie eine große Zahl von Teilern hat.) Demographische Kontrollen der verschiedensten Art halten die Bevölkerungszahlen auf diesem Niveau.

Die Ämter sind grundsätzlich für alle zugänglich, so daß die einzelnen nach Macht und Einfluß streben können. Es gibt jedoch Kontrollmechanismen, bei denen eine Reihe von Ämtern der Lenkung und Überprüfung durch andere un-

Platon 393

terliegen. Platon, der die Bürokratie als Hemmschuh des Sachverstands verachtete, ist bereit, eine immense Zahl von Beamten zuzulassen, die andere Beamte kontrollieren. Das erreicht eine geradezu kafkaeske Absurdität: Die Beamten, die am angesehensten sind und bei ihrem Tod am tiefsten betrauert werden, sind eben jene »Oberaufseher«, die nichts anderes tun als andere Beamte zu überprüfen (946–8).

Die Bürger müssen einen großen Teil ihrer Zeit ausdrücklich gemeinschaftlichen Zwecken widmen. Beide Geschlechter nehmen gemeinsame Mahlzeiten ein, verbringen viel Zeit mit militärischen Übungen und unterliegen einer, wie es uns scheint, sehr aufdringlichen Einmischung in ihr Privatleben durch Beamte. Andererseits wird die Familie nicht abgeschafft, sondern in jeder Hinsicht gestärkt, ebenso wie archaischere Verbände wie die Großfamilie und der Clan.

Damit finden wir auf allen Gebieten den Wunsch, Extreme zu vermeiden und eine »gemischte« Verfassung zu schaffen. Im letzteren Fall beispielsweise versucht Platon offensichtlich, sowohl den *status quo* zu vermeiden, in dem die Familienbindungen den Menschen so wichtig sind, daß sie dem Allgemeinwohl gleichgültig gegenüberstehen, als auch die völlige Hingabe an das Gemeinwohl, was die Familienbindungen zerstören würde. Das Ergebnis ist ein Kompromiß: Sowohl familiäre Bindungen als auch ein lebhafter Sinn für das Allgemeinwohl zählen. Es ist jedoch kein schwacher Kompromiß, der Teile von beiden Prinzipien abgeschwächt in sich aufnimmt. Platon sieht in einem solchen Kompromiß vielmehr deshalb einen Vorteil, weil er beide Elemente positiv verstärken wird. Wenn man den Menschen ein gewisses Maß familiärer Bindungen erlaubt, wird dies tatsächlich ihre Sorge für das Allgemeinwohl stärken; und ihre Bindung an den Staat wird sich in einem gesunden Familienleben ausdrücken. Ähnliches kann von den anderen obengenannten Kompromissen gesagt werden – der Kompromiß zwischen der Ermutigung des individuellen Ehrgeizes und der Errichtung einer staatlichen Bürokratie, zwischen dem demokratischen Prinzip, das alle gleichermaßen zur Mitsprache in öffentlichen Angelegenheiten berechtigt, und dem elitären Prinzip, das besondere Sachkenntnis belohnt, wird beide stärken. Das dritte Buch macht klar, daß Platon alle extremen Ansichten, einschließlich seiner eigenen früheren Überzeugungen, für nicht praktikabel hält. Stabilität erwächst nur aus einer »gemischten« Verfassung, die die Ansprüche von Überzeugungen anerkennt, die für sich allein extrem wären.

Welchen Erfolg Platon in dieser Frage hat, unterscheidet sich von Fall zu Fall, aber die Kompromisse zwischen gegensätzlichen politischen Prinzipien in den *Nomoi* zeigen häufig ein gesundes politisches Urteilsvermögen. Platons letztliche Antwort auf das Problem der gerechten Regierung ist jedoch in einer Hinsicht kompromißlos: Gesetze werden dem individuellen Urteil entschieden vorgezogen – so entschieden, wie sie ihm zuvor untergeordnet worden sind. Aber diese Lösung erlaubt es ihm, eine Reihe von Vorschlägen zu machen, die einen sehr subtilen Ausgleich zwischen unterschiedlichen politischen Prinzipien und politischem Druck ermöglichen. Platons letzte Darstellung der gerechten Gesellschaft ist weniger aufregend und inspirierend als seine erste. Aber sie ist sehr viel komplexer und näher an der politischen Realität. Die *Nomoi* sind immer weniger gelesen und diskutiert worden als die *Politeia*. Ironischerweise finden sich in ihnen jedoch Einsichten, die für uns von größerer politischer Relevanz sind, denn ein einziges alles umfassendes politisches Prinzip, wie die grundlegende Bestimmung, nur nach Sachkenntnis zu regieren, kann mit der Komplexität der politischen Wirklichkeit nicht adäquat umgehen. Es sind die späteren Werke, mögen sie auch in mancher Hinsicht unattraktiv sein, die beginnen, dem vielfältigen Charakter unserer politischen Verpflichtungen und der Notwendigkeit komplexer und auf Kompromissen beruhender Lösungen Rechnung zu tragen, wenn man einen ernsthaften Versuch machen will, eine gute Regierungsform zu entwerfen.

Die Komplexität und die Entwicklung von Platons politischem Denken ist in erster Linie von denjenigen erkannt worden, die bereit waren, die späteren Werke Platons zu untersuchen. Das allgemein verbreitete Bild von Platons politischer Theorie ist nahezu ausschließlich von der herausragenden und eindrucksvollen *Politeia* bestimmt worden. Das ist ein unglücklicher Zufall. Platons einseitigstes politisches Werk ist aus dem Kontext seines sich entwickelnden Denkens herausgelöst worden, und Platons Einfluß hat sich auf dieser engen und einseitigen Grundlage ausgebreitet. Darüber hinaus provoziert die *Politeia* extreme Reaktionen, sowohl pro als auch contra, und dies hat ihre Aneignung durch Extremisten aller Lager begünstigt. In der zweiten Hälfte des zwanzigsten Jahrhunderts gab es heftige Reaktionen gegen die mißbräuchliche Aneignung des Werkes (etwa durch idealistische britische Imperialisten oder durch einige Mitglieder des George-Kreises in Deutschland). In dem einflußreichen Buch Karl Poppers *Die offene Gesellschaft und ihre Feinde* hat diese Reaktion zu einem wütenden und verworrenen Angriff gegen das Werk selbst geführt. Poppers Buch hat eine breite Kontroverse ausgelöst, die zum größten Teil ausschweifend, verworren und von nur geringem Wert für ein seriöses Studium der *Politeia* war. Die Reaktion auf Popper hat jedoch zu einem neuen philosophischen Interesse an dem Text geführt; in Folge dieser ausführlichen Interpretation ist es heute einfacher, zu einem nicht anachronistischen Verständnis des Werkes wie auch von Platons Weiterentwicklung und den Veränderungen seiner Hauptideen zu gelangen.

Aus dem Englischen von Marina Münkler

BIBLIOGRAPHIE

Zu Platons Familie vgl. *J. K. Davies*: Athenian Propertied Families, Oxford 1971. Zu den antiken Platon-Biographien vgl. *A. Riginos*: Platonica: the anecdotes concerning the life and writing of Plato, Leiden 1976. Zum »Siebten Brief« vgl. *L. Edelstein*: Plato's Seventh Letter, Philosophia antiqua 14, Leiden 1966. Zur Geschichte der Akademie vgl. *J. Glucker*: Antiochus and the Late Academy. Hypomnemata 56, Göttingen 1978.
Zu Sokrates vgl. (neben Platon) *Xenophon*, Memorabilia; *Aischines* (Fragmente, hrsg. von Krauss, Leipzig 1911). Die gegen ihn erhobene Anklage findet sich in den Memorabilia I i und in *Diogenes Laertius*, Lives of the Philosophers, II 40.
Platons frühes politisches Denken findet sich in den »sokratischen« Dialogen *Apologie*; *Kriton; Charmides; Laches; Protagoras; Menexenos; Gorgias; Alkibiades; Erastai*. Die mittlere Periode wird durch die *Politeia* repräsentiert, die spätere Periode durch *Timaios-Kritias, Politikos* und die *Nomoi* (sie sind in der Übersetzung von Friedrich Schleiermacher, überarbeitet von H. Müller und O. Apelt leicht greifbar. Vgl. insbesondere *Platon, Der Staat, über das Gerechte*, übersetzt und erläutert von O. Apelt, durchgesehen und

Platon 395

mit ausführlicher Literaturübersicht, Anmerkungen und Register versehen von K. Bormann, Einleitung von P. Wilpert, Hamburg 1961.)
Die umfassendste jüngere Darstellung von Platons früher politischer Philosophie bietet _R. Kraut_: Socrates and the State, Princeton 1984; darin auch eine Bibliographie der jüngeren Werke, in erster Linie den _Kriton_ betreffend. Vgl. auch _A. D. Woozley_; Law and Obedience: the arguments of Plato's Crito, London 1979.
Zur _Politeia_ gab es im zwanzigsten Jahrhundert eine Flut von Werken, von denen zahlreiche durch Polemik und Mißverständnisse entstellt sind. Als allgemeine Einführung in den gesamten Dialog mit einer umfangreichen Bibliographie vgl. _J. Annas_: An Introduction to Plato's Republic, Oxford 1981. Vgl. auch die Darstellung von _A. Graeser_ in Band II der Geschichte der Philosophie, hrsg. von W. Röd, München 1983 und _G. Patzig_: Platon, in: Klassiker des philosophischen Denkens, hrsg. von N. Hoerster, Bd. 1, München 1982. Vgl. auch _T. Ebert_: Meinung und Wissen in der Philosophie Platons, Berlin 1974; _Ders._, Platon – ein Verächter der Vielen?, in: Vernünftiges Denken, hrsg. von J. Mittelstrass und M. Riedel, Berlin 1978; _G. Patzig_: Platons politische Ethik, in: ebd.; _A. Graeser_: Bemerkungen zu Platons _Politeia_ und die modernen Antiplatoniker, in: Gymnasium 84 (1977).
Zum _Kritias_ vgl. _C. Gill_: Plato and Politics: the _Critias_ and the _Politicus_, in: Phronesis 1979. Dort auch Verweise auf andere Aufsätze von Gill zum _Kritias_ und Bibliographie.
Eine nützliche Einführung in die _Nomoi_ (mit Bibliographie) bietet _R. F. Stalley_: An Introduction to Plato's Laws, London 1983. Unentbehrlich zur Geschichte und Vorgeschichte im 3. Buch der _Nomoi_ ist _R. Weil_: L'Archéologie de Platon, Paris 1959. Für jüngere Arbeiten vgl. _T. Saunders_: Bibliography on Plato's Laws 1920–1970, ergänzt bis 1975, New York 1979 (letzte Auflage).

KAPITEL IX

Aristoteles

Von Peter Spahn

Einleitung

Aristoteles gilt als Begründer der Politik im Sinne einer eigenen Wissenschaft, und zwar als einer auf die Praxis ausgerichteten. Seine Lehre zielte, wie er es radikal formuliert, nicht in erster Linie auf Erkenntnis, sondern auf Handeln: *ou gnosis alla praxis (Nikomachische Ethik* = EN I. 1,1095 a 5). Als *scientia practica sive politica vel civilis* hat sie Jahrhunderte später ihre weitreichende ideengeschichtliche Wirkung entfaltet, allerdings kaum in der Antike, sondern in der alteuropäischen Politik-Tradition, vom 12. bis ins frühe 19. Jahrhundert. Auf diese verschleppte Langzeitwirkung des politischen Aristotelismus ist hier nicht näher einzugehen (vgl. dazu Bd. 2, Handbuch, passim, Bd. 3, S. 242 ff.). Sie ist im Grunde erstaunlich; denn zu ihrer Erklärung reicht es nicht aus, auf die in mancher Hinsicht zweifellos vorhandene Konstanz der alteuropäischen Gesellschaftsordnung zu verweisen. Vielmehr ist auch zu bedenken, warum diese Rezeption trotz grundlegender sozialer und kultureller Differenzen gegenüber der Antike stattfand, warum also weder Feudalsystem noch christliche Ethik die Übernahme von politischen und sozialen Grundbegriffen behinderten, die aus der antiken Poliswelt stammten.

Ein wichtiger Grund für die Übertragbarkeit dieser politischen Philosophie auf recht unterschiedliche politische und soziale Verhältnisse liegt wohl auch in der literarischen Form, in der sie überliefert ist. Hier besteht ein scheinbar paradoxes Verhältnis: Was die aristotelische *Politik* in ihren Einzelaussagen lange Zeit so plausibel machte, erschwert andererseits ihr Verständnis im ganzen. Sie stellt – anders als z. B. Platons *Politeia* – kein geschlossenes System dar. Man tut Aristoteles, der ein ausgesprochen systematischer Denker war, nicht völlig Unrecht, wenn man die überlieferte Fassung der *Politik*, die nicht von ihm publiziert wurde, als »ein ungeordnetes und unvollständiges, mitunter auch unzusammenhängendes und ungereimtes Manuskript voll von Abschweifungen« bezeichnet (Finley 1986, S. 158). Daß dieses Werk in seinen heterogenen Teilen jeweils auch systematisch angelegte Darstellungen enthält, steht auf einem anderen Blatt. Man kann sich fragen, ob der vielschichtige und offene Charakter dieser politischen Philosophie, die sich an der Empirie orientierte und grundsätzlich auf Praxis hin angelegt war, die unvollkommene literarische Form mitbedingt hat, in der die aristotelische *Politik* tradiert ist. Wahrscheinlich hat aber gerade diese offene Form die Rezeptionsmöglichkeiten erhöht, da man in verschiedenen historischen Situationen einzelne Bücher und Passagen der *Politik* selektiv aufnehmen und so immer wieder einen aktuellen Aristoteles entdecken konnte.

Im folgenden soll die Aristotelische *Politik* jedoch primär als ein historischer Text verstanden und mit der Epoche, in der sie entstand, in Beziehung gesetzt werden. Dafür spricht, daß diese politische Theorie in weiten Teilen auf historischen Forschungen und zeitgenössischen Erfahrungen beruht und sich als praktische Wissenschaft für den handelnden Politiker versteht. Man muß sie also vor dem Hintergrund der gesamtgriechischen Geschichte des 4. Jahrhunderts sehen; doch haben die Verhältnisse in Athen, wo Aristoteles die meiste Zeit wirkte, sein politisches Denken in besonderem Maße beeinflußt. Es sind vor allem verfassungs- und sozialgeschichtliche Fragen, die in der Aristotelischen *Politik* eine Rolle spielen, die zwischenstaatlichen Beziehungen werden dagegen nur als Randbedingungen angesprochen. Es ist aber zu bedenken, daß sich damals gerade im außenpolitischen Bereich der tiefgreifendste und folgenreichste Wandel vollzog. Denn die Polis, deren Autonomie in der aristotelischen Theorie prinzipiell vorausgesetzt wird, verlor in der 2. Hälfte des 4. Jahrhunderts endgültig ihre politische Selbständigkeit. Und der neue Machtfaktor, der die griechische Poliswelt umgestaltete, war die makedonische Monarchie, mit der Aristoteles biographisch eng verbunden war, die jedoch in seiner *Politik* kaum in Erscheinung tritt.

1. Der geschichtliche Hintergrund: Griechenland im 4. Jahrhundert v. Chr.

Die griechische Geschichte des 4. Jahrhunderts v. Chr. wird von der historischen Forschung, je nachdem wie der Blickpunkt gewählt ist, verschieden charakterisiert. Vom 5. Jahrhundert her gesehen erscheint sie als eine Epoche des Niederganges; so empfanden es auch schon manche antike Zeitgenossen, wie etwa Demosthenes. Weniger wertend läßt sich die Zeit nach dem Ende des Peloponnesischen Krieges (404) bis zum endgültigen Sieg des Makedonenkönigs über die griechischen Poleis (Schlacht bei Chaironeia 338) bzw. bis zur Regierung Alexanders als eine Übergangsepoche verstehen, nämlich zwischen dem Zeitalter der klassischen Polis (vgl. oben, S. 273 ff.) und dem des Hellenismus (vgl. unten, S. 439 ff.). Vielfach spricht man auch von einer Zeit der Krise und sieht diese auf unterschiedlichen Gebieten: entweder als eine Krise der Polis und ihrer Institutionen oder als eine der sozialen oder der wirtschaftlichen Verhältnisse. Das historische Urteil hängt im übrigen auch stark davon ab, ob man vor allem die Geschichte Athens vor Augen hat, die in fast jeder Hinsicht eine Ausnahme darstellt, oder die Verhältnisse in anderen, zumal in den kleineren Poleis mitberücksichtigt. Die Geschichte des 4. Jahrhunderts läßt sich also kaum auf einen gemeinsamen Nenner bringen, aber man kann gewisse Grundtendenzen ausmachen, die freilich teilweise widersprüchlich verlaufen.

Zunächst zu den zwischenstaatlichen Beziehungen, in denen sich im Laufe jenes Jahrhunderts ein historischer Wandel für uns am deutlichsten abzeichnet: Ähnlich wie schon im letzten Drittel des 5. Jahrhunderts befand sich die griechische Welt auch im 4. Jahrhundert fast ständig im Kriegszustand. Es gelang aber keiner der größeren Poleis mehr, auf Dauer eine Vormachtstellung zu begründen, die etwa derjenigen Athens im Ersten Attischen Seebund vergleichbar gewesen

Aristoteles 399

wäre. Im Kampf um die Hegemonie erschöpften Sparta, Theben und Athen ihre Kräfte. Infolgedessen konnte schließlich das Königreich Makedonien innerhalb von nur zwei Jahrzehnten die Vormacht in Griechenland werden. Die Polis hatte damit ihre Rolle als überregionaler Machtfaktor im ägäischen Raum endgültig ausgespielt. Formen bundesstaatlicher Organisation und Zusammenschlüsse auf landschaftlicher oder Stammesbasis gewannen neben den Einzel-Poleis an Bedeutung. Aber auch sie bildeten – anders als später im 3. und 2. Jahrhundert – noch kein Gegengewicht zur monarchischen Staatsform. Daß die meisten Zeitgenossen den Machtverlust der großen Poleis nicht als einen endgültigen begreifen konnten, liegt auf der Hand. Auch bei Aristoteles finden sich keine Beobachtungen in dieser Richtung; allerdings spielen die Außenpolitik und die zwischenstaatlichen Beziehungen in seiner politischen Theorie ohnehin kaum eine Rolle. Es geht ihm eigentlich nur um die inneren Verhältnisse der Polis, die im Prinzip als eine abgeschlossene und autonome Einheit gedacht wird – übrigens abweichend von der historischen Realität des 5. und 4. Jahrhunderts, als zahlreiche kleinere Poleis von den führenden abhängig waren und häufig deren direkte Interventionen hinnehmen mußten.

Was aber das innenpolitische Leben der griechischen Staaten zur Zeit des Aristoteles angeht, sind mehrere Tendenzen festzustellen: Sehr verbreitet waren im 4. Jahrhundert innerstaatliche Konflikte, die sich in vielen Poleis bis zum Bürgerkrieg *(stasis)* steigerten. Die Auseinandersetzungen gingen meist um die Verfassung: vor allem, ob sie eher oligarchisch oder demokratisch ausgerichtet sein solle. In einigen Städten kamen auch wieder Tyrannen an die Macht. Die Dynamik und Härte dieser Verfassungskämpfe resultierte hauptsächlich aus zwei Ursachen, die sich häufig noch summierten: aus der jeweiligen außen- und bündnispolitischen Konstellation sowie aus sozialen Konflikten in der Bürgerschaft. Die oft kaum zu durchschauende Verquickung von außen- und innenpolitischen Faktoren einer *stasis* hatte sich schon im 5. Jahrhundert gezeigt und wird uns am eindrücklichsten von Thukydides geschildert (vgl. oben, S. 326 ff.). Im 4. Jahrhundert ist zwar eine Tendenz zu beobachten, die Autonomie von Bundesgenossen und den Interventionsverzicht der Führungsmächte zunehmend vertraglich zu garantieren, aber die Realität sah häufig anders aus: Die Umtriebe von Emigranten und Fünften Kolonnen ließen sich auf diese Weise kaum verhindern.

Der soziale Konfliktstoff andererseits hatte im 4. Jahrhundert eher noch zugenommen. Allerdings muß man differenzieren: Gerade bei den alten Führungsmächten Athen und Sparta blieben die politischen und sozialen Verhältnisse im ganzen stabil. In Athen wurde nach Wiederherstellung der Demokratie 403 die Amnestie gegenüber den unterlegenen Oligarchen weitgehend befolgt (vgl. oben, S. 369). In der Aristoteles zugeschriebenen Verfassungsgeschichte Athens wird die versöhnliche und großzügige Politik der athenischen Demokraten, die sogar freiwillig für die Schulden der Oligarchen aufkamen, mit großem Respekt als Ausnahme hervorgehoben: »In anderen Städten gäbe es das nicht, daß die Volksparteien, wenn sie die Oberhand gewonnen hätten, noch von ihrem Eigentum etwas zusetzten, sondern sie würden auch noch das Land zerteilen« *(Ath. Pol.* 40,3). Die Stabilität der athenischen Demokratie wurde in der Folgezeit auch nicht entscheidend dadurch beeinträchtigt, daß die Armut vor allem der Landbevölkerung nach dem Peloponnesischen Krieg zugenommen hatte; zudem waren die Einnahmen aus dem Seebund entfallen. Aber vom Ausmaß der ökonomischen Krise, von den Verschiebungen in der Sozialstruktur und zumal der Konzentration des Grundbesitzes darf man sich keine übertriebenen Vorstellungen machen. Athen war weiterhin das wirtschaftliche Zentrum Griechenlands. Die staatlichen Zahlungen an die Bürger wurden im 4. Jahrhundert – auch ohne die Tributeinnahmen – sogar noch ausgeweitet. Das kleine und mittlere Bauerntum blieb auch nach 400 im wesentlichen bestehen; anscheinend waren nur 5000 von 30000 Athenern ohne Grundbesitz, Latifundien gab es in Attika ohnehin nicht. In Sparta wiederum, wo die soziale und ökonomische Struktur eine ganz andere war, gab es zwar eine fortschreitende Konzentration des Grundbesitzes, entsprechend der abnehmenden Zahl der Vollbürger, aber zu sozialen Umwälzungen führte dies erst in hellenistischer Zeit. Soziale Spannungen werden hier im 4. Jahrhundert zwar schon erkennbar, aber das politische und soziale System blieb insgesamt intakt, sogar nach der katastrophalen Niederlage des spartanischen Heeres bei Leuktra (371), die zum Verlust Messeniens führte.

Die Verhältnisse in Athen und Sparta bilden jedoch gegenüber dem übrigen Griechenland – in jeweils unterschiedlicher Weise – Ausnahmen. In zahlreichen Poleis verschärften sich nämlich im 4. Jahrhundert die Gegensätze zwischen Armen und Reichen innerhalb der Bürgerschaft. An manchen Orten tauchten Forderungen nach Neuverteilung des Bodens und nach Schuldentilgung auf. Auch die Zunahme des Söldnerwesens, das zu den typischen Erscheinungen jener Zeit gehört, hat nicht nur militärische Gründe, sondern deutet zugleich auf Verarmung und soziale Spannungen hin. Griechische Söldner verdingten sich sogar im Persischen Reich, so schon bald nach dem Peloponnesischen Krieg bei dem durch Xenophons *Anabasis* berühmt gewordenen Zug der »Zehntausend«. Für viele Griechen, gerade aus den ärmeren Regionen, bot der Söldnerdienst die besten Chancen für sozialen Aufstieg. Er erfüllte damit eine ähnliche Funktion wie in der archaischen Epoche die Kolonisation und später im Hellenismus die Ansiedlungen im Osten und in Ägypten. Die Eroberung und Besiedlung des Perserreiches als Heilmittel für die Misere in Griechenland war schon vor Alexander im Gespräch; der athenische Publizist Isokrates propagierte solche Pläne bereits 380 (in seinem *Panegyrikos*) und forderte Jahrzehnte später König Philipp zu ihrer Realisierung auf: »Wenn du darüber hinaus versuchst, Poleis in diesem Gebiet zu gründen und die anzusiedeln, die jetzt aus Mangel an täglichem Auskommen umherirren und schädigen, auf wen sie treffen« (*Philippos* 120).

Bei Aristoteles findet sich in den erhaltenen politischen Schriften kein direkter Bezug auf diese Thematik. Allenfalls kann man aus seiner Rechtfertigung der Sklaverei (vgl. unten, S. 409 ff.) eine Anleitung zur Herrschaft über die Barbaren entnehmen. Auch seine übrigen Ausführungen zur Ökonomie müssen auf dem Hintergrund der relativ weit fortgeschrittenen Entwicklung der wirtschaftlichen Verhältnisse in Städten wie Athen gesehen werden.

Aristoteles 401

2. Vita und Werk

Aristoteles wurde 384 in Stageira, einer kleinen Polis auf der Chalkidike, geboren. Sein Vater Nikomachos war Arzt im Dienst des Königs Amyntas von Makedonien, des Großvaters von Alexander. Auch seine Mutter stammte aus einer Arztfamilie. Er wuchs in einem wissenschaftlich interessierten Milieu auf. Mit 17 Jahren kam Aristoteles 367 nach Athen und trat in die Akademie Platons ein, der er dann fast 20 Jahre lang angehörte. Bereits früh entwickelte er in Auseinandersetzung mit dem über 40 Jahre älteren Platon und den anderen Schulmitgliedern seine eigenen Positionen. Er hielt auch selbst Vorlesungen im Hörsaal der Akademie. Die Manuskripte hierfür bildeten die uns überlieferten Lehrschriften (sog. *Pragmatien*) bzw. deren frühe Fassungen.

Nach Platons Tod im Jahre 347 verließ Aristoteles Athen, und zwar primär aus politischen Gründen: Die Spannungen zwischen Makedonien und Athen hatten sich zuvor verschärft. 348 war Olynth durch Philipp erobert worden, und auch die übrigen Poleis der Chalkidike – einschließlich Aristoteles' Heimatstadt – wurden dem makedonischen Reich eingegliedert. Für den Metöken Aristoteles, der zudem von Hause aus in freundschaftlichen Beziehungen zum makedonischen Hof stand und sich nun Verdächtigungen ausgesetzt sah, wurde die Situation in Athen kritisch. Er begab sich nach Assos in Kleinasien, auf Einladung des dortigen Herrschers Hermias, mit dem er sich anfreundete. Später heiratete Aristoteles dessen Schwester (oder Nichte) Pythias. Hermias ermöglichte ihm und weiteren Akademiemitgliedern die Fortführung ihrer wissenschaftlichen Arbeit.

Im Jahre 345/44 siedelte Aristoteles nach Mytilene auf der Insel Lesbos über, wo die Zusammenarbeit mit dem damals 25jährigen Theophrast begann, der sein bedeutendster Schüler wurde und über 20 Jahre später sein Erbe antrat. Theophrast folgte seinem Lehrer zunächst nach Makedonien, in dessen Heimatstadt Stageira. 343 wurde Aristoteles von König Philipp eingeladen, die Erziehung seines damals 13jährigen Sohnes Alexander zu leiten. Diese Tätigkeit dauerte drei Jahre, und sie bestand wohl vor allem darin, Alexander mit der griechischen Kultur und Literatur vertraut zu machen. So ließ Aristoteles für ihn eine Abschrift der homerischen *Ilias* anfertigen, die dieser auf seinen späteren Feldzügen mitnahm; Alexanders Begeisterung für Achill dürfte damit zusammenhängen. Inwieweit Aristoteles die politischen Auffassungen seines Zöglings zu beeinflussen suchte, ist zweifelhaft. Später jedenfalls hielt sich Alexander in seiner Politik gegenüber den Orientalen keineswegs an die Maximen seines Lehrers (vgl. unten, S. 441 f.). Dessen angeblicher Ratschlag (nach Philipps Tod) »Behandle die Griechen als ihr Führer, die Barbaren als Herr, indem du für jene wie für Freunde und Verwandte sorgst, für diese aber so, wie man unvernünftigen Geschöpfen Futter und Nahrung gibt« (Fr. 658 Rose) braucht zwar nicht im Wortlaut authentisch zu sein; er entspricht jedoch seiner Gleichsetzung von Barbar und Sklave in der *Politik* (I 2, 1252 b 9) und steht im Gegensatz zu Alexanders späterer Verschmelzungspolitik.

Aristoteles' weiterer Lebensweg wurde noch mehrfach durch politische Ereignisse bestimmt. Seine Rückkehr nach Athen (335/4) war erst nach der Zerstörung Thebens im Oktober 335 möglich, da nun der Widerstand gegen Makedonien auch in Athen weitgehend zusammenbrach. Während seines zweiten athenischen Aufenthaltes kehrte Aristoteles nun nicht mehr an die Akademie zurück, die inzwischen unter der Leitung des Xenokrates stand. Er lehrte statt dessen im Lykeion, einem öffentlichen Gymnasium, und begründete damit faktisch eine eigene Schule. Im juristischen Sinne hat allerdings erst Theophrast die Schule gegründet, die dann später *Peripatos* genannt wurde. Neben der öffentlichen Lehrtätigkeit – die Umarbeitung früherer Vorlesungen läßt sich an den Lehrschriften beobachten – betrieb Aristoteles in den folgenden Jahren auch intensiv die Organisation der Forschung auf den verschiedenen Gebieten, die auf einzelne Schüler verteilt wurden.

Nach dem Tod Alexanders (Juni 323) waren es anscheinend wiederum politische Gründe, die Aristoteles um die Jahreswende 323/22 zwangen, Athen ein zweites Mal zu verlassen. Ob – ähnlich wie bei Sokrates – eine formelle Anklage wegen Gottlosigkeit gegen ihn erhoben worden war, ist zweifelhaft. Aristoteles soll seinen Weggang in diesem Sinne begründet haben: Er wolle verhindern, daß die Athener sich zum zweiten Mal gegen die Philosophie versündigen (vgl. Diogenes Laertios V.). Er begab sich in das nahegelegene Chalkis auf der Insel Euböa, von wo seine Mutter stammte. Dort starb er wenig später (im Oktober 322) im Alter von 62 Jahren.

Aristoteles war in Athen zeitlebens ein Fremder geblieben. Er hatte aus politischen, aber auch zum Teil aus persönlichen Gründen und wegen Schulstreitigkeiten vielfach unter Anfeindungen, Verleumdungen und Pressionen zu leiden. Die antike biographische Tradition stammt größtenteils aus Quellen, die ihm feindlich gesonnen waren. Anders als etwa Platon hatte er wenige Freunde und viele Feinde – was sein besonderes Interesse an der Freundschafts-Thematik um so verständlicher werden läßt. Es ist ferner zu bedenken, ob nicht bestimmte Eigenarten, Fragestellungen und Kategorien seiner politischen Philosophie durch den Umstand mitbedingt sind, daß ihr Autor in der politischsten griechischen Bürgerschaft – nämlich in Athen – nicht als Bürger leben konnte, sondern nur zeitweilig als Metöke geduldet wurde. Eine ganz andere Frage ist, wie dieser Philosoph unter solch wechselhaften Lebensverhältnissen sein gewaltiges wissenschaftliches Werk hervorbringen konnte.

Bereits der Umfang seiner Schriften war immens: Die antiken Verzeichnisse führen nahezu 200 Titel an, die sich auf etwa 550 »Bücher« (im antiken Sinne, d. h. Papyrusrollen) verteilt haben, was einem Werk von ungefähr 11 000 Druckseiten entsprechen würde. Dabei ist zu bedenken, daß alle Schriften, die Aristoteles zu seinen Lebzeiten veröffentlicht hat, verlorengegangen sind. Dies waren die eigentlich literarischen Werke, meist in der Form von Dialogen (wie bei Platon), die auch für ein Publikum außerhalb der Schule bestimmt waren (sog. exoterische Schriften). Auf uns gekommen sind dagegen die Vorlesungsmanuskripte, die für den eigenen Gebrauch des Philosophen und für den der Schule abgefaßt wurden. Diese Lehrschriften (Pragmatien) sind unterschiedlich weit ausgearbeitet. Manches hat den Charakter von Vorlesungsnotizen, andere Passagen sind dagegen stilistisch ausgefeilt. Aristoteles hat wohl damit begonnen, die Lehrschriften zu redigieren; doch konnte er diese Arbeit, wie sich gerade auch an der *Politik* zeigt, nicht in allen Teilen gleichmäßig abschließen.

Aristoteles 403

3. Die Entstehung der politischen Wissenschaft

Begriff und Gegenstand der politischen Wissenschaft

Wie für andere Wissenschaften hat Aristoteles auch den Gegenstand der politischen näher bestimmt, ihre Kategorien, Fragestellungen und ihr Forschungsmaterial enorm bereichert, ja insgesamt die Politik als eigene Wissenschaft erst konstituiert. Im Rahmen der generellen Einteilung der Philosophie und damit der Wissenschaften, die auf Aristoteles zurückgeht, gehört die Politik zur ›praktischen‹ Philosophie, im Unterschied zur ›theoretischen‹ und ›poietischen‹ (*Topik* I 14, 105 b 19 ff; *Metaphysik* E 1, 1025 b 25). Daneben findet sich bei ihm auch die Gliederung nach ›ethischen‹, ›physikalischen‹ und ›logischen‹ Wissenschaften (*Topik* I 14, 105 b 19 ff.), wobei die Politik zur ersten Gruppe gehört. Den theoretischen Disziplinen (der ›Ersten Philosophie‹, ›Physik‹ und ›Mathematik‹) ist die praktische Philosophie zwar dem Rang nach untergeordnet, »denn der Mensch ist nicht das Beste, was es im Kosmos gibt« (EN VI 7, 1141 a 20 ff.); innerhalb der praktischen Philosophie jedoch nehmen Ethik und Politik für Aristoteles den obersten Rang ein. Beide Gebiete faßt er gelegentlich auch unter dem Oberbegriff ›politische Wissenschaft‹ *(politikē)* zusammen, und diese bezeichnet er als »wichtigste und leitendste Wissenschaft. Denn sie bestimmt, welche Wissenschaften in den Staaten vorhanden sein müssen, welche ein jeder lernen muß und bis zu welchem Grade man sie lernen muß. Wir sehen auch, daß die angesehensten Fähigkeiten ihr untergeordnet sind: Strategik, Ökonomik, Rhetorik und andere. Da sie sich also der übrigen praktischen Wissenschaften bedient und außerdem Gesetze darüber erläßt, was man zu tun und zu lassen habe, so dürfte wohl ihr Ziel die Ziele aller anderen mit umfassen« (EN I 1, 1094 a 27 ff.).

Der Begriff der Politik bzw. der politischen Wissenschaft kann sich bei Aristoteles also auf verschiedene Bereiche beziehen: Zum einen bezeichnet *politikē* die wichtigsten Gebiete der praktischen Philosophie, nämlich Ethik und Politik (im engeren Sinne). ›Ethik‹ als Fachterminus wird von Aristoteles noch kaum gebraucht; die entsprechende Disziplin und sogar deren Methode nennt er auch *politikē* (EN I 1, 1094 b 11). Im Gegensatz zu Platon, für den ethische und politische Ordnung prinzipiell identisch waren, behandelt Aristoteles die beiden Gegenstände jedoch in jeweils eigenen Pragmatien. Er unterscheidet damit zwei Wissenschaftsbereiche, die im Rahmen seiner praktischen Philosophie allerdings wesentlich enger zusammengehören, als etwa unsere modernen Begriffe von Politik und Ethik es ausdrücken können. Weder ist Politik für Aristoteles bloße Machtlehre, noch wird Ethik individualistisch verstanden oder als allgemeine Anthropologie. Beide Bereiche gehören zur »Philosophie über die menschlichen Dinge«, wie es am Schluß der *Nikomachischen Ethik* (X 9, 1181 b 15) heißt; aber Forschungsobjekt ist nicht der Mensch schlechthin, sondern der Mensch im Rahmen der Polis. Insofern ist Ethik ein Teil der politischen Wissenschaft.

Entsprechend seiner Differenzierung der Wissenschaftsbereiche, wie sie die einzelnen Pragmatien erkennen lassen, verwendet Aristoteles den Begriff der Politik aber häufiger im engeren Sinn, nämlich in direktem Bezug auf Fragen der Polis, ihrer jeweiligen Bürgerschaft und damit Verfassung *(politeia)*. Dieser Ge-

404   *Peter Spahn*

genstandsbereich von *politikē* wird dann noch in einem weiteren Schritt abge-
grenzt vom Bereich der *oikonomikē*, also der Hausverwaltungslehre. Sie ist im
1. Buch der aristotelischen *Politik* mitbehandelt, gehört jedoch streng genommen nicht zur politischen Wissenschaft. Die Lehre der Ökonomie faßt Aristoteles – wie die der Strategie und der Rhetorik – gewissermaßen als Hilfsdisziplinen
im Rahmen der praktischen Philosophie auf (vgl. EN I 1, 1094 b 4 ff.).

Zielsetzung und Methoden der politischen Wissenschaft

»Jede Kunst und jede Lehre, ebenso jede Handlung und jeder Entschluß scheint
irgendein Gut zu erstreben« (EN I 1, 1094 a 1 f.). – »Alles, was Polis heißt, ist
ersichtlich eine Art von Gemeinschaft, und jede Gemeinschaft bildet sich und
besteht zu dem Zweck, irgendein Gut zu erlangen. Denn um dessentwillen, was
ihnen ein Gut zu sein scheint, tun überhaupt alle alles, was sie tun« (*Politik*
[= Pol.] I 1, 1252 a 1 ff.).
Die beiden Eingangssätze der Lehrschriften über Ethik und Politik lassen das
Gemeinsame der beiden Disziplinen erkennen; sie führen unmittelbar auf die
generelle Thematik und Zielsetzung der politischen Wissenschaft hin. Diese
strebt nämlich, wie Aristoteles im folgenden ausführt, nicht nur nach irgendeinem Gut, sondern – da sie die umfassendste praktische Wissenschaft ist – nach
dem höchsten und für alle Menschen verbindlichen (EN I 1, 1094 b 6 ff.). Und
dementsprechend heißt es im 1. Kapitel der *Politik:* »Wenn nun aber sonach eine
jede Gemeinschaft irgendein Gut zu erreichen strebt, so tut dies offenbar ganz
vorzugsweise und trachtet nach dem vornehmsten aller Güter diejenige Gemeinschaft, welche die vornehmste von allen ist und alle anderen in sich schließt. Dies
ist aber die sogenannte Polis und die politische Gemeinschaft« (Pol. I 1, 1252 a
3 ff.). Das höchste Gut aber, nach dem die umfassendste Wissenschaft (die politische) und die umfassendste Gemeinschaft (die Polis) trachteten, sei das Glück
(eudaimonia). So werde es von allen genannt, von der Masse ebenso wie von den
Gebildeten. Das Glück werde allgemein mit gutem Leben *(eu zēn)* und gutem
Handeln *(eu prattein)* gleichgesetzt. Die Frage sei nur, was man unter Glück zu
verstehen habe; darüber seien sich nämlich die ›Vielen‹ und die ›Weisen‹ nicht
einig (EN I 2, 1095 a 18 ff.).
Diese Frage nach der Verwirklichung der Eudämonie bildet die übergreifende
Thematik der *Nikomachischen Ethik* und zumindest bestimmter Bücher der
Politik. Aristoteles versteht unter Eudämonie letztlich einen Zustand, der um
seiner selbst willen und nicht als Mittel für einen anderen Zweck angestrebt
wird. Und in diesem Zusammenhang führt er das Prinzip der Selbstgenügsamkeit *(autarkeia)* ein, denn das vollkommen Gute scheine dieses zu verwirklichen
(EN I 5, 1097 b 8 f.). Allerdings bezieht sich die Autarkie für Aristoteles nicht auf
das Individuum, sondern auf den Menschen im sozialen Zusammenhang der
Polis, »da ja der Mensch seiner Natur nach in der politischen Gemeinschaft
lebt« *(physei politikon ho anthropos:* EN I 5, 1097 b 12). Und dementsprechend
betont Aristoteles auch in der *Politik* wiederholt, daß die Polis nicht nur um des
bloßen Lebens willen, also zur Befriedigung der elementaren Bedürfnisse bestehe, sondern um des guten Lebens willen (z. B. Pol. I 1, 1252 b 29 f.; I 9, 1257 b
41 f.). Das gute Leben verwirklicht sich – das ist wesentlich für die praktische

Philosophie – durch rechtes Handeln *(praxis)*. Scharf davon unterschieden wird das Herstellen *(poiēsis)*, welches mit der Vollendung dessen, was hergestellt werden soll, zum Abschluß kommt und dessen Ziel *(telos)* außerhalb seiner selbst liegt (EN VI 4, 1140 a 1 ff.). Auch die politische Wissenschaft zielt für Aristoteles auf das Handeln – und nicht etwa auf die reine Erkenntnis. Es gehe hier nicht darum, theoretisch die Tugend zu erfassen – das richtet sich offenbar gegen Platon –, sondern selbst tugendhaft zu werden (EN II 2, 1103 b 26 ff.). Auf diesen praktischen Aspekt der Aneignung der Tugend kommt Aristoteles am Ende der *Nikomachischen Ethik* (X 10, 1279 b 1 ff.) zurück. Er stellt dort fest, daß Belehrung nur bei denen wirke, die bereits durch Natur oder Gewöhnung zur Tugend neigten. Da man die Natur nicht beeinflussen könne, brauche man Gesetze, die für die rechte Erziehung und die Beibehaltung guter Gewohnheiten sorgten. »Denn die meisten gehorchen eher dem Zwang als der Rede *(logos)* und Strafen eher als dem Edlen« (EN X 10, 1180 a 4 ff.). Damit ist die Frage nach den richtigen Gesetzen und nach dem Gesetzgeber gestellt. Denn anders als etwa die väterliche Ermahnung besitze das Gesetz zwingende Gewalt und zugleich sittliche Einsicht und Vernunft. »Außerdem haßt man die Menschen, deren Streben dem unseren entgegengesetzt ist, auch wenn sie darin richtig handeln. Das Gesetz aber haßt man nicht, wenn es das Anständige befiehlt« (ebd. 23 ff.).

Das Problem der Gesetzgebung weitet Aristoteles dann aus zur umfassenden Untersuchung der *politeia* (also der Bürgerschaft und der Verfassung), »damit auf diese Weise die Wissenschaft vom Menschen *(hē peri ta anthrōpina philosophia)* sich nach Kräften vollende« (ebd. 1181 b 14 ff.). Daran schließt sich das Programm der weiteren Untersuchung dieser politischen Probleme im engeren Sinn an: »Als erstes werden wir untersuchen, was die Früheren im einzelnen da und dort Richtiges gesagt haben, dann mit Hilfe der gesammelten Verfassungen prüfen, was die Poleis und die einzelnen Verfassungen bewahrt und zerstört und aus welchen Gründen die einen Verfassungen gut, die anderen schlecht sind. Wenn das untersucht ist, werden wir wohl auch eher erkennen können, welche Verfassung die beste ist und wie jede einzelne geordnet werden und welche Gesetze und Gewohnheiten sie befolgen soll. Davon sei nun begonnen« (ebd. 1181 b 16 ff.).

Dieses Programm deckt sich zwar nicht völlig mit der überlieferten Fassung der *Politik*. Es fehlt z. B. der Hinweis auf die Behandlung der Ökonomik im 1. Buch. Aber es werden – was hier vor allem interessiert – die wichtigsten methodischen Schritte der spezifisch politischen Untersuchung genannt: zunächst die Auseinandersetzung mit den Meinungen der Früheren, ein Verfahren, das Aristoteles in fast all seinen Forschungen und Darstellungen anwendet. In der *Politik* geschieht dies im 2. Buch, vor allem mit der Kritik der Platonischen *Politeia* (II 2–5) und der *Nomoi* (6) sowie anderer Verfassungsentwürfe (7–8). Allerdings behandelt er im Anschluß daran auch tatsächlich existierende Verfassungen wie die spartanische (9), kretische (10) und karthagische (11), außerdem historische Gesetzgeber (12). Aristoteles (oder der Herausgeber der uns vorliegenden Fassung) hat also in diesem Punkt den ursprünglichen Plan noch etwas erweitert.

Der zweite Punkt bezieht sich auf die empirische Untersuchung von Verfassungen, um vor allem ihre Stabilität oder Instabilität zu ermitteln sowie die Ursachen ihres Erfolges bzw. Scheiterns, womit zugleich ein Maßstab für ihre Bewertung gegeben ist. Dies entspricht im wesentlichen der Thematik des 4. bis 6. Buches der *Politik*, wo Aristoteles am meisten empirische Einzeluntersuchungen anstellt. Methodisch geht es – wie auch bei anderen aristotelischen Darstellungen – zum einen um die Phänomenologie, zum andern um die Aitiologie. Die phänomenologische Untersuchung steht im Fall der Politik anscheinend in Zusammenhang mit der Sammlung und Darstellung von 158 Polis-Verfassungen, die in der Aristotelischen Schule angefertigt wurden. Fast vollständig erhalten ist davon allein noch die *Verfassung der Athener (Athēnaiōn Politeia)*, die wahrscheinlich das bedeutendste Stück der Reihe war. In der analysierenden und klassifizierenden Darstellung der Vielfalt der *politeiai* und ihrer verschiedenen Institutionen liegt ein Spezifikum der politischen Wissenschaft des Aristoteles, in dieser differenzierten Form einzigartig in der Antike und lange darüber hinaus.

Es geht Aristoteles hier – wie auch in den anderen Wissenschaftsgebieten – immer um die Erkenntnis und Darstellung von Strukturen. Er liefert fast nie eine rein deskriptive Abhandlung. Seine Stärke liegt vor allem in der Problemdiskussion, in der Weise, wie er die Fragen stellt. Wissenschaftsgeschichtlich ist dies häufig interessanter als die Ergebnisse seiner Theorie. Aristoteles folgt auch in der *politikē* dem methodischen Grundsatz, daß die jeweils erreichbare Exaktheit *(akribeia)* der Darstellung einer Disziplin mit dem Grad der Abstraktheit ihrer Gegenstände korrespondiert. Am exaktesten ist demnach eine Wissenschaft wie die Mathematik, die es mit immateriellen Gegenständen zu tun hat. Für die politische Wissenschaft reduziert Aristoteles dagegen von vornherein das erwartbare Maß an Genauigkeit wegen der »Unterschiedlichkeit« (in der Bewertung) und der »Unbeständigkeit« ihrer Gegenstände. Man müsse folglich »damit zufrieden sein, in groben Umrissen das Richtige anzudeuten« (EN I 1, 1094 b 19 f.).

Zu erklären bleibt noch der dritte Punkt des Programms für die *Politik:* die Erkenntnis der besten Verfassung – mit dem Zusatz, daß dabei die jeweils geltenden Ordnungen, Gesetze und Bräuche zu berücksichtigen seien. Aristoteles rechnet also anscheinend nicht damit, daß die beste Verfassung *(politeia aristē)* nur eine einzige sein könne. Und tatsächlich findet sich in der *Politik* ein sehr differenzierter Lösungsansatz, der über Platon hinausgeht. Denn Aristoteles unterscheidet, wie noch im einzelnen zu zeigen ist, vier Kategorien solcher Verfassungen: 1. die absolut beste; 2. die relativ beste (unter Berücksichtigung der realen Bedingungen); 3. wie man aus einer vorgegebenen Verfassung das Beste macht; 4. die durchschnittlich beste Verfassung, die also für alle Poleis am ehesten paßt.

Entstehung und Aufbau der Aristotelischen »Politik«

Die in acht Bücher eingeteilte Aristotelische *Politik (politika)* ist kein einheitliches Werk, sondern besteht aus mehreren, thematisch relativ selbständigen Abhandlungen. Ob die überlieferte Reihenfolge und Komposition noch von Aristoteles selbst stammt oder auf den Peripatos zurückgeht, ist ungeklärt. Der auf die *Politik* weisende Plan am Schluß der *Nikomachischen Ethik* bringt in dieser

Frage auch keine Sicherheit, da er, wie erwähnt, nicht ganz mit der endgültigen Fassung übereinstimmt.

Die Problematik des Aufbaus und der Entstehung des Werkes stand lange Zeit im Mittelpunkt vor allem der philologischen Forschung. Die entwicklungsgeschichtliche Analyse hatte das Verdienst, die Uneinheitlichkeit der *Politik* (und anderer Lehrschriften) aufzuweisen. Aber die chronologische Rekonstruktion der Genese des Werkes und seiner einzelnen Schichten bleibt umstritten und unsicher. Einen chronologischen Fixpunkt bietet allein das 5. Buch mit der Erwähnung der Ermordung Philipps von Makedonien im Jahre 336 (Pol. V 10, 1311 b 1 ff.). Allerdings wurde die Bedeutung dieser Fragen in der Forschung wohl doch überschätzt, denn das Verständnis der politischen Ideen des Aristoteles hängt nur wenig von der Chronologie seiner Schriften ab.

Als thematische Einheiten lassen sich folgende fünf Teile unterscheiden:

1. Die Abhandlung über *oikonomia* in Buch I, in der besonders auf die Sklaverei, auf die verschiedenen Erwerbsarten und die sozialen Beziehungen im *oikos* eingegangen wird. Vorangestellt ist eine allgemeine Einleitung, die der Bestimmung des Begriffs der ›Polis‹ bzw. der ›politischen Gemeinschaft‹ dient.
2. Die kritische Darstellung vorhandener politischer Theorien und Verfassungsentwürfe sowie real existierender Verfassungen in Geschichte und Gegenwart (Buch II).
3. Die Erörterung von Grundbegriffen der Politik, insbesondere die Bestimmung der Polis, des Bürgers (und seiner Tugend) sowie der Haupttypen politischer Verfassungen (Buch III).
4. Die Untersuchung der Vielfalt vorhandener Verfassungen, insbesondere demokratischer und oligarchischer sowie von Mischformen (›Politie‹); außerdem der verschiedenen Faktoren, die einerseits zum Umsturz, andererseits zur Erhaltung von Verfassungen beitragen (Bücher IV bis VI).
5. Der Entwurf der besten Verfassung, die man wünschen kann: die Einrichtung einer solchen Polis und das Programm für die Erziehung ihrer Bürger (Buch VII und das unvollendete Buch VIII).

Diese thematischen Blöcke der *Politik* sind sicherlich in verschiedenen Lebensphasen des Philosophen entstanden. So läßt sich feststellen, daß die Idealstaatskonzeption der Bücher VII und VIII mit ihrer Nähe zu Platons *Nomoi* wahrscheinlich in der Akademiezeit entstanden ist, jedenfalls früher als die eher empirische Untersuchung der Bücher IV bis VI. Ergiebiger jedoch als eine solche entwicklungsgeschichtliche Betrachtungsweise der *Politik* erscheint die Interpretation unter sachlichen Gesichtspunkten, die allerdings den historischen Kontext des 4. Jahrhunderts nach Möglichkeit berücksichtigt und die Heterogenität der Hauptteile des Werkes nicht außer acht läßt.

Erster Begriff der »polis« und des »zoon politikon«

Die Bestimmung des Begriffs *polis* im 1. Buch der *Politik* hat die europäische Ideengeschichte nachhaltig beeinflußt; sie ist jedoch verwickelter, als es auf den ersten Blick erscheinen mag. Die Polis wird zunächst bestimmt als eine Gemeinschaft *(koinōnia),* und zwar als die bedeutendste und alle anderen Gemeinschaften umfassende. Diese bezeichnet Aristoteles auch als bürgerliche Gemeinschaft *(koinōnia politikē:* Pol. I 1, 1252 a 7). Es folgt dann die für die Aristotelische Theorie wesentliche Unterscheidung zwischen *oikos* und *polis,* zwischen den Aufgaben der Hausverwaltung und der Politik. Aristoteles grenzt seine Position hier prinzipiell von der Platons ab, der im *Politikos* (259 b, c) zwischen einem großen Hauswesen und einer kleinen Polis keinen Unterschied gemacht hatte und folglich auch nicht hinsichtlich der Regierungskunst eines Polisbeamten, eines Königs oder eines Hausverwalters.

Um diese These zu widerlegen und den eigenen Ansatz zu begründen, wählt Aristoteles eine Methode, die teleologische und biologische Argumentationsweisen verbindet. Er betrachtet die Dinge in ihrem »Wachstum« und kommt zu einer Stufenfolge von Gemeinschaften: 1. das *Haus,* das aus der naturgemäßen Verbindung von Mann und Frau sowie den ebenfalls in der Natur begründeten Verhältnissen von Vater und Kindern, Herrn und Sklaven besteht; 2. das *Dorf,* das aus der Gemeinschaft mehrerer Häuser entsteht und schließlich 3. die *Polis,* »die bereits das Endziel völliger Selbstgenügsamkeit erreicht hat, indem sie zwar entsteht um des bloßen Lebens, aber besteht um des vollendeten Lebens willen« (Pol. I 2, 1252 b 28 ff.).

Nachdem die Polis so als Endstufe naturgemäßer Gemeinschaften feststeht, folgt die bekannte, aber schwer verständliche Bestimmung des Menschen als eines »von Natur aus politischen Lebewesens« *(physei politikon zoon:* Pol. I 2, 1253 a 3). Zur Bekräftigung fügt Aristoteles noch hinzu, daß ein von Natur aus – und nicht zufällig – ohne Polis Lebender *(apolis)* entweder weniger oder mehr als ein Mensch sei, »ein Tier oder aber ein Gott« (1253 a 29). Die Frage ist, was in diesem Zusammenhang unter *polis* und *politikos* zu verstehen ist. Bedeutet *politikos* hier lediglich soviel wie *koinōnikos?* Kann man also hier schon den Sinn der späteren Übersetzung *(animal sociale)* unterstellen? Immerhin wurde zuvor betont, daß die Polis nicht irgendeine Gemeinschaft sei, sondern die höchste und umfassende.

Andererseits wird im folgenden auch von Tieren, die herdenweise leben – wie etwa den Bienen – indirekt gesagt, daß sie ›politische Lebewesen‹ seien; aber der Mensch sei es in höherem Maße (Pol. I 2, 1253 a 7 f.). Auch an anderen Stellen, wo Aristoteles von *zoon politikon* spricht, läßt sich ein biologischer Bedeutungsaspekt des Ausdrucks erkennen. Es ergibt sich somit für die Einleitung des 1. Buches ein sehr weitgefaßter Begriff von Polis, der eben sogar auf bestimmte Tierarten anwendbar ist. Polis ist hier jedenfalls nicht allein auf die historischen Erscheinungsformen griechischer Gemeinwesen, die durch die Bürgerschaft bestimmt sind, bezogen; vom Bürger *(politēs)* ist in diesem Kontext bezeichnenderweise auch nicht die Rede. Der Begriff des *zoon politikon* bedeutet also im Proömium der *Politik* das Angewiesensein des Menschen auf staatliche Gemeinschaft im allgemeinen. Gemeint ist damit weder die Polis im engeren, historisch-empirischen Sinn noch ein Begriff von Gemeinschaft oder Gesellschaft schlechthin. Eine Übersetzung von *zoon politikon* allein mit *animal sociale* trifft daher nicht die spezifische Bedeutung des Aristotelischen Begriffs. (Dementsprechend finden sich bei Thomas von Aquin dann auch mehrere Übersetzungen, nämlich: *animal civile, animal sociale et politicum,* und allein: *animal sociale* oder *animal politicum.)*

Die Eigenschaft ›politisch‹ ist jedenfalls bei Aristoteles kein Spezifikum des

Menschen. Was diesen von der Tierwelt unterscheide, sei vielmehr die Sprache *(logos)*. Denn sie verhelfe allein dem Menschen zu einer Vorstellung vom Guten und Schlechten, von Recht und Unrecht. Und die Gemeinschaftlichkeit dieser Vorstellungen bringe *oikos* und *polis* hervor (Pol. I 2, 1253 a 9 ff.).

4. Die Ökonomie

Die von Aristoteles betonte prinzipielle Unterscheidung von Oikos und Polis erforderte eine eigene Abhandlung der Probleme der *oikonomia*, der Hausverwaltung. Gegenüber der *politikē* bildet die *oikonomikē* im Rahmen der praktischen Philosophie eigentlich eine selbständige Disziplin. In die überlieferte Fassung der *Politik* ist die *Ökonomik* mit der Begründung eingeordnet, daß die Fragen der Hausverwaltung vorab behandelt werden sollten, weil ja die Häuser Teile der Polis seien (Pol. I 3, 1253 b 1 ff.). Außerdem stellt Aristoteles gewisse Analogieverhältnisse her zwischen den Herrschaftsformen in einer Polis und den personalen Beziehungen innerhalb eines Oikos. So entspreche das väterliche Verhältnis dem Königtum, während die Stellung gegenüber der Ehefrau der eines Polisbeamten *(politikos)* gleichen solle (Pol. I 12, 1259 a 39 ff.). Dieser Gedanke wird in der *Nikomachischen Ethik* noch ausführlicher entwickelt, indem dort die Beziehungsverhältnisse im Oikos mit den sechs Verfassungstypen korreliert werden (EN VIII 12, 1160 b 22 ff.). Es handelt sich bei Aristoteles aber durchweg nur um Entsprechungen zwischen Oikos und Polis, nicht um Gleichsetzungen.

Aristoteles gliedert die *Ökonomik* in vier Teilgebiete, von denen zwei – das väterliche Verhältnis und das eheliche – nur in der genannten Weise kurz angesprochen werden (in Pol. I 12). Ausführlicher werden die beiden anderen behandelt: die Herrschaft über Sklaven und die verschiedenen Arten der Erwerbskunst.

Rechtfertigung der Sklaverei

Das Problem der Sklaverei wurde bereits vor Aristoteles von Dichtern, Historikern und Philosophen unter verschiedenen Aspekten und in gewissem Umfang auch kontrovers behandelt. In der erhaltenen Literatur findet sich aber keine solch grundsätzliche Erörterung dieser für die antike Gesellschaft zentralen Institution wie im 1. Buch der Aristotelischen *Politik*. Sie dient vor allem dem Nachweis, daß die Sklaverei in der Natur begründet sei, und damit für bestimmte Menschen nicht nur ein ›gerechter‹, sondern auch ein ›besserer‹ Status sei (Pol. I 5, 1254 a 17 f.). Es ist nicht zu leugnen, daß Aristoteles diese Auffassung sehr entschieden vertritt. Und es ist für das Verständnis seiner politischen Philosophie höchst aufschlußreich, daß an ihrem Anfang die radikale Unterscheidung von Herren und Sklaven steht. Alles, was dann im folgenden über die Polis und die Freiheit ihrer Bürger ausgeführt wird, ist gewissermaßen mit diesem Vorzeichen versehen. Eine verharmlosende Interpretation des Aristotelischen Sklaverei-Kapitels würde daher die historische Bedeutung seiner politischen Theorie insgesamt verfälschen.

Die wirtschaftlich-technische Funktion der Sklaverei wird bei Aristoteles relativ knapp behandelt: Der Sklave ist als ›lebendiger Besitz‹ ein Teil des Oikos, und seine richtige Verwendung gehört daher zur ökonomischen Wissenschaft. Diese hat in erster Linie die Aufgabe, das Lebensnotwendige zu besorgen und damit die Voraussetzung für das ›gute Leben‹ zu schaffen, das erst durch die Politik realisiert werden kann. Der Sklave wird als lebendiges Werkzeug *(empsychon organon)* verstanden, das andere Werkzeuge vertrete, deren sich die ökonomische Technik auch bediene. Aristoteles entwirft in diesem Zusammenhang das utopische Bild einer automatisierten Produktionsweise, die allein die Sklaverei (aber auch die Arbeit von rechtlich freien Gehilfen) unnötig machen könnte: »Denn freilich, wenn jedes der Werkzeuge, sei es auf erhaltenen, sei es auf erratenen Befehl hin, seine Aufgabe zu erfüllen vermöchte, wie es von den Bildsäulen des Daidalos und den Dreifüßen des Hephaistos heißt, von welch letzteren der Dichter *(Ilias* 18, 376) sagt: ›Daß sie von selbst sich bewegten hinein in der Götter Versammlung‹, wenn so die Weberschiffe selber webten und die Zitherschlägel von selber die Zither schlügen, dann freilich bedürfte es für die Meister nicht der Gehilfen und für die Herren nicht der Sklaven« (Pol. I 4, 1253 b 33 ff.).

Wenn dieser faszinierende Text von heute her gesehen auch wie eine Prognose des Roboterzeitalters erscheint, genau betrachtet macht er deutlich: Ein Überflüssigwerden der Sklaverei gehört für Aristoteles in den Bereich von Mythos und Dichtung. Er ist als Möglichkeit vorstellbar und läßt sich wie im Märchen durchspielen, wird aber zugleich als unrealistisch erkannt. Der Einsatz von Sklaven ist ökonomisch unverzichtbar. Wie läßt er sich aber ethisch rechtfertigen? Hier liegt der Schwerpunkt des Aristotelischen Sklaverei-Kapitels – und der Grund für dessen Aktualität in der neuzeitlichen Sklaverei-Debatte.

Aristoteles setzt sich ausdrücklich mit Meinungen auseinander, welche die Sklaverei für ungerecht und naturwidrig hielten (Pol. I 3, 1253 b 20 ff.). Solche Auffassungen wurden einzelnen Sophisten zugeschrieben, so dem Rhetor Alkidamas, einem Schüler des Gorgias. Parallel dazu läßt sich realgeschichtlich feststellen, daß sich in der athenischen Demokratie die rechtliche Situation des Sklaven verbesserte: Sie erscheinen zum erstenmal als juristische Person, können etwa als Zeugen vor Gericht aussagen, selbständig Verträge abschließen und auch selbst gerichtlich belangt werden. Ökonomische Zweckmäßigkeit und Notwendigkeit hatten dies bewirkt und die »Sklaven üppig werden« lassen, wie schon der »Alte Oligarch« im 5. Jahrhundert feststellt und bitter beklagt (Ps.-Xenophon, *Ath. Pol.* I 10 f.).

Aristoteles geht auf diese faktischen Veränderungen nicht ausdrücklich ein, die wohl zu seiner Zeit auch schon ihre Anstößigkeit verloren hatten. Aber sie bilden den historischen Kontext, in dem seit dem späten 5. Jahrhundert die Debatte um die Rechtfertigung der Sklaverei entstanden war. Jenen, die die Sklaverei als eine naturwidrige Institution kritisiert hatten, entgegnet nun Aristoteles: In allen Bereichen der Natur gebe es Herrschaftsverhältnisse (z. B. herrsche der Verstand über die Affekte, die Seele über den Leib, das Männliche über das Weibliche etc.). Menschen, bei denen der Verstand über die Affekte herrsche, seien von Natur aus die Herrschenden, jene aber, die mit ihren Körperkräften am meisten leisteten, seien Sklaven von Natur. Auch habe die Natur die Tendenz,

Aristoteles 411

die Körper von Sklaven und Freien entsprechend ihren Aufgaben und Leistungen zu gestalten; und erst recht gelte dies für die Seele (Pol. I 5, 1254 a 18 ff.). Allerdings muß er einräumen, daß die Natur ihr Ziel in vielen Fällen nicht erreiche, aber die Tendenz sei ausgeprägt genug, um die Sklaven-Natur bestimmter Menschen feststellen zu können (Pol. I 6, 1255 b 4 ff.).
Einwände gegen diese Theorie ergaben sich vor allem aus der üblichen Praxis, den im Kriege besiegten Feind zu versklaven. Das waren dann Sklaven allein nach dem Gesetz *(nomos)*, nämlich dem Kriegsrecht, das deswegen von manchen Rechtstheoretikern und auch Philosophen in Frage gestellt wurde. Dagegen macht Aristoteles geltend, daß die Überlegenheit an Macht und Gewalt eine gewisse Tugend *(aretē)* voraussetze. Die Sklaverei auf Grund des Kriegsrechts sei nur dann ungerecht, wenn es sich nicht um einen gerechten Krieg handle. An diesem Punkt verquickt sich die Sklaverei-Problematik mit jener anderen Frage, die im 4. Jahrhundert immer aktueller wurde: der nach der Legitimität kriegerischer Auseinandersetzung zwischen Hellenen einerseits und mit den Barbaren andererseits. Bereits bei Platon und anderen Autoren findet sich die Forderung, daß Hellenen sich gegenseitig schonen und nicht versklaven sollten, um sich dann eher gegen die Barbaren zu wenden (z. B. Platon, *Politeia* 469 b–c). Ein Kampf zwischen Hellenen sei im Grunde immer nur *stasis*, da sie untereinander verwandt seien, einen eigentlichen Krieg *(polemos)* könnten sie nur gegen Barbaren führen, ihre natürlichen Feinde (ebd. 470 a–c).
Aristoteles greift solche Gedanken zustimmend auf (Pol. I 6, 1255 a 25 ff.): Einerseits würde dann verhindert, daß Menschen edelster Abkunft unverdientermaßen versklavt würden, nur weil sie zufällig in Gefangenschaft gerieten. Und andererseits könnte man diejenigen versklaven, die ohnehin von Natur aus dazu bestimmt seien, nämlich die Barbaren. Denn »von Natur aus sind Barbar und Sklave dasselbe« (Pol. I 2, 1252 b 9). Ein Krieg gegen Barbaren ist demnach legitim; er gehört – ähnlich wie die Jagd – in gewisser Weise mit zur naturgemäßen Erwerbskunst: »Man muß nämlich die Kriegskunst anwenden sowohl gegen die wilden Tiere als auch gegen diejenigen Menschen, welche durch die Natur zum Regiertwerden bestimmt sind und dies doch nicht wollen, so daß diese Art von Krieg von Natur gerecht ist« (Pol. I 8, 1256 b 24 ff.).

Ökonomie und Chrematistik

Aristoteles' Ausführungen über die verschiedenen Arten von Erwerbskunst *(ktētikē)*, die den zweiten thematischen Schwerpunkt seiner *Ökonomik* bilden, nehmen sich zwar im Verhältnis zu seiner umfangreichen und differenzierten *Politik* bescheiden aus; sie sind jedoch innerhalb der überlieferten antiken Literatur wiederum der ergiebigste Beitrag zu dieser Thematik. Anscheinend gab es seit dem späten 5. Jahrhundert eine wachsende Spezialliteratur zu ökonomischen Fragen, insbesondere zum Bereich der Landwirtschaft sowie zu Problemen der Geldwirtschaft, von der außer Xenophons Schriften jedoch nichts mehr erhalten ist. Die Aristotelische *Ökonomik* setzt sich an verschiedenen Stellen mit dieser Literatur auseinander; sie ist außerdem zu verstehen als eine kritische Reaktion auf die tatsächlichen wirtschaftsgeschichtlichen Entwicklungen im 4. Jahrhundert, zumal auf die relativ fortgeschrittene Kommerzialisierung im damaligen

Athen, das sich trotz seines politischen Machtverlustes als das bedeutendste wirtschaftliche Zentrum in der Ägäis behauptet hatte.

Die Verhältnisse in Athen entsprechen am ehesten dem, was Aristoteles als naturwidrige Erwerbskunst *(chrēmatistikē)* beschreibt und kritisiert. Sie bedeutet eine weitgehende Ausrichtung der Ökonomie auf Geldwirtschaft und Handelsgeschäfte. In Athen läßt sich diese Entwicklung seit der 2. Hälfte des 5. Jahrhunderts feststellen: die *agora*, die zunächst vor allem das politische Zentrum der Stadt war, trat nun auch als Marktplatz in Erscheinung. Im 4. Jahrhundert läßt sich dann wiederum in Athen eine Reihe von Neuerungen im Handelsrecht beobachten. Sie dienten insbesondere dazu, die Getreideversorgung der Stadt sicherzustellen. Fremde Kaufleute wurden deshalb den Bürgern rechtlich gleichgestellt. Das spezielle Institut des Seedarlehens, das den Fernhandel begünstigen sollte, gewann an Bedeutung. Auch das Bankwesen weitete sich aus, allerdings nur in recht primitiven Formen: Die athenischen ›Banken‹ dienten in erster Linie dem Geldwechsel und der Pfandleihe; sie gaben jedoch keine Kredite für produktive Investitionen aus. Die Veränderungen in der athenischen Wirtschaft hielten sich also, von der Moderne her gesehen, in engen Grenzen; im Verhältnis zur traditionellen, auf bäuerliche Selbstversorgung ausgerichteten Wirtschaftsweise, die in weiten Teilen Griechenlands noch vorherrschte, mußten diese Neuerungen aber manchem als umstürzend erscheinen.

Die aristotelische Wirtschaftslehre verhält sich gegenüber den genannten Erscheinungen ausgesprochen restriktiv. Im Mittelpunkt steht die Frage, ob die Fertigkeit im Gelderwerb *(chrēmatistikē)* mit der Hausverwaltungskunde *(oikonomikē)* identisch oder ob sie ein Teil oder eine Hilfswissenschaft von ihr sei (Pol. I 8, 1256a 3 ff.). Auch hier führt Aristoteles das Naturgemäße als Kriterium ein. Unproblematisch seien Ernährungs- und Lebensweisen, die noch unmittelbar auf der Natur beruhten und keinen Tausch- und Handelsverkehr brauchten. Diese Art von *oikonomikē* bestehe vor allem darin, Vorräte von lebensnotwendigen und nützlichen Gegenständen zu sammeln, und zwar »für die Gemeinschaft der Polis oder des Hauses« (ebd. 29 f.). In diesem Zusammenhang wird also die prinzipielle Unterscheidung von Oikos und Polis übergangen und eine ›politische Ökonomie‹ vorausgesetzt. Aristoteles wird an anderer Stelle noch deutlicher: Das Ausnutzen von Monopolen und das Erschließen von Finanzquellen sei für Poleis oft noch nötiger als für einzelne Hauswesen, »und bei manchen Politikern läuft daher auch ihre ganze Staatsverwaltung hierauf allein hinaus« (Pol. I 11, 1259a 34 ff.). Aristoteles verschließt also nicht die Augen vor der seiner Theorie widersprechenden zeitgenössischen Realität, in der geschickte Finanzpolitiker besonders gefragt waren. Aus seiner Feststellung scheint jedoch Resignation zu klingen. Hinsichtlich des Handels unterscheidet Aristoteles wiederum zwischen naturgemäßem Tauschhandel, der die notwendigen Güter verteile, und naturwidrigem Handelsgeschäft. Dessen Ziel sei in künstlicher Weise allein auf Umsatz und Gewinnmaximierung gerichtet (Pol. I 9, 1257b 1 ff.). Aristoteles sieht auch hier die Diskrepanz zwischen seiner Theorie und den wirtschaftlichen Realitäten: »Und so ist es denn offenbar, daß in gewisser Weise aller Reichtum seine notwendige Grenze hat, in der Wirklichkeit aber sehen wir das Gegenteil eintreten, denn alle, die auf den Erwerb bedacht sind, suchen ihr Geld bis ins Grenzenlose zu vermehren« (Pol. I 9, 1257b 32 ff.).

Aristoteles setzt seinen Begriff der naturgemäßen, auf wahren Reichtum zielenden Ökonomie von der naturwidrigen Chrematistik ab, die durch Erfahrung *(empeiria)* und Kunstfertigkeit *(technē)* zustande komme (Pol. I 9, 1257 a 3 ff.). Sein normativer Ökonomie-Begriff schließt eine ökonomische Analyse im Sinne der Erforschung eines autonomen wirtschaftlichen Handelns von vornherein aus.

Auch jene Passage in der *Nikomachischen Ethik,* wo das Problem der Wiedervergeltung behandelt wird, darf nicht als eine Theorie des Warenaustauschs oder gar einer Marktwirtschaft mißverstanden werden (EN V 8, 1132 b 23 ff.). Aristoteles führt hier als ein Beispiel von Wiedervergeltung den Austausch von Waren an. Zwischen diesen müsse ein Ausgleich hergestellt werden auf der Basis einer gemeinsamen Maßeinheit, die im Bedarf bestehe und die sich in Geld als einem allgemeinen Medium ausdrücken lasse: »Daß so sehr verschiedene Dinge in Wahrheit durch ein gleiches Maß meßbar werden, ist allerdings unmöglich, doch im Hinblick auf die Bedarfsfrage läßt es sich ausreichend verwirklichen« (EN V 8, 1133 b 19 ff.). Marx hat diese Passage, die ihn besonders interessierte, so interpretiert, daß Aristoteles als erster die Wertform analysiert habe, aber an einem bestimmten Punkt damit gescheitert sei, da er keinen Begriff von der Gleichheit menschlicher Arbeit gehabt habe und deshalb »so sehr verschiedene Dinge« für ihn »in Wahrheit« nicht kommensurabel gewesen seien (Marx, Kapital Bd. 1, MEW Bd. 23, 1962, S. 73 f.).

Aristoteles entwickelt keine von sozialen Bezügen absehende Theorie des Marktverkehrs. Der soziale Status von Käufer und Verkäufer wird nicht als ökonomisch unerheblich ausgeblendet, sondern in seiner Darstellung der Problematik des Warenaustauschs ausdrücklich berücksichtigt (EN V 8, 1133 a 32 ff.). Im übrigen steht diese gesamte Passage nicht im Kontext einer wirtschaftswissenschaftlichen Theorie, sondern in einer Abhandlung über Ethik und speziell über die Gerechtigkeit. Es bleibt jedoch bemerkenswert, jedenfalls im Rahmen der antiken Ideengeschichte, wie eingehend Aristoteles sich hier mit wirtschaftlichen Problemen beschäftigt; und es ist dies wohl auch auf die starke Ausweitung des Marktverkehrs in bestimmten Poleis – zumal in Athen – zurückzuführen, die sich seit der 2. Hälfte des 5. Jahrhunderts beobachten läßt.

5. Prüfung vorhandener Staatstheorien und Verfassungen: Aristoteles' Platon-Kritik

Zu einer systematischen Untersuchung gehört für Aristoteles auch in der politischen Wissenschaft die kritische Durchsicht der fachspezifischen Tradition. Dazu rechnet er sowohl bedeutende Verfassungsentwürfe und -theorien als auch reale zeitgenössische und historische Verfassungen. Ihre jeweiligen Mängel werden als Motiv für die eigene Forschung angegeben (Pol. II 1, 1260 b 35 f.). Aristoteles setzt sich vor allem mit Platons *Politeia* auseinander (vgl. oben, S. 380 ff.), und zwar auf eine derart einseitig-polemische Weise, daß man immer wieder sein mangelndes Verständnis für die philosophische Intention seines Lehrers beanstandet hat. Die Ironie, das Spekulative und Gleichnishafte in Platons Dialog findet keine Berücksichtigung, das Ganze wird ziemlich vordergründig als ein Verfassungsentwurf verstanden, der auf praktische Durchführung hin angelegt war. Kritisiert werden einzelne, besonders angreifbare Punkte, die Aristoteles aus der Gesamtkonzeption der *Politeia* herausnimmt. Allerdings muß man sehen, daß er auch bei den anderen Autoren und Verfassungen ähnlich selektiv verfährt und daß dieser Stil literarischer Polemik in der Antike allgemein üblich war.

Aristoteles' Kritik am Platonischen Staat konzentriert sich auf den heiklen Punkt der Frauen- und Kindergemeinschaft sowie des Besitzkommunismus. Er knüpft damit an seine Ausgangsfrage nach der Art und dem Ausmaß der politischen und der häuslichen Gemeinschaft an. Der prinzipielle Einwand, den Aristoteles hier gegen Platon macht, betrifft auch keine Nebensache: Der Staat sei seiner Natur nach eine Vielheit, und wer wie Platon eine möglichst große Einheit der Polis anstrebe, nähere ihren Charakter immer mehr dem eines Oikos oder gar eines Einzelmenschen an; damit würde man den Staat letztlich aufheben (Pol. II 2, 1261 a 15 ff.). Und zwar sei die Polis nicht nur schlechthin eine Vielheit von Menschen, sondern möglichst eine solche von Menschen verschiedener Art, selbst wenn sie aus »Freien und Gleichen« bestehe. Hier deuten sich bereits mehrere grundsätzliche Fragestellungen der Aristotelischen *Politik* an: die Relation zwischen dem Ganzen und den Teilen einer Polis, die Art und Zusammensetzung der Bürgerschaft, die verschiedenen Aspekte von Gleichheit u. a. Und hier liegt offenbar auch der Grund für die oft zu hörende, reichlich grobschlächtige Gegenüberstellung der beiden Philosophen: auf der einen Seite Platon als geistiger Wegbereiter des Totalitarismus und auf der anderen Seite Aristoteles gewissermaßen als Prophet des Pluralismus. Daß diese Schlagwörter, was immer sie heute bezeichnen, den antiken Theorien erst recht Gewalt antun, liegt auf der Hand. Platon war ebensowenig ein Kommunist wie Aristoteles ein Liberaler; man denke etwa nur an des letzteren Ausführungen zur Ökonomie. Aber mit der Ausrichtung auf ›Einheit‹ oder ›Vielheit‹ läßt sich doch ein Strukturmerkmal politischer Theorie bezeichnen, das man – auf unterschiedliche Bereiche angewendet – in der Geschichte politischer Ideen noch öfters wiederfinden kann.

An die Kritik der platonischen *Politeia* schließt sich die kürzere Behandlung der *Nomoi* an. Aristoteles vergleicht die beiden Schriften und baut seine Einwände auf der These auf, daß die beiden Verfassungen in ihren Grundzügen übereinstimmten. Neben der Kritik verschiedener Details wird hier also das Bemühen erkennbar, die Gesamttendenz eines Werkes zu erfassen. Bei der Besprechung der Entwürfe des Phaleas von Chalkedon und des Hippodamos von Milet, die wir im wesentlichen nur durch Aristoteles kennen, herrscht wiederum die punktuelle Kritik vor. Aber sie ist weniger polemisch als im Falle von Platon; beider Entwürfe kämen der Verfassungswirklichkeit ihrer Staaten näher als die Platonischen Modelle (Pol. I 7, 1266 a 33 f.). Von den bestehenden Verfassungen behandelt Aristoteles die der Spartaner, Kreter und Karthager, da diese für viele als vorbildlich galten und untereinander Ähnlichkeiten aufwiesen. Hierbei hat er vermutlich das Material zum großen Teil aus der Sammlung von *politeiai* entnommen, die in seiner Schule angelegt wurde. Konkreter verfolgen läßt sich sein Verfahren bei der Darstellung Solons, die zusammen mit einer knappen Übersicht über weitere Gesetzgeber (sowohl Staatsmänner wie Theoretiker) das

Aristoteles 415

2. Buch abschließt. Hier kann man zum Vergleich die entsprechenden Passagen der *Athenaion Politeia* (c. 5 ff.) heranziehen. Allerdings läßt sich in der vieldiskutierten Frage nach dem Verhältnis der beiden Schriften und nach dem Autor der *Athenaion Politeia* (ob Aristoteles selbst oder einer seiner Schüler?) wohl keine letzte Sicherheit gewinnen.

6. Politische Grundbegriffe

Das 3. Buch beginnt wiederum mit einer systematischen Untersuchung politischer Grundbegriffe. Während im 1. Buch nach den verschiedenen Arten von Gemeinschaft und von Herrschaft gefragt und die Naturgegebenheit der Polis und des *zoon politikon* herausgestellt wird, wählt Aristoteles nun einen anderen Ansatz: Er untersucht die spezifische Form einer Polis, ihre innere Ordnung, ihre Verfassung. Die Polis erscheint nicht mehr nur als die umfassendste Gemeinschaft, sondern spezifischer: »als Gemeinschaft von Bürgern einer Verfassung« (*koinōnia politōn politeias*, Pol. III 3, 1276 b 2). Der griechische Terminus *politeia*, der von *politēs* (›Bürger‹) abgeleitet ist, bezeichnete historisch zunächst das ›Bürgerrecht‹, dann die ›Bürgerschaft‹, und aus deren Zusammensetzung ergab sich eben die ›Verfassung‹. (In diesem Sinne taucht der Begriff schon ein Jahrhundert vor Aristoteles auf, z. B. in der *Athenaion Politeia* des Pseudo-Xenophon: s. o. III. 5. e). Zwischen Staat *(polis)*, Bürger *(politēs)* und Verfassung *(politeia)* bestand also im Griechischen ein enger semantischer Zusammenhang, wie er sich z. B. im Deutschen nicht adäquat ausdrücken läßt. Aristoteles geht dieser Wechselbeziehung nach, und so ergeben sich als Hauptthemen für die weitere Untersuchung 1. die Bestimmung des Bürgers und 2. die Lehre von den einzelnen Verfassungen.

Der Bürger

Bei der Definition des Bürgers stieß Aristoteles auf eine ganze Reihe staatsrechtlicher Probleme. Sie hingen mit der Vielgestaltigkeit der Polis-Verfassungen zusammen, die historische Ursachen hatte. Absehen mußte man zunächst von eher zufälligen und äußerlichen Bedingungen, z. B. bei außerordentlichen Bürgerrechtsverleihungen; auch der Wohnsitz oder die Gerichtszuständigkeit waren nicht wesentlich für den Bürgerstatus. So kommt Aristoteles zu einem ersten allgemeinen Merkmal: »Der Bürger schlechthin wird durch nichts anderes bestimmt als durch die Teilnahme am Richten und an der Regierung« (Pol. III 1, 1275 a 22 ff.).
Der Begriff *archē* war jedoch mehrdeutig. Man konnte darunter sowohl Regierung bzw. Herrschaft im allgemeinen verstehen als auch einzelne Regierungstypen; und drittens bedeutete das Wort in einem spezifischeren Sinne auch Amt oder Magistratur. Es stellte sich dann die Frage, inwiefern die Teilnehmer an der Volksversammlung oder am Volksgericht *archē* ausübten. Aristoteles unterscheidet deswegen zwischen einer begrenzten Regierungsgewalt (z. B. einem zeitlich befristeten politischen Amt) und einer unbegrenzten *archē* (insbesondere der Mitgliedschaft in der Volksversammlung). Die zunächst aufgestellte Definition

des Bürgers paßte demnach vorzugsweise auf die Demokratie, weniger dagegen auf Verfassungen, in denen Beratung und Rechtsprechung auf spezielle, kleinere Gremien übertragen wurden, z. B. in Sparta oder Karthago. Die Inhaber der unbegrenzten Regierungsgewalt hatten in diesen Staaten also geringere Möglichkeiten der politischen Partizipation. Im Hinblick auf diese Fälle präzisiert Aristoteles die Definition des Bürgers, indem er auf das Recht der Teilnahme an der beratenden und richtenden Regierungsgewalt abhebt (ebd. 1275 b 18 f.).

Aristoteles versucht hier, den Bürger rein deskriptiv und wertfrei zu bestimmen. Die in der historischen Realität der Polis – etwa auch in Athen – mehrfach auftauchende Frage, wer jeweils zu Recht oder Unrecht Bürger sei, wird in diesem Zusammenhang beiseite geschoben (III 2). Ebenso geht es hier nicht um den guten bzw. idealen Bürger, sondern um einen Begriff, der die empirischen Bürgerschaften möglichst abdeckt. Der Begriff ist deswegen auch nicht völlig klar. Nach modernen Vorstellungen würde man die Unterscheidung von Aktiv- und Passivbürgern erwarten. Aber eine solche Aufspaltung des einheitlich gedachten Bürgerrechts kam für Aristoteles offenbar nicht in Frage; sie läßt sich übrigens in der klassischen Polis auch empirisch kaum feststellen. Bei den Umstürzen der athenischen Demokratie im Jahre 411 und 404 sah sich die Volksmasse ihres Bürgerrechts völlig beraubt. Eine förmliche Differenzierung des Bürgerstatus wurde anscheinend nicht durchgeführt. Auch bei Aristoteles, der auf diese beiden historischen Fälle verschiedentlich eingeht, findet sich kein Hinweis in dieser Richtung.

Mit der Bestimmung des Bürgers auf Grund seiner jeweiligen politischen Partizipationschancen ist der ethische Aspekt des Bürgerseins für Aristoteles nicht abgetan. Er untersucht auch die für den Bürger erforderlichen Qualitäten und Verhaltensweisen. Die Frage, ob die Tugend des tüchtigen Bürgers mit der des ›guten Mannes‹ generell gleichgesetzt werden müsse, wird dabei verneint. Denn die *politikē aretē* sei nichts Absolutes, sondern hänge von der jeweiligen Verfassungsform ab. Beide Tugenden fielen nur bei einem guten Regenten *(archōn)* zusammen; Bürger aber seien nicht nur Regierende, sondern auch solche, die regiert werden. Aristoteles benutzt hier die für seine politische Theorie zentrale Kategorie der bürgerlichen Regierung *(politikē archē)*: im Unterschied zur herrschaftlichen Regierung *(despotikē archē)* wird sie über Freie und Gleichartige ausgeübt (Pol. III 4, 1277 b 7 ff.). Sie beruht im Abwechseln von Regieren und Regiertwerden; der gute Bürger muß daher beides verstehen. Darin erweist sich die spezifisch bürgerliche Tugend, und die verschiedenen Einzeltugenden, aus denen sie zusammengesetzt ist, müssen sich nach dem jeweiligen Rollenerfordernis richten. In welcher Bürgerschaft bzw. Verfassung diese Tugend und das abwechselnde Regieren vorherrschen, wird nicht unmittelbar gesagt, doch spielt dieser Gesichtspunkt in der weiteren Verfassungslehre mit unterschiedlichen Akzentuierungen immer wieder eine Rolle. Dagegen erörtert Aristoteles im Zusammenhang der Bürgertugend die Frage, ob auch die Gewerbetreibenden *(banausoi)* zu den Bürgern gerechnet werden sollen. Er beantwortet sie differenziert, mit Hinweis auf die Verschiedenheit der Verfassungen: In einer wirklichen Aristokratie z. B. sei dies nicht möglich, denn die Lebensweise von Handwerkern und Tagelöhnern vertrage sich nicht mit der Ausübung der Tugend; in einer Oligarchie dagegen, wo die Regimentsfähigkeit allein von einem Zensus ab-

Aristoteles 417

hänge, könnten die reichen Handwerker Bürger sein; in Demokratien auch die Tagelöhner. Danach hat es den Anschein, als ob Aristoteles die Bürgertugend nur der Aristokratie zuschriebe; doch äußert er sich über deren historische Realität an dieser Stelle (Pol. III 5, 1278 a 18 ff.) auffallend vorsichtig.

Aristoteles' Auffassung vom Bürger macht bereits deutlich, daß seine politische Theorie nicht wie die Platons allein vom Standpunkt des Herrschenden aus konzipiert ist (vgl. oben, S. 373 ff.). Das Modell der bürgerlichen Regierung mit der ihr eigenen Rotation der Ämter (das in der historischen Realität der Polis schon lange ausgebildet war) eröffnet eine andere Perspektive und verdrängt fast völlig die Frage nach dem guten Herrscher.

Auch das in Platons *Politeia* zentrale Problem der Gerechtigkeit hat für die politische Philosophie des Aristoteles nicht die gleiche Bedeutung. In der *Politik* wird nur gelegentlich auf ›das Gerechte‹ verwiesen, etwa als ein Kriterium für die richtigen Verfassungen (z. B. III 6, 1279 a 19). Wo aber bei Aristoteles der Gerechtigkeitsbegriff eingehender diskutiert wird – vor allem im 5. Buch der *Nikomachischen Ethik* –, geht es nicht um eine unwandelbare Idee, sondern mehr um die konkreten Formen gerechten Ausgleichs. Recht und Gerechtigkeit habe stets etwas mit irgendeiner Form von Gleichheit oder Ungleichheit zu tun. Im Hinblick auf die politische Realität zeigt Aristoteles die Relativität dieser Kategorie (v. a. in Pol. III 9 und 12): Die Oligarchie z. B. stelle als allgemeines Kriterium der Ungleichheit den Besitz heraus, während in der Demokratie als Gleichheitskriterium die freie Geburt gelte. Allerdings betont Aristoteles, daß man auf diese Weise das Recht immer nur teilweise treffe. Um es schlechthin zu verwirklichen, müsse man das *telos* des Staates berücksichtigen, die Eudämonie (Pol. III 9, 1280 a 21 ff.). Wie aber der Staat nicht bloß ein Kampfbündnis oder eine Vereinigung zur Erleichterung des Handelsverkehrs sei, so sei auch das Gesetz mehr als eine bloße Vereinbarung. Aristoteles kritisiert hier ausdrücklich die Relativierung des *nomos* bei den Sophisten. Zwischen deren Auffassung und derjenigen Platons bezieht er gewissermaßen eine dritte Position: Das Recht beruht nicht nur auf Konvention, es hat aber auch keine transzendente Existenz; es ist vielmehr wesentlich an die Polis und deren *telos* gebunden, wird daher in den verschiedenen Verfassungen nur jeweils in dem Maße realisiert, in dem auch die Eudämonie erreicht wird.

Für das gute Zusammenleben in der Polis sind nach Aristoteles' Auffassung aber nicht nur Recht und Gerechtigkeit erforderlich, sondern auch – für uns eine eher überraschende Vorstellung – Freundschaft zwischen den Bürgern. Dieser Gedanke taucht nicht erst bei Aristoteles auf. Er spielt z. B. schon eine wichtige Rolle im Mythos des Protagoras, wo es heißt: Die Menschen erhielten von Zeus die Achtung vor dem andern *(aidōs)* und das Recht *(dikē)*, »damit es Polisordnungen gäbe und Freundschaft begründende Bande« (Platon, *Protagoras* 322 c). Die gute Verfassung einer Polis und Freundschaftsbeziehungen innerhalb der Bürgerschaft werden hier also auf eine Stufe gestellt und als eine Folge der Geltung von *dikē* und *aidōs* aufgefaßt. Aristoteles hat die Bedeutung der Freundschaft *(philia)* in der *Nikomachischen Ethik* (8. und 9. Buch) systematisch abgehandelt. Dort geht er auch auf die Bürger-Freundschaft *(philia politikē)* ein und setzt sie mit der Eintracht *(homonoia)* in der Polis gleich (EN IX 6, 1267 a 22 ff.). Diese bestehe nicht in der bloßen Übereinstimmung von Meinungen, sondern im einträchtigen politischen Handeln, d. h. in der Durchführung des gemeinsam in bedeutenden Angelegenheiten Beschlossenen. Das setze persönliche Bekanntschaft voraus und daß man sich auf dieselben Personen verständige, z. B. bei der Ämterbesetzung, »wenn das Volk und die Vornehmen wollen, daß die Besten regieren« (ebd. 35 f.).

Bei diesem Konzept politischer Freundschaft ist sowohl ein ethischer als auch ein empirisch-historischer Aspekt zu beachten. Die verschiedenen Arten der *philia* sind nach Aristoteles in einer ethischen Rangordnung zu sehen: von der reinen Nutzfreundschaft bis zu jener, die auf *aretē* ausgerichtet ist. Die politische Eintracht finde sich nicht bei ethisch minderwertigen, nur auf ihren eigenen Vorteil bedachten Leuten. Sie reicht also, wie das *telos* der Polis auch, über materiellen Nutzen und Interessenausgleich hinaus. In der Realität der Polis sieht Aristoteles die Bürger-Freundschaft in den verschiedenen Vereinigungen verwandtschaftlicher, kultischer und geselliger Art verwirklicht (Pol. III 9, 1280 b 36 ff.). Es handelt sich um ein breites Spektrum sozialer Beziehungen, die – zumal auf der Ebene der Verwandtschaft – auch den vorpolitischen Bereich mit einschließen. Historisch läßt sich feststellen, wie in der archaischen Epoche, noch bevor man von einer handlungsfähigen Bürgerschaft sprechen kann, bei relativ kleinen Gruppen von Adligen der Gedanke wechselseitiger, auf freier Wahl beruhender Freundschaft entwickelt wurde. Die lyrische Dichtung, vor allem die Lieder von Alkaios und Theognis (vgl. oben, S. 229 ff., 240 ff.), sind dafür unsere beste Quelle. Im 5. Jahrhundert wurde der Freundschaftsbegriff auch auf die Gesamtbürgerschaft übertragen; die entsprechenden Verhaltensnormen sollten nun generell für das Verhältnis zwischen Bürgern gelten. Derartige Vorstellungen begegnen zuerst in der Demokratie, z. B. in den *Eumeniden* des Aischylos. Auch läßt sich im demokratischen Athen ein verstärkter Loyalitätsanspruch der Polis feststellen und als Folge davon das Bewußtsein eines Konflikts zwischen traditionellen Freundschaftspflichten und politischer Loyalität (Sophokles' *Antigone*). Bei Aristoteles ist von einer solchen Pflichtenkollision kaum noch die Rede, auch ist sein Begriff der Bürger-Freundschaft nicht etwa auf die Demokratie bezogen. Er hat im Gegenteil eine eher aristokratische Note. Aristoteles' Freundschaftslehre stellt somit auch in ihren politischen Bezügen eine Synthese dar: zwischen Elementen traditionell-aristokratischer Lebensformen und dem ursprünglich in der Demokratie auf besondere Weise ausgeprägten Bürgerideal.

Die Verfassung

In der Bürgerschaft *(politeia)* das Wesentliche der Verfassung einer Polis zu sehen entsprach der Eigenart griechischer Staatlichkeit. Die politische Philosophie des 4. Jahrhunderts, zumal die Aristotelische, hat diesen Zusammenhang, der sich bereits im 5. Jahrhundert abzeichnete, besonders hervorgehoben und seine Implikationen entfaltet. Die Griechen kannten allerdings noch andere Bezeichnungen, die eher auf die institutionelle Ordnung der Polis verwiesen und damit dem modernen Verfassungsbegriff näherkommen. Diese Termini – wie etwa *kosmos, katastasis* oder *taxis* – wurden durch *politeia* nicht völlig ersetzt, spielten aber nun eine untergeordnete Rolle. Daß gerade *politeia* zum klassischen

Verfassungsbegriff der Polis wurde, hängt historisch mit der Ausformung der Demokratie zusammen. Denn in ihr war die Identität von Polis und Bürgerschaft im weitesten Umfang Wirklichkeit geworden. Ein Reflex davon findet sich bei Aristoteles in seiner ersten Bestimmung des Bürgers, wo er beinahe widerwillig feststellt, daß sie am meisten auf die Demokratie zutrifft.

Aus dem engen Konnex zwischen Staat, Bürgerschaft bzw. Bürgerrecht und Verfassung ergab sich faktisch und theoretisch das Problem der Kontinuität der Staatlichkeit, also die Frage, ob eine Polis nach einem Verfassungswechsel noch derselbe Staat war. Auch hierfür dient Athen als Exempel: die Situation nach dem Sturz der »Dreißig Tyrannen« im Jahre 403, als umstritten war, ob die wiederhergestellte Demokratie für die Schulden des gestürzten Regimes gegenüber den Spartanern aufkommen sollte. Aristoteles sieht die Kontinuität und Identität der Polis entsprechend seiner Ausgangsdefinition allein in der *politeia* begründet: Nicht die Örtlichkeit und das Territorium noch die Einwohner machen die Identität und das Wesen des Staates aus, sondern in erster Linie die Verfassung. Diese aber richtet sich nach der Art und Zusammensetzung der Bürgerschaft. Die heikle Frage der Rechtsfolgen eines Verfassungswechsels für das Außenverhältnis eines Staates läßt Aristoteles allerdings in diesem Zusammenhang ausdrücklich offen (Pol. III 3, 1276 b 13 ff.).

Aristoteles definiert *politeia* als »die Ordnung *(taxis)* der Poleis in bezug auf die Regierungsämter, wie sie zu verteilen sind, und die Bestimmung der obersten Gewalt *(to kyrion)* im Staat wie auch des Endziels *(telos)* der jeweiligen Gemeinschaft« (Pol. IV 1, 1289 a 15 ff.). Dieser Verfassungsbegriff enthält einen institutionellen und einen ethischen Aspekt. Letzterer kommt im spezifischen *telos* des Gemeinwesens zum Ausdruck. Aristoteles folgt damit einem bei den Griechen verbreiteten Verfassungsverständnis, das die gesamte Lebensweise und die Wertvorstellungen einer Bürgerschaft miteinschließt. Man denke etwa an den spartanischen *kosmos*, die Bezeichnung sowohl für die politischen Organe als auch für die ganze soziale Ordnung Spartas einschließlich des Erziehungssystems. Was die politischen Institutionen betrifft, legt Aristoteles hier das Schwergewicht auf die Verteilung der *archai* und auf die Bestimmung des *kyrion* in einer Polis. Dies bedarf der Erläuterung, zumal da wesentliche Unterschiede zum modernen Verfassungsverständnis trotz scheinbarer Parallelen nicht übersehen werden dürfen.

Hinsichtlich der institutionellen Seite einer Polisverfassung werden im 4. Buch der *Politik* drei ›Teile‹ unterschieden: der beratende, der die Regierungsämter betreffende und der richtende (IV 14, 1297 b 35 ff.). Diese Dreiteilung ist nicht einfach mit der modernen Vorstellung von den drei Staatsgewalten gleichzusetzen. Das beratende Element bei Aristoteles umfaßt mehr als eine bloß legislative Gewalt. Es beinhaltet auch die wichtigsten Entscheidungen in der Außenpolitik, zumal über Krieg und Frieden sowie über Bündnisse; ferner eine richterliche Kompetenz bei Kapitaldelikten und schließlich auch die Wahl und Kontrolle der Magistrate. Entsprechend den weitreichenden Machtbefugnissen antiker Volksversammlungen und Ratsgremien deckt dieses Element also auch Funktionen ab, die nach modernen Begriffen von der Exekutive und der Judikative erfüllt werden. Es ist in gewisser Weise den beiden anderen ›Teilen‹ der Verfassung übergeordnet, und Aristoteles bezeichnet daher den beratenden auch gelegentlich als das *kyrion* der *politeia* (z. B. IV 14, 1299 a 1; vgl. auch II 6, 1264 b 33 f.). Von der Vorstellung einer Gewaltenteilung ist Aristoteles – wie auch die Verfassungswirklichkeit der Polis – weit entfernt. So heißt es von den Regierungsbeamten ausdrücklich, sie hätten »über öffentliche Angelegenheiten zu beraten, zu entscheiden und Anordnungen zu treffen«, wobei letzteres ihr besonderes Merkmal sei (IV 15, 1299 a 25 ff.). Die drei Verfassungteile sind also weder personell noch funktional streng voneinander getrennt. Auch gibt es keine prinzipielle Unterscheidung zwischen Politik und Verwaltung oder Politik und Rechtsprechung.

Ebenso darf man den anderen Leitbegriff der aristotelischen Verfassungsdefinition, die oberste Gewalt *(to kyrion)*, nicht vorschnell mit neuzeitlichen Souveränitätstheorien in Verbindung bringen. Es geht dabei nicht um das Problem der absoluten und alleinigen Gewalt im Staat, losgelöst von den Gesetzen. Das *kyrion* einer Polis – oder wie es Aristoteles auch nennt: das *politeuma* (III 6, 1278 b 11; III 7, 1279 a 25 ff.) – muß im Zusammenhang der oben angesprochenen institutionellen Struktur der Polis gesehen werden. Je nach Verfassung kann die oberste Gewalt von einem einzelnen, von ›wenigen‹ oder von ›den Vielen‹ gebildet werden; ferner wird erörtert, ob und inwieweit sie den Gesetzen zukommen sollte. Dabei ergibt sich freilich die Aporie, daß die Gesetze kein absoluter Maßstab sein können, da sie von der Art der Verfassung abhängen. Aristoteles kommt dann überraschenderweise zu dem Schluß, daß am besten die Volksmenge die oberste Gewalt innehaben sollte. Als Begründung dient ihm das Summierungsprinzip: Wenn auch jeder einzelne aus der Menge keine besondere Tüchtigkeit aufweise, vereinige sie doch als Kollektiv mehr Tugend und Einsicht als die Besten für sich genommen. Der überlegene Sachverstand ›der Vielen‹ zeige sich ja auch daran, daß sie in ihrer Gesamtheit Musik und Dichtung am besten beurteilen könnten (III 11, 1281 b 1 ff.). Aristoteles bekundet damit seine Wertschätzung der demokratisch organisierten Preisverleihungen bei den musischen Wettbewerben in Athen und widerspricht zugleich Platon, der der Menge ein richtiges Urteil gerade im Bereich der Musik vehement abgesprochen hatte (*Nomoi* 670 b und 700 e). Die Aristotelische Konzeption bietet allerdings keine Begründung für eine extreme Demokratie: Das einfache Volk soll keinen Zugang zu den höheren Ämtern haben, wohl aber das Recht der Wahl und Kontrolle der Beamten. Wenn man diese Obergewalt des *dēmos* als Volkssouveränität bezeichnet, ist zu bedenken, daß sie zwar wesentlich konkretere Machtbefugnisse beinhaltet, als es die moderne Demokratie ermöglicht, daß damit aber keine absolute Gewalt gemeint ist.

Klassifikation der Verfassungen

In der Unterscheidung und Bewertung der einzelnen Verfassungen fußt die aristotelische Theorie auf einer Tradition, die weit ins 5. Jahrhundert zurückreicht. Hier sei nur an die sog. Verfassungsdebatte bei Herodot (3, 80 – 82; vgl. oben, S. 311 ff.) erinnert, unserem frühesten Zeugnis einer differenzierten Erörterung der drei Haupttypen: Demokratie (Isonomie), Oligarchie (Aristokratie) und Tyrannis (Monarchie). Aus dem Pro und Contra für die einzelnen Verfassungen ergibt sich bereits in diesem Text implizit eine Verdoppelung der Grundformen.

Eine explizite Einteilung von sechs empirisch möglichen Verfassungen findet sich dann in Platons *Politikos* (302–3, vgl. oben, S. 386 f.). Aristoteles benutzt zunächst auch dieses klassische Schema und wendet dabei zwei Kriterien an: zum einen die Zahl der Regierenden – ob einer, wenige oder viele; zum anderen den Gesichtspunkt, ob die Regierenden das allgemeine Wohl oder nur ihren eigenen Vorteil im Auge haben (Pol. III 6, 7). So ergeben sich drei ›richtige‹ Verfassungen: Königtum, Aristokratie und Politie (also die *politeia* schlechthin, die in EN VIII 12 auch ›Timokratie‹ genannt wird) sowie drei entsprechende Abarten: Tyrannis, Oligarchie und Demokratie.

In dieser Einteilung sind die beiden Hauptaspekte des aristotelischen Verfassungsbegriffs enthalten: einerseits der *institutionelle*, der sich aus der Art und Größe der Bürgerschaft ergibt; andererseits der *ethische*, der sich im Endzweck des Gemeinwesens ausdrückt. Allerdings sind die zugrundeliegenden Kriterien nicht ganz eindeutig: Erstens ist die Zahl der Regierenden bzw. die Quantität der Bürgerschaft eine relative Größe, vor allem die Bestimmung der ›wenigen‹ und der ›vielen‹. Zweitens ist auch die Feststellung des Gemeinwohls *(to koinon sympheron)* problematisch, zumal es ja nur um das der Bürger gehen kann. Inwiefern sind aber die Regierten in einem Königtum oder in einer Aristokratie überhaupt als Bürger anzusehen? Die generelle ethische Bewertung von Verfassungen läßt sich in dieser Betrachtungsweise nur schwer mit den institutionellen und sozialen Gesichtspunkten vermitteln.

Auf Grund dieser Probleme tritt das Schema der sechs Verfassungen bald in den Hintergrund. Aristoteles benutzt nun vorwiegend ein andersgeartetes Dreierschema: Oligarchie und Demokratie als die beiden Hauptformen und dazwischen die Politie als eine Mischform, als goldene Mitte. Zunächst ersetzt er das quantitative Einteilungsprinzip durch ein qualitatives. Für die neue Klassifikation ist nicht mehr die Zahl der Regierenden maßgeblich, sondern die soziale Eigenart der Herrschenden, also der Bürgerschaft, die jeweils die oberste Gewalt besitzt. Von besonderer Bedeutung ist dieser Ansatz im Hinblick auf die Unterscheidung von Demokratie und Oligarchie. Daß dort die Mehrzahl und hier eine Minderzahl regieren, ist für Aristoteles eine bloß akzidentielle Bestimmung. Das wesentliche Kriterium dagegen sei, daß die Demokratie eine Herrschaft der Armen darstelle, während in einer Oligarchie die Reichen herrschten (Pol. III 8, 1279 b 17 ff.). Da die Armen gewöhnlich viele, die Reichen meist wenige seien, habe man das Quantitäts-Kriterium fälschlich für das entscheidende gehalten.

Reichtum ist im Falle der Oligarchie das beherrschende Prinzip in zweifacher Hinsicht: es ist das Kriterium, nach dem die politische Macht verteilt wird, und ist zugleich der allgemeine Zweck, den man im oligarchischen Staat verfolgt. Bei der Demokratie sieht Aristoteles das entsprechende Prinzip in der Freiheit – nicht etwa in der Armut. Für die Beteiligung an der Macht ist hier die freie Geburt entscheidend, als Staatszweck gilt die Freiheit, nämlich »leben zu können, wie man will« (Pol. VI 2, 1317 b 11 f.). Im Falle der Aristokratie ergibt sich wie bei der Oligarchie eine völlige Übereinstimmung zwischen Verfassungsmerkmal, Endziel des Staates und Kriterium für die Regierungsbeteiligung: immer ist es die Tugend. Bei der Politie hingegen liegen die Dinge nicht so einfach. Möglicherweise ist hier an eine Mischung bzw. Kombination demokratischer und oligarchischer Prinzipien zu denken. Auf jeden Fall spielt bei dieser Verfassung für Aristoteles die kriegerische Tüchtigkeit eine entscheidende Rolle. Denn diese Art von *aretē* werde noch am ehesten von der Menge erreicht, und deshalb liege in der Politie die Staatsgewalt bei den Waffenbesitzern, d. h. bei den Hopliten (Pol. III 7, 1279 b 1 ff.).

Wo Aristoteles seine Analyse mehr auf die tatsächlich existierenden Verfassungen ausrichtet (vor allem in Pol. IV bis VI), differenziert er die zunächst eingeführten Haupttypen noch in mehrfacher Weise. So beschreibt er dann mehrere Untertypen von Verfassungen, zum Beispiel fünf Arten des Königtums und jeweils vier Ausprägungen von Demokratie und Oligarchie. Um die Vielfalt der historischen und aktuellen *politeiai* auch nur annähernd zu erfassen, verfeinert er nicht nur sein Kategorienraster; dieses wird auch zunehmend abstrakter und formaler. Die Untertypen werden nicht direkt aus der Empirie abgeleitet, sondern schematisch angeordnet, etwa als Abstufungen zwischen einer extremen und einer moderaten Form der Demokratie. Schließlich werden auch noch die einzelnen institutionellen Ebenen einer realen Verfassung mit verschiedenen Verfassungstypen in Verbindung gebracht – zum Beispiel bestimmte Ämter oder Gremien als oligarchisches Element, andere als demokratisches und wieder andere als ein aristokratisches Element einer Verfassung (zur Anwendung dieses Verfahrens vgl. etwa die Beschreibung der karthagischen Verfassung in Pol. II 11). Gegenüber dem traditionellen Sechserschema, mit dem man zwar eindeutige Zuweisungen erzielen konnte, die aber der Realität nicht gerecht wurden, entwickelt Aristoteles ein immer komplexeres Klassifikationsverfahren, das zwangsläufig um so abstrakter werden mußte, je mehr damit empirische Befunde analysiert und beschrieben werden sollten.

Bevor sich Aristoteles im 4. Buch der *Politik* dieser Aufgabe zuwendet, formuliert er – methodisch neu ansetzend – die Fragestellungen der politischen Wissenschaft hinsichtlich der Verfassung. Danach ergibt sich wiederum eine andere Klassifikation, indem vier Kategorien unterschieden werden: 1. die schlechthin beste Verfassung, bei deren Konzeption der Philosoph auf keine negativen Randbedingungen Rücksicht nehmen muß – 2. die den jeweiligen Umständen optimal angepaßte Verfassung, die also nicht die absolut beste ist; hier wird die Verschiedenheit der Menschen berücksichtigt – 3. die bestehenden Verfassungen und deren Erhaltung, selbst wenn sie nicht das erreichbare Optimum darstellen, sondern gewissermaßen nur eine Mindest-Verfasssung – 4. die für alle Staaten am besten passende, also die durchschnittlich beste Verfassung. Diesen unterschiedlichen Fragestellungen lassen sich folgende Abschnitte zuordnen, die in der *Politik* eine gewisse thematische Einheit bilden: Der größte Teil der Abhandlung in den Büchern IV bis VI ist tatsächlich existierenden Verfassungen gewidmet, ihrer Vielfalt, den Faktoren, die ihren Bestand gefährden, und den Mitteln, die zu ihrer Stabilisierung beitragen. Die Darstellung der Politie entspricht der Frage nach der durchschnittlich besten Verfassung. Die Ausführungen zur Monarchie und Aristokratie lassen sich mit der zweiten Fragestellung in Verbindung bringen: optimale Verfassungen, wenn die entsprechenden Voraussetzungen gegeben sind. Und schließlich die Frage nach der absolut besten Verfassung, die in den Büchern VII und VIII behandelt wird.

Aristoteles 423

7. Analyse und Norm der Verfassungen

Die vorhandenen Verfassungen, ihre Gefährdung und Erhaltung

Durch seine stärkere Orientierung an der empirisch faßbaren Poliswelt hebt sich der Mittelteil der *Politik* (Buch IV–VI) von den übrigen Teilen des Werkes deutlich ab. Zwar wird auch hier der ethische Aspekt nicht völlig ausgeblendet; er kommt vor allem in den Abschnitten über die Politie (Pol. IV 8, 9, 11) zum Ausdruck. Im Vordergrund jedoch steht die Untersuchung von Verfassungen, die Aristoteles zwar nach wie vor als abartig einstuft, die nun aber sogar daraufhin befragt werden, wie sie am zweckmäßigsten in ihrem Bestand erhalten werden können. Daß eine solche Betrachtungsweise nicht völlig neu war, zeigt uns die Schrift Pseudo-Xenophons aus dem 5. Jahrhundert (vgl. oben, S. 323 f.). Dieser Autor bemühte sich, die Berechtigung der athenischen Demokratie mit Hinweis auf die Interessenlage des *dēmos* (und das sind für ihn ›die Armen‹) zu beweisen, ohne freilich das politische Ideal der *eunomia* als seinen eigenen Standpunkt aufzugeben. Aristoteles verfährt im Prinzip ähnlich zweigleisig; nur werden die beiden konträren Aspekte im Sinne der genannten vier Fragestellungen noch weiter differenziert.

Die Poleis des 4. Jahrhunderts waren überwiegend demokratisch oder oligarchisch ausgerichtet. Die Zeitgenossen ordneten jedenfalls die vorhandenen Verfassungen gewöhnlich diesen beiden Grundmustern zu. Aristoteles widerspricht einer solchen Auffassung ausdrücklich (Pol. IV 3, 1290 a 13 ff.), doch steht auch bei ihm im folgenden die Untersuchung von Demokratien und Oligarchien im Vordergrund. Zunächst zeigt er auf, daß diese jeweils in mehreren unterschiedlichen Formen vorkommen. Drei Gesichtspunkte spielen dabei eine Rolle: zum einen die *sozialen Merkmale* der einzelnen Bürgerschaften, zum andern *institutionelle Regelungen* (insbesondere hinsichtlich des Zugangs zu den Regierungsämtern) und drittens die Frage, ob in einer Verfassung letztlich das *Gesetz* regiert oder die *Willkür* der jeweils herrschenden Gruppe. Mit dem ersten Kriterium wird die schematische Gegenüberstellung von Arm und Reich empirisch aufgefächert. Zuvor erweitert und präzisiert Aristoteles seine Bestimmung von Demokratie und Oligarchie: Jene sei die Herrschaft der Freien und Armen, die meist die Mehrheit bilden – diese die Herrschaft einer Minderheit von Reichen und Vornehmen (Pol. IV 4, 1290 b 17 ff.). Die Feindifferenzierung ergibt sich ihm dann aus der Unterscheidung einzelner ›Teile‹ der Polis, wobei als Analogie die Tierkunde und die Zusammensetzung von Organismen angeführt wird. Die funktionale Aufteilung der Polisangehörigen insgesamt entspricht weitgehend der des Demos. Bei diesem unterscheidet Aristoteles folgende ›Arten‹: Bauern, Handwerker, Händler, Seeleute (die wiederum in mehrere Unterarten, militärische wie zivile, zerfallen) und Tagelöhner. Bei den Funktionsgruppen der Polis wird statt der Seeleute noch eigens der Kriegerstand genannt. Auf der Seite der Vornehmen sieht Aristoteles die wichtigsten Unterscheidungsmerkmale in Reichtum, Adel, Tugend und Bildung.

Die von Aristoteles entwickelten sozialen, ökonomischen und funktionalen Kategorien stehen offensichtlich im Zusammenhang mit seiner empirisch-historischen Forschung. Mehrfach werden nämlich bestimmte Poleis als Beispiele angeführt, etwa für das Vorherrschen der verschiedenen Arten von Schiffsvolk (Pol. IV 4, 1291 b 21 ff.). Allerdings spielt dann bei der Einteilung der Verfassungen die soziologische Betrachtungsweise gegenüber der politisch-institutionellen eine bloß untergeordnete Rolle. Sie wird allein wichtig im Hinblick auf den Zusammenhang von wirtschaftlicher und politischer Betätigung, also für die Frage nach der Abkömmlichkeit bestimmter Berufsgruppen für die Politik. Zwei konträre Fälle machen diesen Zusammenhang deutlich: Bei einer Bürgerschaft von Bauern und Leuten mit mäßigem Besitz, die zu arbeiten und deshalb wenig Zeit für die Politik haben, finden nur die notwendigen Volksversammlungen statt, was der Herrschaft der Gesetze zugute kommt (Pol. IV 6, 1292 b 26 ff.). Und umgekehrt wird Handwerkern, Händlern und Tagelöhnern, die sich gewöhnlich in der Stadt und auf dem Markt aufhalten, ein übertriebener Hang zu Volksversammlungen zugeschrieben. Die negativen Folgen sieht Aristoteles noch dadurch verstärkt, daß die Lebensweise und Beschäftigung dieser Gruppen keinerlei Tugend beinhalte (Pol. VI 4, 1319 a 25 ff.). Zum soziologischen und politisch-institutionellen Aspekt tritt hier also noch die ethische Wertung, und diese bleibt letztlich der beherrschende Gesichtspunkt.

Unter diesen Prämissen folgt die Beschreibung von jeweils vier Typen der Demokratie (Pol. IV 4 und 6; VI 4) und der Oligarchie (IV 5–6; VI 6), und zwar nach einem einheitlichen, degressiven Muster: von den gemäßigten und relativ besten Formen zu den extrem schlechten. – Die *erste* gemäßigte Demokratie besitzt eine Vermögens-Qualifikation für die Regierungsämter. Das Volk besteht überwiegend aus Ackerbauern und ist damit zufrieden, die Beamten zu wählen und sich von ihnen Rechenschaft ablegen zu lassen. Aristoteles sieht diese Art von Demokratie auch in einer historischen Perspektive: Es ist die älteste von allen (Pol. VI 4, 1318 b 8; vgl. 1319 a 7 ff.). Hierbei spielt die Vorstellung von der »väterlichen Verfassung« eine Rolle, die im späten 5. und im 4. Jahrhundert virulent wurde; vor allem die Verfassung, die man Solon zuschrieb, wurde nun vorbildlich. – Die *zweite* Form der Demokratie ähnelt der ersten, nur sieht sie keinen Zensus bei der Ämterbesetzung vor; als Qualifikation genügt die unbescholtene Geburt. Da die Ämter aber nicht besoldet sind, kann die Masse des Volkes mangels Muße nicht aktiv an der Regierung teilnehmen. »Und daher regieren auch in dieser Art von Demokratie die Gesetze, weil die Einkünfte fehlen« (Pol. IV 6, 1292 b 37 f.). – In der *dritten* Form ist die Ämterqualifikation noch mehr ausgeweitet; sie erstreckt sich auf alle freien Männer. Aber auch hier kann die formale Berechtigung aus ökonomischen Gründen nicht von allen Bürgern wahrgenommen werden. Dies ist erst in der *vierten*, der extremen Demokratie möglich, die Aristoteles als die historisch jüngste Form ansieht. Infolge stark angewachsener Staatseinkünfte können nun die Armen für ihre politische Betätigung Diäten erhalten. Dadurch wird vor allem die städtische Masse abkömmlich für die Politik und bestimmt diese dann auch tatsächlich. Das Volk wird zum Alleinherrscher, zumal sich die Reichen wegen stärkerer wirtschaftlicher Betätigung von den politischen Gremien eher fernhalten. Zum typischen Erscheinungsbild einer solchen Demokratie gehören ferner die Demagogen, die immer wieder neue Volksbeschlüsse herbeiführen und dadurch die Herrschaft der Gesetze auflösen. – In diese Charakterisierung der radikalen Demokratie sind zweifellos manche in Athen gewonnenen Erfahrungen eingegangen. Sie ist jedoch keine durchweg

Aristoteles
425

wirklichkeitsnahe Beschreibung der athenischen Demokratie, denn z. B. die Behauptung, die Reichen hielten sich ihrer Geschäfte wegen von der Politik fern und überließen diese völlig den Armen, die dafür allein abkömmlich wären, widerspricht der historischen Realität Athens sowohl im 5. wie im 4. Jahrhundert. Aristoteles entwirft also auch hier eine eher schematische Typisierung, die mehr von ethischen Wertungen als von empirischen Daten bestimmt ist.

Noch deutlicher wird die schematische Konstruktion bei der Typologie der Oligarchien. Die beste und maßvollste Form beruht auf einem Zensus, der hoch genug ist, die Masse der Armen von der Regierung auszuschließen, der aber allen, die dieses Vermögen besitzen, den effektiven Zugang zu den Ämtern erlaubt. Die Schicht der Regimentsfähigen ist somit kein privilegierter Stand, sondern sie bleibt offen für Aufsteiger. Der Zensus kann überdies noch differenziert angewendet werden: ein hoher für die wichtigeren Ämter und ein niedriger für die übrigen (Pol. VI 6, 1320 b 23 ff.). Durch diese flexible Abstufung der politischen Rechte wird die Bildung eines gefährlichen Gegensatzes zwischen der regierenden Minorität und der Volksmenge vermieden. – Die beiden nächstbesten Formen der Oligarchie sind zunehmend exklusiver: In der zweiten ist der erforderliche Zensus hoch angesetzt, und die Beamten werden von den früheren Amtsinhabern kooptiert. In der dritten beruht die Ergänzung der regierenden Gruppe auf Erbnachfolge. Für alle drei Typen von Oligarchie gilt, daß die Herrschaft in Übereinstimmung mit dem Gesetz ausgeübt wird. Dadurch unterscheiden sie sich wesentlich von der vierten Form, die – ähnlich wie die extreme Demokratie – einer tyrannischen, eigennützigen und gesetzlosen Herrschaft gleichkommt. Ein solches Willkürregiment, in dem die Macht auf ganz wenige oder gar nur auf eine Familie konzentriert war, wurde als *dynasteia* bezeichnet (Pol. IV 5, 1292 b 10).

Um seine Untersuchung der entarteten Verfassungen zu vervollständigen, beschreibt Aristoteles auch verschiedene Arten der Tyrannis (Pol. IV 10). Zwei davon ähneln dem Königtum, weil sie auf einer gesetzlichen Grundlage und der Zustimmung der Beherrschten beruhen. Die eine ist die unumschränkte Monarchie, wie sie bei Barbarenvölkern vorkommt. Die andere gehört für Aristoteles bereits der Vergangenheit an; es ist die sog. Aisymnetie, eine im archaischen Griechenland anzutreffende Form nichterblicher, gewählter Alleinherrschaft. Die dritte Art ist die eigentliche Tyrannis, das Gegenstück zum Vollkönigtum *(pambasileia)*. Der Tyrann herrscht, ohne verantwortlich zu sein, über Seinesgleichen oder sogar Bessere, und zwar allein zum eigenen Vorteil.

Während die Typologie der Tyrannis recht rudimentär bleibt, widmet Aristoteles dem Problem der Stabilisierung dieser Herrschaftsform größere Aufmerksamkeit (Pol. V 11). Er führt zwei einander widersprechende Methoden an. Die erste enthält die traditionellen Topoi tyrannischer Repression: Beseitigung der hervorragenden, selbstbewußten Männer und Förderung des gegenseitigen Mißtrauens, der Ohnmacht und der Unterwürfigkeit bei den Untertanen. Für jedes dieser Ziele werden konkrete Maßnahmen und historische Beispiele angegeben. Die andere Methode orientiert sich am positiven Gegenbild der Tyrannis, dem Königtum, dessen Imitation am ehesten eine Festigung der Herrschaft verspricht. Der Tyrann muß also den Anschein erwecken, das Gemeinwohl im Auge zu haben, und sich als sorgsamer Verwalter eines Staatshaushaltes, nicht eines Privatvermögens darstellen. Er sollte sich davor hüten, durch Kränkungen und Gewalttaten Empörung zu wecken. Die Adligen und das Volk muß er auf jeweils besondere Weise für sich einnehmen und sowohl Arme wie Reiche an der Erhaltung seiner Herrschaft interessiert sein lassen. Die sprichwörtlich kurzlebige Tyrannis wird dann zwangsläufig dauerhafter, aber auch »der Tyrann selbst wird seinem Charakter nach zur Tugend geneigt oder doch halbwegs tugendhaft sein, nicht schlecht, sondern nur halbwegs schlecht« (Pol. V 11, 1315 b 8 ff.).

Mit der Darstellung der verschiedenen Möglichkeiten, selbst eine Tyrannis – also die schlechteste aller Verfassungen – zu stabilisieren, scheint sich Aristoteles am weitesten von der ethischen Zielsetzung seiner politischen Philosophie zu entfernen. Freilich ist zu bedenken, ob eine Tyrannis, die sich in der beschriebenen Weise dem Königtum angleicht, auch wenn sie dies nur dem Schein nach tut, nicht in Wirklichkeit aufhört, eine Tyrannis zu sein. Aristoteles sieht allerdings schon in einer bloß partiellen Verbesserung prinzipiell schlechter Verfassungen einen Wert, und er betrachtet es als eine zentrale Aufgabe der politischen Wissenschaft, dafür konkrete Handlungsanweisungen zu liefern. Die Anlage der Bücher V und VI, in denen am häufigsten auf historische und aktuelle Verfassungsfragen zahlreicher Poleis Bezug genommen wird, macht diese pragmatische und realpolitische Intention deutlich. Ausgangspunkt ist hier eine allgemeine Erörterung der Ursachen und Umstände des Wandels von Verfassungen (Pol. V 1–4). Die Untersuchung schließt das Phänomen *stasis* mit ein, also die gewaltsamen Konflikte innerhalb einer Polis, die unter Umständen bis zum Umsturz der jeweiligen Verfassung führen konnten. Verfassungsänderungen waren andererseits auch ohne *stasis* möglich, nämlich entweder auf Grund einer geplanten politischen Entscheidung oder unbeabsichtigt und auf evolutionärem Weg. Aristoteles behandelt auch solche Vorgänge, ohne sie systematisch von den gewaltsamen Umstürzen zu trennen. Es geht ihm generell um das Problem des Verfassungswandels *(metabolē politeiōn)*, und sein leitendes Erkenntnisinteresse ist die Suche nach politischer Stabilität.

Im Hinblick auf alle Verfassungen liegt für Aristoteles die erste und wichtigste Ursache von Aufruhr und Umsturz in divergierenden Auffassungen von Gleichheit und Recht. Insbesondere geht es dabei um die Altenative: Gleichheit nach der *Zahl* oder nach dem *Wert* (Pol. V 1, 1301 b 27 ff.). Die Hauptgegenstände, über die man streitet, sind Gewinn *(kerdos)* und Ehre *(timē)* bzw. deren Gegenteil; d. h. man revoltiert auch, um Ehrlosigkeit oder Schaden von sich oder seinen Freunden abzuwenden. Zu den politischen kommen also auch ökonomische und soziale Gründe, aber die politischen überwiegen. Es folgt noch eine Liste weiterer Motive, die jeweils mit historischen Beispielen belegt werden, nämlich: «Übermut *(hybris)*, Furcht, nicht hinnehmbare Überlegenheit, Verachtung, unverhältnismäßiges Wachstum; in anderer Hinsicht aber noch: Amtserschleichung, Nachlässigkeit, Geringfügigkeiten, Ungleichartigkeit« (Pol. V 2, 1302 b 1 ff.). Diese Aufzählung läßt zwar keine systematische Einteilung der Aufruhrursachen erkennen, aber sie zeigt, daß die Aristotelische Analyse wiederum sehr umfassend angelegt ist. Platon hatte die Ursachen des Verfassungswandels nur bei der jeweils herrschenden Schicht angesiedelt. Aristoteles berücksichtigt auch die emotionalen Reaktionen der Untertanen, außerdem Elemente der Sozialstruktur (z. B. Stammesverschiedenheit in der Bevölkerung von Kolonialstädten) oder selbst kleine Veränderungen, die zunächst unbeachtet bleiben, aber gerade deswegen schließlich eine große Wirkung entfalten.

Die Darstellung der spezifischen Gründe für den Wandel bzw. Umsturz der einzelnen Verfassungen läßt unterschiedliche Schwerpunkte erkennen: Im Vordergrund steht die Behandlung von Demokratie und Oligarchie (V 5 und 6); hier werden auch die meisten historischen Belege geliefert. Aristokratie und Politie werden zusammen abgehandelt (V 7); die auffallend wenigen Beispiele beziehen sich überwiegend auf Sparta. Die Monarchie (Königtum und Tyrannis) wird – wie im Buch III – separat erörtert (V 10); doch fügen sich die Gründe ihres Wandels in den allgemeinen Rahmen. Im Vergleich zur Demokratie werden für die Oligarchie wesentlich mehr Möglichkeiten und Fälle eines Umsturzes aufgeführt. Zusätzlich zum fundamentalen Gegensatz zwischen Volk und Vornehmen, der in der Demokratie fast der einzige Grund für *stasis* ist, ergeben sich in einer Oligarchie noch mehrere Konfliktmöglichkeiten innerhalb der herrschenden Schicht. Eine ähnliche Beobachtung wird bereits in der sog. Verfassungsdebatte bei Herodot (III 82) gemacht. Dies entspricht wohl auch der historischen Realität, in der sich zumal die athenische Demokratie als relativ stabile Staatsform erwies. Die von Aristoteles genannten Fälle eines Wandels von Demokratien in Tyrannenherrschaften liegen nach seiner eigenen Feststellung in älterer Zeit. Nach heutiger Kenntnis wird man diese Verfassungen, die fast alle der archaischen Epoche angehören, noch gar nicht als Demokratien bezeichnen dürfen.

Die Mittel zur Erhaltung *(sōtēria)* der Verfassungen ergeben sich unmittelbar aus der Analyse der Ursachen ihrer Gefährdung. Auch hier erörtert Aristoteles zunächst allgemein die Regeln, die auf verschiedene Verfassungsformen zutreffen (Pol. V 8, 9). Im Anschluß behandelt er speziell die Erhaltung von Demokratien und Oligarchien, auf deren Unterarten in Buch VI (5–7) noch einmal gesondert eingegangen wird. Von den übrigen Staatsformen wird das Königtum in diesem Zusammenhang nur gestreift, der Tyrannis dagegen wird auffällig große Aufmerksamkeit geschenkt (V 11). Das ungleiche Interesse dürfte damit zusammenhängen, daß Aristoteles das Königtum für Griechen als eine anachronistische Staatsform ansieht, die sich fast nur dort erhalten hatte, wo die Machtbefugnisse der Monarchen eingeschränkt waren. – Um die Stabilität bürgerlicher Verfassungen zu gewährleisten, empfiehlt Aristoteles als erste Regel, »dafür zu sorgen, daß immer eine verfassungstreue Mehrheit vorhanden sei« (Pol. V 9, 1309 b 16 f.). Erreichen lasse sich dies am ehesten durch eine maßvolle Politik gegenüber den potentiellen Verfassungsfeinden, also in der Demokratie gegenüber den Wohlhabenden und in der Oligarchie gegenüber den Armen bzw. der Volksmenge. Konkret bedeutet das vor allem, der anderen Partei bei der Befriedigung ihres politischen Ehrgeizes und auf wirtschaftlichem Gebiet entgegenzukommen. Als generelles Stabilisierungsmittel wird schließlich noch die Erziehung im Sinne der jeweiligen Verfassungsprinzipien genannt (ebd. 1310 a 13 ff.).

Die Kur, die Aristoteles auch und gerade den extremen Ausprägungen der sog. entarteten Verfassungen verschreibt, entspricht weitgehend den Prinzipien seiner Konzeption der besten Bürgerschaft: Mäßigung, Mitte, Mischung der Extreme und nicht zuletzt: die richtige Erziehung der Bürger. Darauf ist noch zurückzukommen. Der immanente Widerspruch, daß eine nach diesen Grundsätzen betriebene Erhaltung schlechter Verfassungen zwangsläufig auf deren Wandel hinausliefe, wird wie im Fall der Tyrannis auch bei der extremen Demokratie und Oligarchie nicht angesprochen. Man kann darin eine theoretische Inkonsistenz sehen, vielleicht auch die bewußte List eines konservativen Reformers. Es ist letztlich wohl ein optimistisches Konzept, das auf die Einsicht von Machthabern baut, ihr Regime eher mit Hilfe von Kompromissen als durch Einsatz von Gewalt und Repression aufrechterhalten zu können.

Die relativ beste Verfassung

Die für die meisten Poleis beste Verfassung wird von Aristoteles als »die sogenannte Politie« (Pol. IV 8, 1293 b 22) bezeichnet, d. h. als die Verfassung schlechthin. Damit ist keine Idealverfassung gemeint, denn eine solche würde optimale Bedingungen erfordern, sondern »eine Lebensform, an der die meisten Menschen teilzunehmen imstande sind« (IV 11, 1295 a 30 f.). Unter der Politie versteht Aristoteles eine Mischung von Oligarchie und Demokratie. Daneben nennt er noch eine andere Art gemischter Verfassung, nämlich »die sogenannte Aristokratie«. Diese enthält im Unterschied zur eigentlichen Aristokratie auch ein demokratisches und ein oligarchisches Element, beruht also nicht allein auf dem Prinzip Tugend, sondern ebenso auf dem der Freiheit und des Reichtums (IV 8, 1294 a 18 ff.). Obwohl eine solche Verfassung gegenüber der Politie ein zusätzliches positives Element enthält, ist sie für Aristoteles nicht die relativ beste, da die erforderliche Tugend bereits die Möglichkeiten der meisten Bürgerschaften übersteige. Andererseits komme sie der Politie aber doch so nahe, daß man auf ihre gesonderte Darstellung verzichten könne.
Die aristotelische Konzeption der Politie als einer Mischung von Demokratie und Oligarchie hat zunächst einmal einen institutionellen Aspekt. Dabei werden drei Arten der Mischung unterschieden: Erstens kann man typische Elemente beider Verfassungen verbinden, z. B. in bezug auf die Richtertätigkeit: Geldstrafen für Wohlhabende, wenn sie sich dem Richteramt entziehen (eine oligarchische Regelung), und Diätenzahlungen an die Armen (wie in der Demokratie). Die Kombination beider Verfahren würde dann für sozial ausgewogene Geschworenengerichte sorgen. Zweitens läßt sich die Mitte von zwei entgegengesetzten Ordnungen bestimmen: z. B. ein mittlerer Zensus für das Recht zur Teilnahme an der Volksversammlung, da die Oligarchie einen hohen, die Demokratie einen geringen oder keinen Zensus dafür vorsieht. Drittens kann man aus bestimmten demokratischen und oligarchischen Regelungen jeweils einen Teil auswählen und zu einem gemischten Verfahren für die Politie zusammenfügen, z. B. bei der Ämterbesetzung: indem gewählt wird (wie in der Oligarchie) und nicht gelost (wie in der Demokratie), aber indem ferner – als demokratisches Element – der Verzicht auf einen Zensus hinzukommt.
Die genannten Mischungsarten beziehen sich nicht zufällig auf die drei wichtigsten politischen Institutionen: Gericht, Volksversammlung und Regierungsämter. Allerdings lassen sich diese Regelungen kaum zusammen verwirklichen. Eine Zensusqualifikation für die Volksversammlung paßt z. B. nicht recht zu der

Aristoteles 429

ausgesprochen demokratischen Richterbesoldung. Die Einzelbestimmungen haben also lediglich exemplarischen Charakter und ergeben kein vollständiges Bild der Institutionen einer Politie. Aristoteles beschränkt sich im übrigen darauf, ein allgemeines Kriterium für eine wohlgelungene Mischung anzugeben. Man erkenne sie daran, daß eine solche Verfassung ebensogut als Demokratie wie als Oligarchie angesehen wird. Dieses legt er am Beispiel der spartanischen Verfassung im einzelnen dar (Pol. IV 9, 1294 b 19 ff.). Sparta, dessen singuläre politische und soziale Ordnung nicht in die seit dem 5. Jahrhundert üblich gewordene Verfassungsklassifikation paßte, galt schon vor Aristoteles als Musterfall einer realisierten Mischverfassung. Art und Bestandteile der Mischung wurden allerdings von einzelnen Autoren unterschiedlich interpretiert, zumal die spartanische Verfassung auch ein monarchisches Element enthielt (vgl. Pol. II 6, 1265 b 35 ff.).

Neben dem institutionellen Aspekt interessiert Aristoteles an der Politie vor allem die soziale Beschaffenheit ihrer Bürgerschaft. Seine diesbezügliche These besagt, daß die relativ beste Verfassung dort gegeben ist, wo die mittleren Bürger *(mesoi)* zahlreich sind. Das Zugehörigkeitskriterium ist ein ökonomisches: der mittlere Besitz. Die *mesoi* begehren weder, wie die Armen, nach fremdem Besitz, noch müssen sie sich, wie die Reichen, gegen die Nachstellungen der Armen wehren. Sie bewirken deshalb politische Stabilität. Am besten ist, wenn die Mittelschicht die beiden extremen Gruppen an Zahl und Stärke übertrifft, zumindest soll sie im Konfliktfall den Ausschlag geben können. Eine Polis mit einer derartigen mittleren Bürgerschaft – und damit auch mittleren Verfassung *(mesē politeia)* – ist am ehesten frei von *stasis* (Pol. IV 11, 1296 a 7).

Aristoteles nennt noch eine Reihe weiterer Vorzüge der *mesoi:* Generell entsprechen sie dem ethischen Ideal der Mitte *(mesotēs)* und des richtigen Maßes *(metrion)*. Der mittlere Besitz macht sie am leichtesten geneigt, der Vernunft zu folgen. In ihrem politischen Verhalten erweisen sie sich als die besten Bürger – im Unterschied zu den beiden Extremen: Die Reichen und Mächtigen verstehen es nur zu herrschen, und zwar despotisch; die Armen dagegen sind aus Not zu unterwürfig und lassen sich wie Sklaven beherrschen (IV 11, 1295 b 13 ff. Diese Charakterisierung der Armen ist bei Aristoteles ungewöhnlich; normalerweise wird ihnen in der *Politik* auch die Fähigkeit zu despotischer Herrschaft zugesprochen). Demnach ermöglichen allein die Mittleren ein Abwechseln im Regieren und Regiertwerden. Sie erfüllen die Grundbedingungen einer wahrhaft bürgerlichen Gemeinschaft, die zugleich eine freundschaftliche *(philikon)* ist: daß nämlich die Bürgerschaft »möglichst aus Gleichen und Ähnlichen besteht« (ebd. 1295 b 25 f.).

Die Darstellung und Bewertung der *mesoi* ist offensichtlich durch ethische Prämissen und relativ abstrakte politische Prinzipien beeinflußt; gewisse Schematisierungen sind nicht zu übersehen. Sie beruht aber auch auf der historischen Empirie, wie Aristoteles an verschiedenen Stellen erkennen läßt: Mittlere Verfassungen seien selten gewesen; nur ein einziger der früheren Staatsmänner habe eine solche Ordnung ins Leben gerufen (Pol. IV 11, 1295 a 36 ff.). Unklar ist, wen Aristoteles hier meint; es dürfte wohl ein Gesetzgeber wie Lykurg oder Solon sein. Jedenfalls denkt Aristoteles an Verhältnisse vor der Herausbildung der radikalen Demokratie. An anderer Stelle wird das Aufkommen der Politie und einer breiten Mittelschicht ausdrücklich mit Veränderungen der Militärtechnik in Verbindung gebracht und besonders mit der Vorherrschaft der Hopliten (IV 13, 1297 b 16 ff.). Aristoteles hat hier die Vor- und Frühformen der Demokratie im Auge, wie sie sich im 6. und frühen 5. Jahrhundert herausbildeten: Bürgerschaften, die durch das Hoplitenheer und das heißt – sozial gesehen – vorwiegend durch mittlere Bauern geprägt waren. Dazu paßt die besondere Wertschätzung der Bauern-Demokratie, die der Politie am nächsten komme. Generell stellt Aristoteles fest, daß Demokratien eine breitere Mittelschicht aufwiesen als Oligarchien und deshalb in der Regel auch stabiler seien als diese (IV 11, 1296 a 13 ff.). Diese Beobachtung läßt sich ebenfalls historisch verifizieren, insbesondere an der Geschichte der athenischen Demokratie.

In die Konzeption der Politie sind somit verschiedene historische Erfahrungen eingegangen, aber auch heterogene Theorieelemente. Zwischen dem Modell einer Mischverfassung und dem Begriff der mittleren Verfassung (bzw. einer Bürgerschaft der Mittleren) stellt Aristoteles durch die Konzeption der Politie zwar eine gewisse Verbindung her. Ursprünglich bezogen sich jene Begriffe aber auf unterschiedliche Realitäten. Die Polis der *mesoi* verweist historisch in die Zeit vor dem 5. Jahrhundert, als es den Gegensatz von Demokratie und Oligarchie noch gar nicht gab. Die damaligen Verfassungen wurden primär durch soziale Faktoren bestimmt, noch wenig durch institutionelle Regelungen. Für die Theorie der Mischverfassungen spielen dagegen die politischen Institutionen eine vorrangige Rolle. Dieses Modell setzt historisch die volle Ausbildung der Demokratie voraus, denn es hat zum Ziel, die bereits vollzogene Ausweitung politischer Rechte der Armen nun institutionell wieder einzuschränken. (Daß es beim Musterfall Sparta in der historischen Realität gerade anders war, da es sich dort um eine gewachsene Verfassung handelte, spricht nicht gegen eine solche Funktion der Mischverfassungstheorie.)

Aristoteles scheint sich zu widersprechen, wenn er einerseits die Politie zu der für die meisten Poleis besten (weil realisierbaren) Verfassung erklärt, andererseits jedoch feststellt, eine mittlere Verfassung sei nur ganz selten verwirklicht worden. Es zeigt sich hier, daß eine solche Verfassung – jedenfalls im 4. Jahrhundert – eher ein idealtypisches Modell darstellte, das faktisch von den meisten Poleis nur annäherungsweise realisiert werden konnte. Das gilt sowohl für die politischen Institutionen als auch für die gesellschaftliche Seite des Modells. Jene mußten den örtlichen Gegebenheiten angepaßt werden; Aristoteles zeigt dafür lediglich verschiedene Modi der Mischung auf. Die soziale Struktur der Bürgerschaft war ohnehin nicht so leicht zu ändern; sie mußte jedoch als politischer Faktor in Rechnung gestellt werden. Die Verbindung beider Aspekte im Begriff der Politie ist kennzeichnend für die Aristotelische Theorie. Während sich die spätere Mischverfassungstheorie – vor allem bei Polybios im Hinblick auf Rom (vgl. unten, S. 471 ff.) – ganz auf den Bereich der Institutionen beschränkt, berücksichtigt Aristoteles auch die gesellschaftliche Basis der Verfassung. Beide Betrachtungsweisen sind bei ihm allerdings nur locker verknüpft, so daß man in der Rezeption dieser Theorie häufig selektiv die eine oder die andere Seite hervorgehoben hat.

Die absolut beste Verfassung

Die Abhandlung »über die beste Verfassung« in den beiden letzten Büchern der *Politik* (VII und VIII) steht in schroffem Gegensatz zu den voraufgehenden, an der Empirie orientierten Teilen des Werkes. Sie beginnt mit der Frage nach der Eudämonie, die das Endziel der Polis darstellt. Die vollkommene Lebensform des einzelnen und des Staates sind für Aristoteles identisch. Er nimmt damit Grundbegriffe der ethischen und allgemeinen politischen Theorie wieder auf, wie sie in der *Nikomachischen Ethik* und in Buch I der *Politik* entwickelt werden. Außerdem lassen sich Verbindungen zur Verfassungslehre in Buch III herstellen, wo ebenfalls von der besten Verfassung die Rede ist, und zwar im Hinblick auf bestimmte Arten der Monarchie und der Aristokratie. Als Begründung wird dort angeführt, daß von den richtigen Verfassungen diejenige die beste sei, »bei welcher der Staat von den besten Leuten verwaltet wird, und dieser Fall tritt da ein, wo ein einzelner oder ein ganzes Geschlecht oder aber eine Menge alle übrigen zusammen an Tugend überbietet, vorausgesetzt, daß die einen in der Lage sind, sich regieren zu lassen, und die anderen, zu regieren mit Rücksicht auf die Erreichung des wünschenswertesten Lebens« (Pol. III 18, 1288 a 33 ff.). Aus der Gleichsetzung der besten Herrscher mit dem besten Staat zieht Aristoteles darüber hinaus noch den Schluß, daß jenen auch abgesehen von den positiven Folgen ihrer Regierung ein absolutes Herrschaftsrecht zukomme. Dieses Argument gilt prinzipiell in gleicher Weise für Monarchie und Aristokratie; eingehender erörtert wird es aber nur im Zusammenhang der Theorie des Königtums. Aristoteles widmet dem Königtum in Buch III (14–17) eine gesonderte Abhandlung. Er gibt dort einen Überblick über die historischen Formen der Monarchie: Königtum in Sparta, bei Barbarenvölkern, Aisymnetie, Königtum der Heroenzeit; in all diesen Fällen ist die Herrschergewalt durch Gesetz oder Herkommen eingeschränkt. Anders ist es bei der fünften Form, dem Vollkönigtum *(pambasileia)*, auf die sich die Erörterung dann konzentriert. Dieses absolute Königtum wird als eine Herrschaft nach Art der Hausverwaltung *(oikonomikē)* bezeichnet (III 14, 1285 b 31 ff.). Dabei ist an die grundlegende aristotelische Unterscheidung zwischen *oikos* und *polis*, zwischen häuslicher Verwaltung und Herrschaft sowie bürgerlicher Regierung, zu denken. Im Anfangskapitel der *Politik* werden jene kritisiert, welche »die Aufgabe des Staatsmanns, des Königs, des Hausverwalters und des Herrn für ein und dieselbe halten« (I 1, 1252 a 7 ff.). So betrachtet ist das Vollkönigtum also keine politische Regierungsform, keine *politeia* im strikten Sinne. Aristoteles vertritt diesen Standpunkt in Buch III allerdings nicht selbst, sondern er referiert dort lediglich die Kritik anderer, die in der *pambasileia* sogar eine naturwidrige Herrschaftsweise sehen, da sie die bürgerliche Gleichheit verletze (III 16, 1287 a 10 ff.). Dagegen macht er geltend, daß diese dann gerechtfertigt und notwendig sei, wenn ein einzelner alle anderen an Tugend überrage. Eine solche Ausnahmeerscheinung, die »wie ein Gott unter den Menschen angesehen würde« (III 13, 1284 a 10 f.), stehe zwangsläufig über dem Gesetz. Theoretisch gibt es keinen besseren Staat als die uneingeschränkte Herrschaft des Besten.

Die praktische Möglichkeit eines derart vollkommenen Königtums schließt Aristoteles in Buch III zwar nicht explizit aus, aber seine Darstellung bleibt rein hypothetisch. In bezug auf die historische Realität hält er das Königtum in Griechenland jedenfalls für eine anachronistische Staatsform: »Heutzutage entstehen übrigens keine Königtümer mehr, sondern wo sich Monarchien bilden, sind es vielmehr Tyrannenherrschaften« (Pol. V 10, 1313 a 4 ff.). Die aufstrebende makedonische Monarchie wird in der *Politik* fast völlig ignoriert. Es ist zwar nicht auszuschließen, daß Aristoteles mit der Rede von der Gottgleichheit eines solchen Königs seinen früheren Schüler Alexander im Auge hatte, wie man seit Hegel vielfach annahm. Aber er beschreibt damit allenfalls dessen Anspruch, ohne ihm die entsprechenden Qualitäten zuzubilligen. Verglichen mit den monarchistischen Tendenzen im politischen Denken des 4. Jahrhunderts – bei Platon, Xenophon und v. a. Isokrates – ist die Monarchie in der Aristotelischen *Politik* nicht die favorisierte Staatsform: weder im Hinblick auf das reale politische Leben noch als Idealstaat.

Die in den Büchern VII und VIII dargestellte ideale Polis entspricht nämlich in ihrer Verfassung, auch wenn dies nicht ausdrücklich gesagt wird, am meisten einer Aristokratie. Allerdings rechnet Aristoteles hier offenbar nicht mit einem kleinen Kreis von Tugendhaften und damit zur Regierung Befähigten, sondern spricht der gesamten wehrfähigen Bürgerschaft die erforderliche *aretē* zu. Aufs Ganze gesehen weist dieser Entwurf einer besten Verfassung große Ähnlichkeiten mit Platons *Nomoi* auf (vgl. oben, S. 388 ff.). Im Unterschied zu Platon legt Aristoteles hier jedoch weniger Wert auf die genaue und vollständige Beschreibung aller Details der Staatseinrichtung, »denn die Schwierigkeit liegt nicht darin, diese Dinge einzusehen, sondern vielmehr sie durchzuführen« (VII 12, 1331 b 20 f.). Es scheint beinahe so, als habe Aristoteles das Interesse an Idealstaatsentwürfen verloren. Offenbar hat er den seinen auch nicht zu Ende geführt; die Abhandlung bricht in Buch VIII relativ unvermittelt ab, und es ist nicht mit einem überlieferungsbedingten Textverlust zu rechnen.

Im einzelnen behandelt Aristoteles vor allem Fragen der äußeren Anlage der Stadt, der Beschaffenheit ihrer Bürgerschaft und der bürgerlichen Erziehung; von den politischen Institutionen im engeren Sinn ist dagegen kaum die Rede. In der Bestimmung der äußeren Verhältnisse geht er vom Wünschbaren aus, das aber nicht unmöglich sein darf. Für die Größe des Territoriums und der Einwohnerzahl wird als Richtlinie angegeben, daß die Polis ausreichende wirtschaftliche Ressourcen haben muß und sich selbst verteidigen kann. Gebiet und Bevölkerung sollten aber andererseits überschaubar bleiben; es muß noch möglich sein, daß die Bürger einander kennen. An der Erörterung der idealen geographischen Lage der Stadt ist bemerkenswert, daß Aristoteles im Unterschied zu Platon eine Verbindung zum Meer als eher vorteilhaft ansieht. Sogar eine Seemacht wird befürwortet, doch sollten Matrosen und Ruderer der Kriegsschiffe nicht – wie in der athenischen Demokratie – Bürger sein. Die Gefahr einer von der Flotte ausgehenden Demokratisierung wird hier offenbar nicht in Betracht gezogen.

Bei der Erörterung der idealen Bürgerschaft steht zunächst der ethnische Aspekt im Vordergrund: Im Anschluß an vorliegende anthropologische und ethnologische Theorien wird eine besondere Befähigung der Griechen zum Leben in der Polis aus der geographisch-klimatischen Mittellage Griechenlands abgeleitet. Die Griechen seien sogar imstande, die Herrschaft über alle anderen Völker zu erringen, wenn sie in einer einzigen *politeia* vereinigt wären (VII 7, 1327 b 32 f.).

Aristoteles 433

Hier klingen panhellenische und expansionistische Tendenzen an, wie sie in der zeitgenössischen Literatur – zumal bei Isokrates – noch deutlicher hervortreten. Ob Aristoteles einen griechischen Einheitsstaat für realisierbar hielt, läßt sich kaum feststellen. Ebenso bleibt offen, ob er die Makedonen als Griechen ansah.

Hinsichtlich der sozialen Zusammensetzung der Bürgerschaft ist Aristoteles der Meinung, daß in der besten Verfassung Handwerker, Kaufleute und auch Bauern kein Bürgerrecht haben dürften, da deren Tätigkeit die erforderliche Tugend und Muße nicht ermögliche. Als Bauern kommen dann nur Sklaven in Betracht oder nichtgriechische Perioken. Die politischen und priesterlichen, aber auch die militärischen Funktionen bleiben allein den Bürgern vorbehalten. Die damit angedeuteten politischen, sozialen und wirtschaftlichen Verhältnisse ähneln in mancher Hinsicht denen in Sparta und auf Kreta. In die gleiche Richtung scheinen auch die Regelungen für die Verteilung des Grundbesitzes und für die gemeinsamen Mahlzeiten der Bürger zu weisen. Dem steht jedoch entgegen, daß Aristoteles in dieser Abhandlung den kriegerischen und imperialistischen Charakter des spartanischen Staates mehrfach scharf angreift und als Vorbild für die beste Verfassung und Lebensform ausdrücklich ablehnt (VII 14, 1333 b 5 ff.; VII 2, 1324 b 3 ff.). Die Differenz zeigt sich am deutlichsten im Aristotelischen Erziehungsprogramm, das inhaltlich – jedenfalls soweit es uns vorliegt – das Schwergewicht auf die Musik legt und hinsichtlich der Gymnastik wiederum die Spartaner kritisiert: Sie hätten »ihre Kinder durch übermäßige Anstrengungen tierisch gemacht, als ob dies der geeignete Weg zur Tapferkeit wäre« (VIII 4, 1338 b 12 ff.).

Daß Aristoteles am Schluß seines Idealstaatsentwurfs Erziehungsfragen behandelt, entspricht der Tradition dieser literarischen Gattung. Die Erziehung der Bürger galt in der Polis aber auch tatsächlich als wichtige staatliche Aufgabe. Die prinzipielle Frage der Philosophen, ob die Regierenden und die Regierten jeweils einer speziellen Erziehung bedürften, wird von Aristoteles im Hinblick auf die beste Verfassung neu beantwortet: Insofern die Bürger hier abwechselnd regieren, soll die Erziehung für alle die gleiche sein; für die Jüngeren, die zunächst gehorchen lernen, allerdings eine verschiedene. Das Aristotelische Erziehungsprogramm ist also auf den künftig regierenden Bürger ausgerichtet. Es beginnt mit der staatlichen Regelung der Ehe und der Kinderzeugung sowie Fragen der frühkindlichen Erziehung. Danach werden die Hauptgegenstände der *paideia* erörtert: Lesen und Schreiben, Gymnastik, Musik und zusätzlich Zeichnen. Von allgemeiner und immer noch aktueller Bedeutung sind die leitenden Gesichtspunkte der Darstellung: etwa das Verhältnis von intellektueller Erziehung und charakterlicher Bildung, von zweckgerichtetem Unterricht und zweckfreier Bildung, und nicht zuletzt die Frage nach dem Ausmaß staatlicher Kompetenz in Erziehungsfragen. Verglichen mit Platon könnte man Aristoteles' Position hier wohl liberal nennen. Ein System staatlicher Kontrollinstanzen und Zensurbehörden, wie es Platon vorsieht, ist ihm offenbar fremd. Bezeichnend für Aristoteles sind die Erziehungsgrundsätze, die im Schlußsatz der *Politik* genannt werden: »das Mittlere, das Mögliche und das Passende«. Es ist zugleich das Motto seiner gesamten politischen Philosophie.

8. Die aristotelische ›Politik‹ und die Krise der Polis

Aristoteles' politisches Denken ist in besonderem Maße auf die Geschichte der Polis bezogen und transzendiert diese zugleich. Der vielschichtige Charakter der *Politik* erlaubt es nicht, dieses Werk mit einer punktuellen historischen Situation zu verbinden. Man kann es zunächst einmal verstehen als eine Summe historischen, empirischen und theoretischen Wissens über die Polis. Es fußt einerseits auf breitangelegten verfassungsgeschichtlichen Forschungen und verarbeitet andererseits die unterschiedlichen Traditionen des politischen Denkens der Griechen. Die Auseinandersetzung mit Platon steht dabei im Vordergrund, aber Aristoteles bezieht sich vielfach auch auf andere Autoren des 4. und 5. Jahrhunderts – die meist nicht namentlich genannt werden – und gelegentlich sogar auf Denker aus der archaischen Epoche. Die Sammlung dieses empirischen und theoretischen Wissens ist die Grundlage einer neuartigen politischen Wissenschaft, die auf die Praxis ausgerichtet ist und zugleich einen normativen Anspruch hat. Allerdings stellt die *Politik* kein geschlossenes philosophisches System dar. Die einzelnen Abhandlungen lassen unterschiedliche Problemstellungen und verschiedene Relationen zur realen Poliswelt erkennen. Neben einer metahistorischen Bestimmung der Polis (wie in Buch I) oder dem Idealstaatsentwurf (in VII und VIII) finden sich Aussagen über die vorhandenen Verfassungen (in IV–VI). Auch letztere werden zwar idealtypisch verallgemeinert, aber der Zeitbezug wird hier eher greifbar.

Vor allem in diesem Mittelteil der *Politik* wird deutlich, daß Aristoteles' politische Theorie auch eine spezifische Antwort auf die Krise der Polis darstellt, wie sie eingangs beschrieben wurde. Im politischen Denken des 4. Jahrhunderts lassen sich verschiedene Reaktionen auf diese politische und soziale Krise beobachten: die Glorifizierung der Vergangenheit, nämlich der Zeiten von Solon und Kleisthenes, unter dem Schlagwort der ›väterlichen Verfassung‹ *(patrios politeia);* Idealstaatsentwürfe, die teils in der Vergangenheit, teils in einer imaginären Zukunft angesiedelt waren; monarchistische Tendenzen, die sich partiell mit dem Idealstaatsdenken verbanden; und als Reaktion auf die permanente Krise in den zwischenstaatlichen Beziehungen: eine panhellenische Bewegung, die schon früh die Forderung einer griechischen Expansion nach dem Osten einschloß.

Auch bei Aristoteles kommen diese politischen Strömungen und theoretischen Reaktionsweisen mehr oder weniger betont zum Ausdruck. Manches davon wird eher beiläufig mitgeteilt, wie etwa der Gedanke einer möglichen Herrschaft der Griechen über alle Völker, wenn sie in einem einzigen Staat vereinigt wären (Pol. VII 7, 1327 b 32 f.). Die Rechtfertigung einer allgemeinen Versklavung der Barbaren spielt in der *Politik* an verschiedenen Stellen eine Rolle. Eine Theorie der absoluten Monarchie findet sich ebenfalls; sie bleibt jedoch bei Aristoteles – wie alle Verfassungen – an die Einzelpolis gebunden und wird nicht als realistische Alternative zu den vorhandenen Staatsformen propagiert. Die Darstellung des Idealstaates, d. h. der besten Verfassung, nimmt in der *Politik* zwar einen relativ breiten Raum ein; sie hat aber beinahe den Charakter einer Pflichtübung und ist nicht mehr das Hauptthema dieser politischen Philosophie.

Das für Aristoteles bezeichnende Mittel der Krisenbewältigung liegt in der Kon-

Aristoteles 435

zeption einer mittleren Verfassung, der sich die meisten Poleis zumindest annähern sollten. Inhaltlich und historisch ergeben sich hier Berührungspunkte mit der Idee der ›väterlichen Verfassung‹. Diese verweist historisch auf die Herausbildung der klassischen Polis, zu der die Bürgerwerdung breiter bäuerlicher Schichten – was man als »griechisches Wunder« bezeichnet hat – wesentlich beigetragen hatte. Auf diese Weise war die tiefe politische, soziale und wirtschaftliche Krise im Laufe des 6. Jahrhunderts vielerorts überwunden worden. Die Vorstellung einer solchen Bürgerschaft wirkt noch in der Aristotelischen Konzeption der Politie nach. Aber die politischen und sozialen Probleme des 4. Jahrhunderts ließen sich nicht mehr mit den altbewährten Mitteln der vergangenen Hoplitenpolis lösen. Eine gemäßigte Verfassung, welche die Nachteile der bestehenden Demokratien und Oligarchien mildern sollte, mußte nun gewissermaßen künstlich geschaffen werden. Dazu diente das Modell einer Mischverfassung, das in der Aristotelischen Theorie eine zentrale Bedeutung gewinnt. Es hat die Funktion, soziale Gegensätze, welche die politische Stabilität bedrohten, auf der Ebene der politischen Institutionen auszugleichen. Praktisch bedeutet dies vor allem, die Verfassung durch ein den jeweiligen Verhältnissen angepaßtes Zensus-System neu zu organisieren.

Daß ein solches Modell nicht als reine Theorie verstanden wurde, zeigt die innenpolitische Entwicklung Athens im späten 4. Jahrhundert. Nach der endgültigen Niederlage im Kampf gegen Makedonien mußte Athen im Herbst 322 eine oligarchische Verfassung akzeptieren. Ein relativ hoher Zensus (von 20 Minen) brachte einen Großteil des athenischen Demos um sein Bürgerrecht. Tausende gingen daraufhin ins Exil. Fünf Jahre später wurde unter Demetrios von Phaleron eine gemäßigte Oligarchie eingeführt; das Mindestvermögen des Bürgers betrug nun 10 Minen. Demetrios war ein Schüler Theophrasts, und seine Reformpolitik zeigt deutlich den Einfluß der peripatetischen Schule: Der neue Zensus war so bemessen, daß 21 000 Athenern das Bürgerrecht erhalten blieb (unter der Demokratie waren es zuletzt 31 000 Bürger, unter der Oligarchie wohl nur 9000). Ganz im Sinne von Aristoteles hatten nun die verfassungstreuen Bürger ein deutliches Übergewicht, und die immer noch Ausgebürgerten konnten die politische Stabilität nicht mehr gefährden. Auch die weiteren konstitutionellen Änderungen des Demetrios entsprachen der Aristotelischen Politie: Die Beamten wurden gewählt und nicht mehr durch Los bestimmt. Ein neues Kollegium von sieben Gesetzeshütern wurde eingesetzt, das die Aufsicht über die Volksversammlung hatte; und wahrscheinlich wurde auch die Ämterbesoldung abgeschafft.

Das Regime des Demetrios von Phaleron, das Züge einer philosophischen Tyrannis hatte, fiel nach zehn Jahren den äußeren Einwirkungen der Diadochenkämpfe zum Opfer. Formal wurde danach die Demokratie in Athen wiederhergestellt; doch hatte sich mit dem Verlust der äußeren Unabhängigkeit der Charakter der Bürgerschaft und der Verfassung tiefgreifend verändert. Aristoteles' politische Philosophie war damit aber nicht gänzlich obsolet geworden. Da das institutionelle Gefüge der Polis in hellenistischer Zeit weitgehend erhalten blieb, ließen sich die Aristotelischen Kategorien in vieler Hinsicht weiterhin anwenden. Und die Grundgedanken der Aristotelischen _Politik_ wurden auch durch die Bildung großräumiger Reiche insofern nicht überholt, als die einzelne

Polis während der gesamten Antike für viele die einzig konkret erfahrbare Form staatlicher Gemeinschaft blieb.

BIBLIOGRAPHIE

Allgemein zur Geschichte des 4. Jahrhunderts

J. K. Davies: Das klassische Griechenland und die Demokratie, München 1983; *W. Schuller:* Griechische Geschichte, München–Wien 1980 (mit Darstellung der Forschungsprobleme und Bibliographie); *E. Will u. a.:* Le monde grec et l'orient, Bd. II, Paris 1975; *M. Austin/P. Vidal-Naquet:* Gesellschaft und Wirtschaft im alten Griechenland, München 1984.

Zu einzelnen Problemen

E. Ch. Welskopf (Hrsg.): Hellenische Poleis, Bd. I–IV, Berlin (DDR) 1973–74; *C. Mossé:* Der Zerfall der athenischen Demokratie (404–86 v. Chr.), Zürich–München 1979; *H.-J. Gehrke:* Stasis. Untersuchungen zu den inneren Kriegen in den griechischen Staaten des 5. und 4. Jhrs. v. Chr., München 1985; *S. Perlman* (Hrsg.): Philip and Athens, Cambridge–New York 1973; *M. I. Finley:* Das politische Leben in der antiken Welt, München 1986; *K. J. Dover:* Greek Popular Morality, Oxford 1974.

Zu Aristoteles, Leben und Gesamtwerk

I. *Düring:* Aristoteles, Heidelberg 1966; *H. Flashar:* Aristoteles, in: F. Ueberweg, Grundriß der Geschichte der Philosophie. Die Philosophie der Antike, hrsg. v. H. Flashar, Bd. 3, Basel–Stuttgart 1983, 175–457 (mit umfangreicher Bibliographie).

Die Aristotelischen Texte – Übersetzungen und Kommentare

Politik, übers. v. F. Susemihl, hrsg. v. N. Tsouyopoulos u. E. Grassi, Hamburg 1965; *Politik,* übers. u. hrsg. v. O. Gigon, München 1973; W. L. Newman, The Politics of Aristotle, 4 Bde., Oxford 1887–1902 (der griech. Text mit ausführlicher Einleitung, umfangreichem Kommentar und Indices); *Nikomachische Ethik,* übers. u. kommentiert v. F. Dirlmeier, 6. Aufl. Darmstadt 1974; *Nik. Ethik,* übers. v. O. Gigon, München 1972; *Der Staat der Athener,* übers. u. hrsg. v. P. Dams, Stuttgart 1978; P. J. Rhodes, A Commentary on the Aristotelian *Athenaion Politeia,* Oxford 1981.

Monographien zu Aristoteles' politischer Philosophie im ganzen

G. Bien: Die Grundlegung der politischen Philosophie bei Aristoteles, Freiburg–München 1973; *R. G. Mulgan:* Aristotle's Political Theory, Oxford 1977; *E. Schütrumpf:* Die Analyse der Polis durch Aristoteles, Amsterdam 1980; *A. Kamp:* Die politische Philosophie des Aristoteles und ihre metaphysischen Grundlagen, Freiburg–München 1985.

Sammelbände

La »Politique« d'Aristote, Genf 1965 (= Entretiens sur l'Antiquité classique, Fond. Hardt, XI); *F.-P. Hager* (Hrsg.): Ethik und Politik des Aristoteles, Darmstadt 1972; *P. Steinmetz:* Schriften zu den Politika des Aristoteles, Hildesheim–New York 1973; *J. Barnes u. a.* (Hrsg.): Articles on Aristotle, 2. Ethics and Politics, London 1977; *A. O. Rorty:* Essays on Aristotle's Ethics, Berkeley 1980.

Zu einzelnen Problemen der ›Politik‹

R. Brandt: Untersuchungen zur politischen Philosophie des Aristoteles, Hermes 102, 1974, 191–200; *E. Braun:* Aristokratie und aristokratische Verfassungsform in der ari-

Aristoteles 437

stotelischen Politik, Palingenesia 4, Wiesbaden 1969, 148–180; *ders.:* Das dritte Buch der aristotelischen Politik, Wien 1965; *M. Chambers:* Aristotle's »Forms of Democracy«, Transact. of the Americ. Philol. Ass. 92, 1961, 20–36; *J. P. Dolezal:* Aristoteles und die Demokratie, Diss. Frankfurt 1974; *M. I. Finley:* Aristotle and Economic Analysis, Past and Present 47, 1970, 3–25; (dt. Übers. in: Jb. f. Wirtsch.gesch. 2, 1971, 87 ff.); *O. Gigon:* Die Sklaverei bei Aristoteles, in: La »Politique« d'Arist. (s. o.), 245–283; *ders.:* Antinomien im Polis-Begriff des Aristoteles, in: Hellenische Poleis IV (s. o.), 2095–2118; *W. Kullmann:* Der Mensch als politisches Lebewesen bei Aristoteles, Hermes 108, 1980, 419–443; *C. Mossé:* La conception du citoyen dans la Politique d'Aristote, Eirene 6, 1967, 17–21; *J. de Romilly:* Le classement des constitutions d'Hérodote à Aristote, Rev. des Études Grecq. 72, 1959, 81–99; *R. Weil:* Aristote et l'histoire, Paris 1960.

Zum Fortwirken von Aristoteles' politischer Philosophie
H. Arendt: Vita activa oder vom tätigen Leben, Stuttgart 1960; *W. Hennis:* Politik und praktische Philosophie. Eine Studie zur Rekonstruktion der politischen Wissenschaft, Neuwied–Berlin 1963; *M. Riedel:* Metaphysik und Metapolitik. Studien zu Aristoteles und zur politischen Sprache der neuzeitlichen Philosophie, Frankfurt 1975; *J. Ritter:* Metaphysik und Politik. Studien zu Aristoteles und Hegel, Frankfurt 1977 (1969); *D. Sternberger:* Drei Wurzeln der Politik, Frankfurt 1978.

KAPITEL X

Politisches Denken im Hellenismus

Von Reinhold Bichler

I. Historische Einleitung

Griechenlands politischer Niedergang

Kaum ein Geschehen wirkte auf die historisch-politische Theorie der klassischen Antike so folgenschwer wie der Zusammenbruch der athenischen Herrschaft im Peloponnesischen Krieg (431–404). Denn im Glanz von Athens wachsender Macht hatte sich ein Gefühl zivilisatorischen Fortschreitens mit intensiver rationaler Durchdringung der Welt verbunden und ein provozierendes Bewußtsein menschlicher Bildungsfähigkeit und Machbarkeit geformt. Just in der Metropole, deren Bürgerschaft in einem bisher nie gekannten Ausmaß in die Agenden der Polis, also ins politische Handeln, eingebunden war, festigte sich die Überzeugung, daß politischer Erfolg von der Staatsform abhänge und sich so in Athens Macht und Ansehen der Vorzug der Demokratie praktisch erweise. Diesen Stolz brach das Desaster des Krieges.

Die griechische Staatsphilosophie nahm, besonders unter Platons Einfluß, eine mehr als reservierte Haltung gegenüber dieser Demokratie ein, nachdem schon Thukydides die hybride Machtpolitik demagogisch verführter Massen zum zeitlosen Mahnmal gestaltet hatte. Dagegen bahnte der Sieg der Lakedaimonier, auch wenn er vom Perserreich finanziert war, einer rückschauenden Verklärung der archaischen Institutionen im spartanischen Gemeinwesen den Weg. Unverdorbene Wehrkraft autarker Polis-Bürger, ein Kreis der Besten und Tüchtigsten oder ein weises Königtum an der Spitze des Gemeinwesens, Handel und Gewerbe in reduzierter, rein dienender Funktion, Bauern als braver Nährstand...: aus solchen Elementen baute sich die Wunschwelt der politischen Philosophie auf, der nun die Zukunft gehörte. Gleichzeitig machte sich ein Kulturpessimismus breit, hervorgegangen aus Gegentendenzen zum Entwicklungsstolz der Aufklärung. Dekadenz galt nun als zwangsläufige Kehrseite des Zivilisationsprozesses, indes sich der Traum eines *retour à la nature* verdichtete – auch dies ein Erbe von Glanz und Elend des klassischen Athen.

Die politische Entwicklung des 4. Jahrhunderts forcierte die geschilderten geistesgeschichtlichen Tendenzen. Athens Katastrophe hatte ein Machtvakuum hinterlassen, das die Konkurrenten unter den griechischen Staatswesen aus eigener Kraft nicht zu füllen vermochten. Ein weiteres halbes Jahrhundert nach dem Peloponnesischen Krieg dominierten Krieg und Verwüstung, Verbannungen, Konfiskationen, Massaker. Der ersehnte, mehrfach beschlossene allgemeine Friede in Hellas blieb aus. In dieses ohnmächtig gewordene System von Städten und kleinen Staatenbünden, gespalten vom Hader der Parteiungen, stieß nun die

Macht Philipps, des Königs der Makedonen, mit seinen gut organisierten Reitern und Infanteristen. Stammstaatlicher Konzentration und monarchischen Herrschaftsstrukturen eröffnete sich eine politische Zukunft, während die Ära großer autonomer Poleis auf dem Schlachtfeld von Chaironeia (338) ihr Ende fand. Philipp rief einen Bund griechischer Staaten ins Leben, in dessen Rat Städte und Stammeseinheiten repräsentativ vertreten waren (338/37), und ließ sich als Bundesfeldherr eines panhellenischen Rachefeldzugs gegen das Perserreich entsenden. Makedonische Besatzungen in Hellas sprachen freilich dem propagandistischen Schein griechischer Freiheit Hohn. Auch enttäuschte der Verlauf des von Alexander als Sohn und Erben Philipps geführten Krieges so manche Hoffnung auf seiten der Griechen, denen der König ebenso als Herr entgegentrat wie den zahllosen Hellenen im Reiche des Großkönigs.

Mit Alexanders Tod brachen neue Kriegsdezennien über die griechische Welt herein. Ein Freiheitskampf, zu dem athenische Demokraten riefen, führte nach Anfangserfolgen in ein Debakel (322). Mehrmals geriet die Stadt in den Folgejahren zwischen die Fronten im Nachfolgestreit, wobei der Name der Demokratie zum Lockruf für den Wechsel in neue Fremdherrschaft verkam. Schließlich mußte sich Athen mit einem beschränkten Freiheitsstatus, für längere Zeit auch mit makedonischen Besatzungen abfinden. Im großen Umbruch der Machtverhältnisse in Griechenland um 200 v. Chr. fand Athen in Rom einen Protektor, dem es lange Jahrzehnte treu verbunden blieb. Nochmals folgte die Stadt auf seiten Mithradates' VI. von Pontos dem Ruf der Freiheit, angefeuert durch den Philosophen Athenion, und endete in der Katastrophe von Sullas Sieg (86). Erst in der Ära Hadrians erlebte Athen eine wahre Renaissance.

Auch viele kleinere Staaten Griechenlands standen unter makedonischer Hegemonie, bis Roms Expansion sie brach. Makedoniens Krone trug seit 277/76 das Haus der Antigoniden. Nur zwei größere Staatenbünde im Nordwesten Griechenlands und auf der Peloponnes setzten dem Antigonidenreich eine respektable Machtkonzentration entgegen: der Bund der Aitoler und der Bund der Achaier, beide auf der Grundlage alter stammesstaatlicher Bindungen neu konstituiert. Sie pflegten ihre Gemeinschaftsheiligtümer, hielten Bundesversammlungen mit der jährlichen Wahl der obersten Militärs und der Verwaltungsbeamten ab, expandierten beträchtlich, verliehen dabei auch ihren neuen Mitgliedsstaaten Bundesbürgerrechte und bildeten einen Pol republikanischer Traditionen im politischen Gefüge der griechischen Kulturwelt. Schicksalhaft wirkte sich die 225/24 geschlossene Allianz zwischen dem Strategen des Achaierbundes Arat von Sikyon und dem Makedonenkönig Antigonos Doson aus. An ihr scheiterte zunächst der ehrgeizige Versuch König Kleomenes' III., Spartas alte Machtstellung zu restaurieren, der letztlich in ein militärisches Desaster führte (222). Sparta fiel schließlich die Rolle eines mit Rom verbündeten Kleinstaats zu. Seine archaischen Riten dienten noch den Touristen der Kaiserzeit als bewunderte Folklore. Und in der Studierstube von Generationen humanistisch Gebildeter lebten seine – verklärten – alten Institutionen in höchstem Ansehen fort.

Die Allianz von 225/4 zeitigte indes noch weit fatalere Folgen. Sie bedrohte den Aitolerbund und schürte innergriechische Konflikte, deren Nutznießer Rom wurde. Seit 212 mit den Aitolern vertraglich liiert, stieß Roms Macht sofort nach dem glücklichen Sieg im 2. punischen Krieg (201) in die östliche Mittel-

Politisches Denken im Hellenismus

meerwelt vor, wo sie schon 230/29 erstmals Fuß gefaßt hatte. Im Grunde ist fast jeder weitere Schritt dieser Expansion durch interne Streitigkeiten in der griechischen Staatenwelt und Bündnisangebote an Rom vorbereitet worden. Roms Siege über die Makedonenkönige Philipp V. und Perseus führten zur Zerschlagung des Antigonidenreichs in vier Republiken (168) und – nach einer antirömischen Revolte – zur Etablierung der Provinz Macedonia im Jahre 148.

Die 196 so großartig deklarierte Freiheit der Hellenen litt zunehmend unter der starken Hand des Protektors. Schon 189 büßte der Aitolerbund, der sich – von Rom verprellt – erhoben hatte, seine Souveränität ein. 168 wurde der Achaierbund gewaltsam in die Pflicht genommen und 146, nach einem letzten Aufbäumen gegen Roms feste Herrschaft, brutal zerschlagen. Die Einziehung von Hellas als Provinz Achaia im Jahre 27 durch den Imperator Caesar Augustus besiegelte ein Schicksal, das schon viele Generationen zuvor die Einsichtigen ahnten. So beschwor einst 217 (!) der aitolische Delegierte Agelaos von Naupaktos den Antigonidenherrscher und die griechischen Politiker, Eintracht zu üben, denn die »Wolke, die jetzt drohend im Westen stehe«, werde dereinst über Hellas heraufziehen, und er meinte den Sieger des Hannibalischen Krieges (Polybios V, 104).

Das Reich Alexanders

Sosehr Alexanders Ruhm die Welt erfüllt hatte, so prekär blieb die Stabilität seines Reichs. Geschaffen wurde es in einem Feldzug von zehn Jahren (334–324), während dessen der König mit Heer und Hofstaat samt Harem und Kanzlei nahezu permanent unterwegs war. An den äußersten Punkten, die sein Feldzug erreichte, ließ er mit pathetischer Geste, mit Opfern und Altarbauten die Gegenwart seiner Herrschaft verewigen. Doch im Grunde hielt sie nichts anderes aufrecht als die potentielle Präsenz des Heeres, das ein unbezwinglich scheinender König führte, ein König, der mit fürstlichen Gegnern höchst ritterlich verfuhr, an widersetzlichen Feinden aber brutalste Vergeltung üben ließ, der ganze Tage in alkoholischen Exzessen verbrachte und dann wieder äußerste Strapazen auf sich lud, der in der Schlacht sich exponierte, wie er es von den heißgeliebten Helden der Sage gelernt hatte und derweil Herr über ein Reich geworden war, in dem bürokratische Steuereinzieher wie Spezialisten der Naturforschung, blasierte Lehrer der Philosophie wie mondäne Bankiers ihre gewichtige Rolle spielten.

Systematisch nutzte Alexander vorhandene Herrschafts- und Verwaltungsstrukturen. Persönliche Verbundenheit mit der einheimischen Oberschicht, bekräftigt durch großzügige Schenkungen und Verteilung von Ämtern in Heer und Reichsverwaltung, festigte seine Position. Nur selten schuf er neue Supra-Strukturen der Reichsverwaltung, wie etwa die großen überregionalen Finanzdirektionen. Die Residenzstädte des persischen Großreichs blieben Verwaltungszentren. Dazu traten zahlreiche Militärkolonien und proklamierte Neugründungen bestehender Marktorte oder Verkehrsknotenpunkte.

Des Königs Position erwies sich bald als zwiespältig. Seiner makedonischen Umgebung war er zunächst noch der Herrscher eines stammstaatlichen Gefüges: ein König, der mit seinen Vertrauten aus vornehmen Familien zur Jagd und zu Felde zog, mit ihnen Gelage feierte und Rat pflog; ein König, dessen Umgang ehrt, dessen Umgang auch durchaus seine homoerotische, d. h. richtiger bisexuelle Seite hatte. Als König von Asien und Erbe des Großkönigs wuchs er in eine Position von anderer Provenienz und Struktur, wurde Erbe auch des Gottkönigtums der Pharaonen und des großköniglichen Zeremoniells bis hin zum Fußfall *(Proskynese)*. Dazu trat noch Alexanders heftiges Verlangen, als Sohn des Zeus-Ammon respektiert zu werden. All dies entfremdete ihn seiner makedonischen Umgebung und seinem makedonischen Heer, das sich durchaus noch als Volksversammlung in Waffen empfand, dem alten Recht gemäß. Besonders irritierte sie Alexanders Bestreben, die Integration der einheimischen, vor allem der iranischen, Oberschicht in militärische und zivile Ämter, ja selbst in die engere Hofgesellschaft voranzutreiben.

Wie ein Blitz schlug der jähe rätselumwobene Tod des jungen Heros (323) in dieses noch unausgegorene Herrschaftsgefüge. Die Kämpfe um die Spitzenplätze währten über eine volle Generation und verliefen heftiger und opferreicher als der ganze Eroberungszug des Königs. Mehrere Versuche der Machtverteilung durch Agreements der Großen konnten das Hegemoniestreben nach einer alexanderähnlichen Position nicht eindämmen. Eine Reihe von Kriegen mit wechselnden Koalitionen gegen Prätendenten eines Großreichs schuf letzten Endes Machtblöcke, die vorgegebenen Kultur- und Staatseinheiten folgten, die Diadochenreiche.

Seleukidenreich und hellenistische Kultur in Kleinasien

Ihr größtes bildete die Herrschaft des Seleukos. Von der Satrapie Babylonien aus in hartnäckigen Kämpfen geschaffen, umfaßte es bald Medien und den gesamten Iran, dann den syrisch-phoinikischen Raum (ab 301) und Kleinasien (ab 281). Seleukos' Erbe schloß das Problem mit ein, das gewaltige, aber ethnokulturell wie ökonomisch heterogene Gebilde zusammenzuhalten. Weite Regionen Kleinasiens schufen sich bald ihre Unabhängigkeit, Bithynien etwa, das keltische Galatien und Kappadokien, seit den ausgehenden sechziger Jahren auch das Territorium um Pergamon. Pontos und Armenien hatten ihre Unabhängigkeit schon zur Zeit Alexanders gewahrt.

Ganze Serien meist verlustreicher Kriege gegen die Nachbarstaaten, dazu zahlreiche heftige interne Thronkämpfe schwächten das Reich. Restaurationsversuche, wie unter Antiochos III. (223–187), blieben vergeblich. Ja, seine Verstrickung in die römisch-makedonischen Kämpfe trug ihm den Verlust der letzten seleukidischen Territorien in Kleinasien (189/88) und gewaltige Kontributionen ein, während Südsyrien-Palästina, 200/198 dem Ptolemaierreich entrissen, nur kurzen Gewinn brachte. Denn die jüdischen Erhebungen ab dem Jahr 168 führten bald zu einem selbständigen Staat in Palästina. Ebenso gravierend waren die Verluste der Seleukiden im Osten des Reichs, wo sich nach 246 v. Chr. die Region Baktrien (im heutigen Afghanistan und in angrenzenden Gebieten der UdSSR) frei machte. Kurze Zeit später revoltierten die iranischen Provinzen Parthien und Hyrkanien unter Arsakes, dem Begründer des parthischen Reichs (30er Jahre 3. Jh.). Dessen späterer Expansion in Richtung Euphrat schufen

Politisches Denken im Hellenismus

Roms Vorstöße gegen die Seleukiden freie Bahn: Schon um 130/29 war die Macht der Seleukiden auf den Bereich von Nord-Syrien reduziert. Die Reste des einstigen Großreichs zog Pompeius im Jahre 64 als Provinz Syria ein.

In der Anfangszeit wirkten die Maßnahmen zur Stabilisierung der Herrschaft noch durchaus erfolgreich. Das junge königliche Haus suchte sich durch kultische Überhöhung zu festigen und präsentierte sich in den alten Kulturzentren, wie in Uruk oder Babylon, als Wohltäter. Später erwies sich Antiochos III. als großzügiger Förderer Jerusalems. Auf der anderen Seite steht eine Gräzisierungspolitik, getragen durch eine Gründungswelle von Residenzen, Häfen, Marktstädten und Garnisonen, durch die Seleukos I. (312–281) und sein Sohn Antiochos I. (281–261) den Zuzug einer großen Zahl makedonischer und mehr noch griechischer Soldaten und Zivilisten bis hin zu technisch-künstlerischen Spezialisten förderten.

Griechische Zivilisation dominierte in diesen Neugründungen, während sich am Land und in den Zentren der einheimischen Kulturen deren Tradition behauptete. Das kulturelle Bild entspricht dem sozio-ökonomischen Befund: Berufsvielfalt, Geldwirtschaft, Kaufsklaverei, Selbstverwaltungsrechte der städtischen Bürgerschaft... all das glich in der urbanen Welt des Seleukidenreichs den heimatlich hellenischen Verhältnissen. Auch das architektonische Bild der Städte mit ihren Gymnasien, Ratshäusern, Theatern, Tempeln und Plätzen trug deutliche griechische Züge, bis tief hinein in die römische Kaiserzeit. Andererseits markierten die feudalen Landbesitzungen mit ihren Halbfreien, die Dörfer, die großen Heiligtümer mit ihren Bauten und ihrer Priesterschaft deutlich den altorientalischen Erbteil in diesem Reich. Ethno-kulturelle Verschmelzung hinterließ ihre Spuren in der synkretistischen Atmosphäre der vielen, einander wechselseitig beeinflussenden Kulte und in manchen Produkten des Kunsthandwerks. Gerade der syrisch-phoinikische Raum mit seinen neuen Residenzen neben alten Städten und die stark hellenisierten Randgebiete Südsyriens und Palästinas boten ein fruchtbares Terrain für wechselseitige Assimilation. So nannte der um 100 v. Chr. wirkende Satiriker und Epigrammdichter Meleagros aus Gadara (Jordanien) seine Vaterstadt bezeichnenderweise ein Athen in Assyrien und fragte sich selbst: »Bin ich ein Syrer? Was wundert's? Fremder, wir alle bewohnen eine Heimat: den Kosmos, und alle die Sterblichen hat ein Chaos geboren« (*Anthologia Graeca* VII 417, 5 f.).

Mochten sie auch bisweilen nur mehr einen zivilisatorischen Mantel der Weltläufigkeit bilden, mit dem sich gebildete Oberschichten zierten, die Dimensionen, in die griechische Kulturelemente ausstrahlten, erregen zu Recht Bewunderung. Immerhin reichen sie tief in die griechisch-baktrischen Herrschaften, die sich über ein volles Jahrhundert autonomer Regentschaft erfreuten, bis sie in einer großen Eroberungswelle ostiranischer Reiternomaden gegen 130 v. Chr. zugrunde gingen. Schon nach dem Zusammenbruch des indischen Großreichs der Maurya (vgl. oben, S. 100) gegen 180 v. Chr. stießen Feldzüge graeko-baktrischer Dynasten nach Nordwest-Indien vor, bis zum Ganges-Gebiet(?) und zur Indus-Mündung. Diese graeko-indische Reichsbildung zersplitterte bald, doch hielten sich kleinere griechisch regierte Herrschaften im Kabultal und im Pandjab bis ins 1. Jahrhundert n. Chr. Ein hellenisches Erbe lebt noch in der berühmten Gandhara-Kunst des ostiranischen Großreichs der Kuschan (ca. 1.–3. Jahrhundert n. Chr.), verschmolzen mit indischen und heimischen Formen fort.

Auch die Fürsten des arabischen Nabatäerreichs, das sich im 2. Jahrhundert im Norden der großen Routen des Gewürzhandels von Südarabien zum Mittelmeer entfaltete, schmückten ihre Märkte und die Residenz Petra teilweise in der Art hellenischer Städte. Selbst das jüdische Hasmonäerreich, von 142/40 bis zur Eroberung Jerusalems durch Pompeius im Jahre 63 selbständig, öffnete sich zunehmend griechischen Kultureinflüssen (vgl. oben, S. 182 f.). Dabei hatte der im Jahre 168 eskalierte Widerstand der jüdischen Orthodoxie gegen die seleukidische Herrschaft sich ursprünglich vor allem gegen die Anbiederung der eigenen hellenisierten Oberschicht an die fremde Zivilisation gerichtet.

Viele iranische Dynasten der kleinasiatischen Königreiche Bithynien, Pontos, Kappadokien und Kommagene zierten gleichfalls ihre Residenzen mit Errungenschaften dieser internationalen hellenischen Kulturelemente und verbanden sie mit einheimischer Tradition. Mithradates VI. von Pontos (121–63), dessen Königskult Züge der Mithrasliturgie trug und der Kyros wie Alexander als Vorbild beanspruchte, führte sogar im Jahre 88 weite Teile der griechischen Welt in eine blutige Revolte gegen die römische Provinzialmacht. Auch als sein Königreich auf Besitzungen am kimmerischen Bosporus (Krim) reduziert war, wo sich sein Haus noch lange als Schutzmacht der griechischen Städte hielt und Pompeius die Provinz Bithynia et Pontus schuf (64), lebte eine graeko-iranische Synthese fort: Der Kleinkönig Antiochos I. von Kommagene stilisierte den Anspruch seiner Abstammung von den Achaimeniden wie von Alexander und seine direkte Zugehörigkeit zum hellenisch-iranischen Pantheon im grandiosen Grabund Kultmonument des Nemrud Dağ (um 62).

Auf griechische Sprache und Zivilisation konnte selbst die nachmalige Missionierung des Paulus bei den keltischen Galatern im Inneren Anatoliens setzen! Zentrum der griechischen Kultur im kleinasiatischen Raum war freilich das Reich um Pergamon, dessen Königshaus – seit den 60er Jahren des 3. Jahrhunderts souverän – sich als Mäzen und Verehrer Athens präsentierte. Zeitig in Allianz mit Rom vergrößerten seine Herrscher, die Attaliden, ihr Territorium zu Lasten der Seleukiden. 133 fiel das Königreich testamentarisch an Rom. Doch erst nach erbittertem Widerstand konnte es 129 als Provinz Asia kassiert werden, das wohl reichste Beutestück der spätrepublikanischen Expansionsphase.

Ptolemaierreich und Alexandria

Am Ende der Bürgerkriegsära (seit dem Jahre 30) wurde schließlich Ägypten Domäne des römischen Princeps. Einst regierte das Haus des Ptolemaios auch größere Gebiete der Ägäis, Südsyrien und Palästina (bis 200/198), die griechischen Städte der Kyrenaïka (74 als Provinz von Rom eingezogen) und Zypern (ab 58 römische Provinz). Allgemein gilt die Regentschaft der ersten drei Ptolemaier (323–221) als Glanzzeit des Reichs. In Alexandrien, der Metropole am Eingang Ägyptens, erwuchs um den königlichen Hof ein vielbewundertes Zentrum griechischer Literatur und Wissenschaft. Auffälligerweise aber gedieh die große philosophische Tradition Griechenlands im Schatten der Herrschermacht

Politisches Denken im Hellenismus

keineswegs so gut wie die schönen Musen und die praktischen Disziplinen. Um so stärker erblühte eine Atmosphäre religiösen Synkretismus, in engster Verbindung mit dem Bemühen der Könige, ihre Position auch kultisch zu legitimieren. So wollte schon Ptolemaios I. den neu geschaffenen Kult des Sarapis als Instrument der Integration verstanden wissen. Und noch Marcus Antonius und Kleopatra präsentierten sich als Dionysos und Isis und ihre Kinder als Alexander-Helios und Kleopatra-Selene!

Mit der Schwächung der Zentralgewalt setzte eine Renaissance altägyptischer Tradition ein (vgl. oben, S. 116 ff.). Ptolemaios III. eröffnete eine Ära großzügiger Stiftungen zum Neubau von Heiligtümern, die sich bis in die hohe Kaiserzeit fortsetzte. Seine Nachfolger übernahmen die volle Königstitulatur und dann auch das Krönungsritual zu Memphis. Ab dem 2. Jahrhundert wuchsen die steuerlichen Privilegien des hohen Klerus auf den Tempelgütern rapide an. Zudem erlebte die griechische Geisteswelt Rückschläge, bis hin zu einer regelrechten Intellektuellen-Vertreibung aus der Hauptstadt unter Ptolemaios VIII. (145/44).

Über den alten Institutionen in Gauen, Bezirken und Dörfern war eine rein griechisch sprechende Finanz- und Militärverwaltung errichtet worden, zur Sicherstellung der königlichen Einnahmen. Dieses Steuerwesen, zu dem auch königliche Monopole – etwa auf Geldgeschäfte, Zölle wie den Außenhandel mit einer Reihe elementarer Rohstoffe und Fertigwaren – zählten, bedurfte eines beeindruckenden bürokratischen Aufwands. Die Zentralverwaltung des Ptolemaierreichs als ›Staatssozialismus‹ oder ›Planwirtschaft‹ zu charakterisieren, führt gleichwohl in die Irre, allein schon angesichts der primitiven Züge der landwirtschaftlichen Produktion und des Transportwesens. Wachsender Steuerdruck infolge hoher Kriegskosten führte nun ab der Wende zum 2. Jahrhundert fortlaufend zu Unruhen, Streiks, Abwanderung von Landarbeitern und auch vermehrt zu Rivalität zwischen den Bevölkerungsgruppen. Gemischtsprachige, d. h. griechisch-ägyptische Gerichtshöfe wie die Überlassung von Soldatengütern an Einheimische markieren weitere Konzessionen seitens der graeko-makedonischen Herrenschicht. Griechen besiedelten vor allem die größeren Ortschaften Mittel- und Unterägyptens und natürlich Alexandrien. In Oberägypten entstand zwar mit Ptolemaïs ein neues Verwaltungszentrum, doch dominierten rundum die alteingesessenen Ägypter. – Der Ptolemaierstaat beherbergte auch zahlreiche Juden, von Städtern in der Kyrenaika bis zu Militärsiedlern in ägyptischen Landgemeinden. Besondere Bedeutung gewann Alexandrien, wo sich eine spezifische, hellenisierte jüdische Kultur formte, die ein großes literarisches Erbe hinterließ.

Der schlechthin epochale Assimilationsprozeß an die griechische Kultur aber vollzog sich im Herzen des Imperium Romanum selbst. Mächtiger noch als die Eroberung des griechischen Westens wandelte Roms Expansion ins östliche Mittelmeer das kulturelle Antlitz des Siegers: »Griechenland war besiegt, besiegte den wilden Sieger, trug Kultur und Kunst in Latiums bäurische Welt.« Im Sinne der berühmten Verse des Horaz (*Episteln* II 1, 156 f.) figuriert das Römische Reich als der Universalerbe des Hellenismus.[1]

446   Reinhold Bichler

II. Herrscher und Monarchie im Urteil des politischen Denkens

1. Alexanders Reich und das Alexanderbild der Nachwelt

Die Universalmonarchie als Staatsideal und die ersten Hoffnungen auf Alexanders Herrschaft

Mit der politischen Schwäche der verfeindeten griechischen Staaten wuchs die Vorliebe ihrer Philosophen und Propagandisten für die Herrschaft einer starken Hand. Schon Jahre vor Chaironeia setzte das Haupt der Akademie, Platons Schüler und Neffe Speusippos, Hoffnungen auf den Makedonenkönig, dessen Rolle als potentiellen Einigers der Hellenen gegen die Barbaren Isokrates in seinem *Philippos* (im Jahre 346) beschwor. Ja, bereits noch früher waren aus Isokrates' und Xenophons Feder Schriften entstanden, die Formen monarchischer Herrschaft bis hin zur quasi aufgeklärten Tyrannis ihre Reverenz erwiesen. Unter ihnen ragt ein Alterswerk Xenophons hervor, die *Kyrupädie*. Denn schon zwei bis drei Jahrzehnte vor Alexanders Feldzug überwand Xenophon darin die Enge der Polis-Welt und suchte das Staatsideal in einer Universalmonarchie: in der verklärten Reichsgründung des Kyros.

Xenophon, Abkömmling einer begüterten Familie Athens, dessen Herz zeitlebens für ein aristokratisches Ritterleben schlug (vgl. Nickel, 1979), hat das persische Reich gründlich gekannt. Der Gegner der attischen Demokratie suchte nach deren Restauration (im Jahre 403) das Glück in der Fremde, zunächst im Gefolge des persischen Prinzen Kyros, der seinen Bruder, den regierenden Großkönig, zu stürzen hoffte, doch bei Babylon fiel (401). Nachdem sich Xenophon um die Rückkehr der griechischen Söldner Verdienste erworben hatte, fand er im Spartanerkönig Agesilaos seinen neuen Gönner und im Staate der Lakedaimonier seine neue Heimat. Bewunderung für Spartas alte Institutionen, Emphase für den in Selbstzucht Staat und Heer lenkenden Fürsten und die – sokratische – Überzeugung, nur der sittlich und geistig Geeignete könne Herrscher und König sein (*Memorabilien* III 9, 10 – 13) prägen eine Reihe seiner politischen Schriften, so auch die *Kyrupädie*.

Sie wird gerne Erziehungsroman genannt, umfaßt aber Reichsgründung und Herrschaft des Großkönigs bis hin zu seinem Tode und ist nach Ciceros trefflichem Urteil »nicht als zuverlässige Geschichtsdarstellung geschrieben, sondern als Idealbild einer gerechten Herrschaft« (*ad Quintum fratrem* I 1,23). Geschickt kleidete Xenophon griechische Kultur- und Staatsphilosophie in ein orientalisches Gewand. Ob er wirklich auch altiranische Traditionen über Herrscherpflicht und Tugend verarbeitete, bleibt zweifelhaft. So ist das Leitmotiv von persischer Genügsamkeit und Kriegszucht, zu der das üppige Leben der Meder in grellem Kontrast steht, aus dem griechischen Gedankengut wohlvertraut. Von der Schilderung persischer Jugenderziehung, die sehr spartanisch klingt (*Kyrupädie* I 2,2 ff.), spannt sich der Bogen bis zu Kyros' Warnung vor den Verlockungen des Wohllebens nach vollbrachten Eroberungstaten (VII 5,72 ff.). Die Gefahr der Dekadenz beherrscht auch Xenophons Abschlußbetrachtung: Jetzt seien die Perser weniger fromm, pflichtvergessener, ungerechter und unmännlicher als vormals (VIII 8,27). Damals hielten Genügsamkeit,

Politisches Denken im Hellenismus

Selbstzucht und Pflichterfüllung die Herrscherstellung des führenden Volkes aufrecht. Aber eine solche Position ist rasch gefährdet. Denn Reichtum wirkt verderblich, und schließlich liegt der Sinn aller Kriegführung im Erwerb der Güter der eroberten Völker und Länder (exemplarisch VI 2,22; VII 5,73). Dieses Grundprinzip des Krieges bleibt unangetastet, doch wird die Brutalität des Krieges durch zahllose Exempel königlicher Milde und Ritterlichkeit gemildert. Wie Xenophons Idealstaat den Krieg zu veredeln sucht so auch die monarchische Gewalt. Im Gleichnis des Bienenkönigs, dem die Liebe seiner Gefolgschaft gehört (V 1,24), und des Guten Hirten (VIII 2,14) drückt sich die Beziehung des Herrschers zu den Beherrschten in patriarchalischer Milde aus. Fest ist der ideale König in die sittliche Pflicht genommen: »Ich meine«, sprach schon der Jüngling Kyros zu seinem Vater, »der Herrscher solle sich von den Beherrschten nicht durch Leichtlebigkeit unterscheiden, sondern durch Fürsorge und die Bereitschaft, Mühen auf sich zu nehmen« (I 6,8). Aber auch der ideale König bleibt Autokrator, steht über dem Gesetz, da er selbst ein »sehendes Gesetz« darstellt, das die Gesetzesbrecher gleich erkennen und bestrafen könne (VII 1,22). Da kündigt sich schon eine traditionsreiche Formel der hellenistischen Königsideologie an, die des Königs als *nomos empsychos*, als lebendiges Gesetz.

In Alexanders Eroberungszug schien das Idealbild einer Universalmonarchie greifbare Gestalt zu gewinnen. Doch die Enttäuschung seitens jener Griechen, die im Sinne des Isokrates Hoffnungen auf eine philhellenische Kolonialpolitik gegenüber dem persischen Gegner setzten, kam bald. Genau in die Krisis der Stimmung führt ein unter dem Namen des Aristoteles in arabischer Übersetzung erhaltenes Sendschreiben an Alexander (franz. Text bei J. Bielwaski – M. Plezia 1970). Indizien stützen seine Datierung ins Jahr 330, als der Makedone Dareios besiegt, die griechischen Bundeskontingente entlassen und sich ins Innere Asiens aufgemacht hatte (vgl. Plezia, 1969/70). Der Text liest sich wie ein vergeblicher Fürstenspiegel. Alexander soll sich dem Wohl der Städte und der Gesetzgebung widmen, das schaffe ihm Ruhm. Nur wenn der Herrscher auf Befolgung der Gesetze dränge, könnten diese wirksam sein. Dazu bedarf es einer legitimen, nicht auf Tyrannei basierenden Regierung (*Pseudoaristoteles ad Alexandrum* 3,1). Gerade die unzuverlässige große Menge brauche eine starke Hand (4,4). Eindringlich appelliert der Autor an Alexander, seine Untertanen als Vertraute und nicht als Untertanen zu behandeln (4,8; 12,1 ff.). Liebe und Bewunderung des Volkes winken ihm als Lohn.

Gerade die Intensität, mit der Gerechtigkeit und Rechtlichkeit als oberste Pflichten des Herrschers beschworen werden, während die Tyrannis als der wahren Königsherrschaft völlig entgegengesetzt erscheint (12,6), erweist die prekäre Lage der politischen Philosophie in einem autokratischen Reich. Was bleibt ihr übrig, als dem Monarchen zu suggerieren, daß ihm Wohlwollen und Milde mehr Ruhm verschaffen werden als vergängliche Kriegstaten, daß er nur in den Herzen seiner Untertanen fortleben könne (18,3)?

Politisch-philosophische Tendenzen im antiken Alexanderbild

Sehr rasch bemächtigte sich die Legende des großen Makedonen und hob ihn, je nach Stimmungslage, zum idealen Herrscher empor oder würdigte ihn zum tyrannischen Schreckbild herab. Indes seine historischen Züge verblassen, gerät Alexander damit zum staatsphilosophischen Versatzstück, werden die Urteile über seine Person zu »Transparenten grundsätzlicher staatsphilosophischer Stellungnahmen« (Alfred Heuß, 1954/1979, S. 171). Ein erster Überhöhungsprozeß setzte schon mit der Tätigkeit seines Hofchronisten Kallisthenes von Olynth ein, eines Verwandten des Aristoteles, der Alexander zunächst panegyrisch feierte, soweit das die überlieferten Fragmente bzw. Zitate erkennen lassen. Doch starb Kallisthenes, als Kritiker königlicher Willkür unbequem geworden und der Mitschuld an einer Verschwörung bezichtigt, bereits 327 unter grausamen Martern. Welchen Anteil sein Tod an den vielen tyrannenfeindlichen Facetten hat, die aus der späteren Alexanderüberlieferung aufblitzen, bleibt ungewiß. Für Theophrast, Aristoteles' Nachfolger als Schulhaupt des Peripatos, ist eine – verlorene – Schrift *Kallisthenes oder über die Trauer* bezeugt, die der Macht der Tyche, des Schicksals, galt. Darin trat Alexander als Günstling der Fortuna auf, der Macht und Glück nicht zu tragen verstand (vgl. Cicero, *Tusculanen* III 21). Weitere Zeugnisse philosophischer Alexanderschelte bleiben zunächst noch rar. Der Stoiker Diogenes von Seleukeia etwa hob hervor, daß Alexanders Pädagoge Leonides seinen Schützling mit Lastern infizierte, die ihm noch als großem Herrscher anhafteten (F 51 Arnim = Quintilian I 1,8). Das wohl auch in den Philosophenschulen diskutierte, gegensätzliche Sujet vom Wandel des an sich charaktervollen Aristotelesjüngers zu einem hochmütigen, grausamen und maßlosen Tyrannen wußte dann Cicero, auf Caesars Herrscherattitüde gemünzt, zum warnenden Exempel zu erheben (*An Atticus* XIII 4,2 = 28,3).

Unterdes hatte sich in der Historiographie eine Tradition breitgemacht, die ruhmvolle Legenden und wilde Greuelgeschichten in ihrem Alexanderbild vermischt, die sog. *Vulgata*. Als ihr Urheber gilt der Historiker Kleitarchos, über dessen Leben und Werk freilich wenig Sicheres bekannt ist. Diodor, Trogus-Justin und Curtius bewahren das Erbe dieser Vulgata. – Diodor, Grieche aus Sizilien und zu Caesars Zeiten in Rom ansässig, schrieb eine Weltgeschichte, deren 17. Buch ganz Alexander gehört. Eine lateinische Universalgeschichte legte dann Pompeius Trogus, ein gebürtiger Gallier, wohl noch zur Zeit des Augustus vor. Erhalten ist sie leider nur im rigoros gekürzten Auszug eines Justinus, der vermutlich im frühen 3. Jahrhundert n. Chr. tätig war. So wirkt Trogus' Alexanderbild (Justin XI–XII) knapper als das Diodors und viel stärker auf ein schillerndes, ja antithetisches Charakterproträt hin angelegt. Ein nicht näher bekannter Curtius Rufus schuf dann – wahrscheinlich im 1. Jh. n. Chr. – zehn Bände *Historiae Alexandri Magni*, deren Gros (III–X) uns bewahrt ist. Curtius schreibt fesselnd, mit einem Hang zur scharfen Charakterstudie und mit bisweilen enthemmter Fabulierlust.

Diese *Vulgata* verband nun Alexanders Entwicklung mit dem geläufigen Dekadenz-Klischee. Diodor (XVII 77), Justin (XII 3) und Curtius (VI 6,1 ff.) schildern unisono im Anschluß an die Legende von Alexanders Liebesnächten mit der Amazonenkönigin den Schritt des Makedonen zum Despoten, der persischem

Politisches Denken im Hellenismus 449

Luxus verfällt. Schon Livius bediente sich dieser in der hellenistischen Tradition vorgegebenen Sittenverfalls-Topik, um die in reichsfeindlichen Kreisen beliebte Vorstellung, daß Alexander auch Rom hätte besiegen können, im Rahmen seiner römischen Geschichte energisch zurückzuweisen: An der unverdorbenen Manneszucht der intakten alten Republik hätten Alexander und sein Heer, durch Übermaß des Glücks und Wohlleben korrumpiert, den Meister gefunden (Livius IX 17–19). Und noch in der Hofliteratur zu Neros Zeit muß Alexander als blutrünstiger Tyrann par excellence herhalten. M. Annaeus Lucanus stilisiert ihn in seinem Bürgerkriegsepos zu einer größenwahnsinnigen Geißel der Menschheit, um damit Ceasar, der sich Alexander zum Vorbild nahm, noch tiefer zu treffen (*Pharsalia* X 20–52). Auch sein Onkel Seneca stellte Alexander und Caesar in eine Reihe wahnwitziger Potentaten, die nur Krieg und Zerstörung über die Erde bringen (*Episteln* 94,62 ff.). Bereits in seinem Fürstenspiegel für den seiner Erziehung anvertrauten jungen Princeps hatte Seneca den Makedonen als Beispiel schrecklicher Grausamkeit zitiert (*De clementia* I 25,1). Welch tragische Ironie, daß Neffe wie Onkel im Jahre 65 durch Nero, dem solche Tyrannenkritik ja als warnende Lehre zugedacht war, zum Selbstmord gezwungen wurden! – Noch über hundert Jahre später wirkt in Mark Aurels tagebuchhaften Betrachtungen dieses moralisierende Urteil stoischer Prägung fort: Alexander wie Caesar sind ihm bloß Zerstörer von Städten, Urheber grauenhafter Gemetzel und Beispiele menschlicher Nichtigkeit (3,3).

Wie leuchtet dagegen Alexanders Gestalt, wenn er im Gespräch mit Philosophen als deren idealer Partner vorgeführt wird! Das bietet doppelten Vorteil. Die Philosophie legitimiert ihre Position im Dienste des monarchischen Staates und dadurch zugleich den monarchischen Staat. Am Beginn steht das bruchstückhaft auf uns gekommene, an Xenophons *Kyrupädie* orientierte Werk über Alexanders Werdegang, in dem der Obersteuermann der königlichen Flotte, Onesikritos von Astypalaia, seinen Heros als kynisch inspirierten Weltherrscher darstellte (vgl. Brown, 1949). Strabon bewahrt eine Episode aus Onesikritos' Erzählungen, in der Alexander vom Nestor einer Gruppe nackter indischer Brahmanen, die ganz als radikale Kyniker gezeichnet sind, höchstes Lob erfährt: Trotz seiner gewaltigen Herrschaft strebe der Makedone nach Weisheit, als Philosoph in Waffen sei er eine einzigartige Erscheinung; und es sei ja nichts nützlicher, als daß ein Weiser alle Macht habe, könne er doch die Menschen zur Besonnenheit führen oder zwingen (Strabon XV 1,64).

Die Krone der kynischen Alexander-Interpretation bildet des Königs Begegnung mit Diogenes, die zu einem Kranz von Anekdoten und geschliffenen Sentenzen ausgestaltet wurde. Dion von Prusa, der große Rhetor aus Bithynien, der, von Domitian im Jahre 82 n. Chr. verbannt, als Wanderprediger durch Provinzen des Imperiums zog, bis er zu neuen Ehren kam, dankte seinem Gönner Trajan u. a. mit vier an ihn adressierten Reden über das ideale Königtum. Zweimal nimmt darin Alexander, das bewunderte Vorbild des eroberungslustigen Kaisers, eine Hauptposition ein. Einerseits dient er – im Gespräch mit seinem Vater Philipp dargestellt – als Verkünder des wahren Königtums: »Den tapferen und menschlichen König aber, der seinen Untertanen wohlwill, die Tüchtigkeit in Ehren hält und seinen Ehrgeiz dareinsetzt, nicht schlechter als die Guten dazustehen, die Ungerechten zur Besinnung zwingt, den Schwachen beisteht – solch einen König bewundert Zeus« (Rede 2,77; dt. v. W. Ellinger). Andererseits aber muß Alexander, im Dialog mit Diogenes vorgeführt, die bittere Lektion hinnehmen, daß er das wahre, gottgegebene Königtum verfehle, solange er von Ruhmsucht, Habsucht und Genußsucht nicht völlig frei sei (Rede 4), eine Lehre, die Trajan offenbar nicht mehr nötig hat (vgl. 4,139). – Bald bemächtigte sich die rückschauende politische Phantasie auch der Strukturen von Alexanders gewaltigem Reich und las in sie kolossale Willensakte des Königs hinein, ein Prozeß, der große Zauberkraft auf die Wissenschaft ausübte. So trifft das Stigma der Hyperkritik und des Minimalismus jene kleine Schar skeptischer Forscher, denen der Makedone nicht als Protagonist neuer Reichskonzeptionen gelten will[2].

Notorisch umstritten sind die bei Diodor überlieferten angeblichen letzten Pläne Alexanders, die sog. Hypomnemata, denen zufolge er u. a. vorhatte, mit tausend Kriegsschiffen bis zur Straße von Gibraltar vorzustoßen und Bewohner Asiens nach Europa und umgekehrt zu verpflanzen, um diese Kontinente durch Wechselheiraten zu familiärer Eintracht und Freundschaft zu führen (Diodor XVIII 4). Seine sonstigen Maßnahmen, die die zuverlässigere Überlieferung bezeugt, weisen zwar klar auf die Absicht, vor allem iranische Eliten in die Reichsverwaltung zu integrieren, doch kaum auf effektive Pläne einer großen ethnischen Verschmelzung! Auch die Massenhochzeit von Susa, welche die asiatischen Konkubinen der hohen makedonischen Würdenträger wie der Soldaten legitimierte, und Alexanders Gebet in Opis, Eintracht und ein gemeinsamer Anteil am Reich möge Persern und Makedonen beschieden sein (Arrian VII 11,9), weisen in diese Richtung. So tadelte auch Eratosthenes von Kyrene, der unter Ptolemaios III. (246–221) die Bibliothek zu Alexandrien leitete, diejenigen – und das gilt Aristoteles –, die Alexander rieten, die Hellenen als Freunde, die Barbaren als Feinde zu behandeln, und lobt des Königs Klugheit, möglichst viele hochgeachtete Männer ohne Rücksicht auf das Hellenen-Barbaren-Schema aufgenommen und geehrt zu haben (Strabon I 4,9).

In Alexanders angeblichen Verschmelzungsplänen spiegelt sich bereits die stoisch-kynische Lehre vom Weltbürgertum, die ihrerseits ohne die vorherige Erfahrung des monarchischen Vielvölkerstaates, für dessen Bildungs- und Verwaltungsaufgaben die alte Opposition von Hellenen und Barbaren an Relevanz einbüßte, keine so klaren Züge gewonnen hätte! Von höchstem Interesse ist nun das Alexanderbild bei Plutarchos von Chaironeia, der hochgeehrt in hadrianischer Zeit verstarb und einen wahren Schatz an Bildungsgut seiner Zeit hinterließ. Er, der angesehene und vielgereiste griechische Bürger im Römischen Weltreich, durchbrach eine längere Tradition alexanderfeindlicher Äußerungen und stilisierte seinen Heros zum wahrhaftigen Erfüller dessen, was Zenon, der Gründer der Stoa, einst erträumt haben soll: des von griechischer Kultur erfüllten Weltstaats. Es handelt sich um die erste von zwei Reden *Über Alexanders Glück oder Tüchtigkeit*, vermutlich rhetorische Jugendwerke, in Domitians Zeit verfaßt, vielleicht aber auch erst in der Ära Trajans und seiner Alexanderverehrung. Plutarch vereinigt hier drei heterogene Ideen zu einem Kolossalgemälde. Die Idee einer Mission Alexanders als eines Exponenten hellenischer Kultur in Asien, die kosmopolitische Konzeption Zenons und die Vorstellung von der Völkerverschmelzung in einem Becher der Liebe – so die berühmte, aus dem

Politisches Denken im Hellenismus   451

Umtrunk bei der Massenhochzeit zu Susa abgeleitete Metapher (*De Alexandri
magni fortuna aut virtute* I 329 c) – formen ein verklärtes Bild von Alexanders
Reich, in das unübersehbar zeitgenössische Prinzipatsideologie einfließt. Dem
Makedonen widmete Plutarch noch eine vielgelesene Vita im Rahmen seiner
kunstvollen, aber unkritischen Doppelbiographien römischer und griechischer
Geschichtsheroen, ein leicht geschöntes Charakterporträt, nicht auf Schmeichelei berechnet, doch auf moralisierenden Effekt.
Hadrianischer oder antoninischer Zeit entstammt schließlich das beeindruk-
kendste Werk über Alexanders Feldzug: sieben Bücher, ergänzt durch ein In-
dienbuch, aus der Feder des Arrianos von Nikomedeia, der unter Hadrian eine
glanzvolle Karriere durchlief und später in Athen lebte. Seine kritische Grundeinstellung ließ ihn nach zuverlässigeren Quellen über Alexander suchen, als sie
die *Vulgata* bot. Er fand sie in uns verlorenen – freilich auch nicht tendenzfreien
– Werken von Augenzeugen. Auch Arrian, dessen Werk uns als Kontrollinstanz
für die unzähligen Phantasien über Leben und Ideen des großen Alexander gilt,
zollte seinem Ruhm den schuldigen Tribut: Er sei, so bekannte er, davon überzeugt, »daß es kein Volk und keine Stadt damals oder auch nur einen einzigen
Menschen gegeben hat, zu dem nicht der Name Alexanders gedrungen wäre.
Daher scheint er auch mir nicht ohne göttliche Einwirkung zur Welt gekommen
zu sein, er, der Mensch ohnegleichen!« (VII 30,2; dt. v. W. Capelle).

2. Die hellenistischen Königreiche im Spiegel des politischen Bewußtseins

Die Wahrnehmung des hellenistischen Königtums durch Nichtgriechen

Stellte für das politische Bewußtsein der Griechen die absolute Form der Monarchie einen signifikanten Aspekt der neuen hellenistischen Staaten dar, so bildete für die alteingesessene Bevölkerung die kulturelle Dominanz der fremden
graeko-makedonischen Herrenschicht – neben der ewigen Untertanennot, dem
Steuerdruck – das hervorstechende Gravamen. Das verleiht jenen Werken stärkeres Gewicht, in denen nun Vertreter der einheimischen Eliten den neuen
Machthabern ihre alten mythisch-historischen und kultischen Überlieferungen
präsentieren: zur Wahrung der eigenen kulturellen Identität und um Verständnis für deren Wert zu gewinnen. So widmete der ägyptische Priester Manethon
von Sebennytos Ptolemaios II. drei Bände ägyptische Geschichte, von der Frühzeit bis zum Vorabend des Alexanderzugs reichend, wovon Auszüge erhalten
sind. Unsere Dynastien-Einteilung geht auf sie zurück. Mit Schöpfungs- und
Fluterzählung beginnend, stellte der Marduk-Priester Berossos aus Babylon die
Geschichte Babyloniens und seiner Königshäuser bis auf Alexander dar, ebenfalls in drei Büchern, und adressierte sie an Antiochos I. Ihre Überlieferung ist
fragmentarisch. Als später die Juden Palästinas ihre letzten nationalen Hoffnungen im Kriege gegen Rom verlieren mußten (66–70 bzw. 74 n. Chr.), führte
Josephus Flavius, Abkömmling eines noblen Priestergeschlechts von Jerusalem
und prominenter Verfechter des Ausgleichs mit Rom in zwanzig Büchern Geschichte und Kultur seines Volkes von der Schöpfung bis Nero vor, eben um die

Rettung der jüdischen Identität besorgt. Als Erbe des Hellenismus ist Rom die Macht, der gegenüber die altehrwürdigen Traditionen der besiegten Völker bewahrt werden sollen. Mit gewissem Recht läßt sich auch noch Philon von Byblos hier nennen, der zu Hadrians Zeit phoinikische Geschichte, vor allem ihre mythischen Traditionen, überliefert, allerdings gebrochen durch die rationalisierende Betrachtung in griechischer Manier. Fragmente seiner Schriften sind überliefert, die *Jüdischen Altertümer* des Josephus ganz.

Faszinierend wirkt ein Seitenblick auf die Wahrnehmung des hellenistischen Königtums im souveränen indischen Kulturbereich. Aśoka, der berühmte König der Maurya-Dynastie, wendet sich in seinem XIII. Felsedikt – nach 261 v. Chr. – den Herrschern über das Seleukidenreich, über Ägypten und die Kyrenaika, Makedonien und Epiros zu und nennt sie mit Namen. Bis zu ihnen möchte er die Eroberung durch den Dharma vorantreiben, die ihm so viel wichtiger erscheint als die von Übeln begleitete Eroberung durch Waffen. Die Befolgung des rechten Weges der religiös-sittlichen Pflichterfüllung, des Dharma, im Sinne eines Buddhismus für breitere Kreise verstanden, figuriert als Eusebeia, als fromme Hinwendung, in einer griechischen Inschrift sowie in einer griechisch-aramäischen Bilingue der Region Kandahar (jetzt Kabul), die vom Missionierungseifer des Königs, d. h. auch: von der Politik einer religiösen Integration zeugen. Wahrscheinlich gehörte die Region damals zum Seleukidenreich, mit dem diplomatischer Verkehr herrschte und dessen griechische wie auch der Kanzleisprache Aramäisch mächtige iranische Bevölkerung Aśoka ansprechen will. – Fromme buddhistische Literatur verewigte später den tiefsten Vorstoß hellenistischer Herrschermacht in den Nordosten Indiens bzw. seinen Urheber, den graeko-indischen König Menandros. Das Milindapanha, die Fragen des Menander/Milinda, führen den König als hochgebildeten Vertreter skeptischer griechischer Rationalität im Dialog mit dem buddhistischen Mönch Nagasena vor, der sich nach langer Disputation als überlegener Meister erweist und den König für die Lehre Buddhas gewinnt. Der ursprüngliche Text dieser Bekehrungslegende und Lehrdarstellung entstand gegen Christi Geburt. Die erhaltene Fassung ist jünger[3].

In einer viel heikleren Position zur griechischen Kultur stand die vitalste Tochter der altorientalischen Geistigkeit: die in Heimat und Diaspora lebendige Tradition der Juden. Besonders heftig reagierten jüdisch-orthodoxe Kreise auf die wachsende Assimilation der Oberschichten an die hellenische Zivilisation, deren Förderung durch Antiochos IV. neben härteren Steuermaßnahmen diesen Monarchen schon vor der Entweihung des Tempels im Jahre 168 zum Feindbild erwachsen ließ. Das *Erste Makkabäerbuch*, ein griechisch überliefertes, an der alttestamentlichen Historiographie geschultes Werk, verfaßt von einem gebildeten Juden Palästinas gegen Anfang des 1. Jahrhundert v. Chr., tadelt dementsprechend seine Politik der Vereinheitlichung der Reichsbewohner und Völkerschaften und den Zwang, eigene Gesetze und Gebräuche aufzugeben (1 Makk. 1,41 ff.).

Den national-religiösen Bewahrern der Vätersitte, die sich von fremder Kultur und Herrschaft in ihren Wurzeln bedroht sahen – wie einst durch Antiochos IV., so später durch das hellenisierte eigene Königtum der Hasmonäer und Herodianer und schließlich durch Rom –, bot sich nun in der apokalyptischen Vision ein

Politisches Denken im Hellenismus 453

Mittel der Selbstbehauptung. Eine ganze Fülle von Geschichtsvisionen, in denen die jeweilige Gegenwart als Vorphase der erhofften Endzeit Deutung findet, zieht sich vom Vorabend der Makkabäerkriege bis tief in die Kaiserzeit hinein. Als Prophezeiung einer gegen alles vernünftige Kalkül erhofften, von himmlischen Mächten bewirkten Zukunft verkleidet sich eine im Grunde verzweifelte politisch-soziale Gegenwartskritik. Der Grundzug dieser Apokalyptik wurzelt bemerkenswerterweise nicht allein im älteren prophetisch-visionären Schrifttum der Juden, sondern hat auch sein engst verwandtes Gegenstück in der hellenistischen Nachbarwelt.

Bereits das unter Lykophrons Namen überlieferte Gedicht *Alexandra* läßt seine Titelfigur, die sagenberühmte trojanische Unheilskünderin Kassandra (= Alexandra) in langen dunklen Prophezeiungen vermutlich auch die Gegenwart des römisch-makedonischen Machtkonflikts der Jahre 200/197 und eine erhoffte ausgleichende Zukunft – offenbar noch mit versteckter Emphase für Rom! – beschwören (Vers 1435–1450). Auf Roms Demütigung des Seleukiden Antiochos III. bezogen, kehrt hingegen das Motiv der Revanche mittels einer Prophezeiung des künftigen Weltgeschehens in Fragmenten des kaiserzeitlichen Historikers Phlegon wieder (F 36 III Jacoby Nr. 257; vgl. H. Fuchs [2] 1964, 5 ff.). Aller Einsicht zum Trotz wird der erhoffte Sieg Asias über Roma verkündet – ein Instrument der Propaganda und des Widerstands gegen die siegreiche Übermacht.

Im jüdischen Schrifttum deutet nun vor allem das Buch *Daniel* – 167/64 verfaßt – die Seleukidenmacht und ihre Freveltaten als Zeichen der erhofften Endzeit und prophezeit dem Sieger auch ein militärisches Debakel (Dan. 11,40 ff.). Wie nach der Schwächung der Seleukiden Rom an die Stelle der apokalyptischen Feindesmacht tritt, lassen die berühmten, griechisch tradierten Sibyllinischen Orakelsprüche erkennen, deren 3. Buch ins 2. Jahrhundert v. Chr. zurückführt. Doch die ganze Breite der jüdischen Apokalyptik wie überhaupt der jüdisch-hellenistischen, d. h. auch: griechisch verfaßten Literatur kann hier nur pauschal erwähnt werden [4].

Die Intensität der hellenischen Kultureinflüsse lehrt das *Zweite Makkabäerbuch* besonders drastisch, gerade weil es in Wahrung der jüdischen Identität verfaßt wurde. Sein Hauptteil (ab 2 Makk. 2,19) stellt sich als etwas jüngerer Auszug eines – gegen 100 v. Chr. verfaßten – griechischen Geschichtswerks des Iason von Kyrene dar. Seine legendengläubige jüdische Tendenz, nicht zuletzt die eindeutige Dokumentation eines Auferstehungsglaubens verleihen dem in 2 Makk. gebotenen Auszug große religionsgeschichtliche Bedeutung, doch bietet er auch der politisch-ideengeschichtlichen Forschung sehr bemerkenswerte Aspekte. Wirkt doch in ihm die Hellenisierung so stark, daß das traditionelle jüdische ›Gesetz‹, dessen Wahrung und Rettung ja im Vordergrund der geschilderten Handlung steht, mit dem Ausdruck *Politeia* bezeichnet ist, also mit dem ursprünglich die Polis-Ordnung bezeichnenden klassischen Terminus (vgl. 2 Makk. 8,17). Diese Begriffserweiterung von *Politeia* zeigt nicht nur die mögliche Ausweitung der griechischen politischen Theorie und ihres Vokabulars auf nicht-griechische hochorganisierte Staatswesen, sondern auch die zunehmend geringere Bedeutung der stadtstaatlichen Bürgerverfassungen in der hellenistischen Ära. Auch bezeichnet gerade 2 Makk. die Übernahme griechischer Kul-

turelemente und Sitten – konkret: die Hinwendung der Jerusalemer Nobilität zu
Gymnasium und Sport, griechischer Tracht, griechischen Ehrentiteln und griechischem Bürgerrecht – erstmals mit dem Begriff Hellenismos (2 Makk. 4,13).
Wie man sieht, sind auch die Feinde dieses ›Hellenismus‹ ihm schließlich vollends verfallen.

Den kühnsten Vorstoß in der Nutzung griechischer politischer Ideen demonstriert der Briefbericht des Pseudo-Aristeas über die Genese der angeblich von
Ptolemaios II. veranlaßten Tora-Übersetzung, des Grundstocks der griechischen
Bibelübersetzung in der alexandrinischen Diaspora. Nach der im Aristeas-Brief
überlieferten Legende von den 72 Übersetzern aus Palästina trägt diese ja den
Namen Septuaginta (LXX). Als historischer Kern der im 2. Jahrhundert konzipierten fiktiven Schrift wird meist das tatsächliche Interesse des Königs Ptolemaios II. (285–246) an der besseren Integration nicht nur von Alexandriens
gebildeten Juden, sondern auch der vielen im Lande ansässigen jüdischen Mili-
tärsiedler betrachtet. Interessanterweise sind an die Geschichte von der Tora-
Übersetzung mehrere Partien angehängt, darunter ein längeres Tischgespräch
des Königs mit den 72 Gelehrten (Pseudo-Aristeas 187–300). In diesen Gesprächen unterweisen die jüdischen Gelehrten den König über die Pflichten seines
Amts in Art eines Fürstenspiegels und demonstrieren eine überlegene Position –
der König ehrt und respektiert sie. Der Wunsch der assimilierten Juden Alexandriens, sich gegenüber den Nicht-Juden wie den nicht hellenisierten Juden in
kulturell-geistiger Eigenständigkeit zu behaupten, trägt unverkennbar die ganze
Schrift. Im Tischgespräch stellen die jüdischen Weisen von vornherein den – im
offiziellen Staatskult als Gottkönig verehrten! – Herrscher unter die Autorität
des jüdischen Gottes. Gottes Milde soll der König nachahmen, mit der Furcht
Gottes soll er sein Handeln und Denken beginnen (187 ff.). Wohlwollen gegen
die Untertanen, auf ganz konkrete zeitlose Untertanen-Not gemünzt, wird ihm
auferlegt: Milde soll der Herrscher üben, nicht grundlos strafen und foltern, vor
allem: sich selbst beherrschen (vgl. 203 ff.). Die generelle Leibhaftigkeit des
Menschengeschlechts, das »Bedenke, daß Du Mensch bist« (211), mithin die
Macht des Schicksals wird – in einer wahren Synthese griechisch-jüdischen Tra-
ditionsguts – ebenso zur Begrenzung der königlichen Absolutheit aufgeboten
wie die unvergleichliche Größe Gottes. Denn wie soll man die sittliche Bindung
königlicher Macht, die keiner Konstitution unterworfen ist, anders einklagen
als durch Verweis auf höhere Mächte? Die zeitgenössische politische Theorie
griechischer Intellektueller hatte genug Anlaß, sich mit dieser Frage herumzu-
schlagen.

Die hellenistischen Herrscher im Erleben der Griechen

Das Gottkönigtum der hellenistischen Dynasten erfuhr zwar Einflüsse aus der
altägyptischen Königsideologie, vor allem natürlich unter den Ptolemaiern,
doch seine Wurzeln liegen im griechischen Kult anthropomorpher Götter und
Heroen. Mit der Auflösung traditioneller kultisch-mythischer Bindungen im
griechischen Aufklärungszeitalter (6./5. Jahrhundert) und der Schwächung der
Eigenstaatlichkeit der großen Poleis seit dem Desaster des Peloponnesischen
Kriegs sowie der nachfolgenden Hegemonialkämpfe wurde die Bahn frei, kulti-

Politisches Denken im Hellenismus

sche Ehren auf souveräne Retter aus politischer Not zu übertragen. Die Samier beschlossen kultische Ehren für Lysander, den Sieger über Athen im Jahre 405/4, die Syrakusaner für Dion, der sie 357 von der Tyrannis befreite – und bald eine neue errichtete. Göttliche Ehrungen für die großen makedonischen Könige seit Amyntas III., dem Vater Philipps II., erfolgen an einzelnen Orten der griechischen Welt und häufen sich in der letzten Ära Alexanders. Den Diadochen und Dynasten der hellenistischen Staaten brachten die politischen Gremien griechischer Poleis in wachsender Häufigkeit göttliche Ehrungen dar, auch als Dank für die Gewährung kommunaler Freiheit und steuerlicher Privilegien. Dieser Prozeß mußte sich auf die Bewertung der Monarchie in der staatsphilosophischen Diskussion auswirken!

Als Demetrios Poliorketes im Jahre 307 im Zuge der Diadochenkämpfe Herr über Athen wurde, feierte ihn die Bevölkerung als Befreier von zehnjähriger Tyrannis und erwies ihm und seinem Vater Antigonos göttliche Ehren. Der Titel eines Heilands und göttlichen Retters (*Soter*) sowie goldene Standbilder neben denen der einstigen Tyrannenmörder, den Heroen der Republik, wurden den Diadochen zu einer Zeit zuteil, als Volk und Staat immer noch jährlich der glorreichen Siege über die Perser und den Großkönig gedachten und ein Philosoph wie Epikur seine agnostizistische Lehre entfaltete. Doch die Ohnmacht der himmlischen Schutzgötter vermag die Zuwendung zu lebendigen Schutzherren zu verstärken. In einer späteren Phase der Herrschaft des nunmehrigen Königs Demetrios, wohl nach 294, entstand ein Kultlied auf ihn, das ihn nun als Sohn von olympischen Göttern preist und Demeter von Eleusis zur Seite stellt. »Heil dir! Denn andere Götter sind weit entfernt oder haben keine Ohren oder sind nicht oder kümmern sich gar nicht um uns. Dich aber sehen wir gegenwärtig, nicht aus Holz oder Stein, sondern in Wahrheit. Deshalb beten wir dich an«, heißt es im Hymnus, der Demetrios zugleich in der Tradition orientalischer Vorstellungen vom göttlichen Königtum der Sonne gleichstellt (Duris von Samos bei Athenaios VI 253 d–f; dt. bei P. Weber-Schäfer II 1976, 91 f.). Gnädig gewährte Demetrios die Restauration der Demokratie, doch fehlte ihre einstige Grundlage: die faktische Souveränität des Staates der Athener.

Angesichts dieser Entwicklung im Heimatland der Demokratie nehmen die Verhältnisse in den hellenistischen Staaten des Orients kaum wunder. Daß Freiheit und Demokratie der großen Städte unter seleukidischer Herrschaft nicht viel mehr hießen als Gewährung steuerlicher Privilegien und kommunaler Autonomie, legen zahlreiche Inschriften in Verbindung mit historiographisch bezeugten Episoden königlichen Machtanspruchs nahe. Nicht umsonst ist schon von Seleukos der bezeichnende Ausspruch überliefert, daß das vom König Festgesetzte immer rechtens bzw. gerecht sei (Appian, *Syrische Kriege* X 61).

In den Strukturen des Ptolemaierreichs, das in seinen Kernlanden überhaupt keine Tradition freier Poleis kannte, glaubten Bewunderer sogar klassische Anliegen der griechischen Staatstheorie verwirklicht zu sehen! Bei Diodor findet sich eine sehr idealisierte Schilderung von Staat und Gesellschaft Ägyptens, die auf Hekataios von Abdera zurückgeht, der unter dem ersten Ptolemaier das Land besuchte. Sein lobendes Bild der ständischen Gliederung, die bis zur Berufswahl fixiert ist (Diodor I 73–74), spiegelt wenig ägyptische Realität, wohl aber Gedankengut Platons (vgl. *Politeia* II 369 b ff.; 374 b). In Ägypten sitzen nicht wie in

den Ländern mit demokratischen Poleis Bauern und Handwerker in der Volksversammlung und richten darin, von anderer Leute Geld bezahlt, den Staat zugrunde, weiß Hekataios der königlichen Autokratie zu schmeicheln (Diodor I
74,7). Dabei greift er sogar auf einen Gemeinplatz längst obsoleter, aristokra-
tisch-oligarchischer Kritik an Athens Demos-Herrschaft zurück!
Auch der alte Streit um die beste Verfassung bei Wahl dreier reiner Typen –
Oligarchie, Demokratie (respektive Isonomie), Monarchie –, wie ihn Herodot
(III 80–82) erstmals vorführte, lebt noch auf einem Berliner Papyrus-Fragment
(P. 13045) der späten Ptolemaierzeit fort, ohne daß die inzwischen im staatstheoretischen Schrifttum republikanischer Tendenz beliebte Verfassungsmi-
schung Beachtung fände. Selbstredend billigt der Verfasser der Monarchie die
Vorzugsstellung zu, freilich nicht ohne der Pflichten des guten Königs zu geden-
ken (engl. Text bei Barker 1956, 99 f.).

Der absolute Monarch im Urteil der hellenistischen Staatsphilosophie

Wahres, an Gerechtigkeit und Gesetz gebundenes Königtum genoß seit Platons
Wirken große Reverenz im politischen Ideengut der Griechen. In der Machtentfaltung der Makedonen bot sich die Gelegenheit, aus der Theorie zur Praxis der
Monarchie beizutragen. Xenokrates, nach Speusippos das zweite Schulhaupt
der Akademie in Platons Nachfolge (339/38–314/13), setzte die pro-makedoni-
sche Linie des Vorgängers fort und schrieb eine leider verlorene Einführung in
das Wesen der Königsherrschaft, die an Alexander gerichtet war (vgl. Diog.
Laert. IV 14). Aus dieser Ära der Älteren Akademie, in der Platons Philosophie
systematisiert wurde, ist mit dem *Minos* eine pseudo-platonische Schrift (II
313a–321d bei Stephanus' Ausgabe) überliefert, in der die enge Verbindung
von Königsherrschaft und Gesetzgebung im Sinne Platons figuriert und der
wahre König mit dem guten Gesetzgeber, der den göttlichen Nomos als Grundlage der Gerechtigkeit erkennt, verschmilzt.
Wie schon die Ältere Akademie, so wandte sich erst recht die Aristoteles-Schule,
der Peripatos, der Makedonenherrschaft mit Wohlwollen zu. Theophrast, der
enzyklopädisch gebildete Leiter der Schule, verfaßte staatstheoretische Schriften, die sich auch der Königserziehung widmeten, und adressierte eine eigene,
vermutlich als Fürstenspiegel gedachte Schrift über das Königtum an Kassandros. Wie der allergrößte Teil von Theophrasts umfangreichem Werk ist sie verloren. Kassandros, der Herr und spätere König Makedoniens, regierte von 317
bis 307 auch Athen, und zwar durch seinen Statthalter Demetrios von Phaleron,
einen dem Peripatos eng verbundenen Freund und Förderer Theophrasts. Wäre
Demetrios' Œuvre über Gesetz, Staatskunst, Demagogie und seine eigene Herrschaft erhalten, böte es gewiß sehr interessante Einblicke in die Situation des
politischen Theoretikers als Staatsmann. So bleibt seine Grundhaltung als Gegner radikaler Demokratie und als um Gesetzgebung und altväterliche Sitten-
strenge bemühter, einer ›aufgeklärten‹ Monarchie recht nahestehender Staatsmann blaß. Famos ist freilich sein Ausspruch gegenüber Ptolemaios I., an dessen
Hofe er nach 307 weilte, er rate dem Könige sehr, die Schriften über das rechte
Königtum zu lesen, denn dort stehe geschrieben, wozu die Freunde der Könige
diese nicht zu ermahnen wagten (Plutarch, *Regum et imperatorum apophtheg-*

Politisches Denken im Hellenismus 457

mata 189 d). Das Verhältnis von Monarch und Philosoph bleibt eben heikel. Demetrios fiel unter Ptolemaios II. aus politischen Gründen in Ungnade. Theophrast übrigens hatte sich bereits seinerzeit dem Ruf ans Museion versagt. Auch zeigte sich schon Aristoteles keineswegs als uneingeschränkter Befürworter der Monarchie (vgl. etwa *Politika* III 1285 a–1288 b). Und so geht gerade vom Peripatos eine starke Tradition aus, die eine gemischte Verfassung als ideal betrachtet.

Eine Vermittlung zwischen dem republikanischen Erbe der griechischen Staatstheorie und der hellenistischen Monarchie fiel gewiß nicht leicht. Im Grunde wollen auch ihre Verfechter die Monarchie ja nur bei gegebener Tugend des Herrschers und bei dessen Bindung an sittlich verpflichtende Gesetze staatstheoretisch legitimiert wissen. Und die Herrscher, die solchen Prinzipien genügen, sind im realen Leben rar. Das berühmte Wort des Makedonen Antigonos Gonatas, die Königsherrschaft sei ein ruhmreicher Sklavendienst, *endoxos douleia* (Aelian, *Varia Historia* II 20), steht als erklärter Selbstanspruch eines Herrschers bis zum Jahrhundert Hadrians und der Antonine mit den Selbstbetrachtungen Marc Aurels in stoischem Geiste recht einsam da. Ob sich diese ruhmvolle Knechtschaft auf das Verhältnis des Königs zum Gesetz oder zu seinem königlichen Amt oder gar zu seinen Untertanen bezieht, bleibt in der Forschung ebenso wie der Einfluß der stoischen Philosophie auf Antigonos' Auffassung vom Herrscheramt umstritten.

Die Stellung des Königs zum Gesetz bildet jedenfalls das Kardinalthema politischer Ideen im Banne der Monarchie. Davon zeugt auch noch eine Reihe von Fragmenten staatstheoretischen Charakters, die die spätantike Anthologie des Ioannes Stobaios (5. Jahrhundert n. Chr.) als Lehrmeinungen von Pythagoreern vorstellt, Fragmente, die offensichtlich unter Pseudonymen überliefert sind. Vermutlich in hellenistische Zeit, ins 3./2. Jahrhundert, führen die unter dem Namen des Pythagoreers Archytas von Tarent, eines Zeitgenossen Platons, laufenden Fragmente bei Stobaios, die eingehend die Position des wahren Monarchen erörtern. Das Gesetz wird als dritte Sphäre zwischen herrschenden und beherrschten Elementen im Staatswesen angesehen und der gute König als Verkörperung des lebendigen Gesetztes, als *nomos empsychos* (Stobaios IV 1,135). In der Konsequenz erwächst dem guten König die Pflicht zur Untertanenliebe: »…Und der beste Herrscher ist wohl derjenige, der dem Gesetz am nächsten steht! Denn er tut nichts in seinem eigenen Interesse, sondern alles um seiner Untertanen willen« (Stobaios IV 5,61; dt. bei E. Goodenough 1928/1979, 33).

Stärker pythagoreische Züge gewinnen die Fragmente des Diotogenes bei Stobaios, die freilich von einer Zahl von Forschern in die neupythagoreischer Spekulation über die Harmonie im Kosmos stärker aufgeschlossene spätere Kaiserzeit datiert werden. In ihnen steigt der König zum irdischen Abbild des göttlichen Weltenlenkers auf, wie übrigens schon Augustus in Ovids *Metamorphosen* (XV 807 ff., insb. 858 ff.), so daß es sich fragt, ob nicht aktueller Kaiserkult durch den Mantel der pythagoreischen Lehre von der kosmischen Harmonie schimmert: »Denn da der Staat durch die Harmonie vieler verschiedener Elemente gebildet wird, ist er eine Nachahmung der Ordnung und Harmonie des Kosmos; der König aber, der die absolute Herrschaft innehat und selbst das Lebendige Gesetz ist, erscheint uns als ein unter Menschen weilender Gott«

(Stobaios IV 7,61; dt. bei E. Goodenough 1928/1979, 43). Stärker noch mit mythischen Zügen erfüllt und von der Nähe des wahren Herrschers zum Sonnengott durchdrungen, zeigen sich die dem Pythagoreer Ekphantos bei Stobaios zugeschriebenen, wohl kaiserzeitlichen Fragmente über das Königtum. Hohe Tugenden fordert Pseudo-Ekphantos für den Monarchen, dessen – dies der neupythagoreische Grundgedanke der Schrift – Vorbild dem Menschen dienen soll (dt. Text bei R. Merkelbach 1974).

III. Der Rückzug der Philosophie aus den Agenden der Politik

1. Das politische Denken der Älteren Stoa

Die kosmopolitische Dimension der Älteren Stoa

Politische Ohnmacht im Wissen um die einstige Größe war längst zum Schicksal Athens geworden, als die Stadt noch immer als Metropole der griechischen Philosophie höchstes Ansehen genoß. Gerade die Stoa spiegelt die Zeitläufte besonders deutlich. Aus den fernsten Regionen, selbst aus Städten Mesopotamiens und Nordafrikas zogen hellenische bzw. gräzisierte Intellektuelle heterogener sozialer Schichten nach Athen und formten dort ein eklektisches Lehrgebäude von großer Attraktivität. Die kosmopolitischen Züge der Stoa entsprechen der zunehmenden Mobilität innerhalb der hellenistischen Staatenwelt. Ihre religiössynkretistischen Tendenzen und ihr ethischer Rigorismus glichen die schwindende Kraft national und regional gebundener Kulturtraditionen und Wertsysteme aus. Und auf die Lebensrealität absoluter monarchischer Gewalt antwortete ihre Staatsphilosophie mit einem Rückzug aus konkreter politischer Verbindlichkeit.

Das gilt bereits für ihren Gründer, Zenon von Kition auf Zypern. Von Beruf Kaufmann, begann er noch zu Zeiten des Demetrios von Phaleron in Athen Philosophen zu hören, voran den Kyniker Krates. Bald entwickelte er sich zur eigenständigen Lehrerpersönlichkeit. Nach seiner Wirkungsstätte, der ›bunten Halle‹ am Marktplatz, erhielt seine Schule den Namen: Stoa = Halle. Er gewann bald Ansehen und Schüler, schlug eine Einladung an den makedonischen Hof ebenso aus wie das attische Bürgerrecht. Dennoch ward ihm nach seinem Tode – gegen 260 v. Chr. – die Ehre eines Staatsbegräbnisses zuteil. Aus seiner früheren Lehrtätigkeit stammt eine *Politeia*, die noch stark kynische Züge trägt. Ihr Inhalt ist fragmentarisch erhalten, vor allem durch Plutarch und Diogenes Laertios, den Verfasser einer großen systematischen und anekdotenreichen Philosophengeschichte des 3. Jahrhunderts n. Chr. Zenons utopischer Idealstaat flieht die moderne Zivilisation: Tempel, Gerichtshöfe und Gymnasien sind ebenso entbehrlich wie gemünztes Geld (vgl. Baldry, 1959). Dafür verordnet Zenon Einheitskleidung für beide Geschlechter, erotische Freizügigkeit und – in platonischer Tradition – Frauen als Gemeinschaftsbesitz (Diog. Laert. VII 32–34). Wohl zielt Zenons *Politeia* auf ein Weltbürgertum auf der Basis einer gemeinsamen Rechts- und Gesellschaftsordnung (vgl. Plutarch, *De Alexandri magni fortuna aut virtute* I 329 b), zollt so dem Erleben von Großreichen und Vielvölkerstaaten Tribut und ist damit moderner als die auf die Polis fixierte

Politisches Denken im Hellenismus 459

klassische Staatstheorie. Doch bleibt der Weltbürgerstaat ein elitäres Traum-Refugium: Nur vortreffliche Menschen können seine Bürger sein (Diog. Laert. VII 32–33).

Züge dieses kynischen Erbes bewahrten sich in der Stoa (vgl. Pohlenz, 1984; Reesor, 1951). Ariston von Chios, ein Schüler Zenons, führte alle Errungenschaften der Zivilisation auf Konventionen und historisch bedingte Entwicklungen zurück und bestreitet damit deren absoluten Wert: »Von Natur gibt es kein Vaterland wie auch kein Haus, keinen Acker, keine Schmiedewerkstatt und keine Heilanstalt, sondern all das entsteht erst...« (Plutarch, De exilio V 600 e; dt. bei W. Nestle 1923/1968, F. 8). Noch Chrysippos, das dritte Schulhaupt der Stoa, scheint eine Politeia in kynisch-stoischer Tradition verfaßt zu haben. Die Zitate sind spärlich. So spottete er über Sexualtabus und verfocht die ethische Neutralität von Prostitution wie von Kannibalismus und die Nutzlosigkeit der Totenbestattung (F 743 ff. Arnim). Hinter dieser ätzenden Zivilisationskritik verbirgt sich die gleiche kosmopolitische Grundeinstellung, die schon Zenon vermittelt hatte. Aus ihr entwickelte sich nach und nach eine grandiose Konzeption: In der Abstraktion von all den diversen Gesetzes- und Kulturtraditionen verschiedener menschlicher Gesellschaften erschloß sich der betrachtenden Vernunft ein ewiges, von göttlicher Aura umgebenes Weltgesetz.

Mit dessen Akzentuierung gewann die Stoa ein neue faszinierende Dimension, die dem Zeitbedürfnis nach mystisch-synkretistischer Religiosität entgegenkam. Die Stoa dafür aufgeschlossen zu haben, zählt zu den Verdiensten von Zenons Nachfolger in der Leitung der Schule, Kleanthes von Assos. Legendär wurden seine Abkunft aus bescheidenem Milieu, seine Tätigkeit als Berufsboxer und Taglöhner, seine unermüdliche Willensstärke und Geduld wie sein heroischer Freitod durch Hunger (Ende der dreißiger Jahre des 3. Jahrhunderts). Der bei Stobaios (I 1,12) bewahrte Hymnus an Zeus bildet seine berühmteste Hinterlassenschaft. Ordnungs- und Lebensprinzip des Kosmos, Weltherrscher, Sonne und persönlicher Vatergott, all das ist ihm Zeus. Aber dieser höchste König, ohne dessen Willen auf Erden nichts geschehen kann, läßt doch zu, daß Menschen sein Gesetz, die ewige Vernunftordnung der Welt, den Logos, fliehen und nach Ruhm, Besitz oder Sinnengenuß trachten. So fleht Kleanthes zu Zeus, die Verblendeten zu bekehren. Die gemeinsame Ordnung in Gerechtigkeit zu preisen, sieht er als höchste Aufgabe.

Durch die Anrede von Zeus als oberstem König und Ursprung der Gesetze schimmert ein Stück zeitgenössischer Königsideologie mit ihrer Lehre vom Herrscher als dem lebendigen Gesetz, doch sollte dies nicht dazu verführen, die Ältere Stoa als Magd hellenistischer Monarchien anzusehen. Ihre Häupter mieden die Umarmung der Herrschenden. Vorsicht bei politischer Aktivität, dies hielt Stobaios als alte stoische Tradition fest: Der Weise könne sich nur dort politisch engagieren, wo sich ein Fortschritt zu vollkommenen Verfassungen abzeichnet (II 7,1 b). Indem sich die Stoa in der Diskussion um den Vorzug bestimmter Verfassungstypen nicht fixierte – nach Diogenes Laertios tendierte sie cum grano salis zu einer gemischten Verfassung (VII 131) –, zog sie sich auf einen abstrakten Staatsbegriff von wahrhaft kosmopolitischer Dimension zurück: Der Staat repräsentiert die gemeinsame Ordnung eines im Prinzip beliebig großen Personenverbandes.

Mit dieser fundamentalen Erweiterung der politischen Theorie, von Polis und Universalmonarchie weg hin zum Staat an sich, rückt die Frage nach den konstituierenden Elementen des Staates ins Zentrum. Wie die Stoa von den konkreten Verfassungsformen abstrahierte, so suchte sie hinter den positiven Gesetzen und Rechtsvorstellungen das prinzipielle Element, das ewige und göttliche Gesetz. Allein dieses Gesetz stellt für sie die Grundlage aller menschlichen Gesellschafts- und Staatsbildung dar: »Das Gesetz ist König über alles, über göttliche und menschliche Dinge. Es muß Autorität sein, die bestimmt, was sittlich schön und was häßlich ist, muß Herr sein und Führer für die von Natur zur staatlichen Gemeinschaft veranlagten Wesen und demzufolge die Richtschnur eben für das, was gerecht und ungerecht ist, indem es befiehlt, was getan werden soll, und verbietet, was nicht getan werden darf«, hielt Chrysipp in prägnanten Worten fest (zitiert beim römischen Juristen Marcianus = Chrysippos F 314 Arnim; dt. bei M. Pohlenz 1950/²1964, S. 136).

Chrysippos von Soloi in Kilikien war das dritte Schulhaupt der Stoa – von den späten dreißiger Jahren bis ins letzte Jahrzehnt des 3. Jahrhunderts –, hatte aber auch selbst an der Akademie studiert und von seiner Kenntnis der akademischen Skepsis profitiert. In einem umfangreichen, fast völlig verlorenen Schrifttum goß er das stoische Lehrgut in ein System. Die politische Ideenwelt befruchtete seine eindringliche Betonung des göttlichen Gesetzes als Basis für Rechtlichkeit und Gerechtigkeit außerordentlich. Wesentlich war dabei seine Überzeugung von der menschlichen Bestimmung zu staatlichem Leben auf der Basis eines allgemeinen Sittengesetzes, das nicht mit den diversen Sitten der Völker identisch ist. Alles außer der Menschenwelt sei um der Menschen und Götter willen geschaffen und daher beliebig nutzbar. Die Menschen aber seien um ihrer Gemeinschaft willen und ihrer gesellschaftlichen Organisation willen geschaffen – communitatis et societatis suae (causa) – und durch ein ius civile miteinander verbunden, so gibt Cicero die Lehre des Chrysippos in völliger Zustimmung wieder (*De finibus bonorum et malorum* III 67).

Die prinzipielle gemeinschaftliche Teilhabe der Menschen am göttlichen Recht schließt auch ihre prinzipielle Ungleichheit aus! Im faktischen Leben jedoch besteht Ungleichheit aufgrund menschlicher Konventionen: im Freiheitsstatus, im Rechtsstatus, im Vermögen, im Anteil am politischen Geschäft. Ebenso geschmeidig wie sie sich dem Problem der Vielfalt existierender Staatsformen und Rechtsordnungen in ihrem Rekurs auf Grundfragen abstrakter Art entzog, stellte sich die Stoa auf die Faktizität der Unfreiheit ein. Nach Senecas Zeugnis prägte wiederum Chrysippos eine klassische Formel: Der Sklave ist soviel wie ein lebenslanger Lohnknecht – perpetuus mercenarius (*De beneficiis* III 22,1). Daraus lassen sich, wie Senecas berühmter Brief (Nr. 47) über die Behandlung der Sklaven demonstriert, zwar respektable ethische Forderungen über unsere Einstellung zu Sklaven ableiten, aber eben keine wirksame Kritik am Bestehen von Unfreiheit als solcher! Probleme der Gesellschaftsordnung auf ethische Fragen zu verschieben, heißt au fond die bestehende Gesellschaftsordnung zu sanktionieren, ja gegen Angriffe immun zu machen. So nahm die Stoa in ihrer politischen Anpassungsfähigkeit und sozialen Neutralität denn doch Agenden einer staatsbewahrenden Philosophie wahr.

Die Frage eines revolutionären Engagements der Stoa

Während sich die großen Schulhäupter der Älteren Stoa konsequent der Verstrickung in politische Aktivität entzogen, hielten es einige ihrer Schüler anders. Ihre – freilich äußerst schlecht dokumentierte – Tätigkeit nährt denn auch lebhafte Spekulationen über ein sozialrevolutionäres Potential der Stoa. Plutarch bezeugt in seiner vermutlich auf Phylarchos, einen moralisierenden und makedonenfreundlichen Historiker des 3. Jahrhunderts zurückgehenden Vita des Spartanerkönigs Kleomenes (11,2), daß diesem der Stoiker Sphairos von Borysthenes bei der Wiedererrichtung der altspartiatischen Jugenderziehung mit Rat und Tat zur Seite stand. Nun hatte Kleomenes im Jahre 227 in Konsequenz aus dem Scheitern seines hingerichteten Schwiegervaters Agis IV. bei einem ähnlichen Reformversuch (243/41) die Ephoren der Lakedaimonier gewaltsam aus dem Wege geräumt und als Autokrator sein Reformprogramm diktiert: Schuldenerlaß für die hochverschuldeten Güter vieler Spartiaten, Ergänzung der Spartiatenzahl durch Aufnahme von Perioiken und Fremden, Neuverteilung von Gütern für Spartiaten und Perioiken, Wiedereinführung der alten kriegerischen Institutionen, vor allem der Speisegemeinschaften und der Jugenderziehung der Krieger. Wieweit ihn dabei Sphairos beeinflußte, läßt sich nicht klären. Der restaurative, vom Bild des verklärten Altsparta beherrschte Charakter der Reform und ihre Konzentration auf die militärische Stärkung sollten davor warnen, zu viel soziale Programmatik in diesen Umsturz hineinzulesen. Die spätere Massenfreilassung von Heloten diente ebenso militärischen Zwecken und gehorchte der Not.

Mit Recht stellte schon Plutarch diese spartanischen Reformen von Grundbesitz und Wehrkraft den berühmten Landreformen der Gracchen in Rom zur Seite. Schließlich bezeugen Plutarch (*Tib. Gracchus* 8; 17; 20) und Cicero (*Laelius* 37) wiederum einen stoischen Philosophen als Inspirator, nämlich Blossius von Cumae, und wieder richtete sich die Reform auf eine agrarisch-militärische Restauration. Roms alte, dem Milizheer gedankte Stärke war das Ziel. Blossius setzte sich nach dem gewaltsamen Tod des Tiberius Gracchus im Jahre 133 nach Pergamon ab, wo sich unter Führung des Thronprätendenten Aristonikos eine erbitterte Revolte gegen Roms erstrebte Herrschaft über das reiche Land entfaltet hatte. Dieser Aristonikos reihte nach Strabons Zeugnis (XIV 1,38) Arme und zur Freiheit aufgerufene Sklaven in seine Truppe und nannte sie Heliopoliten, Sonnenbürger.

Seit Generationen ranken sich nun Spekulationen um drei Fragen: Hat stoische Philosophie diese Revolte beflügelt? Steht hinter den Heliopoliten die Konzeption einer orientalisch geprägten Sonnenverehrung, verknüpft etwa mit endzeitlich gestimmten Hoffnungen auf die Wiederherstellung einer gerechten Ordnung? Und gibt es eine Verbindung vom Aristonikos-Aufstand zur utopischen Schilderung der Idealgemeinschaft auf den Sonneninseln im Romanwerk des Jambulos (dazu unten S. 469 f.)? Die Quellengrundlage erheischt, zumindest bei der ersten und dritten Frage, ein skeptisches Urteil. Das fügt sich auch zum Gesamtbild der Stoa, die als programmatische, auf Veränderung der realen Staats- und Gesellschaftsordnungen zielende politische Philosophie mißverstanden wäre.

2. Epikur und die Philosophie als private Domäne

Die Philosophie des Gartens

Ihr Ruhm gebietet es, im Anschluß an die Stoa über die Philosophie Epikurs zu sprechen, die auf Roms gebildete Kreise und über sie, besonders über Lukrez, auf die europäische Geisteskultur starke Faszination ausübte (vgl. R. Müller, 1974; Rist, 1972). Auf Samos wurde Epikuros geboren. Er war Sohn eines athenischen Militärkolonisten und attischer Bürger. In den unruhigen Jahren der ausbrechenden Diadochenkriege, konkret 323/21 v. Chr., leistete er als Ephebe Militärdienst in Athen. Seine Familie erhielt erst nach längeren Wirren im Jahre 319 eine Entschädigung für den Verlust des Heimatbodens in den Umsturzzeiten. Epikur folgte den Eltern nach Kolophon, zog dann nach Mytilene und Lampsakos und fand dort erste Anhängerschaft für seine philosophischen Anschauungen. Die Freundeskreise der jungen Mannesjahre wurden eine Basis der Epikureischen Schule außerhalb Athens. Dorthin zog es den Philosophen erst nach dem Sturze des Tyrannen und Peripatosanhängers Demetrios von Phaleron im Jahre 307. In der Ära der von königlicher Gnade etablierten Demokratie mit ihrem Herrscherkult entfaltete Epikur auf seinem Gartengrundstück lebend die Überzeugung, daß die Ruhe der Seele das höchste Ziel des Weisen sein müsse, und dies auf der Grundlage einer atomistisch-materialistischen Welterklärung und Erkenntnislehre, welche die edlen Götter in ferne kosmische Zonen verdrängt.

Der Kepos, d. h. der Garten Epikurs in Athen, wurde das Zentrum des Freundeskreises und gab der Schule den Namen. Briefe und Reisen zu den kleinasiatischen Gemeinden hielten das Netz der Anhängerschaft aufrecht. Deren Spenden kamen dem Garten zugute. Die soziale Vielfalt der Vertrauten, die Standesschranken und politische Kleinräumigkeit souverän überwanden, schloß auch Unfreie und Frauen mit ein. Ja, die gebildete Hetäre Leontion leitete sogar zeitweise den Betrieb des Gartens! Feste Lehrsätze, Missionsbriefe und praktische Übungen festigten die Einheit der Epikureer. Der Meister selbst diente als Seelenführer. Seiner treuen Schulgemeinde verdankt sich auch unsere Kenntnis von Epikurs Werk.

Eine wichtige Rolle spielte dabei Philodemos von Gadara, der in den siebziger Jahren des 1. Jahrhunderts v. Chr. in Kampanien eine epikureische Schule aufbaute und den Epikureismus Roms intellektuellen Zirkeln vermittelte. Die in 7409 lateinische Hexameter gegossene Darstellung von Epikurs Anschauungen, das Lehrgedicht *De rerum natura* aus der Feder des T. Lucretius Caro, herausgebracht vermutlich von Cicero nach dem Tode des Lukrez im Jahre 55, verliehen einer Aufklärungsbewegung gegen Todesfurcht und religiöse Ängste die faszinierendsten Akzente: »Als das Leben der Menschen darnieder schmählich auf Erden lag, zusammengeduckt unter lastender Angst vor den Göttern, ...erst hat ein Grieche gewagt, die sterblichen Augen dagegen aufzuheben und aufzutreten als erster dagegen« (Lukrez I 62 ff.; dt. v. K. Büchner). Dem mit solchem Pathos gewürdigten Epikur erwies auch der Stoiker Marc Aurel seine Reverenz, als er die Lehre von Epikurs Philosophie in Athen in kaiserlicher Großzügigkeit dotierte. Und im frühen 3. Jahrhundert n. Chr. widmete Diogenes Laertios in seiner

Politisches Denken im Hellenismus 463

umfassenden Philosophengeschichte Epikur ein ganzes Buch, eine Ehre, die er nur noch Platon erwies. Er ist es, der uns drei Lehrbriefe und eine Sammlung von Lehrsätzen des Meisters, die sog. *Ratae Sententiae* (= RS) bewahrt hat. Zu ihnen tritt neben Fragmenten noch ein 1888 entdecktes Florilegium Epikureischen Lehrguts, die sog. *Vatikanische Spruchsammlung* (= SV).

Ein Spannungsverhältnis von aufklärerischer Geisteskraft und Streben nach Seelenruhe beherrscht Epikurs Lehre, die in ihrem unmittelbaren Bezug auf die umgebende Gesellschaft von politischer Enthaltsamkeit geprägt ist: »Befreien muß man sich aus dem Gefängnis der Alltagsgeschäfte und der Politik«, heißt ein epikureischer Aphorismus (SV 58; alle Zitate nach Epikur, griech.-dt. v. Krautz 1980). Konsequent mündet das Streben nach Ataraxia, d. h. nach einer Unaufgewühltheit der Seele, entsprechend dem Bild einer glatten See, in politischen ›Quietismus‹ (so Aalders, 1975, S. 39 ff.). In weiterer Folge ergibt sich eine sehr große Distanz zum gesellschaftlichen Ordnungsgefüge; »entspringt doch«, so Epikur, »die reinste Sicherheit aus der Ruhe und dem Rückzug von der Masse« (RS XIV). Da nun andererseits die Seelenruhe an Gerechtigkeit gekoppelt, hingegen Ungerechtigkeit als größter Feind der Ataraxia aufgefaßt wird (vgl. RS XVII = SV 12) und Freundschaft im kleinen Kreis ja als großes Ziel des Gartens gilt (etwa RS XXVII = SV 13), ergibt sich eine fast ungeheure Konsequenz für die Epikureische Ethik: Die Gerechtigkeit gerät zu einer Frage des Nutzens, bezogen auf Wohl und Wehe der Gemeinschaft: »Gerechtigkeit ist nicht etwas an und für sich Seiendes, sondern ein... Vertrag, einander nicht zu schädigen und sich nicht schädigen zu lassen... Wenn aber einer ein Gesetz gibt, das nicht zum Nutzen der wechselseitigen Gemeinschaft ausschlägt, so besitzt dies nicht mehr die Geltung des Rechts« (RS XXXIII, XXXVII). Die vom Nutzen betroffene Gemeinschaft aber, in der sich Gerechtigkeit realisieren läßt, kann im Grunde nicht mehr über die kleinen Kreise der Gleichgesinnten hinauswachsen, sonst wäre ja das Ziel der Ataraxia verfehlt!

So formuliert Epikurs Vermächtnis ein gravierendes Dilemma im Verhältnis von Philosophie und Politik. Ihr aufklärerischer Anspruch weist der Philosophie zwar eine emanzipatorische Funktion zu. Doch ein Streben nach Seelenruhe löscht diese wieder aus. Zudem läuft die individualistische Gesinnung Epikurs einer politisch-sozialen Integration großer Gruppen deutlich zuwider. Ein in aller Konsequenz verfochtener ethischer Individualismus aber führt eher zu Konflikten mit Gesellschaft und Staat als zur Ataraxia.

Philosophie der Isolation bei Megarikern und Kyrenaikern

Das Prinzip einer individualistischen Ethik trieb eine Persönlichkeit auf die Spitze, die mit zu den markanten Gestalten der philosophischen Bühne des späten 4. Jahrhunderts zählt: Stilpon von Megara. Seiner erkenntnistheoretischen Skepsis, die alle Gattungsbegriffe als ontologisch irrelevant erklärte und so einen antiken Nominalismus – gegen Platons Lehre gemünzt – repräsentiert, entspricht Skepsis gegenüber ethischen und sozialen Verbindlichkeiten. Der Weise lebt am besten allein und braucht keine Freunde, ein Grundsatz, der in totale Isolation führt, weswegen ihn selbst Epikur tadelte (vgl. Seneca, *Episteln* 9,1).

Isolation als Grundsatz philosophischen Lebens erheischt schmerzliche Opfer. Just die lustbetonte Schule der Kyrenaiker führt dies vor Augen. Ihrem Ahnherrn Aristippos von Kyrene (5./4. Jahrhundert) folgend, huldigte sie dem Streben nach Hedone, nach einem als sanfte Bewegung versinnbildlichten Seelenzustand lustvollen Fühlens. In ihren ethisch-politischen Überzeugungen teilte sie das Erbe der Sophistik, die Wertpräferenzen von Gut und Böse auf konventionelle Größen, nicht aber auf naturgegebene Regeln zurückzuführen. Theodoros von Kyrene (4./3. Jahrhundert), der in der Zeit des Demetrios von Phaleron in Athen, dann in Alexandrien wirkte und, der Gottlosigkeit angeklagt, die Heimat wie auch Athen verlassen mußte, zog daraus eine merkwürdig anmutende Konsequenz: »Der Weise werde gelegentlich auch stehlen, Ehebruch treiben und Tempelraub begehen« (Diog. Laert. II 99; dt. v. O. Apelt). War dies auch nur als intellektuelle Provokation gedacht, so liegt die apolitische Komponente eines agnostizistischen ethischen Relativismus doch auf der Hand: »Er erklärte es auch für vernunftgemäß, daß der brave Mann sich nicht für das Vaterland dem Tode preisgebe« (Diog.Laert. II 98 f.). So verfocht Theodoros einen Kosmopolitismus, der letztlich der Verbindlichkeit entbehrt. Daß diese Lehre der Kyrenaiker das Imperium Romanum nicht mehr erreichte und durchwirkte, nimmt kaum wunder. In letzter Folgerichtigkeit bot nicht einmal mehr ein liberaler hellenistischer Fürstenhof Platz für die Extravaganz, alle politisch-sozialen Bindungen aus ihren Fundamenten zu heben.

Der Fall des Hegesias von Kyrene steht dafür als Exempel. Für die Grundfrage von Lust oder Unlust der Seele waren seines Erachtens alle sozial relevanten Disjunktionen – arm und reich, hoch und niedrig, frei und unfrei – unerheblich (Diog. Laert. II 93 f.). Das führte ihn in große Nähe zu einem völlig nihilistischen Lebensgefühl. Ein scharfer erkenntnistheoretischer Agnostizismus trat noch dazu. Irgendwann gelangte Hegesias zum Schluß, in dieser Welt stehe dem Weisen kein sicherer Weg zur Lust der Seele offen – und er begann, die Selbsttötung zu empfehlen. Damit aber mußte der tiefe Konflikt zwischen dem Anspruch des Staates auf politisch-soziale Integration seiner Untertanen und dem Anspruch des Philosophen, selbst als Maßstab aller Akte des Erkennens, Bewertens und Handelns zu gelten, aufbrechen. Hegesias soll, so die Anekdote bei Cicero (*Tusculanen* I 83 f.; vgl. Valerius Maximus VIII 9,3), durch seinen Lehrvortrag eine Reihe von Hörern in den Selbstmord getrieben haben, weshalb ihm König Ptolemaios (der I. oder der II.) die weitere Lehrtätigkeit untersagte.

3. Der Kynismos und seine Zivilisationskritik

Antisthenes und die Wurzeln des Kynismos

Der Ruhmestitel, kosmopolitische Weltläufigkeit und unerbittliche Zivilisationskritik, ethische Strenge und individuellen Freiheitsdrang zu einem einzigartigen Lebensstil vereint und diesen als philosophisches Ideal postuliert zu haben, bleibt den Kynikern vorbehalten (vgl. Dudley, 1937). Ihre Zurückweisung rein gesellschaftlich begründeter Normen und ihre Distanz zu festen philosophischen Lehrsystemen stellt ein Erbe der Sophistik dar. Nicht von ungefähr gilt der Sokratiker Antisthenes von Athen (5./4. Jahrhundert), ein Feind aller

Politisches Denken im Hellenismus   465

Konventionen, als Ahnherr des Kynismos. Ob freilich der Name des Kynosar-
ges-Gymnasiums, in dem er lehrte, der Schule den Namen gab wie das Akade-
mos-Gymnasium der Akademie, bleibt fraglich. Diese Ehre trifft viel eher den
als kynisch = hündisch apostrophierten Philosophen Diogenes von Sinope.
Aus dem Prinzip, vielerlei Sitten auf ein Fundament zu reduzieren, verwarf
Antisthenes allerlei religiöse Riten und Vorstellungen und stieß zum Postulat
eines quasi naturrechtlichen Monotheismus vor: Es gäbe »viele Götter in der
volkstümlichen Vorstellung, von Natur her nur einen« (Cicero, *De nat.deor.* I
13–32). In ähnlicher Weise ging er gegen den etablierten Staat, besonders den
demokratisch verfaßten, vor: Die wenigen guten Menschen gelte es aus der
Schar der vielen untauglichen herauszufinden; ebenso solle sich der Weise auch
nicht an die herkömmlichen Gesetze klammern, sondern die Politik nach
Grundsätzen der Tugend betreiben (vgl. Diog.Laert. VI 11). Sein Spott über die
Wahlämter der Demokratie trägt Züge aristokratischen Stolzes: »Den Athenern gab er den Rat, durch eine Abstimmung die Esel für Pferde zu erklären,
und als sie dies als unsinnig abwiesen, sagte er: ›Bei euch kann man ja auch
Feldherr werden, ohne etwas gelernt zu haben, durch bloßes Handaufheben‹«
(Diog. Laert. VI 8; dt. v. O. Apelt). Antisthenes teilte aber keineswegs Platons
restaurative politische Philosophie, bekämpfte übrigens auch seine Ideenlehre
mit ihrem Hang zum Begriffsrealismus heftig. Aristoteles lächelte über seine
Naivität. Dafür hat ihn K. R. Popper seiner Freiheitsliebe und wohl auch seiner
fast an gesunden Hausverstand erinnernden erkenntnistheoretischen Polemik
wegen als wahren Schüler des Sokrates dessen treulosem Geistessohn Platon,
dem Ahnherrn aller Feinde der ›offenen Gesellschaft‹, gegenübergestellt (Popper [2]1970 I, 260).

Diogenes und die kynische Bewegung

Als Antisthenes' Schüler gilt weithin Diogenes von Sinope, doch ist es sehr
fraglich, ob die beiden überhaupt einander begegnen konnten. Diogenes kam
als Sohn eines politisch kompromittierten Bankiers aus Sinope nach Athen. Die
Legende flocht um sein Leben Anekdotenkränze, von denen uns vor allem Diogenes Laertios Zeugnis ablegt. Den wahren Diogenes aus den pointenreichen
Geschichten, die ihn am Markt von Athen oder zu Korinth, im fiktiven Disput
mit Platon oder in der erdichteten Konfrontation mit Alexander zeigen, her-
auszufiltern, bleibt ein prekäres Unterfangen. Gewiß gab er dem Typus des
philosophierenden Wanderpredigers mit Ranzen, Knotenstock und derbem
Gewand, der seine Bedürfnislosigkeit kultiviert, plastische Formen und wirkte
so bis in die Wurzeln abendländischen Wanderpredigerwesens. Den natürlichen Bedürfnissen und Erfordernissen ihr Recht zu wahren, die Gepflogenheiten des kulturellen und gesellschaftlichen Lebens aber mit ironischer Distanz von Grund auf in Frage zu stellen, war ihm Maxime. Daraus resultieren
eine latente Kritik an bestehenden Macht- und Gesellschaftsstrukturen und ein
gewisses emanzipatorisches Potential des Kynismos. Nicht umsonst maß die
Anekdote Alexanders Machtstreben an der überlegenen Bedürfnislosigkeit des
Diogenes und schuf so ein Entlastungspotential: Mit Diogenes kann sich der
gedrückte Untertan der Städtewelt identifizieren, schon seines einfachen Le-

bens und seiner volkstümlichen Sprache wegen, und so in ihm die eigentliche Überlegenheit des Armen und Unfreien als befreiendes Gefühl erleben.

Auch stellte Diogenes geltende Wertrelationen des Kulturlebens auf den Kopf, d. h. er tat, als seien sie auf den Kopf gestellt und stellte sie auf die Beine. Auch dies zum Trost der Armen: »Das Wertvolle, sagt er, bekäme man auf dem Markte um einen Spottpreis, und umgekehrt; so wäre eine Bildsäule nicht unter dreitausend Stück Kupfermünzen zu haben, ein Maß Mehl dagegen schon für zwei Stück« (Diog.Laert. VI 35; dt. v. O. Apelt). Ein stolzes Denkmal setzte die Anekdote nicht zuletzt seinem Freiheitssinn. Von Krateros, Alexanders Strategen, der im Jahre 322 Athens Freiheitswillen gebrochen hatte, zu einem Besuch geladen, habe er abgelehnt: »Nein, lieber will ich in Athen Salz lecken, als beim Krateros an der prunkvollen Tafel sitzen« (Diog. Laert. VI 57).

Schrifttum aus der Schule des Diogenes ist nur in Fragmenten erhalten. Sein einflußreichster Nachfolger wurde Krates von Theben, nicht zuletzt seines Lebenswandels, gab er doch sein Vermögen den Mitbürgern (Diog.Laert. VI 87) und entschloß sich freiwillig zum Dasein als Wanderphilosoph! Daß er mit dieser Lebensweise auch noch die schöne Hipparchia von Maroneia, eine Tochter aus reichem Hause, so faszinierte, daß sie allen familiären und finanziellen Sicherheiten und Bindungen entsagte, das rauhe Männerkleid anzog und ihm zur Lebensgefährtin wurde, die erste namhafte Philosophin, die auch mit gezierten Sophismen zu glänzen verstand (Diog. Laert. VI 96–98), erregte Bewunderung und Mißgunst.

Die gesellschaftspolitische Rolle der kynischen Schule darf wohl mit der Funktion moderner Formen der Zivilisationskritik verglichen werden. Dort, wo sie als permanente, sichtbare Provokation geltende Norm und Konvention infrage stellte, erfüllte sie eine Aufgabe der gesellschaftlichen Gewissenspflicht, konnte aber natürlich ebenso in Gefahr geraten, sich als Modeaufputz der lächelnd bewahrenden Kräfte dieser Gesellschaft mißbrauchen zu lassen wie Zivilisationsschelte treibende Akteure neuerer Zeiten. Mit seiner Lösung aus traditionellen Wertsystemen zieht der Kynismos auch eine radikale Folgerung aus der großen ethnischen, soziokulturellen und auch wirtschaftlichen Heterogenität der hellenistischen Oikumene. Er vertraut weder auf eine kosmische und rechtliche Grundordnung, wie die Stoa, noch auf die Homogenität des kleinen aufgeklärten Kreises wie Epikurs Garten, sondern auf die alleinige Grundlage des philosophisch-heroischen Lebensgefühls, das sich von jeder verpflichtenden Kulturgrundlage und Staatsnorm frei machen möchte. Damit bildet er die extremste Form des hellenistischen Kosmopolitentums.

Dem konsequenten Kyniker gerät folglich auch die Suche nach einer idealen Gesellschafts- und Staatsordnung zum ironischen Spiel. Das macht eines der reizvollsten Fragmente aus den kynischen Schriften deutlich, das Gedicht des Krates über Pera, den Brotsack des kynischen Wanderers, der all seinen Besitz trägt und liebevoll-spöttisch dem Inselstaat zeitgenössischer Utopien (dazu das nächste Kapitel) verglichen wird: »Pera liegt, die Stadt, inmitten rötlichen Dunstes, schön und reich, doch fern von überfließender Fülle. Nimmer segelt zu ihr ein Tor noch ein loser Schmarotzer, auch kein lüsterner Wüstling, der seiner Genüsse sich brüstet. Quendel trägt sie und Lauch und Feigen erzeugt sie zum Brote. Darum liegt man dort nie im Krieg miteinander, man braucht dort keine

Waffen zum Kampf wie Gold oder nichtigen Nachruhm« (Diog. Laert. VI 85; dt. nach B. Kytzler 1973, S. 59). Stimmig fügt sich dazu der aus unklarem Kontext durch den Kirchenvater Klemens von Alexandrien bewahrte Zweizeiler des Krates auf jene, die »Sklavischer Lust sich knechtisch nicht beugend das unsterbliche Königreich Freiheit nur lieben« (Clem.Alex., *Stromateis* II 121,1). Die kynische Kritik durchzog bald die urbane Welt der hellenistischen Oikumene, ohne freilich die gegebenen sozialen und wirtschaftlichen Strukturen verändern zu können. Doch entwickelten sich Formen der kynischen Dichterpredigt und Satire, deren Hauptwerke aus hellenistischer Zeit zwar weitgehend verloren sind, deren ätzender gesellschaftskritischer Spott aber in den Meisterwerken kaiserzeitlicher satirischer Kunst fortlebt.

4. Der utopische Staat als Instrument der Gegenwartskritik

Zur Entwicklung der Staatsutopie

Die stärksten Impulse für die Entfaltung der hellenistischen Staatsutopie (vgl. Bichler, 1984; Kytzler, 1973) danken sich einer grandiosen Konzeption Platons (vgl. oben, S. 380 ff.): seinem Kunstmythos von den fiktiven Staatswesen Ur-Athen und Atlantis, den er in seinen Spätdialogen *Timaios* und *Kritias* mit dem erklärten Ziel entwickelt hatte, das ideale Gemeinwesen, von dem seine berühmte *Politeia* handelt, in der faktischen Bewährung – 9000 Jahre vor seiner Zeit – vorzuführen (vgl. *Timaios* 26 c–d). Symbolhaft soll Atlantis sowohl ans üppige Perserreich erinnern, dessen Angriff ein intaktes Athen einst glänzend zurückschlug, wie das maßlos gewordene athenische Seereich, das der Peloponnesische Krieg zerbrach. Ur-Athen demonstriert ein Ideal: Siegreich bestand der einfache von Priester-Archonten geleitete Krieger- und Bauernstaat den gewaltigen Angriff der dekadenten Atlanter und wurde zum Befreier der westlichen Mittelmeerländer – ein Spiegelbild von Athens einstiger ›Befreiung‹ des östlichen Mittelmeers vom Perserjoch. Das reiche Atlantis, samt seinen Schätzen an Gold und Silber, seinen stolzen Schiffen, lärmenden Häfen und prunkenden Bauten verlor den mythischen Krieg. Über der Faszination von Platons Geschichte, wie der fiktive Kontinent Atlantis bei einer der zyklischen Katastrophen des Kosmos im Meer versank, geht der eigentliche Gehalt seines Mythos leicht verloren. Denn dieser »erste utopische Staatsroman der Weltliteratur« (Gatz 1967, S. 199) erweist sich als fundamentale Kritik der athenischen Demokratie und ihrer ökonomischen Grundlage.
Eine offensive Kriegsmacht, hohe Intensität von Handel und Geldwirtschaft, starke Berufsdifferenzierung in Gewerbe und Dienstleistungen und eine bis dahin unbekannt breite Teilnahme der Bürgerschaft an der Staatsmacht, so daß »zum ersten Mal... die Polis-Ordnung im ganzen zur Disposition der Bürgerschaft gekommen« war (Chr. Meier [2] 1983, S. 149) – wobei freilich Politik Männersache blieb und auch Bundesgenossen, Freie ohne Bürgerrecht und Sklaven an ihr keinen Anteil hatten –, all diese Faktoren hatten nicht nur die imperiale Seite des klassischen Athen, sondern auch die Grundlage seiner kulturellen Entfaltung geformt. Platons Staatsideal aber eliminiert das eine mit dem anderen. Schon das Bild der üppigen, ungesunden Stadt in der *Politeia* spiegelte genau

diese Charakteristik Athens (372 d ff.), die dann zur Zielscheibe der Kritik in Platons Atlantis-Geschichte wurden. Zu Platons Utopie trat Xenophons historischer Roman (vgl. oben, S. 446 ff.), der die Topik von den einfachen, aber gesunden Staatsstrukturen nunmehr auf das idealisierte Universalreich des Kyros projizierte. Damit war der Grundstein für ein neues Genre gelegt: die Präsentation phantastischer wie vorbildlicher Staatswesen, die am Rande der Oikumene angesiedelt sind.

Durch den Alexanderzug und die mit ihm verbundene Erweiterung des geographisch-ethnographischen Horizonts erfuhr dieses Genre lebhaften Auftrieb. So mischte Onesikritos in seiner an der *Kyrupädie* geschulten Alexandergeschichte Ideale kynischer Philosophie, Allerweltsexotik und tatsächliche Information über Land und Leute zu einem merkwürdigen Indienbild, das uns da und dort noch aus Strabons krittelnden Bemerkungen erkenntlich wird. Im phantastischen Lande des Königs Musikanos im indischen Süden finden die Wünsche der griechischen Staatsutopie eine wunderbare Erfüllung. Wie die Wächter in Platons Staat benützen die Bewohner weder Gold noch Silber, obwohl das Land reich davon wäre. Wie die Lakedaimonier und Kreter der guten alten Zeit pflegen sie Speisegemeinschaften. Auch brauchen sie keine Sklaven, da ihre Jungmänner Helotendienste leisten. Zivilisationskritisch wie die Kyniker treiben sie keine Wissenschaft außer der Heilkunst, verzichten auf Kriegskunst und kultivieren nur in Ansätzen ein institutionalisiertes Rechtsleben (Onesikritos F 24 Jacoby = Strabon XV 1,34).

Bald erhielt die Indien-Romantik neue Impulse durch das umstrittene Werk des Megasthenes, der um 300 als Gesandter des Seleukos am Hofe des Maurya-Herrschers weilte. Auch seine *Indika* leben nur noch in Auszügen und Zitaten fort. Indiens Wunder aber und seine nackten Weisen, die auf sehr griechische Art argumentieren, gerieten allmählich zu festen Bestandteilen des in hellenistischer Zeit entwickelten, im frühen 3. Jahrhundert n. Chr. literarisch fixierten Alexanderromans (Pseudo-Kallisthenes). Die Begegnung des Königs mit den bedürfnislosen zivilisationskritischen Weisen, denen die Erde wie im Goldenen Zeitalter schenkt, was sie brauchen, stellt deren einfaches Leben in schärfsten Kontrast zum heftigen Streben des Eroberers nach Kriegsruhm und Beute (vgl. etwa *Vita Alexandri Magni* ed. Thiel, gr.-dt. 1974, III 5,1 ff.). So verewigte Alexanders Ruhm zugleich ein Stück kynischer Kulturkritik.

Auffällig suchte sich die latente Gegenwartskritik, die alle Utopie trägt, mit der Erweiterung des hellenistischen Kulturraums und der Dominanz monarchisch-bürokratisch regierter Großreiche ihr Wunderland in ferneren Zonen, während zugleich ihr immanenter politischer Unmut seine scharfen Konturen verlor und verträumte Züge gewann. Diesen Eindruck erhärten auch die zwei Kronzeugen der hellenistischen Staatsutopie, die ihrer egalitär, ja kommunistisch anmutenden Gedanken wegen große Aufmerksamkeit finden: Euhemeros und Jambulos.

Die Inselstaaten des Euhemeros und Jambulos

Furore machte Euhemeros von Messene (4./3. Jahrhundert) zunächst mit seiner Lehre, daß die großen Götter Uranos, Kronos, Zeus und seine Verwandten, einst als menschliche Kulturstifter auf Erden gewirkt und selbst ihre zukünftige göttliche Verehrung angeordnet hätten (vgl. Zumschlinge, 1976). Stand dieser Gedanke auch in der Tradition sophistischer Religionserklärung, so weist doch der dabei neue Aspekt der Selbstvergottung auf den zeitgenössischen Herrscherkult, zu dessen Legitimation vielleicht Euhemeros schrieb. Im Zentrum seines verlorenen Werks, das sich als Reiseerzählung gab, steht die fiktive, vielleicht durch vage Kenntnisse von Ceylon/Taprobane inspirierte Insel Panchaia. Auf ihr will Euhemeros in einem Zeusheiligtum eine Inschrift entdeckt haben, die ihn über die Geschichte der vermeintlichen Götter belehrte. Daher der Titel des Werks: Heilige Urkunde, *Hiera Anagraphe*. Unseren Hauptgewährsmann Diodor (V 41–46; VI 1) faszinierte des Euhemeros Schilderung der Insael Panchaia weit mehr als dessen Religionserklärung, von der uns Kirchenväter Sporadisches mitteilen. Diodor hatte dafür seine Gründe!

Euhemeros siedelt um Panchaias Zeusheiligtum Elemente an, die aus Platons Fiktion von Ur-Athen und Atlantis her wohlbekannt sind: Priester sind oberste Instanzen in Fragen des Rechts und der Politik. Sie regieren einen Gutteil der wirtschaftlich autarken, reichen Insel. Deren Güter werden von Bauern und Hirten kollektiv erwirtschaftet. Dieser Nährstand versorgt auch den Wehrstand der Krieger. Die Verteilung der Güter – nur Haus und Garten dürfen von den Angehörigen der Berufsstände im Eigentum besessen werden! – leitet das Kollegium der Priester nach Leistung. Es behält dabei für sich selbst doppelten Anteil. Handel, Handwerk und Gewerbe figurieren auf Panchaia nur am Rande und in bescheiden dienender Funktion. – Es gibt auch Königsherrschaft und königliche Domänen in Euhemeros' Schilderung. Doch ist es im Diodortext unklar, ob sie auf Panchaia selbst oder auf eine Nachbarinsel gehören. Die große Insel Panchaia ziert eine Hauptstadt, Panara, deren Bürger – welch Traum für Stadtbewohner der zeitgenössischen Monarachien! – selbständig und keinem König untertan waren. Archonten – wie im alten Athen – regieren die Stadt.

Gemessen am hektischen Treiben hellenistischer Großstädte, an Berufsvielfalt, Bürokratie und institutionalisierter zentraler Königsmacht der Großreiche und an den gewaltigen Dimensionen ihrer sozialen Hierarchie mutet Panchaia als idyllischer Ständestaat an. Die retrograden Züge seiner Wirtschafts- und Gesellschaftsordnung, ja die archaische Primitivität der ökonomischen Produktion dürfen als Stereotype utopischer Gesellschaftsträume gelten. Je komplizierter das gegenwärtige Wirtschafts- und Sozialgefüge sich ausnimmt, je rascher sein Wandel die traditionelle Orientierung und Bindung der Individuen bedroht, desto stärker wächst die Sehnsucht nach überschaubaren Verhältnissen. In der traumhaften Atmosphäre des Indischen Ozeans ist denn auch die suggestivste Inselseligkeit angesiedelt, die uns die hellenistische Literatur bewahrt, wenn auch nur im dürftigen Auszug des Diodor (II 55–60): Es geht um die Erzählung des Jambulos (wohl 3. Jh.) von seiner Fahrt zu den Sonneninseln.

Die phantastische Welt dieser utopischen Inseln spiegelt ein wenig Ahnung von Ceylon, vor allem den Traum vom einfachen Leben. Die Schilderung von Flora,

Fauna und Bewohnern der Inseln spiegelt alle Stücke exotischer Fabulierkunst. Wie im Goldenen Zeitalter ernährt die fruchtbare Erde die Ihrigen von selbst. Eine Gliederung in übersichtliche Gruppen zu maximal vierhundert Personen unter Führung eines Ältesten und strenge Regeln der Lebensführung – bis hin zu Speisevorschriften, Tauglichkeitsproben für Neugeborene und der Verpflichtung zu sanftem Freitod für Kranke und Greise – gewährleisten die soziale Integration der Insulaner. Frauen und Kinder gelten in gut griechischer Philosophentradition als gemeinsamer Besitz. Daß die Insulaner sehr zivilisierte Wilde sind, die Wissenschaft, vor allem Sternkunde betreiben, mag auch ein typisches Stück Philosophenseligkeit reflektieren. Die strenge Religion der Sonneninsulaner hingegen kündigt schon die Expansion des Sonnenkults orientalischer Provenienz über die hellenistische Welt an. Unschlagbares Glanzstück im Inventar der politischen Phantasie des Jambulos aber ist die Schilderung der Arbeitsordnung mit ihrem Rollen-Rotationsprinzip: »Nacheinander aber leisten die einen einander Dienste, fischen andere, andere befassen sich mit Handwerkskünsten, wieder andere sind mit weiteren nützlichen Tätigkeiten beschäftigt, andere leisten der Reihe nach öffentliche Dienste, ausgenommen die Alten« (Diodor II 59,6 f.).

All das Faszinierende an Jambulos' Utopie, ihre egalitären Züge, die freilich nur der Männerwelt gelten, und die Freiheit von Arbeitsleid, Unterdrückung und Not, ist teuer erkauft. Alle städtische Zivilisation und ihre Grundlage, eine komplexe Arbeitsteilung und soziale Schichtung, läßt der Besucher der Sonneninseln hinter sich. So trägt ihn die Reise aus der gegenwärtigen leidvollen Wirklichkeit in eine imaginäre Welt.

Der Inselstaat als Fluchtpunkt der Gegenwartskritik, in dem das Rad der ökonomischen Entwicklung zurückgedreht scheint, hat in der kolossal erweiterten Oikumene frühhellenistischer Zeit ebenso seinen signifikanten Platz wie der Inselstaat der frühneuzeitlichen Utopie im damaligen Klima rapiden sozioökonomischen wie kulturell-technischen Wandels. So verständlich angesichts von Kollektivwirtschaft und distributiver Priesterklasse auf Panchaia und des Arbeits- und Rotationsprinzips auf den Sonneninseln die breite Tendenz in der Forschung wirkt, bei Euhemeros wie Jambulos einen Agrarkommunismus oder antiken Sozialismus zu konstatieren, so problematisch bleibt sie doch. Denn passen Kategorien aus dem Erfahrungshorizont der industriellen Revolution so einfach auf nicht-industrielle Verhältnisse? Schließlich war die Erwartung einer revolutionären Beseitigung gesellschaftlicher Antagonismen mit dem Ziel einer klassenfreien Gesellschaft der Alten Welt fremd, und schließlich setzt die Marxsche Kategorie des Sozialismus die völlige Entwicklung der ›bürgerlichen‹ Produktionsweise auf industrieller Grundlage voraus.

IV. Die Anpassung klassischer politischer Theorien an den Aufstieg des Imperium Romanum

1. *Polybios und die* interpretatio graeca *des römischen Staates*

Spätestens seit dem hannibalischen Krieg mußte Roms expansive Macht den Zeitgenossen als unüberwindlich erscheinen und allmählich entstand der Eindruck, daß sich die Weltgeschichte grundlegend wandelte. Waren bisher die großen Geschehnisse in der Oikumene wie verstreut auseinandergelegen, so formte Roms Aufstieg zur Weltmacht die Geschichte zu einem organischen Ganzen. Mit diesem Argument hat denn auch Polybios seine *Historien* eingeleitet (vgl. I 1–4), ein Werk, das eben diese Veränderung der Welt darstellen und erklärlich machen sollte und so zu einem besonders bedeutenden Dokument wurde.

Polybios' Vater Lykortas zählte zu den führenden Häuptern von Megalopolis und hatte mehrmals das Amt des Strategen im Achaierbund bekleidet. Früh war der Sohn mit den Traditionen dieses Staatswesens vertraut geworden. Philopoimen, der unvergessene Bundesfeldherr, der erfolgreich Spartas Tyrannen bekämpft und eine Politik der Distanz zu Rom verfochten hatte, war sein Idol. Bereits als junger Mann durfte Polybios im Jahre 169/68 das Kommando eines Hipparchen im Achaierbund ausüben. Roms Offensive gegen das Antigonidenreich stürzte damals die zwischen den Lagern gespaltenen griechischen Staatswesen in eine tiefe Krise. Romhörige Gruppierungen errangen allenthalben die Oberhand. Haß, Neid und Intrige blühten und forcierten große Säuberungsaktionen. Allein aus dem Achaierbund wurden nach Roms Sieg bei Pydna tausend Mann nach Italien vorgeladen bzw. deportiert, Polybios an prominenter Stelle unter ihnen. Er hatte das Glück, mit dem jungen Scipio Aemilianus, einem Sohn des siegreichen Imperators, Freundschaft zu schließen und durfte in Rom ein aristokratisches Leben führen. Auch nach der Rückkehr der überlebenden Deportierten, 17 Jahre später, blieb Polybios mit Scipio verbunden und begleitete ihn auf dessen Kriegzug gegen Karthago bis zum Fall der Stadt (im Jahre 146). Damals stand Hellas in Flammen. Vergeblich hatte der Achaierbund gegen Roms drückende Hand revoltiert. Polybios eilte als Vermittler in die Heimat. Dort lebte er forthin die meiste Zeit. Gegen 120 starb der hochgeehrte Greis einen fürstlichen Tod durch Sturz vom Pferde.

Aus seinem literarischen Schaffen sind einzig größere Teile der vierzigbändigen *Historien* erhalten, die er in mehreren Phasen konzipierte. Zunächst stand Roms Aufstieg zur Weltmacht, d. h. die Ära von 220 bis 168, im Zentrum, dazu trat ein einleitender Rückblick auf die Geschichte vom Ersten Punischen Krieg an bis zu Hannibals großen Aktionen. Am Wendepunkt von Hannibals Glück schob Polybios eine Erörterung der Vorzüge des römischen Staates ein. Dann schloß er, im Prinzip annalistisch verfahrend, umfangreiche Darstellungen der römisch-hellenistischen Geschichte an und führte sie über das Schicksalsjahr 168, ja bis über die für Hellas so fatalen Ereignisse um 146 hinaus. Erhalten sind die ersten fünf Bücher zur Gänze, VI gut zur Hälfte, weitere Bücher in unterschiedlicher Dichte durch verschiedene Exzerpte.

Politisch-militärische Lehren aus der Zeitgeschichte zu ziehen erachtete er als wesentliche Aufgabe seiner von ihm selbst pragmatisch genannten Historiographie (vgl. etwa die Grundsatzerklärung XII 25 b). Immer wieder führt ihn der konkrete Fall zu allgemeinen Prinzipien. Mitunter geraten Polybios' Statements zu regelrechten Maximen eines politischen Lehrbuchs. Nicht ohne Grund übte er so seine Faszination auf Machiavelli aus (vgl. Handbuch, Bd. 3, S. 44 ff.). Machiavellistisch mutet etwa Polybios' Urteil über die Götterfurcht der Römer an. Sie zähle zu den größten Vorzügen der römischen Politeia. Der Agnostiker in Polybios kramt im Arsenal sophistischer Religionskritik und entwickelt die Devise, Angstvorstellungen und dunkle Mythen, alles gut erfunden, seien das bewährte Instrument zur Disziplinierung der Masse, die ja von sich aus zur Gesetzwidrigkeit, Begierde und Gewalt neige. Daher solle man jetzt – und d. h. im Erleben einer aufklärerisch wirkenden Assimilation der römischen Nobilität an die griechisch-hellenistische Kultur! – ja nicht dem römischen Volk den Glauben austreiben (VI 56). Denn wenn der wachsende Wohlstand, der sich zunächst unter Männern von Rang und Namen breitmacht, mit seiner verderblichen Macht erst einmal das Volk erfaßt, dann künde sich der Niedergang des Staatswesens an (VI 57). Damit stehen wir bei Polybios' meist beachteten Gedanken: Sie drehen sich um Vorzüge und Nachteile, Strukturen und Entwicklungstendenzen der verschiedenen Staatsordnungen. Polybios nutzte eine Reihe theoretischer Ansätze zur Erklärung der konkreten historischen Phänomene, ohne sich um ihre wechselseitige Verträglichkeit allzusehr zu sorgen. Damit schuf er dem kritischen Betrachter ein unerschöpfliches Betätigungsfeld: Soll man ihm die Widersprüche ankreiden? Oder soll man sie durch Interpretationskünste verschwinden lassen? Zwischen diesen Polen oszilliert die neuere Forschung. Eine gewisse Rangordnung seiner Gedanken läßt sich immerhin klar genug erkennen.[5]

Im Verfassungszustand eines Staatswesens, in seiner Politeia, sah Polybios die wichtigste Ursache für dessen Erfolge oder Mißerfolge (vgl. VI 1). Mit diesem Schlüsselbegriff der Politeia glaubte sich Polybios imstande, die Kardinalfrage nach dem scheinbar unaufhaltsamen Aufstieg Roms zu beantworten. Nur eine Philosophie, die sich mit dem Aufbau eines republikanischen Gemeinwesens befaßte und nicht eine der Theorien über das rechte Königtum und die Stellung des Monarchen zum Gesetz, wie sie unter dem Eindruck der hellenistischen Großreiche Konjunktur hatten, konnte sich freilich dazu nützen lassen, die fulminanten Erfolge des republikanischen Staates der Römer zu erklären. So bot sich der Rekurs auf die alte Diskussion um eine optimale Politeia regelrecht an. Und gerade der Zusammenbruch des griechisch-hellenistischen Staatensystems unter Roms Schlägen erschloß so den Traditionen der klassischen griechischen Staatslehre ein neues Wirkungsfeld. Mit seinen Überlegungen aber spielte Polybios eine geistesgeschichtliche Rolle von damals unabsehbarer Bedeutung. Denn sein Bemühen, die Vorzüge einer Mischverfassung (dazu im folgenden) an Roms Beispiel zu demonstrieren, vermittelte dem neuzeitlichen Ringen um Konstitutionen geteilter Gewalt unersetzliche Impulse!

Polybios suchte also Roms Größe aus der Güte seiner Verfassung zu begreifen und griff dazu auf eine in klassischer Zeit entstandene Lehre zurück, die später dann als die Theorie der Mischverfassung bezeichnet wurde. Als beste Verfassung sei die anzusehen, welche die drei Einzelverfassungen – Königsherrschaft, Aristokratie, Demokratie – vereine (V 3,7). Die Entwicklung dieser Theorie hat

Politisches Denken im Hellenismus

eine lange Genese. An ihrer Tradierung hat der Aristotelesschüler Dikaiarchos von Messene vermutlich einen besonderen Anteil (vgl. Dikaiarch F 71 Wehrli = Photios Bibliothek 37). Parteiungen um den politischen Kurs, Konflikte zwischen Oligarchen und Demos sowie Spannungen zwischen arm und reich innerhalb der Polis durch eine Kombination bekannter Typen der Herrschaftsverteilung zu vermeiden, stand ursprünglich im Zentrum der Überlegungen. Bei Polybios ist die Mischverfassung ein Instrument, das die Elemente der Verfassung – durch wechselseitige Kontrolle – vor Entartung bewahren soll (vgl. VI 10).

Nicht ganz bruchfrei verbindet Polybios so die Mischverfassung mit einem anderen Theorem der klassischen Staatslehre, das er nicht zuletzt von Platon übernahm: dem Zyklus der Verfassungsformen. Durch Entartung verdirbt die urtümliche Herrschaftsform, die Monarchie, zur Tyrannis; diese provoziert ihren Sturz, auf den eine Aristokratie folgt; deren Entartung zur Oligarchie läßt die Demokratie aufkommen, die zur Ochlokratie verkommt, bis die verwirrte Masse wieder einen Alleinherrscher findet (VI 4–9). Dieser Verfassungszyklus vollziehe sich mit Naturnotwendigkeit (VI 9,10). Seine Kenntnis gestatte Prognosen über den Zustand eines Staatswesens, was Wachstum, Niedergang und Wechsel betrifft. Da Rom einen naturgemäßen Ursprung gehabt habe, werde es auch dem naturgemäßen Prozeß von Aufstieg, Blüte und Niedergang folgen, so wie sich der Verfassungszyklus naturgemäß abwickelt (V 9,10–14).

Offensichtlich stellt der Verfassungszyklus für Polybios nur einen Fall des allgemeinen Naturgesetzes von Aufstieg, Blüte und Niedergang dar, dem auch jene Staatswesen unterworfen sind, die durch ihre Mischverfassung gerade diesen Verfassungszyklus vermeiden sollen. Das lehrt sein Vergleich von Rom und Karthago. Polybios mußte ja Roms Überlegenheit nicht nur über die hellenistischen Staaten, sondern auch über Karthago erklären, das offensichtlich ebenfalls eine Mischverfassung hatte. Das gelingt durch eine Kombination seiner Theoreme über Verfassungskreislauf, Mischverfassung und Dekadenzprozeß.

Schematisch ordnet Polybios zunächst den Staatswesen der Römer und Karthager wie der alten Lakedaimonier eine Verfassung aus drei Elementen – Könige/Oberbeamte, Rat und Volk – zu, eine im übrigen recht unzulängliche Charakteristik. Die anteilsmäßige Gewichtung dieser Elemente läßt nun den jeweiligen Zustand eines solchen Mischverfassungsstaates erkennen. Ein Überborden der Einflüsse des Volkes markiert seinen kommenden Niedergang. Karthago hatte im Hannibalischen Krieg den natürlichen Höhepunkt seiner Verfassung schon überschritten, Rom erlebte ihn gerade. »Daher hatte den maßgebenden Einfluß bei allen Entscheidungen in Karthago bereits das Volk erlangt, in Rom hatte ihn noch der Senat.« Und daher war Rom in allen Dingen besser beraten und schließlich siegreich (VI 51; Zitat 51,6; dt. v. H. Drexler).

Wie Polybios' Verknüpfung von Verfassungszyklus und Mischverfassungstheorie nicht gerade glatt vor sich geht, so fügt sich die Mischverfassungslehre nicht ohne Reibung ins Gebäude der Dekadenztheorie. Und so schwankt auch Polybios' Anschauung über die oberste Macht der Historie, über Tyche, das bisweilen launisch-blinde Geschick, bisweilen gerecht ausgleichende Schicksal. So bleibt ein tiefes Dilemma bestehen: Läßt sich der historische Prozeß nun durch Einsicht in gesetzmäßige Abläufe und ihre variablen Bedingungen steuern, ist also die pragmatische Funktion der Historiographie in voller Konsequenz überhaupt realisierbar? Oder bleibt nur die Einsicht ins verhängte Schicksal? Lehren das die Tränen des Scipio beim Brande Karthagos, der ahnte, daß einst der Wechsel des Glücks auch Rom stürzen werde (vgl. XXXVIII 22)?

Jedenfalls zeigen etliche Bemerkungen des Polybios, daß er die Römer der Aufstiegsphase als unverdorben ansah, jetzt aber ihre Integrität durch korrumpierenden Reichtum, durch verweichlichende Zivilisation und eine Auflösung der festen Vätersitte bedroht glaubte. Ein Jahrhundert später, in der tiefsten Krise der Republik, unter dem Zeichen von Bürgerkrieg und Wandel der politischen Sitten, sollte die Idealisierung eines unverdorbenen Altrom im Kontrast zur Dekadenz der Gegenwart nunmehr aus der Feder führender Römer selbst dominierende Züge gewinnen. Einen wesentlichen Anteil an dieser Entwicklung trugen die Häupter der sogenannten Mittleren Stoa: Panaitios und Poseidonios.

2. Die Mittlere Stoa und die Übernahme griechischer politischer Theorie durch führende Kreise Roms

Panaitios von Rhodos und die Vermittlung stoischer Staatsethik

Ein einzigartiges Erlebnis für Roms intellektuelle Zirkel stellte die Delegation der Schulhäupter von Akademie, Peripatos und Stoa im Jahre 156/5 dar. Ihr Anlaß war wenig schmeichelhaft. Athen hatte eine kleine Stadt überfallen und versklavt. Die noblen Gesandten sollten vor dem Senat – Rom hatte Athens Unterwerfung unter ein griechisches Schiedsgericht verlangt – Straffreiheit erwirken. Das öffentliche Auftreten der Philosophen wirkte faszinierend, voran die dialektisch äußerst geschickte Disputation des Akademikers Karneades gegen die naive Überzeugung, Rechtlichkeit und Nützlichkeit im Handeln des Staates ohne weiteres vereinen zu können, die offenbar Zweifel an der Rechtlichkeit von Roms imperialer Politik implizierte. Kein Geringerer als der alte Cato sorgte für die rasche Rückkehr der Delegation. Sie verderbe Roms Jugend, hieß es (vgl. Plutarch, *Cato mj.* 22). In diesen Jahrzehnten mußte die Stoa mit ihren Leitern Diogenes von Seleukeia und Antipatros von Tarsos seitens der skeptischen Schule der Akademie harte Konkurrenz erfahren. Bald aber erlebte sie eine neue Blüte und gewann vermehrtes Ansehen in Rom. Das war in erster Linie ein Verdienst des Panaitios von Rhodos (2. Jahrhundert). Er stammte aus vornehmem Hause, war streng oligarchisch eingestellt und von seiner Abkunft her bestens disponiert, in Rom, wo schon sein Vater als Gesandter gewirkt hatte, Freunde zu gewinnen. Nach Studien in Rhodos, Pergamon und Athen zog es Panaitios in die neue Kapitale der Welt. Wie Polybios gewann er die Freundschaft des Scipio Aemilianus, den er auch auf einer Reise in den Osten begleitete. Nach seiner Betrauung mit der Leitung der Stoa – um das Jahr 129 – wurde Athen sein Lebenszentrum. Er starb gegen 110 in hohem Alter.

Es ist viel vom Scipionenkreis die Rede, von römischen Aristokraten, die – Scipio an der Spitze – in einem erlesenen Cercle mit hochgebildeten Hellenen verkehrten und Gedanken tauschten. Doch was man über diesen Kreis, seine philosophisch-humanistische Einstellung und ihre Wirkung zu wissen glaubt, beruht im wesentlichen auf Wunschvorstellungen und auf Ciceros rückschauender Phantasie. Scipios konsequente kriegerische Brutalität läßt das wahre Antlitz

Politisches Denken im Hellenismus 475

von Roms Weltmacht erkennen, die weder Panaitios noch ein anderer Philosoph bändigte[6]. Dank Ciceros Rezeption aber übte Panaitios' Werk dann doch noch einen starken, freilich geistesgeschichtlichen Einfluß aus.

Panaitios' politische Philosophie muß großteils aus Cicero gewonnen werden. Für die ersten zwei Bücher seines Spätwerks ›De officiis‹ – entstanden im Jahre 44, nach Caesars Ermordung – legte Cicero ausdrücklich Panaitios' Schrift über das pflichtgemäße, besser: das der Menschennatur gemäße, sittliche Handeln zugrunde (vgl. etwa De officiis II 60 = F 122 Van Straaten). Damit war der erste große Markstein eines langen Weges gesetzt, auf dem sich ein lateinisches ethisches Schrifttum auf stoischer Basis zu reicher Blüte entfaltete. Eine Voraussetzung dafür bildete die Aufgabe der kosmopolitisch motivierten politischen Abstinenz der Stoa zugunsten einer aktivistischen Staatsgesinnung – für einen Mann vom brennenden politischen Ehrgeiz eines Cicero eine elementare Bedingung.

Auch der Staatsmann wird nun streng in die sittliche Pflicht genommen. Auf Panaitios' Grundlage kann Cicero freilich ihm und damit sich selbst diese Pflicht versüßen: Gerade im sittlichen Bemühen des Staatsmanns liege auch sein Vorteil, gewinne er doch dadurch Ansehen und Zuneigung! Damit ist auch schon die soziale Dimension dieser ethischen Betrachtung angesprochen: Denn es ist vor allem Engagement für die Mitbürger, das dem Staatsmann Liebe und Achtung einträgt, dazu absolute Integrität und Sorge um Gerechtigkeit.

Auf stoischer Basis (vgl. II 73 bzw. F 118 Van Straaten) wird aber auch der Schutz des Privateigentums vor staatlichen Eingriffen verteidigt. Dabei fallen deutliche Seitenhiebe auf die Gracchische Reformpolitik und verwandte Bestrebungen! Damit nicht der Neid das Eigentum der Besitzenden gefährde, soll der Staatsmann auch die Rechte der Armen schützen (II 85). Konsequenterweise bietet die Expansion des Staats den besten Boden, auf dem die Vermehrung des privaten Eigentums gedeiht. So müsse der Staatsmann, »soweit der das in Krieg oder Frieden vermag, den Staat durch Ausdehnung der Herrschaft, durch Gewinn von Bodenraum und durch Zolleinnahmen… fördern« (II 85; dt. bei M. Pohlenz 1950/²1964, 249).

Damit ist ein kritischer Punkt erreicht. Offensichtlich verfocht nämlich Panaitios die Verwerflichkeit ungerechtfertigter Angriffskriege, was angesichts von Roms imperialer Aggression ein deutliches Warnsignal darstellte und in jeder Hinsicht ein sehr beachtenswertes Prinzip! Freilich wurde dieses Postulat von klassischen chinesischen Staatsphilosophen, vor allem von Mo-Ti, schon zwei bis drei Jahrhunderte früher und radikaler vertreten, nämlich gegen den Angriffskrieg überhaupt gerichtet und ohne jede Konzession an den scheinbaren Nutzen des Eroberungskriegs (vgl. Mo-Ti, Schriften II, übers. v. H. Schmidt-Glintzer, 1975, bes. 35 ff.). Doch das darf Panaitios' Verdienst nicht schmälern. Vermutlich behandelte er, wie Cicero, die Frage des Kriegs im Rahmen der Erörterung der Kardinaltugend der Gerechtigkeit. Gewalt eignet demnach dem Tier, Verhandeln dem Menschen. »Kriege darf man deshalb wohl unternehmen, um vom Unrecht ungestört in Frieden leben zu können; nach dem Siege aber muß man diejenigen schonen, die im Kriege nicht grausam, nicht unmenschlich gewesen sind… Auch wenn um die Vorherrschaft gestritten wird und Ruhmsucht zum Kriege treibt, müssen… gerechte Gründe vorhanden sein, und solche Kriege müssen mit geringerer Erbitterung geführt werden« (I 35, 38; dt. bei

Pohlenz 1950/²1964, 226). Gleichzeitig mit diesen Forderungen gab Cicero der Überzeugung Ausdruck, daß der römische Staat der Vorfahren sich getreu an diese Postulate gehalten habe – eine Illusion, von der sich auch die kritische Forschung nur mit größter Mühe zu lösen vermag[7]. Mit dem Beginn der internen bürgerkriegsartigen Auseinandersetzungen sei diese Ära der gerechten Herrschaft Roms zu Ende gegangen, hielt Cicero an späterer Stelle fest (II 26–27).

Eine ähnliche Schau hatte Cicero schon in seiner Schrift über den Staat entwickelt, herausgebracht im Jahre 51, ehe er als Statthalter nach Kilikien zog, wo er auf tragisch-lächerliche Weise kriegerischen Ruhm suchte. Der gerechte Idealstaat, über den hier in platonischer Manier und unter Rekurs auf die Mischverfassungstheorie debattiert wird, sei schon einmal Realität gewesen. Im fiktiven Gespräch wird Scipio Aemilianus zum Zeugen dafür gemacht. Er habe öfter gegenüber Panaitios und Polybios, »zwei Griechen, die die besten Kenner der Lehre vom Staate waren«, mit guten Gründen gezeigt, »daß bei weitem die beste Staatsform diejenige sei, die unsere Vorfahren uns hinterlassen haben« (*De re publica* I 21/34; dt. v. K. Ziegler; vgl. F 119 Van Straaten). In der retrospektiven Verklärung wird das Alte Rom der Vorfahren, das ja nach Ciceros Urteil – am Vorabend des großen Bürgerkriegs – längst preisgegeben ist (vgl. V 1–2), mit dem Idealstaat der hellenistisch vermittelten klassisch griechischen Staatstheorie identifiziert: Platons Postulat der Gerechtigkeit als Grundlage des Staates, die in Peripatos wie Stoa kultivierte Überzeugung von der sozialen Natur des Menschen als Voraussetzung staatlicher Gestaltung, die stoische Lehre vom natürlichen Recht als Basis einer gemeinsamen staatlichen Ordnung der Vernunftwesen, die besonders im Peripatos tradierte Theorie vom Vorzug der Mischverfassung, den offensichtlich auch Panaitios lehrte, sodann die folgenschwere Interpretation von Roms Verfassung als einer Mischverfassung durch Polybios und natürlich Ciceros heißes Bemühen, die Unzulänglichkeit der politisch-staatlichen Situation der Gegenwart am Kontrast zu den großen *exempla maiorum* darzutun: all das geht in die Synthese von Ciceros Reflexionen ein.

Panaitios' konkreter Anteil an ihnen ist umstritten. Vielleicht darf er als Vermittler der stoischen Überzeugung gelten, daß ein wahres, den Menschen als Vernunftwesen zugängliches, ihrer Natur gemäßes ewiges und göttliches Gesetz bestehe (vgl. *De re publica* III, 22/33!). Darauf bauend verfocht Cicero die Möglichkeit, im Staate Gerechtigkeit zu realisieren. Die im direkten Text Ciceros verlorenen fiktiven Reden des Philus und Laelius, die Karneades' einstigen Angriff auf die Behauptung, der imperiale Staat könne gerecht sein, und die Replik auf stoischer Grundlage vortragen, lassen sich durch Zitate und Kommentare von Laktanz und Augustinus leidlich rekonstruieren. Dies zeigt, welch tiefe Wirkung der stoischen Lehre vom natürlich-göttlichen Gesetz über Cicero beschieden war. Sie inspirierte die christliche Naturrechtslehre und lebt in säkularisierter Form in der Begründungsgeschichte des Völkerrechts und der Menschenrechte fort.

Politisches Denken im Hellenismus 477

Poseidonios von Apameia und die Interpretation der spätrepublikanischen Zeitgeschichte aus der Dekadenztheorie

Für Roms intellektuelle Oberschicht war es gewiß nicht leicht, sich in den Wirren der Bürgerkriegszeit geistig-moralisch zurechtzufinden. Die republikanisch-oligarchischen Kollegialorgane und die jährlich wechselnden Ämter hatten sich überlebt, indes die Chancen für den entschlossenen Feldherrn, seine Kommandostellung zu dauerhaftem Machtgewinn zu nutzen, rapide wuchsen. Doch stellte sich dieser Wandel den Alten kaum als Systemkrise dar, sondern erklärte sich ihnen vielmehr als moralischer Verfallsprozeß. Die Faktionierung der römischen Gesellschaft – für oder gegen Sulla und seine Cliquen, für oder gegen die Caesarianer etc. –, bis hin zu Massenschlächtereien und Exekutionen im internen Krieg, mußte das moralische Gefühl evozieren, zumindest auf der Gegenseite Habgier, Ehrsucht, Blutrünstigkeit in voller Blüte zu sehen, während sich dem verklärenden Blick zurück immer intensiver ein intaktes Altrom darstellte. Wie ließ sich dieser Wandel besser charakterisieren als mit einem Verfall der Sitten?

Die solcherart beschworene Dekadenztheorie bildet wie so viele Kulturelemente, mit deren Hilfe sich Roms führende Kreise ein neues, ihrer Position als junge Herren eines Weltreichs entsprechendes Identitätsbewußtsein schufen, ein Erbe der Griechen. Hervorgegangen aus konservativ getönten Gegenströmungen zum aufklärerischen Entwicklungsstolz, der einst in der Metropole des attischen Seereichs blühte, und forciert durch die tiefe Wertkrise im Gefolge des Peloponnesischen Kriegs hatte sich die feste kulturphilosophische Lehre geformt, daß ein sittlicher Dekadenzprozeß die Kehrseite des zivilisatorischen Fortschritts bilde, eines Fortschritts, der zudem im Zeichen der von aristokratisch-oligarchisch gestimmten Intellektuellen so ungeliebten Demokratie der Athener gestanden war. Dieses Theorem einer Entwicklungsdialektik, in die der Weg vom Naturzustand zum Kulturzustand gleichsam als Strafe für den Sündenfall aus unschuldiger Primitivität führt, hatte in nachklassischer und hellenistischer Zeit hohe Konjunktur. Mit zu seinen namhaftesten Vermittlern zählte vermutlich der bereits seiner Mischverfassungstheorie wegen angeführte Peripatetiker Dikaiarchos. Seine Betrachtung etwa, »wieviel mehr Menschen durch Angriffe von Menschen in Krieg und Bürgerzwist vernichtet worden seien als durch alle sonstigen Katastrophen«, regte Ciceros Nachdenklichkeit an (F 24 Wehrli = Cicero, *De officiis* II 16; dt. bei Pohlenz [2]1964/1950, 244).

Die reichste Entfaltung dieser Dekadenztheorie dürfte aber aufs Konto des Poseidonios von Apameia gesetzt werden, des großen Schülers des Panaitios (vgl. Malitz, 1983). Bleibt es auch nicht ganz sicher, ob sich bereits die Sittenverfallstopik eines Cicero oder eines Sallust, des einflußreichsten Verherrlicher von Altroms Tugend in der Ära der sinkenden Republik, aus dem unmittelbaren Eindruck von Poseidonios' historischen Schriften speist, so leben Elemente seiner Geschichtssicht über zahlreiche lateinische und griechische Autoren, die sein verlorenes Œuvre benützten, fort und trugen ganz wesentlich dazu bei, daß die Dekadenzlehre zum klassischen Erbe humanistischer Bildung zählt.

Geboren im syrischen Apameia, vermutlich als Sohn wohlhabender, vielleicht kolonialgriechischer Eltern, wählte sich der junge Poseidonios als Verehrer der

Stoa Athen zum Studienort, wo er noch Panaitios (gestorben gegen 110) hören konnte und dessen Lieblingsschüler wurde. Später zog er nach Rhodos, gewann dort Ansehen und Einfluß, so daß sich ihm selbst höchste politische Ehrenstellen in der Stadt, so das Amt eines Prytanen, öffneten. Noch vor dieser politischen Karriere hatte er eine Bildungsreise in das westliche Mittelmeer unternommen, wo er sich unter anderem in Massalia/Marseille und Gades/Cadiz aufhielt und Erfahrungen für seine vielbeachtete (verlorene) Schrift über den Ozean sammelte. Später, im Jahre 87, fuhr er als Delegierter der Rhodier nach Rom, kehrte aber bald nach Rhodos zurück. Er avancierte zu einem weltberühmten Gelehrten, dessen Freundschaft führende Männer von Roms Nobilität suchten. Cicero besuchte ihn im Jahre 77 auf Rhodos. Und als ihn Pompeius im Jahre 62 nach seiner triumphalen Rückkehr aus dem Osten zum zweitenmal aufsuchte, senkten sich sogar die Rutenbündel von Roms Liktoren vor der Behausung des kranken Philosophen. Er starb, ohne Entstehung und Verlauf des großen Bürgerkriegs zu erleben, aus dem die Diktatur Caesars hervorging, der Poseidonios ruhmvollen Namen vielleicht aus parteilichen Gründen ignorierte.

Wären des Poseidonios *Historien* erhalten, so könnte der Versuch eines stoischen Philosophen, die Weltgeschichte bis hin zur erlebten Gegenwart als ein Geflecht sinnvoller Zusammenhänge zu begreifen und als Gesamtprozeß zu schauen, besser gewürdigt werden. So muß der Gehalt dieses vielleicht unvollendeten Werks aus zahlreichen Schriftstellern, die sich seiner bedienten, erschlossen werden, voran aus den Griechen Diodor, Strabon und Athenaios, doch auch aus Varro, Vitruv, Livius, Trogus/Justin, Seneca und anderen illustren Lateinern. Ausgehend von der Überzeugung, daß die Weltgeschichte wie das kosmische Geschehen und wie das Wirken der Natur einer sinnvollen Ordnung unterliegen, baute Poseidonios eine komplexe Entwicklungsgeschichte der Menschheit auf und bettete darin die konkrete Ereignisgeschichte ein, mit der er an Polybios' Werk anschloß und die er bis auf seine Zeit – die jüngsten Fragmente weisen auf das Jahr 86 – herabführte. Ihrerseits sollten die *Historien* wohl den Höhepunkt von Poseidonios' äußerst vielseitigem, aber insgesamt verlorenem Werk bilden, das ganz im Dienste einer »universalen Welterklärung aus stoischem und eigenem Geiste« stand (J. Malitz, 1983, S. 411).

Die bunte Vielfalt der Völker gliederte Poseidonios nach Großräumen, deren klimatisches Milieu – seinerseits vom Einfluß der Gestirne und kosmischen Mächte geprägt – die Menschen formte und deren Herausforderung die Weisen unter den Völkern zu erster zivilisatorischer Anpassung an die jeweiligen Lebensräume zwang. Je günstiger die anthropogeographische und klimatische Lage, desto größer die Chancen, weite Etappen auf dem Weg vom Natur- zum Kulturzustand zurückzulegen. Der Mittelmeerraum, genauer: der Expansionsraum des Imperium Romanum bildete die besten Entfaltungsmöglichkeiten für Geist und Körper, während das Barbarikum der Randzonen der Oikumene die naturwüchsige Wildheit der Bewohner am kräftigsten bewahrte. Rassische und kulturelle Differenzierung der Völker infolge ihrer Anpassung an die geographisch-klimatischen Verhältnisse bildet für Poseidonios ein Hauptmoment der Menschheitsentwicklung, Akkulturation durch Wanderung in fruchtbarere und günstigere Klimata und die Überlagerung der dortigen Völker ein zweites. Auch Akkulturation durch Handelsbeziehungen entzog sich nicht seinem Blick. Mit

Politisches Denken im Hellenismus

dem Kulturprozeß vollzog sich aber auch sein dialektisches Gegenstück, die Auflösung der moralischen Unverdorbenheit. Ihr Beginn liegt – und das zeigt besonders plastisch, wie stark sich die Gedankenwelt führender Aufklärer und Sozialphilosophen des 18. und 19. Jh. noch an antiken Vorbildern messen läßt – im folgenschweren Schritt vom Gemeineigentum der Urzeit zum Privateigentum (vgl. Seneca ep. 90,3 = F 284 Theiler; Edelstein-Kidd weisen nur Partien ab ep. 90,5 als Poseidonios-Fragmente aus), das die Stoa freilich grundsätzlich verteidigte.

Poseidonios betonte die Rohheit der meisten rezenten Barbaren und sah sie kaum als Repräsentanten eines idealen Naturzustands an. Auch ihre Kultur zeigt für ihn schon die Einwirkung der Dekadenz. So wie Poseidonios' Götterlehre die Entwicklung von einem stoisch-pantheistisch gedachten Urmonotheismus hin zu Magie, Polytheismus und einer komplexen Riten- und Mythenwelt als Entartung erklärte, so sah der Historiker Poseidonios den von Macht- und Besitzzuwachs begleiteten zivilisatorischen Fortschritt als höchst gefährlich an: Die Auflösung naturwüchsiger Normen und Bindungen vermag zwar der weise Gesetzgeber in Zaum zu halten, doch dazu bedarf es der festen Hand sittlich guter Kräfte. Die Verlockung von Luxus und Besitz, Macht und Ehre ist groß.

So führt die von der waltenden Gottheit dem Römischen Reich zugedachte welthistorische Aufgabe, zur zentralen Ordnungsmacht aufzusteigen, gleichzeitig zur größten Bewährungsprobe. Augenscheinlich sah Poseidonios mit scharfem Blick auf soziale Mißstände und erkannte in der ungerechten und schlechten Behandlung der Unfreien, der Provinzialvölker und schlechthin der von Roms Gewaltherrschaft Betroffenen die Ursache für wachsende Probleme Roms mit Revolten und internen blutigen Konflikten. Vermutlich setzte er Hoffnungen auf Männer wie Rutilius Rufus, einen Freund des Panaitios, dessen Bemühen um eine gerechte Provinzialverwaltung ihm viel Neid und Mißgunst einflußreicher Kreise Roms eingetragen hatte, und auch auf den mächtigen Ordner des Ostens, Pompeius, sie wären Zeichen einer Rückkehr zu den – vermeintlichen – Tugenden der Väterzeit. Nur durch die Rückbesinnung auf die Tugend der Väter dürfte sich Poseidonios ein gottgewolltes positives Geschick der von Rom beherrschten Oikumene erhofft haben. Da heißt es auch – so denn Poseidonios' fragmentarisch bewahrte Lehre von den Affekten – sich nicht über die dunkle Seite unserer seelischen Triebkräfte hinwegzutäuschen. Die direkte Rückkehr zum Zustand verlorener urzeitlicher Unschuld war ihm vermutlich gleichfalls eine Illusion. »Es ist ein großer Unterschied, ob man nicht sündigen will oder die Sünde nicht kennt«, lehrt Seneca in seinem 90. Brief, in dem er sich ausführlich mit Poseidonios' Kulturentstehungslehre auseinandersetzt (ep. 90, 46; dt. v. E. Glaser-Gerhard). Und wohl im Einklang mit Poseidonios' Überzeugung formuliert er den Weg, den der Philosoph aus der Wirrnis einer dekadenten Zeit zu weisen vermag: »Die Tugend freilich erreicht nur ein Mensch, der Unterricht und Belehrung genießt und durch ununterbrochene Schulung zu sittlicher Höhe gelangt. Für dieses Lebensziel werden wir geboren, aber wir besitzen es nicht von Geburt an; auch die Besten tragen, vor dem Beginn der Bildungsarbeit, nur den Keim zur Tugend, nicht die Tugend selbst in sich« (ep. 90,46 = F 448 Theilert; dt. v. Glaser-Gerhard).

Der Philosoph als Wegweiser eines retour à la nature aus einer dekadenten Welt, deren herrschende Schicht ihre Aufgaben zu verfehlen droht, eines Zurück zu den Wurzeln von Größe und Kraft – welch Vermächtnis an die abendländische Geistesgeschichte! Und welche Ironie der Geschichte, daß der Erbe Caesars und endgültige Sieger des Bürgerkriegs, indes er eine monarchische Ordnung aufbaute, die ein dem Imperator verpflichtetes Heer und Beamtentum exekutierten, sich rühmte, die verloren geglaubte Welt der alten *res publica Romana* wiederhergestellt zu haben, und solcherart aus dem Stoff der Dekadenzlehre den ideologischen Schleier seiner Machtposition wob: die vorgebliche Restauration der verklärten alten Zeit. Doch der Geschichte des Prinzeps Augustus und den politischen Ideen, die das römische Kaiserreich trugen, gehört ein anderes Kapitel.

ANMERKUNGEN

1 Der Begriff des Hellenismus ist vielschichtig und vage und umfaßt im neueren Schrifttum, allein auf seinen Kernaspekt, das »Kulturgriechentum« (J. Burckhardt) bezogen, innergriechische Kulturentwicklungen ebenso wie die Assimilation griechischer Kulturelemente durch Nichtgriechen und Phänomene der Kulturverschmelzung. Dementsprechend schwanken auch die räumlichen und zeitlichen Begrenzungen der hellenistischen Welt, doch geht ein common sense dahin, in der Bildung des Alexanderreichs und in der Integration Ägyptens ins Imperium Romanum die Eckpfeiler einer Epoche des Hellenismus zu erblicken. Vgl. dazu Näheres bei *Bichler*, 1983.
2 Eine leicht lesbare Darstellung Alexanders mit zahlreichen Quellenbelegen und Literaturverweisen bietet etwa S. *Lauffer*, Alexander der Große, München 1978; alle Fragmente aus den verlorenen Alexanderhistoriographien sind gesammelt bei F. *Jacoby*, Die Fragmente der griechischen Historiker (FGrHist) II, Teil 2 (Texte), Berlin 1929, Teil 4 (Kommentar). 1930; eine Übersicht über die komplizierte Quellenlage und eine eingehende Forschungsübersicht bei J. *Seibert*, Alexander der Große, Darmstadt 1972; als besonders kritische Forschungsstimmen seien vor allem hervorgehoben: R. *Andreotti* , Die Weltmonarchie Alexanders des Großen in Überlieferung und geschichtlicher Wirklichkeit, in: Saeculum 8, 1957, S. 120–166; G. *Walser*, Zur neueren Forschung über Alexander den Großen (1956), in: Alexander the Great. The Main Problems, hrsg. v. G. T. Griffith, Cambridge – New York 1966, S. 345–379; F. *Hampl*, Alexander der Große. Persönlichkeit und historische Bedeutung, in: Hampl, Geschichte als kritische Wissenschaft II, hrsg. v. I. Weiler, Darmstadt 1975, S. 202–232; zum politisch-staatsphilosophischen Alexanderbild der Alten vgl. besonders A. *Heuß*, 1954/1979.
3 Textnachweise und Übersetzungen bei: U. *Schneider*, Die großen Felsenedikte Aśokas. Kritische Ausgabe, Übersetzung und Analyse der Texte, Wiesbaden 1978; Griechische Inschriften als Zeugnisse des privaten und öffentlichen Lebens, griech.-dt. v. G. *Pfohl*, Zürich – München ²1980 (Kandahar-Bilingue ebd. Nr. 111); H. *Schlumberger,* Eine neue Aśoka-Inschrift (1964), in: F. Altheim/J. Rehork, Der Hellenismus in Mittelasien, Darmstadt 1969, S. 406–417; Die Fragen des Königs Menandros, dt. v. F. O. *Schrader*, Berlin 1905. Zum Milindapanha vgl. H. v. *Glasenapp*, Die Literaturen Indiens. Von ihren Anfängen bis zur Gegenwart, Stuttgart 1961, S. 170 f.; zum Buddhismus unter Aśoka vgl. U. *Schneider*, Einführung in den Buddhismus, Darmstadt 1980, S. 142 ff.
4 Eine bequeme Einführung in die einzelnen Texte des jüdisch-hellenistischen Schrifttums bieten etwa G. *Stemberger*, Geschichte der jüdischen Literatur. Eine Einführung, München 1977, insb. S. 26 ff., 47 ff. oder L. *Rost*, Einleitung in die alttestamentlichen Apokryphen und Pseudoepigraphen einschließlich der großen Qumran-Handschriften, Heidelberg 1971, insb. S. 38 ff., 74 ff. – Zum komplexen Verhältnis von Judentum und

Politisches Denken im Hellenismus 481

griechischer Kultur vgl. vor allem M. *Hengel,* Judentum und Hellenismus. Studien zu ihrer Begegnung unter besonderer Berücksichtigung Palästinas bis zur Mitte des 2. Jahrhunderts v. Chr., Tübingen 1969; vgl. zur gräko-jüdischen Kultur Ägyptens *ders.,* Juden, Griechen und Barbaren. Aspekte der Hellenisierung des Judentums in vorchristlicher Zeit, Stuttgart 1976, S. 126 ff. Die angeführte Passage aus Pseudo-Lykophron findet sich samt Übersetzung auch bei B. *Effe* (Hrsg.) 1985, S. 74 ff., eine Übersetzung des Pseudo-Aristeas bei E. *Kautzsch* (Hrsg.), Die Apokryphen und Pseudoepigraphen des Alten Testaments II, Darmstadt [4]1975 (1900), S. 1 ff.

5 Eine gediegene Übersetzung des Polybios mit ausführlichem Register bietet H. *Drexler,* Polybios' Geschichte, Bd. I–II, Zürich–Stuttgart 1961/3. Zu den diversen historischen Aspekten vgl. F. W. *Walbank,* A Historical Commentary on Polybius, Bd. I–III, Oxford 1957/67/79; zur Genese und Entwicklung der Mischverfassungstheorie vgl. vor allem G. J. D. *Aalders,* 1968; zu ihrer politologischen Einordnung und ihrer Bedeutung für den neuzeitlichen Konstitutionalismus W. *Nippel,* 1980.

6 Eine gründliche und sehr kritische Analyse der Tradition vom Scipionenkreis bietet H. *Strasburger,* Der ›Scipionenkreis‹ (1966), in: Strasburger, Studien zur Alten Geschichte II, hrsg. v. W. Schmitthenner–R. Zoepffel, Hildesheim–New York 1982, S. 946–958.

7 Den Einfluß der stoischen Ethik auf das so geläufige Bild intakter altrömischer Verhältnisse vor der Folie eines vermeintlichen Sittenverfalls seit der spätrepublikanischen Zeit analysierte vor allem F. *Hampl* im Sinne einer rigorosen Kritik an jeder Idealisierung ›Altroms‹; F. *Hampl,* ›Stoische Staatsethik‹ und frühes Rom (1957), in: Hampl, Geschichte als kritische Wissenschaft III, hrsg. v. I. Weiler, Darmstadt 1979, 1–21; vgl. *ders.,* Römische Politik in republikanischer Zeit und das Problem des ›Sittenverfalls‹ (1959), ebd. 22–47. – Zur politischen Situation in der ausgehenden Republik und ihrer Wahrnehmung durch die Zeitgenossen vgl. Chr. *Meier,* Res publica amissa. Eine Studie zu Verfassung und Geschichte der späten römischen Republik, Wiesbaden 1966, und Karl *Christ,* Krise und Untergang der römischen Republik, Darmstadt 1979.

BIBLIOGRAPHIE

(weitere bibl. Angaben in den Anmerkungen zum Text)

Quellensammlungen in Übersetzungen
Die Sokratiker, in Auswahl übers. und hrsg. von Wilhelm *Nestle,* Aalen 1968 (Jena 1922); Die Nachsokratiker, in Auswahl übers. und hrsg. von Wilhelm *Nestle,* 2 Bde., Aalen 1968 (Jena 1923); From Alexander to Constantine. Passages and Documents Illustrating the History of Social and Political Ideas 336 B. C. – A. D. 337, übers. und erl. von Ernest *Barker,* Oxford 1956; M. M. *Austin,* The Hellenistic World from Alexander to the Roman Conquest, Cambridge 1981; R. S. *Bagnall–* P. *Derow,* Greek Historical Documents in the Hellenistic Period, Ann Arbor 1981; Die griechische Literatur in Text und Darstellung, Bd. IV: Hellenismus, hrsg. von Bernd *Effe,* Stuttgart 1985; Stoa und Stoiker. Die Gründer. Panaitios, Poseidonios, eingel. und übers. von Max *Pohlenz,* Zürich – Stuttgart 1964 (1950); Translated Documents of Greek and Rome, vol. III: The Hellenistic Age from the Battle of Issos to the Death of Cleopatra VII, hrsg. u. übers. von S. B. *Bernstein,* Cambridge 1985.

Allgemeine Darstellungen
Aalder, Gerhard J. D., 1975: Political Thought in Hellenistic Times, Amsterdam; *Bichler,* Reinhold, 1983: ›Hellenismus‹. Geschichte und Problematik eines Epochenbegriffs, Darmstadt; *Hadas,* Moses, 1981: Hellenistische Kultur. Werden und Wirkung, Frank-

furt/M.–Berlin–Wien (engl. 1959); *Kloft*, Hans (Hrsg.), 1979: Ideologie und Herrschaft in der Antike, Darmstadt; *Kreissig*, Heinz, 1982: Geschichte des Hellenismus, Berlin (Ost); *Lesky*, Albin, 1971: Geschichte der griechischen Literatur, Bern–München; *Meier*, Christian, 1980: Die Entstehung des Politischen bei den Griechen, Frankfurt/M.; *Momigliano*, Arnaldo, 1979: Hochkulturen im Hellenismus. Die Begegnung der Griechen mit Kelten, Römern, Juden und Persern, München (engl. 1975); *Préaux*, Claire, 1978: Le monde hellénistique. La Grèce et l'Orient (323–135 av. J.–C.), 2 Bde., Paris; *Rostovtzeff*, Michail, 1955/56: Die hellenistische Welt. Gesellschaft und Wirtschaft, 3 Bde., Tübingen (engl. 1941); *Schneider*, Carl, 1967/69: Kulturgeschichte des Hellenismus, 2 Bde., München; *Sinclair*, Thomas A., 1951: A History of Greek Political Thought, London; *Tarn*, William W., 1966: Die Kultur der hellenistischen Welt (3. Aufl. unter Mitarb. von G. T. Griffith), Darmstadt (engl. 1927; ³1952); *Walbank*, Frank W., 1983: Die hellenistische Welt, München (engl. 1981); *Weber-Schäfer*, Peter, 1976: Einführung in die antike politische Theorie, Teil 2: Von Platon bis Augustinus, Darmstadt; *Weiler*, Ingomar, ²1988: Griechische Geschichte. Einführung, Quellenkunde, Bibliographie, Darmstadt; *Will*, Edouard, 1966/67: Histoire politique du monde hellénistique, 2 Bde., Nancy.

Literatur zu einzelnen Themenkreisen

Aalders, Gerhard J.D., 1968: Die Theorie der gemischten Verfassung im Altertum, Amsterdam 1968; *Baldry*, Harold C., 1959: Zeno's Ideal State, in: Journal of Hellenistic Studies 79, S. 3–15; *Bichler*, Reinhold, 1984: Zur historischen Beurteilung der griechischen Staatsutopie, in: Grazer Beiträge 11, S. 179–206; *Bielawski*, Józef und Marian *Plezia,* 1970: Lettre d'Aristote à Alexandre sur la politique envers les cités, Wroclaw–Warszawa–Krakow (Archiwum Filologiczne 25); *Brown*, Truesdell S., 1949: Onesicritus. A Study in Hellenistic Historiography, Berkeley–Los Angeles; *Dudley*, Donald R., 1937: A History of Cynicism, London (repr. 1967); *Ferguson,* John, 1975: Utopias of the Classical World, London; *Forschner*, Maximilian, 1981: Die stoische Ethik. Über den Zusammenhang von Natur-, Sprach- und Moralphilosophie im altstoischen System, Stuttgart; *Fuchs*, Harald, ²1964 (1938): Der geistige Widerstand gegen Rom in der antiken Welt, Berlin; *Gatz*, Bodo, 1967: Weltalter, goldene Zeit und sinnverwandte Vorstellungen, Hildesheim;*Günther*, Rigobert/*Müller,* Reimar, 1988: Das goldene Zeitalter. Utopien der hellenistisch-römischen Antike, Stuttgart; *Goodenough*, Erwin R., 1979: Die politische Philosophie des hellenistischen Königtums (engl. 1928), in: Ideologie und Herrschaft in der Antike, hrsg. von H. Kloft, Darmstadt, S. 27–89; *Habicht*, Christian, 1956: Gottmenschentum und griechische Städte, München; *Heuß*, Alfred (1954) 1979: Alexander der Große und die politische Ideologie des Altertums, in: Ideologie und Herrschaft in der Antike, hrsg. von H. Kloft, Darmstadt, S. 123–188; *Knauth*, Wolfgang und Sejfoddin *Nadjamadi*, 1975: Das altiranische Fürstenideal von Xenophon bis Firdausi, Wiesbaden; *Kytzler*, Bernhard, 1973: Utopisches Denken und Handeln in der Antike, in: Der utopische Roman, hrsg. von Rudolf Villgradter und Friedrich Krey, Darmstadt, S. 45–68; *Long*, Anthony A., 1974: Hellenistic Philosophy. Stoics, Epicureans, Sceptics, New York; *Malitz*, Jürgen, 1983: Die Historien des Poseidonios, München; *Merkelbach*, Reinhold, 1974: Kritische Beiträge zu antiken Autoren mit den Fragmenten aus Ekphantos »Über das Königtum«, Meisenheim/Gl.; *Müller*, Klaus E., 1972: Geschichte der antiken Ethnographie und ethnologischen Theoriebildung I: Von den Anfängen bis auf die byzantinischen Historiographen, Wiesbaden; *Müller*, Reimar, 1974: Die epikureische Gesellschaftslehre, Berlin (Ost); *Nickel*, Rainer, 1979: Xenophon, Darmstadt; *Nippel*, Wilfried, 1980: Mischverfassungstheorie und Verfassungsrealität in Antike und früher Neuzeit, Stuttgart; *Orth*, Wolfgang, 1977: Königlicher Machtanspruch und städtische Freiheit, München; *Plezia*, Marian, 1969/70: Die Geburtsurkunde des Hellenismus, in: Eos 58, S. 51–62; *Pohlenz*, Max, ⁶1984: Die Stoa. Geschichte einer geistigen Bewegung, 2 Bde., Göttingen; *Popper*, Karl R., ²1970: Die offene Gesellschaft und ihre Feinde, Bd. 1: Der

Politisches Denken im Hellenismus

Zauber Platons, Bern–München (engl. 1944); *Reesor*, Margaret E., 1951: The Political Thought of the Old and Middle Stoa, New York; *Rist*, John M., 1972: Epicurus. An introduction, Cambridge; *Schubart*, Wilhelm, 1979: Das hellenistische Königsideal nach Inschriften und Papyri (1937), in: Ideologie und Herrschaft in der Antike, hrsg. von H. Kloft, Darmstadt, S. 90–121; *Toulomakos*, Johannes, 1971: Zum Geschichtsbewußtsein der Griechen in der Zeit der römischen Herrschaft, Göttingen; *Vischer*, Rüdiger, 1965: Das einfache Leben. Wort- und motivgeschichtliche Untersuchungen zu einem Wertbegriff der antiken Literatur, Göttingen; *Wehrli*, Fritz, 1983: Der Peripatos bis zum Beginn der römischen Kaiserzeit, in: Die Philosophie der Antike III: Ältere Akademie – Aristoteles – Peripatos, hrsg. von H. Flashar, Basel–Stuttgart, S. 459–599; *Zumschlinge*, Marianne, 1976: Euhemeros. Staatstheoretische und staatsuotpische Motive, Diss. Bonn.

KAPITEL XI

Das politische Denken der Römer zur Zeit der Republik

Von Eckart Olshausen

1. Einleitung

In hohem Alter hat Frank E. Adcock eine Vorlesung über das Thema »Roman Political Ideas and Practice« gehalten. Als politische Ideen, deren Verwirklichung ihn hier interessierte, verstand er die folgenden Begriffe: auctoritas, dignitas und libertas, fides gegenüber den Menschen und religio gegenüber den Göttern, das imperium in den Bereichen domi und militiae und den mos maiorum. Sie spiegelten ihm »eine instinktive Haltung des Römers zu seinen Göttern, zu seinen Herrschern, zu sich selbst« wider (S. 21). Nun sollte man sich darüber im klaren sein, wie verschieden der Begriff ›Idee‹ verstanden wird – von F. E. Adcock und im Zusammenhang mit der hier vorgegebenen Thematik eines Handbuchs der politischen Ideen. Die Identität von Idee und instinktiver Einstellung, wie sie Adcock voraussetzt, findet jedenfalls in der Philosophiegeschichte keine Entsprechung. Unter Instinkt versteht man grundsätzlich ein System von Grundantrieben und Fähigkeiten, das im Bereich des Vorbewußten zweckmäßiges Handeln motiviert.[1] Wie es zur Instinktbildung kommt, interessiert hier nicht, festzuhalten bleibt, daß die instinktgelenkte Tätigkeit im Vorbewußten ausgelöst wird. Die Idee dagegen trägt seit ihrer inhaltlichen Gestaltung durch Platon (ἰδέα) den Stempel der Bewußtheit. Ohne bewußte Analyse dessen, woran sich die menschliche Seele auf der Grundlage ihrer vorgeburtlichen Existenz nach dem Eintritt des Vergessens in der körperlichen Geburt mit Hilfe der Sinne wieder erinnert und was sich im besten Fall zu einer richtigen Meinung entwickelt, ist gesichertes Wissen, die Idee nicht zu erreichen (vgl. Platons *Menon*). Auch Aristoteles, der sich im wesentlichen von den Ideenvorstellungen seines Lehrers abgesetzt hat und im primären Einzelding die Verbindung von Materie (ὕλη) und Form (εἶδος) sieht, lehrt die Erkennbarkeit des εἶδος nur durch den Geist (vgl. Deninger, 1961, S. 191). J. G. Droysen hat sich in seiner *Historik*, wo er »die Interpretation nach den sittlichen Mächten oder Ideen« expliziert, nicht der Mühe einer genauen Definition des Begriffs ›Idee‹ unterzogen. Aber auch er stellt klar (Bd. 3, S. 180 f.): »Es gibt kein Verhältnis menschlichen Seins und Tuns, das nicht Ausdruck und Erscheinungsform eines Gedachten, ihm Zugrundeliegenden wäre, in dem die Wahrheit und das Wesen eben dieser einzelnen Gestaltung ist.« Ein fundamentaler Zug der Idee ist auch für ihn die Bewußtheit: »Die Liebe der Eltern zu ihren Kindern ist ohne das Bewußtsein der Aufgabe, die sie in den Kindern haben, ohne die Idee der elterlichen Pflicht eine bloß instinktive und kreatürliche, sog. Affenliebe.«
Es soll nun nicht geleugnet werden, daß die von Adcock namhaft gemachten ›politischen Ideen‹ konstitutive Elemente römischer Gesellschafts- und Staatsge-

staltung gewesen sind. Dazu bedarf es aber auch nicht der bewußten Gestaltung solcher Leitbilder. Ganz im Gegenteil läßt sich vielfach feststellen, daß die Stadien der politischen Kultur, in denen sich die Römer ihrer Leitbilder bewußt wurden, in denen sie ihre Leitbilder bewußt in Sprache umsetzten und im politischen Alltag als Maßstab oder Waffe einsetzten, dadurch gekennzeichnet sind, daß eben diese Leitbilder ihre allgemeine Gültigkeit allmählich verloren. Infolgedessen kann man den Moment, in dem ein vorbewußt motiviertes Verhaltensmuster ins Bewußtsein gehoben, analysiert und formuliert wird, als die Geburtsstunde einer politischen Idee bezeichnen. So muß man offensichtlich unterscheiden zwischen sozialen Verhaltensweisen einerseits und deren reflektierter Erscheinung, wie sie dann etwa als Argument in politischen Auseinandersetzungen genutzt wurde (vgl. die Schilderung dessen bei Gelzer, 1933, S. 129 ff.; desgleichen Knoche 1962, S. 104 f.); und nur im Falle solcher bewußter Festschreibung sozialer Verhaltensmuster ist von ›politischen Ideen‹ zu sprechen. Es handelt sich hierbei im weitesten Sinne um Argumente, mit denen die Oligarchie insgesamt oder einzelne oligarchische Gruppen ihren Herrschaftsanspruch realisieren, rechtfertigen oder verdecken. Es ist durchaus denkbar und auch historisch zu dokumentieren, daß sich ein Begriff vom Verhaltensmuster löst, als politische Idee fungiert und schließlich wieder aus dem Kreise ideologischer Argumente ausscheidet – ob er in dieser Funktion seinen Dienst getan hat oder aber sich als nutzlos erwiesen hat; das in der Zwischenzeit gleichsam aufgewertete Verhaltensmuster mag – vielleicht in gewandelter Form – weiterbestehen, ohne jedoch in der Reflexion Beachtung zu finden. Wie es zum Sturz des Königtums in Rom gekommen ist, hat die Legende so sehr verklärt, daß sich der historische Vorgang nicht mehr mit Sicherheit rekonstruieren läßt. Sicher ist immerhin so viel, daß der in den Anfängen überaus wechselvolle Kampf zum Schutz der jungen Republik gegen die Versuche, die Königsherrschaft wiederherzustellen, aus dem Bereich des Reagierens und des Verhaltensmusters heraustrat und in den politischen Ideen der Annuität und der Kollegialität Gestalt gewann. Mit der Realisierung beider Ideen und deren grundsätzlicher Beibehaltung wurde, was anfangs bewußt begründet und angestrebt worden war, allmählich selbstverständlich – so selbstverständlich, daß man an die Beseitigung von Annuität und Kollegialität besonders in den Oberämtern absolut nicht dachte, als bestimmte sehr einflußreiche Kreise darin Hemmnisse für ihre politischen Ziele sehen mußten; man suchte und fand andere Wege, um diese Bollwerke der Republik zu umgehen.

Übernommen hatte die junge Republik aus der Tradition der Königszeit den Rat, der ursprünglich dem König zur Seite stand und jetzt angesichts des jährlichen Beamtenwechsels und der in ihrer Kontrollfunktion oft für die Regierungspraxis hinderlichen Kollegialität das für den Bestand der Republik notwendige Element der Kontinuität darstellte. Da es gerade die im Senat vertretenen Familien der herrschenden Gesellschaft gewesen waren, die den König vertrieben hatten, war es ganz selbstverständlich, daß nun der Senat als Zentralorgan der republikanischen Staatsverwaltung fungierte. Erst als die Senatsherrschaft etwa Mitte des 2. Jahrhunderts v. Chr. in eine Krise geriet und ihre Existenzberechtigung gegenüber der in der Hand geschickter Volkstribunen so wirksam arbeitenden Volksversammlung behaupten mußte, wurde man sich –

Das politische Denken der Römer zur Zeit der Republik   487

in Senatskreisen natürlich! – der Unerläßlichkeit der vom Senat gestalteten Kontinuität bewußt, stieg dieses Verhaltensmuster zur politischen Idee auf. Als nach den Kämpfen der späten Republik sich ein – noch so geschickt verdecktes, aber im Wesenskern doch – monokratisches Regime in Rom installierte, da entstand mit dem Kaiser und seinen Funktionären am Hof und im Reich eine Organisation, die weit wirksamer das Element der Kontinuität im Staat verkörperte und in seinem Bestand garantierte, als es der Senat je vermocht hätte. Und so verlor – ganz abgesehen von den Versuchen einzelner Kaiser, die Bedeutung des Senates zurückzudrängen – der Senat auch in dieser Hinsicht seine Daseinsberechtigung: Hier hatte die Idee ebenso wie das Verhaltensmuster ausgedient, das freilich als solches weiterhin Bestand hatte, als es noch eine Aristokratie gab, die im Senat immer noch eine Möglichkeit sah, ihren politischen Einfluß – etwa gegen die christlichen Kaiser – zur Geltung zu bringen.

Eine überaus umfassende und von den verschiedensten Kreisen der römischen Gesellschaft für sich in Anspruch genommene politische Idee, die uns zudem noch literarisch ausgezeichnet bezeugt ist, repräsentiert der Begriff des mos maiorum. Es leuchtet unmittelbar ein, daß sich hier zuerst die damit angesprochenen unmittelbar wirksamen Verhaltensmuster herausgebildet haben, bevor sie einzeln und in ihrer Gesamtheit als politische Idee gestaltet und in den Dienst bestimmter Interessen gestellt wurden. Der ungeheure Bogen, den der Bedeutungsradius von mos maiorum schlägt, versteht sich aus der Tatsache, daß das Brauchtum der Vorfahren in der Tat das ganze Leben des römischen Bürgers zu illustrieren in der Lage war. Darin lag die Stärke dieser politischen Idee, daß ihre Verwendbarkeit schier unbegrenzt war; darin lag aber auch ihre Schwäche, als sie in dieser Universalität jeglichen eigenen Charakter und damit viel von ihrer Überzeugungskraft verlor, da sie sich von den verschiedensten Kreisen für deren Zwecke einspannen ließ. Ihre besondere Kraft zog diese Idee aus der dem römischen Wesen eigenen Anlage zur Bewahrung von Überkommenem, einem Erbe des bäuerlichen Ursprungs. Auf den mos maiorum müssen aber auch die zahlreichen Verweise bezogen werden, mit denen die römische Literatur sich auf die Geschichte der frühen Republik anhand großer Namen wie Brutus, Cato des Älteren oder der beiden Scipionen beruft: Hier werden Namen zu Programmen.

Eine besondere Entwicklung hat der Begriff des bellum purum piumque bzw. iustum genommen. Die Anfänge des ihm zugrunde liegenden Verhaltensmusters lassen sich nicht fassen, ebensowenig, seit wann das ius Fetiale über ein derart festgefügtes Formular verfügte, um sagen zu können, wann hier der Übergang vom bloßen Verhaltensmuster zur politischen Idee anzusetzen wäre. Sie verlor möglicherweise in dem Maße, in dem das Fetialen-Ritual während des 3. Jahrhunderts v. Chr. den direkten Zusammenhang mit der Gestaltung der Kriegseröffnung einbüßte, an Leben, um dann in der Begegnung mit stoischen Vorstellungen Mitte des 2. Jahrhunderts v. Chr. wieder an Zugkraft zu gewinnen; die theoretische Durchgestaltung erfuhr diese römisch-griechische Synthese schließlich durch Cicero.

2. Prinzipien zum Schutz der römischen Republik und ihrer Funktionsfähigkeit: Annuität und Kollegialität in den Ämtern, Kontinuität im Senat

Eine Gruppe, der es in Auseinandersetzung mit anderen Gesellschaftskreisen gelungen ist, eine ihren Interessen entsprechende Staatsform zu etablieren, wird darum bemüht sein, sich diese Stellung auf die Dauer zu sichern. Diese Gruppe kann einen einzigen Vertreter aus ihren eigenen Reihen favorisieren und ihre Macht mit seiner Hilfe ausüben; nach außen tritt dieser dann als Alleinherrscher in Erscheinung. Eine solche Monokratie stellt sich uns beispielsweise bei den in die Balkanhalbinsel einwandernden Griechen als Stammeskönigtum dar, in den hellenistischen Reichen der Ptolemaier und der Seleukiden als absolutes Königtum, bei den griechischen Poleis als Tyrannis. Instrumente der Herrschaftssicherung sind in diesen Monokratien etwa die Verfügungsgewalt des Herrschers über alle Rechts- und Eigentumsverhältnisse sowie über das Heer, eine Leibwache, die Bildung persönlicher Abhängigkeitsverhältnisse und die theologische oder anderswie gestaltete ideologische Einbindung der Untertanen in die Herrschaft.

Gelingt es nun einer anderen Gruppe der Gesellschaft, den Monokraten samt seinem Anhang zu entmachten, kann sie an der Stelle des alten Regimes die eigene Herrschaft nach dessen Vorbild organisieren. Es ist aber auch denkbar, daß diese Gruppe sehr viele starke Zentren umfaßt; dann kann man sich möglicherweise nicht mehr auf eine monokratische Staatsform einigen, sondern läßt die Macht auf breiterer Basis Gestalt gewinnen. Griechische Staatstheoretiker haben im Zusammenhang mit der Polis für diese Art von Machtorganisation den Begriff ›Oligarchie‹ (›Herrschaft von wenigen‹) gebraucht. Einen solchen Übergang der Macht von einer Gruppe, die ihre Herrschaft monokratisch gestaltete, zu einer deutlich größeren Gruppe, die ihre Herrschaft mit Hilfe einer oligarchischen Staatsgestaltung verwirklichte, hat Rom zu Ende des 6. Jahrhunderts v. Chr. erlebt.[2]

Die Annuität

Wie jede herrschende Gesellschaft, so hat sich auch die herrschende Gesellschaft der römischen Republik darum bemüht, ihre Verfassung zu konsolidieren und gegen alle nur denkbaren Gefahren von innen wie von außen abzusichern. Eine solche Maßnahme zum Schutze der republikanischen Verfassung war der jährliche Wechsel in den hohen Staatsämtern, d. h. das Prinzip der Annuität; Th. Mommsen nennt die Annuität »eine Lebensfrage der Republik« (1887/88, Bd. 1, S. 596). Lebenslang hatte ja der Monokrat seine Machtposition innegehabt, und dieser Umstand war eine wesentliche Stütze seiner Herrschaft gewesen: Seine dauernde Präsenz in allen politisch entscheidenden Situationen hatte ihm ein ungeheures Ansehen erworben und die Schaffung einer treu ergebenen Anhängerschaft ermöglicht; der enorme Erfahrungsschatz, den er während seiner langen Regierungstätigkeit angesammelt hatte, war wohl einerseits der Gesellschaft zugute gekommen, hatte ihn aber andererseits, was die Praxis der Staatsgeschäfte anging, schließlich jedem anderen haushoch überlegen werden lassen.

Das politische Denken der Römer zur Zeit der Republik 489

Aber noch viel praktischer gesehen, war der Monokrat so in der Lage gewesen, in langfristiger Planung eigene Interessen zu verfolgen und sich dabei gegen Störversuche anderer zu schützen. Man erkennt, welchen existentiellen Nutzen der Monokrat aus der Lebenslänglichkeit seiner Machtstellung gerade für die Sicherung seiner Herrschaft gezogen hatte. Da besonders in den Jahren nach der Beseitigung des Monokraten und der Entmachtung seiner Anhängerschaft zu befürchten war, daß von dieser Seite immer wieder der Versuch unternommen würde, das alte Regime zu restaurieren,[3] mußten die Oligarchen zur Sicherung der neu gewonnenen Herrschaft darauf bedacht sein, die Elemente auszuschalten, die eine Rückkehr zur Monokratie ermöglichen, also die Stützen der Monokratie ein für allemal aus der Staatsgestaltung zu bannen.

Monokratische Tendenzen waren übrigens nicht nur von seiten restraurativer Kräfte zu befürchten, sondern auch aus den Reihen der Oligarchen selbst.[4] War doch das oligarchische Herrschaftssystem grundsätzlich ein Kompromiß zwischen einzelnen Gesellschaftsgruppen, die vereinzelt die Alleinherrschaft nicht gewinnen konnten, sich aber auch nicht der Alleinherrschaft einer anderen Gruppe beugen wollten. Der in dieser Bescheidung wurzelnde Kompromiß stellte daher, gründend auf dem Prinzip des Gleichgewichts der Kräfte unter Ausschaltung der Alleinherrschaft einer einzelnen Gruppe, den größtmöglichen politischen Einfluß mehrerer Gesellschaftsgruppen sicher. Daß diese oligarchischen Gruppen wiederum ehrgeizig darüber wachten, die Zahl der Teilhaber an der Macht nicht wachsen zu lassen, etwa in Richtung einer demokratischen Staatsgestaltung, versteht sich von selbst.

Daß die Lebenslänglichkeit der obersten Machtposition im Staate eine ganz wesentliche Stütze der Monokratie gewesen war, hatten die Patrizier, die nach der Beseitigung des Königtums in Rom an die Macht kamen, offenbar erkannt. Die antike Überlieferung (Liv. 1, 60, 4; Dion. Hal. 4, 84, 4 f.) hat den Übergang von der Monokratie des letzten etruskischen Königs in Rom zur Oligarchie der römischen Republik staatsrechtlich eher als kontinuierliche Entwicklung denn als revolutionäre Zäsur charakterisiert. Diese Darstellung hat die moderne Geschichtsschreibung im Schluß aus der Analogie zu anderen, besser bezeugten Vorgängen dieser Art den antiken Autoren nicht abgenommen. Ganz verschiedene Vorstellungen hat man entwickelt, um diese Übergangsperiode historischer Wahrscheinlichkeit anzunähern (vgl. Bleicken, 1985, S. 76 gegen E. Meyer, 1975, S. 114 f., dazu Mazzarino, 1945). Einig blieb man sich jedoch darin, daß die Beseitigung der Lebenslänglichkeit, d. h. die Einführung der Annuität des Oberamtes, eine Maßnahme zum Schutz der Republik vor der Gefahr der Rückkehr zur Monokratie war (vgl. Bleicken, 1985, S. 76; ausführlich Mommsen, 1887/88, Bd. 1, S. 596 f.).

Nicht nur theoretische Überlegungen, sondern auch historische Vorbilder waren maßgeblich bei der Einführung der Annuität im Oberamt. Das nächstgelegene Vorbild gaben nicht etwa die Griechenstädte in Unteritalien (Kyme) und Sizilien ab, sondern die Latinerstädte mit ihrem Oberamt, dessen Inhaber den Titel dictator führte; dieser amtierte nachweislich immer nur ein Jahr lang (Plut. Rom. 27, 1), und auch im Falle der Latinerstädte war das dictatorische Jahresamt in der Nachfolge des Königtums eingerichtet worden. Diese jahresweise Beschränkung der Kommandogewalt des Oberbeamten verhinderte es nun in der Tat, wie sich zeigen sollte, daß sich der Amtsinhaber mit Hilfe seines Amtes eine ›Hausmacht‹ schuf, schloß tatsächlich eine in diesem Amt erworbene, alle anderen disqualifizierende Fertigkeit in Verwaltungsdingen aus und erlaubte es dem Amtsinhaber auch nicht, über Jahresfrist hinaus Pläne zu verfolgen, die ihm ein überdimensionales Gewicht in dieser Oligarchie verschaffen, folglich die Oligarchie sprengen und schließlich seine Alleinherrschaft herbeiführen sollten. Die Möglichkeit, das Oberamt mehrere Jahre hintereinander zu bekleiden, wurde erst im Verlauf des 3. Jahrhunderts eingeschränkt und 151 endgültig verboten – man hat also anfangs die Wahlen zwischen diesen Amtsperioden als eine echte Kontrolle betrachtet und erst spät an ihrer Wirksamkeit gezweifelt (vgl. die Lit. bei E. Meyer, 1975, S. 505, Anm. 104).

Viele negative Folgen der Annuität im Oberamt – hauptsächlich eben die Unmöglichkeit für den Magistraten, sich im Verlaufe einer langdauernden Amtsführung die notwendigen Fertigkeiten in der Verwaltungspraxis anzueignen – hat die oligarchische Gesellschaft in Rom durchaus zu vermeiden verstanden. Zum einen hat sie den jungen Bürger so früh wie möglich an die Politik herangeführt; von der Zeit des Heeresdienstes abgesehen war der junge Mann, da er gesellschaftlich unabhängig war und sich um seinen Lebensunterhalt nicht kümmern mußte, in der Lage und auch dazu angehalten, die öffentlichen Senatssitzungen an der offenen Türe des Sitzungsraumes aufmerksam zu verfolgen. Zum andern boten die Ämter des Vigintisexvirates sowie die unteren Stufen der höheren Beamtenkarriere (cursus honorum) – alles ebenfalls Jahresämter – genügend Gelegenheit, Erfahrungen in der Verwaltungspraxis zu sammeln.[5]

Prolongation und Iteration

In einer Hinsicht aber stand diese Annuität existentiellen Interessen Roms im Wege, und hier hat man den fatalen Weg zu ihrer Umgehung gefunden. Der ursprüngliche Stadtstaat, auf dessen Bedürfnisse zugeschnitten war, was wir als römische Verfassung bezeichnen, hat mit den Jahren Aufgaben übernommen, denen das vorhandene politische Instrumentarium nicht mehr gewachsen war. Besonders in Notzeiten, die immer wieder durch Kriege hervorgerufen wurden, zeigte sich der Mangel an geeignetem und auch in der nötigen Anzahl der oligarchischen Gesellschaft genehmem Personal gerade im militärischen Oberamt. Da ist man auf den Gedanken verfallen, Amtsgewalt von Amt zu trennen. Dieser Gedanke wurde im Jahre 326 zum ersten Mal in die Praxis umgesetzt, als der Konflikt mit Neapel, der schließlich den Zweiten Samnitenkrieg auslöste (326–304 v. Chr.), zu Ende des Amtsjahres 327/26 kurz vor einem für Rom durchaus günstigen Abschluß stand. Doch lief ausgerechnet in diesem Moment das Amtsjahr des Consuls Q. Publilius Philo aus, der die Verhandlungen mit der romfreundlichen Partei in Neapel führte. Da waren es diplomatische und militärische Gesichtspunkte, die den Senat dazu veranlaßten, Philo weiterhin auf seinem Posten vor Neapel zu belassen und daher dem amtslosen (privatus) Mann an der Spitze römischer Truppen die Kommandogewalt (imperium) zu verlängern (Liv. 8, 23, 12. 26, 7). Das Beispiel hat Schule gemacht, und zwar noch im selben Krieg; Q. Fabius Maximus Rullianus etwa, dem Consul des Jahres 308, wurde zu Ende seines Amtsjahres in einer schwierigen Situation dieses Sam-

Das politische Denken der Römer zur Zeit der Republik 491

nitenkrieges, in der er unabkömmlich war, das imperium prolongiert (Liv. 9, 42, 2. 6).

Je größer der Aktionsradius wurde, den die römische Kriegführung schlug, um so häufiger und geläufiger wurden die Fälle, in denen ehemalige Oberbeamte als privati pro consule oder pro praetore das Heereskommando nach Beendigung der regulären Amtszeit weiterführten, bis der von der Volksversammlung in Rom bestellte Nachfolger im Felde eintraf. Ursprünglich basierte eine solche Kommandoverlängerung über die Amtszeit hinaus (prolongatio, prorogatio) auf einem Volksbeschluß; später hat der Senat in diesen Fällen entschieden, ohne das Volk zu befragen. Immerhin hat man stets dafür Sorge getragen, daß diese ›Promagistratur‹ – eine eigentlich unzutreffende Bezeichnung, da es sich hier ja gerade nicht um eine Magistratur handelte – bestimmt in Jahresfrist beendet war. Zu diesem Zweck wurde der Auftrag, der mit einem imperium pro consule oder pro praetore auszuführen war, inhaltlich definiert (vgl. den bereits erwähnten Philo bei Liv. 8, 23, 12: »...solange der Krieg gegen die Griechen ›in Neapel‹ dauere«) oder zeitlich begrenzt – und zwar auf ein halbes Jahr (vgl. Liv. 10, 16, 1 zum Jahr 296) oder ein ganzes Jahr (vgl. Liv. 9, 42, 2 zum Jahre 307). Während aber der wiederholten, durch kein Intervall unterbrochenen Bekleidung des Oberamtes durch denselben Kandidaten sehr früh ein Riegel vorgeschoben wurde (Ausnahmen wurden in Notsituationen zugelassen, vgl. C. Marius angesichts der Kimbern und Teutonen), hat man die jahrweise durch Volkswahl verfügte Iteration eines imperiums einer amtslosen Person nie gesetzlich untersagt. So führte der Ältere Scipio beispielsweise seit 210 Jahr für Jahr bis 206 ein imperium pro consule als privatus; unerhört war freilich in seinem Falle, daß er zuvor gar kein Oberamt innegehabt hatte, aus dem das imperium pro consule gleichsam abgeleitet worden wäre – es war ihm erstmalig durch Volkswahl zugewiesen worden. In derartigen Fällen blieb die Volkswahl Voraussetzung.[6]

Die häufige Prorogation des imperium hat in der Folge die ursprüngliche Empfindlichkeit gegenüber der Möglichkeit von Amtsgewaltmißbrauch auf dem Wege über die mehrfache Iteration von Amtsgewalten und Ämtern derart strapaziert, daß 67 der große Pompeius auf der Grundlage der lex Gabinia nicht etwa dreimal ein imperium pro consule, sondern gleich ein imperium pro consule für drei Jahre gegen die Seeräuber erhielt, daß 59 Caesar auf der Grundlage der lex Vatinia nicht etwa fünfmal ein imperium pro consule, sondern gleich ein imperium pro consule für fünf Jahre (über Gallia Cisalpina und Illyricum) erhielt. Doch nur wenige Jahre zuvor hatte Sulla mit seiner unbefristeten Diktatur (82–79) und besondes im Rahmen seines Restaurationsprogramms das Prinzip der Annuität im Oberamt praktisch bereits beseitigt: Auf Sullas Betreiben wurde es zur Regel, daß sich an das in Rom abgeleistete Consulat ohne Volkswahl oder Ernennung durch den Senat ein in einer Provinz auszuübendes imperium pro consule anschloß (andererseits gab es Bemühungen Sullas, das Ausufern der Promagistratur einzudämmen; vgl. Carney, 1959, S. 72 ff.). Worüber der Senat hier noch befand, durch Beschluß oder im Losverfahren, betraf die Frage, welche Provinz den gewesenen Consuln zugewiesen wurde, nicht aber die Tatsache als solche. Tatsächlich wurde auf diese Weise das imperium durch Volkswahl auf zwei Jahre verliehen: für das erste Jahr gebunden an das Oberamt, für das zweite Jahr davon abgelöst. Was die Frage der tatsächlichen Macht betraf, so war der Unterschied zwischen dem an das Oberamt gebundenen und dem von diesem losgelösten imperium im wesentlichen fiktiv. Durch die automatische Folge von Consulat und Proconsulat bzw. Praetur und Propraetur, durch die über Jahresfrist ausgedehnten imperia eines Pompeius und eines Caesar war der Oligarchie (d. h. den Optimaten) die einst so sorgsam gewahrte Kontrolle der Macht einzelner im Staate jedenfalls von seiten der Amtsgewalt entglitten, der Weg in die Monokratie geebnet. Stationen auf diesem in atemloser Eile zurückgelegten Weg waren weiterhin beispielsweise die im Jahre 55 v. Chr. Pompeius (Spanien) und Crassus (Syria) auf fünf Jahre erteilten proconsularen imperia, war das imperium, das in Gestalt der Dictatur Caesars im Jahre 46 auf zehn Jahre und im Jahr darauf auf Lebenszeit verliehen wurde. So ist es kein Wunder, daß Augustus speziell das proconsulare imperium, das nun schon häufig unter Mißachtung des Annuitätsprinzips verliehen worden war, zum eigentlichen Rückgrat seiner so an republikanischem Herkommen orientierten Herrschaft gemacht hat – im Jahre 27 v. Chr. wurde ihm das proconsulare imperium auf zehn Jahre erteilt, 18 und 13 v. Chr. auf je fünf Jahre und dann 8 v. Chr., 3 n. Chr. und 13 n. Chr. wieder auf je zehn Jahre. Unter Ausschaltung der Annuität ist das proconsulare imperium auch für die Nachfolger des Augustus zu dem konstitutiven Element ihrer Herrschaft geworden (in aller Deutlichkeit Mommsen, 1887/88, Bd. 2, S. 840 f.).

Die Kollegialität

Im gleichen Atemzug mit dem für die römische Republik konstituierenden Prinzip der Annuität nennt man normalerweise das Prinzip der Kollegialität, von Th. Mommsen (1887/88, Bd. 1, S. 28) als ein ›Grundpfeiler‹ der römischen Republik gekennzeichnet (Bleicken, 1985, S. 76 ff., E. Meyer, 1975, S. 112 ff., 507 Anm. 4 mit Lit.). Während man sich aber allgemein darin einig ist, daß die Annuität speziell im Oberamt in Abwehr einer Monokratie zum Schutze der oligarchischen Verfassung diente und infolgedessen sogleich nach der Beseitigung des Königtums Geltung gewann, gehen die Ansichten über die Kollegialität, ihren Ursprung und ihren ursprünglichen Sinn, auseinander. Unbestritten ist immerhin, daß das Kollegialitätsprinzip immer schon Kontrollfunktion hatte. Fraglich ist nur, ob es, wie die Annuität, den Rückfall in eine Monokratie verhindern und also die oligarchische Herrschaftsform sichern sollte, oder ob es ein Element der Staatsgestaltung war, das sich aus den Ständekämpfen entwickelt hat; in diesem Falle wäre es sehr viel später, etwa infolge einer der leges Liciniae Sextiae vom Jahre 367 v. Chr. zur Wirkung gelangt, derzufolge mindestens einer der Consuln aus den Reihen der Plebeier stammen sollte. Die römische Überlieferung verlegte die Entstehung des Kollegialitätsprinzips in die frühesten Anfänge unter Romulus und Titus Tatius und zeigt so die besondere Hochschätzung dieses Prinzips. Wo die Tradition aber die Reihe der Consulate mit L. Iunius Brutus und L. Tarquinius Collatinus einsetzen läßt, sieht sie ganz offensichtlich in der Kollegialität wie in der Annuität eine wesentliche Garantie für den Schutz der jungen Republik gegen monokratische Bestrebungen. Wer die Kollegialität als eine Errungenschaft der Ständekämpfe betrachtet, hat zunächst einmal solche Quellenaussagen (vgl. Liv. 1, 60, 4; Dion. Hal. 4, 84, 4 f.) gegen

Das politische Denken der Römer zur Zeit der Republik   493

sich; die Argumente aber, die für eine so späte Entstehung des Kollegialitätsprinzips vorgebracht worden sind, haben noch nicht zu einem überzeugenden Gesamtbild geführt (vgl. E. Meyer, 1975, S. 114 f., 481–484 Anm. 8, 507 Anm. 4; dazu Werner, 1962, S. 240 ff.).

Grundsätzlich war jedes republikanische Amt durch ein collegium von mindestens zwei Mitgliedern besetzt.[7] Kontrolle des oder der Kollegen war sicher ursprünglich der Wesenskern des Kollegialitätsprinzips – ob damit nun ein Rückfall in die Monokratie oder ein Übergewicht der Plebeier verhindert werden sollte. Der einzelne Kollege war gegenüber dem gesamten Kollegium nicht weisungsgebunden und bedurfte, um tätig werden zu können, keines einstimmig oder mehrheitlich gefaßten Beschlusses des Kollegiums. Doch auch einzelne Kollegen waren nicht befugt, ihrem Kollegen Befehle zu erteilen. Charakteristisch für das römische Verständnis von Kollegialität war vielmehr, daß jeder Kollege zwar für den gesamten Aufgabenbereich des Kollegiums zuständig, aber grundsätzlich in der Lage war, selbständig und ohne kollegiale Rückversicherung Amtshandlungen vorzunehmen. Wesentlich für die Beziehungen innerhalb des Kollegiums war jedoch das Recht jedes einzelnen Kollegen zur Interzession (intercessio). Es berechtigte ihn, mit seinem Veto (vetare = verbieten) gegen eine noch nicht vollzogene Amtshandlung eines Kollegen einzuschreiten (intercedere), so daß die durch sein Veto verbotene Amtshandlung unterblieb bzw. keine Rechtskraft erlangte. Das Instrument der Interzession begegnet aber nicht nur im Verhältnis der Mitglieder eines Kollegiums untereinander (par potestas). Es wird auch in der Beziehung höhergestellter Magistrate gegenüber Magistraten minderen Ranges (maior/minor potestas/Verbietungsrecht) wirksam, desgleichen zwischen den Volkstribunen und jeglichem geringer oder höher gestellten Beamten mit Ausnahme des Dictators. Das so weitgespannte Interzessionsrecht des Volkstribunen ist ohne Zweifel eine jüngere Anomalie in der Struktur der Interzession und eine Errungenschaft der Ständekämpfe zum Schutz der plebs gegen Willkürakte der Magistrate. Die Interzession unter Kollegen bzw. zwischen höheren und niederen Magistraten ist dagegen ursprünglich und ein tragendes Element republikanischer Staatsgestaltung (grundlegend Mommsen, 1887/88, Bd. 1, S. 158–292; 2, S. 290–306; vgl. E. Meyer, 1975, S. 113 f.; Bleicken, 1985, S. 79 f.).

Das Instrument der Interzession hatte im Rahmen der Kollegialität ohne Zweifel primär die angestrebte Kontrolle der Kollegen untereinander sicherzustellen und konnte auch im Extremfall jede positive Verwaltungtätigkeit, speziell jede legislative Initiative, lahmlegen. Normalerweise ist es aber nicht zu einem solchen Mißbrauch der Interzession mit dem Ziel wirksamer Obstruktion gekommen. Vielmehr sah sich so der einzelne Magistrat bei seinen Aktionen stets dazu gezwungen, zuvor mit den oder dem Kollegen Einvernehmen herzustellen, wodurch die Regierungsgeschäfte prinzipiell von den verschiedenen Kollegien einvernehmlich getragen und deshalb mit größerer Wirksamkeit durchgeführt wurden (vgl. Bleicken, 1985, S. 78 f., 128 f.). Die ursprünglich durchaus reale Kompetenz des einzelnen Kollegen für den ganzen Wirkungsbereich des Kollegiums blieb als Idee noch weiterhin lebendig, als Rom bereits Dimensionen angenommen hatte, die diese Gesamtkompetenz illusorisch machten.[8] Wie sich allmählich die Kollegialkompetenzen faktisch aufgliederten, läßt sich an verschiedenen Erscheinungen zeigen. Sachlich und räumlich wuchsen die Aufgaben

der römischen Staatsverwaltung besonders im Verlauf des 4. Jahrhunderts
v. Chr. dermaßen, daß man sich dazu veranlaßt sah, das ursprünglich nur den
beiden Consuln eigene imperium einer neuen Magistratur, dem Amt des praetor
urbanus (seit 367 v. Chr.) mitzuteilen. Der praetor urbanus hatte in der Hauptsache die Consuln im Bereich der Rechtsprechung zu entlasten. Als dieser praetor urbanus durch die zunehmende Zahl der Prozesse mit Fremden (peregrini) in
der Folge überlastet war, wurde eine weitere Magistratur geschaffen, die speziell
die Gerichtsbarkeit im Verkehr mit Fremden übernahm: das Amt des praetor
peregrinus (242 v. Chr.). Rom gewann nach Abschluß des Ersten Punischen
Krieges zum erstenmal regelrechtes Untertanengebiet mit Sizilien, Sardinien und
Korsika, und so reichte das vorhandene imperiale Instrumentarium wieder nicht
aus: Zwei zusätzliche Praeturen wurden geschaffen (227 v. Chr.). Als dann Spanien an das Römische Reich fiel, wurden zwei weitere Praeturen eingerichtet.
Sulla hat die Zahl der Praeturen schließlich auf acht erhöht (E. Meyer, 1975,
S. 74, 86 f., 100, 162–164; Bleicken, 1985, S. 77, 83 f., 147 f., 174 ff.; Wesen-
berg/Koch, RE 22 [1954] 1581–1607; grundlegend Mommsen, 1887/88,
Bd. 2, S. 193–238). Immer wieder einmal wird aber erkennbar, daß es sich bei
diesen Praetoren tatsächlich um die Mitglieder eines einzigen Kollegiums handelte, die mit demselben imperium ausgestattet waren wie die Consuln.

Kennzeichnend für diese Entwicklung zur faktischen Aufgliederung des kollegialen Kompetenzbereichs ist der Begriff provincia (E. Meyer, 1975, S. 116 f.;
Bleicken, 1985, S. 211 ff.; Wesenberg, RE 23 [1957] 995–1029). Obwohl die
Etymologie des Wortes nicht geklärt ist, herrscht Einigkeit, was seine ursprüngliche Bedeutung betrifft. Prinzipiell ist provincia der Aufgabenbereich, der dem
römischen Magistrat mit imperium vom Senat oder vom Volk zugewiesen wurde.
Die Ausweitung dieser Bezeichnung auf die Quaestoren ist eine späte Erscheinung. Mit provincia urbana bzw. peregrina war etwa der Amtsbereich des preator
urbanus bzw. des praetor peregrinus bezeichnet. Die politisch völlig unbedeu-
tende provincia, welche der Senat vor den Consulwahlen im Juni 60 v. Chr. – wohl
wissend, daß Caesar sich bestimmt durchsetzen werde – für die künftigen Consuln bestimmte, hieß silvae callesque (Suet. Caes., 19, 2), d. h. »die Verwaltung
der Walddistrikte und Saumpfade Italiens« (Ed. Meyer, 1922, S. 58 m. Anm. 3).
Neue Aufgabenbereiche für Oberbeamte mit imperium entstanden mit den Untertanengebieten, die Rom im Verlauf der Punischen Kriege gewann: Sizilien,
Sardinien und Korsika, Spanien. Erst mit den Jahren hat so der Begriff provincia
neben der Bedeutung des imperialen Aktionsradius, die er immer behielt, auch
den Sinn einer geographischen Verwaltungseinheit bekommen. Die grundsätzliche Einheit und Unteilbarkeit des kollegialen imperium meint man etwa schon
in der Tatsache erkennen zu können, daß die Praetoren zuerst gewählt wurden
und ihnen erst im Anschluß an ihre Wahl die jeweilige provincia im Losverfahren
zugewiesen wurde. Das wird auch dort sichtbar, wo der für die Rechtsprechung
zuständige Praetor ein militärisches Kommando übernimmt (vgl. etwa den Praetor Ap. Claudius Caecus 295 v. Chr. während des Dritten Samnitenkrieges, vgl.
E. Meyer, 1975, S. 118; allgem. 117 ff., 507 Anm. 6 mit Lit.).

Das politische Denken der Römer zur Zeit der Republik 495

Die Kontinuität

Annuität und Kollegialität waren die Stützen einer auf die Grundsätze der olig-archischen Staatsgestaltung festgelegten und auf stete Koordination und Koope-ration eingestellten Beamtenschaft mit ihren für die jeweiligen Aufgabenberei-che überaus wirksamen Kompetenzen. Dieser so gewollten, hauptsächlich im mos maiorum verankerten kurzatmigen Rhythmik republikanischer Staatsge-staltung hätte die Möglichkeit zur Realisierung weitreichender Konzepte und deren Sicherung gefehlt ohne eine Institution, die – ohne freilich die Gefahr des Rückfalls in ein monokratisches System zu beschwören – Kontinuität verkör-perte und garantierte. Dieses als Gegengewicht zu den Prinzipien Annuität und Kollegialität notwendige Prinzip der Kontinuität stellte der Senat sicher (Bleik-ken, 1985, S. 108 ff.; E. Meyer, 1975, S. 202 ff.; grundlegend O'Brien Moore, RE S. 6, [1935] 660–800; Mommsen, 1887/88, Bd. 3, S. 833–1271).

Seinen Ursprung hatte der Senat zweifelsohne schon in der Zeit, in der Rom von Königen regiert wurde. Schon diese Könige hatten sich mit Repräsentanten der sie tragenden Gesellschaft umgeben, einem Adelsrat, wie er typisch ist für viele monarchische Systeme. Auf dem Weg vom Adelsrat der Königszeit zum Senat der römischen Republik hatte sich die Funktion dieser Versammlung nicht we-sentlich gewandelt. Die staatlichen Funktionen, die zuvor in den Bereichen von Kultus, Heerführung und Rechtsprechung der König ausgeübt hatte, übernahm nach Beseitigung des Königtums die republikanische Beamtenschaft. Wenn es also zuvor der König gewesen war, der sich beim Adelsrat Ratschläge eingeholt hatte, so war es nun die republikanische Beamtenschaft, die sich vom Senat beraten ließ. So versteht es sich auch, daß die Beamten dem Senat nicht angehör-ten. Wer Mitglied des Senats war, bestimmten die Oberbeamten, seit 312 v. Chr. die Censoren. Sie orientierten sich bei der Ernennung der Senatoren (lectio sena-tus) grundsätzlich an dem durch den mos maiorum vorgegebenen Maßstab der Würde (dignitas). Diese ließ sich erfahrungsgemäß beispielsweise daran ablesen, daß der Kandidat ein imperiales Amt innegehabt hatte oder auch ohnedies an Prestige (auctoritas) in der Gesellschaft hervorragte. Das Kriterium der Wahl durch das Volk (honos = Amt) wurde so hoch veranschlagt, daß seit dem Ende des 3. Jahrhunderts v. Chr. der Rang der Ämter, deren Ableistung den Kandida-ten für die Aufnahme in den Senat empfahl, immer mehr sank; schließlich wurde mit Sullas Reformen 81 v. Chr. grundsätzlich jeder, der das unterste Amt der höheren Karriere (cursus honorum), die Quästur, bekleidet hatte, ohne Prü-fung durch die Censoren in den Senat übernommen. Ernennung durch den Cen-sor und bzw. oder die höheren Wahlämter als Selektionskriterium – das war ein Sieb, das dafür Gewähr bot, daß in der Regel nur Personen Aufnahme in den Senat fanden, die in Lebenswandel und Sinneshaltung der herrschenden Oligar-chie entsprachen. Denn die Censur galt in der Ämterfolge noch mehr als das Consulat, da sie mit der Einschätzung der Bürger die Grundlagen legte bzw. überprüfte, von denen die politischen Rechte des einzelnen direkt abhängig wa-ren. Durch das Wort der Censoren wurde doch jedem römischen Bürger der ihm angesichts seines Besitzstandes gebührende Platz in der Volksversammlung zu-gewiesen. Die Censoren konnten daher als das personifizierte Gewissen der herrschenden Gesellschaft gelten, und ihre Entscheidung über die Aufnahme bestimmter Personen in den Senat gewährleistete deren grundsätzlichen Konsens mit den herrschenden gesellschaftlichen Maximen. Die Wahlen zu den Ämtern des cursus honorum repräsentierten andererseits ebenfalls die Vorstellungen der herrschenden Gesellschaft – dazu waren die Wahlmodi viel zu wenig auf das gemeine Volk berechnet und viel zu sehr auf das Übergewicht der Bürger aus der herrschenden Gesellschaft abgestimmt, als daß die Beschlüsse in den Volksversammlungen nicht mit den generellen Tendenzen der oligarchischen Gesellschaft zusammengefallen wären. Diese allgemeinen Feststellungen treffen tatsächlich auch für Krisenzeiten zu, in denen sich Plebeier und Patrizier (›Ständekämpfe‹) oder Popularen und Optimaten (›römische Revolution‹) in der Tat bis aufs Messer bekämpft haben. Diese Auseinandersetzungen fanden grundsätzlich innerhalb der oligarchischen Gesellschaft statt und haben dem einfachen Volk nie die Chance eigener Initiative gelassen. Auf diese Weise hat Demokratie in Rom nie eine echte Aussicht auf Verwirklichung gehabt, deshalb ist die römische Gesellschaft schließlich in das andere Extrem, die Monokratie eines Augustus zurückgefallen.

So verkörperte der Senat im eigentlichen Sinne die herrschende Gesellschaft, weshalb der einzelne Beamte, besonders der einzelne Oberbeamte nicht nur das Einvernehmen mit dem Kollegen, sondern auch die Zustimmung des Senats suchte, wenn er im Begriff war, Amtshandlungen von Belang vorzunehmen. Wie sehr dem Beamten am Einverständnis des Senats gelegen war, dafür zeugen die zahlreichen Senatssitzungen. Der Senat trat ja nicht aus eigenem Entschluß zusammen, er mußte vielmehr von den imperialen Beamten einberufen werden; mit Abschluß der Ständekämpfe (287 v. Chr.) waren dazu auch die Volkstribunen berechtigt. Der einberufende Magistrat eröffnete die Senatssitzung mit einem Bericht (relatio) über anstehende Probleme; diese relatio konnte auf Geheiß des Vorsitzenden auch von jedem anderen Beamten vorgetragen werden. Im Anschluß an die relatio erfolgte normalerweise die Befragung (interrogatio) des Senats. Jetzt waren die Senatoren aufgefordert, zu den anstehenden Problemen ihre Meinung (sententia) zu äußern. Die Reihenfolge der Befragung bestimmte sich nach der Würde der Senatoren: Obenan in der Liste, nach der sich der Vorsitzende orientierte, standen die ehemaligen Censoren und Consuln (censorii und consulares), es folgten die ehemaligen Praetoren (praetorii), die ehemaligen Aedilen und Volkstribunen (aedilicii und tribunicii) und schließlich die ehemaligen Quaestoren (quaestorii). Innerhalb dieser Ränge bestimmten der Vorrang der patrizischen vor den plebeischen Senatoren und die Dienstalter die Reihenfolge. In der Praxis der Senatssitzungen kamen freilich längst nicht alle der regulär etwa 300 Senatoren zu Wort; viele äußerten sich nur kurz, indem sie sich etwa der Meinung des Vorredners anschlossen. Wesentlich für die Meinungsbildung des Senats war, wer bei der Umfrage sich als erster äußerte (princeps senatus). Der princeps senatus wurde, bevor Sulla mit den censorii als eigener Gruppe in dieser Liste auch diese Position abschaffte, durch Wahl im Senat festgestellt und meist vom ältesten patrizischen censorius gestellt. Waren die Consuln des folgenden Jahres (consules designati) bereits durch Volkswahl festgestellt, so wurde ihnen vor allen anderen zuerst das Wort erteilt. Der die relatio vortragende Beamte brachte darin wohl seine eigene Meinung mehr oder weniger deutlich zum Ausdruck, er formulierte in offensichtlichen Fällen auch einmal den zum Beschluß führenden Antrag (censere). Doch ist grundsätzlich davon auszugehen, daß so ein Antrag nicht von den Beamten, sondern vom nichtbeamteten Senator gestellt wurde – im Gegensatz zur Volksversammlung, in der ausschließlich der einberufende Beamte das Initiativ-Recht besaß. Welche der vorgetragenen Anträge er zur Abstimmung stellte, stand dem Vorsitzenden frei. Der Senatsbeschluß (senatus consultum) wurde durch ein Verfahren herbeigeführt, das dem Hammelsprung vergleichbar ist (discessio).

Vom Rechtscharakter her besehen besaß ein senatus consultum für die Beamtenschaft keine bindende Kraft, schon gar nicht der Senatsbeschluß, gegen den ein Kollege des referierenden Beamten oder ein Volkstribun sein Veto eingelegt hatte (senatus auctoritas). Es handelte sich dabei ›lediglich‹ um eine Empfehlung. Gewaltig aber war der gesellschaftliche Druck, der hinter einem solchen Senatsbeschluß stand und dessen Mißachtung praktisch ausschloß: Ein ungeheures Erfahrungspotential wurde hier wirksam, gegründet auf die Kontinuität, die in dieser Versammlung der Senatoren Gestalt gewann. Einen radikalen Kontinuitätsbruch vermochten nicht einmal die deutlichen Umgestaltungen des Senats durch Sulla und Caesar, ja auch nicht durch Augustus herbeizuführen. Das Sagen hatten im Senat stets die ranghöchsten Senatoren, aber das Gros der unteren Ränge rückte nach, dauernd in engem Kontakt mit der in den oberen Rängen geübten Regierungspraxis. Dabei war der einzelne Senator getragen von einer enormen politischen Familientradition. Die wenigen Senatoren, die als erste Vertreter ihrer Familie ein imperiales Amt bekleidet hatten (homines novi), fielen erstens schon allein zahlenmäßig nicht ins Gewicht gegenüber den anderen, unter deren Vorfahren die Spitze des cursus honorum bereits mindestens einmal erreicht worden war und die den republikanischen Amtsadel repräsentieren (nobiles): Für den Zeitraum von 366 bis 63 v. Chr. weist Gelzer nur fünfzehn solcher homines novi nach, denen es gelungen war, in den exklusiven Kreis dieses Amtsadels einzubrechen. Zweitens waren diese homines novi – wie uns das etwa der Ältere Cato und Cicero als die auffallendsten Erscheinungen darunter demonstrieren – ganz besonders darum bemüht, sich in die Nobilität einzufügen. Was also der rechtliche Status des Senats und seiner Beschlüsse nicht verrät, das zeigt die politische Praxis Roms speziell etwa im 3. und 2. Jahrhundert v. Chr.: Der Senat war das eigentliche Regierungsorgan des republikanischen Staates. Er garantierte als Gegengewicht zu dem für den Schutz der Verfassung unerläßlichen Annuitätsprinzip im Bereich der Beamtenschaft mit seiner auf Kontinuität orientierten Anlage der römischen Politik die für den inneren und äußeren Bestand notwendige Beständigkeit und Stabilität.

3. Das historische Vorbild im *mos maiorum*

Der römische Staat der Republik, wie er sich im Gegensatz zur Herrschaft etruskischer Adliger herausgebildet hatte, war ein ausgesprochener Agrarstaat. Der bäuerliche Charakter dieser Gemeinde läßt sich in allen Lebensbereichen nachweisen. Zwar läßt es sich nicht bestreiten, daß der Ackerbau prinzipiell für die gesamte antike Staatenwelt die wirtschaftliche Grundlage abgegeben hat; für die frühe römische Republik gilt diese Feststellung aber ausschließlich. Was in späteren Jahren Handwerker und Händler in ihrer Spezialisierung leisten, das hat in dieser Zeit noch immer seinen festen Platz im Funktionsgefüge der einzelnen Höfe (vgl. De Martino, 1985, S. 13 ff.; Pekáry, 1976, S. 86 ff.; ganz wesentlich Piganol, 1912). Auch der Gesellschaftsaufbau orientiert sich an dem Muster, das von den Bedürfnissen des bäuerlichen Hofbetriebes vorgegeben ist. Dementsprechend gliedert sich das Volk in verschiedene Geschlechter (gentes), deren Oberhäupter in Haus und Hof das unbedingte Sagen haben (Bleicken, 1985, S. 40 ff.; G. Alföldy, 1979, S. 4 ff.; E. Meyer, 1975, S. 28 ff.). Verständlicherweise entspricht dieser agrarisch bestimmten Gesellschaftsstruktur auch die Gestaltung der staatlichen Organisation – es sind die Chefs der verschiedenen Geschlechter, die gemeinschaftlich die Probleme der Staatsverwaltung nach innen und außen beraten und deren Lösung herbeiführen nach Maßgabe ihrer grundsätzlich gleichbleibenden, in der Tat naturbedingten Interessenlage (Bleicken, 1985, S. 143 ff.; E. Meyer, 1975, S. 106 ff.).

Noch deutlicher als in den Bereichen der Wirtschaft, der Gesellschaft und der Politik zeigt sich der bäuerliche Charakter der frühen römischen Republik in der religiösen Sphäre (Wissowa, 1912, S. 23 ff.; Latte, 1967, S. 64 ff.). Wie bestimmend Motive, Rhythmus und Realismus bäuerlicher Lebensführung auf die Gestaltung des Kultes eingewirkt haben, das läßt sich an vielen Einzelheiten vor Augen führen, so an dem in seinem originalen Kern noch durchaus faßbaren Pantheon der Römer, an deren Bauernkalender mit seinen zahlreichen unverkennbar am bäuerlichen Leben ausgerichteten Festen, an der engen Verbindung der Religionswelt mit dem Staat. Das römische Recht (vgl. die einschlägigen Bemerkungen bei Mayer-Maly, 1972, S. 1358 mit Lit.) schließlich hat die ursprüngliche Nähe zum Religiösen wohl mit vielen anderen Kulturen gemeinsam; dagegen ist das römische Rechtsdenken nicht etwa nur in seinen historischen Wurzeln, sondern in seinem eigentlichen Wesen das Produkt bäuerlicher Sinnesart, wo es die generelle Tendenz aufweist, der Ausgestaltung konkreter Rechtssätze den Vorrang vor jeglicher Systematisierung einzuräumen. Was für Recht und Religion hier ausdrücklich festgestellt wurde, hat jedoch für alle Lebensbereiche der frührömischen Gesellschaft Geltung – deren hier vorgeführte Sonderung voneinander entspricht allein unserem Streben nach Klarheit in der Darstellung, aber absolut nicht der Realität. Wirtschaft, Gesellschaft, Politik, Religion und Recht führen in der Alltagswirklichkeit kein Sonderleben, sondern sind ineinander verflochten. Das Prinzip, das diese Lebensbereiche in sich und ihre Beziehungen zueinander regelt, ist ein aus der Übung bäuerlicher Lebensführung erwachsenes, mündlich tradiertes Regelwerk, das späteren Generationen als ›Brauchtum der Väter‹ (mos maiorum) bewußt wurde und blieb (Buchwald, 1936/66; Rech, 1936; Roloff, 1938 sowie Kaser, 1939, S. 52 ff.; Bleicken, 1975, S. 359 ff.).

Dieses Verständnis des mos maiorum als privates Lebensprinzip und politische Idee begegnet überall in der lateinischen Literatur, speziell bei Historikern wie Sallust und Livius. Die moderne Philologie hat schon vor Beginn des Ersten Weltkriegs die große Bedeutung des mos maiorum im Leben des Römers wohl erkannt und diesem in profunden Forschungen ein beachtliches Profil verliehen (vgl. Fuchs, 1947, S. 157 ff.; bahnbrechend Heinze, 1925). Da nimmt es wunder, daß sich seit der Mitte des Jahrhunderts eine Anschauung Gehör verschafft und geradezu herrschend wird, die der im mos maiorum wurzelnden Motivation

Das politische Denken der Römer zur Zeit der Republik 499

römischen Handelns die ursprüngliche Realität abspricht. Besonders die historische Literatur der Römer ist von dieser Betrachtungsweise betroffen. Wo etwa ein lateinischer Autor – wie Sallust – Elemente des mos maiorum in der Geschichte Roms wirksam sieht, da sucht man statt dessen direkte gesellschafts- und wirtschaftspolitische Bezüge – und findet sie mangels gültiger Quellenaussagen naturgemäß nicht (vgl. Drexler, 1954; auch Bleicken, 1985, S. 235 f.). Bestenfalls bleibt es beim Bedauern dieser Fehlanzeige, schlimmstenfalls aber werden den Römern direkt Beweggründe untergeschoben, die der modernen Welt vertraut sind und im wesentlichen aus den Bereichen der Wirtschaft und der Gesellschaft entnommen sind.

Diese Tendenz des modernen Historikers, hinter dem mos maiorum andere, und zwar handfestere Motive zu vermuten, hat ihre Ursache in einer bestimmten Eigenart unserer Quellen: Besonders die spätrepublikanischen Autoren neigen dazu, am mos maiorum nur einzelne Grundzüge wie fides, dignitas und gloria (Leeman, 1949) hervorzuheben. Auf diese Weise aber rückt der mos maiorum in die Nähe des Moralbegriffs, den man heutzutage in der Individualethik ansiedelt und der nur zum Teil – und nicht einmal zum wesentlichsten Teil – das umschreibt, was der mos maiorum dem Römer bedeutete. Deutlich wird dieses Mißverständnis etwa dort, wo man die gesamte römische Geschichtsschreibung als moralisch charakterisiert oder als moralisierend abqualifiziert (vgl. Bleicken, 1985). Außerdem ist beim derzeit allgemeinen Mißtrauen gegenüber Moralbegriffen schnell der Verdacht zur Hand, der mos maiorum sei hauptsächlich eine bequeme Bezugsadresse honoriger Argumente für anrüchige Praktiken gewesen; zu ähnlich sind sich antike und moderne Verhältnisse, was Härte und Skrupellosigkeit im politischen Geschäft angeht. Wo aber in der Tat vom bonum et aequum etwa in Eigenschaften wie pietas und fides, überhaupt in virtutes, den bonae artes, die Rede ist, da handelt es sich selbst bei spätrepublikanischen Autoren nicht um bloße Hohlformeln. Obwohl sie von gesetzlicher oder gesetzesgleicher Schriftlichkeit nicht gedeckt sind, stehen sie in unbestrittener Allgemeingültigkeit für ganz konkrete Verhaltensweisen in ganz konkreten, von der Gemeinschaft gestalteten und die Gemeinschaft beeinflussenden Situationen. Der konkrete Realismus solcher im mos maiorum zusammengefaßten Begriffsinhalte schloß dabei aber nicht etwa die Möglichkeit aus, sich ihrer zu bedienen, wenn es darum ging, komplexere Wertvorstellungen zu beschreiben. Die aktuelle Wirksamkeit des mos maiorum wurde vielfach so hoch veranschlagt, daß beispielsweise Sallust im allgemeinen Niedergang staatstragender Wertbegriffe, in denen der mos maiorum Realität gewann, die eigentliche Ursache für den Verfall des römischen Staates sah (vgl. Cat. 2,5: ... fortuna simul cum moribus immutatur.).

Allein schon die sprachliche Form des Begriffs führt uns vor Augen: Es handelt sich hier um ein durch und durch konservatives Konzept. Ohne die zweifelhafte Etymologie von mos zu bemühen, lehrt uns sein Verständnis – im Zusammenhang mit den maiores – als ›Brauchtum der Väter‹, daß sich die Entstehung dieses Prinzips in der heimischen Vorzeit verliert. Seine unbestrittene Allgemeingültigkeit und die bekannte Abneigung des Römers gegen jede Art von Neuerung (res novae) zwangen jeden, der tatsächlich Neues schaffen wollte, sein Programm dem mos maiorum anzupassen, ja als mos maiorum auszugeben. Es ist

500 Eckart Olshausen

nur logisch, daß das Prinzip in Rom älter ist als die politische Idee; als ›mos maiorum‹ haben dessen Väter es nicht angesprochen. Wo es uns also in den schriftlichen Quellen als Schlagwort entgegentritt, da hat das unreflektierte Verhaltensmuster bereits Entstehung und Blütezeit längst hinter sich gelassen. Es ist nicht verwegen, die Ursprünge des mos maiorum bereits in der Zeit der Stadtgründung (580/560 v. Chr.) zu suchen, ja noch früher, und zwar in einer Zeit, in der die mit der Anlage des Forum Romanum zusammengeschlossenen Dörfer noch getrennt existierten (Gjerstad, 1972). Das war eine Zeit vollständiger Schriftlosigkeit, und wie sich das Zusammenleben der Familienmitglieder unter ihrem pater familias ohne schriftliche Übereinkunft regelte, so war dies auch im Nachbarschaftsverkehr der einzelnen Höfe und Siedlungen am Tiberknie, etwa 25 km oberhalb der Mündung ins Tyrrhenische Meer, wo sich um 800 v. Chr. sabinische und latinische Italiker niedergelassen hatten. Je komplexer das Beziehungsnetz, je größer dessen Reichweite wurde, um so unverzichtbarer waren stützende Maßnahmen von seiten des Staates; solche Dienste leistete etwa der rex einer der präurbanen Siedlungen, nach der Stadtgründung der etruskische König, nach der Beseitigung des Königtums die Praetoren und Consuln sowie die jeweils untergeordneten Gemeindefunktionäre. Als Grundlage hatten solche Dienste ebenfalls einzig und allein von unbezweifelter Selbstverständlichkeit geprägte Verhaltensmuster. Diese wurden wohl z. T. in der Übergangsphase von unbewußter Rechtbildung zu bewußter Rechtssatzung in sprachliche Formeln gegossen und so tradiert. Wenn spätere Generationen in Rom die frühesten Gesetze in die Zeit der Etruskerherrschaft hinaufdatiert haben, so geschah dies, um den jeweiligen Weisungen größere Ehrwürdigkeit und damit Verbindlichkeit zu verleihen. Es steht aber außer Frage, daß die erste schriftlich fixierte rechtsverbindliche Sammlung die Gesetzeskodifikation der 12 Tafeln gewesen ist (451/50 v. Chr.). Die zwölf Tafeln sind bekanntlich ein frühes Ergebnis der Ständekämpfe in Rom gewesen. In deren Verlauf war es also den Plebeiern gelungen, Teile aus dem von den Patriziern gehandhabten, mündlich überlieferten Regelwerk herauszubrechen und steter Kontrolle zugänglich zu machen. Und so läßt sich die weitere Entwicklung des mos maiorum auch widerspruchslos darstellen: Jeweils in Krisensituationen – in wirtschaftlichem Notstand, im Verlauf sozialer Auseinandersetzungen, in politischer Bedrängnis, angesichts schwieriger rechtlicher Streitfälle –, also ganz unsystematisch wurden einzelne Bestandteile des mos maiorum in einem reflektierten Akt auf die Ebene der Rechtsverbindlichkeit gehoben und festgeschrieben. Es ist aber in Rom, selbst in Zeiten der großen Gesetzes-Kodifikationen (4./6. Jahrhundert n. Chr.), nie zu einer vollständigen, gleichsam flächendeckenden schriftlichen Fixierung des mos maiorum gekommen, etwa in der Art eines Grundgesetzes. In seinem primär an der Realität orientierten Rechtssinn hat der Römer grundsätzlich nur konkrete Tatbestände zum Gegenstand der Rechtssetzung gemacht, nicht aber Begriffe, die, unseren Grundrechten vergleichbar, Grundwerte römischer Lebensgestaltung wie etwa virtus (vgl. Sarsilia, 1978 [mit Lit.]; Liebers, 1942), pietas und amicitia (Steinberger, 1955; Klein, 1957; grundsätzlich E. Meyer, 1975, S. 253) darstellten. Und so findet sich noch im Codex Iustinianus (veröffentlicht am 7. April 529 n. Chr.), dieser Gesetzessammlung, die auf einer enormen Tradition römischen Rechtsdenkens gründet, der deutliche Hinweis auf

Das politische Denken der Römer zur Zeit der Republik   501

»ungeschriebenes Recht«, also einen immer noch gültigen Bereich des mos maiorum, der nicht durch positives Recht abgesichert und schriftlich fixiert ist: »Nicht alles, was erlaubt ist, ist anständig« (non omne quod licet, honestum est: Paulus Dig. 50, 17, 144 pr.). Was aber honestum ist, wird nirgends definiert. So stellt sich uns der mos maiorum in der Tat als ein umfassendes Regelwerk dar, von dem nur der geringste Teil in die schriftlich dokumentierte Sphäre bewußter Rechtssetzung der verschiedensten Art gehoben war (vgl. als Beispiele rechtsetzender Akte die leges publicae, senatus consulta, edicta magistratuum, responsa iuris peritorum, responsa pontificum; vgl. Cic. top. 28); der größere Teil des mos maiorum blieb dagegen ohne jegliche zusätzliche autorisierte Absicherung in Geltung. So statisch aber war der mos maiorum nicht, daß man in Rom deutlich veränderten Verhältnissen etwa nicht Rechnung getragen hätte; wenn es auch niemals zu einer grundlegenden Neukonzeption dieses Orientierungsprinzips gekommen ist, so wurden in Einzelheiten durchaus immer wieder Korrekturen vorgenommen. Derartige Revisionen führten jedoch oft dazu, daß der Bürger in ein Dilemma zwischen unveränderter Brauchtumsvorstellung und Neufassung geriet. Ein Beispiel für einen solchen Konflikt findet sich etwa in der Senatsdebatte vom 5. Dezember 63 v. Chr., in der über die Bestrafung der fünf inhaftierten Catilinarier verhandelt wurde: Die Befürworter der sofort zu vollstreckenden Todesstrafe führten den mos maiorum als Argument an, die Gegner aber beriefen sich auf Gesetze, nach denen die Todesstrafe nur auf der Grundlage eines ordentlichen Verfahrens verhängt werden konnte (Sall. Cat. 52,36 bzw. 51,40; vgl. schon zuvor Cicero in Cat. 1,28; 2,3; ein anderes Beispiel bei Demandt, 1972, S. 30 ff.).
Die wenigen und späten Definitionen bei antiken Autoren tragen zur Begriffsklärung nicht viel bei. So deutet der Lexikograph Verrius Flaccus (um Chr. Geb.; bei Festus 157) den mos hauptsächlich als Erscheinung der römischen Religionswelt; immerhin weist der Theologe Isidorus von Sevilla (6./7. Jh. n. Chr.) dem mos einen sehr viel größeren Bedeutungsbereich zu, wo er (etym. 2, 10, 2) ihn als »ungeschriebenes Gesetz« (lex non scripta) kennzeichnet.

Ennius und Cato d. Ä.

Der früheste Bezug auf den mos maiorum findet sich bezeichnenderweise im ersten National-Epos der Römer, den Annalen des Q. Ennius (239–169 v. Chr.). Das Werk entstand in den 80er und 70er Jahren des 2. Jahrhunderts und traf auf eine mit besonderer Heftigkeit geführte Kontroverse zwischen den Befürwortern einer ausschließlich am römischen Wesen ausgerichteten Selbstbesinnung, deren Exponent der Ältere Cato war, und Zirkeln wie dem Scipionenkreis, in dem die Offenheit gerade gegenüber der hellenistischen Kultur im Osten regelrechtes Programm war. Ennius galt als Klient Catos, der diesen auf seiner Heimreise von Afrika in Sardinien kennengelernt und mit nach Rom gebracht hatte; andererseits unterhielt der hochgebildete Redner, der Oskisch und Latein sprach und Griechisch sogar lehrte (Suet. gramm. 1), gute Beziehungen zu den Scipionen (Cic. Arch. 22; De or. 2, 276). Daher mochte man darauf gespannt gewesen sein, welche Haltung Ennius in seinem Geschichtswerk favorisieren würde – und Ennius ließ da keinen Zweifel, daß er sich hierin auf die konservative Seite

schlug, wenn er formulierte: »Der römische Staat steht fest auf den alten Sitten und seinen Männern.« (moribus antiquis res stat Romana virisque).
Keine Frage, das Wort von den »alten Sitten« fällt hier nicht etwa beiläufig und in einer marginalen Bemerkung. Es gehört vielmehr in den Kontext der Identitätskrise der ersten Hälfte des 2. Jahrhunderts, mit der Rom auf die intensive Begegnung mit dem hellenistischen, so ganz andersgearteten Osten reagierte. Dabei schwankten die Positionen zwischen der Erwartung vielseitiger Bereicherung einerseits und der Furcht vor Überfremdung andererseits hin und her. Die Unsicherheit, in die viele durch die Konfrontation mit dem teilweise durchaus anziehenden Fremden geraten waren, zwang zur Schaffung eines neuen Orientierungssystems, das anstelle der unreflektierten, jetzt aber in Frage gestellten Selbstverständlichkeit treten konnte.
Wie Ennius hat auch der Komödiendichter T. Maccius Plautus (gest. 184 v. Chr.) sich zu dieser Problematik hören lassen, und zwar durchaus im Sinne der Konservativen (vgl. Cist. 787; Trin. 295.1031).[9] Der Wortführer der Konservativen aber war unbestritten M. Porcius Cato (234–149 v. Chr.), und gerade seine Vorstellungen vom mos maiorum sind uns gut bekannt. Von dem beachtlichen literarischen Œuvre dieses Mannes sind uns zahlreiche, z. T. sehr aufschlußreiche Fragmente erhalten, darüber hinaus als früheste, vollständig erhaltene Prosaschrift in lateinischer Sprache seine Schrift »Über den Ackerbau« (De agricultura). In seinen Werken nimmt Cato auf Schritt und Tritt Bezug auf die römische Vergangenheit und den mos maiorum als dem vorbildlichen Orientierungssystem, von dem aus er seine Stellung gegen die Neuerer ideologisch absicherte. So braucht man nur die Einleitung in das Werk vom Ackerbau aufzuschlagen, um sich davon zu überzeugen. In der ersten historischen Prosaschrift in lateinischer Sprache, in Catos »Ursprüngen« (Origines), muß man dagegen nicht erst nach einzelnen einschlägigen Äußerungen Ausschau halten – dieses Geschichtswerk ist ein einziges Elogium auf die römische Vergangenheit. In Catos Origines wird ein ganz wesentlicher Aspekt der Art, mit Geschichte umzugehen, erkennbar, der nachmals die gesamte römische Historiographie kennzeichnen sollte: Geschichtliche Ereignisse und Persönlichkeiten verlieren sich nicht etwa hier mit der historischen Perspektive, je weiter die Betrachtung in die Vorzeit zurückgreift, in alles verschlingender Ferne; vielmehr baut der Römer seine Geschichte wie eine Gemäldegalerie um sich herum im Kreise auf. So verharren die einzelnen Bilder durchgehend in gleicher Entfernung vom Betrachter; höheres Alter einer Episode unterstreicht nun höchstens ihre Verbindlichkeit. Geschichte wird so zu einem stets präsenten und aktuellen Schatz von Vorbildern (exempla). Es wirft infolgedessen ein bezeichnendes Licht auf die Programmatik von Catos Geschichtswerk, daß der Autor es konsequent gemieden hat, die in den Kriegshandlungen tätigen Offiziere mit Namen zu nennen (HRR F 88). Seine Darstellung hat deswegen nicht etwa an Farbigkeit verloren, was z. B. die Schilderung des todesmutigen pflichtbewußten Militärtribunen in seinem Einsatz gegen die Karthager (während des Ersten Punischen Krieges 264–241 v. Chr.) beweist.
Über seine literarische Tätigkeit hinaus war Cato aber auch mit großem Einsatz politisch tätig, um das Vorbild der Vorfahren zu propagieren und eine Erneuerung der römischen Gesellschaft im Sinne des mos maiorum herbeizuführen. Unter diesem Aspekt ist speziell seine Amtstätigkeit als Censor (184 v. Chr.) zu

Das politische Denken der Römer zur Zeit der Republik   503

berücksichtigen. Das Amt der Censura war mit der Aufgabe der Sittenaufsicht (cura morum) schon an sich eine Schöpfung der Reaktion auf den in der Gesellschaft spürbaren Schwund unmittelbarer Korrekturbereitschaft zur Sicherung selbstverständlicher Verhaltensweisen; die cura morum ist in diesem Amt möglicherweise zu Ende des 4. Jahrhunderts, vielleicht auch schon ein Jahrhundert früher einverleibt worden (vgl. Bleicken, 1985, S. 59; Schmähling, 1938). Die Kompetenz, die ursprünglich den Censor dazu befähigen sollte, einzelne Mißstände im gesellschaftlichen Gefüge zu beheben, war jetzt dazu bestimmt, eine Aufgabe zu lösen, die sie schließlich überforderte: Es ging Cato und seinen Freunden nicht mehr um Korrekturen im Detail, sondern um eine totale Reform der Gesellschaft nach dem Vorbild einer Vergangenheit, die ganz bestimmt nicht realistisch gesehen wurde. Die politischen Intentionen der Kreise um Cato und ihrer Epigonen bis in die Zeit des Augustus waren prinzipiell dazu angetan, diese Vergangenheit zu idealisieren. Wenn der mos maiorum in der Folge den beiden Hauptrichtungen im Kampf um die Staatsmacht, den Konservativen wie den Popularen, als Programmidee diente, so erweist er sich nicht etwa als sinnentleert und entwertet – er ist es vielmehr, der diese sich immer mehr bis hin zum Bürgerkrieg zersetzende Gesellschaft auch in den schlimmsten Krisen nicht etwa total auseinanderfallen läßt – auch der Name Sertorius kann nicht für diese Gefahr stehen –, sondern schließlich in die Augusteische Versöhnung hineinführt.

Der mos maiorum im politischen Konflikt: Tib. Sempronius Gracchus

Die Entwicklung des mos maiorum als politisches Programm und Schlagwort verstellt leicht den Blick auf dessen Realität. Dagegen lassen sich zahlreiche Beispiele anführen, die zeigen, wie lebendig die alten Verhaltensmuster für die verschiedensten Lebensbereiche (vgl. Rech, 1937, S. 36–47, 49f., 86, 93) selbst z. Zt. der ausgehenden Republik gewesen sind. Am deutlichsten informieren uns die römischen Historiker verständlicherweise über die Präsenz des mos maiorum in den Bereichen Politik und Heerwesen. Hier sehen wir beispielshalber, daß die Geschäftsordnung des Senats ganz wesentlich auf stillschweigender Übereinkunft beruhte. Wenn also die Reihenfolge, in der die Senatoren vom vorsitzenden Beamten um ihre Meinung (sententia) gefragt werden (interrogare), im Verlauf des Amtsjahres geändert wurde, so nahm man das allgemein mißfällig zur Kenntnis, verfügte aber nicht etwa über eine satzungsmäßige Handhabe, diesen Verstoß gegen das Herkommen rückgängig zu machen (vgl. Gell. 4,10,5; Suet. Caes. 21). Daß der älteste der ehemaligen Censoren den Vorsitz der Senatorenschaft übernahm (princeps senatus), war Brauch, aber ebenfalls nicht Vorschrift (Liv. 27,11,10). Es war in der Regel unzulässig, ein Amt wiederholt zu bekleiden, schon gar, wie 214 v. Chr. im Falle der Consuln Q. Fabius Maximus und M. Claudius Marcellus, zusammen mit demselben Kollegen; hier stand nun Herkommen gegen Herkommen, wenn die Anhänger dieser Lösung vereinzelte Präzedenzfälle ins Feld führten (Liv. 24,9,8). Empfindlich reagierte man im Senat, als im Sommer 133 Tib. Sempronius Gracchus zum zweitenmal für das Volkstribunat kandidierte – auch hier lag kein Verstoß gegen ein Gesetz vor; und dennoch hat der populare Volkstribun von 131/30, C. Papirius Carbo, den Gesetzesweg bemüht, um für künftige Volkstribunen diese

504   *Eckart Olshausen*

Hürde zu beseitigen (Cic. Lael. 96; De or. 2,170; Liv. per. 59). Überhaupt hat
Tib. Gracchus mehrfach schwer gegen den mos maiorum verstoßen. So war die
Abwahl eines Volkstribunen durch das Volk ein ganz unerhörtes Ereignis. Da
aber des Tiberius Kollege im Volkstribunat, M. Octavius, mit seinem Veto die
Ackergesetzes-Vorlage des Tiberius zu Fall zu bringen drohte, hat Tiberius mit
dem Argument, ein Volkstribun dürfe nicht gegen die Interessen des Volkes handeln, die Abwahl des M. Octavius in der Volksversammlung durchgesetzt. Er
hatte damit das herkömmliche Prinzip gebrochen, wonach ein Volkstribun im
Amte von niemandem, auch nicht von einem seiner Kollegen, zur Rechenschaft
gezogen werden kann. Einen deutlichen Bruch mit dem Herkommen führte Tiberius herbei, als es darum ging, die Ackerreform zu finanzieren; so mußten die
enteigneten Landbesitzer z. T. entschädigt werden, auch brauchten die neuen
Bauernstellen Startkapital. Da schien sich mit dem ›Attalischen Erbe‹ eine Gelegenheit zu eröffnen, die aus der Verlegenheit herausführen konnte. Der in Pergamon residierende König Attalos III. war nämlich im Frühjahr 133 gestorben,
und zwar als letzter seiner Dynastie. Er hatte sein Reich testamentarisch den
Römern vererbt. Die Verfügungsgewalt über dieses Erbe lag nach dem Herkommen eindeutig beim Senat: Handelte es sich doch erstens um eine auswärtige,
zweitens um eine finanzielle Angelegenheit – und Auswärtiges wie Finanzen
fielen schon immer in die Kompetenz des Senats. Als daher Tiberius in der sicheren Erwartung senatorischer Obstruktion das Attalische Erbe nicht erst im Senat zur Sprache brachte, sondern direkt der Volksversammlung zur Beschluß-
fassung vorlegte, verstieß er nicht etwa gegen schriftlich fixierte Bestimmungen,
sondern gegen im mos maiorum verankertes Recht. Einklagen konnte man dieses Recht von seiten des Senates wohl nicht, aber man hat dort diesen Verfas-
sungsverstoß des Tiberius nicht vergessen.
Eine propagandistisch höchst wirksame Maßnahme im Rahmen einer römischen Beamtenkarriere war der Triumph. Seine Genehmigung durch Senatsbeschluß war selbst zu Ciceros Zeit nur zum geringsten Teil gesetzlich geregelt; der
mos maiorum spielte hierbei immer noch eine große Rolle. So beantragte L.
Cornelius Lentulus, nachdem er im Jahre 200 v. Chr. aus Spanien nach Rom
zurückgekehrt war, im Senat den Triumph für seine in den sechs Jahren zuvor
vollbrachten Leistungen. Die Qualität seiner Leistungen wurde absolut nicht
bestritten; Lentulus war aber kein ordentlicher Magistrat gewesen, als er 206
v. Chr. den Oberbefehl über das römische Heer in Spanien übernommen hatte.
Damit er die Truppen überhaupt kommandieren konnte, hatte ihm der Senat
eine außerordentliche Befehlsgewalt (eben anstelle eines Consuls, pro consule)
verliehen. Nach dem Herkommen stand ein Triumph jedoch nur Magistraten
mit selbständiger, ordentlicher Kommandogewalt (imperium) zu, weshalb der
Senat den Antrag des Lentulus abwies (Liv. 28,38,1 mit 31,20,1–4). Auch im
Heerwesen war immer wieder der mos maiorum richtungweisend. Erinnert sei
hierfür an die Waffenstillstandsverhandlungen, die im Winter 109/08 v. Chr.
der Consul Q. Caecilius Metellus mit dem Numiderkönig Iugurtha aufnahm
(Sall. Iug. 62,3–7). Das römische Heer hatte zuvor die Numider am Muthul
schwer geschlagen und war anschließend ins Winterlager eingerückt. Da besann
sich Iugurtha und bot seine Kapitulation an. Sogleich berief der Consul alle
Männer senatorischen Rangs zu sich und konstituierte mit diesen und weiteren

Das politische Denken der Römer zur Zeit der Republik 505

Personen, die er für geeignet hielt, ein Beratungsgremium (consilium). Diese Versammlung beriet und beschloß unter Leitung des Consuls die Waffenstillstandsbedingungen. Sallust betont (Iug. 62,5), daß dieses Verfahren vollkommen im Einklang mit dem mos maiorum stand. Abgesehen von solchen Verfahrensfragen regelte das Herkommen im Militärbereich Fragen von genereller Bedeutung, so z. B. auch, was die militärische Disziplin betraf. Sallust stellt etwa fest (Cat. 11,5), daß L. Cornelius Sulla seinem Heer in der wohlhabenden Provinz Asia ohne jede Einschränkung die Zügel schießen ließ, um es sich gefügig zu machen, wobei er anmerkt, daß diese Disziplinlosigkeit so ganz und gar nicht im Einklang mit dem mos maiorum gestanden habe.

Cicero und Sallust

Es gehört in den Bereich zwischen der politischen und der privaten Sphäre, wenn Cicero den mos maiorum im Vorverfahren zum Verres-Prozeß gegen Caecilius gleichsam als Zeugen aufruft. In diesem Stadium des Prozesses (divinatio) bemühte sich Cicero im Januar 70 v. Chr. vor dem Prätor um das Recht der Anklagevertretung. Streitig machte ihm dies Q. Caecilius Niger. Wir sind darüber informiert, daß dieser Mann von Verres und dessen Freunden dazu angestiftet worden war, die Anklage zu übernehmen, die derart natürlich zur bloßen Farce werden mußte. Cicero versuchte nun zu zeigen, daß Caecilius weit weniger als er selbst dazu berechtigt sei, die Sache der Sicilier zu vertreten und die Anklage gegen Verres zu führen. In seiner Argumentation verweist er auf den Umstand, daß Caecilius unter der Praetur des Verres als Quaestor tätig gewesen sei. Nach dem Herkommen aber schuf das Dienstverhältnis zwischen einem Praetor und einem Quaestor ein Naheverhältnis (quaestoris cum praetore necessitudo), das jegliche prozessuale Auseinandersetzung zwischen beiden in Zukunft ausschloß (Cic. Caec. 46). Wie der Praetor dieses Argument unter den anderen gewichtete, ist unbekannt; immerhin hat Cicero diesen Teil des Prozesses anstandslos gewonnen. Daß derartige Dienstverhältnisse Naheverhältnisse begründen nach dem mos maiorum, bezeugt uns Cicero auch zu anderen Gelegenheiten (vgl. Cic. Planc. 28; Verr. 2,1,37 f.). So versteht es sich fast von selbst, daß das Herkommen Prozesse unter Verwandten, etwa des Enkels gegen den Großvater, nicht gestattete, und auch dafür zeugt uns Cicero (etwa Deiot. 3 f.).

Diese sinnlich unmittelbar wahrnehmbaren, vom mos maiorum geregelten Einzelheiten sind aber nur Symptome für Haltungen und Verhaltensweisen, die ganz eigentlich, zusammengenommen, den mos maiorum ausmachten. Wenn also das Herkommen in konkreten Handlungen mit Füßen getreten wurde, dann war man richtig beraten, nicht an den Symptomen herumzukurieren, sondern sich um die Ursachen der Mißstände zu kümmern, d. h. also die Haltungsmängel aufzudecken und für deren Beseitigung zu sorgen. Und das haben in der Tat Autoren wie Cicero und Sallust getan, die man neuerdings mißversteht, als wäre ihnen der mos maiorum nur eine »Summe absoluter, des Konkreten entleerter Begriffe« gewesen (Bleicken, 1985, S. 56; G. Atföldy, 1979, S. 54). Ein bestimmendes Element der römischen Gesellschaft war das Clientelwesen, das ganz besonders dazu geeignet ist, die Realität derartiger, einzelne Handlungen grundlegender Haltungen und Verhaltensweisen selbst noch zu Zeiten eines Cicero und eines Sallust zu erweisen. Das Clientelwesen (Bleicken, 1985, S. 20 ff.; G. Alföldy, 1979, S. 9 ff.; E. Meyer, 1975, S. 30 ff.; Gelzer, 1912, S. 50 ff.; Premerstein, RE 4, [1900] 23 – 55; Wlosok, 1982; Pöschl, 1980) konstituierte sich auf dem Verhältnis zwischen Clienten und Patronus. Aber dieses für die römische Gesellschaft so zentrale Verhältnis war nirgends aufgezeichnet, schon gar nicht gesetzlich verankert. Die Verbindlichkeit der im Clientelwesen begründeten Beziehungen garantierten vielmehr Verhaltensweisen und Haltungen wie fides (≈ Zutrauen; Heinze, 1929; weitere Lit. bei Gruen, 1982; vgl. auch Bleicken, 1985, S. 23), pietas (≈ Fromm-Sein; Burck, 1951, S. 174 ff.; Liegle, 1932), aber auch moderatio/temperantia (≈ Selbstbeherrschung; Burck, 1951, S. 167 ff.), consilium (≈ Besonnenheit), constantia (≈ Beharrlichkeit), gravitas (≈ Zuverlässigkeit; Hiltbrunner, 1954; Drexler, 1956), fortitudo (≈ Tapferkeit), patientia (≈ Duldsamkeit), dignitas (≈ Würde; Weschaupt, 1932, Piscitelli Carpino, 1979) oder probitas (≈ Rechtschaffenheit), um nur einige markante Beispiele anzuführen.[10] Auf der Realisierung solcher Grundwerte beruhte die Funktionsfähigkeit des römischen Clientelwesens zu allen Zeiten, auch als nach der Marianischen Heeresreform in der ›Heeresclientel‹ die Vielzahl verschiedenster Clientelbeziehungen zugunsten weniger übergroßer Clientelverbände zurückgegangen war, um schließlich in der Beziehung der Untertanen zu ihrem Kaiser zu münden.

Ohne Zweifel hatte sich also der mos maiorum, seit uns die Berufung auf ihn in der lateinischen Literatur begegnet, zur politischen Idee entwickelt, die von Optimaten und Popularen gleichermaßen in Anspruch genommen wurde. Er war aber auf der anderen Seite weiterhin das unreflektierte, in allen Lebensbereichen wirksame Verhaltensmuster geblieben. Diese Zweigleisigkeit gilt es zu beachten, wo man Begriff und Erscheinung des mos maiorum gerecht werden will.

4. Altrömisches Erbe und die Einwirkung aus dem Osten im bellum iustum

Ihre offiziellen Beziehungen zu anderen souveränen Staaten begriff die römische Gemeinde als Rechtsvorgänge und regelte diese nach den Normen des ius Fetiale, einer Rechtsdisziplin, deren Pflege in den Händen des Priesterkollegiums der Fetiales lag. Wie das ius Fetiale, so hat auch das Fetialenkollegium seinen Ursprung in Roms Frühzeit oder gar noch in der Zeit vor der Stadtgründung (vgl. die Lit. bei Ziegler, 1972, S. 70, Anm. 9; Albert, 1980, S. 12 – 16; Haffter, 1967, S. 19 ff.), zumal es sich hier nicht etwa um eine spezifisch römische, sondern offenbar allgemein italische Erscheinung handelt. Die Fetiales tragen einerseits selbst bei der Gestaltung der Zeremonien, mit denen die römische Gemeinde ihre offiziellen Kontakte zu den Nachbarstaaten gestaltete, in Erscheinung; andererseits informierten sie mit Hilfe ihrer Sachkompetenz den Senat auf dessen Anfragen hin über die rituellen Formen, die bei internationalen Kontakten zu beachten waren. Sie beurteilten deshalb auch, wie ein Krieg korrekt, d. h. unter Berücksichtigung zahlreicher sakraler Vorschriften, zu eröffnen war und leiteten auch selbst den Vollzug der Kriegserklärung.

Das politische Denken der Römer zur Zeit der Republik   507

Den Begriff des gerechten Krieges (bellum iustum) hat Cicero aus dem ius Fetiale abgeleitet (off. 1, 36; rep. 3, 35); in dem von Livius (1, 32) überlieferten, dem ius Fetiale entnommenen Formular der Vorbereitung und Durchführung einer Kriegserklärung (clarigatio bzw. repetitio rerum und indictio belli) findet sich diese Formulierung selbst nicht (Wissowa 1912, S. 550–554; Latte, 1960, S. 121–124).[11] Hier ist vielmehr von purum piumque duellum (§ 12) die Rede. In Reaktion auf die vorwiegend ethische Deutung des ›gerechten Krieges‹ durch Cicero, die dieser durchaus zu Unrecht auf die römische Frühzeit zurückprojiziert hat – und viele moderne Interpreten sind ihm gefolgt –, neigt man auf der anderen Seite dazu, die im ius Fetiale beschriebene Vorstellung vom gerechten Krieg vollständig auf ihre formaliuristische Substanz zusammenzustreichen (vgl. Bleicken, 1985, S. 236; so bereits Otto, 1934, S. 39 Anm. 3; dagegen Heuß, 1933, S. 19 f.).

Im Zentrum des Formulars stehen römischerseits Forderungen (postulata, § 6); dabei handelt es sich um bestimmte Personen und bestimmte Sachen (illi homines illaeque res, § 7), deren Auslieferung der Fetiale fordert. Der Partner, der den römischen Forderungen nicht nachkommt, ist ungerecht und leistet keinen Schadensersatz (iniustum esse neque ius persolvere, § 10). Im Senat wird man darüber beraten, wie man zu seinem Recht kommen könne (quo pacto ius nostrum adipiscamur, a. O.). Res, lites und causae sind es, die als Argumentationsbasis für den schließlichen Kriegsbeschluß zur Debatte stehen (§ 11). Abschließend wird die Vorlage (sententia) zum Beschluß erhoben, demzufolge man sich die Dinge in einem reinen und frommen Kriege verschaffen solle (puro pioque duello quaerendas censeo, § 12). Jetzt kommt es in feierlicher Form zur Kriegserklärung, die damit begründet wird, daß der Gegner dem römischen Volk Unrecht getan habe.

Ausgangspunkt des von ius Fetiale gestalteten Vorgangs ist eine Unrechtshandlung des Gegners. Dieser unter bestimmten Bedingungen über 30 Tage dauernde Prozeß gibt dem Gegner die Möglichkeit, den drohenden Krieg durch Wiedergutmachung zu verhindern. Erst wenn der Gegner diese Chance nicht wahrgenommen hat, beschließen die Römer endgültig den Krieg, den sie nun in aller Form ankündigen. So wichtig die Beachtung sakralrechtlich vorgeschriebener Formen für die korrekte Eröffnung eines gottgefälligen (purus, pius) Krieges war, so wesentlich war aber auch der materielle Ausgangspunkt, ohne den die formale Durchführung der Kriegserklärung sich nicht denken ließ – eine Rechtsverletzung des Gegners, die den Römer in den Stand versetzte, Genugtuung zu fordern. Ebensowenig läßt sich ja auch ein ordnungsgemäß durchgeführter Zivilprozeß – mit dessen Formular man die vom ius Fetiale vorgeschriebene clarigatio verglichen (vgl. Hausmaninger, 1961, S. 339 ff.; Donatuti, 1955, S. 31 ff.; Volterra, 1950, S. 243 ff.; Kaser, 1949, S. 20 ff.; Coli, 1938, S. 83 f.) – denken ohne einen Klagegegenstand. Wer aber eine solche für die Kriegserklärung unerläßliche Klageerhebung auf der Grundlage einer materiellen causa von vornherein als Heuchelei (Garlan, 1975, S. 47) beargwöhnt, verkennt den beachtlichen zivilisatorischen Fortschritt, der gegenüber dem formlosen, von einzelnen Familien durchgeführten Überfall (Hampl, 1957, S. 264 f.) darin besteht, daß das italische, in diesem Fall das römische Gemeinwesen auf das Bewußtsein, ungesühntes Unrecht zu korrigieren, bei Kriegserklärung und Kriegführung nicht verzichten zu wollen und zu können meinte. Es geht hier aber nicht darum, den Italikern unter Verweis auf das ius Fetiale eine besonders hoch stehende Ethik zuzuschreiben, sondern einzig und allein darum, das Bewußtsein zu beschreiben, mit dem die römische Gemeinde Kriege eröffnete und führte. Dieses Ziel zu verfehlen, dazu sind besonders Urteile angetan, die vorschnell Vorsatz und Wirklichkeit miteinander vergleichen, aus der Inkongruenz beider Welten einen Vorwurf ableiten und etwa dort, wo der Römer selbst seiner Geschichtsanschauung Ausdruck verleiht, »moralisierende Geschichtsschreibung« rügen.

Wie wesentlich die materielle Substanz (causa) im Rahmen der Eröffnungs-Formalitäten eines Krieges war, zeigt sich auch, wenn man Rom auf seinem Weg zur Weltmacht begleitet. Denn das ursprünglich für die Stadtgemeinde Rom angelegte ius Fetiale hat sich auch für dieses Kapitel den wachsenden Dimensionen der römischen Außenpolitik angepaßt. Ursprünglich waren nämlich die einzelnen Akte des Kriegseröffnungsformulars folgendermaßen aufeinander gefolgt: ganz am Anfang die Entschädigungsforderung (rerum repetitio), dann die Androhung des Krieges (denuntiatio belli), der Senatsbeschluß zur Kriegseröffnung (senatus consultum), der entsprechende Volksbeschluß der comitia centuriata (lex) und endlich die Kriegserklärung (indictio belli). Als die Konfliktherde immer weiter von Rom wegrückten, änderte sich aus Gründen der Praktikabilität diese Reihenfolge, die für eine zügige Folge der besonders entscheidenden Schritte zu Beginn eines Krieges zu schwerfällig war – mußte doch zweimal, jeweils nach Rücksprache mit der Regierung in Rom, mit dem Gegner verhandelt werden, ehe eine Kriegserklärung ausgesprochen werden konnte (Walbank, 1941, S. 87 f.; Dahlheim, 1965, S. 176–188; ders., 1968, S. 176 ff.). Im Verlauf des 3. Jahrhunderts v. Chr. stellte man senatus consultum und lex an den Anfang des Formulars; dann trugen in einer einzigen Verhandlung die römischen Gesandten dem Gegner die rerum repetitio sowie die denuntiatio belli vor und entschieden sogleich auf der Grundlage von senatus consultum und lex, ob die Reaktion des Gegners auf die rerum repetitio so unbefriedigend war, daß sie an Ort und Stelle die indictio belli vorzunehmen hatten. Ohne Zweifel ist es kein Zufall, daß das Kriegseröffnungsformular in der neuen Gestaltung ausgerechnet z. Zt. der uneingeschränkten Senatsherrschaft praktiziert wurde. Diese Neugestaltung des Formulars hatte nicht nur einen sachlichen, sondern auch einen eminent politischen Aspekt. Denn durch dieses gleichsam verkürzte Verfahren wurde der Volksversammlung die Entscheidungskompetenz über Krieg und Frieden deutlich eingeschränkt. Wo bisher eine unmittelbare Beurteilung der gegnerischen Reaktion auf die rerum repetitio durch Senat und Volk zur indictio belli geführt hatte, da war es jetzt das Ermessen des Senatsgesandten, das den Krieg unmittelbar auslöste. – Eine Wandlung vollzog sich auch im Fetialenformular, was den abschließenden Lanzenwurf im Anschluß an die indictio belli betraf. Ursprünglich hatte ein Fetiale von römischem Boden aus eine eiserne Lanze mit von Opferblut verfärbter Spitze in das Land des Gegners geschleudert und so den Krieg formal eröffnet. Besonders in Fällen, in denen das Land des Gegners nicht direkt an römischen Boden grenzte, war dieses Verfahren unmöglich geworden; es war auch mit vielen Umständen verbunden, wo zwar das Römische Reich eine direkte Landesgrenze zum Gegner hatte, der Kriegsschauplatz sich aber immer weiter von Rom entfernte. So deklarierte man in Rom, außer-

Das politische Denken der Römer zur Zeit der Republik 509

halb der sakralen Stadtgrenze (pomerium) auf dem Mars-Feld ein Stück Boden zu Feindesland (vgl. etwa Serv. Aen. 9, 53), um die symbolische Szenerie zu gewinnen, vor der dann der Lanzenwurf stattfinden konnte.

Solche Änderungen an der äußeren Gestaltung der nach dem ius Fetiale vollzogenen Eröffnung eines Krieges haben, selbst wenn sie politische Konsequenzen nach sich zogen, die materielle Substanz, die eigentliche Grundlage der Kriegserklärung nicht berührt (Dahlheim, 1965, S. 186; ders., 1968, S. 177). Die Beibehaltung des »gerechten Kriegsgrundes« (iusta causa belli – Cic. off. 1, 38) mag in einem sakralen Gebot wurzeln, das den Römern dafür das göttliche Wohlwollen sicherstellte und damit auch den Sieg (vgl. Liv. 44, 1, 11; dazu Gelzer, 1933, S. 165 f.; Anklänge bereits bei Polybios 36, 2, 1 ff.); sie mag auf die eigenen Bündnispartner und deren Hilfsbereitschaft berechnet gewesen sein und damit in die Nähe der vielfach berufenen Heuchelei rücken – sie ist eine unbestreitbare Tatsache und hat des Römers skrupelhafte Einstellung Kriegen gegenüber grundsätzlich geprägt – lange, bevor Rom mit den stoischen Vorstellungen von Krieg und Frieden konfrontiert wurde.

Seit wann römischerseits vorgenommene Kriegserklärungen einer allmählichen Säkularisierung anheimgefallen sind und wie weit[12], läßt sich mit befriedigender Sicherheit nicht sagen; W. Dahlheim hat diesen Prozeß in seinen wichtigsten Stationen geschildert. Jedenfalls haben sich die Römer auch im Verlauf dieses Säkularisierungsprozesses immer wieder darum bemüht, gerechte Gründe für ihre Kriege namhaft zu machen. So haben sie beispielshalber den Makedonenkönig Perseus beschuldigt, in Abrupolis, einem thrakischen Dynasten, einen Freund und Bundesgenossen des römischen Volks (socius atque amicus populi Romani) aus seinem Herrschaftsbereich vertrieben zu haben; sie haben ihm außerdem vorgeworfen, die Mörder eines anderen socius atque amicus populi Romani, des Illyrierfürsten Arthetauros, zu decken. Erst nachdem sie in Verhandlungen mit dem Makedonen diese Klagen vorgebracht hatten, ohne eine entsprechende Genugtuung erfahren zu haben, sind die Kampfhandlungen in diesem Dritten Makedonischen Krieg eröffnet worden (vgl. Quellen und Lit. bei Albert, 1980, S. 123).

Auf diese innere Disposition zum Krieg traf in einer Zeit, in der eine erfolgreiche, aber kräftezehrende Phase von Kriegen von einer Folge existentieller innerer Kämpfe abgelöst wurde, eine der römischen Denkweise sehr ähnliche Philosophie aus dem militärisch überwundenen Osten, die Stoa, mit ihrem besonderen Verständnis von Krieg und Frieden. Die Stoa, die damals in Rom etwa über den Freundeskreis um den Jüngeren Scipio (vgl. Strasburger, 1966)[13] Einzug hält, ist von einem gegen Chrysippos und seine Schüler durch Urbanität und Lebensnähe abstechenden Geist getragen. Einer ihrer hervorragendsten Vertreter war Panaitios von Rhodos (ca. 180 bis 110 v. Chr., vgl. oben S. 474 ff.), der wie Polybios zum Scipionenkreis gehörte und mit seinen Schriften, besonders mit seinem Werk »Vom pflichtgemäßen Handeln« (περὶ τοῦ καθήκοντος) in Rom einen ungeheuren Eindruck hinterließ. Cicero hat als der bedeutendste Vermittler griechischer Philosophie in Rom sich auch mit der Stoa befaßt; er hat auch den bedeutendsten Stoiker seiner Jahre, Poseidonios, 78/77 v. Chr. in Rhodos selbst gehört. Wenn Cicero sich kritisch zu dieser Schule äußert (vgl. seine Rede pro Murena vom November 63 oder seine Ausführungen im 3. und

4. Buch von *De finibus bonorum et malorum* vom Frühsommer 45 v. Chr.), so stößt er sich in der Hauptsache an der kruden Form, in die ein Stoiker seine Gedanken zu kleiden pflegte. Dem Ziel, diese für seinen Geschmak ungenießbare Kost einem breiteren Publikum annehmbar zu machen, dient daher sein kleines Werk über die *Paradoxa Stoicorum* aus dem Jahre 46 v. Chr. Inhaltlich aber ist er der Stoa für sein philosophisches Schrifttum sehr verpflichtet, und er leugnet das auch nicht.

In zwei seiner philosophischen Schriften hat sich Cicero mit Fragen des völkerrechtlichen Verkehrs befaßt. Da ist zum einen sein Werk »Vom Staate« (*De re publica*, in den Jahren nach 54 v. Chr. verfaßt), das in diesem Zusammenhang interessiert. Es ist nur fragmentarisch erhalten. Doch läßt sich in bezug auf unser Thema so viel entnehmen: Scipio Aemilianus, der Hauptredner im Dialog, kommt im Rahmen eines Überblicks über die Entstehungsgeschichte des römischen Staates auf die staatspolitischen Leistungen des Tullus Hostilius, des dritten Königs Roms, zu sprechen, unter anderem auch auf die Schaffung eines Kriegsrechts, das im Ritual der Fetialen verankert wurde (constituitque ius, quo bella indicerentur, quod... sanxit fetiali religione..., Cic. rep. 2, 31). Dieses Kriegsrecht stellte sicher, daß jeder unangedrohte und unerklärte Krieg als ungerecht und unfromm zu gelten habe. Was hier auf der Basis des ius Fetiale rein formal bestimmt wird, findet an anderer Stelle im Dialog eine inhaltliche Ergänzung, und zwar auf der Grundlage stoischer, von Panaitios geprägter Auffassungen. Diesmal ist es Scipios Freund Laelius, der das Wort führt, um die Bedeutung der Gerechtigkeit für den Bestand und die Funktion des Staates zu erweisen. Zu einem auf Gerechtigkeit gegründeten Staat gehört auch die gerechte Ausgestaltung der außenpolitischen Beziehungen selbst oder gerade im Konfliktfall, also das Kriegsrecht. Hier ist nun nicht mehr die Rede von den im ius Fetiale angelegten Formen der Kriegseröffnung, sondern von den am ius naturale orientierten Gründen, die einen Krieg rechtfertigen können: Der beste Staat führt Kriege nur, um die Bündnistreue zu wahren und zum Schutze der bloßen Existenz (nullum bellum suscipi a civitate optima nisi aut pro fide aut pro salute, Cic. rep. 3, 34), also um Rache zu üben oder den Feind zu vertreiben (dazu Schottlaender, 1969, S. 84–96). Ungerecht aber ist der Krieg, der grundlos vom Zaun gebrochen wird. (Illa iniusta bella sunt, quae sunt sine causa suscepta. Nam extra ulciscendi aut propulsandorum hostium causa bellum geri iustum nullum potest, Cic. rep. 3, 35) Doch gehört in diesen Zusammenhang auch ein Fragment, das zeigt, daß Cicero altrömisches und stoisches Gedankengut – wohl in dieser Rede des Laelius – zusammengeführt hat; und zwar dort, wo es heißt (Cic. rep. 3, 35), daß ein Krieg nur angekündigt und erklärt und nur mit der Klage auf Schadensersatz als gerecht betrachtet werden könne. (Nullum bellum iustum habetur nisi denuntiatum, nisi indictum, nisi repetitis rebus, Cic. a. O.) Da ist zum anderen Ciceros Werk »Vom pflichtgemäßen Handeln« (*De officiis*, Ende 44 verfaßt), eine Schrift, die uns im Gegensatz zu ›De re publica‹ vollständig vorliegt und in die literarische Form eines Briefes an den Sohn Marcus gekleidet ist (dazu Gärtner, 1974). Dabei hat sich Cicero des Panaitios gleichnamiges Werk zum Vorbild genommen. Im ersten der drei Bücher handelt der Autor vom Sittlichen (honestum) und dessen vier Hauptbereichen, deren zweiten die sozialen Fähigkeiten Gerechtigkeit (iustitia) und Wohltätigkeit (beneficentia) repräsentieren (Cic.

Das politische Denken der Römer zur Zeit der Republik

off. 1, 20). Im Zusammenhang mit den Pflichten, die sich aus dem Sittlichkeits-
bereich der iustitia ableiten, kommt die Sprache auch darauf, daß selbst dort, wo
Unrecht geschehen sei, nicht alle Schranken der Sittlichkeit fallen dürften, und
zwar im privaten wie im öffentlichen Leben. So gebe es auch ein Kriegsrecht
(iura belli, a. O. 34; stoischer Auffassung entspricht eher die Begriffsbildung
officia bellica, a. O. 41). Auch hier führt Cicero zur Darstellung des Kriegsrechts
altrömische Fetialen-Tradition und stoisches Gedankengut zusammen, Relief
gibt er dem Ganzen durch eine Reihe eindrucksvoller Beispiele aus der römischen Geschichte. Grundlage für die Beurteilung der Qualität eines Krieges ist
ihm unbestritten das ius Fetiale; dieses definiert die Rechtmäßigkeit eines Krieges (aequitas belli, Cic. off. 1, 36) durch die Form der Eröffnung – Androhung
(denuntiatio) und Erklärung (indictio) – und durch den Kriegsgrund – Klage auf
Schadenersatz (rebus repetitis; vgl. oben Cic. rep. 3, 35). Der Stoa verpflichtet ist
dagegen der Grundsatz, daß Frieden ohne Arglist der eigentlich wünschenswerte Normalzustand sei und ein Krieg nur zu dessen Wiederherstellung geführt
werden dürfe. Kriege sind nur das äußerste Hilfsmittel, wenn Verhandlungen
nicht zum Ziele führen – in diesem Anliegen entsprechen sich ius Fetiale mit dem
Rechtsakt der denuntiatio und Stoa mit der Ableitung äußersten Bemühens um
friedliche Konfliktlösungen aus der menschlichen Natur. Selbst wo es um Herrschaft oder Ruhm geht, muß die zuvor beschriebene Begründung gegeben sein
(§ 38). Auch die Kriegführung hat auf das honestum Rücksicht zu nehmen. Cicero unterscheidet hier mit äußerster Erbitterung geführte Kriege, in denen es
um die nackte Existenz geht, von solchen, in denen es (nur) um Ruhm und Ehre
geht und die infolgedessen nicht mit letzter Härte zu führen sind. Überhaupt gilt
eine aus der Selbstachtung erwachsene Wertschätzung des Feindes, die auch
gegenüber dem Feind eine Treueverpflichtung bindend macht, und sei diese
noch so sehr unter dem Zwang der Verhältnisse herbeigeführt worden (§ 39).[14]
Auch über die Behandlung des besiegten Feindes erfahren wir hier Wesentliches
von Cicero. Der überwundene Gegner soll grundsätzlich geschont werden, es sei
denn, er hätte sich im Kriege grausam und schrecklich gezeigt. Das Clientelver-
hältnis, das nach dem mos maiorum zwischen dem siegreichen Feldherrn der
Römer und dem besiegten Gegner entstand, wertet Cicero als Zeichen besonderer Gerechtigkeitspflege im Kriege. Ein anderer Hauptbereich des honestum –
Cicero behandelt ihn an dritter, d. h. vorletzter Stelle – sind die Fähigkeiten eines
hohen und großgearteten Sinnes (animus excelsus magnificusque, vgl. Cic. off.
1, 79). Cicero tritt hier der Ansicht entgegen, daß Kriegstaten höher zu schätzen
seien als Taten im Frieden, und er kommt zu dem Schluß, daß beide Kategorien
sich in ihrem Wert für den Staat die Waage halten. Cicero geht noch einen für
römisches Empfinden beachtlichen Schritt weiter, wo er die vernünftige Schlichtung (decernendi ratio) über den tapferen Entscheidungskampf (decertandi fortitudo) stellt. Friede ist, wie Cicero schon andernorts (off. 1, 35) betont hatte,
der grundsätzlich wünschenswerte Zustand; gemeint ist aber ein Friede, der aus
dem Wissen um seine Vorteile, nicht etwa aus der Angst vor dem Krieg resultiert
(Cic. off. 1, 79 f.).

So kennzeichnet Rom seit frühester Zeit eine skrupulöse Einstellung zu den Auseinandersetzungen der eigenen Gemeinde mit anderen Staaten; das hohe Alter
dieser Grundhaltung verbürgt uns die uralte Institution des Fetialen-Kults und

seiner Satzungen (ius Fetiale). Also verfügten die Römer schon lange, bevor die Stoa mit ihren Vorstellungen Mitte des 2. Jhs. v. Chr. in Rom einzog, über eine religiös verankerte Praxis im völkerrechtlichen Verkehr. Diese Praxis ist sicherlich, wie alle anderen Rechtsvorstellungen, von Fall zu Fall entwickelt und mündlich formelhaft tradiert worden. Wann die Formeln des ius Fetiale aufgezeichnet wurden, ist unbekannt; was Cicero und Livius von diesem Formelwerk in ihre Schriften aufgenommen haben, bedeutet uns die früheste schriftliche Aufzeichnung des ius Fetiale. So ist es aber auch nicht möglich festzustellen, wann sich das Drängen auf eine Rechtfertigung kriegerischer Handlungen vor den Göttern (purum piumque bellum im ius Fetiale bei Liv. 1, 32, 12!) zur politischen Idee verfestigte. Man darf wohl vermuten, daß dieser Prozeß seinen schließlich endgültigen Abschluß fand, als diese politische Idee in Formeln des ius Fetiale gegossen wurde; dann aber verliert sich die Bildung einer religiösen Theorie von der Gestaltung des völkerrechtlichen Verkehrs und somit der auch für das säkulare Gemeinschaftsleben so wesentlichen politischen Idee des bellum purum piumque in der schriftlosen Frühgeschichte Roms. Mitte des zweiten Jhs. v. Chr. trafen dann Vorstellungen des Kosmopolitismus und der daraus abgeleiteten Forderungen nach Weltfrieden (vgl. Nestle, 1938, S. 41 f.; Zampaglione, 1973, S. 139 ff.) und der Einstellung, auch im Feinde den Mitmenschen zu sehen, in der stoischen Philosophie bereits zu einem theoretisch durchgestalteten System geronnen, in Rom auf vergleichbare Grundeinstellungen. Das ursprünglich religiöse Bedürfnis, nachmals theoretisch gestaltet in der Obhut der Fetialen-Priesterschaft, später eingefügt und fraglos gelebt im mos der frühen römischen Republik auf der einen Seite, das Erbe hellenistischer Humanität, einer Frucht bäuerlicher Achtung vor dem Leben und philosophischer Ethik (Stoa und auch Epikur) auf der anderen Seite hat Cicero in seinen Schriften »De re publica« und besonders »De officiis« zu seinem theoretischen Entwurf vom bellum iustum zusammengefaßt.

5. Marcus Tullius Cicero

Nicht von ungefähr stehen für die hier notierten politischen Ideen keine Namen von Staatstheoretikern; denn es ist ein Grundsatz römischen Wesens, daß die politische Praxis dafür zu stehen hat. Auf der Suche nach Autoren, deren Literatur immerhin Material zu diesem Thema liefern kann, begegnen Polybios und Cicero. Polybios ist hier freilich ein zweifelhafter Zeuge (vgl. oben, S. 471 ff.). Der hochgebildete Grieche aus dem arkadischen Megalopolis war schon in jungen Jahren von seinem Vater Lykortas in die politische Welt des Achaiischen Bundes eingeführt worden und fungierte in Vertretung des Bundesstrategen Archon als Hipparch, bekleidete also das zweithöchste Amt im Bunde, bevor er nach dem Ende des Dritten Makedonischen Krieges (167 v. Chr.) mit etwa 1000 anderen Bundesangehörigen nach Rom deportiert wurde, um der Verurteilung wegen romfeindlicher Umtriebe entgegenzusehen. Im Hause des Jüngeren Scipio hat Polybios, dem der Ruf eines bedeutenden Militärschriftstellers vorausging und der besonders deshalb in Rom eine bevorzugte Behandlung erfuhr, römische Politik und politische Tradition aus erster Hand kennengelernt. Polybios

Das politische Denken der Römer zur Zeit der Republik 513

hat auf diese Weise die römische Staatsgestaltung nicht nur kennen, sondern auch achten gelernt. Dokumente seiner Hochachtung vor Roms geschichtlicher Leistung sind die beiden Haupttheoreme seiner Universalgeschichte – die Vorstellung vom Verfassungskreislauf (6,3–9) und die daraus abgeleitete Beschreibung der römischen Verfassung als einer Mischverfassung (6,11–18). Die Theorie vom Kreislauf der Verfassungen basiert auf Gedanken, wie sie etwa schon von Herodot (3,80–83) und Aristoteles (Pol. 3–6) diskutiert worden sind. Hier eine naturgegebene Abfolge der kanonischen sechs Staatsformen zu beobachten ist die eigentlich originelle Gedankenleistung des Polybios; daß diese aber der römischen Gedankenwelt zuzuordnen wäre, ist ausgeschlossen. Die Theorie von der Mischverfassung exemplifiziert Polybios am Staat der Spartaner (6,48–50), desgleichen am Staat der Karthager (6,51f.), er konstatiert aber, daß die Mischgestalt der Verfassung in Rom die beste Struktur aufwies, als Sparta schon längst, Karthago gerade eben im Niedergang begriffen war, d. h. die verschiedenen Verfassungselemente nicht mehr das zweckmäßigste Mischungsverhältnis aufwiesen. Es fällt schwer, an diesem Gedanken mehr Römisches entdecken zu wollen als die bloße Tatsache, daß Polybios ihn am römischen Staatswesen entwickelt und hier in höchster Form ausgebildet wähnte. Er wird auch dadurch nicht römischer, daß Cicero ihn später aufgegriffen hat.

Im Kontrast zu diesen polybianischen Spekulationen wird das typisch Römische an Ciceros Verfassungsentwurf eigentlich erst deutlich. Die erste staatstheoretische Schrift in lateinischer Sprache ist Ciceros *De re publica*.[15] Der Autor hat sie im Herbst 54 v. Chr. konzipiert und im Frühjahr 51 veröffentlicht. Sie ist nur zu einem Viertel erhalten; immerhin läßt sich der Inhalt des Werks in großen Zügen noch erkennen.

Den Rahmen des Dialogs gibt ein Gespräch ab, das an den drei Tagen des Latinerfests in den Gärten des Jüngeren Scipio stattfand, und zwar in dem Jahr, in dem wenig später Scipio unter rätselhaften Umständen starb (129 v. Chr.). Der historische Schauplatz verleiht den hier formulierten Erkenntnissen in den Augen des Römers eine besondere Überzeugungskraft. Thematisiert sind hier der beste Staat und der beste Bürger (2,65.67.69). Im einzelnen führt das Gespräch (Bücher 1 und 2) den polybianischen Gedanken vom Kreislauf der Verfassungen und der römischen Verfassung als der harmonischen Mischform aus, die den dauerhaften Bestand des Staates sichere. In den Büchern 3 bis 6, von denen uns nur wenige Fragmente erhalten sind, dominieren zwei Fragen: das Verhältnis von Staat und Gerechtigkeit und die Eigenschaften des idealen Staatsmannes.

Während jedoch Polybios das Wunschbild eines Staates durch gleichsam mechanistische Eingriffe in das Verfassungsgefüge mit dem Ziel institutioneller Ausgewogenheit anstrebt, kann Cicero einem derartigen Pragmatismus nicht das Wort reden. Immerhin hat der Römer seine Staats-Schrift nicht in der Nachfolge des Historikers Polybios, sondern als philosophisches Gegenstück zu Platons *Politeia* konzipiert. Aber auch diesem schließt er sich nicht etwa an auf der Suche nach dem Idealstaat – Cicero sucht den in dieser Welt bestmöglichen Staat und meint ihn annähernd in der römischen Republik z. Zt. des Jüngeren Scipio sehen zu können (vgl. 2,52). Wenn Cicero sich hier nicht zu absoluten Wahrheiten durchringen kann, so ist das dem skeptischen Erkenntnisstil der Neueren

514   *Eckart Olshausen*

Akademie zuzuschreiben. Somit steht Cicero in durchaus origineller Weise zwischen dem mechanistischen Pragmatismus eines Polybios und dem abstrakten Utopismus eines Platon. Dabei setzt sich Cicero besonders deutlich von der Theorielastigkeit seines platonischen Vorbilds ab, wo er mehrfach entweder der Verbindung von Gelehrsamkeit und Orientierung am mos maiorum (3,5) oder gar der praktischen Politik den Vorrang vor der philosophischen Betrachtung gibt (1,8–10).

Grundelement dieses Staates ist das Volk, zu dem sich die einzelnen Menschen aus einer naturgegebenen Veranlagung heraus zusammengefunden haben. Die für den dauerhaften Bestand dieser Volksgemeinschaft notwendige soziale Harmonie ist die Frucht der engen Bindung an die von der Natur abgeleitete Gerechtigkeit. Das in Gerechtigkeit geeinte Volk trägt in der gemischten Verfassung den bestmöglichen Staatsaufbau, der durch ein allseits angemessenes Verhältnis von Recht, Dienstleistung und Aufgabe gekennzeichnet ist. In diesem gedankenblassen Konstrukt, das sich in seiner Theorielastigkeit durchaus neben Platons Politeia sehen lassen kann, wird jedoch bei Ciceros res publica ein Konkretum wirksam, das – formal immer wieder einmal zur Bestätigung seiner Beweisführung herbeigerufen – jetzt inhaltliche Bedeutung erlangt und damit die Originalität und zugleich das typisch Römische an der politischen Idee Ciceros ausmacht: die Orientierung an historischen Vorbildern, für römische Verhältnisse formuliert: am mos maiorum.

Während Platon im Alter die Kompromißlosigkeit seines ersten Staatsentwurfs in der Schrift über die Gesetze geradezu revozierte, stellt Ciceros Gegenstück *De legibus*[16] eine Ergänzung seiner res publica dar. Das Werk hat Cicero schon während seiner Arbeit an *De re publica* entworfen. Es waren wohl auch äußere Ereignisse wie der Bürgerkrieg, Caesars Herrschaft und der Kampf gegen M. Antonius, die eine zügige Vollendung und Publikation der Schrift verhindert haben. So wurde das Werk, ohne daß der Autor letzte Hand daran gelegt hatte, aus seinem Nachlaß herausgegeben, vielleicht noch im Jahre 43 v. Chr. Wie seine Vorstellungen vom Staat, so hat Cicero auch seine Vorstellungen von dessen Gesetzen aller Wahrscheinlichkeit nach in sechs Büchern entwickelt, von denen uns nur die drei ersten erhalten sind. Hierin sind die Komplexe des Naturrechts, des Sakralrechts und des Beamtenrechts dargestellt. Während in seiner Staats-Schrift der naturgegebenen Gerechtigkeit eine so elementare Bedeutung zugewiesen ist, findet sich hier die inhaltliche Ausführung dieses Themas.

ANMERKUNGEN

1 Vgl. die Definition bei G. Funke, Art. Instinkt, Historisches Wörterbuch der Philosophie 4, 1976, S. 408.

2 Allgemein datiert man das Ende der Königsherrschaft in Rom etwa auf das Jahr 509 v. Chr., vgl. E. Meyer, 1975, S. 478–480 Anm. 1 mit Lit. Nach wie vor nicht ausgeräumt sind gravierende Zweifel an diesem Ansatz etwa bei Hanell, 1946 (Mitte 5. Jh.), bei Gjerstad, 1967, 3 ff. (Mitte 5. Jh.), bei Bloch, 1959 (Mitte 5. Jh.), bei Werner, 1963 (etwa 470). Weiter De Martino, 1972, 217–249 mit Lit.

Das politische Denken der Römer zur Zeit der Republik 515

3 Vgl. beispielsweise den kurze Zeit erfolgreichen Versuch des Etruskers Posenna aus Clusium, Rom der Etruskerherrschaft zurückzugewinnen; dazu A. Alföldi, 1977, S. 71 ff.; Gjerstad, 1969, S. 149–161.

4 Beispiele aus der frühen römischen Geschichte nennt uns die antike Tradition in Sp. Cassius Vecellinus, hingerichtet 485 (Liv. 2, 41, 1–12; Dion. Hal. 8, 69, 1–80, 4), Sp. Maelius, erschlagen 439 (Cic. Cato 56; Liv. 4, 13, 14–14,7. 16, 5. 21, 3 f.) und M. Manlius Capitolinus, hingerichtet 384 (Liv. 6, 11 f.; 14–20).

5 Im gehobenen Staatsdienst gab es nur zwei Ämter, für die das Prinzip der Annuität nicht galt: 1. Das imperiale Ausnahmeamt des *Dictators*, das nur in Fällen der äußersten Not besetzt wird, d. h. in Krisensituationen, in denen die Kollegialität des regulären Oberamts den Aufgaben der Staats- und Heeresführung nicht gewachsen zu sein schien. Der von einem der Consuln ernannte Dictator amtierte höchstens ein halbes Jahr, er trat aber früher vom Amt zurück, sobald die akute Notlage beseitigt war. Daß diese Befristung erst in der Not des Zweiten Punischen Krieges eingeführt wurde, vermutet Janssen, 1960. Zur Befristung vgl. Th. Mommsen, 1887/88, Bd. 2, S. 159 f.; E. Meyer, 1975, S. 108 f.; Bleicken, 1985, S. 90–92. Vgl. umfassend Stark, 1940, 206–214; Wilcken, 1940, 1, 3–32. Grundlegend aber Th. Mommsen 1887/88, Bd. 2, S. 141–172. – 2. Das seit 443 v. Chr. unter Wegfall des imperium vom Consulat abgespaltene kollegiale Amt der *Censoren*. Der enorme Umfang ihrer Aufgaben ließ es ratsam erscheinen, ihre Amtszeit auf 1 ½ Jahre auszudehnen; man erwartete von ihnen jedoch den sofortigen Rücktritt vom Amt nach schnellstmöglicher Erledigung ihres Auftrags, also grundsätzlich vor Ausschöpfung der zugestandenen Amtszeit. Zur Befristung vgl. Th. Mommsen 1887/88, Bd. 2, S. 352 f.; E. Meyer, 1975, S. 164 ff.; Bleicken, 1985, S. 88 ff. Vgl. umfassend Suolahti, 1963; Astin, 1982, S. 174–187. Grundlegend immer noch Th. Mommsen 1887/88, Bd. 2, S. 331–469.

6 Zu Scipios Proconsulat speziell Brewitz, 1914; allgemein vgl. Bleicken, 1985, S. 93 ff. E. Meyer, 1975, S. 94 ff., 152 ff.; grundlegend Jashemski, 1950.

7 Für folgende Ämter des gehobenen Staatsdienstes galt das Prinzip der Kollegialität nicht: 1. Die *Dictatur*. Sie wurde nur einfach besetzt, um in extremen Notzeiten die mit der Kollegialität verbundenen Nachteile der Kollegialität im Amt des Heerführers zu vermeiden. Immerhin wurde die Singularität aufgefangen durch eine extrem kurze Amtszeit von höchstens 6 Monaten. Lit. vgl. Anm. 5. 2. Einen *magister equitum* hatte der Dictator sogleich nach seiner Berufung ins Amt als seinen Stellvertreter zu ernennen. Dieser amtierte mit dem Dictator, hatte zusammen mit dem Dictator auch abzutreten. Ein selbständiges imperium besaß er nicht. Vgl. Westermayr, RE 5 [1931] 631 – 648. 3. Ohne Collegen amtierte der *praefectus urbi*. Dieser Magistrat ist schon früh als entbehrlich empfunden worden (seit der Mitte des 4. Jahrhunderts v. Chr. nicht mehr bezeugt); Augustus hat die Institution wiederaufleben lassen. Seine Aufgabe war die Vertretung des Oberbeamten in der Stadt, solange sich dieser außerhalb von Rom aufhielt. Vgl. Sachers, RE 22 [1954] 2502 – 2534; A. Alföldi, 1974, S. 1–14.

8 Die Auffassung von dem einheitlichen, aus der Königsgewalt abgeleiteten imperium der republikanischen Oberbeamten (Rubino, 1839; weiter entwickelt bei Mommsen, 1887/88, Bd. 1, S. 22 f.; 116 ff. sowie Leifer, 1941) wird bestritten von A. Heuß, 1944, 57 ff. Positiv zu den von Heuß geäußerten Bedenken Kunkel, S. 1972, S. 3–22, hier 7 f.

9 Ob er diese Wertung aus seiner griechischen Vorlage (Menandros bzw. Philemon Thesauros) übernommen hat, ist hier ohne Belang; maßgeblich ist die Tatsache, daß er diese Wertung auf seiner Bühne propagiert.

10 Vgl. die Begriffsliste mit Lit. bei Oppermann, 1983, S. IX ff. – Daß derartige Wertbegriffe über ihre Funktion als Wertbegriffe in Mißkredit geraten und sinnwidrig verwendet werden konnten, soll nicht in Abrede gestellt werden; vgl. C. Becker, 1967.

11 Zu dem im ius Fetiale festgelegten Formular des Vertragsabschlusses vgl. Liv. 1, 24, 4–6; Plin. n. h. 21, 5 mit Liv. 30, 43, 9.

516   Eckart Olshausen

12 Es ist sehr problematisch, das seit 201 v. Chr. (Liv. 30, 43, 1) zu konstatierende Schwei-
    gen der Quellen über völkerrechtliche Aktivitäten des Fetialenkollegiums so zu deu-
    ten, als seien die Fetialen seither vollständig von der indictio belli ausgeschlossen ge-
    wesen, wenn Varro (l. l. 5, 86) das Gegenteil (etiam nunc) behauptet. Vgl. aber W.
    Dahlheim, 1965, S. 184; ders., 1968, S. 177.
13 Daß der Scipionenkreis möglicherweise eine ciceronische Fiktion ist, berührt nicht den
    Umstand, daß man sich die Ausbreitung griechischen Einflusses auf dem Weg über
    solche Zirkel vorzustellen und auch tatsächlich vorgestellt hat.
14 Wenn Cicero im Zusammenhang mit dem Kriegsrecht den Älteren Cato mit der Be-
    stimmung zitiert, nur ein Soldat sei berechtigt, mit dem Feind zu kämpfen, so irrt er:
    Diese Bestimmuing fällt nicht ins Kriegsrecht, sondern in den Bereich der Heeresord-
    nung. Vgl. Liv. 8, 34, 10; Plut. Quaest. Rom. 39.
15 Literatur zu Ciceros *De re publica*
    Forschungsberichte: P. L. Schmidt, 1973; Suerbaum, 1978. *Forschung:* Christen,
    1983; Johann, 1981, Solmsen, 1933; Sprute, 1983; Taifacos, 1979/80; ders., 1980/
    81; Weber-Schäfer, 1976, Bd. 2, S. 108 ff.; ders., 1983.
16 Literatur zu Ciceros *De legibus*
    Forschungsbericht: Rawson, 1973. *Forschung:* Girardet, 1983; Kjeldsen, 1979; Leh-
    mann, 1980; P. L. Schmidt, 1959.

BIBLIOGRAPHIE

Primärtexte
Textsammlungen: Bruns, Carl G. (Hrsg.): Fontes iuris Romani antiqui, 7. Aufl.; hrsg. von
Otto Gradenwitz, Tübingen 1909 (Sammlung der inschriftl. erhaltenen Gesetze, Senats-
beschlüsse und Edikte); *Huschke/ Seckel/ Kübler* (Hrsg.): Jurisprudentiae antejustinianae
quae supersunt, 2 (3) Bde., Leipzig 1908–1927 (Sammlung der Fragmente der älteren
Juristen); *Peter, H.* (Hrsg.): Historicorum Romanorum reliquiae, 2 Bde., Leipzig 1870/
1906; *ders.,* Historicorum Romanorum fragmento, Leipzig 1883 (Sammlung der Fragmente der römischen Historiker); *Rotondi, G.* (Hrsg.): Leges publicae populi Romani,
Mailand 1912, ND Hildesheim 1966 (Zusammenstellung der überlieferten römischen
Gesetze mit Literatur); *Till, R.* (Hrsg.): Texte zur Krise der frührömischen Tradition, Zürich 1976; *Welwei, K. W.* (Hrsg.): Römisches Geschichtsdenken in spätrepublikanischer
und augusteischer Zeit, München 1967.
Einzelausgaben: Cicero, Marcus Tullius: De re publica, hrsg. von K. Ziegler, Leipzig
1915, 6. Aufl. 1964; *ders.:* De legibus, dt. von K. Büchner, Zürich 1952; *ders.:* Staatstheoretische Schriften, lt.-dt., hrsg. von K. Ziegler, Berlin 1974; *Festus,* Sextus Pompeius: De
verborum significatu, hrsg. von W. M. Lindsay, Leipzig 1913; *Gellius,* Aulus: Noctes Atti-
cae, hrsg. von C. Hosius, Leipzig 1903 u. Stuttgart 1959; *Sallust:* Werke und Schriften,
hrsg. von W. Schöne unter Mitw. von W. Eisenhut, München [4]1969; *Varro,* Marcus
Terentius: De lingua Latina, hrsg. von Gg. Goetz und Fr. Schoell, Leipzig 1910.

Sekundärliteratur
Adcock, F. E., 1959: Roman Political Ideas and Practice, Ann Arbor, dt. unter dem Titel:
Römische Staatskunst, [2]1967; *Albert, S.,* 1980: Bellum Iustum. Die Theorie des »gerech-
ten« Krieges und ihre praktische Bedeutung für die auswärtigen Auseinandersetzungen
Roms in republikanischer Zeit, Kallmünz; *Alföldi, A.,* 1974: Les prefecti de urbi César, in:
Mélanges d'histoire ancienne, off. à W. Seston, Paris, S. 1–14; *ders.,* 1977: Das frühe Rom
und die Latiner, Darmstadt (engl. Originalausgabe Ann Arbor/Mich. 1965); *Alföldy, G.,*
[2]1979: Römische Sozialgeschichte, Wiesbaden; *Astin, A. E.,* 1982: The Cencorship of the

Das politische Denken der Römer zur Zeit der Republik 517

Roman Republic: Frequency and Regularity, in: Historia 31, S. 174–187; *Becker, C.,* 1967: Wertbegriffe im alten Rom, ihre Geltung und ihr Absinken zum Schlagwort (= Münchner Universitätsreden 44); *Bleicken, J.,* ⁴1985: Die Verfassung der römischen Republik. Grundlagen und Entwicklung, Paderborn; *Bloch, R.,* ³1959: Les origines de Rome, Paris; *Brewitz, W.,* 1914: Scipio Africanus Maior in Spanien, Diss. Tübingen; *Buchwald, W.,* 1936/66: Mos, in: Thesaurus Linguae Latinae 8, S. 1522–1529; *Burck, E.,* 1951: Drei Grundwerte der römischen Lebensordnung (labor, moderatio, pietas), in: Gymnasium 58, S. 161–180, wiederabgedruckt in: Römertum, hrsg. von H. Oppermann, Darmstadt ⁵1984, S. 35 ff.; *Carney, T. F.,* 1959: The Promagistracy at Rome 121–81 B. C., in: Acta Classica 2, S. 72 ff.; *Christ, K.,* ²1984: Krise und Untergang der römischen Republik, Darmstadt; *Christen, J.,* 1983: Beobachtungen zur Verfassungsdiskussion in Ciceros Werk De re publica, in: Historia 32, S. 461–483; *Coli, M.,* 1938: Sul parallelismo del diritto pubblico e del diritto privato nel periodo arcaico di Roma, in: SDHI 4, S. 83 f.; *Dahlheim, W.,* 1965: Deditio und societas. Untersuchungen zur Entwicklung der römischen Außenpolitik in der Blütezeit der Republik, Diss. München; *ders.,* 1968: Struktur und Entwicklung des römischen Völkerrechts im 3. u. 2. Jhdt. v. Chr., München (= Vestigia 8); *ders.,* 1977: Gewalt und Herrschaft, Berlin; *Demandt, A.,* 1972: Geschichte als Argument, Konstanz (= Konstanzer Universitätsreden 46); *Deninger, J. G.,* 1961: »Wahres Sein« in der Philosophie des Aristoteles, Diss. phil. Frankfurt/M. 1959; *Donatuti, G.,* 1955: La »clarigatio« o »rerum repetitio« e l'istituto parallelo dell' antica procedura civile romana, in: Jura 6, S. 31 ff.; *Drexler, H.,* 1954: Die moralische Geschichtsauffassung der Römer, in: Gymnasium 61, S. 168–190; *ders.,* 1956: Gravitas, in: Aevum 33, S. 291–306; *Droysen, J. G.,* 1958: Historik. Vorlesungen über Enzyklopädie und Methodologie der Geschichte; *Fuchs, H.,* 1947: Begriffe römischer Prägung, in: MH 4, S. 157 ff., wiederabgedruckt in: Römische Wertbegriffe, hrsg. von H. Oppermann, Darmstadt ³1983, S. 23 ff.; *Gärtner, H. A.,* 1974: Cicero und Panaitios, in: Sitzungsbericht der Hist. Akad. d. Wiss., phil.-hist. Klasse, Abh. 5; *Garlan, Y.,* 1975: War in the Ancient World, London; *Gelzer, M.,* 1912: Die Nobilität der römischen Republik, Leipzig/Berlin, wiederabgedruckt in: ders., Kleine Schriften, Bd. 1, hrsg. von H. Strasburger u. Chr. Meier, Wiesbaden 1962, S. 68 ff.; *ders.,* 1933: Römische Politik bei Fabius Pictor, in: Hermes 68, S. 129–166, wiederabgedruckt in: ders., Kleine Schriften, Bd. 3, Wiesbaden 1964, S. 51–92; *Girardet, K. M.,* 1983: Die Ordnung der Welt. Ein Beitrag zur philosophischen und politischen Interpretation von Ciceros Schrift De legibus, Wiesbaden (= Historia Einzelschrift 42); *Gjerstad, E.,* 1967: The Origins of the Roman Republic (= Entr. Fond. Hardt, 13); *ders.,* 1969: Prosenna and Rome, in: Opuscula Romana 7, S. 149–161; *ders.,* 1972: Innenpolitische und militärische Organisation in frührömischer Zeit, in: Aufstieg und Niedergang der Römischen Welt I, 1, Berlin/New York; *Gruen, E. S.,* 1982: Greek πίστις and Roman Fides, in: Athenaeum 60, S. 50–68; *Haffter, H.,* 1967: Römische Politik und römische Politiker, Heidelberg; *Hampl, F.,* 1957: »Stoische Staatsethik« und frühes Rom, in: Histor. Zeitschrift 184, S. 249–271; *Hanell, K.,* 1946: Das altrömische eponyme Amt, Lund; *Hausmaninger, H.,* 1961: »Bellum iustum« und »iusta causa belli« im älteren römischen Recht, in: Österr. Zeitschrift f. Öffentl. Recht 11, S. 335–345; *Heinze, R.,* 1925: Auctoritas, in: Hermes 60, S. 348–366, wiederabgedruckt in: Vom Geist des Römertums, hrsg. von E. Burck, Leipzig 1938, S. 1 ff.; *ders.,* 1929: Fides, in: Hermes 64, S. 140–166, wiederabgedruckt in: Vom Geist des Römertums, S. 25 ff.; *Hiltbrunner, O.,* 1954: Vir gravis: Sprachgeschichte und Wortbedeutung, in: Festschrift für A. Debrunner, Bern, S. 195 – 207, wiederabgedr. in: Römische Wertbegriffe, hrsg. von H. Oppermann, Darmstadt ³1983; *Heuß, A.,* 1933: Die völkerrechtlichen Grundlagen der römischen Außenpolitik in republikanischer Zeit, Leipzig (= Klio Beiheft 31); *ders.,* 1944: Zur Entwicklung des Imperiums der römischen Oberbeamten, in: Zeitschrift der Savigny-Stiftung für Rechtsgeschichte, Rom. Abt. 64, S. 57 ff.; *Janssen, L. F.,* 1960; Abdicatio, Utrecht (Diss. Amsterdam); *Jashemski, W. F.,* 1950: The Origin and History of the Proconsular and the Propraetorian Imperium to 27 B. C., Chicago; *Johann, H.-T.*, 1981: Gerechtigkeit und Nutzen. Studien zur ciceronischen und hellenistischen Naturrechts- und Staatslehre, Heidelberg; *Kaser, M.*, 1939: Mores maiorum und Gewohnheitsrecht, in: Zeitschrift der Savigny-Stiftung für Rechtsgeschichte, Rom. Abt., Bd. 59, S. 52 ff.; *ders.*, 1949: Das altrömische ius, Göttingen; *Klein, E.*, 1957: Studien zum Problem der griechischen und römischen Freundschaft, Diss. Freiburg (masch.-schriftl.); *Knoche, U.*, 1962: Der Beginn des römischen Sittenverfalls, in: ders., Vom Selbstverständnis der Römer, Heidelberg, S. 99–123; *Kunkel, W.*, 1972: Magistratische Gewalt und Senatsherrschaft, in: Aufstieg und Niedergang der Römischen Welt, I, 2, Berlin/New York, S. 3–22; *ders.*, [10]1983: Römische Rechtsgeschichte, München; *Latte, K.*, [2]1967: Römische Religionsgeschichte, München (Handbuch des Altertums V, 4); *Leeman, A. D.*, 1949: Gloria. Ciceros waardering van de roem en haar achtergrund in de hellenistische weijsbegeerte en de romeinsche samenleving, Diss. Leiden, Rotterdam; *Lehmann, G. A.*, 1980: Politische Reformvorschläge in der Krise der späten römischen Republik. Ciceros De legibus III und Sallusts Sendschreiben an Caesar, Meisenheim (= Beitr. zur klass. Philologie 117); *Leifer, F.*, 1941: Die Einheit des Gewaltgedankens im römischen Staatsrecht, Leipzig; *Liebers, G.*, 1942: Virtus bei Cicero, Diss. Leipzig; *Liegle, J.*, 1932: Pietas, in: ZfN 42, S. 59–100, wiederabgedr. in: Römische Wertbegriffe, hrsg. von H. Oppermann, Darmstadt [3]1983, S. 229 ff.; *De Martino, F.*, 1972: Intorno all'origine della repubblica romana e delle magistrature; in: Aufstieg und Niedergang der Römischen Welt, I, 1, Berlin/New York, S. 217–249; *ders.*, 1985: Wirtschaftsgeschichte des alten Rom, (dt.) München; *Mayer-Maly, Th.*, 1972: Recht, in: Der Kleine Pauly, Bd. 4, München, S. 1353–1359; *Mazzarino, S.*, 1945: Dalla monarchia allo stato repubblicano, Catania; *Meyer, Ed.*, [3]1922: Caesars Monarchie und das Principat des Pompeius, Stuttgart/Berlin; *Meyer, E.*, [4]1975: Römischer Staat und Staatsgedanke, Zürich; *ders.*, [4]1980; Einführung in die antike Staatskunde, Darmstadt; *Michel, A.*, 1971: Histoire des doctrines politiques à Rome, Paris; *Mommsen, Th.* [3]1887/88: Römisches Staatsrecht, 3 Teile in 5 Bdn., Leipzig; *Nestle, W.*, 1938: Der Friedensgedanke in der antiken Welt. (= Philologus Suppl. 31, 1); *O'Brien Moore*, 1935: Senatus, in: Realencyclopädie der classischen Altertumswissenschaften, Suppl. Bd. 6, S. 660–800; *Oppermann, H.*, [3]1983: Römische Wertbegriffe, Darmstadt (= Wege der Forschung 34); *Otto, W.*, 1934: Zur Geschichte des 6. Ptolemäers, in: ABAW 11; *Pekáry, Th.*, 1976: Die Wirtschaft der griechisch-römischen Antike, Wiesbaden; *Piganiol, A.*, 1912: Essai sur les origines de Rome, Paris; *Piscitelli Carpino, T.*, 1979: Dignitas in Cicerone. Tra semantice e semiologia, in: Bollettino su Studi Latini 9, S. 253–267; *Pöschl, W.*, 1980: Politische Wertbegriffe in Rom, in: Antike und Abendland 26, S. 1–17; *Premerstein, A. v.*, 1900: Clientes, in: Realencyclopedie der classischen Altertumswissenschaften, Bd. 4, S. 23–55; *Rawson, E.*, 1973: The Interpretation of Cicero's De legibus, in: Aufstieg und Niedergang der Römischen Welt I, 4, Berlin/New York, S. 334–356; *Rech, H.*, 1936: Mos maiorum. Wesen und Wirkung der Tradition in Rom, Diss. Marburg; *Roloff, H.*, 1938: Maiores bei Cicero, Diss. Göttingen; *Rubino, J.*, 1839: Untersuchungen über römische Verfassung und Geschichte, Kassel; *Sachers, E.*, 1954: Praefectus urbi, in: Realencyclopädie der classischen Altertumswissenschaften, Bd. 22, S. 2502–2534; *Sarsilia, J.*, 1978: Some notes on virtus in Sallust and Cicero, in: Arete 12, S. 135–143; *Schmähling, E.*, 1938: Die Sittenaufsicht der Censoren, Würzburg (= Würzburger Studien zur Altertumswissenschaft 12); *Schmidt, P. L.*, 1959: Interpretatorische und chronologische Grundfragen zu Ciceros Werk De Legibus, Diss. Freiburg (masch.-schriftl.); *ders.*, 1973: Cicero ›De re publica‹: Die Forschung der letzten fünf Dezennien, in: Aufstieg und Niedergang der Römischen Welt I, 4, Berlin/New York, S. 262–333; *Schottlaender, R.*, 1969: Römisches Gesellschaftsdenken. Zur Zivilisierung einer Nation in ihrer Schriftsteller, Weimar; *Solmsen, F.*, 1933: Die Theorie der Staatsformen bei Cicero De re publica I, in: Philologus 88, S. 326–341, wiederabgedr. in: Das Staatsdenken der Römer, hrsg. von R. Klein, Darmstadt 1966, S. 315–331; *Sprute, J.*, 1983: Rechts- und Staatsphilosophie bei Cicero,

Das politische Denken der Römer zur Zeit der Republik 519

in: Phronesis 28, S. 150–176; *Stark, J.,* 1940: Ursprung und Wesen der altrömischen Diktatur, in: Hermes 75, S. 206–214; *Steinberger, J.,* 1955: Begriff und Wesen der Freundschaft bei Aristoteles und Cicero, Diss. Erlangen; *Strasburger, H.,* 1966: Der Scipionenkreis, in: Hermes 94, S. 60–72; *Suerbaum, W.,* 1978: Studienbibliographie zu Ciceros De re publica, in: Gymnasium 85, S. 59–88; *Suolahati, J.,* 1963: The Roman Censors. A study on social structure, Helsinki; *Taifacos, I. G.,* 1979/80: Cicerone e Polibio: sulle fonti del De re publica, in: Sileno 5/6, S. 11–17; *ders.* (= Taiphakos), 1980/81: Cicero's Republic and the Aristotelian Politics on Spartan Constitution, in: Platon 32/33, S. 250–257; *Volterra, E.,* 1950: L'istituto della »clarigatio« e l'antica procedura delle »legis actiones«, in: Scritti Carnelutti 4, Padua, S. 243 ff.; *Walbank, F. W.,* 1941: A Note on the Embassy of Q. Marcius Philippus, in: Journal of Roman Studies 31, S. 82–93; *Weber-Schäfer, P.,* 1976: Einführung in die antike politische Theorie, 2 Bde., Darmstadt; *ders.,* 1983: Ciceros Staatstheorie und ihre Bedeutung für die moderne Politikwissenschaft, in: Gymnasium 90, S. 478–493; *Werner, R.,* 1963: Der Beginn der römischen Republik. Historisch-chronologische Untersuchungen über die Anfangszeit der libera res publica, München/Wien; *Weschaupt, H.,* 1932: Die Bedeutung und Anwendung von dignitas in allen Schriften der republikanischen Zeit, Diss. Breslau; *Wesenberg, G./Koch, C.,* 1954: Praetor, in: Realencyclopädie der class. Altertumswissenschaften, Bd. 22, S. 1581–1607; *Wesenberg, G.,* 1957: Provincia; in: Realencyclopädie der classischen Altertumswissenschaften Bd. 23, S. 995–1029; *Westermayr, E.,* 1931: Magister equitum Nr. 3 a; in: Realencyclopädie der class. Altertumswissenschaften, Bd. 1, S. 631–648; *Wilcken, U.,* 1940: Zur Entwicklung der römischen Diktatur, in: Abhandlungen der Preuß. Akademie der Wissenschaften, phil.-hist. Klasse, Bd. 1, S. 3–32; *Wissowa, G.,* [2]1912: Religion und Kultus der Römer, München (= Handbuch des Altertums, IV, 5); *Wlosok, A.,* 1982: Nihil nisi ruborem – Über die Rolle der Scham in der römischen Rechtskultur, in: Grazer Beiträge 9, S. 155–172; *Zampaglione, G.,* 1973: The Idea of Peace in Antiquity, Notre Dame/Ind. (ital. Orig., 1967); *Ziegler, K. H.,* 1972: Das Völkerrecht der römischen Republik, in: Aufstieg und Niedergang der Römischen Welt I, 2, Berlin/New York, S. 68–114.

KAPITEL XII

Das politische Denken der Römer:
Vom Prinzipat zum Dominat

VON ROLF RILINGER

1. Vorüberlegungen

Die Einteilung der Kaiserzeit in Prinzipat und Dominat geht im wesentlichen auf Th. Mommsen zurück. Sie ist das Ergebnis einer primär verfassungsrechtlichen Betrachtung, wonach in der Zeit von Augustus (27 v. Chr.) bis Diokletian (284 n. Chr.) der Kaiser als *princeps* seine Gewalt vom Senat erhält und prinzipiell an das Recht gebunden ist, während seit Diokletian der Kaiser zum *dominus*, d. h. »Staatseigentümer«, wird, der über dem Recht steht. Der Ausdruck Spätantike wurde zuerst von J. Burckhardt gebraucht, allerdings noch nicht zur Benennung einer eigenen Epoche, sondern um den Übergang von der Antike zum Mittelalter zu bezeichnen. Daß man diese Zwischenzeit als eigene Epoche verstand, setzte die Krisenerfahrung des 19. Jahrhunderts voraus, die auf den Untergang der Antike projiziert wurde. Als wissenschaftlich gebrauchter Epochenbegriff geht »Spätantike« auf den Kunsthistoriker Alois Riegl (Spätrömische Kunstindustrie, 1901) zurück. Die Auffassung der Spätantike als eigene Epoche ist mithin eine relativ junge Erscheinung. – Seit dem Ersten Weltkrieg wurde besonders durch Michael Rostovtzeff, der der »konstitutionellen Monarchie« des Prinzipats die »orientalische Zwingherrschaft« des Dominats gegenüberstellt, der Zwangscharakter der Epoche betont. Danach wurde die Spätantike zunehmend auch mit Vorstellungen verbunden, die der modernen Totalitarismusdebatte entstammen. Diese Tendenzen münden seit dem Zweiten Weltkrieg verstärkt in die Etikettierung des spätrömischen Staates als »Zwangsstaat« ein. Während »Spätantike« als Begriff für die Epoche zwischen dem 3. und 8. Jahrhundert n. Chr. weitgehend akzeptiert ist, wird heute die Charakterisierung des spätrömischen Kaisertums als »Dominat« oder des spätrömischen Reiches als »Zwangsstaat« kontrovers diskutiert. Diejenigen, die sich gegen den spätantiken »Dominat« wenden, argumentieren, daß die Form des römischen Kaisertums sich zwar entwickelte, aber keinen entscheidenden Bruch aufweise, wenn »das Verhältnis des Kaisers zur Aristokratie, sein Verhältnis zum Heer und zum sakralen Bereich« (Jochen Bleicken) betrachtet werde. Diejenigen, die die Vorstellung vom spätantiken »Zwangsstaat« ablehnen, verneinen den prinzipiellen Unterschied im Zwangscharakter des Staates zwischen der früheren und späteren Kaiserzeit.

Eine politische Ideengeschichte der Kaiserzeit, die einen Zusammenhang zwischen politischen Realitäten, einzelnen politischen Denkern und politischen Traditionen herzustellen hat, legt es nahe, danach zu fragen, inwieweit die Kaiserzeit unter ideengeschichtlichem Aspekt als Einheit aufzufassen ist. Diese Fragestellung macht es erforderlich, das politische Denken des Christentums gesondert zu behandeln, da dieses erst mit Konstantin größeren Einfluß auf das römische Kaisertum gewinnt (vgl. unten S. 565 ff.). Das heidnisch geprägte Kaisertum, dessen Wurzeln im politischen Denken der republikanischen Zeit liegen, ist aber erst symbolisch mit der Niederlegung des Titels *pontifex maximus* durch Gratian (379? n. Chr.), propagandistisch in der Auseinandersetzung um den Victoria-Altar (384 n. Chr.) und militärisch in der Schlacht am Frigidus unter Kaiser Eugenius (394 n. Chr.) überwunden. So ergeben sich bis zu dieser Zäsur auf der Grundlage politikgeschichtlicher Einteilungen folgende Abschnitte, in denen das politische Denken vor dem jeweiligen historischen Hintergrund dargestellt werden soll:

1. **Der augusteische Prinzipat**: Hier steht die Frage im Zentrum, wie Republikanismus und Monarchismus im Prinzipat des Augustus ideologisch miteinander verbunden werden.
2. **Prinzipat und Tyrannis**: Dabei geht es um die Frage, wie das politische Denken auf die tyrannischen Erscheinungen des Prinzipats im 1. Jahrhundert, vor allem der julisch-claudischen Dynastie, reagiert.
3. **Der beste Princeps**: In diesem Abschnitt werden solche Ansätze besonders hervorgehoben, die im Zusammenhang mit der Doktrin von der Wahl des besten Princeps stehen und sich um eine Lösung der monarchischen Krise bemühen.
4. **Das spätantike Kaisertum**: Hier werden solche Strömungen politischer Ideen des 4. Jahrhunderts wichtig, die im Rahmen der Reichsreform und im Zuge der Auseinandersetzung um ein heidnisches bzw. christliches Kaisertum Bedeutung erlangen.

Zur Quellen- und Auswahlproblematik ist folgendes vorauszuschicken: Für die einzelnen Abschnitte liegen sehr unterschiedliche Informationsbedingungen vor. Während für die augusteische Zeit und das 1. Jahrhundert aus einer reichen, verschiedene literarische Genera umfassenden Überlieferung geschöpft werden kann, vermindern sich nachfolgend die Möglichkeiten, bis die literarischen Quellen im 3. Jahrhundert weitgehend versiegen, um dann erst wieder in der zweiten Hälfte des 4. Jahrhunderts reichlicher zu fließen. Aus der Einschränkung der Ideengeschichte auf »römische« Denker folgt, daß die griechische Tradition in der Regel nicht berücksichtigt wird. Es fehlen somit eigenständige Abhandlungen zu Autoren wie Nikolaos von Damaskus, Dionysios von Halikarnaß, Plutarch, Aelius Aristides, Cassius Dio und Libanios. Der griechischen Tradition gemeinsam ist eine Perspektive, die weniger auf Rom und mehr auf das Reich, also z. B. weniger auf das Verhältnis des Kaisers zum Senat und mehr auf das zu den Provinzen, gerichtet ist. Nikolaos von Damaskus, der in augusteischer Zeit neben einer Weltgeschichte auch eine Geschichte über Augustus' Jugend geschrieben hat, feiert das neue Friedensregiment und die übermenschlichen Tugenden des Augustus. Dionysios von Halikarnaß preist in seiner römischen Frühgeschichte die römische *virtus* und betont den griechischen Ursprung der Römer. Der Redner Aelius Aristides gibt mit seinem Panegyrikos auf Rom Mitte des 2. Jahrhunderts eine theoretische Begründung für die Integration der Griechen in das Römische Reich. Erst der Senator und Inhaber höchster Verwaltungsstellen, Cassius Dio, reagiert auf die Krise der Severischen Monarchie mit einer Programmatik im Sinne der senatorischen Prinzipatsideologie, wonach

Das politische Denken der Römer: Vom Prinzipat zum Dominat 523

nicht nur die Beteiligung der Senatoren am Regiment, sondern auch der Senat als Gegengewicht zur absoluten Herrschaft des Kaisers notwendig sei, um eine gerechte und effektive Monarchie zu gewährleisten. Er entwickelt diese Vorstellungen in der fiktiven Maecenasrede anläßlich der Begründung des Prinzipats durch Augustus im 52. Buch seiner römischen Geschichte, die von Aeneas bis Severus Alexander reicht, um der eigenen Epoche von »Eisen und Rost« beispielhaft das richtige Handeln für eine bessere Zukunft vorzuführen. Die Auswahl unter den römischen Denkern führt dazu, daß z. B. der Historiker Velleius Paterculus nicht berücksichtigt wird, der zwar gegenüber der Wirkung von Livius und Tacitus völlig verblaßt, aber durch die kaiserfreundliche Darstellung seiner *Historiae Romanae* in zwei Büchern, worin er die römische Geschichte von der Zerstörung Trojas bis zum Jahr 30 n. Chr. erzählt, gegenüber der republikanisch-aristokratischen Geschichtsbetrachtung als Korrektiv wirkt. Im 1. Jahrhundert kann die Auseinandersetzung mit der neuen Monarchie in der Dichtung so breit verfolgt werden, daß verzichtet werden kann auf die Darstellung Tibulls, der als Republikaner Augustus nicht wie andere feierte, und Properz', der sich in der Augustuspreisung zunächst zurückhielt, sowie beispielsweise auf die Schriften Juvenals, der hoffnungslos pessimistische Satiren zu Anfang des 2. Jahrhunderts schrieb, Statius', der prodomitianisch eingestellt war, und Martials, der sich kaum als Moralist und Gesellschaftskritiker verstand. Die Auswahl ist zwar primär in Abhängigkeit von der zeitgeschichtlichen und wirkungsgeschichtlichen Bedeutung eines Werkes für die jeweilige Epoche getroffen worden, allerdings nur in solchen Zeitabschnitten, in denen die Dichte der Überlieferung überhaupt erlaubt, diese Kriterien anzuwenden. Die ungleichmäßige Verteilung und Heterogenität der Quellen über die einzelnen Interpretationseinheiten erschweren deren Vergleichbarkeit und erlauben nur hypothetische Generalisierungen.

2. Der augusteische Prinzipat

Geschichtlicher Überblick

Für Caesar war die *res publica* »ein Nichts, ein Name ohne Körper und Gestalt« (Sueton, Caesar 77), seine Ermordung (44 v. Chr.) erschien als republikanische Tat. Den Verschwörern hatte ein gemeinsames politisches Programm und ein konkreter Aktionsplan gefehlt, naiv war man davon ausgegangen, daß mit dem Tod des Alleinherrschers Caesar die *libera res publica* wiederhergestellt sei. Bekanntlich wurden diese Erwartungen enttäuscht, und es folgten zermürbende Bürgerkriege, die das gesamte Römische Imperium in Mitleidenschaft zogen. Schließlich erreichte Octavian, der Adoptivsohn Caesars, durch seinen Sieg bei Aktium (31 v. Chr.) praktisch die Alleinherrschaft.

Der Erbe Caesars hatte zwar von Anfang an deutlich gemacht, daß er nach der Stellung des Adoptivvaters strebte, wurde aber nicht ernstgenommen. Cicero und republikanische Kreise des Senats meinten, den »Knaben« in ihrem Sinne gegen die Ansprüche von Antonius einspannen zu können. Daß man den kaum 20 Jahre alten Octavian unterschätzte, stellte sich spätestens heraus, als sich dieser und Antonius sowie Lepidus Ende 43 v. Chr. im sog. Zweiten Triumvirat zusammenschlossen und die Macht im Staate unter sich aufteilten. Den folgenden Proskriptionen fielen 300 Senatoren und 2000 Ritter zum Opfer. Da somit ein Großteil der traditionellen republikanischen Elite ausgelöscht war und zudem die mit den Proskriptionen verbundenen Konfiskationen von Vermögen sowie die mit den Bürgerkriegskämpfen verbundenen Bestrafungen der Unterlegenen und Belohnungen der Sieger zu erheblichen sozialen und wirtschaftlichen Umwälzungen in Italien führten, wurde die soziale Basis des Republikanismus entscheidend geschwächt. Cicero, der bis zuletzt wirkungsvoll für Octavian im Senat eingetreten war, zählte ebenfalls zu den Opfern der Proskriptionen. Octavian mußte sich hinfort mit dem Vorwurf auseinandersetzen, als skrupelloser Machtpolitiker seine Freunde verraten zu haben.

Nachdem die Caesarianer den militärischen Widerstand der Republikaner gebrochen hatten, setzte nach längerem Taktieren und begrenzten Auseinandersetzungen der Endkampf um die Alleinherrschaft ein, den Octavian dank seiner geschickten Propaganda im Namen des traditionellen Römertums führen konnte: Octavian machte nämlich das im Vestatempel deponierte Testament des Antonius, in dem dessen dynastische Politik festgeschrieben war, der römischen Öffentlichkeit zugänglich. Dadurch gelang es ihm, die bereits vorher systematisch verbreitete Behauptung urkundlich zu belegen, daß Antonius eine Monarchie anstrebe. Seit Vertreibung des Tarquinius Superbus war die sicherste Methode, einen politischen Gegner bei Volk und Senat zu diskreditieren, ihm Streben nach dem Königtum zu unterstellen. Offenbar ging Antonius propagandistisch in die Offensive, indem er versprach, nach dem Siege sein Amt niederlegen und dessen ganze Machtfülle dem Senat und dem Volk zurückgeben zu wollen (Cass. Dio 50,7,1). Wahrscheinlich hat Octavian ein ähnliches Versprechen abgegeben. Als sich der Gegensatz zwischen Octavian und Antonius 32 v. Chr. zuspitzte, flohen die Konsuln und ein Teil der Senatoren aus Rom. In der rechtlich prekären Lage war es für den jungen Caesar wichtig, die römisch gesonnene Öffentlichkeit überzeugt zu haben, daß es um die Verteidigung des während der Republik ausgebildeten Staatsgedankens ging. Er konnte so Beschlüsse des römischen Rumpfsenates, vor allem die Aberkennung jeglicher Amtsgewalt von Antonius und die Kriegserklärung an Kleopatra, durch die Berufung auf den *consensus universorum* zusätzlich absichern. Ganz Italien leistete im Jahre 32 v. Chr. den Treueid auf Octavian, und auch die Westprovinzen wurden militärisch auf ihn vereidigt. Diese Aktion erwies sich als wichtige Entwicklungsstufe zum Kaisereid. Als Octavian nicht zuletzt dank seines hervorragenden Generals Agrippa den Sieg über seine Gegner und Konkurrenten erlangt hatte und im Jahre 29 v. Chr. aus dem Osten nach Rom zurückkehrte, stand er vor der schwierigen Aufgabe, die Schrecken der Bürgerkriegswirren zu heilen und seine Stellung, die in erster Linie auf der Stärke der Legionen und den Anhängern seines Adoptivvaters, des Diktators Caesar, beruhte, in einer Form zu befestigen, die den Rückfall in den Bürgerkrieg verhindern konnte und den Ausgleich mit republikanisch gesinnten Kreisen des Senatsadels ermöglichte. Die Hauptprobleme im wirtschaftlichen Bereich lagen in der Herstellung einer gesunden Friedenswirtschaft, d. h. Verminderung des Abgabendrucks in den Provinzen, Wiederbelebung der italischen Landwirtschaft, Behebung der Schulden-

Das politische Denken der Römer: Vom Prinzipat zum Dominat 525

krise, Versorgung der Veteranen, Sicherung des Handelsverkehrs, Förderung des Gewerbes und Konsolidierung der staatlichen Finanzen. Im sozialen Bereich war die Rangordnung innerhalb des Adels neu zu bestimmen und dafür zu sorgen, daß sie akzeptiert wurde. Die Ritterschaft mußte geordnet und ihre politische sowie soziale Position bestimmt werden. Nach der unausweichlichen Demobilisierung der gewaltigen Bürgerkriegsheere galt es, die Veteranen abzufinden und so zu integrieren, daß sie sich zwar einerseits weiter als Klienten dem Augustus verpflichtet fühlten, sich aber andererseits in das normale Bürgerleben fügten. Die unruhige städtische Masse Roms war nicht nur zu pazifizieren, sondern auch so zu beeinflussen, daß sie im Krisenfalle zum Rückhalt des kaiserlichen Hauses werden konnte. Das Verhältnis zwischen Herren, Freigelassenen und Sklaven mußte in der alten Strenge wiederhergestellt und der Familienverband gestärkt werden.

Während der langen Regierungszeit (31 v. Chr. bis 14 n. Chr.) suchte Octavian/ Augustus all diese Probleme zu lösen, wenn auch nicht systematisch und in jedem Falle mit Erfolg. Den entscheidenden Schritt zum Ausgleich mit dem alten Adel tat er im Jahre 27 v. Chr., indem er in aller Form die *res publica* an Senat und Volk zurückgab (*res publica restituta*). Nicht planvoll, sondern eher als Ergebnis taktischen Experimentierens kleidete er seine Monarchie in die spezielle Form eines Prinzipats, denn die Monarchie war als Modell aus historischen (Tarquinius Superbus), ideologischen (*dominatio* des Antonius) und empirischen Gründen (Überlegenheit der römischen *res publica*) tabuiert. Die verfassungsrechtliche Grundlage seiner Stellung bestand schließlich aus einem Bündel republikanischer Ämter und Kompetenzen, aber auch aus Rechtsprivilegien neuer Art. Den Oberbefehl über das Heer sicherte er sich dadurch, daß er die Statthalterschaft, ein *imperium proconsulare*, in allen wichtigen Provinzen, in denen Militär stand, wahrnahm. In Rom beruhte seine Macht insbesondere auf der tribunizischen Gewalt. Diese *potestas* wurde ihm in vollem Umfang wohl erst im Jahre 23 v. Chr. übertragen und machte ihn unabhängig vom Konsulat, das er seit Aktium jährlich bekleidet hatte. Die *tribunicia potestas* sicherte ihm das Antragsrecht vor Senat und Volksversammlung, ein allgemeines Hilfe- und Verbietungsrecht sowie die persönliche Unverletzbarkeit (*sacrosanctitas*). Während er diese beiden Gewalten schließlich auf Lebenszeit innehatte, nahm er die zensorische nur zeitweilig an, um vor allem die Zusammensetzung des Senats bestimmen zu können. Daraus wurden Einzelrechte wie das der Patrizierernennung und der Zuwahl von Senatoren abgespalten. Als Oberpontifex führte er zudem die Aufsicht über den Staatskult und dessen Priesterschaften. Da ihm diese Ämter, Gewalten und Rechte vom Senat und den Komitien übertragen worden waren und zudem jeweils einzeln auf republikanische Wurzeln zurückgeführt werden konnten, war die Republik formal wiederhergestellt. Das Ziel der institutionellen Balance in der Republik hatte aber darin bestanden, Übermacht eines einzelnen zu verhindern (vgl. oben, S. 488 ff.), während die verfassungsrechtliche Absicherung der Stellung Octavians gerade dessen Vormacht auf Dauer zu stellen bezweckte. So bestand für die Position dessen, der die Rolle des Princeps überhaupt erst schuf, ein zusätzlicher Legitimationsbedarf. Durch die Vergöttlichung seines Adoptivvaters Caesar war er zum Sohn eines Gottes (*Divi filius*) geworden. Seit 38 v. Chr. führte er den Imperatortitel als Vornamen, der die Verbindung zu seinen Soldaten und seine militärische Führerschaft betonte. Im Rahmen des Kompromisses von 27 v. Chr. übertrug ihm der Senat den Beinamen »Augustus«, womit auf das *augurium* des ersten Stadtgründers Romulus hingewiesen wurde. Im Jahre 2 v. Chr. verlieh ihm der Senat noch den Ehrentitel *pater patriae*, wodurch zur militärischen und sakralen die soziale Autorität, und zwar für die gesamte Reichsbevölkerung, hinzugefügt wurde. Die realen Grundlagen seiner Herrschaft bildeten der Oberbefehl über das Heer und die wichtigsten Provinzen des Reiches sowie seine unvergleichliche wirtschaftliche und soziale Macht.

Seine Politik zielte darauf ab, breite Zustimmung für seine Herrschaft zu erreichen. Deshalb bemühte er sich auf gesetzlichem Wege um die Wiederherstellung alter Moralvorstellungen und um die Neubelebung der Staatskulte. Seine unvergleichliche Freigebigkeit *(liberalitas)* diente in erster Linie der wirtschaftlichen Gesundung Roms und Italiens, aber auch der Pflege von Klientelbeziehungen sowie der Begründung von Loyalitäten und damit der praktischen und ideologischen Absicherung seiner Machtstellung. Der königliche Schatz, den Octavian im Jahre 30 v. Chr. in Alexandria erbeutete, und die beschlagnahmten Güter seiner Gegner ermöglichten es ihm zu Beginn seiner zivilen Herrschaft, Schulden zu erlassen, Zinsen zu senken, verarmten Senatoren zu helfen, dem römischen Volk und den Soldaten Geldgeschenke zu machen, die Getreideversorgung Roms zu sichern sowie Freunden und Künstlern finanziell seine Gunst zu erweisen. Eine Summe von 2,4 Milliarden Sesterzen wird im Anhang zu den *Res gestae* genannt, die Augustus für die Soldaten, das Volk und die Unterstützung der Staatskasse aufgewandt haben soll. Die *liberalitas* des Augustus wurde wegen ihrer sozialen, ökonomischen und ideologischen Bedeutung zum Maßstab, an dem sich alle nachfolgenden Kaiser zu messen hatten. Seine herausgehobene Stellung begründete er in traditioneller Weise mit seinen unvergleichlichen Leistungen für die *res publica*. Als Patron einer gewaltigen Klientel und schließlich als »Vater des Vaterlandes« nahm er die damit verbundenen Fürsorgepflichten wahr und gab sich in seinem Lebensstil im Sinne des altrömischen Ideals des Familienvaters als bescheidener Erster Bürger Roms, ungeachtet der Tatsache, daß er in manchen Provinzen als Gottkönig verehrt wurde. Speziell seiner Sicherheit bzw. der Absicherung seiner Machtstellung dienten einige Militärreformen: Der Bereitschaft der Soldaten zu politischen Interventionen aus Unzufriedenheit wirkte er entgegen, indem er die Bedingungen des Militärdienstes (Dienstzeit, Sold und Abfindungszahlungen) festlegte, d. h. die römischen Armeen zu einem stehenden Heer von Berufssoldaten entwickelte, und die Legionen außerhalb von Rom und Italien an den Grenzen stationierte. Einer allzu engen Bindung zwischen den Soldaten und ihren Kommandanten suchte er dadurch vorzubeugen, daß er das oberste Kommando und Patronat über jegliche Truppen im Reich auf sich vereinigte, alle Einheiten durch einen Diensteid *(sacramentum)* auf sich verpflichtete, die Truppenführer sorgfältig aussuchte, häufig wechselte und machtmäßig gegeneinander ausbalancierte sowie imperatorische Akklamationen und Triumphe für sich und seine Angehörigen reservierte. Durch die Aufstellung der Prätorianergarde in Rom schuf er sich eine persönliche Schutz- und Ordnungsmacht, die ihn im Ernstfall unabhängig machte von der sozialen Macht der Senatoren und dem Druck der Straße. Die potentielle

Das politische Denken der Römer: Vom Prinzipat zum Dominat 527

Gefährlichkeit dieser Einheiten suchte er dadurch einzudämmen, daß er sie durch besondere Privilegien eng an sich band, die Kommandanten selbst ernannte und für das Doppelkommando nur Ritter zuließ. Die Provinz Ägypten, die er ebenfalls unter der Leitung eines ihm direkt verantwortlichen ritterlichen Präfekten stellte, diente vor allem der Getreideversorgung Roms und damit der Beruhigung der städtischen Massen. Gegen Ende seiner Regierung bestellte er nach verschiedenen anderen Lösungsversuchen in Rom einen ritterlichen *praefectus annonae*, der sehr lange auf seinem Posten belassen wurde und offenbar mit größerer Effektivität die Versorgungsfragen löste, als dies vorher der Fall gewesen war.

Die administrativen Reformen von Augustus erfolgten über einen Zeitraum von fast vierzig Jahren und bekamen erst im letzten Drittel seiner Regierungszeit systematischere Konturen. Sie betrafen hauptsächlich die Stadt Rom, erst in zweiter Linie Italien und die Provinzen. Während es ihm bei all seinen Maßnahmen wohl zuerst um Machtsicherung ging, suchte er in Rom mit allen verfügbaren propagandistischen Mitteln den Eindruck zu erwecken, er wolle die *res publica* neu fundiert in ihrer alten Herrlichkeit wiederherstellen, während er in Italien und den Provinzen besonders betonte, es gehe ihm vor allem um die Herstellung und Bewahrung des inneren und äußeren Friedens. Damit war insofern ein Paradigmenwechsel der Herrschaftslegitimation verbunden, als er an die Stelle weiterer Expansion des Reiches dessen Konsolidierung setzte.

Das politische Denken der augusteischen Zeit kreiste um das Verständnis des Augusteischen Prinzipats. Stark vereinfacht ausgedrückt standen sich zwei Positionen gegenüber: Während Augustus die Wiederherstellung der *res publica*, die Erfüllung der traditionellen Staatsaufgaben im überkommenen Rahmen und die eigene leistungsbezogene Sonderstellung ins Zentrum seiner propagandistischen Bemühungen rückte, wurden seine republikanischen Gegner nicht müde, in Caesar, dem Gott und Adoptivvater Octavians, den Tyrannen anzuprangern, in Cato das Ideal des stoischen Weisen und Republikaners zu verherrlichen und die eigene Position mit der republikanischen *libertas* gleichzusetzen. Mit der Niederlage des Pompeius bei Pharsalus (48 v. Chr.) und dann endgültig durch den Untergang der Tyrannenmörder, Brutus und Cassius, sah man seit Philippi (42 v. Chr.) die Freiheit verloren.

Die *Res gestae Divi Augusti*

Eine authentische Interpretation des Prinzipats lieferte Octavian/Augustus selbst. Er hatte angeordnet, daß nach seinem Tode vor seinem Mausoleum in Rom auf zwei bronzenen Pfeilern eine Darstellung seiner Leistungen *(index rerum gestarum)* veröffentlicht werde. Abschriften dieser sog. *Res gestae* (RG) wurden offenbar im ganzen Reich verbreitet. Die für die Überlieferung des Textes wichtigsten Bruchstücke einer Kopie wurden in Ancyra, der Hauptstadt der damaligen römischen Provinz Galatien, in Kleinasien gefunden *(Monumentum Ancyranum)*. Der lateinische Text war an den beiden Innenseiten der Vorhalle eines Tempels der Roma und des Augustus, die griechische Übersetzung an dessen Außenwand angebracht. Ergänzende Fragmente stammen aus dem alten Apollonia und Antiochia in Pisidien. Das Dokument, das Augustus wohl zwischen 23 und 2 v. Chr. in mehreren Schritten immer wieder neuen Gegebenheiten angepaßt hat, erweist sich als sorgfältig komponiertes Stück Literatur. Seine Charakterisierung als Tatenbericht (H. Dessau; E. Kornemann), Rechenschaftsbericht (Th. Mommsen), Elogium (H. Volkmann; H. Braunert), Triumphalbericht (J. Gagé) und Leistungsbericht (H. Hohl) allerdings drückt die Unsicherheit der modernen Forschung aus, es in das römische Schrifttum einzuordnen.

Der Bericht ist in drei Teile gegliedert: Er nennt Augustus' Ehrungen (honores), sowohl die tatsächlich erwiesenen als auch die von ihm zurückgewiesenen, seine Aufwendungen (impensae) und schließlich seine außenpolitischen Erfolge. Neben diesen systematisch organisierten Blöcken stehen Kapitel, die eine Skizze der politischen Laufbahn des Augustus von 44 v. Chr. bis zur Verleihung des Titels pater patriae 2 v. Chr. enthalten. Eine raffinierte Montage der Versatzstücke bewirkt, daß der Leser nicht die eigene Gesamtvorstellung von der Entwicklung der Lektüre unterlegen kann, sondern gehalten ist, die Angaben punktuell zu prüfen. Da diese durchweg standhalten, wird der propagandistische und ideologische Effekt durch Auslassung, Akzentuierung und Anordnung erreicht.

Folgendes Bild sucht Augustus von seinem Handeln zu entwerfen: Die Rettung des Staates geht auf die Privatinitiative eines 19jährigen zurück (vgl. RG 1,1), der die Republik wiederherstellt. Um dem Vorwurf der Usurpation zu begegnen, spielt er damit auf die bekannte Maxime Ciceros an, wonach niemand Privatmann sei, wenn es um die Bewahrung der Freiheit der Bürger gehe (Cic. rep. II, 46). In der Stilisierung als Retter (vindex libertatis) und Bewahrer der Freiheit (conservator libertatis) begründet er seine Sonderstellung. Diese findet Ausdruck in seiner alle überragenden auctoritas und wird geradezu in religiöser Überhöhung durch den Senat bestätigt, der ihm den Beinamen Augustus verleiht (RG 34).

Sein besonderer Rang, nämlich »Erster« (princeps) zu sein, ergibt sich im unausgesprochenen Vergleich mit republikanischen Vorgaben und Vorbildern. Er ist nicht nur unter den Ersten seiner Zeit, sondern auch unter den Ersten der Vergangenheit der Erste (vgl. RG 4). Dabei ist sein Handeln nicht an eigenen Machtzielen orientiert – er betont, daß er gegen den republikanischen Brauch (mos maiorum, dazu oben, S. 497 ff.) kein Amt angenommen habe (RG 6), vermeidet also jede Nähe zur Regierungspraxis Sullas, zur Diktatur Caesars oder zum orientalischen Dominat des Antonius, sondern er vermittelt den Eindruck, daß es ihm allein um die Wiederherstellung der Republik ging und er in Übereinstimmung mit Senat und Volk seine schwierige Aufgabe wahrnahm. In Hinsicht auf seine umfangreiche Gesetzgebung läßt er allerdings sein Selbstverständnis als Erneuerer anklingen: »Durch neue, auf meine Veranlassung hin eingebrachte Gesetze habe ich viele Einrichtungen der Väter (exempla maiorum), die in unserer Epoche schon zu verschwinden drohten, wieder zum Leben erweckt und selbst für viele Dinge Beispiele zur Befolgung der Nachwelt überliefert« (RG 8). Als Sohn rächt er den Mord an seinem Adoptivvater und entspricht damit seiner Pietätspflicht. Diese Aufgabe löst er aufgrund gesetzmäßiger Urteile (iudiciis legitimis) (RG 2) und beweist damit seinen Rechtssinn (iustitia). Als Patron nimmt er sich des Wohls seiner Klienten an (vgl. RG 15 ff., 22 f.) und erfüllt damit die traditionellen fides-Erwartungen. Als princeps der res publica sichert er den Frieden (vgl. RG 13) und mehrt das Imperium (vgl. RG 26 ff.), woraus seine besondere

Das politische Denken der Römer: Vom Prinzipat zum Dominat 529

virtus abzulesen ist. Er betont, daß er als Sieger alle römischen Bürger, die um Gnade baten, geschont und auswärtige Völker lieber erhalten als vernichtet habe (*RG* 3), womit er auf seine *clementia* verweist. Er erfüllt somit die republikanischen Tugenden eines *vir princeps,* und der Senat bestätigt dies durch die Verleihung des goldenen Ehrenschildes, auf dem die vier Tugenden verzeichnet sind, die zu den prinzipalen Kardinaltugenden werden sollten: Tapferkeit *(virtus),* Milde *(clementia),* Gerechtigkeit *(iustitia)* und Pflichttreue *(pietas)* (*RG* 34). Seine unvergleichlichen Aufwendungen und Leistungen für die *res publica* veranlassen die Senatoren- und Ritterschaft sowie das gesamte römische Volk, ihn »Vater des Vaterlandes« *(pater patriae)* zu nennen (*RG* 35), wodurch seine Tugenden und Verdienste einhellig die höchste Anerkennung finden und er mit der Annahme des Titels die Fürsorgepflicht für die gesamte Gesellschaft auf sich nimmt.

Zusammenfassend kann festgestellt werden: Augustus sucht in den *res gestae* überwiegend dem Geist des Republikanismus zu entsprechen. Volk, Senat und Magistrate sind in ihre überkommenen Rechte eingesetzt. Die republikanische Verfassung arbeitet reibungslos. Seine Macht ist Teil der Staatsrechtsordnung. Die Legitimation im Recht sichert auch die politisch-sozial herausgehobene Stellung der Senatsaristokratie. Aus dieser ragt er aufgrund seiner Leistungen und Tugenden als *princeps* hervor. Er hat den Bürgerkrieg beendet, das Reich konsolidiert und die Voraussetzung für die Erneuerung geschaffen. Dabei hat er militärische Tugenden bewiesen, gegenüber seinen Gegnern und Feinden Milde und Gerechtigkeit walten lassen und mit der Rache an den Mördern seines Adoptivvaters der Sohnespflicht entsprochen. Aufgrund seiner faktischen Machtstellung und der allgemeinen Zustimmung kommt ihm die höchste *auctoritas* zu, die ihm freiwillige Unterordnung sichert. Seine tatsächlich bewiesene Fürsorge führt zu der einmütigen Akklamation als »Vater des Vaterlandes«, wodurch ihm die Rolle der moralischen Führerschaft der Gesellschaft zufällt. Seine Herrschaft ist rechtlich und sozial legitimiert und dient der überkommenen Reichsidee, der Herrschaft Roms über den Erdkreis. Die religiöse Überhöhung seiner Stellung ist nur sehr indirekt durch die Verleihung des Beinamens »Augustus« angesprochen und die Nachfolgeproblematik ebenfalls nur durch die Ehrungen für seine Enkel.

Augustus, der eine ausgezeichnete Ausbildung genossen hatte und besonders in der Rhetorik geübt war, beschränkte sich nicht darauf, seine Taten und ihre Bedeutung für den Staat selbst darzustellen, sondern unterstützte literarische Absichten von Mitarbeitern und Freunden, die seinem Prinzipat positiv gegenüberstanden, und suchte kritische Äußerungen zu unterdrücken. Es gelang ihm, die bedeutendsten Literaten seiner Zeit für seine Ziele einzuspannen. Insbesondere Livius, Vergil, Horaz und Ovid gaben dem augusteischen Zeitalter einen unvergleichlichen literarischen Glanz. Daß der augusteische Prinzipat später Leitbildfunktion bekommen konnte, lag nicht zuletzt an der literarischen Verklärung der neuen Monarchie. Die Mythen von Rom, Augustus und dem Goldenen Zeitalter sorgten für die Unsterblichkeit des Monarchen und seiner Dichter und wirkten politisch wie literarisch die gesamte Kaiserzeit hindurch.

Livius als augusteischer Historiker

Livius gilt als der hervorragendste Repräsentant der augusteischen Prosa. Er hat in 142 Büchern die Geschichte Roms von den Anfängen bis zum Jahr 9 v. Chr. geschrieben. Nur etwa zu einem Viertel ist das umfangreichste uns bekannte Werk der antiken Literatur überliefert. Erhalten sind die Bücher der ersten Dekade (bis 293 v. Chr.), die Bücher 21–45 (218–167 v. Chr.), Fragmente aus Buch 91 (Kämpfe des Sertorius in Spanien) und 120 (Tod Ciceros) sowie für die restlichen Bücher Auszüge und kurze Inhaltsangaben, Periochae, die nur für die Bücher 136 und 137 fehlen.

Da die Bücher der augusteischen Zeitgeschichte verlorengegangen sind, muß die Stellung des Historikers zu Augustus und zum Prinzipat aus dem Vorhandenen erschlossen werden. Livius war mit Augustus fast gleichaltrig (ca. 60 v. Chr. bis 15 n. Chr.), wurde in Patavium (Padua) geboren, studierte Rhetorik und schrieb als erster unter den bekannten römischen Historikern Geschichte, ohne eigene politische und militärische Erfahrung zu haben. Über seine persönlichen Verhältnisse ist wenig bekannt. Offenbar blieb er die meiste Zeit in seiner Heimatgemeinde und arbeitete nur mit Hilfe der dortigen Bibliothek – Kontakte zu den großen senatorischen Wissenschaftsförderern in Rom, Asinius Pollio und Maecenas, sind nämlich nicht überliefert. Doch hatte er wohl gute Beziehungen zum augusteischen Hof. So erwähnt er, daß Octavian selbst ihn auf die Korrekturbedürftigkeit des Berichts über die Weihung der *spolia opima* durch den Militärtribunen A. Cornelius Cossus aufmerksam gemacht habe (Liv. IV, 20,7).

Livius, der die Geschichte des »ersten Volkes der Welt« (*principis terrarum populi*; Liv. *praef.* 4) schreibt, interessiert sich vor allem für die ältere Zeit, und die Beschäftigung damit soll es ihm ermöglichen, sich von den »Leiden, die unsere Generation so viele Jahre hat erleben müssen« (Liv. *praef.* 5), abzuwenden. Die Aufmerksamkeit seiner Leser will er darauf lenken, »wie die Lebensweise, wie die sittlichen Grundsätze gewesen sind, durch welche Männer und welche Eigenschaften das Reich in Krieg und Frieden geschaffen und vergrößert worden ist; wie es sich später, als die äußere Zucht allmählich nachläß, der sozusagen rissig gewordenen Moral geistig anpaßte, wie diese darauf mehr und mehr ins Wanken geriet und dann zusammenzubrechen begann, bis wir in unserer Zeit weder unsere Laster noch die Heilmittel dagegen ertragen können...« (Liv. *praef.* 9). Die ersten fünf Bücher mit der Vorrede sind wahrscheinlich zwischen 27 und 25 v. Chr. veröffentlicht worden. Der pessimistische Ton der *Praefatio* zeigt an, daß zu diesem Zeitpunkt der augusteische Prinzipat noch keinesfalls gefestigt war. Auch ist die Auseinandersetzung mit den *Praefationes* von Sallust, dem bekanntesten Historiker der Generation vor Livius, deutlich zu spüren. Wie Sallust teilt Livius die Geschichte Roms in eine Epoche des Aufstiegs und des Verfalls ein, ohne hier allerdings den Wendepunkt zum Niedergang zu nennen. Im patriotischen Blick auf die lange positive Entwicklung Roms betont er, daß die römische Geschichte wie keine andere über nachahmenswerte Beispiele (*bona exempla*) verfüge. Nur in der Beachtung der von ihm in Erinnerung gerufenen Vorbilder liege die Hoffnung auf eine bessere Zukunft. In diesem Sinne geht es ihm auch nicht so sehr um politische Parteinahme als vielmehr um die charakterliche Profilierung seiner Helden.

Das politische Denken der Römer: Vom Prinzipat zum Dominat   531

Die sittenstrengen und patriotisch pointierten *Res Romanae* sollten neben der Erbauung der Leser vor allem der Erneuerung Roms dienen, was ganz auf der Linie der restaurativen Tendenzen des Augustus lag. Wenn Livius in diesem Sinne vorgeworfen wird, er habe die Tugenden der Römer »*dignitas* und *gravitas, pietas* und *fides, virtus* und *pudicitia, clementia* sowie *disciplina*« in der Aufstiegsphase der römischen Geschichte einseitig herausgestrichen, so muß darauf hingewiesen werden, daß er offenbar auch die Niedergangsphase vom Standpunkt des Republikaners aus beschrieben hat. Augustus soll ihn nämlich nach einer Notiz bei Tacitus (*ann.* IV,34,3) einen Pompeianer genannt haben. Obgleich also Livius eine gewisse Unabhängigkeit des Urteils zugebilligt werden muß, ist es höchst fraglich, ob er seinen republikanischen Standpunkt bei der Abhandlung der augusteischen Zeit aufrechterhalten hat. Da ausführliche Texte fehlen, herrscht darüber Spekulation vor. Aus der Analyse solcher Quellen, die ihrerseits auf Livius beruhen, ist zumindest zu entnehmen, daß er sich für die Zeit bis 26 v. Chr. an die Autobiographie von Augustus als Vorlage hielt. Die Zeit von Octavians Triumph im Jahre 29 v. Chr. bis zum Jahre 9 v. Chr. handelt Livius in den Büchern 134 bis 142 ab, die er vielleicht gegen 6 n. Chr. zu bearbeiten begann und möglicherweise erst nach dem Tode des Augustus publiziert hat. Er kehrt zur annalistischen Darstellung zurück, berichtet über religiöse Vorzeichen, Wahlen, Senatssitzungen und Volksversammlungen sowie vor allem auswärtige Angelegenheiten und trug möglicherweise auf diesem Wege dazu bei, den Eindruck einer wiederhergestellten Republik (*res publica restituta*) zu vermitteln. Daß Livius seine Darstellung nicht über das Jahr 9 v. Chr. hinaus fortführte, ist damit zu erklären, daß es nun zunehmend schwieriger wurde, den historischen Wahrheitsanspruch und politische Opportunität miteinander zu vereinbaren.

Mit Livius wird das Problem der kaiserzeitlichen Geschichtsschreibung greifbar, nur sehr eingeschränkt Zeitgeschichte behandeln zu können. Den restaurativen Tendenzen der sittlichen, gesellschaftlichen und religiösen Reformen der augusteischen Politik kam Livius durch sein Werk sicherlich entgegen. Doch daß er die Geschichte des *populus Romanus* im Prinzipat des Augustus gipfeln ließ, ist genauso wenig wahrscheinlich wie ein offener Angriff auf die staatsrechtliche Ideologie des neuen Systems. Die Wiederherstellung der bürgerlichen Eintracht (*civilis concordia*) konnte er feiern, nicht aber die der *libera res publica*. Für Augustus enthielten Livius' Ausführungen Warnungen u. a. in Hinsicht auf sein Verhältnis zu den Senatoren und die Vergöttlichung seiner Person sowie Vorbilder für die Wahrnehmung römischer Herrschaftsaufgaben. Im Gegensatz zu mißliebigen Schriften, die der Princeps unterdrücken ließ, war das Livianische Werk nicht in Gefahr.

Der augusteische Prinzipat bei Vergil, Horaz und Ovid

P. Vergilius Maro, der im Dorfe Andes bei Mantua 70 v. Chr. geboren wurde, in Cremona zur Schule ging, seine Rhetorikerausbildung in Mediolanum (Mailand) und Rom erhielt, sich dann dem Schülerkreis des epikureischen Philosophen Siron in Neapel anschloß, zählte zu den Opfern der Enteignungswelle nach der Schlacht von Philippi (42 v. Chr.). Er wurde dann von C. Asinius Pollio

(Konsul im Jahre 40 v. Chr.) gefördert und erlangte durch Vermittlung des Maecenas die Sicherung seiner Existenz auf dem Wege einer Entschädigung. Spätestens im Jahre 36 v. Chr. hatte er Zugang zum Haus von Octavian. Die Hauptwerke seiner Dichtung, *Bucolica, Georgica* und *Aeneis*, wegen ihrer poetischen Vollkommenheit gepriesen, lassen sich aufgrund ihrer historischen und geschichtsphilosophischen Dimensionen zur Interpretation der römischen Geschichte und vor allem des augusteischen Prinzipats heranziehen. In diesem Zusammenhang hat man auch von Auftragsdichtung und augusteischer Propaganda gesprochen. Als Vergil im Jahre 19 v. Chr. überraschend starb, war sein Rom-Epos *Aeneis* zwar im wesentlichen abgeschlossen, sollte aber auf Wunsch des Dichters wegen seiner Unvollkommenheit vernichtet werden. Augustus hat nicht zuletzt aus politischen Gründen dafür gesorgt, daß das Werk aus dem Nachlaß herausgegeben wurde.

Vergils Lebenszeit fällt je zur Hälfte in die endende Republik und den Beginn des Prinzipats, er erlebte sechzehn Jahre Bürgerkrieg. Die schwere Krise des Staates erklärt sein Bedürfnis, Ursachen und Zusammenhänge der Entwicklung Roms, Italiens und der Welt zu analysieren und poetisch darzustellen. Zeitgeschichtliche Erfahrungen sind z. B. in der Tityruskloge (zwischen 41 und 35 v. Chr.) greifbar, in der der junge Caesar als hilfreich gegenwärtiger Gott erscheint, der die wirtschaftliche Existenz Vergils rettet und die Hoffnung auf eine zukünftige Friedensordnung begründet. Die Friedenssehnsucht erfüllt sich im Frieden von Brundisium (40 v. Chr.), der Vergil zur Verheißung eines neuen goldenen Zeitalters in der berühmten 4. Ekloge inspiriert, das durch die Geburt eines Knaben heraufgeführt werden soll. Entgegen der späteren heilsgeschichtlichen Umdeutung durch die Christen, die darin eine heidnische Vorausdeutung auf die Geburt des Erlösers Christus sahen, war wohl tatsächlich das aus der Verbindung des Antonius mit Octavia erwartete Kind gemeint. Denn da Antonius seine Abstammung auf Herkules und Octavia als Julierin ihre Herkunft auf Venus zurückführte, verkörperte das erwartete Kind symbolisch Einheit und Frieden.

Die Hirtengedichte, die Vergil in der Tradition von Theokrit verfaßte, wenden sich allgemein gegen die Verfallserscheinungen der Zeit, drücken die Sehnsucht nach Erlösung von Angst und Schuld aus und betonen das Humane im Bereich des ländlichen Lebens. Im Landleben nämlich findet Vergil die Tugenden der Vorväter noch lebendig – angesichts der moralischen Verfallserscheinungen der Bürgerkriege, die als Symptome für das Ende der Zeiten angesehen wurden –, eine Voraussetzung für die Möglichkeit eines Neubeginns, für die Ablösung des eisernen durch ein goldenes Zeitalter. Wegen der politisch unsicheren Lage erscheint der erhoffte Friede in den Hirtengedichten als bloßer, von den Realitäten abgehobener Traum.

In den *Georgica*, die zwischen 36 und 29 v. Chr. entstanden und in denen Vergil an Hesiod und Lukrez anknüpfte, sind Landenteignungen und Bürgerkriege zwar noch gegenwärtig, aber der Friede als zu gestaltende Lebensform erscheint konkret. Octavian wird in erster Linie zur Beendigung der Bürgerkriege, zur Schaffung einer neuen Friedensordnung und zur Wiederbelebung der Landwirtschaft aufgefordert. In der Distanzierung von der Politik liegt im friedlichen Leben der Bauern, das noch Züge des alten goldenen Zeitalters bewahrt, die

Das politische Denken der Römer: Vom Prinzipat zum Dominat   533

romantische Verheißung. Octavian, der Friedensbringer, ist der 13. der Götter, die Vergil für die Erneuerung des italischen Landbaus anruft (G. I, 1–42). Die Hoffnungen, die mit seiner Herrschaft verbunden wurden, manifestieren sich in den *laudes Italiae* (G. II, 170–172), die einem neuen italischen Gemeinschaftsgefühl Ausdruck geben, und in der Lobpreisung des Landbaus (G. II, 458–540). Vergil beschwört auf diese Weise das Ideal der goldenen Urzeit und läßt Octavian als *restitutor Italiae* erscheinen. Im 3. Georgicaproöm kündigt Vergil ein panegyrisches Epos zu Ehren von Caesar an (G. III, 16 u. 46–48).

In der *Aeneis*, an der er seit 29 v. Chr. arbeitete, wählte er schließlich eine weniger direkte Form der Verherrlichung. Erzählt wird von den Fahrten des Aeneas, des mythischen Urahnen der Römer, von der Landnahme und den Kämpfen in Latium. Vergil beschränkt die Handlung aber nicht auf die mythische Vorzeit, sondern bezieht durch Prophezeiungen und Vorausdeutungen die gesamte römische Geschichte bis zur Welt- und Friedensherrschaft des Augustus ein. So zeigen sich realhistorische Züge in der Jupiterprophetie (*Aen.* I, 257–296), die in die Vision einer universalen Friedensordnung mündet, indem die *pax Augusta* durch die Schließung des Janusbogens symbolischen Ausdruck findet (vgl. *RG* 13), in der Heldenschau u. a. dadurch, daß sie im *elogium* des im Herbst 23 v. Chr. verstorbenen Marcellus endet (*Aen.* VI, 855–889), und in der Darstellung der Schlacht von Actium auf dem Aeneasschild (*Aen.* VIII, 675 f.), durch die Anspielung auf die Verleihung des goldenen Ehrenschildes an Octavian aufgrund des Senatsbeschlusses vom Jahre 27 v. Chr. (vgl. *RG* 34), schließlich im Schwurvertrag (*Aen.* XII, 190 f.), in dem Aeneas sich auf die sakrale Obergewalt beschränkt, wodurch offenbar auf die Rückgabe der *res publica* an Senat und Volk am 13. Januar 27 Bezug genommen wird (*RG* 34).

Auch verbindet Vergil die Vergangenheit mit seiner Gegenwart, indem er durch Anspielungen den Eindruck erweckt, als seien z. B. Kleopatra in Dido, Antonius in Turnus und vor allem Augustus in Aeneas angesprochen. So verherrlicht er Octavian / Augustus im römischen Idealbild des Aeneas. Aeneas als Stammvater des julischen Geschlechts erscheint als Prototyp und Vorbild für Augustus. Aeneas' Siege symbolisieren die Überwindung des Dämonischen zugunsten eines Friedensreiches, das der Humanität verpflichtet ist. Die Geschichte Roms erhält Sinn und Ziel in der Befriedung und Humanisierung der Welt. Das römische Sendungsbewußtsein erfährt durch das Epos geradezu eine religiöse Weihe. So wie Aeneas ein neues Troja auf italischem Boden gründet, so gründet Augustus nach Beendigung der Bürgerkriege Rom neu. Er erfüllt also die Prophezeiung, der Welt ein neues goldenes Zeitalter zu bringen, und wird dadurch selbst religiös verklärt. Die Idee von der Ewigkeit Roms wird propagiert, wenn Vergil den Jupiter sagen läßt: »Diesem setze ich weder ein Ziel noch Frist für die Herrschaft, Reich ohne Grenzen sei ihm beschieden« (*Aen.* I, 278 f.).

Da der Friede in der *Aeneis* als das Ergebnis von Kämpfen erreicht wird, bei denen der Sieger Aeneas – der Prototyp des Augustus – nicht in jedem Fall moralisch unbedenklich handelt, ist eine Theorie von den zwei Stimmen Vergils aufgestellt worden, wonach der »imperialistische« Vergil offiziell Augustus und sein Friedensweltreich verherrlicht, zwischen den Zeilen sich jedoch der »pazifistische« Vergil von dem Augustus der Kriegsjahre distanziert habe.

Vergil als der Panegyriker der *pax Augusta* hat damit den wichtigsten Stein ins

Fundament der Herrschaftslegitimation des augusteischen Prinzipats gelegt. Der 9 v. Chr. eingeweihte Friedensaltar des Augustus *(ara Pacis Augustae)* zeigt, welche Bedeutung auch Augustus dem Friedensgedanken beigemessen hat. Durch diesen Gedanken wird das *Imperium Romanum* gegenüber den unterworfenen Völkern legitimiert, indem es den Weltfrieden garantiert und gegenüber den freien Völkern eine expansive Politik begründet, weil Integration in das Reich die Teilhabe an den Segnungen der humanen und zivilisierten Ordnung des Friedensreiches bedeutet. Insbesondere wird aber auch die göttliche Stellung von Augustus als Heilsbringer legitimiert, der in Vergils zyklischem Weltbild die Rückkehr des Idealzustandes *(aurea Saturnia aetas)* ermöglicht und der in der Ausdehnung dieses Zustandes auf die Welt seine mythischen Vorgänger Saturn, Hercules und Aeneas noch übertrifft. Das goldene Zeitalter wird als paradiesischer Zustand vorgestellt, in dem ein friedliches Miteinander der Menschen auf der Grundlage anerkannter Normen *(leges et mos)* in Gerechtigkeit *(iustitia)* und Eintracht *(concordia)* herrscht. In der Auseinandersetzung mit der griechischen Kultur gelingt Vergil durch die Verschmelzung römischer Geschichte mit griechischen Mythen eine Synthese, die längerfristig eine wichtige Voraussetzung für die Identifizierung gebildeter Kreise in Ost und West mit Reich und Kaiser bildete. Für die Römer der augusteischen und nachfolgenden Zeit erlangte Vergil auch die herausragende erzieherische Bedeutung, die die Annalen des Ennius für die Römer der Republik gehabt hatten. Er wurde zum Nationaldichter der römischen Kaiserzeit.

Neben Vergil hat vor allem Horaz seine Dichtung teilweise in den Dienst des augusteischen Prinzipats gestellt. *Q. Horatius Flaccus* wurde 65 v. Chr. im apulischen Venusia als Sohn eines Freigelassenen geboren, erhielt in Rom und in Athen eine höhere Schulbildung und diente ab 44 v. Chr. als *tribunus militum* im Heer des Brutus in Asien. Als er nach der Schlacht bei Philippi amnestiert worden war, erwarb er 39 v. Chr. mit einem Rest seines zunächst im Zuge der Veteranenversorgung konfiszierten Vermögens die Stelle eines *scriba quaestoris*. In dieser Zeit begann er Gedichte zu schreiben, die u. a. Vergil dazu veranlaßten, ihm Zugang zum Kreis des Maecenas zu verschaffen. 33 v. Chr. erhielt er von seinem Freund und Gönner Maecenas ein Landgut im Sabinerland. Horaz erreichte aufgrund seiner Epoden, Satiren, Oden, Episteln und des *carmen saeculare* für das Jahr 17 v. Chr. breite Anerkennung in Literaturkreisen und hohe Wertschätzung bei Augustus, der ihm sogar die Stelle eines Privatsekretärs anbot. Dem Epikureer bedeutete jedoch die persönliche Freiheit mehr als politischer Einfluß. Als er im Jahre 8 v. Chr. starb, waren sein politisches Interesse und seine Begeisterung für Augustus gegenüber den 30er und frühen 20er Jahren merklich abgeklungen.

In den frühen Epoden stehen die Schrecken der Bürgerkriege im Vordergrund. Die Krise des Staates hat für Horaz keine konstitutionellen, sondern moralische Ursachen, so daß die Rückgabe der staatlichen Verantwortung an Senat und Volk für ihn ohne programmatische Bedeutung ist. Auf Augustus richtet er alle Hoffnungen. Er fordert ihn in einer Ode vor 27 v. Chr. auf, die Frevel der Vergangenheit zu sühnen, den Sturz des Reiches aufzuhalten und die äußeren Feinde zu bekämpfen, und wünscht, daß Augustus es sich auf diese Weise verdiene, *pater atque princeps* genannt zu werden *(carm.* I, 2).

Das politische Denken der Römer: Vom Prinzipat zum Dominat   535

Horaz unterstützt den Princeps bei dem Versuch, auf gesetzlichem Wege die sittliche Erneuerung herbeizuführen (*carm.* III, 24; III, 6). Ehebruch und sexuelle Freizügigkeit werden ebenso verurteilt wie Gewinnstreben und Betrug, Luxus und Verweichlichung. Dem werden die alten Römertugenden der *moderatio, virtus, pietas* und *iustitia* entgegengehalten. Als Lohn für den Neubeginn, der wie selbstverständlich nur unter der Herrschaft des Augustus gelingen kann, steht die Apotheose des Princeps in Aussicht. Horaz wurde von Augustus auch als politischer Partner gesehen, was in der Berufung des Dichters zur Abfassung des *carmen saeculare* (17 v. Chr.) zum Ausdruck kommt. Augustus ließ nämlich ganz im Sinne des vor allem durch Vergil bestimmten Zeitgeistes den Beginn eines neuen Weltalters in einem drei Tage dauernden »Jahrhundertfest« feiern. In dieser Adventshymne des Horaz wird der Wunsch ausgedrückt, die goldene Zeit möge noch goldener werden und ewig dauern (*carm. saec.* 65 f.). In seiner späteren Dichtung wird Augustus panegyrisch ebenso als Gott gefeiert wie in Griechenland die Dioskuren und Herkules. Die übermenschliche Leistung des Augustus liege in der Wiederherstellung von Sitte, Anstand und Gerechtigkeit und darin, daß er die Angst vor dem Krieg vertrieben habe (*carm.* III, 3,9 ff.; IV, 5,34; IV, 8,22; *ep.* II, 1,5 u. 254 f.).

Im Gegensatz zu Vergil ist bei Horaz ein geschichtstheoretisches Konzept nicht erkennbar. Seine Geschichte Roms beginnt zwar mit Romulus und der Ermordung des Remus, aber daraus wird weder das Auf und Ab der römischen Geschichte noch die Entwicklung zur Weltherrschaft abgeleitet. Auch läuft bei ihm der historische Prozeß nicht auf Augustus zu, sondern der Brudermord am Anfang der römischen Geschichte und der vergleichbare Mord an Caesar erklären ihm nur die Greuel der Bürgerkriege und die Größe der Aufgabe. Die Schuld muß gesühnt, der Frieden wiederhergestellt und das Reich gesichert werden; eine Aufgabe, die zwar ohne Heilsplan, wohl aber nur mit gleichsam göttlicher Kraft zu lösen ist und deren Bewältigung die Apotheose verspricht. Obgleich Horaz durchaus verschiedene Symptome der Krise anspricht, stellt er keine Verbindung zu Verfassung, politischen Gruppierungen oder einer bestimmten Politik her, sondern macht den moralischen Verfall für alles Unglück verantwortlich. In Übereinstimmung mit Vergil sieht er die Lösung der Probleme in der Rückkehr zu den Tugenden und dem einfachen Leben des frühen Rom. Eine gewisse Distanz zu Augustus bewahrt Horaz da, wo er seinem persönlichen Bereich gegenüber der Politik Priorität einräumt. Wenn er sonst keine Distanz zur Politik des Alleinherrschers erkennen läßt, dann wohl deshalb, weil er als Sohn eines Freigelassenen den ungeheuren sozialen Aufstieg in den Freundes- und nahen Klientenkreis von Augustus geschafft hat und dem Patron aufrichtige Loyalität entgegenbringt.

Der dritte bedeutende augusteische Dichter, *P. Ovidius Naso*, wurde erst 43 v. Chr. in Sulmo (Sulmona) in Mittelitalien geboren, war also von den Bürgerkriegen kaum mehr betroffen. Der aus einer Ritterfamilie stammende Ovid erhielt eine anspruchsvolle rhetorische Ausbildung in Rom, studierte in Athen und unternahm Reisen nach Kleinasien und Sizilien. Er begann eine politische Laufbahn, brach diese jedoch vor der Wahl zum Quästor, die ihm die Mitgliedschaft im Senat eingebracht hätte, ab und zog sich ins Privatleben zurück. Seine Werke gliedern sich in drei Gruppen: Liebesdichtungen (*Amores, Heroides, De medi-*

camine faciei, Ars amatoria, Remedia amoris), erzählende Dichtungen *(Metamorphoses, Fasti)* und Verbannungsdichtung *(Tristia, Epistulae ex Ponto, Ibis, Halieutica),* hinzu kommt eine Tragödie *(Medea).*

Die Liebesdichtung konnte als provozierender Angriff auf die altrömische Moral und auch auf das sittliche Reformprogramm des Augustus aufgefaßt werden. Die *Ars amatoria* wurde noch acht Jahre nach ihrer Veröffentlichung als Vorwand für die Verbannung von Ovid genommen, der wahrscheinlich in den Ehebruchskandal um die Enkelin des Augustus, Julia, verwickelt war. Ovid mußte von 8 n. Chr. bis zu seinem Todesjahr, wohl 18 n. Chr., an seinem Verbannungsort Tomis am Schwarzen Meer bleiben. In den zuerst geschriebenen *Amores* (etwa 16 v. Chr.) gibt es kaum politische Aussagen, wohl aber werden Landleben, Einfachheit und moralische Forderungen ironisiert. Auch in der *Ars amatoria* (etwa 1 v. Chr.), worin Ovid lehrt, einen Partner zu gewinnen und zu fesseln, wird die politische Sphäre ignoriert oder trivialisiert, so z. B. wenn der zu erwartende Sieg Caesars über die Parther und der dann fällige Triumph im Zusammenhang mit den besten Möglichkeiten abgehandelt wird, Liebschaften anzuknüpfen *(ars* I, 213 f.). Obgleich Ovid immunisierend betont, daß seine Lehren nicht der verbotenen Liebe zu ehrbaren Frauen gelten, mußten sie doch als klarer Angriff auf den Geist der augusteischen Ehegesetze aus dem Jahre 18 v. Chr. aufgefaßt werden. Seine religiöse Einstellung gibt er offen als skeptisch-utilitaristisch zu erkennen: »Es ist nützlich, an die Existenz der Götter zu glauben, und weil es nützlich ist, wollen wir an ihre Existenz glauben« *(ars* I, 637).

In den *Fasti,* einer dichterischen Bearbeitung des römischen Festkalenders (etwa 8 n. Chr.), thematisiert Ovid die augusteische Religion *(fast.* I, 13 f.) und unterstützt die religiöse Restaurationspolitik. Das Werk, das nur zur Hälfte vollendet ist und ursprünglich dem Princeps gewidmet war, wurde nach dessen Tod zum Teil umgearbeitet und Germanicus zugeeignet. Die Vergöttlichung von Augustus wird – vielleicht in frivoler Absicht – über das in der Dichtung übliche Maß hinaus vorangetrieben: Er ist *pater* der Menschheit wie Jupiter im Himmel *(fast.* II, 132), er handelt als Gott *(fast.* I, 530), er ist heilig *(fast.* II, 127) und ewig *(fast.* III, 421, vgl. IV, 954). Auch preist Ovid jetzt den Frieden *(fast.* I, 701 f.) und die römische Weltherrschaft unter Caesar und seinen Nachfolgern *(fast.* IV, 857–60). Die Ereignisse der Bürgerkriegszeit werden ausgespart, die Sicherheit und Ruhe der augusteischen Zeit betont und ihre ewige Dauer beschworen. Das Lob Roms und Caesars wird zwar freigebig – möglicherweise eine Reaktion des Dichters auf die Kritik, die seine *Ars amatoria* hervorgerufen hat –, aber wenig enthusiastisch gespendet.

Parallel zu diesem Werk entstanden in 15 Büchern die *Metamorphosen,* ein *perpetuum carmen,* ein »ununterbrochen fortlaufendes Gedicht«, wie Ovid sein Epos im Proömium *(met.* I, 4) bezeichnet, das von der Entstehung der Welt bis zu Augustus aus griechischen und römischen Mythen und Legenden in 250 Verwandlungsgeschichten erzählt. Im Gegensatz zum sittlichen Ernst der *Aeneis* zeichnet sich das Epos durch eine unheroische und wenig ideologische, eher weltmännisch unverbindliche Art aus, die das Publikum in erster Linie unterhalten und bezaubern will. Obgleich das Werk mit der Vergöttlichung Caesars abschließt und Augustus wiederum in Parallele zu Jupiter setzt *(met.* I, 199 ff.) und als *pater* und *rector* der Welt bezeichnet *(met.* XV, 860), scheinen aufs Ganze gesehen der römische Staat und der augusteische Prinzipat gegenüber der privaten Sphäre geradezu als irrelevant zurückzutreten. Die Huldigung an Augustus ist nicht mehr als eine durch Zeit und Umstände geforderte Höflichkeitsfloskel.

In der Verbannungsdichtung der Zeit nach 8 n. Chr. suchte Ovid einerseits durch emphatisches Lob des Princeps und seiner Familie und andererseits durch die Verteidigung seiner Dichtung bei Augustus seine Begnadigung zu erreichen. So setzt er Augustus in Parallele zu Jupiter, appelliert an den gerechten, gütigen, milden Princeps und an den *pater patriae* (vgl. *trist.* IV, 4, 11–16). Doch blieben seine Werke aus den öffentlichen Bibliotheken verbannt, und Augustus ließ sich nicht umstimmen, vielleicht weil die von Freunden Ovids in Rom verbreitete Dichtung in ihrer übertriebenen Augustusverherrlichung durchsichtig und die eigene Rechtfertigung nicht ohne Doppelbödigkeit war.

Ovid verkörpert gegenüber Vergil und Horaz eine neue Generation. Vergil vertrat die Sache des Augustus so besonders wirkungsvoll, weil er nach den Erlebnissen der Bürgerkriegsschrecken offenbar die Segnungen der augusteischen Friedenszeit aufrichtig preisen konnte. Seine optimistische und die offizielle Propaganda durchaus unterstützende Sicht des neuen Regimes war aber vor allem auch deshalb so überzeugend, weil er gesamtgesellschaftliche Kosten auf dem Weg zum Frieden nicht verschwieg. Er ging über das Schicksal der Besiegten nicht hinweg, sondern schilderte es eindringlich. Für Ovid, der mit seinen Metamorphosen in der Konkurrenz der Dichter Vergil und seine Aeneis übertreffen wollte, haben die Verbesserung der wirtschaftlichen Verhältnisse und die Realität des Friedens dem Appell von Vergil und Horaz an die Genügsamkeit der Vorväter und an kriegerische Tugenden die Überzeugungskraft genommen. So legt er den Widerspruch zwischen dem Loblied auf die Vergangenheit und der Auffassung, daß man in ein goldenes Zeitalter eingetreten sei, offen: »Lobe das Alte, wer will. Ich preis' es als Glück, daß ich jetzt erst lebe« (*ars* III, 121). Sein Interesse gilt mehr dem Individuum als der Moral der Gesellschaft. So bezweifelt er moralische Normen und weist in der Beobachtung des Konfliktes zwischen Trieben und Normen dem Menschen seinen Platz in einer natürlichen und nicht in einer gesellschaftlichen Ordnung zu.

3. Prinzipat und Tyrannis

Geschichtlicher Überblick

Die Nachfolgepolitik des Augustus, die auf eine dynastische Thronfolgeregelung hinauslief, ohne eine feste Regel etwa im Sinne privatrechtlicher Erbfolge zu begründen, war für viele Legitimationsprobleme der nachfolgenden Zeit mitverantwortlich. Zwar konnte der Princeps durch Adoption oder Zuweisung einer hervorragenden Stellung für die Lösung der Nachfolgefrage entscheidende Voraussetzungen schaffen, aber rechtlich wurde der Prinzipat von Volk und Senat verliehen. Diese Konstruktion begünstigte Usurpation und Beseitigung von Thronprätendenten. Der Senat wurde meist mit Hilfe des Militärs in Rom vor vollendete Tatsachen gestellt. So veranlaßte Tiberius, nachdem Agrippa

Postumus ermordet worden war, das Heer, den Eid auf ihn abzulegen, und erklärte sich erst danach auf Bitten des Senats bereit, den Prinzipat zu übernehmen. Er hinterließ nach langer Regierung (14–37 n. Chr.) zwei Erben, seinen Enkel Tiberius und seinen Großneffen Gaius (Caligula). Gaius (37–41 n. Chr.) verschaffte sich die Unterstützung der Prätorianer und damit die Möglichkeit, das Testament des Tiberius für ungültig erklären zu lassen und vom Senat den Prinzipat rechtmäßig übertragen zu bekommen. Nach der Ermordung des Gaius glaubte der Senat für kurze Zeit, frei über die Nachfolge entscheiden zu können, da Gaius seinen Konkurrenten schon bald nach Regierungsantritt hatte beseitigen lassen. Doch präsentierten Soldaten den schon älteren Claudius (41–54 n. Chr.), Bruder des Germanicus, der offenbar verschont worden war, weil ihm niemand die Fähigkeit zur Herrschaft zutraute, und zwangen den Senat, ihre Entscheidung zu sanktionieren. Auch nach der Ermordung von Claudius sicherte sich der designierte Nachfolger Nero (54–68 n. Chr.) zuerst die Anerkennung durch die Prätorianer, bevor die Übertragung des Prinzipats durch den Senat erfolgte. Das formelle Recht des Senats wurde zwar bei jedem Thronwechsel bestätigt, aber den Ausschlag bei der Frage, wer aus dem Hause des Augustus Princeps werden sollte, gab letztlich das Militär.

Diese Konstellation hatte für die Situation innerhalb des Kaiserhauses und für die Beziehungen zum Senatsadel schwerwiegende Konsequenzen. Gab es nämlich mehrere Kandidaten für die Nachfolge, dann bildeten sich um diese herum vor allem aus Hofbeamten und ambitionierten Senatoren bestehende Gruppierungen, die sich um Ausweitung ihres Einflusses und Absicherung ihrer langfristigen Hoffnungen bemühten. Dieser politische Ehrgeiz war für alle Beteiligten außerordentlich gefährlich. Im Extremfall einer Verschwörung konnten die Beteiligten kaum auf Gnade hoffen. Auf der Ebene einfacher Palastintrigen pflegten die Auseinandersetzungen mit Hilfe politischer Strafprozesse ausgetragen zu werden, wobei vor allem durch Repetunden- und Majestätsprozesse die Gegner, nicht selten Mitglieder bedeutender Familien, in den Ruin getrieben wurden. Diese Praxis führte zu Verunsicherung und Lähmung des Senats. Für die charakterliche Entwicklung der Thronfolger und ihre spätere Regierungsfähigkeit war diese Konstellation ebenfalls äußerst gefährlich, denn sie waren einerseits Hoffnungsträger mit Zugang zur absoluten Gewalt und andererseits als solche jederzeit existentiell bedroht.

Indem der Prinzipat des Augustus die Grundlage für die weitere Entwicklung bildete, hatten sich die Nachfolger mit einer weiteren Schwierigkeit auseinanderzusetzen. Begründete nämlich Augustus in Übereinstimmung mit republikanischen Vorstellungen seinen Prinzipat gegenüber dem Adel mit seiner edlen Abstammung und mit unvergleichlichen Leistungen für die *res publica*, so mußten sich seine Nachfolger gegenüber adligen Konkurrenten an diesem Maßstab messen lassen. Bei Tiberius stellte diese Legitimationsfrage insofern noch kein gravierendes Problem dar, als der Adoptivsohn sich an der Seite des Augustus bereits große politische und militärische Verdienste erworben hatte. Wurde indessen ein Princeps allein aufgrund des dynastischen Prinzips in jungen Jahren oder ohne den Nachweis überragender Fähigkeiten an die Spitze des Staates gestellt, dann bestand ein erheblicher Erwartungsdruck, der einen Kaiser, der militärisch weniger erfolgreich oder interessiert war, dazu veranlassen konnte,

Das politische Denken der Römer: Vom Prinzipat zum Dominat 539

seine außerordentliche Stellung durch entsprechende Leistungen oder durch einen Mythos zu legitimieren. Gaius suchte seine übermenschliche Größe in Anlehnung an die hellenistische Monarchie dadurch zu erweisen, daß er für sich nicht nur göttliche Verehrung forderte, sondern den Anspruch erhob, ein Gott zu sein. Sein maßloser Versuch, sich von der Senatsaristokratie unabhängig zu machen, endete mit seiner Ermordung. Claudius, der unfreiwillig den Prinzipat übernahm, verschrieb sich den Aufgaben eines Hausvaters, nämlich für Ordnung, Recht und Wohlfahrt zu sorgen. Seine Verwaltungsreform und sein persönlicher Einsatz in Regierung und Rechtsprechung wurden vom Adel wenn nicht anerkannt, so doch allenfalls belächelt. Diese Selbstdarstellung war für den Kaiser ungefährlich. Daß er es aber zuließ, daß seine Frauen, zuerst Messalina und später Agrippina, in seinem Namen willkürlich Machtpolitik betrieben, machte auch seine Regierung verhaßt. Nero, der mit siebzehn Jahren an die Regierung kam, legte die Leitung des Staates zunächst in die Hände seines Erziehers Seneca und des Prätorianerpräfekten Burrus. Als er selbständig zu handeln begann, knüpfte er einerseits an die Politik göttlicher Erhöhung des Kaisers an und suchte andererseits seine Sonderstellung in auffälliger Weise durch musisches Talent zu rechtfertigen. Sein Philhellenentum brachte ihn in Distanz zur traditionellen politischen Kultur des römischen Senatadels. Die daraus entstehende Unsicherheit ließ ihn zum Terror greifen, dem er schließlich selbst zum Opfer fiel.

Seneca

Das von Augustus vorgegebene Leistungsideal konnte von den Nachfolgern nur schwer erreicht werden; das bedingte eine Disposition, sich nach Legitimationsquellen umzusehen, bei denen sich keine Diskrepanz zwischen Anspruch und Wirklichkeit aufzutun schien, wie beim Gottkönigtum der hellenistischen Tradition. Damit wurde nicht mehr die republikanische Freiheit der Tyrannenherrschaft entgegengesetzt, sondern der im göttlichen Auftrag handelnde Monarch, der seine Aufgabe in sittlichem Ernst zum Wohle der Menschheit erfüllt. Dieser Umwertungsprozeß ist eng mit L. Annaeus Seneca verbunden, der schon unter Gaius als Redner und philosophischer Literat eine führende Stellung in Rom innehatte und in der Politik des Hofes eine Rolle spielte. Seneca entstammte einer reichen spanischen Ritterfamilie. Er wurde um Christi Geburt in Corduba als zweiter Sohn des gleichnamigen Rhetors geboren. Später erhielt er eine dem hohen Bildungsniveau seiner Familie entsprechende Erziehung in Rom. Sein Hauptinteresse galt dem Studium der Rhetorik und Philosophie. Nicht ohne Einfluß für seine geistige Entwicklung war ein längerer krankheitsbedingter Aufenthalt in Ägypten. Bald nach seiner Rückkehr Anfang der dreißiger Jahre ließ er sich zum Quästor wählen und beschritt damit die senatorische Ämterlaufbahn. Unter Gaius soll sein Leben bereits in Gefahr gewesen sein. Zwar heißt es, daß Gaius, der sich selbst für einen begnadeten Redner hielt, Seneca wegen seiner rhetorischen Fähigkeiten beseitigen lassen wollte; wahrscheinlicher ist es aber, daß Seneca einer politischen Gruppierung nahestand, die eine Verschwörung unter Beteiligung der kaiserlichen Schwestern, Agrippina und Iulia Livilla, betrieben hat. Gaius verbannte beide Frauen. Es wird vermutet, daß prominente ehemalige Anhänger Sejans, der unter Tiberius vergeblich einen Umsturzversuch unternommen hatte, darin verwickelt waren. Bald nach Regierungsbeginn des Claudius (41 n. Chr.) wurde dann Seneca, und zwar auf Veranlassung der kaiserlichen Gemahlin, der berüchtigten Messalina, nach Korsika relegiert. Man warf ihm Ehebruch mit Iulia Livilla vor, die zwischenzeitlich amnestiert worden war. Als Claudius dann nach dem gewaltsamen Ende der Messalina 49 n. Chr. Agrippina heiratete, wurde Seneca nicht nur zurückgerufen, sondern er erhielt auch für das Jahr 50 n. Chr. die Prätur und wurde zum Erzieher Neros bestellt. Nach der Thronbesteigung Neros gelangte er zum Konsulat und hatte für längere Zeit neben dem Gardepräfekten Burrus entscheidenden Anteil an der Regierung. Anfang der sechziger Jahre verminderte sich sein Einfluß erheblich, weil Nero seine eigenen Entscheidungen zu treffen begann. Nach dem Tode des Burrus (62 n. Chr.) zog Seneca sich auf seine Landgüter zurück und entfaltete eine rege schriftstellerische Tätigkeit. Im Zusammenhang mit der Pisonischen Verschwörung (65 n. Chr.) veranlaßte Nero ihn, sich das Leben zu nehmen.

Das Werk Senecas, das nur zu einem guten Teil erhalten ist, umfaßt nach Quintilian »Reden, Dichtungen, Briefe und Dialoge«. Die Reden und sechzehn andere nur dem Titel nach bekannte Schriften sind verloren. Neun Tragödien, die in einem *corpus Annaeanum* überliefert sind (*Hercules furens, Troades, Phoenissae, Medea, Phaedra, Oedipus, Agamemnon, Thyestes, Hercules Oetaeus,* hinzu kommt das historische Drama *Octavia*, dessen Echtheit bezweifelt wird), haben in der Forschung Fragen nach ihren politischen Bezügen und Senecas Weltanschauung und Ideen aufgeworfen. Allerdings ist die Gefahr vordergründiger und falscher Interpretation groß, weil wegen fehlender Vergleichsstücke das Verhältnis der Tragödien vor allem zur römischen Tradition kaum zu klären ist, über die Abfassungszeit der einzelnen Stücke nur Vermutungen möglich sind und der Bezug zu Senecas philosophischem Werk mehrdeutig ist. Fragt man nach der zeitgenössischen Wirkung der Tragödien, dann stellt sich ebenfalls Ratlosigkeit ein, denn weder ist bekannt, ob sie zur Aufführung oder zum Vorlesen bestimmt waren, noch, ob Seneca damit Anerkennung gefunden hat. Über den Tragiker Seneca herrscht in den Quellen weitgehendes Stillschweigen. Auf einer sehr allgemeinen Beurteilungsebene kann man den Stücken antityrannische Tendenzen, die freilich mit dem mythologischen Stoff schon vorgegeben sind, und pädagogische Absichten im Sinne der Stoa unterstellen. So werden z. B. die Folgen ungezügelter Leidenschaften in exzessiver Weise beschworen. Seneca verfügte ohne Zweifel über entsprechende Erfahrungen – er hat die Ermordung dreier Kaiser, Verwandten-, Gatten- und Muttermord, Inzest und andere Abscheulichkeiten miterlebt. Ist die Vermutung richtig, daß das Herrscherdrama »Der rasende Herkules«, in dem der Gegensatz zwischen König und Tyrann thematisiert wird, etwa zu Neros Regierungsantritt geschrieben worden ist, dann kann darin eine ernste Warnung an den jungen Herrscher gesehen werden, und als positive Ermahnung wird aufzufassen sein, wenn es dort heißt: »Jeder, der in Sanftmut mächtig ist und als Herr über das Leben die Hände in Unschuld bewahrt und in Milde ein unblutiges Regiment führt, die Gesinnung schont, der gewinnt, die weiten Strecken eines lange währenden glücklichen Lebens durchmessend, entweder den Himmel oder als Glückseliger die Freuden-

Das politische Denken der Römer: Vom Prinzipat zum Dominat   541

stätten des elysischen Haines, um als Totenrichter zu walten. Enthalte dich menschlichen Blutes, der du herrschest; eure Missetaten werden mit größerem Maß gemessen« (*Herc. fur.* 739–747).

In Senecas 124 Briefen an seinen Freund Lucilius, die er nach 62 n. Chr. schrieb, finden sich zahlreiche gedankliche und sprachliche Übereinstimmungen mit Passagen aus den Tragödien, woraus sich nicht nur eine gewisse Sicherheit in der Frage der Autorenschaft gewinnen läßt, sondern auch ein Argument dafür, daß einige Tragödien in dieselbe Schaffensperiode fallen. Senecas Briefe, durch die der Leser zu einer geläuterten Lebensweise geführt werden soll, geben die Summe seiner Erfahrungen und philosophisch-literarischen Möglichkeiten.

Für die politische Ideengeschichte aufschlußreicher sind indessen einige »Dialoge« (zur frühneuzeitl. Rezeption vgl. Handbuch, Bd. 3, S. 61 ff.). So wurden zwölf Bücher in einem Mailänder Manuskript (um 1000 n. Chr.) zusammengefaßt *(De providentia, De constantia sapientis, De ira, Ad Marciam de consolatione, De vita beata, De otio, De tranquillitate animi, De brevitate vitae, Ad Polybium de consolatione, Ad Helviam matrem de consolatione),* hinzuzurechnen sind drei nicht dem Corpus angehörige Schriften *(De clementia, De beneficiis, Ad Lucilium naturalium quaestionum).*

Eine Sonderrolle spielt die *Apocolocyntosis* (»Verkürbissung«), eine Schmähschrift gegen den verstorbenen Kaiser Claudius in Form einer Menippeischen Satire, die allerdings nicht mit letzter Sicherheit Seneca zugeschrieben werden kann. Darin erscheint Claudius auf dem Olymp und verlangt, unter die Götter aufgenommen zu werden. In einer Götterversammlung, die als Senatssitzung vorgestellt wird, spricht Augustus dagegen und fordert, Claudius aus dem Himmel zu verbannen. Der Göttersenat folgt diesem Antrag. Claudius gelangt in die Unterwelt und vor den Richterstuhl des Aecus. Wegen des Todes von 35 Senatoren, 221 Rittern und unzähligen anderen römischen Bürgern wird er dazu verurteilt, mit einem Würfelbecher ohne Boden zu würfeln. Als Sklave soll er schließlich dem Freigelassenen Menander am Gericht des Aecus zu Diensten sein. Diese Spottschrift *(satura)* gehört mit großer Wahrscheinlichkeit in die politischen Auseinandersetzungen kurz nach Claudius' Vergiftung und Neros Regierungsantritt. Wahrscheinlich wurde sie anläßlich der Saturnalien im Dezember 54 n. Chr. von Seneca im engsten Freundes- und Familienkreis um Nero erstmals vorgetragen und diente wohl zunächst nur dem Zusammenhalt und Selbstverständnis der neuen Herrschaftsclique, indem Claudius als *Saturnalicius princeps* verhöhnt und eine neue Herrschaftsauffassung propagiert wurde. Danach wird eine schriftliche Fassung in Kreisen der Senatsaristokratie zirkuliert und weitere propagandistische Wirkungen erzielt haben, die Seneca von Anfang an mit beabsichtigt haben dürfte. Auf Betreiben vor allem von Agrippina wurde der verstorbene Kaiser durch den Senat zum Gott erhoben. Diese Ehrung hatten vorher nur Caesar und Augustus erhalten. Da die Kaiserin zur Priesterin des neuen Gottes bestellt wurde und mit einer Politik im Andenken des *Divus Claudius* ihren Einfluß auszuweiten suchte, wird sich die Propagandawirkung der Schrift nicht nur gegen Claudius, sondern auch gegen die Witwe gerichtet haben, zumal Nero, der *Divi filius,* die Grausamkeit *(saevitia)* seines Adoptivvaters betonte. Die in der Satire angeprangerten Mordfälle weisen nicht nur auf Claudius, den Tyrannen, sondern für den eingeweihten Leser bzw. Hörer auch auf die Verstrik-

kung Agrippinas. Die Frage des besseren Thronrechts der julischen Linie gegenüber Britannicus, dem leiblichen Sohn von Claudius, der zu diesem Zeitpunkt noch lebte, wird ebenfalls angesprochen. Die Parteinahme für Nero wird deutlich, wenn die Parzen, die Schicksalsgöttinnen, den Lebensfaden des Claudius zerreißen, während sie einen goldenen für seinen Nachfolger spinnen, und Phoebus Apollo, der Schutzgott des Augustus, singt:
»O macht kein Ende, ihr Parzen, er soll das Maß des irdischen Daseins
Stolz besiegen, mir ähnlich im Antlitz, ähnlich an Schönheit,
Und nicht schlechter beim Klange des Lieds. Glückselige Zeiten
Wird er den Schwachen bringen und brechen das Schweigen des Rechtes«
(*Apocol.* 4,1). Der Zweck der Schrift bestand offenbar darin, die Anfangsbedingungen der Neronischen Regierung zu verbessern. In Berufung auf Augustus werden die Leistungen des Claudius herabgemindert und Agrippinas Drohung mit der Thronanwartschaft des Britannicus abgewiesen. Es werden aber auch die Leitideen für die neue Regierung propagiert. Wie schon in der von Tacitus berichteten Senatsrede, die Seneca für Nero verfaßt hat, wird die Absicht deutlich, zur Tradition des Augustus zurückzukehren. Ein neues goldenes Zeitalter wird prophezeit und für Neros Herrscherstellung der Sonnenmythos dienstbar gemacht.

Für die Ideologie des Prinzipats besonders wichtig war die Schrift *De clementia* (»Über die Milde«), die Seneca um die Wende von 55 auf 56 n. Chr. dem achtzehnjährigen Kaiser widmete. Er gibt darin eine Theorie der Alleinherrschaft und hält Nero den Spiegel eines idealen Fürsten vor. Die Abhandlung hat drei Teile umfaßt, liegt aber unvollständig nur in zwei Büchern vor. Im ersten Teil wird gezeigt, daß die *clementia* dem Herrscher in höchstem Maße angemessen ist. Im zweiten sollte die Begriffsbestimmung entwickelt und im dritten ausgeführt werden, wie *clementia* angeeignet, erhalten und befestigt werden kann. Die Schrift stellt sicher in erster Linie eine Reaktion auf konkrete politische Probleme dar. Seneca richtete sich zum einen an den Senatsadel, der für den Prinzipat seines Schützlings Nero gewonnen werden sollte, zum andern offenbar aber vor allem an Nero, den er auf argumentativem Wege von der Nützlichkeit bestimmter Regierungsmaximen zu überzeugen suchte. Auf der allgemeinen Ebene staatstheoretischer Reflexion knüpfte Seneca an Ciceros *De re publica* an, wo vor dem Hintergrund der krisengeschüttelten *res publica* auch die Frage behandelt wird, wie der ideale Staatsmann, der echte und vollkommene Lenker und Erhalter eines Staates, beschaffen sein müsse. *De clementia* vermittelt so nicht zuletzt einen Eindruck vom Entwicklungsstand des Prinzipats unter Claudius und Nero.

Indem Seneca die Alleinherrschaft philosophisch begründete, suchte er den Senatsadel zu gewinnen. Der Stoizismus mit seinem ethischen Radikalismus, wonach allein der Weise glücklich, frei, reich, wahrer Bürger und Staatsmann usw. ist, mit seiner Anthropologie, wonach der Weise aufgrund seiner Einsicht alle Leidenschaften in sich vernichtet, und seiner Kosmologie, wonach göttliche Planung und Fürsorge alles durchwalten, bot dafür die Grundlage: Einerseits mit den alten republikanischen Werten vereinbar, lag in der Stoa zugleich ein Ansatzpunkt für die Legitimation des Königtums. Das Universum wird für den Stoiker wie ein Königtum von einem Gottkönig beherrscht gedacht; das römische Kaiserreich spiegelte somit die Gesetze der Natur wider.

Das politische Denken der Römer: Vom Prinzipat zum Dominat   543

Wenn Seneca offenbar voraussetzen konnte, daß eine Rückkehr zur republikanischen Staatsform illusorisch war, dann mußte er seine Aufgabe darin sehen, die unausweichliche Kaiserherrschaft als annehmbar darzustellen. So beschwört Seneca das Bild eines Alleinherrschers, der sich selbst mäßigt, indem er sich den Gesetzen unterwirft, die er selbst erlassen hat (*De clem.* 1,1,4). Als weise gilt Seneca derjenige, der die Tugenden *virtus, clementia, iustitia* und *pietas* verwirklicht, die auf dem Ehrenschild des Augustus verzeichnet waren. So erhält der Augusteische Prinzipat für Nero Vorbildcharakter. Die *clementia* rückt bei Seneca in den Vordergrund: Er definiert sie als Selbstbeherrschung in der Macht zu strafen (*De clem.* 2,3,1), wodurch sie zur wahren Tugend des Alleinherrschers wird und den entscheidenden Unterschied zwischen König und Tyrann bezeichnet (*De clem.* 1,11,4). Seneca entkräftet den möglichen Einwand, Nero entspreche diesem Ideal nicht, indem er auf die Milde verweist, die Nero seit seiner Thronbesteigung geübt habe. So bringt er indirekt die zweitbeste Lösung für das Problem ins Spiel, Alleinherrschaft akzeptabel zu machen, nämlich einen Philosophen dem noch nicht zur Weisheit gelangten Monarchen als Ratgeber an die Seite zu stellen (*De clem.* 2,5,2/3).

Seneca setzt den absoluten Charakter der kaiserlichen Herrschaft voraus, wenn er Nero im Eingangsmonolog sagen läßt: »Ich bin für die Völker Herr über Leben und Tod« (*De clem.* 1,1,2). Die moralische Bindung des Herrschers wird durch eine Reihe traditioneller Metaphern zum Ausdruck gebracht. Positiv wird absolute Herrschaft durch die Sonnenmetapher veranschaulicht: Nero erscheint als Wohltäter, der der ganzen Welt gleich einer Sonne Lebenskraft spendet. Aber Seneca führt Nero auch die Gefahr der Alleinherrschaft deutlich vor Augen, die darin bestehe, die königliche Macht tyrannisch zu gebrauchen: Für den Tyrannen gebe es keine Sicherheit. Diese sei hingegen gewährleistet, wenn sich der Kaiser als Seele des Volkskörpers begreife. Die wechselseitige Abhängigkeit zwischen Seele und Körper begründe Liebe und Gehorsam des Volkes und Milde und Fürsorge des Kaisers. Das Leben des Kaisers sei ebenso Voraussetzung für Frieden und Glück des Volkes (*De clem.* 1,4,2) wie umgekehrt das Wohl des Volkes für Sicherheit und Nachruhm des Kaisers.

Der tugendhafte Princeps behandele seine Untertanen wie ein Vater seine Kinder. »Was der Vater tut, muß auch der Princeps tun, dem wir den Beinamen Vater des Vaterlandes nicht aus leerer Schmeichelei verliehen haben... Vater des Vaterlandes haben wir ihn genannt, damit er wisse, daß ihm eine väterliche Gewalt verliehen ist, die am gemäßigtsten ist, da sie für die Kinder sorgt und das Eigene ihnen hintansetzt« (*De clem.* 1,14,2). Die Unbeschränktheit seiner Herrschaft, die alle seine Handlungen besonders folgenreich macht, erscheint zugleich als extreme Form der Knechtschaft: »Abzuirren von deiner Stellung ist dir nicht möglich... Dies ist die Knechtschaft höchster Größe: nicht kleiner werden zu können. Aber du teilst diesen Zwang mit den Göttern. Denn auch sie hält der Himmel angebunden, und herabzusteigen ist ebensowenig ihnen erlaubt wie sicher für dich« (*De clem.* 1,8,2/3).

Seneca exkulpierte sich vor der Öffentlichkeit und legitimierte seine eigene Stellung, indem er einerseits auf die Gefahren, die er im Charakter Neros angelegt sah, anspielte und andererseits genau aufwies, worauf es für seinen Schüler ankam, wenn dieser das höchste Ziel, nämlich mit Weisheit zu regieren, erreichen wollte. Als Modell wird der Prinzipat des Augustus beschworen. Dabei betonte Seneca die besonders günstigen Anfangsbedingungen Neros, der im Gegensatz zu Augustus nicht genötigt war, seine Regierung auf den Schrecken eines Bürgerkrieges aufzubauen.

Das absolute Gegenbild des guten Princeps entwickelt er am Beispiel des Gaius, den er als monströsen Tyrannen zeichnet. Bei Tiberius werden eine gemäßigte und eine tyrannische Phase unterschieden, während die Regierung von Claudius weitgehend ausgespart bleibt. Zusammenfassend ist für die Entwicklung des Prinzipats zu unterstreichen, daß Seneca in *De clementia* von republikanischen Formen der Herrschaftsbeschränkung vollständig absieht – so kommt beispielsweise der Freiheitsbegriff *(libertas)* im politischen Sinne überhaupt nicht vor. Zwar vermeidet er es, den Begriff *rex* in bezug auf Nero anzuwenden, rechtfertigt indessen die Monarchie in aller Deutlichkeit mit der Analogie zum Bienenkönigtum *(De clem.* 1,19,1 ff.). Im Vordergrund seiner Überlegungen steht nicht das politische System, sondern der sich selbst mäßigende Princeps. Die Forderung nach eigener Mäßigung entspricht dem traditionellen Ideal des römischen Aristokraten, den ein hohes Maß an Selbstkontrolle auszeichnet. Der Princeps ist für Seneca kein Gott, sondern von den Göttern ausgewählt und mit göttlicher Macht *(potentia)* ausgestattet. Er ist gehalten, sich in seinem Bemühen um richtiges Handeln an der Milde der Götter zu orientieren. Auf diese Weise kann er sich ihnen annähern und damit seine Vergöttlichung rechtfertigen *(de clem.* 1,10,3).

Lucan und Persius Flaccus

Ganz auf der Linie einer eher unkritischen Haltung gegenüber dem Prinzipat lag zunächst der Neffe Senecas, *M. Annaeus Lucanus,* wie aus seinen ersten drei vorab veröffentlichten Büchern des Epos über den Bürgerkrieg *(bellum civile)* zu entnehmen ist. Das gesamte Werk, das die *Aeneis* Vergils übertreffen sollte und sich deshalb an deren Aufbau orientierte, war auf zwölf Bücher angelegt. Es behandelt den Bürgerkrieg zwischen Caesar und Pompeius. Der Text bricht abrupt im 10. Buch bei der Beschreibung der Kämpfe Caesars in Alexandria ab, sollte aber sicherlich bis zum Tode Catos in Utica fortgeführt werden. Die ersten Bücher verfaßte Lucan wohl zu der Zeit, in der er von Nero gefördert wurde. Es kam indessen zum Bruch der Beziehungen, in dessen Folge Nero den jungen Dichter mit einem Veröffentlichungsverbot belegte (Tac. *ann.* 15,49,2). Vielleicht hatte Lucan schon vorher seine Einstellung zum Prinzipat und zu Nero grundsätzlich geändert, mit Sicherheit wurde er jedoch nach Neros Bann zu einem entscheidenden Propagandisten republikanischer Freiheit. Er beteiligte sich an der sog. Pisonischen Verschwörung. Nach deren Entdeckung zwang Nero ihn, Selbstmord zu begehen (30.4.65 n. Chr.).

Lucan, der wie Seneca aus Corduba stammte, wurde 39 n. Chr. geboren. Seine Ausbildung erhielt er in Rom, und zwar der Bedeutung seiner Familie gemäß durch die besten Lehrer. Zwar prägte ihn die Rhetorenschule, aber den wichtigsten Einfluß übte wohl der Stoiker *L. Annaeus Cornutus* aus. Inmitten seiner Studien in Athen, wahrscheinlich 57–58 n. Chr., wurde er von Nero nach Rom zurückgerufen, in den kaiserlichen Freundeskreis *(cohors amicorum,* Suet. *Lu-*

Das politische Denken der Römer: Vom Prinzipat zum Dominat 545

can 332,9–10 Hosius) aufgenommen und später mit der Quästur und dem Augurat betraut. Lucan hatte sich bereits als Dichter und Deklamator ausgezeichnet, als ihm im Jahre 60 n. Chr. ein Preislied auf Nero öffentliche Anerkennung einbrachte (Suet. *Lucan* 332,1–3 Hosius). Wann und aus welchen Gründen es dann zum Bruch kam, ist aufgrund der dürftigen Quellen – es finden sich Notizen bei Statius, Tacitus, Suetonius, Dio und Vacca – nicht mit letzter Sicherheit zu sagen. Die Quellen geben an, daß der Princeps Lucan um seinen dichterischen Erfolg beneidet habe. Hält man dies für ein ausreichendes Motiv, dann kann sehr wohl die Edition der ersten Bücher über den Bürgerkrieg der Anlaß zum Bruch gewesen sein, obgleich Nero darin gelobt wurde und offenbar noch nicht der Plan bestand, das Epos kritisch auf seine Zeit zu beziehen. Im Nero-Enkomion (Lucan. 1,33–66) heißt es u. a.: »Dennoch hat Rom dem Waffengang zwischen Bürgern viel zu verdanken, wenn alles für dich (Nero) geschah. Fährst du nach Erfüllung deiner Wächterpflicht in ferner Zukunft den Sternen entgegen, um lieber den Himmel zu wählen, so werden dich die Götter froh in ihrer Burg willkommen heißen« (1,44–47); »und das All wird es dir anheimstellen, welcher Gott du sein, wo du deinen Weltenthron errichten willst« (1,50–52); »Möge dann das Menschengeschlecht die Waffen niederlegen und an sein Wohl denken, alle Welt sich verbrüdern, Frieden über die Erde ziehen und das Eisentor des Kriegstempels sich schließen! Aber für mich bist du schon jetzt eine überirdische Macht *(numen)*« (1,60 ff.). Interpreten, die belegen wollten, daß das Epos von Anfang an gegen Nero und seine Tyrannis gerichtet war – Nero wäre demnach also primär aus politischen Gründen gegen den Dichter vorgegangen –, haben Lucan für sein Nero-Lob ironische oder tarnende Absichten unterstellt bzw. mit dem topischen Charakter des Abschnitts argumentiert. Andere Interpreten haben auf die Übereinstimmung in Bau und Gedankenführung des Enkomions mit dem Augustus-Lob bei Vergil *(georg.* 1,24–42) verwiesen. Nach diesem Verständnis entsprach Lucan der offiziellen Propaganda Neros, wonach Augustus das Maß darstellte, das Nero noch zu übertreffen schien. Nachdem Nero 59 n. Chr. seine Mutter hatte ermorden lassen, 62 n. Chr. Burrus gestorben war und wenig später Seneca sich ins Privatleben zurückgezogen hatte, sind offenbar die tyrannischen Veranlagungen Neros ungehemmt hervorgebrochen. Vielleicht hat Lucans Gedicht »Über den Brand Roms« *(De incendio urbis)*, also gegen Ende des Jahres 64 n. Chr., das allerdings wie weitere dreizehn Arbeiten nur dem Titel nach bekannt ist, Nero zu seinem Publikationsverbot veranlaßt. Überzeugend wäre diese Annahme nur, wenn, wie vermutet wird, darin Neros Schuld am Brand angeprangert wurde. Lucan schloß sich jedenfalls republikanisch gesonnenen Kreisen im Senat an und beteiligte sich maßgeblich an der Pisonischen Verschwörung gegen Nero. Die sieben weiteren Bücher seines historischen Epos zeigen zunehmend eine Haltung, die sich gegen den Prinzipat und den Verlust der republikanischen Freiheit richtet. Die Ursache für den Bürgerkrieg sieht er wie Sallust im Verfall der Sitten, den er auf die Größe Roms zurückführt. Die durch den Sittenverfall ausgelösten Krisen zwingen den *rector* des Staates, den Senat, immer wieder, sich großer Führer *(duces)* zu bedienen. Nach Marius und Sulla sind es Pompeius und Caesar, die um die Alleinherrschaft kämpfen, d. h. deren Ziel das *regnum* und die Vernichtung der Freiheit *(libertas)* ist. Nach der Entscheidungsschlacht bei Pharsalus und der Flucht des Pompeius gibt es aus der Sicht Lucans nur noch den Konflikt zwischen Freiheit und Kaisertum (Lucan. 7,695: *quod semper habemus, libertas et Caesar erit*). Während Pompeius zur tragischen Gestalt stilisiert wird, setzt Lucan gegen den verworfenen Tyrannen Caesar jetzt Cato als den »wahren Vater des Vaterlandes« (Lucan 9,601), den Führer, der dem idealen Führertum des stoischen Weisen angenähert ist, und den idealen Republikaner (Lucan 2,380 ff.).

Die Niederlage der Freiheit bei Pharsalus wirkt bis in die Gegenwart Lucans. Er läßt Cato sagen, daß nach seinem Tode »keinen Krieg mehr braucht, wer Tyrann sein will« (Lucan 2,318 f.). Bei der Freiheit, die Lucan verloren sieht, handelt es sich um die Freiheit des Volkes, die in Gesetzen und im Konsulat konkretisiert und im Senat verkörpert wird (Lucan 7,440 f.: »wozu haben wir Zeiten der Gesetzlichkeit verbracht, wozu Jahre, die nach Konsuln hießen«). So beklagt er den Verfall des Konsulats (Lucan 5,386) und den Autoritätsverlust des Senats, kritisiert den Kaiserkult (Lucan 7,457 ff.) und billigt den Tyrannenmord (Lucan 7,592–96; 10,341–344). Offenbar ließen aber die Zeiten eine Rückkehr zur Senatsherrschaft nicht zu. Die Verschwörer um Piso wollten nicht den Prinzipat, sondern nur den Tyrannen beseitigen und an dessen Stelle einen dem Ideal des weisen Princeps Näherkommenden, möglicherweise Seneca, setzen. Lucan nahm sich seinen Cato also nur insofern zum Vorbild, als er sich dem Geschick nicht passiv ergab, sondern handelte. Zu dem letzten Beweis seiner *virtus*, die nach stoischer Auffassung unabhängig von politischen Machtverhältnissen dem Einzelmenschen Freiheit verleiht, wurde Lucan allerdings gezwungen: Er beging Selbstmord nicht im freien Entschluß wie sein Held Cato, sondern auf Befehl des Kaisers.

Die Begeisterung für das republikanische Ideal, die Rückbesinnung auf die Tugenden der Alten und die damit verbundene scharfe Zeitkritik ist bei einem Freund Lucans, dem Satiriker *A. Persius Flaccus*, besonders ausgeprägt. Persius, der 34 n. Chr. im etruskischen Volterrae geboren wurde, kam als Zwölfjähriger nach Rom, wo ihm seine sehr wohlhabende Familie eine hervorragende Ausbildung ermöglichte. Er gehörte schließlich zum Schüler- und Freundeskreis des Stoikers Annaeus Cornutus. Als der Achtundzwanzigjährige im November 62 starb, hinterließ er ein schmales Werk von 6 Satiren, die im Auftrage von Cornutus durch den Dichter Caesius Bassus posthum herausgegeben wurden. In diesen Satiren wird mit Hilfe einer betont römischen, d. h. gravitätisch knappen Sprache, deren allerdings häufig rätselhafte Ausdrucksweise das Verständnis erschwert, für die stoische Philosophie als Lebensform geworben. In Anlehnung an seine Vorbilder Lucilius und Horaz kritisiert Persius die zeitgenössische Literatur (*sat.* 1), den Kult (*sat.* 2), Studenten und Literaten auf ihrem Weg zur Weisheit (*sat.* 3), die mangelnde Selbsterkenntnis (*sat.* 4), die falsche Freiheit (*sat.* 5) und den unrechten Gebrauch der äußeren Güter (*sat.* 6). Im Zentrum seiner Lehre stehen Rationalität, Erziehung und Selbsterziehung, unabhängig davon, ob es um Literatur, Staatsdienst, Bildung oder Wirtschaft geht. Den Niedergang der Literatur führt er auf den Luxus und das Wohlleben seiner Zeit zurück, Heilung verspricht er sich durch Rückkehr zu schärferen Urteilskriterien. Es ist vermutet worden, daß die erste Satire sich auch gegen Nero gewandt hat. Dort heißt es, womöglich in Anspielung auf zwei Nero zugeschriebene Gedichte »Attis« und »Bacchantinnen«: »Kraftlos schwimmt völlig in Speichel /

Das politische Denken der Römer: Vom Prinzipat zum Dominat 547

solches zuoberst im Mund, ganz feucht ist Maenas und Attis, / gibt nicht
Schläge dem Pult, schmeckt nicht nach zerbissenen / Nägeln. / Aber was
frommt's, solch kitzlichen Öhrchen mit beißender / Wahrheit / wehe zu tun?
Gib acht, sonst schließen die Türen der Großen / kalt sich vor dir« (*sat.*
1,105 ff.). Als Anspielung kann außerdem eine Stelle in der dritten Satire gedeutet werden, in der das Verhältnis eines halbherzigen Schülers zu seinem besorg-
ten Lehrer persifliert wird, der ihm Vergnügungssucht und fehlende Pflichterfüllung vorwirft. Vielleicht war für den engen Adressatenkreis dieser schwierigen
Dichtung klar, daß nur der Stoiker Seneca und sein gefährdeter Schüler Nero
gemeint sein konnten. Zu Persius' Lebzeiten (gest. 62 n. Chr.) ging Nero noch
nicht massiv gegen Kritiker vor. Später wäre der junge Dichter wohl ebenso wie
die anderen Literaten und Philosophen im Kreis um Cornutus der Verfolgung
durch Nero nicht entgangen, denn er war zu ehrlich im Zorn über die Zeiter-
scheinungen, zu unabhängig von persönlichen Eitelkeiten und zu begeisterungs-
fähig für die stoisch geprägte republikanische Tradition, um nicht gefährdet zu
sein.

4. Der beste Princeps

Geschichtlicher Überblick

Nero wurde nicht das Opfer republikanisch gesinnter Kreise in Rom, sondern es
bedurfte des Anstoßes von außen, damit sich die Senatsaristokratie von dem
verhaßten Kaiser befreien konnte. Ihren Ausgang nahm die Entwicklung vom
Aufstand des Provinzialrömers C. Julius Vindex, der als Proprätor Gallien verwaltete. Nach einer Folge teilweise unübersichtlicher Ereignisse war Nero völlig
isoliert, so daß ihm keine andere Wahl blieb, als sich selbst das Leben zu nehmen
(68 n. Chr.). Das Ende der julisch-claudischen Dynastie führte zu einer schweren
Krise. Vier Prätendenten hatten sich mit Hilfe des Militärs dem Senat präsentiert
und wurden bestätigt: Galba war, auf das spanische Heer gestützt, noch im Juni
als Kaiser anerkannt worden. Anfang Januar 69 n. Chr. wurde Vitellius von den
Truppen am Rhein zum Kaiser ausgerufen, Mitte des Monats stiftete Otho die
Ermordung Galbas an und wurde als Kandidat der Prätorianer zum Kaiser proklamiert. Mitte April besiegte Vitellius Otho in Norditalien. Anfang Juni erhob
das Heer im Osten Vespasian zum Princeps, der die Truppen des Vitellius dann
Ende Oktober in Norditalien schlug, woraufhin Vitellius im Dezember in Rom
ermordet wurde. Die Nachfolgekämpfe waren mit erbitterten Schlachten, Verwüstungen von Städten und Drangsalierungen der Bevölkerung verbunden. Judäa stand in Aufruhr, bei den Germanen des Niederrheins kam es zum Aufstand
unter Julius Civilis, die militärische Sicherung des Reiches schien zusammengebrochen zu sein.
Titus Flavius Vespasianus, der seit 67 n. Chr. mit der Niederwerfung des jüdischen Aufstandes beschäftigt war, hatte mit Gelassenheit abgewartet, bis die
Kräfte im Kampf um Rom aufgezehrt waren, und es erst dann zugelassen, daß
seine Truppen ihn proklamierten. Da es bei den Nachfolgekonflikten nicht um
unüberbrückbare politische Positionen, sondern nur um den »richtigen« Kaiser

gegangen war, gelang es Vespasian in relativ kurzer Zeit, Ruhe und Ordnung im Reich wiederherzustellen. Die Frage, auf welche Weise ein dem Senat genehmer Kandidat auf den Thron zu bringen war, sollte indessen weiterhin unbeantwortet bleiben. Galba z. B. war zunächst ein Mann nach dem Geschmack führender Kreise im Senat: Nicht nur weil er aus einem altadeligen Geschlecht stammte, sondern weil er den insofern richtigen Weg eingeschlagen hatte, als er sich als Legat des Senats und des römischen Volks ausgab und die Wiederherstellung der Freiheit nach der Tyrannis beschwor. Galba scheiterte wohl in erster Linie, weil er, obwohl schon sehr alt, sich lange nicht zur Designation eines Nachfolgers entschließen konnte. Zu spät präsentierte er dann auch noch einen ungeeigneten Nachfolger, so daß im Zusammenspiel mit anderen Fehlentscheidungen die Prätorianer gegen ihn aufgehetzt werden konnten. Seine Ermordung löste dann die folgenden Kämpfe aus.

Vespasian, der von 69 bis 79 n. Chr. regierte, brachte die Finanzwirtschaft des Reiches in Ordnung, beruhigte die Provinzen, sicherte die Grenzen und verschaffte sich außenpolitisch Respekt. In seinem Verhältnis zum Senat suchte er zunächst an Galba anzuknüpfen. Obgleich er sich als ein Mann des Maßes und der Vernunft erwies, gelang es ihm dennoch nicht, dem Senatsadel die Vorbehalte gegen sich zu nehmen. Die senatorische Opposition war seit ihrem Sieg über Nero anspruchsvoller geworden. Das dynastische Element der Herrschaftslegitimierung war entfallen. In der *lex de imperio Vespasiani* schrieb der Senat die Herrschaftsbefugnisse des Kaisers fest, um einem Abgleiten der kaiserlichen Herrschaft in Willkür vorzubeugen. Die Aristokratie war sich in bezug auf das politische Ethos, an dem der Kaiser gemessen wurde, einiger als je zuvor. Vespasian, der, wie Sueton sich ausdrückt, aus »einer Familie von dunkler Abstammung und ohne bedeutende Ahnen« kam (Suet. *Vesp.* 1,1 f.), stand dem aristokratisch-urbanen Lebensgefühl in Rom fremd gegenüber. Als er sich weigerte, mit den Gefolgsleuten und Helfershelfern Neros den Adel abzurechnen, kam es zu ersten Konfrontationen, die ihn zum Durchgreifen zwangen. Daß er auch den Philosophen in Rom den Aufenthalt untersagte, trug nicht zu seiner Beliebtheit bei. Doch der entscheidende Gegensatz zwischen Vespasian und dem Senatsadel lag in der Nachfolgefrage. Der von Augustus im Prinzip schon anerkannte Anspruch, daß Leistung über den Prinzipat zu entscheiden habe, wurde nun von senatorischer Seite erneut aufgenommen, kollidierte aber mit der Tatsache, daß Vespasian mit Titus und Domitian über zwei regierungsfähige Söhne verfügte, an denen nicht vorbeizukommen war. Als Titus Flavius Vespasianus seinem Vater 79 n. Chr. nachfolgte, gelang es ihm zwar, die Vorurteile, die innerhalb des Adels gegen ihn bestanden, weitgehend auszuräumen, doch sein Bruder, der schon im Jahre 81 n. Chr. den Thron bestieg, war nicht bereit, der aristokratischen Opposition entgegenzukommen. Titus Flavius Domitianus faßte seine Macht als absolut auf und duldete keine Begrenzung seines Willens. Durch die häufige Übernahme des Konsulats und durch die ständige Bekleidung der Zensur wandte er sich offen gegen den Senat. In Analogie zur republikanischen Diktatur verdoppelte er die Zahl seiner Liktoren auf 24, ließ sich mit *dominus et deus* titulieren und ersparte dem Senat auch sonst keine Provokationen. Durch Solderhöhungen und durch Freigebigkeit band er sowohl das Militär als auch die *plebs urbana* als Verbündete gegen die senatorische Opposition an sich und

Das politische Denken der Römer: Vom Prinzipat zum Dominat 549

gab dadurch zu erkennen, daß er auch offene Gewaltanwendung nicht scheute. Zwar gelang es ihm, einen Aufstand der oberrheinischen Armee niederzuschlagen, doch erlag er nach einer längeren Phase des Terrors im Jahre 96 n. Chr. der gegen ihn angestrengten Verschwörung.

Nach der Beseitigung des Tyrannen folgten fünf römische Kaiser, die darauf verzichteten, ihre absoluten Herrschaftsansprüche gegenüber den ideologischen Vorstellungen der Aristokratie offen zu vertreten. So wurde der diesbezügliche Konflikt zwischen prominenten senatorischen Kreisen und den Caesaren für beinahe 100 Jahre (96–180 n. Chr.) weitgehend latent gehalten. Da es schon bei den Auseinandersetzungen des 1. Jahrhunderts von seiten der Aristokratie nicht darum gegangen war, den Senat institutionell zu einem Oppositions- oder Kontrollorgan gegenüber dem Kaiser auszubauen, kam es auch jetzt nicht zu einer solchen Forderung. Und ohne Widerstand aus dem Senat wurde das Kaisertum des 2. Jahrhunderts noch gestärkt, indem die kaiserliche Administration ausgebaut und damit die Realisierung des kaiserlichen Willens verbessert wurde. Als äußeres Zeichen erhöhter kaiserlicher Majestät kann angesehen werden, daß der Kaiserkult in Rom und Italien üblich und die Anrede *dominus* für den Kaiser nicht mehr als Anzeichen für Tyrannis aufgefaßt wurde. Entscheidend war aber für die politische Situation, daß die Kaiser Mäßigung ihrer Herrschaft und gewissenhafte Wahrnehmung ihrer Regierungspflichten in den Vordergrund ihres Handelns rückten. Sie verstanden Herrschaft als Knechtschaft im Dienste der Menschheit, wie es auch Seneca in seinem Dialog »Über die Milde« Nero gegenüber vertreten hatte. Die Vermeidung jeder kaiserlichen Überheblichkeit führte zu einem Klima geistiger Toleranz und humaner Gesittung.

Der Senatskaiser Marcus Cocceius Nerva (96–98 n. Chr.) war 68 Jahre alt, als er den Thron bestieg. In den ersten Monaten seiner Regierung restituierte er einerseits die Opfer der Domitianischen Willkürjustiz und erlaubte es andererseits, daß Rache an den Helfern Domitians geübt wurde. Feierlich schwor er dem Senat, es werde unter seiner Herrschaft keine Todesurteile über Senatoren geben. Hervorragende Vertreter der Opposition unter Domitian wie Verginius Rufus und Frontinus beteiligte er an der Lenkung des Staates. Unter Mitwirkung einer Senatskommission wurden die zerrütteten Finanzen geordnet und die wirtschaftliche Lage in Italien gebessert. Geschickt bannte er die Gefahr einer Verschwörung des Militärs, indem er den Oberkommandierenden der Rheinarmee, Marcus Ulpius Traianus, durch Adoption zum Nachfolger designierte. Schon ein Vierteljahr später wurde Trajan zum ersten aus einer Provinz stammenden Princeps bestimmt. Ein Beleg für die Richtigkeit der Wahl Nervas und für das gute Verhältnis zwischen Senat und Kaiser war es, daß dieser Vorgang ohne weitere Probleme ablief. Die besonderen militärischen Fähigkeiten Trajans gaben seiner Regierung eine einseitige Prägung. Zahlreiche Feldzüge, die er persönlich leitete, machten ihn zu einem der großen Eroberer der römischen Geschichte. Sein Beiname *optimus princeps* bezog sich allerdings nicht nur auf sein Feldherrentalent, sondern vielleicht noch mehr auf sein humanes Herrschertum. Sein plötzlicher Tod auf dem Rückweg eines Zuges gegen die Perser im Jahre 117 n. Chr. löste eine Krise des Staates aus. Die Expansionspolitik hatte die wirtschaftlichen Kräfte des Reiches überfordert. Auch hatte Trajan keine definitiven Bestimmungen über einen Nachfolger getroffen. Unter Mithilfe von Trajans Frau wurde durch eine möglicherweise fingierte Adoption Publius Aelius Hadrianus zum Princeps berufen. Da von ihm eine Absage an die Außenpolitik seines Vorgängers erwartet wurde, kam es zu Spannungen mit ehemaligen Kommandanten Trajans, die seine Abwesenheit vergebens zu einem Anschlag gegen ihn auszunutzen suchten. Nach seiner Rückkehr nach Rom beeilte sich Hadrian, wie sein Vorgänger zu versichern, daß kein Senator vor ein kaiserliches Gericht kommen werde. Aufgrund seiner hohen Bildung verkörperte Hadrian überzeugend den Typus des weisen Monarchen, wie er sich als Ideal herausgebildet hatte. Sein Philhellenismus, der sich unter anderem in seinem Palastbau *(villa Hadriana)* ausdrückte, entsprach dem Zivilisationsbewußtsein des römischen Adels. Er verkannte die Bedeutung des Heeres für seine Stellung nicht und verschaffte sich die Loyalität der Soldaten trotz einer friedlichen Außenpolitik, indem er sich persönlich um die Belange des Militärs kümmerte und zu diesem Zweck eine rege Reisetätigkeit entfaltete. Unter ihm wurde die militärische *disciplina* zur Gottheit erhoben. Seine Reisen kreuz und quer durch das Reich machten seine Herrschaft für die Bevölkerung präsent; er suchte dadurch die Untertanen, die in unterschiedlichsten Kulturen mit je eigenen Traditionen lebten, nicht nur herrschaftlich, sondern auch sozial zu integrieren. Um den Anforderungen des Reiches besser entsprechen zu können, baute er die Reichsverwaltung mit dem zentralen Herrschaftsapparat an der Spitze aus. Das Beratungsorgan des Herrschers, das *consilium principis*, institutionalisierte er, indem nun Senatoren und Ritter förmlich in das Gremium berufen wurden. Juristen ermöglichte er eine zivile Karriere und verschaffte sich dadurch die Spezialisten, die seiner Verwaltungsreform zum Erfolg verhalfen. Es verdüstert das Bild des Herrschers allerdings, daß er gegen Ende seiner Regierung – vielleicht aus geistiger Umnachtung heraus – gegen vermeintliche Verschwörer brutal vorging. Die *damnatio memoriae*, die der Senat über Hadrian zu verhängen wünschte, verhinderte der durch Adoption designierte Nachfolger, T. Aelius Hadrianus Antoninus (138–161 n. Chr.), der ursprünglich nur die Nachfolge für Marc Aurel sichern sollte. Antoninus Pius leitete dann aber für viele Jahre als Augustus zusammen mit dem zum Caesar erhobenen Marc Aurel eine äußerst erfolgreiche und friedliche Regierung. Er führte die Politik im Sinne seines Vorgängers fort und stellte ein gutes Verhältnis zum Senat her. Vor allem werden die humane kaiserliche Rechtsprechung und die sparsame Finanzpolitik unter seiner Regierung gelobt, die hohe Rechtssicherheit des einzelnen und Ermäßigung der Abgaben ermöglichte. Reale Verbesserungen in der Reichsverwaltung und die verstärkte Integration des Adels aus dem Osten in Senat und kaiserliche Administration vor allem seit Hadrian spiegeln sich in der Verherrlichung des römischen Weltreiches durch den griechischen Rhetor und Stoiker Aelius Aristides, der in seiner Rom-Rede aus dem Jahre 143 n. Chr. vom Standpunkt der Reichsbevölkerung aus das Ideal römischer Herrschaft formulierte: Aufgrund der Verwaltung im Sinne eines versachlichten Herrschaftsapparates, der Rechtssicherheit garantiert, wird die römische Welt gleichsam wie eine Polis mit dem Ziel regiert, Friede und Freiheit zu gewährleisten. Die römische Bürgerrechtspolitik ermöglicht es jedem, der will und im Sinne Roms etwas leistet, Bürger zu werden, so daß der Gegensatz zwischen Bürgern und Peregrinen tendenziell aufgehoben und ein römisches Weltbürgertum sichtbar wird. Nicht Überlegungen

Das politische Denken der Römer: Vom Prinzipat zum Dominat 551

traditionell staatsrechtlicher oder staatsethischer Art stehen im Mittelpunkt der Rom-Hymne des Aristides, wenn auch sein Vokabular nicht selten darauf hinzuweisen scheint, sondern Gedanken über die römische Herrschaftspraxis. Die Prinzipien dieser Herrschaftspraxis, Rechtssicherheit und Fürsorge, bewirken Freiheit für jeden einzelnen. Das Römische Imperium verwirklicht also Ziel und Zweck der bestmöglichen Verfassung. Aristides entdeckte mit seiner Argumentation einen originellen Weg, römische Herrschaft für diejenigen Griechen, die ideologisch dem alten mit der Polis verbundenen Freiheitsideal anhingen, akzeptabel zu machen.

Marc Aurel (Marcus Aurelius Antoninus, 161–180 n. Chr.) ließ gleich nach seinem Regierungsantritt Lucius Verus (161–169 n. Chr.), der auf Veranlassung von Hadrian ebenfalls von Antoninus Pius adoptiert worden war, zum gleichberechtigten Mitkaiser ernennen. Marc Aurel bemühte sich, die Linie eines friedlichen Regiments fortzuführen. Allerdings war der »Philosoph auf dem Kaiserthron« durch die äußeren Umstände gezwungen, langwierige Kriege zu führen. Infolge schwerer Kämpfe im Osten und der damit verbundenen Truppenverschiebungen wurde die Pest eingeschleppt, die große Teile der römischen Bevölkerung dahinraffte. Hilfsmaßnahmen, Kriegslasten und kaiserliche Freigebigkeit verursachten inflationäre Tendenzen, die unter seinen Nachfolgern bedrohliche Ausmaße annahmen. Die verbreitete Unsicherheit in der Bevölkerung führte vereinzelt zu Ausschreitungen gegen Christen, denen u. a. fehlender Gemeinsinn vorgeworfen wurde. Die durch Pest und Partherkrieg verursachte Schwächung veranlaßte germanische und sarmatische Völkerschaften, über die mittlere Donau bis an die Nordgrenze Italiens vorzustoßen. Der Stoiker Marc Aurel, der schon für seine Zeitgenossen das Ideal vollkommener Selbstdisziplin und Askese verkörperte, bewältigte die militärischen Probleme, ohne allerdings eine ähnliche Katastrophe für die Zukunft verhindern zu können. Mit seinem Sohn Commodus stellte er dann einen Nachfolger, der nicht nur seine Pläne aufgab, sondern dem humanitären Kaisertum ein Ende bereitete.

Sueton

C. Suetonius Tranquillus wurde um das Jahr 70 n. Chr. vermutlich in Hippo Regius in Nordafrika (Ost-Algerien) geboren. Sein Vater war Offizier und Angehöriger des Ritterstandes. Sueton erhielt die übliche rhetorische Ausbildung in Rom und war zunächst als Advokat tätig. Er schlug dann die prokuratorische Laufbahn ein und bekleidete die Hofämter *a studiis, a bibliothecis* und *ab epistulis*. Während er die beiden ersten Ämter unter Trajan wohl seit 114 n. Chr. innehatte, erreichte er das wichtige Amt *ab epistulis* unter Hadrian 118 n. Chr. und behielt es bis zu seiner Entlassung aus dem kaiserlichen Dienst, wohl im Herbst 121 n. Chr. Sein Freund und Gönner war Plinius der Jüngere, und nach dessen Tod nahm wahrscheinlich C. Septicius Clarus, der von 119–121 n. Chr. Stadtpräfekt war, diese Rolle wahr. Sueton führte anschließend bis zu seinem Tod das Leben eines Privatgelehrten, doch ist darüber wie über das Todesdatum nichts Genaues bekannt.

Aus seinem umfangreichen Werk ist eine Sammelbiographie *De viris illustribus* mit Kurzviten von Dichtern, Rednern, Geschichtsschreibern, Grammatikern und Rhetoren nur fragmentarisch erhalten. Nahezu vollständig ist dagegen sein Opus *De vita Caesarum* überliefert, das zwölf Kaiserbiographien in acht Büchern enthält und um 120 n. Chr. erschienen sein dürfte. Die Kaiserbiographien sind für den Historiker von unschätzbarem Wert, weil Sueton aufgrund seines Darstellungsschemas auch Informationen aus solchen Bereichen sammelt und äußerst gewissenhaft wiedergibt, die in der historiographischen Literatur sonst kaum Beachtung finden: Anekdotisches, Intimitäten und Anstößiges. In all seinen Viten folgt er stets dem gleichen Gliederungsschema: Ein systematisches Mittelstück, das von den Tätigkeitsbereichen und Eigenschaften der Caesaren handelt, wird von zwei chronologischen Teilen eingerahmt, die die Ereignisse von der Geburt bis zur Thronbesteigung und um den Tod der Helden berichten. Während die Kaiserbiographien Suetons in der Antike offenbar sehr beliebt waren und in den folgenden Jahrhunderten als Muster für kaiserliche Lebensbeschreibungen galten, haben sie in der modernen Forschung sehr unterschiedliche Beurteilungen erfahren. In der älteren Literatur wurden Sueton alle Fähigkeiten als Historiker, aber auch als Biograph abgesprochen – er sei nichts als ein fleißiger Notizensammler. Zwar lobte man den kurzen, gedrängten Stil, doch man kritisierte, daß sich kein politisches, religiöses, ethisches oder moralisches Glaubensbekenntnis aus den Biographien herausarbeiten lasse.

In der neueren Literatur wird der Biograph differenzierter gesehen. Eine Analyse der Viten zeigt, daß Sueton ein bestimmtes Herrscherbild und eine bestimmte Prinzipatsidee hatte, die er den Biographien als Maßstab unterlegte. Da er den Zeitraum von Caesar bis zum Tode Domitians anhand der einzelnen Herrscherbiographien kontinuierlich erfaßt und innerhalb der Viten das Schema, mit dessen Hilfe er das Material ordnet, kaum variiert, ergeben sich auch übergreifende Zusammenhänge und Interpretationen. Für Sueton steht der Prinzipat als einzig denkbare Herrschaftsform nicht in Frage. Die Alleinherrschaft legitimiert sich gegenüber der Republik aus geschichtlicher Notwendigkeit. Caesar hatte in den Bürgerkriegen um die Alleinherrschaft gekämpft, während Augustus den ererbten Anspruch gesichert habe. »Er betrachtete es als seine erste Pflicht, den Tod seines Onkels (Caesar) zu rächen und dessen Werk zu erhalten« (*Aug.* 10,1). Es ist nach Sueton also nicht mehr darum gegangen, »den durch die Willkürherrschaft einer bestimmten Gruppe versklavten Staat« zu befreien, wie Augustus selbst sich ausdrückte (*rem publicam… in libertatem vindicavi, RG* 1,1), sondern um die Sicherung der Macht. Die Einwohner von Nursia, die ihren bei Mutina gefallenen Mitbürgern ein Grabmal mit der Inschrift »Sie starben für die Freiheit« errichtet hatten, wurden bestraft (*Aug.* 12). Das alte Ideal der *libera res publica* wird also nicht mehr beschworen. Augustus habe sich vielmehr selbst als Repräsentant der *res publica* und damit der *libertas* aufgefaßt. Der *libertas*-Begriff erfährt damit eine Uminterpretation und wird mit der öffentlichen Sicherheit *(securitas)* identifiziert. Dies erweist sich beispielsweise in der Episode, in der Augustus von alexandrinischen Seeleuten zugerufen wird, »nur dank ihm würden sie leben, dank ihm zur See fahren und dank ihm Freiheit und Wohlstand genießen« (*Aug.* 98,2). Sueton läßt Octavian dem Antonius vorwerfen, daß er sich dem Römertum immer mehr entfremdet habe *(a civili more)* (*Aug.* 17,1), und sich selbst auf den *mos maiorum* sowie auf Elemente der altrömischen Alleinherrschaft berufen (*Aug.* 7,2). Er stellt ihn also bewußt dem Herr-

Das politische Denken der Römer: Vom Prinzipat zum Dominat   553

scherideal Alexanders d. Gr. entgegen, das Antonius vor Augen hatte. Bei der Darstellung des schrittweise unter Wahrung republikanischer Rechtsformen errichteten Prinzipats übergeht Sueton den Akt von 27 v. Chr., den Augustus selbst noch als Rückgabe der *res publica* aus seiner Macht in die Hände des Senats und des römischen Volkes (*RG* 34) beschrieben hatte. Sueton berichtet nur, daß Augustus zweimal erwogen habe, seine Macht niederzulegen. »Aber aus der Überlegung heraus, daß er als Privatmann immer gefährdet sein werde und es unklug sei, die Regierung wieder einer Vielzahl von Personen anzuvertrauen, behielt er die Macht in seinen Händen« (*Aug.* 28,1 f.). Und Sueton begrüßt den Wunsch des Augustus, »als der Urheber der besten Verfassung zu gelten« (*optimi status auctor, Aug.* 28,2), womit die Alleinherrschaft als einzig mögliche Regierungsform anerkannt wird. Augustus erscheint als würdiger Herrscher: »Allen Ständen gegenüber bewies er... seine Freigebigkeit« *(liberalitas) (Aug.* 41,1); er war »mehr auf das öffentliche Wohl als auf Popularität bedacht« (*Aug.* 42,1); »Zahlreich und schlagend sind die Beispiele für Augustus' Milde und Leutseligkeit« (*clementia, civilitas*) (*Aug.* 51,1); »Die Anrede ›Herr‹ *(dominus)* verabscheute er« (*Aug.* 53,1). Zu seinen öffentlichen Audienzen ließ er Plebejer zu und behandelte sie mit großer Freundlichkeit, Senatoren mit Respekt (*Aug.* 53), duldete Kritik (*Aug.* 54 u. 55), setzte sich für seine Freunde und Klienten ein, aber bestand auf Gleichheit vor dem Gesetz (*Aug.* 56). Augustus achtete die überkommene soziale Hierarchie, die Unterschiede des Geschlechts und des Alters (*Aug.* 44) und hielt Distanz zu den Soldaten (*Aug.* 25,1). Er war bei allen beliebt, und alle waren bereit, ihn zu beschenken und zu unterstützen (*Aug.* 57). Er erhielt den Beinamen »Vater des Vaterlandes« *(pater patriae)* in voller Einmütigkeit. Sueton zitiert Augustus' Reaktion auf die Auszeichnung wörtlich: »Da nun alle meine Wünsche in Erfüllung gegangen sind, Senatoren, worum kann ich dann die unsterblichen Götter noch bitten, als daß es mir vergönnt sei, dieses euer Einvernehmen bis zu meinem letzten Tag erhalten zu sehen?« (*Aug.* 58).

In der Augustus-Vita entwickelt Sueton das Modell des Prinzipats und des guten Princeps, an dem die Nachfolger gemessen werden. Seine Sympathien gelten in erster Linie Augustus, Otho und Titus, in zweiter Linie Caesar und Vespasian, während Tiberius, Claudius, Galba und Domitian abgelehnt und Gaius, Nero und Vitellius vollkommen verurteilt werden. Sueton stellt sich in Gegensatz zu den zeitgenössischen Vorstellungen, indem er nicht die Wahl des besten Princeps propagiert, sondern den dynastischen Charakter des Prinzipats betont und ihn als Erbmonarchie auffaßt. An die Stelle des alten republikanischen Freiheitsideals setzt er das Bild, das die offizielle augusteische Propaganda von Freiheit entworfen hatte. Der ideale Princeps steht aber insofern in republikanischer Tradition, als er in Distanz zum Königtum die republikanischen Institutionen respektiert, die überkommene soziale Hierarchie achtet, sich selbst in der Rolle des ersten Bürgers bescheidet und als »Vater des Vaterlandes« sein Handeln aus Verpflichtung zur Fürsorge am Wohle aller ausrichtet. Er tritt seinen Untertanen als gebildeter Aristokrat und nicht als Machthaber gegenüber. Im religiösen Bereich ist er der ideale Herrscher traditioneller Römer, er glaubt an seine Auserwähltheit, beachtet Vorzeichen, nimmt die Verpflichtungen des Staatskultes ernst und zeigt fremden Religionen gegenüber Aufgeschlossenheit.

Es ist vermutet worden, daß sich in diesem Bild des idealen Herrschers die Perspektive des hohen ritterlichen Beamten im Gegensatz zur senatorischen Perspektive ausdrücke, vor allem, weil Sueton keine Begeisterung für die republikanische Freiheit aufbringt und sich offenbar nicht für politische Prozesse interessiert. Doch spiegelt der erste Punkt eher Suetons Sinn für Realitäten, da Anfang des 2. Jahrhunderts niemand aus dem Senatsadel ernstlich an die Wiederbelebung republikanischer Verhältnisse glaubte, geschweige denn dies forderte. Der zweite Punkt ist wohl aus dem literarischen Genus der Biographie zu erklären. Diese stellt bekanntlich anders als erzählende Geschichtsschreibung den Charakter einer Persönlichkeit, deren Lebensweg dargestellt wird, in den Mittelpunkt.

Tacitus

P. Cornelius Tacitus, der wohl größte römische Historiker, wurde etwa 55 n. Chr. wahrscheinlich in der Narbonensis geboren. Er entstammte vermutlich einer ritterlichen Familie und erhielt seine Ausbildung in Rom, wo er sich den Rhetoren M. Aper und Julius Secundus anschloß. Er galt schon in seiner Jugend als großes Rednertalent. Im Jahre 77 n. Chr. heiratete er die Tochter des Konsuls Cn. Julius Agricola, wodurch offenbar seine Ämterlaufbahn befördert wurde, die er noch unter Vespasian begann. Unter Titus war er Quästor, unter Domitian Volkstribun oder Aedil, Quindecimvir und schließlich im Jahre 88 n. Chr. Prätor. Danach verließ er Rom für vier Jahre, wohl um eine Statthalterschaft wahrzunehmen. Im Todesjahr seines Schwiegervaters (93 n. Chr.) kehrte er nach Rom zurück. Nachgewählter Konsul wurde er unter Nerva 97 n. Chr. Im Jahre 100 n. Chr. vertrat er in einem Repetundenprozeß gemeinsam mit dem befreundeten Plinius d. J. erfolgreich die Interessen der Provinz Afrika gegen Marius Priscus. Die Statthalterschaft der Provinz Asia übernahm er um das Jahr 112 n. Chr. Sein Todesdatum ist nicht bekannt; es wird vermutet, daß er in den Anfangsjahren (um 120 n. Chr.) der Hadrianischen Regierung gestorben ist.

Nach dem Regierungsantritt Trajans veröffentlichte Tacitus eine Biographie seines Schwiegervaters Agricola (*De vita Iulii Agricolae*) mit apologetischer Tendenz. Agricola hatte sich nämlich mit dem Tyrannen Domitian arrangiert. Tacitus feiert ihn als Eroberer Britanniens und stellt ihn in versteckter Form als Opfer Domitians dar. Im gleichen Jahr publizierte er eine ethnographische Studie über die Germanen *De origine et situ Germanorum*, deren Charakter und Zweck umstritten ist. Die Sachinformationen im ersten Teil der Schrift über Land, Herkunft und Lebensformen und im zweiten über die einzelnen Stämme der Germanen sind ideologischen Zwecken untergeordnet. Es geht Tacitus um die Werte der Freiheit und der Tugend und um die Frage der potentiellen Gefahr, die von dem unverdorbenen Naturvolk für den römischen Staat ausgeht. In der dritten seiner kleineren Schriften, im Dialog über den Redner *(Dialogus de oratoribus)*, läßt Tacitus die drei berühmtesten Redner ihrer Zeit, Aper, Secundus und Messalla, sich im Hause des Dichters Maternus treffen (um 75 n. Chr.) und über die Ursachen des Verfalls der Beredsamkeit diskutieren. Maternus weist zuletzt auf die Wechselwirkung zwischen dem jeweiligen Stand der Rhetorik

Das politische Denken der Römer: Vom Prinzipat zum Dominat 555

und der politischen Ordnung hin, wonach nur die Republik den Boden für gute Redner bereite, nicht aber die Monarchie. Tacitus begründet mit dieser Schrift, warum er sich von der Rhetorik seiner Zeit ab- und der Geschichtsschreibung zuwendet. Zu Anfang des 2. Jahrhunderts arbeitete er an seinen Historien *(Historiae)*, in denen die Geschichte des flavischen Hauses vom 1.1.69 n. Chr. bis zur Ermordung Domitians behandelt wird. Seit 105 n. Chr. publizierte er wohl einzelne Buchgruppen, bis das Werk 109 n. Chr. in vierzehn Büchern geschlossen vorlag, von denen allerdings nur die ersten vier und der Anfang des fünften Buches erhalten sind. Dabei verzichtete er entgegen seiner Ankündigung *(Agricola* 3,3) darauf, auch die Zeitgeschichte zu behandeln (vgl. *hist.* 1,1). Sein Alterswerk, die Annalen *(Annales)*, stellt die Geschichte seit dem Tode des Augustus bis zu dem Zeitpunkt dar, an dem die Historien einsetzen. Die Annalen umfaßten sechzehn Bücher, von denen Buch 1 bis 4, Teile von Buch 5 und 6, ein Teil von Buch 11, Buch 12 bis 15 und Teile von Buch 16 erhalten sind.

Tacitus begriff sich als Historiker in der Tradition Sallusts, und zwar nicht nur in stilistischer Hinsicht, sondern auch darin, daß er sein gebildetes Publikum nicht nur unterhalten, sondern ihm vor allem politische Moral vermitteln wollte. Die Unterdrückung der freien Meinungsäußerung unter Domitian, die ihn zum Schweigen zwang, brachte ihn dazu, Geschichte mit der ausdrücklichen Intention zu schreiben, das Geschehen für die Nachwelt wertend darzustellen *(ann.* 3,65,1). Der Schlüsselbegriff, mit dem das Werk von Tacitus erschlossen werden kann, ist *libertas.* Es geht ihm zum einen darum, den Verlust der Freiheit im Übergang von der Republik zum Prinzipat zu dokumentieren, und zum anderen darum, zu prüfen, ob Prinzipat und Freiheit (d. h. Meinungsfreiheit und politische Beteiligung des Senats) miteinander vereinbar sind. Um dieses Ziel zu erreichen, analysiert er den Prinzipat schonungslos, und zwar sowohl die Rolle des Kaisers als auch die des Senats. Er schreibt zunächst aus der Sicht des Senators, der sich einerseits mit der Schreckensherrschaft Domitians auseinanderzusetzen und andererseits die politische Haltung derer zu rechtfertigen hat, die, wie er selbst, sich nicht zu einer offenen, existentiell gefährlichen Opposition gegen den Tyrannen bekannt haben. Im *Agricola* setzt Tacitus dem tyrannischen Domitian mit seinem Schwiegervater das ideale Bild eines pflichterfüllten Römers entgegen. »Domitian, von Natur ganz vom Jähzorn *(in iram)* besessen, ..., wurde durch die kluge Mäßigung *(moderatione tamen prudentiaque)* Agricolas beschwichtigt, weil dieser weder durch Trotz noch durch eine nichtige Pose des Freimuts *(inani iactatione libertatis)* Ruhm und Schicksal herausforderte« *(Agr.* 42,3). Die apologetische Absicht wird deutlich, wenn Tacitus fortfährt: »Hieraus mögen alle erkennen, die Unerlaubtes zu bewundern pflegen: Auch unter schlechten Kaisern können bedeutende Männer leben, ja, Nachgiebigkeit *(obsequium)* und loyales Verhalten *(modestia)*, gepaart mit Beharrlichkeit *(industria)* und Tatkraft *(vigor)*, gelangt zur gleichen Anerkennung wie viele von denen, die durch schroffes Verhalten und durch einen für den Staat nutzlosen, aufsehenerregenden Tod *(ambitiosa morte)* sich berühmt gemacht haben« *(Agr.* 42,4). Wenn aber Widerstand nicht der politischen Klugheit entspricht, dann liegt die Lösung des Problems allein in der Auswahl des richtigen Princeps. In der berühmten Galba-Rede *(hist.* 1,15 f.), in der der Princeps die Wahl seines Sohnes und Nachfolgers bekanntgibt, klagt er einerseits die Familie der Julier und Clau-

dier an, unter deren Herrschaft Rom das »Erbstück einer einzigen Familie«
(unius familiae quasi hereditas) gewesen sei, und betont andererseits, daß die
Republik nur dann wiederherzustellen sei, »wenn der unermeßliche Reichsorga-
nismus ohne Lenkung bestehen und sich im Gleichgewicht halten könnte«, und
sagt schließlich: »Als Freiheitsersatz mag es gelten, daß mit uns das Wahlrecht
begann« (loco libertatis erit quod elegi coepimus, hist. 1,16,1). Seine vermittelnde Position wird durch den letzten Satz der Rede nochmals betont, wo er an
seinen Nachfolger Piso gewandt feststellt: »Du hast vielmehr künftig über Menschen zu gebieten, die sich weder in voller Knechtschaft (totam servitutem) noch
in voller Freiheit (totam libertatem) finden können« (hist. 1,16,4). In dieser
Rede hat man das politische Glaubensbekenntnis des Tacitus sehen wollen. Dagegen spricht der historische Kontext, in dem Tacitus Galba die Rede halten
läßt: Mit der Wahl Pisos war nämlich der Untergang Galbas besiegelt, da Piso
über nichts anderes als altadlige Abstammung und persönliche Tugend verfügte
und so weder das politische noch militärische Potential Galbas verstärkte. Die
Begrenztheit der Perspektive in Galbas Rede wird deutlich, wenn man andere
Reden der Historien vergleichend heranzieht. So ergibt sich beispielsweise aus
der Rede, durch die Mucian Vespasian dazu bewegt, um den Prinzipat zu kämpfen, daß nicht der Senat, sondern vielmehr das Militär der entscheidende Faktor
im Kampf um die Macht war, die Wahl des besten Princeps durch Adoption
indessen eine Fiktion. Daß Vespasian zwei erwachsene Söhne hat, »von denen
der eine bereits der Herrschaft fähig wäre« (hist. 2,77,1), gilt Mucian als wichtiges Argument, das Unternehmen zum Wohle des Staates zu wagen. Offenbar
weist Tacitus der Stabilisierung der Macht durch das Haus (domus) des Kaisers
große Bedeutung zu. Die Adoption wird erst dann wichtig, wenn der Herrscher
über keinen natürlichen Erben verfügt. In einem solchen Fall pflegt über die
»Wahl des Besten« nachgedacht zu werden, ohne daß damit allerdings eine
staatsrechtliche Konstruktion gemeint ist.
In den »Annalen« vertieft Tacitus sein kritisches Bild des Prinzipats. Er schildert
den Niedergang des julisch-claudischen Herrscherhauses, die Vernichtung der
Freiheit – meist im Sinne von Redefreiheit – und der Menschenwürde. Seine
Stellungnahme gegen die Gewaltherrschaft wird zunehmend bitterer. Man hat
vermutet, daß Tacitus im Alter – er war nahezu 60, als er die Annalen schrieb –
seine politische Haltung geändert habe. Doch erscheint diese Interpretation angesichts der Vielschichtigkeit und der Doppeldeutigkeit der Annalen zu einfach.
Weder die Republik noch die Zeit des Augustus erfahren eine idealisierende
Darstellung. Im Proömium wird die letzte Strecke auf dem Wege zur Alleinherrschaft folgendermaßen beschrieben: »Pompeius' und Crassus' Macht (potentia)
ging schnell auf Caesar über und Lepidus' und Antonius' Heere (arma) fielen
Augustus zu, der dann unter dem Titel Princeps die Herrschaft (nomine principis sub imperium) über das ganze, durch die inneren Wirren (discordiis civili-
bus) erschöpfte Reich übernahm« (ann. 1,1,1). Die Heere bilden die Grundlage
des Prinzipats, und der Name Princeps verschleiert die absolute Herrschaft. Die
Augusteische Herrschaftspropaganda wird damit in den Annalen von Anfang an
als solche entlarvt. So weist Tacitus darauf hin, daß Augustus die tribunizische
Gewalt als Namen für die leitende Stellung im Staate gewählt habe, »um nicht
den Titel König oder Diktator annehmen zu müssen und doch durch seinen Titel

Das politische Denken der Römer: Vom Prinzipat zum Dominat 557

vor den hohen Staatsbeamten etwas vorauszuhaben« (*ann.* 3,56,2). Die Bewertung des Verfassungswandels durch Tacitus ist denkbar radikal: »So blieb dann bei dem Umsturz der Verfassung nichts von dem alten Geiste lebendig. Jedermann vergaß die Gleichheit *(aequalitas)* und horchte auf die Befehle des Princeps« (*ann.* 1,4,1). Als sich die Nachfolgefrage stellte, »gab es nur wenige, die leere Redensarten über die Güter der Freiheit *(bona libertatis)* machten« (*ann.* 1,4,2). Mit der dynastischen Regelung hatte man sich nach Tacitus bereits abgefunden. Kennzeichnend für den Prinzipat war die erste Maßnahme der neuen Regierung des Tiberius, von der Tacitus berichtet: »die Ermordung des Agrippa Postumus« (*ann.* 1,6,1). Die Situation in der Hauptstadt beschreibt er so: »In Rom warf sich alles der Knechtschaft *(in servitutem)* in die Arme, Konsuln, Senatoren, Ritter« (*ann.* 1,7,1). In dem berühmten »Totengericht« über Augustus setzt sich Tacitus dann in unversöhnlicher Weise mit der offiziellen Prinzipatsideologie der *res gestae* auseinander. Mit der Kumulation von Ämtern und Amtsvollmachten habe Augustus die republikanischen Normen gesprengt. Nicht die Racheverpflichtung *(pietas)* gegenüber seinem Adoptivvater und nicht die Lage des Staates *(tempora rei publicae)*, sondern seine Herrschsucht *(cupido dominandi)* hätten ihn die Initiative ergreifen lassen. Sein Weg zur Macht habe über Bestechung *(corruptas consulis legiones)*, Täuschung *(simulatam Pompeianarum gratiam partium)*, Mord *(caesis Hirtio et Pansa)*, Erpressung *(extortum consulatum)*, Proskriptionen und Betrug geführt (*ann.* 1,10). Da aber die Alleinherrschaft die Alternative zum Bürgerkrieg gewesen sei (*ann.* 1,1,1; 1,9,5), habe man sie als das geringere Übel hinnehmen müssen. Die Herrschaftspraxis des Prinzipats ist nach Tacitus auch unter den Nachfolgern, die sich ebenfalls der Augusteischen Propaganda bedienten, durch Heuchelei, Lüge und Verstellung charakterisiert. Dies treffe nicht nur für die *domus* des Kaisers, also für die Frauen, Kinder, Verwandten und Freigelassenen zu, sondern auch für die Senatoren, die sich, von wenigen Ausnahmen abgesehen, in Schmeichelei und Feigheit übten. Nicht anders verhalte sich die Masse *(vulgus)*, die von einem Augenblick zum nächsten dem einen Princeps huldige und dem anderen akklamiere. Zu diesem politischen Klima gehöre der allgemeine Verlust geistiger Freiheit und der Niedergang der Tugend. Die Majestätsprozesse liefern Tacitus unerschöpfliche Möglichkeiten, die Vergiftung des menschlichen Denkens und Handelns durch die politische Ordnung anzuprangern. Der resignative Zug der Analyse wird nur ganz selten von einer optimistischeren Sicht verdrängt. Wenn Tacitus die Annalen aus der politischen Stimmung seiner Gegenwart geschrieben hat, so war offenbar die Euphorie völlig verflogen, die ihn noch im *Agricola* (3,1) hatte schreiben lassen, mit der Herrschaft Nervas beginne ein Zeitalter, das die unvereinbaren Dinge ›Prinzipat und Freiheit‹ miteinander in Übereinstimmung bringe (zur Tacitus-Rezeption der frühen Neuzeit vgl. Handbuch, Bd. 3, S. 59 ff.).

Plinius der Jüngere

C. Plinius Caecilius Secundus wurde 61 oder 62 n. Chr. in Novum Comum (Como) als einziger Sohn einer reichen ritterlichen Familie geboren. Nach dem frühen Tod seines Vaters wuchs er bei seinem Onkel mütterlicherseits, dem Historiker und Fachschriftsteller C. Plinius Secundus (Plinius der Ältere), auf, der ihn testamentarisch adoptierte. Da sein Adoptivvater über gute Beziehungen zum Hof verfügte – er war ein Vertrauter Vespasians –, wird er die politischen Voraussetzungen geschaffen haben, die Plinius, dem Erben seines großen Vermögens, eine glänzende senatorische Karriere ermöglichten. Durch eine Inschrift aus seiner Heimatstadt (CIL 5263 = Dessau 2927) ist der *cursus honorum* bekannt, der über Militärtribunat (81 n. Chr.?), Quästur (89 oder 90 n. Chr.), Volkstribunat (92 n. Chr.), Prätur (93 n. Chr.), Präfektur der Veteranenkasse (94–96 n. Chr.), Präfektur der Staatskasse (98–100 n. Chr.) zum Suffektkonsulat im Jahre 100 n. Chr. führte. 103 oder 104 n. Chr. veranlaßte der Kaiser, daß Plinius von der altehrwürdigen Priesterschaft der Auguren kooptiert wurde. Während der Jahre 104 bis 107 nahm er die wichtige *cura Tiberis* in Rom wahr und regierte wohl von 110 bis zu seinem Tode 113 n. Chr. als Statthalter in Bithynien und Pontus. Sein wichtigster Lehrer war der Rhetoriker Quintilian; er hatte Umgang mit den geistigen Größen seiner Zeit und war Freund und Gönner für Tacitus und Sueton.

Literarisch trat Plinius als Epistolograph und Panegyriker hervor. Sein Hauptwerk, die Briefsammlung von 248 Schreiben an 105 Adressaten, Freunde und Verwandte, die zwischen 97 bis 109 verfaßt und sukzessive in neun Büchern veröffentlicht wurde, ist auf ästhetische Wirkung hin konzipiert. Die sorgfältig stilisierten Schreiben bieten eine Vielfalt unterschiedlichster Themen: Beschreibungen von Landschaften, Bauwerken und Naturerscheinungen, Lob auf Personen, Berichte über Skandalprozesse vor dem Senat, Gespenstergeschichten, Träume usw. Die wichtigere Quelle für die politische Geschichte der Trajanischen Zeit ist jedoch der 123 Stücke umfassende Briefwechsel zwischen Plinius als Statthalter und seinem Kaiser Trajan, der posthum herausgegeben und als 10. Buch der Briefsammlung angefügt wurde. Größte Berühmtheit haben darin die sogenannten Christenbriefe (*epist.* 10,96/97) erlangt, in denen über die strafrechtliche Behandlung der Christen verhandelt wurde.

Plinius' Lobrede auf Kaiser Trajan hat besondere literaturgeschichtliche Bedeutung, da sie den ersten römischen Panegyrikus mit literarischem Anspruch im Umfange eines ganzen Buches darstellt, der einem noch regierenden Herrscher gehalten wurde. Sieht man von der griechischen Tradition ab, die im Herrscherlob auf »Euagoras« des Isokrates ihr maßgebendes Beispiel hat, so konnte Plinius in der römischen Tradition sowohl an die Gattung der *laudatio funebris*, die Erinnerungsrede auf einen Verstorbenen und seine Ahnen, anknüpfen, als auch im besonderen an Ciceros Rede *Pro Marcello*, durch die Caesar dem Ideal der *res publica* verpflichtet werden sollte, und vor allem an Senecas *De clementia*, worin dem jungen Nero der Weg zum idealen Herrscher beschrieben wurde (vgl. oben, S. 542 ff.). Plinius begründete mit dieser Lobrede, die er aus Dankbarkeit gegenüber dem Kaiser beim Antritt seines Suffektkonsulats am 1. September des Jahres 100 n. Chr. vor dem Senat hielt und wohl im Jahre 101 in überarbeiteter

Das politische Denken der Römer: Vom Prinzipat zum Dominat   559

und erheblich erweiterter Form veröffentlichte, eine neue literarische Gattung und lieferte den Panegyrikern der folgenden Jahrhunderte die Vorlage.

Auch wenn er offenbar von der Einzigartigkeit des *optimus princeps* überzeugt war, dem er den Gewaltherrscher Domitian gegenüberstellte, so ging es ihm ganz wesentlich darum, den Herrscher durch Zuschreibung von Tugenden auf diese zu verpflichten. Gleich zu Beginn stellt er fest, daß Trajan durch Mithilfe der Götter eingesetzt worden sei (*paneg.* 1,4) und als guter Princeps den Göttern zwar gleichen könne (*paneg.* 1,3), daß er ihm aber nicht wie einem Gott schmeicheln werde, »– denn wir reden nicht von einem Tyrannen, sondern von einem Bürger (*de cive*), nicht von einem Herrn (*de domino*), sondern von unserem Vater (*de parente*)« (*paneg.* 2,3). Die Göttlichkeit verdiene der Princeps durch seine Tugend und besonders durch die Wahl eines guten Nachfolgers (*paneg.* 11,3). Während seiner Regierungszeit sei er Stellvertreter Jupiters »gegenüber dem ganzen Menschengeschlecht« (*paneg.* 80,5). Trajan mache zum erstenmal die Bedeutung des Satzes verständlich, der lautet: »Der Princeps steht nicht über den Gesetzen, sondern die Gesetze über dem Princeps« (*non est princeps super leges sed leges super principem*) (*paneg.* 65,1). Neben Tugenden wie Menschlichkeit (*humanitas*), Sparsamkeit (*frugalitas*), Milde (*clementia*), Großzügigkeit (*liberalitas*), Güte (*benignitas*), Selbstbeherrschung (*continentia*), Arbeitsamkeit (*labor*) und Tapferkeit (*fortitudo*) (*paneg.* 3,4) betont Plinius vor allem die maßvolle Haltung (*moderatio*) und Bescheidenheit (*modestia*) Trajans (*paneg.* u. a. 3,2; 56,3), die es ihm erlaubten, auf Ehren zu verzichten (*paneg.* 56,3), zusammen mit den Soldaten unter gleichen Bedingungen zu kämpfen (*paneg.* 13,1), seinen Palast für alle zugänglich zu machen (*paneg.* 47,4 f.), sich nicht von Leibwächtern abschirmen zu lassen (*paneg.* 23,2 f.) usw. Trajan respektiere die überkommene soziale Hierarchie, ehre also besonders die Senatoren und Männer aus der Ritterschaft, pflege einen herzlichen Umgang mit seinen Klienten (*paneg.* 23,1), halte die Freundschaft hoch (*paneg,* 85), aber sei nicht der Sklave seiner Freigelassenen (*paneg.* 88,1). »Wie ein einfacher Bürger (*civile*) und zugleich so, wie es dem gemeinsamen Vater aller (*parenti publico*) aufs beste ansteht, handelt der, der keinerlei Zwang ausübt und sich bewußt ist, daß keinem eine so gewaltige Macht übertragen werden kann, daß die Freiheit (*libertas*) nicht noch willkommener wäre als die Macht« (*paneg.* 87,1). Für die Frage, wie Plinius den Prinzipat als Institution beurteilt, gibt seine Erörterung über das Wesen der Adoption (*paneg.* 7 u. 8) den besten Aufschluß. Plinius behauptet zunächst, daß die Adoption Trajans durch Nerva ein neuer und einmaliger Weg zum Prinzipat sei, daß Trajan sich nicht zu dieser Aufgabe gedrängt habe, daß zwischen beiden keine andere Verbindung bestanden habe als die ihrer herausragenden Tugend. Die Frage, wie diese Sicht mit der Adoptionsvorstellung in der Galba-Rede bei Tacitus zusammenhängt, hat die Forschung intensiv beschäftigt. So wie man inzwischen davon abgerückt ist, in der Galba-Rede das politische Konzept von Tacitus greifen zu können, so zeigt auch hier eine nähere Analyse, daß Plinius keineswegs ein verbindliches Nachfolgeprinzip aufstellen wollte. Plinius argumentiert vom konkreten Fall aus, was sich am Schluß des Panegyrikus bestätigt, wo er Jupiter bittet: »…gewähre ihm später einmal als Nachfolger einen leiblichen Sohn« (*paneg.* 94,5). Darüber hinaus fehlen bei Plinius Überlegungen zur Rolle von Senat, Volk und Militär bei der Auswahl und Bestätigung des zu Adoptierenden. Er setzt voraus, daß es sich um eine Adoption innerhalb des Kaiserhauses handelt, die die Nachfolgefrage definitiv regelt. Der Kaiser bestimmt also seinen Nachfolger. Fehlt aber ein leiblicher Erbe, dann soll die Adoption sich nicht wie während der julisch-claudischen Ära an verwandtschaftlichen oder sonstigen Familienbeziehungen orientieren, sondern soll der Weg sein, mit dessen Hilfe der beste Kandidat auserlesen wird. Plinius denkt bezeichnenderweise nicht darüber nach, ob der ideale Herrscher auch dann zum Mittel der Adoption greifen soll, wenn der leibliche Erbe erkennbar nicht der bestmögliche Nachfolger ist. Er weist nur auf die Erfahrungstatsache hin, daß die Menschen den mißratenen leiblichen Sohn eines Princeps mit größerer Gelassenheit zu ertragen pflegten als den, mit dem der Princeps eine schlechte Wahl getroffen habe (*paneg.* 7,7). Fehle aber der natürliche Erbe, so sei die Wahl des objektiv Besten nicht ins Belieben des Herrschers gestellt, sondern er habe, um das Risiko einer falschen Wahl zu vermeiden, das Urteil der Menschen und der Götter einzuholen. So bilde sich ein Konsens über die Qualität des durch die Götter Vorherbestimmten. Daraus entstehe dann nicht Knechtschaft, »vielmehr unsere Freiheit, Wohlfahrt und Sicherheit« (*paneg.* 8,1 f.).

Plinius bleibt innerhalb des Herrschaftsmodells der Monarchie: Er hat die konkrete Konstellation vor Augen, in der Trajan von Nerva adoptiert wurde, und er formuliert kein neues verbindliches Nachfolgeprinzip. Wie schon Seneca geht es ihm letztlich um die sittliche Bewährung und sachliche Tüchtigkeit des »besten« Princeps.

5. Das spätantike Kaisertum

Diokletianisch-Konstantinische Reichsreform

Als mit der Regierung des Commodus die Reihe von Herrschern, die sich um einen Ausgleich mit dem Senat bemühten, zu Ende ging, wurde eine Entwicklung sichtbar, die auf ein anderes Kaisertum als das von Augustus intendierte hinauslief. Der Senat als Institution wurde zurückgedrängt und die alten Familien des *ordo senatorius* dezimiert. Freigelassene und verdiente Offiziere des Kaisers stiegen in die höchsten Ränge auf. Mit der Verminderung und Entmachtung der Senatsaristokratie war aber die Gefahr der Auflösung des Prinzipats als Rechtsordnung verbunden. Das Militär wurde zum entscheidenden Faktor im innenpolitischen Machtkampf, zumal da seit den Markomannenkriegen unter Marc Aurel die Barbarengefahren immer präsent blieben.

Nach der Ermordung des Commodus (31.12.192 n. Chr.) kam es zu blutigen Bürgerkriegen, aus denen schließlich Septimius Severus, der nicht der Kandidat der Senatsmehrheit war, als Sieger hervorging. Er begründete noch einmal eine Dynastie, die sich bis 235 n. Chr. behauptete. Die Krise der Monarchie unter den Severern spiegelt sich in der pessimistisch gestimmten römischen Geschichte von Cassius Dio, die von Aeneas bis Alexander Severus reicht. Der griechische Geschichtsschreiber, der bereits unter Commodus Senator war, Caracalla nahestand und 229 n. Chr. sogar als Kollege von Alexander Severus sein zweites Konsulat bekleidete, analysiert die eigene Zeit aufgrund einer zweihundertjähri-

Das politische Denken der Römer: Vom Prinzipat zum Dominat   561

gen Erfahrung mit dem Kaisertum. Seine eigenen programmatischen Vorstellungen zur Lösung der Krise verlegt er in der Maecenas-Rede an den Anfang der Prinzipatverfassung und verschafft sich dadurch einen Maßstab zur Beurteilung der nachfolgenden Regierungen. Der Prinzipat des Augustus habe Schlimmeres verhindert, Rom hätte der Sklaverei oder sogar dem Untergang verfallen können (Cass. Dio 47,39,5), doch weise die neue Staatsform die prinzipielle Schwäche auf, daß ihre Funktionsfähigkeit von herausragenden Herrscherqualitäten abhänge, wie Augustus sie gehabt habe. Unter diesem Maßstab gestaltet er nur die Regierung Marc Aurels als einen Höhepunkt der Kaisergeschichte. Von Anfang an hält er die kaiserliche Macht für absolut. Der Kaiser sei nicht an die Gesetze gebunden, sei frei von allem Gesetzeszwang und brauche sich an keine geschriebene Satzung zu halten (Cass. Dio 53,18,1). Als Regulativ gegenüber einem weniger geeigneten Herrscher empfiehlt Dio u. a.; die besten Männer an den Staatsgeschäften zu beteiligen (Cass. Dio 52,15,1–3), die »gesamte Gesetzgebung durch die Senatoren bestätigen« zu lassen und die Gerichtsbarkeit über Kapitalverbrechen von Mitgliedern des Senatorenstandes dem Senat zu überlassen (Cass. Dio 52,31,2 ff.). Alexander Severus, der vielleicht beeinflußt durch Dio den Senatoren wiederum ein höheres Prestige zugestand, ohne allerdings die Bevorzugung der Ritter in der Reichsverwaltung aufzuheben, fand ein gewaltsames Ende, und es folgte eine weitgehende Lösung des Kaisertums vom Senat. Für ein halbes Jahrhundert ging jede Stabilität verloren, und das Reich drohte nicht nur von außen durch Germaneneinfälle und durch das Erstarken des Perserreiches, sondern auch von innen durch Wirtschaftskrise, Epidemien, Bürgerkriege usw. zerstört zu werden. Es bildeten sich zeitweilig Sonderreiche, so in Gallien unter Postumus und Tetricius (259–274 n. Chr.) und in der östlichen Handelsmetropole Palmyra unter Odaenathus und Zenobia (262–273 n. Chr.). Eine große Zahl von ihren Truppen erhobener Kaiser, die im Durchschnitt nicht länger als zweieinhalb Jahre regierten, kämpfte fast ununterbrochen gegen innere und äußere Feinde und hatte unabhängig von den Nöten des Staates zunächst jeweils die Interessen ihrer Soldaten zu befriedigen. Mit diesen sogenannten Soldatenkaisern ging nun weitgehend die Einbindung der monarchischen Gewalt in die Rechtsordnung und die politisch-ethische Kultur der Senatsaristokratie verloren. Der dynastische Gedanke, der dem Kaisertum eine gewisse Stabilität gegeben hatte, auch wenn das Ernennungsrecht des Senats daneben formal weiterbestand, wurde ebenfalls zurückgedrängt. Das in erster Linie auf den Soldaten ruhende Kaisertum vermochte keine ihm übergeordneten Ideen zu entwickeln und blieb auf die nackte Gewalt reduziert. Auch die Abwehr der äußeren Feinde, um die sich alle mehr oder weniger aus Selbsterhaltung bemühten, schuf keine neue Legitimität. Schließlich setzte sich die Einsicht durch, daß das Kaisertum auf neuer Grundlage stabilisiert werden müsse. Gallienus (260–268 n. Chr.) nahm nicht nur den Senatoren die obersten Kommandostellen des Heeres und leitete so die Trennung von Zivil- und Militärgewalt ein, sondern suchte die Kräfte des Neuplatonismus für die innere Stabilisierung des Reiches zu nutzen, überschätzte jedoch die Integrationsmöglichkeiten eines philosophisch begründeten Staatsethos. Aurelian (270–275 n. Chr.) setzte die militärische Konsolidierung fort und wandte sich der religiösen Fundierung seines Kaisertums zu, indem er den offiziellen Staatskult des *Deus Sol Invictus* mit eigenem pontifikalen Priesterkollegium einrichtete. Doch war wohl seine Regierung zu kurz, als daß der solare Monotheismus die vielfältigen religiösen und weltanschaulichen Strömungen der Zeit auf sich hätte zentrieren können. Diokletian (284–305 n. Chr.) glaubte das Militär auf die alten römischen Tugenden verpflichten und die Autorität der alten römischen Staatsgötter wiederherstellen zu können. Er bekämpfte alles Fremde und insbesondere die neupersische Religion des Manichäismus, deren Begründer Mani 276 n. Chr. zwar vom persischen König Bahram hingerichtet worden war, aber dessen Lehre sich durch missionierende Kaufleute bis nach Spanien verbreiten konnte. Die Auseinandersetzung auch mit dem Christentum war damit vorgezeichnet. Voraussetzung für den Erfolg seiner Aktivitäten im religiösen und ideologischen Bereich war aber, daß ihm die Reorganisation der kaiserlichen Regierung gelang. Da er an mehreren Fronten die äußeren Feinde abzuwehren und ständig mit Usurpatoren zu rechnen hatte, richtete er nach und nach eine mehrstellige Reichsspitze ein. 286 n. Chr. ernannte er seinen Freund Maximianus zum Mitregenten und Augustus, und 293 n. Chr. wählten sich beide Augusti jeweils einen militärisch begabten und zuverlässigen Mann als Helfer und Mitregenten, der Caesar genannt wurde. Diokletian übernahm den Osten des Reiches und teilte dem von ihm ernannten Caesar Galerius die Balkanhalbinsel mit den Donauprovinzen zu, während Maximianus den Westen erhielt und unter seiner Oberaufsicht Konstantius Chlorus die gallischen Provinzen und Britannien regieren ließ. Es gab nun konsequenterweise vier oberste Verwaltungen mit regional differenzierten Kompetenzen, denen jeweils ein Prätorianerpräfekt vorstand. Da es um militärische Effektivität ging und durch die Teilung des Oberbefehls das Heer insgesamt vergrößert worden war, mußten die Anstrengungen vermehrt werden, Besoldung und Versorgung der zivilen wie militärischen *militia* sicherzustellen. Um dieses Ziel zu erreichen, trieb Diokletian die Verwaltungsreform weiter und ergriff z. T. gravierende wirtschaftspolitische Maßnahmen. So verkleinerte er z. B. die Provinzen, so daß sich ihre Zahl von 50 auf 98 annähernd verdoppelte, um vor allem die Steuererhebung effektiver zu gestalten. Italien nahm er seinen Sonderstatus. Auch hier verstärkte er nur eine Tendenz, die seit den Severern zu beobachten ist und die zur Herausbildung eines sich selbst kontrollierenden Verwaltungssystems, der sogenannten Diözesanverwaltung, führte. In diesem Zusammenhang ist auch die große Steuerreform von 297 n. Chr. zu sehen, die u. a. mit dem Versuch einer staatlichen Lohn- und Preiskontrolle sowie mit der Bemühung um ein stabiles Währungssystem verbunden war. Diokletian hat die in seinem tetrarchischen System liegende Gefahr einer realen Teilung des Reiches gesehen und entsprechende Vorkehrungen getroffen. Alle vier Herrscher waren Herrscher des Gesamtreiches. Die Gesetze beispielsweise wurden im Namen aller erlassen und galten reichsweit. Zwischen den Augusti gab es eine Autoritätsdifferenz, so daß Diokletian praktisch die Oberherrschaft wahrnahm. Den rangniedrigeren Caesares wurde der Aufstieg zum Augustus in Aussicht gestellt, und die Familien der Regenten wurden durch dynastische Adoptionspolitik miteinander verbunden. Diokletian adoptierte Maximinian, und beide adoptierten ihre Caesares, die wiederum zusätzlich die Töchter ihrer Augusti zu heiraten hatten. 305 n. Chr. traten Diokletian und Maximian zurück, ließen ihre Caesares nachrücken und ernannten als neue Caesares Flavius Severus und Maximi-

Das politische Denken der Römer: Vom Prinzipat zum Dominat   563

nus Daia, die mit den neuen Augusti allerdings nur entfernt verwandt waren. Da indessen das System auf dem dynastischen Prinzip aufgebaut war, das die Entscheidung Diokletians über die Caesares von 305 nicht genügend berücksichtigte, brachen bald wieder Kriege aus, in denen die Söhne der neuen Augusti um ihre Thronrechte kämpften. Der Sieg Konstantins über Licinius 324 n. Chr. führte zur Alleinherrschaft und begründete eine neue Dynastie, die sich bis 363 n. Chr. behauptete. Von Ausnahmen abgesehen (Konstantin 324–337; Konstantius II. 353–360; Julian 361–363; Theodosius I. 394/5 n. Chr.), wurde aber auch in der Folgezeit die kaiserliche Gewalt unter mehreren Herrschern geteilt, und zwar nunmehr unter Mitgliedern des kaiserlichen Hauses. Neben die Pluralität der kaiserlichen Gewalt (in der Regel zumindest eine Zweiteilung in einen östlichen und westlichen Reichsteil) und neben die Anerkennung des dynastischen Prinzips bei der Nachfolgeregelung trat seit Diokletian verstärkt ein weiterer das spätantike Kaisertum stabilisierender Faktor, nämlich die Überhöhung der kaiserlichen Majestät. Bei einer Epiphanie, die am 21. 7. 287 in allen Militärlagern und Provinzen gefeiert wurde, ließ Diokletian sich zum Sohn Jupiters mit dem Titel *Iovius* und Maximian zum Sohn des Hercules mit dem Titel *Herculius* erheben: Kraft göttlichen Rechts und göttlicher Abkunft regierten die Augusti die Welt. Das äußere Auftreten des Kaisers im Ornat, das seine Person zurück- und seine Würde hervortreten ließ, das strenge Hofzeremoniell, das die Majestät von den Untertanen trennte und eine Annäherung nur auf den Knien (Proskynese) gestattete, und die Betonung von Insignien und Symbolen (Zepter, Globus und Diadem) machten die formalisierte Darstellung der absoluten Monarchie zum zentralen Charakteristikum des spätantiken Kaisertums. Die Formalisierung war so vollkommen, daß das Kaisertum selbst von einem kleinen Kind repräsentiert werden konnte. Allerdings führte Diokletian diese Elemente kaiserlicher Selbstdarstellung nicht erst in Anknüpfung an persische Vorbilder ein, wie die ältere Forschung noch meinte, sondern setzte nur den Schlußpunkt einer längeren Entwicklung.

Die Verfassung des spätantiken römischen Staates beruht im wesentlichen auf den Maßnahmen von Diokletian und Konstantin. Konstantin trieb die Verwaltungs- und Heeresreform mit stark zentralisierenden Effekten weiter. Zwar wurde durch die Bürokratisierung die Erschließung von Ressourcen erleichtert, aber gleichzeitig war damit auch eine erhöhte Krisenanfälligkeit verbunden, da Fehler bzw. Schwächen der Zentrale sich nun intensiver auswirkten. Insgesamt gelang es Konstantin jedoch, das Fundament des Reiches zu festigen. Durch die Schaffung des Solidus, einer wertbeständigen Goldmünze, stabilisierte er das Währungswesen. Mit Hilfe insbesondere einer umfangreichen staatlichen Baupolitik, die sich auf Verteidigungsanlagen, Kirchen und andere städtische Bauten bezog, und durch den Ausbau des alten Byzanz zu einem »Neuen Rom« (330 n. Chr. eingeweiht) wurde so viel neues, stabiles Geld in Umlauf gebracht, daß sich die Geldwirtschaft wieder durchzusetzen begann und es in verschiedenen Regionen des Reiches zu einem Wirtschaftsaufschwung kam. Im gesellschaftlichen Bereich trat eine gewisse Entspannung ein, weil der Kaiser wiederum vermehrt Mitglieder des Senatorenstandes für die hohen zivilen und militärischen Ämter heranzog. Die These, wonach unter Konstantin die Einführung persönlichen Zwanges im Bereich von Berufsausübung und ererbtem Stand erfolgt sei, wodurch sich tendenziell die staatliche Reglementierung auf alle Bereiche des gesellschaftlichen Lebens erstreckt habe, wird jüngst in Frage gestellt. Diese auf der Interpretation von Rechtsquellen beruhende Annahme ist zum einen problematisch geworden, weil methodische Überlegungen daran zweifeln lassen, daß es so ohne weiteres möglich ist, von gesetzlichen Bestimmungen auf die gesellschaftliche Wirklichkeit zu schließen, und zum andern, weil bei der Interpretation der einschlägigen Rechtsquellen häufig die notwendige Unterscheidung zwischen Personen- und Sachenrecht nicht erfolgte, so daß sich hinsichtlich der persönlichen Freiheit der Bürger ein differenzierteres Bild abzeichnet.

Für die Entwicklung des spätantiken Kaisertums bedeutsamer war jedoch Konstantins Hinwendung zum Christentum. Er hatte sich, als er bei der Neuordnung der Tetrarchie (305 n. Chr.) übergangen worden war, an den Hof seines Vaters geflüchtet. Dessen Tod (306 n. Chr.) veranlaßte die Truppen, Konstantin zum Augustus auszurufen. Galerius erkannte ihn zwar als Caesar an, doch Konstantin war nicht der einzige, dessen Ansprüche zu berücksichtigen waren. In Italien hatte sich Maxentius, der Sohn von Maximian, zum Augustus proklamieren lassen. Maximian seinerseits griff in die Auseinandersetzungen ein. Auf der Kaiserkonferenz in Carnuntum 308 n. Chr. wurden Maximian und sein Sohn vom Kaiserkollegium ausgeschlossen, Licinius zum Augustus erhoben und Konstantin zum Caesar herabgestuft. Konstantin, der eigenmächtig den Augustusnamen führte, konstruierte sich dafür eine geburtsrechtliche Legitimationsgrundlage, indem er sich auf eine fiktive Abstammung von Claudius Gothicus berief und Apollo-Sol als Schutzgott annahm. Als Galerius 311 n. Chr. starb, der vorher die von Diokletian 303 n. Chr. eingeleitete Christenverfolgung durch sein Toleranzedikt beendet hatte (vgl. unten, S. 607), waren Maximinus, Konstantin und Licinius Augusti, und Maxentius behauptete sich als Usurpator in Italien. Im Einverständnis mit Licinius zog Konstantin gegen Maxentius, der in der berühmten Schlacht an der Milvischen Brücke vor Rom (312 n. Chr.) besiegt wurde und sein Leben verlor. Konstantin soll den Sieg im Zeichen des Christengottes errungen und sich daraufhin offiziell dem Christentum zugewandt haben. Im Mailänder Edikt (313 n. Chr.) einigten sich Licinius und Konstantin auf Religionsfreiheit für das Christentum und die heidnischen Kulte. Die Christen, die sich in den vergangenen Jahrhunderten eine feste, allerdings staatlich nur geduldete Organisation innerhalb der *res publica* gegeben hatten, waren durch die Verfolgung in eine noch größere Distanz zum Staat geraten. Jetzt wollte Konstantin sie als Kraft gewinnen, um den Zusammenhalt des Staates zu festigen. Er gestand der christlichen Kirche Vergünstigungen zu, die über das hinausgingen, was die heidnischen Kulte besaßen, und befreite vor allem christliche Kleriker von den öffentlichen Lasten *(munera publica)* und der Mitgliedschaft im Dekurionenrat. Damit behandelte er die Kirche als Körperschaft des öffentlichen Rechts. Die Freilassung von Sklaven vor versammelter Kirchengemeinde wurde ebenso staatlich anerkannt wie bischöfliche Gerichtsbarkeit. Doch blieb der Kaiser als *pontifex maximus* oberster Priester des Staatskultes und ging in der Tradition des römisch-rechtlichen Staatsgedankens davon aus, daß ihm auch die politisch-rechtliche Leitung der christlichen Kirche zustehe. Seine Religionspolitik zielte also zunächst auf ein Nebeneinander der alten Kulte und des Christentums ab. Die Zuwendung Konstantins zum Christentum hatte einerseits gravie-

Das politische Denken der Römer: Vom Prinzipat zum Dominat   565

rende Auswirkungen auf das Kaisertum, weil die Herrschaft nun zunehmend mit einer politischen Theologie gerechtfertigt wurde, deren wesentliche Elemente der neuen Religion entstammten, und wirkte andererseits auf die Entwicklung der christlichen Kirche zurück, die sich plötzlich mit Eingriffen des Kaisers auseinanderzusetzen hatte. Der Bischof Eusebius von Caesarea, ein Freund Konstantins, hat sich nach dem Sieg über Licinius 324 n. Chr. darum bemüht, die Wesenszüge des christlichen Kaisers zu erfassen und darzustellen.

Eusebius von Caesarea

Es ist weder bekannt, wann und wo Eusebius von Caesarea geboren ist, noch von welcher rechtlichen und sozialen Stellung seine Eltern waren. Einige Anhaltspunkte sprechen immerhin dafür, daß er um 260 geboren wurde und um 340 n. Chr. gestorben ist. Durch seinen Lehrer Pamphilos wurde er zur Wissenschaft im Sinne des Origines angeregt. Origines (185–253/4 n. Chr.) war wohl der bedeutendste christliche Philosoph und Theologe des 3. Jahrhunderts n. Chr. (vgl. unten, S. 603 f.). Er wurde 230 n. Chr. zum Presbyter geweiht, gründete in Caesarea eine Schule, in der er den jungen Theologen die für die Auseinandersetzung mit griechischer Philosophie und Gnosis notwendige Bildung vermittelte, und schuf neben textkritischen Arbeiten eine großartige Synthese zwischen christlichem und griechischem Denken. Pamphilos, der sich in Caesarea aufhielt, um das wissenschaftliche Erbe des Origines zu bearbeiten, wurde im Zuge der Diokletianischen Christenverfolgung 307 n. Chr. verhaftet und starb zwei Jahre später den Märtyrertod. Eusebius überstand die Verfolgung unversehrt, vielleicht weil er sich zeitweilig nicht in Caesarea aufhielt. Um 313 n. Chr. wurde er Bischof der Gemeinde von Caesarea, die er bis zu seinem Tode leitete. In seinem Denken war er von Origines zwar stark beeinflußt, entwickelte aber doch wohl vor allem in bezug auf die Deutung der Kirchenwirklichkeit Eigenständigkeit und hat wahrscheinlich auch »die theologische Schule von Caesarea« nicht fortgeführt. Sein Schrifttum ist teils noch vom Geist der Verfolgungszeit geprägt – so bemüht er sich z. B. um den Nachweis der Vernunftsgemäßheit des christlichen Glaubens –, teils weist es schon über die Apologetik hinaus. Zu den apologetischen Schriften können auch seine beiden historischen Werke gerechnet werden, eine in Tabellenform abgefaßte Weltchronik und eine Kirchengeschichte in zehn Bänden, die in mehreren Überarbeitungen schließlich bis 324 n. Chr. führte. Letztere ist die wichtigste historiographische Quelle für die Geschichte der frühen Kirche. Seine Schriften zur Bibelkritik und Exegese, seine dogmatischen Schriften und seine Briefe, von denen allerdings nur drei vollständig erhalten sind, gelten als weniger bedeutend. Seine panegyrischen Schriften, Reden und Predigten dagegen haben große Beachtung gefunden, insbesondere seine *Vita Constantini* in vier Büchern und die *laudes Constantini*, welche zwei Reden ganz unterschiedlichen Inhalts umfassen, nämlich die Tricennatsrede zum dreißigjährigen Regierungsjubiläum von Konstantin und eine Rede, die dem Kaiser zur Einweihung der Grabeskirche in Jerusalem überreicht wurde *(Basilikós)*. Als Bischof von Caesarea wurde Eusebius in den Streit um den Arianismus verwickelt und erlangte durch seine vermittelnde Haltung das Wohlwollen des Kaisers. Der Bischof von Alexandrien, Alexander, hatte seinen Presbyter

Arius wegen eines Schulstreits exkommuniziert, in dem es um die Frage der Gottgleichheit oder Gottähnlichkeit Christi ging. Arius, der lehrte, daß Christus als Sohn Gottes ein Geschöpf und ein Geschaffenes sei, fand in Eusebius zunächst einen Bundesgenossen. Eine Synode von Caesarea bestätigte Arius als orthodox, während auf der Synode von Antiochien die Theologie Alexanders als rechtgläubig bezeichnet und u. a. auch Eusebius exkommuniziert wurde. Konstantin, dem es ganz wesentlich um die Einheit der Kirche ging und der die aufgeworfenen Fragen für randständig hielt, brachte schließlich eine Reichssynode in Nicäa zustande, auf der er die *homoousios*-Formel (Christus als »wesensgleich« mit Gott) durchsetzte, die auf einen Kompromißvorschlag von Eusebius zurückging, aber zum Ausschluß der Arianer führte.

Eusebius wurde zu einem bedeutenden Bundesgenossen des Kaisers bei dessen Bemühungen, die Unterstützung der Kirche für die Konsolidierung des Reiches zu gewinnen. Schon in Eusebius' Kirchengeschichte wird die Verbindung zwischen der jüdisch-christlichen Tradition der göttlich gelenkten Heilsgeschichte mit dem römischen Weltreichsbewußtsein hergestellt und das Römische Imperium positiv als Ordnungsmacht gewürdigt, die einen Damm bildet gegen das von außen anstürmende Chaos und die entsprechend dem göttlichen Heilsplan die zunehmende Ausbreitung der Kirche ermöglicht. Das Erscheinen Christi und die Gründung des Imperiums durch Augustus fallen durch providentielle Fügung zusammen. Die Geschichte, die bei Eusebius mit dem Sündenfall beginnt, mit Abraham in eine zweite Phase eintritt, in der das Erscheinen Christi vorbereitet wird, und in einer dritten Phase dann durch Christus zur Stiftung der Kirche führt, läuft auf den Sieg der Kirche und die Christianisierung des Imperium Romanum hinaus. Unter Konstantins Regierung bricht für die Kirche und die Welt die Heilszeit an. Eusebius preist in Konstantin den, der die Welt von der Verblendung gegenüber Gott befreit und der wahren Gottesverehrung den Weg gebahnt habe. Allerdings galt das Lob wohl weniger dem Kaiser als Person als vielmehr dem Instrument Gottes.

In einem weiteren Punkt leistete der Bischof für den Kaiser politisch-theologische Entwicklungsarbeit. Die Christen hatten in den ersten drei Jahrhunderten eine eigene Rechtsordnung und Amtshierarchie ausgebildet, in der ein christliches Kaisertum nicht vorgesehen war. Konstantin andererseits nahm mit der Anerkennung der christlichen Gemeinden als Körperschaften des öffentlichen Rechts entsprechend dem *ius publicum* und in seiner Eigenschaft als *pontifex maximus* die Aufsicht über die Kirche wahr. Der Kaiser, obgleich ungetauft und nach dem kirchlichen Amtsverständnis weder Priester noch Bischof, sah sich als oberster Richter in Disziplinar- und Glaubensangelegenheiten, betrachtete die auf den Reichssynoden versammelten Bischöfe als sein Beratungsgremium *(consilium)* und fühlte sich prinzipiell berechtigt, auch unabhängig von bischöflichen *consilia* theologische Entscheidungen zu treffen. Eusebius hat die Vorstellung des christlichen Hohenpriesters Konstantin, orientiert an seinem exegetisch fundierten Bild des Hohenpriesters Christus, in das christliche Weltverständnis eingeführt. Nach dieser Konzeption, die der Tricennatsrede zu entnehmen ist, tritt neben den Priesterstand aller getauften Christen und den Stand der Inhaber des kirchlichen Priesteramtes der Stand des Hohenpriesters auf dem Kaiserthron, wodurch Konstantins Stellung, obgleich er außerhalb der Gemeinschaft der Ge-

Das politische Denken der Römer: Vom Prinzipat zum Dominat 567

taüften und der kirchlichen Amtspriesterschaft stand, der politischen Wirklichkeit entsprechend theologisch begründet wird. Die Herrschaft des römischen Kaisers über den ganzen Erdkreis steht für Eusebius in Analogie zur Herrschaft Christi über das Universum: Dem einen Gott entspricht der eine Kaiser. Wie die Kirche hat auch der Kaiser die Aufgabe, für die Ausbreitung der Heilsbotschaft in der Welt zu sorgen. Dabei ist er das Instrument, mit dessen Hilfe Gott seine Pläne verwirklicht. Im Rahmen dieser »politischen Theologie« knüpft Eusebius an die Tradition des Herrscherlobs an, indem er Konstantin als idealen Herrscher verherrlicht, der die göttlichen Tugenden spiegelt. Der Kaiser erscheint als wahrer Philosoph und Freund Gottes, der sich mäßigt und die irdischen Dinge um des himmlischen Königreichs willen geringschätzt, der weise, vernünftig und gerecht ist. Auch die Schrift »Über das Leben Konstantins« *(De vita Constantini)*, die nach dem Tode des Kaisers für dessen Söhne verfaßt wurde, steht in der Tradition des hellenistischen Idealherrschers, ist aber dahingehend umgeformt, daß nunmehr Christus zum Vorbild des Herrschers wird und der christliche Kaiser die Herrschaft Christi über die Erde verwirklicht. Allerdings widersprach es Eusebius' Konzept einer Analogie zwischen göttlicher und kaiserlicher Monarchie, daß die Alleinherrschaft Konstantins durch die Herrschaft seiner Söhne abgelöst wurde, die polytheistisch interpretiert werden konnte. Er löste dieses Problem, indem er die monarchische Herrschaft Konstantins über dessen Tod hinaus mit Hilfe des Bildes vom Sonnenwagen darstellte, der von vier Pferden gezogen und von Konstantin gelenkt wird *(vita Const.* 4,73), Konstantin herrscht also in seinen Söhnen weiter über die Erde. Die dynastische Fortsetzung der Konstantinischen Monarchie kann insofern als Abbild der göttlichen Monarchie gedeutet werden, als der Vater durch den Logos, der Logos durch die Engel in Ewigkeit über den Kosmos herrscht *(laus Const.* 4). Dieses Modell einer harmonischen Entsprechung zwischen Himmel und Erde, Kirche und Staat, Politik und Religion und vor allem Gott und Kaiser entwickelte sich zur ideologischen Grundlage des byzantinischen Staates.
Eusebius ist von J. Burckhardt als der »erste durch und durch unredliche Geschichtsschreiber des Altertums« bezeichnet worden, andere Forscher haben in ihm den »Hoftheologen« bzw. »ersten politischen Theologen« gesehen. Die neuere Forschung versucht demgegenüber durch eine stärkere Berücksichtigung von Gattungsgesetzen, theologischen Überzeugungen und zeitspezifischen Auffassungen, Eusebius gerechter zu beurteilen. Festzuhalten bleibt, daß die Theologie des Eusebius dem Kaisertum die Möglichkeit gab, den Monotheismus zur theologischen Grundlage des neuen christlichen Imperiums zu erheben und damit im christlichen Kaiser entsprechend der bisherigen heidnischen Vorstellung den Stellvertreter Gottes auf Erden zu erblicken. Damit war verbunden, daß die Christen an der weiteren Ausgestaltung des höfischen Zeremoniells keinen Anstoß nahmen. Bezeichnenderweise gab für die Schilderung des Hofstaates Gottes bei Eusebius das kaiserliche Zeremoniell die Vorlage ab. Auch hat der Bischof durch seine Geschichtskonzeption der römischen Tradition dadurch eine bruchlose Fortexistenz ermöglicht, daß er Augustus und Konstantin durch ihre providentielle Rolle miteinander verband. Schließlich schuf seine Theologie die Voraussetzung für die Übernahme der *Roma-aeterna*-Idee durch die Christen. Die Gefahren in der Entwicklung des Christentums zur Staatsreligion lagen zum

einen im Verlust der christlichen Glaubenseinheit, da die Spaltung der Kirche unweigerlich Gefahren für die Einheit des Reiches nach sich ziehen mußte, zum andern im Zweifel an der kirchlichen Position des Herrschers, mit dem notwendig Legitimationsprobleme und Autoritätsverfall verbunden waren.

Julian Apostata

Die Aufteilung des Reiches unter die Söhne Konstantins führte zu Erbstreitigkeiten. Im Blutbad von Konstantinopel 338 n. Chr. wurde fast die ganze Verwandtschaft der konstantinischen Stiefbrüder bis auf Gallus und Julian ausgelöscht. Konstantin II. fiel dann den Auseinandersetzungen mit Constans (340 n. Chr.) zum Opfer, Constans seinerseits der Usurpation des Magnentius (350 n. Chr.). Im Kampf um die Alleinherrschaft siegte schließlich Konstantius II. (353 n. Chr.) und stellte die Universalmonarchie wieder her. In Anknüpfung an die Politik seines Vaters versah Konstantius II., der kinderlos war, seine beiden Neffen, Gallus und Julian, mit dem Caesartitel. Gallus wurde schon 351 n. Chr. ausgezeichnet, aber bereits drei Jahre später wegen usurpatorischer Absichten in Konstantinopel hingerichtet. Julian erhielt 355 n. Chr. den Titel und in Gallien ein Provinzkommando. Nach der Vernichtung seiner Familie war er am kaiserlichen Hof aufgewachsen, hatte eine strenge christliche Erziehung genossen und neben christlicher Theologie auch die Werke der Neuplatoniker Porphyrios und Jamblichos studiert. Im Jahre 351 n. Chr. trat er offenbar zum Heidentum über und nutzte in den folgenden Jahren die vom Kaiser gewährte Bewegungsfreiheit, um sich mit den Gedanken bedeutender Gelehrter seiner Zeit und heidnischen Mysterien vertraut zu machen. Später gab der Kirchenvater Gregor von Nazianz ihm den Schimpfnamen *Apostata*, der Abtrünnige. Der junge Caesar erwies sich in Gallien als hervorragender Truppenführer, als er 357 n. Chr. die Alemannen, die Konstantius gegen den Usurpator Magnentius selbst ins Land gerufen hatte, in einer Schlacht bei Straßburg schlug. Mit einem weiteren Sieg bei Mainz zwang er die Germanen, die alten Grenzen anzuerkennen. Eine geschickte Ansiedlungspolitik und administrative Fähigkeiten im Steuer- und Rechtswesen ließen seinen Ruhm bis nach Osten dringen. Kaiser Konstantius, durch die Perser bedrängt und mißtrauisch geworden, forderte seinen Caesar auf, die besten Truppen nach dem Osten zu verlegen. Die Soldaten weigerten sich jedoch, hoben Julian auf den Schild und riefen ihn zum Augustus aus. Als die Verhandlungen mit Konstantius scheiterten, durch die Julian einen Bruch zu vermeiden suchte, stellte er sich auf eine militärische Entscheidung der Herrschaftsfrage ein und zog mit seinen Truppen nach Osten. Der Tod des Kaisers, der Julian, noch bevor er starb, zu seinem Nachfolger bestimmt haben soll, löste die gefährliche Situation. Im Dezember 361 n. Chr. hielt Julian als in Ost und West anerkannter alleiniger Augustus Einzug in Konstantinopel. Er dankte Helios und Zeus mit Opferungen für die Vermeidung des Bürgerkrieges und bekannte sich öffentlich als Heide. Obgleich seine Herrschaft nur zwei Jahre dauerte – auf einem Feldzug gegen die Perser wurde er tödlich verletzt und starb im Alter von zweiunddreißig Jahren am 26. 6. 363 n. Chr. –, machte er auf seine Mit- und Nachwelt einen gewaltigen, wenn auch zwiespältigen Eindruck. Julian unternahm den Versuch, die Verbindung von Staat und christlicher Kirche wieder zu lösen und das Hei-

Das politische Denken der Römer: Vom Prinzipat zum Dominat 569

dentum auf der Grundlage des Neuplatonismus zu restaurieren, das politische
System im Sinne des Prinzipats unter Marc Aurel zu erneuern, Städten und Gemeinden durch Steuergerechtigkeit, Sparsamkeit und administrative Reformen
aufzuhelfen und nicht zuletzt die außenpolitische Geltung Roms wiederherzustellen. Nachdem er seine Gegner in Armee und Palast durch Verbannungs- und
Todesurteile ausgeschaltet hatte, bemühte er sich darum, den Hof in Konstantinopel umzugestalten: Er verbannte allen Luxus, reduzierte den Hofstaat,
räumte mit der Palastherrschaft der Eunuchen auf und schaffte den Pomp des
Zeremoniells sowie die Etikette ab, die die Unnahbarkeit des Kaisers gewährleistet hatten. Er beachtete die traditionellen republikanischen Zeremonien bei der
Übernahme einer Magistratur, gab den Senatoren ihr altes Prestige zurück und
behandelte den Senat mit Respekt. Seine religiös motivierten Reformen leitete er
mit einer universellen religiösen Toleranzerklärung ein und amnestierte die orthodoxen Christen, die von der arianischen Regierung Konstantius' II. ins Exil
geschickt worden waren. Den Heiden sicherte er durch Gesetz dieselbe Wiedergutmachung und Kultfreiheit zu, wie sie die Christen nach der Verfolgung erhalten hatten. Er ordnete den Wiederaufbau der Tempel auf Kosten der lokalen
Verwaltung und die Rückgabe der beschlagnahmten Tempelvermögen an. Zwar
verfolgte er die Christen nicht, aber er suchte sie geistig zu isolieren und vom
Staate fernzuhalten. In seinem Rhetorenedikt vom 17. Juni 362 n. Chr. stellte er
die christlichen Lehrer vor die Wahl, entweder ihren Christenglauben aufzugeben oder auf ihr Lehramt zu verzichten. Wenn es ihm allgemein um die
religiös-sittliche Erneuerung und speziell um die Verbesserung der Ausbildung
loyaler Beamter gegangen sein sollte – dieses Problem wird in der Forschung
sehr kontrovers diskutiert –, so war der Erfolg dieser Maßnahme schon deshalb
fraglich, weil sie im Gegensatz zur propagierten Toleranz und Milde des Herrschers stand.

Gegen Ende des Jahres 362 n. Chr. begann Julian damit, dem heidnischen Priestertum und Gottesdienst neue Impulse zu geben, indem er in Anlehnung an das
christliche Vorbild und im Rückgriff auf ein Konzept von Maximinus Daia eine
hierarchische Organisation der Priesterschaft ins Leben rief. Er empfahl, die
Priester nach Lebenswandel und Bildung streng auszuwählen, und traf Vorkehrungen, damit sich in und um die Tempel eine Art Gemeindeleben bilden konnte.
Die Ansätze zu einer organisierten heidnischen Staatskirche, die Julian vor-
schwebte, brachen indessen mit seinem Tod zusammen. Auch eine längere Regierungszeit hätte wohl nicht zum Erfolg geführt, denn die Heiden standen diesen Plänen eher skeptisch gegenüber, und die Christen waren schon eine zu stark
mit Gesellschaft und Staat verwobene Macht, als daß sie durch Reformmaßnahmen von oben hätten beiseite geschoben werden können. Das Bild des Kaisers
als eines Gerechtigkeit übenden, Städte fördernden und die Reichsverwaltung
vereinfachenden Reformers, das sich bei oberflächlicher Betrachtung seiner gesetzlichen Maßnahmen und seiner Selbstinterpretationen einstellen kann, wird
aufgrund genauerer Analysen modifiziert. Wenn auch ein entsprechender Wille
zu grundlegenden Reformen durchaus unterstellt werden kann, so waren doch
die Möglichkeiten zur Durchsetzung sehr beschränkt. Im Bestreben, seine
Machtstellung als Augustus zu festigen, war er auf bestimmte Gruppen und vor
allem auf das Militär angewiesen, so daß er häufig eher gehalten war, zu reagie-

ren und pragmatisch zu handeln, als planvolle, an Prinzipien ausgerichtete Reformpolitik zu betreiben. Auch mußte er notwendig in Widerspruch zu eigenen Handlungsmaximen geraten, als es Widerstände gegen seine religiösen Erneuerungsbestrebungen zu überwinden galt. Durch die Umstände wurde er mehr und mehr dazu gezwungen, als das zu erscheinen, was er tatsächlich war, nämlich absoluter Herrscher.

Julian zählt sicher zu den interessantesten Herrscherfiguren der Antike, insbesondere weil er es wagte – völlig anachronistisch zwar, aber mit um so mehr visionärer Überzeugung –, dem Totalitätsanspruch des Christentums entgegenzutreten. Da er nur zwanzig Monate regierte, wird zudem in besonderer Weise die Phantasie angeregt, Anspruch und Wirklichkeit seines Tuns miteinander zu vergleichen. Für solche Überlegungen hat er selbst günstige Voraussetzungen geschaffen, weil er für die wenigen Jahre, die ihm zur Verfügung standen, ein erstaunlich umfangreiches literarisches Werk hinterlassen hat. Daß von diesem Werk, bestehend aus Briefen, Reden, Panegyriken und Pamphleten, relativ vieles erhalten ist, hängt nicht zuletzt mit der Umstrittenheit von Person, Plänen und Wirkungen des Kaisers zusammen, die schon zu Lebzeiten auf Freund und Feind anregend wirkte und sich nach seinem tragischen und schon früh legendenumwobenen Tod erst recht auf die literarische Produktion stimulierend auswirkte (zu frühneuzeitlichen Polemiken um diesen Tod vgl. Handbuch, Bd. 3, S. 294).

Verloren sind die drei Bücher *Gegen die Galiläer*, in denen er sich mit den Christen auseinandersetzt. Aus der Gegenschrift des Kyrill von Alexandria ist jedoch das erste Buch rekonstruierbar. Höher als die Christen schätzt er darin die Juden, denen er aber vorwirft, sie hielten sich für ein auserwähltes Volk und den die Welt erschaffenden Gott für ihren eigenen Gott. Julian sieht dagegen in dem Schöpfer der Welt den Vater und König aller Völker. Den Christen wirft er u. a. vor, den Monotheismus aufgegeben zu haben, in Christus den illegitimen Sohn Gottes als Gott und Jesu Mutter Maria unter dem Namen »Mutter Gottes« zu verehren. Julians Theologie ist den 362 n. Chr. verfaßten Reden auf König Helios und die Göttermutter zu entnehmen. Auf der Grundlage des Neuplatonismus entwirft er ein Dreiweltensystem. Zwischen die platonische Ideenwelt und die sinnliche Welt schiebt er die denkende Welt, an deren Spitze der vom Allkönig erzeugte denkende König Helios steht, dessen sichtbares Abbild die Sonne ist. Unter Helios und den übrigen Göttern besteht fast Identität. Die mit Helios verbundenen Götter, Zeus, Apollo, Athena, Aphrodite usw., setzen sich für die Menschen ein. Autobiographisch interessant ist der Brief an Rat und Volk der Athener, in dem Julian sich nach dem Bruch mit Konstantius II. 361 n. Chr. rechtfertigt. In den weitgehend schulmäßig gearbeiteten Lobreden auf Kaiser Konstantius II. und die Kaiserin Eusebia sowie *Über Konstantius' Taten oder über die Königsherrschaft* finden sich schon Anhaltspunkte für eine politische Philosophie, die sich von der Herrschaftspraxis Konstantius' II. absetzt. In seiner 362 oder 363 n. Chr. verfaßten menippeischen Satire *Caesares* bzw. *Symposion oder Kronia* erscheint Marc Aurel als sein Leitbild. Julians Konzept des Staates und des idealen Herrschers ist eher griechischen als römischen Ursprungs. Von seinen Briefen, die die unterschiedlichsten Gegenstände behandeln – es finden sich neben privaten Schreiben auch Verwaltungsinstruktionen, Verordnungen, Edikte usw. –, ist für das politische Denken das Antwortschreiben

Das politische Denken der Römer: Vom Prinzipat zum Dominat   571

an den Philosophen Themistios besonders aufschlußreich, der auf die Nachricht hin, daß Julian die Alleinherrschaft zugefallen sei, seine Dienste angeboten hatte. Julian beschäftigt sich darin u. a. mit der Frage, wie der ideale Staatsmann beschaffen sein müsse. Dahinter steht die Sorge um die Verantwortung, die zu übernehmen er gerade im Begriff war. Es zeigt sich, daß Julian seinen eigenen Fähigkeiten als Weiser und Philosophenkönig eher skeptisch gegenübersteht. Er wisse aus Erfahrung, daß Tugend und weise Politik sich oft als nutzlos erwiesen (*ad Them.* 255 d), und glaube daher, daß das Schicksal die entscheidende Rolle in der Politik spiele. In seinen Überlegungen bezieht er sich ausgiebig auf die Staatsphilosophie von Platon und Aristoteles, interpretiert sie aber aus der Sicht des Neuplatonikers. Mit Bezug auf Aristoteles (*Pol.* 1286 b; 1287 a) weist er die Idee der Erbmonarchie und der absoluten Monarchie zurück und meint, daß es unnatürlich für einen Menschen sei, König über Menschen zu sein, weil der König über Fähigkeiten verfügen müsse, die nur ein Übermensch, ein Dämon besitzen könne (*ad Them.* 258 b; 261). Seine erste Pflicht als Herrscher sei, den Gesetzen zu gehorchen, Wächter der Gesetze zu sein und die Gesetzgebung von der Idee der Gerechtigkeit leiten zu lassen (*ad Them.* 262). Insgesamt macht Julian in dem Schreiben einen gespaltenen und unsicheren Eindruck, bittet um die Unterstützung von Philosophen wie Themistios und zeigt sich voller guter Absichten für die Aufgaben, die ihn erwarten. Er weiß sich aber letztlich im Erfolg wie Mißerfolg in den Händen der Götter.

Insgesamt ist festzuhalten, daß Julians politisches Denken durch die klassische griechische Staatstheorie und die politische Tradition des römischen Prinzipats bestimmt ist. Er tendierte offenbar dazu, die römische Staatlichkeit als Fortbildung griechischer politischer Kultur aufzufassen, und glaubte durch die Konsolidierung des römischen Reiches die Voraussetzung für die Erneuerung klassischer Kultur und heidnischer Religion schaffen zu können.

Ammianus Marcellinus

Fast gleichaltrig mit Julian war der berühmteste lateinische Historiker der Spätantike, Ammianus Marcellinus, der um 330 n. Chr. in Antiochia geboren wurde und wahrscheinlich aus einer Kurialenfamilie stammte. Als junger Mann trat Ammian in die kaiserliche Leibgarde (*protector domesticus*) ein und wurde 353 n. Chr. dem Befehlshaber der Reiterei (*magister equitum*) im Osten des Reiches, Ursicinus, beigegeben, der einer der fähigsten Heerführer seiner Zeit war. Ammian bewunderte ihn und nahm an seinem Schicksal besonderen Anteil. Seine Erfolge machten Ursicinus für den Kaiser zu einem potentiellen Konkurrenten, so daß er fast einer Palastintrige zum Opfer gefallen wäre, wenn Konstantius II. ihn nicht für einen heiklen Auftrag in Gallien benötigt hätte. Er wurde beauftragt, den Usurpator Silvanus zu beseitigen. Nach Erledigung der Aufgabe blieb Ursicinus noch einige Zeit in Gallien, wahrscheinlich um den jungen Caesar Julian zu kontrollieren bzw. wenn nötig zu unterstützen. Ammian hat in dieser Zeit die ersten militärischen Bewährungsproben Julians miterlebt und ihn schätzen gelernt. Anschließend begleitete er seinen Feldherrn an den persischen Krisenschauplatz, wo er Belagerung und Eroberung der starken Festung Amida durch den Perserkönig Sapor II. miterlebte. Es gelang ihm eine abenteuerliche

Flucht nach Antiochia. Als dann Ursicinus 360 n. Chr. veranlaßt wurde, seinen Abschied zu nehmen, hat vielleicht auch Ammian das Militär verlassen. Sicher ist jedoch, daß er den Perserfeldzug Julians im Jahre 363 n. Chr. mitgemacht hat. Nach dem Tode Julians und dem Ende des Feldzugs unter dem neuen Kaiser Jovian verbrachte Ammian einige Jahre in seiner Heimatstadt, unternahm Bildungsreisen nach Ägypten, Griechenland und Thrakien und siedelte um 380 n. Chr. nach Rom über. Dort arbeitete er an seinem Geschichtswerk *(res gestae)*, das an Tacitus anknüpfend die Geschichte von der Regierung des Kaisers Nerva bis zum Tode des Valens (Amm. Marc. 31,16,9), also die Zeit von 96 bis 378 n. Chr. behandelt. Von den 31 Büchern sind nur die Bücher 14−31 erhalten, die die vom Autor selbst miterlebte Zeit von 353−378 n. Chr. umfassen. Aus einem Brief des befreundeten Rhetors Libanius ist bekannt *(epist.* 1063 F), daß Ammian 391 n. Chr. in Rom mit großem Erfolg aus seinem Werk vorgetragen hat. Er war wohl schon vorher zu großem Ansehen beim heidnischen Senatsadel gelangt, der als römischer Stadtadel alten Glanz bewahrte und wieder zu relativer Unabhängigkeit gekommen war, seit die Kaiser nicht mehr in Rom residierten. Die hervorragendsten Vertreter traditionsstolzer Adelskreise waren die Familien der Symmachi und Nicomachi, die sich um die Konservierung vergangener Lebensformen und die Abwehr des Christentums bemühten. Ihnen galt Julian als der ideale Kaiser, der wie sie selbst gegen das Christentum den alten Götterglauben und die damit verbundenen Tugenden wiederherstellen wollte. Es ist erstaunlich, wie sehr der »Grieche und Soldat« Ammian der geistigen Situation der römischen Adelskreise mit seinem Werk entsprach. Allerdings war er aus erklärter Wahrheitsliebe durchaus zu Kritik an Julian bereit und nahm den Christen gegenüber eine tolerante Haltung ein. Er stimmte also nur in der Tendenz mit den restaurativen Bemühungen konservativer Senatskreise überein, die ihrerseits keineswegs über den Weg zu ihrem gemeinsamen Ziel einig waren, das alte Rom wiederherzustellen und zu bewahren. Aus der Vorrede zum 15. Buch, mit dem die Geschichte Julians beginnt, und der zum 26. Buch, in der zur Kaisergeschichte Valentinians I. und Valens' übergeleitet wird, ist zu entnehmen, daß das Werk ursprünglich nur bis zum Tode Julians geplant war, dann aber bis zur epochemachenden Schlacht bei Adrianopel 378 n. Chr. fortgeführt wurde, in der Kaiser Valens, von den Westgoten besiegt, den Tod fand. Die ersten 25 Bücher hat Ammian wahrscheinlich zu Beginn der neunziger Jahre veröffentlicht und das ganze Werk wohl noch vor dem Jahre 400 n. Chr. abgeschlossen. Das Todesdatum des Autors ist nicht bekannt.

Ammian wollte zwar Reichsgeschichte schreiben, konnte es aber aufgrund der Dominanz der kaiserlichen Gewalt kaum vermeiden, die Person des Kaisers in den Mittelpunkt seiner Geschichtsschreibung zu stellen, zumal er die Tradition der römischen moralischen Geschichtsschreibung fortsetzte und sich daher mehr an den Tugenden der Handelnden, insbesondere des Kaisers interessiert zeigte. Anhand der idealisierten Beispiele der Alten veranschaulichte er einerseits den Sittenverfall der eigenen Zeit und gewann andererseits daraus den Maßstab, an dem der gute wie der schlechte Herrscher gemessen werden konnte. So hat er im Panegyrikus auf Julian dessen Klugheit mit der des Titus, seinen Kriegsruhm mit dem Trajans, seine Güte mit der des Antoninus Pius und seine philosophische Bildung mit der Marc Aurels verglichen (16,1,4). Es war für Ammian keine Frage, daß der Kaiser mit absoluter Gewalt ausgestattet sei und über den Gesetzen stehe, so daß er, wenn er nur über die entsprechenden Tugenden verfüge, alle Voraussetzungen habe, die Herrschaftsprobleme zu lösen – denn an der göttlichen Vorbestimmtheit der römischen Weltherrschaft im allgemeinen und Julians Regierung im besonderen hegte Ammian keine Zweifel. In bezug auf Julian stellt er eingangs seines Panegyrikus fest: »Allem Anschein nach hat ein bestimmtes Gesetz eines höheren Lebens diesen jungen Mann von der Wiege seiner adligen Herkunft an bis zum letzten Atemzug geleitet« (16,1,4).

Gegenüber dem Kaisertum vertritt Ammian ein strenges Legitimitätsprinzip und verurteilt mithin jede Usurpation, auch im Falle einer schlechten Regierung (15,5,27; 26,6,17 f.). Der legitime Herrscher wird vom regierenden Kaiser ernannt und vom Heer akklamiert. Hat ein Kaiser bis zu seinem Tode keinen Nachfolger designiert, so begründet die Wahl unter den Truppenführern ebenfalls rechtmäßige Herrschaft. Der Senat spielt bei diesen Vorgängen für Ammian keine Rolle. Die Würde des Kaisers wird von der moralischen Qualifikation des Betreffenden unabhängig gemacht; eine formale vor der moralisch begründeten Legitimität etabliert. Dennoch bleibt die Forderung bestehen, der Kaiser solle sich seiner *maiestas* gemäß verhalten – eine Forderung, die nach Ammians Urteil von Julian nicht immer erfüllt wurde: »Dieser war in asiatischen Gewohnheiten aufgewachsen und daher etwas leichtsinnig« (16,7,6). Für die kaiserliche Würde angemessen hält Ammian auch eine ausgewogene Haltung in der Religionsausübung. So kritisiert er sowohl die übertriebene Bemühung Konstantius' II. um das Christentum (21,16,18) als auch die Julians um die Restauration des Heidentums (22,12,6 f.), während er Valentinians »maßvolle Haltung in Religionsstreitigkeiten« lobt: »In dieser Hinsicht belästigte er niemanden und gab auch keine Anweisung, diesen oder jenen Kult zu pflegen« (30,9,5). Ammian vermeidet es, den legitimen Herrscher unmittelbar zu kritisieren, und führt stattdessen tyrannisches Verhalten auf die Umgebung des Kaisers, insbesondere auf die Hofeunuchen zurück. Mit seinem Herrscherideal steht Ammian in einer langen Tradition: »Herrschaft ist nichts anderes als die Sorge um das Glück anderer«; der gute Staatsmann habe »die eigene Macht zu zügeln, die Gier nach allen Dingen und unversöhnlichen Zorn einzuschränken...« (29,2,18; vgl. 15,3,18; 30,8,14). Julian erscheint als der ideale Herrscher: Er »war ein Mann, den man wirklich zu den Heroen rechnen muß, auffallend durch den Glanz seiner Taten und seine angeborene Majestät. Es gibt nämlich, wie es die Philosophen definieren, vier Kardinaltugenden: Selbstbeherrschung *(temperantia)*, Klugheit *(prudentia)*, Gerechtigkeit *(iustitia)* und Tapferkeit *(fortitudo)*. Hinzu kommen von außen weitere Tugenden: Kenntnis des Militärwesens *(scientia rei militaris)*, Ansehen *(auctoritas)*, Glück *(felicitas)* und Großmut *(liberalitas)*« (25,4,1). Für die wichtigste Herrschertugend hält Ammian die mit Milde verbundene Gerechtigkeit (25,4,8). Die gegensätzliche Haltung *(saevitia* und *crudelitas)* führe zur Willkür *(licentia)* und kennzeichne die Tyrannis (25,3,18). Immer wieder betont er, daß nur die Selbstbeschränkung und das Vermeiden jeder Übertreibung die Tyrannis verhindere und die gute Herrschaft sichere.

Während Ammian keinen Zweifel daran ließ, daß der Senatsadel an der Spitze der sozialen Rangordnung stehe und seine sozialen Urteile häufig den Eindruck spiegeln, den offenbar die römische Adelstradition auf ihn machte (28,1,5), spielte der Gegensatz zwischen Senat und Kaiser, der noch unter den Severern relevant war, keine Rolle mehr. Die Frage, wie der Kaiser ein gutes Verhältnis zum Senat herstellen könne, deren Beantwortung in früheren Jahrhunderten ein so wichtiges Beurteilungskriterium für gute Herrschaft abgegeben hatte, wurde nun nicht mehr gestellt.

Symmachus

Die Befehlshaber der westlichen und östlichen Armeen einigten sich nach dem Tode Julians auf den christlichen Offizier Flavius Claudius Iovianus, der mit den Persern einen unrühmlichen Frieden schloß und die Maßnahmen gegen die Christen aufhob. Er gedachte die religiöse Toleranzpolitik Konstantins des Großen wieder aufzunehmen, starb jedoch schon im Februar 364 n. Chr. Jovian war, obwohl Christ, der letzte Kaiser, dem eine Apotheose zuteil wurde. Nach seinem Tod wurde der christliche Pannonier Flavius Valentinianus von den Truppenführern zum Augustus gewählt, der bald darauf seinen Bruder Flavius Valens zum Mitkaiser bestellte. Valentinian regierte den Westen und hatte seine Kanzlei in Mailand, während Valens den Osten von Konstantinopel und später Antiochia aus beherrschte. Valentinian sah sich zu außerordentlichen Anstrengungen zur Verteidigung der Reichsgrenzen in Gallien, Britannien und Afrika gezwungen. Er bemühte sich daher um eine weitere Effizienzsteigerung der Verwaltung, um Geldwertstabilität und um Toleranz in religiösen Fragen. Die römischen Senatoren, die sich seines Erachtens trotz enormer wirtschaftlicher und finanzieller Macht nicht genügend für die Reichsinteressen einsetzten, behandelte er feindselig. Als im Jahre 367 n. Chr. eine Usurpation drohte, erhob er seinen achtjährigen Sohn Flavius Gratianus zum Augustus. Gratian, der von dem berühmten Dichter und Philosophen Ausonius erzogen wurde, gelangte 375 n. Chr. aufgrund des plötzlichen Todes seines Vaters auf den Thron, stand aber unter dem Einfluß von Ausonius, dem Franken Merobald und dem Pannonier Equitius. Um Usurpationen vorzubeugen, wurde auch der jüngere, vierjährige Bruder Valentinian II. zum Augustus erhoben, wodurch die Mutter Justina Einfluß auf die Politik gewann. Gratian gab die senatsfeindliche Politik auf und tolerierte das politische Heidentum in Rom zunächst. Im selben Jahr, in dem Valentinian einem Schlaganfall erlag, zerstörten die Hunnen das Ostgotenreich und veranlaßten dadurch zahlreiche germanische Stämme, gleichsam wie in einer Kettenreaktion nach Westen und Süden auszuweichen. Unter westgotischer Führung wurde dem Ostreich eine katastrophale Niederlage bei Adrianopel beigebracht (378 n. Chr.), zu deren Opfern auch Kaiser Valens zählte. Gratian wählte daraufhin Theodosius, den Sohn des *magister equitum* unter seinem Vater, zum Augustus für das Ostreich. Die Germanengefahr wurde zunächst dadurch latent gehalten, daß man den Germanen in Moesien und Pannonien Siedlungsgebiete zur Verfügung stellte, wo sie autonome Staaten errichten durften, mit denen der Kaiser Bündnisverträge (382 n. Chr.) schloß. Diese Maßnahme ging weit über das hinaus, was bisher den »Barbaren« an Konzessionen gemacht worden war.
Theodosius hatte bei westlichen Aristokraten zunächst große Erwartungen aus-

Das politische Denken der Römer: Vom Prinzipat zum Dominat 575

gelöst, weil er nach Reichtum und Bildung einer der ihren war, und es hieß, daß er sich Trajan als Vorbild genommen habe. Doch enttäuschte er bald wegen seiner nachgiebigen Außen- und Kirchenpolitik. Er brach mit dem Arianismus und verschaffte durch das Konzil von Konstantinopel (381 n. Chr.) der Orthodoxie den Sieg. Die schismatische und häretische Kirche sowie das Heidentum begann er intensiv zu bekämpfen. Bestärkt wurde er durch das alte heidnische Argument, dessen sich jetzt die Christen bedienten, daß das Wohl des Reiches von der Einheit im Glauben abhänge – womit jetzt der orthodoxe Christenglaube gemeint war. Im Jahre 379 (?) n. Chr. legte Gratian den Titel *pontifex maximus* nieder, und Theodosius folgte ihm darin. Damit war die letzte Verbindung zwischen dem Staat und den alten Kulten zerrissen und das Christentum zur Staatsreligion geworden. 381 n. Chr. wurde ein allgemeines Opferverbot ausgesprochen, das zunehmend verschärft wurde. 382/3 n. Chr. entzog Gratian verschiedenen Kulten und Priesterschaften in Rom die fiskalischen Privilegien. Gratian wurde 383 n. Chr. ermordet, als er sich gegen den Usurpator Magnus Maximus wandte, der von den britannischen Truppen zum Augustus proklamiert worden und in Gallien eingefallen war. Die Heiden sahen darin ein Zeichen für den Zorn ihrer Götter. Maximus wurde zwar zunächst von dem dreizehnjährigen Valentinian II. und von Theodosius anerkannt, aber als er 387 n. Chr. mit dem Ziel in Italien einfiel, die Vormundschaft über den unmündigen Augustus zu übernehmen, besiegte ihn Theodosius. Von 388 bis 392 n. Chr. stand Valentinian II. unter Aufsicht des Franken Arbogast, eines *magister equitum*, der erstmals von seinen Truppen erhoben worden war. Arbogast spielte seine Macht gegen den legitimen Kaiser rücksichtslos aus, so daß Valentinian II., der vergeblich auf Unterstützung von Theodosius wartete, sich den Spannungen nicht mehr gewachsen zeigte und wahrscheinlich seinem Leben selbst ein Ende setzte. Arbogast gab daraufhin, als er von Theodosius keine Anweisungen erhielt, mit dem Rhetoriklehrer Eugenius eine Marionette auf den Kaiserthron, den Theodosius jedoch nicht anerkannte. Vielmehr erhob der Kaiser des Ostreiches im Januar 393 n. Chr. seinen jüngeren Sohn Honorius zum Augustus und meldete damit den Anspruch auf die Nachfolge Valentinians II. an. Der ältere Bruder, Arcadius, war nämlich seit 383 n. Chr. Augustus und für den Reichsosten vorgesehen. Der Christ Eugenius, der zunächst seine Position durch Offenheit nach allen Seiten zu stärken suchte, wurde durch die Politik des Theodosius zunehmend veranlaßt, sich auf heidnische Kräfte zu stützen, wodurch seine Usurpation schließlich die Bedeutung einer heidnischen Erhebung gewann. Er setzte das Heidentum in Gallien, Italien und Afrika in seine alten Rechte ein. In Rom ließen der Prätorianerpräfekt Nicomachus Flavianus, dessen Sohn im Frühjahr 393 n. Chr. zum Stadtpräfekten ernannt wurde, und reiche Heiden wie Symmachus Tempel restaurieren und die Kulte der Magna Mater und des Attis sowie die Ludi Megalenses und Florialia wieder aufleben. Daß Flavianus sich mit aller Energie für die Sache des Heidentums einsetzte und diese Bemühungen auch auf die Bevölkerung Roms erstreckte und daß er mit Hilfe der Orakel- und Sibyllensprüche den baldigen Untergang der christlichen Religion voraussagte, war aber nicht die eigentliche Triebkraft der folgenden militärischen Auseinandersetzung. Zwar wurde der Victoriaaltar wiederhergestellt, aber ob Eugenius den Titel *pontifex maximus* annahm und damit die Verbindung zwischen Staat und Heidentum erneuerte, ist äußerst zweifelhaft. Die Schlacht am Frigidus im September 394 n. Chr. hatte eine religiöse Komponente, doch waren die Soldaten, die aufeinandertrafen, sicher in ihrer Mehrzahl nicht religiös motiviert. Für sie ging es um die Anerkennung ihres Kaisers beziehungsweise um die Niederschlagung einer Usurpation. Flavianus, der wußte, daß mit der Niederlage in der Schlacht die Sache des Heidentums endgültig verloren war, folgte dem Beispiel Catos, der beim Untergang der republikanischen Freiheit seine persönliche Freiheit in der Selbsttötung wahrte. Jetzt war auch die religiöse Freiheit dahin, auf die die greise Roma in Symmachus' 3. Relatio pocht: »Nach meiner eigenen Art möchte ich leben, weil ich frei bin!« (*rel.* III,9). Politisch spielte das Heidentum fortan zwar keine Rolle mehr, doch konnte es sich im privaten, ländlichen Bereich noch lange behaupten. Und trotz der heidenfeindlichen Gesetzgebung des Theodosius, die jetzt auf den Westen ausgedehnt wurde und damit zum Verbot der heidnischen Kulte in allen Formen führte, behielt das Heidentum in kultureller Hinsicht noch längere Zeit eine nicht zu unterschätzende Bedeutung.

Q. Aurelius Symmachus gehörte zu den Exponenten des heidnischen Widerstandes in Rom. Seine Bedeutung lag jedoch mehr auf literarischem und rhetorischem als auf politischem Gebiet. Berühmt wurde er vor allem durch seine 3. Relatio, die seit der Antike als Muster rhetorischer Vollkommenheit gilt. Er wurde um 340 n. Chr. in Rom geboren und entstammte einer sehr reichen, angesehenen, wenn auch nicht besonders alten senatorischen Familie. Sein Vater, L. Aurelius Avianus Symmachus, gehörte als Konsular und Stadtpräfekt politisch zu den führenden Senatsmitgliedern seiner Zeit und hat auch als Redner und Literat Anerkennung gefunden. Der Sohn erreichte als gefeierter Redner und Vertreter der heidnischen Senatskreise noch größeren Ruhm. Nach der Quästur und Prätur wurde er 369 n. Chr. zur Feier des fünfjährigen Regierungsjubiläums von Valentinian I. nach Gallien geschickt, um die offizielle Festrede zu halten. Als *comes tertii ordinis* (Mitglied des Kronrates dritter Ordnung) nahm er am Alamannenfeldzug teil. In Trier lernte er den Erzieher des Prinzen Gratian, den Dichter Ausonius, kennen. 370 n. Chr. hielt er wiederum einen Panegyrikus, und zwar auf das dritte Konsulat Valentinians. Es folgte sein Prokonsulat in Afrika (373–375 n. Chr.), in dem er den Heermeister Theodosius tatkräftig gegen Aufständische unter Firmus unterstützte. Als Gratian 382 n. Chr. die heidnischen Kulte verbot, die priesterlichen Einkünfte entzog und den Altar der Victoria, den Julian wieder zugelassen hatte, erneut aus der Kurie entfernte, wurde Symmachus mit der Leitung einer Gesandtschaft an den Kaiser betraut, um die Aufhebung des Dekrets zu erreichen. Doch gelangte die Gesandtschaft in Mailand aufgrund von Interventionen des römischen Bischofs Damasus und des Mailänder Bischofs Ambrosius gar nicht erst vor den Kaiser. Zwei Jahre später schien die Konstellation günstiger – der angesehene Neuplatoniker Praetextatus war Präfekt Italiens und Symmachus selbst Stadtpräfekt. Darüber hinaus saßen im Kronrat des jungen Valentinian II. Fürsprecher von Gewicht, und so wurde ein weiterer Vorstoß unternommen, die früheren Privilegien zurückzuerhalten. Die berühmte *3. Relatio* des Symmachus schien Erfolg zu haben, da griff der Bischof von Mailand durch zwei Schreiben an den Kaiser ein und setzte sich durch. Ambrosius (vgl. unten, S. 610f.) beließ es nicht dabei, sondern bewirkte

Das politische Denken der Römer: Vom Prinzipat zum Dominat   577

durch fadenscheinige Beschuldigungen, daß der Kaiser Symmachus eine Rüge erteilte, worauf dieser sein Amt niederlegte. Einige Jahre später ließ der Redner sich dazu hinreißen, einen Panegyrikus auf den Usurpator Maximus zu halten. Nach dessen Niederlage gelang es Symmachus nur aufgrund günstiger Umstände und durch eine Entschuldigungsrede (388 n. Chr.) an Theodosius, sein Leben zu retten. Er erlangte Verzeihung und wurde im Jahre 391 n. Chr. überraschend sogar mit dem Konsulat ausgezeichnet. Ob er sich an den Versuchen heidnischer Kreise unter Führung von Nicomachus Flavianus beteiligte, beim Kaiser Eugenius die Restauration der heidnischen Religion zu erreichen, ist nicht bekannt. Nach der Niederlage des Heidentums im Jahre 394 n. Chr. gab vermutlich ein Großteil des römischen Senatsadels seinen Widerstand auf und trat zum Christentum über. Diejenigen Familien, die es sich leisten konnten – so auch die des Symmachus –, zogen sich auf die literarische Ebene zurück, auf der sie Rom und seine alten Götter verehrten und allenfalls auf indirekte Weise Kritik an den bestehenden Verhältnissen übten, wie es etwa der Verfasser der *Historia Augusta* tat.

Symmachus, der wahrscheinlich im Jahre 402 n. Chr. starb, galt als größter Redner seiner Zeit. Von seinen Reden sind acht, die allerdings teilweise nur bruchstückhaft überliefert sind, bekannt. Sein Sohn, Q. Fabius Memmius Symmachus, hat posthum eine Briefsammlung des Vaters in zehn Büchern herausgegeben, in die er 900 Briefe der Zeit zwischen 365 und 402 n. Chr. aufnahm, wobei er offensichtlich solche Briefe nicht berücksichtigte, die wegen ihres politischen oder religiösen Inhalts Anstoß erregen konnten. Im 10. Buch faßte er 49 amtliche Schreiben, *relationes*, zusammen, die Symmachus in seiner Eigenschaft als Stadtpräfekt an den in Mailand residierenden Kaiser Valentinian II. gerichtet hatte. Die berühmte *3. Relatio* ist auch durch Ambrosius überliefert, der sie seinen beiden eigenen Schreiben im 10. Buch seiner Briefsammlung hinzufügte. Es handelt sich um ein literarisches Kunstwerk, das die politischen Ideen des römischen Senatsadels am Ende des 4. Jahrhunderts in eindrucksvoller Weise zum Ausdruck bringt. Symmachus stellt zunächst fest, daß es bei seiner Sache um Gerechtigkeit *(iustitia)*, um die Wünsche der Bürger, um das Wohl des Staates und den Ruhm *(gloria)* des Herrschers gehe. Um dieses Ruhmes willen dürfe der Kaiser nichts unternehmen, »was gegen die väterliche Sitte *(contra morem parentum)* gerichtet« sei. »Wir bitten also, daß Ihr die Religion in der Form wieder einführt, wie sie dem Staat *(res publica)* so lange nützlich war« *(rel.* III,3). Dies enthält eine Warnung vor aktuellen und zukünftigen Gefahren: »Wer ist den Barbaren so gewogen, daß er den Altar der Victoria nicht vermißt?« Der Göttin Victoria war schon 294 v. Chr. auf dem Palatin ein Tempel errichtet worden, und Augustus hatte im Jahre 29 v. Chr. ihre Statue mit Altar in der Kurie aufstellen lassen. Sie verkörperte die Siegeskraft des römischen Volkes; ihre Gunst war somit Voraussetzung für Roms Weltherrschaft und Garant des Friedens. Zu Beginn jeder Senatssitzung opferten die Senatoren an diesem Altar und verpflichteten sich der *res publica*. Für Symmachus untergräbt die Beseitigung der Victoria das Fundament des Reiches. Die Christen, die dies zu verantworten haben, erscheinen bei Symmachus als Feinde des Reiches und Verbündete der Barbaren. Er betont den Nutzen des Kultes auch für den Kaiser, indem er auf dessen Sicherheitsbedürfnis anspielt: »Dieser Altar erhält die allgemeine Eintracht *(concordia)*, dieser Altar verbürgt die Treue *(fides)* jedes einzelnen« *(rel.* III,5). In Anlehnung an neuplatonisches Gedankengut plädiert er für Toleranz, wenn er feststellt: »Jeder hat seinen eigenen Brauch, jeder seine eigene Glaubensform« *(rel.* III,8), wendet sich aber gegen jede Spekulation und fragt, ob man nicht die göttlichen Mächte durch die Erinnerung an ihren segensreichen Beistand und durch sichtbare Erfolge erkennen könne. Symmachus beruft sich auf das Alter Roms und seines Staatskultes; höchst eindrucksvoll läßt er die greise Roma selbst zu Wort kommen: »Beste der Herrscher, Väter des Vaterlandes *(optimi principum, patres patriae),* ehret mein Alter, in das mich fromme Pflichterfüllung gelangen ließ! Ich möchte bei den überkommenen Bräuchen bleiben; denn ich habe keinen Grund, sie zu bereuen. Nach meiner eigenen Art möchte ich leben, weil ich frei bin! Diese Form der Götterverehrung hat den Erdkreis meinen Gesetzen unterworfen« *(rel.* III,9). Im zweiten Teil der Relatio trägt Symmachus das Anliegen nach Rückgabe der einzelnen Privilegien vor, um mit der feierlichen Bitte zu schließen: »Mögen Eurer Milde *(clementia)* die unbekannten Mächte sämtlicher Bekenntnisse Glück verleihen, und zwar am meisten jene, die Euren Vorfahren beigestanden sind. Euch sollen sie beschützen, uns laßt sie verehren! Wir bitten um diese Form der Religion, die dem vergöttlichten Vater Eurer Hoheit die Herrschaft bewahrte und dem glücklichen Kaiser rechtmäßige Erben nachfolgen ließ« *(rel.* III,19). Mit dem Appell an die kaiserliche *clementia* und an die *pietas* gegenüber dem Vater Valentinian I. wird nochmals um religiöse Toleranz gebeten und der Zusammenhang zwischen der Sicherheit des Kaiserhauses und dem Glück beschworen, das sich vor allem in legitimen Erben ausdrückt, die Gratian – so soll der Kaiser ergänzen – wegen seiner heidenfeindlichen Politik von den Göttern vorenthalten wurden.

Das absolute Kaisertum wird von Symmachus zwar vorausgesetzt, aber seine Romidee weist darüber hinaus. So sind es nicht so sehr die »guten« Kaiser des 2. Jahrhunderts, die im geistigen Mittelpunkt des Symmachus und seiner um kulturelle Renaissance ringenden Freunde stehen, sondern die Tugenden und Ideale der Republik, die die Größe Roms begründet haben und die, so war man überzeugt, allein Roms Ewigkeit zu garantieren vermochten.

6. Das politische Denken der Kaiserzeit im Überblick

Fehlen einer politischen Theoriediskussion

Das politische Denken der Kaiserzeit entwickelte sich nicht auf der Grundlage einer politischen Theoriediskussion. Schon in der Republik war es trotz der Mischverfassungstheorie des Polybios (vgl. oben, S. 471 ff.) zu keiner erheblichen Debatte über institutionelle Möglichkeiten der Krisenbewältigung gekommen. Als dann Cicero Ende der fünfziger Jahre in *De re publica* und *de legibus* Reflexionen über den besten Staatsmann bzw. Staat anstellte (vgl. oben, S. 512 ff.) und Sallust in seinen Sendschreiben an Caesar Reformvorschläge machte, da kamen diese Beiträge zu praktischen Lösungen im Rahmen einer nur modifizierten verfassungspolitischen Konzeption zu spät. Da die Verfassung im übrigen wegen der römischen Erfolge nicht zur Disposition stand – sie war fraglos als unüber-

Das politische Denken der Römer: Vom Prinzipat zum Dominat   579

troffen anerkannt –, sah Cicero in der Krise nur die Alternative zwischen bestehender und nicht bestehender *res publica* (Cic. *rep.* 3,1 bei Aug. *civ.* 2,21). Auch
die griechische Verfassungstheorie war nicht in der Lage, die römische Situation
angemessen zu reflektieren. Seit dem 4. Jahrhundert wurde mit dem Niedergang
der freien Polis der politischen Theorie die praktische Grundlage entzogen. Es
war nun sinnlos, darüber zu reden, welche Verfassung unter gegebenen Umständen einzurichten oder mit welchen Vorkehrungen sie zu stabilisieren sei, da die
Universalmonarchie Alexanders und die nachfolgenden Diadochenreiche den
untertänigen Städten diesen Handlungsspielraum nahmen (vgl. oben, S. 441 ff.).
So verlief das Verfassungsdenken in akademischen Bahnen, d. h. die klassischen
Modelle wurden nur noch schulmäßig traktiert. Die Diadochenreiche provozierten ebenfalls keine neue Theoriediskussion über die Monarchie, zum einen
wohl, weil sich die Militärmonarchen entsprechend vorgegebenen Traditionen
legitimierten, und zum andern, weil sich das hellenistische Schrifttum mehr mit
dem ethischen Charakter des Königtums befaßte. Wenn sich dennoch ein typisches Bild des hellenistischen Monarchen herauskristallisierte – der König verkörpert den Staat, er gilt als Eigentümer des Staatsterritoriums, seine Nachfolge
wird durch Erbfolge geregelt, er ist Quelle des Rechts, selbst nicht dem Recht
unterworfen und findet kultische Verehrung –, so basierte dies auf der Herrschaftspraxis und nicht auf einer adäquaten monarchischen Theorie.
Der Übergang von der Republik zum Prinzipat, der eine Verfassungsdiskussion
hätte auslösen können, wurde aus folgenden Gründen als Wiederherstellung der
Republik verschleiert: Die *res publica* war durch ihr Alter und das Erreichen der
Weltherrschaft bestätigt, das Königtum durch die Tyrannis des Tarquinius Superbus ideologisch und durch die ausnahmslosen Niederlagen fremder Könige
gegen Rom historisch desavouiert. Allein die hellenistische Monarchie nahm
durch den Glanz Alexanders eine Ausnahmestellung ein. Da Antonius in den
dreißiger Jahren an dieses Modell anknüpfte, Octavian/Augustus dagegen sein
Römertum propagierte und militärisch siegte, wurde auch diese Möglichkeit
ausgeschlossen. Andererseits konnte sich die Verschleierung des Prinzipats als
Republik behaupten, weil die Bürgerkriege erwiesen hatten, daß ein solches Rie-
senreich offenbar nicht durch den Senatsadel ohne die Gefahr des Rückfalls in
Bürgerkriege zu regieren war. Deswegen wurde dem Adel von weiten Kreisen
der Bürgerschaft und der Reichsbevölkerung die Berechtigung zur Herrschaft
abgesprochen. Die republikanische Begrifflichkeit wurde mit dem Übergang
zum Prinzipat übernommen, zentrale Begriffe wie z. B. *res publica* und *libertas*
uminterpretiert. Die Aufrechterhaltung der Fiktion von der *res publica restituta*
verhinderte auch eine Debatte, die sich an der Nachfolgeproblematik hätte entzünden können. Unter der Herrschaft des Augustus machte sich der Senat zwar
längere Zeit Hoffnungen, beim Tode des Princeps seine alten Entscheidungsbe-
fugnisse wieder zur Anwendung bringen zu können, doch es gelang Augustus,
begünstigt durch seine lange Regierungszeit, die Übertragung der Herrschaft auf
Tiberius zu sichern. Nach Tiberius' Tod und besonders nach Gaius' Ermordung
verbesserten sich zwar die Chancen des Senats, Einfluß zu nehmen, aber seine
Kontrollmöglichkeiten erwiesen sich als zu schwach. Das Militär überspielte
den Senat regelmäßig. Als dann mit dem Untergang der Julisch-Claudischen
Dynastie und in der folgenden Krise des Kaisertums philosophisch orientierte

Kreise der Senatsopposition in Reaktion auf tyrannische Herrschaftspraktiken verstärkt die Forderung nach der Wahl des besten Princeps erhoben, geschah dies nicht im Rahmen einer politischen Theorie der Monarchie, sondern im Rahmen einer politischen Ethik, die zwei Fragen zu beantworten suchte, nämlich wie der gute Herrscher beschaffen sein müsse – diese Überlegungen begründeten die römische Fürstenspiegeltradition – und wie sich der einzelne unabhängig von den politischen Gegebenheiten sittlich zu verhalten habe. Die historische Erfahrung lehrte dann, daß die Art und Weise, auf die ein Herrscher in seine Stellung gelangt – ob durch Erbfolge, Usurpation oder Wahl –, keine Sicherheit vor dem Abgleiten in die Tyrannis gewährt. Eine wirkliche Garantie schien allein in der hervorragenden Menschlichkeit und Milde des Kaisers zu liegen, also in der Zügelung der Macht durch das philosophische Ethos. So mußte alles auf die Erziehung im Sinne des stoischen Weisheitsideals ankommen. War der weise Herrscher erst einmal gefunden, so würde er aufgrund seiner Tugend und Einsichtsfähigkeit dazu geführt, entweder dem leiblichen Nachfolger eine entsprechende Erziehung angedeihen zu lassen oder durch Adoption jemanden auszuwählen, der den Ansprüchen des Ideals genügte. Diesen Hoffnungen bereitete Commodus ein Ende. Mit der Severischen Dynastie verflüchtigten sich die politischen und ethischen Prinzipien des Prinzipats, und die Herrschaft gründete sich zunehmend auf militärische Gewalt. Das tetrarchische System Diokletians war wiederum dynastischen Vorstellungen verpflichtet. Die designierten Nachfolger sollten zwar nicht die natürlichen Söhne der Augusti sein, wurden aber durch Heirat und Adoption in die göttlichen Familien der Iovier und Herculier aufgenommen. Mit der Alleinherrschaft Konstantins setzte sich dann das dynastische Prinzip vollends durch, so daß der regierende Herrscher der Spätantike unbestritten nicht nur seine Mitregenten und Nachfolger bestellen konnte, sondern auch Frauen des Kaiserhauses beim Thronwechsel eine wichtige Rolle zu spielen begannen.

In der römischen Kaiserzeit entwickelte sich also keine politische Theorie der Monarchie, wohl aber eine Auseinandersetzung staatsethischen Charakters mit dem Herrschertum. Wurde der Kaiser zunächst am Ideal republikanischer Herrschaftsauffassung gemessen, so bald am augusteischen Herrschaftsideal und schließlich an einem auch von hellenistischen Schriften beeinflußten idealen Kaisertum.

Charakter des Kaisertums

Obgleich Volk und Senat von Rom jedem Kaiser erneut alle Vollmachten übertrugen, war doch der monarchische Charakter der Herrschaft von Anfang an deutlich. Zwar fehlte ein umfassender Begriff für das Kaisertum – *rex* und *regnum* wurden im westlichen Reichsteil stets vermieden, weil in ihnen Tyrann und Tyrannis mitschwangen –, aber die Selbstbezeichnung *imperator* bzw. *autokrator* und später auch *dominus* bzw. *despotes* sowie der Titel *Augustus*, dem im Osten *basileus* (König) korrespondierte, drückten doch die Entfernung des Herrschers zu den Bürgern und später Untertanen mit aller Schärfe aus. Schon unter Augustus, der noch seine magistratischen Funktionen betonte, zeichnete sich ab, daß der Princeps zur Hauptquelle des Rechts zu werden begann. Den-

Das politische Denken der Römer: Vom Prinzipat zum Dominat   581

noch wurde er nicht als Gewaltträger eigenen Rechts verstanden. Die Herrschaftspraxis beruhte in der Regel auf gesetzlichen Grundlagen. Der monarchische Charakter der kaiserlichen Stellung wurde durch Zeremoniell und kultische Verehrung zunehmend betont.

Augustus wurde in den östlichen Provinzen als Gott und Retter des Menschengeschlechts gefeiert. Dabei übertrugen die Griechen nur Vorstellungen auf den mächtigsten Mann der damaligen Welt, die ihnen von den hellenistischen Herrschern her vertraut waren. Indem Augustus östlichen Provinziallandtagen seine kultische Verehrung in bestimmter Form erlaubte, schuf er ein Modell für den sich bald verbreitenden provinzialen Kaiserkult, durch den wichtige politische und sozialintegrative Aufgaben wahrgenommen wurden. Im Westen, insbesondere aber in Rom und Italien, widersprachen der römische Staatskult und vor allem die Doktrin von der erneuerten Republik jeder sakralen Überhöhung des Princeps. Dementsprechend hat Augustus gegenüber der Senatsaristokratie und haben auch seine um Ausgleich mit dem Senat bemühten Nachfolger stets ihre Distanz gegenüber einer Vergöttlichung betont. In der Augusteischen Dichtung wird aber schon das massive Bedürfnis greifbar, das immer breitere Kreise der Bevölkerung teilten, den Retter aus dem Chaos der Bürgerkriege in seiner übermenschlichen Leistung angemessen zu würdigen und die augusteische Friedenszeit als Paradies für die Menschheit, als neues Goldenes Zeitalter zu verstehen. Wie schon in der Republik die Weltherrschaft ideologisch durch den Willen der Götter gerechtfertigt und Kriege zur sakralen Mission stilisiert werden konnten, so wurde nun Augustus als von den Göttern erwählt betrachtet und seine Taten als gottgewollt angesehen. Der augusteische Mythos des gottgesandten Retters der Menschheit wurde in den folgenden Jahrhunderten stets aufs neue beschworen. Das Schicksal des Reiches, so glaubte man, liege in der Person des Kaisers, der aufgrund seiner Verbindung zu Jupiter auch zum Herrscher über Unglücksmächte werde. So wurde bei Regierungsantritt eines neuen Kaisers die optimistische Propagierung des Goldenen Zeitalters geradezu erwartet. Auch Diokletian verstand sich noch in dieser Tradition als Beauftragter der Götter, und Konstantin, wie die christlichen Kaiser nach ihm, faßte sich als Stellvertreter Gottes auf Erden auf. Die strukturelle Kontinuität in diesem Zusammenhang besteht darin, daß der Kaiser in besonderen Beziehungen zu den Göttern stand. War es aber anfangs so, daß der Herrscher wegen seiner unvergleichlichen Leistungen göttliche Verehrung fand, so erschienen seine Leistungen später als gottgewollt. Die Legitimation der Macht verlagerte sich tendenziell von der charismatischen auf die sakrale Ebene. Daraus resultierte eine Akzentverschiebung in den Beziehungen zwischen Herrscher und Beherrschten, die sich in der zunehmenden Entrükkung des Kaisers spiegelte. Im 4. Jahrhundert war der Kaiser schließlich im Palast hinter Vorhängen den Blicken entzogen, in der Öffentlichkeit durch den Ornat jeder Individualität beraubt, zum lebenden Bild stilisiert und durch ein diffizil geregeltes Zeremoniell für den normalen Sterblichen nahezu unerreichbar.

Die sakrale Überhöhung des Kaisers stand von Anfang an in enger Verbindung mit seiner Funktion als »Weltherrscher«. Er übernahm die in der Republik von Senat und Volk wahrgenommene Aufgabe, das Reich bis an die Grenzen der Erde auszudehnen und die Welt zu beherrschen. Schon Augustus wurde als Va ter und Lenker des Erdkreises bezeichnet. Der Sinn der Herrschaft lag zum einen in der Wahrung des Friedens und zum anderen, wie man in Rezeption hellenistischer Ideen propagierte, in der Zivilisierung und Humanisierung des Menschengeschlechts. Da die römische Weltherrschaft auf den Willen der Götter zurückgeführt wurde und sich der göttliche Wille in den kaiserlichen Handlungen manifestierte, stellte sich die Vorstellung von der unbegrenzten Dauer Roms *(Roma aeterna)* ein. Dachte noch Cicero bei der *res publica* an die Stadt Rom und betonte er damit den Gegensatz zwischen Rom, den römischen Herren, und dem Reich, den Beherrschten, so wurde der Begriff unter Augustus zunehmend auf den ganzen Herrschaftsbereich Roms ausgedehnt. Die mit dieser Entwicklung aufkommende Verwendung der Körpermetapher *(corpus rei publicae* bzw. *corpus imperii)* ließ die Herrschaft des Kaisers als Herrschaft des Hauptes über den Körper erscheinen. Die Konzeptionen eines *imperium sine fine* einerseits und eines Reichskörpers mit festen Grenzen andererseits wurden nun nicht klar getrennt, sondern verschwammen ideologisch. Weltherrschafts- und Reichsideen liefen häufig in Weltreichsideen zusammen. Man hoffte, daß ein von den Göttern auserwählter, mit den göttlichen Tugenden eines stoischen Weisen ausgestatteter idealer Herrscher generell Frieden und Glück verwirklichen werde, insbesondere durch Fürsorge und Freigebigkeit *(liberalitas),* durch gute Gesetze und gerechte Urteile *(clementia, iustitia),* durch Ausgleich vor allem mit dem Senat, aber auch mit Rittern und römischer Plebs *(civilitas),* durch Gewährung von Freiheit und Sicherheit für jedermann *(libertas, securitas)* und nicht zuletzt durch sein gutes Verhältnis zu den Göttern *(pietas).* Mit Konstantin ging die Weltreichskonzeption bruchlos in die des christlichen Universalreiches mit heilsgeschichtlicher Aufgabe über. Die Glückserwartungen richteten sich an den von Gott erwählten und von ihm gekrönten Kaiser, der mit göttlicher Zustimmung regierte. In dem römischen als dem letzten der Weltreiche, in dem der Endzustand irdischer Macht erreicht war, wartete man auf die Wiederkehr Christi und das Ende der Welt.

BIBLIOGRAPHIE

Allgemeine Literaturgeschichten
M. Schanz/C. Hosius: Geschichte der römischen Literatur bis zum Gesetzgebungswerk des Kaisers Justinian, 4 Teile in 5 Bdn.: I München 4. Aufl. 1927, II 4. Aufl. 1935, III 3. Aufl. 1922, IV, 12. Aufl. 1914 und IV,2 1920; *M. Fuhrmann* (Hrsg.): Römische Literatur, in: Neues Handbuch der Literaturwissenschaft III, Frankfurt/Main 1974; *E. J. Kenney/W. V. Clausen* (Hrsg.): The Cambridge History of Classical Literature, II, Latin Literature, Cambridge 1982.

Allgemeine Darstellungen der Kaiserzeit
A. Heuß: Römische Geschichte, Braunschweig 5. Aufl. 1983; *J. Bleicken:* Verfassungs- und Sozialgeschichte des Römischen Kaiserreiches, 2 Bde., Paderborn [2]1981; *W. Dahlheim:* Geschichte der Römischen Kaiserzeit, München 1984; *M. Rostovtzeff:* Gesellschaft und Wirtschaft im römischen Kaiserreich, 2 Bde., Leipzig 1929; *F. De Martino:* Wirt-

Das politische Denken der Römer: Vom Prinzipat zum Dominat   583

schaftsgeschichte des alten Rom, München 1985; *G. Alföldy:* Römische Sozialgeschichte, Wiesbaden 3. Aufl. 1984; *ders.:* Die römische Gesellschaft, (HABES 1) Wiesbaden 1986.

Allgemein zu Grundwerten, zur politischen Terminologie und Ideologie
H. Fenske / D. Mertens / W. Reinhard / K. Rosen: Geschichte der politischen Ideen: Von Homer bis zur Gegenwart, Königstein/Ts. 1981; *J. Béranger:* Recherches sur l'aspect idéologique du principat, Basel 1953; *ders.:* Principatus. Etudes de notions et d'histoire politiques dans l'antiquité gréco-romaine, Genf 1975; *C. Wirszubski:* Libertas als politische Idee im Rom der späten Republik und des frühen Prinzipats, Darmstadt 1967 (Erstdruck 1950); *A.U. Stylow:* Libertas und Liberalitas. Untersuchungen zur innenpolitischen Propaganda der Römer, Diss. München 1972; *H. Kloft:* Liberalitas Principis. Herkunft und Bedeutung. Studien zur Prinzipatsideologie, (Kölner Historische Abhandlungen 18) Köln 1970; *ders.* (Hrsg.): Ideologie und Herrschaft in der Antike, (WdF 528) Darmstadt 1979; *L. Wickert:* RE 22, 1954, 1998–2296, s.v. princeps; *R. Klein* (Hrsg.): Prinzipat und Freiheit, (WdF 135) Darmstadt 1969; *A. Wlosok* (Hrsg.): Römischer Kaiserkult, (WdF 372) Darmstadt 1978; *A. Alföldi:* Der Vater des Vaterlandes im römischen Denken, Darmstadt 1971; *J. R. Fears:* Princeps a diis electus: The Divine Election of the Emperors as a Political Concept at Rome, (Papers and Monographs of the Am. Acad. Rome 26) Rom 1977; *ders.:* Rome: The Ideology of Imperial Power, in: Thought 55, 1980, 98–109; *ders.:* The Cult of Virtues and Roman Imperial Ideology, in: ANRW II, 17,2, 1981, 827–948; *A. Michel:* La philosophie politique à Rome d'Auguste à Marc Aurèle, Paris 1969; *J.-M. André:* La conception de l'Etat et de l'Empire dans la pensée gréco-romaine des deux premiers siècles de notre ère, in: ANRW II, 30,1, 1982, 3–73; *A. Magdelein:* Auctoritas Principis, (Coll. d'Études Latines, XXII) Paris 1947; *W. Suerbaum:* Vom antiken zum frühmittelalterlichen Staatsbegriff, 2. erw. Aufl. Münster 1970; *W. Mager:* Republik, in: Geschichtliche Grundbegriffe, hrsg. v. O. Brunner u. a., Bd. 5, Stuttgart 1984, 549 ff.; *J. Martin:* Monarchie, in: Geschichtliche Grundbegriffe, hrsg. v. O. Brunner u. a., Bd. 4, Stuttgart 1978, 134–140; *A. Alföldi:* Die monarchische Repräsentation im römischen Kaiserreiche, Darmstadt [2]1977; *W. den Boer:* Le culte des souverains dans l'Empire romain, (Entretiens sur l'antiquité classique XIX) Genf 1973; *A. Wallace-Hadrill:* Civilis Princeps: Between Citizen and King, in: JRS 72, 1982, 32–48; *ders.:* The Emperor and his Virtues, in: Historia 30, 1981, 298–321.

Vorüberlegungen
Literatur zur Periodisierungsproblematik
Th. Mommsen: Abriß des römischen Staatsrechts, (2. Aufl. 1907) Darmstadt 1974; *J. Bleicken:* Prinzipat und Dominat. Gedanken zur Periodisierung der römischen Kaiserzeit, Wiesbaden 1978 (vgl. dazu Rez.: P. Petit, Gnomon 52, 1980, 389–90); *R. Rilinger:* Die Interpretation des späten Imperium Romanum als »Zwangsstaat«, in: GWU 36, 1985, 321–340; *A. Heuß:* Das spätantike römische Reich kein »Zwangsstaat«?, in: GWU 37, 1986, 603–618; *G. Weiß:* Byzanz. Kritischer Forschungs- und Literaturbericht 1968–1985 (HZ Sonderheft 14) München 1986, 28–34; *A. Demandt:* Der Fall Roms, München 1984.

Der Augusteische Prinzipat
Geschichtlicher Überblick
Ed. Meyer: Caesars Monarchie und das Principat des Pompejus, Stuttgart/Berlin [3]1922; *D. Kienast:* Augustus, Darmstadt 1982; *W. Schmitthenner* (Hrsg.): Augustus, (WdF 128)

Darmstadt 1969; *R. Syme:* The Roman Revolution, Oxford 1939, ND 1971 (dt. Stuttgart 1957); *K. Raaflaub:* Die Militärreform des Augustus und die politische Problematik des frühen Prinzipats, in: Saeculum Augustum I, hrsg. von G. Binder, Darmstadt 1987, 246–307; *W. Eck:* Augustus' administrative Reformen: Pragmatismus oder systematisches Planen?, in: Acta Classica 29, 1986, 105–120; *W. Pötscher:* ›Numen‹ und ›numen Augusti‹, in: ANRW II, 16,1, 1978, 355–392.

Res gestae
Texte / Übers.:

Res gestae divi Augusti. Das Monumentum Ancyranum, hrsg. und erkl. v. H. Volkmann, Berlin ³1969 (RG); *Augustus:* Meine Taten, Res gestae divi Augusti. Lat. – griech. – deut., hrsg. von E. Weber, Zürich/München ⁴1985; *ders.:* Res gestae, Tatenbericht. Lat. – griech. – deut., übers., komm. u. hrsg. von M. Giebel, Stuttgart 1975.
Literatur:
A. Heuß: Alexander der Große und die politische Ideologie des Altertums, in: Antike u. Abendland 4, 1954, 65–104; *ders.:* Zeitgeschichte als Ideologie. Bemerkungen zur Komposition und Gedankenführung der RES GESTAE DIVI AUGUSTI, in: Monumentum Chiloniense (Festschrift E. Burck), Amsterdam 1975, 55–95; *W. Hoffmann:* Der Widerstreit von Tradition und Gegenwart im Tatenbericht des Augustus, in: Gymn. 76, 1969, 17–33; *R. Werner:* Wesen und Voraussetzungen des augusteischen Prinzipats, in: GWU 29, 1978, 277–294; *D. N. Wigtil:* The Ideology of the Greek ›Res Gestae‹, in: ANRW II, 30,1, 1982, 624–638; *R. Rilinger:* Die Interpretation des Niedergangs der römischen Republik durch »Revolution« und »Krise ohne Alternative«, in: AKG 64, 1982, 279–306; *D. Timpe:* Untersuchungen zur Kontinuität des frühen Prinzipats, (Historia Einzelschr. 5) Wiesbaden 1962; *H. Braunert:* Zum Eingangssatz der *res gestae Divi Augusti*, in: Chiron 4, 1974, 343–358; *A. Wallace-Hadrill:* The Golden Age and Sin in Augustan Ideology, PP 95, 1982, 19–36; *F. Millar/E. Segal* (Hrsg.): Caesar Augustus. Seven Aspects, Oxford 1984; *A. v. Premerstein:* Vom Werden und Wesen des Prinzipats, (Abh. Bayer. Ak. Wiss., N. F. 15) München 1937; *J. Hellegouarc'h/C. Jodry:* Les Res Gestae d'Auguste et l'Historia Romana de Velleius Paterculus, in: Latomus 39, 1980, 803–816.

Livius
Texte / Übers.:

Titi Livi ab urbe condita libri, hrsg. von R. S. Conway, C. W. Walters, S. K. Johnson, A. H. McDonald, bisher 5 Bde. mit den Büchern 1–10 und 21–35, (Oxford Classical Texts) Oxford 1914–1965; *T. Livi ab urbe condita libri,* hrsg. von W. Weissenborn/M. Müller, Buch 36–38 bearbeitet von M. Müller (1890), Buch 39–40 bearbeitet von W. Heraeus (1908), ND Stuttgart 1959; *Titi Livi ab urbe condita libri* XLI–XLV, C. Giarratano rec., Rom ²1937; *Livius:* Römische Geschichte, übers. von K. Heusinger u. O. Güthling, 4 Bde., Leipzig ²1925–1928; *ders.:* Römische Geschichte seit Gründung der Stadt, 2 Bde. Bücher 1–10, hrsg. von H. Dittrich, Berlin/Weimar 1978; *ders.:* Römische Geschichte, latein.-deut. ed. J. Feix, Bd. 4/5, Bücher XXI–XXVI, München/Zürich ³1986 u. ²1980; ed. J. Hillen, Bd. 7–9, Bücher XXXI–XLI, München/Zürich ²1987, 1982 u. 1983.
Literatur:
E. Burck (Hrsg.): Wege zu Livius (WdF 132), Darmstadt 2. Aufl. 1977; *T. J. Luce:* Livy. The Composition of his History, Princeton 1977; *M. Mazza:* Storia e ideologia in Tito Livio, Catania 1966; *H. Tränkle:* Livius und Polybios, Basel/Stuttgart 1977; *P. G. Walsh:* Livy. His Historical Aims and Methods, Cambridge 1970; *R. Syme:* Livy and Augustus, in: HSCPh 64, 1959, 27–87; *H. Petersen:* Livy and Augustus, in: TAPhA 92, 1961, 440–452; *R. E. Mitchell:* Historical Development in Livy, Classical Texts and their Tradi-

Das politische Denken der Römer: Vom Prinzipat zum Dominat 585

tions, hrsg. von D. F. Bright/E. S. Ramage, Studies in Honor of C. R. Trahman, Chico (California) 1984, 175–199; *K. W. Weeber:* Abi, nuntia Romanis…: Ein Dokument augusteischer Geschichtsauffassung in Livius I 16?, in: RhM 127, 1984, 326–343.

Vergil
Texte / Übers.:
Vergil: Aeneis, lat.-deut., hrsg. u. übers. von J. Götte, München ⁵1980; *ders.:* Landleben. Bucolica-Georgica-Catalepton, lat.-deut. ed. J. und M. Götte; Vergil-Viten, ed. K. Bayer, München ²1977.
Literatur:
W. Suerbaum: Hundert Jahre Vergil-Forschung: Eine systematische Arbeitsbibliographie mit besonderer Berücksichtigung der Aeneis, in: ANRW II, 31,1, 1980, 2–358; *ders.:* Vergil und der Friede des Augustus, in: »Der du von dem Himmel bist«. Über Friedensgedichte, hrsg. v. W. Böhme, Karlsruhe 1984, 26–44; *H. Oppermann* (Hrsg.): Wege zu Vergil, (WdF 19) Darmstadt ²1976; *L. P. Wilkinson:* The Georgics of Virgil, Cambridge 1969; *S. Benko:* Virgil's Fourth Eclogue in Christian Interpretation, in: ANRW II, 31,1, 1980, 646–705; *G. Binder:* Aeneas und Augustus, Meisenheim 1971; *R. Coleman* (Hrsg.): Vergil, Eclogues, Cambridge 1977; *W. Schmitthenner:* Die Zeit Vergils, in: Gymn. 90, 1983, 1–16; *R. Rieks:* Vergils Dichtung als Zeugnis und Deutung der römischen Geschichte, in: ANRW II, 31,2, 1981, 728–868; *R. Heinze:* Virgils epische Technik, Darmstadt ⁶1976; *F. Klingner:* Virgil, Zürich-Stuttgart 1967; *ders.:* Virgils Georgica, Zürich-Stuttgart 1963; *B. Otis:* Virgil. A Study in Civilized Poetry, Oxford 1967; *V. Pöschl:* Virgil und Augustus, in: ANRW II, 31,2, 1981, 709–727; *D. Little:* Politics in Augustan Poetry, in: ANRW II, 30,1, 1982, 256–273; *W. R. Johnson:* The Broken World: Virgil and his Augustus, in: Arethusa 14, 1981, 49–56; *ders.:* Virgil's Bees: The Ancient Romans' View of Rome, in: Roman Images, hrsg. von A. Patterson, (Sel. Papers from the English Institute, 1982, N. S. VIII) Baltimore 1984, 1–22; *I. Tar:* Der Pax-Gedanke in Vergils Aeneis, in: Acta antiqua et archaeologica (Szeged, Hungeria) 25, 1984, 137–144.

Horaz
Texte / Übers.:
Horaz: Sämtliche Werke, lat.-deut., hrsg. von W. Schöne, München ND 1970.
Literatur:
E. Fraenkel: Horaz, Darmstadt 5. Aufl. 1976; *H. Oppermann* (Hrsg.): Wege zu Horaz, (WdF 99) Darmstadt 1972; *Ch. G. Starr:* Horace and Augustus, in: AJPh 90, 1969, 58–64; *E. Doblhofer:* Horaz und Augustus, in: ANRW II, 31,3, 1981, 1922–1986; *ders.:* Zum Augustusbild des Horaz, in: RhM N. F. 107, 1964, 325–339; *D. Little:* Politics in Augustan Poetry, in: ANRW I, 30,1, 1982, 274–291; *L. Havas:* La conception organique de l'histoire sous l'Empire romain et ses origines, Acta Classica Univ. Scient. Debrecen 19, 1983, 99–106; *V. Buchheit:* Alexanderideologie beim frühen Horaz, in: Chiron 11, 1981, 131–137; *D. Kienast:* Horaz und die erste Krise des Prinzipats, in: Chiron 1, 1971, 239–251; *V. Pöschl:* Horaz und die Politik, in: SBHAdW 1956, 4; *E. Kraggerud:* Horaz und Actium. Studien zu den politischen Epoden, Oslo (Bergen) Stavanger 1984; *E. R. Schmidt:* Geschichtlicher Bewußtseinswandel in der Horazischen Lyrik, in: Klio 67, 1985, 130–138; *F. M. Ahl:* The Rider and the Horse: Politics and Power in Roman Poetry from Horace to Statius (with an appendix by J. Garthwaite: Silvae 3,4), in: ANRW II, 32,1, 1984, 40–124; *V. B. Jameson:* Virtus Re-formed: An »Aesthetic Response« Reading of Horace, Odes III, 2, in: TAPhA 114, 1984, 219–240.

Ovid

Texte / Übers.:

Publius Ovidius Naso: Liebeskunst, lat.-deut., hrsg. und übers. von N. Holzberg, Darmstadt 1985; *ders.:* Metamorphosen, lat.-deut., hrsg. und übers. von E. Rösch, Darmstadt [10]1983; *ders.:* Liebesgedichte. Amores, lat.-deut., hrsg. und übers. von W. Marg und R. Harder, Darmstadt [6]1984; *ders.:* Die Fasten. Text, Übersetzung und Kommentar von F. Bömer, Heidelberg 1957; *ders.:* Tristia. Text, Übersetzung und Kommentar von G. Luck, 2 Bde., Heidelberg 1967/77.

Literatur:

J. W. Binns (Hrsg.)*:* Ovid, London/Boston 1973; *W. Fauth:* Römische Religion im Spiegel der ›Fasti‹ des Ovid, in: ANRW I, 16,1, 1978, 104−186; *H. Fränkel:* Ovid, Darmstadt 1970; *R. Syme:* History in Ovid, Oxford 1978; *L. P. Wilkinson:* Ovid Recalled, Cambridge 1955, ND 1974; *ders.:* Ovid Surveyed, Cambridge 1962; *S. Lundström:* Ovids Metamorphosen und die Politik des Kaisers, Uppsala 1980; *D. Little:* The Non-Augustianism of Ovid's Metamorphoses, in: Mnemosyne Ser. 4, 25, 1972, 389−401; *ders.:* Politics in Augustan Poetry, in: ANRW II, 30,1, 1982, 316−349; *W. Stroh:* Ovids Liebeskunst und die Ehegesetze des Augustus, in: Gymn. 86, 1979, 323−353; *E. Zinn/ M. v. Albrecht* (Hrsg.)*:* Ovid, (WdF 92) Darmstadt [2]1982; *N. Rudd:* Ovid and the Augustan Myth, in: ders., Lines of Enquiry. Studies in Latin Poetry, Cambridge 1976, 1−31; *M. Weber:* Die mythologischen Erzählungen in Ovids Liebeskunst, Frankfurt/Bern 1983; *J. Barsby:* Ovid, Oxford 1978; *M. L. Coletti:* Rassegna bibliografico-critica degli studi sulle opere amatorie di Ovidio dal 1958 al 1978, in: ANRW II, 31,4, 1981, 2385−2435.

Prinzipat und Tyrannis
Geschichtlicher Überblick

E. Meise: Untersuchungen zur Geschichte der Julisch-Claudischen Dynastie, München 1969; *R. Seager:* Tiberius, London 1972; *B. Levick:* Tiberius the Politician, London 1976; *J. P. V. D. Balsdon:* The Principate of Tiberius and Gaius, in: ANRW II, 2, 1975, 86−94; *ders.:* The Emperor Gaius, Oxford 1934; *C. J. Simpson:* The Cult of the Emperor Gaius, in: Latomus 40, 1981, 489−511; *A. Momigliano:* Claudius, the Emperor and his Achievement, New York [2]1961; *B. M. Levick:* Antiquarian or Revolutionary? Claudius Caesar's Conception of his Principate, in: AJPh 99, 1978, 79−105; *B. H. Warmington:* Nero. Reality and Legend, London 1969; *M. Grant:* Nero, London 1970.

Seneca
Texte / Übers.:

L. Annaeus Seneca: Philosophische Schriften, 4 Bde., lat.-deut. Dialoge I–VI, VII–XII; An Lucilius, Briefe 1−69, 70−124, hrsg. und übers. von M. Rosenbach, Darmstadt 1980, 1983, 1980 und 1984; *ders.:* De clementia − Über die Güte, lat.-deut. hrsg. von K. Büchner, Stuttgart 1970; *ders.:* De beneficiis − Über die guten Taten, übers. von J. Moser, in: Seneca des Philosophen Werk, 5. Bd., Stuttgart 1829; *ders.:* Sämtliche Tragödien, 2 Bde., übers. von Th. Thomann, Zürich/Stuttgart 1961 und 1969. F. Bücheler, *Petronii saturae, adiectae sunt Varronis et Senecae saturae similisque reliquiae, editio octava,* Berlin/Zürich 1963; *Seneca:* Apokolokyntosis. Die Verkürbissung des Kaisers Claudius, übers. v. W. Schöne, München 1957; *O. Weinreich:* Senecas Apocolocyntosis, Berlin 1923.

Literatur:

V. Sörensen: Seneca. Ein Humanist an Neros Hof, München [2]1985; *M. Rozelaar:* Seneca. Eine Gesamtdarstellung, Amsterdam 1976; *P. Grimal:* Seneca. Macht und Ohnmacht des Geistes, (IdF 24) Darmstadt 1978; *ders.:* Sénèque et la vie politique au temps de Néro, in: Ktèma 1, 1976, 167−177; *M. T. Griffin:* Seneca. A Philosopher in Politics, London 1976;

Das politische Denken der Römer: Vom Prinzipat zum Dominat   587

H. Strasburger: Zum antiken Gesellschaftsideal. Abh. Akad. Wiss. Heidelberg 4, Heidelberg 1976; *W. Richter:* Seneca und die Sklaven, in: Gymn. 65, 1958, 196–218; *K. Abel:* Seneca. Leben und Leistung, in: ANRW II, 32,2, 1985, 653–775; *H. Horstkotte:* Die politische Zielsetzung von Senecas APOCOLOCYNTOSIS, in: Athenaeum 63, 1985, 337–358; *M. Fuhrmann:* Die Alleinherrschaft und das Problem der Gerechtigkeit, in: Gymn. 70, 1963, 481–514; *T. Adam:* Clementia principis, Stuttgart 1970; *A. Kopp:* Staatsdenken und politisches Handeln bei Seneca und Lucan, Diss. Heidelberg 1963; *R. R. Nauta:* Seneca's »Apocolocyntosis« as Saturnalian Literature, in: Mnemosyne 40, 1987, 69–96.

Lucan
Texte / Übers.:
M. Annaei Lucani belli civilis libri decem, ed. A. E. Housman, Oxford 1926 (ND 1970); *Lucanus:* Bellum civile – Der Bürgerkrieg, lat.-deut. hrsg. und übers. von W. Ehlers, München 1973.
Literatur:
W. Rutz: (Hrsg.): Lucan, (WdF 235) Darmstadt 1970; *O. Reverdin* (Hrsg.): Lucian, Fondation Hardt: Entretiens sur l'Antiquité Classique 15, Genf 1970; *F. M. Ahl:* Lucan. An Introduction, Ithaca 1976; *W. D. Lebek:* Lucans Pharsalia. Dichtungsstruktur und Zeitbezug, (Hypomnemata 44), Göttingen 1976; *C. Martindale:* The Politician Lucan, in: GaR 31, 1984, 64–79; *U. Hübner:* Vergilisches in der Amyclasepisode der Pharsalia, in: RhM 130, 1987, 48–58.

Persius Flaccus
Texte / Übers.:
Aulus Persius Flaccus: Saturae, hrsg. von W. V. Clausen (OCT), Oxford 1956; *ders.:* Satiren, in: Römische Satiren, hrsg. von W. Krenkel, Darmstadt 1976, 191–218; *O. Weinreich:* Römische Satire, Zürich 2. Aufl. 1957.
Literatur:
D. Korzeniewski (Hrsg.): Die römische Satire, (WdF 238) Darmstadt 1970; *E. V. Marmorale:* Persio, Florenz ²1956 (ND 1963); *U. Knoche:* Die römische Satire, Göttingen ²1957; *W. H. Semple:* The Poet Persius, Literary and Social Critic, in: BRL 44, 1961, 157–174.

Der beste Princeps
Geschichtlicher Überblick
E. Fusshöller: Prinzipatsideologie und Herrschaftsübertragung im Vierkaiserjahr. Der Reformversuch Galbas und seine Bedeutung für die Ereignisse von 68–69 n. Chr., Diss. Bonn 1958; *B. W. Henderson:* Five Roman Emperors, Cambridge 1927 (ND 1968); *ders.:* The Life and Principate of the Emperor Hadrian A. D. 76–138, London 1923 (ND 1968); *K. Christ:* Zur Herrschaftsauffassung und Politik Domitians, in: SZG 12, 1962, 187–213; *A. Garzetti:* Nerva, Roma 1950; *D. Kienast:* Nerva und das Kaisertum Trajans, in: Historia 17, 1968, 51 – 71; *R. Paribeni:* Optimus Princeps, 2 Bde., Messina 1926–7 (ND New York 1975); *B. d'Orgeval:* L'Empereur Hadrien, Paris 1950; *A. Birley:* Mark Aurel. Kaiser und Philosoph, München ²1977; *R. Klein* (Hrsg.): Die Romrede des Aelius Aristides, Darmstadt 1983; *ders.:* Die Romrede des Aelius Aristides, Einführung, Darmstadt 1981; *J. Bleicken:* Der Preis des Aelius Aristides auf das römische Weltreich, (Ak. d. Wiss., Göttingen, Philolog.-hist. Kl. Nr. 7) Göttingen 1966; *D. Nörr:* Imperium und Polis in der Hohen Prinzipatszeit, München ²1969.

Sueton

Texte/Übers.:

C. *Suetoni Tranquilli opera*, De vita Caesarum libri VIII, rec. M. Ihm, Leipzig 1908, ND Stuttgart 1973; *Suetonius:* Caesars, Grammarians and Rhetors, Poets, übers. von J. C. Rolfe, 2 Bde., (Loeb Classical Library) London 1914; *ders.:* Leben der Caesaren, übers. u. hrsg. von A. Lambert, Zürich 1955, ND München [2] 1977.

Literatur:

A. Wallace-Hadrill: Suetonius. The Scholar and his Caesars, London 1983; *U. Lambrecht:* Herrschaftsbild und Principatsidee in Suetons Kaiserbiographien, Bonn 1984; *A. Macé:* Essai sur Suétone, Paris 1900; *G. Funaioli:* RE IV A, 1932, 593–641, s. v. Suetonius; *W. Steidle:* Sueton und die antike Biographie, München [2] 1963; *E. Cizek:* Structures et idéologie dans ›Les vies des douze Césars‹ de Suétone, Bukarest/Paris 1977; *G. Alföldy:* Römisches Staats- und Gesellschaftsdenken bei Sueton, in: Anc. Soc. XI–XII, 1980-81, 349–385; *K. R. Bradley:* Imperial Virtues in Suetonius' Caesars, in: JIES 4, 1976, 245–253; *ders.:* Suetons Life of Nero, Brüssel 1978; *J. M. Carter:* Suetonius, Divus Augustus, Bristol 1982; *B. Baldwin:* Suetonius. The Biographer of the Caesars, Amsterdam 1983.

Tacitus

Texte/Übers.:

Tacitus: Annalen, lat.-deut. hrsg. von E. Heller, Zürich/München 1982; *ders.:* Das Gespräch über die Redner, lat.-deut. hrsg. von H. Volkmer, Zürich/München [3] 1979; *ders.:* Historien, lat.-deut. hrsg. von J. Borst u. Mitarb. von H. Hross u. H. Borst, Zürich/München [5] 1984; *ders.:* Das Leben des Julius Agricola, lat.-deut. hrsg. von R. Till, Berlin [4] 1984.

Literatur:

S. Borzsák: RE Supp. 11, 1968, 373–512, s. v. P. Cornelius Tacitus; *R. Syme:* Tacitus, 2 Bde., Oxford [3] 1967; *F. R. D. Goodyear:* Tacitus, Oxford 1970; *H. W. Benario:* An Introduction to Tacitus, Athens 1975; *ders.:* Recent Work on Tacitus: 1974–1983, in: ClW 80, 1986, 73–147; *V. Pöschl* (Hrsg.): Tacitus, (WdF 97) Darmstadt 1969; *ders.:* Das Bild der politischen Welt bei Tacitus (1959), in: ders., Kleine Schriften 2, hrsg. von W.-L. Liebermann, Heidelberg 1983, 117–153; *K. Christ:* Tacitus und der Principat, in: Historia 27, 1978, 449–487; *M. Ducos:* La liberté chez Tacite: Droits de l'individu ou conduite individuelle, in: BAGB 1977, 194–217; *J. Percival:* Tacitus and the Principate, in: GaR 27, 1980, 119–133; *D. C. A. Shotter:* Principatus ac libertas, in: AncSoc 9, 1978, 235–255; *R. Urban:* Tacitus und die Res gestae divi Augusti. Die Auseinandersetzung des Historikers mit der offiziellen Darstellung, in: Gymn. 86, 1979, 59–74; *J. Deininger:* Brot und Spiele. Tacitus und die Entpolitisierung der plebs urbana, in: Gymn. 86, 1979, 278–303; *A. Mehl:* Tacitus über Kaiser Claudius. Die Ereignisse am Hof, München 1974; *E. A. Schmidt:* Die Angst der Mächtigen in den Annalen des Tacitus, in: W. S., N. F. 16, 1982, 274–287; *M. Streng:* Agricola. Das Vorbild römischer Statthalterschaft nach dem Urteil des Tacitus, Bonn 1970; *D. Flach:* Tacitus in der Tradition der antiken Geschichtsschreibung, Göttingen 1973; *K. H. Schwarte:* Trajans Regierungsbeginn und der ›Agricola‹ des Tacitus, in: BJbb 179, 1979, 139–175; *J. Straub:* Imperium-Pax-Libertas, Rom und die Freiheit der Barbaren, in: Gymn. 84, 1977, 136–48; *R. T. Scott:* Providentia Aug., in: Historia 31, 1982, 436–59; *Y. Shochat:* Tacitus' Attitude to Galba, in: Athenaeum 59, 1981, 199–204; *E. Wistrand:* The Stoic Opposition to the Principate, in: StudClas 18, 1979, 93–101; *I. C. Brown:* Tacitus and the Space for Freedom, in: HT 31, 1981, 11–15; *H. Y. McCulloch:* Narrative Cause in the »Annals« of Tacitus (Beiträge zur klassischen Philologie, 160), Königstein/Ts. 1984; *E. Keitel:* Otho's Exhortations in Tacitus' Histories, in: GaR 34, 1987, 73–82.

Das politische Denken der Römer: Vom Prinzipat zum Dominat — 589

Plinius d. Jüngere
Texte/Übers.:
C. Plini Caecili Secundi epistularum libri decem, lat.-deut. hrsg. von H. Kasten, Darmstadt [5] 1984; *Plinius der Jüngere:* Panegyrikus. Lobrede auf den Kaiser Trajan, lat.-deut. hrsg. von W. Kühn, Darmstadt 1985.
Literatur:
M. Schuster: RE 21, 1, 1951, 439–456, s. v. Plinius (6); *A. N. Sherwin-White:* The Letters of Pliny. A Historical and Social Commentary, Oxford 1966; *H.-P. Bütler:* Die geistige Welt des jüngeren Plinius, Heidelberg 1970; *D. Feurstein:* Aufbau und Argumentation im Plinianischen Panegyrikus, Diss. Insbruck 1979; *L. Born:* The Perfect Prince According to the Latin Panegyrists, in: AJPh 55, 1934, 20–35; *K. Büchner:* Tacitus und Plinius über die Adoption römischer Kaiser, in: RhM 98, 1955, 289–312; *R. T. Bruère:* Tacitus and Pliny's Panegyricus, in: ClPh 49, 1954, 161–179; *H. Cotton:* The Concept of ›indulgentia‹ under Trajan, in: Chiron 14, 1984, 245–266; *U. (Schillinger-)Häfele:* Historische Untersuchungen zum Panegyricus des jüngeren Plinius, Diss. Freiburg i. Br. 1958; *P. Hadot:* RAC 8, 1972, 555–632, s. v. Fürstenspiegel; *W. Blum:* Byzantinische Fürstenspiegel. Übers. und erl., Stuttgart 1981.

Das spätantike Kaisertum
Geschichtlicher Überblick
A. H. M. Jones: The Later Roman Empire 284–602. A Social, Economic, and Administrative Survey, 2 Bde., Oxford 1964, ND 1986; *M. Grant:* Das Römische Reich am Wendepunkt. Die Zeit von Mark Aurel bis Konstantin, München 1972, ND 1984; *R. MacMullen:* Roman Government's Response to Crisis A. D. 235–337, New Haven/London 1976; *F. Millar:* The Emperor in the Roman World (31 BC – AD 337), London 1977; *ders.:* A Study of Cassius Dio, Oxford 1964; *J. Bleicken:* Der politische Standpunkt Dios gegenüber der Monarchie, in: Hermes 90, 1962, 444–467; *D. Manuwald:* Cassius Dio und Augustus. Philologische Untersuchungen zu den Büchern 45–56 des dionischen Geschichtswerkes, (Palingenesia 14) Wiesbaden 1979; *R. Bering-Staschewski:* Römische Zeitgeschichte bei Cassius Dio, Bochum 1981; *G. Wirth:* Einleitung zu: Cassius Dio, Römische Geschichte, übers. von O. Veh, Zürich/München 1985, 8–60; *D. Fechner:* Untersuchungen zu Cassius Dios Sicht der Römischen Republik, Hildesheim/Zürich/New York 1986; *F. G. Maier:* Die Verwandlung der Mittelmeerwelt, Frankfurt 1968; *P. Brown:* Welten im Aufbruch: die Zeit der Spätantike. Von Mark Aurel bis Mohammed, Bergisch Gladbach 1980; *ders.:* Die letzten Heiden. Eine kleine Geschichte der Spätantike, Berlin 1986; *Th. Schieffer* (Hrsg.): Europa im Wandel von der Antike zum Mittelalter, Stuttgart 1976; *A. Piganiol:* L'Empire chrétien (325–395), Paris [2] 1972; *T. D. Barnes:* The New Empire of Diocletian and Constantine, Cambridge (Mass.)/London 1982; *F. Vittinghoff:* Konstantin der Große, in: Die Großen der Weltgeschichte II, Zürich 1972, 576–598; *H. Kraft* (Hrsg.): Konstantin der Große, (WdF 131) Darmstadt 1974; *J. Straub:* Regeneratio Imperii. Aufsätze über Roms Kaisertum und Reich im Spiegel der heidnischen Publizistik, Darmstadt 1972; *R. Klein:* Die Kämpfe um die Nachfolge nach dem Tode Constantins des Großen, in: ByzF 6, 1979, 101–150; *ders.* (Hrsg.): Julian Apostata, (WdF 509) Darmstadt 1978; *R. Browning:* Julian, der abtrünnige Kaiser, München 1977; *A. Lippold:* Theodosius der Große und seine Zeit, München [2] 1980; *J. Burckhardt:* Die Zeit Constantins des Großen. Mit e. Nachw. von K. Christ, München 1982; *J. Martin:* Spätantike und Völkerwanderung, München 1987.

Eusebius von Caesarea

Texte/Übers.:

Eusebius von Caesarea: Vita Constantini, hrsg. von F. Winkelmann, GCS 7, Berlin 1975; *ders.:* Chronica, hrsg. von R. Helm, GCS 47, Berlin [2]1956; *ders.:* Historia ecclesiastica, hrsg. von Ed. Schwartz, 3 Bde., GCS 9, Berlin [2]1902–1909, ND Leipzig 1955; *ders.:* Kirchengeschichte, hrsg. von H. Kraft, übers. von Ph. Haeuser, neu durchges. von H. A. Gärtner, München [2]1981; *H. A. Drake:* In Praise of Constantine. A Historical Study and New Translation of Eusebius' Tricennial Orations, Berkeley/Los Angeles/London 1976.

Literatur:

Ed. Schwartz: RE VI, 1909, 1370–1439, s. v. Eusebios (24); *J. Moreau:* RAC 6, 1966, 1052–1088, s. v. Eusebius von Caesarea; *R. Laqueur:* Eusebius als Historiker seiner Zeit, Berlin 1929; *F. W. Winkelmann:* Die Vita Constantini des Eusebios, Diss. Halle 1959; *D. S. Wallace-Hadrill:* Eusebios of Caesarea, London 1960; *T. D. Barnes:* Constantine and Eusebius, Cambridge 1981; *K. M. Girardet:* Das christliche Priestertum Konstantins d. Großen. Ein Aspekt der Herrscheridee des Eusebius von Caesarea, in: Chiron 10, 1980, 569–592; *Fr. Vittinghoff:* Eusebius als Verfasser der »Vita Constantini«, in: RhM 96, 1953, 330–373; *D. De Decker/G. Dupuis-Masay:* L'Épiscopat de l'empereur Constantin, in: Byzantion 50, 1980, 118–157; *J. Moreau:* Zum Problem der Vita Constantini, in: Historia 4, 1955, 234–245; *F. Scheideweiler:* Nochmals zur Vita Constantini, in: ByzZ 49, 1956, 1–32; *P. Hadot:* RAC 8, 1970, 614–615, s. v. Fürstenspiegel III, Eusebius v. Caesarea; *W. Telfer:* The Author's Propose in the Vita Constantini, in: TU 63, 1957, 157–167; *E. Herrmann:* Ecclesia in re publica, Frankfurt 1980; *R. M. Grant:* Eusebius as Church Historian, Oxford 1980; *G. Ruhbach:* Euseb von Caesarea, in: Gestalten der Kirchengeschichte, hrsg. von M. Greschat, Bd. 1, Stuttgart 1984, 224–235; *ders.:* Die politische Theologie Eusebs von Caesarea, in: ders. (Hrsg.): Die Kirche angesichts der Konstantinischen Wende, (WdF 306) Darmstadt 1976, 236–258.

Julian Apostata

Texte/Übers.:

The Works of the Emperor Julian, griech.-engl., 3 Bde., hrsg. von W. C. Wright, London 1913–23, ND 1962–69; *Julians philosophische Werke*, übers. u. erkl. von R. Asmus, Leipzig 1908; *Kaiser Julian der Abtrünnige*, Die Briefe, übers. von L. Goessler, Zürich/Stuttgart 1971.

Literatur:

E. Pack: Städte und Steuern in der Politik Julians. Untersuchungen zu den Quellen eines Kaiserbildes, (Collection Latomus 194) Brüssel 1986; *U. Criscuolo:* Sull'epistula di Giuliano imperatore al filosofo Temistio, in: Koinonia 7, 1983, 89–111; *L. J. Daly:* »In a Borderland«: Themistius' Ambivalence toward Julian, in: ByzZ 73, 1980, 1–11; *ders.:* Themistius' Refusal of a Magistracy (Or. 34, cc XIII–XV), in: Byzantion 53, 1983, 164–212; *G. Mau:* Die Religionsphilosophie Kaiser Julians in seinen Reden auf König Helios und die Göttermutter, Leipzig u. Berlin 1907 (ND Rom 1970); *J. Leipoldt:* Der römische Kaiser Julian in der Religionsgeschichte, Berlin 1964; *G. W. Bowersock:* The Emperor Julian on his Predecessors, in: YClS 27, 1982, 159–172; *ders.:* Julian the Apostate, London 1978; *J. M. Alonso-Nunez:* The Emperor Julian's Misopogon and the Conflicts between Christianity and Paganism, in: AnSoc 10, 1979, 311–324; *I. Benedetti:* Giuliano in Antiochia nell'orazione XVIII di Libanio, in: Athenaeum 59, 1981, 166–179; *P. Athanassiadi-Fowden:* Julian and Hellenism: An Intellectual Biography, Oxford 1981; *H. W. Bird:* Recent Research on the Emperor Julian, in: Classical Views 26, 1982, 281–296; *Claudius Mamertinus:* Die Neujahrsrede des Konsuls Claudius Mamertinus vor dem Kaiser Julian, Text, Übers. u. Kommentar von H. Gutzwiler, Diss. Basel,

Das politische Denken der Römer: Vom Prinzipat zum Dominat   591

Freiburg/Schw. 1942; *R. Klein:* Kaiser Julians Rhetoren- und Unterrichtsgesetze, in: RQA 76, 1981, 73–94; *F. Dvornik:* The Emperor Julian's Reactionary Ideas on Kingship, in: Late Classical and Medieval Studies in Honor of A. M. Friend Jr., Princeton 1955, 71–81; *W. Ensslin:* Kaiser Julians Gesetzgebungswerk und Reichsverwaltung, in: Klio 18, 1922/ 23, 104–200; *I. Hahn:* Der ideologische Kampf um den Tod Julians des Abtrünnigen, in: Klio 38, 1960, 225–232; *H. Janssen:* Kaiser Julians Herrscherideal in Theorie und Wirklichkeit, Diss. Kiel 1953; *J. Kabiersch:* Untersuchungen zum Begriff der Philanthropie bei dem Kaiser Julian, Wiesbaden 1960; *S. Elbern:* Das Verhalten kirchlicher Würdenträger gegenüber illegitimen Herrschern in der Spätantike, in: RQA 81, 1986, 26–38.

Ammianus Marcellinus

Text/Übers.:
Ammianus Marcellinus: Römische Geschichte, lat.-deut. und mit Kommentar von W. Seyfarth, 4 Bde., Berlin (Darmstadt) [4]1978 (Bd. 1 u. 2), [2]1978 (Bd. 3 u. 4).
Literatur:
H. Gärtner: Einige Überlegungen zur kaiserzeitlichen Panegyrik und zu Ammians Charakteristik des Kaisers Julian, (Abh. Akad. Mainz, Geistes- und sozialwiss. Kl. 1968, Nr. 10) Wiesbaden 1968; *V. Neri:* Ammiano e il christianesimo. Religione e politica nelle ›Res gestae‹ di Ammiano Marcellino, Bologna 1985; *K. Rosen:* Studien zur Darstellungskunst und Glaubwürdigkeit des Ammianus Marcellinus, Diss. Heidelberg 1968 (ND Bonn 1970); *ders.:* Ammianus Marcellinus, (EdF 183) Darmstadt 1982; *E. A. Thompson:* The Historical Work of Ammianus Marcellinus, London 1947 (ND Groningen 1969); *L. Warren Bonfante:* Emperor, God, and Man in the Fourth Century: Julian the Apostate and Ammianus Marcellinus, in: PP 19, 1964, 401–427; *J. Szidat:* Historischer Kommentar zu Ammianus Marcellinus Buch XX–XXI, Teil 1: Die Erhebung Julians, Wiesbaden 1977, Teil 2: Die Verhandlungsphase, Wiesbaden 1981; *W. Ensslin:* Zur Geschichtsschreibung und Weltanschauung des Ammianus Marcellinus, Leipzig 1923 (ND 1963); *H. Drexler:* Ammianstudien, Hildesheim/New York 1974; *K. Bringmann:* Ammianus Marcellinus als spätantiker römischer Historiker, in: AuA 19, 1973, 44–60.

Symmachus

Texte/Übers.:
R. H. Barrow: Prefect and Emperor. The Relations of Symmachus A. D. 384 (lat.-engl.), Oxford 1973; *R. Klein:* Der Streit um den Victoriaaltar (lat.-deut., 3. Relatio), Darmstadt 1972; *Symmaque:* Lettres, Tome I, ed. J. P. Callu, Paris 1972.
Literatur:
R. Klein: Symmachus. Eine tragische Gestalt des ausgehenden Heidentums, (IdF 2) Darmstadt 1971; *ders.* (Hrsg.): Das frühe Christentum im römischen Staat, (WdF 267) Darmstadt 1971; *J. Wytzes:* Der letzte Kampf des Heidentums in Rom, Leiden 1977; *J. Geffcken:* Der Ausgang des griechisch-römischen Heidentums, Heidelberg 1929 (ND Darmstadt 1972); *J. Szidat:* Die Usurpation des Eugenius, in: Historia 28, 1979, 487–508; *J. Straub:* RAC VI, 1966, 860–877, s. v. Eugenius; *B. Croke:* Arbogast and the Death of Valentinian II, in: Historia 25, 1976, 235–244; *J. Matthews:* Western Aristocracies and Imperial Court A. D. 364–425, Oxford 1975; *C. Stuart:* Quintus Aurelius Symmachus: A Political and Social Biography, Diss. New York 1974.

Abkürzungen der Zeitschriften und Standardwerke:

Acta Classica (AClass)   Acta Classica. Proceedings of the Classical Association of South Africa, Cape Town
AJPh   American Journal of Philology, Baltimore
AKG   Archiv für Kulturgeschichte, Köln
AncSoc   Ancient Society, Leuven
ANRW   Aufstieg und Niedergang der römischen Welt. Geschichte und Kultur Roms im Spiegel der neueren Forschung, Berlin
Antike
u. Abendland (AuA)   Antike und Abendland. Beiträge zum Verständnis der Griechen und Römer und ihres Nachlebens, Berlin
Arethusa   Arethusa. A Journal of the Wellsprings of Western Man, Buffalo
Athenaeum   Athenaeum. Studi periodici di Letteratura e Storia dell' Antichità, Pavia
BAGB   Bulletin de l'Association G. Budé, Paris
BJbb (BJ)   Bonner Jahrbücher des Rheinischen Landesmuseums in Bonn und des Vereins von Altertumsfreunden im Rheinlande, Köln
BRL   Bulletin of the John Rylands Library, Manchester
Byzantion   Byzantion. Revue internationale des Études byzantines, Brüssel
ByzF   Byzantinische Forschungen. Internationale Zeitschrift für Byzantinistik, Amsterdam
ByzZ   Byzantinische Zeitschrift, München
Chiron   Chiron. Mitteilungen der Kommission für alte Geschichte und Epigraphik des Deutschen Archäologischen Instituts, München
ClPh (CPh)   Classical Philology, Chicago
ClW (CW)   The Classical World, Pittsburgh
GaR (GuR)   Greece and Rome, Oxford
GCS   Die griechisch-christlichen Schriftsteller der ersten Jahrhunderte, Berlin
Gnomon   Gnomon. Kritische Zeitschrift für die gesamte klassische Altertumswissenschaft, München
GWU   Geschichte in Wissenschaft und Unterricht, Stuttgart
Gymn   Gymnasium. Zeitschrift für Kultur der Antike und humanistische Bildung, Heidelberg
Hermes   Hermes. Zeitschrift für klassische Philologie, Wiesbaden
Historia   Historia. Revue d'histoire ancienne, Wiesbaden
HSCPh (HSPh)   Harvard Studies in Classical Philology, Cambridge, Mass.
HT   History To-day. A Monthly Magazine, London
HZ   Historische Zeitschrift, München
JIES   Journal of Indo-European Studies, Hattiesburg
JRS   Journal of Roman Studies, London
Klio   Klio. Beiträge zur Alten Geschichte, Berlin
Koinonia   Koinonia. Organo dell' Assoc. di Studi tardoantichi, Neapel
Ktèma   Ktèma. Civilisations de l'Orient, de la Grèce et de Rome antiques, Strasbourg
Latomus   Latomus. Revue d'études latines, Brüssel

Mnemosyne	Mnemosyne. Bibliotheca Classica Batava, Leiden
PP	La Parola del Passato. Rivista di Studi antichi, Napoli
RAC	Reallexikon für Antike und Christentum, Stuttgart
RE	Paulys Real-Encyclopädie der classischen Altertumswissenschaft, Stuttgart
RhM	Rheinisches Museum für Philologie, Frankfurt
RQA	Römische Quartalschrift für christliche Altertumskunde und für Kirchengeschichte, Freiburg
SBHAdW (SHAW)	Sitzungsberichte der Heidelberger Akademie der Wissenschaften, Philos.-Histor. Klasse, Heidelberg
StudClas	Studii Clasice, Bukarest
SZG	Schweizer Zeitschrift für Geschichte, Zürich
TAPhA	Transactions and Proceedings of the American Philological Association, Chicago
TU	Texte und Untersuchungen zur Geschichte der altsprachlichen Literatur

KAPITEL XIII

Das politische Denken des Christentums

Von Richard Klein

Vorwort

Die christliche Religion stand seit ihrem Eintreten in die Welt in der Auseinandersetzung mit mannigfachen Formen kultischen Lebens, welche mit dem Anspruch auftraten, die religiösen Bedürfnisse der Menschen zu erfüllen. Die Mysterienreligionen veranschaulichten in zeitlosen Mythen den Sieg einer Gottheit über die Kräfte der Natur und versprachen den Eingeweihten einen Weg zur Befreiung aus irdischer Not. Im Kaiserkult wurden immer neuen Herrschern göttliche Ehren zuteil, welche den zahlreichen, im Römischen Imperium lebenden Völkern die einigende Macht des weltumspannenden Kaisertums vor Augen führten. Die prophetische Religion des Judentums war dadurch gekennzeichnet, daß sich die Angehörigen der jüdischen Stämme durch Einhaltung eines bindenden Gesetzes und profiliertes Gerechtigkeitsstreben von den übrigen Völkern abgrenzten. Von diesen konkurrierenden Kultformen unterschied sich die christliche Religion in besonderer Weise. Sie verdankte ihre Überlegenheit dem Umstand, daß sie ihr in die Geschichte eingebettetes Heilsversprechen auf die historische Gestalt eines Gründers zurückführen konnte, dessen an die gesamte Menschheit gerichtete Botschaft durch die Glaubwürdigkeit seiner Person und die Ausschließlichkeit seines Werkes ihre Legitimierung fand (vgl. Meinhold, 1963, S. 985 ff.).

1. Die Verkündigung Jesu

Das Auftreten Jesu im jüdischen Volk war dadurch begünstigt, daß unter dem Druck langjähriger Fremdherrschaft in zunehmendem Maße eine Messiashoffnung genährt wurde, welche auf das Erscheinen eines gerechten und heiligen Sendboten Gottes gerichtet war, der seine Herrschaft im Lande Israel aufrichten werde. Diese günstige Voraussetzung verkehrte sich jedoch rasch in ihr Gegenteil; denn aus der Diskrepanz, die sich zwischen der Eigenart der neuen Botschaft und den politischen Erwartungen des Volkes auftat, entschied sich das Schicksal des Menschen Jesu.

Nach den übereinstimmenden Berichten der drei synoptischen Evangelien trat der aus dem Geschlechte Davids stammende, im galiläischen Nazareth beheimatete Zimmermannssohn Jesus als Prophet und Prediger der nahen Ankunft Gottes, als Lehrer und Wundertäter im Lande seiner Väter auf und bezeugte durch außergewöhnliche Taten den Anspruch seiner Sendung als letzter Bote Gottes und Retter Israels.[1] Umgeben von einer Schar von Jüngern, erhob er die Königsherrschaft Gottes zum zentralen Gegenstand seiner »Sendung«, wobei er Zukunfts- und Gegenwartsaussagen unmittelbar miteinander verband. Neben der apokalyptischen Ankündigung eines kommenden Gottesreiches und der dadurch wirksamen Erlösung aller ihm ergebenen Menschen stehen die Worte vom Anbrechen der Heilszeit in der Gegenwart und ihrem Wirksamwerden im Kreise der um ihn gescharten Anhänger. Die in der Bergpredigt einprägsam formulierten Forderungen an die Menschen zielen auf unbedingten Gehorsam gegen die Gebote Gottes, wie sie im Alten Bund niedergelegt waren, jedoch nicht mehr in formaler Gesetzestreue, sondern mit voller Hingabe des Herzens, die sich in der Liebe zu Gott und den Mitmenschen äußert (*Matth.* 5,17−20 und 43−48; 22,25−40; *Mark.* 12,28−30; *Luk.* 10,25−28). Jesus geht über die Mahnungen des Täufers Johannes zu Buße und Umkehr hinaus und verlangt eine Änderung des ganzen Menschen in der Hinwendung zu Gott und brüderlicher Gesinnung gegen den Nächsten. Wer diese Gebote erfülle, könne einer absoluten Heilszusage gewiß sein. Stets verweist er auf den Auftrag eines liebenden Vatergottes, der die Vergebung der Sünden nicht nur für die Zukunft verheißt, sondern bereits im diesseitigen Leben verwirklicht.[2] Verbunden mit dem Versprechen des Heils ist die unmißverständliche Ankündigung eines Gerichts für alle diejenigen, welche sich dieser Botschaft entziehen (*Matth.* 10,15; 11,12 und 24; 12,36; 25,31−46; *Luk.* 10,14; 11,31f.). Da er die Gerechtigkeit des Vaters nicht als Gegenleistung für die Erfüllung formaler Riten, sondern als schenkende Gnade predigte, war klar, daß seine Worte vor allem von den unteren Schichten der Bevölkerung, den verachteten Zöllnern und Sündern, den Armen und Ungebildeten, aufgenommen wurden, die der Erlösung aus irdischem Elend am ehesten bedurften (z. B. *Matth.* 5,3; 10,42; 21,28−31; 25,40−45; *Luk.* 1,47f. und 52f.; 6,20; 14,7−24; 16,19−26).

Da Jesus den Blick seiner Anhänger auf einen zukünftigen Tag hinlenkte, an dem die Welt von Gott geändert wird, enttäuschte er die Hoffnungen seines Volkes, das eine Befreiung vom drückenden Joch der fremden Macht erwartete. Es verkannten ihn aber auch jene, welche sein Anliegen als irdische Protestbewegung gegen politische und soziale Ungerechtigkeit verstehen wollten. Wie das Wort vom Zinsgroschen belegt, lag ihm nicht an einer Abwertung oder gar einer Verdammung der weltlichen Obrigkeit, im Gegenteil, er spricht darin die Verpflichtung aus, ihr in allen irdischen Dingen zu gehorchen und das zu geben, was sie zur Ausübung ihrer Rechte nötig hat. Aber selbst, wenn er nirgends zu einem Rückzug aus der Welt und einem Fernbleiben von ihren Geschäften aufruft, so läßt er doch keinen Zweifel daran, daß sein Anliegen nicht mit der irdischen Welt identisch ist, sondern auf ein Jenseits hinzielt. »Trachtet am ersten nach dem Reich Gottes und nach seiner Gerechtigkeit, so wird euch solches alles zufallen« (*Matth.* 6,33).

Die Hinwendung zu Menschen, die für einen frommen Juden nicht zum Volke Gottes gehörten, aber auch die freie Auslegung des Gesetzes und schließlich der Anspruch, in der Vollmacht des Vatergottes zu sprechen, riefen die Feindschaft des orthodoxen Judentums hervor, die schließlich zur Verhaftung und Hinrichtung Jesu durch die Römer führte, die ihn als politischen Agitator betrachteten (vgl. Blinzler, 1969, S. 54ff.). Da er alle seine Heilszusagen an seine Person geknüpft hatte, schien der schmähliche Kreuzestod für seine Anhänger das Ende aller Hoffnungen zu sein.

Das politische Denken des Christentums 597

2. Die Urgemeinde

»Es gehört zu den überraschendsten Phänomenen in der Geschichte, daß das Kreuz doch nicht das Ende war« (Schneemelcher). In kurzer Zeit sammelten sich die Jünger des Gestorbenen und Begrabenen und verkündeten das Erlebnis der Auferstehung und die Gewißheit einer Wiederkunft ihres Meisters. Das Zeugnis derer, die den Auferstandenen gesehen hatten, wird zum Beginn der christlichen Kirche. Die durch die Osterereignisse in Jerusalem entstandene Gemeinde, deren Mitglieder sich als Fromme und Heilige bezeichneten und in kurzem die Aufrichtung der Gottesherrschaft auf Erden erwarteten, verstand sich zwar durch den weiteren Besuch des Tempels und die Erfüllung des Gesetzes als Gruppe *innerhalb* des Judentums, begann jedoch bald im Wissen um das gemeinsame Erleben des auferstandenen und in ihrer Mitte gegenwärtigen Herrn eigene Formen zu entwickeln. Geleitet von dem repräsentativen Gremium der zwölf Apostel, den »Säulen der Gemeinde« – Petrus und der Herrenbruder Jakobus hatten eine führende Rolle inne –, nahm man durch die Taufe neue Gläubige in die durch gemeinsamen Besitz und gegenseitige Fürsorge geeinte Gemeinde auf und versammelte sich im Unterschied zur jüdischen Gewohnheit am Sonntag, dem Auferstehungstag des Herrn, zur gemeinsamen Abendmahlsfeier.[3]

In jenem auserwählten Volk Gottes, das bereits erste tastende Versuche unternahm, die Stellung des gekreuzigten und auferstandenen Gründers in einer Retter- und Richterfunktion sich selbst und anderen zu deuten, etwa durch die neu aufkommenden Bezeichnungen Menschensohn und Messias, entstanden die ersten Differenzen durch das Auftreten der Hellenisten, griechisch sprechender Juden, die aus der Diaspora nach Jerusalem gekommen waren. Als eigene Gruppe neben den Hebräern sprengten sie trotz eines eigenen Leitungsgremiums von sieben Führern zwar nicht die Liebesgemeinschaft der jungen Kirche, wohl aber zeigten sie mit ihrer Forderung, für ihre Gruppe nicht mehr das strenge jüdische Zeremonialgesetz anzuwenden und die Mission auch auf Nichtjuden auszudehnen, die bisherige Enge der Jakobusgemeinde auf. Die neuen Ansichten führten zu einer Konfrontation mit den Behörden und blutigen Verfolgungen, wofür das Martyrium des Stephanus Zeugnis ablegt (*Apg.* 6,1–7; zum Problem der Hellenisten bes. Hengel, 1975, S. 151 ff.; zusammenfassend Bichler, 1983, S. 22 ff.). Ohne sich durch diese Ereignisse beirren zu lassen und sich die Bedenken der »Hebräer« zu eigen zu machen, begannen Petrus, Philippus und Barnabas mit der Ausbreitung der Heilsbotschaft in Palästina und den angrenzenden Gebieten, was wiederum zu Anfeindungen führte (*Apg.* 9,32 ff.). In der jetzt entstehenden Gemeinde der syrischen Metropole Antiochia wurde den Anhängern Jesu von Außenstehenden der Name Christen beigelegt (*Apg.* 11,26). Dadurch wurde die Religion der »Christenleute« erstmals als eigenständige Glaubensgemeinschaft neben Juden und Heiden erkannt und herausgehoben. Eine solche Scheidung verwundert nicht, wenn man sich vergegenwärtigt, daß es etwa fünfzehn Jahre nach den Osterereignissen bereits in Cypern, Ephesus und Rom Gemeinden gab, von den vielen kleinen Stützpunkten im übrigen Mittelmeerraum abgesehen.

Durch diese weitreichenden Erfolge war das Problem der Geltung des jüdischen

Ritualgesetzes für die neugewonnenen Heiden so stark geworden, daß eine grundsätzliche Regelung durch die Jerusalemer Muttergemeinde unumgänglich wurde. Das Problem erfuhr eine besondere Relevanz durch das Auftreten des »Völkerapostels« Paulus, der sich seit seiner Christuserscheinung vor Damaskus dazu berufen fühlte, allen Menschen ohne Unterschied das Evangelium zu verkünden, aber sehr wohl wußte, daß dies nur in einer völligen Loslösung vom jüdischen Gesetz möglich war. Aus begütertem Haus im kilikischen Tarsus stammend und im Besitz einer gewissen jüdisch-hellenistischen Bildung, war er zwar Jesus nicht mehr selbst begegnet, stellte sich jedoch, durch das Bekehrungserlebnis im Innersten verwandelt, rückhaltlos in den Dienst der Verkündigung der an ihn ergangenen Offenbarung.[4] Als Abgesandter Antiochiens erlebte er auf dem Apostelkonzil in Jerusalem (im Jahre 48) eine Lösung der brennenden Frage nach der Heidenmission in seinem Sinne. Neben der judenchristlichen Gemeinschaft in der Muttergemeinde und ihren Missionszellen wird das gesetzesfreie Heidenchristentum (ohne Beschneidung) anerkannt. Die aus Juden und Heiden bestehende Kirche bleibt trotz unterschiedlicher Haltung eine Einheit, aber die nachträglich beschlossene Einschränkung dieses Kompromisses im Aposteldekret (erhalten *Apg.* 15,29) führte schließlich zu einer vollkommenen Trennung des Paulus von seinen Anfängen in Antiochia und zum Beginn einer selbständigen Missionsarbeit.

3. Mission und Theologie des Völkerapostels Paulus

Paulus wußte, daß die in jenem Dekret fixierten Regeln zur Übernahme jüdischer Speisevorschriften für die weitaus größere Gruppe der Heidenchristen vor allem außerhalb Palästinas unannehmbar waren. Zwar bedeuteten die Loslösung und das radikale Verständnis des Evangeliums keine Aufkündigung der Einheit mit der bereits bestehenden Kirche Christi, wohl aber war er nun frei, dem neuen Bekenntnis jene Form zu geben, mit der sie fähig war, sämtliche Völker zu gewinnen. Er weiß sich berufen, den Glauben unter allen Menschen zu verkünden, und beginnt mit einer völlig neuen Missionsmethode. Er reist persönlich von Ort zu Ort und von Provinz zu Provinz, um neue Gemeinden zu begründen, den inneren Aufbau aber überläßt er seinen Mitarbeitern, die er als geistlicher Vater betreut und in krisenhaften Situationen auch besucht (vgl. Harnack, 1965, bes. S. 529 ff. sowie Ollrog, 1979). Seine großen Erfolge im gesamten kleinasiatischen Raum, aber auch das Ausgreifen in die städtischen Zentren des europäischen Festlands, nach Philippi, Thessaloniki, Athen und Korinth und schließlich in die Weltstadt Rom, hätte er nicht erreicht, wären sie nicht begleitet gewesen von einer weiterführenden theologischen Konzeption, welche in gleicher Weise das Erlösungswerk Christi wie die Stellung und Aufgaben der Gemeinden als Kirche Christi einschloß.

Auch Paulus kennt das Nebeneinander von bereits eingetretener Heilszeit und Hoffnung auf die Vollendung in naher Zukunft. Er bindet beide Glaubensaussagen an das heilsgeschichtliche Handeln des göttlichen Vaters, das in der Person Jesu geschichtlich wirksam wird, und erkennt den Sinn der neuen Botschaft in Tod, Auferstehung und Erhöhung Christi. Die Herabkunft des Gottessohnes in

Das politische Denken des Christentums

Sklavengestalt in die Welt der sündigen und verlorenen Menschen interpretiert er als Voraussetzung für die Gewinnung des gegenwärtigen und zukünftigen Heils. Obwohl der Sohn als Sündenloser dem Tode nicht verfallen war, war er dem Vater gehorsam und leistete durch sein persönliches Opfer Sühne für die Sünden der Menschen. Dadurch eröffnete er ihnen den Weg zur ewigen Rettung. Mit dieser aus dem urgemeindlichen Verständnis des Todes Jesu entwickelten Theologie eines stellvertretenden Sühneopfers des menschgewordenen Gottessohnes als Voraussetzung für die Barmherzigkeit des Vaters hat Paulus die jüdische Gesetzeslehre ebenso überwunden wie die Glaubensangst der heidnischen Reichsbevölkerung. Mit der den Menschen zugewandten göttlichen Liebe des auferstandenen Christus werden Rechtfertigung und Neugeburt für alle die verkündet, welche seine rettende Hand ergreifen und in restloser Selbsthingabe Glieder seines Leibes werden; denn sie unterscheiden sich durch den Besitz des göttlichen Geistes von dem nichtgetauften sündigen Teil der Menschheit.[5]

In dieser kosmischen Deutung des Christusgeschehens erhält auch die Kirche eine angemessene Funktion. Die Gemeinden als die einzelnen Glieder der Kirche sind dazu ausersehen, den Leib Christi an ihrem Ort sichtbar darzustellen (so 1. *Kor.* 12,12–31). Da die Paulinische Theologie trotz der eschatologischen Heilserfahrung in Christus sich bereits von der apokalyptischen Naherwartung gelöst hat, unterscheidet sich das Kirchenbewußtsein der hellenistischen Christen von dem der »hebräischen« Urgemeinde dadurch, daß sie trotz ihrem Selbstverständnis als exklusive Heilsgemeinschaft wegen ihres missionarischen Charakters und ihres Eintretens in eine neue Kulturwelt Regeln und Ordnungen verlangten, die das Eingewöhnen im Alltag erleichterten. Das Verhalten im Kontakt mit Staat und Gesellschaft spielt hierbei eine zentrale Rolle. Paulus wählt im Anblick interner Spannungen unter den Christen in den volkreichen Städten, aber auch aufgrund äußerer Beeinflussung und Anfeindung den Weg der persönlichen Mahnung und Belehrung, für Einzelfragen des Zusammenlebens aber glaubt er durch den Rückgriff auf die in der jüdischen wie auch in der popularphilosophischen Tradition des Heidentums beheimateten Haustafeln am ehesten Hilfen zu bieten (sie finden sich *Kol.* 3,18–4,1; *Eph.* 5,22–6,9 und 1. *Petr.* 2,18–3,7; dazu Schroeder, 1959 und jetzt Thraede, 1980, S. 359 ff.). Ausgehend von der Gleichheit aller Getauften erkennt er es als wesentlichen Grundsatz, daß es für sie in der Gemeinschaft des Herrn keine Unterschiede zwischen Juden und Griechen, Männern und Frauen, Freien und Sklaven mehr geben kann, daß aber die persönlichen und sozialen Schranken des öffentlichen Lebens weiterhin gültig sind. Es bleibe ein jeder in seinem Stand, in welchen er berufen wurde (1. *Kor.* 7,24). Mit diesem Satz verlangt er nicht nur den Gehorsam der Frauen gegen ihre Männer und der Kinder gegen ihre Eltern, sondern auch die Unterordnung der Sklaven unter ihre Herren. Da der Sklave hinfort in der Gemeinde ein Freigelassener des Herrn und umgekehrt der Freie ein Sklave Jesu Christi ist, lehnt es der Apostel ab, auf den Wunsch der Sklaven nach Loskauf oder eine andere Art der Freilassung einzugehen. Die Verwirklichung der brüderlichen Liebe zwischen Sklaven und Herren, wie sie bisher in der antiken Welt noch nicht anzutreffen war, sollte das Los der Geknechteten mildern (wichtig bes. der Brief an Philemon; vgl. Laub, 1982, S. 63 ff.). Als eine Mißachtung der göttlichen Erlösung empfände er aber nicht allein ein soziales Emanzipationsstreben der Sklaven, da dies ein Mißverständnis christlicher Freiheit wäre, sondern auch eine Aufkündigung des Gehorsams gegen die staatliche Obrigkeit. Gewiß nicht zufällig spricht Paulus in seinem Brief an die Römer über den göttlichen Auftrag, den jede staatliche Institution zu erfüllen verpflichtet sei. Sie hat die Gerechtigkeit zu schützen und den allgemeinen Frieden zu bewahren. Dies bedeutet, daß der Christ ihr mit Ehrfurcht und Respekt begegnen und Gehorsam leisten soll (*Röm.* 13,1–7). Die Anerkennung der allgemeinen Grundlagen von Staat und Gesellschaft beschränkt sich freilich auf die Respektierung der Gebote, eine Pflicht zu aktiver Mitarbeit ist damit nicht gegeben, im Gegenteil, die Mahnung an das nahende Endgericht (ebd. 13,11 ff.) und die stete Betonung der Vorläufigkeit aller irdischen Ordnungen bedeuten wiederum eine Ausrichtung des Blickes auf die große Zukunft und das Kommen des Reiches Christi (vgl. Cullmann, 1956, S. 36 ff. und v. Campenhausen, 1960, S. 180 ff.). Aus der Erwartung des künftigen Heils ergibt sich für die Gemeinden ein Leben in brüderlicher Liebe und demütigem Verhalten gegen die staatliche Macht, aber auch die Mahnung zu treuem Pflichtbewußtsein und steter Arbeit im Interesse des Ganzen, was noch immer als Abgrenzung von der Welt interpretiert werden kann (*2. Thess.* 3,10; vgl. Holzapfel, 1941, S. 42 ff.).

4. Das Johanneische Christusbild

Läßt sich die Verkündigung des Paulus als eine Weiterbildung der Lehre Jesu aus dem Bewußtsein der Urgemeinde verstehen, so bedeutet die Botschaft des Johanneischen Evangeliums im Glauben an Gottes endzeitliches Handeln eine weitere Stufe der Entwicklung. Der nicht lange vor dem Jahr 100 schreibende Verfasser, der wohl in Syrien beheimatet war, kennt bereits die Gefahren, welche den Gemeinden von einer im palästinensisch-syrischen Raum beheimateten jüdischen Form der Gnosis drohen, und ist bestrebt, ihren Glauben gegen die schleichende Gefährdung zu festigen und zu sichern (vgl. zahlreiche Beiträge in Rengstorf, 1973 sowie Cullmann, 1975). Unter weitgehender Übernahme der gnostischen Sprache, die er jedoch im entgegengesetzten Sinn verwendet, kennzeichnet er Jesus als irdische Erscheinung des Logos in Menschengestalt, der zur überzeitlichen, ewigen Gottesoffenbarung für seine Anhänger wird. Tritt bei Johannes die Bedeutung des Todes Jesu für das Heilsgeschehen zurück, so wird die Gegenwärtigkeit des Heils um so stärker hervorgehoben. Für den Glaubenden ist der irdische Tod bedeutungslos; denn er weiß sich bereits im Besitz des ewigen Lebens, von dem er durch die Bruderliebe Kunde gibt. Noch schärfer als bei Paulus wird der Gegensatz betont zwischen den Jüngern Christi, die sich im Besitz der Wahrheit und des Lichts, der Liebe und des Lebens wissen, und ihren Feinden, den Söhnen der Finsternis und der Lüge, welche mit Haß und Anfeindung gegen die Wahrheit zu Felde ziehen.[6] Aus dieser Abgrenzung zur heidnischen Philosophie und Religion erwuchsen jene Spannungen, die schließlich zu ersten ernsthaften Verfolgungen durch eine absolute Staatsgewalt, aber auch zu einem abgründigen Haß der Christen gegen das römische Kaisertum führten. Hiervon gibt die Johannesapokalypse mit ihren Bildern und Vergleichen beredtes Zeugnis.[7] Gegen den römischen Kaiser Domitian, der gottgleicher Autokrator sein wollte

Das politische Denken des Christentums 601

und auch das Religiöse in seinen Machtbereich zu zwingen suchte, berief man sich auf das Wort, daß man Gott mehr gehorchen müsse als den Menschen (*Apg.* 6,33).

Jene Diffamierung der Christen und die beginnende Verfolgung all derer, die an ihrem Glauben festhielten, ließen aber auch Stimmen laut werden, die sich gegen den Vorwurf einer grundsätzlichen Staatsfeindlichkeit ihrer Glaubensbrüder wehrten. Sie entsprangen der Absicht, der eigenen Seite zu zeigen, daß eine ausschließlich negative Stellungnahme nicht dem Sinn der christlichen Heilsbotschaft entspreche. So konkretisiert Petrus die Paulinische Gehorsamsforderung und verlangt von allen Gemeindemitgliedern, um des Heiles willen sich zu unterwerfen, sei es dem König, sei es dem Statthalter. Das Gebot der Brüderlichkeit schließe auch die Ehre für den König ein, und nur dadurch werde die Unkenntnis der unverständigen Menschen zum Schweigen gebracht (1. *Petr.* 2,13–17).[8] Den deutlichsten Ausdruck christlicher Loyalität bilden schließlich das Verlangen einer allgemeinen Fürbitte für die Regenten, welchen die Sorge für die öffentliche Ordnung obliegt, sowie der Dank, der für sie Gott abgestattet werden soll. Dem Willen Christi entspreche es, daß alle Menschen gerettet und zur Erkenntnis der Wahrheit gelangen sollen (1. *Tim.* 2,1 f.; vgl. *Tit.* 3,1).[9]

Faßt man zusammen, so zeigen die neutestamentlichen Schriften, daß der Maßstab für das Verhalten der Christen zum Staat sich aus dem Wesen ihrer göttlichen Botschaft ergibt. Blieben auch ihre Blicke durch die Prophezeihung eines künftigen Heils auf ein außerweltliches Reich gelenkt, so war die Verbindung zur Welt durch den Auftrag zur Christusverkündigung an die gesamte Menschheit gegeben. Als »Gäste und Fremdlinge in dieser Welt« (1. *Petr.* 1,1 und 17) waren sie weit entfernt, sich auf eine bestimmte politische oder soziale Ordnung festzulegen, wohl aber versteiften sie sich von Anbeginn nicht auf eine Ablehnung der staatlichen Ordnung. Sie orientierten sich vielmehr am Wort des Herrn und gaben dem Kaiser, was des Kaisers ist, und Gott, was Gott gehört. Mit dem Nachlassen der Parusieerwartung und der steten Zunahme der christlichen Gemeinden im außerjüdischen Kulturbereich fand man sich zu einer Anerkennung der staatlichen Macht bereit, wenn sie der Verpflichtung nachkam, Frieden und Ordnung zu bewahren, und erkannte ihr hierfür eine gottgewollte Legitimation zu. Je nachdem, ob der Staat seine Grenzen als Staat einhalte oder sie überschreite, werde der Christ sich zu ihm bekennen oder ihn als Werk des Bösen ablehnen. Aber selbst bei allem Widerspruch gegen einen mit religiösem Totalitätsanspruch auftretenden Herrscher ließ man sich nicht zu einer generellen Verdammung jeder Obrigkeit verführen. Man versuchte vielmehr, das eigene Wohlverhalten gegen den Staat im paulinischen Sinn unter Beweis zu stellen durch den Hinweis auf die Fürbitten, welche man bei Gott für die verantwortlichen Organe einlegte. Freilich fand auch diese Willensbekundung ihre Schranken dort, wo es galt, über eine allgemeine Hinnahme sozialer und politischer Einrichtungen hinaus eine aktive politische Verantwortung zu übernehmen; denn den frühen Christen galt es als ein zentraler Glaubenssatz, daß das wahre Politeuma im Himmel ist, von wo aus sie auf das Erscheinen des Heilandes Jesus Christus, ihres Herrn, zu warten hatten (Paul. *Phil.* 3,20).

5. Die frühen Apologeten

Es ist bekannt, wie argwöhnisch das Eigenleben der christlichen Gemeinden von den Verehrern der alten Götter betrachtet wurde. Die aus der Distanzierung vom gesellschaftlichen Leben und dem Missionserfolg vor allem bei den unteren Schichten der Reichsbewohner resultierenden Vorwürfe reichten von der Pflege absonderlicher Riten bis zur Bildungs- und Staatsfeindlichkeit (vgl. Nestle, 1941, S. 51 ff. und zusammenfassend Schäfcke, 1979, S. 461 ff.). Zur Widerlegung jener Anschuldigungen, die bereits der Historiker Tacitus auf die bekannte Formel, die Christen seien das *odium humani generis*, gebracht hatte (*ann.* XV 44,4), unternahmen es seit der Mitte des zweiten Jahrhunderts gebildete Christen, dem Kaiser sowie den verantwortlichen Männern in der Reichsverwaltung die Lehren der neuen Religion zu erklären. Schon die frühesten Apologeten waren bemüht, nicht nur ihren Glauben als Vollendung aller philosophischen Schulen darzustellen, sondern unter Berufung auf die im Neuen Testament enthaltenen Ansätze, vor allem das Kaisergebet, sich als treue Untertanen des römischen Staates vorzustellen. Am weitesten ging in einer Bittschrift an den Kaiser Marc Aurel (um 172) Melito, der Bischof von Sardeis, der in seiner kühnen geschichtstheologischen Sicht von einer gegenseitigen Zuordnung von christlicher Kirche und Römischem Imperium sprach, die unter Kaiser Augustus Wirklichkeit geworden sei (Fragmente bei Euseb., *hist. eccl.* IV 26,7–18; zur apologet. Lit. vgl. Altaner-Stuiber, 1978, S. 58 ff.).

Clemens von Alexandrien

Zu einer christlich begründeten Wissenschaft kam es in der ägyptischen Metropole Alexandria, die durch ihre wissenschaftliche Tradition und die Aufgeschlossenheit ihrer gebildeten Schicht die geeignete Voraussetzung bot. Der wahrscheinlich aus Athen gebürtige Clemens (ca. 150–214) faßte nach einer gründlichen wissenschaftlichen Ausbildung in der pulsierenden Nilstadt Fuß und lebte dort als freier Lehrer. Sein Ansehen wuchs vor allem durch seine Schriften, die sich rasch verbreiteten. Durch sie wurde er nicht nur zum Begründer der patristischen Literatur, sondern auch zum Schöpfer einer wissenschaftlichen Theologie der werdenden Kirche (vgl. Campenhausen, 1973, S. 32 ff. sowie Ritter, 1984, S. 121 ff.). Gestand er in seiner Werbeschrift *Protreptikos* bereits dem griechischen Philosophen Platon zu, daß er sich auf dem Wege zur Erkenntnis des wahren Gottes befunden habe, die durch die Heilsbotschaft des Logos Jesus Christus Wirklichkeit geworden sei, so wird die positive Einstellung zu den kulturellen Gütern der Griechen in der Schrift *Paidagogos* noch deutlicher: Die Bücher der Alten haben zur Einübung der christlichen Glaubenswahrheit einen wichtigen vorbereitenden Charakter und bedeuten, gelöst von ihrer Verbindung zu den alten Göttern, keine Gefahr für die christliche Jugend. In seinem Hauptwerk, den *Stromateis*, bekennt er schließlich, daß dank der »Samenkörner der Wahrheit«, wie sie der Gott-Logos seit Beginn der Schöpfung ausgestreut habe, auch die Griechen den wahren Gott in Umrissen erkannt hätten, ehe durch den Stifter der christlichen Religion als der einzig wahren Gnosis die volle Wahrheit geoffenbart wurde. Mit der Aneignung des griechischen Lo-

Das politische Denken des Christentums   603

gos-Begriffes und seiner Übertragung auf Christus, aber auch mit einer allegori-
schen Auslegung der Bibel hat Clemens den Weg eröffnet, das aristotelisch-sto-
ische Ordnungsprinzip einer lenkenden Vernunft auch im Staatsdenken zu übernehmen. Wahrer König könne nur der sein, so erklärt er, der seine Herrschaft
vernunftgemäß, den Gesetzen folgend, über freiwillig gehorchende Untertanen innehabe; der willkürliche Gewaltgebrauch dagegen habe nicht das Wohl
der Menschen, sondern die Befriedigung persönlicher Begierden im Auge
(*strom.* 1,24).[10] Auch wenn der Apologet hierbei keine Parallele zum gegenwärtigen Kaisertum zieht, so kann nicht verborgen bleiben, wie sehr sich dieses Bild
des Philosophen-Herrschers dem Streben des humanitären Kaisertums im
2. Jahrhundert annäherte.

Origenes

Anders als sein Vorgänger war der einem gebildeten christlichen Haus Alexandriens entstammende Origenes (ca. 185–254) mehrmals unmittelbar mit der
Verfolgung in Berührung gekommen und fand schließlich durch Gefangenschaft
und Folter in der Zeit des Decius den Tod. Auch er wirkte als gefeierter Lehrer in
seiner Vaterstadt und erkannte als Folge seines Unterrichts für christliche Taufbe-
werber seine Hauptaufgabe darin, die Lehre des Glaubens in einem System zusammenzufassen, um vor den gebildeten Heiden zu bestehen (vgl. v. Campenhausen, 1973, S. 43 ff., Chadwick, 1984, S. 134 ff. sowie Berner, 1981). In seinem
Werk *Über die ersten Prinzipien*, das nur in einer freien lateinischen Wiedergabe
erhalten ist – dem ersten dogmatischen Handbuch in der Geschichte der christlichen Theologie –, behandelt er die zentralen Fragen des christlichen Heilsge-
schehens von der Erschaffung der Welt bis zur Erlösung der Menschheit durch
Jesus Christus. Schrift und apostolische Tradition werden hierbei als maßgebli-
che Lehrautoritäten festgelegt. Sein Ruf als führender Theologe, den Origenes
durch dieses Werk erlangte, aber auch die entsagungsvolle Arbeit an der Herstellung eines zuverlässigen Bibeltextes und die zahlreichen Interpretationen ver-
schafften ihm auch unter den Heiden einen so hohen Ruf, daß er selbst von
Angehörigen des Kaiserhauses und Statthaltern um Auskunft über die neue Philosophie gebeten wurde.[11] Man tat dies, weil er als guter Platoniker Verständnis für
die Rechte der Regenten zeigte, aber auch für die Verantwortung, die jeder Bürger
für das Wohlergehen des Staates haben sollte. Er scheut sich nicht, die Vorsteher
der Kirche den Staatsbeamten als Vorbild für eine kluge und überlegte Regie-
rungsweise vor Augen zu stellen. Veranlaßt durch die Verfolgungsmaßnahmen
der römischen Kaisermacht bereits in den Jahren des Septimius Severus und
Maximinus Thrax, unterscheidet er zwischen einem von Gott eingesetzten Naturgesetz und einem staatlichen Gesetz, das nur dann befolgt zu werden braucht,
wenn es keine Teilnahme am Götzendienst und der göttlichen Verehrung eines
Menschen verlangt. Die Christen, welche das mit dem Geiste Gottes identische
Naturgesetz kennen und im Einklang mit ihm leben, brauchen den geschriebenen
Gesetzen des Staates nur so weit zu gehorchen, wie diese mit den naturrechtlichen
Normen harmonieren. Solange man von ihnen nichts verlangt, was gegen Gottes
Gebote gerichtet ist, gilt für sie das Wort des Apostels, daß sich ein jeder der
Obrigkeit zu fügen habe (*c. Cels.* 1,1; 3,29; 5,37; 5,40; 8,26; 8,40). Wichtig

604 Richard Klein

ist hierbei auch Origenes' Anerkennung der »Staatslehre« des Paulus im Römer-
brief-Kommentar (X 26–30; vgl. Rahner, 1961, S. 58 f.).

Die Heiden waren jedoch nicht bereit, sich mit jener allgemeinen Auskunft zu
begnügen; denn was nützte es einem Staat in einer akuten Notlage, wenn sich
eine Gruppe weigerte, öffentliche Ämter zu übernehmen oder im Heer zu dienen. Jene Einstellung, welche der platonische Philosoph Celsus neben einer generellen Kulturfeindlichkeit den Christen vorhielt, verteidigte Origenes mit dem
stolzen Hinweis auf die Kraft der christlichen Mission und die Sittenreinheit der
Gläubigen, die wie Himmelslichter in der Welt seien und sich nur auf den geistigen Waffendienst verstünden. Die christliche Pflicht einer Anerkennung des
Staates sei nicht gleichbedeutend mit der Auslieferung an ein bestimmtes Gemeinwesen, denn die wahre Politeia der Christen sei im Himmel (c. Cels. VII
7,3 f.; zu den Einwänden des Celsus vgl. Labriolle, 1948, und Benko, 1985,
S. 147 ff.). Freilich läßt er sich in der Abwehr gegen den Vorwurf, der monothei-
stische Glaube raube den vielen im Römischen Imperium zusammengefaßten
Völkern ihre Götter und bilde eine erhebliche Gefahr für das Reich, den Rückgriff auf den Providenzgedanken Melitos nicht entgehen: Die Geburt Jesu unter
der weltumspannenden Regierung des Augustus lag im ewigen Ratschluß des
Vaters, der auf diese Weise die Nationen vorbereitete auf seine Lehre. Das Ergebnis dieser politisch-theologischen Reflexion konnte nur lauten, daß für den
Fall, daß alle Römer christlich wurden, der Aufrichtung einer christlichen Monarchie nichts mehr im Wege stand (c. Cels. 8,63–70; vgl. Peterson, 1935,
S. 66 ff.). Erst der Bischof Eusebius von Caesarea konnte mit dem Blick auf die
Alleinherrschaft Constantins des Großen jenen gedanklichen Ansatz des Orige-
nes verwirklicht sehen.

Tertullian

Jene Mitte zwischen einem rigorosen Nein und einem vorsichtigen Ja im Verhältnis von Kirche und Staat läßt sich auch bei den frühen westlichen Apologeten entdecken. Der in der Hauptstadt der römischen Provinz Africa beheimatete
Jurist Tertullian (ca. 160–220), welcher nach einer Anwaltstätigkeit in Rom in
seine Vaterstadt zurückkehrte und dort zum Christentum fand, sieht es ebenfalls
als seine Hauptaufgabe an, den heidnischen Gegnern ein Bild des »rechten Glaubens« vorzustellen. In seinem auf das Jahr 197 zu datierenden Apologeticum,
einer fingierten Gerichtsrede vor dem Tribunal des Statthalters, verkündet er,
daß die christliche Wahrheit nicht auf der Erde zu Hause sei und unter einem
Volk, das sie nicht kenne, naturgemäß viele Feinde haben müsse. Da sie ihren
Ursprung im Himmel besitze und darauf Hoffnung und Ehre richte, könnten
ihre Anhänger keine Sache finden, die ihnen fremder sei als der Staat. Die Blickrichtung auf das Römische Reich wird deutlich, wenn er hinzufügt, daß ihnen
nur eine einzige res publica bekannt sei, die Welt: »Nulla est necessitas coetus
nec ulla magis res aliena quam publica. Unam omnium rem publicam agnosci-
mus, mundum« (apol. 38,3; zu Tertullian vgl. Lortz, 1927/28 sowie v. Campenhausen, 1973, Bd. 1, S. 97 ff.). Damit verbindet er eine unüberhörbare Distanzierung von der heidnischen Bildung, wenn er jegliche Anknüpfung zwischen Athen und Jerusalem, der platonischen Akademie und der Kirche, mit

Das politische Denken des Christentums 605

leidenschaftlichen Worten von sich weist (*praescr. haer.* 7,9–13; vgl. Fuchs, 1954, S. 350 ff.).

Dennoch zeigt sich rasch, daß Tertullian aus der Tatsache, daß die Christen in dieser Welt leben, die nötigen Folgerungen zu ziehen weiß. Zunächst gilt auch für ihn der durch die Briefe des Paulus und Petrus gegebene Rahmen, daß jede ihre Grenzen beachtende Obrigkeit eine gottgewollte Ordnungsmacht ist, der die Christen den nötigen Gehorsam entgegenzubringen haben. Konkret nennt er das Gebet für den Kaiser, die Entrichtung von Steuern, die Beteiligung an Handel, Wirtschaft und im Heer und das vorbildliche Leben in moralischer Hinsicht. Den nächsten Schritt einer aktiven Beteiligung an bürgerlichen und militärischen Ämtern kann er freilich nicht vollziehen, solange Opfer für Götter und Kaiser damit untrennbar verbunden waren (*apol.* 30,4; 32,1; 42,1 ff.; *idol.* 14,5; 15,3; *Scap.* 2,6; dazu Klein, 1968, S. 26 ff. und Barnes, 1971, S. 20 ff.). Trotz heftigster Temperamentsausbrüche gegen die verfolgenden Behörden, z. B. in der Schrift an den Statthalter Scapula, läßt sich Tertullian jedoch nirgends zu einer Polemik gegen den römischen Staat als solchen verleiten, sondern er wendet sich immer nur gegen eine Verknüpfung mit dem heidnischen Dämonen- und Herrscherkult. Vor allem die Apostrophierung der Kaiser als »zweite nach dem ersten« (*apol.* 30,1), nach Gott selbst, bedeutet eine unvergleichliche Steigerung gegenüber allem, was im heidnischen Denken vorhanden war. Ihre Macht erscheint als Abbild der göttlichen Monarchie und erfährt eine Verankerung im Jenseits, so daß in den Augen der Christen ihre Würde unantastbar wurde. Nimmt man die mit absoluter Gewißheit vorgetragenen Sätze vom unaufhaltsamen Sieg des wahren Gottes über die ohnmächtigen Dämonen hinzu (*apol.* 25), so kann das nur heißen, daß bereits der erste lateinische Apologet ein Römisches Reich christlicher Prägung in der Zukunft erhoffte, das unter der tatkräftigen und machtvollen Regierung eines christlichen Universalherrschers stehen sollte. Da die *fides christiana* sich nach seiner Überzeugung auf dem ganzen Erdkreis durchsetzen wird, wird ein *imperium sine fine* Wirklichkeit werden, wie es die heidnischen Prophezeihungen nie erfüllen konnten. Schon jetzt, so glaubt er, sind seine Glaubensgefährten die besseren Römer und Freunde der Kaiser (*apol.* 37,4 ff.), da sie nicht auf List und Mord sinnen; denn sie sind nicht Feinde des Menschengeschlechtes, sondern Feinde des Verbrechens und des Irrtums. Einen Beweis dafür, daß die Kaiser wegen ihrer Einsetzung durch Gott bereits jetzt mehr zu den Christen gehörten, sieht der Apologet darin, daß die guten Herrscher von jeher den Christen wohlgesonnen gewesen seien und nur die schlechten, wie Nero und Domitian, eine Verfolgung begonnen hätten (*apol.* 5,3 f. und pall. 4,5).

Schließlich weiß er noch eine höhere Notwendigkeit ins Feld zu führen, welche den Inhabern der höchsten Macht zeigen sollte, daß sie auf die Wirksamkeit des christlichen Gebetes angewiesen sein: Die gewaltige Katastrophe, die dem Erdkreis gemäß der Lehre von den vier Weltreichen drohe, könne nur durch die dem Römischen Reich gesetzte Frist aufgehalten werden. Damit hat erstmals ein christlicher Autor jene das Weltende hemmende Macht, von der Paulus in Andeutungen spricht (2. *Thess.* 2,6 f.) [12], in positivem Sinn auf Rom bezogen und offen ausgesprochen, daß diese Macht allein das furchtbare Ende vor dem Weltgericht noch aufhalten könne. Weil nach seiner Auffassung Roms Untergang und das Ende der Zeiten zusammenfallen, muß es auch im Interesse der Christen liegen, daß das *Imperium Romanum* weiter besteht (bes. *apol.* 32,1; vgl. Suerbaum, 1970, S. 110 ff.). Da sich die Ankündigung Vergils über eine ewige Herrschaft angesichts der zunehmenden Gefährdung immer mehr auf eine vage Hoffnung reduzierte, glaubten die Anhänger der »wahren Gottesanbetung«, mit ihrem Flehen um eine *mora finis* den Kaisern eine weitaus bessere Sicherheit zu bieten. Noch konnten solche Gedanken wegen des scharfen Gegensatzes zwischen Verfechtern und Gegnern von Polytheismus und Herrscherkult keine Resonanz finden; denn der heidnische Staat sah in der Verehrung der ererbten Götter und dem dadurch erreichbaren göttlichen Wohlwollen die Garantie für seinen Bestand; aber die weitere Entwicklung bewies, wem die Zukunft gehörte. Darin liegt auch eine Bestätigung, wie sehr bei den westlichen Christen trotz aller Rigorosität im täglichen Streit ein Reichsbewußtsein lebendig war, das die eschatologische Blickrichtung der frühen Gemeinden immer mehr abzulösen begann.

Laktanz

Der christliche Rhetorikprofessor Laktanz (ca. 260–320), der an der Schwelle der Konstantinischen Wende steht, vermittelt wertvolle Einblicke über den Wandel der politischen Ideen in dieser Zeit. Aus Afrika gebürtig, wurde er von Diokletian in die neue Residenz nach Nikomedien in Bithynien berufen, wo er den Ausbruch der großen Verfolgung persönlich miterlebte. Verlor er damals als Christ seinen Lehrberuf, so erlebte er durch Constantin eine glänzende Rehabilitierung. Der christliche Kaiser bestellte ihn in seine gallische Hauptstadt Trier und übertrug ihm dort die Erziehung seines ältesten Sohnes Crispus (vgl. Fontaine-Pervin, 1978 sowie Wlosok, S. 176 ff.). Als sprach- und formbewußter Interpret der christlichen Glaubenslehre schuf er noch vor Abschluß der Verfolgungszeit in seinen *Institutiones* die umfassendste Apologie der christlichen Glaubenslehre, die zugleich zu einem Handbuch für die noch schwankenden und unsicheren Glaubensgefährten wurde. Herausgefordert durch Pamphlete, welche die Christen als ungebildetes und staatsgefährliches, von böswilligen Irrlehrern verführtes Volk diffamierten, setzt er sich zum Ziel, die Vertreter der heidnischen Philosophie bloßzustellen und ihnen die zur Heilsgewinnung notwendige Wahrheit kundzutun, welche Jesus Christus seiner Kirche als Gnadengabe anvertraute. Gegen die Ideologie der Christenverfolger und ihren Anspruch auf Frömmigkeit und Gerechtigkeit versucht er den Nachweis zu führen, daß allein im Glauben an den Erlöser wirkliche *iustitia* vorhanden sei, die er mit *religio* gleichsetzt. Die in diesem umfassenden Sinn verstandene Gerechtigkeit lege den Menschen die Pflicht auf, den höchsten Vatergott anzuerkennen und zu lieben, darüber hinaus den Nächsten als Bruder anzunehmen und ihn in dieser Weise zu behandeln.[13] Alles Übel in der Welt wird auf den Zeitpunkt zurückgeführt, zu dem die Menschen anfingen, sich von Gott zu entfernen und durch die Hinwendung zum Götzendienst das sie verknüpfende Band der Brüderlichkeit zu zerreißen.[14] Vor dem Abfall von Gott habe es ein goldenes Zeitalter allgemeiner Gleichheit gegeben, entsprechend der jedem Menschen zuteil gewordenen Vernunft, in rechtem Gehorsam gegen einen guten Regenten, ohne strafende

Das politische Denken des Christentums

Gesetze. Unter Rückgriff auf den Mythos der vier Weltalter, wie er vor allem von den Stoikern verwendet wurde, glaubt Laktanz an eine Wiederkehr dieser idealen Zeit, wenn das Christentum zur Herrschaft käme. Die Menschen wären sich bewußt, Kinder Gottes zu sein, und Krieg und alle Arten von Verbrechen würden verschwinden, statt ihrer würden Milde und Frömmigkeit, Friede, Mäßigung und Treue ihren Einzug halten (bes. *div. inst.* 5,7 f. sowie *epit.* 54). Das goldene Zeitalter, wie es der Stoiker Seneca (*ep.* 90) geschildert hatte, werde wiederkehren, Gesetze und Strafandrohung seien überflüssig und der staatliche Zwangscharakter werde dem Prinzip der allgemeinen Gleichheit weichen (vgl. Gatz, 1967, S. 114 ff.). Das heißt sicherlich nicht, daß Laktanz die generelle Aufhebung aller sozialen Unterschiede im Sinn hatte, etwa auch der Sklaverei, aber nach christlicher Gesinnung und Handlungsweise werden ihm die Sklaven zu Brüdern, in religiöser Hinsicht zu Mitsklaven im gemeinsamen Herrn Jesus Christus (bes. *div. inst.* V, 15). Der Kaiser aber werde an Gottes Stelle handeln und seine Macht durch guten und milden Gebrauch beschränken (*div. inst.* 7,15). Es ist klar ersichtlich, daß von dieser Vision eine direkte Linie führt zur politischen Konzeption der Herrschaft Constantins und seines Lobredners Eusebius, nach dessen Auskunft der erste christliche Kaiser sein Herrscheramt gleichsam als μεγάλου βασιλέως ὕπαρχος und κινὸς ἐπίσκοπος verstand.

Noch aber war jener Idealzustand nicht erreicht, im Gegenteil, die letzte große Verfolgung Diokletians brachte ein bis dahin nicht erlebtes Leid über alle jene, welche sich dem allgemeinen Opferedikt nicht unterwarfen. Aus diesem Erleben erwuchs das Buch *Über die Todesarten der Verfolger*, das man zu Recht als Dokument des werdenden politischen Bewußtseins einer zur Herrschaft berufenen Kirche bezeichnet hat (so v. Campenhausen, 1973, S. 73; vgl. Moreau, 1954/55 und Christensen, 1980, S. 25 ff.). In der Gewißheit, daß Gott die Gerechtigkeit schützt und die Gottlosigkeit bestraft, aber auch anknüpfend an Tertullians These, daß gute Kaiser stets Freunde der Christen gewesen seien, gelangt Laktanz zur Erkenntnis, daß die Verfolger immer ein schreckliches Ende gefunden hätten, angefangen von Nero über Domitian, Decius und Valerian, bis zu Galerius, dem Nachfolger Diokletians.[15] So braucht er sich nicht von der altererbten Überlegung zu lösen, daß die Erfolge Roms stets der Tugend und Gerechtigkeit seiner Bewohner zuzuschreiben waren. Da er den Zusammenbruch der Verfolgung und den schlimmen Tod des Galerius selbst erlebte, ist es ihm möglich, in der Ablösung der machtlosen heidnischen Gottheiten durch den einen, wahren Gott der Christen und in dem Aufstieg des von ihm beschützten »göttlichen Jünglings« Constantin eine Bestätigung dieser römischen Tradition zu erkennen. Der siegreiche Kaiser wird ihm zum gottbestellten Retter von Ordnung und Gerechtigkeit. Damit bleiben die Christen nicht mehr Fremdlinge in dieser Welt, die für eine andere Wahrheit leiden und einen zukünftigen Staat im Jenseits erhoffen. In einem beispiellosen Optimismus bejahen sie plötzlich alle Gegebenheiten des staatlichen Lebens und erklären ihre selbstverständliche Bereitschaft, an diesem Staat mitzuarbeiten; denn nun glauben sie das in der Theorie entworfene Ideal verwirklicht.

Mit dieser Einstellung, wie sie sich im Werk des Laktanz abzeichnet, fand eine Entwicklung ihr Ende, die in ihren Wurzeln bis auf die Paulinischen Aussagen über die Obrigkeit zurückreicht, von den Apologeten des Ostens und des Westens seit dem 2. Jahrhundert durch die Übernahme heidnisch-philosophischer Systeme gefördert wurde und in dem starken Bekehrungswillen der Reichsbevölkerung eine zuverlässige Bestätigung erfuhr. So erhielt die konstantinische Kaiserideologie durch die Verchristlichung des altrömischen Gerechtigkeitsbegriffs eine solide Grundlage im Denken der Untertanen.

6. Die Kirchenväter des 4. und 5. Jahrhunderts

Das Hineinwachsen der Kirche in eine staatlich inkorporierte Existenz brachte mit Eusebius von Caesarea einen begeisterten Lobredner jener Einheit von staatlicher Weltordnung und heiligem Weltfrieden hervor, welche Constantin geschaffen und seinen Nachfolgern zur Bewahrung aufgegeben hatte (vgl. oben, S. 565 ff.). Bald aber zeigte sich an den Friedensbemühungen der Herrscher während der dogmatischen Spannungen, wie sie seit der Bekehrung Constantins die Kirche ständig in Atem hielten, daß das Verhältnis der weltlichen zur geistlichen Gewalt ungewohnte Probleme entstehen ließ, auf die neue Antworten gefunden werden mußten. Deutlich wurde aber auch, daß sich das erwartete Leben der christlichen Untertanen in Harmonie und Gerechtigkeit nicht in der Form einstellte, wie es einst die führenden Apologeten dem noch heidnischen Kaisertum vor Augen gestellt hatten. So wurden in der nachkonstantinischen Epoche Stimmen laut, die sich über die Entstehung und Zielsetzung des Staates äußerten und über das Gegenüber von Kirche und weltlicher Obrigkeit neue Theorien entwickelten. Auffällig ist hierbei die Diskrepanz, welche zwischen den Vertretern der östlichen und westlichen Kirche sichtbar wird. Zeigen die Bischöfe im Westen im Ringen zwischen Kirche und Staat ein stolzes Selbstbewußtsein, das an der Höherbewertung der Sache des Glaubens keinen Zweifel läßt, so erheben die bedeutendsten Exponenten des Ostens bald nicht mehr den Anspruch, in staatlich-politischen Fragen mitzusprechen oder eine unabhängige Entscheidung zu fällen. Man gewöhnt sich daran, einem Kaiser zu folgen, der als Inhaber der höchsten irdischen Macht auch die Dinge der Kirche ordnet und überwacht.[16]

Johannes Chrysostomus

In diesen Rahmen gehört der im syrischen Antiochia geborene Johannes Chrysostomus (ca. 344–407), der als Prediger und Seelsorger in seiner Heimatstadt einen so ehrenvollen Ruf gewann, daß er von Eutropius, dem allmächtigen Minister des Kaisers Arkadius, überraschend auf den Bischofsthron von Konstantinopel beordert wurde. Trotz aufopferungsvollen und erfolgreichen Wirkens in seiner neuen Umgebung gelang es ihm aber nicht, sich gegen die Intrigen des Hofes durchzusetzen. Schon bald geriet er mit einigen Amtskollegen, vor allem aber mit Angehörigen des Kaiserhofes, in einen so unglücklichen Konflikt, daß er gezwungen wurde, sein hohes Amt aufzugeben, und im armenischen Exil sein Leben beschloß (noch immer grundlegend Baur, 1929/30; jetzt Stockmeyer, S. 125 ff.).
Das Bestreben dieses Bischofs war vor allem darauf gerichtet, durch steten Ein-

Das politische Denken des Christentums 609

satz für Arme und Kranke, Sklaven und Entrechtete Welt und Gesellschaft in christlichem Geist umzugestalten. Unermüdlich ermahnte er die Wohlhabenden, ihr egoistisches Streben nach Reichtum und Macht aufzugeben und sich ihrer Verantwortung für das Heil des Nächsten bewußt zu werden; denn ein christlicher Staat könne so lange nicht entstehen, wie im Innern Gleichheit und Brüderlichkeit nicht lebendig seien. Die Juden und Heiden sollten lernen, daß die Christen Retter, Beschützer, Vorsteher und Lehrer in der Stadt seien. Angesichts der Aufforderung an seine Glaubensgefährten, sich aktiv der Führung öffentlicher Geschäfte zu widmen, mutet seine Theorie über die Entstehung des Staates zunächst ungewöhnlich an. Wie die Unterordnung der Frau unter die Herrschaft ihres Mannes und die Unterwerfung des Sklaven unter seinen Herrn leitet er auch die dritte Knechtschaft von den Straffolgen der Sünde ab. Ohne die Sünde gäbe es keinen Staat; denn warum hätten die ersten Menschen im Paradies unter obrigkeitlicher Gewalt zusammenleben sollen? Erst durch sündhafte Leidenschaften und Frevel seien Gesetze nötig geworden, welche die bedrohte Sicherheit und Ordnung schützten. Mochte die Gewaltausübung mißbräuchlich und der Selbstüberschätzung entsprungen sein oder als gottgewollte und geheiligte Autorität gelten, mit dem Zweck, verbrecherische Elemente niederzuzwingen, stets hält der Bischof an der Sünde als dem auslösenden Moment für jede Art von Unterordnung fest (*serm. Gen.* 4,2 f., 5,1; dazu Verosta, 1960, S. 342 ff.). Die Lösung jenes scheinbaren Widerspruchs zwischen einer notwendig sich entfaltenden Gesellschaft unter der Leitung eines gerechten Regenten, dessen Anordnungen zu Recht befolgt werden, und einer Gewaltherrschaft, die durch die gleiche frevelhafte Handlung im Paradies entstand, ergibt sich dadurch, daß der Prediger – wiederum nach stoischem Vorbild – zwischen einem primären und einem sekundären Naturrecht zu scheiden weiß (vgl. Verdross, 1971, S. 90 ff.). Hatten die Menschen den Zustand der Unschuld einmal verlassen und die Sünde in die Welt gebracht, so war das Entstehen einer Obrigkeit nötig, die von Gott zum allgemeinen Besten des Bürger eingesetzt wurde. Der Bischof konnte durch diese Trennung die den christlichen Herrschern zustehende Zwangsgewalt in Befehl und Gehorsamsforderung guten Gewissens akzeptieren, ohne von seiner anfänglichen Erklärung abrücken zu müssen (so schon Schilling, 1914, S. 121 ff.). Nicht die Staatsgewalt als solche ist durch die frevelhafte Herrschaft Nimrods ins Leben gerufen, sondern das tyrannische Wesen und Treiben der Regenten, welche Ungerechtigkeit und Gewalt gegen ihre Untertanen üben. Die christlichen Kaiser seiner Zeit erfüllten jedoch in seinen Augen das Ideal der guten Herrscher; denn ihre Gewalt leitete sich vom Willen Gottes ab, der allen Menschen die Freiheit zur Sünde ließ, aber dennoch für die auf ihr Heil hoffenden Menschen sorgte (bes. *ad Rom. hom.* 23,2). Daher fügt sich Johannes auch der harten Anordnung des Arkadius, der ihn zweimal seiner bischöflichen Würde entsetzte. Jedes Verharren hätte der hohen Wertschätzung widerstrebt, die er den Herrschenden als Diener Gottes entgegenbringt. Ihre Aufgabe ist es, als Vermittler des Friedens und eines gerechten Lebens zu wirken und die Untertanen in väterlicher Liebe mit Hilfe der göttlichen Gesetze zu leiten.

Ambrosius

Einen völlig anderen Weg wählte im Westen der Bischof Ambrosius von Mailand (ca. 334–397). In Trier als Sohn eines gallischen Praetorianerpräfekten geboren und in Rom sorgfältig mit den altrömischen Traditionswerten vertraut gemacht, finden wir ihn zunächst als Advokat und schließlich als Statthalter in Oberitalien in kaiserlichen Diensten. Auch nachdem er sein hohes Staatsamt mit der Bischofswürde vertauscht hatte, blieb er der gleiche Patriot, der die gerechten Kriege gegen die verachteten Barbaren preist, wie sie die Römer in der Gegenwart zu führen hatten. So glaubte er, einem Markomannenfürsten die Aufnahme in die Kirche nur dann erlauben zu dürfen, wenn er vorher römischer Bürger geworden sei.[17] Obwohl auch Ambrosius die Christen in der ganzen Welt beheimatet sieht, glaubt er dennoch an eine schicksalhafte Verbundenheit zwischen dem Römischen Imperium und der Kirche, wie er sie vor allem in der Leichenrede für Kaiser Theodosius darstellt (bes. 48–53). Nicht als Folge der Sünde im Paradies, sondern als Ergebnis einer naturgesetzlichen sozialen Entwicklung erklärt er die Entstehung des Staates, dessen Leiter die Forderungen der Gerechtigkeit durch Wohltätigkeit und Treue gegen die Untertanen zu erfüllen haben. Diese vor allem aus Cicero entwickelte Staats- und Naturrechtslehre erneuert er durch die Aufnahme der christlichen Nächstenliebe, die er als liebevolle Fürsorge und Beratung konkretisiert. Als Vorbild eines christlichen Herrschers erscheint in seiner an Ciceros *De officiis* anschließenden Schrift *De officiis ministrorum* der König David, an dem er kriegerische Tapferkeit ebenso zu rühmen weiß wie Friedensliebe, Milde, Klugheit und fromme Gesinnung (vgl. Hiltbrunner, 1964, S. 174 ff.).

Vor allem anderen hält er an dem Grundsatz fest, daß »das Göttliche« unter allen Umständen der kaiserlichen Gewalt entrückt sein müsse (*ep.* 20,19). Diese Überzeugung, daß der Inhaber der staatlichen Macht zwar für die Verbreitung des wahren Glaubens das Schwert zu führen, im Konfliktfall aber sich mit einer dienenden Rolle gegenüber Religion und Kirche zu begnügen habe, wird an einigen Ereignissen schlaglichtartig sichtbar. Als »geistlicher Minister« verweist Ambrosius den jungen Valentinian und seine Mutter Justina, die in Mailand eine arianische Kirche für sich beanspruchten, in diese Grenzen mit der Begründung, daß das Recht unantastbar sei und auch ein Kaiser innerhalb der Kirche stehe und nicht über sie gebiete: »Imperator enim intra ecclesiam, non supra ecclesiam est« *(contr. Aux.* 36). In gleicher Weise untersagte er es dem jüngeren Bruder Gratians, den Bitten des römischen Stadtpräfekten Symmachus um eine Wiederaufrichtung des Victoriaaltars in der römischen Kurie und eine Gewährung finanzieller Privilegien an heidnische Priesterschaften zu willfahren; denn an erster Stelle standen ihm die Bindung an Gott und der Einsatz für den wahren Glauben, erst an zweiter Stelle folgte der Dienst für den irdischen Staat (*ep.* 17 und 18; vgl. Klein, 1971, S. 122 ff.; ders., 1972, S. 46 ff. sowie ausführlich Vera, 1981, S. 18 ff.). Ging es in diesen beiden Fällen allein um die richtige Form des Bekenntnisses und die Ablehnung eines häretischen beziehungsweise eines heidnischen Anliegens, so zeigte die Affäre um die Synagoge von Callinicum bereits die gefährlichen Folgen eines solchen, allein auf die Interessen der Kirche gerichteten Denkens; denn die strenge Forderung an Theodosius, den christlichen Bischof, welcher in blindem Bekehrungseifer ein jüdisches Gotteshaus in Syrien

Das politische Denken des Christentums 611

hatte plündern und zerstören lassen, von einer gebührenden Strafe zu befreien, war nicht nur im höchsten Maße ungerecht, sondern auch geeignet, das Ansehen des Kaisers und des Staates zu schmälern. Erst als er sein Ziel vom Kaiser durch eine Nötigung im Gottesdienst erreicht hatte, gab er sich zufrieden. Das Interesse der Religion stand ihm höher als die kaiserliche Sorge um eine gerechte Bestrafung (*ep.* 40 und 41; vgl. v. Campenhausen, 1929, S. 231 ff.). Zum schärfsten Mittel, dem Ausschluß aus der Kirche für eine gewisse Zeit der Buße, griff er im letzten Fall, als er gegen Theodosius schwere Vorwürfe wegen des Blutbades im Theater von Saloniki erhob, obwohl der Kaiser seinen übereilten Befehl, eine große Anzahl von Menschen zu töten, selbst hatte rückgängig machen wollen. ·Auch hier gab der Vertreter der weltlichen Gewalt nach, gewiß nicht nur deswegen, weil er seine Freveltat bereute und die Buße innerlich bejahte (*ep.* 51; *Paul. vit. Ambr.* 24, *Theodoret, hist eccl.* 5,18; vgl. Diesner, 1964, S. 40 f. und Dassmann, 1965, S. 364 ff.). Damit hatte sich das anfängliche Verhältnis zwischen Kirche und Staat in einer Weise fortgebildet, wie es wohl nicht im Sinne des ersten christlichen Kaisers gelegen hatte. Nicht zufrieden damit, die kirchliche Unabhängigkeit zu sichern, erreichte der selbstbewußte Mailänder Bischof die moralische und rechtliche Bindung der kaiserlichen Gewalt an das Urteil der *ecclesia christiana.* Der Sohn der Kirche hatte sich in allen Fragen, welche den staatlichen und den religiösen Bereich zugleich berührten, der Entscheidung eines geistlichen Würdenträgers zu beugen. Mit dieser Position hatte Ambrosius die Grundlage geschaffen für die Entwicklung des päpstlichen Machtanspruchs in der Folgezeit. Trotzdem rüttelte er nicht an jener weitgehenden Identifizierung von *Imperium Romanum* und *Christianum,* weil er es noch immer als zentrale Aufgabe des römischen Kaisers erkannte, die drohende Barbarengefahr abzuwehren.

Hieronymus

In ähnlichem Ton wie der Mailänder Oberhirte erklärte der Kirchenvater Hieronymus (ca. 347–420) es als Pflicht der Könige, Recht und Gerechtigkeit durchzusetzen, den Opfern von Gewalt Schutz zu gewähren und die Gesetze gegen Mörder und Übeltäter anzuwenden. Trete ein Herrscher das Recht mit Füßen, so werde sein Gemeinwesen zerfallen, nicht als Folge göttlicher Grausamkeit, sondern des eigenen frevelhaften Willens (*comm. in. Ier.* 4, 221 ff.; ähnlich *ep.* 60,14). Auch wenn der weitaus weniger politisch denkende Verfasser dieser Zeilen nicht an ein Eingreifen der geistlichen Macht dachte, so erklärte er dennoch, daß es in ihrem Urteil liege festzustellen, wann eine Verletzung dieser Aufgabe vorlag. Auch in den Beziehungen zur Stadt Rom und ihrer Funktion für die Ausbreitung der christlichen Religion zeigt der palästinensische Mönch eine Einstellung, wie sie bei dem italischen Bischof zu finden war. Geformt durch klassische Bildung und beeinflußt durch seine persönliche Bindung an die Tiberstadt, hält er diese noch immer für das Haupt des Erdkreises, deren strahlende Größe nicht auf die versunkene heidnische Epoche beschränkt gewesen sei, sondern nach der Bekehrung noch viel stärker leuchte und weiter wirke bis in die barbarischen Länder hinein, die sich dem christlichen Glauben unterwerfen. Auch er macht sich die einst von Melito vertretene Ansicht zu eigen, daß unter

Augustus nach göttlichem Heilsplan Christus geboren werden mußte, damit sich die Christianisierung des Erdkreises leichter vollziehe (*adv. Jovin.* 2,38; vgl. *ep.* 107,1; dazu Paschoud, 1967, S. 209 ff. sowie Sugano, 1983, S. 24 ff.). Schließlich entsprang seine Bemühung um einen lateinischen Text der Bibel ebenfalls einem nationalrömischen Interesse.

Freilich stand auch Hieronymus das Wissen von einem künftigen Ende, das er aus der Gleichsetzung der römischen Macht mit dem letzten der vier Danielreiche gewann, näher als die Ewigkeitserwartung Vergils. Aber die Ablösung Roms durch den Antichrist läßt auf die Machtstellung der Stadt keinen Schatten fallen, im Gegenteil, auch für ihn ist Rom die von Paulus angedeutete hemmende Macht, welche das Ende der Zeiten allein noch aufzuhalten vermag.[18] Die darin liegende Ahnung von einem Untergang erhielt noch deutlichere Konturen, als mit dem Eindringen von Alarichs Gotenscharen in Italien und mit dem Fall der durch die Gräber der Apostel und Märtyrer geheiligten Tibermetropole sich die Weissagung des alttestamentlichen Propheten zu erfüllen schien. Der Untergang des *clarissimum orbis terrarum lumen* führt ihn zu verzweifelten Ausrufen über den Untergang der Welt und dem Herannahen des Antichristen: »Quid salvum est, si Roma perit?« (*ep.* 123,16). Er entdeckt den Grund darin, daß die Menschen sich nicht vom Makel der heidnischen Zeit befreiten und zur Buße bereit fanden. Damit korrigierte er jene von den frühen Apologeten geäußerte Überzeugung, daß mit der Bekehrung der Reichsbewohner zur christlichen Lehre eine Gefährdung Roms nicht mehr zu befürchten sei. Jetzt mußte er eingestehen: Wenn die Christen sich nicht mit aller Kraft Gottes himmlischer Herrschaft zuwenden, geschieht das unabwendbare Schicksal. Die Erschütterung über den überall sichtbaren Verfall führt ihn zu der Erkenntnis, daß die einzige Möglichkeit der Rettung für den Erdkreis ein Leben in Reue und Askese sei (vgl. *ep.* 60,16 und 128,5. *in Is.* 7,21 – 25; dazu Zwierlein, 1978, S. 45 ff.). Jener einzig noch verbleibende moralische Ausweg durch einen Rückzug aus der versinkenden, sündigen Welt zeigt das Spannungsverhältnis zwischen Römertum und Christentum, in welches die christlichen Bewohner des Reiches angesichts der politischen Katastrophe geraten waren. Die Lösung konnte nur in einem Bruch jener allzu eng gewordenen Bindung der beiden Reiche liegen, der zugleich zu einer Rückbesinnung auf die heilsgeschichtliche Erlösungsfunktion der christlichen Religion für die gesamte Menschheit führen mußte.

Augustinus

Die Antwort auf jenes für das Weiterbestehen der Kirche entscheidende Problem gab der afrikanische Bischof Augustinus (354 – 430). Dieser hatte nach einer langen Zeit des inneren Ringens, die reich an persönlichen Irrungen war, in der geistigen Natur des Menschen, wie sie sich nach christlicher Lehre aus der Gottebenbildlichkeit und dem Erlösungswerk Christi ergibt, eine Lösung seiner Fragen gefunden. Da ihm die volle Wahrheit allein in der katholischen Kirche enthalten war, konnte er den vor allem in den afrikanischen Provinzen beheimateten Häretikerbewegungen keinen eigenen Weg zum Heil zubilligen. So verwundert es nicht, daß seine theologische Wirksamkeit geprägt war von heftigen Auseinandersetzungen mit diesen Gruppen. Hier offenbart sich bereits die

Das politische Denken des Christentums

Rolle, welche er den öffentlichen Organen zuerkannte (vgl. van der Meer, 1958; Brown, 1982 sowie – kurz und instruktiv – Mayer, 1984, S. 179 ff.). Nach langen geduldigen Diskussionen mit den kämpferischen Donatisten, die sich als eine Gemeinde von Heiligen urchristlicher Prägung verstanden, glaubte er schließlich, auf die Unterstützung der staatlichen Gewalt nicht mehr verzichten zu können. Da für ihn außerhalb der Kirche kein zukünftiges Leben in Christus vorstellbar war, hielt er es für seine priesterliche Pflicht, auf die bereits bestehenden Gesetze zum Schutz der katholischen Kirche gegen »häretische Sektierer« zurückzugreifen. Mit seiner Einwilligung sorgten kaiserliche executores für die Wiederherstellung des »kirchlichen Friedens« und gingen rücksichtslos gegen die Hartnäckigen vor, zu denen auch die Circumcellionen zählten, ländliche Saisonarbeiter aus der einheimischen Unterschicht, die sich gegen die römischen Großgrundbesitzer empörten. Es entsprach der Überzeugung des Kirchenvaters, daß die staatlichen Machtträger für Ruhe und Ordnung im Gemeindewesen verantwortlich seien. Daß er hierbei auf der Seite der begüterten Landbesitzer stand, war eine unausbleibliche Folge.[19] Hatte bereits sein Lehrer Ambrosius die Ansicht vertreten, daß es die wichtigste Pflicht der Regenten sei, dem rechten Glauben zum Sieg zu verhelfen, so rühmt auch Augustin an Theodosius, daß er von Anbeginn unermüdlich darauf bedacht gewesen sei, der bedrängten Kirche durch höchst gerechte und barmherzige Gesetze gegen die Gottlosen zu Hilfe zu kommen (*civ. dei* 5,26). Mochte der Bischof in diesem Fall die Gewalt nur als ein kurzzeitig anzuwendendes Mittel betrachten, um der Verantwortung für die Seelen der Irrenden und die Einheit der Kirche nachzukommen, so ist doch daran zu erinnern, daß sich die Inquisitoren des Mittelalters auf das Augustinische *cogite intrare* zu berufen pflegten und darin eine Legitimation ihrer harten Zwangsmaßnahmen fanden.

Will man Augustins Gedanken über das Zueinander von Kirche und Staat kennenlernen, so wäre es verfehlt, sich ausschließlich an die von ihm vertretene Rechtfertigung kaiserlicher Maßnahmen gegen die Donatisten zu halten. Das zentrale Werk über diese Thematik sind die zweiundzwanzig Bücher über den Gottesstaat, die letzte große Verteidigungsschrift des frühen Christentums und zugleich eine heilsgeschichtliche Deutung über die Stellung der Kirche in der Welt. Beunruhigt durch bohrende Fragen der heidnisch gebliebenen Oberschicht über das ausbleibende christliche Friedensreich, wie es noch der Dichter Prudentius um die Jahrhundertwende prophezeite,[20] und unmittelbar veranlaßt durch die gotische Eroberung Roms im August des Jahres 410 und die Verzweiflung der eigenen Glaubensfreunde, unternahm Augustinus den großangelegten Versuch, jenes gefährliche Band zwischen christlicher Religion und Römischem Reich zu durchschneiden und das Reich Gottes wiederum als eschatologische Größe zu interpretieren. Er nennt es *civitas dei*, ein himmlisches Gemeinwesen der Gottesliebe und Demut, und stellt ihm die *civitas terrena* der Selbstgerechten und Stolzen gegenüber, die sich bereits in den frühen Staaten der Babylonier und Assyrer und zuletzt in Rom der Verehrung dämonischer Gottheiten verschrieben hätten.[21] Nachdem auf diese Weise die Vielfalt menschlichen Geschehens auf den heilsgeschichtlichen Rahmen der beiden Grundformen reduziert ist, unterzieht er in der ersten Hälfte seines Werkes die heidnische Geschichte Roms einer schonungslosen Kritik. Unter Verwendung zuverlässiger Quellen weist er nach, daß die alten Götter die Stadt in früheren Zeiten nicht besser schützten als jetzt der Christengott. Die vielgepriesenen Tugenden und Leistungen der Vorfahren seien in Wahrheit *splendida vitia* (19,25) gewesen, und nicht Gerechtigkeit müsse man als Grundlage der vielen Kriege und Eroberungen benennen, mit denen man den Frieden der Völker störte, sondern Eigenliebe und Herrschsucht. Die frühere *imperiosa civitas* sei daher, solange sie der Götterreligion ergeben war, nicht ein auf *iustitia* gegründeter Staat gewesen, da sie der göttlichen Gerechtigkeit entbehrte, die allein den Völkern den Frieden schenke, sondern ein *magnum latrocinium*, das den Besiegten das Ihre weggenommen habe. Wo das Recht des Stärkeren gelte, könne keine Gerechtigkeit existieren und damit auch kein wahrer Staat.[22] Wie Augustinus hier sich dem Anspruch Ciceros auf die Ewigkeit des Staates aufgrund seiner gerechten Grundlage entgegenstellt, so wendet er sich auch entschieden gegen Vergils Universalitätsanspruch eines *imperium sine fine* (vgl. oben, S. 533), der ihm zu einer Beleidigung der Ehre Gottes wird; denn allein Gott könne den Staaten Wohlergehen und Dauer schenken (4,2). So unterzieht Augustin die gesamte römische Geschichte, beginnend mit dem Brudermord des Romulus bis zu den blutigen Bürgerkriegen am Ende der Republik, einer schonungslosen Kritik und entlarvt auf diese Weise die noch immer vorhandene politisch-religiöse Weltsicht der Heiden, daß die Römer durch Frömmigkeit und moralische Vorbildlichkeit das Wohlwollen der Götter gewannen, welche ihnen so die Weltherrschaft verliehen. Demgegenüber entfaltet der Bischof in einer heilsgeschichtlichen Gesamtschau das Wesen der beiden Staaten, deren Entstehung er an den Anfang der Schöpfung verlegt, als Gott das Licht von der Finsternis schied. Einsetzend mit dem Fall der Engel und der Ermordung Abels durch seinen Bruder entwirft er ein großangelegtes Bild von der Entwicklung der beiden *civitates* in der irdischen Zeit bis zum letzten Gericht, das der endgültigen Scheidung vorangeht und den Frommen und Heiligen den Genuß des ewigen Friedens beschert (19,11–17; vgl. allgemein Fuchs, 1965, S. 16 ff. und jetzt Laufs, 1973, S. 3 ff.). Wesentlich für das Verständnis der Augustinischen Zweistaatenlehre ist zunächst, in welcher Form die Trennung in Geschichte und Gegenwart erfolgt. Ausschlaggebendes Kriterium hierfür ist ihm die Wahl der Güter, die erstrebt werden. Während die Bürger des Gottesreiches ihren Sinn auf Gott als den Spender der wahren Gerechtigkeit und Friedensordnung richten, bleibt die dem irdischen Staat zugehörige Gemeinschaft den vergänglichen Gütern treu und erhebt sie zu Göttern. Dieses unterschiedliche Streben äußert sich vor allem in der Bewertung der eigenen Person und im Verhalten zu den übrigen Menschen. Während die einen sich durch Gottesliebe, Demut und Gehorsam auszeichnen, denken die anderen nur an sich selbst und beweisen durch Selbstliebe, Stolz und Herrschgebaren in ihrem Handeln, daß sie nicht nach Gottes Willen, sondern nach Menschenart leben (z. B. 15,15–18; dazu grundlegend Kamlah, 1951 und Mandouze, 1969, S. 296 ff.).

So klar diese Merkmale sind, mit denen Augustinus die Menschen der beiden Staaten charakterisiert, so schwankend erscheinen die Aussagen über ihre Zugehörigkeit zu einem der beiden Teile und über die Bewertung des irdischen Staates. Mag er bisweilen den Eindruck erwecken, als ob er den Gottesstaat mit der Kirche identifiziere, so betont er doch im allgemeinen mit Nachdruck, daß die beiden *civitates* in dieser Welt untereinander in vielfacher Weise vermischt sind

Das politische Denken des Christentums

und eine endgültige Trennung erst durch das Weltgericht erfahren.[23] Zwar ist die *civitas caelestis* durch das Erscheinen Christi sichtbar in die Welt eingetreten – Christus ist der Gründer und Leiter dieses Staates –, aber dennoch ist die pilgernde Kirche in der Zeit nicht gleichzusetzen mit jener Kirche, wie sie in der Vollendung sein wird, da ihr auf ihrem Erdenweg nicht nur Gute, sondern auch Böse angehören. Da noch nicht alle Getauften durch das Band der Liebe verbunden sind, vollzieht sich in der Geschichte eine Erziehung des Menschengeschlechts, wodurch Christus sein Volk von der Zeitlichkeit zur Ewigkeit geleitet.

Durch diese differenzierte Sicht wird es dem Autor möglich, die Autorität des irdischen Staates in seiner Ordnungsfunktion ohne Bedenken anzuerkennen. Ausgehend von dem stoischen Glauben an einen überall herrschenden Vernunfttrieb, der auf einen geordneten Zusammenschluß der Menschen zielt, aber auch anknüpfend an die von Paulus ausgesprochene Überzeugung, daß jede staatliche Macht auf den Willen Gottes gegründet ist, nennt es Augustinus selbstverständlich, daß die Angehörigen der Kirche auf ihrem Erdenweg des Staates und seiner Gesetze bedürfen; denn nur unter ihrem Schutze sei es möglich, daß ein friedliches Leben der Menschen entstehe und die Kirche sich unter den Völkern ausbreiten könne. Wie die ungestörte Eintracht im einzelnen Haus nur durch das Zusammenwirken zwischen dem Oberhaupt der Familie und den einzelnen Mitgliedern existiert, so lautet der Vergleich im Anschluß an Aristoteles (bes. *civ. dei* 19,16), entspricht im Staatsganzen der fürsorglichen Machtausübung eines Herrschers die Unterordnung der Bürger. Durch den Vergleich der Aufgaben eines verantwortlichen Familienvaters mit einem Regenten im Staat, aber auch durch den Rückgriff auf die Naturrechtslehre der Stoa und die Paulinische Gehorsamsforderung glaubt der Bischof die Befehlsgewalt der Obrigkeit und die Gehorsamspflicht der Bürger ausreichend legitimiert, freilich nur so lange, als nicht Selbstherrlichkeit, Willkür, Machtstreben und brutale Knechtung Ziele der Herrschenden werden (vgl. *ep.* 138). Damit ist der irdische Staat zu einer Institution geworden, die Anerkennung und Hinnahme aller Bürger verdient; denn in ihm sind die Angehörigen der beiden *civitates* zusammengefaßt. Er wird nur dann zu einer *civitas diaboli*, wenn seine Lenker ihn als oberstes erstrebenswertes Gut verstehen und nicht den wahren Gott als höchste Autorität verehren (vgl. Straub, 1969, S. 536 ff.). Nur wenn man diese positive Einstellung Augustins zum irdischen Staat als einem Garanten der *concordia civium* nicht aus den Augen verliert, läßt sich die Unbedenklichkeit verstehen, mit welcher er gegen die Donatisten die Gesetzesgewalt zur Wiederherstellung der kirchlichen Einheit benützt.

Der Gedanke, der hier in einem aktuellen Fall sichtbar wurde, die Dienstbarkeit des Staates für die katholische Kirche, kehrt in Augustins *Gottesstaat* wieder, und zwar da, wo er die den christlichen Kaisern Constantin und Theodosius übertragene Reichsgewalt in panegyrischen Worten preist. Obwohl auch sie das römische Weltreich mit gleichen Mitteln regieren wie ihre heidnischen Vorgänger, werden sie gerühmt und ihre »Erfolge« dem Umstand zugerechnet, daß sie nicht mehr bei den Dämonen Hilfe suchen, sondern den wahren Gott anbeten. Entgegen den historischen Fakten erkennt er ihnen die Tugenden der Selbstbescheidung und Liebe zu, welche den Bürgern des Gottesstaates eigen sind. Hierzu zählt der Bischof auch den Einsatz höchst gerechter und barmherziger

Gesetze gegen die Gottlosen, unter die nicht allein die Heiden, sondern christliche Häretikergruppen einzureihen sind.[24]

Geht man noch ein Stück weiter, so läßt sich erkennen, daß der Römer Augustinus auch nicht von einer generellen Feindschaft gegen den römischen Staat in seiner heidnischen Phase erfüllt war, wie die harten Ausfälle gegen die frühere Eroberungspolitik zunächst vermuten lassen. Wie er bereits die römische Herrschaftsideologie für die Zeit akzeptierte, als die Regenten sich zu Christus bekannten, so zeigt sich auch, daß er immer nur dort zu einer negativen Bewertung gelangt, wo er eine Verbindung mit dem gottlosen Götzendienst zu erkennen glaubt (z. B. *civ. dei* 4,2 oder 5,7; vgl. Straub, 1977, S. 244 ff. sowie ders. 1984, S. 75 ff.). Abgesehen davon, daß das heidnische Rom die gottgewollte Aufgabe einer Ordnungsmacht zu erfüllen hat, teilt er den Glauben früherer Apologeten, daß die Größe Roms auf den Willen und die Vorsehung Gottes zurückgehe. Er scheut sich nicht, sich zur alten Auffassung vom *bellum iustum* zu bekennen und die kolonisatorischen und kulturellen Leistungen der römischen Friedensherrschaft gebührend hervorzuheben. Er weiß, daß Gott seine Herrschaft Guten und Schlechten gibt und unter dem Blickwinkel der früheren *regna* erscheint ihm das Römische Reich noch immer als das beste.[25] Mit Recht läßt sich hier von einer tragischen Spannung zwischen christlicher Selbstbehauptung und patriotischem Geschichtsbewußtsein sprechen.

Insgesamt bleibt es das historische Verdienst Augustins, die christliche Kirche von einer gefährlichen Verstrickung mit der politischen Welt, in die sie durch die Hinwendung Constantins und seiner Nachfolger zur »einen Wahrheit« gekommen war, gelöst und zu ihrer eigentlichen Aufgabe zurückgeführt zu haben, die sie durch den Auftrag ihres Stifters erhalten hatte. Im Vertrauen auf das unumschränkte Kaisertum von Gottes Gnaden drohte ihre Unabhängigkeit verlorenzugehen, außerdem waren ihre Mitglieder unter dem Schutz des kaiserlichen Stellvertreters Gottes auf Erden in eine trügerische Sicherheit geraten, die durch den Fall der einstigen Hauptstadt in eine ausweglose Bestürzung umschlug. Der afrikanische Bischof zeigte seinen unsicher gewordenen Glaubensbrüdern, daß der zerstörte Traum eines römisch-christlichen Friedensreiches nicht das Ende der christlichen Kirche war, sondern den Blick auf ihr eigentliches Wesen freilegte. Er richtete ihre Aufmerksamkeit auf das unvergängliche Reich Gottes, das wegen seiner göttlichen Stiftung und des jenseitigen Zieles nicht mit einem irdischen Staat identifiziert werden durfte. Ohne eine Verdammung des noch immer mächtigen Römerreiches auszusprechen, macht er deutlich, daß die rechte Kirche als Gemeinschaft der Frommen und Heiligen zwar des Schutzes einer irdischen Friedensmacht bedarf, aber nach eigenen Gesetzen lebt, die von Christus geschenkt wurden und nicht mit den Gesetzen irgendeines irdischen Staates in eins zu setzen sind. Auf diesem Wege gelang es ihm, die tödliche Verklammerung der Kirche mit der römischen Reichsideologie zu lösen und die christliche Freiheit neu zu formulieren. Da nunmehr am universalen Anspruch der *civitas dei* nicht mehr gerüttelt werden konnte, war der Weg frei zur Bekehrung sämtlicher Völker des Erdkreises, ohne Rücksicht auf das untergehende Römerreich. Es war nicht das Verschulden Augustins, daß sein großes geschichtstheologisches Werk im mittelalterlichen Streit zwischen Kaiser und Papsttum durch eine mißverstandene politische Interpretation der beiden Staaten zu einer Abwertung der

Das politische Denken des Christentums 617

staatlichen und einer übersteigerten Sakralisierung der geistlichen Gewalt führte (vgl. Seppelt-Schwaiger, 1957).

7. An der Wende zum Mittelalter

Isidor von Sevilla

Auf welch fruchtbaren Boden der Augustinische Gedanke über die Wirksamkeit des christlichen Glaubens bei allen Völkern Gottes gefallen war, erwies sich sehr rasch bei jenen Theologen, die an den Rändern der ehemals römischen Territorien lebten, wo die germanischen Nachfolgestaaten ein neues Selbstwertgefühl zu entwickeln begannen. Als nach anderthalb Jahrhunderten kriegerischer Auseinandersetzungen zwischen den nach Spanien eingedrungenen Germanenstämmen der Vandalen, Sueben und Westgoten mit der Seßhaftwerdung der letzteren wieder Ruhe eingekehrt war, machte sich der einem provinzialrömischen Geschlecht entstammende Bischof Isidor von Sevilla (560–636) daran, das gesamte zu seiner Zeit verfügbare Wissen in einem gewaltigen Werk mit dem Titel *Etymologiae* zusammenzufassen. Hierin, aber auch in seinen übrigen Büchern offenbart sich ein neues, optimistisches Geschichtsbewußtsein, das unverkennbar nationale Züge trägt. Es läßt keine Sehnsucht nach den alten Zuständen und keine Begeisterung für ein zentrales, auf Rom ausgerichtetes Weltreich mehr entdecken. An die Stelle eines schwankenden Glaubens an das ewige Rom und der Angst vor dem Untergang der Welt ist, besonders im Vorspann der *Historia Gothorum, Vandalorum et Sueborum*, die stolze Erfahrung getreten, daß sich die spanische Kirche mit dem herrschenden Stamm der Goten zum katholischen Glauben bekehrte und damit zu einem Bestandteil jener *civitas caelestis* geworden war, die Augustinus von der Bindung an das Römische Reich befreit hatte (vgl. Fontaine, 1959 und Perez de Urbel, 1962). Auch die von Justinian restaurierte oströmische Machtposition lehnt Isidor ab mit der Begründung, daß in den einzelnen Nationalstaaten niemals so viele Übel zusammenfließen könnten wie in einem zentralisierten universalen Machtgebilde (*etym.* 1,32,1). Er ist zwar von einer hohen Wertschätzung der antik-heidnischen Wissenschaft beseelt, deren Schätze er durch stetes Abschreiben in den Klöstern erhalten wissen will, aber wesentlich erscheint es ihm, das römische Erbe und die heiligen Schriften seiner Religion mit dem germanischen Oberbau zu versöhnen und so zu einer Verschmelzung beizutragen. Dieser politisch-organisatorischen wie auch ethisch-kulturellen Aufgabe widmet er sowohl sein langjähriges kirchliches Wirken wie auch seine ausgedehnte schriftstellerische Tätigkeit. So ist bei ihm am deutlichsten zu erkennen, wie die zunächst auch in den Provinzen zu beobachtende Abneigung der spätantiken Römer gegen die barbarischen Eindringlinge sich in ein nationales Selbstwertgefühl verwandelt hat. Eben dies gebietet ihm, sich für ein Weiterleben römischer Kulturtradition bei der politischen Führungsschicht der Westgoten und ihrer Geistlichkeit einzusetzen. In diesem Rahmen bewegen sich auch seine Gedanken über ein geordnetes Gemeinwesen, welche er weitgehend Augustins Gottesstaat entnimmt. Wie dieser glaubt er, daß die Menschen von Natur aus sozial veranlagt sind und ihre Vereinigung einem

natürlichen Trieb entspricht. Nach dem Vorgang Ciceros definiert er das Volk als
eine durch Übereinstimmung im Recht und einheitliche Interessen verbundene
Menge von Menschen. Eine solche Gemeinschaft bedürfe eines leitenden Willens,
dem sich alle beugen. Seinem großen Vorbild entsprechend unterscheidet er eine
doppelte Art zu herrschen, einmal eine beratende und liebevolle Fürsorge nach
Gottes Willen, zum andern eine Regierung nach Tyrannenart, unter deren Grausamkeit ein Volk zu leiden hat. Aufgabe des guten Königs ist es, die Gerechtigkeit
zu üben, was ihm nur gelingen kann, wenn er fähig ist, sich selbst zu beherrschen.
Daß unter den Aufgaben des christlichen Regenten die Verteidigung der Kirche
eine maßgebende Rolle spielt, braucht nicht eigens hervorgehoben zu werden.
Das Kennzeichen guter Gesetze besteht darin, daß sie mit der Religion übereinstimmen und das Heil der Untertanen fördern (*etym.* 15,2,2 und 5; *sent.* 3,48,7
und 51,1; vgl. Schilling, 1914, S. 213 ff.). Wiederum in Übereinstimmung mit
Augustinus zeigt er sich überzeugt, daß die Herrschaft frevelhafter Regenten als
Strafe verhängt ist über schlechte Völker und daß auch dies der göttlichen Vorsehung entspricht. Die Zugehörigkeit der Menschen zu den beiden *civitates* lasse
sich bereits in ihrem irdischen Wandel erkennen, da die einen nach dem Oberen
und Inneren, die anderen nach dem Unteren und Äußeren streben (*sent.* 2,6).
Überblickt man diese Äußerungen, so wird deutlich, wie sehr Isidor in der Zeich-
nung des irdischen Staates bis in die Einzelcharakterisierung dem afrikanischen
Kirchenvater folgt, ohne freilich den theologischen Überbau des *Gottesstaates*
näher zu beachten. Der Grund liegt darin, daß das apokalyptische Anliegen, das
Augustinus zur Abfassung seines Werkes bestimmte, nun weggefallen ist. Als
Bischof eines im Glauben geeinten Westgotenreiches, das mit keiner überkommenen Romideologie mehr behaftet war, sah er es als seine Aufgabe an, den Königen
und ihren an der Herrschaft beteiligten Adeligen eine Handreichung zu geben
über die christliche Staatsauffassung. Das in seinen Anfängen sich herausbildende spanische Nationalgefühl zeugt für den Erfolg seines Unternehmens.

Benedikt von Nursia

Es kennzeichnet die Weite des Augustinischen Denkens, daß der *Gottesstaat* nicht
nur zur Grundlage künftigen Staatsdenkens wurde, sondern auch in der römischen Tradition einen wichtigen Markstein setzte. Augustinus hatte in Italien und
in seiner Heimat das Wandermönchtum und kleine mönchische Gruppen, die nach
orientalischem Muster lebten, kennengelernt (*conf.* 8,13 ff.; 19), und schließlich
stand am Wege seiner Bekehrung die Begegnung mit der vielgelesenen Antonius-
vita, die aus der Feder des alexandrinischen Bischofs Athanasius stammt. Aber
auch er selbst hielt noch als Bischof an der monastischen Lebensform fest und achtete streng auf eine gemeinsame Lebensweise seiner Kleriker. Ebenso wichtig wie
die paulinische Freiheit vom Gesetz, die er im Kloster übte, war es, daß er in sozialer
Verantwortung das Mönchtum nicht von den Erfordernissen der kirchlichen Gemeinschaft abkapselte, sondern aus der *vita contemplativa* in das aktive Leben des
kirchlichen Dienstes führte. Schon bei ihm trägt der Abt eines Klosters die Züge
eines verantwortlichen Hausvaters, dessen dienender Fürsorge sich die Mönche
ehrlichen Herzens anvertrauten (vgl. Zumkeller, 1950, S. 121 ff.).
Mit dieser Offenheit für das Leben in der klösterlichen Gemeinde wurde Augusti-

Das politische Denken des Christentums 619

nus zum Vorbild für jene Form, welche das Mönchtum vor allem durch Benedikt von Nursia (480–543) erhielt. Das Wenige, was aus dem Leben des Heiligen von Monte Cassino bekannt ist, entstammt einer Vita, welche Gregor der Große nach den literarischen Gattungsmerkmalen der damaligen Heiligengeschichten verfaßte, doch es genügt, um die Grundzüge seines Lebens und Wirkens zu erfassen (zusammenfassend Emonds, 1954, S. 130 ff. sowie jetzt de Vogüe, 1980, S. 538 ff.). Der junge Benedikt studierte kurze Zeit in Rom und erlebte dort das übliche Streben seiner jungen Gefährten nach Lebensgenuß und staatlicher Karriere. Abgestoßen durch kirchliche Mißstände und die stets gefahrvolle politische Situation, zieht er sich von allem weltoffenen Treiben zurück, um ausschließlich Gott zu dienen. Nach tastenden Versuchen überwindet er die regellose monastische Lebensform als einzelner, aber auch mit kleinen Gruppen in Subiaco und wird durch seine neue Klostergründung auf dem Mons Casinus nahe bei Neapel im Jahre 529 zum Vater der koinobitischen Mönchsgemeinschaft. Mit ihr erstrebte er eine Verwirklichung der Kirche im kleinen fern aller öffentlichen Bindungen. Seine Regel, die eine bewußte Auswahl mönchischer Traditionsformen darstellt, zeigt den unbedingten Willen zur Christusnachfolge unter der Führung des Evangeliums.[26] Nach dem Vorbild der urchristlichen Gemeinden erstrebt er eine apostolische Lebensführung im liturgischen Dienst des *opus dei*, in täglicher Lesung und treuem Ausharren bei der Arbeit. Demut und brüderliche Liebe, Kernstück der mönchischen Askese, offenbaren sich in gleicher Weise gegenüber dem Abt und allen Gliedern der Klostergemeinschaft, gegen Kranke und alle anderen, welche der *caritas divina* bedürfen. Es ist bezeichnend, wie Benedikt trotz des Rückzugs aus dem weltlichen Leben Formen und Begriffe verwendet, welche dem politisch-militärischen Bereich entstammen. Die Mönche leben in der Gemeinschaft, um Christus, dem einen, wahren König, Kriegsdienste zu leisten, das Versprechen des ewigen Gehorsams wird als Fahneneid aufgefaßt und in einer schriftlichen Urkunde niedergelegt, der in die Regel eingefügte Strafcodex wird im Stil eines verpflichtenden Dokuments als unantastbare Sicherung angesehen. Römisch sind auch die Tugenden gravitas, honestas und fides, in welchen sich die Mönche auszeichnen sollen (*militia Christi, prol.* 7 ff.; 58,21; 61,24. Vgl. allgemein Herwegen, 1944). Jenes Ziel, im Verband der Klostergemeinde ein ausschließlich auf Christus bezogenes Leben zu führen und auf diese Weise des Gottesreiches teilhaftig zu werden, findet seine Verwirklichung nicht nur in Gebet und Gottesdienst, sondern auch in Studium und wissenschaftlicher Arbeit, die sich in gleicher Weise auf die Bibel und die antike literarische Hinterlassenschaft erstrecken. Schon Cassiodor, der mächtige Minister Theoderichs, hatte gegen Ende seines Lebens mit der Gründung des Klosters Vivarium das Beispiel einer solchen Tätigkeit gegeben.[27] Mit dieser zunächst aus rein religiösen Motiven entsprungenen Pflege der Literatur wurde der Grund dafür gelegt, daß die Klöster des heiligen Benedikt zu Hütern der antiken Bildung wurden und zur Entfaltung einer mittelalterlichen Theologie und Geisteskultur den Grundstein legten. Jener Brückenschlag vom ausgehenden Altertum in die folgenden Jahrhunderte läßt sich jedoch nur dann in seiner vollen Bedeutung verstehen, wenn man die darin enthaltene politische Leistung nicht übersieht, die das Mönchtum vollbrachte; denn ohne die Tradierung der antiken Literatur, der heidnischen wie der christlichen, wäre ein Wiederaufleben der moralisch-politischen Werte der Antike in der Epoche der Renaissance nicht möglich geworden, die noch heute eine Grundlage menschlichen Zusammenlebens bilden.

Ps.-Dionysius Areopagites

Schufen im Westen die benediktinischen Klöster die Voraussetzung, daß Bibelstudium und antikes Wissen in unveränderter Form in späteren Jahrhunderten zu neuer Wirkkraft gelangen konnten, so gab es im Osten einen letzten großangelegten Versuch, den wenigen heidnischen Philosophen der Zeit vor Augen zu führen, daß das Christentum keine barbarische, für einen mit dem griechischen Geistesleben vertrauten Geist unannehmbare Religion war. Im 5. Jahrhundert entwarf der unter dem Namen des aus der Apostelgeschichte bezeugten Areopagiten Dionysius schreibende Autor für die Gewinnung der Gebildeten der Epoche das Bild eines streng normierten, hierarchisch abgestuften Kosmos, das jenen weltabgewandten, auf eine mystische Vereinigung mit der ureinen göttlichen Macht bedachten Neuplatonikern einen Weg zur Bekehrung eröffnen konnte (die Realien bei Roques, 1957, S. 1076 und O'Dealy, 1981, S. 772 ff.; ausführlich Goth, 1974). In seinen Werken über die göttlichen Namen und die mystische Theologie, über die himmlische und die kirchliche Hierarchie versuchte er, das Universum als ein Reich von Geistwesen zu erweisen, die in gegenseitiger Ordnung und Eintracht leben und an den Gaben der Reinigung, Erleuchtung und Vollendung teilhaben können, ohne den ihnen zugewiesenen Platz zu verlassen. Jene durch den Schöpfergeist geregelte, auf gegenseitiger Liebe und Fürsorge begründete Verfassung der geistigen Wesen, die von der ersten Triade der Engel im himmlischen Ordnungsgefüge über die Dreiheit der Bischöfe, Priester, Liturgen bis zu den Mönchen, der Gemeinde und den Ständen der Reinigung in der kirchlichen Rangordnung reicht, schließt alle Nichtgetauften aus, die in der Welt der Leidenschaften leben und das von den Priestern vermittelte heilige Wissen noch nicht erfahren haben.[28] Aus dem Vatergott, der in seinem Selbstsein ewig und unveränderlich ist, in seinem Anderssein jedoch eine nach außen gerichtete schöpferische Aktivität entwickelt, geht Christus als wahrer Gott hervor, der zum Erleuchter der himmlischen und kirchlichen Hierarchie wird. Da allein die Bischöfe und Priester die zur Gotteserkenntnis notwendigen Symbole, Zeichen und Riten vermitteln können, ist eine Höherstellung der geistlichen Stände über die weltlichen Amtsträger von vornherein gegeben, wie auch Schrift und Tradition über die Weisheit dieser Welt erhaben sind. Gott allein ist Heiliger der Heiligen, König der Könige, Herr der Herren, dessen Liebe die einzelnen Glieder im Rahmen dieses festgefügten Ständemodells die Welt der Finsternis überwinden und das höchste Glück in der vereinigenden Ekstase finden läßt. Kaum zu überschätzen sind der Einfluß und die formende Kraft, welche jenes aus der Abstufung der Stände im platonischen Staat sich herleitende, von der neuplatonischen Distanz zur Welt der Realien geprägte christliche Ideengebäude in der scholastischen und mystischen Theologie des Mittelalters, noch mehr aber für die Entwicklung des mittelalterlichen Ständestaates gewinnen sollte, nachdem die Autorität des Autors durch Hilduins *Passio S. Dionysii* grundlegend geworden war.[29]

Das politische Denken des Christentums 621

8. Die Begründung des päpstlichen Machtanspruchs

Voraussetzungen

Die Vorrangstellung des römischen Bischofs und seiner Gemeinde, die sich bereits in den vorkonstantinischen Jahrhunderten herausgebildet hatte (vgl. Baus, 1965, S. 399 ff.), erfuhr durch den ersten christlichen Herrscher eine erhebliche Steigerung, als dieser bereits zu Beginn seiner Herrschaft die Entscheidung über das donatistische Schisma dem Primatsanspruch des römischen Oberhirten Miltiades übertrug (vgl. Baus-Ewig, 1973, S. 254 ff. und für die Zeit seit Constantin Pietri, 1976, S. 159 ff.). Blieb auch die Jurisdiktionsgewalt der Kaiser über die *sacra* und *sacerdotes* weiterhin abgesichert, so kümmerten sie sich doch im wesentlichen um Struktur und Ordnung der Kirche, während sie die Beschlüsse über dogmatische Fragen der bischöflichen Kompetenz überließen. Es bedurfte einer langen Entwicklung, bis auch sie sich der Führung der kirchlichen Gemeinschaft durch das Papsttum unterwarfen und sich als Glieder der Kirche unter der Führung der Nachfolger des Apostels Petrus fühlten. Eine wichtige Etappe bildeten auf geistlicher Seite die Pontifikate von Damasus (366–384) und Siricius (384–399), welche erstmals mit klaren Worten auf die Gründung der römischen Kirche durch Petrus verwiesen, dem die Führungsgewalt von Christus selbst übertragen worden sei. Sie leiteten daraus eine rechtliche Führungsstellung und eine Sorgepflicht für alle anderen Kirchen ab. Auf weltlicher Seite ließ die Bestätigung nicht lange auf sich warten; denn Kaiser Theodosius verkündete im Jahre 381 in einem Reichsgesetz an alle Kirchen der Oikumene, daß sie sich an den Glauben zu halten hätten, den Petrus, der Apostel Gottes, den Römern überliefert habe und der römische Pontifex noch immer befolge (*Cod. Theod.* XVI, 1–2; vgl. dazu Enßlin, 1953, S. 16 ff. und Lippold, 1982, S. 21 ff.). Ein weiterer Markstein im systematischen Ausbau des geistlichen Führungsanspruchs war die durch den Mailänder Bischof Ambrosius vollzogene Einbeziehung des Kaisers in die Kirche, da dies zu einer Herabminderung der herrscherlichen Stellung gegenüber der geistlichen Gewalt führte. Jene Entwicklung wäre freilich unvollständig gesehen, wollte man neben ihrer biblischen Begründung durch die Berufung auf die beiden Herrenworte an Petrus *Matth.* 16,18 und *Joh.* 21,15–17 und die historische Verankerung durch die traditionelle Bindung des Petrus- und Paulus-Martyriums an Rom nicht auch die juristischen Strukturelemente ins Auge fassen. Die Aneignung und Weiterbildung des römischen Rechts führte dazu, daß sich das Papsttum bereits an der Wende vom 4. zum 5. Jahrhundert als eine Institution zu verstehen gab, deren Machtausübung auf einer unantastbaren juristischen Grundlage ruhte. Die entscheidenden Worte Jesu über die Binde- und Lösegewalt werden zu Rechtsbegriffen, wie sie es bisher noch nicht gewesen waren (vgl. Pietri, 1976, II, S. 1473 ff. sowie Ullmann, 1981, S. 20 ff.). Schließlich müssen auch in diesem Zusammenhang die Herstellung eines gültigen lateinischen Bibeltextes und die damit verbundene Abkehr von der bis jetzt vorherrschenden griechischen Sprache genannt werden, da Rom auf diese Weise zu einem Zentrum der Bibelwissenschaft und der religiösen Literatur wurde (vgl. Bardy, 1973, S. 1 ff. sowie allgemein Schneemelcher, 1959, S. 62 ff.). Freilich war bald festzustellen, daß die steten Versuche der römischen Bischöfe, zu einer vorherrschenden Stellung zu gelangen, auch auf Widerstand und Ablehnung stießen. Die östlichen Patriarchen, vor allem der Inhaber der höchsten geistlichen Autorität in Konstantinopel, bewiesen im Verlauf der zahlreichen Vorstöße, daß sie nicht bereit waren, einen derartigen Anspruch über die östlichen Teile des Imperiums hinzunehmen, zumal sich die Metropole am Bosporus als neues Rom verstand. Dies mußte bereits Innozenz I. (402–417) mit seiner Forderung erfahren, für alle wichtigen Disziplinarfälle sein Gericht als oberste Appellationsinstanz durchzusetzen, aber auch Coelestin I. (422–432) konnte keine ausdrückliche Anerkennung seines Ranges als Haupt der Gesamtkirche erreichen, als die monophysitische Lehre des Nestorius verurteilt wurde (vgl. Joannou, 1972 sowie ausführlich Wojtowytsch, 1981, S. 205 ff.).

Papst Leo I.

Noch stärker als seine Vorgänger war Leo I. (440–461) durchdrungen von dem Bewußtsein, daß Christus der wahre Gründer und ewige Bischof seiner Kirche sei. Infolge des diplomatisch klugen Wirkens dieses von Jugend an in der römischen Kirche tätigen Papstes erreichte unter ihm das kirchliche Ringen um den römischen Primat einen ersten Höhepunkt. In einer Reihe von Predigten suchte er nachzuweisen, daß Christus seinem Apostel eine unvergängliche Teilhabe an seiner Bischofsgewalt gewährt habe und daher Petrus noch immer seinem römischen Sitz vorstehe; so sei es Christus selbst, der in seinen Erben weiterwirke und handle. Vor dem Hintergrund, welche die Begriffe *consortium* und *heres* im römischen Recht besitzen, vertieft er diesen Gedanken, indem er ausführt: Wie ein Erbe alle Rechte und Verpflichtungen von Beerbten übernimmt, kämen dem Papst als seinem Stellvertreter alle Rechte und Vollmachten des Petrus zu, selbst wenn er sich als *indignus heres Petri* erweisen sollte.[30] Neben jener juristisch gedeuteten Sukzession des Erben tritt der Gedanke, daß Christus allein dem Petrus als dem ersten der Apostel den Auftrag erteilt habe, die Kirche zu leiten. Aus dieser seiner Mittlerfunktion zwischen dem Herrn und den übrigen Aposteln folgert er, daß er als Erbe des Petrus sich nicht nur auf eine eigenständige Autorität berufen könne, sondern auch einen höheren Rang als alle übrigen Bischöfe besitze. Diese Leitungs- und Befehlsbefugnis lege ihm die Pflicht auf, in der gesamten Kirche über die Reinheit der Lehre gemäß dem Evangelium und der Vätertradition zu wachen und für eine christliche Lebensordnung zu sorgen.[31]

Der Anspruch, gegenüber anderen Kirchen als Oberherr aufzutreten und diese durch strikte Anordnungen zu führen, ließ sich im Westen, in Italien, Nordafrika, Spanien und schließlich auch gegen Hilarius von Arles (vgl. Sieben, 1979, S. 104 ff.), ohne Schwierigkeiten durchführen. Es gelang Leo vor allem deswegen, weil hier der schützende Arm des Kaisertums erlahmte und jeder Rahmen geordneter sozialer Verhältnisse zusammengebrochen war. Angesichts des Einbruchs heidnischer und arianischer Völkerscharen in Italien bildete das Papsttum die einzige wirksame Stütze für die römisch-katholische Bevölkerung, aber auch in den Provinzen galt es als die letzte Klammer, um Religion und Kultur zu bewahren. So war man im westlichen Reichsteil am ehesten bereit, dem Nachfolger des Petrus das geistliche und weltliche Heil anzuvertrauen. Vor allem

Das politische Denken des Christentums 623

durch sein furchtloses Auftreten gegen den Hunnenkönig Attila und den Vandalenherrscher Geiserich war Leo in den Augen der notleidenden Bevölkerung zum Schutzherrn Italiens geworden (vgl. Caspar, 1930, S. 556 ff.).
Die Bewährung für den Primatsanspruch aber sollte im Osten stattfinden, wo auf den Konzilien von Ephesus (449) und Chalkedon (451) die Verurteilung des Nestorianers Eutyches und die Neubesetzung von Bischofsstühlen zur Debatte standen. Zunächst erfuhr Leo offenen Widerstand gegen eine Sonderstellung Roms durch die alexandrinische Kirche, unerwartet traf ihn auch die Weigerung des östlichen Kaisers, ein neues Konzil in Italien einzuberufen, als sich ein Ausgang zugunsten des Eutyches ankündigte. Die römischen Legaten, welche die päpstliche Entscheidung zugunsten der beiden Naturen in Christus vortragen sollten, fanden kein Gehör. Was an Schreiben östlicher Bischöfe nach Rom ging, ließ jeden Hinweis auf die singuläre Stellung des Apostels Petrus und seiner Nachfolger vermissen. Dagegen nützten auch die Vorhaltungen Leos an den Herrscher Ostroms über die kaiserliche Schutzpflicht für den wahren Glauben nichts. Hier wird deutlich, daß sich bei Leo die Einschätzung des Kaisertums im Vergleich zu Ambrosius nicht geändert hatte.[32]
In der folgenden Kirchenversammlung von Chalkedon (451) konnte sich der wiederum nur durch Beauftragte vertretene Römer zwar in der Glaubensfrage gegen Eutyches durchsetzen und die Genugtuung erleben, daß man seiner *epistula dogmatica* mit dem Satz »Petrus hat durch Leo gesprochen« akklamierte, aber in seiner Auffassung über Aufgaben und Rechte des Konzils und die besonderen Vollmachten des Papstes wurde er nicht bestätigt. Gestand man ihm in der Frage der Lehre zu, als *caput universalis ecclesiae* gehandelt zu haben, so mußte er andererseits eine Stärkung des östlichen Patriarchats von Konstantinopel erleben, zumal sich das oströmische Kaisertum gegen die Petrustradition aussprach, und so bahnte sich durch die Ablehnung des päpstlichen Jurisdiktionsprimates für die Zukunft eine kirchliche Trennung des Ostens und des Westens an. Das neue Rom erhielt die gleichen Ehren zugesprochen wie die alte Kaiserresidenz am Tiber. Es kennzeichnet das Selbstbewußtseins Leos, daß er in eindrucksvollen Formulierungen jene Beschlüsse des Konzils für ungültig erklärte, die mit seiner Überzeugung von der Verfassung der Kirche nicht übereinstimmten.[33] Vergegenwärtigt man sich jedoch seinen Erfolg in der Glaubensfrage, so läßt sich sagen, daß es ihm in höherem Maße als allen seinen Vorgängern gelungen ist, den Anspruch päpstlicher Machtvollkommenheit zur Geltung zu bringen. So wird Leos Pontifikat in der Tat »die vollendete Ausbildung und monumentale Zurschaustellung der päpstlichen Idee innerhalb ihrer ersten, vom Imperium Romanum begrenzten historischen Umwelt« (Caspar, 1930, I, S. 558).

Papst Gelasius I.

Spielte in der Auseinandersetzung Leos mit den geistlichen Oberhirten des Ostens noch die Reinheit der Lehre eine erhebliche Rolle, so sollte sich in der Folgezeit das Problem auf die politisch-rechtliche Ebene verschieben. Der Grund lag einmal darin, daß die Herrscher des Ostens nach dem Konzil von Chalkedon den weiterschwelenden christologischen Spannungen am ehesten dadurch beizukommen versuchten, daß sie die Kompromißformel des Henotikon entwerfen und allen Kirchen des Ostens aufzwingen ließen. Hinzu kam mit der Ablehnung des schwankenden Patriarchen Acacius durch die römische Kirche ein offener Bruch zwischen Ost und West, der in den Augen des Papstes Felix III. (483–492) in erster Linie zu Lasten des oströmischen Kaisertums ging. Mit einer bisher nicht gekannten Schärfe hielt daher Felix zusammen mit seinem Diakon Gelasius dem Inhaber der weltlichen Macht vor Augen, daß auch der Kaiser ein Sohn der Kirche sei, der in Sachen des Glaubens zu lernen und nicht zu lehren habe. Nicht ihm, sondern den Bischöfen komme nach Gottes Wille die Leitung der Kirche zu, der er sich nach göttlichem Ratschluß zu unterwerfen habe.[34]

Als Gelasius (492–496) selbst den päpstlichen Thron bestiegen hatte, wurde der stolze Römer Vollstrecker des leoninischen Erbes und bedingungsloser Verfechter der Konzeption des Ambrosius über das christliche Kaisertum. Der Streit um Acacius wird zum Kampf um die Lehrautorität der römischen Kirche und das Verhältnis von Kirche und Staat insgesamt. Ohne dem östlichen Kaiser Anastasius nach seiner Wahl eine Grußbotschaft zu übersenden und ohne auf dessen Wünsche nach einer Beilegung der Trennung einzugehen, antwortet er, daß er als gebürtiger Römer zwar den römischen Kaiser liebe, achte und verehre, ihm aber in diesem Falle nicht folgen könne; denn es gebe zwei Dinge, durch welche an erster Stelle diese Welt regiert werde, die geweihte *auctoritas* der Bischöfe und die königliche *potestas*. Größer sei das Gewicht der Priester; denn sie müßten auch für die Könige der Menschen dereinst Rechenschaft ablegen (*ep. Gel.* I, 12, 2–3). Mit jenen aus dem römischen Verfassungsrecht übernommenen, den Augusteischen Prinzipat kennzeichnenden Begriffen werden die beiden Gewalten, welche die Welt regieren, auf eine Ebene gestellt und zu vergleichbaren, eigenständigen Größen erhoben.[35] Sacerdotium und Imperium werden in ihrem Zueinander derart bestimmt, daß die christlichen Kaiser für die Erringung des ewigen Heils der geistlichen Gewalt bedürfen, während diese für den Lauf der weltlichen Dinge die Hilfe des staatlichen Armes benötigen. Dem Kaiser ist es dadurch verwehrt, die *res divinae* nach seinem Willen zu lenken. Obwohl ihm keineswegs seine Stellung als von Gott berufenes Oberhaupt des christlichen Imperium Romanum streitig gemacht wird, vertritt Gelasius den Grundsatz, daß der Inhaber des *sacerdotium* vor Gott verantwortlich sei für das, was der Kaiser tue. So entsteht zwar das Idealbild der zwei Gewalten, durch deren friedliches Zusammenwirken die Welt regiert werden soll, im religiösen Konfliktfall aber ergibt sich die Überordnung des Petrusnachfolgers als *vicarius Christi* über den weltlichen Repräsentanten. Die Begründung leitet Gelasius ab aus der ihm durch göttlichen Auftrag erteilten Sorgepflicht für die gesamte Christenheit, wozu auch der höchste weltliche Würdenträger gehört. Jene Lehre von den zwei Gewalten, die im germanisch-romanischen Mittelalter als ein Rechtssymbol von zwei Schwertern veranschaulicht wird, entspringt einem unterschiedlichen Verständnis von Römerreich und Christenreich. »Was für den Kaiser das Reich war, war für den Papst die ekklesiologische Körperschaft, die Kirche als congregatio fidelium« (Ullmann, 1981, S. 214). In der universalen kirchlichen Gemeinschaft gibt es kein Privileg für den Kaiser, der in einem weltlich orientierten, politisch faßbaren Herrschaftsgebiet die oberste Gewalt ausübt. Die Abgrenzung ver-

Das politische Denken des Christentums   625

deutlicht Gelasius damit, daß er die priesterliche Funktion von Königen nach dem Vorbild des Melchisedek für die Zeit vor der Ankunft Christi zugesteht, dann aber einschränkt, weil seit dem Erscheinen des wahren rex sich kein Herrscher mehr den Titel Pontifex beigelegt noch ein Pontifex königliche Würde beansprucht habe.[36] Jenes unterschiedliche Verständnis führte auch zu einer weiteren Trennung der östlichen Welt von der westlichen; denn während dort die theokratische Machtstellung des byzantinischen βασιλεύς sich ständig erhöhte, hatte der Papst eine klare Abgrenzung der beiden Gewalten festgelegt. Daraus ergab sich auch die Forderung, daß die weltliche Gewalt von dem vicarius des heiligen Petrus erfahren müsse, was Gottes Sache sei, und kein Urteil über oder gegen ihn sprechen dürfe. Der Papst darf von niemand gerichtet werden; denn er lebt *sine lege* wie der Kaiser.[37] Dies bedeutet, daß er das Recht hat, ohne Konzil mit unanfechtbarem Urteil über die gesamte Kirche zu richten. Eine Bestätigung seines hohen Anspruchs dürfte Gelasius darin gefunden haben, daß der Gotenkönig Theoderich ausdrücklich der katholischen Kirche und dem römischen Bischof die Respektierung ihrer Rechte versprach. Als Verteidiger der kirchlichen Freiheit konnte er sich fühlen, als er mannhaft dem Germanenfürsten Odoakar entgegentrat, als dieser von ihm verlangte, etwas Ungesetzliches zu tun (*ep.* 26,11 und Enßlin, 1959, S. 98 ff.).

Es wäre sicherlich verfehlt, in Gelasius ausschließlich den starren Vertreter eines kirchlichen Doktrinarismus zu sehen, dem es aus angeborener Neigung zu Polemik und Kontroversen um die Gewinnung und Festigung der eigenen Machtstellung gegangen sei. Sein Bemühen, gegen die kirchlichen und staatlichen Praktiken des Ostens die Reinheit der christlichen Lehre und die Unabhängigkeit des höchsten geistlichen Vertreters zu erhalten, steht in offenkundiger Parallele zu seinem umfassenden pastoralen Wirken in dem von der ostgotischen Fremdherrschaft Theoderichs heimgesuchten Italien, zu seiner Sorge für eine gerechte Verwaltung des Kirchenvermögens und die Ausbildung des priesterlichen Nachwuchses und schließlich zur Pflege der Liturgie (dazu Vogt, 1975, S. 197 f.). So gilt auch für ihn, was über die Tätigkeit Leos zu sagen war, daß eine Hinnahme seiner Thesen durch den persönlichen Einsatz für die ihm anvertrauten Bewohner des leidgeprüften Landes erleichtert wurde. In der Kirchengeschichte aber bleibt sein Name verbunden mit einem neuen Selbstverständnis des Papsttums, das aus einer geistlichen Institution zu einem politischen Machtfaktor heranwuchs, der in entscheidendem Maß zur Gestaltung der mittelalterlichen Welt beitrug, ohne selbst Schöpfer der mittelalterlichen Papstidee zu sein. Bereits in seiner eigenen Zeit feierte man ihn mit dem Ruf: »In dir sehen wir den Vikar Christi. In dir sehen wir den Apostel Petrus.«[38]

Papst Gregor I. der Große

Nach dem Tode des Gelasius blieben die Aussöhnung mit dem Osten und die Beendigung des Streits um den Primatsanspruch die wichtigsten Aufgaben der römischen Bischöfe. Wesentlich ist, daß auch für den machtvollen Kaiser Justinian das Papsttum der vornehmste, durch den Stuhl Petri mit dem Vorzug der Lehrautorität ausgestattete Patriarchat blieb, dessen Glaubensentscheidungen er sich unbedenklich beugte. Freilich trat an die Stelle des Nebeneinanders der zwei

Gewalten mit dem Anspruch eines Vorranges der *auctoritas pontificum* im Konfliktfall die auf Augustins Gottesstaat basierende Lehre von *sacerdotium* und *imperium*, welche trotz ihrer Ausrichtung auf verschiedene Bereiche aus dem gleichen Ursprung abgeleitet wurden. Jedoch tritt neben die Anerkennung des Lehrprimats für den Sitz des Apostelfürsten Petrus der Anspruch der Kirche von Konstantinopel, die erste aller Kirchen zu sein (noch immer grundlegend Caspar II, S. 193 ff.). Dieser »Ausgleich« bestand in jener Zeit, als Gregor I. der Große Pontifex Maximus der römischen Kirche wurde (590–604). Dem hochbegabten, über das politische Amt des Stadtpräfekten, aber auch nach Erfahrungen einiger Mönchsjahre zum höchsten kirchlichen Amt aufgestiegenen rombewußten Papst gelang es, durch das Gewicht seiner Persönlichkeit und seine weitgreifende Tätigkeit das Amt aus dem Streit um das Selbstverständnis herauszuführen und in einer neuen Weise zu repräsentieren (vgl. Manselli, 1983, S. 930 f.). Auch er verteidigte gegenüber Konstantinopel die Autorität Roms als Sitz Petri, indem er dem Patriarchen Johannes den Titel eines *universalis episcopus* streitig machte, aber seine Weigerung, diesen selbst zu führen, und die Begründung, daß diese Bezeichnung der bischöflichen Brüderlichkeit widerspreche, wird um so glaubhafter, als er für sich selbst nach dem Vorbild der Bibel den Titel *servus servorum dei* annahm. Bekanntlich ging dieser auf alle seine Nachfolger über. Wie Augustinus, der sich ebenfalls als Knecht der Knechte Christi vor seinen Mitbrüdern demütigte, erstrebte Gregor ein harmonisches Zusammenwirken von Kirche und christlichen Staaten, die ihm als irdische Organe zum Aufbau einer idealen civitas dei galten. Mehr noch als der einstige Leiter der Diözese von Hippo vertrat er die Ansicht, daß der Herrscher wegen seiner hohen Stellung stets zu ehren sei, da sich seine Autorität von Gott ableite.[39] Wenn er trotz seines Verzichts auf einen absoluten Vorrang der römischen Kirche gegen den höchsten geistlichen Würdenträger in der νέα Ῥώμη und auf jede weitere theoretische Begründung zu einer zentralen Gestalt auf dem römischen Bischofsstuhl wurde, dann wegen seines umfassenden organisatorischen Wirkens, darüber hinaus durch seine Missionierung der germanischen Völker, die sich auf dem ehemaligen Reichsboden niedergelassen hatten, und ihre Bindung an die römische Kirche. Noch mehr als seine Vorgänger gewann er die Bereitschaft der Menschen für seine Absicht, den Einfluß der römischen Kirche zu stärken, durch die Übernahme einer politischen Schutzfunktion in einer Zeit, als mit dem Untergang des weströmischen Kaisertums und dem zeitweiligen Versagen der politischen Organe Ostroms in Italien auf dem römischen episcopus die Blicke der katholischen Christen ruhten. So erneuerte er tatkräftig die Verwaltung des kirchlichen Landbesitzes auf dem italischen Festland und den Inseln Sizilien und Sardinien, aber auch in Dalmatien und Südgallien, um mit den gestiegenen Erträgen die notleidenden Menschen zu unterstützen.[40] Eng mit der Leitung des römischen Bistums berühren sich seine Beziehungen zu den arianischen Langobarden, gegen deren barbarisches Auftreten er die Abneigung eines kulturell hochstehenden Römers nicht verbergen konnte. Aber wesentlicher war es, daß er von ihnen den Frieden erkaufen und durch einen Briefwechsel mit der Königin Theodolinde den Boden für eine Bekehrung zum katholischen Glauben bereiten konnte.[41] Mußte er in Nordafrika nach der Vernichtung des Vandalenreiches durch die Byzantiner auf eine Gewinnung von Manichäern, Donatisten und Arianern für die Religion des Petrus

Das politische Denken des Christentums   627

verzichten, so waren seine Einflußmöglichkeiten bei den zum Katholizismus übergetretenen westgotischen Königen durch die Vermittlung des Bischofs von Sevilla erheblich günstiger. In der fränkischen Kirche Galliens, die seit Chlodwig dem katholischen Bekenntnis angehörte, faßte er rasch Fuß durch seine klugen Briefe an den Episkopat, außerdem übermittelte er der merowingischen Königin Brunechilde Ratschläge zur Verbesserung der Sitten und der Pflege des religiösen Lebens.[42] Seine größte missionarische Tat war ohne Zweifel die Aussendung der ersten Glaubensboten nach Britannien unter Führung des Propstes Augustin aus dem römischen Andreaskloster auf dem Caelius. Angekündigt durch eine Reihe von Briefen, erreichten die Abgesandten des Papstes, daß der angelsächsische König und eine Reihe seiner Gefährten sich taufen ließen. Jene neue Mission nach den Anfängen der iroschottischen Wanderprediger und die damit verbundene Ausrichtung der englischen Kirche nach Rom waren wohl der eindrucksvollste Erfolg, welchen der römische Bischof in seinem Bemühen, die ehemaligen Provinzen des Römischen Reiches für die römische Kirche zu gewinnen, aufzuweisen hatte. Als Untertanen christlicher Könige und vertraut mit der Botschaft der Bibel, die damals das alleinige Fundament christlicher Bildung darstellte, hatten die germanischen Völker aufgehört, ungebildete, in sklavischer Abhängigkeit von Dämonen und Begierden lebende Barbaren zu sein.[43]

So überblickte ein zeitgenössischer Lobredner, welcher Gregor die Grabschrift verfaßte, das Lebenswerk dieses Papstes als das eines »Konsuls Gottes«, der »im Bereich des Imperium Romanum in steigendem Maße in Funktionen staatlicher Verwaltung hineinwuchs und zugleich aus diesem Bereich zu selbständiger kirchenpolitischer Betätigung hinausstrebte« (zit. nach Caspar, II, S. 511 f.; hierzu auch Schneider, 1965, S. 119 ff.). Das Werk Gregors des Großen hatte Bestand, weil es nicht mit dem Ziel einer Erweiterung des päpstlichen Machtspruchs durchgeführt wurde, sondern aus dem Geist eines für seine Herde verantwortlichen, demütigen Priesters und mit der Klugheit eines geschulten Diplomaten. Durch den Sieg der römischen Autorität in der karolingischen Reichskirche wurde die Leistung Gregors im Mittelalter endgültig anerkannt. Sein Pontifikat wurde zum Beispiel dafür, wie geistliche und weltliche Pflicht in harmonischem Ausgleich bestehen konnten.

ANMERKUNGEN

1 Zur Leben-Jesu-Forschung jetzt der Forschungsüberblick von Leroy, 1978 sowie Kraft, 1981, S. 44 ff. Wichtig auch Schneemelcher, 1981, S. 54 ff. und Kümmel, 1980, S. 52 ff.

2 So bes. im Gleichnis vom verlorenen Sohn *Luk.* 15,11–32. Vgl. auch die Gleichnisse vom Königtum als einer aufgehenden Saat *Mark.* 4,26–33, *Matth.* 13,24 ff. oder vom Sämann ebd. 13,1–32 und allgemein ebd. 6,28–30.

3 Zur Auferstehung vgl. *Paul. 1. Kor.* 15,1–11, zu den Osterereignissen *Mark.* 16,1–8. Über die äußere Entwicklung, Organisation, Leben und Wirken vgl. *Apg.* 1–5 (allerdings nur in Summarien). Dazu Haenchen, 1977, S. 192 ff. und Conzelmann, 1983, S. 21 ff.

4 Zum Werdegang des Paulus vgl. Lietzmann, 1961, S. 102 ff.; Kümmel, 1973, S. 217 ff. und Bornkamm, 1979, S. 1 ff.

5 Vor allem im *Galaterbrief* wendet er sich gegen die gesetzestreuen Judenchristen, welche die Beschneidung forderten (vgl. Kümmel, 1980, S. 121 ff.).

6 Der Haß richtet sich zunächst gegen die Juden, die dem Herrn als eine feindliche Menge gegenüberstehen und nicht glauben wollen (12,37–40), aber auch ganz allgemein gegen die Außenwelt, die den Erlöser nicht aufgenommen hat (1,10–11); ihr Wesen ist gegen Gott und ihr Fürst ist der Teufel (12,31; 14,30; 16,11); Christi Reich ist nicht von dieser Welt (18,36). Ähnlich auch im *1. Johannesbrief*, dessen Verfasser wohl identisch ist mit dem Verfasser des Evangeliums.

7 Über dieses gegen Ende der Regierungszeit Domitians verfaßte apokalyptische Buch vgl. Dibelius, 1982, S. 77 ff. und Stauffer, 1964, S. 160 ff.

8 Dieses Trost- und Ermahnungsschreiben in der Zeit von Verfolgung, Leiden und Verleumdung dürfte zwischen 90 und 95 in Rom geschrieben worden sein, wo es ebenfalls Anfeindungen gegen die Christen gab (vgl. jetzt Seidel, 1983).

9 Über die Datierung der Pastoralbriefe auf den »ersten Anfang des 2. Jahrhunderts« Kümmel, 1973, S. 341.

10 Die Unterscheidung zwischen einem König, dem die Bürger freiwillig gehorchen, und einem Despoten nach Aristoteles, *Politik* 3,14 1284 a, 4,10 1295 a; dazu Schilling, 1914, S. 56 f. sowie Pohlenz, 1943, S. 50 ff.

11 Julia Mamea, die Mutter des Kaisers Severus Alexander, ließ Origenes mit militärischem Geleit zu sich nach Alexandria kommen, um von ihm Vorträge über die christliche Religion zu hören (Euseb. *hist eccl.* VI 21,3 f.). Auch mit dem Kaiser Philippus Arabs stand Origenes im Briefwechsel (ebd. VI 36,3).

12 Zur Beruhigung der Gemeinde über das Kommen des Antichrist: »Ihr wißt, was ihn noch aufhält (...); wer es jetzt noch aufhält, muß beseitigt werden.« (Vgl. Dibelius, 1982, S. 57 f.)

13 *Div. inst.* 5,7: Iustitia, quae nihil aliud est quam dei unici pia et religiosa cultura; ebd. 6,10: Primum officium est coniungi cum deo, secundum cum homine.

14 *Epit.* 54: Origo huius mali, quo societas inter se hominum, quo necessitudinis vinculum dissolutum est, ab ignoratione dei nascitur (...) sic diremptum est omne foedus, dirempta societas iuris humani.

15 Das schreckliche Ende des Galerius schildert der Verfasser in Anlehnung an das im *2. Makkabäerbuch* breit ausgeführte Beispiel aus der Verfolgungsgeschichte der Juden (Tod Antiochus' IV. Epiphanes trotz später Reue, *2. Makk.* 9,5–28).

16 Vorsichtig sollte man freilich sein, jene Hinnahme des kaiserlichen Willens auch in Glaubensdingen bzw. das unerschrockene Einstehen für die Unabhängigkeit der Kirche von aller staatlichen Bevormundung mit der arianischen bzw. athanasianischen Theologie zusammenzubringen, mit der Begründung, daß der ersteren eine wesensgemäße Affinität zum Byzantinismus zugrunde liege, während jene eine Tendenz zur Theokratie aufweise (so etwa Berkhof, 1947). Dagegen mit Recht etwa Aland, 1960, S. 257 ff.

17 Paulinus, *vit. Ambr.* 36. Über den Werdegang des Ambrosius und seine politischen Vorstellungen Palanque, 1933, sowie Paschoud, 1967, S. 180 ff.

18 *Ep.* 121,11 und 123,15; *in Ier.* 25; 26; 48,2. Zur Vier-Reiche-Lehre nach *Daniel* 2,31–35 vgl. in *Ioel* 1,4; in *Zach.* 2,1 f. und bes. in *Dan.* 7,1–7. Dazu Koch, 1980, S. 186 ff.

19 Nach langen Versuchen, die Spaltung auf friedliche Weise zu beenden, sprach er sich schließlich »zur Rettung der Seelen Gottloser« für die Anwendung von Zwang aus unter Berufung auf das Bibelwort *compelle intrare* (*Luk.* 14,23), freilich mit strikter Ablehnung der Todesstrafe (z. B. *ep.* 93,5: *Cogite intrare*). Über die Einstellung des Augustinus zum Circumcellionenproblem und die staatliche Gesetzgebung gegen die Donatisten bes. Tengström, 1964, S. 91 ff. und Frend, 1971, S. 228 ff.

20 Vorgetragen vor allem im Laurentius-Hymnus (perist. 2) und in der zwei Bücher um-

Das politische Denken des Christentums 629

fassenden Widerlegung des Heiden Symmachus *(contr. Symm.)*, bes. I 278 ff. (mit wörtlicher Anspielung auf die Ewigkeitsprophezeiung Vergils über ein *imperium sine fine).*

21 Den Begriff *civitas dei* übernahm Augustinus aus der Sprache der Bibel, vor allem aus den Psalmen *(civ. dei praef.*, 2,21; 10,7; 11,1), der dazugehörige Begriff *civitas diaboli* war ihm schon aus seiner manichäischen Zeit bekannt; den Anstoß dürfte ihm der Donatist Tyconius gegeben haben, der in seinem Apokalypsekommentar zwischen dem Reich Gottes und dem des Teufels unterschied (vgl. Scholz, 1911, S. 78 ff.).

22 *Civ. dei* 4,4: Remota itaque iustitia quid sunt regna nisi magna latrocinia? Der heidnischen Gerechtigkeit fehlt der *amor dei*, sie verharrt im Diesseits und kann daher nur als relativer Wert anerkannt werden, der sich freilich positiv von der Gerechtigkeit anderer Staaten abhebt (vgl. Maier, 1955, S. 117 ff.).

23 *Civ. dei* 1,35: Perplexae quippe sunt istae duae civitates in hoc saeculo invicemque permixtae, donec ultimo iudicio dirimantur (vgl. 11,1 und 18,54). Auf eine Identifizierung von Gottesstaat und Kirche lassen schließen z.B. 8,24; 13,16; 16,2, aber diese Aussagen beziehen sich nicht auf die *ecclesia peregrinans*, sondern auf die Kirche nach dem Abschluß ihres irdischen Weges (vgl. Mayer, 1984, II, S. 205).

24 Es handelt sich um den bekannten Fürstenspiegel (über Constantin und Theodosius) *civ. dei* 5,24–26, der allerdings im Falle des Theodosius stark panegyrisch gefärbt ist. Trotzdem kann angesichts dieser Schilderung von einer »grundsätzlichen Distanzierung von irdischen Lebensordnungen und politischer Selbstbehauptung« (so Maier, 1955, S. 138) nicht gesprochen werden, auch nicht von einer »Unvereinbarkeit zwischen Christentum und nationaler Selbstbehauptung« (so Kamlah, 1951). Wichtig auch *epp.* 185 und 189. Über diese Kontroverse jetzt Thraede, 1977, S. 90 ff.

25 Z.B. *civ. dei* 3,10: Kriege, nicht aus Ruhmsucht unternommen, sondern durch den Zwang, Wohlfahrt und Freiheit zu schützen, den Verbündeten und Freunden zu helfen und mehr durch Geben als durch Nehmen Freundschaften zu schaffen, waren in Ordnung. 4,15: Kriege zu führen und durch Unterwerfung der Völker das Reich zu erweitern ist notwendig und kann mit einigem Recht ein Glück genannt werden.

26 Zur Frage der Regel Benedikts in ihrem Verhältnis zur sog. Magisterregel, die er wohl gekannt und benutzt hat, vgl. Jaspert, 1971, S. 129 ff.

27 Aufgezeichnet ist dieses konkrete Studienprogramm in dem den Mönchen gewidmeten Werk *Institutiones divinarum et humanarum lectionum;* dazu Helm, 1954, S. 915 ff. und Fridh, 1981, S. 657 ff.

28 Insgesamt gibt es drei Triaden der Engel in der himmlischen und drei Triaden in der kirchlichen Hierarchie, die von oben gelenkt und im Gleichgewicht gehalten werden. Da sie sich im Zustand der Heiligung und Vergöttlichung befinden, bleiben Profane, Sünder und Ungetaufte ausgeschlossen.

29 Die erste vollständige lateinische Übersetzung des *Corpus* stammt ebenfalls von Hilduin (827–835) und wurde später von Johannes Scotus Eriugena noch verbessert (852). Die Wirkung des Areopagiten in der östlichen Kirche war ungleich geringer.

30 *Serm.* 3,4: Die dem Apostel Petrus verliehene Gewalt und Autorität wirkt und lebt weiter fort *in sede sua* (sc. *Romana),* und seine Würde wird auch in einem unwürdigen Erben nicht geschmälert, ebd. Petrus, cuius vice fungimur. Vgl. *serm.* 2,2 (die Päpste als »Teilhaber« an Petri Ehre) und 5,4 (Fürst der Apostel); dazu Ullmann, 1960, S. 25 ff. und Woytowytsch, 1981, S. 304 ff. Zur Verwendung des Begriffs »Stellvertreter Christi« durch Leo den Großen vgl. Maccarone, 1952, S. 45 ff. und schon Caspar, 1930, I, S. 427 ff.

31 Petrus wird aus der ganzen Welt erwählt, er ist allen Aposteln und allen Vätern der Kirche vorangestellt... *(serm.* 4,2), er besitzt die Lenkung der ganzen Kirche (62,2), er hat das Steuerruder der Kirche empfangen (3,3), Petrus wird von Christus zum

630   *Richard Klein*

Fürsten der ganzen Kirche eingesetzt (4,4). Die Kirche ist dem seligen Apostel Petrus untertan (*ep.* 10,2) usw. Weitere Belege bei Bartiffol, 1938, S. 192 ff.

32 An Leo appellierten die abgesetzten östlichen Bischöfe Flavianus von Konstantinopel, Eusebius von Dorylaeum und Theodoret von Kyrrhos, da sie hofften, mit seiner Hilfe wieder eingesetzt zu werden. Das Schreiben Leos an Theodosius II., *ep.* 44, vgl. Stockmaier, 1959, S. 102 ff.

33 Die Annahme der *epistula dogmatica* (*ep.* 92) erfolgte nicht wegen der Zustimmung zur Lehrautorität Leos, sondern in der Überzeugung, daß die Lehre Leos mit der Tradition der Väter übereinstimme. Die Wiedereinsetzung der in Ephesus amtsenthobenen Bischöfe entschied das Konzil in eigener Kompetenz (Leo I. *ep.* 98). Gegen den 28. Kanon des Konzils, in dem Konstantinopel das Recht der Weihe aller Metropoliten der Diözese Pontus, Asien und Thrakien zugesprochen wurde, protestierte zuerst sein Legat und schließlich Leo selbst in Briefen an das Kaiserpaar und den Bischof von Konstantinopel, aber insgesamt vergeblich (*epp.* 104–106).

34 Eine ausführliche Interpretation dieses Briefes, in dem der Bann gegen Acacius ausgesprochen war, findet sich bei Ullmann, 1981, S. 145 ff. (S. 147: »Es dürfte wenige Herrschaftsprogramme geben, die in so prägnanter, profilierter und gedrängter Weise ihre Grundzüge festzulegen imstande waren, wie es diesem Schreiben gelang.«)

35 Zu der bekannten Gegenüberstellung von *auctoritas* und *potestas* in den *Res Gestae* des Augustus (c. 34) jetzt Kienast, 1982, S. 72 (mit Literaturang.); über die Verwendung der beiden Begriffe bei Augustin vgl. Lüttcke, 1968. »Die gelasianische auctoritas ist unzertrennlich verbunden mit Wissen, Bildung und Charisma, während für die potestas das Können und die erzwingbare Macht bestimmend sind« (Ullmann, 1981, S. 251).

36 Diese Sätze sind enthalten in dem gleichzeitig geschriebenen 4. Traktat, in dem Gregor ausführt, daß alles ungültig und wirkungslos sei, was die römische Kirche nicht anerkenne (Jeffe, 1885, JK 701).

37 Zu dem Satz »Prima sedes a nemine iudicatur« vgl. Jeffe, 1885, JK 761; kurz Lorenz, Bd. 1, 1970, S. 92.

38 Es war die einstimmige Akklamation der Teilnehmer an der im Jahre 495 in Rom versammelten Synode (Collectio Avellana, Corpus Scriptorum Ecclesiasticorum Latinorum, Bd. 35, hrsg. von O. Günther, 1895/98, S. 484, Nr. 103).

39 Über den Streit mit Konstantinopel vgl. Fischer, 1950, S. 15 ff. und Dagens, 1977, S. 361 ff. Über seine Einstellung zum Kaisertum und das Vorbild des Augustinischen Gottesstaates, das sicherlich nicht nur passive Übernahme bedeutete (so Harnack, Mommsen, Caspar u. a.), sondern Präzisierung und Weiterentwicklung vgl. Dagens, 1977, S. 88 ff.

40 Über seine steten Mahnungen an die Beamten, die er in päpstliche Dienste nahm, und sein Anliegen, auf dem gewaltigen Patrimonium Petri die Kolonen vor Ausbeutung zu schützen und den Besitz als »Eigentum der Armen« zu nutzen, vgl. Cracco, 1980, S. 361 ff.

41 Seine aus religiösen und pastoralen Gründen veranlaßte Vermittlertätigkeit führte zum Konflikt mit Kaiser Maurikios und zur Anerkennung des Usurpators Phokas; dazu jetzt Giordano, 1970, S. 20 ff.

42 Für den fränkischen Klerus schrieb er die *regula pastoralis*, der eine jahrhundertelange Wirkung beschieden war (PL 77, 13–128), auch seine Evangelienhomilien waren geeignet, den Klerikern zur Missionierung zu dienen (PL 76, 1075–1312). Über sein Eingreifen in Afrika, Spanien und im Frankenreich bes. Caspar, 1930, II, S. 491 ff.

43 Zur Angelsachsenmission seit 596 (Taufe König Aethelberts im Jahre 601), die auf dem Hintergrund des biblisch-eschatologischen Verständnisses der universellen Heidenmission Augustins zu verstehen ist, vgl. Beda, *hist. eccl.* 2,1 und Brechter, 1941. Zur Frage, wie weit Gregors Ansatz noch durch römisch-imperiale Vorstellungen be-

Das politische Denken des Christentums   631

einflußt war (so vor allem die engl. Forschung), vgl. Gregor *serm.* 82 und Wallace-Hadrill, 1960, S. 527 ff.

BIBLIOGRAPHIE
PRIMÄRTEXTE

I. Neues Testament
Novum Testamentum Graece et Latine, hrsg. von E. Nestle u. K. Aland, Stuttgart [26]1980; *Handbuch zum Neuen Testament*, hrsg. von H. Lietzmann u. G. Bornkamm, Tübingen 1953 ff. (Übersetzung mit Kommentar).

II. Altchristliche Quellentexte
Größere Sammelwerke
PG = Patrologiae cursus completus, series Graeca, hrsg. von P. G. Migne, Paris 1857–1866; PL = Patrologiae cursus completus, series Latina, hrsg. von P. G. Migne, Paris 1844–1864 (seit 1958 Supplementa); CSEL = Corpus scriptorum ecclesiasticorum latinorum, Wien 1860 ff.; GCS = Die griechischen christlichen Schriftsteller der ersten Jahrhunderte, Leipzig 1897 ff., Forts. Berlin 1948 ff.; CC = Corpus christianorum seu nova patrum collectio, series latina, Steenbrugge 1941 ff.

Zweisprachige Ausgaben und Übersetzungen
BKV = Bibliothek der Kirchenväter. 1. Reihe: 80 Bände, Kempten/München 1868–1888; 2. Reihe: 83 Bände, Kempten/München 1911–1939 (Übersetzungen); *SChr* = Sources Chrétiennes, Paris 1941 ff. (zweisprachig); ACW = Ancient Christian Writers, Maryland/London 1946 (Übersetzungen); *Testi cristiani con versione*, Florenz 1930 ff.

Spezielle Sammelwerke
K. Aland–W. Schneemelcher (Hrsg.), Patristische Texte und Studien (PTS), Berlin 1964 ff.; *K. Bihlmeyer*, Die apostolischen Väter, Tübingen 1924 (Nachdruck 1956); *P. R. Coleman–Norton*, Roman State and Christian Church. A Collection of Legal Documents to A. D. 535, 3 Bde., London 1966; *W. D. Hauschild*, Der römische Staat und die frühe Kirche. Texte zur Kirchen- und Theologiegeschichte, Gütersloh 1984; *R. Knopf– G. Krüger*, Ausgewählte Märtyrerakten, Tübingen [3]1929; *H. Rahner*, Kirche und Staat im frühen Christentum. Dokumente aus acht Jahrhunderten und ihre Deutung, München 1960; *W. Schultz*, Die Kirche im Römischen Reich vor Konstantin, Ausgewählte Texte aus der Geschichte der christlichen Kirche, Berlin 1970.

Inschriften
E. Diehl, Lateinische christliche Inschriften, ausgewählt und erklärt, Berlin 1908; *E. Diehl – J. Moreau*, Inscriptiones latinae christianae veteres, 3 Bde, Berlin [2]1962, Bd. 4: Supplementum, hrsg. von J. Moreau – H. I. Marrou, Berlin/Zürich 1967.

Konzilstexte
ACO = E. Schwartz, Acta conciliorum oecumenicorum, Berlin/Leipzig 1922 ff.; *H. Jedin*, Concilorum oecumenicorum decreta, Bologna [3]1973. *F; Lauchert*, Die Canones der wichtigsten Altkirchlichen Concilien nebst den Altkirchlichen Canones, Frankfurt 1961 (Nachdruck v. 1896).

Einzelausgaben (außerhalb der Sammelwerke)
Aurelius Augustinus, Vom Gottesstaat, übers. v. W. Thimme, eingeleitet und kommentiert

632   *Richard Klein*

von C. Andresen, 2 Bde., München 1977; *Dionysius Areopagita*, Die Hierarchien der Engel und der Kirche, Einführung v. H. Boll, übersetzt, eingeleitet und kommentiert von W. Fritsch, München-Planegg 1955; *Isidori Hispanensis Episcopi*, Etymologiae sive Originum libri XX, 2 Bde., hrsg. von W. M. Lindsay, Oxford 1957; *C. Caecilius Firmianus Lactantius*, de mortibus persecutorum, hrsg. von J. L. Creed (lat.-engl.), Oxford 1984; *Origenes*, contra Celsum, übersetzt, eingel. und komm. von H. Chadwick, Cambridge [2]1965; *Die großen Ordensregeln*, hrsg. von H. Urs von Balthasar u. a. (Basilius, Augustinus, Benedictus), Einsiedeln [5]1984; *Tertullian*, Apologeticum. Verteidigung des Christentums, lat.-deutsch, München [2]1961.

SEKUNDÄRLITERATUR

Aland, K., 1960; Kaiser und Kirche von Konstantin bis Byzanz, in, Kirchengeschichtliche Entwürfe, Gütersloh; *Altaner, B. / Stuiber, A.,* 1978 (9. Aufl.): Patrologie. Leben, Schriften und Lehre der Kirchenväter, Freiburg, S. 58 ff.; *Bardy, G.,* 1937: La latinisation de l'église de l'occident, Irenikon 14, Chevetogne; *Barnes, T. D.,* 1971; Tertullian. A Historical and Literal Study, Oxford; *Batiffol, P.,* 1938: Cathedra Petri. Études d'histoire ancienne de l'église, Paris; *Baur, C.,* 1929/30; Johannes Chrysostomus und seine Zeit, 2 Bde., München; *Baus, K.,* 1962: Von der Urgemeinde zur frühchristlichen Großkirche, in: Jedin, H. (Hrsg.), Handbuch der Kirchengeschichte I, Freiburg; *Baus, K.* und *Ewig, E.,* 1973: Die Reichskirche nach Konstantin dem Großen, in: Jedin, H. (Hrsg.), Handbuch der Kirchengeschichte II, 1, Freiburg; *Benko, S.,* 1985: Pagan Rome and the Early Christians, London; *Berkhof, H.,* 1947: Kirche und Kaiser. Eine Untersuchung zur Tendenz der byzantinischen und theokratischen Staatsauffassung im 4. Jahrhundert, Zürich; *Berner, U.,* 1981: Origenes, Darmstadt; *Bichler, R.,* 1983: »Hellenismus«. Geschichte und Problematik eines Epochenbegriffs, Darmstadt; *Blinzler, J.,* [4]1969: Der Prozeß Jesu, Regensburg; *Bornkamm, G.,* [4]1979: Paulus, Stuttgart; *Brechter, S.,* 1941: Die Quellen zur Angelsachsenmission Gregors d. Großen, Münster; *Brown, P.,* [2]1982: Augustinus von Hippo. Eine Biographie, Frankfurt/M.; *Campenhausen, H. von,* 1960: Die Christen und das bürgerliche Leben nach den Aussagen des Neuen Testaments, in: Tradition und Leben. Kräfte der Kirchengeschichte. Aufsätze und Vorträge, Tübingen; *ders.,* [2]1973: Clemens von Alexandrien, in: Griechische Kirchenväter, Stuttgart; *ders.,* 1929; Ambrosius von Mailand als Kirchenpolitiker, Berlin; *Caspar, E.,* 1930: Geschichte des Papsttums von den Anfängen bis zur Höhe der Weltherrschaft I, Tübingen; *Chadwick, H.,* 1984: Origenes, in, Greschat, M. (Hrsg.), Gestalten der Kirchengeschichte, Alte Kirche I, Stuttgart; *Christensen, A. S.,* 1980: Lactantius the Historian, Kopenhagen; *Conzelmann, H.,* [5]1983: Geschichte des Urchristentums, Göttingen; *Cracco, G.,* 1980: Chiesa e christianità nell' Italia di Gregorio Magno, in: Medioevo rurale, Bologna, S. 361 ff.; *Cullmann, O.,* 1956: Der Staat im Neuen Testament, Tübingen; *ders.,* 1975: Der johanneische Kreis, Tübingen; *Dagens, C.,* 1977: Saint Grégoire le Grand. Culture et expérience chrétiennes, Paris; *Dassmann, E.,* 1965: Die Frömmigkeit des Kirchenvaters Ambrosius von Mailand, Münster; *Dibelius, M.,* [2]1982: Rom und die Christen im 1. Jahrhundert, in: Klein, R. (Hrsg.), Das frühe Christentum im Römischen Staat, Darmstadt, S. 77 ff.; *Diesner, H. J.,* 1964: Kirche und Staat im spätrömischen Reich, Berlin; *Emonds, E.,* 1954: Benedikt von Nursia, Reallexikon für Antike und Christentum, Band 2, S. 130 ff.; *Enßlin, W.,* 1953: Die Religionspolitik des Kaisers Theodosius des Großen, München, S. 16 ff.; *Enßlin, W.,* 1959: Theoderich der Große, München; *Fischer, E. H.,* 1950: Gregor der Große und Byzanz, in: Zeitschrift der Savigny-Stiftung f. Rechtsgeschichte, Kanonistische Abteilung, Bd. 67, S. 15 ff.; *Fontaine, J.* und *Pervin, J.,* 1978: Lactance et son temps, Paris; *Fontaine, J.,* 1959: Isidore de Seville et la culture antique dans l'Espagne wisigothique, 2 Bände, Paris; *Frend,*

Das politische Denken des Christentums 633

W. H. C., 1971: The Donatist Church, Oxford; *Fridh, A.,* 1981: Cassiodor, Theologische Realenzyklopädie, Berlin/New York, S. 657 ff.; *Fuchs, H.,* 1954: Bildung, in: Reallexikon für Antike und Christentum, Bd. 2, S. 350 ff.; *ders.,* [2]1965: Augustin und der antike Friedensgedanke, Berlin; *Gatz, B.* 1967: Weltalter, goldene Zeit und verwandte Vorstellungen, Hildesheim; *Giordano, O.,* 1970: L'invasione langobarda e Gregorio Magno, Bari; *Goth, H.,* 1974: Hiera Mesiteia. Zur Theorie der hierarchischen Sozietät im Corpus Areopagiticum, Erlangen; *Haenchen, E.,* [7]1977: Die Apostelgeschichte, Göttingen; *Harnack, A.* von, [4]1924: Mission und Ausbreitung des Christentums in den ersten drei Jahrhunderten, 2 Bde, Leipzig; *Helm, R.,* 1954: Cassiodorus. Reallexikon für Antike und Christentum, Bd. 2, Stuttgart, S. 915 ff.; *Hengel, M.,* 1975: Zwischen Jesus und Paulus. Die »Hellenisten«, die »Sieben« und Stephanus, in: Zeitschrift für Theologie und Kirche 72, Tübingen, S. 151 ff.; *Herwegen, I.,* 1944: Sinn und Geist der Benediktinerregel, Einsiedeln; *Hiltbrunner, O.,* 1964: Die Schrift »de officiis ministrorum« des heiligen Ambrosius und ihr ciceronisches Vorbild, in: Gymnasium, Bd. 71, Heidelberg, S. 174 ff.; *Holzapfel, H.,* 1941: Die sittliche Wertung der körperlichen Arbeit im christlichen Altertum, Diss. Würzburg; *Jaspert, B.,* 1971: Studia Monastica, Montserrat, S. 129 ff., *Joannou, P. P.,* 1972: Die Ostkirche und die Cathedra Petri im 4. Jahrhundert, Stuttgart; *Kamlah, W.,* 1951: Christentum und Geschichtlichkeit, Stuttgart; *Kienast, D.,* 1982: Augustus, Princeps und Monarch, Darmstadt; *Klein, R.* (Hrsg.), [2]1982: Das frühe Christentum im Römischen Reich, Darmstadt; *ders.,* 1968: Tertullian und das Römische Reich, Heidelberg; *ders.,* [2]1986: Symmachus. Eine tragische Gestalt des ausgehenden Heidentums, Darmstadt; *ders.,* 1972: Der Streit um den Victoriaaltar, Darmstadt; *Koch, K.,* 1980: Das Buch Daniel, Darmstadt; *Kraft, H.,* [2]1986: Die Entstehung des Christentums, Darmstadt; *Kümmel, W.,* [4]1980: Die Theologie des Neuen Testaments nach seinen Hauptzeugen Jesus, Paulus, Johannes, Göttingen; *ders.,* [17]1973: Einleitung in das Neue Testament, Heidelberg; *Labriolle, P. de,* [9]1948: La réaction paienne. Étude sur la polémique antichrétienne du Ier auf VIe siècle, Paris; *Laub, F.,* 1982: Die Begegnung des frühen Christentums mit der Sklaverei, Stuttgart; *Laufs, J.,* 1973: Der Friedensgedanke bei Augustinus, Wiesbaden; *Leroy, H.,* 1978: Jesus. Überlieferung und Deutung, Darmstadt; *Lietzmann, H.,* 1961 (Nachdruck): Geschichte der Alten Kirche I, Berlin; *Lippold, A.,* [2]1982: Theodosius der Große und seine Zeit, München; *Lorenz, R.,* 1970: Die Kirche in ihrer Geschichte, Bd. 1: Das vierte bis sechste Jahrhundert, Göttingen; *Lortz, J.,* 1927/28: Tertullian als Apologet, 2 Bde., Münster; *Lüttcke, K. H.,* 1968: »Auctoritas« bei Augustin, Stuttgart; *Maccarone, M.,* 1952: Vicarius Christi. Storia del titolo papale, Rom; *Maier, F. G.,* 1955: Augustin und das antike Rom, Stuttgart/Köln; *Mandouze, A.,* 1969: St. Augustin. L'aventure de la raison et de la grâce, Paris; *Manselli, R.,* 1983: Gregor V (Gregor der Große), Reallexikon für Antike und Christentum, Bd. 12, S. 930 ff.; *Mayer, C. P.,* 1984: Aurelius Augustinus, in: Greschat (Hrsg.): Gestalten der Kirchengeschichte, Alte Kirche II, S. 179 ff.; *Meer, F. von der,* [2]1958: Augustinus der Seelsorger. Leben und Wirken eines Kirchenvaters, Köln; *Meinold, P.,* 1963: Christentum, in: Sowjetsystem und demokratische Gesellschaft I, Freiburg, S. 985 ff.; *Moreau, J.,* 1954/55: Lactance, de la mort des persecuteurs, Paris; *Nestle, W.,* 1941: Die Haupteinwände des antiken Denkens gegen das Christentum, in: Archiv für Religionswissenschaft; *O'Dealy, G.,* 1981: Dionysius Aeropagita, Theologische Realenzyklopädie, Bd. 8, S. 772 ff.; *Ollrog, W. H.,* 1979: Paulus und seine Mitarbeiter. Untersuchungen zur Theorie und Praxis der paulinischen Mission, Neukirchen; *Palanque, J. R.,* 1933: St. Ambroise et l'Empire Romain, Paris; *Paschoud, F.,* 1967: Roma Aeterna. Études sur le patriotisme Romain dans l'occident latin à l'époque des grandes invasions, Rom/Neuchâtel; *Petersen, E.,* 1935: Der Monotheismus als politisches Problem, Leipzig; *Perez de Urbel, J.,* 1962: Isidor von Sevilla. Sein Leben, sein Werk und seine Zeit, Köln; *Pietri, Ch.,* 1976: Roma Christiana. Recherches sur l'église de Rome, son organisation, sa politique, son idéologie de Miltiade à Sixte III, 2 Bde., Rom/Paris; *Pohlenz, M.,* 1943: Klemens von Alexandrien und sein hellenisches Christentum, Göttingen; *Rahner, H.,*

1961: Kirche und Staat im frühen Christentum, München; *Rengstorf, K. H.*(Hrsg.), 1973: Johannes und sein Evangelium (Wege der Forschung 82), Darmstadt; *Ritter, A. M.*,1984: Clemens von Alexandrien, in: *Greschat, M.* (Hrsg.), Gestalten der Kirchengeschichte, Alte Kirche I, Stuttgart; *Roques, R.:* Dionysius Aeropagita, 1957: Reallexikon für Antike und Christentum, Bd. 3, S. 1076 ff.; *Schäfcke, W.*, 1979: Frühchristlicher Widerstand, in: Aufstieg und Niedergang der Römischen Welt II, 23, 1, Berlin / New York; S. 461 ff.; *Schilling, O., 1914:* Naturrecht und Staat nach der Lehre der Alten Kirche, Paderborn; *Schneemelcher, W., 1981:* Das Urchristentum, Stuttgart; *ders.*, 1959: Das Problem der Sprache in Theologie und Kirche, Berlin; *Schneider, F.*, 1965: Rom und Romgedanke im Mittelalter. Die geistigen Grundlagen der Renaissance, München; *Scholz, H.*, 1911: Glaube und Unglaube in der Weltgeschichte, Leipzig; *Schroeder, D.*, 1959: Die Haustafeln des Neuen Testaments. Ihre Herkunft und ihr theologischer Sinn, Diss. Hamburg; *Seidel, U.*, 1983: Die Christenverfolgung zur Zeit Domitians, Diss. Leipzig; *Seppelt, F. X.*, bearb. v. *Schwaiger, G.*, 1957: Geschichte des Papsttums IV: Das Papsttum im Spätmittelalter und in der Zeit der Renaissance, München; *Sieben, H. J.*, 1979: Die Konzilsidee der Alten Kirche, Paderborn / München / Wien; *Staufer, E.*, ⁶1964: Die Geschichte vom Zinsgroschen, in: Christus und die Caesaren, Hamburg, S. 121 ff.; *ders.*, 1964: Domitian und Johannes, ebd., S. 160 ff.; *Stockmeyer, P.*, 1984: Johannes Chrysostomus, in: *Greschat, M.* (Hrsg.), Gestalten der Kirchengeschichte, Alte Kirche II, S. 125 ff.; *ders.*, 1959: Leo I. des Großen Beurteilung der kaiserlichen Religionspolitik, München; *Straub, J.*, 1969: Christliche Geschichtsapologetik in der Krise des Römischen Reiches, in: Prinzipat und Freiheit (Wege der Forschung 135), Darmstadt, S. 536 ff.; *ders.*, 1977: Augustins Sorge um die regeneratio imperii, in: Das frühe Christentum im Römischen Staat (Wege der Forschung 267), Darmstadt, S. 244 ff.; *ders.*, 1984: Spätantike und frühes Christentum, Frankfurt / Main; *Suerbaum, W.*, ²1970: Vom antiken zum frühmittelalterlichen Staatsbegriff, Münster; *Sugano, K.*, 1983: Das Rombild des Hieronymus, Frankfurt / Main; *Tengström, E.*, 1964: Donatisten und Katholiken. Soziale, wirtschaftliche und politische Aspekte einer nordafrikanischen Kirchenspaltung, Göteborg; *Thraede, K.*, 1980: Zum historischen Hintergrund der »Haustafeln« des Neuen Testaments, in: Pietas, Festschrift für B. Kötting, Jahrbuch für Antike und Christentum, Erg.-Bd. 8, Münster, S. 359 ff.; *ders.*, 1977: Das antike Rom in Augustins »De civitate dei«, in: Jahrbuch für Antike und Christentum, Bd. 20, Münster, S. 90 ff.; *Ullmann, W.*, 1981: Gelasius I. (492–496). Das Papsttum an der Wende der Spätantike zum Mittelalter, Stuttgart; *ders.*, 1960: Leo I. and the Theme of Papal Primacy, in: Journal of Theological Studies, N.S., Bd. 11, S. 25 ff.; *Vera, D.*, 1981: Commento storico alle relationes di Quinto Aurelio Simmaco, Pisa; *Verdross, A.*, 1971: Statisches und dynamisches Naturrecht, Freiburg; *Verosta, St.*, 1960: Johannes Chrysostomus, Staatsphilosoph und Geschichtstheologe, Graz / Wien / Köln; *Vogt, H. J.*, 1975: Die Kirche in Ost und West von Chalkedon bis zum Frühmittelalter (451–700), in: Handbuch der Kirchengeschichte II, 2, Freiburg, S. 197 f.; *Vogüe, A. de*, 1980: Benedikt von Nursia, Theologische Realenzyklopädie, Bd. 5, S. 538 ff.; *Wallace-Hadrill, J. M.*, 1960: Rome and the Early English Church, Spoleto; *Wlosok, A.*, 1984: Laktanz, in: Greschat, M. (Hrsg.), Gestalten der Kirchengeschichte, Alte Kirche I, Stuttgart, S. 176 ff.; *Wojtowytsch, M. M.*, 1981: Papsttum und Konzile von den Anfängen bis zu Leo I. (440–461), Stuttgart; *Zwierlein, O.*, 1978: Der Fall Roms im Spiegel der Kirchenväter, in: Zeitschrift für Papyrologie und Epigraphik, S. 45 ff.; *Zumkeller, A.*, ²1968: Das Mönchtum des Heiligen Augustinus, Würzburg.

Autorenverzeichnis

Annas, Julia Elizabeth, geb. 1946, Ph.D., Professor, Dept. of Philosophy, University of Arizona, Tucson / Arizona.
Veröffentlichungen: Aristotle's Metaphysics M and N, Übersetzung mit Einleitung und Kommentar, Oxford 1976; An Introduction to Plato's Republic, Oxford 1981; (zusammen mit Jonathan Barnes:) The Modes of Scepticism: ancient text and modern interpretations, Cambridge 1985; Philosophy: fifth century, Plato, Aristotle, Kap. 9 der Oxford History of the Ancient World, Oxford 1986; Aristotle on Memory and the Self, in: Oxford Studies in Ancient Philosophy, 1986; Hellenistic Philosophy of Mind, in: Cambridge History of Hellenistic Philosophy (i.E.).

Bichler, Reinhold, geb. 1947, Dr. phil., Professor für Alte Geschichte und Vergleichende Geschichtswissenschaft an der Universität Innsbruck.
Veröffentlichungen: Hellenismus. Geschichte und Problematik eines Epochenbegriffs, Darmstadt 1983; außerdem Aufsätze und Buchbeiträge zur Theorie der Geschichtswissenschaft, zur Wissenschaftsgeschichte der Althistorie, zur antiken Staatsutopie (Zur historischen Beurteilung der griechischen Staatsutopie, in: Grazer Beiträge Bd. 11, 1984, S. 179–206) und zu Herodot.

Herrmann, Siegfried, geb. 1926, Dr. phil., Dr. theol. habil., Professor für Altes Testament an der Evangelisch-Theologischen Fakultät der Ruhr-Universität Bochum.
Veröffentlichungen: Die prophetischen Heilserwartungen im Alten Testament. Ursprung und Gestaltwandel (= Beiträge zur Wissenschaft vom Alten und Neuen Testament, Bd. 85, 1965); Ursprung und Funktion der Prophetie im alten Israel (= Rheinisch-Westfälische Akademie der Wissenschaften, Vorträge G 208, Opladen 1976); Zeit und Geschichte. Biblische Konfrontationen, Stuttgart 1977; Geschichte Israels in alttestamentlicher Zeit, München 1973, [3]1988; Gesammelte Studien zur Geschichte und Theologie des Alten Testaments, München 1986.

Klein, Richard, geb. 1934, Dr. phil., Professor für Alte Geschichte an der Universität Erlangen-Nürnberg.

Veröffentlichungen: Tertullian und das Römische Reich, Heidelberg 1968; Symmachus. Eine tragische Gestalt des ausgehenden Heidentums, Darmstadt 1971; Der Streit um den Viktoriaaltar, Darmstadt 1972; Constantius II. und die christliche Kirche, Darmstadt 1977; Die Romrede des Aelius Aristides: I. Einführungsband, Darmstadt 1981, II. Textband, Darmstadt 1983; Die Sklaverei in der Sicht der Bischöfe Ambrosius und Augustinus, Stuttgart 1988.

Olshausen, Eckart, geb. 1938, Dr. phil., Professor für Alte Geschichte an der Universität Stuttgart.

Veröffentlichungen: Prosopographie der hellenistischen Königsgesandten. Teil I: Von Triparadeisos bis Pydna (Studia Hellenistica 19) 1974; Die Zielsetzung der Deiotariana Ciceros, in: Monumentum Chilionense. Kieler Festschrift für Erich Burck zum 70. Geburtstag, hrsg. von E. Lefèvre, Amsterdam 1975, S. 109–123; Untersuchungen zum Verhalten des Einfachen Mannes zwischen Krieg und Frieden auf der Grundlage von Hom. Il. 2,211–277 (Thersites) und Liv. 31,6–8 (Ch. Baebius, tr. pl.), in: Livius. Werk und Rezeption. Festschrift für E. Burck zum 80. Geburtstag, hrsg. von E. Lefèvre und E. Olshausen, München 1983, S. 225–239.

Ommerborn, Wolfgang, geb. 1952, Dr. phil., Lehrbeauftragter am Fachbereich Ostasienwissenschaften der Ruhr-Universität Bochum.

Raaflaub, Kurt, geb. 1941, Dr. phil., Professor of Classics and History, Brown University, Providence, Rhode Island.

Veröffentlichungen: Dignitatis contentio: Studien zur Motivation und politischen Taktik im Bürgerkrieg zwischen Caesar und Pompeius, München 1974 (Vestigia 20); Zum Freiheitsbegriff der Griechen: Materialien und Untersuchungen zur Bedeutungsentwicklung von eleutheros/eleutheria in der archaischen und klassischen Zeit, in: E. C. Welskopf (Hrsg.): Soziale Typenbegriffe im Alten Griechenland IV, Berlin 1981, S. 180–405; (zusammen mit J. M. Balcer, H. J. Gehrke u. W. Schuller:) Studien zum Attischen Seebund, Konstanz 1984 (Xenia 8); Die Entdeckung der Freiheit: Zur historischen Semantik und Gesellschaftsgeschichte eines politischen Grundbegriffes der Griechen, München 1985 (Vestigia 37); (Hrsg. und Mitautor:) Social Struggles in Archaic Rome: New Perspectives on the Conflict of the Orders, Berkeley und Los Angeles 1986.

Autorenverzeichnis   637

Rilinger, Rolf, geb. 1942, Dr. phil., Professor für Alte Geschichte an der Universität Bielefeld.
Veröffentlichungen: Der Einfluß des Wahlleiters bei den römischen Konsulwahlen von 366 bis 50 v. Chr., München 1976 (Vestigia 24); Die Interpretation des späten Imperium Romanum als »Zwangsstaat«, in: Geschichte in Wissenschaft und Unterricht 1985, S. 321–340; Moderne und zeitgenössische Vorstellungen von der Gesellschaftsordnung der römischen Kaiserzeit, in: Saeculum 36, 1985, S. 333–359; Zur humiliores/honestiores-Dichotomie im Strafrecht der römischen Kaiserzeit, München (i.E.).

von Simson, Georg, geb. 1933, Dr. phil., Professor für Indische Sprache und Literatur an der Universität Oslo.
Veröffentlichungen: (Hrsg., zus. mit Heinz Bechert:) Einführung in die Indologie. Stand, Methoden, Aufgaben, Darmstadt 1979.

Spahn, Peter, geb. 1946, Dr. phil., Professor für Alte Geschichte an der Universität Bielefeld.
Veröffentlichungen: Mittelschicht und Polisbildung, Frankfurt/M. 1977; Freundschaft und Gesellschaft. Untersuchungen zum Wandel der Freundschaftsbeziehungen von der homerischen Adelsgesellschaft bis zur Bürgergesellschaft der attischen Demokratie, München 1988.

Weber-Schäfer, Peter, geb. 1935, Dr. phil., Professor für Politische Wissenschaft an der Ruhr-Universität Bochum.
Veröffentlichungen: Vierundzwanzig No-Spiele, Frankfurt/M. 1961; Der Edle und der Weise, München 1963; Zen, Frankfurt/M. 1964; Oikumene und Imperium, München 1968; (Hrsg.): Das politische Denken der Griechen, München 1969, Einführung in die antike politische Theorie, 2 Bde., Darmstadt 1976.

Zibelius-Chen, Karola, geb. 1942, Dr. phil., Privatdozentin am Ägyptologischen Institut der Universität Tübingen.
Veröffentlichungen: Afrikanische Orts- und Völkernamen in hieroglyphischen und hieratischen Texten, Wiesbaden 1972; Ägyptische Siedlungen nach Texten des Alten Reiches, Wiesbaden 1978; Der Löwentempel von Naq'a in der Butana (Sudan), Bd. I und IV, Wiesbaden 1983; Die ägyptische Expansion nach Nubien. Eine Darlegung der Grundfaktoren, Wiesbaden (i.E.).

Personenregister

Āpastamba 102
Abner, jüd. Feldherr 174
Abraham 172, 566
Absalom 175
Acacius 624, 630
Achilleus 199, 201, 204 ff., 210 f., 213
Adcock, Frank E. 485
Adeimantos, Bruder Platons 369
Adkins, A. W. H. 198, 259
Adonija 175
Adrast, myth. König von Argos 344 f., 348
Aeneas 533 f., 560
Aethelbert 630
Agamemnon 198 f., 201 f., 204 ff., 212 ff.,
  236, 282, 289 ff.,
Agelaos von Naupaktos 441
Agesilaos 446
Agis IV. 461
Agni 87
Agricola, Cn. Julius 554
Agrippa, M. Vipsanius 524
Ahab, israel. König 176
Ahas, jüd. König 176
Aigisthos 236, 289 ff.,
Aischines 370
Aischylos 190 ff., 223, 255, 273, 281,
  284 ff., 291 ff., 298, 309, 320, 342,
  349 f., 352 ff., 418
Aithra 344
Alarich 612
Alexander, makedon. König 90, 95, 136,
  138, 164, 179, 180, 372, 398, 400 ff.,
  432, 440 ff., 444, 446 ff., 455 f., 465 f.,
  468, 553, 565, 579
Alexandra → Kassandra
Alkaios 229 ff., 268, 418
Alkibiades 321, 323, 335, 339, 350, 370,
  379
Alkidamas 319, 410

Alkinoos 198
Alkmaion 246, 270
Alkmene 342 f.
Amasis 310
Ambrosius, Bischof v. Mailand 576 f.,
  610 f., 613, 621, 623 f., 628
Amenemhet I. 113, 120 f.
Amenemhet III. 122
Amenophis I. 155
Amenophis III. 128, 155
Amenophis IV. 156
Ammianus Marcellinus 571 ff.
Ammisaduka 152
Amun-Re 117, 127
Amyntas III. 401, 455
An Lushan 72
Anastasius 624
Anaxagoras von Klazomenai 301, 319
Anaximander von Milet 226, 245 f., 270
Antenor 201 f.
Antigone 282, 296 ff., 349
Antigonos 455, 457
Antiochos I. 182, 443 f., 451
Antiochos III. 181, 442 f., 453
Antiochos IV. Epiphanes 180 f., 452, 628,
  Anm. 15
Antiochos VII. 183
Antipatros von Tarsos 474
Antiphon 315, 320 f., 369
Antisthenes 464, 465
Antoninus Pius 550 f., 572
Antonius, Marcus 184, 445, 514, 523 f.,
  528, 533, 552 f., 579
Aper, M. 554
Aphrodite 202 f.
Apollo 205, 251, 289 ff.
Arat von Sikyon 440
Arbogast 575
Arcadius 575

Archelaos 319, 342
Archilochos 231 f., 268
Archytas von Tarent 457
Aristeas 454
Aristides, Aelius 522, 550 f.
Aristides, Sohn des Lysimachos 294
Aristippos von Kyrene 464
Aristobul 183 f.
Aristogeiton 230
Ariston 369, 459
Aristonikos 461
Aristophanes 191, 273, 281, 314, 318, 335, 342, 350 ff., 370
Aristoteles 189, 192 f., 226, 229 f., 234, 239, 241, 252, 260, 303 f., 312, 319 f., 371, 374, 384, 389, 397 ff., 447 f., 450, 456 f., 465, 473, 485, 513, 571, 615, 628
Arius 566
Arkadius 608 f.
Arrian 451
Arsakes 442
Artabanos 310
Artaphernes 308
Artaxerxes 307
Artemis 248, 289
Asinius Pollio 530
Aśoka 94, 104, 452
Asarhaddon 160
Aspasia 378
Assmann, Jan 117
Assur-uballit 158, 162, 177
Assurbanipal 160
Astyanax 198
Athanasius 618
Athena 203 f., 208, 289, 291 f., 316, 345
Athenaios 455, 478
Athenion 440
Atossa 284
Atreus 288 f.
Attalos III. 504
Attila 623
Augustinus 476, 612 ff., 618, 626 f., 628 ff.
Augustus 448, 457, 479, 492, 496 f., 503, 523 ff., 527 ff., 533 ff., 544 f., 548, 552 f., 557, 560 f., 566 f., 579 ff., 602, 604, 612, 630
Aurelian 561
Ausonius 574, 576

Bao Jingyan 69 ff.
Bar Kochba 184

Barnabas 597
Baudhāyana 102
Beda 630
Belsazar 163
Benedikt von Nursia 618 f., 629
Berossos aus Babylon 451
Bhāradvāja, Kaninka 100
Bias von Priene 251
Bleicken, Jochen 521
Blossius von Cumae 461
Boccaccio 102
Brahman 96, 104
Brhaspati 100
Brunechilde 627
Brutus, L. Iunius 487, 492, 527
Buddha 91 ff., 452
Burckhardt, Jakob 521, 567
Burnett, A. P. 232
Burrus 539 f.

Cānakya → Kautilya
Caecilius 505
Caesar 448 f., 475, 478 f., 491 f., 494, 497, 514, 523, 525, 527 f., 533, 535 f., 544 ff., 552 f., 578
Caesius Bassus 546
Candragupta 96
Capelle, Wilhelm 263
Caracalla 560
Cassiodor 619
Cassius Dio, Historiker 522, 527, 545, 560 f.
Cato, Marcus Porcius 474, 487, 497, 501 ff., 516, 527, 544, 546, 576
Celsus 604
Charmides 369 f.
Charondas 251
Chattuschil III. 156 f.
Chaucer 102
Cheng Hao 72
Cheng Yi 72
Cheops 121
Chepre, altägypt. Gottheit 128
Chlodwig 627
Christus 598 f., 602, 612 f., 615 f., 619 ff., 625, 629
Chryseïs 205
Chryses 205
Chrysippos von Soloi 459 f.
Chrysostomus, Johannes 608
Cicero, Marcus Tullius 307, 446, 448, 460 ff., 464, 474 ff., 487, 497, 501, 505,

Personenregister

507, 509 ff., 516, 523 f., 528, 542, 558, 578 f. 582, 610, 614, 618
Civilis, Julius 547
Claudius Gothicus 564
Claudius, Ti. C. Nero Germanicus, röm. Kaiser 538 ff., 544, 553
Clemens von Alexandrien 467, 602
Coelestin, Papst 622
Commodus, M. Aurelius C. 551, 560, 580
Constans, röm. Kaiser 568
Constantinus, röm. Kaiser 522, 563 ff., 574, 580 ff., 604, 606 ff., 615, 629
Constantinus II., röm. Kaiser 568, 571
Constantius, röm. Kaiser 563, 568
Constantius II., röm. Kaiser 563, 569 f., 573
Cornutus, L. Annaeus 544, 546 f.
Crassus, M. Licinius 492
Curtius, Q. C. Rufus 448

Dahlheim, W. 509
Damasus, Papst (röm. Bischof) 576, 621
Damon 304
Daniel 612
Dareios → Darius
Darius 273, 284 ff., 307 f. 310 f., 447
Darius III. Codomannus 180
Datis 308
David 138, 159, 174 f., 595, 610
Decius, röm. Kaiser 603, 607
Demaratos 309
Demetrios II. Nikator 182
Demetrios von Phaleron 435, 456, 458, 462, 464
Demetrios Poliorketes 455 ff.
Demokrit 191, 302 f., 337
Demophon 343
Demos 369
Demosthenes, Redner 398
Dido 533
Diels, Hermann 263
Dikaiarchos von Messene 473, 477
Diodoros, Historiker 448, 450, 455, 469, 478
Diodotos 337 ff.
Diogenes Laërtios 458 f., 462, 465
Diogenes von Seleukeia 448, 474
Diogenes von Sinope 449 f., 465 f.
Diocletianus, röm. Kaiser 562 ff., 580 f., 606 f.
Diomedes 202
Dion 373, 455
Dionysios I. 373

Dionysios II. 373
Dionysios Areopagites 620
Dionysios von Halikarnassos 522
Dionysos 352
Diotogene 457
Djedefre 117
Djedi 121
Domitianus. T. Flavius, röm. Kaiser 449 f., 548 f., 553 ff., 559, 600, 605, 607, 628
Dong Zhongshu 67 ff., 71, 72
Drakon 234, 269
Droysen, Johann Gustav 485

Echnaton 118, 122, 129
Ehrenberg, Victor 298, 300
Ekphantos 458
Elektra 347
Elia 176
Empedokles 302
Ennius, Q. 501 f., 534
Ephialtes 252, 277, 287 f., 290 f., 294 f., 353, 356
Epikrates 371
Epikur 455, 462 f., 466, 512
Eratosthenes von Kyrene 450
Eriugena → Johannes Scotus E.
Esra 179
Eteokles 296, 323, 348 f.
Euadne 345, 348
Eugenius 575, 577
Euhemeros von Messene 468 ff.
Eumaios 211
Euripides 273, 281, 296, 298, 312, 314, 317 f., 320, 324, 330, 335 ff., 341 f., 344, 346 ff., 351 f., 354, 357
Eurydike 297
Eurynome 219
Eurystheus 342 ff.
Eusebius von Caesarea 565 ff., 604, 607 f.
Eusebius von Dorylaeum 630
Eutropius, röm. Historiker 608
Eutyches 623
Ezechiel 162

Felix III., röm. Papst 624
Festus 501
Finley, Moses I. 197
Fränkel, H. 231, 248, 263
Frontinus 549

Gaia 218 f.
Gaius, röm. Kaiser (Caligula) 538 f., 544, 553, 579

Galba, röm. Kaiser 546, 548, 553, 555, 559
Galerius, röm. Kaiser 562, 564, 607
Gallienus, röm. Kaiser 561
Gandhi 104
Gautama 102
Ge Hong 70
Geiserich 623
Gelasius, röm. Papst 624 f.
Gelon 274
Gelzer, Matthias 497
Germanicus 536
Gigon, Olof 231
Gilgamesch 144
Glaukon, Bruder Platons 369, 380
Glaukos 321
Gobryas 163
Gorgias 315, 317 ff., 321, 410
Gracchen 461
Gracchus, Tiberius Sempronius 461, 503 f.
Gratianus, Flavius 574 ff., 578, 610
Gregor der Große, röm. Papst 619, 625 ff., 630
Gregor von Nazianz 568
Gudea 145 f.
Gudea von Lagasch 145, 153
Gyges 231

Hadrianus, Publius Aelius 184, 440, 451 f., 457, 550 f.
Haggai 178
Haimon 297 f.
Halitherses 209 f.
Ham 139
Hammurabi 136, 148 f., 152 f., 155, 170
Han Fei 55 f., 61 ff. 69, 72, 76
Hannibal 471
Harachte 127
Haremhab 120, 156
Harmodios 230
Hasmon 182
Hatschepsut 118, 127
Hegel 297, 432
Hegesias von Kyrene 464
Hekataios von Milet 226, 245, 306, 319
Hekataios von Abdera 455 f.
Hektor 198 f., 203, 205 f.
Helena 199, 201 f., 205, 289
Heliodor 181
Hephaistos 211 f., 316
Hera 203 ff., 344
Herakles 282, 293, 344, 352, 534

Heraklit von Ephesos 246, 248 f., 270, 319
Hermes 212, 316
Hermias 401
Hermodoros, Platonschüler 371
Herodes 184
Herodot 116, 135, 192, 229 f., 234, 245 f., 249, 252 f., 268, 273 f., 304 ff., 309, 311 ff., 317, 319, 324, 335 ff., 340, 354, 420, 427, 456, 513
Hesiod 191, 197, 199, 215 ff., 220 ff., 227, 234 f., 237, 239, 241, 244, 247, 255 f., 261, 266, 293, 532
Hieron 281
Hieronymus 611 f.
Hilarius von Arles 622
Hilduin 620, 629
Hipparchia von Maroneia 466
Hippias von Elis 313 f., 319, 320
Hippodamos von Milet 273, 303, 356, 414
Hippokrates von Kos 304, 337
Hiram von Tyros 175
Hiskia 176 f.
Hobbes, Thomas 50
Homer 190 f., 197, 200, 205, 214 f., 217, 223 ff., 247, 255 f., 261, 265, 283, 317
Honorius 575
Horaz, Q. H. Flaccus 445, 529, 534 f., 537, 546
Horus 116 f.
Hosea 176
Huang Zongxi 77 f., 79 ff., 81
Hybrias 232
Hydarnes 309
Hyksos 118
Hyrkanos I. 182 f.

Iapetos 218
Iason von Kyrene 453
Ibbisin 147
Indra 87, 89, 104
Innozenz I., röm. Papst 622
Iokaste 348 ff.
Iolaos 342 f.
Iovianus, Flavius Claudius 574
Iphigenie 205, 282, 289
Iphis 348
Isaak 172
Ischbierra 147
Ischtar 141
Isebel 176
Isidor von Sevilla 501, 617 f.
Ismene 298

Personenregister

Isokrates 342, 400, 432 f., 446 f., 558
Iugurtha 504

Jäger, Werner 190
Jakob 172
Jakobus 597
Jamblichos 315, 568
Jambulos 461, 468 ff.
Japhet 139
Jehu 176
Jeremia 178
Jesaja 160, 176
Jesus 185, 595 ff., 601 ff., 607 621
Jin 69, 73, 77
Johann von Capua 102
Johannes 182, 596, 600
Johannes Scotus Eriugena 629
Jojachin 177
Josephus, Flavius 180 f., 184, 451 f.
Josia 162, 177
Jovian 572, 574
Judas 182
Julian (Apostata) 563, 568 ff., 576
Jupiter 141
Justina 610
Justinian 617, 625
Justinus 448, 478
Juvenal 523

Kālidāsa 86
Kāmandaki 100, 102
Kadmos 348 f.
Kalchas 205 f.
Kallikles 318, 321 f., 325
Kallinos von Ephesos 233
Kallisthenes von Olynth 448
Kambyses 136, 163, 308, 310
Kang Youwei 83
Kanishka 95
Karneades 474, 476
Kassandra 289, 453
Kassandros 456
Kautilya 86, 96 ff., 105, 108
Kenyon, Kathleen M. 169
Kimon 277, 291, 294
Kleanthes von Assos 459
Kleisthenes 226, 252 ff., 271, 276 f., 434
Kleitarchos 448
Klemens → Clemens
Kleomenes III. 440
Kleon 324, 337 ff., 344, 350 f.
Kleopatra 445, 524, 533

Klytaimnestra 289 ff.
Knox, B. 300
Konfuzius 41, 43, 45 ff., 52 ff., 61
Konstantin → Constantinus
Konstantin II. → Constantinus II.
Konstantius → Constantius
Konstantius II. → Constantius II.
Konstantius Chlorus 562
Kranz, Walter 263.
Krateros 466
Krates von Theben 458, 466 f.
Kreon 296 ff., 348 ff.
Kritias 280, 321, 323, 369 f., 387
Kriton 375
Kroisos 227, 273, 308, 310
Kronos 216, 218
Kudur-Mabuk 148
Kyaxares 162
Kylon 234
Kypselos 309
Kyrill von Alexandria 570
Kyros 136, 161, 163, 179, 227, 273, 308, 310 f., 444, 446 f., 468

Laelius 476, 510
Lafontaine 102
Laios 349
Laktanz 476, 606 f.
Lao Zi 58
Latacz, J. 199
Leo I., röm. Papst 622 f., 625, 630
Leo I. 622
Leonides 448
Leontion 462
Lepidus 524
Lesky, Albin 302
Li Si 55, 62 f.
Li Zicheng 78
Libanios 522, 572
Licinius, röm. Kaiser 563 ff.
Lipitischtar 150
Liu Bang 66
Livius, Titus 449, 478, 498, 507, 512, 523, 529 ff.
Locke, John 376
Lucanus, M. Annaeus 449, 544 ff.
Lucilius 541, 546
Lugalzaggesi 143
Lukrez 462, 532
Lygdamis 307
Lykophron 320, 453
Lykortas 512, 471

Lykurg 251, 271, 429
Lysander 455
Lysias 342

Machiavelli, Niccolò 97, 472
Maecenas, C. C. 530, 532, 534, 561
Magnentius, röm. Kaiser 568
Makkabäus 182
Manasse 177
Manu 102 f., 106
Marcus Aurelius 449, 457, 462, 550 ff., 560 f., 569 f., 572, 602
Mardonios 308
Marduk 141, 150, 159, 162 f.
Marduk-apla-iddin II. 177
Marius, C. 491, 545
Mars 141
Martial 523
Marx, Karl 413, 470
Maternus 554
Mattathias 182
Mattathias Antigonos 184
Maurikios 630
Maxentius 564
Maximianus 562 ff.,
Maximinus Daia 562, 564, 569
Maximus 575, 577
Maximus, Q. Fabius 503
Megasthenes 100, 468
Meier, Christian 190, 251, 254 f., 258, 293
Melanchros 229 f.
Melchisedek 625
Meleager 207
Meleagros aus Gadara 443
Melesias 278, 298
Melito 604, 611
Menandros 452
Mendenhall 171
Menelaos 199, 202 f., 205 f., 289
Menoikeus 348, 350
Mentor 209 f.
Menzius 43, 49, 52 ff, 61, 68, 79 f.
Merikare 117 ff.
Merkur 141
Merobald 574
Merodach-Baladan 177
Messalla 554
Metellus, Q. Caecilius 504
Metis 218 f.
Micha 160
Ming 77 ff., 81, 83
Mitanni 155

Mithradates von Pontos VI. 440, 444
Mithridates, König von Pontus 183
Mitra 87
Mittani 154
Mnemosyne 219
Mo Di 48 ff., 53, 59 f., 63, 75, 475
Mo-Ti → Mo Di
Mommsen, Theodor 488, 492, 521
Mose 143
Mucian 556
Murschili I. 152, 170
Muwatalli 138
Myrsilos 229 f.

Nārāyana 102
Nārada 102
Nabonid 163
Nabopolassar 161 f.
Nabu 141
Nagy, G. 232
Naram-Sin 143, 145
Nebukadnezar 136, 161 ff., 177
Necho 162
Necho II. 177
Neferti 120
Nehemia 179 f.
Neperi 122
Nergal 141
Nero, röm. Kaiser 184, 449, 451, 538 ff., 542 ff., 553, 605, 607
Nerva, Marcus Cocceius, röm. Kaiser 549, 557, 559 f., 572
Nestor 205, 208
Nestorius 622
Nicomachus Flavianus 575, 577
Nikias 280, 339
Nikolaos von Damaskus 522
Ningirsu 142, 145
Ninurta 141
Noah 139

Oedipus 223, 282, 296, 300 f., 348 f.
Octavian → Augustus
Octavius, M. 504
Odaenathus 561
Odoakar 625
Odysseus 200, 207 ff., 347
Omri 175
Onesikritos 449, 468
Opitz 48
Orestes 236, 282, 289 ff., 347
Origenes 565, 603 f., 628

Personenregister

Osiris 116, 120, 127
Otho, röm. Kaiser 546, 553
Ovid, Publius O. Naso 457, 529, 535 ff.

Pamphilos 565
Panaitios von Rhodos 474 ff., 509 f.
Pandaros 202 ff.
Pandora 216, 221
Paris 199, 201 ff., 289
Parmenio 180
Patroklos 205
Paulus 185, 444, 598 ff., 605, 612, 615, 621
Pausanias 311
Peisistratos 229 f., 235, 239 f., 253, 309
Pelops 212
Penelope 208 ff., 213
Periander 309
Perikles 252, 273, 277 ff., 296, 298 f., 301, 303 f., 313, 315, 318, 330, 332, 335 ff., 343 f., 347, 350, 354 ff., 369, 378
Periktione 369
Perses 220 ff.
Perseus 144, 441, 509
Persius, A. P. Flaccus 546 f.
Petrus 597, 601, 605, 621 ff., 626, 629
Pforr, Anton v. 102
Phaleas von Chalkedon 304, 414
Phidias 273
Philipp von Makedonien 400 f., 440, 449
Philippus Arabs 628
Philippus 597
Philo, Q. Publilius 490
Philodemos von Gadara 462
Philon von Byblos 452
Philopoimen 471
Philus 476
Phlegon 453
Phoenix 206
Phokas 630
Phylarchos 461
Pindar 191, 241, 270, 286, 317
Piso 546
Pittakos 229 f., 250 f., 268
Platon 189 f., 193, 241, 247, 260, 301, 304, 314 ff., 320, 322, 350, 369 ff., 401 ff., 405 ff., 411, 413 f., 417, 420 f., 426, 432 ff., 439, 446, 450, 455 ff., 463, 465, 467 ff., 473, 476, 485, 513 f., 571, 602, 620
Plautus, T. Maccius 502
Plinius der Jüngere 551, 554, 558 ff.

Plutarch 226, 234 f., 239, 251, 450 f., 456, 458, 461, 522
Polybios 430, 471 ff., 476, 478, 509, 512 ff., 578
Polykrates 247, 308 ff.
Polyneikes 296, 348 ff.
Pompeius 183, 443 f., 448, 478 f., 491 f., 527, 544 ff.
Popper, Karl 394, 465
Porphyrios 568
Poseidonios 474, 477 ff., 509
Priamos 199, 204
Prometheus 216, 218, 221, 223, 292 ff., 316
Properz 523
Protagoras 192, 273, 303, 315 ff., 325, 337, 347, 356
Prudentius 613
Psammetich I. 160
Pseudo-Aristeas 454
Pseudo-Ekphantos 458
Pseudo-Kallisthenes 468
Pseudo-Xenophon 317, 321, 323 f., 335 f., 338, 423
Ptahhotep 120, 123
Ptolemaios I. 180, 445, 456
Ptolemaios II. 451, 454, 457
Ptolemaios III. 445, 450
Ptolemaios VIII. 445
Pūshan 104
Pyrilampes 369
Pythagoras 246 f., 270
Pythias 401

Qianlong 78
Qin 61, 65 f.
Qing 78, 81 ff.
Quin Shi Huangdi 63
Quintilian 540, 558
Qiu 45

Rāma 105
Ramses 155
Ramses II. 129, 138, 156 f.
Ramses III. 195
Re 117, 119, 127 f.
Rechmire 120, 122
Remus 144, 535
Rheia 218
Riegl, Alois 521
Rimsin 149
Rodros 369
Romulus 144, 492, 535, 614

Rostovtzeff, Michael 521
Rudra 104
Rufus, Curtius 448
Rufus, Rutilius 479
Rufus, Verginius 549
Rullianus, Q. Fabius Maximus 490

Śiva 96
Sacharja 178
Sallustius, C. S. Crispus 477, 498 f., 501, 505 f., 530, 545, 555, 578
Salmanassar III. 159, 176
Salmanassar V. 159, 176
Salome Alexandra 183
Salomo 138, 159, 175
Samuel 172 f.
Sandanis 310
Sanherib 176 f.
Sapor II. 571
Sargon I. 136, 143 ff., 148
Sargon II. 159, 176
Saturn 141, 534
Saul 173 f.
Scapula 605
Scaurus, M. Aemilius 183
Schadewaldt, Wolfgang 263
Schamasch 141
Schamschi-Adad I. 149, 153
Schar-kali-scharri 145
Scharrumken 148
Schliemann, Heinrich 194
Schulgi 146
Schuppiluljuma 155
Scipio, Publius Cornelius Aemilianus 471, 474, 476, 487, 491, 509 f., 512, 513
Scopas 181
Secundus, C. Plinius Caecilius 558
Secundus, Iulius 554
Seleukos 442 f., 455, 468
Sem 139
Seneca, L. Annaeus 449, 460, 463, 478 f., 539 ff., 549, 558, 560, 607
Septicius, C. S. Clarus 551
Sertorius 503
Sesostris I. 113, 127
Sesostris III. 122, 126
Seth 116
Sethos I. 126, 129
Severus, Alexander 560 f., 628
Severus, Flavius 562
Severus, Septimius 560, 603
Shang 42 ff., 54, 65, 69, 75

Shang Yang 62, 64
Shen Buhai 64
Shen Dao 61, 64
Shenzong 74, 76
Shun 41 f., 53 ff., 79
Siewert, P. 253
Silvanus 571
Sima Guang 77
Sima Quian 45, 58
Simon 182
Sin 141
Siricius 621
Siron 531
Skamandrios 198
Sokrates 273, 314 ff., 318, 321 f., 370 ff., 375 ff., 387, 402, 465
Solon 191, 224, 226 ff., 233 ff., 244 f., 250 ff., 261, 269, 308, 310, 325, 353, 369, 414, 424, 429, 434
Somadeva (sūri) 101
Song 72 ff., 77
Sophokles 192, 273, 296 ff., 309, 320, 328, 342, 345, 354 f., 418
Sosikles 313
Speusippos 369, 446, 456
Spharos von Borysthenes 461
Statius 523, 545
Stefanus 597
Stilpon von Megara 463
Stobaios 457 ff.
Strabon 230, 232, 449, 461, 468, 478
Strasburger, Hermann 313, 326
Suetonius 545, 548, 551 ff., 558
Sui 72
Sulla, L. Cornelius 440, 477, 491, 494 ff., 505, 528, 545
Sumuabum von Babylon 147, 148
Sumula'el 148
Sun Yat-sen 83
Symmachus, L. Aurelius Avianus 575 ff. 576, 610, 629
Symmachus, Q. Aurelius 575 ff., 610, 629
Symmachus, Q. Fabius Memmius 577

Tacitus, P. Cornelius 523, 531, 542, 544 f., 554 f., 572, 602
Tang 72 f., 76
Tantalos 288
Tarquinius, L. T. Collatius 492
Tarquinius Superbus 579
Teiresias 297, 348
Telemachos 198, 208 ff.

Personenregister 647

Tertullian 604 f., 607
Tetricius 561
Thales von Milet 191, 245 f., 251
Theagenes von Megara 234
Themis 216, 219
Themistios 571
Themistokles 273, 284
Theoderich 619, 625
Theodolinde 626
Theodoret von Kyrrhos 630
Theodoros von Kyrene 464
Theodosius I., röm. Kaiser 563, 574 ff., 610 f., 613, 615, 621, 629
Theodosius II. 630
Theognis von Megara 206, 227, 229 f., 236, 240 f., 243 ff., 261, 269, 317, 418
Theokrit 532
Theophrast 401 f., 435, 448, 456 f.
Thersites 207
Theseus 282, 344 ff.
Thrasymachos 321 f., 324
Thukydides 203, 273, 278 f., 288, 298 f., 300, 305 f., 313 f., 318, 320 f., 323 f., 326 ff., 332 f., 335, 337 ff., 342 ff., 346, 348, 350, 354 f., 357, 399, 439
Thukydides, Sohn des Melesias 298
Thutmosis I. 122, 128, 155
Thutmosis III. 120, 127 f., 155
Thyestes 288 f.
Tiberius, röm. Kaiser 504, 537 f., 544, 553, 557, 579
Tibull 523
Tiglatpileser I. 159
Tiglatpileser III. 159, 176
Timaios 387
Tiruvalluvar 103
Titus, röm. Kaiser 184, 548, 553, 572
Trajan, röm. Kaiser 449 f., 549 ff., 554, 558 ff., 572, 575
Trogus 448, 478
Tukulti-Ninurta I. 158 f.
Tullus Hostilius 510
Turnus 533
Tutanchamun 118, 156
Tyconius 629
Typhoeus 218
Tyrtaios 231 ff., 251, 268

Ullmann, Walter 630
Uranos 216 ff.
Urnammu 146, 150
Urnansche 142

Ursicinus 571 f.
Urukagina 142 f.
Uśanas 100
Utuchengal von Uruk 146

Vālmīki 105
Vacca 545
Valens, röm. Kaiser 572, 574
Valentinian I. 572 ff., 576, 578, 610
Valentinian II. 574 ff.
Valerian, röm. Kaiser 607
Varro 478
Varuna 87, 89
Vasishtha 102
Velleius Paterculus 523
Vena 105
Venus 141
Vergil 529, 531 ff., 537, 544 f., 606, 612, 614, 629
Verres 505
Verrius Flaccus 501
Verus, Lucius 551
Vespasianus, Titus Flavius, röm. Kaiser 184, 546, 548, 553, 556
Vindex, C. Julius 546
Viśākhadatta 86
Vishnu 96, 104 f., 107
Vishnuśarman 101
Vitellius, röm. Kaiser 546, 553
Vitruv 478

Wang 74 ff., 81 ff.
Wang Anshi 72 f., 76, 80
Wang Fuzhi 77 f., 81
Weber-Schäfer, Peter 324
Wei Zhongxian 78
Wen 42, 55
Wu 43, 66 f.

Xenokrates 402, 456
Xenophanes von Kolophon 232 f., 246 ff., 270, 306, 319
Xenophon 191, 315, 320, 332, 340, 370, 379, 400, 411, 432, 446 f., 468
Xerxes 223, 273 f., 284 ff., 307 ff., 354
Xia 43, 69, 75
Xun Zi 50 f., 53, 55 ff., 61 ff., 68

Yājñavalkya 102
Yang Zhu 53
Yao 41 f., 53 ff., 79
Yia 54

Yu 41 f., 54
Yuan 77 f.

Zaleukos 251
Zedekia 162, 177
Zenobia 561
Zenon 450, 458 f.
Zeus 202 ff., 209, 211 ff., 216 ff., 235 ff., 292 ff., 300, 316

Zhao Guangyin 73
Zhen 55
Zhezong 77
Zhou 41 ff., 52, 54, 65, 69, 75
Zhu Xi 53, 72
Zhu Yuanzhang 77
Zhuang Zhou 58
Zhuang Zi 58, 60 f., 70
Zimrilim 149, 155